山西交通运输大事记
2022

山西省交通运输厅 编

方志出版社
Publishing House of Local Records

图书在版编目(CIP)数据

山西交通运输大事记. 2022 / 山西省交通运输厅编.
北京 : 方志出版社, 2023.12
ISBN 978-7-5144-6132-9

Ⅰ. ①山… Ⅱ. ①山… Ⅲ. ①交通运输业－大事记－山西－2022 Ⅳ. ①F512.725

中国国家版本馆CIP数据核字(2024)第018964号

责任编辑:齐　笑
责任校对:张玉霞
责任印制:梅中英
出 版 者:方志出版社
地　　址:北京市朝阳区潘家园东里9号(国家方志馆4层)
邮　　编:100021
网　　址:http://www.zgfzcb.cn
发　　行:方志出版社图书营销中心(010-67110500)
印　　刷:太原市今天西马彩色印刷有限公司
开　　本:889毫米×1194毫米　1/16
印　　张:33
字　　数:910千字
版　　次:2023年12月第1版
印　　次:2023年12月第1次印刷
定　　价:120.00元

《山西交通运输大事记(2022)》

编审委员会

《山西交通运输大事记(2022)》

编纂人员

主　　编　王　晋

执行主编　胡旭东

副 主 编　侯金铃　白彦萍

特约编审　师国梁

编　　辑　陈瑞丽　王晴红　李文瑾　杜佳卉　王瑞璇

特约编辑　薛东梅　杨金成　王　梅　吕秉洮　王志勇　李文越
　　　　　杨　俊　张警予　张泽珏　曹雅药　常　敏　张　芮
　　　　　郭江波　高　青　侯　兴　赵　勇　陶建强　杨　珺
　　　　　王九存　马　可　董　芳　庞燕东　薛　炟

编辑说明

一、《山西交通运输大事记2022》以马克思列宁主义、毛泽东思想、邓小平理论、“三个代表”重要思想、科学发展观、习近平新时代中国特色社会主义思想为指导，坚持辩证唯物主义和历史唯物主义的立场、观点和方法，全面、系统、完整地反映山西省交通运输系统改革、发展、建设的辉煌成就。2014年起，省交通运输厅组织编纂《山西交通大事记》，2021年更名为《山西交通运输大事记》，每年一卷，公开出版发行。

二、《山西交通运输大事记(2022)》为大事记系列第9卷，由山西省交通运输厅组织编纂，与《山西交通运输年鉴》同时编写，单独出版，互为补充。其功能定位为进一步丰富和完善全省交通运输研究史料，便于全系统各级领导和干部职工参考、借鉴，有效地发挥宣传作用。收载文稿涵盖全省交通运输系统县处级以上各单位、各部门的改革、发展与建设情况，时限为2022年1月1日至12月31日。

三、《山西交通运输大事记(2022)》设省交通运输厅机关、厅直属单位、公路系统、交通运输执法系统、邮政管理系统、交通控股集团、航空产业集团、各市交通运输局8个栏目。

四、《山西交通运输大事记(2022)》记述内容按时间先后顺序排列，一事一条。各县(市、区)交通运输局不单独报送大事记，其相关内容载入各市交通运输局大事记中。

五、《山西交通运输大事记(2022)》使用的数字、标点符号、计量单位分别执行国家标准《出版物上数字用法》(GB/T 15835—2011)、《标点符号用法》(GB/T 15834—2011)、《国际单位制及其应用》(GB 3100—1993)和《有关计量、单位、符号的一般原则》(GB/T 3101—1993)。考虑到社会使用习惯，全书中亩不统一换算。

六、《山西交通运输大事记(2022)》中所称“山西”“全省”，均指“山西省”；文中所称“省交通运输厅”“省厅”，均指山西省交通运输厅。

目录

省交通运输厅机关

厅直属单位

公路系统

交通运输执法系统

邮政管理系统

交通控股集团

航空产业集团

各市交通运输局

省交通运输厅机关

山西省交通运输厅大事记

1月

1月4日 交通运输部召开2022年部安委会第一次全体会议暨交通运输安全生产视频会议，总结2021年工作，部署2022年重点工作。山西省交通运输厅和长江航务管理局作交流发言。厅党组书记、厅长赵建平在山西分会场出席会议，代表省厅介绍山西省深入开展“平安文明示范路”创建活动、提升公路本质安全畅通等工作情况。

自“平安文明示范路”创建活动开展以来，全省交通运输系统坚决贯彻落实习近平总书记关于安全生产重要指示批示精神，坚持“人民至上、生命至上”，着力研究探索降低事故总量、遏制重特大事故发生的有效措施，在青银高速吕梁段、108国道晋中段开展“平安文明示范路”创建工作，全面提升公路路网本质安全畅通水平。2021年以来，在示范路通行量增长2.6%的前提下，交通事故起数下降33%，死亡人数下降60%。赵建平重点从三个方面介绍全省“平安文明示范路”创建工作做法。一是防控风险、排除隐患，提升公路本质安全水平；二是完善机制、联合救援，提升应急管理能力；三是精准养护、快速处置，确保公路畅通和谐。

厅领导段新源、郭丙福、李贵顺在山西分会场参加会议。

同日 自太原市交通运输局开展加快推进网约车合规化集中整治工作专项行动以来，累计清退不合规驾驶员9635人、不合规网约车9742辆。

2021年10月8日，太原市交通运输局印发《关于加快推进网约车合规化工作方案的通知》，全面开展城市客运市场非法营运行为集中整治行动，要求全市所有运营网约车辆必须同时取得“三证”（即网络预约出租汽车经营许可证、网络预约出租汽车驾驶员证、网络预约出租汽车运输证），拒不整改未取得“三证”的车辆将被清退出市场。经过各部门联合执法，网约车合规化工作取得阶段性成果。根据交通运输部最新公布的网约车合规率数据公告，在全国34个中心城市中，太原市2021年11月份的网约车订单合规率增幅位列首位。

1月6日 省交通运输厅党组成员、副厅长王晋主持召开灾后恢复重建领导小组办公室会议，对灾后恢复重建项目的施工图设计、工可报批等工作进行再部署、再安排。

会议强调，各单位要提高政治站位，高度重视灾后恢复重建工作，严格落实省委、省政府、交通运输部关于灾后恢复重建工作的部署要求，按期完成这项关乎民生、人民群众出行、全省路网畅通的政治任务，确保受灾公路的路容路貌、通行能力、服务水平尽快恢复到灾前水平。各单位、各部门主要负责人要履行好第一责任人责任，层层传导压力，压紧压实责任，将责任落实到人头，扎实推进灾后恢复重建工作。要按照既定工作目标，倒排工期，制订计划，全程检点各环节工作，确保高质量、高标准完成公路恢复重建项目的施工图设计、工可报批工作。

1月7日 省交通运输厅召开全省交通运输系统2022年春运运输服务保障工作电视电话会议，深入学习贯彻习近平总书记及其他中央领导关于春运运输服务保障的重要指示精神，落实党中央、国务院、省委、省政府、交通运输部决策部署，安排部署春运运输服务保障工作。厅党组成员、副厅长王晋主持会议,厅党组成员、副厅长段新源宣读2022年山西省交通运输系统春运工作领导组人员名单及工作职责,厅党组成员、副厅长郭丙福作具体安排。

2022年春运自1月17日开始至2月25日结束,共计40天。春运工作面临人员大规模集中出行和多种客流交织叠加的新形势,极端寒潮天气易发、路网通行压力较大等因素也给安全应急、运输服务保障带来新考验、提出新要求。会议要求各级交通运输部门要提高政治站位,充分认识做好2022年春运工作的重大意义,高度重视、高度警醒、高度负责,进一步增强责任感、使命感、紧迫感,坚持底线思维,科学研判形势,加强谋划部署,压实各方责任,全力以赴推进春运安全应急、运输组织、便民服务等各项工作,保障人民群众安全有序出行、欢乐舒心过节。

厅机关有关处室负责人,省公路局、省高速公路综合行政执法总队、省运输事业发展中心、省交通运行监测中心主要负责人,山西交控集团、山西航产集团、山西汽运集团有关负责人在主会场参加会议。各市交通运输局、各公路分局、省高速公路综合行政执法总队各支队主要负责人及相关部门人员在分会场参会。

同日 朔神高速全线桥墩最高、施工难度最大的桥梁丁庄窝大桥左幅最后一片40米预应力T梁架设完成,丁庄窝大桥半幅贯通,实现"2022年开门红"。

同日 为进一步强化道路运输安全风险隐患排查治理,确保全省道路交通安全稳定,按照省政府安委会部署要求,省交通运输厅、省公安厅联合印发《全省道路运输安全风险隐患大排查大整治"百日攻坚"专项行动实施方案》,自当日起至3月底,在全省开展道路运输安全风险隐患大排查大整治"百日攻坚"专项行动。

《全省道路运输安全风险隐患大排查大整治"百日攻坚"专项行动实施方案》明确专项行动10项具体工作措施:一是深入分析研判道路运输安全风险隐患;二是全面开展自查自纠;三是集中排查整治道路运输企业安全隐患;四是集中排查治理路网运行安全隐患;五是集中清理重点车辆和驾驶人源头隐患;六是保持路面严管态势;七是强化高速公路风险防控;八是深化农用车违法载人专项整治;九是加强恶劣天气交通安全应急管理;十是加强宣传警示。

《全省道路运输安全风险隐患大排查大整治"百日攻坚"专项行动实施方案》指出,专项行动成立省级道路运输安全风险隐患大排查大整治"百日攻坚"专项行动领导组,建立工作专班,强化统筹协调,推动专项行动扎实开展。要求各单位坚决贯彻落实习近平总书记关于安全生产重要论述和指示批示精神,以对人民群众生命财产安全极端负责的态度,狠抓道路运输突出风险隐患排查治理,严厉打击各类非法违法生产经营活动,坚决纠正违规违章行为,全力消除影响道路运输安全的突出风险隐患,有效防范和坚决遏制各类生产安全事故,营造安全稳定的道路交通环境。

同日 为高效有序做好冬奥会期间涉奥公路铲冰除雪备勤保障工作,省交通运输厅举行备勤冬奥铲冰除雪应急演练暨誓师动员部署大会。山西交控集团大同北高速公路管理有限公司(大同北公司)、大同南高速公路管理有限公司(大同南公司)、朔州高速公路管理有限公司30余辆除雪保畅设备和50余名备勤人员在大同北公司集结开展演练。

会议指出,开展备勤冬奥铲冰除雪实战演练是深入贯彻习近平总书记关于冬奥会和冬残奥会筹办的重要讲话和重要指示批示精神的具体体现,要根据演练情况,及时完善工作方案和预案,进一步提升应对各种风险挑战的能力,团结一致、坚定信念、全力决战决胜,高质量完成冬奥备勤保障任务,以最大热情为冬奥会"保驾护航",贡献山西交通力量。要提高政治站位,充分认识做好此次冬奥备勤保障工作的重大意义,整体统筹,相互协作,充分发扬山西交通人勇挑重担、善打硬仗、能办大事的好传统,提振精神、鼓足干劲,确保在关键时刻顶得住、冲得上、干得好。

此次演练加强应急队伍配合默契度,规范应急处置流程，提升冰雪恶劣天气的快速反应处置和协调配合能力，展示突击队良好备战状态，达到积累经验、优化方案流程的预期效果，有效提升保障队伍实战能力。

1月10日 第二个中国人民警察节。省交通运输厅根据省委平安山西建设领导小组办公室安排部署，下发《关于做好第二个中国人民警察节宣传活动的通知》（以下简称《通知》），对相关工作进行安排部署。《通知》指出，此次宣传活动时间为1月10日至1月16日，在此期间全省交通运输行业要利用公交车、出租车等交通运输工具显示屏，全覆盖播放警察节宣传短视频或标语；全省汽车站、码头、高速公路服务区、收费站等交通枢纽要利用电子屏、可变情报板滚动播放相关宣传内容，进一步推广普及安全防范常识和法律知识，充分展示人民警察队伍良好形象，努力推进更高水平的平安山西和法治山西建设。

1月11日 省厅召开全省重点公路工程第一季度调度暨安全生产视频会议，分析当前安全生产形势，提前谋划复工复产，部署“首季开门红”工作任务。厅一级巡视员李贵顺出席会议并讲话。

2021年，在特大汛情等不利因素影响下，全省重点公路工程建设领域取得投资超额完成、安全生产“零死亡”、质量提升达标、用地手续办理有突破等好成绩，为全方位推动高质量发展工作掀开新篇章。

会议强调，2022年，各单位各部门要围绕“全方位推动高质量发展”要求，踔厉奋发、埋头苦干，坚定信心、全力以赴做好全年重点公路建设工作。一要盯紧抓实全年投资、完工建成等重要目标任务，以太原以南地区2月20日、以北地区3月20日为时间节点全面复工复产，确保“首季开门红”，奋力为全省经济发展作出交通表率；二要坚持创新引领，高质量开展顶层设计，在安全生产、质量提升、绿色公路和数字赋能工程建设等方面持续发力，开创全方位推动公路建设高质量发展新局面；三要全面加快用地手续报批、征地拆迁、施工许可申请、设计批复等前期工作进度，进一步提高前期工作效率；四要确保农民工工资、征地拆迁和工程款等费用支付到位，确保春节、冬奥会和冬残奥会期间社会稳定；五要加强建设市场督查检查，强化信用评价结果应用和信息公开、信息共享，加大失信惩戒和守信激励力度；六要进一步加强党风廉政建设，推进全面从严治党，严格落实中央八项规定精神，确保春节期间公路建设领域风清气正。

1月14日 按照中央统一部署和省委要求，省交通运输厅党组召开党史学习教育专题民主生活会，以大力弘扬伟大建党精神，坚持和发展党的百年奋斗历史经验，坚定历史自信，践行时代使命，厚植为民情怀，勇于担当作为，团结带领人民群众走好新的赶考之路为主题，按照“学史明理、学史增信、学史崇德、学史力行”和“学党史、悟思想、办实事、开新局”目标要求，紧密联系厅党组班子工作，联系党组班子成员个人思想和工作实际，深刻查摆检视问题，深入开展批评和自我批评，明确整改措施和努力方向。厅党组书记、厅长赵建平主持会议并讲话。省委党史学习教育第十三巡回指导组组长李朝亮到会指导并作点评讲话。

会议通报了2021年度民主生活会整改任务落实情况和本次专题民主生活会征求意见情况。赵建平代表厅党组班子作对照检查，带头作个人检视剖析。党组班子成员逐一进行个人检视剖析，自我批评揭短亮丑，相互批评开诚布公，达到咬耳扯袖、红脸出汗、增进团结、振奋精神的目的。

赵建平在总结讲话中，对整改工作作出部署，提出3点要求。一要加强学习，不断提高政治站位，以习近平新时代中国特色社会主义思想为指导，深入学习贯彻中共十九届六中全会及省第十二次党代会精神，切实把领悟“两个确立”，践行“两个维护”落实到具体行动上，体现在工作效果上；二要再接再厉，压实管党治党责任，班子成员要履行好“一岗双责”职责，真正把严的主基调长期坚持下去；三要善始善终，持续抓好问题整改，针对此次民主生活会征求到的意见、查摆分析出的差距和不足，坚持从自身改起，有什么问题就改什么问题，什么问题突出就集中力量解决什么问题，力戒改小不改大、治标不治本,切实让这次民主生活会取得实实在在的成效。

1月16日 省交通运输厅党组成员、副厅长王晋主持召开紧急会议,贯彻落实省领导重要批示精神,对做好交通运输保障路网畅通工作进行安排部署。

会议强调,交通运输是保障煤炭、天然气等能源和生活物资供应的重要支撑。当前要切实加强道路养护,加大路况巡查力度,加大公路沿线灾害隐患排查力度,加大冬季公路通行保障应急物资储备力度,保障路况良好。要加强高速公路收费车道运行监测和维护,加强服务区停车管理,优化交通组织,避免造成车辆、人员拥堵,保障运输通道畅通有序。

1月17日 由中国铁建大桥局承建的临猗黄河大桥山西侧钢箱梁顶推取得重大突破,顺利实现首跨过41号墩、前导梁跨越128米大跨径、飞架42号墩的节点目标,标志着大桥顶推施工进入连续拼装、循环顶推施工的新阶段。

大桥全长5427米,主桥采用等高度连续钢箱组合梁,从山西、陕西两侧顶推平台对向顶推施工,连续顶推长度、最大顶推长度、顶推施工时同步控制千斤顶数量、单桥耐候钢使用量四项指标均为世界第一,被交通运输部列入平安百年品质工程创建示范项目(第一批)清单。

大桥主桥单跨最大长度为128米,共30跨,顶推钢箱梁长度186.6米,钢箱梁及导梁总重量为3380吨,同步控制千斤顶数量增至16套组,以每次行程85厘米距离向前循环推进,实现首次主钢箱梁上墩施工。为保证该节点目标顺利完成,项目管理团队科学谋划,加强资源配置,进行详细技术交底,采取多项防寒保温措施,增加检验检测频次,确保钢箱梁在组拼厂板单元核心箱焊接和顶推平台核心箱整体焊接质量,全面加强板单元材料入场、核心箱运输、吊装、后勤保障工作,保证长联顶推的顺利完成。

1月19日 根据省直工委《关于做好2021年度省直机关党组织书记抓基层党建工作述职评议考核的通知》要求,省厅召开2021年度基层党组织书记抓基层党建工作述职评议考核会议。厅党组成员、副厅长、厅直机关党委书记王晋主持会议并进行点评。厅直机关党委委员、厅直单位党组织书记和厅机关各党支部书记参加述职评议考核。

省高速公路综合行政执法总队党委书记刘清平、省交通运行监测中心党委书记董化金作为厅直单位党组织书记代表进行现场述职,其他单位党组织书记以书面形式进行述职。

王晋在点评中强调,各单位要充分认识当前党建工作存在的能力素质不高、责任意识不强、党建与业务融合不够等突出问题,以高度政治责任感、使命感抓好党的建设。各党组织书记要自觉聚焦形势和任务,围绕中心工作,切实发挥好基层党组织的战斗堡垒作用,把广大党员凝聚在一起,克服困难、迎接挑战、取得胜利;要学好用好党的创新理论,带领大家更深刻地认识"两个确立"的决定性意义,自觉增强"四个意识",坚定"四个自信",做到"两个维护";要学好用好党的法规制度,规范言行、规范管理、规范工作,共同营造担当作为、干事创业的好氛围;要学好用好党的纪律,明确底线、划清红线、整肃作风,维护安定团结、风清气正的政治生态。同时,作为党组书记,要不断提高履责意识和能力,促进党的建设取得新成效,以优异成绩迎接中共二十大胜利召开。

1月25日 2022年全省交通运输工作会议召开。会议采用电视电话形式,总结2021年交通运输工作,分析形势,部署2022年工作。厅党组书记、厅长赵建平出席会议并强调,要以习近平新时代中国特色社会主义思想为指导,进一步弘扬伟大建党精神,按照省第十二次党代会、省委经济工作会议、省两会和全国交通运输工作会议部署,紧扣全省全方位推动高质量发展的目标要求,以交通强省建设为统领,加快建设高质量综合立体交通网,着力提高交通运输服务供给质量,深化重点领域改革,守牢安全生产底线,巩固拓展良好政治生态,久久为功,真抓实干,在奋力谱写全面建设社会主义现代化国家山西篇章中当好开路先锋,以优异成绩迎接中共二十大胜利召开。厅党组成员、副厅长王晋主持会议。

2021年,在省委、省政府坚强领导下,在交通运输部悉心指导下,全省交通运输系统高举伟大旗帜,牢记领袖嘱托,坚定拥护“两个确立”,积极践行“两个维护”,交通运输事业在党的领导下全面推向前进。面对各种风险挑战,省交通运输厅充分发挥交通基础先导作用;把握布局合理和集约高效,现代综合立体交通网加快构建;聚焦提质升级和安全畅通,路网运行管理水平不断提升;满足群众出行多样化需求,运输服务更加便捷多元;立足结构优化和降本增效,现代流通体系建设逐步加强;着力发展绿色交通和智慧交通,行业含绿量、含新量显著提升;围绕优化职能和增强动能,推动交通重点领域改革成效进一步显现;坚持依法治理和本质安全,行业治理能力持续提升;强化党的领导和党的建设,政治生态迈向持久风清气正。全年交通运输各项指标完成,实现“十四五”良好开局,崇尚实干、务实高效成为全行业主旋律。

赵建平强调,2022年是交通强省建设高起点推进的第一年。面对新形势、新任务,要知责履责,担责尽责,勇毅前行,牢牢把握交通强省建设这一重大战略机遇,加快推进由追求速度向更加注重质量效益、由各种交通方式相对独立发展向更加注重一体化融合发展、由依靠传统要素驱动向更加注重创新驱动“三个转变”,努力解决交通基础设施网络与构建国际国内“双循环”的新发展格局、传统发展模式与创新、协调、绿色、开放、共享的新发展理念、服务供给质量与人民群众日益增长的新需求、行业治理效能与推进治理体系和治理能力现代化新要求四个“不适应”,加快构建规划、路网、服务、品牌、治理“五个体系”。这是推进交通强省建设的总体架构和工作矩阵,要在实际工作中认真领会并付诸行动。

赵建平要求,2022年要重点做好十个方面工作:一是全力做好安全维稳工作;二是着力推进交通强国建设;三是持续完善综合立体交通网;四是着力提高交通运输服务供给质量;五是强化同乡村振兴战略有效衔接;六是厚植交通运输发展绿色底色;七是全力推动交通运输数字化转型;八是持续深化重点领域改革;九是全面提升行业治理水平;十是加强党的建设和党风廉政建设。

会上,厅党组成员、副厅长、省邮政管理局局长秦红保宣读《山西省交通运输厅关于各市交通运输局2021年度重点工作完成情况评价结果的通报》。厅党组成员、副厅长、省民航机场管理局局长段新源宣读《山西省交通运输厅关于表彰2021年度目标责任考核优秀厅直单位的决定》。厅党组成员、副厅长王四小通报黄河、长城、太行三个一号旅游公路建设有关情况。山西交控集团、晋中市交通运输局、晋城市交通运输局、兴县人民政府、山西路桥集团、山西贵恩博信息科技有限公司作交流发言。

王晋强调,要吃透会议精神、落实目标任务、改进工作作风,切实把会议精神转化为开新局创佳绩的强大动力,在全方位推动高质量发展中勇当先行、建功立业。要统筹抓好春运、安全生产、重点群体走访慰问、应急值守等岁末年初各项工作。

厅领导王建业、郝玉柱、雷天才、李贵顺,厅二级巡视员、驻厅纪检监察组副组长、总工程师、厅机关各处室主要负责人,厅直各单位主要负责人,山西交控集团、山西航产集团主要负责人在主会场参加会议。各市交通运输局、省公路局、省高速公路综合行政执法总队、省运输发展中心、省交通运输运行监测中心设分会场,各市政府分管领导、各单位班子成员及相关部门主要负责人、在建重点公路工程项目主要负责人在各分会场参加会议。

1月29日 省政府办公厅发布《山西省促进网络货运行业健康发展工作方案》(以下简称《方案》),加大网络货运企业政策支持力度。《方案》提出,到“十四五”末,全省网络货运总产值达到3000亿元以上,实现税收195亿元以上。山西全面推行扶持政策,除财政奖补政策之外,在全省范围内推广实施《关于支持山西转型综改示范区发展网络货运产业的若干措施》相关扶持政策。同时,加大金融信贷政策支持,鼓励银行业金融机构增加对网络货运企业的信贷投放,降低网络货运企业信贷准入门槛,提升网络货运企业最高授信额度。全省将优化货运司机个税征收环节和方式。对货运司机代开货物运输业增值税发票时,不再预征个人所得税,由货运司机依法自行申报缴纳经营所得个人所得税。

同日 交控集团与忻州市政府签订战略合作框架协议,合作项目涵盖重大交通基础设施、市政建设、光伏发电、智慧城市、园区建设、服务区提质升级等多个领域,进一步打开政企合作广阔空间。交控集团积极与太原市政府对接,通过主动服务、广开合作,在融入地方高质量发展的同时更好地加快企业提质增效。2022年,交控集团已将太忻一体化经济区内高速公路服务区列入提质升级重点项目,对标国内先进地区,努力将其打造成为太忻一体化经济区对外交流的"城市会客厅"。近年来,交控集团加速布局新基建领域,全面激发新动能。重载交通公路工程关键技术、黄土力学与工程特性研究、公路采空区治理与防灾减灾技术、无人驾驶与车路协同技术、雷视融合感知技术等多项科技研发走在行业前列,特别是正打造的"智慧交通山西省实验室"建设运行方案通过专家论证,进一步夯实企业数字经济领域的发展基础。同时,交控集团还通过大力发展"交通+"土地开发、物流、旅游、绿色能源、数智经济等关联新业态、新业务,助力太忻一体化经济区建设强势起步。

1月31日 1月31日零时至2月6日24时,春节期间,全省交通运输保持安全平稳有序。全省高速公路、普通国省干线公路路网运行整体平稳,道路水路和民航运输安全有序,无较大拥堵和旅客滞留事件发生。

全省普通国省干线收费公路累计通行量39.1万辆,与2021年同期相比增长18.8%。全省高速公路累计通行量448.63万辆,与2021年同期相比减少2.16%。其中七座及以下小型车辆418.79万辆,免收通行费17501.13万元。全省道路客运累计投入客车13214辆次,与2021年同期相比增长0.07%;累计完成客运量18.16万人次,与2021年同期相比增长25.24%。全省城市客运累计投入公交车65109辆次,与2021年同期相比降低0.94%,累计完成客运量1208.64万人次,与2021年同期相比降低0.83%;累计投入出租车运力22.56万辆,与2021年同期相比增长5.5%,累计完成客运量846.81万人次,与2021年同期相比增长6.67%。全省水路客运累计投放客船69艘次、2166个客位,与2021年同期相比降低11.23%;累计运送旅客0.4245万人次,与2021年同期相比降低30.33%。全省民用机场累计完成运输起降2204架次,与2021年同期相比增长49.2%;累计完成旅客吞吐量19.42万人次,与2021年同期相比增长57.7%;累计完成货邮吞吐量287吨,与2021年同期相比增长5.7%。

1月 交通运输部办公厅下发《关于公布公路交通标志标线优化提升专项工作实施情况的通知》,对公路交通标志标线优化提升专项工作进行全面总结。省交通运输厅受到交通运输部表扬。此次专项工作,省厅将公路标志标线排查整治作为一项常态化专项养护工作来抓,普通国省干线新增标志203块、更换标志128块、调整标志9块、拆除标志17块,新增标线29778平方米、调整标线23567平方米、清除标线1537平方米。高速公路新增标志452处、更换标志332处、调整标志167处、拆除标志89处,新增标线56172平方米、调整标线109611平方米、清除不合理标线52988平方米。

省厅根据省公安交管部门提供的全省高速公路交警测速点清单,采取有效措施,对全省高速公路测速标志标识进行清理和规范。截至2021年年底,共清理测速设备609处,拆除标志286处,保留274处;清理双关提示语标志105处,增设两公里告示标志65个,274处测速点均按标准设置标志引导和标语提示,在车流量较大的收费站外广场加装10处电子导航大屏。

是月 为加快推动搭建跨学科、跨单位协同创新平台,有效集合行业内外优势科研团队、资金、设备等力量,聚焦关键领域持续开展科技创新工作,省交通运输厅根据《山西省交通科技创新中心管理办法(试行)》,按照"聚焦重点、合理布局、动态调整、引领发展"的原则,开展山西省交通运输厅科技创新中心培育命名工作。首次认定工作历经三个多月时间，通过发文征集、资料申报、符合性审查、现场答辩等环节，经处室推荐、专家评审、厅党组会研究审议等程序，从33家申报单位中，选定山西交通生态环保科技创新中心、山西绿色道路材料科技创新中心、山西交通管理研究创新中心、山西公路施工安全科技创新中心、山西高速公路养护科技创新中心、山西交通安全应急保障创新中心、山西交通高等教育创新中心、山西交通职教创新中心8个厅科技创新中心进行培育，并授牌认定。在方向上突出优先保障底线工程，优先支持安全、环保方向科技创新中心的创建，突出便捷、高效、绿色、经济等特点，助力全省交通运输行业高质量发展。

是月 由吕梁市出发装载5000吨出口货物的新能源车队顺利抵达天津港南疆港区码头，卸货后满载进口矿石返回吕梁市，实现山西、天津两地进出口货物的公路通道双向重载运输，标志着“津海晋门”绿色物流大通道全面打通。

是月 207国道左涉公路新建工程全线建成。该项目全长60.889公里，起点位于晋中市左权县辽阳镇207国道K1056+850处，与阳左高速左权连接线K7+218.626处相接，终点位于长治市黎城县下清泉村南与河北省交界处，是左权县及晋煤外运的主要通道。开工以来，左涉公路公司秉承“科学、严谨、务实、高效”的作风，坚持“12345”管理理念，以提质增效为中心，狠抓安全质量，对标对表推行标准化建设，凝心聚力，艰苦奋战，完成建设任务。该工程完成交工验收，正加紧办理运营手续，力争春节前实现通车运营。

是月 交通运输部公布2021年度全国交通技术能手评审结果，授予蒋华等245人“全国交通技术能手”称号，颁发“全国交通技术能手”证书，全省交通运输行业7人获此殊荣。获“全国交通技术能手”称号的7人为：山西交控集团运城南高速公路分公司公路收费及监控员谢娜、山西交通技师学院工程测量员要艳君、长治市圆通汽车销售服务有限公司汽车维修工孙山、山西交通技师学院汽车维修工卫云贵、山西工程科技职业大学汽车维修工范常盛、山西航空产业集团有限公司民航安全检查员李欢、山西省太原邮区中心侯马邮件处理中心邮件转运员张军民。

是月 国家邮政局公布“2021年快递服务现代农业金牌项目”名单，“运城苹果”和“吕梁杂粮”两个“快递+”项目上榜。“快递进村”工程实施以来，省邮政管理局深入贯彻落实国家邮政局安排部署，聚焦“南果中粮北肉东药材西干果”省级战略部署，引导全省行业充分发挥平台优势，创新服务模式，积极开展快递服务现代农业工作，持续培育全省快递服务现代农业金牌项目。其中，“运城苹果”年度寄递量达到2400.49万件，拉动消费10.38亿元。“吕梁杂粮”寄递量达1346.2万件，拉动消费4.03亿元。“快递+”特色农业取得经济效益和社会效益双丰收，实现多方共赢，有效服务地方经济发展。省邮政管理局表示，要继续发挥金牌项目示范作用，扎实推进“快递进村”工程，因地制宜开展交快、邮快、快快等合作模式，进一步加快补齐农村地区快递物流短板，深入推进行业与现代农业体系融合发展。

1月31日至2月6日 春节期间，中国铁路太原局集团有限公司（以下简称太原局集团）旅客发送量累计达68万人次，其中，2月6日达21.3万人次；货物发送量1530万吨，日均装车3万余车。管内日均发送旅客7.5万人次，较2021年同比增长18%。节后太原局集团还将加大太原、大同、吕梁、临汾、运城、忻州等地区运力安排，满足学生、探亲旅客返程出行需求。

在做好客运服务的同时，太原局集团进一步加强节日期间重点物资运输，充分用好客车调整后释放出的货运能力，加大煤炭特别是电煤运输组织力度。货运、运输、调度等部门建立节日期间日对话机制，动态掌握直供电厂库存情况，及时组织装车、卸车、排空，集中运力抢运电煤。

其间，太原局集团累计运送煤炭1286万吨，其中，大秦线煤炭日均运量108万吨。对口供应的秦皇岛港、唐山港、曹妃甸港存煤保持在1300万吨以上，所供电厂存煤可耗天数平均保持在20天以上，有效保障国家能源安全和人民群众采暖用电需求。

2月

2月7日 省交通建设中心召开理论学习中心组(扩大)会议。会议强调,要把学习宣传、贯彻落实习近平总书记在全省考察调研时的重要指示精神作为工作重要遵循,迅速掀起学习热潮。要按照习近平总书记的重要指示,围绕省委学习贯彻工作的八个方面要求,结合全省交通基础设施建设实际,认真履行全省交通基础设施技术服务保障职责,扎实做好“平安百年品质工程”创建、重点工程建设质量检测鉴定、定额造价、安全评价、市场管理服务等各方面工作,脚踏实地,埋头苦干,确保党中央、省委、省政府和厅党组各项决策部署在建设中心落地落实,全方位推动山西交通运输高质量发展。

2月8日 省高速公路综合行政执法总队党委举行中心组(扩大)学习会。会议强调,各级党组织和全体党员干部要站在增强“四个意识”、坚定“四个自信”、做到“两个维护”的政治高度,认真抓好学习宣传贯彻工作,切实从领袖的殷殷嘱托中汲取智慧和力量,在持续深入贯彻落实中明确目标和方向,通过学习不断激发起党员干部勇担新使命、奋进新征程的昂扬斗志。要坚持立足工作实际,系统谋划全年及今后一段时期行业发展重点,把学习贯彻习近平总书记重要指示精神、党中央及省委重大部署取得的成果,创造性地转化为做好工作的具体思路和政策举措,扎实有序推进全面依法履职各项任务落地落实。各级领导干部要带头脚踏实地、苦干实干,持续提高各方面工作质量,不断开创高速公路综合行政执法事业新局面,努力为全省高起点推进交通强省建设做出新的更大贡献。

同日 长治市国道环线自由流收费试点工作座谈会在太原召开,会议邀请省直相关部门负责人、部分行业专家参加,进一步推动长治市国道环线自由流收费进程再提速、标准再合理、模式再优化。

会上,省直相关部门及专家听取长治公路分局和交通运输部公路科学研究院关于自由流收费试点工作及收费标准研究报告等情况汇报,充分肯定自由流收费试点对于传统收费方式的创新性、突破性意义,并围绕收费标准的测算报批、费用追缴、制度建立、社会稳定风险防控和道路安全管控等方面对做好自由流收费试点工作提出意见建议。

会议要求,要认真研究梳理、充分吸收采纳省直相关部门和专家的意见建议,切实做好自由流收费标准制订工作,确保在公平合理基础上实现高效便捷收费。要加快推进步伐、严格时间节点、强化要素保障,推动国道环线自由流收费试点早实施、早见效,全面提升国道环线道路通行效率和智能化、信息化、便捷化、精细化管理服务水平,为高质量建设晋东南城镇圈提供重要保障。

同日 省交通运输厅党组理论学习中心组开展专题学习,传达学习习近平总书记在山西省考察调研、看望慰问基层干部群众重要指示精神和省委常委会扩大会议有关部署安排,传达学习省政府有关会议精神,安排部署全系统贯彻落实工作。厅党组书记、厅长赵建平主持会议并讲话。厅领导王晋、段新源、王四小、郭丙福、王建业、郝玉柱、雷天才、李贵顺参加学习。

会议还传达了全省贯彻落实中央八项规定精神监督提醒谈话电视电话会议精神、全省政府系统抓落实提高执行力推进会议精神,并就相关工作进行安排。

2月9日 省运输事业发展中心开展党委中心组(扩大)学习。强调要把学习贯彻习近平总书记考察调研重要指示精神作为当前一项重要政治任务,迅速掀起学习热潮,切实用习近平总书记重要指示精神武装头脑、指导实践、推动工作。要以习近平总书记重要指示精神为根本遵循,对照“四个清单”,认真研究、科学谋划好全年各项工作,切实做好近期工作,为2022年运输事业发展开好头、布好局,以实际行动和优异成绩迎接中共二十大胜利召开。

2月11日 13时14分,一列41辆编组、满载

726.38吨玻璃餐具、布料、健身器材、阀门等货物的X8436次中欧班列由中鼎物流园发出，经满洲里口岸通关出境，全程运行10052公里，最终将抵达白俄罗斯明斯克。本次班列是中鼎物流园开行的第558列中欧中亚班列，也是春运以来开出的第10列。

春节期间，中鼎物流园一如既往“不打烊”，中欧中亚班列正常开行，物流业务正常开展。自1月17日春运以来，中鼎物流园的运输组织工作一刻未停歇。畅通调度、装卸、货运各作业流程，合理优化运力，科学组织装卸，提前组织开展验箱、超偏载测试，确保每趟班列准时、准点、安全发出，助力更多“山西制造”走出国门。同时，山西中鼎物流集团公司集中对接中欧中亚班列干线运力资源，加强分散货源组织，深化开展拼箱拼车，加强中欧中亚班列回程货源组织，提高班列开行品质和数量，稳步推进中欧中亚班列常态化开行。

2月16日 运城市交通运输工作会议召开。会议指出，2022年，运城市要聚焦交通强省建设战略部署，以交通强市建设为统领，以“交通品牌”创建为着力点，以项目建设为支撑，重点抓好基础设施建设和运输服务效能提升工作。

公路建设方面，建成运三高速连接线项目，加快菏宝高速临猗黄河大桥及引线工程建设，协调推进G5514阳永高速公路、G5514风陵渡黄河大桥及延伸线项目各项前期工作；加快推进108国道新绛至河津、342国道闻喜至临猗段改扩建项目、209国道临猗段、盐湖段改扩建各项工作；实施农村公路提升项目845.9公里，完成投资20.64亿元；实施黄河一号旅游公路建设197公里，完成投资10.92亿元；全力推进16.42亿元、464个农村公路灾后恢复重建项目建设。

运输场站建设方面，全力推进运城机场改扩建，协调推进芮城、万荣通用机场建设；加快中心城区公交东停保场建设；抓好夏县南大里乡、祁家河乡、尉郭乡3个乡镇客运场站建设。

运输服务效能提升方面，强力推进“河东公交”“河东出租”品牌创建，扎实开展15项重点工作。同时，城区将新开火车站至岚山根、中心汽车站至三路里镇、火车站至龙居镇及11路、21路5条线路；优化调整1路、4路、26路、44路4条线路。

2月21日 省交通干部学校召开2022年工作会议，总结2021年工作，分析形势，部署2022年工作。

会议指出，2021年，在厅党组坚强领导下，校党委高站位谋划、高标准统筹、高质量推动，蹄疾步稳、有力有序地推动学校发展，各项工作迈上新台阶。开创“六个首次”：首次创办直播课堂、首次开展全省交通运输系统公路施工企业安全生产三类人员考核、建立全省首个轨道列车司机职业技能鉴定站、首次完成收费员职业技能等级认定工作、首次完成专技人才贯通高技能人才工作、首次联合承办太原市邮政快递行业首届技能大赛。

会议要求，2022年学校要始终坚持立足交通、服务社会，以干部培训为核心，学历继续教育和“山西交通在线”培训平台为主体，专技人才培养和职业技能鉴定为“两翼”，努力把学校打造成为全省交通运输系统人才的孵化器、党员领导干部职工思想锤炼的主基地、干事创业的标杆，创建具有行业特色的一流干校。要重点做好八个方面工作：加强党的建设和党风廉政建设；建设多元化干部培训体系；建立方式更灵活的终身学习体系；加强双平台建设运营；开拓职业技能等级认定新市场；提升专技人才培养新优势；突出提效能，着力提升学校精细化管理水平；全力做好安全维稳工作。

2月23日 省政府批复同意在207国道左权至黎城界及南沁线左权桐峪至河北涉县界一级公路K2+750处设置左权收费站，收费站位于左权县城区蚧蟆滩村；同意在207国道左权至黎城界及南沁线左权桐峪至河北涉县界一级公路K53+365处设置麻田收费站，收费站位于左权县麻田镇南窑村。

两个项目按经营性公路管理，收费期限为30年。省政府同意该项目执行以下收费标准：车辆吨位2.5吨（含）以下每车次收费10元；车辆吨位2.5至5吨（含5吨）每车次收费15元；车辆吨位5至10吨（含10吨）每车次收费20元；车辆吨位10至20吨（含20吨）每车次收费30元；车辆吨位20至30吨（含30吨）每车次收费60元；车辆吨位30吨以上每车次收费70元。同一车辆单次同向行经该项目时，只收取一次车辆通行费。绿色通道及其他免费车辆按国家及山西省有关规定执行。

2月 交通运输部、财政部、农业农村部、国家乡村振兴局联合印发通知，命名2021年度“四好农村路”全国示范县，并对“四好农村路”建设市域突出单位予以通报表扬。其中，长子县、阳城县、高平市、晋中市榆次区、河津市被命名为“四好农村路”全国示范县。晋城市、运城市作为“四好农村路”建设市域突出单位受到通报表扬。

通知要求，全国示范县和受到表扬的地区要充分发挥典型引领作用，不断探索总结“四好农村路”高质量发展的成功经验。各级交通运输、财政、农业农村和乡村振兴主管部门要建立完善协同配合机制，进一步健全完善“四好农村路”高质量发展体系，推动“四好农村路”高质量发展，服务巩固拓展脱贫攻坚成果同乡村振兴有效衔接，助力农民农村共同富裕。

是月 山西省人民政府发布“2021年度山西省科学技术奖授奖项目(企业)目录”，山西交控集团4项科技成果获得2021年度山西省科学技术奖。

其中，涌水隧道高聚物注浆堵水加固材料的制备及其应用获“技术发明奖”二等奖、黄土沟壑区桥梁下部结构安全评估与处治技术研究获“科技进步奖”二等奖、一种可快速开放交通的沥青路面冷补材料及其制备方法获“技术发明奖”三等奖、特殊条件下普通干线公路运营安全保障技术研究获“科技进步奖”三等奖。

是月 山西交控集团召开总经理办公会，重点就融入太忻一体化经济区建设进行工作安排，在省第十二次党代会“太忻一体化经济区建设”这一重大决策部署上提早谋划、积极融入，全面布局新基建领域，力争“当好开路先锋、抢抓发展机遇”，用真招实举助力太忻一体化经济区建设。

是月 山西路桥集团奋力冲刺首季“开门红”，承建的209国道吕梁改线工程东川河大桥全长992米，共23跨，主要特点是上跨青银高速。其中大桥18#至21#墩连续刚构采用挂篮悬浇施工工艺，桥梁下部结构全部完成，右幅已经贯通，左幅正在紧张有序施工中，8月大桥全部贯通。209国道吕梁改线工程已复工复产，全线进场管理及劳务人员300余人，复工点10处。

是月 厅直各单位认真学习贯彻习近平总书记1月26日至27日虎年春节前夕到山西考察调研看望慰问基层干部群众作出的重要指示精神，并紧密结合本单位实际研究贯彻落实举措。大家一致表示，一定要将习近平总书记重要指示牢牢记在心里，转化为奋进交通强省建设新征程的强大动力，按照省委十二届三次全会和厅党组部署，始终做到“浮现画面、体会情怀，牢记教导、感恩奋进”，扎扎实实做好交通运输各项工作，不断开创高质量发展新局面。

是月 太原市政府发布《太原市“十四五”综合交通运输体系规划》(以下简称《规划》)，明确到2025年，太原市将形成“3223出行交通圈”，即太原到国内主要城市3小时通达，太原到省内设区市2小时通达，市区到县2小时通达，市区内30分钟通勤。

省内出行方面，依托山西中部城市群发展，构建以太原为中心的新型城际客运服务系统，实现城际客运同城化，提高太原与城市群内其他城市间的出行效率。《规划》提出，促进太原晋中交通一体化发展。加快推进两市道路对接，重点推进青银二广高速公路太原联络线工程、国道108太原过境段改线等公路衔接工程和南中环东延工程、龙城大街东延等城市道路衔接工程，共同形成城际综合交通快速走廊。同时，推进公共交通一体化，共同推动两市轨道交通建设，推进太原轨道交通1号线、3号线向晋中延伸。

市内出行方面，太原将持续推进公交都市建设，“十四五”期间，逐步推进中心城区422个公交站台智慧化改造工程。全面优化地面公交线网布局，构建干线、普线和微循环相协调的多层次地面公交网络。重点推进公共自行车交通系统三期项目建设，新建1000个有桩站点，新购3万辆自行车。同时，在轨道交通沿线布置公共自行车桩位、非机动车停车位、公交停靠站、临时停车位等交通衔接设施，实现各地面交通与轨道交通无缝换乘。

是月 省发展改革委、省财政厅、省邮政管理局联合印发《2022年农村寄递物流服务全覆盖实施方案》（以下简称《方案》），聚焦办好2022年省政府民生实事，切实解决农村群众寄递难题，畅通城乡循环体系，有效助力乡村振兴。

《方案》指出，要在全省80个县、11个县级市，涉及911个乡镇、16094个行政村，同步开展农村寄递物流体系建设，2022年底实现农村寄递物流服务全覆盖，2023—2024年持续推动、巩固发展，基本形成开放惠民、集约共享、安全高效、双向惠民的农村寄递物流体系。聚焦“一特色三标准”目标，推动每个县（市）培育形成一种符合实际的农村寄递物流模式，每个乡（镇）新建或改造提升一个标准化快递综合服务站，每个行政村设立一个标准化村级快递便民服务点，保证行政村每天一频次以上标准化寄递物流服务。为切实推动项目建设，2022—2024年省级财政资金对农村地区下行快件进行差异化适当补助，推动快递网络下沉。

《方案》要求，到3月底，各市至少建成2个实施县级以下共同配送的县（市），建成至少100个村级快递便民服务点；到6月底，各市至少打造一个统仓共配示范县，至少60%的县（市）形成县级以下共同配送模式，至少60%的乡镇、行政村完成标准化站点的建设，9月底实现农村寄递物流服务全覆盖。

3月

3月1日 大同市推进交通强市建设动员大会召开。会议深入学习贯彻习近平总书记关于交通运输工作重要论述，贯彻落实全省推进交通强省建设动员大会部署要求，动员全市上下抢抓机遇、勇担使命，加快推进交通强市建设，打通“大动脉”、畅通“微循环”、当好“先行官”，为大同市“奋斗两个五年、跨入第一方阵”提供强有力交通运输支撑。

会议强调，要抢抓机遇，乘势而上，扎实高效推进交通强市建设，加快构建安全、便捷、高效、绿色、经济的现代化综合交通体系。一是全面推进基础设施网络化，着力建设一批标志性、引领性的重大项目，加快客运铁路规划建设，完善公路网络，提升机场服务保障能力，实现交通面貌大变样。二是全面推进物流运输便利化，推动大宗货物运输结构调整，加快“公转铁”“散改集”，促进物流降本增效，推进陆港型国家物流枢纽建设，推动农村交通运输融合发展。三是全面推进出行服务便捷化，推进区域客运发展，完善公共交通体系，加快大同综合客运枢纽建设，提升旅客运输能力。四是全面推进交通领域治理现代化，加快法治交通建设，深化体制机制改革，完善交通治理格局，不断提高交通运输本质安全水平。五是全面推进交通运输与旅游融合发展试点、绿色高效物流服务体系建设试点任务，打造一批交旅融合示范工程，建设绿色货运配送示范城市，努力打造“大同样板”。

会议强调，各级党委要把建设交通强市建设摆到重要位置，党政“一把手”要铁肩担责、亲自部署推动，市级领导小组发挥好牵头抓总、统筹协调作用，相关部门按照职责分工抓好任务落实。要强化政策支持，抓好要素保障，挂图作战推进重点项目建设，打造标杆工程。要建立健全督促落实机制，逐层传导压力，强化考核评估，确保建设成效与质量。

3月2日 省交通运输厅安委会召开全省交通运输安全生产视频会议，贯彻落实全国、全省安全生产会议精神，安排部署全国两会和冬残奥会期间全省交通运输安全生产工作。厅党组成员、副厅长王晋出席会议并讲话。

2021年以来，全省交通运输系统以安全生产专项整治为抓手，在隐患治理、风险管控、责任落实和机制建设等方面做了大量卓有成效的工作，安全生产形势总体保持平稳。当前，安全生产领域还存在一些突出问题和短板弱项，安全生产形势不容乐观。各单位要认清形势，切实把安全生产工作作为重中之重来抓，以高度的政治责任感，狠抓各项安全防范责任措施落实，有效防范化解重大安全风险，为全国两会和冬残奥会创造良好的交通运输环境,以实际行动迎接中共二十大胜利召开。

会议要求,各单位要突出重点,结合安全生产专项整治三年行动、“百日攻坚”专项行动和危化品安全风险隐患集中整治,紧盯突出问题和薄弱环节,全面排查整治交通运输领域安全隐患,严厉打击各类违法违规行为。要结合行业各领域特点,集中开展排查整治,全力把问题排查彻底、整治到位。主要领导要亲自研究部署、督查落实,层层传导压力;要及时分析研判形势,确定工作重点难点,有效消除化解风险隐患。道路运输、城市客运、公路运营、水上交通、工程建设各领域要做到全覆盖无死角,持续做好铁路沿线尤其是公铁并行路段的隐患排查治理。同时,要提升违法行为的发现和查处能力,积极引导社会公众参与交通运输安全治理,建立完善安全隐患举报奖励制度。对排查出来的问题隐患要逐项逐条对账整改。

会议强调,责任是安全生产灵魂,抓安全生产核心是抓安全责任落实。要抓住关键,压紧压实各级安全防范责任。首先是压实企业主体责任。生产经营单位的主要负责人是本单位安全生产第一责任人,对本单位安全生产工作全面负责。各单位要进一步加强对企业主要负责人履行安全生产责任情况的监督检查,督促企业主要负责人依法履职尽责。其次是认真履行行业监管责任。按照“三管三必须”原则,将安全生产作为行业监管的重要内容,做到一体谋划、一体推进、一体检查。进一步厘清职责,明确各方责任,完善联动机制。全面履行部门监管责任,旗帜鲜明抓监管、大张旗鼓严执法,坚决纠正安全生产执法“宽、松、软”的现象。各单位主要负责人要切实担负起本单位本领域安全生产的第一责任,坚持党政同责、一岗双责,切实做到守土有责、守土负责、守土尽责。

厅机关有关处室负责人在主会场参加会议;厅直相关单位、山西交控集团、各市交通运输局、各市公路分局、高速公路综合行政执法各支队分管领导和相关部门负责人在分会场参加会议。

3月4日 2022年全省交通运输系统党风廉政建设工作会议召开。会议总结回顾2021年交通运输全面从严治党工作,分析形势,部署全年党的建设各项任务。厅党组书记、厅长赵建平出席会议并讲话,要求坚定捍卫“两个确立”,坚决做到“两个维护”,切实把思想和行动统一到习近平总书记在十九届中央纪委六次全会上的重要讲话精神上来,按照省委书记林武在省纪委十二届二次全会上的讲话和全会部署,用好党的百年奋斗历史经验,牢牢扛起全面从严治党主体责任,坚持严的主基调不动摇,以党的政治建设为统领,不断坚定政治信仰,提高政治能力,净化政治生态,建设清廉交通,以优异成绩迎接中共二十大胜利召开。

赵建平指出,2021年厅党组全方位深入学习贯彻新时代党的建设总要求,牢牢扛起全面从严治党主体责任,推动政治建设统领作用更加充分发挥,理论武装更加持续深化,党组织凝聚力更加增强,率先试点政治巡察工作,作风整治初见成效,监督执纪更加精准严格,交通运输风清气正的良好政治生态进一步巩固。一年来,厅党组坚持以全面从严治党引领保障交通运输全方位高质量发展,实现“十四五”良好开局。

赵建平进一步指出,纵深推进全面从严治党,全面建设清廉交通,是时代所趋、事业所需。当前,各级党组织必须清醒认识到全系统党风廉政建设形势依然严峻复杂,对照习近平总书记关于党的自我革命的战略思想,对照党中央关于纵深推进全面从严治党的战略部署,对照省委关于“全面建设清廉山西”的重大目标,还存在较大差距,廉洁建设任重道远,作风整治仍需发力,履责担当还需加强。

赵建平强调,2022年全面从严治党工作要重点抓好五个方面。一是坚定不移强化政治建设,进一步加强党对交通运输工作的领导。要深刻把握“两个确立”的实践要求,始终做到“两个维护”;深化创新理论武装,始终做到真抓实干;深化巩固巡察工作,始终接受政治监督。二是坚定不移推进廉洁交通建设,进一步构建风清气正政治生态。要加强纪律作风整顿、廉政风险防控和廉政文化建设。三是坚定不移夯实组织建设,进一步发挥政治功能。要深入推进模范机关建设,加快物流快递行业党委建设,抓好党员和干部队伍建设。四是坚定不移健全制度体系,进一步提升党的建设规范化水平。要全面构建责任落实体系,打造党建工作矩阵。五是坚定不移压实管党治党政治责任,进一步把严的主基调长期坚持下去。各级党组织要坚持真抓真管,落实好主体责任;纪检部门要坚持敢管敢严,落实好监督责任,不断开创全面从严治党新局面。

厅党组成员、省纪委监委驻厅纪检监察组组长王建业传达中纪委十九届六次全会和省纪委十二届二次全会精神,总结2021年纪检监察工作,就做好2022年纪检监察工作作出部署、提出要求。他强调,要胸怀“国之大者”,精准有力推动政治监督具体化常态化;保持反腐败强大力量常在,确保“三不”一体化推进取得更大治理成效;驰而不息纠“四风”树新风,持续加固中央八项规定精神堤坝;坚持把监督贯穿管党治党全过程,不断提升监督执纪执法水平;坚守巡察职责定位,建立健全联动工作机制;持续深化体制机制建设,进一步增强协同高效的监督合力;发扬自我革命精神,锻造新时代政治过硬、本领高强的纪检监察铁军,全方位推进交通运输纪检监察工作高质量发展,为加快建设交通强省、当好开路先锋提供坚强政治保障。

厅党组成员、副厅长王晋主持会议,并就贯彻落实会议精神,抓好近期安全生产等工作作了安排。厅领导段新源、王四小、郭丙福、郝玉柱、雷天才、李贵顺出席会议。

厅二级巡视员、驻厅纪检监察组全体人员、总工程师、厅机关各处室主要负责人,厅直各单位党政主要负责人在主会场参加会议。厅直各单位领导班子成员和相关部门负责人,各市公路分局、各高速公路综合行政执法支队领导班子成员及相关部门负责人在分会场参会。

3月7日 全省交通基础设施建设项目前期工作视频会议在太原召开。会议对加快推进“十四五”规划项目可研报告、土地预审、环评、水保等前期工作进行部署安排,要求各市交通运输局、厅直有关单位明确目标、细化任务,全力做好2022年项目前期工作。厅党组成员、副厅长王四小出席会议并讲话。

会议强调,要进一步加强组织领导、严格工作程序、卡死时间节点、选好咨询队伍、深化方案研究、科学组织论证,扎实推进项目前期工作,保证前期工作质量。抓项目前期工作,一是抓大局、抓发展,要增强大局意识,找准交通运输服务经济社会发展的切入点、结合点、着力点;二是抓政策、抓机遇,要增强机遇意识,增强工作主动性,抢抓政策窗口期,把项目前期工作抓上去、抓到位;三是抓落实、抓开工,要增强责任意识,采取强有力的措施,加快前期工作,保证工作质量,将储备项目变成落地项目,推动项目科学高效开工建设。

会议要求,推进项目前期工作,首先要依据规划,选好项目,项目选择要坚持战略优先、问题优先、效益优先和要素优先四个原则。对国家、省重大战略和规划安排的项目要优先纳入“十四五”规划,优先安排前期工作,有效支撑国家、省重大战略实施。对于制约整体路网特别是国家和省重要交通通道发挥效益和对外开放急需的项目,要及时安排新建、改造、扩容项目前期工作,及早开工建设。对未来效益好、投入产出比高的项目,要优先安排,及早上马。对资金、土地、环保等要素较好落实的项目,条件成熟后及早安排项目前期工作。其次,要突出重点,分类推进,扩大有效投资。要加快推进2022年计划开工高速公路、普通国省道和三个一号旅游公路项目,提前启动明后两年三个一号旅游公路项目前期工作,全力推进普通国省道收费一级公路项目前期工作。同时,要深化研究,全面提升前期工作深度和质量,科学合理确定建设方案和技术标准,努力打造集约节约、绿色安全的精品工程。

会议强调,为强化前期工作质量,省厅研究制订三项制度:一是前期工作调度制度,二是前期工作督查制度,三是前期工作奖惩机制。

厅总工程师高新文主持会议,厅综合规划处、厅农村公路管理处负责人分别就前期工作做了具体安排。厅直相关单位、各市政府分管副秘书长、交通运输局、公路分局分别在主、分会场参加会议。

3月8日 全省公路工作会议在太原召开。会议全面总结2021年工作,分析面临形势,安排部署2022年重点任务。

会议强调,2022年是高起点推进交通强省建设的开局之年,也是全系统深化改革的重要一年。面对新形势新任务新挑战,全省公路系统必须坚持和加强党的全面领导,必须始终坚持以高质量发展为总牵引,必须准确把握改革的时度效,必须坚持底线思维、发扬斗争精神,必须增强实干精神,保持战略定力不动摇,奋力夺取全年发展的高分报表。

会议明确,2022年主要预期目标是完成建设投资140亿元,完成新改建270公里,工程质量平均合格率不低于97%。养护工程质量合格率达100%、优良率达90%以上;国道、省道公路技术状况指数MQI优良路率分别达到85%和80%以上。收取车辆通行费3.9亿元;预算执行率达到98.5%以上。超限率控制在0.2%以内。巩固安全生产形势,坚决防止重大及以上责任事故发生。

同日 省公路局召开2022年党的建设工作会暨纪律作风专项整治动员会,要求各级党组织大力弘扬伟大建党精神和自我革命精神,解放思想、实事求是,迎难而上、苦干实干,持续加强党的政治建设,持续加强基层组织建设,持续提升行业文明发展新形象,坚持不懈推进全面从严治党向纵深发展,扎实开展纪律作风专项整治,以高质量党建推进各项任务落地落实,不断开创党建工作新局面。

3月9日 2022年全省高速公路(交通运输)综合行政执法工作会议、高速公路综合行政执法系统党建和党风廉政建设工作会议召开,总结2021年工作,分析当前形势,明确发展思路,部署2022年重点任务。

会议指出,全省高速公路(交通运输)综合行政执法工作已经进入新的发展时期,全体干部职工一定要深刻认识和把握高速公路(交通运输)综合行政执法工作的政治定位、职能定位和服务定位;一定要咬紧"五年发展目标"这个重点,牢牢掌握发展主动权;一定要坚持和落实五个战略基点,全面实施推动"1136"工程;一定要围绕高质量发展要求,推动高速公路(交通运输)综合行政执法创新发展;一定要紧扣法治中国建设这个时代脉搏,着力强化依法依规履职尽责。

会议要求,2022年要抓好全面深化综合行政执法改革,全面履行综合行政执法职能,全面营造安全稳定发展环境,全面推进"四基四化"建设,全面增强可持续发展能力,全面推进法治部门建设进程,全面提升执法队伍能力素质,全面强化党的建设和党风廉政建设等八个方面重点工作。

会议从五个方面对党建和党风廉政建设工作进行部署。一是强调要全力推进党的政治建设,不断加强党对高速公路综合行政执法工作的领导;二是坚持不懈深化理论武装,为全面依法履职、实现高质量发展注入强大思想动力;三是坚定贯彻新时代党的组织路线,精准有力推动各级党组织全面进步全面过硬;四是坚持加强干部队伍建设,着力打造一支政治坚定、能力过硬的高速执法队伍;五是全面推进清廉高速执法建设,探索走出"两个责任"贯通联动、一体落实新路子。

同日 省交通运输运行监测与应急处置中心(厅新闻中心)召开2022年工作会议暨党风廉政建设工作会议,总结2021年工作,部署2022年重点任务。

会议强调,作为全省交通运输行业服务部门和厅党组的"喉舌",中心要牢牢把握新机遇,着力破解发展难题,努力实现路网运行监测能力水平与全方位推动高质量发展的新需求相适应,路况信息发布质量与服务公众美好出行的新要求相适应,新闻舆论引导、舆情应对能力与弘扬新时代交通精神、讲好新时代交通故事的要求相适应,加快构建完善综合交通运输运行监测体系、出行信息服务体系、预测预警与应急保障服务体系、网上网下一体与内宣外宣联动的交通运输新闻宣传体系、舆情监测处置体系"五个体系",为全方位推动交通运输高质量发展提供服务保障和舆论支撑,以优异成绩迎接中共二十大胜利召开。

会议要求,2022年重点要做好七个方面工作。一是推动信息化建设,着力强化资源共享信息互通;二是加强路网运行监测,积极探索"全覆盖"实现方式;三是提高路况信息发布质量,不断增强服务公众能力；四是完善预测预警与应急保障机制，全面提升保障服务水平；五是着力做好运维保障工作，确保各系统安全稳定运行；六是讲好新时代交通故事，持续提升舆论引导能力；七是坚持党的全面领导，不断提高党的建设质量。

同日 临汾市交通运输局召开2022年工作会议，总结2021年工作，部署2022年任务。会议指出，2022年交通运输工作主要预期目标为全市完成交通固定资产投资106.3亿元，其中，高速公路项目47.6亿元、国省道城市过境路段改造和国省道升级改造37.7亿元、“四好农村路”建设6亿元、黄河一号旅游公路建设15亿元。隰吉高速公路建成，新建改建“四好农村路”343公里，黄河一号旅游公路主线贯通，进一步促进交旅融合发展。农村公路优良中路率达到90%以上。国家“公交都市”示范城市创建成功验收。全市交通运输服务业营收指标增速达到35%。车辆非法超限超载率控制在0.2%以下。巩固发展良好的安全生产形势，坚决防止重大及以上安全责任事故发生。

会议提出，2022年全市交通运输工作要坚持的一个核心、三条底线、七项重点工作、三项创新“1373”工作思路。

3月11日 山西交控集团一届五次职代会暨2022年工作会议召开。2021年，山西交控集团统筹推进项目建设、经营管理、企业改革、科技创新等各项工作，实现营业收入493.44亿元，利润总额7.36亿元；多项科技成果获山西省科学技术进步奖，长临高速等3个高速公路项目获评“李春奖”。同时，全省最后两个“县县通高速”项目汾石、浮临高速公路开工建设，对4对服务区“一区一策”提质升级改造，新开通21对服务区、21座加油站，建设完成20座加气站。

2022年，山西交控集团将从加强党的建设、交通基础设施项目建设、推动高速公路经营管理提质增效、培育壮大路域经济和交通关联新业态、全面提升经营管理水平、深化创新融合、紧盯风险防控七方面发力，推动高质量发展，做强做优交通关联新业态，助力山西推进交通强省建设、山西中部城市群高质量发展和太忻一体化经济区建设。

3月15日 零时42分，16010次货物列车载着50台发电机组驶出侯马北火车站，这是山西省经中老铁路首次发运的跨境铁路货物。这批货物在西安编组集结后，经磨憨口岸站出境，运往老挝万象。

16010次货物列车是中老铁路贯通后从山西省开出的首趟国际货运班列，为山西省开辟连接东南亚国家和地区的快捷国际贸易通道。为了发挥中老铁路连接中国市场与南亚东南亚市场的通道作用，精准对接“一带一路”，助力山西打造内陆地区对外开放新高地，中国铁路太原局集团有限公司大力组织营销，积极集结中老铁路国际货物列车货源。

太原局集团公司侯马车务段携手方略保税国际陆港口岸园区，积极组织出口老挝万象的发电机组经中老铁路运输。为让首批集结的50台发电机组高效运输，他们周密部署，精心筹备，提前制订列车开行方案，开辟绿色通道，通过方略保税物流中心（B型）进行报关查验，在中老铁路全线开通运营刚过百日之际，让这批货物顺利踏上中老之旅。此后，中国铁路太原局集团有限公司持续组织货源，今后将会有更多品类的货物从山西经中老铁路运往老挝、泰国、柬埔寨、越南等“一带一路”沿线国家。

同日 省交通运输厅召开全省道路运输安全风险隐患大排查大整治“百日攻坚”专项行动视频调度会议，传达交通运输部相关文件精神，对深入推进道路运输“百日攻坚”专项行动进行安排部署。厅党组成员、副厅长王晋出席会议并讲话。

道路运输“百日攻坚”专项行动启动以来，全省交通运输系统认真贯彻落实习近平总书记关于安全生产的重要论述，全面贯彻落实省政府安委会关于开展全省安全生产领域风险隐患大排查大整治“百日攻坚”集中行动的部署要求，坚持“人民至上、生命至上”理念，提高站位、上下联动，正视问题、压实责任，扎实推进“百日攻坚”专项行动，取得阶段性成效。但还存在企业主体责任落实不到位、安全监管宽松软等问题，必须清醒认识、高度重视，勇于担当、迎难而上，确保各级安全生产责任“不走空”。

会议强调,一要始终坚持问题导向,确保整改到位。聚焦重点领域,紧盯关键问题,强化督导检查,对排查出的问题隐患督促企业及时整改,不能立即整改的,逐一拉出清单、建立问题台账,督促限期整改到位。同时,加强事故教训汲取,做好“回头看”工作,举一反三、标本兼治,抓好问题整改落实,有效消除化解风险隐患,确保道路运输专项整治见到实效。二要始终坚持目标导向,确保执法到位。树牢法治理念,坚持依法监管,以对人民群众生命财产安全极端负责的态度,加大执法力度,强化事中事后监管,狠抓道路运输突出风险隐患排查治理,严厉打击各类非法违法生产经营活动,严查失职渎职,严肃追责问责,对非法违法行为从严从重处罚,形成有效震慑,强化执法成效,不断提升交通运输本质安全水平。三要始终坚持结果导向,确保履职到位。严格落实党政同责、一岗双责、齐抓共管、失职追责和“三管三必须”要求,全面压实安全生产主体责任,强化领导责任、监管责任,完善履责体系,提高履责本领,逐级厘清监督管理职责和边界,健全部门联动工作机制,统筹推进道路运输“百日攻坚”专项行动、安全生产专项整治三年行动等工作,有效防范安全生产事故发生,为全省全方位推动高质量发展创造良好交通运输环境,以优异成绩迎接中共二十大胜利召开。

会议以视频形式召开,各市交通运输局设分会场,全省11市交通运输局就道路运输“百日攻坚”专项行动开展情况、存在问题及下一步打算作交流发言。

同日 省运输事业发展中心工作会议召开,总结2021年工作,部署2022年重点工作任务。

会议要求,2022年,中心要以交通强省建设为统领,以“强党建、夯基础、提素质、促发展”为主线,全面提升运输服务能力,奋力谱写山西运输事业高质量发展新篇章。一要强党建,以党的建设引领事业发展。始终把党的政治建设放在首位,狠抓思想建设、党支部标准化建设和纪律作风建设。二要夯基础,以制度化建设保障高质量发展。进一步健全制度体系,加强内部基础管理,确保制度落实到位。三要提素质,以高技能队伍建设提升服务能力。持续加强干部队伍建设,开展专业化培训,健全和完善激励奖惩机制。四要促发展,以高标准工作助力全省运输行业现代化建设。着力加强行业发展研究,扎实办好更贴近民生实事,持续推进运输行业绿色发展,不断提高货运服务供给质量,切实做好水运服务保障,持续出租汽车新老业态融合发展,不断提高行业发展信息化保障能力和服务水平,加强行业信用评价工作。同时,中心还召开2022年党风廉政建设工作会议。

3月16日 《中国交通报》头版刊发厅党组书记、厅长赵建平署名文章《奋力谱写加快建设交通强国山西新篇章》。文章指出,深入学习贯彻中共十九届六中全会精神、汲取党的百年奋斗历史经验,加快建设交通强国生动实践,深化全面从严治党是交通运输工作不断取得新发展的精神力量,是交通运输高质量发展的关键所在,是交通运输科学发展的坚强政治保障,为全省加快推进交通强国建设试点工作指明方向。

鉴往知来,砺行致远。只有不忘昨天的苦难历程,才能无愧今天的使命担当,最终不负明天的伟大梦想。山西交通运输系统将立足新发展阶段、贯彻新发展理念、服务构建新发展格局,奋力谱写加快建设交通强国山西新篇章。

党的百年奋斗历史经验是催生交通运输工作不断取得新发展的精神力量。党的历史是最生动、最有说服力的教科书。一百年来,党领导人民进行伟大奋斗,在进取中突破,于挫折中奋起,从总结中提高,积累了宝贵的历史经验。深入学习贯彻中共十九届六中全会精神,就是要认真学习和领会党的百年奋斗历史经验,大力弘扬伟大建党精神,解放思想、实事求是、真抓实干、久久为功,奋力谱写全面建设社会主义现代化国家山西篇章,以优异成绩迎接中共二十大胜利召开。要勇于自我革命,深化全面从严治党,切实增强斗争能力和本领,巩固党史学习教育成果,全面建设清廉山西,为全方位推动高质量发展提供坚强政治保证。要坚定战略自信、保持战略定力,坚持改革创新、攻坚克难,加快构建现代化综合交通运输体系。要强化底线思维，统筹发展和安全，严格落实安全生产管理责任和制度，深入打好污染防治攻坚战，切实做到守土有责、守土负责、守土尽责。

加快建设交通强国的生动实践是推动交通运输高质量发展的关键所在。加快推进交通强国建设试点，是实现山西交通运输提质升级发展的关键所在。要加快推进交通强国建设实施意见和行动计划落地，严格按照《交通强国建设山西省试点实施方案、责任分解和考核办法》有关要求，全力抓好5方面试点任务、120项具体工作的落实。统筹推进重点领域和环节改革，下大力气破解公路局系统改革难题，有序深化出租汽车行业改革，真正实现管理机制的重塑性改革和创新。要切实加大科技创新力度，大力推动智慧公路、智慧交通、智慧物流发展，力争在智能网联重载货运车路协同、旅游公路5G技术覆盖等重点领域取得突破，走在全国前列。要重点推进网络货运新业态发展，不断降低社会物流成本。要聚焦绿色低碳，推动转型发展，持续加大国三及以下排放标准柴油货车淘汰力度，大力发展“公转铁”、多式联运、甩挂运输等新型运输组织模式，稳步推进交通运输电力、氢燃料等绿色能源普及，支持太原等5市创建绿色出行城市，加快开展交通基础设施绿色化改造，打造一批“绿色公路”，打好污染防治攻坚战。

深化全面从严治党是交通运输科学发展的坚强政治保障。全方位推动交通运输高质量发展，关键在党要管党、全面从严治党。要把抓好党建作为最大的政绩，担负起管党治党的政治责任，营造更加风清气正的政治生态。要坚持把党的政治建设摆在首要位置，始终在思想上政治上行动上同以习近平同志为核心的党中央保持高度一致，坚决服从服务于全省交通运输事业发展大局，严明党的政治纪律和政治规矩，始终牢固树立“四个意识”，坚定“四个自信”，做到“两个维护”。要全面深化党风廉政建设和反腐败斗争，切实巩固当前来之不易的良好政治生态。

3月 省高速公路综合行政执法总队党委书记、总队长刘清平率队赴省公安厅交管局、省运输事业发展中心、省交通运输运行监测与应急处置中心开展工作对接交流走访活动。在省公安厅交管局，双方就建立高速公路路警协作机制进行对接，表示将以建设人民满意交通为出发点和落脚点，强化联勤联动，深入研究，逐步建立高速公路隐患排查、联防联控、查处违法、保障安全、信息共享、疏通保畅、应急救援、宣传引导、治理危化品车辆运输等联动协作机制，共同做好高速公路路产维护、路权保护、安全畅通等各项工作。在省运输事业发展中心、省交通运行监测中心，双方分别就相关工作进行对接交流，表示将切实把思想和行动统一到厅党组的决策部署上来，担当作为，加强协作，建立定期会商机制、信息共享机制、部门联动机制，及时总结工作经验，解决工作难题，同心协力为山西交通强省建设做贡献。

是月 交通运输部印发《关于公布2021年度“十大最美农村路”等名单的通知》，推选山西省吕梁市兴县沿黄扶贫旅游公路等7条农村公路为2021年度“我家门口那条路——最具人气的路”。

通知要求有关地方交通运输主管部门再接再厉，进一步完善体制机制、强化保障措施，加快实现农村公路建管养运协调可持续发展，积极探索“四好农村路”高质量发展的成功实践之路。各地交通运输主管部门要认真学习、宣传推广年度“十大最美农村路”和“最具人气的路”的好经验好做法，持续开展好“我家门口那条路”主题活动和“最美农村路”推选，聚焦农村公路“品质高、网络畅、服务优、路域美”发展目标，强化“质量过硬、路通民富、出行便利、绿化优美、路域和谐”导向，引导社会各界关注和支持农村公路发展，为巩固拓展脱贫攻坚成果、全面推进乡村振兴营造良好氛围。

4月

4月22日 山西省印发《关于切实做好货运物流保通保畅工作的意见》，提出一系列行之有效的具体措施,多部门多系统联动,为企业纾困解难,确保交通运输大动脉“血脉通畅”。

4月30日 太原重工轨道公司相关负责人带着精心准备的锦旗,到山西转型综改示范区管委会,感谢他们帮助企业渡过难关。正是有了通行证保障运输,共有近1.5万吨原材料入场,从厂里发出产成品近1万件,有力保障公司正常生产经营。

5月

5月9日 省交通运输厅召开第二季度重点公路工程调度暨安全生产电视电话会议,对“双过半”、年度投资目标任务、建成完工等重要工作目标进行再安排、再部署、再推进。截至5月底,全省重点公路工程投资完成136.44亿元,完成年度目标任务28%,较上年同期增长1.4%。聚焦物资运输,扎实贯彻省政府百项堵点疏解工作要求,主动协调卫健、交警等相关部门,及时打通重要设备、材料运输通道,为完成全年目标任务奠定坚实基础。

5月19日 全省铁路沿线安全环境治理联席会议暨全省铁路沿线安全环境治理工作会议在太原召开,副省长汤志平出席会议并讲话。

会议肯定一年来全省铁路沿线安全环境治理工作取得阶段性成效。会议强调,2022年下半年将召开中共二十大,做好铁路沿线安全环境治理、保障铁路安全,具有特殊而重要的意义。要深入贯彻落实习近平总书记关于安全生产的重要指示精神,按照省委、省政府近期关于加强安全生产工作的一系列部署要求,针对问题分类施策,把铁路沿线安全环境治理抓紧抓实抓到位。要集中整治存量问题、有效遏制增量问题,加快推进道口“平改立”和上跨桥移交,加强线路封闭管理,突出整治轻硬质漂浮物、危树认定治理和违法抽取地下水等重点隐患问题。要进一步完善工作机制和责任链条,推进“双段长”制落细落地,不断提升信息化监测治理水平,广泛开展宣传教育,全力推动全省铁路沿线安全环境治理水平取得新成效。会上,省交通运输厅代表省铁路沿线安全环境治理联席会议通报工作情况,省公安厅、省生态环境厅、大同市、晋中市、中国铁路太原局集团公司作了交流发言。会议在各市、铁路沿线各县及驻地在山西省外的成员单位设分会场。

5月19日至31日 省交通运输厅一级巡视员李贵顺和省交战办专职副主任、厅总工程师高新文带队赴重点公路工程项目开展调研。

省厅调研组深入太原西北二环、黎霍高速、汾石高速等项目施工一线,实地查看、工程进度、质量控制及安全生产等各项工作,指出3点要求。一是锚定年度投资目标任务。深刻领会党中央关于经济要稳住、发展要安全的重大要求,自我加压、主动作为,抢抓二季度施工黄金期,优化施工组织、加大资源投入、持续掀起建设高潮,为完成年度目标任务奠定坚实基础。二是提升质量安全本质水平。以“数字赋能”建设为切入点,统筹开展质量提升、安全生产大检查大整治大提升、安全生产强化年以及隧道施工安全步距、高墩桥梁安全防护等专项行动,进一步厚植公路建设高质量发展动能。三是迅速打通堵点,加快前期工作进度,针对土地手续办理、征地拆迁等制约问题,成立工作专班,集中精力、全力攻坚,高效推动解决。

调研期间,省厅调研组分别会同太原市政府、吕梁市政府和省自然资源厅进行座谈,协商推动解决征地拆迁、资金落实、正式用地手续办理等制约项目建设的突出问题,真正为重点工程疏堵解困、保障要素到位,为重点工程建设营造优良环境。

6月

6月1日 2022年6月是第21个全国“安全生产月”,主题为“遵守安全生产法,当好第一责任人”。省交通运输厅安委办印发《关于开展2022年“安全生产月”活动的通知》,对全省交通运输行业“安全生产月”活动进行安排部署。

2022年全省交通运输行业“安全生产月”主要

开展八项活动。一是深入学习贯彻习近平总书记关于安全生产重要论述，推动落实安全生产十五条措施。通过集中宣讲、教育培训、辅导讲座、专题研讨、在线学习等形式，强化安全责任落实，不断提升防范化解各类安全风险的能力。二是大力开展宣传学习贯彻《中华人民共和国安全生产法》活动。举办主题宣传、专题讲座、知识竞赛、学法守法倡议等形式多样的宣教活动，强化以案释法、以案普法，集中公开曝光交通运输安全生产典型违法案例，积极参加“第一责任人安全倡议书”“我是安全吹哨人”等活动。三是开展安全生产大检查大整治大提升行动。组织主流媒体广泛宣传，大力推广制度成果。制订《安全生产大检查大整治大提升行动方案》，坚持问题导向，全面排查整治各类风险隐患，细致自查自纠，强化源头治理。四是组织“安全宣传咨询日”活动。6月16日前后，以线上线下相结合方式，创新开展安全宣传咨询活动，组织开展“专家远程会诊”“新安法知多少”等线上活动，在全社会营造“关注安全、关爱生命”的浓厚氛围。五是开展“三晋安全行”专题宣传报道活动。突出专项整治三年行动、大检查大整治大提升行动、危险化学品集中治理、打非治违和排查治理等重点内容，开展专题行、区域行、网上行等宣传报道活动，加强问题隐患和反面典型曝光。六是开展安全宣传“五进”活动。组织广大党员干部深入基层，广泛开展“安全志愿者在行动”“水上交通安全知识进校园”和各类应急演练体验活动。七是组织开展安全生产和应急管理新媒体作品征集评选活动。挖掘本领域、本单位安全生产和应急管理工作亮点，充分展示全省交通运输安全生产和应急救援工作新成效。八是组织开展安全知识竞答等安全知识普及活动。以安全生产、应急管理、防灾减灾、救灾抗灾为重点，推出线上线下等多种形式的安全知识竞答和安全知识普及活动，发动交通参与者广泛参与，不断提升安全素质和防灾减灾救灾抗灾能力。利用公路、桥梁、车船、场站等交通设施和场所以及媒介手段，广泛传播交通运输安全生产知识。各单位要高度重视、加强领导，结合各自实际制订活动方案，认真组织开展好“安全生产月”各项活动，推动安全生产各项政策措施落地见效，确保全省交通运输安全生产形势持续稳定向好。

6月2日 山西高速首个“无人值守智慧车道”改造测试工作长治高速公路分公司丰宜收费站完成，入口车道“智能发卡机器人”和出口车道“智能收费机器人”正式上岗。

丰宜收费站是全省高速公路第一个规模化启用车道“智能机器人”、实现无人值守的试点收费站，也是智能化AI设备引入收费站的首次尝试，其亮眼外观、智慧化收费方式为司乘人员带来全新通行体验。

“智能收费机器人”具备收费车道全程无人值守优势，可达到5秒自动发卡、18秒完成缴纳通行费，支持ETC、支付宝、微信等多种非现金支付手段，适用于ETC、MTC、混合车道等各类收费场景。相较于人工车道，发卡效率提高近10%，平均收费时长减少2～3秒。

近年来，长治高速公路公司在探索“智慧运营”方面做了诸多尝试，引入“智能收费机器人”是打造“智慧高速”的一项新探索，不仅大幅提升通行效率和服务品质，降低用人成本，减少收费员与司乘人员接触，还推进收费站拥堵治理，为公路收费实现“无人化、非现金、快速通行”提供高效解决方案。

6月7日 2022年全国高考开始，全省交通运输行业提前谋划、精心部署，优化高考交通服务保障，全力营造安全有序、畅通便捷的道路交通出行环境。

6月9日 省交通运输厅召开山西省迎接国家路网监测工作安排部署和动员视频会议，动员各级各部门提振精神，激发斗志，迅速掀起公路管养工作新高潮，以最好路况、最优管理、最美环境、最佳形象迎接国检。厅党组成员、副厅长王晋主持会议并讲话。

会议指出，各单位各部门要统一思想，凝聚共识，切实增强迎检的责任感和使命感，坚持问题导向、目标导向、结果导向，对标上年检查结果找短板、对标先进省份找差距、对标检查要求抓落实，全力冲刺打赢这场攻坚战和翻身仗。

会议要求，要突出重点，聚焦关键，着力抓好重点路段路况提升、桥梁隧道的“补课”、检查项目准备、日常养护和路域整治、试点任务的总结展示、内业资料的整理完善、行业精神状态提振等工作，高标准高质量完成迎检任务。要准确把握迎国检与安全生产、防汛备汛、保通保畅等工作的内在联系，统筹兼顾、有机融合、一体推进，特别要全面加强防汛备汛和地质灾害防范应对工作，深入开展安全生产大检查大整治大提升专项行动，实施公路安全设施和交通秩序管理精细化提升行动，持续抓好货运物流保通保畅工作。

会议强调，全省迎检工作已进入最后冲刺阶段，各单位各部门要把迎检工作作为当前一项重要而紧迫的政治任务，切实加强领导，精心组织，周密部署，细化方案，确保各项任务落到实处，实现预期目标。要争取地方政府及有关单位支持，积极投身公路安全设施和交通秩序管理精细化提升行动、路域环境综合治理、通道沿线绿化美化等工作，形成强大合力，持续掀起高潮。要统筹联动，层层督导，及时掌握工作进度，发现问题立即通知相关部门限期整改，推动迎检工作有序有力开展。

6月10日 省交通运输厅召开2022年度巡察工作动员部署会。厅党组成员、副厅长王晋作动员讲话，驻厅纪检监察组副组长任玉胜主持会议。

会议指出，巡视巡察是党中央推进党的自我革命、全面从严治党的战略性制度安排。2022年恰逢中共二十大召开，做好全年巡察工作责任重大、使命光荣。各级党组织和各巡察组要深刻领会党中央和省委关于巡察工作的最新部署要求，进一步增强做好巡察工作的政治责任感和使命感。巡察组要坚持问题导向，被巡察单位要自觉接受监督，持续推动巡察工作向纵深推进，为交通运输事业长期健康稳定发展提供坚强政治保证。

会议要求，政治是一切工作生命线，巡察作为政治监督的重要方式、有效方式，就是要确保交通运输各项工作始终坚持正确政治方向。要准确把握巡察的根本任务，始终坚持巡察的基本原则，高度聚焦巡察监督重点，紧密结合被巡察单位工作实际，并扎实推动做好整改工作，确保巡察取得实效。要坚持严字当头，切实加强巡察队伍内部监督管理，把严的标准和要求立起来、落到位，严守职责边界，坚决维护好厅党组形象。

本次巡察从6月中旬开始，8月中旬结束，厅党组派出2个巡察组，对省高速公路综合行政执法总队太原、晋中、长治、晋城、临汾、运城支队开展常规巡察。

6月13日 省政府新闻办举行全省“稳住经济一揽子政策措施”系列第二场新闻发布会，省交通运输厅新闻发言人、厅党组成员、副厅长王晋代表省交通运输厅深入解读全省交通运输行业稳投资促消费政策措施和保产业链供应链稳定政策措施等相关内容。

王晋介绍说，全省此次出台的稳经济一揽子政策措施，在全面落实国家要求的同时，结合山西实际，提出交通运输行业12项具体举措。省交通运输厅按照省委、省政府决策部署，把稳增长放在更加突出位置，发挥“先行官”作用，全力以赴推动各项政策措施落地见效。

一是推进交通基础设施建设，扩大有效投资。坚持适度超前，聚焦综合交通网短板，以增强区域间、城市群间、省际、城乡间交通运输联系为重点，进一步扩大交通运输基础设施有效投资。“十四五”时期，全省共谋划重大交通建设项目174个，总投资9069亿元，其中，2022年交通设施固定资产投资增加至800亿元以上。为确保落地见效，成立工作专班和专家组，进一步完善重大基础设施建设协调机制，明确时间表、路线图、责任人，基本形成“在建一批、开工一批、储备一批、竣工一批”格局。同时，积极争取国家更多资金支持，用好用足收费公路专项债，鼓励社会资本参与交通基础建设，全力推进重大项目开工建设。二是适时完善保通保畅举措，确保供应链稳定。会同相关部门确定5473户“白名单”企业，交通运输部门主动对接、主动服务，坚持“一企一策”，围绕企业需求，指导完善物流运输方案，更好地满足企业产业链供应链需求。三是积极落实助企纾困政策，培育新的增长点。进一步加大各项助企纾困政策宣传解读力度，指导交通运输企业应享尽享、用好用足小规模纳税人免征增值税、留抵退税以及缓缴养老、失业、工伤保险费等政策，协助人行太原中心支行认定交通物流专项再贷款企业（经营者）资质和名单，研究制订全省农村客运补贴政策，全力帮助困难交通运输企业渡过难关。同时，加快网络货运市场主体培育，推动网络货运规范健康发展。2022年一季度，全省网络货运企业达到345家，入统营业额达237亿元，企业数及营业额均为全国第一。

在答记者问环节，王晋介绍说，为切实扩大交通运输有效投资，全年交通基础设施固定资产投资创历史新高，突破800亿元。在做好年度重点项目建设的同时，省交通运输厅紧扣国家及全省“适度超前开展交通基础设施投资”的部署要求，围绕国家完善综合立体交通网规划要求，围绕省委、省政府打造中部城市群战略决策，围绕全省稳住经济大盘系列部署，谋划储备2023—2025年实施的重大项目120个，估算投资6200亿元，力争完成既定目标。

6月14日 副省长到省交通运输厅指导工作，详细了解全省交通运输情况，并与干部职工深入座谈交流。

他强调，百业兴盛，交通先行。交通运输是国民经济的基础性、先导性、战略性产业和重要服务性行业，是经济社会发展的“先行官”。省委、省政府对交通部门委以重任、寄予厚望。交通部门要不负重托，牢固树立以人民为中心的发展思想，发扬纪律严明的良好传统，提升对各类交通情况的调度和处置能力，以饱满的激情、旺盛的战斗力和求真务实的作风，为全省全方位推动高质量发展贡献力量。

他指出，省里聚焦“一群两区三圈”联动发展，聚焦把太忻经济区打造成为山西融入京津冀和服务雄安新区的重要走廊，聚焦打造“城景通”“景景通”全域旅游交通网，启动实施一大批交通运输基础设施重大建设项目。当前，省委、省政府认真落实党中央、国务院决策部署，出台《山西省扎实推进稳住经济一揽子政策措施行动计划》。交通运输部门要认真贯彻落实省委、省政府重大决策部署，扛起建设交通强省和稳经济的交通担当，加快推进高速公路、“三个一号”旅游公路等重大交通基础设施建设，为全省稳经济大盘多做贡献，当好全方位推动高质量发展的开路先锋。

他指出，要积极推进物流降本提质，构建绿色高效的现代物流体系，助力全省扩大对外开放，畅通经济循环，提升产业综合竞争力。

他指出，全省交通基础设施重点工程正在加快建设，全省即将进入汛期，越是在这样的时候，越要紧绷安全生产这根弦，坚决守好安全生产底线。全省交通运输部门要按照“管行业必须管安全、管业务必须管安全、管生产经营必须管安全”的要求，认真履行好政府监管责任，压实压紧生产经营单位主体责任，形成整体合力。要加强重大交通基础设施建设运营安全管控，加强巡查，及早整治，防患未然。要紧盯重要风险源，包括危化品运输、长途客运等，严格落实管控措施，有效防范和遏制各类事故。要以案为鉴，深刻汲取全国各地交通运输领域安全事故教训，举一反三，超前布防，决不重蹈覆辙。要对交通运输领域安全生产规律、重大安全风险管控、交通安全应急保障等心中有数、手上有招，为中共二十大胜利召开营造良好环境。

厅党组书记、厅长赵建平汇报全省交通运输主要工作开展情况。

省政府办公厅副主任李天照出席座谈会。厅领导秦红保、王晋、段新源、王四小、郭丙福、雷天才、李贵顺、高新文，厅机关有关处室和厅直有关单位主要负责人参加座谈会。

6月15日 省交通运输厅向全省交通运输行业干部职工印发“践行节能低碳 建设绿色交通”倡议书。6月13日至19日是全国节能宣传周，6月15日是全国低碳日。为了树立绿色交通理念，践行绿色发展理念，增强绿色低碳意识，在全国节能宣传周期间，向全省交通运输行业广大干部职工发出5点倡议：一是树牢绿色理念。深入贯彻习近平生态文明思想，全面落实党中央、国务院关于碳达峰碳中和决策部署,牢固树立绿色发展理念,传播绿色文明,倡导低碳生活,进一步增强交通运输绿色低碳发展责任感和使命感。二是培养节约风尚。机关事业单位要倡导低碳办公理念,提倡无纸化、电子化办公,倡导双面打印;节约用水、节约用电,做到“人走电断”;爱惜粮食,杜绝浪费。三是绿色低碳出行。对于短距离出行,最好选择零碳排放的步行或者自行车出行。城市内长距离出行,尽量搭乘相对低碳的公交车或地铁。城市间交通可以优先选择高铁。私家车提倡使用新能源汽车或小排量汽车,做到绿色出行。四是垃圾分类投放。机关事业单位要做到垃圾分类,按标志投放废旧电池、化学制剂等有害垃圾,分类投放其他垃圾。五是自觉减污降碳。减少或不使用一次性餐具餐盒,自备可循环使用的购物袋,外出自备水杯,减少塑料制品和一次性用品的使用,拒绝白色污染。

倡议书最后指出:推动减少碳排放,和每个人的生活息息相关,让我们行动起来,推动形成节约适度、绿色低碳、文明健康的绿色发展方式和生活方式,做绿色出行的先行者、绿色生活的践行者、绿色发展的推动者。

6月15日至7月9日 为进一步凝聚榜样力量,大力弘扬新时代交通精神,激励全行业广大干部职工在交通强国建设中砥砺前行、建功立业,省交通运输厅启动“凝聚榜样力量 弘扬交通精神”先进典型推荐宣传活动。

本次活动的推荐标准为:在弘扬新时代交通精神中引领风尚,继承和发扬党的精神谱系,深入践行以“两路”精神、“逢山开路、遇水架桥”的奋斗精神等为代表的新时代交通精神的先进典型。在牢记初心使命中砥砺前行,对党忠诚、服务人民,把人民群众对美好生活的向往作为奋斗目标,全心全意建设人民满意交通,不辜负党和人民重托,在保通保畅、交通扶贫等工作中涌现出的先进典型。在建设交通强国中奋力开拓,工作在基层一线,志存高远、脚踏实地,善于在工作中增长才干,在平凡岗位上创造不平凡业绩,努力成为担当交通运输改革发展重任的栋梁之才,树立新时代交通精神的感动人物和先进典型。

推荐范围为各市交通运输局、厅直各单位、山西交控集团全体党员干部职工,重点倾向各基层一线。

6月16日 省交通运输厅在太原工人文化宫广场开展“安全宣传咨询日”活动,围绕“遵守安全生产法,当好第一责任人”主题,在全社会大力营造“关注安全,关爱生命”的浓厚氛围。厅党组成员、副厅长王晋参加,并现场讲解有关安全知识、发放宣传资料。

在活动现场,厅机关、厅直各单位20余名工作人员耐心细致地为前来咨询的广大市民答疑解惑,通过发放安全生产宣传资料、行车指南及超限超载、公路工程重大风险、应急管理等安全规定,集中宣传普及交通运输安全生产法律法规,进一步增强人民群众的安全防范意识,推动习近平总书记关于安全生产的重要指示精神、国务院安全生产“十五条”措施深入人心、家喻户晓、落地落实。在交通安全体验区,大家还体验VR模拟驾驶舱、VR防灾减灾、消防灭火、心肺复苏、高空缓降及绳索救援、雾区引导防撞系统、养护作业警示系统等。

“安全生产月”期间,全省交通运输系统各单位、各部门组织开展学习贯彻《中华人民共和国安全生产法》活动,举办主题宣传、专题讲座、知识竞赛、学法守法倡议等形式多样的宣教活动;“安全宣传咨询日”活动当天,积极参加当地组织的宣传咨询活动。

6月17日 省交通运输厅召开厅安委会第三次全体(扩大)会议暨推进交通运输安全生产大检查大整治大提升专项行动视频会议,深入学习贯彻习近平总书记关于安全生产的重要论述和指示批示精神,分析研判并坚决稳控交通运输安全形势,对全面加强交通运输安全生产各项工作进行部署。厅党组成员、副厅长王晋出席会议并讲话。

会议指出,2022年下半年召开中共二十大,做好中共二十大前后的安全生产工作意义重大、责任重大。各单位各部门要清醒认识做好交通运输安全生产工作的极端重要性,进一步提高政治站位,把安全生产放在更加突出位置，统筹发展和安全，立足从根本上消除安全隐患、从根本上解决问题，全力以赴落实好安全生产各项措施，为中共二十大胜利召开提供坚实安全保障。

会议强调，要扎实推进安全生产大检查大整治大提升行动和专项整治三年行动。一要对标对表省政府安委办督导检查文件所列5类清单，不折不扣落实任务，按照省交通运输厅一月一次视频调度机制，及时了解掌握全局工作进展情况，并综合运用通报、约谈、警示、曝光等有效措施，对重点问题、重大隐患盯住不放、一抓到底，确保问题彻底解决。二要聚焦公路运营、道路运输、水上交通、工程建设、铁路沿线等重点领域重点环节重点部位，全面开展安全风险防控和隐患排查治理，确保重大风险有效管控、重大隐患及时清零；要统筹做好汛期安全风险研判、隐患排查整治和防范应对工作，确保全省交通基础设施安全度汛。三要全力做好督导巡查配合工作，高度重视问题整改，坚决做到即交即办、立行立改、全力整改。

会议强调，要持续提升本质安全水平，加快补齐交通基础设施短板，深入开展平安文明示范公路建设，切实抓好危货运输安全风险治理，扎实开展水上交通安全专项整治，坚决维护铁路沿线安全，进一步理顺安全监管体制机制。要创新方式方法，积极开展多形式、多样化“安全生产月”宣传活动，将交通运输安全生产工作持续推向深入，营造人人讲安全、时时处处抓安全的浓厚氛围。

6月21日 上午10时18分，伴随着汽笛长鸣，满载着日用百货和机械配件等货物的长治首列国际联运货物列车从长治陆港物流园区缓缓驶出，发往哈萨克斯坦和乌兹别克斯坦。

长治陆港物流园区是华远陆港集团山西国际物流公司投资规模最大的物流园区，接轨于瓦日铁路长子南站，具备快装发运、集装箱发运和国际班列发运等功能，可连接贯通国内铁路运输线路，经由口岸发往国外连通世界。此条班列线路，也是郑州铁路局在山西省开通的首条国际联运货物列车线路，将构建山西省晋东南地区对外开放的新通道，助力山西省全方位对外开放的新格局。

山西国际物流有限公司相关负责人表示，将以此次国际联运货物列车开通为起点，扎实做好货源组织、常态化开行等工作，充分整合当地外贸资源，促进更多货物在当地集结，助力打造晋东南地区对外开放“桥头堡”和“新高地”，为地区经济高质量发展提供坚实的物流支撑。

6月22日至27日 交通运输部路网技术状况监测组到山西省开展2022年度国家公路网技术状况监测评价工作。

本次路网监测评价工作以内业资料检查、现场监测等形式进行，内容包括养护管理检查、路况抽检、重点桥梁隧道监测及公路交通安全设施评估等方面，重点抽检了341国道、G3511高速公路和部分桥隧。

为做好此次迎检工作，省交通运输厅高度重视，多次专题安排部署，研究制订方案，压紧压实各方责任，细化迎检工作任务，并抽调业务骨干收集整理相关资料，对照标准自查评估、查漏补缺，确保各项资料完整、闭合。

在反馈会上，交通运输部监测组领导、专家充分肯定山西省在制度体系建立、全面加强日常养护、养护技术创新、专项工作落实方面取得的显著成绩，并对加强养护工作提出要求。

厅党组成员、副厅长王晋代表省交通运输厅出席会议并作表态发言：省交通运输厅将以此次交通运输部监测整改为契机，举一反三，从科学决策、体制机制、资金保障等方面找短板、寻差距，以检促养、以检促改。“当下改”和“长久立”相结合，对标交通运输部要求和此次监测评价组反馈意见，加快完善治理体系，强化养护资金保障，全面加强科学决策，创新实施公路技术状况监测，切实提升公路本质安全水平，持续努力、久久为功，全面推动山西省公路养护管理工作再上新台阶。

6月25日 由省交通运输厅政策法规处和省交通运输综合行政执法局联合举办的“交通运输行政执法公开课”第一讲以视频会议形式开课。厅政策法规处处长杨继勇授课。

杨继勇围绕“路政管理概述、路政管理的事先监管、路政管理的事中监管、公路违法行为的调查处理、损坏公路赔偿法律制度”等方面进行详细讲解，重点突出、剖析深入，对全系统正确履行路政执法职责、规范开展路政执法工作具有很强的指导作用。他还现场解答参训人员提出的相关问题。

省局和各支队领导班子成员、相关部门业务骨干、各市交通运输综合行政执法队的业务骨干共580人参加学习。

6月29日 省交通运输厅印发《山西省绿色交通“十四五”发展规划》（以下简称《规划》）。《规划》以习近平生态文明思想为指导，以《交通强国建设纲要》为引领，以推动交通运输节能降碳为重点，稳步推进交通运输碳达峰碳中和工作。

“十四五”时期，山西省绿色交通发展要坚持“生态优先、绿色发展，创新驱动、优化结构，重点突破、系统推进，多方参与、协同治理”的基本原则；明确到2025年，交通运输领域绿色生产方式和生活方式基本形成，初步实现交通基础设施生态化、运输装备清洁化、运输组织高效化，绿色交通重点领域建设取得突破性进展，绿色交通发展水平总体适应交通强国建设的阶段性要求。

《规划》总结全省绿色交通发展现状，分析当前交通运输绿色发展存在问题和形势要求，提出绿色交通“十四五”发展总体思路。“十四五”期间，聚焦9项主要任务：优化交通运输布局结构，建设绿色交通基础设施，发展绿色交通运输装备，发展绿色高效运输模式，稳步提升绿色出行水平，加强交通运输污染综合防治，推进交通运输资源集约循环利用，加强绿色交通科技创新与支撑，加强绿色交通监督管理。

6月30日 省交通运输厅党组成员、副厅长王晋带领慰问组赴孝义公路管理段、汾石高速项目开展“关爱职工、清凉一夏”活动，为奋战在一线的职工带去防暑降温物资，送上一份清凉。

王晋对基层工作给予充分肯定，并勉励一线干部职工继续发扬连续作战精神，抢抓晴好天气，不畏艰辛，再接再厉，优质高效完成施工建设任务。王晋要求广大干部职工要进一步增强责任感和使命感，把服务和保障一线职工健康权益作为工作重点，抓好安全生产和防暑降温工作，帮助一线职工平安度夏。

此次活动，不仅体现省交通运输厅对一线干部职工的关心关爱，更极大鼓舞基层职工的工作干劲，激励广大职工为全省交通运输高质量建设发展贡献力量。

7月

7月1日 省交通运输厅组织厅机关党员干部赴石楼县，与厅驻村帮扶工作队联合开展“喜迎中共二十大 奋进新征程”主题党日活动。副厅长、厅直机关党委书记王晋参加活动。

上午，全体党员干部40余人面对鲜红党旗，在领誓人带领下，举起右拳庄严宣誓，重温入党誓词。

随后，大家瞻仰毛泽东雕像，并参观红军东征纪念馆和石楼县党史陈列厅。参观过程中，全体党员干部认真参观馆内每一样史实资料，仔细聆听讲解员讲述每一段可歌可泣的英雄事迹。每到一处，大家都驻足观看，交流心得体会。

此次活动，进一步激励党员干部传承红色基因、弘扬优良传统，把革命先烈开创的事业继承好、发展好的干劲。大家纷纷表示要向革命先辈看齐，以榜样为镜，在奋力谱写全面建设社会主义现代化国家山西篇章中当好开路先锋，以优异成绩迎接中共二十大胜利召开。

7月4日至8日 省委组织部与省交通运输厅在省委党校联合举办山西省交通运输高质量发展研修班。省交通运输厅党组成员、副厅长王晋作开班动员讲话，省委党校副校长史洁、省委组织部干部教育处副处长刘晓涛出席开班仪式。部分市县交通运输局、厅属各单位、厅机关各处室领导，以及省交通运输厅驻石楼帮扶工作队部分队员参加本次研修班。

本次研修班邀请中央党校、交通运输部有关部门、省委党校的专家、教授，紧紧围绕习近平新时代中国特色社会主义思想的方法论、领导干部应具备的执政本领等主题进行全面系统讲授。特别是部规划研究院、部公路局农村公路处、部公路科学研究院有关专家，针对“双碳”背景下智能交通与智能公共交通服务建设、城乡交通运输一体化与乡村振兴等热点工作，为大家进行深入浅出的精彩讲授，既讲解政策历史由来，又分析展望交通运输行业未来发展新趋势、新动能、新路径，使大家明确今后的新使命新任务。其间还组织观看警示教育片《失重》，增强大家廉政勤政意识，提升拒腐防变能力。

培训期间，学员们自始至终保持求真务实精神状态和高昂学习热情，专心听讲，认真思考，交流探讨，体现全省交通运输系统干部良好素质修养和团队精神。大家纷纷表示，要以本次培训为契机，不断创新工作方式方法，提升履职能力，进一步把推进交通运输高质量发展各项工作落到实处。

王晋在结业讲话中，要求学员们勤于学习，进一步增强学习主动性与自觉性，以本次培训作为新起点，以对全省交通运输事业高度负责的责任感和使命感，积极构建“争当学习型干部，创建学习型组织，营造学习型氛围”新格局。要善作善为，进一步推进各项工作举措落地落实，把培训学到的新知识转化为推动交通运输高质量发展的不懈动力，勇于担当、善于作为，奋力开启交通强国建设山西新征程。

7月5日 省交通运输厅与中国人民银行太原中心支行联合召开全省交通物流专项再贷款工作推进电视电话会议，贯彻落实党中央、国务院关于保障产业链供应链稳定、助力交通物流业纾困解难的决策部署，安排部署全省交通物流专项再贷款工作，加快推动交通物流专项再贷款政策落地见效。省交通运输厅党组成员、副厅长郭丙福，中国人民银行太原中心支行党委委员、副行长邢毅出席会议并讲话。

2022年以来，交通物流行业遭受继2020年之后新一轮冲击，使本就处在经营困境中的交通物流企业雪上加霜、步履维艰，生存发展面临巨大困难。党中央、国务院高度重视，对交通物流行业支持力度空前，在前期纾困解难基础上，又出台“定点、定向、定额、低息”交通物流专项再贷款政策，设立1000亿元交通物流专项再贷款，全力支持道路货运企业、物流配送企业和道路普通货运个体工商户、个体货车司机“两企两个”群体融资纾困。

郭丙福在讲话中，要求各级交通运输部门要深刻认识做好交通物流专项再贷款工作的重要意义，进一步提高政治站位，准确把握形势，强化责任担当，加强协同联动，抢抓政策“机遇期”“时间窗口期”，扎实推进交通物流企业融资对接，加快推动交通物流专项再贷款政策在全省落地见效，助力交通物流业缓解痛点、破解难点、走出困境。一要实行一把手负责制，做好统筹协调，推动建立完善政策落地工作机制和银企政对接机制，尽可能争取贷款额度，全力协助有关金融机构做好相关工作。二要利用媒体平台、线下宣讲、发放宣传资料等形式做好政策宣传解读，多形式多渠道提高“两企两个”群体的政策知晓度。三要做好跟踪服务保障，对重点物流企业实行上门定向服务，及时向银行金融机构推送纾困诉求和融资需求，打通金融助企纾困落地“最后一公里”。四要加快构建交通物流业纾困解难长效机制，加快建设统一开放的交通运输市场，深化“放管服”改革，不断优化营商环境，推动交通物流企业转型升级、提质增效。

邢毅强调，专项再贷款确定的7家合格银行要承担起应尽的社会责任，发挥好金融服务实体经济主力军作用，采取有力措施，用好政策工具，为全省争取更多优惠资金支持，全力以赴做好道路货运物流保通保畅相关金融服务工作，为实现“民生托底、货运畅通、产业循环”提供坚实金融保障。

会议解读交通物流专项再贷款政策精神，介绍全省交通物流专项再贷款工作实施方案。农业发展银行山西省分行、工商银行山西省分行、山西汽运集团代表分别作发言。

会后，农业发展银行山西省分行和山西汽运集团举行交通物流专项再贷款银企签约仪式。

7月6日 山西省干部驻村工作领导小组对

2021年省直单位驻村帮扶工作考核情况进行通报，省交通运输厅在综合评价中获优秀等次。

按照全省驻村帮扶工作统一安排，在省交通运输厅党组坚强领导下、厅机关各处室和厅直单位大力支持帮助下，厅驻村工作队严格落实“六化十到位”工作要求，坚持党建引领，强化责任担当，狠抓工作落实，助力推动乡村振兴。在抓党建促基层治理能力提升、防止返贫动态监测、特优产业项目落地、劳动就业消费帮扶、人居环境“六乱”整治、为民办实事好事等重点工作落实上取得积极成效。特别是支持帮扶的产业路开工建设和村通道路提升改造规划布局，有效解决老百姓“急难愁盼”安全出行和生产生活问题；支持帮扶的设施果蔬基地、高质量露天蔬菜基地引进“智慧农业”种植管理技术，在引领石楼县万亩露天种植基地高质量转型发展中起到积极示范作用。

7月8日 为深入学习贯彻习近平总书记考察调研山西重要指示批示精神，大力营造迎接中共二十大胜利召开的浓厚氛围，省交通运输厅决定举办“奋进新征程 建功新时代”优秀文化作品大赛，在全行业征集优秀文化作品，全面宣传中共十八大以来山西交通运输事业发展的变革性实践、突破性进展、标志性成果，充分展现人民群众获得感、幸福感、安全感。

7月13日至15日 省交通运输厅在省交干校举办厅属单位财务人员业务培训班。厅属各单位财务部门负责人、业务骨干及厅机关有关处室相关人员共计60余人参加培训。

本次培训邀请省财政厅省直预算处、国库处、资产管理处、政府采购处、预算绩效管理处等业务处室的专家授课，课程涉及财政预算管理制度、预算绩效管理、政府采购政策及信息化系统运用以及《行政事业性国有资产管理条例》的解读等。培训紧扣工作实际，具有较强针对性和指导性，为财务人员提供一次高规格、高水准、高质量的充电机会。

此次培训让参训人员进一步了解掌握财务工作的新理念、新政策，明确做好新时期交通运输财务工作的新任务、新要求。参训人员纷纷表示，要切实增强财务工作的责任感与使命感，履行好岗位职责，切实把学习成果转化成工作实绩，不断提升财务管理工作水平。

7月15日 省交通运输厅召开安委会第四次全体（扩大）会议，贯彻落实全国、全省安全生产工作会议精神，总结上半年安全生产工作，分析研判形势，安排部署下一阶段交通运输安全生产重点工作。厅党组成员、副厅长王晋主持会议并讲话。

会议指出，2022年下半年要召开中共二十大，这是党和国家政治生活中的大事，保安全、保稳定是全年交通运输领域的重要主题。当前，全省已全面进入主汛期，地质灾害易发多发，防汛抢险救灾任务艰巨，各种风险因素交织叠加，交通运输安全生产形势不容乐观，安全生产基础比较薄弱。各部门、各单位要高度重视、高度警觉、高度戒备，绝不能过高估计安全生产形势，绝不能过高估计交通运输领域保障安全生产的能力和水平，要以“时时放心不下”的责任感，以“坐不住、等不起”的紧迫感，从严从深、从细从实全力做好安全生产各项工作。

会议要求，各部门各单位要紧盯重点领域和关键环节，强化隐患整治和风险治理，把风险隐患当成事故来对待，努力把问题解决在萌芽之时、成灾之前，全力确保行业安全稳定。着力防范化解重大风险，加强对重大风险排查管控，不断细化完善安全生产“一张图”，督促企业加大安全投入，做到源头管控、关口前移、责任到人。精准聚焦公路、道路运输、轨道交通、水运、在建工程、铁路安全等方面，切实排查整治安全隐患。提升违法行为的发现和查处能力，采取明察暗访、驻点督导等方式，深入基层、企业、事故多发领域查问题、除隐患，加大科技手段在安全检查中的应用力度，积极引导社会公众参与交通运输安全治理。全方位汲取事故教训，充分发挥事故案例警示教育作用，举一反三堵塞安全漏洞，防范同类事故发生。

会议强调，要压紧压实主体责任、领导责任、监管责任，全力做好突发事件应急处置工作。保持全系统应急指挥体系高效运转，严格落实24小时专人值班和领导干部在岗带班制度，完善各类应急预案和抢险方案，加强实战性应急演练，科学部署抢险救灾力量，备足备齐应急装备物资，在突发事件发生后要第一时间有效处置。发生重大公路损毁灾害时，要在当地党委政府领导下，按照“先干线、后支线，先抢通、后修复”和“安全第一、先通后畅”的原则，组织力量全力开展抢险保通工作，一时难以抢通的，要制订切实可行的绕行方案，并向社会公布。

会议还对统筹做好物流保通保畅和能源保供工作提出要求。

7月20日 山西省交通运输厅印发《高速公路运营管理办法(试行)》。

7月26日 省交通运输厅召开重点公路工程第三季度调度暨安全生产视频会议。厅一级巡视员郝玉柱，省交通战备办公室专职副主任、厅总工程师高新文出席会议。

会议指出，2022年以来，全省交通运输系统全面贯彻落实省第十二次党代会、省委经济工作会议和全省交通运输工作会议精神，紧紧围绕确定的年度投资目标、重点任务事项，创新工作思路、细化工作举措、强化要素保障，固定资产投资、平安百年品质工程创建等工作取得阶段性成果。各单位要进一步提高政治站位，增强政治敏锐性，周密部署、扎实开展“奋战一百天，喜迎中共二十大”主题活动，全力打造一流平安百年品质工程，以实际行动和优异成绩迎接中共二十大胜利召开。

会议要求，一是全力确保年度投资目标任务完成。通过深挖潜能、助企纾困、专题调度等措施，确保年度投资目标任务顺利完成，力争超额完成。二是全力确保三个高速公路项目按期建成。建设单位要统筹谋划、精准施策，在保证安全和质量前提下，全力推进工程建设，完成建成目标。三是全力确保重点公路工程质量指标再提升。全面落实参建单位质量责任、全面推进数控设备的推广应用、全面深化绿色公路建设，助推重点公路建设质量水平再上新台阶。四是全力确保安全生产“零死亡”和社会稳定“零上访”。持续开展安全风险隐患大排查大整治大提升，全面筑牢社会稳定防线，切实维护和谐稳定大局。五是全力确保质量安全监管责任落实。进一步完善和健全政府监督体制机制，压实建设、设计、施工、监理等参建单位工程质量和安全生产责任，防范化解重大质量安全风险。六是全力确保重点公路工程建设领域廉洁发展。围绕省委“全面建设清廉山西”的重大目标和总体安排，聚焦新时代开路先锋的职责使命，全力打造政治清明、干部清正、文化清和的优良政治生态和发展环境。

7月27日 省交通运输厅组织厅机关退役军人赴驻并某部参观，让退役军人重温部队生活，发扬部队优良作风，为建设交通强省再做贡献。

当天适逢降雨天气，厅机关退役军人集体乘车到达部队驻地，在部队领导引导下，首先参观部队荣誉室，了解部队拥政爱民的光荣传统和在抢险救灾、维稳处突、支持地方经济建设等方面作出的积极贡献。随后，大家参观内务，观看刺杀操表演、枪械分解、班队列演示等。部队官兵不惧风雨、英姿勃发、斗志昂扬的精神面貌和热血豪情，让大家深受鼓舞。

通过此次活动，大家回首军旅生涯，纷纷表示，在今后工作中，要进一步增强自身能力，时刻不忘“有灵魂、有本事、有血性、有品德”的要求，用“铁一般信仰、铁一般信念、铁一般纪律、铁一般担当”做好本职工作，为奋力当好新时代开路先锋贡献力量，以优异成绩迎接中共二十大胜利召开。

7月28日至29日 省交通战备办公室专职副主任、厅总工程师高新文带领督导组赴朔神高速公路、241国道阳方口至朔州市区和336国道朔州至平鲁公路改扩建工程项目现场督导调研及安全生产督查。

高新文查看两个项目实体工程建设情况和安全生产情况，并现场与地方政府主管部门负责人、项目主管单位负责人等研究解决制约项目推进的问题，明确投资、工期等主要目标。高新文在讲话中，提出四点要求：一是全面部署开展“奋战一百天，喜迎中共二十大”主题活动，紧盯年底建成目标，倒排工期、挂图作战，优化施工组织计划、强化资源要素保障,确保按期建成。二是以“时时放心不下”的责任感抓好中共二十大期间安全生产和社会稳定工作,持续开展安全生产风险隐患大排查大整治大提升,落实好安全生产强化年、安全生产三年专项行动、质量安全红线行动、自建房专项整治等行动要求,坚决遏制各类安全事故发生,针对气象气候特点扎实落实防汛要求,确保安全度汛;对征地拆迁费用、农民工工资、工程款等的支付以及招投标、合同履约、分包、材料供应等重点环节开展全面排查,严格落实源头稳控和多元化解机制,务必确保中共二十大期间重点公路工程建设领域安全生产和社会稳定。三是统筹谋划、精准施策,科学制订各分项工程节点计划,坚决避免各专业工程盲目施工、交叉污染,确保路面工程“零污染”,围绕平安百年品质工程要求细化组织,完善措施,把好工程收尾阶段质量关。四是进一步强化底线思维,增强风险意识,持续加强末端防控措施,动态调整优化项目建设常态化防控措施,持续巩固防控成果。

7月29日 省交通运输厅组织厅机关及直属单位党支部书记、党务干部等20余人参观“山西省直机关创建模范机关暨优秀党建品牌成果展”,旨在学习先进模范、汲取榜样力量、勇当开路先锋。

在讲解员引导下,大家边走边看、边学边悟,在一幅幅生动照片和一张张翔实图表前驻足观看,仔细聆听。此次成果展集中展示省直先进单位贯彻落实习近平总书记“7·9”重要讲话丰硕成果,以及创建模范机关和党建品牌的典型经验和显著成效,为全省各级党组织做好“三个表率”、建设模范机关提供有益借鉴。

随后,大家还参观国家税务总局山西省税务局党建活动中心和山西红色税收展。大家纷纷表示,要以此次观摩活动为契机,坚决贯彻新时代党的建设总要求,学习借鉴先进单位的好点子好办法,紧扣职能职责,创造性开展工作,不断提升履职能力和水平,以实际行动和优异成绩迎接中共二十大胜利召开。

8月

8月1日 省交通运输厅组织厅机关党员干部前往山西省党风廉政教育基地,参观“牢记初心使命”党风廉政教育大型主题展,教育引导党员干部增强纪律规矩意识,筑牢拒腐防变的思想防线。厅领导王晋、段新源、王四小、郭丙福参加。

在讲解员带领下,党员干部步入展厅,先后参观“时代叩问、初心如磐”“利剑高悬、知畏知止”“崇德修身、治本之道”等展区,通过一张张图片展板、一个个警示案例、一段段视频资料,深刻体悟习近平总书记关于一体推进不敢腐、不能腐、不想腐的重要论述,回顾新时代全面从严治党取得的历史性开创性成就,感悟全省党风廉政建设和反腐败斗争工作成效及崇廉拒腐的文化。参观中,党员干部内心受到极大震撼,不时停下脚步仔细观看,听取工作人员讲解并询问有关情况。随后,党员干部在宣誓厅一同重温入党誓词,面对鲜红党旗作出庄严承诺。

参观结束后,大家纷纷表示,要深入学习贯彻习近平总书记关于全面从严治党的重要论述,弘扬伟大建党精神,进一步增强自我革命的政治自觉,始终保持“全面从严治党永远在路上”的清醒和坚定,自重、自省、自警、自励,筑牢拒腐防变的思想防线,永葆清正廉洁的政治本色,在全面建设清廉山西进程中展现交通担当,以优异成绩迎接中共二十大胜利召开。

8月2日 省交通运输厅在省公路局组织召开普通国省干线公路新改建工程专项调度会。厅一级巡视员郝玉柱,省交通战备办公室专职副主任、厅总工程师高新文出席会议。

会议召集10个进度滞后、影响年度目标任务完成的项目实施县(区)政府、建设单位、交通运输主管部门、公路分局等负责人参加。会议对各项目推进情况、存在问题、解决措施进行分析点评，重点对项目推进的制约因素进行深入剖析，找准问题，查明原因，拟定措施。

会议强调，各单位各部门一要以高度政治责任感推动投资目标落实。各县（区）政府要坚决扛起主体责任，讲政治、顾大局，保证工作落实和目标实现。二要科学研判、精准施策，全力打通堵点、难点。针对地方政府配套资金落实、征地拆迁、用地手续办理、压覆矿产协调等较突出问题，各项目要咬定年底建成目标任务，优化施工组织计划、强化要素保障，采取针对性措施，有效解决问题。要对年内完工项目的剩余任务再分解、再落实，统筹谋划、精准施策，结合当前施工进度，倒排工期、挂图作战，确保按目标完工。三要加强考核评价，健全完善工作机制。严格开展建设单位考核评价，并将考核评价结果公开公布，持续提升建设单位管理水平。试行开展地方政府公路建设责任落实情况的考核评价，并与省交通运输厅开展地方交通建设项目计划、交通补助资金安排、项目立项审批等工作挂钩，进一步增强市县政府工作积极性。

同日 省交通运输厅召开全省快递物流行业党建工作会议。厅党组成员、副厅长、省快递物流行业党委书记郭丙福出席会议并讲话。

会议指出，现代物流和快递是服务业的重要组成部分，是人民群众实现美好生活的“新基础设施”，是党的建设的重要领域。近年来，以互联网平台经济为代表的新业态蓬勃兴起，聚集网络货运司机、快递员等灵活就业为主要特征的新就业群体，成为基层党建新的重要阵地。各单位要站在讲政治高度，清醒分析形势，深刻理解加强快递物流行业党建工作的重要意义，增强抓好这一工作的政治自觉、思想自觉和行动自觉。

会议要求，要全面协调推进，抓实抓细开局起步阶段的重点任务，不断夯实快递物流行业党建工作基础。当前，应牢牢抓住三项重点工作。一是注重在不断扩大“两个覆盖”上下功夫。市、县行业党委要实施快递物流行业“两个覆盖”专项行动，推动条件成熟的运输企业和快递物流品牌企业建立党组织，并选优配强党组织书记和党建工作指导员。二是注重在促进开展党建工作上下功夫。各级交通运输、邮政管理部门应充分利用自身特点和优势，将党建工作与日常管理工作有机结合起来，借助日常管理工作促进党建工作，尽快建立完善企业党组织在企业决策、规范管理、违法违规惩戒中发挥作用的工作机制，加大党员发展力度，努力提高快递物流企业中党员的比例。三是注重在快递物流行业从业人员职工关心关爱上下功夫。不断加强和改进企业思想政治工作，注重对职工的人文关怀和心理疏导，依托党群服务中心、劳动驿站、司机之家等建设快递小哥、货车司机服务驿站，为他们提供休息、充电等暖心服务。

会议强调，行业党委要将党的建设与快递物流行业发展同谋划、同部署、同推进、同考核，层层压实责任，加强工作督导，强化基础保障，推动各项任务要求一抓到底、落地见效，以优异成绩迎接中共二十大胜利召开。

会前，召开中共山西省快递物流行业党委会议，传达省委组织部《关于成立中国共产党山西省快递物流行业委员会的批复》、中共山西省交通运输厅党组《关于中国共产党山西省快递物流行业委员会委员、书记、副书记任命的通知》，审议通过《中国共产党山西省快递物流行业委员会工作规则（试行）》。

8月2日至3日 为期两天的省交通运输厅信访工作专题培训班在省交通干部学校结束，来自全系统67名信访工作人员参加培训。

本次培训班邀请到省委党校和省信访局的领导、专家和学者，围绕中共十九届六中全会精神、习近平总书记关于加强和改进人民信访工作重要思想、《信访工作条例》、信访积案化解专项工作要求和《信访信息系统网上办理规范》等内容进行集中授课。

参训学员一致表示，要深入学习贯彻习近平总书记关于加强和改进人民信访工作的重要指示精神，精准把握新时代信访工作的基本原则和总体要求，切实扛起为民解难、为党分忧的政治责任，深入实施《信访工作条例》,更好发挥与人民群众的“连心桥”作用,以一颗红心、一片真心切实维护群众合法权益,在维护交通运输稳定大局上做出更大贡献。

8月5日 省交通运输厅党组召开专题(扩大)会议,传达学习全省贯彻落实中央八项规定精神专题警示教育大会精神,安排部署贯彻落实工作。厅党组书记、厅长赵建平主持会议。厅领导王晋、郭丙福、王建业、郝玉柱、雷天才出席会议。

赵建平指出,省委召开专题警示教育大会,公开通报严重违反中央八项规定精神违规吃喝问题典型案例,充分彰显省委坚定不移推进全面从严治党的坚定决心,释放对“四风”问题全面从严、一严到底的强烈信号。全系统广大党员干部要深入学习贯彻习近平总书记关于作风建设的重要论述,不折不扣贯彻落实全省贯彻落实中央八项规定精神专题警示教育大会精神,坚持一体推进不敢腐、不能腐、不想腐,驰而不息纠治“四风”,以案为鉴、引以为戒,以优良作风奋力开创全方位推动交通运输高质量发展新局面。

赵建平强调,要深刻汲取典型案件教训,对照反思党性不强、正气不彰的问题,对照反思我行我素、顶风违纪的问题,对照反思生活奢靡、贪图享乐的问题,对照反思团团伙伙、拉拉扯扯的问题,深刻内省、举一反三、警钟长鸣,始终不越红线、不触底线、不碰高压线。各级党组织要坚决扛牢扛实管党治党主体责任,党员领导干部要履行好“一岗双责”,切实夯实思想根基,善于抓早抓小,严肃执纪问责,深化标本兼治,坚持从每个人、每件事做起,时时处处牢记作风建设永远在路上,坚持严的主基调不动摇,把全面从严治党向纵深推进,共同守护好、巩固好全系统风清气正的政治生态。

厅机关各处室主要负责人、厅直各单位党政主要负责人参加会议。

8月9日至10日 为贯彻落实省委、省政府和交通运输部关于平安建设工作的决策部署,进一步提升全系统干部职工业务管理水平,省交通运输厅举办2022年度交通运输平安建设管理业务培训班。各市交通运输局、厅直各单位分管领导和山西交控集团部门负责人、业务骨干,厅机关有关处室负责人共计50余人参加培训。

此次培训由省交通运输厅主办、省交通干部学校承办,邀请到山西大学法学院、省禁毒办和太原市反恐支队的领导专家进行专题授课。培训内容包括《中华人民共和国反有组织犯罪法》解读、行业禁毒职责及法治反恐等内容。

开班仪式上,厅公安处对此次培训提出明确要求:一要学深悟透强理论,在大局中积极谋划思考平安建设工作,坚持用脑用心用情学,真学真抓真落实。二要学以致用重实践,坚持理论与实际、学习与运用相统一。三要遵章守纪严学风,充分展示交通运输系统党员干部良好的精神风貌。

各位学员表示,授课老师理论功底深厚,实践经验丰富,培训内容针对性、实操性强,对深化全省交通运输平安建设工作具有很强的指导意义。下一步要坚持把学习成果转化为谋划工作的思路、促进工作的措施和抓好工作的本领,以对标一流、实干担当加快提升履职能力,以具体行动和工作成效迎接中共二十大胜利召开。

8月10日 省交通运输厅召开全省交通运输平安建设工作会议,深入贯彻落实省委、省政府、交通运输部决策部署,分析研判当前行业平安建设形势,查找问题症结,并对下半年全省交通运输平安建设工作特别是中共二十大维稳安保各项任务作出进一步安排部署。厅党组成员、副厅长郭丙福出席会议并讲话,各市交通运输局、厅直各单位分管领导,山西交控集团运营部负责人参加会议,厅公安处负责人主持会议。

会上,太原、大同、阳泉、临汾市交通运输局,省公路局、省运输事业发展中心、省交通建设中心和山西交控集团8个单位就本系统、本领域平安建设工作进展情况作交流发言。厅公安处负责人对当前全系统平安建设存在的问题进行梳理分析,并对近期重点工作作具体安排。

厅党组成员、副厅长郭丙福在讲话中指出:中共二十大的召开是党和国家政治生活中的一件大事，为中共二十大胜利召开营造安全稳定的交通运输环境，是全系统必须肩负起的重大历史使命和义不容辞的责任担当。全省交通运输平安建设工作要紧紧围绕中共二十大维稳安保这条主题主线展开，深入贯彻党中央、省委的决策部署，全面落实防风险、保安全、护稳定各项举措，进一步提高思想认识和政治站位，坚持以维护政治安全为首要，加强组织领导，完善协调机制，改进工作作风，严格开展督导。各级各部门要对照省交通运输厅做好中共二十大维稳安保工作方案，认真组织实施，逐项分解细化，提出具体安排，压紧压实责任，未雨绸缪、周密管控，聚焦重点领域，全面落实“五个坚决”：坚决排查化解各类风险隐患、坚决落实省委“护城河”工程部署、坚决抓好各领域公共安全管理、坚决守好行业治安防线、坚决强化应急处置。守土有责、守土尽责，以最高标准、最严要求、最强措施落实好各项工作，以优异成绩迎接中共二十大胜利召开。

8月11日 为进一步提升全省交通运输系统标准化编制和管理水平，省交通运输厅举办2022年度全省交通运输系统标准化业务培训班。

为了扩大培训覆盖面，切实减轻基层负担，培训创新性地采取“线下+线上”相结合的形式进行。各市交通运输局，厅直各单位，交控集团、航产集团标准化管理人员和编制人员，以及厅机关处室业务骨干参加，省、市、县三级单位及个人用户200余个，共计400余人参加培训。

同日 省交通运输厅召开全省“四好农村路”和三个一号旅游公路建设工作推进暨存在问题约谈督办专题会议。厅党组成员、副厅长王四小出席会议并讲话。厅相关处室负责人，各市交通运输局局长、规划与建设管理科（室）负责人，各市督导组组长参加会议。

会议通报全省2021年“四好农村路”建设完成情况、“十三五”期间农村公路交竣工验收情况、2021年农村公路灾毁重建完成情况、三个一号旅游公路建设项目设计咨询工作进展情况、旅游公路债券资金使用情况、2022年1—7月农村公路建设进展情况、2023年度“四好农村路”和三个一号旅游公路建设目标任务上报情况；听取各市交通运输局2022年度“四好农村路”和三个一号旅游公路建设开复工情况、旅游公路项目设计等前期工作进展情况、存在问题及下一步推进举措的汇报。

会议指出，2022年时间已经过半，对标对表“四好农村路”和三个一号旅游公路建设各项工作任务，全省建设进展总体缓慢，距离年度目标任务还有差距。各县交通运输局要提高政治站位，把“四好农村路”和三个一号旅游公路建设摆在突出位置来抓，切实增强责任感和紧迫感，按照“任务不减、目标不变、标准不降”的工作要求，加大力度、加快进度，确保各项任务完成。

会议要求，一是坚持问题导向、目标导向、结果导向，严格落实责任，认真开展问题整改，对重要环节开展全面排查。二是加强农村公路相关政策学习，科学研判，精准施策，加快解决土地审批、征地拆迁、地方政府配套资金落实等制约项目推进的问题。三是建立相应清单管理、分工协作、跟踪督导、问题整改等机制，锚定关键卡点、紧盯落实进度、严格过程监管，确保项目按建设时序按时开工、如期完成。

市、县督导组要着重围绕建设资金筹措、前期工作推进、工程质量安全、绿色环保等重点环节开展专项督导，严格落实“一卡片四清单”制度，建立项目台账，形成闭合管理，发现问题及时督促整改。

8月12日 省交通运输厅召开全省交通运输防汛紧急视频调度会，深刻汲取“8·11”吕梁中阳境内离隰高速LJ1—2分部翟家山大桥钢筋加工棚突发山洪事件教训，全面部署交通运输领域安全隐患排查整治工作，确保全行业安全度汛，确保全行业安全生产形势持续稳定。厅党组成员、副厅长王晋主持会议并讲话。

会议指出，当前山西正值主汛期，强降雨等极端天气和山洪、山体滑坡、泥石流等自然灾害易发多发，加之全行业正处暑运高峰期和施工黄金期，安全生产面临巨大挑战和严峻考验。各部门、各单位要清醒认识当前交通运输防汛及安全生产面临的严峻形势，认真贯彻落实省、部领导重要指示批示精神,按照省交通运输厅关于防汛抢险工作的系列部署,立足“防大汛、抗大险、救大灾”,充分研判恶劣天气和地质灾害对可能交通运输领域产生的危害,对各项应对举措进行再安排、再部署,抓实抓细防汛抢险各项工作,全力维护人民群众生命财产安全。

会议要求,各部门、各单位要充分汲取“8·11”事件教训,举一反三,结合正在开展的专项整治三年行动和安全生产大检查大整治大提升行动,迅速组织对公路运营、工程建设、道路运输、轨道交通、水上交通、铁路安全等方面开展汛期安全生产隐患排查整治,切实将各类风险隐患防范在早、化解在小,严防各类安全事故发生。

会议强调,一要全面压紧压实安全生产主体责任、领导责任、监管责任,切实形成一级抓一级、层层抓落实的工作格局。二要全力做好突发事件应急处置工作,主动加强与辖区气象、自然资源、应急管理、公安交警等部门会商沟通,跟踪掌握汛情动态,及时准确发布预警信息。三要保持应急指挥体系高效运转,严格落实24小时专人值班和领导干部在岗带班制度,完善各类应急预案和抢险方案,加强实战性应急演练,科学部署抢险救灾力量,备足备齐应急装备物资,在突发事件发生后要第一时间有效处置。四要统筹做好物流保通保畅和能源运输保障工作,发生重大公路损毁灾害时,要在当地党委、政府领导下,按照“先干线、后支线,先抢通、后修复”和“安全第一、先通后畅”原则,组织力量全力开展抢险保通工作,一时难以抢通的,要制订切实可行的绕行方案,并向社会公布。

会议通报交通运输部调度山西省有关情况,山西交控集团负责人作表态发言。

厅机关相关处室负责人,厅直各单位、山西交控集团分管领导及相关部门负责人在主会场参加会议,各市交通运输局、各市公路分局、各高速公路综合行政执法支队分管领导和部门负责人在分会场参加会议。

8月15日至19日 省交通运输厅2022年基层党组织书记暨党务干部能力提升培训班在右玉干部学院举行。来自厅直系统80余名基层党组织书记和党务干部参加。

本次培训采用专题授课、现场教学、音像教学相结合的方式,特别邀请省委党校专家教授专题讲授《中国共产党百年奋斗的重大成就与历史经验》《学习习近平总书记关于提升政治能力的要求》《党的十九届六中全会精神解读》等内容;聆听右玉县政协原主席王德功作题为《“红色”基因为“绿色”发展固本培元》的专题报告。

学员们参观右玉县博物馆、右玉精神展览馆,到右卫古城、黄沙洼、右玉县委旧院、绿化丰碑、四五道岭、松涛园、平集堡等现场教学点,近距离感受右玉县22任县委书记73年如一日,以“一任接着一任干,一张蓝图绘到底”的坚定信念,“全心全意为人民服务,迎难而上,艰苦奋斗,久久为功,利在长远”的“右玉精神”,带领全县干部群众百折不挠、艰苦奋斗,把昔日的“不毛之地”变成如今的“塞上绿洲”的动人事迹。在右玉县博物馆、右玉精神展览馆,一幕幕栩栩如生的人物场景、一幅幅真实生动的历史图片、一件件弥足珍贵的历史物品,真实再现一代又一代右玉人与风沙抗争的奋斗足迹,再现中国共产党带领人民群众艰苦创业、功在长远的实干精神。学员们徒步走向黄沙洼,聆听三战黄沙洼的亲历者——老支书王明花讲述当年“红姑娘”把青春和汗水挥洒在这片土地的感人故事,让大家对右玉人民坚持不懈植树造林的艰辛历程更增添一份敬仰。在右玉县委旧院教学点,面对简陋的办公环境,大家仿佛看到一任任县委书记在这里为了让右玉改天换地,不计个人得失,亲自上阵,挑灯夜战,孜孜不倦的动人画面,体现鞠躬尽瘁、不改初心的为民情怀。在南山森林公园绿色丰碑前,学员们面对党旗,举起右拳,重温入党誓词,铿锵有力的誓言抒发全体党员不忘初心、牢记使命,立志为党奋斗终身的信心和决心。

通过学习,大家深受触动,一致认为这是一次思想和心灵上的深刻洗礼,纷纷表示要把所学所悟运用到今后工作当中,继续弘扬“右玉精神”,立足本职,扎实工作,发挥好基层党组织的战斗堡垒作用，为推动山西交通运输高质量发展贡献力量。

8月17日 省交通运输厅同西安铁路监督管理局分别就2022年上半年铁路沿线安全环境治理工作情况展开交流。双方系统分析铁路沿线安全环境治理工作中存在的共性问题，对下一步联合工作进行安排部署。

省交通运输厅将继续紧盯目标任务，狠抓工作落实，扎实推进铁路沿线安全环境治理及其他各项工作，以优异成绩迎接中共二十大胜利召开。

8月18日 省交通运输厅召开交通物流专项再贷款工作视频调度会，总结近期交通物流专项再贷款工作情况，并对下一阶段交通物流专项再贷款重点工作任务进行安排部署。厅党组成员、副厅长郭丙福，中国人民银行太原中心支行货币信贷管理处处长范广明出席会议并讲话。

郭丙福指出，交通物流专项再贷款工作启动以来，省交通运输厅会同中国人民银行太原中心支行相关部门全力为企业排忧解难、做好助企纾困工作，积极引导金融机构主动对接“两企两个”群体，有效解决部分“两企两个”群体的融资需求，交通物流专项再贷款工作取得一定成效。各市交通运输部门一要坚持问题导向、目标导向、结果导向，深刻认识做好交通物流专项再贷款工作的重要意义，切实增强落实交通物流专项再贷款政策的紧迫感、责任感，主动作为、靠前服务、攻坚克难，加快推动交通物流专项再贷款政策更好在全省落地见效。二要坚决杜绝“等靠要”思想，抢抓政策的“时间窗口期”，积极加强与人民银行、各相关金融机构的协同联动，按照《山西省交通物流专项再贷款工作实施方案》要求加紧推进交通物流企业融资对接，确保交通物流“两企两个”群体应申尽申、应享尽享，助力交通物流企业渡过难关、健康稳定发展。三要加强跟踪考核，建立定期报告机制，及时上报工作推进情况。

范广明强调，各级人民银行、各金融机构一要深刻认识和把握当前复杂严峻的形势，发挥好金融服务实体经济主力军作用，全力以赴做好道路货运物流保通保畅相关金融服务工作，为实现“民生托底、货运畅通、产业循环”提供坚实金融保障。二要加强政策宣传，按照“抓大不放小”的工作思路，推动政策传导落实，全力帮助企业享受各项金融纾困帮扶政策。三要着力畅通融资渠道，减轻企业融资负担，密切政银企对接，合力破解企业遇到的融资堵点和难点，确保交通物流专项再贷款政策落实落细。

会上，各市交通运输局汇报交通物流专项再贷款工作推进情况，省运输事业发展中心介绍工作调研情况，中国农业发展银行山西省分行作交流发言。

厅财务收费管理处、厅公路运输管理处负责人，省运输事业发展中心主要负责人，交通物流专项再贷款合格银行有关负责人在主会场参加会议；各市交通运输局主要负责人及相关科室人员、人行山西各市中心支行相关负责人在分会场参会。

同日 省交通运输厅和省公安厅联合召开高速公路服务区派驻警力协同工作推进会议，拟先期在全省50对高速公路服务区派驻警力，并在国庆节前完成派驻。省交通运输厅党组成员、副厅长王晋，省公安厅党委委员、副厅长马润生出席会议并讲话。

近年来，随着全省高速公路交通流量迅速攀升和服务区功能日趋完善，进出服务区人车流量急剧增多，运营管理压力日益增大。特别是近期，全省高速公路服务区不同程度地出现管控力量不足、安全隐患突出等问题。

为切实服务保障人民群众安全出行，省交通运输厅联合省公安厅将通过对部分高速公路服务区派驻警力协同办公，加强服务区治安管理，有效开展应急处置工作，按照“突出重点、分批派驻”原则，于国庆节前完成第一批服务区警力派驻工作。山西省是继江苏、江西之后，全国第三个在高速公路服务区派驻警力的省份。

会议宣读《高速公路服务区派驻警力协同工作方案》，根据工作方案，县级公安部门原则上按照每对服务区至少1名民警、2名辅警的标准落实人员和警用装备设施的配备工作，主要负责警情接处、突发案事件先期处置、治安巡防、调解治安纠纷、接受群众咨询求助等,指导服务区运营单位开展相关治安管理工作,配合辖区高速公路交(巡)警大队履行维护服务区交通秩序、预防和处理交通事故、处罚交通违法行为等交通管理职能。服务区运营单位负责提供服务区派驻警力的办公场所,同时配合开展违法治理工作。

王晋指出,做好高速公路服务区派驻警力协同工作是建设人民满意交通的需要,是完善服务区配套功能的需要,也是维护安全稳定大局的需要。各单位、各部门一要高度重视,迅速行动,全力以赴推动服务区派驻警力各项工作尽快落地落实,切实发挥派驻警力的安全堡垒作用,为人民群众出行提供更安全、更便捷、更舒心的服务体验。二要主动会同属地公安机关,进一步加强路警协作、完善提升,积极探索构建高速公路服务区路警联合治理长效机制,推动派驻警力协同工作长效化、制度化、规范化,以实际行动迎接中共二十大胜利召开。

马润生在讲话中,要求各属地公安机关一要主动作为,认真履职,强化措施,确保服务区派驻警力协同工作取得成效。二要加强治安管理服务工作,将服务区作为高速公路治安管控的重要阵地,确保发挥警情接处、治安巡防等综合性职能作用。三要加强派驻警力与交(巡)警部门协作配合,充分发挥派驻警力的职能作用,切实做好服务区治安、刑事案件的受理处置工作。

会上,省公安厅治安总队、山西交控集团分别作发言。

各市公安局分管局长和治安支队支队长,省交通运输厅机关相关处室负责人,山西交控集团运营管理部、交投集团、路桥集团、高速公路服务区管理有限公司负责人参加会议。

同日 省交通战备办公室专职副主任、省交通运输厅总工程师高新文,省公路运输工会负责人一行,赴运城南高速、运城北高速、运三高速施工现场开展“关爱职工 清凉一夏”活动,为奋战在一线的职工,带去防暑降温物资,送上一份清凉。

慰问现场,厅领导详细了解一线职工的工作、生活情况,提醒他们坚守岗位的同时,注意自身安全防护,增强自我保护意识,做好防暑降温工作,并送上防暑降温物资,使高温天气下坚守岗位的一线职工感受到组织的关怀。厅领导还对基层工作给予充分肯定,勉励全体一线职工继续发扬连续作战精神,无畏艰辛,再接再厉,优质高效完成任务。

此次慰问送清凉活动,不仅体现省交通运输厅对广大奋战在一线职工的关心关爱,更极大鼓舞一线职工的工作干劲,激励广大职工为全省交通运输高质量建设发展贡献自己的力量。

8月18日至19日 厅一级巡视员郝玉柱带领督导组赴运三黄河大桥连接线、临猗黄河大桥及引线工程项目现场进行汛期安全生产督导。省交通战备办公室专职副主任、厅总工程师高新文一同参加。

督导组要求项目部一要牢牢守住汛期安全生产底线红线,清醒认识抓好当前公路工程建设安全生产工作的极端重要性,切实强化风险隐患排查治理和应急处置工作,重点做好黄河流量和水位变化、现场风力变化等的监测预警以及高墩施工、顶推施工等高空作业的安全防范,全力以赴抓好各项安全生产防范工作,坚决杜绝各类安全事故的发生。二要锚定年度目标任务,紧盯年底建成、年度投资目标等重点任务,深入开展“奋战一百天,喜迎中共二十大”主题活动,倒排工期、挂图作战,在保证安全和质量的前提下,全速推进项目建设,按期保质保量完成各项年度目标任务。三要对督导组发现的质量安全隐患,立即整改,实现闭环管理,以实际行动和优异成绩迎接中共二十大胜利召开。

8月22日 为深刻汲取离隰高速“8·11”灾害事件教训,全面贯彻落实省委、省政府、交通运输部主要领导的重要指示批示精神,切实做好汛期公路工程建设领域安全生产工作,坚决防范和遏制各类安全事故发生,省交通运输厅部署开展汛期重点公路工程建设安全生产检查工作。

省交通运输厅成立南北片区2个检查组,分别由省交通建设中心和省高速公路综合行政执法总队牵头,赴各在建高速公路工程项目开展汛期安全生产检查工作，普通国省干线公路项目由省公路局组织开展。省交通运输厅对各检查组和各项目随时随机开展督导工作，进一步压紧压实各建设单位的安全生产主体责任，筑牢汛期安全生产防线。

此次检查重点是各项目贯彻传达上级指令和安排部署、预案演练落实、隐患排查、值班值守、指挥机构和工作机制落实及转移避险措施等工作开展情况，通过实地检查、召开座谈会、查阅相关资料等方式，开展现场检查或暗访。已对黎霍、祁离、离隰、朔神、运三黄河大桥连接线、临猗黄河大桥及引线工程以及大同、朔州、忻州地区普通国省干线公路项目开展安全生产检查。

8月23日 省交通运输厅机关第十四、十二党支部与山西通航集团党总支开展联合主题党日活动，重温入党誓词，参观尧城机场航空科普文化馆、塔台、机坪，并合影留念。这次联合开展主题党日活动，将党建工作与民航业务工作有机融合，通过相互学习交流，达到借鉴提高、互促共建的目的。大家一致认为，通过到尧城机场参观学习，深入了解中国航空事业波澜壮阔的光辉历程，深刻地体会到党带领人民取得今天伟大成就的艰辛不易，从历史中汲取智慧力量，进一步强化党的意识和党员意识，更加坚定理想信念，强化担当实干精神。

8月31日 厅一级巡视员雷天才带领调研组到交通运输政务服务窗口调研，要求按照党中央、国务院、交通运输部及省委、省政府工作部署，落实惠企政策，优化营商环境，全力推动市场主体扩量提质，为全方位推动高质量发展提供坚实支撑。

雷天才认真听取窗口工作汇报，实地了解行政审批人员职责分工、业务办理流程，详细了解线下“一窗办结”、线上“一网通办”等审批服务改革举措，对近年来交通运输行政审批服务工作取得的成绩给予充分肯定。要求服务窗口行政审批人员一要加强政治理论学习，勤于思考、善于总结，提高政治站位，提升政治素养，进一步提高办事效率和质量。二要加强纪律作风建设，坚持廉洁自律、坚守底线，依法审批，营造风清气正的工作氛围。三要加大宣传工作力度，有效利用新媒体平台，详细解读法律法规和许可审批流程，充分展示交通运输行业形象，进一步争取各方面理解和支持，营造良好营商环境。四要加强政务服务意识，始终秉持“全心全意为人民服务”的宗旨，践行服务初心，不断优化审批流程，提升服务效能，最大限度为交通运输市场主体创造便利，全力培育扶持交通运输市场主体蓬勃发展。

9月

9月5日 根据省委关于巡视工作的统一部署，省委第五巡视组巡视省交通运输厅党组动员会召开。省纪委常委、秘书长刘东光，省委第五巡视组组长赵忠保，副组长刘孝林、陈晓红出席会议。会前，刘东光主持省委巡视组与省交通运输厅党组见面沟通会，传达习近平总书记关于巡视工作的重要论述和党中央及省委关于巡视工作的新部署新要求。会上，刘东光作动员讲话，对做好巡视工作提出要求。赵忠保通报巡视任务和工作安排。省交通运输厅党组书记、厅长赵建平主持会议并作表态发言。

省委第五巡视组有关人员、省交通运输厅领导班子成员出席会议。省纪委监委驻省交通运输厅纪检监察组相关负责人，厅二级巡视员、安全总监，机关各处室、直属单位负责人列席会议。

刘东光指出，在中共二十大即将召开之际，省委部署开展第二轮常规巡视，充分体现省委深刻领悟“两个确立”的决定性意义、不断增强“两个维护”政治自觉的坚定意志，充分体现省委深入推进党的自我革命、全面建设清廉山西、打造持久风清气正政治生态的坚定决心，充分体现省委贯彻“三新一高”重大战略、全方位推动高质量发展、以昂扬姿态迎接中共二十大胜利召开的坚定信心。一要深化思想认识，切实增强巡视政治自觉。省交通运输厅党组要从政治、战略和全局高度，充分认识、深刻领会这次巡视工作的重大意义，按照省委巡视动员部署会要求，认真接受巡视，大力支持巡视，主动配合巡视,进一步增强“四个意识”,坚定“四个自信”,做到“两个维护”,以更加昂扬的精神状态推动系统上下管党治党深入发展、政治生态持续向好,为中共二十大胜利召开营造平稳健康的经济环境、国泰民安的社会环境、风清气正的政治环境。二要着眼改革发展,坚定扛起巡视政治责任。省交通运输厅党组要切实把接受巡视监督作为一项重要政治任务,按照政治标准查找问题不足,按照政治要求补齐短板,不断推进治理体系和治理能力现代化。班子成员特别是一把手要发挥示范表率作用,带头增强接受监督的意识,带头查找自身存在的问题,带头如实向巡视组反映问题,带头抓好巡视反馈问题整改,真正把接受巡视的过程转化为勇于自我革命、深化管党治党的过程,转化为投身改革事业、推动高质量发展的过程,助力山西不断开创全方位推动高质量发展的新局面。三要严明纪律要求,坚决完成巡视政治任务。省交通运输厅党组要从讲政治守纪律的高度正确对待巡视,自觉把接受省委巡视作为一次严肃的党性教育和政治洗礼。领导班子及其成员要鼓励支持干部群众向巡视组如实反映问题,特别是各部门各单位要主动支持配合巡视组,党员干部要坚持党性原则,敢于反映问题,帮助巡视组深入了解情况。联络组要对接好巡视组具体工作,合理安排谈话,及时提供材料,畅通信访渠道,落实安全保密措施,为省委巡视组顺利开展工作提供保障。

赵忠保强调,省委第五巡视组坚持以习近平新时代中国特色社会主义思想为指导,坚守政治定位,深化政治监督,坚持围绕中心、服务大局,严格“四个对照”监督标准,切准“四个紧盯”监督路径,深入监督检查被巡视党组织“四个落实”情况。重点了解贯彻落实党的理论和路线方针政策和党中央重大决策部署及省委工作要求情况,突出对贯彻落实省委全方位推动高质量发展目标要求情况的监督;重点了解贯彻落实全面从严治党战略部署情况,突出对贯彻落实全面建设清廉山西目标要求情况的监督;重点了解贯彻落实新时代党的组织路线情况,突出对领导班子建设、干部队伍建设和领导干部干事创业、担当作为、改革创新情况的监督;重点了解对巡视、审计等监督发现问题整改落实情况,突出对加强监督成果运用、推动改革促进发展情况的监督。巡视期间还开展选人用人专项检查。

赵建平表示,此次巡视是对省交通运输厅各级领导班子和领导干部的政治体检,也是对省交通运输厅各项工作的全面检阅。省交通运输厅党组一要进一步提高政治站位,诚恳接受监督。主动向巡视组汇报思想、汇报工作、汇报问题,努力把接受巡视的过程转化为捍卫“两个确立”、增强“四个意识”、坚定“四个自信”、做到“两个维护”的政治自觉。二要端正态度,主动配合巡视。按照巡视组的要求,认真做好联系对接、资料提供、服务保障等工作。三要以巡促改,注重巡视实效。对厅党组各项工作全面“回头看”,对巡视指出的问题,根上改、全面改、彻底改。四要坚持以巡促建,更加注重发挥政治优势,带领全省交通运输行业不忘初心、牢记使命,攻坚克难、砥砺前行,不断夺取交通强省建设新胜利。

9月6日 上午,省委宣传部举行“山西这十年”系列主题新闻发布会的第十一场发布会,也是省交通运输厅专场新闻发布会。省交通运输厅新闻发言人、厅党组成员、副厅长王晋,厅党组成员、副厅长、省民航机场管理局局长段新源,厅党组成员、副厅长王四小,厅党组成员、副厅长郭丙福,省邮政管理局党组成员、副局长赵光介绍中共十八大以来全省交通运输事业高质量发展的进展与成效,并回答记者提问。

王晋介绍,中共十八大以来,全省交通运输系统深入贯彻落实习近平总书记视察山西重要讲话重要指示和关于交通运输的重要批示重要指示精神,在省委、省政府的坚强领导下,全省交通运输工作取得显著成就,主要体现在5个方面。

项目先行,基础设施建设取得跨越式发展。十年来,全省强力推进交通基础设施建设,重点项目纷纷落地,全省新增高速公路2000公里,总里程达5763公里,出省口增至28个;普通干线升级改造6011公里,重要乡镇、经济产业园区和旅游景区实现全覆盖；升级改造“四好农村路”8.9万公里，具备条件的建制村100%通硬化路、100%通客车、100%通物流快递；三个一号旅游公路连通98个A级以上景区，覆盖270个非A级旅游资源；水运升级改造87个渡口码头，航道里程达到1557公里。

提升服务，增强百姓满意度获得感。全省遭遇强降雨灾害，交通系统出动22.7万人次，动用机械9.5万台次，应急抢险、保通保畅成效明显，灾后恢复重建有序推进。贫困地区新增高速公路1410公里，升级改造普通国省路2671公里和农村公路4.28万公里，助力脱贫攻坚，推动乡村振兴。太原武宿机场国内外航线达到168条，国际货运从无到有。太原地铁2号线通车运营，年客运量达3918.9万人次；11个市公交卡实现全国互联互通“一卡通”；共享单车、公交自行车日均使用量近百万人次，有效解决出行“最后一公里”问题。

深化改革，治理机制完善成熟。全省交通系统持续深化交通运输投融资体制、公路管理体制、水路管理体制改革，推进交通运输治理体系和治理能力现代化。全省正式上线运行道路运输电子证照系统，在全国率先实现“网约车经营许可证”等9类电子证照的申领使用。省交通运输厅推动道路运输便民政务服务事项“跨省通办”落地落实，从业资格等5项高频事项实现“跨省通办”。交通运输综合行政执法改革已初见成效，省、市、县三级全部挂牌，正常履职。全省组建山西交通控股集团有限公司，实现化解政府性债务、推进政企分开、培育强劲市场主体的预期目标。

创新驱动，科技发展支撑转型升级。公路建设智慧监管平台实现对在建高速公路的特大桥、长大隧道等重点工程施工现场和关键岗位人员在线履约的实时监管。实施“数字赋能”专项行动，隧道施工9台套、钢筋加工焊接机器人等数控设备在公路建设中得到全面应用。全省交通领域立项各类科技项目450余项，建成省部级科研创新平台28个，获得省部级以上科技奖励102项。“危化品车辆跟踪辨识与自动警示系统”试运行，解决全国共性难题。货车超限率持续控制在0.2%以下，继续保持全国最好水平。

生态优先，走绿色低碳发展之路。全省交通基础设施与生态环境协调发展水平进一步提升，持续推进离隰高速等一批绿色高速公路示范工程项目建设，水体无害化施工、固废循环利用等绿色环保工艺应用范围进一步扩大。营运车辆能耗和碳排放强度进一步下降，累计淘汰15.06万辆国三及以下营运类柴油货车。持续推动城市客运领域车辆电动化，新增及更新的城市公交车辆全部采用新能源车，全省城市新能源公交车为1.47万辆，新能源巡游出租车达到2.2万辆。深化晋津冀路港合作，与天津港、唐山港签署战略合作协议，推动多式联运发展，有效带动企业货物运输“公转铁”“散改集”，铁路集疏港比例不断提升。

发布会上，围绕民航运输、“四好农村路”建设、物流运输、邮政快递业等方面的成就，省交通运输厅相关负责人回答媒体记者提问。

9月7日至8日 省交通运输厅组织举办公路建设平安百年品质工程创建专题培训班。各市、县（区）交通运输局，相关厅直单位，重点公路工程项目投资、建设等单位相关负责人共计500余人通过线上教学方式参加培训。

本次培训邀请北京市道路工程质量监督站总工程师张涛、湖南中交京纬信息科技有限公司副总经理王贵平、广东省交通集团广韶高速改扩建管理处主任王玉文、交通运输部科学研究院安全中心总工程师肖殿良4位国内公路建设平安百年品质工程创建领域知名专家，他们围绕质量管理、安全管理、绿色公路、智慧建设4个主题，分别讲授公路工程质量管理与验收、数字建造在交通建设的应用与实践、广东省绿色公路建设和实践、公路建设项目安全生产管理等内容。参训人员一致认为，此次培训内容丰富、主题突出，专家讲授深入浅出、旁征博引，理论实践紧密结合，进一步提高大家公路建设的专业理论技能和质量安全管理水平。

9月13日 2022年山西省交通运输业职工职业技能大赛在寿阳县海鑫职业技能培训学校启动。大赛由省交通运输厅、省人力资源和社会保障厅、省总工会共同主办。省总工会副主席谭立新，省交战办专职副主任、厅总工程师高新文，省人力资源和社会保障厅二级巡视员武建国出席。

本次大赛共设置行政执法员、机动车驾驶教练员、高速公路收费稽核员、无人机测绘操控员、公路监控与信息采集发布员、车辆通行费收费员等6个职业(工种)。竞赛方式为初赛和预决赛，初赛由各单位在报名前通过开展职业技能竞赛、岗位练兵、技术比武等活动组织实施，预决赛由大赛组委会于7月至11月组织实施。大赛采取理论考试和实际操作相结合的方式进行。其中，理论考试为闭卷考试，试题以国家职业技能标准为基础，由组委会专家会同省职业能力鉴定中心按照各工种高级工标准命制；实际操作根据各工种实际进行针对性考核。各工种决赛人数达到30人以上，获得前3名的选手经省人社厅核准后报请省政府授予“三晋技术能手”称号。各工种决赛前3名的选手，符合条件的推荐为省总工会“三晋工匠”候选人。各工种决赛第1名并符合推荐条件的选手，可在次年“五一”前夕集中表彰时按程序申报“山西省五一劳动奖章”。前3名的选手分别颁发新时代三晋交通工匠、新时代三晋交通标兵、新时代三晋交通能手荣誉证书。

当日，为期3天的机动车驾驶教练员竞赛启动，全省11市共有200余名从业人员参加初赛，其中的57名佼佼者参加预决赛，着重考察选手对道路交通安全法规、驾驶理论、机动车构造、交通安全心理学、应急驾驶、车辆维护和常见故障诊断、车辆环保和节约能源等知识的掌握能力以及指导驾驶的教学能力。

高新文指出，机动车驾驶教练员竞赛是参赛选手切磋技艺、交流技能的一个重要平台，也是全省交通运输行业机动车驾驶教练员技能技艺的一次综合展现，对于进一步激发全系统广大职工创新创造活力，提升机动车驾驶员技术技能、综合素质，提升驾培行业形象具有十分重要的现实意义和深远的历史意义。我们有责任把劳模精神、劳动精神、工匠精神进一步培育好、传承下去，各相关单位要团结协作、精心组织，保证竞赛活动安全、规范、有序进行。参赛选手要遵守竞赛规则，认真竞赛，赛出水平、赛出风格。

启动仪式上，裁判员、参赛选手代表进行宣誓。仪式结束后，相关领导实地参观竞赛场地。

本次竞赛由省公路运输工会、省运输事业发展中心承办，省交通运输厅、省人力资源和社会保障厅、省总工会和厅机关有关处室及竞赛承办单位有关负责人参加活动。

同日 省交通运输厅召开全省交通运输部综合执法检查反馈问题整改和负面舆情事件通报电视电话会议。厅一级巡视员雷天才出席会议并讲话。

会议指出，2022年7月中旬，交通运输部现场检查组对全省太原市、晋中市、长治市交通运输执法情况进行现场检查，在充分肯定全省交通运输系统在法治政府部门建设、深入推进“放管服”改革和综合行政执法改革取得实效的同时，也指出存在的问题。各级交通运输部门和综合执法机构要深入学习贯彻落实习近平法治思想以及习近平总书记关于交通运输的一系列重要指示精神，认真对照问题，举一反三、刀刃向内，以自我革命的精神和刮骨疗毒的勇气抓整改、抓落实，不断巩固和拓展交通运输执法领域突出问题专项整治行动成果，全力维护行业持续稳定健康发展。

会议强调，各单位各部门要切实提高政治站位，坚持底线思维，聚焦矛盾问题，以“时时放心不下”的责任感，抓紧抓实常态化查纠整改工作，高标准、高质量开展好整改落实工作，不断提升依法行政的能力和水平。一要全面加强法治政府部门建设。强化习近平法治思想的学习教育，规范运行重大行政决策程序，不断加强法治队伍建设。二要全面推进执法规范化长效机制建设。建立查纠整改长效机制，切实提高执法案卷规范化水平，坚决杜绝执法不廉和不规范行为。三要全面推进综合执法改革工作落实落地。认真做好改革的“后半篇”文章，加强交通运输规范化长效机制建设，推进执法队伍素质能力和作风建设，建立跨层级执法协作机制，推进跨领域跨部门联合执法，推进交通运输综合行政执法与刑事司法衔接，形成监管和惩治合力。

会议要求各单位一要把整改工作作为严肃的政治任务来抓，强化组织领导，扛起主体责任，层层传导压力，形成一把手挂帅出征、班子成员分工负责、有关部门各司其职、上下左右齐抓共管的工作格局，统筹推进整改任务落实到位。二要严格责任追究，对乱罚款、滥收费、粗暴执法、执法不廉等行为采取“零容忍”的态度，发现一起查处一起。三要及时对整改工作情况进行认真全面分析总结，梳理整改过程中的典型经验和好做法，并固化到今后工作中。

会议发布《交通运输部办公厅关于交通运输行政执法领域负面舆情事件的通报》，太原市交通运输局、忻州市交通运输局、长治市交通运输局、省高速公路综合行政执法总队负责人作表态发言。

省、市、县三级交通运输主管部门、综合执法机构负责人和部分执法人员分别在主会场和分会场参加会议。

9月16日 省交通运输厅党组成员、副厅长郭丙福带领调研组到长治市，就国道环线公路自由流收费试点工作推进情况进行专题调研。

自由流收费是在自由行驶的开放式公路上，通过设置安装有ETC、高清车牌抓拍、北斗基站等设备的门架对所有经过的车辆进行记录，采用“ETC+车牌付技术、北斗系统应用、多种支付手段融合”的技术路线，自动完成对自由行驶车辆的收费，可实现多用路多付费、少用路少缴费，减少道路拥堵，提高通行效率，使货畅其流、人畅其行。

郭丙福一行到国道环线运营中心实地察看国道全息交通态势感知平台的运行情况。在详细听取工作推进情况后，要求各相关部门一要加强沟通协调，严格时间节点，积极推进项目运营前的各项工作。二要进一步完善服务功能，细化完善试点方案，进一步提升国道环线服务能力和水平，更好服务经济社会发展。三要强化自由流收费系统管理，科学制订相关运营服务规范和细则，确保系统运行的准确性、稳定性，争取自由流收费试点在普通干线公路率先投入运行。

9月19日 全省“四好农村路”和三个一号旅游公路高质量建设推进会召开，深入贯彻习近平总书记对进一步做好“四好农村路”建设作出的重要指示和考察调研山西重要指示精神，贯彻落实党中央、国务院决策部署，对高质量推进“四好农村路”和三个一号旅游公路建设进行部署。省委副书记、省长蓝佛安出席并讲话。副省长主持。

会上播放全省“四好农村路”和三个一号旅游公路建设纪实片。省交通运输厅汇报有关情况，阳泉市、运城市及山阴县、静乐县分别作发言。市、县设分会场。

9月20日 省交通运输厅召开全省高速公路和普通国省道项目前期工作第六次视频调度会暨用地手续办理专题培训会。会议系统学习自然资源部《关于积极做好用地用海要素保障的通知》和《关于加强用地审批前期工作积极推进基础设施项目建设的通知》精神，全力推进公路建设项目用地预审报批工作，力争年内再完成一批项目的立项审批，全面形成“续建一批、开工一批、谋划储备一批”的项目梯次推进格局。

会议邀请省自然资源厅刘闯、魏钦涛、樊红梅三位专家解读国土空间规划、耕地保护、项目用地报批等工作，通报高速公路和普通国省道项目基本农田调整情况及项目用地预审等前期工作推进情况，讲解公路项目办理用地预审需注意事项。

会议指出，用地预审报批是一项政策性、程序性很强的工作，学好政策是基础、用好政策是出路。各级交通运输部门一要牢固树立耕地保护红线和生态保护红线的理念，切实节约集约利用资源，并贯彻到项目前期工作的各个阶段，最大限度减少对耕地和永久基本农田的占用，最大限度避让生态保护红线。二要深入学习公路项目用地预审报批的各项方针政策，全面提高干部队伍的理论水平、政策水平和执行能力。三要坚持以问题为导向，加快项目用地预审报批管理工作短板。四要坚持加强统筹谋划，层层落实责任，全面提升用地预审报批的质量和效率。

会议强调,现在距离年底还有100天左右,这段时间是争取项目年内立项及开工建设的关键期,而用地预审报批是关键中的关键。各单位一定要提高政治站位、加强组织领导、狠抓工作落实,争先开展“百日会战”,想方设法加快推进前期工作,为项目开工建设奠定坚实的基础,为全省全方位推动高质量发展当好开路先锋,以优异成绩迎接中共二十大胜利召开。

同日 为深入贯彻落实党中央、国务院决策部署,加快健全完善公路沿线充电基础设施,不断满足日益增长的电动汽车充电需求,服务公众便捷出行,促进电动汽车产业发展,山西省交通运输厅联合山西省能源局、国网山西省电力公司、晋能控股电力集团印发《加快推进公路沿线充电基础设施建设实施方案》。

9月21日 省交通运输厅联合人行太原中心支行召开交通物流专项再贷款工作视频调度会,总结近期交通物流专项再贷款工作情况,深入查找存在的问题,并对下一阶段交通物流专项再贷款重点工作任务进行安排部署,持续推进政策落地取得更大成效。厅党组成员、副厅长郭丙福,中国人民银行太原中心支行党委委员、副行长、副巡视员邢毅出席会议并讲话。

郭丙福指出,8月18日两部门联合召开调度会以来,各市积极采取行动,专项再贷款落实工作取得一定成效,但还存在贷款发放总额较低、各市进度不均衡、“两个”群体发放没有实质性突破、个别地市落实工作要求不到位等一些突出问题。各市交通运输部门要切实提高认识,站在落实国务院稳住经济大盘总体部署、国务院保通保畅总体要求,以及当好先行促进山西高质量发展的高度,成立专班,明确分工,压实责任,鼓足干劲,加大工作力度,持续跟踪调度,力争在第四季度取得更大进展。各市要继续加强与当地人民银行分支行、金融机构以及“两企两个”群体的沟通合作,畅通对接渠道,认真梳理“两个”群体的相关信息和融资需求,及时推送至相关金融机构,打通政策落地“最后一公里”。

邢毅强调,当前,全省交通物流专项再贷款工作推进有序,但贷款投放进度相对较慢、“两个”领域存在空白、政策传导不畅通等问题仍较为突出。各级人民银行、金融机构要认真学习领会好交通物流专项再贷款的政策要求,把握好政策要点,确保具体工作落实中不走样,切实避免专项再贷款政策在全省出现政策掌握程度逐级递减、工作推动“上热中温下冷”的问题。要增强工作的责任感、紧迫感,以符合专项再贷款政策支持的贷款落地为根本目标,积极主动开展融资对接,开辟业务绿色通道,加快贷前调查进度,在县域特别是交通物流大县发力,采取针对性工作措施,重点加大对“两个”群体的融资支持。

同日 省交通运输厅召开专题工作会议,安排部署中共二十大前道路运输管理、超限超载治理、维稳安保、铁路沿线安全环境治理等工作。厅党组成员、副厅长郭丙福出席会议并讲话。

郭丙福强调,中共二十大召开在即,涉及交通运输领域的各项工作任务艰巨繁重,要站在讲政治、顾大局的高度,充分认识当前工作的重要性和紧迫性,增强责任意识,坚持问题导向,树牢底线思维,突出工作重点,压实工作责任,加大工作力度,以实际行动为中共二十大胜利召开营造安全稳定的社会环境。一要进一步加强道路运输市场监管,落实企业安全生产主体责任,加强旅游客运、长途客运、危货运输等重点车辆安全管理;二要进一步扎实开展短途超限超载运输百日治理专项行动,发挥各级交通运输部门治超主力军作用,确保全省特别是重点地区短途超限超载问题得到有效遏制;三要持续防范化解各类风险隐患,扎实有效做好维稳安保各项工作,深化涉稳风险隐患排查化解,织密织牢重点领域安全防控网,畅通各类信息共享、维稳联动等工作机制,强化应急值守;四要进一步加强铁路沿线安全环境治理工作,落实属地责任,加强安全管控,确保铁路沿线安全环境稳定。

9月28日 全省交通运输系统近期有关工作安排部署电视电话会议召开。会议深入贯彻落实党中央、国务院和省委、省政府决策部署,对交通运输安全生产、保通保畅、信访维稳、服务保障等工作进行再安排、再部署。会议要求以顽强的作风、务实的举措、担当的作为，筑牢交通运输安全生产堤坝，保畅通、保安全、保稳定、促发展，以实际行动迎接中共二十大胜利召开。

会议指出，国庆期间，群众出行活动增多，各类交通运输需求旺盛，人流、车流、物流较平时大幅增加，交通运输领域安全生产面临的任务依然艰巨。全系统要突出做好交通运输安全生产工作，提前做好应对措施，加强风险隐患排查治理，抓实抓细突出问题专项整治，最大限度防范各类安全生产事故发生。公路运营方面，要以高速公路和普通公路的穿村过镇路段为重点，加强道路巡查巡检，及时处置路面病害，确保运营安全。国庆期间，原则上所有路面养护施工作业要全部停工并恢复路面通行。道路运输方面，要加强“两客一危一重”车辆和农村客运的安全监管，严格落实车辆检查维护和动态监控制度，严防车辆和驾驶员带“病”运行。要以火车站、机场周边和旅游景区、城乡接合部等区域为重点，严厉打击非法出租车、非法包车、非法拼车等非法营运行为。水上交通方面，要强化渡口、水库、旅游景区等水域客船安全监管，严厉查处超载、超员、冒险航行、带“病”航行、不穿救生衣上船等违法违规行为，坚决打击非法载客。工程建设方面，要严禁盲目抢工期、赶进度，加大施工现场“三防”和“反三违”工作力度。突出桥隧施工、高边坡等作业安全管理和措施落实到位。持续开展“两区三场”（生活区、办公区，预制场、拌和场、材料加工场）地质灾害风险隐患排查，做到应查尽查、应改尽改。

会议要求，要继续统筹做好交通物流保通保畅工作。要全面提升路网通行效率。国庆假期所有高速公路收费站车道要应开尽开，最大限度保持路网畅通。要强化信息预警，及时向社会发布公路路况、公路气象、交通管制、分流绕行等出行服务信息，引导群众合理出行。

会议强调，按照省委办公厅、省政府办公厅有关要求，全省交通运输系统要启动特殊时段值班带班制度。每日厅机关有1名厅领导和1名处级领导24小时在机关值守，各市交通运输局、厅属各单位实行领导班子成员和中层领导干部24小时在岗值守。同时，要完善各类应急预案，加大有针对性和实战性的演练，认真落实人员、设备、物资准备，确保发生突发事件后能第一时间高效处置。

会议还就全年工作目标任务和交通固定资产投资完成等工作强调，各部门、各单位要逐项查缺补漏，全面梳理进展情况，采取措施持续巩固和发展既有成效，针对差距找原因，定措施，强化领导，快马加鞭，迎头赶上，确保完成全年各项目标任务。

会议传达全国交通运输安全生产视频会议精神，通报2022年以来安全生产工作和近期物流保通保畅督导检查有关情况。各市交通运输局设分会场参加会议。

同日 省公路运输工会召开第四届委员会第一次全体会议，总结第三届第一次全委会以来工作，部署今后五年的工作任务，选举产生新一届工会领导班子。省总工会党组成员、副主席杨晓兰，省交通战备办公室专职副主任、厅总工程师高新文出席会议并讲话。

第三届第一次全委会以来，省交通运输系统各级工会组织围绕中心服务大局，突出重点、整体推进，在努力构建和谐劳动关系、提高职工素质、维护职工权益、发展职工文化等各项工作上取得积极成效。

第四届委员会下一步将立足山西交通运输行业工作实际，以宣贯中共二十大精神为主线，强化思想政治引领，大力弘扬劳模精神、劳动精神和工匠精神，大力开展各项劳动竞赛，丰富职工业余文化生活，着力提升广大职工的获得感、幸福感，切实增强工会的政治性、先进性、群众性，更好地发挥桥梁纽带、主力军组织者和职工之家作用，团结动员广大职工在奋力谱写全面建设社会主义现代化国家山西篇章中当好开路先锋。

杨晓兰在讲话中，充分肯定省公路运输工会五年以来的成绩。她指出，交通运输是山西省产业的一支重要力量，省公路运输工会是全省重要的产业工会，要围绕中心服务大局，密切联系实际，增强服务意识。处理好工会与党组织、工会与职工之间的关系;要提高素质,夯实基础,全面加强工会自身建设,持续坚持“三性”、去除“四化”,大力提升能力本领。同时,要抓好职工队伍建设,坚持工会服务广大职工群众的工作生命线。

高新文就开展好全系统的工会工作提出4点要求:一是深入学习贯彻习近平总书记系列重要讲话精神,站稳政治立场,坚定工会工作正确方向。二是围绕中心服务大局,履行好工会职能,发挥好工会的桥梁纽带作用。三是维护职工权益,增强工会凝聚力和向心力,促进社会和谐稳定。四是加强作风建设,树立良好形象,在保持与职工群众密切联系中发挥表率作用。

10月

10月1日 零时起,山西省内收费公路货车通行费在原有政策基础上,再减免10%。按照国务院有关决策部署,交通运输部下发通知,自2022年10月1日零时起至12月31日24时,全国收费公路在继续执行现有各类通行费减免优惠政策的基础上,统一对货车通行费再减免10%。接到交通运输部有关通知后,省交通运输厅迅速组织相关单位,开展高速公路费率制作工作,确保按要求及时准确上报交通运输部路网中心;组织督促省公路局、各市交通运输局,对管理或监管的开放式收费公路,同步启动收费站车道系统相关费率及软件更新和复核工作,并确保新费率准确无误。

针对各单位在费率更新、各收费站软件更新等方面面临工作量大、人手短缺等困难,省厅积极协调相关单位和专业人员,加班加点进行费率更新和复核工作;对于部分收费站存在小额通用定额发票临时短缺的问题,在省税务局大力支持下,通过调拨或加印的方式迅速解决定额发票临时短缺的问题。

10月1日至7日 山西省境内收费公路货车通行费在原有优惠减免政策基础上,再减免10%政策执行以来,全省收费公路已累计减免货车通行费4288.75万元,惠及货车134.64万辆次。省交通运输厅财务收费管理处处长卢奋卿表示,这项政策的出台是国家保障交通物流畅通、进一步优化物流营商环境,稳经济保民生的又一项重要举措,山西交通系统将不折不扣地执行到位,切实减轻运输业经营负担,有效助推经济发展。多年来,山西省一直致力于促进物流业降本增效。2015年起,通过高速公路差异化收费政策,货车累计优惠公路通行费108亿元,惠及货车3.8亿辆次。

10月9日 副省长到中国石油运输有限公司山西分公司调研指导工作。省交通运输厅党组书记、厅长赵建平、省政府办公厅副主任李天照陪同调研。调研中,他们一行参观监控大厅,听取党委书记、经理林川介绍分公司落实企业安全生产主体责任、国庆节和中共二十大前的安全管控等重点工作汇报,详细了解北斗车辆监控系统,观看车辆信息化管理系统演示,充分肯定分公司利用技术手段,发挥技防、人防、物防优势,确保运输安全和民生保供等各项工作所取得的成绩。

他指出,山西分公司要更好地发挥央企在安全生产领域带头作用,贯彻落实好省政府决策部署,持之以恒抓好安全生产工作,切实推动安全管理再上新台阶,用实际行动诠释“人民至上,生命至上”重要理念。

他强调,山西分公司要深入贯彻习近平总书记关于安全生产工作重要指示精神,严格落实安全生产主体责任,坚持以党治企,践行央企使命担当,强化企业内部管控,为山西省经济发展和中共二十大胜利召开做出更大贡献。同时,针对分公司当前生产经营遇到的困难,山西省相关部门领导结合分管领域,逐一进行答复,表示今后强化政企联动,为企业发展提供更大的支持。

10月11日 太原重工股份有限公司(以下简称“太重公司”)超大部件运输联席会议在省交通运输厅召开,厅一级巡视员雷天才出席会议并讲话。

会上,太重公司汇报258吨重的压机模块设备装载运输方案;山西交通科学研究院集团有限公司对《太原重工股份有限公司车货总重388.2吨运输方案通行验算情况及建议》进行详细介绍；厅行政审批管理处宣读相关专家对太重公司388.2吨压机模块设备运输车辆通行桥梁安全评估结果，发表对超大部件超限运输的许可意见。会议还对整体运输方案及安全保障工作进行评估，明确运输过程中所涉及的各部门的分工职责。

据介绍，太重公司本次受河北省用户委托生产的258吨重的压机模块设备（车货总重388.2吨）运输在山西境内通行阳曲收费站至55国道二广高速至5国道京昆高速至晋冀界，全长123.5公里，通行桥梁68座。按照省交通运输厅省政务大厅2022—112委托提供的运输路线和装载方案验算，本次大件运输满足桥梁结构可通过性评估要求。9月27日，厅行政审批管理处组织专家及相关企业召开太重集团压机模块运输方案桥梁通行安全评估报告评审会，评估方法及结果均通过评审。

太重公司负责人介绍，为做好安全保障，公司成立项目安全应急领导小组，下辖指挥组、运行组、保障组、安全组四个小组，根据运输及护送方案配备护送车辆、专业技术人员等。厅公安路政处、治超处、路网处、省高速公路综合执法总队和公安交警及路政部门将全程配合此次运输工作。

雷天才要求，太重公司及运输单位要提前向气象部门了解气象状况，运输过程要严格按照《公路桥涵养护规范》要求通过桥梁，与省交通运输厅各部门及公安交警密切配合，确保全程安全有序。

厅公安路政处、治超处、审批处、路网处，省高速公路综合执法总队、山西交控集团、山西交通科学研究院集团有限公司，公安交警部门，太原重工股份有限公司、上海巨神大件运输有限公司有关人员参会。

10月16日 省交通运输厅组织机关全体干部职工在厅五楼会议室集中收看中国共产党第二十次全国代表大会开幕实况。厅领导赵建平、王晋、段新源、王四小、郭丙福、郝玉柱、雷天才、高新文一起观看电视直播。

大家聚精会神听，专心致志看，跟随着习近平总书记的报告，系统地回顾过去五年工作和新时代十年伟大变革，全面学习新时代新征程中国共产党的使命任务。机关全体干部职工深受鼓舞、倍感振奋，纷纷表示，要认真学习贯彻、深刻领会中共二十大精神，认真贯彻落实习近平总书记在报告中提出的新要求，充分发挥交通运输的先行作用，为全面建设交通强国、全面建成社会主义现代化强国、全面推进中华民族伟大复兴做出新的更大贡献。

10月17日 交通运输部网站公布《交通运输部办公厅关于公布打造国内水路旅游客运精品航线试点单位及试点内容的通知》，山西2条线路上榜。山西太行山大峡谷旅游发展股份有限公司八泉峡景区的八泉峡1号码头至八泉峡里码头航线入选自然景观游，试点船舶：八泉峡001。山西漳泽水库管理有限公司的润泽园至湖中岛至壁头航线入选特色文化游，船舶名称：太行湖001。

10月25日 省交通运输厅党组召开会议，传达学习中共二十大精神，安排部署全系统学习宣传贯彻工作。厅党组书记、厅长赵建平主持会议并讲话，强调要把学习贯彻中共二十大精神作为当前和今后一个时期的首要政治任务，迅速掀起学习宣传热潮，切实推动中共二十大精神落地见效，以新担当新作为推动交通运输工作再创佳绩，为全省经济社会发展做出更大贡献。

赵建平指出，中共二十大高举中国特色社会主义伟大旗帜，全面贯彻习近平新时代中国特色社会主义思想，系统阐述新时代坚持和发展中国特色社会主义的重大理论和实践问题，科学谋划未来一个时期党和国家事业发展的目标任务和大政方针，擘画以中国式现代化全面推进中华民族伟大复兴的宏伟蓝图。中共二十大和二十届一中全会胜利召开，为党和国家事业进一步指明前进方向，为我们党继续带领亿万人民团结奋斗奠定重要思想政治基础，为全面贯彻党的基本理论、基本路线、基本方略，奋力谱写全面建设社会主义现代化国家新篇章，提供坚强政治保证和组织保证。全系统各级党组织要积极组织对报告和各项决议的专题学习、研讨交流、基层宣讲、教育培训，切实引导广大党员干部把思想认识统一到中共二十大部署精神上来。

赵建平强调，中共二十大对全面建设社会主义现代化国家、全面推进中华民族伟大复兴进行战略谋划，对统筹推进“五位一体”总体布局、协调推进“四个全面”战略布局作出全面部署，为新时代新征程党和国家事业发展、实现第二个百年奋斗目标指明前进方向、确立行动指南。各单位各部门要认真学习领会中共二十大作出的各项重大决策部署，结合全省经济社会发展实际、全系统改革发展和党建工作实际，加强政策研究和顶层谋划，切实推动各项部署在全系统落地见效。

赵建平强调，全系统各级党组织和广大党员要牢记习近平总书记的谆谆教诲，立足新起点，以新担当新作为新风貌，推进年度各项重点目标任务的完成。要坚持问题导向，发扬斗争精神，攻坚克难、革弊立新，以巡视整改为契机推动交通运输工作全面进步。

厅领导王晋、段新源、王四小、郭丙福、王建业、郝玉柱、雷天才、高新文出席会议；厅二级巡视员、驻厅纪检组、安全总监、厅机关各处室主要负责人、厅直各单位党政主要负责人参加会议。

10月26日 省交通运输厅组织厅直各单位、厅机关相关处室工作人员51人到省党风廉政教育基地，参观“严守铁规矩——山西省贯彻落实中央八项规定精神专题展”，接受党风廉政教育。厅领导段新源、王建业、郝玉柱、雷天才，驻厅纪检组、厅办公室、人事处、财务收费管理处、机关党委以及厅直八家单位主要负责人和相关处室负责人参观专题展。

专题展分为“铁规矩、金名片”“治顽疾、纠四风”“新征程、好作风”3个展区，通过图片、文字、视频等形式，集中展示中共十八大以来，省委、省纪委坚定不移纠“四风”、树新风，深刻改变山西面貌的生动实践和重大成果，充分彰显省委全面建设清廉山西的坚定决心和坚强意志。

参观展览的党员领导干部认真聆听讲解，在展板展台前驻足观看，通过典型案例、警示教育片等，直观生动地感受到由风变腐、风腐一体、最终受到党纪国法制裁的一系列违纪违法案例对党风政风的严重危害，内心深处受到警醒。

参观人员均表示，该展览为参观者上了一堂立体、直观的廉政警示教育课。作为党员领导干部，要深刻汲取典型案件的教训，举一反三，警钟长鸣，做到始终不越红线、不触底线、不碰高压线，在清廉山西、清廉机关建设中作表率、走在前，以好作风好形象创造新成绩，为山西省全方位推动高质量发展当好开路先锋。

10月27日 山西省铁路沿线安全环境治理联席会议办公室在省交通运输厅组织召开35千伏以下跨越普速电气化铁路电力线路迁改工作推进会，省交通运输厅、省能源局、省电力公司、太原局相关部门负责人及有关人员参会。会议对《2022年全省铁路沿线安全环境治理工作要点》下达35千伏以下跨越普速电气化铁路电力线路迁改的治理任务销号情况进行通报，省电力公司、太原局分别汇报治理进展情况、存在问题，提出下一步工作建议。会议分析全省35千伏以下跨越普速电气化铁路电力线路现状，就今后一段时期建立工作机制，分类施策治理，加强隐患管控，确保公共安全充分交换意见，提出了工作要求。

10月29日 为庆祝中共二十大胜利召开，进一步激励广大干部职工关注身体健康、丰富精神文化生活，省交通运输厅举办“奋进新征程、建功新时代”健步走主题活动。厅党组成员、副厅长王晋作动员，厅机关干部职工积极参与。

上午9时，省厅干部职工沿着既定路线，迈着矫健步伐，行走在景区健步道上，充分展现新时代交通人的饱满热情。此次活动不仅能强身健体、丰富广大干部职工的业余文化生活，更能鼓舞斗志、凝聚团队力量。大家纷纷表示，今后将更加积极地参与体育锻炼，以更健康的体魄、更饱满的热情和一往无前的奋斗姿态迎接未来的工作和生活，为奋力书写山西交通高质量发展新篇章、实现中华民族伟大复兴中国梦贡献力量。

11月

11月9日 省交通运输厅召开第六次安委会暨“两个行动”推进视频会议，贯彻落实中共二十大精神和省安委会有关部署，分析研判当前安全生产形势，全力推动“两个行动”（安全生产专项整治三年行动、安全生产大检查大整治大提升行动）落实落地，部署年底安全生产各项工作。厅党组成员、副厅长王晋主持会议并讲话。

会议指出，2022年以来，围绕迎接中共二十大胜利召开，按照省委、省政府和交通运输部安排部署，全系统先后开展安全生产专项整治三年行动巩固提升、安全生产大检查大整治大提升、道路运输“百日攻坚”、危险化学品道路运输安全风险集中治理等多个专项行动，加强重点时段安全生产督导检查，全力查隐患、治难点、迎盛会、保平安，行业安全生产保持总体稳定态势。当前，全省交通运输安全生产形势依然严峻复杂，从安全事故看，营运货车事故总量仍处高位，涉及公路养护交通事故有所反弹；从重点工作落实看，“两个行动”完成率还不高；从行业安全基础看，薄弱环节还很多；从冬季气候条件看，面临极端天气影响。

会议要求，全系统要清醒认识当前交通运输安全生产严峻复杂形势，坚决摒弃麻痹大意、盲目乐观、厌战懈怠的思想和情绪，以“时时放心不下”的责任感和紧迫感，坚决打好岁末年初安全生产防范这场硬仗，持续营造安全稳定的交通运输环境。要强力推进安全生产“两个行动”，加大督导巡查力度、通报问责力度和总结评估力度，确保取得实效。要持续深化危险化学品道路运输安全风险集中治理，在道路通行整治和源头整治两个方面持续发力，切实防范化解危险化学品道路运输安全风险。要抓好冬季安全防范应对工作，确保道路运输安全，确保公路安全畅通，确保冬季施工安全。要抓好应急处突工作，对各类应急预案、应急物资储备和应急力量配备进行再检查、再检点，确保随时可用、用之有效。要抓好年度目标任务盘点，查缺补漏、锻长补短，确保高质量如期完成全年各项任务目标。

会议强调，全系统要认真学习贯彻中共二十大精神，坚决贯彻习近平总书记关于安全生产工作重要论述和指示批示精神，强化底线思维，保持清醒认识，把握风险规律，时刻关注、及时预判、积极应对、妥善处置各类安全风险隐患，把学习贯彻中共二十大精神体现到抓安全生产的实际行动上，用安全发展的成效体现责任担当，努力为山西全方位高质量发展保驾护航、贡献力量。

11月10日 省交通运输厅召开重点公路工程第四季度调度暨安全生产视频会议。会议强调，中共二十大开启新的奋斗征程，各单位要深入学习宣传贯彻中共二十大精神，紧紧抓住剩余有效工期，奋战50天，推动项目建设提速冲刺、交卷，为推进中国式现代化交通强国建设做出新贡献。

会议提出7点要求：一要迅速掀起学习宣传中共二十大精神热潮，确保把中共二十大精神及时准确传达到最基层、第一线，确保进工地、进头脑，转化为具体工作成效，全力确保投资和建成两大目标完成；二要统筹安全生产系列行动，进一步强化施工现场冬季施工质量安全管理、根治欠薪等工作，坚决守住安全稳定；三要推动“数字赋能”“智慧建设”“绿色公路”“从业人员在线测评”等工作扎实开展，推进重点工程建设质量持续提升；四要推动“工程质量保证金阶段性缓缴”“推广以工代赈”“政策性金融性工具”等稳经济系列政策红利全面落地、充分显效；五要全力推动前期手续办理，指导督促各项目正式用地手续尽早报批；六要全面落实从严治党工作要求，把工程建设的最终落脚点落到服务人民群众和支撑山西经济发展大局上；七要提前谋划2023年重点工作，围绕全省“十四五”规划目标，早谋划、早部署，确保2023年各项工作起好步、开好局。

11月16日 省交通运输厅党组成员、副厅长郭丙福深入石楼县罗村镇驻村帮扶点宣讲中共二十大精神，并实地调研罗村镇乡村振兴人才培训基地和沙窑村设施蔬菜大棚基地。省交通运输厅相关处室负责人、石楼县委书记王廷洪、副县长郭登文等参加调研。

省交通运输厅重点帮扶罗村镇的五个村。在帮扶点上,郭丙福宣讲中共二十大精神。他从中共二十大主题、主要成果等方面,进行系统宣讲和阐释;结合全面推进乡村振兴,着重从过去五年的工作和新时代十年的伟大变革、全面建成社会主义现代化强国的新部署新要求作深入解读,并联系实际全面回顾总结十年来山西交通运输发展成就。郭丙福指出,要紧密团结在以习近平同志为核心的党中央周围,深入贯彻落实中共二十大精神,确保中共二十大的重大决策部署落地见效。在罗村镇乡村振兴人才培训基地和罗村镇沙窑村设施蔬菜大棚基地,郭丙福通过现场察看、听取汇报、仔细询问,详细了解设施农业大棚基地建设、农业产业发展等工作情况。他强调,要把贯彻中共二十大精神和落实习近平总书记视察山西重要讲话重要指示精神紧密结合起来,培育一批引领行业发展的骨干龙头企业,做好各项要素保障,努力构建现代农业产业发展体系。在听取驻村帮扶队关于乡村振兴工作情况汇报后,郭丙福充分肯定驻村帮扶队一年来的工作成绩,鼓励大家要勇于尝试,谋划推进产业项目,带领乡亲们找到一条既适合当地现实条件又符合市场规律的稳定增收新渠道。他强调指出,一要带着感情扶贫,将帮扶工作做实做细,用心、用情、用力投入帮扶工作,力争做一件成一件;二要带着资源扶贫,充分发挥行业帮扶优势,加大道路交通基础设施投入力度,着力改变石楼的区位劣势,全力加快城乡客运一体化建设,为乡村振兴做好保障;三要拓宽资源扶贫,统筹协调各方资源,形成帮扶合力,助力石楼加快发展,切实提升人民群众幸福感、获得感。

11月18日 省交通运输厅党组成员、副厅长王四小在省高速公路综合行政执法总队晋中支队作中共二十大精神宣讲报告。

报告会上,王四小围绕中共二十大主题和主要成果、过去五年工作和新时代十年的伟大变革、马克思主义中国化时代化、中国式现代化、全面建设社会主义现代化国家的新部署新要求、坚持党的全面领导和全面从严治党、应对风险挑战7个部分,结合十年来全国、山西交通运输的发展实践,对中共二十大精神进行深入解读和辅导。

王四小指出,十年来,山西建设人民满意交通成果丰硕,高速公路贯通三晋,普通干线公路四通八达,农村公路进村入户,旅游公路穿梭山壑,水运建设稳步推进。交通运输综合行政执法改革初见成效,省、市、县三级全部挂牌,正常履职。开展交通运输执法领域突出问题专项整治行动,执法既有力度,更有温度。

王四小指出,当前全省已经兴起学习宣传贯彻中共二十大精神热潮。全省交通运输系统要进一步自觉地把思想统一到中共二十大精神上来,把力量凝聚到目标任务上来,以更加坚定的政治自觉、更加饱满的精神状态、更加务实的工作举措,一步一个脚印把中共二十大作出的重大决策部署在三晋大地付诸行动、见之于成效。

省交通运输厅安全总监郭富平、厅综合规划处处长许有志、厅农村公路管理处处长姬鸽陪同参加宣讲会。晋中支队党委班子成员、副处级干部、各党支部负责人、各大队大队长、机关全体人员在主会场参加,各大队人员在各自分会场以视频形式参加。

11月 为维护老年人的合法权益,弘扬中华民族尊老敬老的传统美德,进一步营造爱老助老良好社会氛围,省交通运输厅围绕“反诈防骗,敬老助老”主题开展形式多样、内容丰富的老年人防诈骗法制宣传教育活动。

活动中,工作人员针对养老诈骗热点问题,通过印制发放预防养老诈骗手册800余册、拍摄播放宣传视频、开展防诈知识讲座等形式,向交通运输系统离退休干部职工详细讲解常见诈骗概念、种类、手段、特点及防范措施等内容,进一步增强老干部们对各类诈骗行为的防范意识和自我保护意识。

是月 国家机关事务管理局、中直机关事务管理局、国家发改委、财政部联合公布全国第二批节约型机关建成单位名单，省交通运输厅被授予“节约型机关”称号。

近年来，省厅以习近平生态文明思想为指导，认真贯彻落实省委、省政府关于生态文明建设和碳达峰、碳中和决策部署，按照有关工作要求，精心组织、统筹谋划、狠抓落实，采取有效措施，有力推进节约型机关创建，积极引导干部职工养成文明健康绿色环保生活工作方式，切实提高资源利用效率，以尽可能少的资源消耗获得尽可能大的公共管理服务保障效益。

是月 省交通运输厅党组成员、驻厅纪检监察组组长王建业深入省高速公路综合行政执法总队晋中支队二大队外勤组宣讲中共二十大精神并调研指导工作，要求基层执法人员把功夫下在平常，坚持将学思践悟贯穿始终，认真学习宣传贯彻中共二十大精神。驻厅纪检监察组副组长任玉胜一同调研。

王建业非常关心一线执法人员的工作和生活，在详细询问了解外勤组工作人员的年龄结构、工作职能、日常执法开展情况以及冬季采暖、食宿等生活情况后，就外勤组执法安全等工作进行安排叮嘱，并亲切慰问了冒雨坚守岗位的一线执法人员。

晋中支队二大队执法人员一致表示，有信心有决心把中共二十大精神学习好、宣传好、贯彻好，将习近平总书记的重要指示精神贯穿到日常执法工作中，在厅党组、驻厅纪检监察组及总队党委坚强领导下出色完成各项工作任务，以实际行动践行初心使命、落实中共二十大精神。

12月

12月7日 省交通运输厅党组成员、副厅长王晋到省公路局作中共二十大精神宣讲。

宣讲会上，副厅长王晋紧扣中共二十大报告原文，重点围绕中共二十大主题、主要成果、过去五年的工作和新时代十年的伟大变革、马克思主义中国化时代化、中国式现代化和全面建设社会主义现代化国家目标任务、坚持党的全面领导和全面从严治党、应对各类风险挑战等方面，通过原汁原味领学原文，鲜活生动讲述案例，严谨翔实列举数据，全面系统、深入浅出地与大家分享学习中共二十大精神的所思、所想、所悟。

宣讲会上，王晋特别从交通运输行业在经济社会发展中的地位和作用出发，结合山西交通运输行业实际，深刻阐述高质量发展的重要性和紧迫性，要求公路系统各级党组织和广大党员干部职工面对新挑战，要坚持发扬斗争精神，知难而进，迎难而上，奋力推进国省干线公路实现高质量发展。宣讲具有很强的理论性、指导性和针对性。

省公路局党委决心以此次宣讲为契机，把学习宣传贯彻中共二十大精神作为首要的政治任务，与全省干线公路发展和本单位实际结合起来，与全面完成全年各项重点任务结合起来，与保通保畅、安全生产、改革稳定等工作结合起来，围绕中共二十大提出的目标任务，提高政治站位、深入谋划思考、创新发展理念，在贯彻落实上发力见效，用更加坚定的政治自觉、更加饱满的精神状态、更加务实的工作举措，推动各项工作任务完成。

省交通运输厅厅直机关党委专职副书记武安瑜陪同参加宣讲会。省公路局领导班子成员、局机关中层干部及干部职工代表、局直单位领导班子成员参加宣讲会。

同日 由省交通运输厅、省文学艺术界联合会举办的“踏访黄河、攀登长城、跨越太行”主题旅游公路摄影大赛评审会在省交通运输厅召开，对向社会各界征集的摄影作品进行集中评审，评选出一等奖、二等奖、三等奖和优秀奖。

黄河、长城、太行三个一号旅游公路建设是全省贯彻落实习近平总书记考察调研山西重要指示精神，推动交旅融合发展、促进乡村振兴的具体实践和重大举措。2018年以来，全省各级交通运输部门攻坚克难、踔厉奋发，全力推进三个一号旅游公路建设取得显著成效。

为全面展示三个一号旅游公路建设成就，提高全省全域旅游知名度，本次摄影大赛围绕“踏访黄河、攀登长城、跨越太行”主题,记录展现三个一号旅游公路与资源等整合发展的新格局;围绕旅游公路建管养运等方面,记录公路人“以路为家、奉献社会”的精神面貌;围绕旅游公路主线基本贯通等建设成果,记录展现“城景通、景景通、城乡通”的全域旅游新格局及农民因路而富、乡村因路而美、产业因路而兴的新面貌。大赛面向社会各界进行摄影作品征稿。

本次评审会评委由省文联、山西农民报社、省摄影家协会、《中国环境报》山西记者站、省文旅厅、省交通运输厅相关人员担任。省交通运输厅对获奖人员进行表彰,并在黄河、长城、太行三个一号旅游公路“0公里”标志文化驿站举办优秀作品展览活动,充分展示此次摄影大赛取得的成绩,助力三个一号旅游公路建设,提高山西省全域旅游知名度。

12月9日 省交通运输厅党组成员、副厅长段新源深入省交通干部学校作中共二十大精神宣讲。

宣讲会上,段新源从中共二十大主题、主要成果、过去五年工作和新时代十年伟大变革、马克思主义中国化时代化、中国式现代化、全面建设社会主义现代化国家的新部署新要求、坚持党的全面领导、全面从严治党和应对风险挑战7个方面全面系统深刻阐释中共二十大提出的重要思想、重要观点、重大战略、重大举措。

段新源号召全校广大干部职工,把贯彻落实中共二十大精神与贯彻落实习近平总书记关于教育的重要论述和视察山西重要讲话重要指示精神结合起来,认真学习领会,把中共二十大精神转化为推动干部教育高质量发展的强大动力。学校以此次宣讲为契机,把学习好、领会好、落实好中共二十大精神,作为当前和今后一个时期的首要政治任务,结合工作实际抓好贯彻落实,确保中共二十大精神落地生根、开花结果。

学校党委书记、校长辛泉生主持,省交通运输厅第十四党支部全体党员、学校领导班子成员、全体教职工及合作办学机构党员代表参加宣讲会。

12月13日 省政府新闻办举行新闻发布会,深入解读《山西省加快复工复产和服务业复苏若干措施》。厅党组成员、副厅长郭丙福代表省交通运输厅介绍有关情况并回答记者提问。

对于“在加快复工复产和服务业复苏工作中,下一步交通运输部门如何精准发力”这一问题时,郭丙福表示,交通运输部门在当前加快复工复产和服务业复苏形势下,一定会全力做好保通保畅工作,为畅通人流物流提供基础条件和支撑保障。下一步,省交通运输厅严格按照国务院和省委、省政府科学精准做好交通物流保通保畅工作的要求,重点做好以下几点工作:一是全力保障交通运输通道畅通。在道路畅通方面,省交通运输厅坚持协调调度,对全省29条能源运输主通道的重点区域、关键节点实施动态监测,全力保障能源运输主通道畅通。特别是对易拥堵路段、收费站、易发生事故路段等,采取加强疏导、道路管养、远端分流、增设交安设施等多种方式,必要时将入口临时变更为出口,确保通道畅通无阻。在快捷通行方面,为重点工业企业复工复产所需的关键原辅料、重要生产设备及零部件相关运输车辆在收费站开通、增设“快捷通道”,保障优先通行。严格落实鲜活农产品运输绿色通道政策,整车合法装载鲜活农产品车辆优先便捷免费通行。同时,进一步优化ETC发行和使用服务,引导公众安装使用ETC,减少通行介质使用,切实提升车辆通行速度。二是严格执行“白名单”管理制度。将服务区、收费站、交通物流、能源保供企业等工作人员及货车司机纳入“白名单”管理。三是强化路网服务保障。第一,全力提升服务品质。配足配齐服务区各方资源,保证人员力量充足,保障餐厅、超市、加油站、充电桩等服务场所和设备正常运行,为司乘人员提供优质、便捷服务。针对冬季雨雪天气增多、司乘人员驻留服务区时间延长的情况,加强对服务区239座便民服务亭、321座户外移动厕所日常保养维护,24小时为社会公众提供热水、方便食品、应急药品等必要的生活物资。第二,提升路况服务质量。省交通运输厅近期开展“公路冬季养护保障道路畅通安全”的专项行动,通过对公路路面、桥梁、隧道等结构的全面排查,及时对存在的问题、病害分类处治,消除道路安全隐患,保证路况行驶质量和行车安全。与此同时，健全完善应急预案、应急队伍、物资设备，全力做好应对极端恶劣天气的充分准备，提升雨雾冰雪等特殊天气条件下的安全保畅能力。第三，建立人员应急调配替换机制。提前调配好后备梯队，紧急调配轮岗备勤人员进行替换，保障各项工作不受影响。下一步，省交通运输厅将梳理总结关键制度，查找短板，不断健全完善相关政策制度，推动物流保通保畅工作常态化运行、制度化管理，为社会经济发展稳定做出强有力的支撑。

12月13日至14日 省交通运输厅党组成员、副厅长王晋带队赴吕梁市调研、检查安全生产工作。

在调研中，王晋一行实地查看“平安文明示范高速公路”薛公岭长陡下坡降温池改造情况、避险车道升级改造项目进行情况，听取高速交警“三道防线”建设实施情况汇报，观摩路警联合应急指挥平台和隧道AI联网监测系统演示等。王晋充分肯定平安文明示范高速公路创建工作取得的成果。他表示，各部门各单位高度重视，在道路本质安全水平提升、风险防控和隐患治理、智慧化管控、救援清障等方面工作力度大、措施实。下一步，要继续咬定目标，对标全国先进，提高标准水平，在“精、准、细、实”上下功夫，打造有特色的山西平安文明示范高速公路创建经验。

在石楼县罗村镇，王晋一行就巩固脱贫成果和乡村振兴工作进行实地调研。王晋一行先后来到罗村镇沙窑村现代农业示范基地、罗村镇乡村振兴技能培训基地，详细了解基地建设、运行情况等，实地查看温室大棚草莓种植情况。王晋指出，驻村工作队坚守一线、践行使命，积极探索村集体经济发展路径，助力群众实现持续增收，在交通基础建设、乡村振兴技能培训、现代农业示范基地建设等方面取得一定的成绩。希望驻村工作队进一步夯实思想根基，增强责任感和使命感，不断积累经验，全力以赴，砥砺前行，为石楼乡村振兴做出新贡献。王晋一行还深入山西焦煤集团化工有限责任公司平安民爆物品配送中心、山西信发物流有限公司，对企业安全生产工作进行检查。在详细了解企业安全生产工作落实情况、认真听取司乘人员意见建议，并对检查过程中发现的问题进行现场纠正后，王晋强调，运输企业要充分认识做好安全生产工作的重要意义，落实好企业安全生产主体责任，加强人员管理和教育，严格落实车辆安全检查。交通运输部门要加强事中事后监管，依法严格查处各项违法违规行为；建立危险货物运输行为监管、非法行为查处联动机制，狠抓安全隐患治理。

12月13日至15日 省交通运输厅举办公路项目前期工作视频培训会，具体工作由省交通建设中心承办。各市县交通运输局、省公路局及分局、厅发展研究中心、山西交控集团及所属企业，各重点公路工程建设项目等80多家单位从事公路项目前期工作的管理和技术人员千余人次参加培训。

此次培训采用线上会议方式进行，邀请行业专家，对全省公路项目前期工作涉及的用地指标、土地预审、补充耕地和永久基本农田保护、自然保护地、生态保护红线、文物保护、水土保持等工作进行解读，就有关政策规定、工作流程、办理程序、报批内容、审查要点难点等进行细致、通俗易懂地讲解，并剖析具体案例。

12月14日 省政府新闻办举行新闻发布会，深入解读《关于进一步促进民间投资的实施意见》。省交通运输厅党组成员、副厅长王四小代表省交通运输厅介绍有关情况并回答记者提问。“十四五”期间乃至以后一个时期，全省收费公路均主要通过PPP等市场化建设融资模式推进，全省收费公路市场无差别、全方位向民间资本开放。

王四小介绍说，为充分发挥市场在资源配置中的决定性作用，更好发挥政府作用，省交通运输厅坚持“两个毫不动摇”，积极支持民间资本进入交通基础设施投资领域。一是全方位无差别开放收费公路市场。凡纳入“十四五”省级交通运输发展规划体系的收费公路项目，全部向民间资本开放。各项目实施机构严格执行国家《市场准入负面清单》，严禁设置对民间投资的附加条件或歧视性条款，严格执行公平竞争审查，根据项目前期工作进展情况,定期向社会公开发布收费公路招商项目清单,依法组织项目投资人公开招标。二是允许社会资本方提前介入收费公路项目研究。在收费公路项目完成可研专家预审查或进入实施方案编制阶段后,由实施机构通过组织项目推介会、门户网站发布等形式,主动征询包括民间资本在内的潜在投资人意见和建议,统筹研究可为潜在投资人提供的投资优惠条件,支持包括民间资本在内的潜在投资人提前介入收费公路项目研究,增加项目落地可行性。三是给予项目财政性资金支持。积极争取中央财政性资金支持,用足用好国家政策性开发性金融工具,取得省财政支持,“十四五”期间将给予全省普通国省道收费公路项目一定规模的资本金或可行性缺口补助支持。中标的民间资本享受同样补助政策待遇,有效补充项目资本金,降低投资风险。四是创新建设融资模式。探索在全省推广“市级打捆招标、项目肥瘦搭配、社会资本让利、政府建运补助”的收费公路项目筹融资建设模式。鼓励各市级政府将本市行政区域内全部或部分收费公路项目集中完成立项审批,按程序打捆为一个整体项目统一进行投资人招标。打捆项目总算账后仍需政府补贴的,政府给予项目建设期或运营期补助,达到显著减轻政府出资负担、显著提高规划项目落地率、显著降低投资人投资风险的多赢效果。五是鼓励民间资本通过独立投资、与国有或民营资本组成联合体“抱团”投资、股权投资等多种方式参与收费公路投资建设运营。

同日 山河能源有限公司一行到省交通运输厅,向省物流保通保畅工作领导小组办公室送上内容为“雪中送炭、冬日送暖”的锦旗。

省物流保通保畅工作领导小组办公室副主任、副厅长王晋与企业进行座谈。王晋详细了解山河能源有限公司的生产经营情况,并表示要持续做好交通运输行业为企业的各项服务工作,对企业提出的困难要高度重视,要在第一时间部署安排,立即与企业取得联系,采取有力措施,迅速解决问题。

自4月份省物流保通保畅工作机制组建以来,物流保通保畅领导小组工作办公室共接听来电23000余件,采取“一事一协调”方式解决物流不通畅事项22945件,落实保障重点企业物流事项200余件,有力维护全省产业链供应链稳定。

12月21日 繁峙至五台高速公路(以下简称繁五高速)开工仪式在繁峙县举行。省交通战备办专职副主任、省交通运输厅总工程师高新文等出席开工仪式。忻州市委书记朱晓东宣布开工,忻州市市长李建国主持仪式。

繁五高速项目起点位于繁峙县楼岗村,与灵河高速繁峙枢纽相接,终点位于五台县瑶芝村,与忻阜高速相连,设计全长约65公里,总投资约98亿元,预计2026年通车。

作为山西省“十四五”高速公路规划网“四纵十五横”东纵的重要组成部分,繁五高速项目建成后可实现忻阜、灵河高速连接贯通,极大促进沿线经济社会发展,在全省全方位推动高质量发展中发挥积极作用。

12月 12月2日是第十一个“122”全国交通安全日。连日来,省公安厅、省委网信办、省文明办、省教育厅、省司法厅、省交通运输厅、省应急管理厅、共青团山西省委联合制订下发方案,以“文明守法 平安回家”为主题,共同组织开展第十一个“122”全国交通安全日主题活动。

全省各地各部门组织开展第十一个“122”全国交通安全日主题活动,作为学习贯彻落实中共二十大精神,推动建设更高水平平安山西、法治山西的具体举措,强化横向协作、纵向联动,充分发挥各自职能作用,同心协力推进交通文明建设。各地各部门精心组织开展系列宣传教育活动,启动122“百城千村美丽乡村行”活动,深入乡镇、农村进行冬季交通安全巡回宣讲,组织“两站两员”、交通安全志愿者、文艺小分队等开展进村入户宣传。组织开展面向老年人、学生群体的交通安全主题教育,聚焦乘车、步行、骑行等出行方式,提高“一老一小”人群交通安全自护能力。充分利用楼宇电视、LED显示屏、宣传栏等为“文明守法 平安回家”主题“亮屏”,确保交通安全倡导提示时时可见。加强融媒宣传,推动交通安全议题进媒体、进网络、上“云”端。联合保险公司、互联网企业等，组织开展“文明好司机”推选、公益宣讲人招募、绘画作品征集、有奖知识竞答等群众性活动，鼓励企业发挥安全主体作用和社会责任，共同建设安全畅通、文明和谐的道路交通环境。

全省各地也开展形式多样主题活动，推进平安建设。晋城交管部门走进农村、驾校、公路沿线村民家，宣讲农用车违法载人，骑乘摩托车、电动车不戴安全头盔等交通违法行为的危害性，用身边案例教育身边人。太原、运城教育和公安交管部门走进幼儿园、小学校，利用斑马线、交通安全魔方、儿童三轮车、头盔、标志标线拼图等道具，让孩子们认知标志标线和校车盲区，进一步提高遵守交通法规意识和自我保护能力。长治充分利用全市1400部电梯广告LED显示屏，为“文明守法 平安回家”主题“亮屏”，集中滚动播发“122宣传”LOGO、标语和主题宣传视频。临汾邀请民间艺人创作“122”主题宣传剪纸。

“122”全国交通安全日主题活动持续深入开展，进一步提高全社会交通文明程度，更好服务保障经济社会发展，守护人民群众安全顺畅出行，为全省全方位推动高质量发展，谱写全面建设社会主义现代化国家山西篇章创造良好道路交通环境。

是月 为认真贯彻落实习近平总书记关于安全生产重要指示精神，积极主动应对年终岁首交通流量持续增长形势，省交通运输厅安委会下发通知，要求全力守牢行业安全生产底线，坚决杜绝重特大事故发生，以最高标准、最严要求、最实举措抓好安全生产工作，确保交通运输行业安全生产形势持续稳定。

通知要求，各单位要进一步提高政治站位，积极主动科学预判，做好客流货流突发增长各项安全准备。重点围绕“两客一危”车辆、城市轨道交通、涉客船舶、重点水域、路网运行、公路水运工程施工等加强安全监管。要切实保障煤炭能源、重点产业链供应链物资、蔬菜粮食等重要生产生活物资安全高效运输。要深入开展交通运输安全生产重大风险和重大隐患排查治理，确保重大风险管控到位，防止风险演变成事故。各单位要加强与气象、地质、水利等部门的信息沟通，做好冬季极端恶劣气象灾害的预测预警和防御应对。紧盯省际包车、农村客运等领域，严厉查处非法营运、超员、超速、疲劳驾驶等行为，加强涉客船舶安全风险管控，严禁涉客船舶在恶劣天气等条件下冒险航行。

通知要求，压实安全责任，强化各项安全工作措施落实到位。要高度警觉、高度重视各类企业运输装备安全技术状况和从业人员服务保障能力可能存在的问题和安全隐患，按照“三管三必须”和“党政同责、一岗双责”的要求，层层压实责任，层层传导压力，确保安全工作事事有人管、安全措施件件有落实。要督促企业落实主体责任，投入的运力要在春运前完成一次全面检查，进一步提高安全保障水平。

道路运输方面，企业对所有投入春运的车辆开展一次全面二级维护，坚决杜绝车辆“带病”上路；对参与春运工作的驾驶员要开展一次全面安全培训，不断提升驾驶员应急驾驶操作技能和突发事件应对处置能力；对车辆安全例检、客车出站检查、行李包裹安检、车辆动态监控等关键环节，逐车、逐线、逐站开展一次全面隐患排查整治。客运场站要优化流线组织，根据客流情况及时增加进出站口、安检、售票窗口等关键部位服务力量，避免人员聚集。城市轨道交通方面，要加强重点车站客流监测，明确大客流控制预警、风险管控措施及解除条件，加强行车组织与客流组织衔接，防止车站客流过度聚集。水上运输方面，船舶驾引人员开航前，应做好船舶开航前自查工作，确保船舶证书、船舶配员、设施设备、应变部署、航线设计等方面符合安全开航技术要求。公路水运工程建设方面，施工人员作业前应召开岗位安全会，熟悉作业内容、风险隐患、应对措施等相关事项。

此外，要指导帮助企业用好用足纾困解难政策，加大安全生产投入，全面维护交通运输设备设施，加强从业人员安全培训，避免载运车(船)长期停运、“带病”运行和人员松劲懈怠、技能生疏带来安全隐患。

通知要求，各单位要做足应急准备，提高快速高效处置各类突发事件能力。坚持科学分析、动态研判、抓住关键、精准施策，调整完善应急预案，充实应急保障力量，以应急储备的充分性、防范管理的严密性、处置措施的有效性应对各种不确定性。要在地方人民政府领导下，加强与应急、公安、医疗、气象等部门沟通和协作，形成共抓安全合力。要切实加强值班和应急值守工作，严格落实领导带班和值班员24小时在岗值班制度，一旦发生突发事件和事故险情，做到及时响应报告、妥善应对处置，全力保障人民群众平安出行和交通物流畅通。

（资料提供：山西省交通运输厅）

厅直属单位

山西省公路局大事记

1月27日 山西省公路局(以下简称省局)安委会召开2022年第一次全体会议暨“百日攻坚”安排部署视频会议。

同日 省局召开全省公路系统交通运输执法领域突出问题专项自查动员会。

2月8日 长治市国道环线自由流收费试点工作座谈会在太原召开。会议特邀省交通运输、发改、财政、司法、公安等部门领导及相关专家就自由流收费试点工作提出意见建议。长治市委副书记、代市长陈耳东,副市长贺鑫参加。省交通运输厅党组成员、副厅长王晋出席座谈会。

2月9日 省局党委召开中心组学习(扩大)会议,学习传达习近平总书记考察调研山西重要指示精神,并对全系统深入学习贯彻落实习近平总书记在全省考察调研看望慰问基层干部群众重要指示精神作出安排。

2月 2022年春运从1月17日开始至2月25日结束,共40天。为认真贯彻落实省委、省政府和交通运输部、省交通运输厅有关安排部署,统筹做好2022年春运工作,更好地保障人民群众安全便捷出行,全省公路部门踔厉奋发、笃行不怠,认真研判本地区春运形势,制订春运工作方案,压实主体责任,细化、实化春运各项工作举措,层层动员部署、全面宣传发动,合理配置人力、物力、财力,全方位铺开春运备战工作,确保春运期间道路安全畅通。

3月8日 全省公路工作会议在太原召开。会议全面总结2021年工作,分析当前面临形势,安排部署2022年重点任务。驻厅纪检监察组副组长聂洪出席会议。局长胡钢成作工作报告。

2021年,全省公路系统面对百年变局、洪涝灾害和行业变革交织的复杂形势,在省委、省政府和省厅坚强领导下,坚持稳中求进工作总基调,把握新发展阶段、贯彻新发展理念、服务构建新发展格局,着力推动高质量发展,较好地完成年初确定的目标任务,实现“十四五”良好开局。一是转变观念与机制,推动公路建设快速健康发展;二是聚焦服务大局,持续提升路网通行保障能力水平;三是围绕重点难点,持续加强行业治理;四是统筹发展和安全,全力维护大局稳定;五是锐意改革创新,增强发展动力;六是全面加强党的建设,为改革发展稳定提供坚强保证。

2022年,面对新形势新任务新挑战,全省公路系统要做到“五个必须”:一是必须坚持和加强党的全面领导,深刻领悟“两个确立”的决定性意义和实践要求,坚决贯彻执行上级重大决策部署,切实把党的全面领导贯彻到公路工作各领域各方面;二是必须始终坚持以高质量发展为总牵引,全面加强和改进各项工作,推动普通国省道实现质的稳步提升和量的合理增长;三是必须准确把握改革的时度效,集中精力破解制约发展的主要矛盾和痛点难点,彻底理顺体制机制,推动普通国省道发展行稳致远;四是必须坚持底线思维、发扬斗争精神,打好防御风险的有准备之战和转危为机的战略主动战,保持大局平安稳定;五是必须增强实干精神,牢固树立“等待观望改革也是一种风险”的忧患意识,保持战略定力不动摇,集中力量办好自己的事,奋力夺取全年发展的高分报表。

会议明确,2022年主要预期目标是:完成建设投资140亿元,完成新改建270公里,工程质量平均合格率不低于97%。养护工程质量合格率达100%、优良率达90%以上;国道、省道公路技术状况指数MQI优良路率分别达到85%和80%以上。收取车辆通行费3.9亿元;预算执行率达到98.5%以上。超限率控制在0.2%以内。巩固安全生产形势,坚决防止重大及以上责任事故。

会议要求,2022年要在抓好各项工作的同时,重点抓好六个方面工作:一要全面加强公路养护,筑牢高质量发展支柱;二要着力推进公路建设,构建高质量发展支撑;三要全力维护安全稳定,坚守高质量发展底线;四要加强行业治理能力建设,激发高质量发展效能;五要创建智慧公路绿色公路,为高质量发展赋能增色;六要全面加强自身建设,为高质量发展提供坚强保障。

同日 省局以视频会议形式召开2022年党的建设工作会议暨纪律作风专项整治动员会。党委书记尹新平代表省局党委作题为“弘扬伟大建党精神 持续加强党的建设引领公路事业高质量发展”的工作报告。驻厅纪检监察组副组长聂洪监督指导。省局班子成员、局直驻并单位班子成员、省局机关各处室正副处长在主会场参加会议;各分局班子成员及所属单位负责人在分会场参加会议。会议由局党委副书记许秀銮主持。

尹新平在报告中认真回顾2021年党建工作取得的成绩,分析当前党建形势,重点部署2022年党建任务,并对开展纪律作风专项整治进行动员部署。要求局属单位各级党组织强化政治思维更好引领发展,强化改革思维更好促进创新,强化底线思维更好保障安全,大力弘扬伟大建党精神和自我革命精神,解放思想、实事求是,迎难而上、苦干实干,不断开创党建工作新局面,以高质量党建推进全年目标任务胜利完成,以优异成绩迎接中共二十大胜利召开。

3月10日 阳泉市委常委、常务副市长郭建文深入307、207国道线绕城改线工程现场调研项目推进情况,协调解决项目存在的问题。阳泉分局主要领导、平定县政府分管领导、相关乡镇及有关部门负责人参加调研。

3月29日 省局下发《关于印发普通国省干线公路养护提升年活动实施方案的通知》,聚焦主责主业、夯实基层基础,决定用一年时间在全省普通国省道深入开展公路养护提升年活动。此项活动旨在引导全省公路系统始终把公路养护摆在首要位置,凝心聚力加强公路养护工作,在改革发展中克服重建轻养、坚决杜绝失修失养、坚决遏制路况下降,全力实现“六个提升”。

3月31日 省局召开2022年度养护工作推进会,通报2021年度普通国省道路况检测结果,解读《关于进一步提升养护工作质量的通知》及《普通国省干线公路养护提升年活动实施方案》,安排部署2022年养护重点工作。

局长胡钢成在讲话中指出,本次会议既是检讨会、反思会,又是分析会,同时还是动员会。要求各分局对照2021年度路况监测数据,认真分析,深刻反思,列出整改问题清单,逐项研究制订整改措施,确保2022年路况指标达到工作目标。

5月16日 省厅防汛备汛督导组对307、207国道线阳泉绕城改线工程开展督导检查。督导组一行听取该项目防汛备汛工作汇报,对相关资料进行检查。随后,深入路面铺设施工现场及南上庄隧道路段实地查看,详细检查防汛物资储备情况,并提出相关意见建议。

5月27日 山西省陵川公路段同山西交投集团高新高速公路管理有限公司正式签署战略合作协议。

6月1日 省局局长胡钢成、副局长郭晓军带领机关相关处室负责人及设计单位专家赴运城分局,实地调研522国道线平陆至曹川段米汤沟大桥重建项目,并主持召开座谈会,听取项目前期准备工作汇报,分析解决项目推进中土地、环评、水保等方面存在的困难,对论证方案进行对比、优化。胡钢成在讲话中对米汤沟大桥重建项目前期工作给予肯定,并对下一步工作提出要求。

6月15日至16日 省局局长胡钢成赴临汾分局调研督导。两天时间里,局长胡钢成先后深入吉县段、临汾段、洪洞段、一平垣公路超限检测站等地,了解日常工作开展情况,实地查看309国道线七郎窝黄河大桥养护、209国道线灾毁恢复重建、18国道线及341国道线改建工程实施、临夏线PPP项目运营等情况。调研期间，胡钢成主持召开座谈会，听取临汾分局工作汇报，对各项工作取得的新进展给予肯定，并对下一阶段工作提出要求。

6月28日 省局召开党委书记尹新平经济责任审计进点会议。

6月29日 太忻一体化经济区忻州境内建设的头号先导性项目108国道线砂河至石岭关段改建工程在忻州市忻府区合索乡举行全线开工奠基仪式。忻州市委书记朱晓东，市委副书记、市长李建国出席仪式。108国道线砂河至石岭关段改建工程采用PPP模式，项目全长170.6公里，总投资估算92.38亿元，该项目是“十四五”期间全省里程最长、投资最多、规模最大的国省干线新改建工程项目，实施后108国道线忻州境内段将全部升级改建为一级公路。

6月30日 为庆祝中国共产党成立101周年，省局党委联合晋中分局党委在平遥开展“喜迎中共二十大，奋进新征程”主题党日活动。省局领导班子成员、局机关党员代表，晋中分局领导班子成员及分局机关和平遥段党员代表共计40余人参加。

在唐都推光漆艺文化产业创意园，党员代表沿着习近平总书记的视察足迹，认真聆听“推动非遗转化 提升晋中文化产业竞争力”宣讲，重温习近平总书记关于做好非遗传承和转化的重要指示，感悟非物质文化遗产在新时代焕发的艺术之光。在平遥察院博物馆，大家边走边看、边听边问，详细了解平遥察院博物馆的历史沿革，感悟历史优秀廉政文化，在齐声诵读《廉洁颂》中，进一步提升精神境界，增强廉洁自律行动自觉。尹新平以“紧跟党的步伐 争当时代先锋 把公路事业不断推向前进”为题，从回顾新时代伟大成就、强化党的创新理论、展现新时代公路人职责使命、喜迎中共二十大胜利召开四个方面给大家上了一堂理论与实际紧密结合，内容丰富讲解生动的专题党课。

此次主题党日活动中，局直机关党委表彰局直单位2022年优秀共产党员、优秀党务工作者和先进基层党组织，省局机关和晋中分局党员代表各自谈了感悟和体会。

同日 省局党委书记尹新平到党支部工作联系点晋路公司第二党支部，参加“喜迎中共二十大 奋进新征程”主题党日活动。活动中，尹新平实地查看晋路公司太谷园区产品展示区、生产作业区、党建活动场所，在随后召开的座谈会上，尹新平听取晋路公司开展党建工作情况汇报，与全体参会党员共同重温入党誓词，并讲授专题党课。

7月1日 省局局长胡钢成深入党支部工作联系点物资公司第二党支部，以普通党员身份与物资公司党员一起，赴长治市黎城县黄崖洞爱国主义教育示范基地参加“铭记光辉历史 传承红色基因 喜迎中共二十大 奋进新征程”主题党日活动。

在黄崖洞保卫战殉国烈士纪念塔前，全体党员列队肃立，向抗日战争中英勇献身的革命先烈默哀，缅怀革命先烈，铭记初心使命，寄托对烈士的无限哀思和崇高敬意。黄崖洞下，全体党员面对鲜艳党旗，重温入党誓词，共同唱响经典红歌，歌颂党的辉煌历程和伟大成就，也唱出作为中华儿女心中的民族自豪感、幸福感。胡钢成在讲话中指出，此次赴黎城县黄崖洞爱国主义教育示范基地，不仅是回顾历史，更要铭记历史，在新的历史时期，要始终不忘初心使命，坚定理想信念，继承优良传统，为公路事业高质量发展做出新贡献，以优异成绩迎接中共二十大胜利召开。

7月11日 全省部分市县普降大到暴雨，特别是太原、忻州、吕梁、晋中、阳泉等地雨势较大，累计报告发生水毁203处。全省公路部门以雨为令、闻汛而动，迅速启动应急响应，立即进入防汛战斗状态，全力以赴开展抢险保通工作。有关分局紧急动员、迅速行动，主要领导深入一线、靠前指挥，养护人员冒雨作业、挑灯夜战，全力抢通保通。截至7月12日15时，除太原境内双阳线（S314）K111+600～K112+200段发生公路阻断外，其余受损路段已全部处治完毕，恢复正常通行。基层公路部门共出动应急人员2200余人次、机械405余台次，清理落石塌方9000余立方米。

7月27日 省总工会副主席杨晓兰,省交通战备办专职副主任、厅总工程师高新文,到南郊段东草寨道班开展"关爱职工 清凉一夏"活动,为奋战在公路养护一线的工作人员,带去防暑降温物资,送上一份关爱和清凉。

同日 208国道线晋中长治界至屯留小河北段改扩建工程在长治市襄垣县举行开工仪式。长治市委书记杨勤荣,市委副书记、市长陈耳东,省交通运输厅一级巡视员郝玉柱,省局局长胡钢成参加仪式。

同日 省局选派4名工会财会人员参加省厅"喜迎中共二十大 建功新时代"全国工会财务知识竞赛选拔赛,省局晋中分局吴晓娜获个人一等奖,并代表省厅参加全省比赛。

7月29日 为庆祝中国人民解放军建军95周年暨庆祝"八一"活动,省局党委书记尹新平率领局机关复转军人前往文水县,参观刘胡兰纪念馆,并在烈士雕像前敬献花圈。尹新平表示,刘胡兰以短暂青春年华谱写出永生诗篇,以不朽革命精神矗立起生命伟大丰碑。

是月 全省部分市县普降中到大雨,特别是吕梁市方山、离石、临县、中阳、柳林及忻州市岢岚、保德等地区雨势较大,导致全省国省干线公路水毁不断。面对迅猛的雨情和严峻的形势,全省各级公路部门以雨为令、闻汛而动,迅速开展防汛保畅工作。

8月11日 省局开展"喜迎中共二十大 共建美好太原"志愿者服务活动。志愿者们来到有"革命熔炉"之称的山西国民师范旧址革命活动纪念馆进行爱国主义教育。参观学习后志愿者们表示要在今后工作中继承红色基因,不忘初心、勇担使命。在随后的卫生清洁服务活动中,局机关干部职工身着志愿者服装,手持扫帚、簸箕清扫地面杂物垃圾,现场分工明确、各司其职。

8月13日至14日 省局局长胡钢成、养路处副处长霍翠兰一行深入吕梁中阳、柳林、方山、临县调研指导防汛抢险工作。胡钢成对吕梁公路分局在灾情面前,不等不靠积极应对,采取有力措施及时处置水毁路段予以充分肯定。

8月14日至17日 省局局长胡钢成赴忻州分局,深入218省道线、209国道线等路段,实地察看水毁及处置情况,现场指导抢修保通工作。胡钢成在听取忻州分局防汛保畅工作汇报后,对抢险保通工作给予肯定,强调要把公路水毁抢修作为当前工作的重中之重,科学组织、强化措施,在确保安全基础上加快施工进度,力争用最短时间恢复道路畅通。

8月30日至31日 省局副局长郭晓军带领省局督导组一行到阳泉分局,就项目前期、安全生产等工作开展专项督导检查。督导检查期间,郭晓军主持召开座谈会,听取工作汇报,对阳泉分局各项工作给予肯定,并对今后工作提出要求。

9月21日 为进一步提升养护管理水平,省局以"对标一流找差距、学习经验补短板"为主题,组织各分局开展互促互进学习交流活动。在省局副局长许秀銮带领下,阳泉分局学习交流组到晋中分局,实地观摩学习。学习交流组先后走访晋中分局寿阳段、太谷段、榆社段、左权段、和顺段,现场观摩学习路面预防性养护、段班规范化建设、服务区建设、示范路建设、路域环境治理、路面养护中心建设、养护四新技术应用,深入交流经验做法,在公路养护精细化、科技化等方面进行探讨。

10月16日 中国共产党第二十次全国代表大会在北京隆重开幕,省局组织副处级以上党员干部在局大会议室集中收看开幕会直播盛况。局属各单位自行组织观看。

集中收看结束后,局党委书记尹新平对全系统学习宣传贯彻中共二十大精神进行安排部署。他强调,中共二十大结束后,全系统要迅速行动起来,把学习宣传贯彻中共二十大精神作为当前首要任务,迅速掀起学习贯彻落实热潮,以中共二十大精神为统领,努力推动全系统各项工作再上新台阶。

10月20日 省局局长胡钢成到晋中分局调研路网运行监测与应急处置工作。调研中,胡钢成听取晋中分局路网运行监测与应急处置中心建设情况汇报,详细了解信息化技术应用、具备功能以及运行监测实际成效等情况。

11月16日 为贯彻落实上级荣誉退休制度,

省局召开退休职工座谈会，全体退休职工在机关办公楼前合影留念。

11月17日 长治市国道环线自由流收费试点正式通过省政府批复，标志着全省首条采用自由流收费技术的开放式收费公路即将正式运行。

12月6日 中共中央、全国人大常委会、国务院、全国政协、中央军委在人民大会堂举行江泽民同志追悼大会。省局机关全体职工通过多种形式集中收听收看大会现场直播。大家怀着悲痛的心情起立默哀，表达对江泽民的深切悼念。

12月7日 省交通运输厅党组成员、副厅长王晋在省公路局宣讲中共二十大精神。省局局长胡钢成主持宣讲会并讲话。省局领导班子成员、机关中层干部及局直单位有关人员参加会议。

会上，王晋紧紧结合中共二十大工作报告原文，围绕确定的重要思想、重要观点、重大战略、重大举措，分别从中共二十大主题和主要成果、过去五年工作和新时代十年伟大变革、马克思主义中国化时代化新境界、中国式现代化的中国特色和本质要求、全面建设社会主义现代化国家的目标任务、加强党的全面领导和从严治党、应对风险挑战等方面，通过鲜活案例、翔实数据，深入浅出地与大家分享学习中共二十大精神的所思、所想、所悟。

胡钢成在主持宣讲会时，要求各级党组织要认真学习贯彻传达此次宣讲会议精神，把开展中共二十大精神学习宣传作为重大政治任务，高度重视，精心筹划，周密安排，切实把广大党员干部思想和行动统一到中共二十大精神上来，统一到中央、省委、厅党组和局党委安排部署上来。

12月13日 省局局长胡钢成带领机关相关处室负责人到物资公司进行中共二十大精神宣讲。胡钢成紧扣中共二十大报告原文，结合自己学习体会，分别从中共二十大召开的重要意义，如何理解中共二十大主要内容、怎样学习中共二十大精神等五个方面进行系统宣讲和阐述。

（资料提供：薛东梅）

山西省高速公路综合行政执法总队大事记

1月2日至4日 省高速公路综合行政执法总队组成3个调研组，由副总队长（副局长）带队分赴总队所属各支队及部分大队进行调研督导。督导组通过实地查看、调研座谈、听取汇报，深入了解各大队基础设施配置、人员到位、后勤保障、网络安全、应急值守等工作情况，对做好下一步工作提出更高要求。

1月5日至8日 省交通运输综合行政执法总队成立督查组，赴黄河一线开展水路交通工作督导检查。督导组先后对临汾、吕梁、忻州水路交通工作进行督导，重点检查水运企业是否按照有关要求采取停航措施、是否落实停航期间渡口码头和船舶的管理措施等内容。通过检查，现场未发现船舶擅自航行和“非法载人偷渡”等行为。督导组要求各地水路交通监管部门和水运企业要进一步提高站位，继续采取有效措施，坚决压实责任，全力做好水路交通工作。

1月10日 省高速公路综合行政执法总队党委召开党史学习教育专题学习暨党委理论学习中心组（扩大）学习会，传达学习习近平总书记在中共中央政治局党史学习教育专题民主生活会上的重要讲话精神、省委党史学习教育专题民主生活会有关精神。会议对2021年工作进行总结，部署年度目标责任考核工作。

同日 省高速公路综合行政执法总队成立考核组，根据省交通运输厅统一安排，对临汾市、运城市、晋城市辖区高速公路服务区提质升级工作进行考核。

1月12日 省高速公路综合行政执法总队组织召开全系统支队长专题会议，对元旦期间省总队督查各支队情况进行通报，对目前存在的问题和困难进行研究讨论，对近期工作进行安排部署。总队领导班子成员、所属各支队支队长、总队机关有关处室负责人参加会议。

1月21日 省高速公路综合行政执法总队党委召开党史学习教育专题民主生活会。党委书记、总队长（局长）刘清平主持会议并作总结讲话。厅党史学习教育第二巡回指导组组长虞翠云到会指导并作点评讲话。驻厅纪检监察组副组长任玉胜到会监督并讲话。会上通报总队党委班子党史学习教育专题民主生活会征求意见情况。刘清平代表总队党委班子作对照检查，重点从5个方面查找差距和不足，深刻剖析原因，明确下一步努力方向和整改措施。随后，班子成员依次作对照检查和自我批评，其他班子成员逐一提出批评意见。大家围绕会议主题，按照“三个摆进去”的要求，坚持问题导向，勇于刀刃向内，查找问题不遮掩、不回避，反思剖析见政治、见思想，相互批评坚持真理、出以公心，达到“咬耳扯袖”、“红脸出汗”目的，进一步增进班子凝聚力和战斗力。

同日 省交通运输厅一级巡视员雷天才在省高速公路综合行政执法总队机关宣讲中共十九届六中全会精神，对党员干部进一步学深悟透全会重要成果、准确理解和把握全会的历史性意义进行指导。厅直机关党委专职副书记武安瑜陪同出席。总队领导班子成员、机关各处室主要负责人、相关部门部分正科级以上干部在现场聆听宣讲。雷天才围绕中共十九届六中全会精神，从深刻认识总结党的百年奋斗重大成就和历史经验的重大意义，深刻认识党的百年奋斗的初心使命和重大成就，深刻认识中国特色社会主义新时代的历史性成就和历史性变革，深刻认识党的百年奋斗的历史意义和历史经验，深刻认识以史为鉴、开创未来的重要要求，从党的百年奋斗历程中汲取智慧和力量6个方面，对全会意义作系统全面的阐述，对全会成果进行权威准确解读，并结合工作实际，对抓好全会精神贯彻落实提出指导性意见。

1月22日至3月底 按照省交通运输厅安排部署，省高速公路综合行政执法总队对全省高速公路建设工程开展安全风险隐患大排查大整治“百日攻坚”专项行动。总队成立高速公路建设工程“百日攻坚”专项行动领导组，组长由副总队长任晓军担任，成员由各支队、执法三处、督查处、指挥中心主要负责人组成，领导组办公室设在执法三处。排查整治工作主要围绕安全生产条件落实情况、施工安全管理情况、施工现场消防安全管理情况、工地临时建筑安全管理、其他整治重点等内容进行。对各建设项目“百日攻坚”专项行动开展情况进行全面检查。对检查发现的安全问题和隐患建立台账并督促参建单位及时消除或限期整改，确保隐患闭环整治到位；同时查处纠正非法违法建设行为，强化执法问责，有力保障专项行动效果。专项行动期间，总队派出8个检查组分赴朔神、太原西北二环、黎霍、汾石、临猗黄河大桥等高速公路建设项目施工一线进行专项检查，重点检查施工现场安全管理、消防安全、工地临时建筑安全等方面工作，涉及施工合同段20个，排查安全生产存在的问题和隐患共计36条。检查人员现场指出发现的问题，并要求相关单位立即进行整改或限期整改，彻底消除安全隐患。

1月24日 省高速公路综合行政执法总队党委书记、总队长刘清平赴省政务服务大厅交通运输政务服务窗口，看望慰问总队派驻工作人员。刘清平仔细了解窗口工作人员受理业务情况，与厅行政审批处有关负责人和总队选派工作人员进行座谈。刘清平充分肯定总队派驻省交通运输服务窗口工作人员一年来所取得的工作成绩，代表总队党委对选派人员服从组织安排、认真努力工作表示满意。

刘清平指出，交通运输政务服务工作涉及审批事项范围广、任务繁重，是展现交通运输部门形象的重要窗口单位。他勉励总队派驻工作人员要不断加强业务学习，进一步熟悉全省路网状况及大件运输许可业务，全面掌握政务服务相关政策规定，尽快成为业务骨干和行家里手。要充分认识窗口服务工作责任大、任务重的特点，认真审核每一件经手事项，不断提升业务技能，为总队拓展相关业务做足功课、打实基础。要严格要求自己，树立大局意识和集体观念，严格遵守各项管理制度，廉洁自律，勤奋工作，心无旁骛地做好窗口服务工作，切实树立总队良好形象。

1月26日 省高速公路综合行政执法总队党委召开专题会议，学习贯彻习近平总书记等中央领导和林武等省领导指示批示精神，学习贯彻中央依法治国办、省委依法治省办通知和工作方案精神，学习贯彻省厅工作方案精神，成立由党委书记、总队长(局长)刘清平任组长、4位副总队长(副局长)任副组长、11个支队主要领导为成员的专项自查和督导检查领导组，统筹推进高速公路执法领域专项自查和省厅交给的督导检查工作任务。

1月27日 省高速公路综合行政执法总队召开全省高速公路综合行政执法领域突出问题专项自查动员会议，安排部署全系统突出问题专项自查和督导检查工作。党委书记、总队长刘清平出席会议并讲话，副总队长段志伟主持会议。会议指出，要不折不扣贯彻落实好中央及省委、省政府、省厅领导的指示批示精神，迅速开展全省高速公路综合行政执法领域突出问题专项自查自纠工作，不断巩固和深化2021年交通运输执法领域突出问题专项整治行动成果，依法保护各类市场主体合法权益，破解群众反映强烈的乱执法、暴力执法等突出问题，进一步树立执法为民良好形象。

同日 省高速公路综合行政执法总队召开2022年安全生产委员会第一次全体(扩大)视频会，通报2021年安全生产工作开展情况，传达省厅安委会2022年第一次全体(扩大)视频会议精神，并就全年安全生产主要工作任务进行安排。

1月28日 省高速公路综合行政执法总队召开全系统综治安保和信访工作视频会，传达贯彻省交通运输厅关于做好综治安保、信访工作的文件精神，并就全系统做好当前和今后一个时期综治安保和信访工作进行安排部署。

1月28日至30日 省高速公路综合行政执法总队组成4个督导组，对11个支队自查自纠和督导检查工作进行指导，11个支队完成对市交通运输局自查工作第一轮督导任务。省高速公路综合行政执法总队完成对山西交通控股集团自查工作第一轮督导任务。

1月29日 山西省高速公路综合行政执法总队和山西交控集团在太原组织召开业务协作对接工作部署会议。会议宣读《高速公路综合行政执法机构与高速公路经营企业业务协作方案》和《高速公路综合行政执法机构与高速公路经营企业对接工作方案》，省高速公路综合行政执法总队总队长刘清平、山西交控集团副总经理谢鹏远出席会议并讲话，会议由省高速公路综合行政执法总队副总队长渠刚主持。会议要求，各单位要加强组织领导，明确工作责任，细化工作任务，高标准完成对接协作各项工作，加快建立工作联系机制、业务协作机制、信息共享机制等长效机制，依法履职尽责，积极开展联合巡查检查、联合行动、联合工作和处置突发事件等工作，共同保障高速公路完好、安全和畅通。

2月7日至10日 省高速公路综合行政执法总队所属各支队抽调骨干力量组成督导组，通过查阅资料、听取汇报、交换意见、询问核查、座谈交流、实地走访等方式，对市交通运输局专项自查工作进行督导。

2月16日至25日 省高速公路综合行政执法总队组成4个督导组，对9个支队14个大队、9个客货运企业和1个服务区进行督导检查，共组织召开座谈会议9次，开展运政执法专项业务辅导6次，深入企业现场实践操作9次，参与业务交流的执法人员共计693人次，对准备上路执法相关人员进行有针对性帮扶指导。督导检查采用座谈交流、现场演示、集中授课等形式进行,重点了解各支队上路执法前准备情况、对于移交案件处理情况、执法人员对相关法律法规掌握情况及如何开展运政执法工作进行指导与探讨。督导组还带领各支队相关业务骨干赴客运企业、危货企业进行实地查看。

2月17日 省高速公路综合行政执法总队、省公安厅交管局举行全省高速公路路警协作机制座谈会,就进一步建立高速公路路警协作机制进行对接。双方就强化联勤联动、工作会商、信息共享、联合治理等工作进行深入研究,提出要逐步建立高速公路隐患排查、联防联控、查处违法、保障安全、信息共享、疏通保畅、应急救援、宣传引导、治理危化品车辆运输等联动协作机制,相互支撑、相向而行、真诚合作、高效协作,共同做好高速公路路产维护、路权保护、安全畅通等各项工作。省公安厅党委委员、交管局党委书记、局长李安林,省高速公路综合行政执法总队党委书记、总队长刘清平出席会议并讲话。省公安厅交管局政委武小彪主持会议。省高速公路综合行政执法总队副总队长渠刚、省公安厅交管局副局长李怀玉出席会议。省高速公路综合行政执法总队、省公安厅交管局相关处室负责人参加会议。

2月21日至22日 省高速公路综合行政执法总队党委书记、总队长刘清平,副总队长段志伟,副总队长渠刚带领相关处室负责人赴省交通运行检测与应急处置中心、省交通运输事业发展中心进行工作对接交流。省交通运输运行监测与应急处置中心党委书记、主任董化金,省运输事业发展中心党委书记、主任史晓华分别参加座谈。座谈会上,双方介绍全省事业单位改革以来工作开展情况,指出要切实把思想和行动统一到厅党组决策部署上来,知责履责尽责,主动担当作为,踔厉奋发,笃行不怠,加强合作协作,建立定期会商、信息共享、部门联动机制,及时总结工作经验,解决工作难题,同心协力为山西交通强省建设做出贡献,奋力谱写全方位推动山西交通运输高质量发展新篇章。

3月4日 随着朔州支队二大队、四大队揭牌仪式举行,省高速公路综合行政执法总队所属11个支队的64个执法大队(外勤组)在交控集团所属各运营企业辖区全部完成揭牌工作。各支队和运营企业领导及执法大队、路网保障大队负责人参加揭牌仪式。

3月7日 省高速公路综合行政执法总队党委举行2022年第3次理论学习中心组(扩大)学习会,学习2022年政府工作报告。会议还学习习近平总书记在中央党校(国家行政学院)中青年干部培训班开班式上的重要讲话、习近平总书记关于安全生产的重要论述,传达省交通运输厅关于做好2022年安全生产工作的通知精神。党委书记、总队长刘清平主持会议并讲话。总队领导班子成员,总队机关各处室、各党支部负责人参加会议。

3月8日 省高速公路综合行政执法总队工会女工委组织机关全体女职工开展以"魅力女性·快乐巾帼"为主题的纪念和观影活动。

3月9日 2022年全省高速公路综合行政执法系统党建和党风廉政建设工作会议召开。会议采用视频形式,总结2021年党建和党风廉政建设工作,分析形势,部署2022年工作任务。总队党委书记、总队长(局长)刘清平出席会议并讲话,要求以习近平新时代中国特色社会主义思想为指导,全面贯彻落实中共十九大和十九届历次全会精神,按照十九届中央纪委六次全会、省第十二次党代会、省委十二届二次全会、省纪委十二届二次全会和全省交通运输系统党风廉政建设工作会议部署要求,坚决捍卫"两个确立",不断增强"四个意识"、坚定"四个自信"、做到"两个维护",自觉把握和运用党的百年奋斗历史经验,弘扬伟大建党精神,永葆自我革命精神,坚持全面从严治党战略方针,坚持稳中求进工作总基调,以党的政治建设为统领,持续改进和加强党的领导,坚持不懈强化理论武装,不断夯实基层基础,层层传导工作压力,坚决整肃纪律作风,一体推进不敢腐、不能腐、不想腐,全面建设清廉高速执法,为事业全方位高质量发展提供坚强政治保证,以优异成绩迎接中共二十大胜利召开。驻厅纪检监察组副组长任玉胜出席会议并讲话。总队领导班子成员出席会议,部分支队党委书记、综合科负责人及总队机关各处室负责人在主会场参加会议，各支队领导班子成员、支队机关全体及大队负责人在分会场参加会议。

同日 2022年全省高速公路（交通运输）综合行政执法工作会议召开。会议采取视频形式，深入贯彻中共十九大、十九届历次全会和省第十二次党代会精神，认真落实全国交通运输工作会议、全省交通运输工作会议部署要求，总结2021年工作，分析当前形势，明确发展思路，部署2022年重点任务。省高速公路综合行政执法总队党委书记、总队长（局长）刘清平作题为“走好赶考路，奋进新征程，全方位推动高速公路（交通运输）综合执法高质量发展”的工作报告，提出“五个一定要”：一定要站在新的历史起点上，深刻认识和把握高速公路（交通运输）综合行政执法工作的政治定位、职能定位和服务定位；一定要咬紧“五年发展目标”这个重点，牢牢掌握发展的主动权；一定要坚持和落实五个战略基点，全面实施推动“1136”工程；一定要围绕高质量发展的要求，推动高速公路（交通运输）综合行政执法创新发展；一定要紧扣法治中国建设这个时代脉搏，着力强化依法依规履职尽责，积极探索与全方位推动高质量发展相适应的工作矩阵和管理服务体系。同时，安排部署2022年要抓好全面深化综合行政执法改革、全面履行综合行政执法职能、全面营造安全稳定发展环境、全面推进“四基四化”建设、全面增强可持续发展能力、全面推进法治部门建设进程、全面提升执法队伍能力素质、全面强化党的建设和党风廉政建设8个方面的重点工作。

3月12日 省高速公路综合行政执法总队举行《山西省高速公路综合行政执法业务流程指引（试行）》（以下简称《流程指引》）专家论证会，邀请相关法官、学者、行业专家对《流程指引》中行政处罚、行政强制和重大案件集体讨论等具体流程中执法主体资格和审批权限等问题进行研讨论证。党委书记、总队长刘清平出席会议，副总队长段志伟主持会议。段志伟向专家组介绍省高速公路综合行政执法机构改革职能设置的基本情况。法制处介绍制订《流程指引》的主要背景、目的、参考资料和法律法规依据、基本结构、主要内容、重要条款和修订过程等情况，提出《流程指引》中需要明确和亟待解决的主要法律问题。经过充分研讨论证后，专家组一致认为，《流程指引》主要内容符合党中央、国务院和省委、省政府关于交通运输综合行政执法改革要求，立足高速公路综合行政执法业务实际，对指导山西省高速公路综合行政执法机构依法履行执法职责，推进严格规范公正文明执法，能够起到积极规范指引作用。同时，专家组从6个方面提出进一步修改完善《流程指引》意见建议。

3月15日至4月1日 省高速公路综合行政执法总队党委书记、总队长刘清平先后到总队机关指挥中心、执法二处、执法三处、执法一处、执法四处进行调研，听取近期工作开展情况汇报，与处室（中心）工作人员座谈，针对各自职责提出具体要求，进一步推动各项工作有序开展。

3月15日至5月25日 省高速公路综合行政执法总队在全系统组织开展纪律作风整顿。纪律作风整顿分宣传发动、整改整治、总结评估三个阶段，坚持问题导向、目标导向，坚持刀刃向内、自我革命，彻底整治全系统纪律作风方面存在的突出问题和顽瘴痼疾。活动中，重点开展“七个一”活动：开展一次分析研判、组织一次警示教育、签订一份责任清单、建立一套任务台账、整改一批突出问题、作出一份廉政承诺、举行一次会操比武。坚决查纠“四风”突出问题，整肃工作纪律，改进工作作风，在全系统营造担当作为、纪律严明、团结奋进的浓厚干事创业氛围，为全方位推动高速公路综合行政执法事业高质量发展提供坚强保证。

3月17日 省高速公路综合行政执法总队、山西交控集团组织召开第一次省级业务协作联席会议。会议通报1月29日对接部署会议以来高速公路综合行政执法机构与经营企业对接进展情况，围绕“进一步加强高速公路综合行政执法机构与高速公路经营企业对接协作、高速公路赔（补）偿案件联合办理、高速公路养护工程计划抄送”等议题进行讨论交流。经过研究商讨，双方达成共识：双方各单位要一如既往地相互理解，相互支持，发扬良好作风,加强业务协作,巩固已取得的阶段性成果,深入推进改革工作,进一步推动高速公路执法机构与高速公路经营企业良好协作,共同保障全省高速公路的完好、安全和畅通。省高速公路综合行政执法总队党委书记、总队长刘清平,山西交控集团副总经理谢鹏远出席会议并讲话。省高速公路综合行政执法总队副总队长渠刚主持会议。省高速公路综合行政执法总队、山西交控集团相关处室(部门)负责人及工作人员参加会议。

3月18日 省高速公路综合行政执法总队党委召开专题(扩大)会议,传达学习副省长汤志平在省交通运输厅调研讲话精神,安排部署全系统贯彻落实工作。党委书记、总队长刘清平主持会议。总队领导班子成员,机关各处室(中心)、各党支部负责人参加会议。

3月25日 省高速公路综合行政执法总队党委召开全系统纪律作风整顿动员会。会议采用视频形式,贯彻落实厅党组工作部署,明确整顿目标和重点任务,号召全体党员干部认清发展形势、发扬斗争精神、勇于自我革命,深入开展纪律作风整顿工作,坚定不移把全面从严治党引向深入。党委书记、总队长刘清平主持会议。总队领导班子成员、机关各处室(中心)负责人及部分党员干部在主会场参加会议,各支队机关全体及大队负责人在分会场参加会议。

3月28日 为保障总队机关办公需要,规范总队机关办公低值易耗品管理,提高使用效率,节约办公经费,省高速公路综合行政执法总队制订印发《山西省高速公路综合行政执法总队办公低值易耗品管理办法(试行)》。

同日 省高速公路综合行政执法总队制订印发《山西省高速公路综合行政执法总队工作人员教育培训管理办法(试行)》,推进教育培训工作科学化、制度化、规范化,培养造就高素质交通运输综合行政执法队伍。

3月28日至31日 省高速公路综合行政执法总队组成11个执法业务指导工作组,采取巡回交流指导或"一事一议"等方式,分别负责11个支队及所属大队的执法业务指导。各业务指导工作组每月对所负责单位进行一次巡回现场交流指导,必要时根据工作实际增加指导频次。业务指导工作内容主要包括:一是全省高速公路路政执法(超限超载治理)工作;路产赔(补)偿业务等案件办理;高速公路两侧建筑控制区和养护作业现场监督管理及涉路施工相关事项办理的现场勘验、核查等执法工作。二是全省高速公路运政执法工作;高速公路客货运输、汽车维修等非法经营行为的查处和相关案件的办理;相关部门移交案件的处理。三是全省新建、改扩建高速公路的质量监督工作;高速公路建设、养护工程质量安全监督等执法门类的行政处罚及与之相关的行政强制、行政检察工作。四是执法文书填制、案卷制作等。

3月29日 省高速公路综合行政执法总队党委书记、总队长刘清平到太原支队三大队、三大队外勤组和晋中支队、晋中支队二大队、晋中支队一大队外勤组调研指导工作,现场查看工作人员的工作生活环境,座谈了解执法机构和高速公路运营企业对接协作进展情况、管辖路段路况、大队外勤组进驻情况以及在工作中遇到的实际困难等,并对做好下一步工作提出具体要求。副总队长渠刚,太原支队、晋中支队领导班子成员以及总队办公室、执法一处负责人一同调研。

3月31日 省高速公路综合行政执法总队党委书记、总队长(局长)刘清平赴太原市交通运输综合行政执法队调研座谈。太原市交通运输综合行政执法队党委书记、队长尤爱聪介绍改革推进情况、业务开展情况、现阶段工作中存在的问题和下一步工作打算。刘清平介绍省总队(省局)交通运输综合行政执法改革进展和业务工作开展情况,提出进一步做好工作要求。副总队长(副局长)郭锋、太原支队支队长刘耀以及省总队(省局)办公室、人事教育处、执法二处负责人一同调研。太原市交通运输综合行政执法队领导班子成员以及相关科室负责人参加调研座谈。

4月2日 省高速公路综合行政执法总队,安排部署清明节期间一线执法执勤相关工作,要求各支队制订执勤计划，加强值班备勤，增强安全意识，杜绝安全事故，加强协作联动，保障群众出行，开展执法宣传，营造良好氛围，确保假日期间全省高速公路安全有序畅通。

同日 省高速公路综合行政执法总队召开2022年安委会第二次会议，传达学习习近平总书记3月31日在中央政治局会议上的重要讲话精神，贯彻落实交通运输部及省厅安委会工作部署。

4月14日 中共山西省高速公路综合行政执法总队委员会印发《2022年全省高速公路综合行政执法系统党建工作要点》，明确2022年全系统党建工作的总体要求、主要内容，进一步夯实党建工作，为事业全方位高质量发展提供坚强政治保证。

4月15日 省高速公路综合行政执法总队采用视频会议形式召开高速公路综合行政执法业务指导工作第一次会议，听取各业务指导工作组工作开展情况汇报，安排部署下一阶段执法业务指导工作。总队执法一处、执法二处、执法三处、法制处负责人对各业务指导工作组反馈的问题进行解答，对下一步业务指导工作开展提出指导性意见和建议。副总队长渠刚主持会议并讲话。总队高速公路综合行政执法业务指导工作领导组成员，各执法业务指导工作组组长、副组长参加会议。

4月18日 省高速公路综合行政执法总队党委举行理论学习中心组（扩大）学习会，集中学习习近平总书记在海南考察时发表的重要讲话精神、习近平总书记关于国家安全的重要论述、重要理论文章《深刻认识中国特色国家安全道路》（《人民日报》刊发），以及省委第八十一次。会议还进行学法，集中学习《山西省规范行政执法裁量权办法》。党委书记、总队长刘清平主持会议。会议以视频方式召开。总队领导班子成员，各支队负责人，总队机关各处室（中心）、各党支部负责人参加会议。

4月22日至12月31日 省高速公路综合行政执法总队开展全省高速公路工程建设安全监督执法“亮剑”行动，坚持目标导向和问题导向，结合日常安全生产监督执法检查工作，及时受理和依法处置投诉举报，重点打击高速公路工程建设过程中反复出现的隧道施工安全步距超标、高墩桥梁安全防护不到位、特种设备未经检验即投入使用等安全生产非法违法生产经营建设行为，清除顽瘴痼疾。

4月29日 省交通运输综合行政执法局下发通知，对做好“五一”、端午节期间全省水上交通安全工作进行安排部署。通知要求，各单位要加强组织领导，严格落实“两个责任”，强化执法检查，针对“重点水域、重点时段、重点船舶”，加大现场执法检查巡查力度，及时发现和整治影响水上交通安全的突出问题，加大宣传力度，增强广大旅客的安全防范意识，科学精准施策，加强应急管理，加强假日期间应急值守，妥善做好值班安排，确保遇有突发事件能够有序处置。

同日 山西省五一劳动奖表彰大会举行。省高速公路综合行政执法总队获2022年“山西省五一劳动奖状”。

5月1日 省高速公路综合行政执法总队党委书记、总队长刘清平带队，赴太原支队一大队外勤组、二大队外勤组和六大队外勤组驻勤点调研指导工作，向辛勤工作在一线的执法人员送去节日的问候和美好的祝福。调研过程中，刘清平现场查看外勤组的工作生活环境，详细了解路、警、企对接协作进展情况和执法工作开展情况，并在二大队外勤组参加“路政宣传月”现场宣传咨询活动，向过往车辆发放宣传资料。

5月5日 省高速公路综合行政执法总队党委召开全系统纪律作风整顿推进会，听取阶段性工作情况汇报，对下一步重点工作任务进行再检点、再督促、再落实。党委书记、总队长刘清平主持会议并讲话，要求各级党组织进一步明确目标、扛牢责任，树牢问题导向，坚持不懈将纪律作风整顿引向深入，保持严的基调，全面加强清廉高速执法建设，强化统筹部署，扎实推进改革发展各项工作，继续保持良好工作势头，充分发挥战斗堡垒作用，不折不扣贯彻执行厅党组和总队党委决策部署，有序有力推动改革发展各项工作取得更大成效。会议以视频方式召开，太原支队、忻州支队、运城支队党委书记和总队执法三处党支部负责人进行汇报，其他单位、部门党组织提交书面报告。省执法总队机关、各支队机关设分会场。省执法总队领导班子成员在总队机关主会场参加会议。

5月5日至6月5日 省交通运输综合行政执法局开展全省混凝土搅拌(商砼)企业专项治超“春雷”行动,检查货运源头单位是否严格落实源头治超工作主体责任、明确岗位职责、健全组织机构、建立源头治超工作各项制度,明确相关人员职责,建立治超工作台账等情况;加大源头治超执法力度,坚决查处混凝土搅拌(商砼)企业放行超载车辆行为,采取精准、管用、有效措施,对企业恶意超载、票据不符、证照不全、车证不符、规避监管的行为实施严肃处理,保障安全生产和规范运输市场秩序。

5月9日 省高速公路综合行政执法总队采取视频会议形式开展高速公路建养工程质量安全监督执法业务培训。省执法总队所属各支队(大队)从事高速公路建养工程质量安全监督执法工作的70余人参加培训。培训重点围绕高速公路养护工程安全监督执法进行,主要从安全生产概念、安全监督执法职责、制订工作计划、如何做好安全监督执法工作等方面进行授课。

5月10日 省交通运输厅一级巡视员雷天才赴省高速公路综合行政执法总队太原支队三大队、三大队平头收费站外勤组、晋中支队二大队、一大队晋中北收费站外勤组调研指导工作。雷天才实地查看执法人员的工作生活环境,详细了解执法机构和高速公路运营企业对接协作开展情况、管辖路段情况、执法人员配置和外勤组进驻情况、保通保畅以及在工作中遇到的问题和困难,对下一阶段工作开展提出更高要求。省高速公路综合行政执法总队党委书记、总队长刘清平,省交通运输厅政策法规处负责人,省高速公路综合行政执法总队办公室、执法一处负责人,太原支队班子成员,晋中支队班子成员一同调研。

5月11日至12日 省高速公路综合行政执法总队联合吕梁支队对静兴高速公路开展质量安全监督执法检查。此次监督执法检查秉持打造百年品质工程的初心,以底线思维和红线意识为准绳,重点对路面、交安工程的实体指标进行抽检,对大万山特长隧道正在施工路段及全线出入口管制、警告警示标志布置进行检查。检查结束后,检查组召开反馈会议,依法告知参建单位现场发现的问题和隐患,要求增设限速、导向标志,强化交通管制,确保通车前安全形势稳定。

5月12日 省高速公路综合行政执法总队采用视频会议形式召开经营性高速公路上路执法推进工作会议。会议按照厅党组提出的上路执法工作要求,安排部署中交翼侯、悦达京大、汾平、阳五和晋中龙城经营性高速公路综合行政执法工作,实现全省高速公路辖区执法全覆盖。会议总结经营性高速公路前期对接工作情况,并对经营性高速公路执法业务对接提出工作要求。针对2022年全省交通运输工作会议要求,对年内通车的隰吉高速公路、静兴高速公路综合执法工作进行安排部署,要求临汾、吕梁支队提前谋划执法管辖归属和执法力量调配工作。会议要求,各支队要按照本次会议精神,结合实际情况,尽快同辖区经营性高速公路企业对接,按时完成工作任务。副总队长渠刚主持会议并讲话。总队执法一处,太原、大同、阳泉、吕梁和临汾支队支队长、业务副支队长及相关科室负责人参加会议。

同日 省高速公路综合行政执法总队召集昔榆高速公路建设、施工、监理单位相关人员召开“4·5”安全事故警示提醒会。会议听取山西路桥建设集团有限公司、山西路杰工程咨询有限公司、山西昔榆高速公路有限公司有关负责人关于此次事故情况汇报。总队相关业务处室进行问询,并提出整改要求。副总队长任晓军出席会议并讲话。

5月16日 省高速公路综合行政执法总队开展为期两个月道路危险货物运输专项整治工作。主要任务是强化对道路危险货物运输企业安全生产主体责任落实情况执法检查,强化对道路危货运输从业人员资格执法检查,加强对道路危险货物运输车辆执法检查,加强道路危险货物运输专项整治协同和信息共享,强化重要时段和重点区域执法,强化行驶高速公路危险货物运输车辆执法监管,扎实做好公路保通保畅工作。

5月17日至21日 省高速公路综合行政执法总队联合太原支队对太原西北二环高速公路开展监督执法检查。检查以推进全省高速公路在建项目依法建设为目标，采用普法宣传与执法检查相结合的方式，分质量、安全和市场3个小组就施工现场质量安全情况、施工单位农民工工资支付情况、监理单位履约情况、工地试验室质量指标体系运行情况4个方面进行检查。在骆驼山隧道施工现场，详细了解工程进展情况和存在的主要困难，查看隧道洞口值班、初期支护、二次衬砌施工情况，对进一步提高隧道施工标准化水平、安全生产管理、加强党建引领等方面提出具体要求。5月21日，检查组召开执法检查反馈会议，依法告知参建单位现场发现的问题和隐患，并提出整改要求，同时就新版《中华人民共和国安全生产法》进行现场普法培训。

5月18日 2022年全省“路政宣传月”集中宣传日活动在太原绕城高速迎西收费站广场举行。省交通运输厅党组成员、副厅长郭丙福宣布集中宣传日活动开始，听取省高速公路综合行政执法总队太原支队“路政宣传月”展板讲解，看望慰问参与宣传一线执法人员，并考察太原支队二大队执法外勤组办公驻地。省高速公路综合行政执法总队党委书记、总队长刘清平做动员讲话。省交通运输厅路政管理处、政策法规处，山西交控集团运营部以及太原市交通运输局、省公路局、太原高速公司相关人员参加活动。

同日 省高速公路综合行政执法总队召开2022年安全生产委员会第三次会议，专题研究部署全系统交通运输安全生产大检查大整治大提升专项行动、安全生产专项整治三年行动2022年任务清单以及安全生产监督检查计划，对总队安委办制订的工作制度等内容进行集体研究讨论。党委书记、总队长刘清平主持会议并讲话。

同日 省高速公路综合行政执法总队印发《关于开展高速公路综合行政执法标识规范化建设的通知》，明确开展高速公路综合行政执法标识规范化建设的目的意义、建设范围、组织领导、工作机构及任务分工、工作要求，要求总队机关、支队机关、试点大队、所有外勤组按照《山西省高速公路综合行政执法标识建设规范》《综合行政执法标识规范化建设项目表（2022年度）》扎实推进执法标识规范化建设工作。总队成立执法标识规范化建设领导组，党委书记、总队长刘清平为组长，副总队长段志伟、渠刚、任晓军、郭锋为副组长，各支队支队长为成员，下设标准制订组、组织实施组、资金使用核算组、督导验收组。执法标识规范化建设情况将列为年度目标责任考核项目进行考核。

5月20日至6月10日 省交通运输综合行政执法总队成立4个督导组，分别由局领导带队，对11个市级交通运输综合行政执法机构进行“全覆盖”督导检查。督导检查采取全面检查与重点抽查相结合、明察与暗访相结合、工作督导与执法检查相结合的方式，紧紧围绕机构改革推进情况和执法业务开展情况进行，内容包括各市县是否将交通运输领域相关执法门类的行政执法职责进行整合，交通运输综合行政执法机构和队伍是否组建到位；交通运输综合行政执法机构的主要职责、机构性质、内设机构和人员编制是否明确；一线执法力量是否充足配备；交通运输综合执法职责是否全面履行并取得实效等。按照“掌握情况、推广经验、发现问题、找准症结、督促整改、确保实效”的工作原则，督导组通过听取工作汇报、查阅相关资料、现场实地走访等方式，督促市县切实履行主体责任，加快推进改革任务落地见效，全面履行交通运输综合行政执法工作职责，为推进交通强省建设提供坚强有力综合行政执法保障。

5月23日 省高速公路综合行政执法总队印发《安全生产专项整治三年行动2022年任务清单》。

同日 省高速公路综合行政执法总队印发《2022年全省高速公路综合行政执法系统安全生产大检查大整治大提升专项行动工作方案》，成立总队安全生产大检查大整治大提升专项行动领导小组，组长由党委书记、总队长（局长）刘清平担任，副组长由副总队长（副局长）段志伟、渠刚、任晓军、郭锋担任，成员由各支队、总队机关有关处室负责人组成。专项领导小组办公室设在总队指挥中心，承担专项领导小组日常工作，负责全省高速公路综合行政执法系统安全生产大检查大整治大提升专项行动方案制订、组织实施、沟通协调等工作。同时明确强化理论武装、强化履职尽责、强化风险隐患排查、强化重点领域治理、强化研判预警、强化应急处置等重点工作任务，明确时间节点和工作要求，切实加强高速公路综合行政执法安全生产工作。

5月23日至27日 省交通运输综合行政执法总队组成两个专项督导组，对忻州市、大同市部分区县的混凝土（商砼）企业进行督导检查，扎实推进全省源头治超“春雷”专项治理行动。本次督查采取省、市、县交通执法机构联合执法的方式进行，检查5个区县的8家混凝土（商砼）企业，查阅台账16份，抽查载货出厂运输车辆50余辆、散装物料运输车辆8辆，核验出厂车辆过磅单300多张，未发现严重超限超载行为。

5月27日 省高速公路综合行政执法总队召开全系统信访工作安排部署会，传达省交通运输厅关于开展防范化解安全稳定风险自查工作的会议精神和要求，安排部署全系统防范化解安全稳定风险自查工作。副总队长渠刚出席会议并讲话。总队各处室（中心）负责人在主会场参会，各支队分管领导、各科室负责人在分会场参会。

5月30日至6月1日 省高速公路综合行政执法总队在朔神高速开展安全生产大检查大整治大提升行动。副总队长任晓军深入工地一线详细了解每个施工合同段工程进展情况，现场查看桥梁工程、隧道工程、路面工程施工质量和安全管控等工作。随后检查组召开朔神高速监督执法检查反馈会，依法告知参建单位现场发现的问题和隐患，并提出整改要求。执法人员还结合“安全生产月”宣传活动，对新版《中华人民共和国安全生产法》进行现场普法宣讲。

5月31日 省高速公路综合行政执法总队紧密结合“八五”普法内容，邀请总队法律顾问、山西鼎信泽律师事务所律师张建华举行“民法典物权编详细解读”专题讲座，从《中华人民共和国民法典》的出台背景及立法过程、物权编的主要内容和亮点进行生动翔实的解读，引导干部职工理解好、贯彻好、运用好民法典。

同日 省高速公路综合行政执法总队印发《关于切实做好当前高速公路综合行政执法重点工作的通知》，要求各支队深入开展执法大宣传、大走访、大调研、大整治、大练兵活动，全面履行高速公路综合行政执法职责，聚焦执法主责主业，确保执法工作有序开展。

5月 2022年5月是第8个全国“路政宣传月”。按照交通运输部、省交通运输厅部署要求，全省高速公路综合行政执法系统启动以“守护公路安全、争当服务先锋”为主题开展“路政宣传月”活动。省高速公路综合行政执法总队高度重视、提前安排，迅速成立工作领导组，细化任务分工、层层压实责任。以“保畅通、保运输、保稳定”为核心，围绕“上路现场宣传、高速公路关停收费站和服务区监督、暖心服务、纪律作风整顿、主动走访”等五项重点任务制订活动实施方案，采取“线下”布设展板、悬挂横幅、发放传单等方式，执法人员深入高速公路服务区、收费站、企业、学校等地宣传有关公路法律法规、保通保畅等知识，面对面解答群众关心的急难愁盼问题。同时，通过“线上”发布、新闻媒体传播、微信抖音等同步推进，大力宣传全省交通运输综合行政执法新职能、新作为、新形象，与群众拉近距离、增进了解。

6月6日 省高速公路综合行政执法总队党委理论学习中心组召开会议，专题学习习近平总书记安全生产重要论述，集中学习新版《中华人民共和国安全生产法》，收看《生命重于泰山》专题宣传片，对做好安全生产工作提出更高要求。党委书记、总队长刘清平领学国务院安委会制订部署的安全生产十五条措施并作详细解读。总队领导班子成员、机关处室（中心）负责人参加会议。

同日 省高速公路综合行政执法总队印发《行政执法信息统计汇总分析报送制度（试行）》，及时了解各支队行政执法工作开展情况，统计汇总执法数据信息，科学分析研判执法形势，提高执法效能，夯实综合行政执法基础管理水平。

6月9日 省高速公路综合行政执法总队印发《山西省高速公路综合行政执法总队年度目标责任考核规定（试行）》，在全系统加强考核评价工作，树立正确的考核导向，激发和调动各级领导班子和干部职工干事创业的热情，确保省交通运输厅、省执法总队决策部署落实到位。

6月13日 省交通运输综合行政执法局召开督导检查汇报会，4个督导检查组分别从改革推进情况、执法业务开展情况、存在的突出问题及建议等方面进行汇报。会议要求，各督导组要进一步汇总梳理，注重提炼基层工作亮点，真实反映基层工作情况，尽快形成专题报告上报省厅；要进一步完善督查工作资料，形成原始台账进行保存，为下一次开展督查工作奠定基础、提供依据。省交通运输综合行政执法局党委书记、局长刘清平主持会议并讲话。省交通运输厅政策法规处处长杨继勇、省交通运输综合行政执法局领导和相关处室负责人参加会议。

6月14日 省高速公路综合行政执法总队党委书记、总队长刘清平带队，赴太原西北二环高速公路建设项目进行调研，并结合“安全生产月”工作安排，开展“安全生产进工地、普法宣传下基层”活动。在调研过程中，刘清平现场查看石炭咀隧道、汾河大桥在建工程和信息化指挥中心，详细了解工程进度、质量管控、安全措施等情况，针对发现的问题提出整改意见。在施工现场，刘清平为一线工作者发放安全生产手册、安全生产法律法规宣传资料和藿香正气水等防暑用品，叮嘱他们要注意个人防护，增强安全意识，结合岗位实际，做好安全生产工作。在座谈会上，刘清平认真听取建设项目负责人对建设项目工程概况、安全生产管理状况和“安全生产月”活动开展情况的汇报，有针对性地提出意见和建议。调研结束后，刘清平专程到位于古交市的太原支队五大队外勤组，看望坚守在执法一线工作人员。太原支队支队长刘耀、副支队长杨志诚，总队执法三处负责人和相关工作人员参加调研。

6月16日 2022年6月是全国第21个“安全生产月”，主题为“遵守安全生产法、当好第一责任人”。为深入贯彻落实习近平总书记关于安全生产的重要论述，扎实推进“交通运输安全生产大检查大整治大提升专项行动”，省高速公路综合行政执法总队在太原市工人文化宫开展安全宣传咨询活动。活动现场，总队安委办人员在省交通运输厅展台，认真开展安全生产法律法规、防灾减灾救灾、交通运输重点领域等安全知识宣传活动。通过向社会公众发放宣传资料，弘扬安全发展理念，提升社会公众安全意识，让安全生产更贴近生活、贴近群众，营造关注安全、关爱生命的良好氛围。

同日 省高速公路综合行政执法总队赴汾阳至石楼高速公路建设项目现场开展“安全宣传咨询日”活动，重点宣贯新修订的《中华人民共和国安全生产法》，并对如何在高速公路工程建设过程中避免发生安全生产违法违规行为进行详细讲解。随后，总队执法人员、汾石公司相关人员在下堡特大桥施工现场进行安全生产宣誓、集体签名、发放安全宣传手册等活动。

6月20日至21日 省高速公路综合行政执法总队党委书记、总队长刘清平带队，赴昔榆高速公路建设项目现场进行调研，开展“安全生产进工地、普法宣传下基层”活动，并参加“昔榆高速隧道涌水暨塌方综合应急演练”。6月20日，刘清平先后到涂河特大桥、太行山隧道等施工现场和昔榆高速智慧建设管理中心，实地查看工程进度、工程质量和新工艺、新设备的运行情况以及安全生产管控情况，并为一线工作者发放安全生产手册、安全生产法律法规宣传资料和藿香正气水等防暑用品，详细了解他们的工作、生活情况，对他们致以亲切慰问。随后刘清平认真听取昔榆公司负责人汇报，进一步了解昔榆高速公路建设项目当前的质量安全管理状况、控制性工程和重大工程进展情况，以及工作中存在的困难和问题，听取参建各方对有关质量安全监督执法的意见建议。6月21日，刘清平参加由昔阳县人民政府、山西路桥建设集团有限公司主办的“昔榆高速隧道涌水暨塌方综合应急演练”活动。省高速公路综合行政执法总队执法三处、指挥中心负责人和相关工作人员参加活动。

6月23日 省高速公路综合行政执法总队副总队长任晓军带队,赴离石至隰县段高速公路建设项目现场开展“进工地 送清凉 优服务”特别关爱夏季送清凉行动,在施工现场为一线工作者发放夏季防暑降温用品和安全生产手册、安全生产法律法规宣传等资料。

6月25日 由省交通运输厅政策法规处和省交通运输综合行政执法总队联合举办“交通运输行政执法公开课”第一讲,通过视频会议系统正式开课,省交通运输厅政策法规处处长杨继勇结合工作实际,重点围绕“路政管理概述、路政管理事先监管、路政管理事中监管、公路违法行为调查处理、损坏公路赔偿法律制度”等方面进行授课,并现场解答参训人员提出的相关问题。主会场设在省局,各分会场设在11个高速公路综合行政执法支队,省局和各支队领导班子成员、相关部门业务骨干、各市交通运输综合行政执法队的业务骨干共580人参加公开课。

6月30日 省高速公路综合行政执法总队党委书记、总队长刘清平深入党支部工作联系点太原支队三大队调研,听取党支部上半年工作情况汇报,与全体党员干部座谈交流,并对做好下一步综合行政执法各项工作提出具体要求。

同日 省高速公路综合行政执法总队召开“交通运输部执法规范长效化机制视频会议精神宣贯会”。会议传达交通运输部党组成员、副部长戴东昌在交通运输执法规范化长效机制视频会议上的讲话精神,通报河北、黑龙江和江西三省交通执法不规范所引发的舆情事件。会议要求,全系统要对通报中的不规范执法事件保持高度警惕,举一反三,引以为戒。自觉把纪法挺在前面,主动约束自己的行为,坚持人民交通为人民的初心,推动严格规范公正文明执法,切实维护交通运输从业人员合法权益。宣贯会以视频会议形式召开。总队领导班子成员、总队机关正科级以上干部,各市交通运输综合行政执法队队长、分管法制工作的副队长和法规科科长,各支队领导班子成员、各大队大队长及业务骨干、支队机关副科级以上干部参加会议。

同日 省高速公路综合行政执法总队印发《关于规范综合行政执法制式服装着装事宜的通知》,细化综合行政执法制式服装着装要求,确保规范着装,建立完善执法人员仪容风纪常态化监督检查制度,加强高速公路综合行政执法队伍规范化建设,树立良好形象。

6月 省交通运输综合行政执法总队结合2022年水路运输业核查工作,深入阳泉、忻州、太原市水运一线,实地抽查检查水上交通安全监管工作,并与各市水上交通监管部门和水运企业负责人进行座谈交流。

7月1日 在全国人民庆祝建党101周年之际,省高速公路综合行政执法总队举行新式制服换装仪式。在雄壮的国歌声中,全体执法人员身着新式执法服装、佩戴新的标志标识,向宪法庄严宣誓,表达恪守宪法原则、弘扬宪法精神、履行宪法使命庄严承诺。换装仪式以视频会议的形式举行。省交通战备办公室专职副主任高新文专程出席仪式,对全系统交通高速公路综合行政执法队伍提出更高要求。省执法总队党委书记、总队长刘清平主持仪式。省交通运输厅政策法规处(执法监督处)处长杨继勇、省高速公路综合行政执法总队领导班子成员、各支队领导班子成员和综合行政执法人员参加仪式。

同日 省高速公路综合行政执法总队举行庆祝建党101周年系列活动,表彰2022年度“两优一先”先进典型;党委书记、总队长刘清平讲授专题党课;组织开展“喜迎中共二十大 建功新时代”红色经典诵读活动。

7月4日至15日 省高速公路综合行政执法总队组成4个小组对全省高速公路养护工程进行监督执法督导。督导组重点从厘清职责、摸清底数、梳理流程、掌握方法、帮助指导、督导落实6个方面开展工作。一是进一步厘清省执法总队和各支队在高速公路养护工程质量安全监督执法工作上职责界限;二是摸清各支队从事高速公路养护工程质量安全监督执法人员素质底数,掌握当前全省高速公路养护工程建设实际情况；三是进一步统一思路，掌握养护工程监督执法的方法，规范养护工程监督执法工作流程，为全省高速公路养护工程质量安全监督执法工作开展奠定基础；四是督促各高速公路运营公司贯彻落实联席会议精神，按时报送养护工程年度计划和实施计划，并及时向各支队抄告交通保障、养护安全作业方案，推进养护工程项目顺利开展；五是帮助指导各支队迅速开展高速公路养护工程质量安全监督执法工作，现场指导相关人员开展监督执法工作；六是通过座谈交流、答疑解惑等方式，帮助解决高速公路养护工程监督执法检查中的困难和问题，有针对性地开展业务指导。

7月13日 省高速公路综合行政执法总队制订印发《关于建立高速公路综合行政执法规范化长效机制的实施意见》，明确总体目标、工作任务和工作要求，全面巩固和深化交通运输执法领域突出问题专项整治行动成果，夯实交通运输行政执法基层基础基本功，建立健全执法规范化长效机制，不断推动高速公路综合行政执法规范化发展。

同日 省直文明办考察组一行3人对初步入选省直机关第五批“文明家庭”的省高速公路综合行政执法总队机关樊小勇家庭进行考察。考察组通过张贴公告、听取汇报、座谈交流、征求意见、查阅资料、实地查看等形式对初入选省直机关第五批“文明家庭”的总队机关樊小勇家庭爱国守法、遵德守纪、公益志愿、社会服务、工作表现等方面进行全方面考察。厅直机关党委副书记、纪委书记陈尧仲陪同考察，并对总队评选组织工作给予肯定。副总队长郭锋参加座谈。

7月15日 省高速公路综合行政执法总队转发省厅《关于印发〈山西省交通运输厅说理式执法指引（试行）〉的通知》。

同日 省高速公路综合行政执法总队制订印发《山西省高速公路综合行政执法总队信息化工作管理办法（试行）》，进一步加强信息化工作管理，规范信息化建设程序，提升信息化管理及运行保障能力。

7月19日 省高速公路综合行政执法总队制订印发《关于进一步加强高速公路综合行政执法人员风纪规范的实施细则》，要求全系统深入贯彻落实《交通运输行政执法人员风纪规范》《山西省高速公路综合行政执法队伍素质能力提升三年行动实施方案》，着力提升执法风纪建设，严明组织纪律、规范高速公路综合行政执法人员着装、仪容仪表等执法风纪，全面展示高速公路综合行政执法新形象、新起点、新风貌。

7月24日 省高速公路综合行政执法总队副总队长渠刚到吕梁支队二大队调研指导工作，重点了解青银高速公路K1029+300米处矾水沟大桥下违建拆除情况和二大队执法工作开展情况。在矾水沟大桥违建拆除现场，吕梁支队二大队汇报违章建筑的调查、勘验和拆除进度等情况。渠刚一行还前往二大队队部，查看职工办公室、党员活动室以及住宿生活环境，了解大队执法人员学习教育、文化生活等。吕梁支队副支队长孙权平陪同调研。

7月25日 省高速公路综合行政执法总队副总队长渠刚带队，深入吕梁市枣林、大武、汾孝、汾阳西、交城高速公路收费站就物流保通保畅工作开展督导检查，详细了解各收费站车流量、信息核验登记、值班值守、保通保畅政策落实等情况，对24小时坚守防控一线的工作人员表示慰问，对进一步做好物流保通保畅工作提出具体要求。吕梁公路分局党委书记刘庆爱、吕梁公路分局副局长刘秀全等一同参加督导。

7月28日 省高速公路综合行政执法总队（省交通运输综合行政执法局）组织举办“交通运输行政执法公开课（第二讲）”。省司法厅立法二处处长蔡珂详细讲解新修订的行政处罚法，重点从行政处罚的定义、原则、种类入手，全面分析实施行政处罚过程中应该注意的问题，并结合交通执法工作实际给予具体指导。

7月29日 为庆祝中国人民解放军建军95周年，省高速公路综合行政执法总队组织机关在职退役军人赴山西省国防教育基地——太原解放纪念馆牛驼寨革命烈士陵园进行参观学习，缅怀革命先烈，凝聚前进动力，用英雄故事涤荡心灵，在红色记忆中汲取信念力量。党委书记、总队长刘清平,副总队长段志伟和机关退役军人近30人参加活动。

8月1日 省高速公路综合行政执法总队印发《关于规范执法数据采集、存储、使用管理的通知》,规范全省高速公路综合执法系统执法过程记录数据管理,明确执法人员在执法过程中通过执法记录仪、执法终端、照相机、摄像机、录音设备以及其他采集设备记录的执法数据的采集、存储、使用等职责范围和工作流程,充分发挥执法采集数据的监督和取证作用。

8月2日 省高速公路综合行政执法总队组织召开全系统2022年上半年工作汇报会,深入学习领会习近平总书记7月26日在省部级主要领导干部专题研讨班上的重要讲话精神,传达贯彻交通运输部半年工作会议和省交通运输厅半年工作务虚会议精神,总结上半年工作,安排部署下半年重点任务,动员全系统履职尽责、奋勇争先,确保年度目标任务完成。各支队汇报上半年主要工作开展情况、存在的突出问题和下半年工作打算。总队各分管领导按照职责分工,对各支队的工作进行了点评,总结亮点工作,提出具体要求。会议由省高速公路综合行政执法总队党委书记、总队长刘清平主持,总队领导班子成员、各处室(中心)负责人、各支队主要负责人参加会议。

同日 省高速公路综合行政执法总队党委组织召开2022年上半年全面从严治党主体责任落实情况汇报会,听取阶段性工作情况汇报,分析研判存在问题,对下半年重点工作任务进行再细化、再落实。阳泉支队、临汾支队党委书记和总队指挥中心党支部负责人依次进行汇报,其他单位、部门党组织提交书面报告。党委书记、总队长刘清平主持会议。总队领导班子成员,各支队党委、总队机关各党支部负责人参加会议。

8月3日 省高速公路综合行政执法总队组织太原支队与太原市交通运输综合行政执法队召开协同执法协调会。会议研究通过太原支队与太原交通运输综合行政执法队《关于加强非法违规运营精准打击协同执法工作方案》,为下一步协同执法确定工作目标、提出工作要求、划定工作重点。副总队长郭锋出席会议并讲话。总队执法二处、太原支队、太原交通运输综合行政执法队相关人员参加会议。

同日 省高速公路综合行政执法总队组织全系统2022年第一次执法业务知识考试。考试采取笔试闭卷的形式,考试范围为高速公路综合行政执法工作常用的法律法规规章,以《中华人民共和国行政处罚法》《中华人民共和国行政强制法》《交通运输行政执法程序规定》为重点。从总队机关、总队所属各支队按照在编人数9%的比例自行确定参考人员,参加考试人员共计105人,参考率100%。

同日 省高速公路综合行政执法总队党委书记、总队长刘清平一行深入定点帮扶村石楼县罗村镇楼家庄村,就乡村振兴帮扶工作开展专题调研,并看望驻村工作队员,慰问困难群众。

8月5日 省高速公路综合行政执法总队党委分别召开党委专题扩大会议和全系统视频会议,传达全省贯彻落实中央八项规定精神、专题警示教育大会精神和厅党组专题会议要求,安排部署全系统贯彻落实工作。会议强调,全系统各级党组织和广大党员干部要迅速把思想和行动统一到省委和厅党组会议精神上来,深刻认识加强作风建设的重要性、必要性和紧迫性,持之以恒将全面从严治党引向深入。

8月9日 省高速公路综合行政执法总队副总队长任晓军一行到朔州支队二大队、三大队检查指导工作。在朔州支队二大队,任晓军来到大队办公区域和职工宿舍,对大队"四基四化"建设的标志标识规范化等情况进行详细查看和询问。在朔州支队三大队外勤组,任晓军详细了解业务开展、"四基四化"、队伍建设等方面情况,并对辖区基础数据台账建设进度进行指导。同时对朔州支队下一步工作开展提出更高要求。

8月11日 省交通运输综合行政执法局组织第三次"交通运输行政执法公开课",邀请交通运输部法制司一级巡视员王永胜围绕"以习近平法治思想指导交通行政执法"进行专题讲授,包括"习近平法治思想的精髓要义、深化行政执法改革、提升行政执法水平”3方面内容,并针对全省综合执法检查过程中发现的问题提出中肯意见和建议。公开课通过视频会议方式进行,主会场设在省局七楼会议室,11个高速公路综合行政执法支队设分会场。党委书记、总队长(局长)刘清平主持公开课。

8月12日 省高速公路综合行政执法总队党委组织党员干部赴省党风廉政教育基地,参观“牢记初心使命”党风廉政教育大型主题展,重温入党誓词。总队领导班子成员、各支队主要负责人及新提任处级干部参加。

8月15日至17日 省高速公路综合行政执法总队组织全系统80余名业务骨干,在省交通干部学校举办为期3天的执法业务培训,邀请享受国务院政府特殊津贴的交通运输部法学专家、清华大学公共安全中心顾问张柱庭,公路行政执法领域案件诉讼知名律师王晓星及多年从事公路养护工程管理的资深专家进行授课,培训内容涵盖“高速公路路政、治超执法、涉路施工监管、养护工程质量安全监督、执法文书制作”等方面,具有较强的针对性和可操作性。同时,授课专家紧紧围绕全省在高速公路综合行政执法工作中遇到的实际问题,通过丰富案例讲解、细致法律解读,让全体参训学员开阔视野,提高认识,提升执法履职水平。总队党委书记、总队长刘清平,副总队长段志伟、渠刚及总队有关处室负责人参加培训。

8月18日 省高速公路综合行政执法总队、山西黎霍高速公路有限公司、中国铁建大桥工程局集团有限公司黎霍高速公路项目部、山西交科公路工程咨询监理有限公司所属5个党支部,共同开展联学共建主题党日活动。活动以“四方联动聚合力、联学共建谋新篇”为主题,采用实地参观和学习交流等方式进行。上午,组织党员干部集体走进长治市襄垣县党群服务中心,学习了解襄垣县革命、建设、改革时期的光辉历史,一起重温入党誓词。下午,组织党员干部共同学习《中国共产党章程》部分篇章,4名党支部代表围绕“推动党建与业务融合发展”分别进行交流发言,中国第十八批赴利比里亚维和运输大队政委李峰开展爱国主义教育专题宣讲,驻厅纪检监察组副组长任玉胜以“用习近平法治思想武装头脑、做一名合格党员领导干部”为题讲授一堂精彩生动的廉政教育党课。活动期间,各党支部党员互相学习、真诚沟通、密切交流,达到联学共建的预期目的,取得良好活动成效。

8月23日 省高速公路综合行政执法总队印发《高速公路超限检测监督指导工作实施意见(试行)》,进一步明确总队及所属各支队、大队的高速公路超限检测监督指导工作职责,促进高速公路超限检测监督指导工作制度化、程序化、规范化。

8月24日 省高速公路综合行政执法总队在太原支队组织召开太原支队、太原市交通运输综合行政执法队加强协同执法工作动员会。会议宣读《加强非法违规运营精准打击协同执法工作方案》,安排部署运政协同执法工作相关事宜,各大队进行工作对接,为下一步协同执法确定工作目标、提出工作要求、划定工作重点。总队执法二处处长吴晓群、副处长陈振玉,太原支队副支队长杨志诚、太原市交通运输综合行政执法队副队长王建军及相关科室(大队)工作人员,同时邀请太原高速公司路网保障大队负责人参加会议。

9月2日 省高速公路综合行政执法总队召开全省高速公路执法系统维稳安保工作视频会议,传达贯彻省交通运输厅关于做好维稳安保、防范排查化解重大风险、反恐怖工作的文件精神,并就全系统做好中共二十大期间维稳安保工作和中秋、国庆“两节”期间的相关工作进行了安排部署。副总队长渠刚参加会议并讲话。总队各处室(中心)负责人及相关工作人员在主会场参会,各支队分管领导、各部门负责人及相关工作人员在分会场参会。

9月5日至16日 为推动全省高速公路治超称重和联网等工作按时完成,受省交通运输厅委托,省高速公路综合行政执法总队开展全省高速公路治超工作调研,同步开展高速公路专项超限检测督导工作。省总队印发《关于开展全省高速公路治超督导调研的通知》,成立省总队督导调研领导组和11个支队督导调研小组,各支队督导调研小组按照文件精神对辖区所有高速公路入口超限检测办公室和收费站出口治超称重设施改造、联网运行进行调研,同时对辖区20%的高速公路治超办公室业务管理进行抽查督导。通过听取汇报、实地查看、查阅资料、调阅系统数据等方式,对照省厅调研的5方面内容和省总队督导的6方面工作逐项查验、做好记录,对存在的问题现场提出整改建议。省总队督导调研领导组分别对大同、朔州、吕梁、临汾、长治、晋中等支队的高速公路治超督导工作进行抽检,实地了解高速公路入口治超管理工作及高速公路出口治超称重设施改造和联网运行整改工作进展,要求高速公路运营公司要严格执行省厅文件要求,确保全省高速公路所有收费站入口出口称重检测数据实时、全面、准确传输至省联网中心、全网联网中心,不折不扣完成交通运输部、省交通运输厅的统一部署。

9月13日 省高速公路综合行政执法总队印发《山西省高速公路综合行政执法总队机关采购管理办法(试行)》,严格采购程序,加强采购管理,进一步规范总队机关货物、服务、工程项目和低值易耗品等采购行为。

9月19日至23日 省高速公路综合行政执法总队举办全系统基层执法大队大队长初任培训班。培训内容包括习近平法治思想、高速公路路政执法实务、高速公路运政执法实务、超限运输行政执法实务、交通运输行政执法纪律与廉政要求、突发事件应对处置与舆论引导等。党委书记、总队长刘清平出席开班仪式并作动员讲话。总队及所属11个支队法制科科长、业务骨干,全系统新任基层执法大队负责人共93人参加培训。

9月20日 省交通运输综合行政执法局召开打击非法从事出租汽车经营行为专项行动视频会议,传达《山西省打击非法从事出租汽车经营行为专项行动工作方案》。省交通运输厅城市客运管理处副处长杨亮出席会议,省交通运输综合行政执法局副局长郭锋主持会议。省交通运输综合行政执法局执法二处以及各市、县交通运输综合行政执法队有关人员共249人参加会议。会议强调,要深入贯彻省交通运输厅《2022年城市客运工作要点》的有关要求,落实好省局2022年度执法工作计划。一是安排部署要到位。各单位要组织召开专题会议,制订详细方案,切实抓好工作落实。二是宣传发动要到位。在专项整治工作中,各单位要加强宣传工作,为专项整治营造良好的氛围。三是上下互动要到位。各级交通运输综合行政执法机构要加强互动交流,加强工作沟通和业务指导。

9月21日至23日 省高速公路综合行政执法总队副总队长任晓军与桥梁专家许志刚及总队执法三处、临汾支队执法人员在隰吉、浮临高速在建项目工地同步开展“我为群众办实事”实践活动暨工程质量综合检查。任晓军、桥梁专家许志刚与各参建单位相关负责人、工程师、技术人员详细交流,仔细查看各个桥墩设计图、焊接点等。总队执法三处执法人员从工程质量、安全行为、扯钢实验等方面认真开展实地综合检查。在座谈交流会上,两个项目主要负责人对隰吉、浮临高速工程在建项目进展情况进行重点汇报。桥梁专家许志刚分别从大体积混凝土施工及连续刚构悬臂浇筑技术要点等方面进行深入浅出的详细讲解,并认真解答各在建工程项目负责人在实操过程中的困难与疑惑。会后,省总队执法三处分别从质量、安全等方面对检查情况及存在的问题进行汇总反馈。

9月26日至30日 为维护国庆及中共二十大期间水上交通安全形势稳定,省交通运输综合行政执法局成立督导组,深入晋城市九女仙湖、武家湾,长治市八泉峡、通天峡,晋中市云竹湖、龙栖湖等水运一线督导水上交通执法工作。

9月27日 省高速公路综合行政执法总队组织召开高速公路养护工程质量安全监督执法工作推进会。会议通报近期全省高速公路养护工程质量安全监督执法开展情况,传达《高速公路养护工程安全监督执法专项行动通知》,明确加强高速公路养护作业现场巡查和监管的有关事项。会议从认清形势、履行职责、开展执法检查、压实安全责任、做好应急值班等方面提出明确要求,并强调要进一步做好高速公路养护工程质量安全监督执法工作，确保高速公路养护工程建设领域安全生产形势持续稳定向好。会议以视频方式进行。副总队长任晓军参加会议并讲话。总队相关业务处室负责人及各支队分管领导、执法科科长、主要业务骨干参加会议。

9月28日 省高速公路综合行政执法总队与山西交控集团召开省级业务协作第二次联席会议。会议审议通过《山西省高速公路综合行政执法工作省级业务协作联席会议制度》，通报3月17日省级业务协作联席会议以来高速公路综合执法机构和高速公路经营企业业务协作开展情况、高速公路养护工程质量安全执法开展情况，研究讨论业务协作中存在的问题和困难、高速公路赔（补）偿业务联合办理、高速公路养护工程质量安全执法工作存在的问题及解决措施、收费公路基本信息填报等有关事宜。双方一致认为，要进一步加强全省高速公路综合行政执法机构与高速公路经营企业之间的业务协作，提高高速公路综合行政执法整体效能，凝聚执法合力，共同保障高速公路完好、安全和畅通。省高速公路综合行政执法总队党委书记、总队长刘清平，山西交控集团副总经理谢鹏远出席会议并讲话。

9月29日 高速公路综合行政执法总队印发《总队领导2022年安全生产重点工作任务清单》。

10月1日 省高速公路综合行政执法总队印发《关于切实做好国庆和中共二十大安保期间高速公路综合行政执法执勤工作的通知》，要求各支队、大队领导要高度重视国庆和中共二十大安保期间执法执勤工作开展，靠前指挥，精心组织，组织开展好一线执法执勤工作；主动加强与高速交警和高速运营企业的协同协作，积极配合开展“一路三方”联合巡查、联合处置，共同预防安全畅通隐患；打击非法营运，持续保持治超高压态势；强化安全形势预判，细化安全运行措施，配齐安全防护装备，重点抓好执法人员上路执法执勤期间的安全，严防各类事故发生。

10月14日 省高速公路综合行政执法总队党委召开中心组（扩大）学习会，集中学习《中国共产党第十九届中央委员会第七次全体会议公报》《中国共产党第十九届中央纪律检查委员会第七次全体会议公报》，传达学习习近平总书记在中共中央召开的党外人士座谈会上发表的重要讲话精神。会议还进行了中心组学法，集中学习《国务院关于取消和调整一批罚款事项的决定》。党委书记、总队长刘清平主持会议。总队领导班子成员，总队机关各处室（中心）、各支部负责人参加会议。

10月16日 中国共产党第二十次全国代表大会在北京人民大会堂隆重开幕。省高速公路综合行政执法总队领导班子成员、总队机关副处级以上干部在总队机关七楼会议室集中收看开幕会直播盛况，聆听习近平总书记代表第十九届中央委员会所作的报告。

10月17日 省高速公路综合行政执法总队党委举行中心组专题（扩大）学习会，集中学习中共二十大报告。会议强调，各级党组织和全体党员干部要把学习好宣传好贯彻好中共二十大精神作为当前和今后一个时期的首要政治任务，深学深悟、立学立行，确保把思想和行动统一到中共二十大精神上来，要把贯彻落实中共二十大精神与全方位推动全省高速公路综合行政执法高质量发展紧密结合起来，加快推进全面深化改革、全面依法履职、执法队伍建设等各项工作，持续抓好安全生产、信访维稳等重点任务，科学思考和谋划明年工作，以实际行动确保中共二十大精神在全系统落地生根、开花结果。党委书记、总队长刘清平主持会议。总队领导班子成员，总队机关各处室（中心）、各党支部负责人参加会议。

同日 省高速公路综合行政执法总队采取线上腾讯会议形式组织开展高速公路工程建设质量安全普法宣传，全省14个在建高速公路项目500余名质量安全管理人员参加。交通运输部资深专家对公路工程质量监督行政执法工作进行讲解。省高速公路综合行政执法总队要求14个在建高速公路项目结合工程建设实际，全面落实安全生产责任，确保中共二十大召开期间高速公路工程建设领域安全生产形势稳定。

同日 太重集团重压机模块设备大件运输车辆(车货总重388.2吨,总长约85米,总宽约7.1米)按照省交通运输厅审批的路线,从阳曲收费站进入高速公路,经二广高速公路、京昆高速公路安全抵达京昆高速晋冀高速交界处,道路全长123.5公里,通行桥梁68座、隧道12座。总队领导高度重视,作出专门安排,要求途经路段执法大队全力做好通行监护和服务保障,确保运输途中不发生任何问题。省高速公路综合行政执法总队执法一处和大件运输途经路段管辖单位忻州支队四大队、阳泉支队执法科和二大队在阳曲收费站参加起运活动,忻州、阳泉两个大队在所辖路段对该大件运输车辆通行高速公路进行全程监护,完成省内道路运输任务。

10月21日至11月25日 省高速公路综合行政执法总队组织开展全系统2022年度执法人员年度轮训线上专题培训,加强社会主义法治理念教育、执法为民教育、党风廉政教育等,加强交通运输综合行政执法业务知识和法律法规教育,夯实业务基础,使全系统执法人员逐步全面系统掌握公路路政、道路运政、超限治理、工程质量监督管理执法等综合业务要求,切实提升依法履职的能力和水平。全部课程学习完成后组织线上测评,总队对各单位线上学习情况、考试通过情况进行统计,结果将作为年底目标责任考核的重要参考依据。

10月27日 省高速公路综合行政执法总队组织召开法律专家咨询论证工作会议。会议采取线上线下相结合的模式进行,邀请山西省、云南省、湖北省、内蒙古自治区熟悉路政管理的5名法律专家对高速公路路产赔偿事宜联合办理暂行工作流程开展咨询论证。专家学者们针对全省改革背景下高速公路路产赔偿工作需联合办理的实际情况,就该工作流程中存在的问题、难点逐一分析研判,充分开展论证,提出专业意见,给出解决方案。

10月28日 省高速公路综合行政执法总队印发《山西省高速公路综合行政执法总队重塑性改革后首次岗位设置实施方案》。

10月30日 中共山西省高速公路综合行政执法总队委员会印发《山西省高速公路综合行政执法总队干部人事档案管理办法(试行)》,加强总队干部人事档案管理工作,充分发挥干部人事档案在建设高素质专业化交通运输综合行政执法干部队伍中重要作用,推动干部人事档案工作科学化、制度化、规范化管理。

10月31日 省高速公路综合行政执法总队印发《山西省高速公路综合行政执法总队网络安全事件应急预案(试行)》,进一步提高处置网络与信息安全突发事件能力,形成科学、有效、反应迅速的应急工作机制,预防和减少网络安全事件造成的损失和危害。

同日 省高速公路综合行政执法总队印发《山西省高速公路综合行政执法总队网络安全管理办法(试行)》,进一步加强和规范网络安全管理工作,保证总队数据网络安全可靠运行,提高网络信息系统整体安全防护水平,实现网络传输信息的安全可控。

11月2日 省交通运输综合行政执法总队党委书记、局长刘清平带队,专程到太原武宿机场、太原南站督导检查打击“非法营运”工作,并听取太原市交通运输综合行政执法队的工作汇报。在督导检查过程中,刘清平一行实地查看执勤站点、出租车辆通道设置、网约车辆停放场地以及营运车辆运行秩序,详细了解执法工作开展情况、联合执法工作情况和执法过程中存在的突出问题,并和一线执法人员进行深入交流,对打击“非法营运”工作提出具体要求。省交通运输综合行政执法局副局长郭锋、执法二处负责人、督查处负责人,太原市交通运输综合行政执法队班子成员和相关工作人员一同参加督导检查工作。

11月4日 省高速公路综合行政执法总队组织召开全系统行政处罚信用信息报送专题视频会议。会议传达省发展和改革委员会《关于做好2022年第三季度行政许可和行政处罚等信用信息公开评估工作的通知》精神和省交通运输厅要求,对近期行政处罚信用信息报送过程中存在的问题进行通报,并就规范信息报送及案卷制作提出具体要求。副总队长段志伟出席会议并讲话。各支队支队长、分管法制工作副支队长及法制科科长，共计40余人参加会议。

11月6日 中共山西省高速公路综合行政执法总队委员会印发《关于全面建设清廉高速执法的实施方案》，围绕省委“全面建设清廉山西”的重大目标和总体安排，精准把握当前系统全面从严治党的阶段性特征，以党的政治建设为统领，突出清廉主题、干部主体、制度主线，明确指导思想、工作目标和具体任务措施，全面建设清廉高速执法，为事业全方位高质量发展提供坚强政治保证。

11月8日 省高速公路综合行政执法总队经过对印发的内部文件进行汇总梳理、会议研讨，公布废止的152件内部制度文件。

11月10日 驻厅纪检监察组副组长刘永军一行到省高速公路综合行政执法总队调研，召开座谈会详细了解综合执法改革发展情况，对总队党建和党风廉政建设工作进行指导。总队领导班子成员、各处室(中心)负责人参加。

11月11日 交通运输部办公厅印发2022年交通运输综合执法检查结果通报，省高速公路综合行政执法总队获“2022年度交通运输法治政府部门建设通报表扬集体”称号，总队法制处廉靖获“2022年度交通运输法治政府部门建设通报表扬个人”称号。

同日 省高速公路综合行政执法总队召开2022年安全生产委员会第五次会议暨安全生产“两个行动”(安全生产专项整治三年行动、安全生产大检查大整治大提升行动)推进会，传达学习省交通运输厅第六次安委会暨安全生产“两个行动”推进会精神，并对全系统安全生产工作进行研究部署。副总队长郭锋主持会议并讲话。总队机关各处室负责人、指挥中心安全生产工作人员参加会议。

11月14日至12月8日 省高速公路综合行政执法总队组织开展高速公路路域环境整治专项行动。专项行动按照“综合治理、集中整治”的工作原则，以各支队及大队为实施主体，组织开展高速公路路域环境专项整治工作，主要任务是结合日常巡查和专项执法检查，严厉查处以下涉路违法行为：在高速公路沿线摆摊设点、兜售商品；擅自设置、移动、涂改、遮挡高速公路标志及其他附属设施；在高速公路用地范围内排放污染物、倾倒垃圾，设置障碍、放养牲畜；除故障、交通事故等情况外，在高速公路装卸货物；其他侵占、损坏、污染高速公路和影响高速公路畅通等安全隐患和违法行为。

11月14日至12月30日 省交通运输综合行政执法总队组织开展冬季用煤短途运输源头治超“暖冬行动”专项整治工作，主要任务是：检查货运源头单位是否严格落实源头治超工作主体责任，明确岗位职责，健全组织机构、建立源头治超工作各项制度，明确相关人员职责，建立治超工作台账等情况；加大治超执法力度，坚决查处储售煤场及相关涉煤企业放行超载车辆行为，加强出厂(场)车辆密闭管理，采取精准、管用、有效的措施，对企业恶意超载、票据不符、证照不全、车证不符、规避监管的行为实施严肃处理。专项整治期间，省交通运输综合行政执法局派出专项督导检查组采取明察暗访或“四不两直”的方式，对执法人员履职情况和货运源头单位主体责任落实情况进行督导检查。

11月15日 省高速公路综合行政执法总队副总队长渠刚带队，赴静兴高速和吕梁支队原岚县分局调研，安排部署静乐丰润至兴县黑峪口高速公路综合行政执法工作组进驻工作。渠刚一行先后对静兴高速岚县北服务区、静兴高速公司综合执法办公场所进行实地查看，在监控指挥中心对该路段特大桥隧、高边坡及路域环境情况进行重点查看，了解视频覆盖范围及协调调度工作机制。随后在原岚县分局查看为工作组提供的办公场所、宿舍、食堂及办公设施配置等情况，要求尽快开展岗前业务培训，熟悉辖区内基本情况，建立健全各项制度，为12月1日正式开展执法执勤工作打牢基础。总队机关相关处室(中心)、吕梁支队主要负责人和相关工作人员参加调研。

11月17日 中共山西省高速公路综合行政执法总队委员会印发《关于深入学习宣传贯彻中共二十大精神的通知》，要求全系统广大干部职工坚持深学深悟，全面准确把握中共二十大精神；广泛宣传宣讲,推动中共二十大精神深入人心;坚决贯彻落实,确保中共二十大精神落地生根;学习贯彻中共二十大精神,要坚持与学习贯彻习近平总书记考察调研山西重要讲话重要指示精神结合起来,与学习贯彻省第十二次党代会、省委十二届五次全会精神结合起来,与全方位推动全省高速公路综合行政执法高质量发展结合起来,按照省委"十个更大"的工作部署和加快推进交通强省建设的总体要求,进一步找准高速执法队伍在履行开路先锋历史使命中承担的职责任务,紧紧立足系统"一年打基础、三年见成效、五年创一流"的工作目标,切实把大会作出的各项战略部署细化为谋划发展的工作思路、转化为推动落实的有效举措,努力在深化综合行政执法改革、健全严格规范公正文明执法体制机制、完善党的自我革命制度规范体系、打造忠诚干净担当的高素质专业化干部队伍等方面不断取得更多制度性成果和更大工作成效。

11月17日至18日 省高速公路综合行政执法总队依托"山西交通在线"平台,举办2022年度公路工程质量安全监督执法人员培训班。聘请国内知名学者、教授和交通运输部、全国综合行政执法系统以及公路工程管理行业专家领导授课,重点围绕交通运输行政执法相关法律法规、公路工程安全监督执法、工程质量监督管理行政执法疑难问题、公路工程质量安全监督执法实务和交通建设工程执法实务问题探讨等内容进行宣讲。副总队长(副局长)任晓军参加开班仪式并讲话。总队机关及所属各支队、大队,各市交通运输综合行政执法队所属县、市(区)执法队从事公路工程质量安全监督执法工作的490余人参加培训。

12月7日 12月4日既是第9个国家宪法日,也是全国现行宪法公布施行四十周年。12月4日至10日是第五个"宪法宣传周"。为弘扬宪法精神,维护宪法权威,教育和激励广大干部职工忠于宪法、遵守宪法、维护宪法,进一步增强使命感、责任感、荣誉感,省高速公路综合行政执法总队机关以支部为单位进行宪法宣誓活动。

12月7日至20日 省高速公路综合行政执法总队依托"山西交通在线"平台,组织开展全系统党员干部学习贯彻中共二十大精神培训,重点内容包括习近平新时代中国特色社会主义思想、新时代新征程中国共产党的使命任务、新时代十年的伟大变革、《中国共产党章程(修正案)》、习近平法治思想、新时代党的建设、全面从严治党等主题课程。共15个专题40个学时,并附"课程随堂测试+专题结业考试"双测试,根据参训人员考试成绩,为培训合格人员发放电子结业证书,培训不合格人员年终考核不得确定为优秀等次。

12月9日 省高速公路综合行政执法总队党委书记、总队长刘清平深入党支部工作联系点太原支队三大队,向干部职工宣讲中共二十大精神,并对做好下一步工作提出明确要求。刘清平围绕深入学习领会中共二十大精神,结合全系统改革发展实际,从深刻领会中共二十大主题、准确把握中共二十大主要成果、充分认识过去5年工作和新时代10年伟大变革的重大意义、深入理解马克思主义中国化时代化的理论特征、系统领会中国式现代化的本质要求、牢牢把握全面建设社会主义现代化国家的新部署新要求、坚持加强党的全面领导和全面从严治党、积极主动应对各种风险挑战等8个方面,对中共二十大精神进行系统阐释和深刻解读,并就如何全面学习贯彻落实中共二十大精神、做好改革"后半篇文章"、实现全方位推动高质量发展与太原支队三大队干部职工进行交流探讨。刘清平还认真查看"四基四化"建设、档案管理、执法执勤装备配备等情况,并对抓好基础管理工作提出要求。太原支队主要领导、分管领导及总队机关相关处室负责人参加。

12月13日 静乐丰润至兴县黑峪口高速公路综合行政执法工作动员会议召开。省高速公路综合行政执法总队党委书记、总队长刘清平出席会议并讲话,对15名即将在静兴高速公路履行岗位职责的执法人员提出希望和要求。会后,省高速公路综合行政执法总队静兴高速公路执法工作组抵达静兴高速公路执法驻地,执法人员迅速熟悉环境,进入工作状态。

12月14日 中共山西省高速公路综合行政执法总队委员会印发《关于深入学习宣传贯彻中共二十大精神的工作方案》，号召全系统广大干部职工持续把学习宣传贯彻中共二十大精神工作引向深入，更加紧密地团结在以习近平同志为核心的党中央周围，在履行开路先锋历史使命中进一步展现高速执法作为，在全省全方位推动高质量发展中做出更大贡献。

12月16日 省高速公路综合行政执法总队党委书记、总队长刘清平深入定点帮扶村石楼县罗村镇楼家庄村，调研指导乡村振兴帮扶工作，看望慰问总队驻村帮扶工作队员。刘清平一行查看驻村工作队办公生活场所，查阅驻村帮扶工作资料，与县镇村干部和驻村工作队员进行深入交流，详细询问村民收入、防返贫监测、脱贫劳动力务工就业等方面情况；实地查看省厅驻村帮扶工作队牵头引进的石楼县蒙牛万头牧场养殖项目一期3000头奶牛良繁基地，详细了解项目带动辐射和示范引领作用；在罗村镇沙窑村现代农业示范基地通过智慧农业大数据管理平台，详细了解基地建设、数据应用、农业技术以及果蔬种植、管理和收益等情况，实地查看温室大棚草莓长势，详细询问草莓种植的规模、品种及每亩投入、产出、销售和收益等情况；充分肯定总队驻村帮扶工作队一年多来富有成效的工作，并提出更高要求。

12月26日 中共山西省高速公路综合行政执法总队委员会印发《山西省高速公路综合行政执法总队机关工作人员考核办法（试行）》《山西省高速公路综合行政执法总队绩效工资与补充绩效工资实施办法（试行）》《山西省高速公路综合行政执法总队党委管理的各支队正科级干部考核办法（试行）》，进一步规范和加强干部考核工作，建立完善科学的绩效考核机制、有效的激励约束机制，促进依法履职，提高交通运输综合行政执法质量和效率。

12月28日 省高速公路综合行政执法总队和省公安厅交通管理局联合印发《高速公安交管部门、高速综合执法部门协作工作机制（试行）》，明确双方在"综合协调、联动协作、案件处置和移送、信息共享、宣传和信息发布"5个方面加强协作。其中，联动协作机制主要包括10个方面主要内容：联合强化路面巡查管控；提升事故联动处置水平；联合治理货车超限超载违法行为；联合强化路面施工管理；联合治理影响高速公路安全畅通的违法行为；联合加强对危化品运输车辆监管；落实服务区危化品运输车辆管理措施；联合打击非法道路运输经营活动；加大道路应急处置工作力度；强化隐患排查治理工作。

（资料提供：杨金成）

山西省运输事业发展中心大事记

1月17日至2月25日 山西省运输事业发展中心（以下简称运输中心）配合省交通运输厅完成2022年道路客运的春运工作。2022年春运40天，全省累计投入营运客车总数20.36万台次，班车数量18.32万台次，包车数量2.05万台次，班车29.04万趟次，发送旅客290.04万人次，日均发送旅客4.83万人次。农民工返乡返岗"点对点"包车趟次20趟次，运送农民工752人次，印制发放道路春运宣传手册6万册。

1月 根据省人社厅、省财政厅相关政策精神，运输中心提高在职职工基本工资标准。

是月 运输中心认真贯彻落实省交通运输厅关于春节慰问工作要求，精心组织开展向离退休老干部、困难职工家庭和驻村工作人员家属送温暖、送祝福的春节走访慰问活动。中心党委书记、主任史晓华和党委委员、副主任时晋杰分别带领相关部门人员进行走访慰问。

1月上旬至3月中旬 运输中心完成调入人员(1名)薪资标准核定与发放、资格证书换发、岗位聘用、医疗保险转移接收、社保卡换发续等工作。

2月9日 运输中心党委召开“2022年领导干部个人事项填报工作专题会议”，认真组织学习《领导干部报告个人有关事项工作培训手册》《两项法规》和《报告表》填报说明及注意事项等内容，填报个人分别进行承诺，完成处级干部个人事项填报。

2月14日 为丰富职工文化、体育生活，活跃节日气氛，展现职工风采，营造良好工作氛围，增强单位凝聚力，运输中心工会开展庆元宵文体活动。活动包括猜灯谜、齐心协力(绑腿跑接力赛)、跳绳、踢毽子、趣味保龄球。

2月中旬 运输中心协助省厅对领导班子和处级干部进行年度考核的相关工作。印发《关于做好2021度机关考核工作的通知》，对处级以下全体在编人员进行年度考核测评，考核结果上报省人社厅备案。并于4月份对年度考核等次为优秀的人员及突出贡献人员共21名给予嘉奖奖励。

2月28日 根据省人社厅及省厅统一部署，运输中心严格按照年报统计要求，分别对全体干部职工学历、年龄、职称、职务、岗位等人事信息进行梳理统计分析，高标准高质量完成2021年度人事年报统计上报工作，为全面准确掌握中心人员相关信息提供数据支撑。

2月 运输中心为3名离休人员发放离休补贴，服务保障离退休职工政治生活待遇。

3月1日至5月6日 运输中心完成山西省《关于加快发展班车客运定制服务的指导意见(送审稿)》。按照交通运输部《道路旅客运输及客运站管理规定》和交通运输部《关于深化改革加快推进道路客运转型升级的指导意见》文件精神，结合省道路客运转型升级工作实际，在广泛征求道路运输企业和省道路运输协会意见建议的基础上，运输中心进行反复修改完善，形成山西省《关于加快发展班车客运定制服务的指导意见(送审稿)》，上报省厅，完成省厅下达目标任务要求。

3月3日 运输中心为加快推动山西省道路客运结构调整，更好满足旅客安全出行需求，依据客运市场环境，结合山西省道路客运发展实际，形成山西省《关于加强省际道路客运班线有关工作的通知(建议稿)》，上报省厅公路运输处。

3月15日 2022年省运输事业发展中心工作会议召开。会议全面贯彻中共十九大、十九届历次全会和省第十二次党代会精神，深入贯彻落实全国、全省交通运输工作会议部署，总结2021年工作，分析当前形势和工作中存在的问题，部署2022年重点工作任务。党委书记、主任史晓华作工作报告。

同日 运输中心组织召开2022年党风廉政建设工作会议。党委书记、主任史晓华作题为“坚决扛起全面从严治党主体责任，全方位推动全省运输事业高质量发展”的党风廉政建设工作报告。同期举行2022年度党风廉政建设责任书签订仪式，党委书记与党委委员、各党支部书记签订党风廉政建设责任书；其他班子成员与分管部室负责人签订部室党风廉政建设责任书。

3月17日 运输中心完成山西省《关于调整农村客运、出租车油价政策的通知》。按照习近平总书记关于“四好农村路”建设的重要指示精神以及党中央、国务院关于碳达峰、碳中和的决策部署，根据《财政部 交通运输部关于调整农村客运、出租车油价补贴政策的通知》，为更好地发挥价格机制作用，促进农村客运、出租车行业健康发展，结合山西省实际，对农村客运、出租车油价补贴政策作出调整，形成山西省《关于调整农村客运、出租车油价政策的通知(建议稿)》，上报省厅公路运输处。

3月21日至5月15日 根据厅党组统一安排

部署，运输中心从集中学习、警示教育、查摆整改、督导检查等环节扎实有效地开展纪律作风专项整顿活动，基本解决机关干部纪律作风方面存在的突出问题。

3月28日 运输中心协助省厅成功举办全省客运车辆便携急救包发放启动仪式。4月底，协助省厅督导各市急救包的发放、物资维护管理和行业人员培训等后续工作，完成2022年省厅10件民生实事之一，为山西交通运输和卫生健康事业高质量发展做出贡献。

3月31日至8月30日 运输中心完成山西省道路客运行业发展情况调研报告。根据省信访局文件要求和省交通运输厅工作安排，中心客运部开展全省道路客运行业情况调研。通过采取书面调研和实地调研相结合方式，在全面了解道路客运企业及从业人员意见及诉求后，着力从如何解决道路客运企业及从业人员合理诉求，营造良好道路客运行业发展环境进行深入分析研究，提出解决问题的建议，切实维护道路客运行业健康、稳定、有序发展。

3月 完成运输中心法人证书的年检工作。

是月 根据省厅《关于开展打造水路旅游客运精品航线试点工作的通知》要求，水路交通运输部组织交通运输（含交通运输综合执法、船检）、文化旅游等相关领域专家对上报的4家水运企业开展实地考察，分别对水运景观环境、客运船舶、设施品质、港口客运站、停靠站点服务品质等进行综合评估，最后确定3家单位（山西太行山大峡谷旅游发展有限公司八泉峡景区、山西平顺虹梯关通天峡景区有限公司、山西漳泽水库管理有限公司）为水路旅游客运精品航线试点，并将评估建议统一报省厅水运处。

3月至6月 运输中心接受省审计厅对2021年度财务收支情况审计及预算执行情况审计，审计发现问题整改率均为100%；2月至3月开展年度预算执行及财务收支情况内部审计工作。

4月1日 运输中心80余名党员干部职工在太原市北山生态园（首批国家“互联网+全民义务植树”基地）开展义务植树活动，以实际行动践行习近平总书记“绿水青山就是金山银山”的发展理念。

同日 根据交通运输部《联网技术要求》，省营运车辆检测联网系统与部级平台对接成功，一年来运行平稳。

4月 结合省厅和运输中心2021年度考核情况，为2021年度考核合格以上在职职工晋升薪级工资。

是月 运输中心电子证照系统在测试环境中完成部省数据联调工作。

5月21日至28日 根据省交通运输厅安排，运输中心围绕“走进科技，你我同行”主题，积极组织开展2022年科技活动周系列活动。全省启动仪式当天，组织有关科技和科普工作者同步收看启动仪式视频直播。活动期间，组织全体职工学习省科技厅官网开设的科普活动专栏和科普大讲堂的健康生活、现代科技等知识。推动在全中心形成讲科学、爱科学、学科学、用科学的良好氛围。

5月26日 运输中心组织召开党委理论学习中心组第7次（扩大）学习，传达省直工委《关于认真落实党的组织生活制度进一步提升党支部工作质量的通知》精神，学习《总体国家安全观学习纲要》《信访工作条例》《关于加强新时代离退休干部党的建设工作的意见》及习近平总书记论廉洁文化等内容，党委书记、主任史晓华主持会议，班子其他成员及各部室负责人、机关党支部书记参加会议。

5月31日 运输中心工会与中行新建路支行联合举行庆端午专题活动，通过金融知识讲解及开展插花活动丰富职工精神文化生活。

5月 为深入学习贯彻习近平法治思想，特别是习近平总书记关于加强民法典学习宣传的重要指示批示精神，在全国第二个“民法典宣传月”，运输中心积极组织开展“美好生活·民法典相伴”主题宣传活动。把民法典学习教育列为领导班子年度学法必修课，推动各级领导干部带头学习。坚持以习近平法治思想为引领，并围绕主题思想，做到普法方向正确、内容明确、对象精确。宣传过程中，突出以《中华人民共和国民法典》关于交通行业的有关规定为宣传重点，灵活采用线上、线下相结合方式，注重宣传实效。通过发放相关学习书籍、观看视频、学习典型案例、组织职工参加全国百家网站及微信公众号开展的民法典知识竞赛活动等方式以学促用、以知促行。本次活动的顺利开展，将民法典带到职工身边，深入职工心里，全中心上下联动一心、全员广泛参与，共同推动形成民法典普法新格局。

6月7日 山西省道路运输电子证照系统通过正式环境与部级系统完成网络、接口测试，利用测试数据生成人、车、户的电子证照。

6月10日 运输中心组织在九女仙湖船员培训中心召开山西省内河船员理论考试题库专家评审会。副主任王建民代表省厅和运输中心参加评审会。评审会邀请运输中心正处级干部张国民、安全信息部李大鹏、太原市交通运输综合行政执法队海事队队长裴永亮、晋城市交通运输综合行政执法队副队长王洪权、长治市交通运输综合行政执法队邢波、运城市交通运输局郭军六位专家作为此次评审会评委，对山西省内河船员理论考试题库进行评审论证，并形成初步评审意见。评审意见为：船员理论考试题库基本符合《山西省内河100总吨大纲》和交通运输部2019年版考试大纲要求，建议编制单位继续对题库的题型、数量、质量进行修改完善。根据专家评审意见，九女仙湖景区开发有限公司继续对题库内容进行修改完善。修改后的题库试题为：客船特培300题、驾驶与管理300题、避碰与信号380题、船员基本安全300题共计1280题，九女仙湖景区开发有限公司将修改完善后的题库试题向评审专家进行再次征求意见，五位评审专家反馈均无修改意见。地方海事部已将评审结果书面形式上报厅水运处。现已安装到晋城九女仙湖船员培训学校进行运用。

6月10日至14日 运输中心完成2022年公开招聘工作人员资料初审工作，150余人通过资料初审。8月份，为1名新招聘人员办理入编手续。

6月13日至19日 运输中心开展以“绿色低碳，节能先行”为主题的“2022年节能宣传周”活动。在此期间，系统展示中共十八大以来国家节能工作取得的显著成效、绿色生活创建行动成果，开展节能标准和能效标识宣传活动。同时，还围绕“节能云视界”“节能云课堂”“活动云分享”等节能降碳主题，组织观看节能生活视频、开展节能降碳知识讲座。广泛普及节能降碳基础知识，充分调动全体职工参与节能降碳积极性。持续增强节能意识和节能能力，积极营造节能降碳浓厚氛围，推动绿色低碳生产生活方式成为新风尚。

6月15日 运输中心组织开展2022年“博爱一日捐”募捐活动，106人参与捐款，共筹得善款4220元，展现干部职工团结友爱、互帮互助的精神，为构建新时代和谐社会做出积极贡献。

6月30日 运输中心重新调整职工公积金基数，平均每人公积金缴费金额提高约15%。

6月 根据省人社厅紧急密电，运输中心为在职职工发放规范性奖励补贴。

7月1日 运输中心党委召开“七一”表彰大会暨“喜迎中共二十大，奋进新征程”主题党日。会上为党龄50年的老党员代表颁发“光荣在党50年”纪念章，对11名优秀共产党员、10名优秀党务工作者、2个先进基层党支部进行表彰并颁发荣誉证书。党委书记以“坚定理想信念，凝聚奋进共识，书写新时代赶考之路的‘新篇章’”为题给全体党员干部上了一堂党课，随后带领全体党员干部重温入党誓词，通过主题党日活动，感悟初心使命，履职尽责，增强机关党员干部爱党爱国情怀。

7月7日 七七事变85周年，运输中心机关第二、第四党支部组织全体党员赴“刘胡兰纪念馆”红色教育基地开展“喜迎中共二十大，奋进新征程”主题党日活动。

7月14日 为庆祝中国共产党成立101周年，迎接中共二十大胜利召开，运输中心机关第一党支部组织全体党员赴忻州市定襄县“西河头地道战纪念馆”，开展“喜迎中共二十大，奋进新征程”主题党日活动。

7月18日 为认真贯彻落实省直机关工委、厅直机关党委关于“对党忠诚、清正廉洁”教育活动部署要求，深入推进清廉机关建设，运输中心组织全体党员干部职工观看警示教育片《失重》。

7月22日 运输中心组织开展“喜迎中共二十大，奋进新征程”演讲比赛，通过讲述中共十八大以来全国全省各项事业取得的辉煌成就、普通职工工作生活发生的巨大变化，多层次多角度呈现普通职工在党的怀抱中与新时代齐奋进的生动典型，激发干部职工的爱党之情、报国之志。

7月底 在“八一”到来之际，运输中心对退役军人开展慰问并发放慰问金。积极配合退役军人办理优待证，提供档案复印和查询等服务。

7月 运输中心建立中期财政规划及项目储备，按省财政厅、省交通运输厅要求，细化年度预算编制，确保年度预算编制科学、准确。

7月至9月 运输中心分批次为全体干部职工进行例行体检，进一步保障运输干部职工身体健康。并按政策要求，为单位副厅级、正高级职称职工及时换发最新的《山西省保健干部体检证》，将改革前自收自支性质的保健干部，全部调整为全额财政供养性质的保健干部，充分确保中心保健干部应享有的权益。

8月4日 为积极培育和践行社会主义核心价值观，运输中心组织30名职工开展无偿献血活动，献血总量达11200毫升，充分彰显运输人关爱生命、无私奉献精神风貌。

8月8日至12日 运输中心组织党支部书记、部门负责人和业务骨干等34名党员干部前往右玉干部学院开展党性教育专题培训。

8月18日至19日 运输中心党委书记、主任史晓华一行赴定点帮扶村石楼县罗村镇，就乡村振兴帮扶工作开展专题调研，并慰问困难群众。

8月29日至31日 运输中心配合临汾市委、市政府接受交通运输部国家公交都市验收专家组检查。经过为期3天查阅资料、专家质询、现场查验等方式，综合系统对临汾市创建工作进行全面考核验收，与会专家充分肯定临汾市在国家公交都市创建期间所做的工作成果，验收工作完成。

9月1日 运输中心完成电子证照部级正式环境网络切换工作，证照二维码切换至部里生成，实现部、省电子证照系统联网运行与跨省互通互认。交通运输行业道路运输的“三类九证”均可由电子证照系统生成，省“道路运政电子证照”App已经升级为“运证通”App，实现全国道路运输电子证照跨省通办和互通互认，优化山西省“道路运政电子证照”App便捷操作使用，提升山西省道路运输服务水平和服务能力。同时在全国率先使用道路运输电子证照App实现驾驶员高频事项“跨省通办”业务，并融合山西省危险货物道路运输电子运单二维码展示功能，通过一个App软件可查询运单和证照关联信息，在危化品电子运单全国联网中率先实现“互联网+政务服务”示范应用。

9月2日 运输中心组织开展“喜迎中共二十大，奋进新征程”书画展，并评选出优秀作品参加省厅评选。

9月7日 为持续巩固深化党建联系点工作，省交通运输厅党组成员、副厅长段新源到运输中心机关第二党支部调研座谈，指导基层党建工作，党委书记、主任史晓华及机关第二党支部全体党员参加座谈。

9月8日 运输中心党委书记、主任史晓华组织全体党员干部职工召开集体廉政提醒谈话暨纪律作风整顿“回头看”会议。全体党员干部职工签订《廉政提醒谈话卡》。通过开展集体廉政提醒谈话，使党员干部充分认识到作风建设的紧迫性和重要性，以此次谈话为契机促进工作作风大转变，为运输事业高质量发展做出应有贡献。

9月16日 由省公路运输工会和运输中心在晋中市寿阳县海鑫职业技能培训学校承办全省机动车驾驶教练员竞赛。此次大赛采取理论知识和技能操作相结合方式，来自11个市19支代表队57名选手，在理论知识答题、教案评选、示范教学评比和实际驾驶操作四个项目中同台竞技，全方位展现全省机动车驾驶教练员专业素养和职业风采，生动诠释劳模精神、劳动精神、工匠精神价值追求，以实际行动彰显“技能报国、交通强国”时代主题。

9月25至30日 运输中心城市公共交通部工

作人员陪同部级实地交叉复核检查组,对太原、大同、阳泉、临汾四市申报的绿色出行城市创建工作进行实地复核检查,各市认真细致、扎实有效的创建工作,得到部级实地交叉复核检查工作组充分肯定,复核检查工作完成,四市均通过验收。

9月 运输中心组织退休职工开展棋牌比赛,进一步丰富职工退休生活。

是月 运输中心根据省总工会、省人社厅、省交通运输厅《关于举办2022年山西省交通运输业职工职业技能大赛的通知》要求,起草《山西省交通运输业职工职业技能大赛机动车驾驶教练员项目技术文件》,组织专家进行评审并向省人社厅进行报备。同时组织行业专家对竞赛题库进行编写。

10月27日 运输中心召开党委理论学习中心组(扩大)学习会,学习习近平总书记10月16日在中国共产党第二十次全国代表大会上所作的报告,学习习近平总书记在中共二十大闭幕会上重要讲话及《中国共产党第二十次全国代表大会关于十九届中央委员会报告的决议》等七项内容,安排部署全中心中共二十大精神学习宣传贯彻工作。

11月1日至30日 为深入贯彻落实党中央、国务院和交通运输部、省交通运输厅关于信用体系建设决策部署,推动信用交通建设高质量发展,运输中心开展以"诚实守信,一路畅行"为主题的"信用交通宣传月"活动。结合行业特点开展主题宣传,解读信用政策,发起诚信倡议,通过数据、短视频、图片、海报等,全面展示道路运输行业诚信经营的形象和信用交通建设新进展新成效,营造行业诚实守信良好氛围和道路运输营商环境,增强广大群众对信用交通的体验感、认同感、获得感。

11月3日 运输中心在汾河公园组织开展"奋进新征程 建功新时代"健步走活动,进一步丰富职工文体生活,营造良好工作氛围,增强单位凝聚力。

12月31日 运输中心事业发展部认真完成2021年全省道路运输统计年报及交通运输综合年报等报表的审核、汇总、上报工作。对年报数据进行整理,编制《2021年道路运输统计资料汇编》,为各级领导和相关部门的工作开展提供统计服务和数据支持。

同日 全省共有公交企业160个,公交车辆15802辆,折合17865.3标台,公交线路2183条,运营里程达到55566.69万公里,运营线路总长度50509.5公里,公交专用道594.5公里,城市公交年客运量近7.62亿人次。

同日 山西省道路运输电子证照生成量为195.44万张,申领数量为26.03万张。其中道路运输从业人员从业资格证生成数量为96.38万张,申领数量为16.78万张;道路运输证生成数量为75.92万张,申领数量为7.9万张;道路运输经营许可证生成数量为12万张,申领数量为1.04万张;全省从业人员通过电子证照App,实现跨省通办各项业务申请共85732件,已办结80810件,办结率达到94%。

同日 山西省道路运输驾驶员高频服务事项"跨省通办"业务申请110551件,办结101816件,办结率为97%,成功率为77%。拓展系统服务功能,保障系统运行稳定。一是各市办理部门通过采纳中心驾驶员培训部建议,增加照片打印机,提升换证工作效率,减少异地邮寄照片繁琐工作环节;二是中心驾驶员培训部与交通运输部通信中心沟通协调减少道路运输驾驶员业务办理非必要申请材料提交,增加各市工作人员线上业务审核效率,优化网上办理流程;三是升级服务器硬件,拓展道路运输从业人员信息系统服务功能,保障系统运行稳定性;四是组织开展"跨省通办"事项服务质量调研评估,总结快速准确办理经验,积极开展宣传推广。

同日 山西省网络平台道路货物运输正式接入企业445家,另有223家企业已进入线上能力测试阶段。

(资料提供:王 梅)

山西省交通运输运行监测与应急处置中心大事记

1月17日 山西省交通运输运行监测与应急处置中心(以下简称应急中心)主任办公会议在八楼会议室召开。中心领导董化金、倪津、赵小鹏、李文革及牛宇、武作华、吕婷等人参加会议。会议传达学习省厅《关于印发〈2022年全省公路、水路、民航春运工作总体方案〉的通知》精神,结合中心工作实际,对春运保障以及近期重点工作进行安排部署。一是全力做好春运期间各项保障工作。2022年春运从1月17日开始,2月25日结束,共计40天。在此期间将举办北京冬奥会、全省两会,3月份即将召开全国两会,中心各部室要全面做好春运各项保障工作。首先加强春运值班值守工作,严格执行领导带班和24小时专人值班制度,保障信息联络渠道畅通;其次做好春运信息报送工作,多渠道及时向公众发布实时路况等信息,同时按照省厅要求,按时报送春节假期公路网运行研判分析报告、值班表、值班电话以及春运期间公路网运行保障工作总结;再次积极做好春运宣传工作,加强先进典型报道,积极宣传反映一线职工坚守岗位。二是持续做好中心日常工作。省厅目标责任考核工作已完成,中心整体情况比上年度有了较大提升,下一步要做好以下4项工作:第一严格按照组织程序开好党史学习教育专题民主生活会;第二加强对全省两会和省厅2022年工作会议的宣传报道工作;第三严格落实中央八项规定和反对“四风”要求,加强节前节后工作纪律和作风建设的执纪监督;第四强化安全生产管理,做好日常及春节期间办公场所的水、电、消防和公务车辆等风险隐患的巡查管控,杜绝酒驾行为,确保行业安全稳定。三是有关工会经费的决议。根据省总工会晋工发〔2019〕20号和山西省财政厅晋财行〔2020〕25号文件有关规定,会议决定中心节约的行政运行经费用以补助中心工会经费,具体工作由中心工会负责根据文件精神落实。

1月31日 应急中心春节假期坚守在一线的“12122”“12328”话务员们,收到山西交通广播第二届“晋享年味·暖心行动”大型公益活动送来的新春祝福和暖心公益餐。这份暖心的祝福,让他们在工作岗位上,也同样过了个温暖春节。活动期间,山西交通广播持续记录和报道节日里一线工作人员的辛苦和敬业,让人们体味平凡中的不凡,感悟坚守的力量,收获身边感动。应急中心也通过“880山西交通广播”,及时对公众发布全省高速公路路况信息,服务每一位春节期间有出行需求的朋友。

2月21日 应急中心安全生产专题会议在八楼会议室召开。中心领导董化金、倪津、赵小鹏、李奋先及牛宇、李岸、秦绯、徐爱莉、梁毅、樊小丽、曹海涛、檀林等人参加会议。传达学习省厅《关于做好2022年安全生产工作的通知》,对中心2022年度安全生产工作进行部署落实。

3月1日 应急中心党委会议在八楼会议室召开。中心领导董化金、倪津、赵小鹏、李文革、李奋先及李岸、吕婷等人参加会议。一是审议同意支付省级治超联网管理信息系统升级改造项目费用。二是同意停用山西省高速公路工程信息管理系统。山西省高速公路工程信息管理系统于2017年10月建设,于2018年3月建设完成并投入使用,根据全省高速公路信息化、智能化项目管理工作需求,结合高速公路工程管理实际,建设以项目信息管理为核心的系统,对工程项目信息进行多维度、多级别、全方位管控,实现工程管理的流程化、信息化、精细化。随着山西交控集团成立和事业单位改革,全省高速公路工程信息管理职能已转移至交控集团和山西省公路局,中心高速公路工程信息管理系统已事实停用。三是同意停用山西省高速公路机电系统信息化管理平台。管理平台于2008年3月建设,于当年12月建设完成并投入使用,实现全省高速公路机电系统运行维护信息化,实现对机电系统运行情况的整体数据进行查询、统计及分析,为领导决策层提供真正有用的数据,全面掌握全省高速公路网内机电系统运行情况。随着山西交控集团成立和事业单位改革,全省高速公路机电系统运行维护职能已转移至交控集团,由交控集团建设相应的管理系统,中心高速公路机电系统信息化管理平台已事实停用。四是同意停用山西省高速公路综合信息手机客户端App。客户端App于2017年10月建设,于当年12月建设完成并投入使用,是针对高速公路内部管理与出行服务不同需求,开发两款面向内部工作人员和公众用户手机端应用软件。通过该系统,行业管理者能够及时掌握全省高速公路路网运行实时状态;公众用户可以获得更加全面、准确、及时省内高速状况、路径规划、收费查询等相关出行服务信息。随着山西交控集团成立和事业单位改革,该项职能已转移至交控集团,由交控集团开发相应客户端,中心高速公路综合信息手机客户端App已事实停用。五是审议研究确定2021年度优秀部室和2021年度优秀个人。根据2021年度部门考核和工作人员考核工作的要求,推选优秀部室3个,分别是综合办公室、党群工作部及技术保障部;推选优秀个人5名,分别是吕婷、李文革、李奋先、徐爱莉、季和平。

同日 应急中心主任办公会议在八楼会议室召开。中心领导董化金、倪津、赵小鹏、李文革、李奋先及牛宇、李岸、秦绯、徐爱莉、梁毅、张蓉、樊小丽、曹海涛、武作华等人参加会议。

会议听取关于《2022年工作报告》起草情况以及中心档案管理、律师咨询、办公场所修缮、保洁等购买服务项目费用支出事宜的汇报,并进行认真讨论。一是关于省中心《2022年工作报告(征求意见稿)》。会议听取综合办公室关于《2022年工作报告》起草情况的汇报。原则上同意报告内容,要求在充分征求中心各部室意见的基础上尽快印发,并根据省厅有关工作会议要求,适时组织召开中心2022年工作会议。二是关于中心档案管理、律师咨询、办公场所修缮、保洁等购买服务项目费用支出事宜。会议听取综合办公室关于中心档案管理、律师咨询、办公场所修缮、保洁等购买服务项目费用支出事宜汇报。同意以上4项费用从2022年预算列支,要严格遵守财务管理制度,做到支出环节规范透明、严谨有序。

3月9日 应急中心召开2022年工作会议暨党风廉政建设工作会议,总结2021年工作,部署2022年重点任务。会议强调,作为全省交通运输行业服务部门和省交通运输厅党组"喉舌",中心要牢牢把握新机遇,着力破解发展难题,努力实现路网运行监测能力水平与全方位推动高质量发展的新需求相适应,路况信息发布质量与服务公众美好出行的新要求相适应,新闻舆论引导、舆情应对能力与弘扬新时代交通精神、讲好新时代交通故事的要求相适应,加快构建完善综合交通运输运行监测体系、出行信息服务体系、预测预警与应急保障服务体系、网上网下一体与内宣外宣联动的交通运输新闻宣传体系、舆情监测处置体系"五个体系",为全方位推动交通运输高质量发展提供服务保障和舆论支撑,以优异成绩迎接中共二十大胜利召开。会议要求,2022年重点要做好8个方面工作:一是推动信息化建设,着力强化资源共享信息互通;二是加强路网运行监测,积极探索"全覆盖"实现方式;三是提高路况信息发布质量,不断增强服务公众能力;四是完善预测预警与应急保障机制,全面提升保障服务水平;五是着力做好运维保障工作,确保各系统安全稳定运行;六是讲好新时代交通故事,持续提升舆论引导能力;七是毫不放松压紧压实安全生产责任;八是坚持党的全面领导,不断提高党的建设质量。

5月12日 应急中心主任办公会议在八楼会议室召开。中心领导董化金、倪津、赵小鹏、李文革、李奋先及牛宇、李岸、梁毅、曹海涛、吕婷等人参加会议。会议听取关于2022年上半年预算执行情况以及中心购置体育设施、购买“六一”慰问品，以及食堂就餐补助等费用支出事宜的汇报，并进行认真讨论。一是关于省中心2022年上半年预算执行情况。会议听取综合办公室关于2022年预算执行情况汇报。针对预算执行率不高的问题，中心各部室在严格遵守政府采购流程的基础上，加快项目执行进度。二是关于购买“六一”慰问品事宜会议听取综合办公室关于购买“六一”慰问品的汇报。同意“六一”期间为中心职工未满16周岁的子女发放慰问品，发放标准为200元／人。三是关于支付食堂就餐费用事宜会议听取综合办公室关于2022年上半年职工食堂就餐费用的汇报。同意向省公路局支付2022年上半年食堂就餐费用。

同日 应急中心党委会议在八楼会议室召开。中心领导董化金、倪津、赵小鹏、李文革、李奋先及李岸、吕婷等人参加会议。一是审议同意原高速公路信息监控中心联网收费拆分账结算系统资产调拨至厅收费核算中心事宜。会议要求，综合办公室与技术保障部配合，按照规定程序做好资产的清查、盘点以及账务处理工作。二是审议同意报废非国产电脑46台、笔记本电脑17台、打印机11台等资产总额原值为556970.18元的设备资产；同意根据《山西省财政厅关于对山西省交通运输厅所属事业单位资产清查结果的批复》文件精神，报废批复核定共计3801304.25元的固定资产，会议要求按程序进行处置。三是审议同意原厅信息化中心资产正式划拨中心事宜，会议要求尽快与厅办公室协调，成立专门工作小组，制订工作方案，组织专业技术人员对原厅信息化中心的资产项目进行评估，论证是否仍有使用价值，将评估结果报省厅，若无使用价值，就地封存。拨付项目尾款时，需厅办公室、厅财务处同意后方可支付。四是审议同意彭刚退休事宜。会议要求，工会根据相关规定购买退休纪念品并召开退休人员欢送座谈会。五是审议同意按照中央组织部办公厅、中国人民银行办公厅联合下发的《关于党费账户继续单独设立的通知》文件精神开设党费专户。六是审议同意按照相关程序对2022年度网络舆情服务项目进行招投标事宜。会议要求，招标结束、公示无异议后，可按照程序进行合同的签订及支付事项。七是审议同意支付气象服务费用事宜。会议要求，签订合同时要明确服务内容、服务时间，做到气象信息服务对象明确、信息共享。八是审议同意更换职工医疗体检机构事宜。会议要求，认真比对多家医疗体检中心，充分征求职工意见，从解决实际问题的角度出发，按照招投标程序选择确定性价比高的医疗体检机构。

同日 应急中心安全生产专题会议在八楼会议室召开。中心领导董化金、倪津、赵小鹏、李文革、李奋先及牛宇、李岸、徐爱莉、梁毅、张蓉、曹海涛、武作华、武洁等人参加会议。会议传达学习省厅《关于印发〈2022年交通运输安全生产大检查大整治大提升专项行动工作方案〉的通知》《关于印发安全生产专项整治三年行动2022年任务清单的通知》《关于扎实开展交通运输安全生产强化年的通知》和《关于做好中共二十大召开前安全稳定风险隐患排查化解工作的通知》精神，组织观看电视专题片《生命重于泰山》，并对中心近期安全生产工作进行安排部署。一是制订《安全生产大检查大整治大提升专项行动工作方案》。根据省厅《关于印发〈2022年交通运输安全生产大检查大整治大提升专项行动工作方案〉的通知》精神，中心综合办公室已起草本单位安全生产大检查大整治大提升专项行动工作方案，要在广泛征求各部室意见建议基础上尽快印发，强力推进各项任务落实。二是安排部署安全生产专项整治三年行动2022年任务。按照省厅《关于印发安全生产专项整治三年行动2022年任务清单的通知》要求，涉及中心的主要任务有：“学习宣传习近平总书记关于安全生产重要论述专题”中第1～6项，由综合办公室和党群工作部牵头落实；“交通运输行业（民航、铁路、邮政、水上和城市轨道交通）和渔业船舶安全专项整治”中第13项由运行监测部负责落实、第14项和18项由应急预警部负责落实。各责任部室要认真对照任务清单，结合部门职责和工作实际，加强与省厅沟通反馈，确保专项整治三年行动收官。三是全力做好中共二十大召开前安全稳定风险隐患排查化解工作。根据省厅《关于做好中共二十大召开前安全稳定风险隐患排查化解工作的通知》精神，中心要从办公场所、机房设备、软硬件设施、人员稳定等方面开展深入排查，持续做好日常安全巡查工作，确保巡检记录完善，结果反馈及时。会议强调，中心全体干部职工要深刻领会习近平总书记关于安全生产重要论述精神实质，强化安全意识，树牢安全底线，认真履行一岗双责，坚持安全生产与业务工作齐抓共管，为迎接中共二十大胜利召开营造和谐稳定的交通运输环境。

6月2日 应急中心党委会议在八楼会议室召开。中心领导董化金、倪津、赵小鹏、李文革、李奋先及谭著荣、吕婷等人参加会议。一是审议同意供配电及机房环境系统设备维护工作招标事宜，会议要求严格按照审批程序进行，在招标过程中纪检部门全程跟踪，招标结束后，按要求公示，公示无异议后签订合同，技术保障部负责合同签订和备案，对合同签订过程中提出的意见进行汇总归纳并形成统一意见，最后按规定支付款项。二是审议同意“12122”电路及手机定位费用的支付事宜，会议要求按规定签订合同，一次性支付费用。三是审议同意结合2021年度事业单位工作人员考核优秀等次结果以及年度政治思想、工作态度等综合情况推荐董化金、倪津、吕婷、李文革、李奋先、季和平、徐爱莉、牛宇、李岸、刘晓蕾10人为2021年度嘉奖人选。四是审议同意拨付驻村工作队乡村振兴项目款项事宜，会议要求，资金拨付前与厅人事处和驻村工作队联系，驻村工作队需提供签字盖章的详细资金使用清单，同时要加强监督，跟踪问效。五是审议同意发放2021年度未休假补助事宜，会议要求，严格审核2021年度休假情况，发放人数不超过中心在编人员的三分之一。六是审议“12328”热线与“12345”热线归并服务器部署事宜，会议要求，尽快开展定级和等保测评工作。

6月8日 应急中心结合工作实际，积极做好《信访工作条例》学习宣传工作。一是组织开展系统学习。坚持把学习领会精神与学习贯彻习近平新时代中国特色社会主义思想结合起来，与学习贯彻习近平总书记关于加强和改进人民信访工作的重要思想结合起来，纳入党委理论学习中心组学习内容，通过专题学习、研讨交流、开展培训等多种形式广泛学习内容，确保能把准中央精神、吃透精髓要义、掌握主要内容、明确工作要求。二是着力推进宣传引导。坚持线上线下相结合，创新宣传方式，运用政务新媒体平台转发内容，对信访原则、信访纪律、监督责任以及信访事项的受理办理等重点内容制作成生动易读的宣传图片进行有针对性的宣传；在报纸开设专栏报道基层单位推动《信访工作条例》贯彻落实的好做法、好经验，切实增强宣传实效，让干部职工更好地了解掌握新时代信访工作方针政策、了解信访基本程序、知晓应该遵守行为规范，引导大家依法理性表达诉求、自觉维护社会秩序。

6月29日 应急中心组织全体干部职工开展“安全生产月”消防培训。培训讲师结合近年来发生的火灾案例，以视频、图片及文字的形式生动阐述掌握消防安全知识、提升消防意识重要性，详细讲解火灾形成原因、火灾发生后如何灭火和自救等消防要点，并通过提问形式让参训人员了解各类灭火器的适用范围、使用方法及火灾现场如何逃生等消防基础知识。此次培训有效提高干部职工面对火情时的应急处突能力与自救互救能力。同时，应急中心将以“安全生产月”活动为契机，切实抓好隐患排查整治工作，持续宣传安全生产理念，以实际行动助推交通运输高质量发展。

7月1日 应急中心主任办公会议在八楼会议室召开。会议研究审议《政务信息化项目管理办法(试行)》《网络安全管理办法(试行)》《网络安全应急处置预案(试行)》《预算绩效管理办法》《政府采购管理制度》《预决算管理制度》《固定资产使用管理暂行办法》和《审计整改报告》等事宜。一是审议《政务信息化项目管理办法(试行)》《网络安全管理办法(试行)》《网络安全应急处置预案(试行)》。会议听取技术保障部关于《政务信息化项目管理办法

（试行）》《网络安全管理办法（试行）》《山西省交通运输运行监测与应急处置中心网络安全应急处置预案（试行）》起草情况的汇报。会议原则通过以上三项制度，要求在充分征求中心各部室意见的基础上进一步修改完善，尽快印发实施。二是审议《预算绩效管理办法》《政府采购管理制度》《预决算管理制度》《固定资产使用管理暂行办法》。会议听取综合办公室关于《预算绩效管理办法》《政府采购管理制度》《预决算管理制度》《固定资产使用管理暂行办法》起草情况的汇报。会议原则通过以上四项财务制度，要严格按照省委、省厅有关政务信息化建设要求，结合工作实际，健全完善财务管理制度，规范财务管理，充分发挥财务管理的监督核算，保障职能。三是审议《审计整改报告》。会议听取综合办公室根据省财政厅《山西省交通运输厅2021年度预算执行情况及农村公路建设、养护补助专项资金审计》中本单位存在问题的整改措施以及《审计整改报告》内容的汇报。会议原则通过《审计整改报告》，要求对审计发现的问题做到立整立改，举一反三，坚决杜绝此类问题发生。

8月5日 应急中心主任办公会议在八楼会议室召开。中心领导董化金、李文革、李奋先及牛宇、秦绯、梁毅、曹海涛、贾佳、梁平等人参加会议。会议传达学习全省贯彻落实中央八项规定精神专题警示教育大会及省厅《关于贯彻落实习近平总书记视察山西重要讲话重要指示任务分工的通知》精神，安排部署2022年度下半年重点工作任务。一是传达学习全省贯彻落实中央八项规定精神专题警示教育大会精神。会议指出，省委召开专题警示教育大会，公开通报严重违反中央八项规定精神违规吃喝问题典型案例，充分彰显省委深入贯彻中央八项规定精神、驰而不息纠治“四风”的鲜明态度，以及全面从严治党在山西推向纵深的坚定决心，警示教育广大党员领导干部以案为鉴、引以为戒，始终严以修身、严以用权、严以律己，把全部精力放到干事创业上来。会议强调，要深入学习贯彻专题警示教育大会特别是省委书记林武重要讲话精神，深刻剖析、举一反三，进一步增强树立良好作风、抵制歪风邪气的政治思想和行动自觉。要按照省委从4方面“对照反思”等重大要求，深入自查自纠，不断整改提高，切实做到知敬畏、存戒惧、守底线。要增强“时时放心不下”的责任感，扎实做好路网运行监测、公众出行和应急保障服务、交通新闻舆论宣传等各项工作，以实际行动和优异成绩迎接中共二十大胜利召开。二是安排部署中心下半年重点工作任务。会议指出，2022年以来，中心上下认真贯彻落实全省交通运输工作会议精神，按照推进交通强省的总体架构和工作矩阵，主动融入大局、服务大局，高标准推进路网运行监测、公众出行和应急保障服务、交通新闻舆论宣传等各项工作，为完成全年目标任务打下坚实基础。会议强调，要按照“既定思路不变、总体目标不变、工作责任不变”的要求，扎实做好下半年工作，全力为中共二十大胜利召开营造良好环境。一要完成年度目标任务。牢固树立目标任务意识，对照年初签订的目标责任，强化进度管理，把未完成的目标任务进一步分解到部门、落实到岗位、量化到个人，进一步明确时间节点要求，统筹协调，重点突破，全面推进。二要抓好重点任务落实。加强路网运行监测，切实做好分析研判工作，不断健全完善“权责清晰、机制顺畅、运行规范、保障有力”的路网运行值班工作体系，全面提升值班值守工作能力和信息服务水平；提高路况信息发布质量，推动“12122”高速公路紧急救援热线和“12328”交通运输服务监督电话运行服务质量再升级，不断增强服务公众的能力；做好运维保障工作，加强对重大突发事件的预测预警，全面提升保障服务水平；做好交通运输新闻舆论工作，坚持团结鼓劲、正面宣传为主，坚持唱响主旋律、弘扬正能量，讲好新时代交通故事，持续提升舆论引导能力和舆情处置能力。三要全力做好安全维稳工作。紧紧围绕“防风险、保安全、迎中共二十大”这条安全生产工作的主线，全面压实安全生产责任、狠抓工作落实，全方位守住交通运输安全生产底线。

8月22日 应急中心安全生产专题会议在八楼会议室召开。中心领导倪津、李文革、李奋先及牛宇、李岸、秦绯、徐爱莉、梁毅、曹海涛、吕婷、贾佳、梁平等人参加会议。会议传达学习省厅《关于转发交通运输部安委会关于山西离隰高速“8·11”灾害事件及云南文山“8·11”道路交通事故的警示通报》和《关于切实做好近期山洪灾害防御工作的紧急通知》精神，对中心近期安全生产工作进行安排部署。一是强化服务保障，做好保通保畅工作。充分发挥路网运行监测和“12328”交通运输服务监督热线工作职能，及时收集上报路况信息，妥善处理投诉事件，利用微信公众号、网站、微博等方式，高效准确发布路况、突发事件等信息，引导公众合理规划出行路线，全力做好全省公路网保通保畅工作。二是关注恶劣天气，做好安全度汛工作。认真贯彻落实省厅关于防汛抗洪工作要求，深刻汲取全省离隰高速“8·11”灾害事件经验教训，密切关注极端性强降雨天气和气象灾害风险，加强日常隐患排查，切实把各类风险隐患防范在早、化解在小，严防各类安全事故发生。三是加强值班值守，做好信息报送工作。严格落实领导带班和24小时值班制度，畅通信息报送渠道，对雨情、灾情和险情信息，“12122”及“12328”值班人员要第一时间上报省厅值班室。

9月8日 应急中心主任办公会议在八楼会议室召开。中心领导董化金、倪津、赵小鹏、李文革、李奋先及牛宇、李岸、秦绯、徐爱莉、梁毅、张蓉、樊小丽、曹海涛、武作华、吕婷、刘晓蕾、单威、王璐、崔海明、陈阳、郑孟龙、刘文柱、池晓宏等人参加会议。会议传达学习省委第五巡视组巡视省交通运输厅党组动员会及厅党组《关于深入落实中央八项规定精神坚决纠治“四风”问题的通知》精神，听取关于《参加全省“职工心向党 奋进新征程”文艺会演专项费用》等四个议题和2022年度工会经费使用情况的汇报，并对近期重点工作任务进行安排部署。一是传达学习省委第五巡视组巡视省交通运输厅党组动员会精神并研究贯彻落实工作。会议指出，在中共二十大即将胜利召开之际，省委部署开展第二轮常规巡视，充分体现省委深刻领悟“两个确立”的决定性意义、不断增强“两个维护”政治自觉的坚定意志，充分体现省委深入推进党的自我革命、全面建设清廉山西、打造风清气正政治生态的坚定决心和贯彻“三新一高”重大战略、全方位推动高质量发展、以昂扬姿态迎接中共二十大胜利召开的坚定信心。中心全体干部职工要充分认识、深刻领会这次巡视工作的重大意义，认真贯彻落实省委巡视动员会精神，提高政治站位，增强政治自觉，以高度的政治责任感和使命感配合做好省委巡视工作。会议就贯彻落实工作提出三点要求。第一，认真落实厅党组和巡视工作领导组的安排部署，配合做好协调联络、调阅资料、会议筹备、材料汇总、调研座谈等工作。此项工作由副主任倪津负责，党群工作部会各业务部室具体承办。第二，充分发挥行业媒体宣传优势，全力做好巡视期间宣传报道和舆情监测等工作。第三，中心全体干部职工要持续加强作风建设，积极主动谋划工作，强化纪律考勤，严格落实请销假及公务外出审批制度，努力营造风清气正、务实高效的工作氛围。要以巡促改、以巡促建，不断开创中心推动高质量发展新局面，以优异成绩迎接中共二十大胜利召开。二是传达学习厅党组《关于深入落实中央八项规定精神坚决纠治“四风”问题的通知》精神。会议强调，中秋、国庆期间易出现“四风”反弹回潮，中心党员干部要增强纪律意识和规矩意识，自觉遵守中央八项规定及其实施细则精神，认真对照省纪委监委下发的《落实中央八项规定精神负面清单》自查自省，自觉守纪律、讲规矩，坚决抵制“四风”侵蚀，大力营造风清气正的节日氛围。三是审议关于参加全省“职工心向党 奋进新征程”文艺会演专项费用相关事宜（以下简称“会演经费”）。会议听取中心工会委员会关于“会演经费”的汇报。会议原则通过“会演经费”相关事宜，要求严格落实财务制度，认真履行审批流程，在保证节目质量的基础上，严格控制经费，力求达到“简约而不简单，节俭不失精彩”效果。四是审议关于组织职工召开党性教育培训相关事宜会议听取综合办公室关于组织开展党性教育培训相关事宜汇报，同意培训日程安排和活动费用。会议强调，要保障出行期间人员和财产安全，围绕培训主题抓好党风廉政建设工作。五是审议关于聘请第三方中介机构对划转资产进行核实确认相关事宜。会议听取综合办公室关于聘请第三方中介机构对划转资产进行核实确认事项的汇报，会议原则通过聘请第三方中介机构对划转资产进行核实确认。要按照省厅《关于山西省交通运输厅所属事业单位资产划转意见的函》精神，进一步加强对划转资产的规范管理，尽快开展核实确认工作。六是审议关于省级治超联网管理信息系统升级改造项目变更申请相关事宜。会议听取运行监测部关于省级治超联网管理信息系统升级改造项目变更申请相关事宜的汇报。会议原则通过省级治超联网管理信息系统升级改造项目变更申请。七是听取2022年度应急中心工会委员会经费使用情况的汇报会议。听取应急中心工会委员会关于2022年度工会经费使用情况的汇报。会议要求，应急中心工会委员会要按照省公路运输工会对中心工会委员会2021年财务收支情况审计报告反馈问题，进一步强化财务管理和内控执行，促进资金管理、预算执行、会计核算等各项工作趋于制度化和规范化。八是安排部署应急中心下半年重点工作任务。会议强调，要按照省厅2022年工作会议精神和目标责任考核任务，坚持“既定思路不变、总体目标不变、工作责任不变”的要求，扎实做好下半年工作，全力为中共二十大胜利召开营造良好环境。一要高效优质完成年度目标考核任务。牢固树立责任意识，对照年初签订的目标责任和上半年工作进展情况，认真开展“回头看”，建立责任清单，强化进度管理，在做好、做细规范资料的同时，深入发掘资料的特色和亮点，确保内业资料有看点、有亮点，不缺项、不丢分，力争实现2022年度综合考核排名进位、力争上游的目标。二要持续推进“12328”热线服务系统优化升级和运维工作。针对“12328”服务热线系统优化升级改造项目推进缓慢的现状，要加强与西安金讯通软件技术有限公司的沟通协调，严格履行合同约定，摸清项目进展情况，加快建设进度；同时督促山西数字政府建设运营有限公司加派技术人员，做好系统运维及网络安全保障工作，确保“12328”服务监督电话系统的正常运行，实时畅通。下一步要结合交通运输部考核通报情况，如实向省厅反馈第三方维护单位运维情况以及各地市“12328”热线服务系统归并期间存在问题，采取切实有效措施，不断提升服务能力，改善服务质量。三要不断完善路网运行监测体系，切实做好全省公路、水路、民航、轨道交通等多种交通运输方式的分析研判工作，持续加强与国省干线公路、民航、轨道交通、高速交警等部门的信息资源共享交互机制，有效提升值班值守工作能力和信息服务水平。四要加强和夯实全省交通运输行业新闻宣传工作。坚持以习近平新时代中国特色社会主义思想为指导，稳中求进、守正创新，紧紧围绕迎接、宣传、贯彻中共二十大这条主线谋划推进全省交通运输系统新闻宣传工作。要结合交通运输部重大主题宣传活动部署要求，制订下半年新闻宣传工作方案，加强与中央、省市等主流媒体合作沟通，积极提供新闻素材，深入挖掘报道交通运输行业发展、重点工程建设过程中的好人好事，以及交通运输事业发展对地方经济社会发展的重要促进作用，充分利用新媒体，用好微博、微信、网站等媒介展现山西好风光、讲好交通故事。同时扎实做好意识形态、网络舆情、融媒体传播力提升等重点工作，以实际行动迎接中共二十大胜利召开。

10月21日 应急中心党委举行中心组专题(扩大)学习，中心全体干部职工集中收看中共二十大开幕实况，又一次认真聆听中共二十大报告。大家一致认为，中共二十大是在全党全国各族人民迈上全面建设社会主义现代化国家新征程、向第二个百年奋斗目标进军的关键时刻召开的一次十分重要的大会。报告气势恢宏，立意深远，总揽全局，鼓舞人心，催人奋进。大家纷纷表示，聆听报告，更加明确自己承担使命，对建设社会主义现代化国家充满信心和决心。

11月10日 应急中心安全生产专题会议在九楼会议室召开。中心领导倪津、赵小鹏、李文革、李奋先及秦绯、梁毅、张蓉、曹海涛、武作华、吕婷等人参加会议。

会议传达学习省厅第六次安委会暨“两个行动”推进视频会议，对中心近期安全生产工作进行安排部署。会议指出,2022年以来,按照省委、省政府和交通运输部安排部署,全系统先后开展安全生产专项整治三年行动巩固提升、安全生产大检查大整治大提升、道路运输“百日攻坚”、危险化学品道路运输安全风险集中治理等多个专项行动,加强重点时段安全生产督导检查,全力查隐患、治难点、迎盛会、保平安,行业安全生产保持总体稳定态势。同时,也要清醒看到,当前全省交通运输安全生产形势依然严峻复杂。从安全事故看,营运货车事故总量仍处高位,涉及公路养护交通事故有所反弹;从重点工作落实看,“两个行动”完成率还不高;从行业安全基础看,薄弱环节还很多;从冬季气候条件看,面临极端天气影响。

会议强调,中心全体干部职工要坚决贯彻习近平总书记关于安全生产工作的重要论述和指示批示精神,强化底线思维,保持清醒认识,把握风险规律,时刻关注、及时预判、积极应对、妥善处置各类安全风险隐患,以“时时放心不下”的责任感和紧迫感,对照年初各项工作部署和安全生产工作要点,认真抓好年度目标任务盘点,查缺补漏、锻长补短,确保高质量如期完成全年各项任务目标。

(资料提供:吕秉洮)

山西省交通建设中心大事记

1月11日 山西省交通建设中心(以下简称建设中心)完成2021年度一级造价工程师职业资格考试(交通运输专业)现场资格审核工作,并向省人事考试中心提交审核报告。

同日 建设中心负责人参加省厅组织的第一季度重点公路工程调度暨安全生产会议。

1月 建设中心组织开展2022年度全省高速公路、国省道干线施工企业安全生产信用评价。

2月7日 建设中心党委召开理论学习中心组会议,认真学习贯彻习近平总书记在山西省考察调研看望慰问基层干部群众重要指示精神,安排部署贯彻落实有关工作。要求把学习贯彻习近平总书记重要指示精神作为当前一项重要的政治任务,进一步增强“四个意识”、坚定“四个自信”、做到“两个维护”,为全省交通基础设施建设全方位高质量发展贡献力量,以实际行动迎接中共二十大胜利召开。

2月 建设中心部署开展全省重点公路工程建设领域春节冬施安全生产及应急值守工作。

3月1日 建设中心完成2021年度公路建设项目可行性研究报告编制单位信用评价扣分工作,并将结果报送省厅综合规划处。

3月7日 建设中心负责人在省公路局参加全省交通基础建设项目前期工作视频会议。

3月15日至5月15日 建设中心开展为期两个月纪律作风整顿。在厅党组18号文件下发之后,及时向中心全体人员传达通知精神,并进行全面动员教育。成立了由中心党委书记为组长、其他党委成员为副组长、相关部室负责人为组员的中心纪律作风整顿工作领导小组,负责各分管领域思想教育和动员。通过学习自查、整改落实,机关纪律作风整顿取得一定收获和成效。

3月17日 建设中心负责人在省自然资源厅参加高速公路建设用地手续办理专题座谈会。

3月20日至4月10日 建设中心对离隰、朔神、昔榆、黎霍、太原西北二环5个在建高速公路项目开展复工复产质量安全检查。

3月21日 建设中心组织召开全省高速公路和国省道项目前期工作第一次视频调度会。

3月22日 建设中心制订《高速公路建设工程隧道施工安全步距、高墩桥梁安全防护专项行动实施方案》，组织各重点公路工程项目开展高速公路建设工程隧道施工安全步距、高墩桥梁安全防护专项行动。

3月28日 建设中心负责人在省厅参加全省高速公路和国省道项目前期工作第二次视频调度会。

3月31日 建设中心在山西省交通运输厅网站发布“2022年度公路水运工程试验检测专业技术人员职业资格考试山西省考区考试公告”。

4月2日 建设中心完成2021年度试验检测信用评价工作，并将评价结果报送省厅审核。

4月7日 建设中心负责人参加省厅2022年第二季度安全生产会议，汇报第二季度太原西北二环、昔榆、离隰高速公路项目安全生产建设情况。

4月11日至5月3日 建设中心对检测考试报考人员提交的信息进行严格审查。提交报考信息共计4756人，审核通过后缴费确认4432人，报考科次共计7794科。

4月26日 建设中心印发《关于开展高速公路工程建设领域安全隐患大排查行动的通知》，在高速公路建设领域集中开展安全隐患大排查大整治大提升行动。

5月9日 建设中心负责人参加省厅组织的第二季度重点公路工程调度暨安全生产会议。

5月10日 建设中心负责人参加全省高速公路和国省道项目前期工作调度会。

5月12日 建设中心对阳左高速左权连接线进行竣工质量鉴定现场查验。

5月18日至20日 建设中心对昔榆高速公路项目开展安全综合检查。

同日 建设中心组织右平高速公路竣工质量鉴定现场查验。

5月20日 建设中心负责人在省厅参加全省高速公路和国省道项目前期工作第三次视频调度会暨全省国土空间规划“三区三线”划定视频调度会。

5月27日 建设中心印发《关于开展2022年全省重点公路工程建设领域“安全生产月”活动的通知》，在全省重点公路工程建设领域组织开展以“安全生产大检查大整治大提升行动”为重点，以“遵守安全生产法 当好第一责任人”为主题的2022年安全生产月活动。

5月30日至6月2日 建设中心组织完成静兴高速公路交工质量检测。

6月1日 建设中心在临猗黄河大桥举行“安全生产月”活动启动仪式，拉开全省重点公路工程建设领域“安全生产月”活动序幕。

6月10日 建设中心组织全省14个在建高速公路项目的建设、监理、施工单位相关人员300余人参加“安全生产公益大讲堂”线上培训活动。

6月13日至15日 建设中心在晋阳改扩建、隰吉高速公路项目开展“五进”“三送”行动；在离隰、黎霍高速公路项目组织开展“平安百年品质工程”创建经验交流会。

6月16日 建设中心在隰吉高速LM1标沥青拌和站项目工程一线和太原市文化宫中心广场，同时组织开展2022年“安全宣传咨询日”活动。

6月18日至19日 建设中心组织实施2022年度公路水运工程试验检测专业技术人员职业资格考试(山西考区)。本次考试有4432人报名参加，共计7794科次。

6月23日至24日 建设中心组织108国道线下北泉至神堂堡段竣工质量鉴定现场查验。

6月27日 建设中心完成对部分试验检测机构专项监督检查整改情况的核查工作，并将核查结果报告厅建设管理处。

6月28日至7月1日 建设中心对汾石、离隰高速公路项目开展安全防汛专项检查。检查组认真听取防汛工作情况汇报，并与建设单位负责人沟通座谈，详细了解防范措施、应急物资储备与应急措施等情况，并对做好防汛相关工作进行现场指导，要求各建设单位要加强汛期地质灾害防治工作，指导和督促施工单位加强对泥石流、山体滑坡、坍塌等自然灾害易发多发区域内的办公区域、生产设施、民工驻地、施工现场周边环境的隐患排查治理，落实防范措施，强化监测预警，完善临灾避险、防灾减灾预案，严防因暴雨诱发地质灾害造成的重大安全生产事故发生。

6月28日至9月14日 建设中心对西北二环、昔榆、黎霍、汾石、离隰、运三黄河大桥连接线工程、临猗黄河大桥及引线工程、朔神项目开展交通产品及原材料质量专项抽检工作。

6月30日 建设中心提出对《交通运输工程造价工程师注册管理办法（征求意见稿）》反馈意见，报厅人事处。

7月6日至8日 建设中心对临猗黄河大桥及引线工程三门峡公铁黄河大桥连接线工程开展安全综合检查。

7月6日至9月24日 建设中心组织对朔神、临猗黄河大桥及引线工程、三门峡黄河大桥连接线工程、晋阳改扩建工程、昔榆、太原西北二环、黎霍、隰吉8个项目综合检查。

7月18日 建设中心负责人在省厅参加全省高速公路和国省道项目前期工作第四次视频调度会。

7月26日 建设中心负责人参加省厅组织的第三季度重点公路工程调度暨安全生产会议。汇报第三季度高速公路项目前期工作及安全生产建设情况。

7月27日至29日 建设中心组织对晋阳改扩建高速公路项目开展安全综合检查。

7月29日 建设中心提出对《公路水运工程质量检测机构资质管理办法》及配套文件（征求意见稿）建议，报厅建设管理处。

8月4日 建设中心召开专题会议，贯彻落实省厅第三季度重点公路调度暨安全生产专题会议纪要精神，安排部署下半年重点工作。会议要求中心各部门要进一步提高政治站位，认真贯彻落实省厅第三季度重点公路调度暨安全生产专题会议纪要精神，按照省厅部署要求，围绕年度投资目标、重点任务事项，周密部署，精心安排，充分发挥公路建设服务和技术支撑保障作用，全力以赴完成年度各项目标任务，以实际行动迎接中共二十大胜利召开。会议强调，下半年要重点做好以下几项工作：一要锚定目标，科学统筹，全力确保年度投资目标顺利完成，年内建成运三黄河大桥连接线、隰吉高速和朔神高速3个项目；二要加大服务和技术保障力度，总结经验，提高项目用地手续报批工作效率，深入开展平安百年品质工程创建活动，全力确保工程质量指标再提升，加强安全隐患排查，坚决遏制各类安全事故发生；三要提前部署，积极筹备全省重点公路工程建设现场推进会；四要全面深化推动绿色公路建设，部署开展静兴高速绿色公路创建评估考核工作；五要加强重点公路建设领域稳定风险排查化解，将风险隐患抓早抓小抓细，确保中共二十大期间和谐稳定；六要落实行业监管责任，加强对在建高速公路建设项目的监督检查，对质量安全举报做到凡举必查，查实必处；七要坚持党建引领，从严治党，强化监督，营造良好的政治生态环境，为全方位推进重点公路工程建设高质量发展保驾护航。

8月4日至5日 建设中心对闻垣古城联络线机电工程进行交工质量检测。

8月5日 建设中心召开中层以上干部会议，传达贯彻落实厅党组专题扩大会议精神和全省贯彻落实中央八项规定精神专题警示教育大会精神。会议要求中心全体干部职工要认真学习贯彻落实全省贯彻落实中央八项规定精神专题警示教育大会精神，切实把思想和行动统一到厅党组的部署要求上来，深刻汲取典型案件教训，举一反三，警钟长鸣，坚持不越红线、不触底线、不碰红线。中心党委要坚决压实管党治党主体责任，中心领导要履行好“一岗双责”，率先垂范，增强作风建设永远在路上政治自觉性，营造良好政治生态环境，助力重点公路工程建设高质量发展行稳致远。

8月8日 建设中心负责人参加省厅组织的太旧高速公路改扩建用地预审专题会。

8月11日 建设中心负责人参加交通运输部关于召开出疆入藏、沿江沿海沿边及西部陆海新通道等重点公路项目建设视频调度会。

8月14日 建设中心负责人参加省厅组织的太旧高速公路工可座谈会。

8月15日 建设中心负责人组织307国道线寿阳张靖至西丰头段竣工质量鉴定现场查验。

同日 建设中心对太原西北二环开展“五进”“三送”行动，组织“平安百年品质工程”经验交流活动。

8月16日至20日 建设中心对太原西北二环、朔神高速公路项目开展安全防汛专项检查。

8月18日 建设中心负责人在省厅参加全省高速公路和国省道项目前期工作第五次视频调度会暨全省国土空间规划“三区三线”划定视频调度会。

8月30日至31日 建设中心对太原西北二环高速公路建设项目开展安全综合检查。

9月5日至23日 建设中心组织2022年公路工程试验检测机构能力验证活动，73家机构参加。

9月7日至9日 建设中心对239国道线东坊城至大磁窑段进行交工质量检测。

9月14日至16日 建设中心对黎霍高速公路项目开展安全综合检查。

9月20日 建设中心负责人在省厅参加全省高速公路和普通国省道项目前期工作第六次视频调度会暨用地手续办理专题培训会。

9月21日至23日 建设中心对隰吉高速公路项目开展安全综合检查。

9月23日 建设中心组织2022年度公路工程试验检测机构进行能力验证，省内73家检测机构积极参与。本次能力验证采用“统一样品，统一标准，统一试验方法”方式进行比对试验，中心发起“钉钉视频会议”与73家机构远程连线、实时互动，及时发现问题解决问题，实现远程监控的管理目的。

9月28日 建设中心提出对《交通运输工程监理工程师注册管理办法（征求意见稿）》的反馈意见，报厅人事处。

10月8日 在省厅参加国网高速公路前期工作座谈会。

10月9日 建设中心参加省厅组织的太旧高速公路改扩建用地预审专题会。

10月10日 建设中心在全省在建项目范围内，举办全省业务知识答题竞赛。

10月18日 建设中心举办“2022年公路工程造价继续教育”直播课堂公益培训，来自省内建设、设计、施工、监理、招标代理、工程咨询、公路管理机构等单位700余人积极参加此次培训。本次培训由《公路工程标准工程量清单及计量规范》主要起草人对规范进行宣贯解读，分章节对路基、路面、桥梁、涵洞、隧道、交通安全设施、绿化及环境保护等相关内容进行详细阐述。通过培训，有效解答造价人员工作中存在的疑惑，增强专业技能储备，受到学员一致好评，取得预期培训效果，为今后造价工作顺利开展提供实用性指导。

10月21日至22日 建设中心举办全省重点公路高质量建设发展业务培训班。本次培训通过网络直播授课形式进行，邀请到广东深中通道项目、广东黄茅跨海通道项目、浙江宁波舟山港主通道项目建设单位的领导、业务负责人进行授课，主要内容是向省内各建设项目介绍“平安百年品质工程”创建示范项目工程管理先进做法和经验，目的是通过培训，让各项目建设管理和从业人员学习质量安全管理先进理念和方法，寻找差距、弥补短板，进一步开拓平安百年品质工程创建工作思路，拓展视野，不断改进管理方法和措施，将学习成果切实转化为进一步推动“平安百年品质工程”创建工作实效。各建设项目从业人员积极报名、踊跃参加，有13个重点公路在建项目的800多名参建人员参加本次培训。

10月25日 建设中心党委召开党委（扩大）会议，传达学习中共二十大和二十届一中全会精神。会议提出3点要求：一是把贯彻落实中共二十大精神与做好当前重点工作结合起来，全力抓好全年最后的冲刺期，对标对表年度目标任务，采取有效措施确保完成全年各项工作；二是紧密围绕学习宣传贯彻中共二十大精神，制订专项方案，通过党委带头学、讨论交流学等多种形式，深入学原文、悟思想，迅速掀起学习热潮；三是坚持以习近平新时代中国特色社会主义思想为指导，立足中心工作实际，守正创新、勇毅前行，全力铸造“平安百年品质工程”，全力打造“平安工程”品牌，全力推动服务体系改革创新，全力规范行业市场环境秩序，全力提升党建和精神文明建设，奋力开创交通基础设施建设技术服务支撑保障事业发展的新天地、新篇章。

11月7日 建设中心党委中心组召开会议，传达学习二十届中央政治局第一次集体学习精神和习近平总书记在瞻仰延安革命纪念地时的重要讲话精神。会议强调，要深入学习贯彻中共二十大精神，全面贯彻习近平新时代中国特色社会主义思想，深刻领悟“两个确立”的决定性意义，牢记“国之大者”，增强“四个意识”、坚定“四个自信”、做到“两个维护”，弘扬伟大建党精神和延安精神，坚定历史自信，以昂扬精神状态、务实工作作风落实好党中央、省委、省政府和厅党组决策部署。会议要求，要把学习贯彻中共二十大精神作为首要政治任务，坚定不移把中共二十大提出的目标任务在建设中心落到实处。

11月10日 建设中心参加省厅组织的第四季度重点公路工程调度暨安全生产会议。

11月14日至15日 建设中心对朔神高速公路建设项目进行交工质量检测。

11月 根据省厅2022年信用交通宣传月活动部署，建设中心以“诚实守信、一路畅行”为主题，结合工作实际，组织专业人员走进企业，为在全省从事施工、监理、试验检测工作的企业及从业人员开展社会信用体系建设宣传。

12月12日 建设中心党委书记深入第一党支部，向干部职工宣讲中共二十大精神。会议要求各党支部、各部门要大力弘扬理论联系实际的学风，认真抓好分管工作推进和下一步工作谋划，履职尽责、落实落细，确保全年工作目标任务的完成。

12月13日 建设中心组织重点公路建设项目土地报批业务知识培训会。

2022年 建设中心全年持续开展10项工作：一是完成山西省18定额调研报告。根据《山西省交通运输厅建设管理处关于配合开展〈公路工程建设项目投资估算编制办法〉及配套指标〈公路工程建设项目概算预算编制办法〉及配套定额调研的函》的要求，建设中心作为高速公路部分的调研负责单位，认真整理分析调研主要内容和要求，编制相关调研表格，并向省内高速公路主要运营企业山西省交控集团及在建高速公路项目公司发函，要求其根据函件要求填写调研表格并按要求时间报回。在此基础上，经过综合分析各方反馈意见及省交通建设中心近年来的造价审查成果、补充定额编制资料等，形成山西省18定额调研报告，以晋交建技函〔2022〕131号报厅。二是完成2个月一期共6期《山西公路工程造价信息》（双月刊）出版工作，为全省公路行业指导部门决策、造价从业单位及人员合理、准确、及时编制工程造价文件提供依据。三是按时完成重点工程砂石需求保障情况调查统计工作。根据省发改委《关于开展重点工程砂石需求保障情况监测调度工作的通知》，中心积极协调各重点公路工程职能部门及时填报数据，对上报数据进行分析、汇总，按照通知要求时间节点统计完成全年四个季度砂石需求使用情况并上报省发改委。四是扎实做好工程造价技术服务保障工作，全年完成48个项次工可、概算、预算、调整概算等审查任务，审查总金额992.68亿元，调整不合理费用25.7亿元，调整率2.6%，其中核增1.98亿元，核减23.72亿元，总核减21.74亿元，核减比例2.2%。组织完成“山西交通建设中心2022年度委托第三方设计（咨询）单位进行公路工程造价审查服务项目”的招标询比。编制完成2022版《公路工程造价管理文件汇编》。五是指导服务全省重点公路工程建设项目和施工单位建立健全安全风险分级管控和隐患排查治理双重预防机制，扎实落实风险分级管控和隐患排查。六是及时完成各类安全生产信息报送工作。1月至12月，建设中心逐月报送全省重点公路工程建设领域安全生产事故报表、及时报送突发事故信息；按时逐月填报、统计各类安全生产问题隐患及专项行动报表、按节点报送并及时总结各类专项检查及安全生产活动。七是适时发布监管重点。先后在元旦、春节、“五一”、中秋、“十一”、春季复工、汛期、冬季等重点时段对全省重点公路工程建设领域实施动态监管，适时发布监管重点，组织安全排查。八是扎实推进安全生产专项整治三年行动，巩固安全生产成果。3月至12月，建设中心在全省高速公路建设领域开展隧道施工安全步距、高墩桥梁安全防护专项行动，强化全员安全责任意识，推动安全生产标准化。九是持续推进安全生产大检查大整治大提升行动。4月至12月，建设中心在全省高速公路建设领域安全综合检查、专项检查及各类专项行动中扎实推进风险管控和隐患排查治理，逐步展开安全生产大检查大整治大提升行动，着力实施交通运输部安全生产强化年工作要点，提升本质安全水平，安全生产大检查大整治大提升行动成效显著。十是扎实推进安全生产专项整治“巩固提升”行动。4月至12月，建设中心发挥公路建设服务和技术支撑保障作用，锚定主要任务，多措并举，通过安全宣传“五进”、平安工地建设“三送”、安全业务技术培训、召开安全生产专题会议、安全生产月活动宣传、安全检查等方式，扎实推进安全生产专项整治“巩固提升”行动，三年整治行动收官。

（资料提供：王志勇）

山西省交通运输厅发展研究中心大事记

1月5日 中共山西省交通运输厅发展研究中心支部委员会组织召开党员大会，根据厅直机关党委安排部署，推选中共二十大代表候选人。会议由党支部书记主持，12名党员参加会议并投票。

1月6日 山西省交通运输厅发展研究中心党支部开展1月主题党日活动，组织集中学习习近平总书记关于《中共中央关于党的百年奋斗重大成就和历史经验的决议》的说明、《关于新形势下党内政治生活的若干准则》以及《中国共产党党内监督条例》等内容。

1月13日 省交通运输厅党组成员、副厅长郭丙福在省高速公路综合行政执法总队东配楼二层会议室，专题宣讲中共十九届六中全会精神。省交通建设中心、厅发展研究中心全体干部职工认真聆听宣讲。

同日 省交通运输厅目标责任考核第二考核组由厅党组成员、副厅长郭丙福带队，对厅发展研究中心2021年度工作进行考核。中心领导班子以书面形式向考核组汇报2021年度工作完成情况，考核组通过民主测评、考核谈话、现场查验方式，对中心2021年工作进行全面考核。中心全体干部职工参加考核。

1月14日 山西省交通运输厅发展研究中心召开2021年度干部职工考核工作会议，对中心管理的9名工作人员进行述职评议考核。3名部门负责人在大会上进行述职，其他工作人员进行书面述职，中心全体人员按要求填写民主测评表。

1月19日 山西省交通运输厅发展研究中心组织召开党史学习教育测评工作会议。党支部书记主持会议，并代表支委作党史学习教育总结报告，党支部宣传委员作党史学习教育自评报告，中心全体党员对党支部党史学习教育开展情况进行测评。

1月20日 山西省交通运输厅发展研究中心

召开党史学习教育专题民主生活会。会上,中心领导班子及成员紧扣会议主题,按照“学史明理、学史增信、学史崇德、学史力行”和“学党史、悟思想、办实事、开新局”目标要求,紧密联系中心工作和个人思想学习工作实际,认真对照检查,深刻检视剖析,严肃开展批评和自我批评,明确整改措施和努力方向。省交通运输厅党组成员、副厅长王四小出席会议并对会议进行点评,厅综合规划处副处长张福全、党史学习教育第一巡回指导组组长孙印、组员陈振玉、李新军到会指导。王四小在点评中指出,此次会议准备充分,批评和自我批评效果较好,达到鼓劲加油、增进团结、促进工作目的,剖析原因和整改措施实事求是,方向明确。会后,要持续巩固和深化党史学习教育成果,重点做好以下4个方面工作:一是进一步强化学习。作为研究型单位,在继续深化政治理论学习的基础上,要同步抓好专业知识学习,特别是把新发展理念全面完整准确地贯彻落实到规划研究工作当中。二是抓紧梳理制订整改清单,抓好问题整改落实,立行立改,长期坚持。三是始终挺纪在前,落实好“一岗双责”,抓牢抓实作风建设。四是能干事干成事,扎实开展好发展研究各项工作,为推进交通强省贡献应有力量。中心党支部书记代表领导班子表态,班子及成员举一反三,认真落实整改,切实提高政治站位,贯彻新发展理念,强化理论学习,充分解放思想,增强斗争本领,严格按照省厅要求高质量完成好各项工作任务。

2月10日 山西省交通运输厅发展研究中心党支部开展2月主题党日活动,组织集中传达学习习近平总书记在全省考察调研看望慰问基层干部群众时的重要指示精神、习近平总书记在十九届中央纪委六次全会上的重要讲话精神以及全省交通运输工作会议精神等内容。

会议强调,中心全体党员干部职工要自觉把思想和行动统一到习近平总书记重要讲话重要指示精神上来,统一到党中央、省委和厅党组重大决策部署上来,知责履责,担责尽责,紧紧围绕全面推进交通强省建设和11个方面重点工作,认真研究谋划好全年各项工作,持续提高各方面工作质量和水平,不断开创交通运输发展研究工作新局面,以实际行动迎接中共二十大胜利召开。一要充分发挥专业特色,加强与部省科研院所、各省市的沟通对接,协助省厅完善综合立体交通网规划等编制工作,扎实开展《山西省推进综合交通枢纽体系建设提升枢纽辐射能级战略研究》《山西省高速公路互通立交增设改造专项研究及管理办法》等基础课题研究,为省厅构建交通强省规划体系提供基础支撑。二要充分发挥参谋助手作用,助力推进全省重点工程建设,积极协助省厅开展全省高速公路和普通国省道重点建设项目前期工作。三要牢牢把握重大发展机遇,记录和传承全省交通运输发展成就,高质量完成《山西交通运输年鉴》《山西交通运输大事记》等志书的编纂出版工作。四要不断加强党的建设和党风廉政建设,持续深化理论武装,巩固拓展党史学习教育成果,落实全面从严治党“两个责任”,为中心各项工作高质量开展提供坚强的政治保障。

2月15日 山西省交通运输厅发展研究中心召开职工大会。会议由中心党支部书记、主任主持,传达省总工会、省公路运输工会《关于做好2022年全国五一劳动奖和全国工人先锋号推荐评选工作的通知》精神,介绍中心申报“全国五一劳动奖状”事迹材料。中心全体干部职工进行举手表决,一致同意申报。

3月10日 山西省交通运输厅发展研究中心党支部开展3月主题党日活动,集中传达学习2022年全省交通运输系统党风廉政建设工作会议精神,组织开展党支部意识形态分析研判。

3月15日 山西省交通运输厅发展研究中心党支部组织召开2021年度组织生活会。中心党支部书记代表党支部委员会通报党史学习教育专题民主生活会有关情况。与会党员采取个人自评、党员互评的方式,轮流进行批评和自我批评,并开展民主评议党员工作。会议达到统一思想、加强沟通、改进作风的预期目的。

3月25日 山西省交通运输厅发展研究中心

党支部组织召开进一步整顿纪律作风动员会，深入开展纪律作风整顿工作，坚决贯彻落实省厅党风廉政建设工作会议精神和厅党组工作部署。动员会后，中心全体干部职工充分统一思想、凝聚共识，切实增强抓好纪律作风建设的自觉性和坚定性。党支部积极探索建立纪律作风建设长效机制，研究出台重点工作督查督办制度和修订完善请休假管理制度等内容，为推动中心工作健康发展提供坚强纪律保障。

4月21日 山西省交通运输厅发展研究中心党支部开展4月主题党日活动，举办“道德讲堂”视频讲座，集中学习《新时代公民道德建设实施纲要》，集中观看主题宣传片《精神的力量》。

4月25日 山西省交通运输厅发展研究中心开展“网聚职工正能量，争做中国好网民”主题活动，组织全体干部职工集中观看主题活动启动仪式。

5月11日 山西省交通运输厅发展研究中心召开专题会议，传达落实全省高速公路和普通国省道项目前期工作视频调度会议精神，并组织集体学习交通运输部《公路建设项目可行性研究报告编制办法》《山西省交通运输厅关于提高公路建设项目可行性研究报告质量严格估算投资控制的通知》《公路建设项目可行性研究报告技术咨询审查细则（试行）》等政策文件。中心主任就前期工作重点任务进行安排，并提出3点要求：一是周密部署，按照省厅职责分工，细化流程，组织推动好高速公路前期工作进度；二是主动工作，认真负责，在组织好专家组和咨询机构对项目技术咨询审查的同时，在程序上严格把关，确保项目合理合法合规；三是加强学习，掌握技术咨询审查的相关政策和规定，充分发挥好中心的职责和作用。

5月12日 山西省交通运输厅发展研究中心党支部开展5月主题党日活动，集体学习习近平总书记致首届大国工匠创新交流大会贺信原文、《总体国家安全观学习纲要》以及省总工会《关于在全省开展“五一”劳模月系列活动的通知》等内容，并围绕省委十二届三次全会精神开展学习交流研讨。

5月16日 中心党支部开展“喜迎中共二十大，奋进新征程”主题活动，组织全体党员干部职工赴小店区西蒲村、刘家堡村等地参观学习，聆听革命故事，传承红色精神。

6月1日 山西省交通运输厅发展研究中心召开2021年度省直文明单位考核验收汇报会，接受山西省直精神文明建设委员会办公室考核验收。省直文明单位第三验收组通过书面总结、谈话问询、问卷测评、查阅资料、实地查看等方式，对中心2021年度文明创建工作进行验收。

6月7日 山西省交通运输厅发展研究中心支部委员会组织召开党员大会，表决通过中心2022年度省交通运输厅优秀党务工作者推荐人选。

6月23日 山西省交通运输厅发展研究中心党支部书记组织全体干部职工召开专题学习，深入学习《在全党开展党史学习教育总结报告》《习近平关于档案工作、历史学习与研究、文化遗产保护重要论述摘编》《公路建设项目可行性研究报告编制办法》等内容，并对中心常态化学习工作提出要求。会议指出，中心全体干部职工要牢牢把握《在全党开展党史学习教育总结报告》的精神实质，推动党史学习教育常态化长效化与学习型单位建设相融合，与交通运输发展研究工作相融合，与提升干部职工综合素质相融合，切实把常态化学习作为坚定信念、提升能力、砥砺品格、锤炼本领的重要抓手，不断提高政治理论和业务知识水平，真抓实干，善作善成，以实际行动迎接中共二十大胜利召开。

6月27日至28日 按照省交通运输厅安排，厅发展研究中心牵头组织召开公路建设项目工程可行性研究报告编制技术视频培训会，特邀9名资深专家对《公路建设项目工程可行性报告编制技术指导意见（试行）》（以下简称《指导意见》）进行系统宣讲解读，各市（县）交通运输局、公路分局、可研报告编制单位、咨询单位在分会场参加培训。《指导意见》是省厅为贯彻落实中央财经委员会第十一次会议提出的“优化基础设施布局、结构、功能和发展模式，构建现代化基础设施体系，实现经济效益、社会效益、生态效益、安全效益相统一”要求和交通运输部《关于进一步加强普通公路勘察设计和建设管理工作的指导意见》精神，结合当前项目工可编制工作中存在的功能定位不准、现场调查不全、资料搜集不齐、地勘深度不足、交通量预测不实、方案研究不深不细、估算投资不准等问题专门制订出台的。这次视频培训会覆盖面广、参训人员多，通过专家们宣讲解读，加强了相关单位和人员对《指导意见》的理解和认识，有助于进一步提高全省公路建设项目工可报告编制的质量和深度，为推动全省公路建设项目高质量实施奠定良好基础。

6月30日至7月1日 山西省交通运输厅发展研究中心与交通运输部规划研究院课题组有关人员，围绕《山西省推进综合交通枢纽体系建设提升枢纽辐射能级战略研究》课题，分别赴省交通运输厅、省自然资源厅、太原市交通运输局、长治市、临汾市等地进行实地调研，充分了解掌握山西综合交通枢纽建设现状及建设需求等内容。

7月13日至15日 根据省交通运输厅2022年高速公路和普通国省道建设项目前期工作有关安排部署，山西省交通运输厅发展研究中心组织开展阳城至永济高速公路、风陵渡黄河大桥及连接线项目现场踏勘。厅发展研究中心、厅综合规划处、运城市交通运输局、晋城市交通运输局、踏勘专家组和编制单位一行，赴运城市、晋城市等地参加踏勘。

7月20日至21日 根据省交通运输厅2022年高速公路和普通国省道建设项目前期工作有关安排部署，山西省交通运输厅发展研究中心组织开展晋城东南过境（北义城至大箕）高速公路项目现场踏勘。厅发展研究中心、晋城市交通运输局、踏勘专家组、编制单位和咨询单位有关人员，赴晋城市参加踏勘。

7月22日 山西省交通运输厅发展研究中心组织召开《山西高速互通立交增设改造专项研究和管理办法》基础课题结题评审会。该研究课题顺利通过专家评审。

8月1日至3日 根据省交通运输厅2022年高速公路和普通国省道建设项目前期工作有关安排部署，山西省交通运输厅发展研究中心组织开展应县至繁峙、繁峙至五台高速公路项目现场踏勘。厅发展研究中心、朔州市交通运输局、忻州市交通运输局、踏勘专家组、编制单位和咨询单位一行，赴朔州市、忻州市等地参加踏勘。

8月5日 山西省交通运输厅发展研究中心召开全体干部大会，传达学习全省贯彻落实中央八项规定精神专题警示教育大会精神和厅党组专题会议精神。会议强调，中心全体干部职工要认真学习领会全省专题警示教育大会精神，切实增强贯彻落实中央八项规定精神的思想自觉和行动自觉，深刻汲取典型案件教训，对照检视，举一反三，警钟长鸣。会议要求，中心全体干部职工要进一步加强作风建设，不断锤炼忠诚、干净、担当的政治品格，自觉把守纪律讲规矩内化于心，外化于行，营造风清气正的良好政治环境，助力中心各项事业健康发展。

9月1日 山西省交通运输厅发展研究中心党支部组织开展“对党忠诚，清正廉洁”教育活动专题学习，集中传达学习习近平总书记在中共中央政治局第四十次集体学习时的重要讲话精神和厅党组《关于贯彻落实中央八项规定精神抓好党员干部警示教育的通知》精神，组织集中观看《精神的力量：太行精神》。

9月6日 省交通运输厅党组成员、副厅长王四小赴山西省交通运输厅发展研究中心党支部调研，并为中心全体党员干部讲授专题党课。

王四小围绕“坚定理想信念，筑牢思想基础，推进交通运输事业高质量发展”主题，给中心党支部全体党员上了一堂生动党课。他强调，推进全省交通运输事业高质量发展，必须进一步坚定理想信念，坚持以习近平新时代中国特色社会主义思想为指导，不断强化理论武装，不断经受考验锤炼；必须充分发扬斗争精神，全力克服当前面临的体制性、素质性矛盾；必须牢固树立战略思维，把思想和行动统一到中央、省委的重大决策部署上来；必须以自我革命的精神纵深推进全面从严治党，为交通运输事业发展提供坚强的政治、组织和纪律保证。

在调研过程中，王四小听取党支部关于2022年

8个月以来落实全面从严治党和推进重点工作任务等情况的汇报，对中心工作给予充分肯定，并对中心发展定位、纪律作风建设、重点工作任务等提出具体要求。

党支部书记代表领导班子表态指出，会后中心将认真对照检查，举一反三，全面落实完成好全年各项目标任务，不断提升为厅服务的能力和水平，以实际行动迎接中共二十大胜利召开。

9月15日至16日 根据省交通运输厅2022年高速公路和普通国省道建设项目前期工作有关安排部署，山西省交通运输厅发展研究中心组织开展河北新乐至忻州高速公路山西段项目现场踏勘。厅发展研究中心，阳泉市、盂县交通运输局，太原市、阳曲县交通运输局，忻州市、忻府区交通运输局，踏勘专家组，编制单位和咨询单位一行，赴太原市、阳泉市、忻州市等地参加踏勘。

9月19日 山西省交通运输厅发展研究中心召开新入职人员见面会。中心党支部书记、主任主持会议并讲话，中心全体干部职工参加会议。会上，中心党支部书记、主任代表中心全体人员对3名新人的加入表示欢迎，向他们介绍中心基本情况及主要工作内容，并提出3点希望。一是讲政治抓学习。进一步树牢“四个意识”，坚定“四个自信”，坚决做到“两个维护”，学理论、学管理、学业务，以求真务实的工作作风，把上级决策部署落到实处。二是讲团结讲奉献。牢固树立团队意识和“一盘棋”思想，勇于担当，相互协作，积极做好本职工作。三是守纪律讲创新。年轻人要保持活力，在自觉遵守各项纪律规矩的基础上，葆有创新精神和创新意识，在守正创新上实现新作为。3名新入职人员进行自我介绍并作表态发言，纷纷表示将尽快转变角色，适应岗位工作需要，积极履行岗位职责。

9月29日 山西省交通运输厅发展研究中心组织召开《山西省推进综合交通枢纽体系建设提升枢纽辐射能级战略研究》基础课题结题评审会，课题顺利通过专家评审。该课题是厅发展研究中心组织开展的一项基础研究课题，主要由交通运输部规划研究院承担。课题组历时10个月时间完成课题研究报告，提交专家会议进行评审。会议采用线上、线下相结合方式，邀请国家发改委综合运输研究所、清华大学及全省知名专家参加会议，经过质询、答疑和讨论，与会专家一致同意该课题项目通过评审。

该课题通过梳理山西省经济社会和枢纽体系的发展现状，对标国内外先进综合交通枢纽城市，分析研判全省发展要求，进一步明晰全省综合交通枢纽体系的战略定位和发展目标，研究提出战略任务和保障措施。研究成果对山西省推进综合交通枢纽体系建设提升枢纽辐射能级具有一定的指导意义。

同日 为深入贯彻落实中央八项规定精神及其实施细则，驰而不息纠“四风”、树新风，营造风清气正工作环境，山西省交通运输厅发展研究中心在中秋、国庆双节及新招聘工作人员入职之际，进一步强化廉政警示教育，推动清廉单位建设。通过发送节前廉政提醒，让大家心中常放一把戒尺、眼前常看一根红线、耳边常鸣一口警钟、身边常沐一缕清风，过一个清正、廉洁、祥和的节日；及时向全体党员干部职工传达学习全省贯彻落实中央八项规定精神专题警示教育大会精神和厅党组专题会议精神，切实增强贯彻落实中央八项规定精神的思想自觉和行动自觉，深刻汲取典型案件教训，对照检视，举一反三，警钟长鸣。中心通过强化廉政警示教育，有力增强全体党员干部职工廉洁自律意识，进一步筑牢拒腐防变的思想防线。

10月16日 中国共产党第二十次全国代表大会在北京人民大会堂开幕。习近平总书记代表第十九届中央委员会向大会作报告。山西省交通运输厅发展研究中心全体干部职工通过多种形式收听收看大会直播。会后，中心在宣传栏滚动播放中共二十大报告主旨精神。

中共二十大是在全党全国各族人民迈上全面建设社会主义现代化国家新征程、向第二个百年奋斗目标进军的关键时刻召开的一次十分重要的大会。听完报告后，中心全体干部职工备受鼓舞、倍感振奋，纷纷表示要认真学习贯彻、深刻领会中共二十大精神，落实好习近平总书记在报告中提出的新要求，高举中国特色社会主义伟大旗帜，全面贯彻习近平新时代中国特色社会主义思想，弘扬伟大建党精神，自信自强、守正创新，踔厉奋发、勇毅前行，为全面建设交通强国、全面建设社会主义现代化国家、全面推进中华民族伟大复兴而团结奋斗。

10月21日 山西省交通运输厅发展研究中心组织召开深入学习贯彻中共二十大精神专题学习会议，中心全体干部职工参加会议。学习会上，参会人员就中共二十大工作报告进行深入学习，深刻领会中共二十大精神。中心党支部书记、主任强调，中共二十大工作报告是党团结带领全国各族人民在新时代新征程坚持和发展中国特色社会主义的政治宣言和行动纲领，要求中心全体干部职工学深学透、融会贯通，用中共二十大精神武装头脑、指导实践、推动工作。

10月25日 山西省交通运输厅发展研究中心组织召开专题会议，传达学习中共二十大精神。中心全体干部参加会议。会议传达学习习近平总书记在中共二十大闭幕会上的重要讲话精神，以及关于十九届中央委员会报告的决议、关于十九届中央纪律检查委员会工作报告的决议、关于《中国共产党章程(修正案)》的决议等内容。中心党支部书记、主任在讲话中要求，全体干部职工要把学习宣传贯彻中共二十大精神，作为当前和今后一个时期的首要政治任务，学深悟透精髓要义，深刻领悟“两个确立”的决定性意义，把思想和行动统一到党中央、国务院、省委、省政府和厅党组的决策部署上来，牢记习近平总书记的谆谆教诲，立足新起点，以新担当新作为新风貌推动交通运输发展研究工作全面进步。

11月3日 山西省纪委、省监委驻交通运输厅纪检监察组副组长刘永军、驻厅纪检监察组纪检监察室主任杨晓华、驻厅纪检监察组干事乔柳等一行3人在山西省交通运输厅发展研究中心进行调研，听取中心关于单位基本情况、预算执行情况、党支部落实从严治党主体责任情况等方面汇报，并对中心开展廉政风险点防控、相关业务流程、党员组织管理等方面提出指导性意见。

11月17日 山西省交通运输厅发展研究中心组织召开党支部理论学习中心组(扩大)学习研讨会，认真学习《习近平关于力戒形式主义官僚主义重要论述选编》和习近平总书记关于社会主义精神文明建设重要论述等内容。

中心党支部书记、主任强调，形式主义、官僚主义不是简单工作问题、作风问题，而是严肃政治问题、纪律问题，力戒形式主义、官僚主义是加强作风建设的重要任务。全体干部职工要把习近平总书记重要论述精神落实到实际工作中，用理论武装头脑、指导实践，以实际行动进一步增强“四个意识”、坚定“四个自信”、坚决做到“两个维护”，筑牢力戒形式主义、官僚主义的思想政治根基，矢志不移推动交通运输发展研究工作全面进步。

同日 为深入学习宣传贯彻中共二十大精神，山西省交通运输厅发展研究中心工会组织开展“学习宣传贯彻中共二十大精神”知识竞赛答题活动。中心全体干部职工参与答题。

答题活动紧紧围绕中共二十大报告内容，设置单选题、多选题、判断题、填空题、简答题等五种类型题目，多角度、多方位考察干部职工学习中共二十大精神的阶段性成果。活动以考促学，进一步激发干部职工的学习热情，加深大家对中共二十大精神的认识与理解。大家纷纷表示，以此次活动为契机，深化学习成效，把中共二十大提出的新思想、新观点学懂弄通，落实到具体工作中。

12月8日 为更好弘扬宪法精神，加强宪法学习宣传，山西省交通运输厅发展研究中心组织开展《中华人民共和国宪法》宣传周主题活动。中心全体干部职工参加宪法宣誓仪式并围绕习近平法治思想有关理论开展集中学习。

宣誓仪式上，中心党支部书记、主任领读誓词，全体干部职工集体进行宣誓。理论学习结束后，中心党支部书记、主任强调，12月4日是第九个国家宪法日，举行宪法宣誓仪式既是贯彻落实国家宪法宣誓制度的实际行动，也是深入践行习近平法治思想和习近平总书记关于宪法的重要论述精神和指示要求的具体举措，中心干部职工要以此次活动为契机，把学习宣传贯彻中共二十大精神和习近平法治思想，与推动宪法宣传贯彻实施紧密结合起来，切实增强尊崇宪法、学习宪法、遵守宪法、维护宪法、运用宪法的思想自觉和行动自觉，不断提高学习运用法治思维、法治方式解决问题的能力和水平。

（资料提供：李文越）

山西省交通运输厅联网收费结算与会计核算中心大事记

1月21日 按照中共山西省交通运输厅直属机关委员会关于认真开好党史学习教育专题民主生活会的通知要求，山西省交通运输厅联网收费结算与会计核算中心（以下简称核算中心）在12楼会议室召开领导班子民主生活会，厅党史学习教育第三巡回指导组领导、驻厅纪检监察组领导出席。

2月1日 核算中心稽核工作收到交通运输部路网监测与应急处置中心来文感谢。取消省界收费站后，为保障高速公路联网收费工作有效开展，根据交通运输部工作要求，交通运输部路网监测与应急处置中心牵头组织全网联动稽核工作。核算中心在全网联动稽核工作中积极配合部中心、省交通运输厅工作部署，做好全网联动稽核日常业务及专项行动，按期保质地完成各项工作指标。2021年底，核算中心收到部路网中心来文感谢，对稽核工作予以肯定。经过一年多努力，现核算中心稽核团队已完全达到业务要求，各项业务数据指标稳步增长。截至2021年12月底，核算中心处理完成外省协查工单35879条，审核本省路段发起工单并派发150014条，处理完成本省发起工单120365条，发起快速工单1874条，处理异议工单806条，已追缴通行费2373.27万元。全网联动稽核工作有助于维护全网运营秩序，对保障社会公平具有重要意义，中心将一如既往，继续做好全网联动稽核工作，进一步提升全国一张网运营水平。

3月18日 核算中心召开2022年工作会暨党风廉政会议，副主任李亚东主持。党支部书记、主任杨毅作《践行使命、勇毅前行，全力推进收费核算服务工作高质量发展》工作报告，传达厅领导有关年度工作重要指示和要求，同时与部门负责人签署党风廉政建设目标责任书。

5月22日 核算中心组织开展稽核业务知识与实操技能培训。自全国“一张网”以来，全省联网收费工作面临新的挑战和机遇。为更好地完成联网收费工作，提高稽核人员业务水平，降低稽核工单处理差错率、提升稽核工作效能，确保通行费追缴工作高效有序地进行。为此，核算中心举办山西省联网收费稽核业务培训。本次培训采取线上视频授课方式，以直播形式从多方面、多角度讲解稽核业务知识和工作实操技能。来自全省高速公路运营管理单位收费管理部门及收费站稽核工作人员919人报名，最高峰时超过719人同时在线，共有1021人次参加培训。自2020年12月1日部级稽核平台运营以来，经过全省各级稽核人员共同努力，山西省稽核工作成效显著，到2021年底，部级平台追缴通行费2373.27万元，位居全国榜首。为进一步处理好现阶段实际工作中存在的复杂和难以判定的情况，核算中心充分考虑稽核人员工作需求，在培训中结合线上提问、在线解答的环节，培训内容以实例为题、以典型为例，核算中心人员对部级稽核平台相关业务知识进行精心细致讲解，主要分上年工作情况、16个基础知识点、现阶段部级稽核工单处理规则、差错示例及实操讲解五部分。此次培训逻辑清晰、针对性强，全省高速公路各级稽核人员积极参与，大家对课程内容表示肯定，并希望能够定期开展相关业务培训，帮助大家提升业务水平，以便积极投身到稽核工作中。本次培训的效果显著，有效提升稽核人员业务水平，对降低出错率、提高处理效率起到积极的促进作用，同时为全省高速公路联网收费稽核工作深入开展奠定基础。

5月23日 核算中心开展"社会主义核心价值观主题实践月"活动。为进一步培育和实践社会主义核心价值观，推动社会主义核心价值观在厅联网收费与会计核算中心落实落细，中心党支部积极响应活动号召，组织开展"社会主义核心价值观主题实践月"活动。

按照省厅有关开展社会主义核心价值观主题实践教育月活动通知要求，核算中心结合工作实际，迅速动员部署，组织召开支委会议，有序开展各项社会主义核心价值观主题教育实践活动。为确保教育实践活动工作扎实有效开展，支委会进行认真研究和周密部署，并根据社会主义核心价值观主题教育实践活动文件精神，制订计划，党支部利用平板大屏、微信工作群将社会主义核心价值观主题教育实践活动内容进行广泛宣传，认真组织干部职工学习《公民道德基本规范》，撰写心得体会，深入开展"讲文明树新风""学雷锋志愿活动""岗位技能培训"等一系列创建活动。党支部继续采取中心组、党小组政治学习、交通学习平台三位一体的模式，坚持集中与自学相结合方式，采取网络、讨论、座谈等多种形式，定期坚持政治学习，全面提高干部职工的政治理论水平。此次社会主义核心价值观主题教育实践活动的开展，使核算中心队伍整体素质得到提高，履职和服务能力得到增强，对外形象得到全面提升。

6月2日 核算中心召开端午假期工作部署会。副主任李亚东作具体安排，中心领导班子成员及全体职工参会。会议强调，端午小长假期间，中心全体成员要提高思想认识，压实工作责任，严格做到遵纪律、守原则、重防控，并提出2点具体要求。一是做好节前安全巡查工作。放假前认真巡查巡防，对办公区域用水用电、设备用电情况进行排查，切断非办公设备电源等，切实把安全隐患排查工作落到实处，营造一个安全稳定的端午假期。二是严格落实值班值守。节假日期间应急值守工作必须落实到位，严格落实领导干部带班，严禁出现擅离职守、空岗、漏岗现象，遇有突发事件或重要紧急情况，须及时向中心领导报告，并采取应急措施妥善处置。会后中心成员严格执行会议要求，假期前对办公区域内安全隐患进行排查，服从中心对节假日期间工作安排，切实保障度过一个健康平安祥和的端午假期。

6月9日 核算中心组织参加"国际档案日"专题讲座。讲座由国家档案局主办、中国档案学会承办。专题讲座由国家档案局副局长、中央档案馆副馆长付华主持，中共中央党校(国家行政学院)马克思主义学院院长张占斌教授作了题为"加快构建新发展格局"演讲。专题讲座中，张教授主要从新时代新发展阶段重大战略部署、中国特色社会主义政治经济学最新成果、构建新发展格局内在逻辑、构建新发展格局路径选择4大方面阐明构建新发展格局提出过程和历史方位，从理论逻辑、历史逻辑、现实逻辑3个方面解读构建新发展格局提出主要依据，以及构建新发展格局基本路径和重点任务以及构建新发展格局基本路径和重点任务：应加快构建完整内需体系，形成国内超大规模市场优势；加快构建国外循环体系，提升国际循环的稳定性和竞争力；加快形成新发展格局，促进国内国际双循环相互促进。

6月13日 核算中心组织开展2022年节能宣传周活动。6月13日至19日是全国节能宣传活动周，按照省厅、省机关事务管理局《关于2022年山西省公共机构节能宣传周有关活动安排的通知》精神，6月13日开始，核算中心紧密围绕"绿色低碳，节能先行"宣传主题，广泛开展节能宣传活动，积极组织中心成员参与其中，做到不浪费一张纸、一度电。

为充分将节能宣传活动落实到位，召开节能减排主题座谈会，制订宣传活动方案，布置此次宣传活动周工作要求，传达学习“节能减排周”具体活动安排，集中学习《关于2022年山西省公共机构节能宣传周有关活动安排的通知》文件精神和《2022年全国公共机构节能宣传周线上活动指南》具体内容。根据会议要求，核算中心对日常工作区域用水、用电、用纸要以节约为主要规范，积极开展节能宣传教育活动，把节能意识落实到每名职工，从制度上促进节能工作开展。活动期间，中心组织制作节能宣传电子板报，摆放在办公区最醒目的位置。大力弘扬勤俭节约的好习惯好传统，反对铺张浪费，合理使用资源，提高能源利用效率，保护资源环境，树立节约从点滴入手、从小事做起思想，倡导节约光荣、浪费可耻行为，全面增强职工节能意识。

此外，中心利用此次宣传周活动开展对日常节能制度落实情况专项自查和督促，重点是督促全体干部职工节能意识、节能行为、节能设施、节能制度等。通过此次宣传周活动，全体干部职工节能意识明显增强，节能措施得到有效落实。节能降耗是一项必须长期坚持的工作，要求在日常工作中做到“节约每一滴水、每一度电、每一张纸”，号召中心干部职工骑自行车或步行上下班等，进一步加强节能工作，切实抓好节水、节电、节约能源等工作，形成中心节能减排的良好风气。

7月5日 根据交通运输部路网监测与应急处置中心《关于加强联网收费系统网络安全防护的通知》文件要求，由省交通运输厅部署安排、核算中心承办“全省联网收费系统网络安全培训会”顺利召开。

此次培训邀请中国信息安全测评中心系统评估处副研究员李滨丞和山西省交通信息通信有限公司通信与安全部部长陶海敏，通过线上视频授课方式，结合全省联网收费系统实情，对“三法一条例”、交通运输部网络安全管理办法和收费公路联网收费系统网络安全管理暂行办法以及全省联网收费系统网络安全要求进行深刻解读。

厅联网收费核算中心主要负责人、各部门负责人及网络安全管理人员在主会场参加培训；各高速公路38家运营单位联网收费系统分管领导（或网络安全分管领导）、责任部门负责人、收费站负责人及关键岗位技术人员、具体承办网络数据安全任务的维保单位人员等1070人通过视频会议系统在分会场收听收看。

培训会议要求各相关单位树立正确网络安全观，秉持“一张网运行、一体化服务”全网理念，切实增强风险防控意识。同时要求各运营单位及各级网络安全主管单位按照“谁主管谁负责，谁运行谁负责”和“属地管理”原则，加强组织领导，严格落实主体责任，完善网络安全保障运维制度建设，打造专业队伍，全力做好经费保障，坚持管理和技术“双保障”，持续健全技术防护体系，提高监测预警能力，及时处置问题隐患，有效防范化解网络安全重大风险，齐心协力筑牢全省联网收费系统网络安全防护体系。

8月4日 省交通运输厅党组成员、副厅长郭丙福赴核算中心讲授专题党课和调研。党课紧紧围绕要坚定对中国共产党高度认同，深刻领悟“两个确立”决定性意义，坚决做到“两个维护”；同时要结合全省实际，充分认识全省发展现状，认真学习贯彻习近平总书记考察山西重要讲话精神。引导中心党员干部关注山西转型跨越发展大局，坚定信心、学思用贯通，推动学习贯彻习近平新时代中国特色社会主义思想往深里走、往心里走、往实里走。鼓励大家坚持不懈努力、不断提升履职能力，以实际行动迎接中共二十大胜利召开。

杨毅代表中心领导班子，从全面从严治党、党风廉政建设、联网收费、会计核算、巡查整改等方面汇报上半年中心工作情况，并就现有问题、存在不足和下半年工作计划进行专题汇报。

郭丙福在讲话中对核算中心上半年工作给予充分肯定，深入了解多项业务指标及具体排名情况，并对收费稽核、网络安全、会计核算等方面提出具体要求。同时强调，要严格落实财务管理制度，加强责任监管，提出有效账户监管办法；要继续做好网络安全建设与运维工作，确保联网收费工作稳步提升。厅治超处处长赵振伟陪同调研,副主任李亚东、魏晓菁和全体党员参加活动。

8月5日 核算中心召开贯彻落实中央八项规定精神专题警示教育大会。主任杨毅传达厅党组专题会议精神,学习全省贯彻落实中央八项规定精神专题警示教育大会精神。副主任李亚东及中层干部参加会议。会上,杨毅传达厅党组专题会议上相关案例情况及专题警示教育大会精神,并强调要始终贯彻落实中央八项规定精神,深刻汲取教训,始终保持清醒政治头脑。以案为鉴、对照检视、自我剖析、举一反三,不断锤炼忠诚、干净、担当政治品格,充分发挥全面从严治党引领保障作用,不断提高治理能力和治理水平。李亚东强调,要把对党忠诚、勇于创新、清正廉洁贯彻到中心高质量发展和党的建设各方面、全过程,时刻保持清爽服务、清白做人、干净做事原则,勇担职责使命,以全面从严治党新成效推动中心各项工作再上新台阶。

10月20日 核算中心党支部召开全体党员大会,组织全体党员干部集中学习,紧紧围绕习近平总书记在中国共产党第二十次全国代表大会上的报告,认真学习领会精神实质,深入研讨收获和感悟。会上,中心领导班子成员和党员干部们作发言交流。全体党员干部还集中学习《中国共产党第二十次全国代表大会报告》以及《人民日报》发表的《二十大报告中的新表述新概括新论断》等内容。大家一致认为,中共二十大科学谋划未来5年乃至更长时期党和国家事业发展的目标任务和大政方针,对鼓舞和动员全党全军全国各族人民坚持和发展中国特色社会主义、全面建设社会主义现代化国家、全面推进中华民族伟大复兴具有重大意义。

10月25日 核算中心党支部召开专题会议,组织全体党员干部集中学习习近平在中国共产党第二十次全国代表大会闭幕会上的重要讲话,会议由核算中心主任杨毅主持,提出3点要求:一是迅速进行传达学习。坚持读原著、学原文、悟原理,努力做到牢牢把握精神,努力做到“五个牢牢把握”,确保全体党员干部学深悟透、学懂弄通。二是全面宣传。利用各种形式,线上线下相结合,全方位、大力度宣传诠释中共二十大精神,讲好正在经历的新时代新故事。三是学以致用。把学习宣传贯彻工作与全方位推动高质量发展结合起来,与稳经济、保安全结合起来,与正在抓的重点工作、重大事项结合起来,深入思考贯彻落实具体的举措,深入思考面临的突出问题、解决方案,还要着眼未来,进一步做好工作的科学性、创造性,把宣传贯彻的成果转化为攻坚克难的强大力量,为推动高质量发展做出实效。

(资料提供:杨俊)

山西省交通干部学校大事记

1月9日 国家开放大学山西交通学习中心2021级秋期末纸质考试在山西省交通干部学校(以下简称学校)顺利完成。考试历时两天,涉及课程70门,参加考试考生417人次。考试按照国家开放大学的有关要求,严谨规范,实现考务管理“零差错”、保密措施“零疏漏”、考风考纪“零违纪”、考生服务“零距离”、考试安全“零事故”的预期目标,得到国家开放大学山西分部的高度肯定。国家开放大学教务处处长武继灵一行进行检查指导。

1月11日 省交通运输厅第一考核组组长杨

增梅带队，对学校2021年度目标责任考核指标完成情况、领导班子运行及领导干部履职情况进行考核。考核通过民主测评、考核谈话、现场查验资料的方式进行。

1月15日至2月15日 学校开展“厉行勤俭节约、反对餐饮浪费”主题宣传月活动，进一步营造厉行节约、反对浪费的社会风尚，弘扬传承中华民族崇尚节俭的传统美德。一是组织全体教职工认真学习习近平总书记关于制止餐饮浪费行为的重要指示精神，大力弘扬勤俭节约、艰苦奋斗的优良传统，切实增强从我做起、勤俭节约的意识。二是以“光盘行动”为重点，扎实开展活动。学校食堂严格执行《山西省预防和制止餐饮浪费规定》，制作并张贴宣传标语，在食堂醒目地点设置提示语，不断提醒、教育、引导全体人员树立浪费可耻、节约光荣的用餐观念，大力营造节约风尚。三是提倡无纸化低碳办公，出门随手关灯，杜绝“白昼灯”“无人空调”等能耗空放现象，切实将厉行勤俭节约、反对铺张浪费落到实处。四是营造节约氛围。在校微信公众号发出厉行勤俭节约、反对餐饮浪费的倡议书，利用大厅播放器、电子滚动屏，宣传《山西省预防和制止餐饮浪费规定》；运用抖音、短视频等新媒体开展线上宣传，传播爱惜粮食、健康生活、文明用餐等观念；引导广大教职工养成良好的节俭习惯，拒绝舌尖上的浪费。

1月17日 学校党委召开党史学习教育专题民主生活会，以“大力弘扬伟大建党精神，坚持和发展党的百年奋斗历史经验，坚定历史自信，践行时代使命，厚植为民情怀，勇于担当作为，团结带领人民群众走好新的赶考之路”为主题，按照“学史明理、学史增信、学史崇德、学史力行”和“学党史、悟思想、办实事、开新局”的目标要求，紧密联系校党委班子工作，联系党委班子成员个人思想和工作实际，深刻查摆检视问题，深入开展批评和自我批评，明确整改措施和努力方向。校党委书记、校长辛泉生主持会议并讲话。省厅党史学习教育第一巡回指导组组长孙印，组员陈振玉、李新军，省纪委监委驻厅纪检组于雅芬到会指导。

1月21日 省交通运输厅党组成员、副厅长王晋深入学校宣讲中共十九届六中全会精神。王晋从深刻认识中共十九届六中全会的历史意义、百年奋斗的重大成就、历史性成就和历史性变革、百年奋斗的历史意义、百年奋斗的历史经验、以史为鉴重要要求、从党的百年历史中汲取智慧和力量等七个方面，对十九届六中全会精神作了深入解读和对全面理解、准确把握十九届六中全会精神进行重要指导。会议强调，全体党员干部要深入学习党的百年历史，践行初心使命，坚定理想信念，振奋革命斗志，以昂扬姿态奋进新征程。要从党的百年历史中汲取力量，在做精做优培训工作上下功夫，把党的建设、政治建设贯穿于日常培训，不断健全干部培训考核机制，完善绩效考核体系，努力把学校打造成全省交通运输系统的人才孵化器、思想锤炼的基地、干事创业的新标杆，不断提高学校服务交通运输高质量发展的能力。会议由校党委书记、校长辛泉生主持。

2月16日 学校党委理论学习中心组开展专题学习，传达学习习近平总书记在全省考察调研、看望慰问基层干部群众重要指示精神和厅党组有关贯彻会议精神的安排部署。党委书记、校长辛泉生主持并讲话，党委委员和各部门负责人参加会议。

2月21日 上午，学校召开2022年工作会议，全面贯彻落实全省交通运输工作会议精神，总结学校2021年工作，分析形势，部署2022年工作。校党委书记、校长辛泉生作题为《提质增效 勇毅笃行 全方位推动学校高质量发展》的工作报告。

2月 学校对20名“2021年度‘山西交通在线’培训平台优秀学员”进行表彰。此次表彰，根据学员在线完成学分数排名，评选出10名厅直属单位学员、10名山西交控集团学员。其中，排名第一的学员年学分数达1668个。据统计，2021年，“山西交通在线”培训平台上线课程500多门，注册学员48000余人，总计完成500万学时，实现了课程紧贴交通运输实际设置，服务紧跟上线单位需求开展，质量精益求精不懈提升。

3月1日至8日 学校各党支部相继组织召开2021年度基层党组织生活会,并开展民主评议党员活动,会议由各党支部书记主持,全体党员参加,领导班子成员以普通党员身份参加所在党支部的组织生活会。校党委委员参会进行指导点评。会前,各党支部严格制订工作方案,深入开展谈心谈话,采取个人自学和集中研讨方式,认真学习习近平总书记系列重要讲话精神和中共十九届六中全会精神,以及《中共中央关于党的百年奋斗重大成就和历史经验的决议》《中国共产党章程》和《中国共产党组织工作条例》等内容,引导党员干部深刻认识"两个确立"的决定性意义,更加坚定地做到"两个维护",为开好组织生活会打下坚实基础。会上,各党支部党员严肃认真地开展批评和自我批评,达到"团结—批评—团结"的目的。

3月7日 学校工会组织开展主题为"情暖春日 花香满溢"的"三八"妇女节花艺沙龙活动。活动邀请花艺老师现场授课,从花材品种、色彩搭配等方面生动形象地讲解插花的基本知识,并对插花的方法及技巧进行现场演示。40余名女教职工参加活动。

3月17日 省委老干部局副局长、山西老年大学校长杨文生一行6人到学校,就教育资源共享、合作共建进行深入交流。学校领导班子成员、相关部门负责人及离退休党支部书记参加座谈会。校党委书记、校长辛泉生主持会议。

辛泉生对学校的办学规模、主要职能、硬件设施、办学能力以及发展规划等进行全面介绍。希望学校能和山西老年大学在党建共促、网络教学和线上线下学员培训等方面开展合作,共谋发展。同时通过借鉴他山之石,能够持续拓展学校办学资源,强化办学优势,再谋新时代学校发展之策,努力推动学校实现高质量发展。

杨文生从办学历史、体系建设、办学质量、信息化改革、精品课程打造等方面详细介绍山西老年大学建校30多年来的基本情况。杨文生指出,山西老年大学以党建为统领,以服务为根本,大力推进政治建校,稳步推进分校教学点建设,同时依托数字化改革,着重推出"指尖上的老年大学"普惠课程,希望能够通过合作交流,发挥学校行业培训的优势,共享教育资源,在更高质量、更高水平、更高满意度上发展好山西老年大学,更好地促进两校协同发展。座谈会现场气氛热烈,与会者畅所欲言,达到信息共享、相互借鉴、学习促进的目的。会后,杨文生一行参观学校办学设施。

3月31日 学校工会发起学雷锋志愿服务倡议,组织全体教职工来到滨河公园,开展洁净公园志愿行动,为创造美好太原出一份力,树立大家环保意识。此次活动,充分彰显学校教职工的社会责任担当,体现志愿者奉献、友爱、互助、进步的精神,强化环保意识,得到公园游客和管理人员一致好评。

4月15日 第七个全民国家安全教育日,学校围绕"树牢总体国家安全观,感悟新时代国家安全成就,为迎接中共二十大胜利召开营造良好氛围"主题,切实开展"4·15"全民国家安全教育日活动,学校一是深入学习研讨。召开党委中心组理论学习会议,对《〈中共中央关于党的百年奋斗重大成就和历史经验的决议〉节选——在维护国家安全上的重要论述》《中华人民共和国数据安全法》进行深入学习研讨,并要求以党支部为单位集中开展学习研讨。二是营造浓厚宣传氛围。学校充分运用LED电子屏、微信、公众号等新媒体开展"4·15"全民国家安全宣传教育,在学校一楼大厅播放国家安全宣传视频,组织教职工收看《你认为的国家安全是什么》专题宣传片,向教职工推送《深刻领会总体国家安全观的理论和实践伟力》,进一步提升广大教职工对全民国家安全的认识,安全意识得到提高。三是普及国家安全知识。学校充分发挥课堂教学在宣传教育中的主导作用,让安全宣传教育进课堂。学校坚持以"山西交通在线"为依托,大力开展国家安全知识普及,面向全省交通运输系统干部职工及山西交控集团全体员工开展宣传教育。

4月 是"社会主义核心价值观主题实践教育月",为进一步弘扬中华优秀传统文化,"山西交通在线"培训平台面向全省交通运输系统4万余名干部职工推出“道德讲堂”系列专题课程。该专题共计13门课程，涵盖社会公德、职业道德、家庭美德和个人品德四个方面。

是月 太原市小店区在清明小长假首日。学校成人教育部积极响应政府、学校号召，实行居家办公、远程办公，做到不停工停教，确保教学工作及服务保障不断档。一是严格执行教学计划，确保学生线上学习不停学。为2022级282名新生开通学习平台账户，设置学期教学执行计划课程，开课率达100%。二是完成毕业设计指导。13名指导教师采用线上方式完成北京交通大学和国家开放大学79篇毕业设计指导工作，教师指导完成率达100%，学生论文完成率(达)84%，论文质量和完成率较上届有所提高。三是采用在线支付方式，完成492名学生年度学费收缴工作，完成率达98%。四是落实教学过程管理，组织学生和辅导教师参加国家开放大学和北京交通大学的线上开学典礼和直播课，11名教师参加网上教学活动。五是落实考试统一安排。组织北京交通大学2020级春季班6名毕业生17门次的第4学期补考，成绩均合格，确保毕业生完成课程考核顺利毕业。

5月1日 从即日起，《信访工作条例》(以下简称《条例》)正式施行。为配合全省集中开展“循法信访 依法办访”宣传月活动，省厅信访办依托“山西交通在线”培训平台，开设《条例》宣贯专题。该专题包括《条例》《条例知识点问答》等相关宣传、解读课程，面向全省交通运输系统4万余名干部职工开放学习。

5月8日 为配合山西交控集团做好纪检监察干部队伍素质提升，使纪检干部在强化自我监督、自我约束上作表率，牢固树立法治意识、程序意识、证据意识，严格按照权限、规则、程序开展工作，4月，“山西交通在线”培训平台推出在线练习测评。测评分纪检监察类、文书类共30套试卷600道题目，面向山西交控集团纪检干部全员开放。学员通过计算机、手机、平板电脑等设备登录平台参与练习。测试阶段，按照不同人员分类，拟定A、B、C三套测试试卷，测试结束后即时出测试成绩，有348名纪检干部顺利通过测试，及格率达100%。

5月11日 学校邀请山西省原摄影家协会广告摄影学会会长李凯文前来讲授摄影知识。培训在校十二楼会议室举办。学校新媒体团队成员、部分教职工和合作单位有关人员参加培训。讲座以《摄影图片的表达与解读》为主题，以其多年从事摄影创作积累的丰富经验，从摄影理念、视角选取、拍摄技巧、内涵呈现等方面，结合实际照片，对新闻会议、团队活动等不同主题的拍摄技巧和注意事项进行深入讲解。讲座还着重讲解手机在对焦、测光、用光等方面的基本知识和拍摄技巧，并与教职工就手机拍照小窍门，进行现场交流指导。

5月12日至23日 校工会组织全校教职工开展棋牌运动会。此次活动开展旨在丰富教职工业余文化生活，增进教职工彼此间交流与感情，营造“快乐工作、健康生活”的工作氛围。本次棋牌运动会设置跳棋、双升、象棋等比赛项目，采取抽签对阵形式，分初赛、预赛、决赛。广大教职工按照各自的兴趣爱好，积极报名参与，以棋牌会友，共享竞赛乐趣。校领导班子全员到比赛现场，给大家加油鼓劲。经过激烈的角逐，路敏获得跳棋比赛冠军；张健健和任超组获得“双升”比赛冠军；桑志忠获得象棋比赛冠军。

5月13日 为丰富离退休教职工的业余文化生活，学校第五党党支部组织开展离退休人员2022年棋牌运动会。此次棋牌运动会设置跳棋、象棋、“双升”等比赛项目，21名离退休人员参与活动。

5月24日 学校组织开展以“减轻灾害风险 守护美好家园”为主题安全培训讲座。此次培训邀请专业安防机构培训教员赵勇亮，为全校教职工现场讲解授课，使大家对如何减少预防地震灾害及火灾造成的人身伤害和财产损失、如何处理初期火情以及遇到突发地震等灾害时的应急措施有了充分的了解。同时，进行各种常用灭火器与防毒面具的实操演练。本次培训切实强化学校教职工的安全意识，让广大教职工进一步了解到灾害发生时的应对措施、自救知识和扑救初期火灾的技能，学校安全教育工作得到加强，安全形势持续稳定。

5月24日至25日 受山西交控集团临汾南高速公司委托，学校职业资格服务部职工在副校长孟万银带领下，对临汾南高速分公司开展优秀挂职中层副职岗位员工选拔工作。

山西交控集团人力资源中心主任李宏义，临汾南高速分公司党委书记、董事长戴波等领导巡视考场，并详细询问考试环境及考场秩序等工作。笔试成绩于当天下午即时公布。

选拔过程中，学校组成的考评队伍以规范严谨、细致入微专业精神受到临汾南高速分公司的高度认可。经过激烈角逐，24名挂职中层副职员工最终全部完成测评，成绩优异者被选入其后备干部库。

5月26日 为深入学习宣传贯彻《信访工作条例》(以下简称《条例》)，学校结合实际，组织开展“循法信访、依法办访”宣传月活动。一是组织学习。以上率下集中学。校党委召开理论学习中心组集中学习扩大会，深入学习贯彻《条例》和《山西省交通运输厅信访工作责任追究制度(试行)》，研讨面对新形势新任务新要求，进一步推进信访工作落实的思路举措，并对《条例》贯彻落实做出安排部署。党支部集中交流学习。5月23日至31日期间，学校各党支部组织党员开展《条例》专题学习，重点对《条例》中信访工作原则、信访工作内容、信访工作职责等具体内容进行学习并开展座谈交流。建立制度常态学习。把《条例》列入党支部年度学习计划，通过领导干部带头领学、交流促学、个人自学等形式，引导广大教职工全面理解《条例》主要内容，准确把握新时代信访工作原则和要求，建立常态化学习制度。二是开设专题。活动开展以来，学校积极配合省厅信访办，在“山西交通在线”开设《条例》宣贯专题。该专题包括《条例》《条例知识点问答》等6门课程内容，面向全省交通运输系统4万余名干部职工开放。三是营造浓厚氛围。学校充分利用LED电子显示屏、门户网站、微信、公众号等载体，积极参加国家信访局开展网络正能量微视频大赛，全方位多角度宣传、解读《条例》，形成浓厚氛围。

6月 “山西交通在线”培训平台面向全省交通运输系统4万余名干部职工推出2022年全国两会精神解读专题。该专题共计6门课程，内容涵盖两会各个方面，深入解读两会精神。

6月1日 山西省直工委第三检查组王新民一行深入学校，对2021年度省直文明单位创建工作进行实地检查和指导。厅直机关党委专职副书记武安瑜一行陪同检查。

校党委书记、校长辛泉生就学校2021年度精神文明创建工作的组织领导、职工队伍建设、机制建设、活动开展等内容作具体汇报。检查组一行通过现场查看、查阅资料、与干部职工谈心谈话、问卷测评等方式，对学校精神文明建设工作进行全面、细致检查验收。学校将以创建精神文明单位为重要抓手，进一步加大创建力度，提高创建标准，丰富创建载体，做细做实文明创建各项工作，以优异成绩迎接中共二十大胜利召开。

6月8日至15日 由学校承办的“山西省公路施工企业三类安全管理人员考试”结束。此次考试历时8天，设置23场次考试，全省公路水运工程施工企业主要负责人和安全生产管理人员共2000余名考生参加本次考试。

为确保此次考试成功，校网教部精心组织、严格审核，利用一个月的时间，通过交通运输部公路水运工程施工企业主要负责人和安全生产管理人员信息管理系统，对报名参加考试的企业、考核人员进行资质和资格审查，最终50余家企业的1500余名初考人员、近600名延期考核人员通过审查。6月6日召开考务工作会议，安排部署相关工作，强调考试纪律，对考试用机进行全面细致检查，对外张贴考场安排表、警示标语、考场须知，配备身份证识别仪，实行楼层口双证审验、考场内监考老师查验，严厉杜绝替考等违规行为，营造风清气正考试环境。

6月9日 学校以“喜迎中共二十大·档案颂辉煌”为主题，组织开展国际档案日宣传活动。活动中，学校通过张贴宣传挂图、电子显示屏滚动播放宣传语、参加档案知识答题活动、自主学习“山西交通在线”培训平台《中华人民共和国档案法》《中华人民共和国档案法实施办法》课程等形式，广泛宣传普及档案知识和档案法律法规，引导学校教职工更好地做好档案工作。

6月11日至12日 2022年度全国机动车检测维修专业技术人员（山西考区）职业水平考试（以下简称“山西省机动车检测维修考试”）结束。

全国机动车检测维修专业技术人员职业水平考试是从2012年开始，由交通运输部与人力资源和社会保障部联合举办的机动车检测维修领域唯一一项专业技术人员国家职业资格制度考试。山西省机动车检测维修考试为全省汽车维修从业人员的技术职称晋升提供有效途径，是引导和促进行业从业人员队伍建设和关键岗位技术人员能力素质提升有效载体，对促进行业健康、有序、持续发展具有重要推动作用。考试目前设有机动车机电维修技术、机动车整形技术和机动车检测评估与运用技术3个专业，分为机动车检测维修士（初级）和机动车检测维修工程师（中级）两个级别，采用以考代评的方式进行汽车维修行业在职人员技术职称评定。

本次考试受到交通运输部职业资格中心、省交通运输厅等各级领导的重视。为确保考试工作顺利进行，在省厅组织下，学校提早准备、精心筹备。校领导主持召开考试工作协调会，安排部署考试组织、后勤保障和应急处置等工作，认真组织考前动员和监考老师培训，秉承“公平、公正、公开”原则，周密布置、细致安排，杜绝作弊、作假现象，确保考试平稳有序进行。考试期间，省交通运输厅相关部门负责人赴考点进行巡考。

6月23日 山西开放大学评估组副组长、教务处副处长郭昌欣一行4人到学校，进行办学工作实地评估。评估汇报会上，学校党委委员、副校长孟万银首先代表校党委对评估组的到来表示欢迎和感谢。从山西交通学习中心基本情况、办学定位、教学管理、教学质量、教学效果、创新服务和条件保障等方面进行汇报。他指出，学校认真贯彻“以评促建、以评促改、以评促管、评建结合、重在建设、创出特色”指导原则，以检查为契机，以评估为动力，对照检查标准全面细致地开展自查。郭昌欣代表评估组就此次实地评估的目的和意义进行说明。她指出，此次评估秉持“以评促建促改，评建结合”原则，采用实地评估的方式，对山西开放大学体系办学进行客观地评估诊断，旨在全面提升山西开放大学体系办学规范程度、保障水平和教学质量，并对山西开放大学体系办学提出建设性意见。

汇报会后，评估组实地考察学校办学基础设施建设，查阅档案资料，现场观摩公开课，召开师生代表座谈会。评估组对学校的办学评估工作给予充分肯定。

6月30日 学校召开庆祝中国共产党成立101周年暨“两优一先”表彰大会。学校全体党员、入党积极分子、共建党支部党员代表及群众参加会议。会议由副校长梁锦华主持。大会在庄严的《中华人民共和国国歌》声中拉开帷幕。副校长孟万银宣读《中共学校关于表彰2022年优秀共产党员、优秀党务工作者、先进基层党组织的决定》，校领导为受表彰的优秀共产党员、优秀党务工作者和先进基层党组织代表颁发荣誉证书。会议向受到表彰的优秀个人和先进集体表示祝贺，希望受表彰的优秀个人和先进集体珍惜荣誉、发扬成绩，以更加饱满精神、更加昂扬斗志、更加务实作风再立新功。

随后，校党委书记、校长辛泉生讲授题为“初心如磐，使命在肩”专题党课。他鼓励广大党员干部要以党员身份为荣，坚定理想信念追求。要铭记党的奋斗历程，弘扬党的光荣传统，传承党的红色基因，赓续共产党人的精神血脉，深刻学习领会中国共产党百年奋斗历程的重大意义、精神实质和深刻内涵，始终胸怀“两个大局”，心怀“国之大者”，自觉用习近平新时代中国特色社会主义思想武装头脑，时时处处听党话、跟党走。要以党性修养为根，争当党员先锋模范，为推动学校高质量发展做出应有贡献。大会在雄壮的《国际歌》声中落下帷幕。

会后，学校召开“喜迎中共二十大 奋进新征程”庆“七一”文艺会演活动。活动现场，预备党员进行入党宣誓，全体党员重温入党誓词，进一步激励广大党员继往开来、赓续奋斗、不忘初心、牢记使命坚定决心。文艺会演节目精彩纷呈,饱含深情的合唱《唱支山歌给党听》《歌唱祖国》和独唱《祖国万岁》,积极阳光的舞蹈《万疆》,声情并茂的诗朗诵《曾经当过兵 我在567团》《可爱的祖国》,原创微话剧《百年大党正青春 青年奋进正当时》,铿锵有力的军体拳表演《说打就打》,喜闻乐见的三句半《千秋复兴梦,喜迎二十大》,以及独具韵味的民歌合唱《桃花红杏花白》,尤其是离退休干部带来的《今天是你的生日,我的中国》,融合诗歌朗诵、合唱和舞蹈,满怀深情地表达对祖国的热爱和祝福,艺术地展现中国共产党百年来的风雨历程和取得的辉煌成就,彰显共产党员的坚定信念和精神风貌,引发现场党员干部群众奋进新征程、建功新时代的强烈共鸣。

6月 在全国第21个"安全生产月",学校以"遵守安全生产法,当好第一责任人"为主题,组织开展安全生产宣教活动。一是学校通过电子显示屏、教学楼大厅电视宣传屏,循环播放安全生产标语和有关法律法规,广泛动员广大教职工和学员更广泛地参与到安全生产月活动中来。二是《中华人民共和国安全生产法》重新修订后,学校深入贯彻党中央、国务院和省委、省政府关于加强安全生产工作系列决策部署和重要指示精神,认真落实《中共中央 国务院关于推进安全生产领域改革发展的意见》精神,以"全面落实企业安全生产主体责任"为主题,在"山西交通在线"培训平台上线12门"2022年安全生产月专题"课程,聚焦改革发展、安全法规、事故防范等内容,宣传解读《国务院安委会安全生产"十五条"措施》《交通运输安全生产大检查方案》,有效提升企业落实安全生产主体责任的意识。三是全力防范风险。学校聚焦重要节点、重点区域两个关键环节,通过巡回检查方式,全面深入排查风险隐患,立查立改,即查即改。

是月 学校以"慈善捐赠,奉献爱心,救助更多困难群众"为主题,在全校范围内开展"博爱一日捐"募捐活动。67名教职工积极参加,共计捐款2760元。整个捐助活动全程公开透明,捐款明细在学校公告栏公示,接受监督,所募捐款全部送交至红十字会,获得公益事业捐赠收据和捐赠证书。所募捐款将通过红十字博爱助医、助学、助困、助老、助幼、助残、大病救助等公益项目,用于救助(符合)红十字会救助条件的贫困家庭和受灾群众。此次募捐活动集中展示学校扶危济困、助人为乐的责任担当,进一步提升全体教职工的大局意识、奉献意识、团结意识,弘扬人道、博爱、奉献红十字精神和中华民族传统美德。

7月8日 学校组织教职工观看爱国主义影片《谷魂》,教育引导广大党员干部不忘初心、牢记使命,立足岗位、建功立业。观影过程中,大家都被赵治海屡战屡败、屡败屡进、锲而不舍的精神所感动,被赵治海舍我为国、专心致志、创新求变的高尚品格所折服。观影结束后,教职工们纷纷表示,要以赵治海为榜样,发扬"谷魂"精神,以更加昂扬向上的工作态度和务实创新的工作作风投入工作中,大力发扬工匠精神,切实履职尽责,满怀激情做好本职工作。

7月13日至15日 由省厅财务收费管理处主办的2022年度厅属单位财务人员业务培训班在学校成功举办。开班仪式由学校副校长孟万银主持,厅财务收费管理处处长卢奋卿出席并致辞,59名来自各厅属单位财务人员参加此次培训。本次培训班历时三天,邀请山西经济管理干部学院、省财政厅领导及实战专家为培训学员授课。参训人员对《中共十九届六中全会精神》《部门决算管理》《资产管理实务》《部门预算管理及预算编制》《预算绩效管理》《政府采购政策及信息化系统运用》等内容进行系统学习。本次培训班指向明确、实操性强、成效显著。通过此次培训,有助于提高财务人员执行新政策、正确处理经济业务工作能力和全面预算管理水平,同时也督促财务人员提高认识、廉洁自律,紧绷规范财务管理工作这根弦,不断学习相关财务知识、财经法律法规,谱写财务管理工作的新篇章。

7月25日至27日 由厅办公室主办的2022年度交通运输保密档案工作专题培训班,在学校结束。本次培训班,共有来自厅属单位的82名保密档案工作人员参加。本次培训邀请省委党校、省国家保密局和省档案馆的专家、教授进行授课,针对《中国共产党的百年光辉历程》《习近平总书记关于保密和档案工作的重要论述》《保密工作的形势与任务》《档案数字化管理》等内容展开系统讲授。本次培训班专业性强、针对性明确、指向性强，培训学员纷纷表示，通过培训学习，不仅从思想上政治上坚定理想信念，也从行动上认识到保密、档案工作极端重要，更是在实操方面提升履职担当的工作能力。

7月29日 在“八一”建军节来临之际，学校开展新兵慰问老兵活动。副校长孟万银带领在职在岗退役军人一起到离退休复转军人家中，将山西省交通运输厅对退役军人的慰问信送到离退休复转军人手中，向他们送去节日的问候和真挚祝福。退役老军人讲述曾经的军旅生活，表示会继续保持“退役不退志，退伍不褪色”军人本色，为学校发展贡献力量。校党委指出，退伍军人是国家建设功臣，为国防和军队建设献出宝贵的青春，我们要学习其无私奉献、吃苦耐劳的革命精神，立足本职岗位，发愤图强，扎实工作。并祝福退伍老军人身体健康、阖家幸福。希望他们在建设交通强省、全方位推动高质量发展新征程上，继续发扬军人优良传统，再做新贡献。

7月 为落实中央《关于加强中央和国家机关部门机关纪委建设的意见》和省委《关于全面建设清廉山西的行动方案》精神，按照厅党组要求，学校在“山西交通在线”培训平台，向全省交通运输系统纪检干部推出“山西交通运输系统纪检干部业务培训”专题。该专题共计24门课程，23学时。内容包括《中国共产党纪律检查机关监督执纪工作规则》《中国共产党纪律处分条例》等解读和相关业务课程。

是月 根据山西交控集团科技创新工作会议精神，山西信通公司将“人才培育与引进”作为重点工作着力推进，委托学校举办软件开发培训。学校专技人才服务部经过多次调研，和太工天成、高校的专家团队制订培训方案，培训将历时6个月，培训22项内容，共计200个左右的学时。

8月2日至3日 由学校承办的省交通运输厅信访工作专题培训班结束。来自全省交通运输系统67名信访工作人员参加培训学习。厅办公室主任王亚虎出席开班仪式并做动员讲话。王亚虎指出，信访工作是党的群众工作重要组成部分，是了解社情民意重要窗口。做好信访工作，首先要对群众有感情，要深入研究和准确把握新形势下群众工作特点和规律，改进群众工作方法，提高群众工作水平，维护群众合法诉求。要提高政治站位，不断提升化解问题能力和规范化水平，为全系统大局稳定提供坚强保障。

本次培训班邀请省委党校和省信访局领导、专家和学者，围绕中共十九届六中全会精神、习近平总书记关于加强和改进人民信访工作重要思想、《信访工作条例》、信访积案化解专项工作要求和《信访信息系统网上办理规范》等内容进行集中授课。参训学员一致表示，要深入学习贯彻习近平总书记关于加强和改进人民信访工作的重要指示精神，精准把握新时代信访工作的基本原则和总体要求，切实扛起为民解难、为党分忧政治责任，深入贯彻落实《信访工作条例》，继续发扬党的光荣传统和优良作风，更好发挥好与人民群众的“连心桥”作用，以一颗红心、一片真心切实维护群众合法权益，在维护交通运输稳定大局上做出更大贡献，以实际行动迎接中共二十大胜利召开。

8月5日 学校与山西老年大学战略合作签约仪式在山西老年大学隆重举行。省委老干部局副局长、山西老年大学校长杨文生，学校党委书记、校长辛泉生出席签约仪式并致辞。副校长孟万银与山西老年大学副校长李岩冰代表双方进行签约。

签约仪式上，杨文生简要介绍山西老年教育发展情况以及山西老年大学在积极应对人口老龄化、多样化满足老年人学习需求方面所作出的努力，描绘老年教育事业未来发展美好前景，期待战略合作协议签署后，各方积极有效实施，为今后在更大范围更深层次的深度合作奠定坚实基础。辛泉生表示，学校始终坚持立足交通、服务社会办学宗旨，秉承“开放融合，特色立校”办学理念，多方融合优质社会资源，大格局办学。这次与山西老年大学签订战略合作协议是一个良好开端,期待双方能以此次签约为契机,在办学、服务、培训门类建设、线上教育、资源共享等领域建立多方面战略合作伙伴关系,努力形成优势互补、互惠互利、相互促进的共赢局面。

同日 学校召开专题会议,传达学习全省贯彻落实中央八项规定精神专题警示教育大会精神,通报太原市晋源区委副书记、区长杨某忠等人严重违反中央八项规定精神违规吃喝被查处事件。校领导班子成员、各部门负责人参加会议。会议由学校党委书记、校长辛泉生主持。

会议强调,全校广大党员要以案为鉴、举一反三,深入学习贯彻习近平总书记关于作风建设的重要论述,清醒认识"四风"问题的反复性、顽固性和作风建设的艰巨性、长期性,要始终保持"咬定青山不放松"政治定力,坚持严的主基调不动摇,持续加固中央八项规定精神堤坝。会议要求,全校党员干部要严守纪律规矩、不逾纪法底线。要深入贯彻中央八项规定精神,驰而不息纠治"四风"。要全面加强制度建设,把提高政治站位、增强政治意识与建章立制、强化制度约束结合起来,保证制度的贯彻执行。

8月8日 由学校举办的2022年度太原市国资委系统党员发展对象培训班结束,168名学员参加培训学习。本次培训邀请省委党校的专家学者就中共十九届六中全会精神、《中国共产党章程》、《中国共产党纪律处分条例》、《中国共产党廉洁自律准则》、中国共产党百年辉煌历程、中国共产党人的精神谱系等内容为学员进行深入细致、系统全面讲解与解读。

8月10日 由省公路运输工会举办的"迎接中共二十大 奋进新征程"主题演讲比赛在省交通运输厅五楼会议室举行。学校职工刘洋、张警予、张雅波参加比赛。三名职工分别以"聚党员之火 借青春之风 添时代之光""我骄傲,因为我是交通人""生而逢盛世 青年当有为"为主题,围绕本职工作抒发爱国爱党爱岗的情怀,咏唱新时代主旋律,彰显新时代干校年轻人昂扬向上、奋发进取的精神风貌。经过角逐,学校三位职工获得优秀奖。

8月19日 由学校承办的山西信通公司"打造高效极致服务团队——客服素质能力提升"培训班结束。山西信通公司ETC服务团队参加培训。本次培训聘请专业沟通技巧与心理咨询老师,围绕"温暖服务用户满意""沟通能力提升"主题,就采取不同沟通方式,沟通中听、说、问的技巧以及处理投诉的关键方法等方面进行系统性讲授,使每一个客服人员充分认识到客服人员恰当的行为情绪、积极向上的心态对传达企业温暖重要性。本次培训使一线ETC服务人员对服务意识、情绪控制、沟通技巧有更深入的认识,学员们表示在今后工作中要学以致用,举一反三,不断增强服务意识,提升服务水平,提高用户满意度和客诉处理效率,为打造让客户满意的服务而做出自己的贡献。

8月25日 学校党委理论学习中心组召开第8次集体学习,深入学习习近平总书记在省部级主要领导干部"学习习近平总书记重要讲话精神,迎接中共二十大"专题研讨班上的重要讲话精神。党委书记、校长辛泉生主持集体学习。

会议指出,习近平总书记在省部级主要领导干部专题研讨班上的重要讲话,科学分析当前国际国内形势,深刻阐述过去五年工作和新时代十年的伟大变革,深刻阐释新时代坚持和发展中国特色社会主义的重大理论和实践问题,深刻阐明未来一个时期党和国家事业发展的大政方针和行动纲领,为开好中共二十大奠定重要政治基础、思想基础、理论基础。要把学习宣传贯彻习近平总书记重要讲话精神作为重要政治任务,不断提高政治判断力、政治领悟力、政治执行力,不折不扣把党中央决策部署落到实处,以实际行动迎接中共二十大胜利召开。

会议强调,要深刻领悟"两个确立"的决定性意义,切实把思想和行动统一到习近平总书记重要讲话精神上来。我们要深刻认识到,过去五年是极不寻常、极不平凡的五年,新时代十年的伟大变革在党史、新中国史、改革开放史、社会主义发展史、中华民族发展史上具有里程碑意义。党和国家事业之所以取得历史性成就、发生历史性变革,根本在于习近平总书记作为党中央的核心、全党的核心掌舵领航，根本在于习近平新时代中国特色社会主义思想科学指引。

会议要求，全校教职工要深入学习领会习近平总书记重要讲话精神，认真贯彻落实党中央、省委决策部署和厅党组相关要求，始终把党的政治建设摆在首位，忠诚捍卫“两个确立”，坚决做到“两个维护”，进一步强化党的创新理论武装，统筹安全和发展“两个大局”，锁定全年目标不动摇，全力以赴，勤奋工作，确保全面完成年度目标任务，以优异成绩迎接中共二十大胜利召开。校领导班子成员、各部门负责人参加会议。

8月 学校开展送考上门服务，助力山西交控高速公路服务区管理有限公司顺利完成“岗位大练兵、素质大提升”活动。为确保高质量高标准地完成活动任务，学校积极与山西服务区公司沟通，精心准备，针对不同部门岗位业务需求，在“山西交通在线”培训平台上线“山西交控高速公路服务区管理有限公司全员线上培训”专题，上线35门学习课程，278道测评习题，1600多道闭卷测试题目。服务区管理公司全体员工在完成30学时在线学习后，640多名员工参加线上测评。在线学习结束后，副校长孟万银带领学校部分教师，奔赴山西高速公路服务区9个考点送考上门。山西交控高速公路服务区管理有限公司相关领导全程巡视监督。考试采用移动端进行答题，560人顺利完成闭卷考试。此次“送考上门”不仅有效解决学员往返不便问题，还为企业节约经济成本、提高工作效率，得到办培单位一致好评。

9月1日 学校召开半年工作会议，总结上半年工作，安排部署下半年重点工作，动员全校干部职工再鼓干劲、再加压力，全力以赴打好百日攻坚战，以优异成绩迎接中共二十大胜利召开。校党委委员、副校长梁锦华主持会议。全体教职工参加会议。会上，校党委书记、校长辛泉生作了题为《振奋精神凝聚力量 攻坚克难担当实干 全力以赴打好百日攻坚战》工作报告。

会议要求，要始终把党的政治建设摆在首位，忠诚捍卫“两个确立”、坚决做到“两个维护”，进一步强化党的创新理论武装，统筹安全和发展“两个大局”，锁定全年目标不动摇，全力以赴、勤奋工作，确保全面完成年度目标任务，打赢百日攻坚战。具体要做好五项工作：一是全力做好中共二十大信访维稳工作。二是迎难而上，稳住干部培训“基本盘”。要加强培训形势研判和分析，从办培单位需求中找对策，用优质服务擦亮干校名片。要深化合作、灵活办学，线上线下培训齐头并进，着力培育特色培训。要抓好项目建设，继续深化同省直机关的合作。三是凝心聚力，筑牢继教、专技人才培养“压舱石”。要深化与山西老年大学的合作，开办离退休人员教学班；要以质取胜，持续做好国家开放大学办学评估工作；要提高教学质量，树立学校品牌。要协助省厅落实专技人员继续教育工作。四是激活内力，吹响网教、职业技能鉴定发展的“冲锋号”。要深化在线平台建设，在“强基础、重创新、促融合”上下功夫，继续做好“交通在线”和“晋交安培”双平台建设运营工作。五是提升站位，以坚定信心推动学校高质量发展。要坚持依法治校，增强管控，从严落实安全生产责任，建设阳光校园、平安校园。要强化全面从严治党，狠抓党风廉政建设，严格落实“两个责任”，以风清气正良好政治生态为学校高质量发展保驾护航。

9月7日 山西省人力资源和社会保障厅印发《关于发布2022年度全省职业技能等级认定社会培训评价组织名单的通告》，正式批准学校成为全省职业技能等级认定社会培训评价组织机构。自此，学校正式具备面向社会进行相关职业技能培训暨认定资质。从2020年9月学校获得全省首批职业技能等级认定省属院校资质，具备面向本校学生进行技能评价的资质以来，在省职业技能鉴定中心指导下，学校陆续完成对本校在线培训学员共计5000余人职业技能等级认定评价工作。2022年，通过精心前期准备，经自主申报、专家遴选、信用核查、专家评估与实地考察等程序，最后由人社部复核，学校正式通过备案，可面向社会开展公路收费与监控员、公路养护工、工程测量员、快递员四个职业（工种）的职业技能等级认定培训暨评价工作。按照相关职业(工种)国家职业技能标准,可依据职业技能等级认定规范开展职业技能等级评价并颁发证书。

9月15日至17日 学校在贾家庄基层干部培训基地成功举办2022年教职工素质能力提升培训。培训坚持高起点谋划、高标准组织,精心设置课堂教学、现场教学、体验教学、拓展训练等课程。18名教职工参加此次培训。通过培训,广大教职工重温中国共产党百年奋斗光辉历史,进一步强化使命担当,有效提升能力素质,达到预期目标,取得良好效果。

9月15日至23日 由学校承办的山西省公路施工企业三类安全管理人员考试结束。此次考试历时9天,设置26场次考试,全省公路水运工程施工企业主要负责人和安全生产管理人员2000余人参加。为确保此次考试成功,9月14日下午,省交通运输厅安监处领导在学校参加考务工作会议,安排部署考试相关工作。会议强调考试纪律和准则,明确考务人员的工作职责,规范考试工作流程,对考务人员进行考前培训。考试期间,考区设置警戒线,张贴考场安排表、警示标语、考场须知。备考区配备身份证识别仪,杜绝替考等违规行为。机房考场内,摄像头全程监控考试过程,监考人员认真负责,考场秩序井然,考风考纪良好。

9月19日至23日 学校成功举办2022年度省高速公路综合行政执法总队大队长初任培训。本次培训班由省高速公路综合行政执法总队主办,共93名大队长和业务骨干参加。省高速公路综合行政执法总队总队长刘清平参加开班仪式并作动员讲话,副总队长段志伟主持,学校校长辛泉生致辞。

刘清平强调,不断加强业务培训、提升执法队伍履职能力,既是基层工作的现实需要,也是落实《交通运输综合行政执法队伍素质能力提升三年行动实施方案》精神具体举措。参训学员要提高政治站位,结合实际工作,拓展新思路,增强推进工作的前瞻性、针对性和操作性。

本期培训班邀请省委党校、驻厅纪检监察组、厅政策法规处和全省交通运输系统有关专家学者,围绕"用习近平法治思想理论武装头脑,努力打造一支高素质的综合行政执法队伍""高速公路执法实务""行政处罚法新修订的重点与亮点""突发事件应对处置与舆情引导"等内容进行系统授课,受到参训学员一致好评。学员纷纷表示,本次培训班内容丰富、课程精彩、针对性强,通过学习进一步坚定理想信念、树牢宗旨意识、增强工作本领、提升履职能力。

9月26日 省交通运输厅党组巡察办对学校巡察整改落实情况进行检查。会上,校党委书记、校长辛泉生就巡察反馈的3类11条意见,详细汇报整改措施及完成情况。厅党组巡察办通过听取汇报、现场查看印证资料,对学校整改落实情况逐一进行对照检查。

9月26日至27日 由省交通运输厅政策法规处主办2022年度第一期交通运输综合行政执法业务骨干培训班在学校结束,59名执法业务骨干参加培训学习。

本次培训班按照《山西省交通运输厅交通运输综合行政执法队伍素质能力提升三年行动方案(2021—2023年)》通知要求,特邀省内知名专家学者,就《习近平法治思想学习纲要》《中华人民共和国行政处罚法》《执法文书的制作及注意事项》等内容进行系统全面地讲解与解读。参训学员一致表示,本次培训非常及时、很有必要,大家通过学习培训,开拓思路,提升能力,推进工作,为今后全方位高质量开展交通运输综合行政执法工作奠定良好理论基础。

为深入贯彻落实上级主管部门国有房屋租金减免政策,根据省财政厅相关通知要求,学校根据省财政厅减免房产租金的文件精神,认真贯彻落实相关政策,积极推进国有房屋租金减免工作,切实减轻小微企业、个体工商户负担,帮助困难行业渡过难关。一是在接到承租方的减免申请后,按规定对承租方免收房租的资格进行审核审查。二是在向上级部门咨询并经反复研究讨论后,学校确定免收范围及减免方式,决定对2022年承租学校房屋的企业减免3个月租金。三是积极与承租方对接,宣传解释房屋租金减免政策,租金减免办理流程,做到应减尽减、不留死角。经反复磋商后,学校与各承租方达成一致，为其减免2022年3个月租金。接下来，学校将按规定把减免租金户数和金额及实际已减免租金户数和金额情况向上级主管部门报告，高效、精准将相关政策落到实处。

9月29日 学校党委理论学习中心组开展第9次集体学习，重点围绕学习习近平在第二届联合国全球可持续交通大会开幕式上的主旨讲话精神和《习近平谈治国理政》第四卷等学习内容。党委书记、校长辛泉生主持集体学习。

会议指出，习近平在第二届联合国全球可持续交通大会开幕式上的主旨讲话，深刻阐释可持续交通发展的重大意义，明确提出推进全球交通合作的5点主张，充分彰显中国推动全球可持续发展的积极作为和历史担当，引发国际社会广泛共鸣，为推进全球可持续交通发展注入强大动力和坚强信心。

会议强调，我们要深学细悟落实习近平总书记的主旨讲话精神，认真贯彻落实党中央、省委决策部署和厅党组相关要求，认真做好学校当前各项工作，坚持交通先行，创新引领，发扬逢山开路、遇水架桥的交通精神，加快建设交通强国，全力以赴当好中国现代化开路先锋。校领导班子成员、各部门负责人参加会议。

9月 在2022年国家网络安全宣传周到来之际，学校利用新媒体和LED屏广泛宣传，校党委与各部门签订网络安全工作责任书，发动广大教职工积极参与山西省总工会组织开展网络安全有奖答题，通过多种形式宣传教育，广大教职工网络安全意识进一步增强，营造“网络安全为人民，网络安全靠人民”良好氛围。

是月 在第38个教师节来临之际，学校联合竹叶青产业公司共同举办“桃李芬芳至 竹酒乘月来”教师节庆祝活动。校党委班子成员、全体教职工、竹叶青产业公司的领导及部分职工参加活动。校党委书记、校长辛泉生，竹叶青产业公司党委副书记、工会主席贾丽霞致辞。

此次活动紧紧围绕“迎接中共二十大、培根铸魂育新人”主题，本着隆重、简朴、热烈原则，充分发挥地域特色文化在思政育人中的积极作用，组织开展形式多样、轻松活泼的特色活动，营造浓厚的节日氛围。让广大教职工在了解山西特色文化历史的同时，更加真切感受山西特色文化的深厚魅力，从而激发广大教职工的内生动力，坚定文化自信，打造特色学校。

活动中，学校教职工表演情景剧《祖国风华正茂》；竹叶青产业公司分享公司文化，参加活动的人员共同进行月饼制作。活动现场气氛热烈，文艺表演别开生面，为广大教职工送去节日祝福和健康的理念。

10月16日 中国共产党第二十次全国代表大会在京隆重召开。校党委高度重视，积极组织全体教职工认真观看中共二十大开幕会盛况，聆听学习习近平同志代表十九届中央委员会向大会作的报告。开幕会结束后，学校利用新媒体平台、电子屏等多种形式积极开展宣传学习，各党支部在第一时间以集中学习和个人自学等方式，组织党员干部开展讨论、畅谈感想。大家一致表示，接下来将把学习好、领会好、贯彻好、落实好中共二十大报告精神作为首要任务，坚持原原本本学、逐字逐句学、反反复复学，全面系统地领悟精髓要义，深刻领会报告的新思想、新理论、新部署和新要求，以良好的精神状态、求真务实的工作作风、扎实有效的工作措施落实好中共二十大精神，结合学校全面工作的实际要求，提高工作成效，着力推动学习成果转化为实践动力，为学校高质量发展提供坚强保证。

10月22日 经过一周时间紧张考核，学校完成2022年度全省城市轨道列车司机职业技能等级鉴定评价工作。此次考评是学校自2021年取得评价资格后第二次开展该项工作，共计57名来自太原中铁轨道交通建设运营有限公司在职员工参加鉴定考评。本次鉴定受到交通运输部职业资格中心、省交通运输厅等各级领导高度重视，为确保考试工作顺利进行，学校积极组织准备，校领导主持召开考试工作协调会，部署考试安排、后勤保障和应急处置等工作，确保考试平稳有序进行。

10月27日 学校召开党委会议，组织专题学习习近平在第二届联合国全球可持续交通大会开幕式上的主旨讲话精神。会议指出,习近平主席的重要讲话深刻揭示可持续交通、可持续发展所面临根本问题,指出未来发展的方向,宣示中国的决心和信心。作为交通人深受鼓舞、倍感振奋。会议要求,领会宣传贯彻习近平主席主旨讲话精神,是当前和今后一个时期全省交通运输行业的重大政治任务。校党委紧密结合学校工作实际,进一步加强组织领导,深入开展学习研讨,扎实做好宣传引导。一要落实好《交通强国建设纲要》和《国家综合立体交通网规划纲要》、交通强省建设的有关工作部署,迅速将会议精神转化为实际行动,落实主体责任,明确责任分工,为学习贯彻精神提供坚实的组织保障。二要利用学校新媒体平台,及时开展创新理论宣传,形成良好的舆论氛围。三要建立常态化学习制度,把讲话精神作为党委理论学习中心组和党支部学习的重要内容,通过领导干部带头领学、交流促学、个人自学等形式,全面理解讲话精神,做到学深悟透,把握精髓要义。以贯彻落实讲话精神为契机,结合工作实际,把"与世界相交、与时代相通,在可持续发展道路上阔步前行"的勇气和决心落实到学校高质量发展中去,形成推动学校发展的强大动力,为交通强省建设做出新的更大贡献。

同日 学校召开党委理论学习中心组第10次会议,专题学习中共二十大精神。校党委书记、校长辛泉生主持并讲话,校领导班子成员、各部门负责人参加会议。会上,大家集体学习《中国共产党第二十次全国代表大会关于十九届中央委员会报告的决议》《中国共产党第二十次全国代表大会关于十九届中央纪律检查委员会工作报告的决议》《中国共产党第二十次全国代表大会关于〈中国共产党章程(修正案)〉的决议》《中国共产党第二十届中央委员会第一次全体会议公报》《习近平总书记在二十届中共中央政治局常委同中外记者见面时的讲话》。

会议指出,习近平总书记所作的报告是中国共产党团结带领全国各族人民夺取新时代中国特色社会主义新胜利的政治宣言和行动纲领,是举旗定向、兴党强国、引领复兴的马克思主义纲领性文献,为新时代新征程党和国家事业发展、实现第二个百年奋斗目标指明前进方向,确立行动指南。大会审查、批准十九届中央纪律检查委员会工作报告,宣示党以永远在路上的清醒和坚定推进党风廉政建设和反腐败斗争的坚强决心。大会审议并一致通过十九届中央委员会提出的《中国共产党章程(修正案)》,充分体现中共十九大以来党的理论创新、实践创新、制度创新和党的建设取得的最新成果。中共二十届一中全会选举产生新一届中央领导机构,习近平再次当选中央委员会总书记,充分体现全党共同意志,充分反映亿万人民共同心愿,充分展示我们党朝气蓬勃的生机,捍卫"两个确立"的政治成果,是历史选择、人民选择、时代选择。

会议强调,要把学习好、宣贯好、落实好中共二十大精神作为当前和今后一段时期首要政治任务,紧紧围绕中共二十大主题,深入学习中共二十大报告和党章等重要文件,深入领会蕴含其中的重要思想、重要观点、重大战略、重大举措,把思想和行动统一到中共二十大精神上来。要立足本职岗位,把中共二十大精神同自身工作实际结合起来,识短板、补短板,朝着任务目标,守正创新、勇于担当,以扎实工作作风,推动各项工作高质量发展。

10月29日 学校组织的山西交控集团路域经济专题业务线上培训结束。山西交控集团总部相关部门,所属各企业分管路域经济领导及工作人员120人参加培训。学校创新教学方式,通过积极对接北京、西安等地的优秀师资,利用"山西交通在线"培训平台,采用教师异地直播方式进行线上培训。培训中,专家围绕"做深路衍经济文章,融入区域经济发展""双碳背景下路域产业发展思考""提升认知打开路域经济发展新空间"等主题进行系统授课,并通过直播课堂与学员互动交流,受到参训学员一致好评。

10月 学校认真贯彻落实《省级项目支出绩效评价管理办法》关于推动预算绩效管理提质增效的要求,按照《山西省财政厅关于开展2021年度省级部门预算项目支出绩效自评工作的通知》《山西省财政厅关于开展2022预算绩效运行监控工作的通知》等精神，以项目绩效自评和项目绩效运行监控为抓手，积极组织开展2021年预算项目绩效自评工作和2022年项目预算绩效运行监控工作，绩效管理工作取得明显效果。2022年绩效自评工作主要是对纳入2021年度省级预算绩效目标管理的12个预算项目分别开展自评，涉及项目资金397.5万元，自评内容包括项目总体绩效目标、各项指标完成情况以及预算执行情况等。绩效监控工作的范围包括纳入2022年预算绩效目标管理的所有项目资金。已完成2022年度全部项目资金支出的定期监控，实施监控项目19个，监控资金1498.8万元。预算执行与绩效运行"双监控"已成为预算管理常态化，绩效自评和绩效监控是全过程预算绩效管理的重要环节，也是确保年度绩效目标实现的重要途径和手段。

是月 按照《预算管理一体化规范》要求，学校加强预算管理，细化预算编制，深化预算执行，强化预算监督完成2021年度部门决算信息公开工作。

是月 按照省委办公厅、省政府办公厅《关于开展"送温暖、献爱心"社会捐助活动通知》精神，学校全校教职工发扬团结互助、扶危济困的传统美德，纷纷慷慨解囊，积极捐款，奉献爱心。截至10月21日，共募集捐款2780元。整个捐助过程公开透明，捐款情况在学校公示栏进行公示，活动所得捐款全部送交省民政厅社会捐助工作机构，获得公益事业捐赠收据和捐赠证书。捐款定向用于困难群众临时性生活救助，在寒冬时节为困难群众送去温暖。

是月 经上级部门逐级审核，学校被交通运输部正式批准成为全省唯一一家机动车驾驶教练员专业能力评价项目实施机构，具备面向社会及个人进行机动车驾驶教练员专业能力评价的相关资质。至此，全国共有机动车驾驶教练员专业能力评价实施机构23家。

11月4日 学校组织教职工集中观看中共党史红色教育电影《遵义会议》和《守边人》，重温革命斗争历史，传承红色精神，锤炼党性修养。

11月7日 由山西开放大学成人教育处处长杨红梅带队的3人专家组对学校开放教育教学工作进行实地综合教学检查。副校长孟万银主持座谈会，成人教育部有关人员参加会议。

会上，孟万银简要介绍学校学历继续教育创优提质工作开展情况。成人教育部部长李斌重点围绕"治招""治学""治考"，教材资源配置、网络教学团队建设、思想政治教育和意识形态、应用教学管理等工作进行详细汇报。

会后，专家组查阅相关资料，杨红梅对学校开放教育教学工作给予充分肯定。她强调，学校要坚持立德树人，加强思想政治教育和意识形态工作，加强教学团队建设，规范教学过程管理，突出办学特色，进一步落实创优提质工程，切实打好教学质量保卫战。

11月9日 山西省纪委监委驻省交通运输厅纪检监察组副组长刘永军一行三人到学校，对学校党风廉政建设工作进行调研指导。驻厅纪检监察组一行通过听取汇报、查阅资料、现场参观等方式，对学校全面从严治党主体责任的落实情况进行全面、细致了解。

座谈会上，校党委书记、校长辛泉生就学校基本概况、全面从严治党主体责任、廉政风险防控以及2022年学校重点工作完成等情况做详细汇报。刘永军与校领导班子成员、各部门负责人进行座谈，认真听取学校党风廉政建设工作情况汇报，并对今后的工作提出指导性意见。他指出，要把学习宣传贯彻中共二十大精神作为当前和今后一个时期的重大政治任务，坚持以党的政治建设为统领，加强党的全面领导，把学习成果转化为开展工作的具体思路和办法措施，用党建成果为业务工作提供政治保障。他强调，要以更高站位加强政治监督，把牢"两个维护"根本任务，聚焦重点任务，以更实更深举措深化作风建设，切实从政治上把握、从细节上抓好、从制度上深化，铸牢忠诚之魂，扛牢担当之责，笃行规矩之事，在交通强省建设中做出更大贡献。学校以此次调研为指导，切实提高认识，坚守责任担当，对调研中发现的问题，认真反思、积极整改，进一步加强党风廉政建设，坚定不移全面从严治党、全面从严治校,以严的总基调正风肃纪,更好地引领保障学校发展。

11月15日 11月是全国第31个消防安全月,为全面增强全体教职工的防火应急意识和提高救火能力,有效防范和遏制重特大事故发生,学校组织以“抓消防安全,保高质量发展”为主题安全培训讲座。此次培训邀请专业安防机构培训教员为学校全体教职工进行现场讲解授课,通过各种生动鲜活案例,使广大教职工了解如何减少和预防火灾造成的人身伤害及财产损失、如何处理初期火情以及遇到突发火灾时的应急措施。学校通过此次培训,强化教职工安全意识,让全体教职工了解灾害发生时应对措施,掌握扑救初期火灾的知识和技能,大大增强广大教职工的安全意识,提升自我保护和自救技能。

11月15日至18日 学校教务管理相关人员参加国家开放大学教务管理培训。本次培训以线上学习方式开展,国家开放大学一线教务管理人员从招生管理、专业及课程管理、学籍管理、学士学位管理、考务管理、考风考纪管理的主要规定及关键流程等方面做详细讲解。通过此次培训,学校教务管理人员提升管理能力,明确工作流程,与学生沟通联络更加顺畅,并且在工作中懂得规范、严守规范,严把入口关、严守出口关,真正由“应知应会”转变成“行家里手”。

11月18日 山西省信通公司职称评审培训在学校成功举办。此次培训采用线上会议方式,特聘请有多年评审工作经验的老师讲授交通工程职称、政工职称申报数据微应用、专技人员职称分析等内容,从业务工作、考核评价标准、线上申报功能操作演示等多方面剖析解读职称申报工作,并现场解答信通公司员工在工作中遇到的问题,与他们进行深入讨论和交流。信通公司35名与会人员收获满满,培训达到预期效果。

11月29日 学校组织711名在籍学生参加国家开放大学举办的“中共二十大报告”线上专题讲座。本次讲座由首都师范大学马克思主义学院副院长、国家开放大学当代中国马克思主义研究院特约研究员韩华主讲。韩华从中国共产党第二十次全国代表大会概况、过去五年工作和新时代十年伟大变革、开辟马克思主义中国化时代化新境界、新时代新征程中国共产党的使命任务、完整解读十二条基本方略、谱写新时代中国特色社会主义更加绚丽的华章以及全面学习把握落实中共二十大精神七个方面解读,号召全体师生自信自强、守正创新、立足当下、开创未来,鼓舞全体师生为全面建设社会主义现代化国家、实现中华民族伟大复兴而团结奋斗。广大学生在收看讲座后纷纷表示要坚定不移听党话、跟党走,怀抱梦想又脚踏实地,敢想敢为又善作善成,主动肩负起强国一代的历史使命,争当伟大理想的追梦人,争做伟大事业的生力军。

12月2日 学校党委围绕深入学习贯彻中共二十大精神开展理论学习中心组(扩大)集体学习。校党委书记、校长辛泉生主持并讲话,校领导班子成员、各部门负责人参加会议。

会议强调,要坚持以习近平新时代中国特色社会主义思想为指导,深入学习习近平总书记系列重要讲话精神,深刻领悟“两个确立”的决定性意义,增强“四个意识”,坚定“四个自信”,做到“两个维护”,全面学习把握落实中共二十大精神,奋力推进学校各项工作高质量发展。

会议指出,中共二十大是在全党全国各族人民迈上全面建设社会主义现代化国家新征程、向第二个百年奋斗目标进军的关键时刻召开的一次十分重要的大会,是一次高举旗帜、凝聚力量、团结奋进的大会。中共二十大报告是党团结带领全国各族人民夺取中国特色社会主义新胜利的政治宣言和行动纲领。习近平总书记的报告,深刻阐释新时代新征程中国共产党的使命任务,深刻阐明全面建设社会主义现代化国家的目标任务和大政方针,充分彰显我们党在新时代新征程中谋划复兴伟业、擘画强国蓝图的历史主动和使命担当。全体党员干部要深入学习贯彻中共二十大精神,努力在学懂弄通做实上狠下功夫,踔厉奋发、勇毅前行,真正把学习成果转化为实际行动和工作成效。

会议强调,要全面把握习近平新时代中国特色社会主义思想的世界观、方法论和贯穿其中的立场观点方法，切实用以武装头脑、指导实践、推动工作。要深入领会其中蕴含的重要思想、重要观点、重大战略、重大举措，不断增强政治认同、思想认同、理论认同、情感认同。要紧紧围绕中共二十大作出的决策部署履职尽责，始终坚持党对教育工作的全面领导，以永不懈怠的精神和一往无前的奋斗姿态，把中共二十大精神扎实落实到教育工作的各方面、全过程。

12月9日 省交通运输厅党组成员、副厅长段新源深入学校作中共二十大精神宣讲。段新源从中共二十大主题主要成果、过去五年工作和新时代十年伟大变革、马克思主义中国化时代化、中国式现代化、全面建设社会主义现代化国家的新部署新要求、坚持党的全面领导、全面从严治党和应对风险挑战七个方面全面系统深刻阐释中共二十大提出的重要思想、重要观点、重大战略、重大举措。段新源号召全校广大干部职工，把贯彻落实中共二十大精神与贯彻落实习近平总书记关于教育的重要论述和视察山西重要讲话重要指示精神结合起来，认真学习领会，把中共二十大精神转化为推动干部教育高质量发展的强大动力。

学校以此次宣讲为契机，把学习好、领会好、落实好中共二十大精神，作为当前和今后一个时期的首要政治任务，结合工作实际抓好贯彻落实，确保中共二十大精神落地生根、开花结果。校党委书记、校长辛泉生主持宣讲会，省交通运输厅第十四党支部全体党员、省交通干部学校领导班子成员、全体教职工及合作办学机构党员代表参加宣讲会。

12月16日 上午，校党委书记、校长辛泉生在十二楼会议室讲授党课“踔厉奋发向未来 团结奋进谱新篇”，专题宣讲中共二十大精神，学校各部门负责人参会。

辛泉生指出，中国共产党第二十次全国代表大会，是一次高举旗帜、凝聚力量、团结奋进的大会。中共二十大报告，是党和人民智慧的结晶，是党团结带领全国各族人民夺取中国特色社会主义新胜利的政治宣言和行动纲领，是马克思主义的纲领性文献。他既全面系统介绍大会基本精神、主要内容，又抓住重点方面、关键问题，用“一个中心任务——中国式现代化”“两个结合——马克思主义中国化时代化”“三个务必”三个关键词重点阐释中共二十大提出的重要战略和创新观点。

辛泉生强调，学习好、宣传好、贯彻好中共二十大精神，是学校今后一段时期首要的政治任务，全体干部职工要自觉用党的创新理论武装头脑、指导实践、推动工作，汲取成长营养、凝聚奋进力量，以更加奋发有为的精神状态，推动学校高质量发展。

（资料提供：张謦予）

公 路 系 统

山西晋路投资开发有限公司大事记

2月17日 山西晋路投资开发有限公司(以下简称晋路公司)组织收看“时代楷模”主题作品展播。

3月5日 晋路公司向太谷水秀镇人民政府爱心捐款。

3月18日 晋路公司召开四届二次职代会暨2022年工作会。

同日 晋路公司召开2022年党的建设和党风廉政建设工作会。

4月2日 晋路公司组织开展“学雷锋志愿”活动。

4月3日 晋路公司为师范街社区捐款、捐赠物资。

同日 晋路公司组织党员、职工参加社会志愿服务。

5月23日、25日、28日 晋路公司三个基层党支部组织收看警示教育片《失重》。

5月25日 晋路公司组织开展“道德讲堂”专题活动。

6月17日 晋路公司组织收看安全专题片《生命重于泰山》。

6月29日 晋路公司组织开展“喜迎中共二十大 奋进新征程 强国复兴有我”主题征文演讲比赛。

6月30日 晋路公司召开庆祝中国共产党成立101周年大会。

同日 省局党委书记尹新平赴晋路公司第二党支部参加主题党日活动。

8月31日 晋路公司组织召开维稳安保工作会。

10月16日 晋路公司集中组织收看中共二十大开幕会。

11月4日 晋路公司组织开展“11·9”消防安全培训活动。

12月9日 省局副局长许秀銮赴晋路公司开展中共二十大精神主题宣讲活动。

(资料提供:刘雅楠)

山西省公路物资供应有限公司大事记

5月26日 山西省公路物资供应有限公司(以下简称物资公司)副经理吴翼组织召开物资公司六届九次职工代表大会。首先,副经理吴翼做上一年度工会经费支出报告,随后总经理杨立梅向职工代表们汇报上一年度物资公司工作和业绩,并提出下一年的工作计划和打算。大会还通过《员工积分管理办法》。最后,与公司各部门签订年度目标责任书。

7月1日 物资公司党委组织全体党员赴长治市黎城县黄崖洞爱国主义教育示范基地开展“铭记光辉历史 传承红色基因 喜迎中共二十大 奋进新征程”主题党日活动,省公路局党委委员、局长胡钢成、省公路局办公室主任杨帅奇及公司30余名党员参加此次主题党日活动。

在黄崖洞保卫战殉国烈士纪念塔前,党员们集中接受爱国主义实地教育。随后,4名礼兵向烈士纪念碑敬献花篮,局领导和公司领导为花篮整理缎带,缅怀革命先烈,铭记初心使命,寄托对烈士的无限哀思和崇高敬意。全体党员列队肃立,向为抗日战争中英勇献身的革命先烈默哀。

(资料提供:陈 蕾)

山西省公路工程质量检测中心大事记

1月24日 山西省公路工程质量检测中心(以下简称质检中心)党委召开党史学习教育专题民主生活会,省局副局长郭晓军到会指导,并慰问中心职工。

6月16日 质检中心公路工程试验检测等级评审进行,综合乙级资质顺利延续。

6月22日 质检中心七届四次职工代表大会胜利召开并完成。

6月28日 质检中心赴彭真纪念馆开展“七一”主题党日活动。

7月22日 质检中心中标108国道线忻州境内砂河至石岭关段改建工程施工监理11543182元。

10月 质检中心组织对项目部进行综合检查。

2022年 质检中心监理的长治至临汾段、阳城至蟒河段高速公路荣获公路交通工程优质工程奖,即李春奖。

(资料提供:乔 芳)

山西诚达公路勘察设计有限公司大事记

6月 山西诚达公路勘察设计有限公司(以下简称诚达公司)党委被省公路局直属机关委员会评选为先进基层党组织。公司员工边俊良被评选为优秀共产党员,张俊青被评选为优秀党务工作者。

11月 诚达公司被省勘察设计协会评选为第四届山西省勘察设计行业优秀企业。

是月 诚达公司307国道汾阳市过境改线工程项目组、108国道线神堂堡至砂河段公路工程项目组、朔州古长城旅游扶贫农村公路建设项目(怀仁段)高速口至海北头项目组、207国道线晋城市过境公路改线工程项目组被山西省勘察设计协会分别评选为优秀公路工业工程设计一等奖、二等奖、二等奖、三等奖。

(资料提供:韩 彦)

山西省公路构件厂 大事记

5月 山西省公路构件厂成立房屋产权登记确权颁证清零行动工作专班,及时研究解决存在问题,加强组织领导和统筹协调,积极向太原市清零办和处遗办报送房屋产权登记确权颁证清零相关材料,完善手续,咨询相关政策精神,抓住政策窗口期,制订目标,倒排清零工作台账,确保8月底首登率100%,9月底转移登记实现应办尽办、愿办尽办。

厂区1号楼、3号楼、5号楼住宅楼共92户,在这次房屋产权清零颁证时,因厂区无土地使用证,无法办理。厂里许坦西街20号院7号、9号住宅楼共128户,房屋产权属于省公路局,房产的土地证是属于省公路局。

厂里许坦西街20号院7号、9号住宅楼共128户,在2022年房屋产权清零颁证时,存在越证和无证,在企业资金十分紧张的情况下,按照房屋产权登记确权颁证相关规定,向太原市规划局缴纳2万元测绘费用和45728.34元加建越证违法建设行为罚款。由于以上两幢住宅楼房屋产权土地证属于省公路局,最终无法办理以上房屋产权清零颁证。

(资料提供:石秀林)

山西省筑路机械厂 大事记

1月6日 山西省筑路机械厂(以下简称筑机厂)党委组织对机关党支部王志刚等6名预备党员进行转正前谈话。厂党委副书记、纪委书记徐志杰严格按照党章和组织程序,对6名预备党员的入党动机、对党的认识、自我认识等方面进行谈话,把好党员发展入口关。

1月19日 筑机厂党委在大会议室组织召开2021年党史学习教育总结大会。党委书记贺金明传达山西省党史学习教育精神和省局党史学习教育精神;厂党委副书记、纪委书记徐志杰汇报筑路机械厂2021年党史学习教育工作总结。

1月24日 筑机厂召开2021年度领导班子党史学习教育专题民主生活会。第三督导组组长、省局党委委员、副局长杨转科应邀到会指导。厂党委书记贺金明汇报厂领导班子2020年度民主生活会整改措施落实情况和意识形态工作责任制落实情况,同时代表厂领导班子作对照检查,重点从5个方面查摆政治站位不高,大局观不强,为群众服务意识不强等10个问题和不足。并针对以上问题,深刻剖析原因,提出要扎实做好4个方面整改工作。随后,厂党委书记贺金明带头,三位班子成员逐一进行对照检查,班子成员之间开展有深度、有力度的批评与自我批评。最后,杨转科对本次领导班子党史学习教育专题民主生活会进行点评,对此次民主生活会的准备和召开表示满意,对筑路机械厂一年来取得的工作成绩给予肯定。

1月27日 筑机厂对部门正、副职及员工进行年度考核,并成立"员工年度考评领导组",全面负责员工年度考评工作的组织领导、协调指导和监督落实。

2月8日 筑机厂召开党委扩大会议。会议对山西易发环保设备有限公司交城生产基地厂房租赁到期和厂区内原泳池场地回收改建事宜进行研究。会议议定:第一,原则上同意山西易发环保设备有限公司交城生产基地整体搬迁至清徐区同戈站村。第二,初步同意将厂区内原空闲游泳池场地收回,改建为办公场所。

2月9日 筑机厂党委组织中心组(扩大)学习习近平总书记在全省考察调研、看望慰问基层干部群众时的重要指示精神,厂内所有在职党员均到场参加学习。

2月 根据《太原市房屋产权登记及颁证清零行动的工作》通知要求,筑路机械厂家属区1~5号楼及平房共112套已有房产证,属于国有资产,已完成首登,可视为已完成"清零行动"。

3月9日 根据省局党委部署和要求,筑机厂党委结合各支部实际情况,以深入学习贯彻习近平新时代中国特色社会主义思想,学习贯彻中共十九届六中全会精神,学习贯彻省第十二次党代会精神为主题,各支部召开组织生活会,并对在职党员进行民主评议。筑机厂在职党员30人,全部参加党员民主评议,10人优秀,其余20全部合格。

3月21日 根据省局党委要求,筑机厂党委召开纪律作风整顿大会,成立"纪律作风专项整顿领导组",并制订《开展纪律作风整顿工作的实施方案》。

3月 筑路机械厂家属区6号楼在太原市不动产清零中心完成不动产清零首登工作。为了保证在确权颁证工作中国有资产不流失,保障购房职工的合法权益,确权颁证小组在厂党委的带领下根据《太原市公有住房出售管理办法》文件相关条款规定,查找当时职工购房相关文件,经测算,基本还原当时售房情况,制订《关于家属区6号楼办理房屋产权登记处理相关历史遗留问题的方案》,并提请筑机厂第七届七次职工代表大会审议通过,同时北京盈科(太原)律师事务所出具《筑机厂关于家属区6号楼办理房屋产权登记处理相关历史遗留问题的方案之法律意见书》,至此,家属区6号楼存在的历史遗留问题得到妥善解决,并开始启动分户办证工作。

5月16日 筑机厂对信访安全稳定风险隐患进行深入排查,坚决做到"发现得早、化解得了、控制得住、处理得好",并对排查出的隐患建立台账,切实做到底数清、情况明。同时,根据省交通运输厅和省公路局要求,制订《信访突发事件应急预案》,成立"信访应急领导组"。由党委书记、厂长贺金明担任组长,党委副书记、纪委书记、副厂长徐志杰,副厂长李爱民担任副组长。要求做到多方排查,狠抓落实,实地接访,及时化解,完善机制,认真总结,筑牢信访稳定屏障。

5月 原交城生产基地历时1个多月时间,全部迁至清徐潇河产业园区。筑路机械厂克服业务承揽困难、技术人才短缺、资金回笼慢等多重困难,该基地于6月份顺利投产。

6月2日 筑机厂安委会对各驻厂单位第二季度消防安全、综合治理进行综合检查。

6月21日 筑机厂党委开展“喜迎中共二十大 建功新时代”主题征文活动。广大党员踊跃参与，征集到来自全厂在职、退休职工稿件共22篇。经评选领导组严格评选，最终评选出一等奖1名、二等奖2名、三等奖3名、优秀奖16名，有效提高党员干部群众的积极性和主动性。

6月24日 筑机厂党委组织对机关党支部李超等5名预备党员进行转正前谈话。厂党委副书记、纪委书记徐志杰严格按照党章和组织程序，对5名预备党员入党动机、对党的认识、自我认识等方面进行谈话，把好党员发展入口关。

6月26日 筑机厂机关办公区顺利迁址。新办公场所是厂领导班子调整工作思路，用“借鸡下蛋”方式，用第三方的资金抵垫，将原来空闲游泳池场地改造扩建为办公场所，新建党员活动室、阅览室。新场所、新环境，职工的认同感、归属感更加强烈，精气神也明显提高，焕发出新气象、新活力，树立企业新形象。

6月 全国第21个“安全生产月”。筑机厂紧紧围绕“遵守安全生产法 当好第一责任人”主题，结合安全生产大检查和安全生产综合整治“百日攻坚”行动，扎实开展2022年“安全生产月”活动。省公路局党委委员、副局长许秀銮参观指导。

7月1日 筑机厂党委召开2022年“七一”表彰大会，厂党委书记、厂长贺金明和党委副书记、纪委书记、副厂长徐志杰出席会议。首先，党委书记贺金明宣读“光荣在党50年”党员名单，并为其颁发奖章；“光荣在党50年”党员王妙灵进行精彩发言。其次，安兰双宣读《2022年“七一”表彰决定》和“喜迎中共二十大 建功新时代”主题征文活动获奖名单，与会领导为2022年优秀共产党员和主题征文活动获奖党员进行表彰。贺金明在讲话中对各位党员工作表示充分肯定和赞扬，并且希望他们充分发挥党支部战斗堡垒作用和党员的先锋模范作用，为推动做好各项工作提供坚强组织保证，以优异成绩迎接中共二十大胜利召开。

7月27日 筑机厂党委书记、厂长贺金明主持召开山西省筑路机械厂房屋产权登记确权颁证清零行动工作会议，会上传达7月25日省局房屋产权登记确权颁证清零行动工作会会议精神，并安排部署筑机厂房屋产权登记确权颁证清零行动工作推进事宜。

8月8日 根据省局要求，筑机厂成立维稳安保工作专班，程东海担任组长，孙拴柱担任副组长，进一步完善信息报送机制，加强调度和协调推动。

9月9日 筑机厂召开中层干部考核测评会议，党委书记、厂长贺金明主持会议，党委副书记、纪委书记、副厂长、考核组组长徐志杰，副组长安兰双以及中层以上干部参加会议。会上，考核组分别听取综合办公室、财务资产部、后勤管理部、经营管理部四个部门上半年工作总结汇报，对各部门上半年的工作进行点评，针对暴露出的问题提出意见和建议。

9月26日 筑机厂召开党委扩大会议，对筑机厂家属区6号楼房屋产权登记确权颁证分户工作有关事宜进行研究。

9月30日 筑机厂第七届七次职工代表大会在筑路机械厂召开。全体职工代表出席，厂工会副主席（主持工作）常传鹏主持会议。大会审议通过《关于家属区6号楼办理房屋产权登记处理相关历史遗留问题的方案》，并希望筑机厂按大会决议，采取切实措施，认真组织，确保此次家属区6号楼房屋产权登记确权颁证分户工作顺利完成。

10月10日 筑机厂党委结合工作实际，制订《中共二十大前后有关工作实施方案》，对中共二十大召开前后工作任务进行具体安排。

10月16日 中国共产党第二十次全国代表大会在北京人民大会堂隆重开幕。筑机厂党委组织全体党员干部收听收看开幕会直播，认真聆听大会报告。厂党委要求全体党员干部按照省局党委、厂党委统一部署要求，把学习贯彻中共二十大精神作为当前首要政治任务抓紧抓好，在深学细悟中进一步深刻领悟“两个确立”的决定性意义，增强“四个意识”、坚定“四个自信”、做到“两个维护”。

12月6日 中共中央、全国人大常委会、国务院、全国政协、中央军委在北京人民大会堂隆重举行江泽民同志追悼大会。全厂干部群众利用电脑、电视、手机等多种平台,收听收看实况转播。

12月9日 筑机厂党委开展加强党支部联系点工作和“深入学习中共二十大精神”主题宣讲活动。省公路局党委委员、副局长许秀銮指导,并做“学习中共二十大精神”专题宣讲。会上,许秀銮从全面领会中共二十大的主题及重要成果、深刻认识新时代十年的伟大变革及其里程碑意义、不断开辟马克思主义中国化时代化新境界等方面,对中共二十大精神进行系统阐释和深入解读。

12月12日 筑机厂党委召开党委(扩大)会议。会议对落实省政府对服务业小微企业和个体工商户减免房产租金事项进行研究。会议议定:根据《山西省财政厅关于落实减免服务业小微企业和个体工商户房产租金事项的通知》的通知要求,结合筑机厂实际情况,对符合减免条件的承租户减免3个月的房租;符合减免条件的承租户,所减免的房租在今后三年的租赁合同中每年顺延1个月,并办理租期顺延协议,不退还租金。

12月14日 筑机厂召开党委(扩大)会议。会议根据《山西省财政厅关于落实减免服务业小微企业和个体工商户房产租金事项的通知》的通知文件要求对提交的17户承租户减免房租申请进行核准。经审核15户承租户符合减免条件,剩余2户承租户所提供的行业信息不在此次减免范围之内。

(资料提供:常传鹏)

山西省公路局太原分局 大事记

1月24日 山西省公路局太原分局(以下简称太原分局)党委班子召开党史学习教育专题民主生活会,省公路局党委副书记、局长胡钢成,党工部部长段晓燕,市委住建工委第七巡回指导组成员、住建局公共项目建设科科长王瑞明到会指导。

3月24日至25日 太原分局局长闫志雄和副局长张晋龙带队,组织相关科室对241国道、省道岚马线改建工程项目人员复工生产情况及进度、质量、安全生产等情况进行全面检查。同时,就制约工程进度的征地拆迁重点问题,分局领导和项目所在地娄烦县、岚县两地县政府进行沟通协调。

4月1日 太原分局召开第九届第五次职代会暨2022年工作会。主要预期目标:完成建设投资16.86亿元,工程质量平均合格率不低于97%。养护工程质量合格率达100%、优良率达90%以上;国省道公路技术状况指数MQI、优良路率分别达到85%和80%以上;预算执行率达到98.5%以上。超限率控制在0.2%以内。巩固安全生产形势,坚决防止重大及以上责任事故。

同日 太原分局召开2022年党建、党风廉政建设暨纪律作风专项整顿动员会。会议由局长闫志雄主持,党委书记赵湧文作题为《弘扬伟大建党精神 提高党建工作水平 引领保障太原公路事业高质量发展》工作报告。

5月16日 太原分局组织召开国省道一级环线公路前期工作调度会,各项目工可编制单位、工可咨询单位和相关专项报告评估单位参会。会议要求各单位在技术方案和经济评价方面再做优化,争取项目早日落地。

5月17日 太原分局副局长张晋龙带领计划

科、339国道、307国道两个项目工可编制单位以及咨询单位到清徐县，就两个项目最新工可方案再次对接协调清徐县政府以及清徐县相关部门，充分征求地方政府意见和建议，为项目最终路线方案的确定奠定坚实基础。

5月至6月 太原分局开展以“守护公路安全、争当服务先锋”为主题的路政宣传月活动。分局成立“路政宣传月”活动领导小组，负责整个活动组织、督导工作。在活动中，大力宣传《中华人民共和国公路法》《公路安全保护条例》《路政管理规定》《超限运输车辆行驶公路管理规定》等法律法规和规章，充分利用现有资源，多措并举，呈现出主题鲜明、形式多样、生动活泼、有声有色特点。

6月12日 太原分局局长闫志雄、清徐段段长李秀保与清徐县委、县政府以及县直相关部门负责人举行工作座谈。闫志雄介绍分局在清徐境内相关项目有关情况，表示将发挥公路部门服务地方经济发展的支撑保障作用，继续加大对清徐县的关注和支持力度。清徐县委书记王剑峰就307国道线、339国道线新改建项目地方协调、清徐段办公楼异地还建项目、油房堡检测点搬迁项目、清徐县原307国道拓宽改造工程工程款等事项相关事宜，责成清徐相关部门立即办理，县长李福贵针对相关事宜，对清徐县相关部门提出具体要求，明确办理时限。

6月30日 太原分局召开庆祝中国共产党成立101周年暨表彰大会。会议由副局长张晋龙主持。党委委员蒋映东宣读太原分局党委关于《表彰先进基层党组织、优秀共产党员和优秀党务工作者的决定》，对84名优秀共产党员、24名优秀党务工作者和7个先进基层党组织进行表彰。局长闫志雄为党员上了一堂题为《弘扬伟大的建党精神 努力践行使命与担当》的党课。

同日 省交通运输厅党组成员、副厅长王四小组织古交市政府、太原分局召开208国道线、339国道(古交境内)交通建设专题座谈会，就208国道线太原境内西关口至李家社段新建工程、339国道线古交李家社至清徐东于段改建工程路线方案、地方协调等有关事宜进行沟通对接。会后，古交市市长张麒一行到访太原分局，与分局领导就项目方案、投资模式、融资情况等深入进行探讨，双方一致表示，要抓住国务院、省委、省政府新一轮稳经济促增长加大公路基础设施建设发展机遇，发挥公路部门服务地方经济社会发展的支撑保障作用，加强路地协作，在政策、资金、土地等方面加强合作，优势互补，优化古交境内干线公路结构布局，努力为古交市打造高质量城市过境国省干线环线，促进古交市经济社会发展和古交地区国省干线公路双赢良好局面。

6月 太原分局采取有力措施，多措并举，扎实做好公路防汛工作，确保汛期公路安全畅通。自上而下逐级建立防汛工作领导小组，形成一把手总负责、分管领导具体抓、各相关部门共同参与的组织体系。各单位防洪抢险应急队伍人员70人，抢险车辆、机械设备35台及各类物资充足，基本满足汛期抢险工作需要。

7月11日 太原分局举办公路工程质量安全监督管理工作培训会。特别邀请省交通建设中心质量安全专家马冬云进行现场授课，围绕公路施工质量安全监督管理要点，结合近几年公路工程发生的质量安全事故案例，针对公路工程质量安全监督管理过程中常见问题及防范措施等方面进行分析讲解。分局相关科室、局属各单位相关技术人员、国道241省道岚马线汾河水库段改线工程项目分管质量安全相关负责人等参加培训。

7月27日 省总工会副主席杨晓兰，省交通战备办专职副主任、省交通运输厅总工程师高新文，省公路运输工会主席刘贵良与副主席李丽英一行赴太原分局南郊段东草寨道班开展“关爱职工，清凉一夏”活动，为奋战在公路养护一线的工作人员，带去防暑降温物资，送上一份关爱和清凉。此次慰问送清凉活动鼓舞了一线工作人员的士气、调动大家热情，激励大家为全省公路事业高质量发展贡献自己的力量。

10月27日至28日 太原分局举行太原市国省道一级公路环线项目第三轮市场测试面谈会议，局长闫志雄、副局长张晋龙及分局相关人员参会。中交一公局、山西四建、中铁建大桥局等8家单位作为潜在社会资本方参会,并就第三轮市场测试提出的12个方面相关议题进行广泛深入的沟通交流。会议特邀省内(PPP)投资咨询专家列席会议。

10月31日 太原分局局长闫志雄、副局长张晋龙带领相关科室对汾河二坝桥改建工程、339国道灾毁恢复工程和清徐段养护工程(339国道线下挡墙恢复、三类桥梁护栏提升、307国道线增设排水设施)进行调研,并对各项工程质量控制、安全生产提出具体要求。31日傍晚,又对南郊段管养307国道线路段的薄层罩面工程进行检查,对工程质量和及时划设标线给予肯定,并对养护工作提出具体要求。

(资料提供:李 渊)

山西省公路局大同分局大事记

1月10日 山西省公路局大同分局(以下简称大同分局)组织相关人员参加2022年全省公路系统春运和公路服务保障工作电视电话会议。

1月19日 大同分局完成2021年度目标责任考核。

1月27日 大同分局组织相关人员参加省局2022年安全生产第一次全体视频会。

2月9日 大同分局组织学习习近平总书记在全省考察调研、看望慰问基层干部群众时的重要指示精神。

3月30日 大同分局先后召开十二届四次职工代表大会暨2022年工作会,2022年党建党风廉政建设和反腐败工作暨纪律作风专项整治动员会、2022年精神文明创建会,系统总结回顾2021年各项工作成果,详细部署全年各项工作任务目标。2021年,大同分局紧紧围绕全省交通"十四五"发展规划目标,全力打好公路建养管攻坚战,高标准推进庆祝中国共产党成立100周年和党史学习教育,努力实现公路建设新发展、公路养护新提升、公路管理新局面,完成全年各项工作目标,实现"十四五"良好开局。2022年将持续推进公路路况水平、养护治理能力、路网运行效率、出行服务质量、技术创新能力等方面提升,全力推动大同干线公路高质量发展,以优异成绩迎接中共二十大胜利召开。在党建和党风廉政建设方面,认真落实新时代党的建设总要求,坚决扛起政治责任,扎实开展纪律作风专项整治,坚定不移推进全面从严治党向纵深发展,全方位提升党建质量。

4月27日 大同分局召开开展"六治"作风大整顿激励干部担当作为专项行动动员部署会。

5月25日 大同分局机关全体职工到新华书店整理图书。

5月26日 大同分局举办廉政教育党课。

6月9日 大同分局组织相关人员参加山西省交通运输厅迎接国家路网监测工作安排动员视频会议。

6月22日 大同分局组织相关人员参加省公路局2022年第三次全体会议暨推进安全生产大检查大整治大提升专项行动视频会。

6月29日 大同分局召开庆祝中国共产党成立101周年大会。回顾总结一年来党建工作成果,并对进一步抓好党建工作做了具体安排。分局班子成员现场向"光荣在党50年"的老党员颁发纪念章,参会全体党员在会场面对党旗进行集体宣誓、重温入党誓词。局长现场讲授专题党课,号召全体党员要充分发挥党组织战斗堡垒作用和党员先锋模范作用，奋力谱写建设大同公路新篇章，以优异成绩喜迎中共二十大胜利召开。

7月26日 大同分局举办预算执行管理系统操作培训班。

10月16日 大同分局组织全体职工收看中国共产党第二十次全国代表大会开幕会。

12月6日 大同分局组织全体职工集中收看江泽民同志追悼会实况。

12月12日 大同分局组织全体职工开展“中共二十大精神”知识线上测试。

12月15日 大同分局组织全体职工学习贯彻中共二十大精神线上专题讲座《中共二十大报告精神解读——以中国式现代化全面推进中华民族的伟大复兴》。

（资料提供：张建伟）

山西省公路局朔州分局大事记

3月18日 山西省公路局朔州分局（以下简称朔州分局）召开十五届一次职工代表大会。会议听取全局党的建设工作报告、党风廉政建设工作报告和安全生产工作报告，并表彰2021年度先进集体和个人。

会议指出，2022年是中共二十大召开之年，是实施“十四五”规划的关键之年，是高起点推进交通强省建设的开局之年，也是公路系统深化改革的重要一年。要以推动高质量发展为主题，以深化改革为动力，以加快建设交通强省为抓手，更加注重服务大局、服务人民，全力推进基础设施补短板、路况服务提质效、改革创新谋突破、行业治理上台阶、党建引领聚合力，不断构建畅通、安全、高效、智慧、绿色的朔州公路服务体系，以优异成绩迎接中共二十大胜利召开。要重点做好7个方面工作：一是聚焦交通强省建设，高起点做好统筹谋划；二是聚焦稳增长促投资，高质量推进项目建设；三是聚焦美好出行需求，高品质提供公路服务；四是聚焦改革创新发展，高效能推动行业治理；五是聚焦安全保障能力，高标准打造平安公路；六是聚焦创新驱动发展，高质量创建智慧绿色公路；七是聚焦全面从严治党，高站位强化党建引领。

3月21日 朔州分局召开养护工作形势研判及安排部署会，对2021年养护工作进行总结，提出下一步养护工作具体举措，并与各公路段签订养护工作目标责任状。

2022年以来，朔州分局深入开展“公路养护提升年”活动，把路况提升作为养护工作的重中之重，补短板、强弱项，精准施策、对症施治，提出“三抓三创两落实一保障”的“3321”养护工作举措。“三抓”，即重点抓好路面纵横缝、龟网裂、坑槽病害的治理，全力提升路况水平；“三创”，即要求每个公路段创建不少于20公里的文明示范路、创建一个高标准文明示范道班或服务站点、创建一项养护实用创新项目；“两落实”，即严格落实公路段路况PQI提升目标任务，严格落实养护检查考核制度；“一保障”，即提升安全应急保障能力，保障道路安全畅通，全年安全生产无事故。

5月 为深入学习习近平总书记在党史学习教育动员大会上的重要讲话精神，认真贯彻省局党委和朔州市委要求。朔州分局党委动员全分局各级党组织和广大党员干部迅速掀起学习热潮。一是强化政治引领。坚持不懈用习近平新时代中国特色社会主义思想凝心铸魂,坚定不移走中国特色社会主义政治发展道路。二是服务中心大局。把服务高质量发展作为履职第一要务,在全力助推高质量发展中多建务实之言,多献管用之策。三是汇聚奋进合力。要学习好、宣传好、贯彻好习近平总书记的重要讲话精神,引导民营经济健康发展、高质量发展。四是主动担当作为。充分发挥委员在公路工作中的主体作用、在本职工作中的带头作用,做高质量发展的积极参与者、有力助推者,为谱写朔州公路新篇章贡献智慧力量。

6月7日 省局局长一行在分局局长等领导陪同下,到平鲁段109国道线路面灌缝麻面现场视察日常养护工作,对施工工艺及道路安全防范提出指导意见。

6月23日 朔州分局路政支队组织召开治超工作阶段性总结及部署会议,会后对各超限站点工作纪律进行突击检查。要求各超限站点务必持续深入抓好站点工作纪律,支队要充分利用电子监控平台对各个站点进行实时监控,及时发现问题解决问题,严明工作纪律,强化作风建设,进一步提升治超队伍整体形象。一是认真分析当前形势,进一步提高政治站位,强化责任担当,准确把握2023年治超工作的新形势、新特点、新要求,提升超限超载综合治理水平;二是结合“安全生产月”活动,强化安全意识,加强超限检测站安全管理,消除安全隐患;三是继续抓好基层党建工作,进一步完善各项党内制度,把基层党建工作与工作业务紧密结合起来,以党建工作促进各项业务工作的开展。

6月 朔州分局召开端午节前集体廉政约谈暨警示教育大会。会议通报省纪委监委“五一”、端午节前公开曝光的违反中央八项规定精神典型案例,开展集体廉政约谈。要求深刻汲取发生在身边的典型案例教训,不断提高思想认识,始终做到警钟长鸣、心有所畏、行有所止;要坚持以身作则,带头落实中央八项规定精神及其实施细则要求,切实以忠诚干净担当的政治本色和党风廉政建设的实际成效推动建养管工作再上新台阶;要紧紧围绕节日期间腐败问题易发多发的风险点,进一步加强廉政风险防控,确保干部职工不踩红线、不碰雷区。会议强调,要结合党史学习教育进一步加强理论学习,不断增强党性修养和作风养成,坚定理想信念,增强廉洁自律意识;要进一步强化纪律和规矩意识,不断增强落实中央八项规定精神的思想自觉和行动自觉,严格执行廉洁自律规定;要进一步扛起党风廉政建设责任,带头履行“第一责任人”责任和“一岗双责”,带头廉洁自律,带头担当作为,不断营造风清气正的发展环境,为高质量发展营造良好政治生态。

7月7日 朔州分局走访慰问困难老干部老党员,为他们送去党的温暖和关怀,并致以节日祝福。慰问人员分别走访到老干部、老党员家中,与他们促膝交谈,关切地询问他们的身体状况和家庭情况,感谢他们为朔州公路事业做出的贡献。同时,叮嘱相关部门工作人员要继续关注、关心退休干部困难党员生活,时刻将他们冷暖放在心上,主动为他们排忧解难,真正使他们老有所养,安享晚年。

老党员们纷纷表达对分局党组织关心关怀感谢,表示要做到离岗不离党,退休不褪色,思想常新、理想永存、不忘初心,继续发挥余热,为朔州公路事业尽心出力。

8月17日 朔州分局组织领导班子成员及相关科室人员深入一线作业现场,开展“清凉一夏”职工防暑降温慰问活动,并就安全生产工作进行检查指导。在慰问活动中,班子成员依次走访养护道班、公路段和道路养护作业现场,着重对采取的防暑降温措施进行了解,详细询问施工现场存在问题和困难。最后,班子成员对现场安全进行检查指导,并要求各公路段把安全生产放在首位,加强施工人员安全生产意识,让每个人绷紧安全生产这根弦,顺利安全地完成生产任务。

8月 面对汛情,朔州分局召开防汛紧急视频会议,就辖区干线公路防汛工作进行紧急动员部署。一是防汛工作认识到位。积极贯彻落实省厅、省局关于防大汛抢大险的一系列工作部署要求,进一步提高政治敏锐性,牢固树立底线思维,全力以赴做好防汛抢险工作，确保辖区干线公路安全度汛。二是防汛责任落实到位。突出重点，特别是抓好全年干线公路灾毁路段、重点桥涵隧、各单位办公生活场所的防汛工作，坚持谁分管谁负责，确保防汛责任落实到人、防汛措施落实到位。三是防汛抢险处置到位。各单位应急抢险队伍、应急防汛物资和机械设备迅速落实到位，确保遇有突发事件响应及时、处置迅速。四是汛期值班值守到位。严格落实领导在岗带班和值班人员24小时值班制度，信息渠道时刻保持畅通，确保紧急突发事件报送及时、处置到位。五是安全措施落实到位。强化雨前排查、雨中巡查和雨后监测，完善公路防汛设施，遇有大暴雨发生时要坚持先封路、再抢通，确保汛期公路安全运营。

9月21日至22日 省公路局路政处处长刘中海一行深入朔州分局，对"安全生产大检查大整治大提升行动和专项整治三年行动""公路保通保畅"等进行督导检查，并提出建设性指导意见。

12月 受较强冷空气影响，朔州地区迎来大范围降雪。降雪导致境内109国道线、241国道线、205省道线等国省干线公路存在明显积雪，公路交通受到严重影响。为保障过往车辆安全行驶及公路畅通，朔州分局以雪为令，迅速反应，积极应对，迅速启动除雪防滑应急预案，安排部署实施方案。一是针对辖区内易结冰的路段和桥梁，撒布融雪剂、防滑料，特别是对于雪情严重路段加大设备物资投入以提升除雪融冰速度，同时机械和人工严格按规程作业，确保道路安全畅通；二是加强道路巡查，对干线公路急弯、陡坡、长大桥隧、事故多发等路段进行不间断巡察，确保及时发现隐患及时处置，全力保障过往车辆的安全通行；三是路政加强巡路，发现滞留或事故车辆，及时提供帮助，并组织现场交通疏导，确保道路畅通；四是加强与气象部门的沟通，及时掌握动态气象信息，提高恶劣天气预警能力。

（资料提供：刘亚斌）

山西省公路局忻州分局大事记

1月4日 忻州市委常委、副市长温建军在山西省公路局忻州分局（以下简称忻州分局）组织召开108国道线忻州境内砂河至石岭关段改建工程项目前期工作协调推进会，及时了解掌握进展情况和存在问题，现场协调推进。温建军在活动中对忻州分局全力推进工程项目前期工作给予充分肯定，要求各相关单位要积极协调配合，优化程序，联动推进，认真做好有关工作。一是统一思想，提高政治站位。充分认识到108国道线改建工程建成通车对忻州长远发展重大意义，采取有力措施，加大推进力度，全力以赴推动项目落地建设。二是科学谋划，合理安排。进一步优化设计方案，尽量减少非必要的调整，为工程顺利实施创造有利条件。三是加快前期工作，尽快确定投资人及组建项目公司，尽早落实设计方案，提前着手征地工作，做好工作对接，明确分工，相互配合，确保项目前期工作快速推进。四是抓好统筹协调。各部门之间要互相协调，形成工作合力，加强沟通对接，争取各方支持，取得实际成效。五是敢于担当，善于作为。超前谋划手续办理，超常规举措强力推进项目进度，按照市委市政府的统一部署要求，倒排工期，快马加鞭，确保项目如期开工顺利通车。

1月20日 忻州境内迎来2022年第一场雪,给广大人民群众出行带来安全隐患。为确保出行安全,忻州分局紧跟雪情,迅速反应,立即启动灾害天气应急预案,第一时间组织养护工作人员、机械设备对管养干线公路展开防滑除雪道路保畅作业,特别是对桥面、急弯陡坡、背阴路段撒布防滑料、融雪剂,防止积雪冰冻。同时,严格执行24小时值班制度,加强道路巡查,积极应对恶劣天气,确保辖区干线公路安全畅通。

3月24日 忻州分局在全区域开展为期2个月的"春在路上·美丽公路"养护主题竞赛活动,抢抓春融期公路养护有利时机,早谋划、早安排、早行动,及时对路面坑槽、裂缝等病害进行精准处治,为抓好全年养护工作、大力提升路况水平打下坚实基础。同时,持续深化"美丽公路"建设,积极开展路肩边坡修整,清除沿线两侧堆积物,清洗、补缺完善公路标牌标识及安全设施,美化路域环境等工作,以优良的路况、优质公路服务不断满足人民群众对美好交通出行需求。

3月28日 太忻一体化经济区(忻州区)建设头号先导性项目108国道线砂河至石岭关段改建工程项目——控制性工程在忻州原平市大牛店镇举行开工仪式。忻州市委书记朱晓东,市委常委、副市长温建军出席开工仪式并讲话,忻州分局局长袁海鸿作改建工程项目情况汇报并进行表态发言。

3月31日 忻州分局召开2022年公路工作会议,回顾总结2021年公路工作,指出存在差距和不足,分析当前公路形势,对2022年公路工作进行总体安排和重点部署,明确奋斗目标,指明努力方向,动员全分局广大干部职工知责履责、担责尽责,敢于争先,全力以赴当好"太忻一体化经济区"建设开路先锋,奋力谱写忻州公路事业高质量发展新篇章。

5月29日 太忻一体化经济区忻州境内建设头号先导性项目108国道线砂河至石岭关段改建工程项目在忻州市忻府区合索乡举行全线开工奠基仪式。忻州市委书记朱晓东,市委副书记、市长李建国,市委常委、副市长温建军出席仪式并讲话。忻州分局局长袁海鸿就加快推进项目建设作表态发言。忻州分局按照"发展是硬道理、业绩是新担当、交账是军令状"的要求,加强统筹协调,精心组织部署,千方百计加快建设进度,确保按照既定目标任务,提前建成通车。

8月14日至17日 省公路局局长胡钢成一行先后深入忻州市岢岚境内218省道线K29+000、偏关境内209国道线K265+158、保德境内K857+500等多处受灾较为严重的水毁现场实地调研指导抢修保通工作,详细了解水毁抢修施工组织、交通及安全保障等工作,对忻州分局及时高效组织开展抢险保通作业给予充分肯定,要求忻州分局要把公路水毁抢修工作作为当前公路工作的重中之重来抓紧抓实,科学组织,强化措施,在确保安全基础上最大力度加快施工进度,力争最短时间恢复通行,确保人民群众出行安全。

9月1日 忻州分局抢抓有利时间,以抓好"六保"工作(保证目标任务完成、保证路况质量提升、保证病害有效修补率提升、保证道路畅通、保证安全事故零发生、保证单位持续稳定)为主题,组织开展"大干六十天 喜迎中共二十大"劳动竞赛活动,力争通过竞赛活动推动各项工作再上新台阶,以优良路况、优质服务为"两节"期间人民群众出行和迎接中共二十大召开提供安全、舒适、畅通、便捷的道路服务保障。

10月17日 忻州分局召开党委理论学习中心组学习(扩大)会议,专题学习中国共产党第二十次全国代表大会精神。会议要求,分局各级党组织要把学习好、宣传好、贯彻好中共二十大精神作为当前和今后一个时期的首要政治任务,迅速掀起学习热潮。一是坚持领导干部带头学。要通过集中学习、座谈会、研讨会、报告会、调查研究等多种形式,逐项对标对表,进一步完善工作机制,厘清工作思路,组织各级党员干部深入学习,以"关键少数"带动全体党员学习。二是坚持多种形式广泛学。要运用报刊、广播、电视、新闻网站等媒体媒介广泛组织学习,开展各具特色的学习活动,进一步形成声势,掀起热潮,推动中共二十大精神进机关到基层全覆盖。三是坚持结合实践深入学。要把中共二十大提出的目标、任务、要求和各项政策措施，与分局开展的“大干六十天 喜迎中共二十大”劳动竞赛活动有力地结合起来，激发干部职工工作热情，营造大干快干实干氛围。

10月 国庆节日期间，忻州分局多措并举，采取有力措施，全力保障人民群众安全便捷出行。一是强化巡查工作机制。加大对路面、路基、桥梁、涵洞及公路标志等日常巡查力度，对影响通行安全各类隐患做到迅速反应及时处置，确保公路通行状况良好。二是持续深入推进“美丽公路”建设。大力开展路域环境整治，集中对脏、乱、差、违等现象进行集中整治，进一步优化干线公路通行环境。三是深入开展安全风险专项检查。认真排查梳理存在安全风险的各类问题，查找安全隐患治理工作中的薄弱环节，逐一登记并逐项落实整改，确保安全事故零发生。四是进一步完善应急预案，配齐应急物资，加强应急值班管理，遇有发生突发事件，立即启动应急预案，妥善高效处置。

（资料提供：陶江江）

山西省公路局吕梁分局 大 事 记

1月12日 交通运输部规划司一行3人到307养护中心对340省道线灾毁恢复重建项目前期工作资料与施工图纸进行复核。省厅规划处副处长祝天晴，省局副局长郭晓军，计划统计处刘保平、闫楠楠以及山西省公路局吕梁分局（以下简称吕梁分局）局长薛根平陪同。2021年国庆节期间，吕梁市持续出现强降雨天气，导致分局管养的国省干线出现不同程度的灾害。分局不等不靠、全力以赴投入应急抢险，投入人员2782人次，投入机械482台次，清理各种塌方淤泥29500立方米，确保行车安全。但是，分局仍有国道3条、省道2条较重水毁5处，纳入灾后恢复重建项目，估算投资共计5441.98万元。

1月18日至19日 根据省局党委统一安排部署，省局第二考核组一行7人来到吕梁分局，就2021年度目标任务完成情况、领导班子运行情况及领导干部综合表现情况等方面工作进行综合考核。此次考核主要通过书面述职、民主测评及担当作为评议、考核谈话、查访核验等工作进行全面考核评价。考核组还对分局党史学习教育专题民主生活会进行督促检查和指导，实地查看督促春运工作、“两节”期间安全生产、信访工作，并走访慰问困难职工和一线职工。

1月19日 根据省局党委关于召开党史学习教育专题民主生活会的有关要求，经厅党史学习教育第三巡回指导组批准同意，吕梁分局党委召开2021年度党史学习教育专题民主生活会。省局目标责任第二考核组组长马德文、副组长张彦飞到会督促检查和指导。会上，通报本次民主生活会准备情况、2020年度民主生活会对照检查出的问题整改落实情况及本次民主生活会征求意见情况。党委书记代表班子做全面深刻的对照检查，紧扣主题，认真对照“两个目标要求”内容，围绕“五个带头”方面深入查摆问题，深刻剖析根源，明确努力方向，提出整改措施。党委成员逐一做对照检查并开展批评和自我批评。

2月10日 吕梁分局党委召开党组理论中心组学习会议，专题学习习近平总书记在山西省考察调研看望慰问基层干部群众重要指示精神。

2月17日至19日 吕梁分局对局属各单位进行2021年度目标责任考核。考核组通过书面述职、查访核验、谈心谈话、民主测评等方式，对局属各单位2021年度指标任务完成情况、领导班子运行情况及班子成员个人综合表现情况进行考核。局属各单位能够自觉学习贯彻习近平新时代中国特色社会主义思想，贯彻落实习近平总书记视察山西重要讲话精神和全面从严治党工作部署，切实加强领导班子建设，积极组织党史学习教育，顺利完成分局下达的2021年度各项任务指标。

2月24日 吕梁分局召开专题会议，传达学习2022年全省交通运输工作会议精神，并就全面贯彻落实会议精神进行安排部署。

3月16日 省厅组织召开离石至临县碛口(晋陕界)高速公路工程可行性研究报告评审会。吕梁分局局长薛根平、副局长郭兵兵在吕梁分会场参加会议。路线全长32.463公里，总投资57.22亿元，拟采用PPP模式建设，建设工期3年。

3月18日 307国道线柳林城区段改线工程有关事项对接会。会上在柳林县召开，协调解决307国道汾阳至晋陕界改线工程与柳林环城改线接线方案和用地手续办理情况，分局副局长郭兵兵，柳林县分管副县长朱爱峰，政府办、县交通运输局、自然资源局、有关乡镇，以及项目建设单位和设计、土地预审编制单位参加会议。

3月30日 吕梁分局召开九届二次职代会暨2022年公路工作会议，深入贯彻落实全省交通运输和公路工作会议精神，总结2021年工作，分析当前面临形势，部署2022年目标任务。

会议明确2022年主要目标和任务。一是公路养护。完成省局下达的预防性养护、灾后恢复重建、危桥改造等养护任务。公路PQI值、优良路率不低于省局下达的指标。二是公路建设。监管国省干线公路续建项目5项，计划完成投资17.3亿元，完成里程92.58公里。完工交口城区改线、石楼过境改线、209国道吕梁新城区改线3个项目。三是前期推进。离石至临县碛口高速公路、307国道线晋陕界至汾阳段改建工程、307国道清徐至汾阳段改建工程这三个项目6月底前完成立项审批，年底开工建设；汾石高速公路(二期)9月底前完成立项审批，具备招投资人的条件。四是高速公路。积极推进汾石高速(一期)和离隰高速的征地拆迁工作。五是安全生产。保持安全形势稳定向好，杜绝重特大事故和安全生产责任事故发生。六是机构改革。按照省厅省局部署要求，全面稳妥完成分局改革任务。七是超限治理。保持治超高压态势，非法超限率控制在0.2%以内。

会议要求，吕梁分局上下要围绕全年总体要求和主要目标，重点抓好5个方面工作。一是以公路养护为核心，筑牢高质量发展压舱石。二是以项目建设为抓手，打造高质量发展硬支撑。三是以行业治理为抓手，厚植高质量发展根基。四是以平安公路为依托，优化高质量发展软环境。五是以党的建设为统领，为高质量发展提供政治保障。

同日 吕梁分局召开2022年党的建设和党风廉政建设工作会。党委书记作题为《履行政治责任 强化党建引领 以高标准党建推动分局高质量发展》的工作报告，在回顾总结分局2021年党建和党风廉政建设工作的基础上，安排部署分局2022年党建和党风廉政建设重点工作：一是抓牢政治建设这个统领，在自觉践行“两个维护”中提升站位，强化忠诚。二是抓实组织力提升这个重点，在抓基层打基础中固本强基、提升质量。三是聚焦文明建设这个主旋律，在行业精神文明建设中提品质、树形象。四是抓责任落实这个关键，以严的主基调营造风清气正的政治生态。五是提高政治站位，扎实开展纪律作风专项整治。

纪委书记白彦烝作题为《以高效务实的纪检工作，为当好开路先锋提供坚强政治保障》工作报告，2022年要抓好7个方面工作。一是坚决扛起“两个维护”政治责任，推动政治监督具体化常态化。二是保持严的主基调不动摇，以“三不”一体化推进取得治理成效。三是驰而不息纠“四风”树新风，巩固中央八项规定精神堤坝。四是落实监督职责，不断提升监督执纪执法水平。五是开展专项整治，聚焦突出问题深入监督。六是持续深化体制机制建设，进一步增强协同高效的监督合力。七是从严从实加强自身建设，锻造勇于自我革命、忠诚担当的纪检监察铁军。

3月 根据吕梁分局党委要求，党委委员对基层党组织2021年度组织生活会进行指导。

会上，支部书记代表党支部进行对照检查，深入查摆剖析支委班子在发挥政治功能和组织力等方面问题和不足，针对查找出的问题和原因，提出具体整改落实措施。支部委员对照5方面要求，认真查找自身在政治、思想、工作、纪律、作风等方面存在的问题和不足，明确下一步整改措施。支部委员之间还进行自评与互评，将红脸出汗成为常态。

4月28日 吕梁分局召开"五一"节前工作部署和警示教育会议，对公路养护、安全生产及廉洁警示教育等工作进行安排部署。

4月 4月15日是第七个全民国家安全教育日。为提高全体干部职工的国家安全意识，增强国家安全责任，吕梁分局以"树牢总体国家安全观，感悟新时代国家安全成就，为迎接中共二十大胜利召开营造良好氛围"为主题，积极组织开展"4·15"全民国家安全教育日活动。

是月 吕梁分局联合高阳矿办及执法队对违建主体下达通告，约谈有关当事人，要求当事人限期拆除，恢复原状。同时重拳出击，对到期未拆除的，联合执法队，出动人员30余人次，机械10台次，强行拆除，起到震慑、警示作用。

是月 为深入贯彻落实省厅省局保通保畅的部署安排，吕梁分局高度重视，第一时间安排局属各养护单位扎实做好路网保通保畅工作，确保取得实效。

5月18日至20日 以吕梁分局薛根平为组长的督查组一行赴汾阳市、孝义市、交口县、石楼县对汾石高速征地拆迁工作完成情况进行现场督导检查。

5月 为进一步做好信访工作，维护公路行业安全稳定，吕梁分局召开《信访工作条例》学习会。要求结合工作实际和职能职责，全面梳理排查各类矛盾、问题，严格落实领导包案等制度。

6月1日 吕梁分局机关党支部举办主题为"过端午 忆屈原"的道德讲堂，机关全体党员参加。本期道德讲堂分为唱歌曲、省自身、观短片、诵经典、谈感悟、送吉祥六个环节。

6月13日至19日 全国第32个节能宣传周，吕梁分局以"绿色低碳、节能先行"为主题开展节能宣传周活动，大力倡导绿色低碳生产生活方式，着力营造人人关心、人人参与节能低碳的浓厚氛围。

6月15日 全国低碳日，吕梁分局各单位组织全体干部职工登录网站观看2022年公共机构节能宣传周讲座、绿色低碳课堂及云展播。节能宣传周期间，分局LED显示屏滚动播放绿色低碳主题系列公益宣传片，在公示栏、办公区、餐厅、卫生间等区域张贴节能海报及宣传标语，大力弘扬勤俭节约的优良传统，反对铺张浪费，合理使用资源，提高能源利用率，保护资源环境，树立节约从点滴入手、从小事做起的思想。在公路超限检测站，工作人员通过悬挂宣传横幅、发放节能低碳生活宣传页等方式积极宣传低碳发展理念，通过宣传普及衣、食、住、用、行等日常生活方面的相关节能低碳知识，倡议大家节约每一度电、每一滴水。

6月16日 第21个全国安全生产宣传咨询日，根据吕梁市安委会办公室统一安排，分局组织人员在离石世纪广场开展安全生产宣传咨询活动，以"遵守安全生产法，当好第一责任人"为主题，以提升本质安全水平为目标，对《中华人民共和国安全生产法》《中华人民共和国公路法》等安全生产法律法规进行宣传，对分局2022年安全生产"三管三必须"贯彻落实、三年行动集中攻坚和"零事故"单位创建活动、干线公路安全隐患排查整治等情况进行大力宣传，营造浓厚安全生产氛围，使"打造本质安全，创建平安交通"理念深入人心。咨询日当天，在宣传咨询现场设置咨询台和宣传展板，向过往群众发放宣传资料2000余份。

同日 吕梁分局召开清廉机关建设工作推进会。会上，再次传达学习清廉吕梁建设有关文件精神、省市领导讲话精神，工作要点、实施方案等内容，进一步统一思想认识、明确工作职责。

6月30日 省交通运输厅党组成员、副厅长王晋、厅公路运输工会主要负责人及厅相关处室负责人一行到孝义公路段梧桐道班开展“关爱职工,清凉一夏”慰问活动。分局局长薛根平、副局长刘介平、工会副主席闫兵晋,孝义段领导班子成员陪同。

7月1日 吕梁分局庆祝中国共产党成立101周年暨“七一”表彰大会隆重举行,分局领导班子及机关全体党员参加会议。会上,宣读《关于表彰优秀共产党、优秀党务工作者和先进党组织的决定》,59名优秀党员、11名优秀党务工作者和9个先进党组织受到表彰。会议号召全体党员干部要对标对表先进典型,见贤思齐矢志奉献,立足岗位担当尽责,以实际行动做到忠诚、干净、担当,以优异成绩迎接中共二十大胜利召开。

7月9日至11日 吕梁市大部分地区出现暴雨、大暴雨天气。路面积水、山体滑坡、路基冲毁、边坡坍塌等等,致使吕梁境内国省干线出现不同程度的险情。为及时消除安全隐患,做好防汛保畅工作,吕梁分局高度重视,紧急部署,进入防汛保畅应急状态。广大干部职工以雨为令,坚守岗位,夙夜奋战,全力以赴打响防汛抢险“突击战”,有力保障国省干线道路安全运行。

此次降雨共发生水毁138处,分局投入机械107台次,人员413人次,设置警示标志46套,清理塌方及淤泥8900立方米。

7月15日至18日 省公路局2022年国省干线公路半年养护管理评价工作领导组一行8人,来到吕梁境内,对分局上半年养护管理工作进行检查和指导。

此次养护管理评价工作是根据省局《2022年度养护管理检查考核评比办法》进行的,主要通过现场查看、听取汇报和查阅资料相结合的方式进行,实地查看管养路线的段班、养护工程项目、PPP项目路段等。检查组途经汾阳、文水、离石、方山、岚县、兴县、临县、柳林、石楼、交口,实地察看307国道线、209国道线、340国道线、218省道线、248省道线的日常养护、路域环境整治、桥梁隧道养护、养护工程推进、PPP项目路段养护管理、防汛备汛及抢险救灾等情况进行检查。

检查组还在分局召开2022年国省干线公路半年养护管理评价工作汇报会。会上,分局向检查组作2022年国省干线养护管理工作汇报,检查组组长对分局上半年养护管理工作给予肯定,并就日常养护、安全生产、抢险救灾、防汛备汛、喜迎中共二十大保通保畅等工作进行再强调、再安排、再部署。

7月22日 吕梁分局召开安全生产工作安排部署会议,深入学习贯彻习近平总书记关于安全生产重要论述和指示批示精神,传达省、市安全生产会议精神,分析研判公路运营安全形势,对全面加强公路养护安全生产各项工作进行部署。

会上,传达学习市政府安委会(扩大)暨七月份安全生产例会会议精神,通报国道滨榆线临县境内发生的两起交通事故情况,并对下一步安全生产工作进行安排部署。

8月5日 吕梁分局召开2022年安全生产会议。分局安委会成员、安委办全体成员及各养护、实体单位党政负责人、安全生产分管领导90余人参加会议。

会上,传达学习《交通运输部安全委员会关于近期几起典型事故的警示通报》,宣读《吕梁分局关于调整安全生产委员会成员及职责分工的通知》,分析当前安全生产形势,并对下一阶段安全生产工作进行安排部署,提出思想认识、组织领导、排查管控、督促检查、责任追究“五到位”要求。

8月11日 吕梁市中阳县金锣镇境内因强降雨导致离隰高速LJ1—2项目部翟家山大桥钢筋加工棚突发洪水,6人被困,1人获救,5人失联。省委、省政府以及省厅高度重视,有关领导亲赴现场指导抢险救援和善后处置工作,同时要求深刻汲取教训,举一反三,全力做好交通运输领域防汛抢险工作。为深入贯彻落实省厅、省局有关工作安排部署,分局于8月12日至14日,对局属各单位近期重点工作进行督导检查。

8月13日至14日 吕梁近期连降暴雨,国省干线险情不断,省局局长胡钢成、养路处副处长霍翠兰一行深入吕梁中阳、柳林、方山、临县调研指导防汛抢险工作。

局长胡钢成对吕梁分局在灾情面前，不等不靠积极应对，采取有力措施及时处治水毁予以充分肯定。针对下一步的防汛抢险工作，提出4点意见。一是分局成立工作专班。发生水毁后，24小时内赶赴现场，会同养护段制订科学合理的处治方案，及时处治。二是进一步做好排查工作。随时掌握道路情况，做到及时发现，及时处置。集中开展一次排水系统的清理，组织养护人员对高填深挖路段的平台截水沟、路侧排水沟、涵洞淤堵进行疏通与处治。三是规范警示标志标识的设置。加强标志标识设置的规范化、科学化。在已发生灾毁或水毁的路段，按照公路养护安全作业规程，设置标志，提高事故防范能力。一时无法处理的，要及时与交警等部门沟通，采取交通管控措施。四是密切关注雨情，加强和相关部门的沟通对接。建议地方政府加强侵占河道农作物的整治，减少对路基的冲击和损坏，全力做好汛期各项安全保畅工作。

8月23日 吕梁分局机关支部举行"学习理论精髓，迎接中共二十大"主题党日活动。分局党委班子成员以普通党员身份参加。

会议结束后，为帮助遭受暴雨袭击的中阳受灾群众早日重建美好家园，党支部组织开展"一方有难，八方支援"的志愿捐助活动，大家积极捐款，为灾区群众传达爱心，与受灾群众共克时艰。

10月9日 吕梁市副市长油晓峰深入中阳县、交口县，就离隰、汾石高速及209国道线交口县城段改线工程项目推进情况进行现场调研，详细了解项目建设进展情况，并对各项目建设中存在的问题提出指导意见要求。

各级相关部门要统筹协调加强配合，各项目工程指挥部要加速督办，加大施工组织力度，各相关政府部门要为公路建设保驾护航，确保运输车保供保畅，为项目建设营造良好环境，确保各项目建设快速有效推进。同时，各施工单位要严格落实安全生产责任，在全力推动工程项目建设的同时要全力抓好安全生产工作，拿出"冲刺四季度 大干一百天"的决战气势，保持大干的状态，努力完成项目建设目标任务，以实际行动迎接中共二十大胜利召开。

10月16日 吕梁分局及局属各单位全体干部职工收听收看中国共产党第二十次全国代表大会开幕盛况，认真听取大会报告。

10月20日 吕梁分局机关党支部组织全体党员干部开展"礼赞中共二十大 奋进续华章"主题党日活动。

11月9日 吕梁市副市长油晓峰带领市交通运输局、吕梁分局、市规划和自然资源局相关负责人，深入方山县、柳林县、临县调研离石至碛口高速公路前期工作，要求各级各部门要加强沟通、紧密配合，做好项目前期工作，为项目顺利开工建设打下基础。

（资料提供：樊小兰）

山西省公路局晋中分局大事记

1月11日 由市乡村振兴局一级调研员杨世杰带队的晋中市第六考核组一行7人，对晋中分局进行2021年度目标责任考核。分局领导、机关副科以上干部、驻金润商务楼单位党政负责人共计33人参加考核会。考核组观摩分局2021年工作成果图展板、党员活动室、展示馆、职工书屋、职工活动室、路网监测与应急处置中心。观摩结束后,召开2021年度目标责任考核大会,局长张惠民代表分局领导班子就服务地方经济建设作工作述职报告。考核组对分局领导班子在党的建设、党风廉政建设、服务地方经济等情况进行民主测评,并通过查看资料、谈话等方式,对分局2021年度目标任务完成情况进行考核。

1月17日 寿阳段被寿阳县授予2021年度“综合考核优秀驻县垂直管理单位”称号。

1月21日 由省公路局副局长郭晓军带队的省局第四考核组一行8人,对晋中分局2021年度领导班子、领导干部及目标责任完成情况进行全面考核。考核组观摩2021年工作成果图展板、党员活动室、展示馆、职工书屋、职工活动室、路网监测与应急处置中心;对领导班子整体运行、发挥职能作用、党风廉政建设以及领导干部履行岗位职责等情况进行民主测评;对领导班子成员、机关科室负责人、基层单位行政负责人共30人进行考核谈话;查看党建、党风廉政建设、公路建设、公路养护、安全生产、综合管理等各项目标任务资料,对分局2021年度目标任务完成情况进行考核打分,晋中分局总体工作受到考核组的肯定和好评。

1月27日 省交通运输厅党组成员、副厅长王四小带领省厅春运安全生产第四督导检查组,对晋中国省干线公路春运安全生产工作进行检查。检查组实地检查208国道线、108国道线春运除雪保畅工作,并召开座谈会。

座谈会上,晋中分局党委负责人、局长张惠民就国省干线公路春运安全生产工作作详细汇报。检查组就检查发现的问题进行反馈,王四小在讲话中要求高度重视春运保通保畅、应急值班值守和便民服务三项重点,从六个方面统筹抓好春运安全生产。

2月18日 晋中分局召开2021年度基层党组织书记抓党建暨落实“两个责任”述职评议会。会议由分局党委负责人、局长张惠民主持。会上,4名党支部书记、3名行政负责人、2名兼职纪检员代表在现场进行述职。各分管领导根据调研和述职情况依次进行点评。与会人员对各基层党组织书记抓党建暨落实“两个责任”情况进行民主测评。

3月23日 晋中分局召开2022年工作会、十届一次职代会。省公路局副局长许秀銮、晋中市副市长杨隽出席会议并讲话。局长张惠民作题为《抢抓发展机遇 当好开路先锋 奋力谱写新时代晋中公路事业全方位高质量发展新篇章》的工作报告,回顾总结分局2021年工作,客观实际分析当前工作中面临的形势和存在的困难,对2022年工作进行全面安排部署。

会议要求,2022年要紧紧围绕“1688”发展思路与目标,按照“234568”总体要求和工作矩阵,一是聚力项目建设,加快推进路网结构提升改造步伐。重点推进列入省重点前期的青银高速公路旧关至太原段改扩建工程旧街至蔡庄段、307国道线阳泉坡头界至榆次段一级公路新建工程等7个项目前期,力争落地2~3个项目;打好项目攻坚战,全年计划完成投资67亿元。二是聚力提档升级,稳中有进提升路况质量和服务水平。引深“六个专项行动”,不断夯实养护基础管理,PQI平均值保持92以上,路面优良路率保持97%以上,11个公路段达“双优”标准,高质量完成灾毁重建工作。三是聚力提质增效,全面提升行业治理能力和水平,加强财务、预算、人事、审计、企业管理及路产路权维护、治超、收费工作,全面打造管理升级版。四是聚力安全稳定,守牢高质量发展底线,认真抓好安全生产及信访工作。五是聚力改革创新,厚植高质量发展活力动力,积极稳妥打好改革攻坚战,加快推进重点领域改革和科技创新绿色发展。六是聚力党建引领,着力加强廉洁分局建设,全面加强政治建设、领导班子和干部队伍建设、党风廉政建设,深入开展“基层治理能力提升年”,拓展行业文明建设内涵。

杨隽在讲话中,要求要抓住山西中部城市群高质量发展和打造太原榆次太谷城市核有利契机,紧紧围绕全市“1221”战略举措,提早谋划部署一批重点项目、重点工程。

许秀銮在讲话中,对晋中分局各项重点工作,特别是连续20年获全省公路系统标兵单位给予充分肯定。要求高效率推进项目建设，构建高质量发展支撑；高质量完成养护工作，确保路况水平稳中有升；高水平维护安全稳定，坚守高质量发展底线；高标准推进政治建设，不断加强党风廉政建设。

3月30日 208国道线新建工程第四合同段项目部南沟隧道左洞顺利贯通，长365米，属双向四车道一级公路中隧道。

5月13日 晋中分局举办建设清廉机关大讲堂，党委负责人、局长张惠民以《坚持政治统领 强化清廉建设 全方位推进晋中公路事业高质量发展》为题，结合改革发展，同干部职工交流探讨关于“全面建设清廉机关”的思考和认识。大讲堂以视频形式召开，分局全体党员、班组长以上人员共280人聆听讲座。

5月16日 省直工委委员、省直纪检监察工委书记王新民带队一行8人到晋中分局调研清廉机关建设工作。省直工委宣传部部长闫志云、省直工委组织部副部长龙婷、晋中市直工委书记李军荣及晋中市直工委委员、市直纪检监察工委书记白俊斌陪同调研。

调研组观摩工作成果图片展板、廉政文化墙、党员活动室、展示馆、职工书屋、职工活动室、路网监测与应急处置中心，召开清廉机关建设工作汇报会。局长张惠民汇报清廉机关建设开展情况及下一步工作打算。

王新民在讲话中，对晋中分局多年以来取得的成绩以及在清廉机关建设中各项务实举措，给予充分肯定和好评。要求聚焦清廉机关建设要求，把晋中公路文化融入创建活动，传承和丰富公路文化、廉洁文化，夯实清廉机关创建基础，扎实推进，以创促建，充分发挥好示范作用，为高质量推进清廉机关建设工作树立标杆。

5月24日 晋中市副市长杨隽深入太谷、榆社、和顺调研督导普通国省干线公路工作。晋中分局局长张惠民陪同调研。

杨隽先后实地察看太谷公路段机械化养护中心、340国道（原319省道）榆社县县城过境段（寨沟隧道）改线工程桥梁预制厂、寨沟隧道施工现场、207国道线采空区治理、省道董榆线（318省道）寒湖岭隧道新建工程路基、隧道施工现场及晋中公路分局文明示范公路创建成果。每到一处，杨隽都详细了解项目建设、质量管控措施、工艺工序流程、施工进度、安全防范等工作，对晋中分局各项工作给予充分肯定。

在太谷段机械化养护中心，杨隽先后调研4000型沥青混凝土拌和站、应急储备库、机械设备库，详细了解机械化养护中心的运行情况、产能效益，关切询问职工生活及收入等问题。他强调要树立生态文明理念，加强干线公路日常养护，要坚持走生态环保之路，加强扬尘污染源头管控，建设绿色美丽公路，要坚持平战结合，强化日常应急演练，提升干线公路的安全保畅能力。

5月 山西省交通运输厅公布山西省2021年度公路水运工程试验检测信用评价结果，晋中分局试验室在山西省65家试验检测机构中脱颖而出，获“AA”等级信用评价。近年来，分局试验室积极赶超、奋力前行，不仅在试验检测业绩上首次突破300万元，而且在近五年来信用评价“A”级的基础上，又迈上一个新台阶。

6月2日 晋中分局党委负责人、局长张惠民以“牢记领袖嘱托，扛起时代使命，全方位推进晋中公路事业高质量发展”为题进行宣讲。宣讲会以双向视频的形式召开，分局全体党员、班组长以上人员共460人参加会议。

会议要求，要以习近平总书记考察调研山西重要指示精神为指导，充分认识全面建设清廉机关的重大意义，牢记嘱托，勇担使命，坚持高站位谋划、高标准推进，推进清廉机关建设走深走实，巩固分局风清气正良好政治生态。

6月30日 晋中分局组织全体党员赴平遥县开展“追随领袖足迹 感悟领袖情怀”沉浸式宣讲学活动。大家先后来到平遥古城迎薰门、平遥县署、日昇昌票号博物馆、唐都推光漆器文化产业创意园等，沉浸式回顾习近平总书记走过的每一个场景，听取专业宣讲员对历史文化、非遗传承和晋商精神详细介绍。在平遥察院博物馆，全体党员重温入党誓词、齐声诵读《廉洁颂》,感悟优秀历史文化、廉政文化,进一步涵养精神境界、厚植清廉根基,增强保持清正廉洁政治本色的行动自觉。

7月29日 晋中分局召开2022年上半年重点工作推进会,会议听取局属各单位上半年工作进展情况汇报,盘点总结上半年工作,分析当前形势和面临的问题,对下半年工作进行安排部署。

会议要求,下半年要紧紧围绕迎接中共二十大胜利召开这一重大政治任务,不折不扣贯彻落实省厅、省局各项决策部署,以抓落实为主线,担当作为、奋发有为,决战三季度,决胜四季度,实现全年红。

8月19日 晋中分局新改建工程项目部在208国道线新建工程、241国道线新建工程、340国道寨沟隧道改线工程、董榆线寒湖岭隧道新建工程四个项目施工现场组织召开"六个现场"观摩会,分局包项目负责领导、相关部室负责人、各项目业主代表组长、总监办总监、施工单位项目经理,共70余人参加。分局副局长、总工程师史军强主持。在前期对四个项目各标段"六个现场会"开展情况进行初步检查筛选基础上,精选出九个标段具有特色亮点11个观摩点进行观摩,涵盖路基填方、桥隧施工、防护工程、材料管理、安全管理等6个方面。观摩会提出3点要求,一是对标先进,寻找差距。各标段要向先进看齐,补齐短板,奋力争先,以本次观摩会为契机和新的起点,进一步加强质量管控,不断提升工程品质。二是吸取经验,取长补短。对观摩会上典型经验,要与相关标段个别对接,深度交流,起到实效。三是典型引领,发挥作用。各观摩标段要再接再厉,继续发扬特色亮点,坚持创新,保持先进,发挥好示范引领作用,为创建品质工程再做新贡献。

9月16日 晋中分局公安路政科组织11个超限检测站主要负责人及相关人员在平松超限检测站召开2022年治超管理工作现场观摩会。分局副局长赵小兵参加会议。

整个现场观摩会分为两个阶段进行。首先,开展现场观摩。大家在平松超限检测站院落工作展板文化区、办公楼文化区、内业资料展示区进行实地观摩。平松超限检测站重点对党建品牌创建、"八个清单"制订与落实、现场"6S"管理绩效考核、内业资料全面优化、清廉机关建设、班组文化建设、纪律作风整顿等工作的目标确定和执行落实以及达到效果进行全面细致地讲解。观摩组通过听讲解、看现场,详细了解站点党建引领的各项工作开展情况、"三廊一梯"文化创建情况、各项制度执行情况、纪律作风整顿情况、内业资料同步情况。然后召开现场观摩会。会上,赵小兵对平松超限检测站本次现场会筹备、工作亮点展示、良好站点风貌等各项工作给予肯定,学习好经验、好做法,要求深刻认识本次现场会意义,提升治超管理水平。

9月20日 市直工委书记李军荣带领市清廉建设工作专班部分成员、部分市直单位分管清廉机关工作领导、各县(区、市)工作专班组长、工委书记共30余人,到晋中分局现场观摩清廉机关建设工作。

观摩组一行先后参观分局清廉机关建设工作展板、清廉文化书画展、廉洁文化墙、廉洁文化室、党员之家、职工书屋、分局展示馆等清廉建设阵地,观看清廉机关建设专题汇报片和分局工作成果专题片,查阅清廉机关建设工作资料,全方位观摩分局的创建思路、具体举措、工作成效、创建目标等工作情况。

在清廉机关建设过程中,晋中分局聚焦"1688"发展思路与目标,大力实施"1516"工程,即围绕"以文化人、以廉润心"这一主题,创新"一屏、一墙、一室、一册、一展"五个载体,聚焦"找问题、防风险,守规矩、转作风,树典型、勇担当,建机制、育文化,创标杆、提效率"十项重点,扎实推进六大清廉单元创建。一是聚焦找问题防风险,夯实清廉之基。紧盯"关键领域",抓住"人、财、物"等重点岗位,从工程招投标、材料采购、设计变更等方面找出廉政风险点33条,制订41条防控措施。二是聚焦守规矩转作风,厚植清廉之风。利用节假日等时间节点,运用交叉检查、明察暗访等方式,着力解决"精神不振、工作标准不高、执行纪律不严、落实中央八项规定精神不细"等问题。坚持每月对收费、治超人员纪律作风情况进行监控审查，对屡查屡犯问题进行通报批评。三是聚焦树典型勇担当，筑牢清廉之本。“七一”期间，在全分局选树先进基层党组织、优秀党务工作者等先进典型，激励广大党员干部在清廉建设中走前列、做表率、当标杆。四是聚焦建机制育文化，凝聚清廉之魂。科学设计“五个一”载体，利用电子屏循环播放清廉建设目标任务、工作动态、阶段成果，树牢上下“一盘棋”意识。完善了清廉文化墙、新建廉洁文化室、开展廉洁文化书画展、修订廉洁文化手册，全方位、多角度展示清廉建设新成果，营造风清气正、干事创业政治生态。五是聚焦创标杆提效率，巩固清廉之效。根据“一群两区三圈”城乡区域发展新布局，完善“十四五”路网规划，总里程734公里。坚持把养好路、建好路作为最大的民心工程，创建示范公路921公里，美丽公路732公里，路况质量和水平达到分局历史最好水平，在全省率先消灭次差路。紧盯“六大目标”，用好“1+4+3”工作机制，着力推进6个在建工程项目，打造百年、安全、品质工程，为经济社会高质量发展提供更加安全畅通的清廉公路。

9月21日 晋中分局工会采取现场培训和视频培训相结合的方式，组织全分局34个基层单位100余名工会主席及相关人员开展工会工作素质提升培训。

此次培训请省总干校教授和工会财务专家，重点对习近平总书记视察山西重要讲话精神、职代会(职工大会)召开程序、平等协商与集体合同签订、工会会计制度、工会经费规范管理等基础理论知识及操作实务等内容做了专业培训，全面提升分局工会干部和管理人员的政治能力、业务能力、履职能力。

9月 阳泉分局一行到和顺段调研公路养护工作。晋中分局副局长游新宇及相关科室负责人陪同。

阳泉分局一行听取和顺段党政负责人公路养护工作汇报，实地观摩养护示范路建设、公路废旧利用和段机关建设情况，对和顺段各项工作取得的成效给予充分肯定。

座谈会上，参会人员对工作中的好做法、好经验交换意见，对工作中遇到的问题进行探讨。大家表示，通过观摩认识到自己在工作中的不足，以后将以此次观摩学习为契机，深入分析短板，调整思想理念，突出工作重点，强化工作落实，紧扣晋中分局“1688”总体思路与目标，以“养好公路、保障畅通”为己任，全力创建人民满意的畅行公路、智慧公路、绿色公路、平安公路，为加快推进交通强省建设和服务地方经济全方位高质量发展做出积极贡献。

是月 晋中分局以“八个聚焦”发起公路养护秋季攻坚行动。一是聚焦路面养护水平提升，精准施策巩固双优创建成果；二是聚焦路基养护水平提升，促进日常养护规范化、精细化；三是聚焦桥涵隧道养护水平提升，保障结构安全耐久；四是聚焦路域环境提升，打造畅安舒美养护管理示范路；五是聚焦服务品质提升，依托公路主阵地，打造服务新亮点；六是聚焦基础管理水平提升，着力提升养护治理能力；七是聚焦养护工程管理水平提升，打造高品质示范工程；八是聚焦安全应急能力提升，综合施策提高风险防控和应急保障水平。晋中分局在2022年第一季度养护管理考核中位列第一，局属5个公路管理段公路路面PQI值位列前10名。

10月19日 晋中市纪委书记、监委主任那志茂一行到分局208国道线新建工程项目第二合同段督导检查工作，晋中市人大副主任辛琰、政协副主席王宁照参加。分局党委负责人、局长张惠民，副书记、纪委书记杨桦，副局长、总工程师史军强陪同。

那志茂一行听取208国道线新建工程项目总体设计及进展情况、东观互通转体桥建设的详细汇报，对施工现场情况进行查看，并提出指导意见和要求。一是抓好安全稳定工作。要始终把安全稳定放在第一位，加强安全教育，落实好安全措施，确保参建人员生命安全。维护好农民工合法权益，及时排除不稳定因素和存在的隐患，营造和谐稳定的工程建设环境。二是抓好工程质量。制订冬季施工保温措施，加强内在质量和外观工艺检测，确保按期完工，建成人民满意的百年平安品质工程。三是抓好廉政建设。规范建设程序,做好风险防控,着力打造清廉工程,以优异成绩向市委市政府和沿线人民交出一份满意答卷。

11月2日 为全面推进国省干线公路新改建项目前期工作,晋中市召开国省干线公路前期推进会议。市委副书记、市长常书铭出席会议并讲话,晋中11个县(区、市)主要负责人,自然资源、财政、水利、交通、公路等部门负责人参加会议。

会议强调,国省干线公路项目建设关乎经济发展、关系民生福祉,对于优化路网结构、改善区域环境、支撑中部城市群建设具有重要意义。一是抢抓机遇,用好政策,科学精准谋划好项目。要抓住当前收费政策、土地政策及融资政策的一切机遇,用好机遇"窗口期",用足用活政策,谋划好、推进好、实施好晋中"十四五"国省干线公路建设。二是把握时间节点,明确目标任务,保质保量完成前期工作。各级各部门要集中精力,把项目前期推进当作贯彻中共二十大精神、贯彻省委十二届五次全会精神的大事、要事抓在手上,深入推进交通强国建设,以只争朝夕的干劲扎实推进各项工作,力争年底前取得实质性突破。三是压实责任链条,强化责任分解。市县各级各部门要把项目前期工作当作"一把手"工程,层层成立工作专班,明确责任,细化措施,强化保障,拿出责任书、时间表、路线图,打通制约项目前期的堵点、难点,全面加强协调沟通,齐心协力推进项目早落地、早实施、早见效。

(资料提供:赵小丽)

山西省公路局阳泉分局
大 事 记

1月12日 307、207国道线阳泉绕城改线工程西郊大桥的悬浇连续梁最后一个中跨顺利合龙。

1月26日 山西省公路局阳泉分局(以下简称阳泉分局)局长闫献忠、党委书记李传书分别带领慰问组到白泉及上社超限检测站开展"新春送温暖"和节前安全检查。慰问中,闫献忠、李传书分别详细询问困难职工家庭、生活情况,勉励他们要正视困难、踏实工作,并为其送去慰问金、米、面、油等春节礼品,转达分局领导对职工的深切问候和美好祝福。随后,两个慰问组一行分别对超限站开展安全生产领域风险隐患大排查大整治集中行动暨两节、两会期间安全生产工作落实情况进行检查,要求认真安排部署节前各项工作,切实做好职工的后勤生活保障,确保度过喜庆安康节日。

2月15日 307、207国道线阳泉绕城改线工程项目组织召开2022年复工复产动员会,为项目新年开新局、谋新篇,决战既定通车目标再部署、再动员。建管处、项目公司及参建单位负责人参会。会上对2021年履约优秀单位及先进个人代表颁发奖牌和证书;宣读2022年施工生产计划;提出落实"六个一"和"六个到位"复工要求、环保等方面具体措施,并组织项目公司与参建单位签订安全生产责任书。项目公司负责人对2021年各方面取得的成绩、重大突破及存在问题进行总结,并部署动员2022年工作,要求各参建单位全力以赴抓好复工达产工作,对齐目标,统筹规划,严守质量与安全底线,压实压紧项目责任,确保"6·30"通车目标顺利实现。建管处负责人对山西省《关于开展2022年春风行动的通知》进行宣传,指出各参建单位2021年取得的成绩来之不易,新的一年要再接再厉、携手攻坚、同心共振、同向发力，确保目标任务顺利实现。

3月1日 239国道线盂县境内夫城口至肖家汇段公路改线工程临时党支部召开党员大会。会议传达《关于市直工委所属党组织召开2021年度组织生活会和开展民主评议党员的通知》进行专题学习研讨，并开展“凝聚党员智慧发挥堡垒作用”主题党日活动，组织全体党员参观党史学习教育基地。最后，集中学习习近平在山西省考察调研看望慰问基层干部群众的重要指示精神，集中观看警示教育片《零容忍》。

3月10日 阳泉市委常委、常务副市长郭建文到307、207国道线阳泉绕城改线工程现场调研项目推进情况，协调解决项目存在的问题。项目副总指挥、分局局长闫献忠，项目副总指挥、分局党委书记李传书，平定县副县长乔勇陪同，建管处、平定征拆指挥部、沿线乡镇、项目公司等单位负责人参加调研。调研中，郭建文一行沿全线实地视察项目推进情况，在辛兴互通施工现场听取项目副总指挥闫献忠对项目整体建设进展情况和辛兴互通北延盂县拟建路网情况的汇报。随后深入苏村河特大桥、常家沟2#桥、西郊互通及1#桃河大桥（上跨石太铁路）等施工现场实地调研，并就下一步工作进行安排部署。

3月25日 阳泉市精神文明建设领导中心副主任史志亮带领检查组到平定公路管理段检查验收精神文明标兵单位创建工作。检查组通过听取汇报、实地查看、资料测评、问卷调查等方式，全面深入了解该段文明单位标兵创建工作。检查组充分肯定该段文明创建工作成果，要求补齐短板，继续将文明创建工作落到实处，充分发挥好文明单位的示范引领作用。

3月 随着气温回暖，阳泉分局立足为民服务，抢抓有利时机，按照公路养护目标任务，围绕路面病害处治、路域环境整治、路肩边坡整修、桥涵隐患排查等集中发力，积极开展春季养护工作，通过“四到位”强化阳泉市境内国省道干线公路安全畅通，切实提升公路通行服务质量。分局组织生产技术人员对路基、路面、桥涵及沿线设施进行调查，采用丈量登记、拍照留档等方法做好原始资料收集，并据此研究制订养护措施，对症施治，做到路况调查到位。坚持定期巡路制度，重点预防春季易发病害，对发现的病害隐患立即处理，防止病害扩大，同时加强路基、路面排水系统维护保养，做到预防性养护到位。在加大绿化平台建设力度同时，加强春季绿化树木补植、种植工作，按要求完成缺损绿化树补栽及后期管理工作，做到春季绿化到位。集中人员、设备力量，清扫公路边沟、路基范围内堆积物及绿化平台中垃圾杂物，做到路面保洁到位。

4月7日 阳泉市市长刘文华调研307、207国道线阳泉绕城改线工程建设进展情况，并现场办公。要求牢固树立全市“一盘棋”思想，强化服务保障，及时解决难题，加快建设进度，努力打造精品工程、放心工程。307、207国道线阳泉绕城改线工程是省级重点工程，东起平定县巨城镇，西至郊区平坦镇辛兴村，沿线途经2个县（区）、6个乡（镇）、40个村庄，全长52公里。调研中，刘文华乘车沿工程主线路基实地察看辛兴互通、平定互通以及桥梁、隧道等建设进展情况，对影响工程进度的问题现场研究解决办法。

4月30日 阳泉分局召开2022年公路工作会暨第十三届四次职工代表大会。会议指出，2022年全年工作的指导思想是：以习近平新时代中国特色社会主义思想为指导，认真践行习近平总书记关于“交通要成为中国现代化开路先锋”的重要指示，全面贯彻落实省、市党代会、经济工作会、两会和全省交通运输工作、全省公路工作等会议精神，坚持稳中求进的工作总基调，准确把握公路在交通强省、强市建设中的战略机遇，打好主动仗，下好先手棋，以推进“十四五”规划项目落实为着力点，深化改革创新，提升治理效能，守牢安全底线，进一步提升干线公路在阳泉综合交通枢纽体系建设中的优势地位，争当推动改革发展排头兵，奋力谱写新时代阳泉公路事业高质量发展新篇章，以优异成绩迎接中共二十大胜利召开。

会议明确，2022年完成7项目标任务：完成公路建设投资19.5亿元；完成239国道线肖家汇至滴水崖段、省道下乌纱至辛兴、207国道线交口至巨城等3个项目前期,力争年内开工建设;稳步提升路况水平,路面性能指数PQI值较2021年提升2个点,国道、省道公路技术状况指数MQI优良路率分别达到85%和80%以上;超限率控制在0.2%以内;预算执行率达到98.5%以上;提升安全生产本质水平,坚决防止重大及以上责任事故;按照省厅、省局统一部署完成好改革工作。

5月12日 全国第14个防灾减灾日,盂县东公路管理段积极开展防灾减灾暨防汛抢险应急演练活动,以进一步贯彻落实“减轻灾害风险,守护美好家园”主题精神,从源头上防范和化解安全风险,提高全员防灾减灾意识、自救互救能力和防汛抢险应战水平,持续保障公路安全畅通。

5月16日 省交通运输厅防汛备汛第七督导组组长、省高速公路综合行政执法总队阳泉支队支队长范文生带领督导组到307、207国道线阳泉绕城改线工程开展督导检查。阳泉分局副局长吕彦明、项目建管处、项目公司负责人陪同督导检查。督导组一行首先听取该项目防汛备汛工作的汇报,对相关资料进行了检查。随后,深入路面铺设施工现场及南上庄隧道路段实地查看,督导详细检查防汛物资储备情况,并提出相关意见和建议。要求各级各部门要提高思想认识,坚决克服麻痹侥幸心理,树牢“防大汛、抗大灾、抢大险”思想,打好防汛抗灾“主动仗”,坚决防范意想不到的“黑天鹅”事件发生。

5月23日 307、207国道线阳泉绕城改线工程项目第三分部预制场顺利浇筑完成最后一片40米预制T梁。至此,该项目部全部T梁预制任务结束。该项目部共有预制T梁334片,同时积极响应相邻标段互助共赢理念,协助四分部制梁140片。

同日 阳泉分局召开干部大会,宣布主要领导人事调整。省交通运输厅党组成员、副厅长王晋,省公路局党委委员、副局长许秀銮,省交通运输厅人事处长杨斌、省公路局人事处长王焕斌以及分局领导班子和中层干部参加会议。会议由许秀銮主持。会上,杨斌宣读省厅党组关于分局主要领导人事调整的文件,免去闫献忠分局局长职务,分局行政工作由党委书记李传书负责。

王晋在讲话中指出,阳泉分局全体干部职工在局长闫献忠和书记李传书团结带领下,攻坚克难、开拓进取,使得整体工作迈入全省公路系统第一方阵,迎来最好的发展时期。在肯定成绩的同时,他提出四点要求。一是坚定不移讲政治、顾大局,确保班子过渡平稳顺利。要把思想和行动迅速统一到厅党组决定上来,以事业为重、以大局为重,团结协作、恪尽职守,全力维护团结和谐稳定的良好局面和政治生态,以对党和事业高度负责的态度,全力以赴把阳泉公路的事情办好。二是坚定不移抓重点、促落实,确保完成重点目标任务。要认真贯彻落实全省交通运输工作会议和厅党组决策部署,按照省公路局和阳泉市委、市政府的工作安排,保持工作连续性、稳定性,抓紧抓好公路养护、运营、管理、保通保畅、安全生产、信访维稳等当前各项工作,确保阳泉分局和谐稳定大局。三是坚定不移勇担当、善作为,奋进新征程建功新时代。普通国省道管理体制改革正紧锣密鼓推进,要坚决摒弃等待观望思想和消极应付情绪,特别是领导班子要提振精气神,要抓统筹协调、抓调查研究、抓督查考核,切实把改革动能聚起来、把困难问题找出来、把工作标准立起来、把成绩经验亮出来,努力实现新突破。四是坚定不移推进全面从严治党,引领各项事业高质量发展。要切实加强班子自身建设,时时处处干在先、做在前、作表率,打造一个政治坚定、本领过硬、民主团结、为民务实、担当实干、清正廉洁的领导集体。要教育引导广大党员干部旗帜鲜明讲政治,坚决捍卫“两个确立”、增强“四个意识”、坚定“四个自信”、做到“两个维护”。要锲而不舍转作风改作风,坚持严的主基调,保持反腐败斗争高压态势,推动全面从严治党向纵深发展,建设清廉阳泉公路。希望阳泉分局在厅党组、局党委正确领导和阳泉市委、市政府大力支持下,踔厉奋发、笃行不怠,夺取各项工作新胜利,以优异成绩迎接中共二十大胜利召开。

6月2日 上社超限检测站党支部召开党建品

牌创建活动动员会。该站党支部按照阳泉分局党委“一支部一品牌”创建要求，结合检测站实际，精心设计以“‘党建红’引领‘治超蓝’”为名称，以“三好双满意”（支部班子好、党员队伍好、治超队伍好、职工群众满意、服务对象满意）为核心内容的党建品牌。

6月3日 随着西郊大桥最后一片预制T梁稳稳落在支座上，307、207国道线阳泉绕城改线工程三分部架梁作业全部完成，至此项目分部内主线工程顺利贯通，彻底打通分部施工的“主动脉”。

6月7日 历时110分钟紧张施工，由中国建筑集团有限公司承建的307、207国道线阳泉绕城改线工程1号桃河大桥完成万吨级“巨无霸”钢箱梁逆时针64°的空中转体施工，刷新全省同类型主墩最高、转体重量最大的纪录。307、207国道线阳泉绕城改线工程是山西省“十三五”公路网规划中的重要项目，也是2022年山西省级重点工程项目，线路全长52.144公里，总投资约57亿元。项目建设完成后，对完善区域路网结构、提高道路运输能力、促进沿线经济发展和产业结构调整，以及煤炭外运、旅游资源开发和缓解阳泉市环保压力具有积极意义。

6月23日 307、207国道线阳泉绕城改线项目举办阳泉2022年二季度重点项目观摩暨项目建设“看述评”成果展。阳泉市委书记雷健坤，市委副书记、市长刘文华率阳泉市“四大班子”全体成员现场观摩，建管处、项目公司及建设单位参加。雷健坤率队在辛兴互通进行现场观摩，听取项目公司负责人对项目党建共建、质量管理、安全生产、技术与创新、建设成果等方面的汇报。

6月28日 阳泉分局机关全体党员到“阳泉记忆·1947”文化园开展“重温阳泉记忆 赓续红色血脉”主题党日活动。“阳泉记忆·1947”文化园内容丰富、历史凝重，在讲解员引导下，党员干部沿着阳泉记忆主题馆、城市书房、城市会客厅、工人大礼堂等场馆的脉络和时间顺序，重温阳泉发展进程中独特红色记忆、城市记忆、工业记忆、童年记忆、生活记忆，感受阳泉市日新月异的变化，增强对家乡的认同感、归属感、自豪感。

同日 省公路局副局长许秀銮、工会主席常丽珍、主任王建忠，在分局副局长吕彦明、工团部部长吕彩霞陪同下，到盂县东公路管理段十八盘道班慰问一线养护职工。慰问组一行为养护职工发放绿豆、白糖、西瓜、饮料、罐头、洗发水、洗衣液、毛巾等防暑降温食品和洗漱用品，向高温烈日下经受“烤”验仍始终坚守岗位的道班养护职工表示诚挚感谢和亲切慰问，并叮嘱大家在做好本职工作同时，要注意防暑降温，确保自身健康和安全。

7月2日 在307、207国道线阳泉绕城改线工程的阳涉铁路上跨桥架梁施工现场，大型架桥机将最后一片预制T梁平稳地架设在5号与6号桥墩上，标志着阳涉铁路上跨桥架梁任务顺利完成。

7月27日 阳泉分局举办“坚守初心献身公路 牢记使命甘当路石”献礼中共二十大主题演讲比赛。比赛现场，来自不同岗位16名参赛选手先后登台演讲，选手们用生动语言、鲜活事例和饱满热情，讲述自身学习、工作、生活中成长感悟和个人体会，充分展示新时代阳泉公路人立足岗位、奋勇拼搏的良好素质和精神风貌。

7月 在中国共产党成立101周年之际，阳泉分局党委邀请阳泉市市直机关工委一级调研员刘连生给党员领导干部进行党课教育。刘连生曾任武警山西总队阳泉市支队政治委员，在武警山西总队服役31年。多次被市委评为优秀党员、优秀党务工作者和优秀干部。2021年被省委评为“优秀党务工作者”，全省“最美退役军人”。刘连生将理论联系实际，以点带面，从论“不忘初心”共同话题、谈“三观改造忽视不得、党性修养懈怠不得、有效监督松弛不得”三点深切体会、亮“如何做人、如何忠诚于党、如何做官、如何用权”四个鲜明观点、提三点真诚建议四个方面上了一堂精彩党课，分局党员干部受益匪浅，收获良多。

8月6日 由福建省交通规划设计院有限公司、江西省交通工程集团有限公司联合体承建的239国道盂县境内夫城口至肖家汇段公路改线工程ZCB2标段桥耳隧道进出口掌子面开挖均突破1000米大关，取得隧道施工突破性进展。

8月8日 307、207国道线阳泉绕城改线工程项目七分部三工区沥青下面层开始施工,标志着项目正式进入沥青面层铺设阶段,为实现项目全线按时通车目标迈出重要一步。

8月9日 阳泉分局召开"一线"安全检查交流座谈会暨2022年安委第四次全体会议。副局长冯仁科出席并主持会议,机关相关科室、局属各单位和重点工程建管处负责人参加。

8月22日 307、207国道线阳泉市绕城改线工程一分部1号桃河大桥第一跨40米T梁的架设工作顺利完成,标志着该分部主线全线贯通。

8月23日 项目副总指挥、阳泉分局党委书记李传书带领分局调研组到307、207国道线阳泉绕城改线工程调研。调研组一行对全线进行察看,先后深入路面三工区、路面二工区、常家沟3号桥、路面一工区、1号桃河大桥转体桥桥梁架设等施工现场,详细了解工期计划和交工时间等工作情况。

8月30日至31日 省公路局副局长郭晓军带领省局督导组到阳泉分局就项目前期、安全生产等工作情况进行督导检查。

8月31日 在阳泉分局召开专题工作座谈会。党委书记李传书就项目前期、安全生产等工作思路、方案措施、进展情况以及下一步打算和建议进行详细汇报交流。

9月5日 307、207国道线阳泉绕城改线工程四分部的预制梁场顺利完成最后一片预制T梁的浇筑任务,标志着该项目部完成667片预制T梁的施工任务。

9月16日 为深入推进机关作风建设,更好地保障公务车辆高效运行,阳泉分局多措并举,推动公车管理实现规范化、安全化运转。

同日 307、207国道线阳泉绕城改线工程四分部承建的常家沟3号桥架梁施工现场,大型架桥机将最后一片T梁平稳地架设在1号桥墩至0号桥台之间,这标志着该分部所有架梁施工顺利完成。

9月21日 为进一步提升养护管理水平,阳泉分局围绕"对标一流找差距、学习经验补短板"主题,由党委书记李传书带队的分局养护观摩学习组到晋中分局进行观摩学习。省局副局长许秀銮、分局副局长吕彦明、纪委书记王卫华出席活动,晋中分局局长张惠民、副局长游新宇陪同观摩学习。

分局观摩学习组先后深入晋中分局寿阳段、太谷段、榆社段、左权段、和顺段,现场观摩学习路面预防性养护、段班规范化建设、服务区建设、示范路建设、路域环境治理、路面养护中心建设、养护四新技术应用,并互相交流彼此在工作推进中积累的一些好做法和好经验,同时对如何更好地打造国省道干线公路精细养管、智能养管进行深入探讨。

9月26日 省局政策法规处副处长赵永红带领省局安全检查组到白泉超限检测站检查安全生产工作,分局副局长冯仁科陪同检查。

10月11日 党委书记李传书带领阳泉分局安全生产大检查大整治大提升专项行动第一督察组到郊区公路管理段进行安全生产和维稳工作专项督导检查。

11月9日 市直机关工委书记、全面建设清廉机关工作专班组长李丽新带领工作办公室相关人员到阳泉分局调研"清廉机关、清廉公路"建设工作。党委书记李传书及分局领导班子成员陪同调研。一行先后参观廉政文化教育室、清廉书屋、局使馆、智慧公路指挥中心、分局"清廉公路"主题书画摄剪纸作品影展,查阅清廉机关建设相关资料,并在调研座谈会上听取分局党委关于"清廉机关、清廉公路"建设工作汇报。

11月19日 平定公路管理段根据县委、县政府安排,在市农业局指挥下,承担起东关社区六个宿舍区(怡瑞园小区、国税局小区、征费宿舍区、供销社宿舍区、民政局小区以及瓦窑沟)的卡口值守、高危区入户信息登记以及社区居民的生活保障等工作。为此,该段迅速组织20余名精干队伍入驻单位,实行闭环管理,以严谨工作作风为社区居民筑起一道安全防线。

(资料提供:韩 静)

山西省公路局长治分局 大事记

3月2日 山西省公路局长治分局(以下简称长治分局)同长治市交通运输局联合下发《关于建立国省干线公路路政养护协调工作机制的通知》,为进一步做好交通运输综合行政执法改革后国省干线路政管理和养护管理工作奠定坚实基础。

3月18日 长治分局召开第十五届一次职工代表大会、六届五次工代会暨党建和党风廉政建设工作会,深入贯彻落实全省交通运输、公路工作会议精神,全面总结2021年工作,分析面临形势,部署2022年重点工作任务。

会议在对行业和区域发展环境进行深入分析基础上,提出路网结构优、路况质量高、路域环境美、管理服务佳、发展效益好、队伍素质强、行业风气正七大发展目标及2022年工作的总体思路,即以习近平新时代中国特色社会主义思想为指导,进一步弘扬伟大建党精神,深入贯彻落实省厅、省局和市委、市政府决策部署,按照省厅"1345"总体架构和工作矩阵,以交通强省建设为统领,紧扣国省干线全方位高质量发展目标要求,全面推动全市干线公路路网结构优化、养护水平升级、服务能力提质,以优异成绩迎接中共二十大胜利召开。会后,同步组织召开纪律作风整顿专题会议。

4月20日 长治市委副书记、市长陈耳东深入208、207国道线长治过境段现场办公,协调解决国道环线公路改扩建工程扫尾建设中遇到的实际困难和问题。长治市副市长贺鑫、市政府秘书长桑利刚及长治分局局长韩洪泽参加。

陈耳东强调,国道环线公路的通车运行,事关百姓福祉,事关全市经济社会发展全局,对于进一步提升城市形象,更好地服务地区经济社会发展和人民群众安全便捷出行具有十分重要的意义。相关部门、沿线各县(区)要提高政治站位、树牢全局意识,强化要素保障、密切协调配合,在土地使用、资金保障等方面全力支持,将沿线"疑难杂症"梳理成问题清单,限期推进整改到位,以严的作风和实的举措加快推进扫尾工程建设。要从实现好、维护好广大人民群众的根本利益出发,采取科学合理安全设置护栏开口、增设辅路等方式方便沿线村民通行,切实把为民办事的工作做深、做细、做实。

4月24日至27日 长治分局局长韩洪泽,副局长姚建波,副局长、总工程师杜立新带领相关科室及勘察设计院负责人,先后深入309国道线晋冀界至长治临汾界段一级公路升级改造工程途经的潞城区、屯留区和黎城县召开前期工作协调会。潞城区委书记段尧刚、区长柴哲,屯留区区委书记翟卫华、区长牛海江,黎城县委书记牛晨霞、县长李颖南以及3个县(区)相关部门负责人参加会议。

会议指出,309国道线晋冀界至长治临汾界段一级公路升级改造工程是长治市委、市政府结合全市规划及长远发展实施的一项重大民生工程,是完善区域交通路网、有效消除交通拥堵、方便群众出行、提升城市发展空间的现实需要。项目沿线各县(区)要紧扣时间节点,抢抓有利时机,进一步加快项目前期手续办理进度;要加强沟通对接,建立工作专班,为309国道线晋冀界至长治临汾界段一级公路升级改造工程创造条件、提供便利,确保工程项目早日开工建设,更好地服务人民群众出行和地方经济社会发展。

6月13日至7月1日 长治分局党委组织全局党员干部分两批在右玉干部学院举办党员干部党

性教育暨履职能力提升培训班。

本次培训以学习弘扬右玉精神为切入点,以增强宗旨意识、坚定理想信念、树立正确政绩观、践行“绿水青山就是金山银山”发展理念为教学重点,全体学员赴右玉精神展览馆,绿化丰碑、四五道岭、松涛园、右卫古城、县委旧址、黄沙洼等现场教学点,实地感受右玉县委书记们带领干部群众不畏艰难,迎难而上的奋斗情怀。右玉精神宣讲课上,通过讲述六位右玉县委书记的故事,深刻体会右玉历任县委县政府一班人“为官一任,造福一方”的执政理念,给大家留下深深震撼和思考。专题教学中,专家教授们分别讲授“学党史、悟初心——我们是革命者”“习近平新时代中国特色社会主义思想解读”“解读十九届六中全会精神,明确‘两个确立’的意义”“用习近平法治思想武装头脑在等待改革中持续守好纪法红线”等课程,进一步提高全局党员干部的党性修养和履职能力。培训期间,还同朔州公路分局党委联合开展“坚定‘两个确立’、守好纪法红线”主题党日活动。

6月16日至17日 省局局长胡钢成一行深入长治分局管养的341国道全线,就迎接国家公路网技术状况监测工作准备情况进行实地调研。副局长崔建忠陪同。调研中,胡钢成一行实地查看341国道线日常养护和预防性养护开展情况,听取管养单位关于迎接国家公路网技术状况监测工作开展情况现场汇报。要求长治分局牢固树立“全省一盘棋”思想,把迎接国家公路网技术状况监测作为当前最重要的一项政治任务,锚定赶超进位、重新崛起目标,进一步梳理任务,细化分工,明确责任,传导压力,确保迎检工作高效推进;要进一步对标对表、精准施策,聚焦桥梁、隧道、交安设施管理等重点环节,堵漏洞,补短板,强弱项,最大限度提升迎检工作水平。要进一步加强沟通、凝聚合力,充分发挥公路部门在地方上的优势,争取地方政府及有关部门支持,确保各项任务要求落实到位。

7月20日 省公路局党委书记尹新平一行到长治分局开展调研座谈。长治分局领导班子成员及机关科室负责人参加。

尹新平指出,近年来,长治分局在改革期间坚持工作不断、力度不减,在公路建设、基层党建、护路维权等方面都取得比较突出的成绩,体现公路人的担当和奉献精神,一些好的经验和做法很值得在全局推广。他要求长治分局要坚决做好中共二十大期间信访工作,切实提高政治站位,强化责任落实,全面排查化解矛盾纠纷,为迎接中共二十大胜利召开营造良好氛围。全面加强意识形态工作,进一步强化风险意识和底线思维,切实把各项工作做扎实、做细致、做深入,筑牢意识形态安全防线,坚决杜绝跑偏走错。扎实推进“清廉山西”建设,扛牢管党治党政治责任,坚持严的主基调不动摇,一体推进“三不腐”,推动全面从严治党向纵深发展。

7月26日 长治分局与中交一公局集团签订208国道线晋中长治界至屯留小河北段改扩建工程投资协议,积极推动项目落地实施。长治市委副书记、市长陈耳东,中交一公局集团董事长韩国明出席签约仪式,长治市副市长贺鑫、长治分局局长韩洪泽参加。

陈耳东指出,近年来,着眼于建设全国资源型城市转型升级示范区、现代化太行山水名城,长治市下大力气补齐基础设施短板,实施国道环线公路改扩建工程、黎霍高速等一批重大交通项目,进一步拉大城市框架,完善路网结构,实现与周边地区便捷联通,不断提升城市能级和产业承载力。此次中交一公局集团与长治分局签约,参与长治市208国道线改扩建工程建设,既是牵手长治新起点,也是携手未来新开端。希望中交一公局集团积极发挥央企优势、纽带作用,深度参与长治基础设施建设,全面赋能长治市转型升级。长治市将竭力创造一流营商环境,支持中交一公局集团在长治投资发展,推动各领域友好合作结出丰硕成果。

韩国明介绍集团业务领域及重点产业方向。他表示,中交一公局集团与长治合作有条件、有空间。希望双方以完善城市基础设施建设为切入点,在打造交通关联新业态、带动片区经济发展等方面,开拓更广阔的合作空间,推动实现更深层次、更广范围、更高水平的战略合作。

7月27日 208国道线晋中长治界至屯留小河北段改扩建工程在长治市襄垣县夏店镇举行开工仪式。长治市委书记杨勤荣，市委副书记、市长陈耳东等四套班子领导，省交通运输厅一级巡视员郝玉柱、省局局长胡钢成以及省发改委等省直部门领导，社会资本方中交一公局集团公司党委书记、董事长韩国明以及分局领导韩洪泽、崔建忠、姚建波、徐湧涛等参加仪式。

该项目是山西省"十四五"现代综合交通运输体系发展规划重大交通项目之一，是长治市规划"一纵一横一环"一级公路国道主骨架中"一纵"的主要组成部分。起点位于晋中长治界武乡县乔家岭村东，与晋中市实施的208国道线清徐县常家庄至晋中长治界一级公路相接，经武乡、沁县、襄垣、屯留四个县(区)终点与已建成通车的长治市国道环线公路屯留小河北互通相接。路线全长108公里，概算总投资为54.59亿元。本项目的建设将有效破解国道主干线大交通量路段瓶颈制约，进一步完善长治市国省干线公路路网结构，带动沿线地区联动发展，紧密长治市与山西省中部城市群等周边区域的互联互通，放大区位优势，畅通对外大通道、优化内部大循环、方便群众出行具有重要意义。本项目采用PPP模式建设，由社会资本方中交一公局集团公司投资建设。

9月16日 省交通运输厅党组成员、副厅长郭丙福带领调研组到长治市，就国道环线公路自由流收费试点工作推进情况进行专题调研。长治市副市长、市公安局局长秦书伟，市政府副秘书长秦玉琪，长治分局局长韩洪泽及市发改、财政、交通、交警等部门相关负责人参加会议。

自由流收费是在自由行驶的开放式公路上，通过设置安装有ETC、高清车牌抓拍、北斗基站等设备的门架对所有经过的车辆进行记录，采用"ETC+车牌付技术、北斗系统应用、多种支付手段融合"的技术路线，自动完成对自由行驶车辆的收费，可实现多用路多付费、少用路少缴费，减少道路拥堵，提高通行效率，使货畅其流、人畅其行。

郭丙福一行到国道环线运营中心实地察看国道环线全息交通态势感知平台的运行情况，并召开座谈会，详细听取韩洪泽关于工作推进最新情况的汇报。要求各相关部门要加强沟通协调，严格时间节点，积极推进项目运营前的各项工作；要进一步完善服务功能，细化完善试点方案，进一步提升国道环线服务能力和水平，更好地服务经济社会发展；要强化自由流收费系统管理，科学制订相关运营服务规范和细则，确保系统运行的准确性、稳定性，争取自由流收费试点在普通干线公路率先投入运行。

11月17日 长治市国道环线自由流收费试点正式通过省政府批复，标志着该公路成为山西省首条采用自由流收费技术的开放式收费公路。

2020年底，针对开放式收费公路传统收费模式存在的弊端，长治分局创新提出先行先试采用自由流收费技术的建议。近两年时间里，在省交通运输厅、省公路局及长治市委、市政府大力支持下，长治分局敢为人先、大胆探索、创新实践，围绕试点工作牵头成立工作专班，会同相关部门先后组织完成自由流收费系统批复和建设、收费标准研究、规范性文件起草、社会稳定风险评估、应急预案制订、宣传方案和宣传大纲起草论证等各项工作。

此次自由流收费试点获批，将推动开放式收费公路由分车型按次计费向按里程精准计费的变革，较传统收费模式更加公平合理，对全面改善干线公路投资环境，提升干线公路通行效率和服务水平具有重要意义。

（资料提供：宋瑞亭）

山西省公路局晋城分局
大 事 记

1月19日 山西省公路局晋城分局(以下简称晋城分局)召开领导班子党史学习教育专题民主生活会。省公路局督导组组长、副局长郭晓军到会指导。

同日 省公路局副局长郭晓军走访慰问陆恩泮等晋城分局退休老干部,送去慰问信、慰问金和慰问品。

1月30日 晋城分局党委中心组召开专题(扩大)会议,专题学习习近平总书记在山西考察调研、看望慰问基层干部群众时的重要指示精神,安排部署分局学习贯彻工作。

2月22日 晋城分局局长马远深入陵川管理段,就"一县一路一特色一亮点"活动开展情况、水毁恢复治理情况及安全生产情况进行专题调研督导。

2月23日 晋城分局党委书记张根法到阳城公路管理段,就公路养护一线安全生产工作进行督导检查。

3月25日 晋城分局召开2022年度工作会暨职代会,全面贯彻落实全省推进交通强省建设动员大会、全省交通运输工作会议、全省公路工作会议精神,认真总结2021年工作,分析面临形势,就2022年工作作全面部署。

同日 晋城分局党委召开2022年党建、党风廉政建设暨纪律作风专项整治动员会议。党委书记张根法安排部署2022年党建、党风廉政建设工作,并就纪律作风专项整治作动员讲话。纪委书记赵锁金就党风廉政建设和反腐败工作作了强调。

4月12日 晋城分局召开纪律作风专项整顿推进视频会,就全局开展纪律作风整顿进行再强调、再部署。局长马远主持会议,党委书记张根法讲话。局级领导、机关全体干部职工、局属各单位股级以上人员共125人参加会议。

4月16日 晋城分局召开紧急视频会议,就贯彻落实交通运输部关于进一步统筹做好公路交通保通保畅工作进行再部署。

4月28日 晋城市政府新任分管交通副市长高喜全到晋城分局就国省干线公路建设进行专题调研。市政府副秘书长刘慧波、市交通运输局局长张海芳参加调研。

同日 晋城分局以视频会议方式组织召开2022年养护工作会,对2022年公路养护工作进行全面分析安排,对分局"养护提升年"活动进行动员安排。

4月30日 晋城分局召开专题会议,传达4月29日中央政治局会议精神、4月26日中央财经委员会第十一次会议精神、4月28日全省统筹经济社会发展工作会议精神和市政府有关会议精神,就全面加快推进干线公路基础设施建设进行部署。

5月10日 晋城分局团委组织开展"喜迎中共二十大、永远跟党走、奋进新征程"主题教育实践活动。

6月1日 晋城分局2022年"安全生产月"活动正式启动。

同日 晋城分局举办"我们的节日——端午"游园会,省交通运输厅机关党委书记武安瑜与来自分局机关及基层单位的近50名干部职工、职工子弟共同参加活动。

同日 阳城县委常委、副县长原红海深入省道阳济线地质灾害处治工程施工现场,对安全生产进行实地检查，并听取施工项目负责人工作汇报。

6月5日 342国道线K770+700米处突发路基塌陷险情，影响公路正常通行。陵川公路管理段立即启动应急预案，经过3个多小时紧张作业，路基坍塌险情得到妥善处置，安全隐患得以排除，道路重新恢复畅通，得到过往司乘人员和周边群众一致好评。

6月12日 晋城分局晋一通工程检测技术有限公司顺利通过山西省市场监督管理局组织的检验检测机构资质认定复评审（扩项）的现场评审。核准试验检测参数由原来187个增至376个，授权签字人由原来2名增加至4名。

6月14日 通行费征收管理处在凤凰山隧道收费站设立“晋城公路分局助力夏收服务点”，组织干部职工积极为跨区作业的夏收机械车辆提供志愿服务活动，为跨区作业人员送上绿豆汤、矿泉水、方便面等，得到社会各界一致好评。

6月15日 晋城分局纪检书记赵锁金，先后到凤凰山超限检测站、凤凰山收费站、207国道线晋城长治界至陵川段改造工程施工现场、杨寨河道班、友谊门隧道养护工程一线开展夏季“送清凉”慰问活动。

6月16日 晋城分局紧紧围绕“遵守安全生产法，当好第一责任人”的活动主题，组织局属各单位开展“安全宣传咨询日”活动。共设置安全宣传咨询台20余个，发放宣传手册、宣传资料等各类宣传材料1500余份，悬挂宣传标语、横幅30余条，接受群众、广大司乘人员300余人咨询。

6月21日 晋城分局在国道342线沁水郝家庄隧道组织开展“隧道突发事件联合应急演练”，沁水县公安交警、消防应急、医疗急救等部门共同参与演练，有效提升各应急队伍的联合应急处置能力。

6月29日 晋城分局副局长徐斌对分局防汛重点路段342国道线六泉至省界段的地质灾害处治工程和隧道提质升级专项工程现场进行突击检查。要求所有项目参建人员都要以“时时放心不下”的责任感、使命感抓紧、盯牢安全生产和质量管控。

6月30日 晋城分局党委组织开展“迎‘七一’·颂党恩”语言才艺展演，分局各支部积极组织参加活动，进一步丰富干部职工文化生活。

7月11日 晋城分局召开专题会议，传达贯彻国家、省、市安全防汛会议精神，就分局安全防汛工作进行安排部署。会议要求，要随时做好防汛抢险保通各项工作。

7月12日 16时，沁水公路段在防汛巡查时发现省道坪曲线K160+890米处右侧挡墙受降雨影响有开裂变形现象，为确保该路段通行安全，沁水段立即设立管控区并安排专人守护。21时40分，挡墙坍塌，阻断交通。沁水段立即采取机械清运、人工清理的方式进行紧急处置，23时20分抢通半幅车道，在清理完路面碎石、确认相邻挡墙墙体稳定、无其他安全隐患后开放交通，该路段恢复通行。

7月16日 省交通运输厅党组成员、副厅长王晋到晋城就晋高一级路债务问题等进行调研。

7月19日 省局党委书记尹新平深入晋城分局就改革试点工作与分局干部职工进行座谈，面对面认真听取九方人员、换马桥超限检测站人员、科级干部、编外人员、异地工作5类人员的意见，全面分析解读公路系统改革，并提出要求。

7月28日 省局党工部部长段晓燕到晋城分局就公路文化建设进行指导。

9月18日 晋城分局召开“喜迎中共二十大 养护工作推进会”，对2022年前三个季度干线公路养护管理工作进行点评，对存在的短板和不足进行综合分析，就扎实做好近期公路养护工作，确保以优异路况、整洁路容路貌和良好的社会评价迎接中共二十大胜利召开进行强调和安排部署。

9月23日 晋城分局组织机关党员干部30余人到陵川县党风廉政教育基地开展主题党日活动，接受廉政教育。

9月26日 晋城分局组织召开“喜迎中共二十大安全部署会”，就中共二十大召开前后有关工作进行安排部署。

10月10日 晋城分局召开信访评估研判会，就做好中共二十大召开前后信访工作作了再安排再部署。

同日 晋城分局“房产清零”行动房屋不动产权证书发放仪式在一楼大厅举行，首批78户职工住户顺利领到不动产证书。

10月16日 晋城分局组织全局党员干部收听收看中共二十大开幕会。

10月18日 晋城分局承建的342国道晋城过境段书院街连接线工程项目正式通车。副市长高喜全出席仪式并宣布通车。

10月28日 晋城分局召开学习贯彻中共二十大精神扩大会议，研究安排分局学习宣传贯彻落实中共二十大精神有关工作。

12月31日 省道阳济线K0+500～K42+860段灾后恢复重建项目在阳城县凤城镇举行开工仪式，标志着该项目正式开工建设。

（资料提供：宋永胜）

山西省公路局临汾分局大事记

3月9日 临汾市副市长胡晓刚深入山西省公路局临汾分局（以下简称临汾分局）调研。要求围绕全市经济社会发展大局，努力建设人民满意公路，加快推进项目储备与落地实施，为临汾全方位高质量发展提供有力支撑和坚强保障。

胡晓刚实地察看、听取汇报、座谈交流，详细了解分局的基本情况、重点工作开展情况及下一步工作打算，并认真了解108国道线霍州至襄汾、襄汾至曲沃至侯马过境改线工程有关情况。

胡晓刚强调，临汾分局在自身改革的同时，充分发挥自身作用，在国省道规划调整、过境路优化改线等重点项目的推进实施上不等不靠，做了大量前期工作，为今后全市路网结构优化升级打下坚实基础。2022年是交通强省建设高起点推进的第一年，也是“十四五”落实提速年。对“十四五”期间谋划的国省干线公路过境改线、低等级路升级改造等项目，要加快推进，特别要加紧新改建工程项目的设计、土地审批等各项前期工作，强化部门协调，解决突出问题，争取项目早日落地实施。要保质保量高标准实施养护工程，不断加强养护规范化管理，坚持做好公路环保工作，稳步提升综合路况水平，为临汾在全方位推动高质量发展中走在全省第一方阵做出有力贡献，以优异成绩迎接中共二十大胜利召开。

3月23日 临汾分局局长刘晓明深入吉县、乡宁公路段，就公路养护、安全生产等工作进行调研。要求深入学习贯彻习近平总书记视察山西重要讲话重要指示精神，全面落实全省交通、公路工作会议精神，按照分局决策部署，紧紧围绕公路养护、灾后重建、安全生产、行业稳定等重点工作，凝聚力量，狠抓落实，奋力推进临汾公路事业高质量发展。党委书记李红、副局长杨英俊，分局办公室、养路科、计划统计科负责人参加调研。

刘晓明一行先后通过实地察看、听取汇报、座谈交流，详细了解吉县、乡宁公路段的基本情况、重点工作开展情况及下一步工作打算。要求以即将开展的纪律作风专项整顿工作为抓手，持续加强干部队伍建设，进一步增强规矩纪律意识，为公路事业高质量发展凝聚担当作为、纪律严明、团结奋进的强大力量。要立足养护主责主业，详细调查当前公路状况，结合2023年的养护及灾毁恢复重建工程，逐公里制订养护对策，采取有效措施，切实提高公路养护质量，确保公路路况有效提升。要抓实抓细抓安全生产及行业稳定工作，为公路事业发展创造良好环境，以实际行动迎接中共二十大胜利召开。

3月29日 临汾分局召开第九届一次职工代表大会暨党的建设和党风廉政建设工作会议。分局局长刘晓明、党委书记李红、纪委书记张小军分别作工作报告、党建报告、廉政报告，副局长杨英俊宣布表彰决定，副局长张碧玉主持会议。会议回顾总结2021年工作成绩，分析当前面临的形势，安排部署2022年工作。

会议强调，站在新的历史起点，全体干部职工要以习近平新时代中国特色社会主义思想和习近平总书记视察山西重要讲话重要指示精神特别是在临汾考察时的重要讲话精神为指导，坚持稳字当头、稳中求进，深入贯彻全省交通运输和公路工作会议部署要求，以推动高质量发展为主题，以加快建设交通强省为抓手，以改革创新为根本，以建设人民满意公路为目标，巩固拓展公路建养成果，守牢安全底线，不负时代使命，勇当开路先锋，奋力推进临汾公路事业高质量发展，以优异成绩迎接中共二十大胜利召开。

6月15日至16日 省局局长胡钢成赴临汾分局调研督导工作，省局办公室主任杨帅奇一同调研。分局领导刘晓明、张碧玉、杨英俊、张小军参加调研或座谈。

调研期间，胡钢成深入一线，先后对209国道和520国道灾毁恢复重建项目、108国道和341国道新改建工程进行调研，实地查看七郎窝黄河大桥、临夏线PPP项目日常养护情况，详细了解施工进度、项目管理、质量管控等情况。16日，在一平垣超限检测站召开调研座谈会，座谈会上，胡钢成听取分局全面工作汇报，对分局上半年重点工作取得的成效给予充分肯定，并对下一步工作开展提出明确要求。一是落实好精细化管理要求，在工作流程、资料编制、公路养护上体现精细化管理成效；二是高度重视信访和安全生产，为单位健康可持续发展营造良好环境；三是对标对表，聚焦聚力，高标准做好迎国检工作；四是锁定目标，确保成效，顺利完成全年各项目标任务；五是强基固本，养管齐抓，全力提升路况水平；六是创优质量，倒排工期，搞好协调，加快推进新改建工程施工任务，灾毁恢复工程要确保年底全部完工。

6月 临汾分局召开庆祝中国共产党成立101周年暨“两优一先”表彰大会。会上，全体与会人员通过重温誓词，共同回顾入党时庄严承诺，再一次体会作为一名共产党员的责任感和使命感，强化“一句誓言、一生作答”的思想自觉和行动自觉；大会对奋战在临汾公路事业各条战线上和工作中涌现出的先进基层党组织、优秀共产党员、优秀党务工作者进行表彰；党委书记李红为党员干部讲授专题党课，深刻回顾中国共产党走过101年光辉历程，总结一年来分局就如何运用习近平新时代中国特色社会主义思想和习近平总书记重要指示武装头脑、指导实践。

7月5日 临汾分局组织召开安委会第三次全体（扩大）会议暨安全生产大检查大整治大提升推进会，分局领导、机关各科室负责人、局属各单位党政主要负责人、中咨公司负责人共50余人参加会议。会上，汾西段、乡宁段、设施公司、西坡检测站、西涧北收费站作汇报交流。会议对上半年安全生产工作进行阶段性总结，分析研判当前形势，并对下一阶段工作进行安排部署。

会议要求，安全工作要从实际出发，按照安全生产大检查大整治大提升活动和专项整治三年行动的要求，研究更加具体的安全生产措施，层层分解任务，逐级抓好落实，做到“八个强化”，即强化分析研判、强化思想认识、强化责任落实、强化排查整治、强化风险管控、强化应急值守、强化督导检查、强化追责问责，进一步巩固临汾分局安全发展良好局面。

7月6日 临汾分局召开养护工作推进会，分局领导、相关科室负责人、基层公路段党政主要负责人、中咨公司负责人共30余人参加会议。会上，临汾段、吉县段、曲沃段3个基层养护单位进行交流发言，其余单位进行书面汇报。会议通报第二季度养护评价工作情况，并对下一阶段养护工作进行安排部署。

会上,刘晓明做总结讲话。他指出,2022年以来,养护工作持续加大力度,成效明显,但还存在“三高、三低、两不够”等问题,既要充分肯定成绩,更要勇于正视问题。“三高”是指:超龄路里程占比高、次差路里程占比高、公路运营安全风险高;“三低”是指:整体路况及管理水平较低、养护装备配置率较低、整体服务水平较低;“两不够”是指:对养护工作的重视程度不够、养护对策制订精准度不够。针对存在问题及下一阶段工作,他强调,一是正视差距,主动作为,科学制订养护对策;二是突出重点,整体推进,力争养管水平全面提升;三是加强领导,有效落实,确保全年目标任务高质量完成。

8月18日 乡宁县国省道改造提质工程集中开工仪式启动,标志着临汾分局灾毁恢复工程的全面开工。2021年秋汛期间,临汾市遭遇有记录以来最强连续降雨过程,对国省干线公路造成严重毁坏,交通中断,出行受阻。省交通运输厅、省公路局、市县领导高度重视,分局以汛为令,顽强奋战,坚持“人民至上、生命至上”,在最短时间内把阻断路段全部打通,最大限度保障人民群众的安全出行。为高质量恢复国省干线公路灾毁路段,2022年分局共实施18项灾毁恢复工程,总投资4.8亿元。此次灾毁恢复工程的实施对进一步提高公路通行安全、强化公路运载能力、提升服务保障水平具有重要意义,为全市经济社会发展提供坚强动力。

9月21日 临汾分局局长刘晓明在浮山段、翼城段,重点就公路养护、工程建设、灾毁重建、安全生产、信访、纪律作风整顿“回头看”、应急值守等工作安排部署落实情况进行调研督导。分局办公室、财务科负责人参加。

在241国道线、230省道线、331省道线查看路况,了解水毁急流槽修复、预防性养护双层罩面、日常性养护、急弯陡坡安全警示警告预警设施设置、养护道班运营等情况。刘晓明现场听取浮山段、翼城段重点工作开展情况的汇报,对2022年以来的工作给予肯定,对下一阶段的工作提出要求。一是主动作为,立足养护主责主业,把养护工作摆在更加突出的位置,努力为社会提供优质高效的干线公路出行服务;二是举一反三,深刻吸取近期各类事故教训,牢固树立安全发展理念,树立安全生产红线意识和底线思维,切实把安全生产工作放在心上,抓在手上,落实在行动上;三是严明纪律,抓好党建和党风廉政建设工作,持续涵养风清气正的优良作风,推动分局各项工作高质量发展;四是抓实抓细抓好信访工作,为公路事业发展创造良好环境,为中共二十大胜利召开营造安全稳定的公路环境。

9月23日 临汾分局召开安委会第四次全体(扩大)会议暨重点工作安排部署会,贯彻落实省厅省局安全生产及重点工作决策部署,深入分析当前形势,安排部署下一阶段分局安全生产及重点工作任务。分局局长刘晓明出席会议并讲话。分局领导李红、张碧玉、杨英俊、张小军出席会议,并对分管工作作安排部署。

刘晓明强调,当前,国庆临近、中共二十大召开在即,政治任务重、大型活动多,分局各项工作任务艰巨繁重。一要以高度的责任感,增强担当作为的行动自觉;二要以高度的紧迫感,推进全年重点任务目标高质量完成;三要以高度的使命感,压实行业改革发展责任链条。确保全年目标任务完成,以优异成绩迎接中共二十大胜利召开。

11月1日 临汾分局召开学习宣传贯彻中共二十大精神安排部署会。党委委员、局长刘晓明主持会议并讲话。分局领导、机关全体干部职工50余人参加会议。

会议强调,学习宣传贯彻中共二十大精神是当前和今后一个时期的首要政治任务。一要深入学习,深刻领会,用中共二十大精神武装头脑。原原本本学习研读中共二十大报告和党章,认真领悟中共二十大提出的新思想新论断、作出的新部署新要求,做到学习全领域、全方位、全覆盖。二要深入研究、长远谋划,用中共二十大精神指导工作。结合全省全方位推动高质量发展先行区的战略要求,找准努力方向和着力重点,牢牢把握工作主动权,以公路工作高质量发展成效检验学习宣传贯彻中共二十大精神的成效。三要深入落实、担当实干,用中共二十大精神推动工作。把学习中共二十大精神的热情转化为干事创业动力，加快推进新改建工程建设、巩固提升路况、持续做好公路扬尘治理工作、树牢安全稳定底线、做好信访工作，对标对表，全力冲刺，确保全年任务完成。

（资料提供：贾 鑫）

山西省公路局运城分局大事记

3月23日 山西省公路局运城分局（以下简称运城分局）召开2022年公路工作会议。会议回顾总结2021年工作，分析当前形势，部署2022年工作，动员全局干部职工，主动担当，勇毅前行，奋力开启运城干线公路高质量发展新征程。

8月30日 运城分局杜家坡超限站杨宁在中国交通报社有限公司、北京市交通委员会、广西壮族自治区交通运输厅联合举办的"我是新时代交通人，喜迎中共二十大、加快建设交通强国好故事"宣讲比赛活动中，以作品《虽然它只是一粒沙》获"百强宣讲员"称号。其宣讲的故事获得交通强国好故事全国总决赛"百强好故事"奖。

11月1日 近一个月的静默管控结束后，运城分局党委第一时间召开专题会议，学习贯彻中共二十大精神，安排部署当前工作。党委副书记平华主持会议并讲话。会议要求全局干部职工要进一步加强对中共二十大及二十届一中全会精神的学习、宣传、贯彻，着力推动学习成果转化为实践动力，打好全年各项工作收官战，推动中共二十大精神在公路系统落地生根、开花结果。

12月8日 运城境内108国道线水毁恢复工程开工建设。108国道线在运城境内东西横穿新绛县、稷山县、河津市，路线全长69.831公里，连接晋陕两省，是运城市十分重要的经济大动脉。受2021年特大洪涝灾害影响，运城市境内108国道线因路线大段落与汾河堤坝并行，在洪涝灾害中沿线多处洪水倒灌浸淹公路，道路损毁严重。该工程处治里程长度56.911公里。其中，一级公路14.456公里，二级公路42.455公里，维持原公路技术标准，采取结构大修措施恢复路面，同步恢复和完善全线边沟、交通安全设施，对于其他既有桥涵构造物进行修复利用、改造重建，修复中桥85米/1座、小桥13米/1座、涵洞36道，新建小桥76.62米/3座，拆除新建涵洞6道，新增涵洞3道。该工程实施后，可恢复原路的通行能力及服务水平，促进沿线县市的经济转型发展。

12月9日 522国道线平陆至曹川段米汤沟大桥重建工程开工建设。总投资6579.5909万元。预计2023年底建成通车。原平陆至曹川段公路修建于2003年，技术标准采用三级公路，设计速度为30公里/小时，路基宽8.5米。该线路上K13+628处的原米汤沟大桥位于三门峡大坝库区，黄河主河道北侧，与主河槽平行，距离三门峡大坝约800米，始建于1995年，1996年底通车。2014年7月6日凌晨，米汤沟大桥第1～5孔垮塌，造成平陆至曹川段通行中断。大桥垮塌后，为满足沿线群众、车辆的通行需求，在库区北侧修建2.161公里便道。522国道线平陆至曹川段米汤沟大桥重建工程起点顺接原平陆至曹川公路K12+850.975处，终点于K14+053.292处顺接平陆至曹川公路，设置1座大桥（12×40米预应力混凝土连续T梁，桥梁全长488米）跨越米汤沟，然后顺接东侧原桥位桥台附近，路线全长1.209

公里。项目实施可解决522国道线平陆至曹川段在米汤沟通行中断问题,对改善区域路网现状、促进地方经济协调均衡发展、加强国防建设等都具有非常重要的历史和现实意义。

12月28日 运城分局长直超限站在中国交通报社、中国交通报刊协会共同主办的交通运输行业基层党建创新案例征集活动中,获评优秀案例。

(资料提供:张 霞)

交通运输执法系统

山西省高速公路综合行政执法总队太原支队大事记

1月4日 山西省高速公路综合行政执法总队(以下简称省总队)副总队长段志伟先后深入山西省高速公路综合行政执法总队太原支队(以下简称太原支队)一大队、二大队和六大队调研指导工作。

1月5日 太原支队召开党建工作推进会,对2021年度民主评议党员工作、2021年度领导班子民主生活会公开征求意见、党组织书记抓基层党建工作述职评议考核和《周二集中学习制度(试行)》等工作进行安排部署。各基层党支部书记参加会议。

1月6日 太原支队开展党史学习教育测评工作,共选派15名党员以无记名现场测评方式开展测评工作。

1月6日至10日 根据省总队《关于做好2022年元旦春节期间有关工作的通知》,太原支队成立专项监督检查工作组对所属六个大队的安全生产工作落实、各大队闲置办公场所看护及党风廉政建设及执行中央八项规定精神情况等进行督导检查。

1月13日 省总队指挥中心一行五人深入太原支队机关及三大队进行网络巡检。

1月20日 省总队第四考核组深入太原支队对2021年度目标责任进行考核。

1月21日至9月28日 太原支队分别组织全体干部职工参加由省司法厅举办的第七、八、九、十、十一、十二期和十四期"行政执法大讲堂"学习活动。

1月24日 太原支队召开党史学习教育专题民主生活会,主题为:大力弘扬伟大建党精神,坚持和发展党的百年奋斗历史经验,坚定历史自信,践行时代使命,厚植为民情怀,勇于担当作为,团结带领人民群众走好新赶考之路。太原支队党委书记、支队长刘耀主持会议,省总队副总队长段志伟到会并提出要求:一是加强政治理论学习;二是针对问题,制订整改清单;三是坚持挺纪在前,强化作风建设;四是以本次民主生活会为新起点,发挥龙头支队优势,高标准、严要求、树标杆,把下一步工作做好做实。

1月27日 春节来临之际,太原支队开展"迎新春 送温暖"慰问活动。共走访慰问困难党员7名、离退休老干部20名、困难职工8名。

同日 太原支队召开会议,对太原高速公路综合行政执法领域突出问题专项自查及督导工作进行安排部署。支队领导、机关各科室及各大队临时负责人参加会议。

1月27日至2月11日 按照省交通运输厅、省总队《关于组织开展交通运输执法领域突出问题自查工作督导检查的通知》和《关于做好执法领域专项自查第二阶段督导工作的通知》要求,在相关部门的大力配合下,太原支队完成对太原市交通运输局专项自查督导工作。

1月29日 省总队综合行政执法领域突出问题专项督导组一行6人深入太原支队,对太原支队开展行政执法领域突出问题专项自查工作进行督导。

2月9日 太原支队与太佳高速公路东段运营分公司召开第一次辖区业务协作联席会议。建立双方业务协作联席制度,明确对接联系人,确定执法办公场所(外勤组)。

2月10日 太原支队组织人员对各大队和各科室进行2021年度考核。

2月11日 太原支队与太原高速公路管理有

限公司召开第一次辖区业务协作联席会议。会议就部分大队执法办公场所(外勤组)、人员就餐和停车、挂牌进驻等事宜达成共识。

2月15日 太原支队组织开展“道德讲堂”活动,主题为学习时代楷模,践行榜样力量。领导班子及机关全体干部职工参加会议。

2月16日 太原支队三大队和六大队外勤组分别在东二环高速公路平头收费站、太佳高速公路东段静乐服务区举行挂牌仪式。

2月18日 太原支队一大队、二大队、四大队和五大队外勤组分别在阳曲收费站、迎西收费站、古交收费站和清徐收费站举行挂牌仪式。

2月25日 省交通运输厅直属机关委员会批复同意:“中共山西省太原交通运输执法局委员会”更名为“中共山西省高速公路综合行政执法总队太原支队委员会”。

3月11日 太原支队组织30余名志愿者赴南寨公园组织开展“绿色环保、美丽家园”学雷锋志愿服务活动。随后奔赴太原市园林科创服务中心基地开展“植树造林、绿化家园”公益植树活动,为建设美丽太原再添新绿尽绵薄之力。

3月23日 太原支队领导班子成员前往三大队平头收费站外勤点进行调研。

3月25日 太原支队召开纪律作风整顿工作会议。支队领导、各科室和各大队临时负责人及机关全体干部职工参加会议。会议要求:一是统一思想、凝聚共识,切实增强开展纪律作风整顿的紧迫感和责任感;二是求真务实、突出重点,确保纪律作风整顿取得实效;三是强化领导、统筹兼顾,以纪律作风整顿工作成效扎实推进各项工作高质量开展。

3月28日 太原支队召开太原高速公路综合行政执法工作会议,总结2021年工作,分析形势,安排部署2022年工作。太原支队领导、机关全体干部职工及各大队临时负责人参加会议。

太原支队党委书记、支队长刘耀作以“脚踏实地 勇毅前行,以实干实绩实效奋力开创太原高速公路综合行政执法事业新局面”为题的工作报告。提出太原支队2022年“1157”工作方略,即坚持一个统领(政治建设);围绕一个中心(高速公路综合行政执法);秉持五个坚持(严格规范公正文明执法、树牢执法为民服务理念、加强队伍建设、守牢安全维稳底线、筑牢拒腐防变思想道德防线);扎实做好七项工作(深入综合行政执法改革、履行综合行政执法职能、推进“四基四化”建设、做好安全维稳工作、加强普法宣传、推进执法文化建设、全面加强党建和党风廉政建设)。明确五项重点工作:一是持续深化改革,完善联运机制,认真履行高速公路综合行政执法职能;二是坚持依法依规,落实“四基四化”,推动事业科学规范发展;三是突出业务培训,加强学习教育,切实加强“四化”队伍建设;四是坚守底线思维,强化红线意识,积极营造安全稳定的发展环境;五是坚持政治统领、推进清廉建设,大力推动全面从严治党向纵深发展。

同日 太原支队召开2022年党建和党风廉政建设工作会议。支队领导、机关全体干部职工及各大队临时负责人参加会议。太原支队党委书记、支队长刘耀作题为“坚决捍卫两个确立,永葆自我革命精神,以实际成效引领保障事业全方位高质量发展”工作报告,总结2021年党建和党风廉政建设,安排部署2022年党建和党风廉政建设工作任务:一是把政治建设摆在首要位置,坚决捍卫“两个确立”;二是强化思想理论武装,持续巩固拓展党史学习教育成果;三是着力完善组织体系,推进全面从严治党责任落到实处;四是严格落实中央八项规定精神,坚持以钉钉子精神打好作风建设持久战;五是坚持挺纪在前,全面推进清廉太原高速执法建设。

同日 太原支队与省路桥集团太佳高速公路东段运营分公司(以下简称太佳东分公司)举行业务协作签字仪式。太原支队副支队长杨志诚与太佳东分公司副总经理李强共同签署《业务协作方案》和《业务协作联席会议制度》。

3月29日 省总队党委书记、总队长(局长)刘清平和副总队长(副局长)渠刚深入太原支队三大队及外勤工作点——平头收费站调研指导工作。太原支队领导班子成员及有关科室临时负责人陪同调研。总队长(局长)刘清平在调研时强调:一要重视调查研究，下大力气解决好一线执法人员的基本生活问题；二要加强安全教育，全力保障一线执法人员的人身安全；三要增强防控意识；四要加强内部管理，认真开展好纪律作风整顿工作；五要加强调研督导，扎实推动各项重点工作落地生效。

3月31日 太原支队与太原高速公路分公司召开业务协作联席会议。会上，太原支队副支队长杨志诚与太原高速公路分公司副总经理杨海滨共同签署《业务协作方案》和《业务协作联席会议制度》。

4月1日 太原支队机关党支部组织30余名党员对城市公共自行车停放点、公交站台等公用设施进行卫生清洁，把主题党日活动落到实处。

同日 太原支队志愿者服务队深入街道社区向过往行人发放《致广大市民朋友的一封信》，倡导广大市民在清明节来临之际，保护环境、文明祭扫。

4月15日 太原支队党委通过线上视频和H5动态展示方式，组织党员干部职工开展全民国家安全教育日宣传活动。

4月19日至12月31日 太原支队根据省总队《关于印发〈全省公路保通保畅督导工作方案〉的通知》要求，先后23次赴高速公路收费站点参加第一督导组的全省公路保通保畅督导工作。

4月25日 太原支队各科室和各大队组织职工收看由全国总工会与中央网信办联合主办的2022年“网聚职工正能量，争做中国好网民”主题活动。

4月27日 太原支队组织党员干部职工签署廉政承诺书。

4月29日 太原支队结合2022年度综合行政执法工作会议、党建和党风廉政建设工作会议，对各项重点工作进行细化量化，建立工作任务台账，划定8大项28个小项的任务内容及目标，推动各项工作的开展。

5月1日 省总队党委书记、总队长（局长）刘清平一行先后深入太原支队一大队、二大队及六大队外勤组工作场所调研，太原支队领导班子成员、有关科室临时负责人陪同调研。刘清平在实地察看各大队外勤组职工工作和生活环境，询问外勤组进驻以来工作开展情况后，他要求：一是切实提高政治站位；二是切实推进全面依法履职进度；三是切实强化对接协作；四是切实加强队伍管理；五是切实关心关怀一线执法人员工作和生活。

5月5日 太原支队召开纪律作风整顿工作推进会议，对支队纪律作风整顿工作进行再检点、再督促、再部署。支队领导、机关各科室及各大队临时负责人参加会议。

5月6日 太原支队召开干部大会，宣布支队机关各科室和基层各大队大队长任命决定。省总队人事教育处孙卫华出席会议。太原支队领导班子成员、机关全体干部职工和各大队正科级干部参加会议。

同日 太原支队党委书记、支队长刘耀受省总队党委委托，对即将正式任命的机关各科室科长和各大队大队长进行任前集体谈话和廉政谈话。

5月10日 省交通运输厅一级巡视员雷天才、厅政策法规处处长杨继勇深入太原支队三大队及外勤组工作场所调研指导工作。省总队党委书记、总队长（局长）刘清平、有关处室负责人及太原支队领导班子成员、有关科室负责人陪同调研。

雷天才在讲话中提出3点要求：一是加强政治理论和专业知识学习；二是在严格规范公正文明执法过程中，既要体现执法的“力度”，又要体现执法的“温度”；三是抓好班子、带好队伍、树好形象，以扎实的工作作风为全方位推动全省高速公路综合行政执法事业高质量发展做贡献。

5月13日 省总队执法二处、太原市交通运输综合行政执法队在太原支队开展高速公路运政执法业务工作调研。太原支队副支队长杨志诚、支队业务科室和各大队负责人及业务骨干参加调研会。

5月13日至16日 太原支队领导及相关人员参加省厅防汛备汛第一督导组的督导工作，先后深入山西省公路局太原分局、太原市交通运输局、太原西北二环高速公路发展有限公司、汾河大桥项目部施工现场、太原高速公路管理有限公司、太佳东分公司等就防汛备汛工作进行督导检查，对督导过程中发现的问题及时进行反馈。

5月17日至20日 根据省总队在建高速公路工程安全质量执法检查工作安排,省总队和太原支队执法人员先后深入太原西北二环高速公路第1~12标项目对在建高速公路工程安全质量进行执法检查。

5月18日 太原支队按照省交通运输厅和省总队"路政宣传月"集中宣传日活动要求,在太原绕城高速公路迎西收费站广场开展集中宣传活动。省交通运输厅党组成员、副厅长郭丙福,省总队党委书记、总队长(局长)刘清平,省交通运输厅路政管理处、政策法规处,省公路局、太原市交通运输局、山西交控集团主要领导一行到现场宣传指导。

同日 省交通运输厅党组成员、副厅长郭丙福和厅路政管理处、政策法规处,省公路局、太原市交通运输局、山西交控集团主要领导深入太原支队二大队外勤组工作场所调研指导工作,省总队领导、处室负责人及太原支队领导班子成员、相关科室负责人陪同调研。

郭丙福在实地察看二大队职工工作和生活环境,重点询问外勤组挂牌以来工作开展情况后,对二大队工作给予肯定。他指出,"路政宣传月"活动的开展,就是要进一步推进依法治理,营造全社会共治的良好氛围。广大一线执法人员要始终以习近平新时代中国特色社会主义思想为指导,将"路政宣传月"活动持续开展下去,讲好高速执法故事,展示高速执法行业形象,推进社会共治,为公众出行提供更有温度、更暖人心的执法服务,为中共二十大胜利召开营造良好氛围。

5月20日 太原支队组织召开宣传报道工作推进会,并诚邀《山西交通报》责任编辑王璐讲授新闻宣传报道知识,支队分管领导、各科室及各大队负责人、通讯员参加会议。

同日 太原支队与晋中龙城高速公路有限公司召开业务对接工作座谈会。支队领导、相关科室及三大队负责人参加座谈会。

5月23日 太原支队主要领导、班子成员、分管科室和大队负责人之间层层签订党风廉政建设责任清单,不断推动全面从严治党向基层延伸。

5月24日 太原支队召开《信访工作条例》宣传贯彻专题会,会议通过《山西省高速公路综合行政执法总队太原支队开展〈信访工作条例〉宣传月活动实施方案》。

5月27日 太原支队召开重点工作推进会,对纪律作风整顿资料提供、"山西交通在线"、"路政宣传月"活动资料提供、宣传报道等情况进行通报,对纪律作风整顿评估验收、全员军事化训练、《信访工作条例》培训等工作进行部署。

同日 太原支队诚邀省信访局处长阴玲光围绕《信访工作条例》进行专题培训。支队领导、各科室和各大队负责人及信访办工作人员参加培训。

5月至12月 太原支队累计出动执法人员5789人次,出动车辆1884车次,路面巡查里程175209公里,巡查率97.86%。共开展专项执法检查135次,其中路政专项执法检查36次,治超专项执法检查41次,超限检测监督指导32次,运政执法专项检查18次,建设和养护工程质量安全监督执法检查8次。

6月1日 省总队副总队长段志伟带领督导组一行到太原支队对执法工作及纪律作风工作进行督导。

6月2日 太原支队召开2022年"安全生产月"活动部署会,提出3点要求:一是提高政治站位,增强安全生产责任意识,营造"关注安全,关爱生命"的良好氛围;二是严格落实活动举措,提升干部职工安全素质和防灾减灾救灾抗灾能力;三是压实工作责任,坚决守好安全底线,遏制重特大安全事故发生,积极维护人民群众生命财产安全。支队领导、各科室和各大队负责人等参加了会议。

6月9日至15日 国际档案日之际,太原支队围绕"喜迎中共二十大·档案颂辉煌"主题,采取线上线下相结合的形式集中开展一系列活动,营造人人关心支持档案工作良好氛围。

6月14日 省总队党委书记、总队长刘清平一行在太原支队领导及相关人员的陪同下,赴太原西北二环高速公路建设项目进行实地调研,并开展

"安全进工地、普法宣传下基层"活动。调研结束后,专程到太原支队五大队外勤组看望坚守在执法一线的工作人员。

6月17日 太原支队认真贯彻省总队《关于切实做好当前高速公路综合行政执法重点工作的通知》精神,组织相关人员赴六大队开展执法大走访活动,并与太佳东分公司路网保障一中队进行座谈。

6月21日 太原支队围绕"百年奋斗路,启航新征程"主题,组织开展《道德讲堂》活动,支队领导班子成员及机关全体职工参加活动。

6月25日、7月28日、8月11日、10月20日、12月12日 根据省总队通知,支队组织业务科科长、大队长、部分业务骨干参加由省总队举办的交通运输行政执法业务公开课(第一至五讲)培训。

6月30日 省总队党委书记、总队长刘清平赴太原支队三大队党支部调研指导党支部工作情况。针对今后持续推进基层党支部建设及高速公路综合行政执法工作,他提出5点要求:一是加强政治理论学习,坚定理想信念;二是强化基层组织建设,建强基层战斗堡垒;三是全面依法履责,体现责任担当;四是加强队伍建设,从严带好队伍;五是关心一线执法人员,做好各项工作。太原支队党委书记、支队长刘耀及相关工作人员参加调研。

同日 在中国共产党成立101周年之际,太原支队党委书记、支队长刘耀看望老党员赵爱凤,为其佩戴"光荣在党50年"纪念章,送上《功勋》系列书籍和纪念品。同时支队党委积极开展"七一"走访慰问活动,将组织的关怀传递到职工群众的心间。

7月1日 太原支队参加全省高速公路综合行政执法系统换装仪式。

同日 太原支队党委以重温入党誓词、党委书记讲专题党课、诵读红色经典等形式,组织开展庆祝中国共产党成立101周年主题党日活动。支队领导班子成员和机关全体党员参加活动。

7月6日 太原支队积极响应山西省红十字会和省文明办"博爱一日捐"活动号召,组织全体干部职工自发踊跃捐款4200元。

7月19日 省总队执法三处到太原支队督导高速公路养护工程监督执法工作。

7月27日至8月3日 根据省总队和太原支队《关于进一步加强高速公路综合行政执法人员风纪规范的实施细则》通知要求,支队组织专人对所属六个大队及外勤组的执法纪律、人员着装、仪容举止、文明用语和执法装备使用等进行督查。

7月28日 经厅党组会议研究决定:张勇、董新亮任省高速公路综合行政执法总队太原支队副支队长。

8月3日 太原支队参加由省总队组织的与太原市交通运输综合行政执法队召开打击非法违规运营车辆协同执法协调会。会上研究通过《关于加强非法违规运营精准打击协同执法工作方案》。

8月5日 太原支队组织召开2022年上半年工作汇报会。针对下半年的工作,会议要求提出5点要求:一是坚持精准发力,全面履行高速公路综合行政执法职能;二是坚持多措并举,严格规范公正文明执法;三是坚持久久为功,强化执法队伍建设;四是坚持底线思维,营造安全稳定的政治社会环境;五是坚持全面从严治党,推动党建和党风廉政建设向纵深发展。

同日 太原支队党委组织召开2022年上半年全面从严治党主体责任落实情况汇报会。针对下半年的工作,会议提出5点要求:一是进一步加强党的政治建设;二是进一步加强思想理论武装;三是进一步完善党的组织体系;四是进一步加强作风建设;五是进一步推进清廉高速执法建设。

8月24日 太原支队与太原市交通运输综合行政执法队在太原支队三楼会议室召开加强非法违规运营精准打击协同执法工作动员会,省总队及太原高速路网保障大队相关人员参加会议。

8月29日至31日 根据《山西省高速公路综合行政执法总队太原支队关于近期开展督查工作的通知》要求,太原支队督查组先后深入一、二、三和五大队对执法风纪、劳动纪律、值班值守、安全维稳等工作进行督导检查。

9月1日 经省交通运输厅直属机关党委会议

研究决定,省高速公路综合行政执法总队太原支队党组织隶属关系从厅直机关党委归口到省高速公路综合行政执法总队党委,实行行业垂直管理。

9月2日 太原支队召开重点工作推进会,对下一阶段工作提出5点要求:一是党的组织建设要尽快健全;二是廉政警示教育要全覆盖;三是业务学习考试要站排头;四是风容风纪督导要抓常态;五是年度目标任务要保完成。支队领导、各科室和各大队负责人参加会议。

9月5日 按照省总队《关于开展全省高速公路治超督导调研的通知》,太原支队督导调研组深入一大队开展高速公路治超督导调研工作。

9月9日 省总队督导组到太原支队重点就落实中央八项规定及其实施细则精神、执法人员风纪规范要求及高速公路综合行政执法重点工作等进行督导检查。

9月19日至26日 太原支队督查组对机关和各大队执法风纪、规范着装、劳动纪律及考勤制度落实情况进行督导检查。

9月22日至12月31日 太原支队完成干部人事档案专项审核"回头看"工作。

9月27日 太原支队组织开展以"学习华夏经典、传颂千年文明"为主题的《平"语"近人——习近平总书记用典》道德讲堂活动。机关全体干部职工参加活动。

10月3日 省总队公路路政(治超)执法督导组到太原支队就路政执法工作和年度路政(治超)执法目标任务完成情况进行督导检查。

10月10日 太原支队安全监督执法检查组深入古交市河口镇对太原西北二环ZH09标段进行安全监督执法检查。

10月15日 太原支队组织召开高速公路路域环境整治工作专题会议,支队执法科全体人员、各大队负责人参加会议。

10月16日 太原支队组织全体党员干部职工收看中共二十大开幕盛况直播。

10月18日、10月25日、11月1日 太原支队组织机关全体干部职工集中学习中共二十大精神。

12月8日 太原支队组织机关全体干部职工在机关三楼会议室举行宪法宣誓仪式。

12月9日 省总队党委书记、总队长刘清平深入太原支队三大队宣讲中共二十大精神。刘清平围绕中共二十大主题和主要成果、过去5年工作和新时代10年伟大变革、马克思主义中国化时代化、中国式现代化等8个方面,结合交通运输和高速公路综合行政执法发展实践,对中共二十大进行解读。省总队党群处处长杜士平、太原支队领导班子成员及相关人员和三大队全体干部职工聆听宣讲。

同日 太原支队党委书记、支队长刘耀为机关全体党员宣讲中共二十大精神,并对今后工作提出3点要求:一要进一步学深悟透中共二十大精神;二要进一步狠抓工作落实;三要进一步推动事业高质量发展。

12月23日 太原支队岗位设置方案获省交通运输厅、省人社厅备案批复。

2022年 太原支队累计配合相关单位处置交通事故40起,参与处置突发事件39起,开展纾困解难便民服务51次。发现公路设施损坏等隐患31处,下发《路产修复通知书》11份。涉路施工许可现场勘验2起,涉路施工现场监管44次,养护作业及养护工程现场监管26次。监督指导超限检测站点49个,发现问题15个,提出整改建议12条。

是年 太原支队累计发现非法超限运输、涉路施工违法行为、故意损坏路产等违法情形80起。违法情形处理方面,当场制止纠正且不予处罚51起,适用简易程序处罚21起,适用一般程序处罚5起,移送相关单位部门1起。

是年 太原支队累计办理路政(治超)执法、运政执法、建设和养护工程质量安全监督执法等业务领域的行政处罚和行政强制案件24起,总罚款金额30000元。其中简易程序处罚案件21起,罚款金额22000元;一般程序处罚案件3起,罚款金额8000元;已结案案件23起;行政强制案件2起。

是年 太原支队146名在编在岗人员通过"交通运输行政执法人员学习考试管理系统"平台参加线上业务考试12次。模拟次数达57280次,总答题数为1317584道，每月的参与率均达到100%，平均达标率97.01%，答题平均正确率95.49%。

（资料提供：周海燕）

山西省高速公路综合行政执法总队大同支队大事记

1月20日 在山西省高速公路综合行政执法总队（以下简称省总队）副总队长任晓军、于良、李亚洁、郝开国指导和直接参与下，山西省高速公路综合行政执法总队大同支队（以下简称大同支队）各项工作稳步推进，有序展开。

1月30日 大同支队干部职工到浑源县官儿乡李家庄村开展春节“送温暖、送文化”慰问活动，为全村140户监测户、“五保户”、老党员和脱贫户送去大米、白面、对联等年货，表达党和政府、帮扶单位对困难群众的关怀和温暖。

2月9日 为认真贯彻落实省交通运输厅、山西交控集团《关于印发〈高速公路综合行政执法机构与高速公路经营企业业务协作方案〉的通知》和省总队、山西交控集团《关于印发〈高速公路综合行政执法机构与高速公路经营企业对接工作方案〉的通知》精神，全面推进高速公路综合行政执法工作，大同支队及时学习、讨论研究、联系实际、认真筹划“四个到位”，确保与辖区内高速公路运营公司顺畅对接，有序协作。

同日 大同支队与大同北高速公路管理有限公司第一次业务协作联席会议胜利召开，会议由省高速公路综合行政执法总队副总队长任晓军主持，大同支队班子成员、省总队工作专班成员、支队机关各科室及所属一、二、三、四大队临时负责人，大同北高速公路管理有限公司党委书记、董事长杨国华，副总经理郭强，路网运行保障大队大队长、副大队长及所属各中队负责人参加会议。

2月10日 大同支队与大同南高速公路管理有限公司联合召开第一次业务协作联席会议，会议由省高速公路综合行政执法总队副总队长任晓军主持，大同支队副支队长田占峰、李彬，支队机关执法科、法制科及所属五、六、七大队临时负责人，大同南高速公路管理有限公司总经理张俊，总经理助理张卫琛，路网保障大队大队长、副大队长参加会议。

2月21日 大同支队副支队长田占峰，省总队王振国、科长赵亚强和大同市交通运输综合执法大队副队长张鹏飞等人带领大同支队执法科以及各大队负责人和业务骨干共20余人深入山西并州高速快客集团大同凯宇运业有限公司、大同开发区国兴隆化工危险品运输车队进行运政执法业务现场观摩学习活动。

同日 在省总队运政执法二处王振国、科长赵亚强协调组织下，大同支队举办高速公路运政执法工作座谈交流会，来自支队机关和基层单位共20余名干部职工参加座谈会，大同市交通运输局综合执法大队副大队长张鹏飞等人参加座谈交流。

2月24日 大同支队副支队长李彬，大同南公司总经理助理张卫琛，大同南公司路网保障大队大队长张保清共同为大同支队六大队、七大队外勤组揭牌，大同支队相关科室和六大队、七大队全体人员，大同南高速公路管理有限公司驻地中队相关人员参加揭牌仪式。

同日 大同支队副支队长田占峰带领执法科、督查科人员与大同北高速公路管理有限公司副总经理郭强、路政大队大队长张少彬共同为大同支队一大队、二大队、三大队外勤组揭牌,大同支队一、二、三大队干部职工和大同北高速公路管理有限公司各路网保障中队干部职工参加揭牌。

3月2日 为稳步推进高速公路综合行政执法改革,对表对标按期完成省总队工作部署,大同支队在总结检点前期各项工作完成情况的基础上,安排部署近期重点工作。

3月3日 大同支队法制科科长胡君辉一行4人与大同南高速公路管理有限公司路网保障大队队长张宝清,在峰峪服务区为大同支队五大队外勤组揭牌。

3月14日 为深入推进高速公路综合行政执法工作,进一步加强大同支队与属地高速公路运营公司工作有序协作,大同支队组织业务科室及一、二、三大队业务骨干参加大同北高速公路管理有限公司路网保障大队开展的关于2022年度路网保障安全工作会议暨业务培训会。

3月15日 大同支队组织全体干部职工观看《精神的力量》,中国共产党人精神谱系系列访谈第一期节目。

3月15日至16日 大同支队副支队长田占峰带领业务科室人员,分别与大同北高速公路管理有限公司副总经理郭强、路网保障队大队长及大同南高速公路管理有限公司董事长马东强、总经理张俊、总经理助理张卫称及路网保障队大队长进行座谈交流。

3月18日 为及时贯彻落实省总队总队长刘清平在全系统工作会议上的讲话,全方位稳步推进高速公路综合执法高质量发展,大同支队联系实际组织开展刘清平总队长工作会讲话学习讨论活动。

3月29日至30日 为进一步改善基层一线办公条件,全方位推动高速公路综合行政执法事业高质量发展,省总队副总队长任晓军对大同支队所属七个大队和六个外勤点进行调研,大同支队副支队长李彬陪同调研。

3月31日 大同支队联系实际,认真贯彻落实省厅、省总队工作会议精神,多措并举,奋力开创大同高速公路综合行政执法高质量发展新局面,对全年重点工作进行安排部署。

同日 大同支队召开2022年行政执法工作会议及党建和党风廉政建设工作会议,会议由副支队长田占峰主持,副总队长任晓军作工作报告,副支队长李彬做党建和党风廉政建设工作报告。

4月12日 按照省总队党委下发的《纪律作风整顿工作方案》,大同支队组织机关全体干部职工开展警示教育活动。

同日 山西交控集团纪委书记周刚在大同支队一大队驻云冈收费站外勤组调研,大同支队副支队长田占峰、大同北高速公路管理有限公司副总经理郭强分别就大同支队与大同北高速公路管理有限公司执法业务对接协作进展情况进行汇报。

5月18日 为加强公路路政管理服务政策宣传,进一步促进严格规范公正文明执法,提升广大群众爱路护路意识,保障公路完好、安全和畅通,大同支队开展全国第八个“路政宣传月”集中宣传活动,开展多渠道、多服务的路政宣传活动。

5月30日 为认真贯彻落实省总队“5·27”视频会议精神,扎实做好全支队防范化解安全风险自查工作,大同支队从机关到基层,全面展开安全隐患排查活动,为中共二十大胜利召开,创造稳定的基层安全生产环境。

同日 大同支队高度重视省总队“5·27”视频会议精神的传达、贯彻和落实,迅速在全支队展开信访自查工作。

5月31日 大同支队召开专题会议,组织机关党支部干部职工对省纪委监委“五一”、端午期间公开曝光的第二批违反中央八项规定精神典型问题进行集中学习传达。

同日 大同支队机关及所属五、六、七大队部分干部职工在支队副支队长李彬组织带领下,到支队帮扶村浑源县官儿乡李家庄村开展“送温暖献爱心”慰问活动。

6月6日 为深入贯彻落实习近平总书记关于安全生产重要论述，大同支队组织机关干部职工一起重温习近平总书记关于安全生产作出的一系列重要论述，让安全发展理念入脑入心指导工作。

6月7日 大同支队召开会议，传达学习《山西省交通运输厅2022年全省交通运输法治工作要点》，部署下一阶段法治建设具体工作，并结合现阶段高速执法活动中存在的问题和短板，研究提出贯彻落实意见。

6月9日 大同支队组织干部职工观看国家档案局线上档案专题讲座，及时收听中共中央党校马克思主义学院院长、教授、博士生导师张占斌讲授的《构建新发展格局》专题讲座。

6月15日 大同支队组织开展安全生产警示教育活动，集中观看安全生产月警示教育视频，针对高速执法工作可能遇到的安全隐患问题进行研讨，对应制订措施。

6月16日 大同支队及各大队分别在高速收费站前广场、高速服务区、机关办公楼前组织开展安全生产宣传活动。

6月17日 为立足新发展阶段，完整、准确、全面贯彻新发展理念，构建新发展格局，推动高质量发展，广泛开展节能降碳宣传教育，积极营造节能降碳浓厚氛围，大同支队组织机关干部职工开展2022年全国节能宣传周宣传活动。

同日 大同支队组织干部职工参加回顾“安全生产月”20年网上展览和线上知识竞答活动。

7月7日 省总队二处席超、张刚、赵亚强一行督导检查大同支队和大同市交通运输综合执法队开展道路危险货物运输专项整治工作。

7月13日 大同支队领导带队赴浑源县李家庄村看望慰问老党员，向他们致以节日的祝福，送去党组织的温暖与关怀。

7月15日 省总队执法三处路正明、王志勇到大同支队督导高速公路养护工程监督执法工作，上午在大同支队召开座谈会，会后，到灵山高速公路千佛岭路段进行养护工程监督执法督导检查。

8月10日 大同支队召开干部大会，副总队长任晓军主持，张永辉宣读厅党组任免文件，支队长李安文表态发言。

8月11日 大同支队副支队长田占峰带领执法科、法制科人员及各大队负责人，在高速交警二支队会议室参加大同支队与高速交警二支队、大同高速公路管理有限公司第三季度联席会议。

8月24日 大同支队党委书记、支队长李安文带领大同支队有关人员赴朔州支队学习交流。

8月25日 大同支队党委书记、支队长李安文赴所属五大队、六大队进行工作调研。

9月14日 按照省总队《关于开展全省高速公路治超督导调研的通知》文件精神，在督导调研领导组副组长梁进勇一行带领下，大同支队督导调研小组副组长田占峰及相关工作人员对大同辖区内悦达京大高速公路西河河收费站、超限检测点，大同高速公路管理有限公司的大南收费站、超限检测点通过现场听汇报、实地查看的方式进行督导调研。

9月19日 为进一步提升基层大队执法办案能力和基础管理水平，大同支队组织所属七个大队的业务骨干及机关相关人员共16人，赴太原支队三大队现场观摩学习。

9月20日 省总队督导组王京会、冀建斌、郝开国一行到大同支队五、六大队对值班值守、安全生产、执法风纪、落实中央八项规定精神及廉政提醒、节假日车辆封存、办公室面积是否超标等工作进行督导检查。

9月21日 省总队督导组王京会、冀建斌、郝开国一行到大同支队机关，对机关相关工作进行督导检查，并对督导检查情况进行反馈。

9月27日 省总队督导检查组王晓东、衡峰、邹斐斐一行到大同支队，对支队机关及所属一大队安全生产、网络信息安全、值班值守等工作进行督导检查，并将督导检查情况进行反馈。

同日 全省高速公路养护工程质量安全监督执法工作推进会以视频形式召开，大同支队支队长李安文、副支队长连建宏及执法科相关人员在大同分会场参加会议。

10月10日 大同支队党委书记、支队长李安文和副支队长田占峰到一大队调研指导工作。

11月22日 解除静默管理后的第二个工作日,大同支队党委书记、支队长李安文,副支队长李彬一行赴所属七大队,宣布七大队临时负责人。

11月23日 大同支队支队长李安文、副支队长田占峰带领执法科和四大队负责人到山西悦达京大高速公路有限公司,与高速公路总经理、副总经理及路政队长坦诚交流沟通,破解合作难题,达成联合协作共识。

11月25日 大同支队召开党委理论学习中心组专题学习会,会上,集中学习中共二十大报告,传达学习总队党委印发的《关于深入学习宣传贯彻中共二十大精神的通知》文件精神,并对支队当前和今后一段时间学习宣传贯彻中共二十大精神工作做安排部署。

12月1日 大同支队副支队长田占峰带领四大队负责人再次赴山西悦达京大高速公路有限公司与高速公路领导,就双方共同印发的《关于印发〈山西省高速公路综合行政执法总队大同支队与山西悦达京大高速公路有限公司业务协作联席会议制度(试行)〉的通知》和《关于〈印发山西省高速公路综合行政执法总队大同支队与山西悦达京大高速公路有限公司业务协作方案(试行)〉的通知》进行沟通,双方达成一致意见。至此,标志着大同支队与悦达京大高速公路有限公司业务协作正式启动,迈出坚实可喜第一步。

12月4日 在第九个国家宪法日到来之际,大同支队为深化"12·4"国家宪法日暨"宪法宣传周"宣传活动,举行庄严隆重的宪法宣誓仪式。

12月7日 大同支队党委书记、支队长李安文,副支队长李彬、高平一行赴所属三大队召开会议,宣布三大队临时负责人。

12月11日 为巩固拓展脱贫攻坚成果,更好地推进乡村振兴工作,大同支队党委书记、支队长李安文、副支队长李彬、连建宏一行来到浑源县官儿乡李家庄村,看望慰问驻李家庄村工作队,给他们提供日常生活用品,送去冬天的温暖和组织的关怀。

12月12日 大同支队与悦达京大高速公路有限公司首次联合开展执法巡查行动,标志着大同支队与悦达京大高速公路有限公司的协作机制正式启动。

同日 大同支队召开会议,专题研究2022年目标责任考核工作,会议由党委书记、支队长李安文主持,支队领导班子成员、相关科室负责人参加会议。

同日 由省总队与省厅政策法规处共同组织举办的交通运输行政执法业务公开课(第五讲)——《行政执法与刑事司法衔接》如期召开。大同支队领导班子成员、机关各科室及各大队业务骨干在大同分会场参加此次培训。

12月13日 大同支队召开党委理论学习中心组(扩大)学习会,专题学习中共二十大报告原文,会议由党委书记、支队长李安文主持,支队领导班子成员、机关党支部书记参加学习。

12月19日 中共山西省高速公路综合行政执法总队大同支队委员会召开党员大会,选举产生大同支队第一届委员会,市委组织部副部长赵奇楠到大会指导并讲话,会议由副支队长田占峰主持。

(资料提供:昝成继)

山西省高速公路综合行政执法总队朔州支队 大事记

1月18日 山西省高速公路综合行政执法总队朔州支队(以下简称朔州支队)召开党史学习教育专题民主生活会。党委书记、支队长部伟刚主持会议,山西省高速公路综合行政执法总队(以下简称省总队)副总队长(副局长)任晓军、技术装备处处长魏晓丽到会指导,支队领导班子和改革领导组其他成员参加会议。

2月 春节和元宵节期间,朔州支队各大队通过党支部集中观看、大屏滚动播放"勤俭节约、反对浪费"主题宣传片,学习《山西省预防和制止餐饮浪费规定》,在机关院外民福街主干道悬挂横幅,"三晋先锋"平台推送《倡议书》至各支部党员手机客户端签阅等方式,有力宣传"节约光荣、浪费可耻"理念。

3月24日 朔州支队召开2022年高速公路综合行政执法工作会议暨党建和党风廉政建设工作会,总结2021年工作,分析形势,安排部署全年工作。会议围绕全省交通运输工作会议和全省高速公路(交通运输)综合行政执法会议精神,深刻领会习近平总书记关于"交通要成为中国现代化开路先锋"的重要指示,紧扣省厅"1345"工作矩阵和总队"1136"工程,对2022年工作进行全面安排部署。

同日 朔州支队召开中层以上干部集体廉政谈话会议。党委书记、支队长部伟刚出席会议并对3个机关科室、4个大队临时负责人进行任前廉政谈话。

3月 在获评朔州市2020—2021年度精神文明创建先进典型荣誉基础上,朔州支队以此为鞭策,始终保持文明单位的先进性,坚持标准不降低、力度不松懈、要求更严格、举措更有力原则,扎实有效开展社会主义核心价值观建设示范点创建工作,社会主义核心价值观阵地宣传氛围浓厚,"妈咪小屋""职工书屋""党员活动室"等场所设施日益完善,于2022年9月被命名为市级首批社会主义核心价值观建设示范点。

是月 朔州支队所属各大队分别在驻地举行揭牌仪式。支队有关领导、相关科室和大队全体干部职工以及朔州高速公路管理有限公司、路网运行保障大队等有关人员参加。朔州支队外勤组的揭牌运行,标志朔州高速公路综合行政执法迈入实质性阶段。

4月11日 朔州市委宣传部副部长、文明办主任安文义、文明实践指导中心副主任霍琴芳考核组一行对朔州支队2020—2021年度精神文明先进典型创建工作进行测评考核。考核组通过听取汇报、材料审核、实地考察、问卷调查等方式对支队文明创建工作进行测评考核,考核结束后,充分肯定朔州支队创建工作,并对今后工作提出要求。

5月16日 朔州支队组织干部职工联合高速路网运行保障大队人员,在朔州高速公路收费站南站开展以"文明出行 绿色出行"为主题的联学共建宣传活动,用实际行动践行社会主义核心价值观。

5月24日 朔州市委宣传部副部长安文义,朔州市新时代文明实践指导中心主任李玉宝一行四人到朔州支队督导省级文明单位创建工作开展情况,听取阶段工作汇报,同支队干部职工进行亲切交流,实地查看"职工书屋""妈咪小屋"等文化活动场所。

6月1日 省总队督导组副总队长任晓军一行深入朔州支队二大队督导检查纪律作风整顿工作

及基层“四基四化”建设推进情况。听取大队近期各项工作开展情况汇报,并对大队纪律作风整顿问题清单及整改情况、重点任务台账、廉政承诺书签订等活动内容督导检查。

6月13日 朔州支队召开党员大会,开展2022年度“两优一先”评选表彰工作,1名党员被评为优秀党务工作者,3名党员被评为优秀共产党员。

6月21日 朔州支队召开党支部建设推进会,会议对支部标准化规范化建设提出具体要求。选树一个试点,创新运用“三晋先锋”平台开展“三会一课”等组织生活,为党员发放电子党员证,全面推广线上收缴党费,形成以点带面、示范促进良好局面。

6月 为进一步砥砺初心使命,不断增强“四个意识”、坚定“四个自信”、做到“两个维护”,朔州支队在“七一”前夕深入开展庆祝中国共产党成立101周年主题活动,为一名退休党员颁发“光荣在党50年”纪念章,各党支部围绕主题开展5次主题党日活动,2名干部职工参加总队举办的诵读红色经典活动。

7月 朔州支队召开纪律作风整顿专项会议2次,针对查摆出的5方面19个问题,坚持“当下改”和“长久立”相结合,通过健全党的建设、行政管理、干部人事等10项制度,推动常态长效整改。开展以“诵读红色经典 弘扬优良作风 建设清廉支队”为主题的党日活动和“扣好廉洁从政第一粒扣子”道德讲堂,在送祝福环节为每位干部职工送上一枚“廉味”书签,推动纪律作风整顿工作入脑入心入行。

8月9日 省总队副总队长任晓军到朔州支队二大队、三大队外勤组调研指导,听取大队各项工作开展情况,详细了解业务、执法条件改善、“四基四化”建设、队伍建设等方面情况,对大队办公场所、职工宿舍等进行实地查看,查阅有关资料和业务档案等。

10月 中共二十大召开后,朔州支队迅速掀起学习热潮,原原本本学习报告及习近平总书记重要讲话,认真开展专题研讨,并灵活运用“每日知识点”“每日一题”等多种形式全面学习中共二十大精神。充分发挥各党支部直接教育管理党员的责任,为干部职工订阅《习近平谈治国理政》第四卷和中共二十大精神等学习用书,依托“学习强国”等线上资源常态化抓好学习教育。

2022年 朔州支队在有序做好执法职责承接基础上,建立完善路产等基础台账,严格按程序和规范开展路面巡查工作。2022年,巡查里程8.4万公里,发现各类损坏路产路权、影响公路安全畅通违法行为73起,依法办结案件22件,罚款金额4.3万元。尤其是节假日期间,执法人员坚守岗位、认真履职,保障高速公路安全、完好和畅通。与高速公路运营企业及高速交警召开业务协作联席会议3次,联合印发业务协作方案和业务联席会议制度。各大队与辖区协作单位共召开协作会议14次,开展联合行动32次,进一步强化在联合巡查、联合执法、跨区域信息共享、应急处置保障等方面的协作,形成执法监管合力。

(资料提供:田向刚)

山西省高速公路综合行政执法总队忻州支队大事记

1月27日 山西省高速公路综合行政执法总队忻州支队(以下简称忻州支队)2022年度第一次安委会全体(扩大)会议召开。支队分管领导、责任科室、大队长参加会议,党委书记、支队长曲恒卯主持会议。会议再次学习山西省高速公路综合行政执法总队(以下简称省总队)2022年度第一次安委会会议精神,并就支队的安全生产工作进行再部署、再安排。

在肯定2021年安全生产工作后,曲恒卯强调,做好安全生产工作责任重大、使命光荣。一是提高政治站位,切实担负起抓好安全生产的政治责任。增强政治敏锐性,绷紧安全这根弦,时刻保持如履薄冰的谨慎、真抓实干的作风,抓细抓实、常抓不懈。二是从细处着手,加强办公场所用电、用气、消防等安全管理工作。三是扎实开展"百日攻坚"等专项行动,确保全体职工度过一个平安欢乐祥和的新春佳节。

2月17日至18日 忻州支队八个大队外勤组举行挂牌仪式,支队分管领导、相关科室负责人和高速公路运营公司干部职工代表参加揭牌。这标志着忻州高速公路综合行政执法进入实质性阶段,也是忻州支队高速公路综合行政执法改革迈出实质性步伐、如期实现高速公路综合行政执法与高速公路运营企业及路网运行保障机构顺畅对接、有序协作的重要一环。

4月6日 忻州支队为配发的执法车辆举行交付仪式。支队领导班子成员出席仪式。各大队、科室工作组成员参加会议。配发现场,执法车辆排列整齐,白底车身,侧面蓝裙底印有编号和"交通运输执法"字样,制式统一、美观、大气。此次,省总队配发9辆执法车辆,其中8辆执法车辆发至各大队,进一步夯实基层执法工作基础,提升一线执法保障水平。

交付仪式上,党委书记、支队长曲恒卯在讲话中,要求加强执法车辆管理,教育引导驾驶员严格遵守道路交通法律法规,自觉做到文明驾驶、安全行车,不开特权车、霸道车,严禁参与非公务活动;要加强车辆日常管理,严禁公车私用,严格落实支队执法执勤车辆管理制度,保障日常执法勤务需要,规范用车行为,确保行车安全。

4月 忻州支队有效利用信息和简报报送、微信群、抖音公众号等多种方式方法,持续推进宣传高速公路综合行政执法政策、执法事项清单、涉路施工许可等相关规定。特别是结合第21个"路政宣传月"活动,支队机关、各大队一线执法人员在高速服务区、收费站广场、运营企业等地开展高速公路行政执法相关法律法规宣传,先后发放宣传资料5000余份:支队与三大队在大营服务区;四大队与路网保障机构在忻州高速收费站;五大队联合忻州高速公路管理有限公司、岢岚县交通运输局在岢岚收费站外广场、六大队与忻州高速公路管理有限公司在芦芽山收费站、八大队与高速服务区人员在紫岩服务区等地开展大规模宣传,支队按照总队安排部署录制宣传小视频开展多方位的宣传,通过携手共建、暖心服务有效引导社会公众和广大道路交通参与者守法、护路,创造良好氛围和环境。

5月6日 为切实加强对新提拔任用科级干部的教育管理,严把干部选拔任用廉洁关,按照相关规定,忻州支队党委对任用的12名正科级干部进行任前集体廉政谈话并提出3点要求:一是立足职责使命，深刻认识工作定位；二是主动担当作为，奋力开创综合执法工作新局面；三是严明纪律规矩，时刻保持廉洁自律。

5月25日 忻州支队积极开展“党风廉政宣传教育月”活动，并召开动员大会。机关全体干部职工参加会议。

会议首先传达学习厅党组关于开展党风廉政宣传教育月活动的文件精神。会议指出，党风廉政教育是全系统从严治党向纵深发展的一项重要举措，是关心爱护干部的重要体现，忻州支队要以高度的政治责任感，采取多形式、多方面、多样式宣传活动，充分利用各种平台开展此项活动，大力营造浓厚舆论氛围。

会议要求，全体党员干部要提高政治站位，充分认识开展“党风廉政宣传教育月”活动的重要意义。要坚持用习近平新时代中国特色社会主义思想武装头脑，持之以恒落实中央八项规定和实施细则，坚决破除形式主义、官僚主义，进一步深化清廉机关、清廉高速建设，推动全支队党员干部以优良作风奋进新征程、建功新时代。

6月9日 第15个“国际档案日”，忻州支队开展以“喜迎中共二十大·档案颂辉煌”为主题的档案宣传日活动。活动中，参加人员集中观看关于“国际档案日”及档案知识宣传片，深刻感受蕴含其中的历史厚重感，观看远程调卷演示，亲身体验大数据技术、物联网技术在档案工作中的实际运用。随后，大家来到忻州档案馆，档案以文件资料、奖杯证书、音频视频等不同形式出现，形象地展示忻州地区多年来的光辉发展历程。

9月29日 中共山西省高速公路综合行政执法总队忻州支队第一次党员大会拉开帷幕。忻州支队全体在职、退休党员参加会议。忻州市直工委副书记、一级调研员程福明，省总队党群处处长杜士平，督查处郝开国到大会指导。忻州支队副支队长王占军主持会议。

会议严格按照选举的有关规定和程序，以无记名投票、差额选举的方式，选举产生王占军、曲恒卯、李亚杰、杨定国、戴晓东5名党委委员。

曲恒卯代表当选委员表示，一是要讲政治，勤学习，时刻坚持政治上的清醒、坚定；二是要恪尽职守，服务群众，维护大局；三是要加强团结，顾全大局，齐心协力共谋发展；四是要严于律己，勤政廉洁。

程福明对忻州支队当选的5名党委委员表示热烈祝贺，并强调，要发扬和继承以往的好经验、好做法，扛起新使命，跑好第一程，推动支队党建工作取得新成效；要严格执行党章关于党内政治生活的各项规定，做到按程序决策、按规矩办事、按制度落实；要始终坚持理论武装不放松，引导全体党员持续深入学习贯彻习近平新时代中国特色社会主义思想，切实把思想建设落实到忻州支队各项工作中。

10月16日 忻州支队第一时间组织干部职工群众一起收听收看中共二十大开幕盛况。会上，大家踊跃发言，谈感想，说心得。一致认为，习近平总书记所作的报告总揽全局、大气磅礴、思想深邃、内涵丰富，深刻阐释新时代新征程坚持和发展中国特色社会主义一系列重大理论和实践问题，科学擘画全面建成社会主义现代化强国宏伟蓝图，明确以中国式现代化全面推进中华民族伟大复兴战略路径，通篇闪耀着马克思主义思想光辉，是举旗定向的政治宣言，是引领复兴的行动纲领。大家一致表示，要自觉把思想和行动统一到中共二十大精神上来，深刻领会、准确把握过去五年工作和新时代十年伟大变革，深刻领会、准确把握马克思主义中国化时代化的最新成果，深刻领会、准确把握新时代新征程党的使命任务，立足本职工作，勇于担当尽责，推动新时期高速公路综合执法工作发展更有力量、更有质效、更有温度。

（资料提供：杨淑娟）

山西省高速公路综合行政执法总队吕梁支队大事记

1月5日 山西省高速公路综合行政执法总队吕梁支队(以下简称吕梁支队)召开集中学习暨党史学习教育总结会议,传达学习党史学习教育总结会议精神,支队机关、三大队全体干部职工参加会议。会议要求,把开展好党史学习教育作为一项长期政治任务,融入日常、持续推进、不断深化。要巩固拓展党史学习教育成果,高质量开好党史学习教育专题民主生活会,认真完成好年度目标任务,统筹谋划好2022年工作,用实际行动不断开创吕梁高速执法事业新局面。

1月6日至7日 山西省高速公路综合行政执法总队(以下简称省总队)指挥中心王晓东一行(巡检组)到吕梁支队,对支队的网络通信传输、网络安全、协同办公平台、视频会议等重要信息化系统进行全面梳理检查,并召开座谈会。会上,巡检组充分肯定吕梁支队网络安全及信息化建设工作,并就如何进一步强化落实网络安全责任制,加强网络安全和设备管理,防范意识及技能提出工作建议,同时对巡检中发现的问题进行反馈,提出整改意见和解决方案。

1月11日 由中共吕梁市直属机关工作委员会副书记李永庆带队的第三考核组深入吕梁支队,就机关党建工作开展检查考核,充分肯定吕梁支队2021年度党建工作。

同日 为确保改革期间各级党组织活动正常开展,吕梁支队提前谋划,报请吕梁市直工委变更党委名称、撤并和组建党支部,统筹推进各级党组织建设。吕梁市直工委副书记李永庆、组织部部长王育麟到吕梁支队,实地调研党组织组建情况,并充分肯定支队党组织建设工作。

同日 吕梁市直机关平安建设考核组到吕梁支队,对2021年度综治平安建设工作开展实地考评,肯定吕梁支队在综治工作中的投入及取得的成绩,要求吕梁支队在新一年的综治工作中要提前谋划、突出重点、强化措施,创新社会管理,做好维稳工作,以优异的成绩迎接中共二十大胜利召开。

1月18日 在春节来临之际,吕梁支队副支队长孙权平一行看望慰问退休干部职工,代表支队送去节日问候与祝福。

同日 吕梁市直工委批准吕梁支队变更党委名称,同时撤销原15个党支部,在支队机关和各大队整合组建8个党支部。鉴于吕梁支队当前实际情况,不具备重新选举条件,经过和市直工委沟通协调,同意支队暂时指定党组织临时负责人,待条件具备后再进行选举。

1月19日 省总队第四考核组组长、副总队长(副局长)郭锋一行到吕梁支队,对2021年目标责任考核指标完成情况进行实地考评。考核组通过交流谈话、查阅资料等方式,对吕梁支队的全面从严治党、安全生产和应急管理、法治建设、维护稳定、意识形态、综合管理、工作任务指标等工作进行全面考核。考核组肯定吕梁支队取得的成绩,同时指出发现的问题,并结合吕梁支队的实际情况提出建议。

1月21日 吕梁市普降大雪,给广大群众出行带来诸多不便。为确保广大群众出行安全,吕梁支队组织全体机关干部职工在支队机关院内和门前路段开展扫雪除冰活动。劳动现场,机关干部职工挥舞着铁锹等劳动工具,分区清扫积雪,在消除安全隐患的同时,也方便广大群众。

1月27日 吕梁支队召开2021年度干部职工年度考核工作会议。支队班子成员及各科室、各大队干部职工参加会议。此次会议结合当前工作要求,共进行两项议程:一是对各科室及各大队干部职工进行民主测评;二是与部分干部职工进行个别谈话。全面考核支队各科室、各大队领导班子和干部职工在履职尽责、担当作为和德、能、勤、绩、廉等方面的表现,对2021年度取得的成绩和存在的不足进行总结。

同日 吕梁支队组织召开2021年度党支部书记抓基层党建工作述职评议考核会议。会议由副支队长孙权平主持,支队所属各支部负责人、各大队负责人和机关各科室负责人参加会议。会议对各支部书记抓2021年度基层党建工作情况进行总体点评,客观指出存在的不足和下一步努力的方向,并进行民主测评,现场评选出"好"等次支部书记10人,"较好"等次支部书记4人。

1月28日 吕梁支队召开专题会议,安排部署春节期间有关工作,支队机关及三大队全体人员参加会议。会议要求以习近平新时代中国特色社会主义思想为指导,全面贯彻党的十九大和十九届历次全会精神,坚决落实党中央、国务院决策部署,按照省委、省政府工作要求,加强组织领导,层层压实责任,强化统筹调度,把保障人民群众欢度传统佳节与落实省第十二次党代表大会、省委十二届二次全会暨省委经济工作会议精神结合起来,扎实做好节日期间各项工作。

同日 吕梁支队召开会议,集中传达学习贯彻2022年全省交通运输工作会议精神。支队机关、三大队全体干部职工参加会议。会议强调,一是全面把握和贯彻落实全省交通运输工作会议精神,统一思想,明确目标任务。二是要加快推进吕梁高速公路综合行政执法改革,使各项工作尽快适应交通强省建设这一重大战略机遇。三是认真做好"春节"期间有关工作。

同日 省总队交通运输执法领域突出问题专项自查工作督导组王添骄一行深入吕梁支队,就下一步吕梁高速公路综合行政执法领域突出问题专项自查情况和吕梁交通运输执法领域专项自查督导检查情况进行督导检查。副支队长孙权平、法制科科长问晓军及部分业务骨干陪同督导检查。督导组认真听取吕梁支队关于高速公路综合行政执法领域突出问题专项自查情况的报告,就吕梁支队下一步督导吕梁交通运输执法领域突出问题专项自查工作进行座谈交流。

1月29日 吕梁支队组织业务精干力量,深入吕梁市交通运输局,就交通运输执法领域突出问题专项自查工作进行督导。

1月30日 吕梁支队和吕梁环城高速公司在支队三楼会议室召开业务协作对接工作会,吕梁环城高速公司路网运行保障大队主要负责人,吕梁支队三大队及相关科室负责人参加会议。会议传达山西省高速公路综合行政执法业务协作对接部署会议精神,吕梁环城高速公司介绍当前环城高速路网运行保障大队业务工作、办公用房、人员配备等情况,吕梁支队就所属三大队(外勤组)办公用房问题与吕梁环城高速公司进行沟通协商。会后,吕梁支队与吕梁环城高速公司建立微信工作群,实现信息共享,确保各项工作顺利进行。

2月7日 为推动吕梁支队与辖区内高速公路经营企业及路网运行保障机构尽快实现顺畅对接、有序协作,吕梁支队赴吕梁南高速公路管理有限公司,主动开展业务工作对接,吕梁南高速公路管理有限公司董事长李耀峰及领导班子全体、路网运行保障大队负责人、各中队负责人、吕梁支队副支队长孙权平及所属一、二大队负责人和相关科室负责人参加座谈会。会上,双方按照《高速公路综合行政执法机构与高速公路经营企业业务协作方案(试行)》和《高速公路综合行政执法机构与高速公路经营企业对接工作方案》文件要求,重点对执法大队办公场所、执法人员食宿及业务协作等方面进行交流讨论,并达成一致共识。会后,吕梁支队与吕梁南高速公路管理有限公司建立信息共享微信工作群,强化沟通互动,有序开展协作,努力构建"一盘棋"的工作局面。

2月8日 吕梁支队与吕梁北高速公路管理有

限公司在吕梁北路网运行保障大队召开业务协作联席会议，并就业务工作对接、办公用房、执法人员就餐等问题进行深入交流和沟通，为下阶段工作打下良好基础。吕梁北高速公路管理有限公司总经理张海宁对吕梁支队到访表示热烈欢迎，他指出，要全力配合吕梁支队及辖区各大队，强化合作，相向而行、凝聚合力，履行好各自职责，共同保障吕梁北高速公路完好、安全和畅通。吕梁北高速公路管理有限公司总经理助理王俊峰详细介绍所管辖高速里程、路网运行保障大队业务工作、办公用房、人员配备及高速公路运行等情况。会上，吕梁支队副支队长孙权平强调，改革落地后，各项工作都需要一个磨合的过程，希望大家提高思想认识，推动落实"两个方案"，明晰各自职能分工，坚决扛起肩上责任，优化各项工作协作机制，上下齐心，注重配合，在不断改进中逐步形成强大工作合力。

2月9日 吕梁支队领导班子召开党史学习教育专题民主生活会。省总队副总队长、副局长渠刚等有关人员到会指导，吕梁支队改革领导组成员参加会议。会前，吕梁支队聚焦会议主题，深入学习领会习近平新时代中国特色社会主义思想和党的十九届六中全会精神，扎实开展谈心谈话，广泛听取意见建议，认真撰写对照检查材料，为召开专题民主生活会打下良好基础。会上，孙权平通报2020年度民主生活会整改落实情况、意识形态工作责任制落实情况和群众反映、巡视巡察反馈问题、被函询谈话情况，代表领导班子作对照检查，并开展个人自我批评。改革领导组开诚布公、坦诚相见，实事求是、客观公正地帮助孙权平指出存在的不足，达到统一思想、提高认识、增进团结、明确方向目标效果。渠刚充分肯定吕梁支队领导班子党史学习教育专题民主生活会，认为会议准备充分、严肃认真，对照检查全面、整改方向明确。希望吕梁支队持续深入学习习近平新时代中国特色社会主义思想和党的十九届六中全会精神，深刻感悟"两个确立"的决定性意义，认真落实管党治党责任，时刻挺纪在前，持续抓好整改落实，以此次专题民主生活会为新的起点，凝聚推动改革发展的强大正能量。

2月15日 吕梁支队志愿服务队走上街头，深入街道、社区、学校、加油站开展"厉行勤俭节约、反对餐饮浪费"主题志愿服务宣传实践活动，向广大市民发放坚决制止餐饮浪费行为倡议书百余份，努力在全社会倡导形成文明、科学、理性、健康的餐饮消费理念。

2月17日 省总队第四督导组到吕梁支队督导高速公路运政执法工作。督导组采用座谈会的形式，探讨交流当前高速公路运政执法工作开展情况及工作中遇到的问题和困难。会议特邀吕梁市交通运输综合行政执法队、吕梁顺达运业有限公司等单位和企业参加。吕梁支队相关科室负责人、各大队负责人、业务骨干，吕梁市交通运输综合行政执法队、吕梁顺达运业有限公司相关领导参加会议。

2月22日 吕梁支队积极响应吕梁市委、市政府号召，迅速组织精干力量，深入交城县部分规模以上道路运输企业开展服务工作，阶段性成效显著。

3月5日 在全国第59个学雷锋纪念日，吕梁支队组织机关青年志愿者服务队开展"学雷锋"志愿服务活动，用实际行动诠释责任和使命，展现吕梁支队的担当和风采。

3月9日 吕梁支队举行行政执法证件颁发仪式。

同日 吕梁支队召开业务对接、协作工作汇报会，各大队负责人分别汇报2月以来业务对接、协作工作开展情况、存在问题和下步打算。支队改革领导组听取汇报，并对各大队主要工作进行点评指导。

3月15日 吕梁支队积极响应吕梁市委、市政府号召，抽调精干力量认真学习、积极备战，参加吕梁市直机关"学习贯彻党的十九届六中全会精神"知识竞赛。

3月16日 吕梁支队到吕梁南公司参加"平安文明示范路"创建交流座谈会，配合推进示范路创建活动。表示要全力配合各相关单位，大力推进高质量、可持续的平安文明建设。

3月23日 省总队副总队长渠刚深入静兴高速调研指导工作。静兴高速公路全长93.65公里（不含岢临高速共线段），是山西省“三纵十二横十二环十五条连接线”高速公路网规划中的第七条连接线。该高速公路于2021年12月全线建成，省总队拟在该路段设置吕梁支队第八大队。在总队的关心支持和坚强领导下，吕梁支队提前谋划，积极作为，主动对接沟通该路段运营部门，多次实地考察调研大队办公场所驻地，最终选定执法大队驻地及外勤组拟设位置。其中执法大队办公室场所设在兴县西服务区，共52间办公用房，总面积1881.6平方米；大队外勤组办公场所拟设在岚县服务区，共30间办公用房，总面积1192.8平方米。渠刚实地走访查看兴县西服务区和岚县服务区执法办公场所，对办公位置的选址建议给予肯定。

3月25日 吕梁支队积极响应，迅速落实全省高速公路综合行政执法系统纪律作风整顿动员会议精神，第一时间召开纪律作风整顿安排部署会，就扎实开展好纪律作风整顿工作进行再动员、再部署、再强化、再推进。支队机关全体、各大队临时负责人参加会议。

3月29日 吕梁支队机关党支部组织召开2021年度组织生活会和民主评议党员会议。支队领导班子成员孙权平以普通党员身份参加会议。

3月29日至30日 吕梁支队党委充分结合党员少、地域广的实际特点，组织所属各支部以片区的形式，集中召开2021年度组织生活会。孙权平深入基层党支部，全程参加各支部的组织生活会，并对会议召开情况依次进行督导、点评，严格做到参会全面覆盖、会议提前介入、全程从严把关、认真进行点评、提出具体要求。支队综合科负责人高卫斌一同参加。

3月31日 吕梁支队在机关六楼会议室召开2022年吕梁高速公路综合行政执法暨党建和党风廉政建设工作会议，总结回顾2021年工作，分析发展形势，安排部署2022年重点任务，号召全体干部职工聚焦主业、抢抓先机，奋力开创吕梁高速公路综合行政执法事业发展新局面。省总队副总队长（副局长）渠刚，支队、大队两级领导班子以及支队全体干部职工参加会议。

4月3日 吕梁支队认真落实全国交通运输安全生产视频会议暨2022年部安委会第二次全体会议精神和总队清明节期间一线执法执勤相关工作部署，交通流量增多、交通安全隐患增大等客观要素，聚焦四项重点措施，全力保障清明节期间吕梁高速公路安全畅通。

4月15日 吕梁支队通过强化内部教育、深化普法宣传、扩宽宣传渠道三项举措开展多形式、分层次、全方位的宣传教育活动。

4月20日 吕梁市精神文明建设指导委员会下发《关于命名2020—2021年度吕梁市精神文明创建先进典型的决定》，吕梁支队被评为2020—2021年度市级文明单位标兵。

4月22日 吕梁支队召开2022年第2次业务工作推进会，会议听取各大队业务工作推进情况以及遇到的困难，对照目标任务，安排部署下一阶段的重点工作。会议由省总队副总队长（副局长）渠刚主持。

4月23日 省总队副总队长渠刚带领第五督导组深入吕梁市汾阳西、汾孝、汾孝东等收费站点，开展保通保畅督导检查“回头看”。要求深入学习贯彻习近平总书记重要指示精神，按照省委、省政府决策部署，坚定信心决心，保持耐心细心，全力以赴做好应急处置各项工作。

4月25日 省总队督导组深入吕梁天源物流园区和大土河焦化有限责任公司，察看了解物流保障流程、企业经营状况、面临的困难以及重点人员闭环转运、环境消杀等防控措施落实情况。吕梁市、离石区交通运输局相关领导陪同督导。

4月29日 吕梁支队以执法文书发放为契机，组织业务科室、各大队负责人及业务骨干集中利用一天时间开展综合行政执法业务能力提升培训。

5月2日 吕梁支队深度聚焦“守护公路安全、争当服务先锋”活动主题，组织精干业务力量迅速行动，深入高速公路收费站点、服务区等人员密集场所设立宣传咨询点，发放宣传资料，提供政策、法律咨询，为群众现场解答释疑，积极开展多渠道、多层次、多形式"路政宣传月"活动，以强大宣传声势，为活动的有力开展营造出良好工作氛围。

5月5日 全系统纪律作风整顿推进视频会议结束后，吕梁支队快速响应，迅速组织召开专题会议，进一步推进纪律作风整顿工作，支队领导、各大队、科室负责人参加会议。

5月7日 吕梁支队举办全员综合行政执法业务培训。此次培训授课人员除支队年轻干部外，还邀请到吕梁环城高速公司路网保障大队温树雄和晋凯律师事务所律师薛小燕，为学员在文书填制、执法程序、执法裁量和路政实操等方面进行专业培训，紧贴一线执法工作实际，具有很强的针对性和操作性。

5月13日 吕梁支队军事化训练全面启动。此次军事化训练为期两天，旨在通过队列训练、交通指挥手势训练和体能训练等科目，全面增强参训干部职工的政治意识、纪律意识，以积极态度、饱满姿态、高昂士气面对高速执法工作。

同日 吕梁支队召开"路政宣传月"活动推进会。会议由孙权平主持，支队法制科、各大队负责人参加会议。

5月27日 吕梁支队组织各大队大队长、业务骨干，支队业务科室全体20余人召开执法基础资料观摩汇报会。重点就"3·21"业务推进会布置的基础资料完成情况和存在问题，以及下一步工作打算进行探讨。副支队长孙权平出席会议并讲话，要求各大队明确责任，抓好落实，以这次观摩交流会为契机，认真总结，精心谋划，坚定信念，不断创新，齐心协力，完成总队、支队交付的工作任务。

同日 吕梁支队召开信访工作安排部署会。支队领导班子及相关科室负责人参加会议。

5月31日 吕梁支队宣传队伍在副支队长孙权平带领下，集中开展"美好生活·民法典相伴"主题宣传活动。

6月7日 省总队第七业务指导组深入青银高速离军段，就公路沿线违法修建违章建筑、违法架设瓦斯管道等侵占公路用地违法行为进行实地勘验核查，并在此基础上召开业务工作座谈会，以"面对面传""手把手教"的形式，向支队执法人员传授一线执法知识和宝贵办案经验。支队执法科、法制科、二大队负责人、业务骨干参加座谈。

同日 省总队第七业务指导组先后对吕梁支队三大队辖区环城高速路段张家山隧道上方擅自掘土铺路和梨树塔隧道洞口擅自搭建彩钢顶棚两起违法线索进行实地走访，潜心研究对策，最终提出切实可行应对举措，有效疏解三大队一线执法人员执法困惑，提升执法理念，对于各大队开展业务工作具有重要的现实指导意义和实践借鉴意义。

6月8日 吕梁支队邀请省总队第七业务指导组，在全系统率先召开执法业务指导暨现场解答工作会议。省总队第七业务指导组、吕梁支队各大队大队长、业务科室全体干部职工参加。

同日 省总队第七业务指导组深入吕梁支队五大队辖区，实地走访查看国道59呼北高速岢临段擅自开启平交道口、建筑控制区违法安装太阳能光伏板等违法线索，现场听取五大队执法人员及路网保障大队介绍线索详情。针对上述线索入手难、查处难、推进难的特点，总队第七业务指导组"把脉问诊"找问题、"对症下药"开良方，聚焦线索查办，突出授人以渔，进行详细分析和细致指导，为五大队全力做好下一步高速执法工作，进一步厘清脉络，坚定信心。

6月29日 吕梁支队组织机关、三大队、六大队三个党支部全体党员干部走进泰化廉政长廊和贺龙中学旧址，开展"喜迎中共二十大 奋进新征程"主题党日活动。

6月 吕梁支队紧紧围绕全国节能宣传周主题"绿色低碳，节能先行"，深入贯彻全国低碳日主题"落实双碳行动，共建美丽家园"，同时结合交通运输行业宣传主题"践行节能低碳，建设绿色交通"开展系列活动。

7月10日 吕梁支队组织二、七大队执法人员对位于青银高速K1029+300处矾水沟大桥下建筑控制区违法修建的构筑物进行依法拆除，这次行动是吕梁高速综合行政执法的"第一枪"，也是青银高速“平安文明示范路”创建工作全面攻坚的冲锋号。矾水沟大桥下违法建筑由于历史原因,长期占用桥下空间,导致违建面积大、拆除难度大。自省厅5月24日“平安文明示范路”创建督导调研会议以来,吕梁支队积极谋划,主动作为,先后与违建所有人以电话、座谈等方式进行多次相关公路法律法规宣传,同时组织执法人员先后8次赴现场勘验调查。最终锁定违建面积1108.8平方米。此次行动从勘验现场到依法送达相关执法文书,历时40余天,吕梁支队执法人员克服重重困难,严格按照《山西省高速公路综合行政执法业务流程(试行)》的指导,规范执法行为,坚持做到事实清楚、证据充分、程序合法,经得起考验。

7月12日 吕梁支队与吕梁南高速公路管理有限公司召开业务协作联席工作会议,就“平安文明示范”路创建工作和业务开展具体事宜研究协商。吕梁支队副支队长孙权平、吕梁南公司资深专员闫红伟、双方业务科室和辖区执法、路保负责人参加会议。

7月13日 省总队高速公路养护工程监督执法督导组成员郭卫琦、刘虎到吕梁支队进行相关工作督导检查。副支队长孙权平要求大家加强相关方面业务知识的学习,多与省总队业务处室交流,在工作中发挥主观能动性、创造性,有效提升支队养护工程监督执法工作水平。

同日 省总队执法三处、支队执法科、五大队在吕梁北公司养护部和路保大队的陪同下对呼北高速岢临段南山隧道病害处置工程进行执法检查。

7月25日 吕梁支队组织志愿服务队走进吉祥社区,开展文明城市环境卫生大清扫志愿服务行动,用实际行动践行志愿者精神。

同日 省总队副总队长渠刚带队深入吕梁市枣林、大武、汾孝、汾阳西、交城高速收费站就物流保通保畅开展督导检查。督导组成员、吕梁公路分局党委书记刘庆爱、副局长刘秀全等一同参加督导。

7月27日 主持日常工作的吕梁市直工委副书记刘云一行组成清廉机关建设调研督导组,深入吕梁支队调研督导清廉机关创建工作。对取得的初步成效给予充分肯定,并提出具体要求。

7月28日 吕梁支队与吕梁环城高速公司在支队三楼会议室召开业务协作联席会议,会议听取业务协作工作开展情况,并就遇到的问题和困难进行讨论研究,同时安排部署今后工作重点。

8月1日 吕梁支队组织党员干部开展“军歌颂党恩、迈步新征程”主题党日活动。

8月5日 全省执法系统传达全省贯彻落实中央八项规定精神警示教育大会视频会议结束后,吕梁支队积极响应,迅速行动,第一时间组织召开专题会议,对会议精神进行再传达、再部署、再落实。支队机关全体党员干部参加会议。

8月10日 吕梁支队成立对接组,主动走进哈弗状元城小区,深入开展包联共建工作对接。

8月19日 吕梁市遭遇持续强降雨,多地发生洪涝灾害,人民群众生命财产遭受重大损失。机关党支部举行“支持防汛救灾”自愿捐款仪式。在支队新任领导班子带动下,纷纷奉献爱心、慷慨解囊。

8月23日 吕梁支队支队长孙权平带领省物流保通保畅第五督导组督导物流保通保畅工作。

8月24日 吕梁支队联合吕梁北高速公路管理有限公司召开协作联席会议,会议由支队长孙权平和吕梁北高速公路管理有限公司董事长薛海军共同主持。吕梁支队领导班子、吕梁北高速公路管理有限公司领导班子、双方业务科室和辖区执法、路保负责人参加会议。

8月25日 吕梁支队召开工作推进会,对近期工作进行安排部署。会议由副支队长沈保华主持,支队领导班子全体,各大队大队长和业务骨干,以及支队机关全体参加会议。

8月31日 吕梁支队机关党支部进一步健全完善集中学习制度,做到学习内容紧跟形势,学习形式推陈出新,学习要求明确具体。

同日 吕梁支队主动对接包联小区哈弗状元城,共同召开文明城市创建包联共建第二次联席会议。

同日 吕梁支队组成工作对接组,提前走进高崖湾桥南、沙会则桥北两个志愿服务路口,就岗前培训、装备移交等事项与路口值岗交警进行工作对接，为下一步高质量实地开展志愿服务奠定坚实基础。

9月1日 吕梁支队党员志愿服务队以主人翁的姿态，积极投身"文明交通我劝导"志愿服务活动当中，用实际行动争当文明创建的参与者、践行者、推动者。

9月5日 在中秋佳节来临之际，吕梁南高速公路管理有限公司总经理陈俊伟带队慰问支队执法人员，送去节日祝福和米面油等慰问品，并就进一步加强业务协作进行座谈交流。

9月8日 吕梁支队党员志愿者们在滨河北路与沙会则桥交叉路口，开展文明交通志愿服务活动。

9月18日 吕梁支队副支队长沈保华带领支队执法人员在省总队指导下，前往太佳高速西段路面坑槽专项养护作业工程进行执法检查。

9月20日 吕梁支队党员志愿服务队主动走进交通运输执法局家属院、哈弗状元城2个包联共建小区，上门对657户小区居民逐家逐户开展党员信息摸底工作。

9月29日 吕梁支队应邀参加国庆及中共二十大期间高速公路安全运营暨吕梁西收费站安全保畅联动协调座谈会。会议由吕梁南高速公路管理有限公司主持，吕梁市政协、吕梁支队、高速交警一支队六大队、八大队、市公安局交警支队及直属二大队、吕梁南高速公路管理有限公司等相关部门领导参加会议。吕梁支队党委书记、支队长孙权平表示，要结合辖区路段车流量和车辆通行情况，提前研判，统筹抓好疏堵和保通保畅督导工作。

9月30日 吕梁支队党委书记，支队长孙权平，副支队长沈保华、杨耀红，执法科科长李云杰等一行5人深入静兴高速运营管理单位，详细了解该路段基本情况并召开座谈会讨论相关对接事宜。

同日 省保通保畅第五督导组副组长孙权平一行到太佳高速西段检查督导物流保通保畅工作。

10月13日 吕梁支队机关党支部负责人、综合科科长高卫斌为机关党员干部讲授一堂主旨鲜明、思想深刻的廉政党课。

10月16日 吕梁支队组织党员干部集中收看中共二十大开幕会直播盛况，认真聆听大会工作报告。

10月18日 吕梁支队组织党员干部职工专题学习中共二十大报告。

11月7日 吕梁支队党委书记、支队长孙权平带队前往原岚县公安分局就静兴高速执法工作组驻地选址情况进行调研。综合科副科长李苏静、原岚县公安分局局长穆天明陪同调研。

11月15日 省总队副总队长渠刚带队，赴静兴高速和吕梁支队原岚县公安分局调研，安排部署静乐丰润至兴县黑峪口高速公路综合行政执法工作组进驻工作。省总队相关处室（中心）及吕梁支队主要负责人和相关工作人员参加调研。

同日 吕梁支队副支队长杨耀红带领法制科、执法科及二大队业务骨干赴吕梁市交通运输综合行政执法队进行执法业务工作交流学习，相互探讨经验做法。

11月18日 吕梁支队组织领导干部及业务骨干赴吕梁市中级人民法院参观学习并旁听一起行政诉讼案件庭审活动。

11月21日 吕梁支队与吕梁北公司召开业务协作联席工作会议，就路产赔偿工作有关事宜和高速公路路域环境整治专项行动研究协商。吕梁支队副支队长沈保华、吕梁北公司总经理助理王俊峰、双方业务科室和辖区执法、路保负责人参加会议。

11月22日 吕梁支队组织开展学习贯彻中共二十大精神专题党课，支队党委书记、支队长孙权平以"深入学习宣传贯彻中共二十大精神 凝聚奋进新征程新使命的磅礴力量"为题作宣讲，支队机关、二大队、三大队全体干部职工参加。

同日 吕梁支队党员志愿服务队到离石区高崖湾桥南，深入开展"文明交通我劝导"志愿服务活动。

11月24日 路域环境整治专项行动宣传活动在青银高速公路吴城服务区全面展开。

同日 吕梁支队执法科深入静兴高速，与六大队执法人员一起对静兴高速公路缺陷处置工程开展执法检查。

（资料提供：宋 文）

山西省高速公路综合行政执法总队晋中支队大事记

2月 按照山西省高速公路综合行政执法总队(以下简称省总队)安排,山西省高速公路综合行政执法总队晋中支队(以下简称晋中支队)6个执法队陆续开展外勤组揭牌进驻工作,2月底全部完成进驻工作。

3月17日 晋中支队召开2022年高速公路综合行政执法工作会议、2022年晋中支队党建和党风廉政建设工作会议。

3月28日 省总队党委书记、总队长刘清平带领相关处室人员到晋中支队调研指导工作。

4月 按照省厅统一部署,晋中支队牵头组织开展晋中市域公路保通保畅督导工作,12月底结束督导。

5月6日 省总队党委任命晋中支队4名科长、6名大队长职务。

5月10日 省厅一级巡视员雷天才带领厅相关处室人员到晋中支队调研指导工作。

6月15日 厅党组第一巡察组进驻晋中支队开展常规巡察。

6月28日 厅党组任命张军为晋中支队党委书记、支队长。

7月1日 晋中支队举行新式制服换装仪式和庆祝中国共产党成立101周年系列活动。

7月28日 厅党组任命张永生为晋中支队副支队长、冯滨为晋中支队副支队长、李智勇为晋中支队副支队长。

8月9日 晋中支队召开干部大会,宣布厅党组干部任免决定,支队党委书记、支队长张军代表新任职干部表态发言,省总队党委书记、总队长刘清平讲话。

8月 晋中支队"打造'五型'党建、引领改革发展"经验入选晋中市直机关工委《优秀党建品牌经验交流汇编》。

9月28日 晋中支队召开第一次党员大会,选举第一届党委委员会。

11月11日 厅党组成员、驻厅纪检监察组组长王建业、副组长任玉胜深入二大队外勤组宣讲中共二十大精神并调研指导工作。

11月18日 厅党组成员、副厅长王四小到晋中支队作中共二十大精神宣讲报告。

12月27日 经党中央批准,由司法部主办,晋中支队被表彰为首批"全国行政执法先进集体"。

12月 晋中支队全年累计开展路面巡查1327次,出动执法车辆1327台次,出动执法人员3782人次,路面巡查总里程13.97万公里;累计下达《违法行为通知书》16份、《责令整改违法行为通知书》16份、《路产修复通知书》2份;累计办结行政处罚案件14件、处罚金额1.6万元、移送案件1件、行政检察案件2件。累计处理路赔案件46件、赔补偿金额68万元;全支队办案覆盖率达100%、结案率达100%、案件评查率达100%。

(资料提供:王云龙 陈建文)

山西省高速公路综合行政执法总队阳泉支队大事记

1月2日至3日 山西省高速公路综合行政执法总队(以下简称省总队)副总队长(副局长)郭锋、省总队指挥中心副主任王晓东一行5人深入山西省高速公路综合行政执法总队阳泉支队(以下简称阳泉支队)及四个基层执法大队进行调研指导工作,就安全生产、网络安全、应急值守等工作进行督导检查。

1月6日 阳泉支队组织基层执法人员,开展案例模拟实践演练活动。以观看执法视频及执法人员依次参训演练的方式,对询问调查、违法行为告知、违章处理等环节进行场景模拟。通过演练,提高执法人员的办案能力,规范执法人员执法行为,增强执法人员处置实际问题本领,真正做到在实践中学习,在学习中提高。

1月21日 阳泉支队召开春节期间工作部署会,会议由支队长范文生主持,各科、各大队负责人参加会议。会议对春节前后工作进行安排部署。

1月24日 阳泉支队传达厅安委会第一次全体(扩大)会议暨道路运输“百日攻坚”安排部署视频会议精神,并就阳泉支队下一步工作进行安排部署。

1月26日 阳泉支队组织机关全体党员干部职工观看《零容忍》警示教育片。大家一致表示要时刻铭记自己的党员身份,从反面典型中汲取深刻教训,引以为戒;要不断加强自身修养,树牢“全心全意为人民服务”的宗旨意识,筑牢“不敢腐”“不能腐”“不想腐”的思想道德防线;切实加强法律法规的学习,增强自我约束力,用实际行动践行对党忠诚、对人民忠诚,为高速公路综合执法工作高质量发展筑牢纪律防线。

同日 阳泉支队党委书记、支队长范文生走访慰问退休老干部,向他们送去组织关怀和新春问候。相关科室负责人一同走访慰问。

同日 阳泉支队传达省厅、省总队关于道路运输安全风险隐患大排查大整治“百日攻坚”专项行动会议精神,并就下一步工作开展进行安排部署。

同日 阳泉支队召开专题会议,就高速公路春运安全执法检查进行安排部署。各大队主要负责人、相关科室负责人参加会议。

1月28日 阳泉支队考核组一行3人,对大队科级及其以下工作人员2021年度履行岗位职责情况进行综合考核,本次考核采取述职总结、民主测评、个别谈话的方式。

同日 阳泉支队组织开展春节廉政教育集中谈话会。支队各科室、各大队主要负责人参加会议。会议集中学习习近平总书记在十九届中央纪委六次全会上讲话精神,省委、市委《关于做好元旦春节期间有关工作的通知》及阳泉市纪委监委“十个严禁”等有关文件精神。

2月8日 阳泉支队召开2021年度党史学习教育专题民主生活会。省总队副总队长郭锋一行3人到会指导。支队领导班子成员参加,机关科室负责人列席会议。

2月9日 阳泉支队党委书记、支队长范文生带领业务科室和相关大队负责人,进驻阳泉辖区高速公路经营企业太旧公司,再次部署辖区高速公路综合行政执法业务对接协作工作。太旧公司总经理卢永旺、后勤部部长樊军等与支队一行人员组织召开对接工作会,就具体细节进行深入研究和探讨。经实地走访平阳一中队、太旧二中队,对比研究确定阳泉支队一大队外驻勤组为平定北收费站办公楼,二、三大队外驻勤组为盂县南收费站办公楼。

同日 省总队副总队长郭锋一行三人到阳泉,对阳泉支队交通运输执法领域突出问题专项自查及督导工作进行督导检查,支队领导、各科负责人及业务科室相关人员参加会议。

2月10日 阳泉支队召开改革领导小组会议,集体学习习近平总书记在山西省考察调研看望慰问基层干部群众重要指示精神和山西省委常委扩大会议“认真学习贯彻重要指示精神的8点要求”精神。

2月17日 阳泉支队一大队(外勤组)举行揭牌仪式。阳泉支队党委书记、支队长范文生,太旧二中队中队长郭志强出席揭牌仪式。支队机关业务科室及一大队执法人员参加仪式。

同日 阳泉支队二大队(外勤组)、阳泉支队三大队(外勤组)正式揭牌成立。阳泉支队党委书记、支队长范文生出席揭牌仪式,平阳路网保障大队、支队机关业务科室、二大队、三大队执法人员参加揭牌仪式。

2月17日至18日 省总队第一督导组连建宏等一行3人对阳泉支队运政执法工作进行专项督导。本次督导采取座谈交流和实地走访形式进行,并邀请阳泉市交通运输综合行政执法队孙晋军等四人进行实操讲解。支队业务科室、各大队负责人及业务骨干参加会议。

3月7日 阳泉支队召开专题学习会,传达学习全省交通运输系统党风廉政建设工作会议精神。机关全体干部职工参加会议。

3月11日 阳泉支队召开专题学习会议,专题学习全省高速公路(交通运输)综合行政执法工作会议精神,会议由党委书记、支队长范文生主持。

3月16日 阳泉支队机关党支部开展“重温建党历史、汲取奋进力量”主题党日活动,组织全体党员重温建党历史,观看山西卫视播出的《精神的力量》,围绕“坚持真理,坚守理想,践行初心、担当作为,不怕牺牲、英勇斗争,对党忠诚、不负人民”展开讨论。

3月18日 阳泉支队机关党支部组织全体党员召开2021年度组织生活会。党委书记、支队长范文生以普通党员身份参加会议。

3月23日 阳泉支队召开党建和党风廉政建设工作会议。支队领导、基层大队副科级以上干部、机关全体参加会议。会议回顾2021年阳泉支队党建和党风廉政建设开展情况;剖析存在的问题和下一步努力方向;部署阳泉支队党建和党风廉政建设工作重点。

同日 阳泉支队召开高速公路综合行政执法工作会议。会议由党委书记、支队长范文生主持,机关全体、基层单位副科级以上干部参加。会议紧紧围绕全省交通运输工作会议精神、全省高速公路综合行政执法工作会议精神,紧扣全方位推动高质量发展的目标要求,聚焦高速公路综合行政执法主业,着眼省厅“1345”工作矩阵和省总队“1136”工程,全面总结回顾2021年工作,认真剖析存在的问题及下一步的努力方向,详细部署重点工作任务。

3月30日 阳泉支队党委召开纪律作风整顿分析研判会。党委书记、支队长范文生主持会议,机关全体参加会议。范文生通报“回头看”梳理汇总的问题,参会人员分别就单位及个人对照五个方面存在的问题、产生问题的原因、整改措施等进行分析研判。阳泉支队纪律作风整顿分析研判共梳理问题21条,提出整改意见建议18项。

4月1日 阳泉支队组织召开“廉洁清明、文明祭祀”主题会议。党委书记、支队长范文生做节前廉政提醒。支队领导对“我们的节日·清明”活动、高速公路执法、安全维稳、值班值守、纪律作风整顿等工作进行安排部署。

同日 为贯彻落实省总队领导调研时强调“要开展案例分析,加强实操演练,有效提高综合执法能力”的指示精神,阳泉支队组织基层执法队伍开展第三次案例模拟实地实操演练活动。

4月6日 阳泉支队召开“清廉机关”建设部署动员会。会议由党委书记、支队长范文生主持,机关全体干部职工参加会议。会议传达学习阳泉市委《关于全面建设清廉阳泉的实施方案》文件精神，安排部署阳泉支队及所辖各大队“清廉机关”建设，动员支队各级党员领导干部大力弘扬自我革命精神，推动全面从严治党乘势而上、再接再厉，为阳泉高速公路综合行政执法高质量发展提供坚强政治和纪律保障。

同日 阳泉支队召开交通运输安全生产会议暨安委会第二次会议，会议学习习近平总书记重要指示和李克强总理等中央领导批示精神，传达全国安全生产电视电话会议精神，交通运输部、交通运输厅及省总队安委会第二次会议精神，对近期安全生产工作做出安排。

4月8日 阳泉支队党委组织机关全体、各大队负责人在支队五楼会议室集中观看《零容忍——打虎拍蝇》《零容忍——惩前毖后》两部警示教育片，进一步促进支队干部职工筑牢思想道德防线，提高拒腐防变能力。

4月28日 阳泉支队举办行政执法文书发放暨执法文书规范使用培训会，支队业务科室及各大队分管领导、文书专管员参加会议。

4月29日 为切实巩固拓展纪律作风整顿、“清廉机关”建设成效，进一步严明作风纪律，阳泉支队召开廉政警示教育大会，会议由党委书记、支队长范文生主持，机关全体参加会议。

5月6日 阳泉支队党委召开正科级干部任前集体谈话和廉政谈话会。省总队人事教育处干部牛婷婷出席谈话会，阳泉支队党委书记、支队长范文生为新任职正科级干部作集体谈话和廉政谈话。

同日 阳泉支队组织召开正科级干部任职大会。省总队人事教育处干部牛婷婷出席会议，支队机关全体、基层大队副科级以上干部参加会议。会上，省总队人事教育处干部牛婷婷宣读省总队党委《关于尚迎锋等人职务任免的通知》。阳泉支队三大队大队长李志恒代表新任职干部作表态发言。党委书记、支队长范文生出席并讲话。

同日 阳泉支队组织召开学习贯彻习近平总书记重要指示和李克强总理重要批示，切实做好交通运输安全生产工作会议，深刻汲取“4·29”湖南长沙自建房倒塌事故教训，对安全生产工作进行再安排再部署。

5月10日 阳泉支队召开“路政宣传月”安排部署会。会议由党委书记、支队长范文生主持。会议根据《山西省高速公路综合行政执法总队“路政宣传月”活动实施方案》中五项重点任务，结合支队两次预备会议精神，进一步细化工作内容、明确责任分工。

5月11日 阳泉支队机关党支部开展“加强廉政警示教育、建设清廉高速执法”主题党日活动，机关全体党员、入党积极分子参加。

5月12日 阳泉支队组织开展防灾减灾培训活动，全体干部职工参加培训。培训活动特邀请阳泉市消防中心讲师刘世魁讲授，通过开展地震科普、应急避险逃生、汛期安全、消防安全、急救等方面基础知识和理论与案例相结合，对灾前如何预防、灾时如何避险、灾后如何救助的相关知识进行讲解，重点强调提高基础设施设防水平的重要性以及增强减灾能力的必要性。

同日 阳泉支队召开路政宣传月执法人员誓师大会。支队领导、机关业务科室、各大队分管领导和一线执法人员参会。党委书记、支队长范文生领誓。

5月13日 阳泉支队组织干部职工认真学习《信访工作条例》。大家认真学习信访工作指导思想、遵循原则、工作体制、信访事项的提出和受理、信访事项的办理、监督和追责等重要内容。

同日 阳泉支队党委书记、支队长范文生带队一行4人赴中建国际投资山西公司阳泉市阳五高速公路投资管理有限公司进行业务对接。双方就业务工作对接细节进行洽谈。阳五公司对阳泉支队的到来表示欢迎，并表示将全力配合阳泉支队工作，对达成共识的业务协作协议和驻勤组办公场所等事项指定专人负责解决。双方还对保通、保畅工作和防汛备汛工作进行研讨交流。

5月18日 阳泉支队组织开展以“守护公路安全、争当服务先锋”为主题的“路政宣传月”集中宣传日活动。共设置8个宣传点，共出动60人次，出动车辆13车次，印制、发放宣传彩页2600份，放置大型展板10块、悬挂横幅7条，发放扇子、杯子小礼品200份，为司乘人员送水、送餐150份，提供法律咨询服务50次，活动现场气氛热烈。

同日 阳泉支队组织部分党员干部赴大队“路政宣传月”活动现场，组织开展志愿服务活动。为服务区停靠的大货车司机们发放传单宣传高速公路安全行驶知识，赠送矿泉水、方便面、水杯等生活物资。

5月27日 阳泉支队组织召开安全生产大检查大整治大提升专项行动工作部署会，并观看《生命重于泰山——学习习近平总书记关于安全生产重要论述》专题片。

5月30日 阳泉支队召开“美好生活·民法典相伴”主题宣传活动动员会，深入贯彻省厅、省总队关于民法典宣教活动的指导精神，将民法典普法作为“八五”普法的重要内容，高度重视、精心筹划、认真组织，强调要紧紧围绕活动主题，以推进民法典学习宣传制度化、常态化为目标，压实工作责任、注重宣传实效。

6月1日 省总队副总队长郭锋一行深入阳泉支队通过调研座谈、查阅资料、实地查看等方式，对支队纪律作风整顿情况进行督导检查。

同日 省总队副总队长郭锋带队纪律作风整顿督导组人员一行，赴一大队就纪律作风整顿工作开展情况进行专项督导检查。阳泉支队支队长范文生及相关科室人员陪同检查。

6月2日 阳泉支队组织广大干部职工开展“我们的节日——端午节”包粽子活动。

6月7日 山西省交通控股集团太旧分公司东梁片区“一路三方”联勤联动工作联席会议在阳曲路产维护站会议室顺利召开，参会人员有阳泉支队执法科、二大队、高速交警一支队七大队、路网运行保障四中队、阳曲路产维护站、盂县路产维护站、路网检测中心、阳曲服务区、阳曲隧道管理站、大南山隧道管理站、东黄水收费站、东梁收费站等单位负责人，会议由山西省交通控股集团太旧分公司总经理卢永旺主持。

6月8日 阳泉支队举办支队长宣讲安全知识及法律法规活动，机关全体干部职工参加。

6月9日 阳泉支队组织开展《中华人民共和国安全生产法》和“安全生产十五条措施”宣传学习活动。

同日 在国际档案日，为普及档案知识、提升档案管理水平，阳泉支队召开“国际档案日”宣传培训会，机关相关人员参加会议。

6月10日 阳泉支队党委书记、支队长范文生宣讲并解读习近平总书记关于安全生产重要论述，教育干部职工树牢“人民至上、生命至上”发展理念，弘扬安全第一的工作精神。

6月13日至19日 在全国节能减排宣传周，6月15日为全国低碳日，其间，阳泉支队通过召开专题学习会、发放倡议书、电子屏滚动播放节能减排宣传图片等丰富多样的方式开展全国节能减排宣传周、全国低碳日宣传活动。

6月14日 阳泉支队党委书记、支队长范文生一行三人赴盂县上社镇中社村调研脱贫成果，巩固同乡村振兴衔接工作。上社镇镇长张海涛、中社村主任崔建旺陪同调研。驻村工作队、村支两委、党员代表、村民代表和脱贫户代表参加座谈。

6月15日 阳泉支队开展防灾救灾避险逃生应急演练活动，机关全体干部职工积极参与。

6月16日 阳泉支队组织开展以“遵守安全生产法，当好第一责任人”为主题的“安全宣传咨询日”活动，旨在为交通从业者营造“关注安全，关爱生命”的浓厚氛围，提升社会公众交通运输安全意识。

6月17日 阳泉支队组织机关全体、大队党员、入党积极分子到“阳泉记忆·1947”文化园，开展“清廉机关 你我共建”迎七一主题党日活动。

6月22日 阳泉支队召开安委会第三次全体会议暨推进交通运输安全生产大检查大整治大提升专项行动会，会议传达学习习近平总书记在四川考察期间重要讲话精神和交通运输部部务会、交通运输厅安委会第三次会议精神，对近期安全生产各项工作进行部署。

6月25日 阳泉支队组织业务骨干和阳泉市交通运输综合行政执法队人员共25名，参加省交通运输综合行政执法局组织的交通运输行政执法业务公开课(第一讲)。

6月29日 阳泉支队举行"喜迎中共二十大，奋进新征程"庆"七一"专题党课。党课由党委书记、支队长范文生主讲，机关全体党员、各大队党支部负责人参加学习。

7月8日 阳泉支队组织党员集体参观"弘扬清风正气、共建清廉阳泉"艺术作品展，接受清廉文化教育的熏陶和思想的洗礼。

同日 阳泉支队组织开展为基层大队一线执法人员送清凉活动。阳泉支队为他们送去清凉和关怀，为各大队一线执法人员下发防暑用品、防暑降温应急包。

7月18日 阳泉支队召开安委会第四次全体(扩大)会议，贯彻落实省政府、省交通运输厅安全生产工作会议精神，总结上半年安全生产工作，分析研判形势，并安排部署下一阶段高速公路交通运输综合行政执法安全生产重点工作。

8月1日 阳泉支队组织召开庆祝"八一"建军节座谈会，传达省厅党组关于对退役军人的《慰问信》。退役军人结合个人实际，就如何发扬部队优良传统作风、立足本职岗位实现新作为进行发言。支队领导对退役军人表示节日慰问，对他们在各自岗位上依然意志刚强、作风过硬，出色完成各项工作，做出优异成绩表示肯定。

8月8日 阳泉支队机关召开专题会议，传达贯彻全省贯彻落实中央八项规定精神专题警示教育大会精神。会议通报太原市晋源区委副书记、区长杨某忠等人严重违反中央八项规定精神违规吃喝被查处案例。会议传达全省贯彻落实中央八项规定精神专题警示教育大会精神、省总队传达全省贯彻落实中央八项规定精神专题警示教育大会精神视频会精神。

同日 阳泉支队召开上半年工作会议。会议由党委书记、支队长范文生主持。机关全体、基层各大队负责人参加会议。会议传达省总队上半年工作汇报会、上半年全面从严治党主体责任落实情况汇报会精神。各大队对上半年工作进行汇报交流。党委书记、支队长范文生做点评，并全面总结上半年阳泉支队各项工作，安排部署下半年重点工作任务，动员全支队干部职工求真务实、真抓实干，继续加压奋进，奋力打造安全畅通舒适高速公路路网及高效执法队伍，当好"交通强国""交通强省"建设开路先锋。

8月11日 阳泉支队组织开展"喜迎中共二十大，热血践初心"无偿献血活动。支队符合献血要求的职工进行无偿献血，为社会奉献上一份爱心。

8月12日 阳泉支队开展创建无烟单位培训会，机关全体工作人员参加培训。

8月16日 省总队指挥中心一行5人对阳泉支队网络安全进行巡检。巡检通过听取汇报、实地查看的方式进行，对网络安全责任落实情况，网络安全应急预案、机房核心网络设备、安全设备、应用系统、外包运维服务、协同办公系统、上网管理设备、网络安全保护措施、自查整改工作等方面进行全面检查，最后还对消防设施设备进行检查。

8月22日 为进一步推进文明城市创建工作及落实相关工作任务及安排，阳泉支队组织志愿者下沉分配的路段开展垃圾清理工作。

8月24日 第六个"全国残疾预防日"，为加强残疾预防宣传教育，增强全社会残疾预防意识，阳泉支队开展系列残疾预防日宣传教育活动，活动以"普及残疾预防知识，建设健康中国"为主题。

9月1日 阳泉支队召开高速公路治超督导调研工作部署会，党委书记、支队长范文生主持会议，支队领导、各大队、各科室负责人参加会议。会议传达省交通运输厅《关于调研推进全省高速公路治超工作的通知》、省总队《关于开展全省高速公路治超监督督导调研的通知》文件精神，研究制订阳泉支队开展高速公路治超督导调研工作实施方案。

同日 阳泉支队组织开展中秋节廉政教育提醒谈话会。会议由党委书记、支队长范文生主持，支队领导、支队各科、各大队主要负责人参加会议。会议集中学习习近平总书记关于严明党的纪律和规矩的重要论述、中央八项规定精神负面清单,通报省纪委监委中秋节前公开曝光的5起违反中央八项规定精神典型问题。

9月2日 阳泉支队党委书记、支队长范文生,副支队长牛婷婷一行深入盂县上社镇中社村就乡村振兴驻村帮扶工作进行走访调研。驻村第一书记、中社村支部书记等陪同调研。

9月28日 阳泉支队召开国庆节期间党风廉政警示教育专题会议,对党员领导干部、执法人员开展节前廉政警示教育。会议通报省纪委监委筛选曝光的省管企业、省管金融机构和省级及以上开发区“四风”突出问题专项整治中查处的5起违反中央八项规定精神典型问题。

同日 根据省总队关于转发省厅《关于印发〈交通运输综合执法检查反馈问题整改工作方案〉的通知》通知,阳泉支队组织全体职工召开习近平法治思想座谈讨论会,深入学习习近平法治思想并进行答题测试。

同日 阳泉支队为表达对退休老干部的关心和爱护,副支队长牛婷婷带领相关部门走访慰问退休老干部,为他们送去关怀和温暖,送去学习书籍和慰问品,向他们致以节日问候。

9月29日 省总队督导组一行在阳泉支队副支队长牛婷婷、法制科科长刘志明陪同下到阳泉支队二大队调研指导工作。调研期间,省总队督导组实地查看外勤组建设、队伍管理、车辆装备、办公室设置情况,认真听取二大队大队长工作汇报。同时,督导组就二大队外勤组目前遇到的困难等相关情况进行调研,仔细查阅二大队路面巡查的巡查记录、服务区日常检查、安全隐患排查等相关资料,对巡查记录方面给予肯定,并提出相关合理化建议。

9月30日 阳泉支队开展“强国复兴有我”知识竞赛活动。通过知识竞赛活动,引导大家关心国家大事,养成坚持学习良好习惯。

同日 阳泉支队召开近期工作部署会,会议由支队长范文生主持,支队领导、各科室、各大队负责人参加会议。会议传达交通运输部安委会第四次全体会议暨全国交通运输安全生产视频会精神、全省交通运输系统近期有关工作安排部署会精神、全省高速公路执法系统近期有关工作安排部署会精神。党委书记、支队长范文生对阳泉支队近期相关工作进行安排部署。

10月1日 阳泉支队党委书记、支队长范文生深入基层大队慰问一线执法人员,对高速公路执法工作进行督导检查。向节日期间坚守工作岗位的值班、值守、执勤人员致以诚挚问候。对大家积极贯彻省厅、省总队、支队国庆期间安排部署,不怕困难坚守工作岗位,全力以赴保障高速公路安全畅通所付出的辛苦和努力表示感谢。

10月14日 阳泉支队机关党支部组织开展主题党日活动,组织全体党员集体学习《中国共产党第十九届中央委员会第七次全体会议公报》《中国共产党第十九届中央纪律检查委员会第七次全体会议公报》,观看由外交部党委委员、副部长谢锋主讲的以“学习贯彻习近平外交思想 推进中国特色大国外交”为题的“党课开讲啦”,并进行热烈深入讨论。

10月16日 阳泉支队组织干部职工集中收看中共二十大开幕盛况,认真聆听习近平同志代表第十九届中央委员会向大会作的报告。大家纷纷表示,要认真学习、深刻领会报告精神,用党的最新思想、最新理论武装头脑、指导实践、推动工作。

10月19日 阳泉支队机关党支部组织全体党员召开专题学习会,对中共二十大报告进行进一步的学习领会。传达学习习近平总书记在参加中共二十大广西代表团讨论时重要讲话精神。

10月20日 阳泉支队以腾讯会议方式举办交通运输行政执法业务公开课(第四讲),省政府总值班室主任杨继恺以“值班关乎全局,责任重于泰山”为题授课,支队领导班子、各大队及机关相关人员参加培训。杨继恺结合多年实践经验,传达值班工作总体要求,从提高政治站位、充分认识值班工作的重要性,并就政策文件解读、明确值班重点要求、加强领导干部值班值守、梳理应急处置流程、如何做好信息报告工作进行强调和工作提醒。

10月28日 阳泉支队党委召开理论学习中心

组专题(扩大)会议,深入学习中共二十大和二十届一中全会、党章修正案及10月25日中央政治局会议精神。党委书记、支队长范文生主持会议,部署安排阳泉支队学习宣传贯彻工作。班子成员,各科室、各大队负责人参加会议。

同日 阳泉支队工会在三楼会议室组织全体干部职工进行募捐活动。各大队在各自办公地点举行捐款活动。

11月2日 阳泉支队组织开展学习贯彻《山西省高速公路危险货物运输车辆通行与服务区停放安全管理办法》活动,机关全体干部职工参加。

同日 阳泉支队组织集体学习《中共中央关于认真学习宣传贯彻中共二十大精神的决定》,支队班子成员、机关干部职工参加学习。

11月10日 阳泉支队召开第六次安委会会议。会议贯彻落实中共二十大精神、省安委会、省厅有关部署,传达省交通运输厅第六次安委会会议内容。副支队长张晓阳主持会议并讲话,会上传达省厅第六次安委会暨“两个行动”推进视频会议精神和通报前三季度安全生产情况。

同日 阳泉支队召开执法业务工作会议。会议贯彻落实中共二十大精神,围绕业务工作中遇到的实际问题,研判当前形势,作出全局的部署。支队领导、各大队负责人、业务科室相关人员参加会议。副支队长张晓阳主持会议并讲话。

11月11日 阳泉支队党委召开第一次党员大会,选举产生第一届党委委员。会议由副支队长张晓阳主持,阳泉市直机关工委副书记王瑞萍到会场指导并做重要讲话。大会选举产生第一届中共山西省高速公路综合行政执法总队阳泉支队委员会委员:范文生、张晓阳、牛婷婷。

11月15日 阳泉支队在太旧分公司召开业务协作联席会议,阳泉支队班子成员、执法科和相关大队负责人,太旧分公司班子相关成员和相关部门负责人参加会议。

11月15日至16日 阳泉支队副支队长张晓阳、执法科科长郝廷平两天两次深入阳泉支队二大队队部和外勤组调研指导工作。

11月16日 阳泉支队开展以“抓消防安全,保高质量发展”为主题的消防培训。此次培训邀请阳光众安消防金牌讲师刘世魁进行授课。

11月17日 阳泉支队副支队长张晓阳对三大队辖区河底收费站、郊区路产维护站、西南舁隧道管理站三家运营单位进行实地调研,并重点就三大队自4月26日与各运营单位签订协作机制以来“路企”双方协作情况,与相关负责人进行座谈。阳泉支队执法科科长郝廷平、三大队大队长李志恒等陪同调研。

11月29日至30日 阳泉支队组织在岗完成轮训学时任务的执法人员开展线上测试工作。

12月9日 阳泉支队开展宪法宣誓活动。全体干部职工精神饱满,右手握拳高举过肩,由支队长范文生领誓,面对国旗庄严宣誓。一句句铿锵有力的誓言,体现高速公路执法人员维护宪法权威、履行法定职责的态度和决心,宣誓活动氛围庄严而神圣。

12月12日 阳泉支队组织领导班子成员、各大队和机关业务骨干,参加省总队组织的交通运输行政执法业务公开课(第五讲)。

12月13日 阳泉支队副支队长张晓阳带领业务科室工作人员一行3人深入阳泉支队一大队外勤组,对综合执法业务工作及目标责任完成情况进行督导调研。

(资料提供:张 鑫)

山西省高速公路综合行政执法总队长治支队大事记

1月3日 山西省高速公路综合行政执法总队(以下简称省总队)副总队长渠刚一行在山西省高速公路综合行政执法总队长治支队(以下简称长治支队)支队长王京会陪同下,深入长治支队机关、三大队和五大队调研指导工作,要求加强执法大队基础设施建设,推进各项工作有序开展。

1月11日至12日 长治支队组织开展第一期执法业务培训班。支队机关和各执法大队共35名业务骨干参加培训。培训内容包括执法风纪规范、《中华人民共和国行政处罚法》解读、交通运输行政执法操作指南、案件制作及执法文书填写规范等五个方面,培训取得明显成效。

1月17日 长治支队召开“党史学习教育专题民主生活会”专题学习会,研究部署相关工作。

1月23日至25日 长治支队认真落实省厅、省总队《关于开展元旦春节期间“送温暖”活动的通知》精神,由支队长王京会带队,深入退休老干部郭子瑜、王秋成、路春明和困难职工家中慰问,送去总队党委慰问信、慰问金和慰问品,让他们感受到组织的关怀和温暖。

1月26日 国家法律职业资格考试成绩公布,长治支队职工王晓、郝智敏成绩合格,取得国家法律职业资格。

1月27日 长治支队召开执法领域突出问题专项自查动员会议,传达贯彻省总队会议精神,就相关工作进行安排部署。支队领导班子成员、各执法大队大队长和机关科室负责人参加会议。

1月29日 长治支队召开2021年度领导班子民主生活会。省总队副总队长郭锋到会指导,支队班子成员参会,机关科室负责人列席会议。会议通报上年度民主生活会发现问题的整改落实情况,支队长王京会代表班子作对照检查,从“五个带头”等方面查摆存在的问题,深挖思想根源,提出整改措施并进行自我剖析,班子其他成员结合分管工作进行个人对照检查,开展相互批评。

1月30日 长治支队召开专题会议,传达贯彻省总队高速公路综合行政执法业务协作对接会议精神,集体学习省交通运输厅与省交控集团联合下发的《高速公路综合行政执法工作联席会议纪要》《关于印发高速公路综合行政执法机构和高速公路经营企业业务协作方案的通知》、省总队和山西交控集团联合下发的《关于印发高速公路综合行政执法机构和高速公路经营企业对接工作方案的通知》。会议就落实省厅、省总队相关会议和文件精神提出三点要求:一是提高政治站位,加快落实会议精神,积极做好各项业务对接工作;二是增强大局意识,强化责任意识,积极谋划和推进业务协作对接工作;三是细化业务对接内容,优化工作协作机制,积极做好业务对接各项准备工作,为实现全面上路执法目标奠定坚实基础。

2月8日 长治支队召开会议,传达贯彻全省交通运输工作会议精神,并就高速公路综合行政执法业务对接、安全生产等项工作进行安排部署。会议由支队党委书记、支队长王京会主持。

2月15日 长治支队党委召开中心组(扩大)学习会,集中学习习近平总书记在山西省考察调研慰问基层干部群众重要指示精神。会议要求各执法大队、支队机关各科室迅速将总书记的重要指示精神传达贯彻到每位党员干部和职工,统一思想,鼓舞斗志,推进各项工作高质量发展。

2月24日 省总队第一督导组科长连建宏一行3人深入长治支队就运政执法工作开展专项督导。长治支队副队长申旭雅等人列席督导会议，就运政执法工作开展业务交流。

2月25日 长治支队四大队在长治高速公路公司路网运行保障大队三中队驻地举行外勤组揭牌仪式。

2月 长治支队被省总队评为2021年度目标责任考核优秀单位。

3月1日 长治支队一大队、二大队、三大队、五大队外勤组同日举行揭牌仪式。支队领导王京会、王保川、李斌和长治高速公路公司、太长高速公路公司路网保障运行大队相关负责人分别参加各大队外勤组挂牌仪式。

3月3日 长治支队与长治高速公路管理有限公司联合召开高速公路综合行政执法业务协作推进会。支队党委书记、支队长王京会，副支队长王保川、李斌，长治高速公司副总经理王军出席会议。双方就修改完善《业务协作联席会议制度》讨论交流并达成共识。支队所属各执法大队、机关各科室负责人和长治高速公司路网保障大队、各中队负责人参加会议。

3月4日 长治支队所属五个执法大队分别召开轮班值守执勤动员部署会议，就深入各大队外勤点值班执勤与路网保障运行大队各中队联合巡查、跟班作业、建立工作台账等事项进行部署，提出“领导带头、轮班代训、尽快适岗”的要求。会后，各大队向执法人员颁发全省统一的行政执法证件。

3月22日 长治支队机关党支部召开2021年度组织生活会暨民主评议党员会。会上，集体学习中共十九届六中全会精神和省第十二次党代会精神等规定学习内容，机关党支部书记薛庆飞向大会做2021年度支部工作报告，对机关党支部全体党员进行民主测评。支队领导班子成员以普通党员身份参加机关支部及所在党小组的组织生活会。

3月25日 长治支队召开2022年度高速公路综合行政执法工作会议，全面总结2021年度工作，安排部署2022年度重点工作。会议确定2022年度工作的总体思路是：以习近平新时代中国特色社会主义思想为指导，全面贯彻党的十九大和十九届历次全会精神，深入学习贯彻习近平总书记考察调研山西重要指示精神，全面落实省第十二次党代会、省委经济工作会议、省委十二届三次全会和推进交通强省建设动员大会精神及全省交通运输工作会议和全省高速公路综合行政执法工作会议精神，以全面履行高速公路综合行政执法职能为主线（一条主线），以全方位推动各项工作高质量发展为目标要求（一个目标），不断提升“党建、制度、队伍、安全”保障能力（四个保障），聚焦执法主业，突出“六个强化”，统筹推进各项工作，奋力开创长治高速公路综合行政执法工作新局面，以优异成绩迎接中共二十大胜利召开。

同日 长治支队召开2022年党建和党风廉政建设工作会议。总结2021年党建和党风廉政建设工作，部署2022年工作任务。会议要求重点做好四个方面工作：一是抓牢政治建设这个统领，在自觉践行“两个维护”中提升站位、强化忠诚，推动党员干部不断增强“四个意识”，坚决做到“两个维护”；二是抓深理论武装这个根基，在学懂弄通做实上当示范、作表率，努力使学习过程成为凝聚共同意志、指引共同行动、引领改革发展新实践的过程；三是抓实组织力提升这个重点，不断加强基层党组织建设，推动基层党组织全面进步、全面过硬；四是抓严正风肃纪这个关键，按照中央和省委、市委要求，以永远在路上的韧劲和执着，推动全面从严治党向纵深发展。

3月31日 长治支队召开纪律作风整顿工作任务分析研判会。会议通报支队领导班子“回头看”梳理汇总的问题，经过分析研判重新归纳未整改到位的5个方面15个问题。会议要求各大队、各科室结合实际列出问题清单，找准问题症结，积极整改到位，确保全部“销号清零”。

4月7日 长治支队机关党支部开展纪律作风整顿警示教育主题党日活动。集中学习《山西日报》3月27日刊登的文章《努力打造持久风清气正的清廉山西》。支队党委书记、支队长王京会传达厅党组对干部违纪情况的通报和长治市对11名干部因森林防火工作落实不力被免职停职的通报。通过此次警示教育主题党日活动,进一步增强机关党员干部遵守党纪法规、转变工作作风、忠诚履职担当的自觉性。

4月21日 长治支队党委举行中心组(扩大)学习会,集中学习习近平总书记在海南考察时发表的重要讲话、习近平总书记关于国家安全的重要论述、《人民日报》理论文章《深刻认识中国特色国家安全道路》、总队转发的《关于贯彻落实习近平总书记重要指示精神切实加强交通运输安全生产工作的通知》、《山西省规范行政执法裁量权办法》。党委书记、支队长王京会主持会议,支队领导班子成员、各大队和机关各科室负责人参加会议。会议要求干部职工进一步学习贯彻习近平总书记重要讲话精神,提高政治站位,增强国家安全意识,统筹推进保通保畅、纪律作风整顿、党风廉政建设宣传月等项工作。

4月26日至27日 长治支队举办执法文书规范使用培训班。支队机关业务科室和各大队业务骨干35人参加培训。培训主要内容包括涉及高速公路综合执法的各种文书的规范填写、准确判定违法事项、精准适用法律条款、案卷制作和相关注意事项。培训期间,还学习省总队《关于做好高速公路路面执法安全工作的通知》。通过此次培训,进一步提高一线执法人员的执法水平。

5月6日 长治支队召开干部大会。支队党委书记、支队长王京会受总队党委委托对新任职干部进行任前集体谈话和廉政谈话。省总队人事教育处干部于良宣布总队党委对支队机关各科室科长和五个执法大队大队长的任命决定。

5月17日 长治支队组织开展安全生产和安全稳定风险隐患排查整治专项督导行动。督导行动中,支队领导王京会、王保川、李斌分别带领相关科室工作人员对支队机关和各大队工作开展专项督导。督导组在肯定各单位工作基础上,对下一步工作提出要求。

5月18日 长治支队组织所属五个执法大队在辖区高速公路综合收费站广场和服务区开展以“保畅通、保运输、保稳定”为核心,以“守护公路安全、争当服务先锋”为主题的“路政宣传月”集中宣传活动。各大队按照支队统一部署,在收费站广场、服务区和治超检测点设置宣传台、宣传展板,悬挂宣传标语,开展现场咨询活动。当日,共计出动宣传车辆20车次,出动执法人员100余人,发放宣传资料1000余份,取得良好宣传效果。后续,各大队还结合辖区实际,开展进企业、进校园、进村庄宣传活动。《中国交通报》、山西卫视、《山西法制报》、《长治日报》对宣传活动进行报道。

5月19日 长治支队与长治高速公路公司联合召开第二次业务协作联席会议。支队领导班子成员,长治高速公路公司党委书记、董事长王战兵带领领导班子成员及双方相关部门负责人参加会议。会议回顾双方第一阶段业务协作工作,就下一步深度融合,加强合作,进行深入探讨和交流,就相关具体事宜达成共识。

5月20日 长治支队组织机关干部职工集体学习《信访工作条例》。

5月24日 长治支队党委开展“党风廉政建设宣传教育月”主题党课活动。支队党委书记、支队长王京会围绕“强化政治机关建设、做好3个表率、建设清廉机关”作主题党课宣讲,就加强清廉机关建设提出4点要求:一是带头践行“两个维护”,严格遵守党章党规,带动各项纪律全面严起来;二是强化理论武装,把学习习近平新时代中国特色社会主义思想与深刻领会习近平总书记视察山西重要讲话结合起来,推动学习走深走实;三是严肃党内政治生活,认真贯彻民主集中制,推动党的组织生活会制度全面落地;四是营造良好政治生态,持续正风肃纪,驰而不息纠正“四风”。

5月27日 长治支队召开重点工作推进会,对高速公路综合执法、安全生产、维护稳定、业务培训、业务协作等项工作进行安排部署。支队党委书记、支队长王京会就推进各项重点工作提出5点要求:一是提高思想认识,强化工作纪律,全面做好高速公路综合执法工作。加大《高速公路综合行政执法事项清单》《高速公路综合行政执法业务流程》的学习，提高执法人员业务能力。二是加强组织领导，稳妥推进常态化执法巡查，做到24小时值班备勤。三是增强安全意识，落实好各项安全防范措施。四是增强责任意识，做好日常工作资料收集、报表汇总、经验总结，完善业务管理制度。五是加强组织领导，做好维护稳定工作，把各类矛盾隐患消除在萌芽状态，确保各项工作安全稳定发展。

5月31日 长治支队党委举行中心组（扩大）学习会，传达学习中共中央政治局第三十九次集体学习精神和总队党委转发的《关于认真落实党的组织生活制度进一步提升党支部工作质量的通知》。会议要求各党支部和全体党员深入学习领会习近平总书记重要讲话精神，切实把思想和行动统一到习近平总书记重要讲话和党中央决策部署上来，紧密结合高速公路综合行政执法工作实际，全方位提升党支部工作质量，为高速公路综合执法事业健康发展提供坚强的政治组织保障。

6月7日 长治支队召开专题会议，安排部署“安全生产月”活动。会上，宣布“安全生产月”活动工作方案，机关全体干部职工集中收看《中华人民共和国安全生产法》和《生命重于泰山》安全教育警示片。会议就开展好此项活动提出三点要求：一是深刻认识此次活动的重大意义，深入学习贯彻《中华人民共和国安全生产法》；二是细化责任落实，制订活动清单，做好宣传方案，完成好规定动作；三是切实做好安全生产领域专项隐患排查整治工作，做到“全覆盖”和整改到位。

6月8日 省总队副总队长渠刚一行五人深入长治支队督导纪律作风整顿工作，听取支队领导工作汇报，查阅相关资料，对支队前一阶段的工作给予充分肯定，要求支队继续深入推进纪律作风整顿，落实工作责任，严明工作纪律，加强执法队伍管理，推进突出问题整改到位。

6月14日 长治支队举办消防安全知识讲座和消防应急演练。培训教官结合具体案例，讲述日常生活中因家庭用电、燃气、使用手机不当和车辆自燃造成的火灾事故，讲解如何根据火灾的不同原因，选择正确的灭火器材和方法，以及火场逃生和应急处置方法。培训结束后，进行火场逃生、现场灭火演练。支队领导班子成员和机关全体干部参加培训和演练。

6月15日 长治支队召开综合执法重点工作推进会，就进一步贯彻落实省总队《关于切实做好当前高速公路综合行政执法重点工作的通知》进行安排部署。会议要求各执法大队深入开展执法大调研大走访宣传活动，建立完善执法台账信息，利用多种形式开展执法大练兵活动，强化交通手势和队列训练，锤炼执法队伍过硬作风。支队领导班子成员、各执法大队和机关科室负责人参加会议。

6月16日 长治支队联合高速交警、高速路网保障部门开展“安全生产月”集中宣传月活动。支队和各执法大队在辖区收费广场和服务区设置宣传咨询台、宣传展板，向过往司乘人员发放宣传资料，现场解答大家的问题。宣传活动结束后，各执法大队结合工作实际，开展安全生产宣传“进校园、进乡镇、进村庄、进社区、进企业”活动，进一步巩固宣传成果。

6月30日 省总队下发《关于表彰2022年度优秀共产党员、优秀党务工作者和先进基层党组织的决定》，支队机关获“先进基层党组织”称号，崔军杰获“优秀党务工作者”称号，高维岗、王慧敏、常毅、申建明、付强被评为“优秀共产党员”。

7月1日 长治支队组织执法人员参加总队庆祝中国共产党成立101周年活动和高速公路综合执法系统换装仪式。全体执法人员身着新式行政执法服装，在统一指令下，进行宪法宣誓，展示长治高速公路综合行政执法人员维护宪法权威，履行法定职责的坚强决心和履行新使命的坚定信念。在庆祝建党101周年活动中，聆听省总队党委书记、总队长刘清平讲授专题党课，更加坚定支队全体党员听党话、感党恩、跟党走，立足平凡岗位，续写历史新篇的信念。

同日 长治支队举行庆祝建党101周年活动。全体党员在支队党委书记、支队长王京会领誓下，重温入党誓词。会上，向老党员柳茂盛颁发“光荣在党50年”纪念章。会议要求各党支部和支队全体党员以此次活动为契机,按照全面从严治党要求,不断加强政治建设、思想建设和组织建设,以奋发有为的精神状态,开创高速公路综合行政执法事业新局面,以优异成绩迎接中共二十大胜利召开。

7月6日 省总队第三督导组对长治支队开展养护工程质量监督执法工作进行督导。督导组听取长治支队工作汇报,开展工作座谈,深入长邯高速公路东阳关主线收费广场改造路段开展现场监督执法,抽样检查护栏板17处、镀锌层厚度17个采样点、路面平整度采样10处。之后,督导组在左黎高速路产维护站召开现场对接会,对施工项目资料进行抽查,向相关单位反馈检查情况,明确高速公路养护工程质量监督执法范围、内容及要求。

7月7日 长治支队党委组织开展“喜迎中共二十大、奋进新征程”专题党课活动。支队党委书记、支队长王京会以“坚决捍卫‘两个确立’,推动新时代行政执法工作高质量发展”为主题,从准确把握“两个确立”的内涵要求、重大意义和用实际行动捍卫“两个确立”三个方面进行讲解,要求支队全体党员把坚定捍卫“两个确立”落实到具体行动中,转化为增强“四个意识”、坚定“四个自信”、做到“两个维护”的政治自觉,转化为加强能力作风建设,切实做好本职工作的实际行动。

7月11日 长治支队拍摄的“路政宣传小视频”被省总队评为二等奖。

7月12日 省总队执法二处一行四人深入长治支队一大队辖区长治服务区,现场指导运政执法工作。

7月19日至21日 长治支队组织开展支队领导深入基层宣讲“喜迎中共二十大、奋进新征程”主题党课和关爱职工“送清凉”活动。支队领导带领相关科室负责人分赴五个执法大队慰问奋战在高速公路综合行政执法一线的工作人员,开展以“喜迎中共二十大、奋进新征程”主题党课宣讲活动。

7月26日 长治支队组织机关全体干部职工集中学习省总队《关于进一步加强高速公路综合行政执法人员风纪规范的实施细则》《关于规范综合行政执法制式服装着装事宜的通知》,就加强执法人员风纪和规范着装提出要求:一是提高思想认识,认真贯彻执行制式服装着装规定,展示执法队伍良好形象;二是增强责任意识,严格执行执法风纪标准,做到仪容举止端庄,执法文明规范;三是增强纪律观念,努力锤炼一支纪律严明的高速公路综合行政执法队伍。

8月4日 长治支队召开专题会议,传达贯彻省总队上半年工作会议和全面从严治党主体责任落实情况汇报会精神。会议就如何落实省总队会议精神提出要求。

8月8日 长治支队召开干部大会,宣布厅党组对支队主要领导和两名副职领导的任命决定。省总队党委书记、总队长刘清平,省厅人事处副处长张永辉,省总队办公室杨志强出席会议。会上,张永辉宣布厅党组对长治支队主要领导和两名副职领导的任职决定:谢小兵任长治支队党委书记、支队长,崔军杰和于良任副支队长。

刘清平在讲话中,对长治支队新领导班子和新任职领导提出3点希望。一是提高政治站位,强化理论武装,不折不扣贯彻执行厅党组和总队党委的各项决策部署,重视领导班子建设,维护班子团结,凝聚发展合力,共同开创长治支队工作的新局面。二是聚焦目标任务,加快推动发展。新班子要明确任务清单,压紧压实责任,通过清单化目标化工作方法,着力完善与有关部门的协作机制,加快推进党委选举等各项重点工作,不断开创执法事业新局面。三是强化履职担当,严守纪律规矩,推进改革发展。支队领导班子要充分发挥把方向、管大局、做决策、抓班子、带队伍、保落实的作用,锻造一流执法队伍,打造一流工作作风,创造一流工作业绩。要坚决贯彻落实中央八项规定精神,为清廉高速执法建设做好表率,当好示范,奋力开创长治高速公路综合行政执法事业高质量发展的新局面,以优异成绩迎接中共二十大胜利召开。

8月9日 长治支队职工侯敏在全省交通运输系统“喜迎中共二十大·奋进新征程”演讲比赛中获三等奖。

8月15日至20日 长治支队选派执法人员配合省总队检查组对黎霍高速公路开展为期一周的工程质量安全监督执法检查。检查中，长治支队执法人员虚心学习，初步掌握监督检查流程和工程质量监督执法文书制作等知识，为下一步独立开展工程质量监督执法积累经验。

8月16日 长治支队召开专题会议，传达贯彻省交通运输厅防汛紧急调度会议精神和相关文件，对防汛工作进行再部署。

8月17日 长治支队党委书记、支队长谢小兵带领支队领导班子成员和相关科室负责人赴长治高速公路公司进行业务对接和工作座谈。长治高速公路公司党委书记、董事长王战兵，党委副书记、副董事长、总经理赵功及班子成员参加座谈。双方就进一步加强业务协作，建立深度互信、共谋发展的长效联动联勤机制交换意见，形成双方互信、密切协作、共同推进辖区高速公路管理工作高质量发展的共识，表示要进一步完善相关制度和机制建设，全方位推动协同配合工作不断迈上新台阶。

8月18日 长治支队领导班子和机关全体干部职工集中学习《习近平法治思想学习纲要》，以进一步增强干部职工法治思维和依法行政意识，全方位推动高速公路综合行政执法工作高质量发展。党委书记、支队长谢小兵就学习贯彻《习近平法治思想学习纲要》提出3点要求：一是支队领导班子和各级领导干部要带头学习，带头尊法学法用法守法，增强法治思维；二是在全支队营造浓厚的学习氛围，提高执法队伍履职能力；三是牢固树立执法为民和依法行政理念，做到严格规范公正文明执法，树立良好执法形象。

8月30日 长治支队党委书记、支队长谢小兵，副支队长李斌、崔军杰、于良一行深入长治支队一大队调研督导，要求突出党建引领，聚焦执法主业，完善规章制度，加快推进"四基四化"建设，为各项重点工作任务完成提供良好保障。

9月3日 长治支队安全生产委员会召开第四次会议，传达贯彻省委和省厅安全度汛及物流保通保畅视频调度会议精神，安排部署相关工作。支队党委书记、支队长谢小兵就落实相关会议精神提出三点要求。

同日 长治支队召开执法形象提升及业务工作推进会，就执法形象提升行动和高速公路综合行政执法工作进行再部署。会上，副支队长李斌宣读执法形象提升行动实施方案，对执法形象提升行动进行任务分解。同时，对"四基四化"建设和近期高速公路综合行政执法业务工作进行部署。支队党委书记、支队长谢小兵就提升执法形象和进一步推进业务工作提出要求：一是充分认识执法形象提升行动的重要性和紧迫性，加强组织领导，采取有力措施，内强素质，外树形象；二是进一步加强思想教育和执法培训工作，通过持续的执法业务培训，提高执法队伍的综合执法素质；三是聚焦主责主业，以案件办理为抓手，统筹推进执法形象提升和执法业务工作，以素质形象提升推进业务工作实现质的突破。

同日 长治支队召开党风廉政警示会，安排部署中秋、国庆两节期间的党风廉政工作。会上，副支队长于良传达《山西省纪委监委公开曝光的5起违反中央八项规定精神典型问题》。支队党委书记、支队长谢小兵要求各大队迅速传达会议精神，组织干部职工学习相关文件，强化以案示警、以案明纪；各级党员领导干部始终严守政治纪律和政治规矩，积极做好清廉高速执法建设各项工作，坚定不移把管党治党作为最根本的职责立起来，持续强化正风肃纪，确保全支队不出现违反中央八项规定精神的问题，不断巩固风清气正的良好政治生态，以实际行动迎接中共二十大胜利召开。

9月12日 在长治支队主要领导直接指挥下，支队执法科、法制科指导长治支队五大队顺利办结两起违法涉路施工案件，实现支队案件办理零的突破。

9月20日 长治支队召开会议，安排部署国庆期间安全生产工作。

同日 长治支队召开会议，安排部署国庆期间落实中央八项规定精神，严格纪律作风建设有关工作。

9月22日 长治支队召开"重阳节老干部座谈会"。支队领导班子全体成员与30余名老干部欢聚一堂,增进工作友谊,畅谈事业发展。党委书记、支队长谢小兵代表支队党委向老干部们致以节日的问候和祝福,并介绍支队挂牌组建、内设机构、下设大队和高速公路综合行政执法新职能等情况,通报支队组建以来加强党建工作、执法队伍建设、稳步推进高速公路综合行政执法工作和党员大会筹备等工作情况。会后,支队领导向全体与会老干部发放体检卡和节日慰问品。支队党委书记、支队长谢小兵,副支队长崔军杰等还到因身体原因不能到会的老领导郭子瑜家中进行看望和慰问。

9月30日 长治支队召开会议,安排部署安全生产、信访和养护工程安全监督执法专项行动等工作。会上,传达贯彻省总队、省交通运输厅近期召开的安全生产委员会会议、高速公路养护工程安全监督行动部署会和近期工作安排三个会议精神,宣读支队开展高速公路养护工程安全监督专项行动方案。

10月16日 长治支队组织支队机关和各执法大队干部职工集中收看中共二十大开幕会实况,要求支队全体干部职工迅速掀起学习贯彻中共二十大精神热潮,切实增强政治责任感和历史使命感,把思想和行动统一到党中央决策部署上来,全方位推进各项工作高质量发展。

10月20日 长治支队召开党员大会,选举产生第一届委员会。长治市直工委常务副书记毛晨霞到大会指导并讲话。长治支队全体在职和退休党员参加大会。会上,谢小兵代表筹备委员会作筹备工作报告。会议表决通过党委候选人预备人选名单、选举办法(草案)及总监票人、监票人、计票人名单。大会严格按照选举的有关规定和程序,以无记名投票、差额选举的方式,选举产生谢小兵、王保川、李斌、崔军杰、于良5名党委委员。

10月27日 长治支队举办第三期执法业务培训班。培训为期三天,培训包括执法程序规范、案卷制作流程、高速公路赔(补)偿现场勘验图绘制、案例分析和执法难点问题研讨等方面内容。支队业务科室、各执法大队业务骨干参加培训。

10月31日 为进一步提高高速公路综合行政执法工作质量,长治支队将涉及高速公路综合行政执法的文书全部电子化,制订规范填写模板并下发至各大队,有效规范执法人员的执法行为、执法办案流程和案卷制作标准。

11月1日 长治支队机关召开专题学习会,组织机关干部职工集中学习中共二十大报告,就持续推进中共二十大精神学习贯彻活动进行安排部署。

11月3日 长治支队与长治高速公司、太长高速公司联合召开业务协作会议。会上,传达省总队和山西交控集团有限公司联合召开的业务协作会议精神,通报长治支队查办的8起行政处罚案件和高速公路综合行政执法工作中存在的若干问题,就高速公路路产损坏赔补偿业务流程、养护工程计划信息共享等问题进行交流。会议要求,深入学习贯彻落实省总队、省交控集团会议精神,完善制度机制建设,促进业务协作工作深度融合,提升辖区高速公路管理水平。

11月9日 长治支队举办消防安全培训和应急演练。培训邀请长治社安消防中心专业人士现场授课,结合近年高层建筑、电气火灾案例,讲解消防基础知识、火场逃生技巧、消防器材使用,以及心肺复苏和海姆立克急救法操作流程。培训结束后,参训人员在浓烟滚滚的模拟舱中进行逃生应急演练。

11月15日 长治支队领导班子成员、各科室负责人和业务骨干到长治市中级人民法院旁听一起非法吸收公众存款罪审理案件。

11月24日 长治支队党委书记、支队长与支队领导班子成员进行集体廉政谈话,要求班子成员不断增强廉洁从政意识,严守政治纪律和规矩,牢固树立法纪意识,落实全面从严治党主体责任,履行好"一岗双责",共同推进支队各项工作健康发展。

11月25日 长治支队领导班子成员带领各大队大队长、机关各科室负责人赴潞州区南石槽村山西省第五区行政督察专员公署(刘伯承工厂)旧址,开展"传承红色基因·学习中共二十大精神"主题党日活动。

11月 长治支队在省总队举办的"喜迎中共二

十大 清廉伴我行”书画摄影展活动中获“优秀组织奖”，支队法制科科长白海涛获“优秀作品奖”。

12月6日 长治支队启动“宪法宣传周”系列活动。支队党委书记、支队长谢小兵为机关全体职工做题为“学习宣传中共二十大精神，推动全面贯彻落实”专题宣讲。之后，机关全体职工进行宪法宣誓和宪法知识测试。当日，长治支队各大队也分别举行学习宪法、宪法宣誓、主题党日和宪法宣传咨询活动。

12月16日 长治支队制作完成《高速公路综合行政执法人员行政执法规范演示片》并下发至各执法大队。演示片从着装规范、单兵装备使用、执法上岗准备、执法巡查、车辆停放、执法记录仪使用、特殊情况处置、执法记录移交8个方面，模拟真实场景逐一进行演练，为规范支队执法人员的执法行为起到积极示范作用。

（资料提供：韩建华）

山西省高速公路综合行政执法总队晋城支队大事记

1月28日 晋城支队召开高速公路综合行政执法领域突出问题专项自查动员部署会。

2月10日 晋城支队召开第一次辖区业务协作联席会议。

2月23日 晋城支队进行运政执法实操演练。

3月15日 晋城支队召开辖区高速公路服务区打击非法倒运货物、短途接驳行为部署会议。

3月29日 晋城支队机关党支部召开组织生活会暨民主评议党员会议；会后并举行“3·28”社会捐助活动，全体职工参加。

3月30日 晋城支队对晋阳高速公路改扩建工程安全“百日攻坚”落实情况进行检查。

4月8日 晋城支队机关保密工作会议及观看保密警示教育宣传片，支队机关全体人员、各大队负责人集中观看并写观后感。

4月21日 全省公路保通保畅督导工作（晋城）座谈会召开。

4月22日 晋城公路保通保畅工作督导组全力做好货运物流保通保畅督导工作。

5月7日 晋城支队举行正科级干部任前集体谈话和廉政谈话大会、干部大会。

5月30日 晋城支队召开第二次辖区业务协作联席会议。

5月31日 晋城支队与晋城市治超办进行业务会谈。

6月7日 省总队纪律作风整顿督导组深入晋城支队进行督导检查。

6月13日 晋城支队召开综合执法业务重点工作推进会。

6月15日 厅党组巡察二组进驻晋城支队并召开动员会。

6月17日 省厅考察二组对晋城支队正处级干部推荐进行考察。

6月28日 晋城支队组织党员参观洞头廉政教育基地。

6月30日 省总队召开传达贯彻落实交通运输部执法规范化长效机制视频会议精神专题会。

7月7日 省总队养护工程执法督导组到晋城支队开展高速公路养护工程监督执法工作督导。

7月14日 省总队到晋城开展道路危险货物

运输专项整治督导检查工作。

7月19日 晋城支队新一届党支部委员会召开第一次会议。

8月4日 晋城支队召开上半年工作汇报会。

8月8日 晋城支队召开干部大会并宣布元军鹏、李斌为副支队长。

9月5日 晋城支队开展行政执法工作督导检查。

9月6日 晋城支队拉开辖区高速公路治超督导调研工作序幕。

9月28日 晋城支队召开第三次辖区业务协作联席会议和辖区高速公路养护工程安全监督执法专项行动动员会。

10月19日 晋城支队开展高速公路养护工程安全监督执法专项行动。

10月20日 晋城市直工委派人旁听晋城支队党委理论学习中心组学习会议。

10月28日 中共山西省高速公路综合行政执法总队晋城支队委员会召开党员大会，出席大会有选举权的党员应到68人，实到62人，因事、因病请假6人，会上选举产生晋城支队第一届委员会。

12月2日 晋城支队开展打击高速公路服务区违规甩客行为专项行动。

12月12日 晋城支队召开第四次辖区业务协作联席会议。

（资料提供：丁 亮）

山西省高速公路综合行政执法总队临汾支队大事记

2月28日至3月1日 山西省高速公路综合行政执法总队临汾支队（以下简称临汾支队）所属一至七大队外勤组全部完成挂牌工作，标志着临汾支队各大队全面开启高速公路综合行政执法新征程。

3月28日 临汾支队召开2022年高速综合行政执法工作暨党建和党风廉政建设工作会。以“1156”工程为纲领，从完善协作联动机制、做好上路执法保障、全面依法履职、确保安全稳定发展局面、实施“四基四化”建设、推进法制部门建设、提升执法队伍建设水平、夯实管理基础和加强党建工作等9个方面对2022年工作进行详细安排部署。

4月15日 在全国第七个“全民国家安全教育日”之际，为进一步增强全体干部职工国家安全意识和法治意识，不断提高维护国家安全能力，临汾支队组织开展“全民国家安全教育日”宣传活动。

4月至11月 省保通保畅第十督导组组长任晓军、副组长李建勋多次带队现场办公指导，紧紧围绕22项督导调研内容，采取突出重点、主动出击方式，从驻临汾厅属各单位到客货运场站、客货运企业，严格按照部颁标准进行核查，主动深入高速收费站、普通国省、县乡干线、寄递物流运输企业等，按同一尺度督导检查保通保畅、防汛备汛等具体工作，详细了解实情、掌握情况，发现问题及时反馈，督促立行立改，问题清单及时上报，为全力保障物流畅通，坚决守好临汾阵地、山西阵地积极想办法、谋策略。

5月7日 临汾支队召开任前集体谈话和廉政谈话暨干部大会。宣布山西省高速公路综合行政执法总队（以下简称省总队）党委关于临汾支队机关科长和一线执法大队大队长任命决定。

5月18日 为进一步加强高速公路法律法规宣传和政策解读，临汾支队举行“路政宣传月”集中宣传启动仪式,《临汾日报》、电视台等新闻媒体参加启动仪式。共出动车辆27台次,人员118人次,发放宣传资料2200余份,悬挂横幅15条,展板19块,现场解答咨询60余人次,全力营造爱路护路的良好社会氛围。

同日 省总队副总队长郭锋带领纪律作风整顿督导组一行到临汾支队督导检查纪律作风整顿活动开展情况,并提出具体指导意见和建议,要求进一步把思想和行动统一到省厅党组、总队党委工作部署上来,持续巩固拓展活动成果,始终保持惩治腐败、狠刹“四风”的高压态势,树立行业新风,展现崭新形象。

6月16日 在全国第21个“安全生产月”,为深入贯彻落实习近平总书记关于安全生产重要论述,扎实推进安全生产大检查大整治提升活动,切实遏制重特大事故发生,维护人民群众生命财产安全,临汾支队结合工作实际,组织机关及八个大队分别在各辖区开展主题为“遵守安全生产法、当好第一责任人”安全宣传“面对面”咨询活动。出动执法人员60人次,车辆12车次,制作横幅9条、展板18块,张贴标语20条,现场宣传30场次,发放宣传资料2000余份。

7月29日 为庆祝中国人民解放军建军95周年,进一步贯彻落实习近平总书记关于做好军队退役人员工作的重要指示精神,弘扬拥军优属优良传统,营造尊军爱军浓厚氛围,临汾支队开展“情系退役军人、倾力事业发展”走访慰问活动。

11月11日 临汾支队召开第一次党员大会,选举出新一届委员会,党组织的凝聚力和战斗力进一步提升。

2022年 全年共开展路政专项执法检查73次,开展治超专项执法检查53次,开展超限检测监督指导56次,开展运政执法专项检查65次,参与处置突发事件3起,开展纾困解难便民服务20起,巡查里程154624.8公里,巡查率47.6%。对违法超限、大件运输、擅自取土、封控区破坏护坡、损坏公路未及时报告等违法行为共处罚30225元。

（资料提供:郭 旗）

山西省高速公路综合行政执法总队运城支队大事记

1月14日 山西省高速公路综合行政执法总队运城支队(以下简称运城支队)开展2022年首期“行政执法大讲堂”学习培训。

1月24日 山西省高速公路综合行政执法总队(以下简称省总队)目标责任考核第二考核组在副总队长(副局长)渠刚带领下,对运城支队开展2021年度干部考核和目标责任考核工作。

同日 运城支队召开党史学习教育专题民主生活会。省总队副总队长(副局长)渠刚出席会议。

1月27日 运城支队召开2022年安委会第一次全体会议。总结2021年度支队安全生产工作,分析研判形势,安排部署2022年安全生产重点工作。

同日 运城支队传达2022年全省交通运输工作会议精神,党委书记、支队长杨宏伟主持会议并就贯彻落实好会议精神作出安排部署,副支队长景永忠进行全面传达。

1月27日至28日 运城支队开展“厉行勤俭节约、反对餐饮浪费”主题宣传月活动,进一步营造厉行勤俭节约、反对餐饮浪费的社会风尚，弘扬传承中华民族崇尚节俭的传统美德。

2月7日 运城支队召开新年收心聚力工作安排部署会，会议传达省总队与交控集团业务工作协作对接部署会议精神，安排部署近期重点工作任务。

2月8日 运城支队与高速公路运营企业召开第一次辖区业务协作联席会议，支队领导班子、山西交控集团运城南、北公司分管领导及路网保障大队负责人、支队综合科、执法科负责人参加会议。

2月18日 运城支队集中学习《中华人民共和国道路运输条例》，激励大家以良好精神状态和扎实工作作风，为新事业能够高起点开局、高标准起步、高质量发展提供更加有力保障。

2月21日 运城支队八大队在运城东收费站举行八大队外勤组挂牌仪式。运城支队副支队长景永忠、山西交控集团运城南高速公路分公司副总经理孙琳，运城南高速公路分公司路网运行保障大队大队长梁小进出席揭牌仪式。

2月22日 运城支队二大队、三大队分别在万荣东收费站、垣曲西收费站举行外勤组揭牌仪式。运城支队副支队长景永忠、山西交控集团运城北高速公路分公司副总经理王直、运城北高速公路分公司路网运行保障大队大队长杨鹏出席揭牌仪式。运城支队二大队、三大队全体干部职工和山西交控集团运城北高速公路路网运行保障万荣中队、稷山中队、绛县中队和垣曲中队的干部职工代表参加仪式。

2月23日至24日 省总队安全风险隐患大排查大整治“百日攻坚”专项行动检查组带领运城支队执法科、八大队、六大队相关人员，先后对中铁建投山西高速公路有限公司及运三高速公路连接线工程、临猗黄河大桥及引线工程进行安全风险隐患大排查大整治。

2月25日 运城支队组织系列学法用法活动。支队机关及所属七大队在机关四楼会议室学习第八期“行政执法大讲堂”，其他各大队同步组织学习活动，共计102人参加。

3月2日 运城支队与高速公路路网运行保障大队在支队三楼会议室召开业务协作对接会，运城支队支队长，执法科、法制科、综合科相关人员及路网运行保障大队大队长参加会议，会议取得良好效果。

3月14日 运城支队召开贯彻落实2022年全省高速公路（交通运输）综合行政执法工作会议和全系统党建暨党风廉政建设工作会议精神推进会，党委书记、支队长杨宏伟对全省高速公路（交通运输）综合行政执法工作会议、党建和党风廉政建设工作会议精神进行专题辅导，就学习贯彻落实会议精神听取各科室和部分大队计划，并就下一步工作进行安排部署。

3月15日 运城支队三大队与垣曲县交通运输综合执法队在菏宝高速垣曲服务区开展联合执法。

3月24日 运城支队七大队与运城南高速公路公司芮城路网运行保障中队开展联合巡查，对辖区内高速公路桥梁、涵洞及隧道的安全情况进行重点巡查。

同日 运城支队组织党员干部前往运城市市场监督管理局党建示范中心参观学习交流。

3月25日 运城支队机关党支部组织全体党员召开2021年度组织生活会。支队领导班子成员以普通党员身份，分别参加所在党小组的组织生活会。

3月29日 运城支队召开2022年高速公路综合行政执法工作会议和党建暨党风廉政建设工作会议，支队领导班子成员、大队班子成员及机关全体人员参加会议，运城支队党委书记、支队长杨宏伟分别作题为“踔厉奋进 笃行不怠 奋力开启运城高速公路综合行政执法新征程”工作报告和《牢记初心使命 强化责任担当 全力推动运城高速公路综合行政执法高质量发展》党建暨党风廉政建设工作报告。会议认真落实全省交通运输工作会议和全省高速公路综合行政执法工作、党建暨党风廉政建设工作会议精神，坚持“五个战略基点”，推动“1136”工程，围绕省总队2022年重点任务的“总体目标”和8个方面的工作部署，实施“1277”工作布局，即坚持一个统领（以政治建设为统领），围绕创建两个一流（一流队伍、一流业绩）目标，构建“七个加强、七个推动”工作格局，以更新的思路、更高的标准，推动运城支队各项工作再上新台阶。

3月30日 运城支队党委书记、支队长杨宏伟与运城南高速公路公司党委书记、董事长李震，党委副书记、副董事长、总经理彭梁柱带领相关人员一行先后到运城支队七大队、八大队外勤组办公场所就外勤组筹备情况进行实地调研并现场办公，重点解决下一步具体办公存在问题。

4月6日 运城支队机关党支部组织召开4月主题党日活动，活动围绕“发挥党员带动作用 做好纪律作风整顿”主题进行，全体党员参加活动。

4月12日 运城支队机关及七大队全员在机关参加纪律作风整顿警示教育活动。活动中，集体观看《人在做 天在看》和《深度调查》两部警示教育视频，通报原运城交通运输执法局的部分违法违纪案例。

4月19日 运城支队组织全体干部职工观看由省直工委、山西广播电视台联合录制的《精神的力量》中国共产党人精神谱系系列访谈第二期节目《井冈山精神》。

4月22日 运城支队五大队组织全体干部职工集中学习中共中央、国务院发布的《信访工作条例》。

4月26日 运城支队按照总队关于实行交通运输执法业务学习考试常态化管理要求，组织机关及所属各大队在编人员，通过“交通运输行政执法人员学习考试系统”平台，完成4月份交通运输行政执法人员考试。

4月 运城支队抽调精兵强将，配合省厅第十一督导组认真对照保通保畅督导任务清单13类33项内容逐一对运城市高速收费站、服务区、物流园区及寄递物流运输企业等地进行实地调研督导，通过与站点负责人、工作人员沟通交流，同过往货车司乘人员详细交谈，具体了解山西省物流保通保畅工作领导小组办公室1号文件精神贯彻落实情况，并现场听取有关公路保通保障工作的汇报。

5月5日 运城支队召开运城支队纪律作风整顿暨上路执法工作推进会。会上，综合科负责人就《运城支队预算项目资金使用办法（试行）》进行说明、通报4月份宣传报道情况，并就纪律作风整顿活动推进中的注意事项进行强调；执法科负责人就上路执法方面的事项进行安排；法制科负责人就法律文书使用方面的注意事项进行强调。副支队长景永忠解读《运城支队选拔优秀人才实施方案》《运城支队编外人员年底考核暂行办法》，有效解决编制外用工没有考量标准、工作积极性不高的问题。会议还就上路执法存在的其他问题进行解答。

5月7日 运城支队召开正科级干部集体谈话和廉政谈话暨干部任免大会。首先召开集体谈话和廉政谈话会，支队党委书记、支队长杨宏伟受总队党委委托，对新任职干部进行任前集体谈话和廉政谈话。要求新任职正科级干部：一要立足职责使命，把握好三个定位，把各项工作做实做深做细；二要主动担当作为，强化三个意识，奋力开创综合执法工作新局面；三要严明纪律规矩，时刻保持廉洁自律，建设“政治坚定、素质过硬、纪律严明、作风优良、廉洁高效”的执法队伍。

5月13日 运城支队进行主题为“减轻灾害风险，守护美好家园”的防灾减灾知识学习教育，并观看“5·12”防灾减灾专题教育片。

5月17日 运城支队组织机关全体及七大队全体人员共同观看《精神的力量》第三集——《长征精神》。

5月22日至23日 运城支队八大队接到报告，侯平高速平陆方向省运75K121+260处，附近村民违反法律规定，在公路用地范围内种植蔬菜，影响高速公路安全和畅通。运城支队八大队执法人员勘查违法现场，确认违法事实，通过走访附近村民，查找到当事人，责令立即改正违法行为。

5月25日 省总队纪律作风整顿督导组在副总队长郭锋带领下一行6人，深入运城支队对纪律作风整顿活动开展情况进行督导检查。

5月31日 运城支队组织支队机关及七大队

全体干部职工深入学习《运城支队选拔优秀人才实施方案》文件精神,党委书记、支队长杨宏伟进行专题辅导,从选拔原则、选拔条件及选拔程序3方面进行全面解读。

6月7日 运城支队在机关四楼会议室组织开展《中华人民共和国安全生产法》宣传学习专题讲座,支队机关和七大队全体人员参加讲座。

6月9日 运城支队召开高速公路综合行政执法重点工作推进会,传达学习总队《关于切实做好当前高速公路综合行政执法重点工作的通知》文件精神,对全面履行高速公路综合行政执法职责,提出具体要求。

同日 运城支队召开2022年安委会第二次会议,传达学习习近平总书记3月31日在中央政治局会议上的重要讲话精神,贯彻落实省厅安委会及省总队工作部署。

6月10日 运城支队组织支队机关、七大队执法人员开展行政执法安全生产专题警示教育活动。

6月14日 运城支队召开巡察工作传达安排部署会。传达学习省厅及省总队关于开展2022年度巡察工作的会议精神和2022年度巡察工作通知,并就巡察工作需准备内容进行安排。

6月16日 运城支队组织支队机关及所属八个大队深入开展"安全宣传咨询日"活动。活动主题是:遵守安全生产法,当好第一责任人。

6月27日 由运城市委宣传部主办,市直工委和运城支队承办的"喜迎中共二十大 永远跟党走"道德模范进基层宣讲活动在运城支队机关举行。参加宣讲的成员分别为:张昌勤(第七届山西助人为乐道德模范提名奖)、解自立(第八届山西见义勇为道德模范提名奖)、刘海水(第六届运城助人为乐道德模范)。

6月28日 运城支队顺利完成全国交通运输行政执法人员基础信息综合管理录入工作,运城支队按照省总队安排,登录全国交通运输行政执法综合管理信息系统,对支队100名持有中华人民共和国行政执法证的执法人员,按照上传相关资料要求,完成执法人员信息导入工作。

同日 运城支队机关党支部全体干部职工聆听一堂题为"社会发展,交通先行"的主题党课。

6月30日 在中国共产党成立101周年之际,运城支队党委书记杨宏伟代表支队党委看望慰问机关支部50年以上党龄的老党员,并庄重地为老党员刘登彦、赵平康、连继凯颁发"光荣在党50年"纪念章。

同日 山西省交通运输综合行政执法局召开视频专题会议。会议旨在传达贯彻落实交通运输部交通运输执法规范化长效机制视频会议精神,全面推进交通运输综合行政执法部门依法行政等法治规范化建设。

7月1日 在省总队统一部署下,运城支队举行新式综合行政执法制式服装换装仪式。

同日 运城支队党支部及七大队党支部全体党员在机关四楼会议室召开"喜迎中共二十大,奋进新征程"主题党日活动。

7月4日 厅党组巡察一组召开进驻运城支队党委动员会,标志着巡察一组对支队巡察工作正式启动。

7月5日 运城支队七大队与陌南镇政府共同召开"交通运输执法领域共建共治共享"协调会。

同日 运城支队组织支队机关及七大队全体人员共同观看《精神的力量》第四集——《太行精神》。

7月7日 省厅党组巡察一组一行6人,深入运城支队五大队,对运城支队党委贯彻落实全面从严治党战略部署等情况进行延伸巡察。五大队负责人就机构组建以来开展党建和执法业务工作情况等方面作简要汇报,对目前开展执法工作所需执法人员、办公环境等情况进行说明。

同日 运城支队八大队与运城北高速公路管理有限公司路网保障中队及养护部门进行专题协作。

7月12日 运城支队组织进行信息安全与保密知识专题学习。全体人员观看视频《个人信息安全保护实务》《微信应用安全与保密》。

7月14日至15日 运城支队组织执法科、四大队及五大队相关人员配合省总队执法三处分别对运城高速公路南、北两公司的养护工程质量和安全工作进行专项执法检查。

7月28日 运城支队在机关道德讲堂，通过全国交通运输行政执法综合管理信息系统平台，举行深入学习贯彻习近平法治思想在线专题学习活动，支队机关及所属七大队人员参加。

8月2日 运城支队二大队紧急处置一起高速路产损坏案件。

8月2日至3日 运城支队抽选部分业务骨干全程配合省总队执法三处，对运城境内临猗黄河大桥和运三高速公铁黄河大桥项目开展在建高速公路工程质量、施工安全和市场环境专项执法检查。

8月25日 运城支队开展“全国残疾预防日”主题宣传活动。宣传主题为“普及残疾预防知识，建设健康中国”。

8月30日 运城支队二大队联合万荣路网运行保障中队对辖区内万荣东至王显路段边沟进行专项排查工作。

9月5日 运城支队召开2022年安委会第四次会议，传达学习省厅交通运输防汛紧急视频调度会议精神和省总队2022年第四次安委会会议精神，分析研判当前安全生产形势，安排部署下一阶段安全生产工作。

同日 运城支队机关党支部及七大队党支部全体党员在机关四楼会议室开展“奋进新征程 建功新时代”主题党日活动。

9月6日 运城支队副支队长景永忠带队到运城南高速公路管理有限公司就高速公路治超工作进行调研督导。

同日 运城支队副支队长马建华一行3人到运城北高速公路管理有限公司，对治超工作进行督导调研。

同日 运城支队一大队执法人员在辖区河津东、河津西、稷山和新绛4个收费站超限检测点开展治超督导调研工作。

9月8日 运城支队在机关三楼会议室召开执法业务课件讨论会，会议由副支队长马建华主持，执法科全体人员及各大队业务骨干参加。运城支队督导组在对初次调研的问题进行汇总分析之后，于9月8日上午兵分两路，对辖区内车流量大的运城机场、侯马、风陵渡、运城西、永济西、闻喜6个超限检测站点进行实地督导调研。

9月16日 运城支队召开传达交通运输部执法检查反馈问题整改精神暨近期工作汇报安排会。支队领导、科室负责人及各大队负责人参加会议。

9月19日 运城支队组织业务骨干赴山西省政务服务中心省交通运输行政审批窗口进行为期一周跟班实训。实训中，运城支队执法人员与大件货物超限运输审批人员共同探讨交流执法过程中遇到的困扰和难点问题，认真学习《超限运输车辆行驶公路管理规定》，详细了解大件货物超限运输审批流程及申请《超限运输车辆通行证》所需资质、资料和审核的重点核对项目。

9月21日 运城支队执法人员与现场勘验人员共同对报审的大件货物进行实地现场勘验测量，将理论与实践有效融合、对所学所得进行检验。

9月21日至23日 运城支队副支队长谭著荣带领督查科全员分赴运城支队各大队实地走访调研，每到一处，谭著荣详细了解职工工作生活等各方面情况，仔细询问一线职工工作、生活中存在的困难和问题，并提出有针对性的建议。

9月22日 运城支队副支队长谭著荣赴支队二大队进行工作调研。

9月23日 运城支队组织行政执法第十四次集中学习，支队机关、七大队人员参加。本次学习的主题为“恪守职业道德规范 遵循行政处罚程序”。

9月28日 省总队督导检查组一行4人在运城支队副支队长马建华陪同下到七大队，对安全生产、网络信息、执法设备使用等安全工作进行全面督导检查，提出下一步安全工作具体要求。

9月30日 运城支队召开执法业务推进暨近期工作安排会，支队领导、各大队、各科室负责人参加会议。会议首先传达9月28日、29日省厅和省总队近期有关工作安排部署电视电话会议精神，各大队对近期业务开展情况进行汇报，分管领导就相关工作提出要求。会议对高速公路养护工程安全监督执法专项行动及各大队执法案件推进等有关工作进行安排部署。

10月16日 中国共产党第二十次全国代表大会在北京隆重开幕。运城支队机关支部组织全体干部职工在线观看开幕会,认真聆听习近平总书记向中共二十大所作的报告。

11月1日 运城市盐湖区解除封控之后,运城支队第一时间组织全体干部职工集体学习中共二十大报告,重点学习习近平总书记报告中所提及的“新时代十年的伟大变革具有里程碑意义”和“坚定不移全面从严治党,深入推进新时代党的建设新的伟大工程”两个专题。

11月2日 运城支队党委书记、支队长杨宏伟一行4人赴五大队外勤组就当前高速公路路产赔偿业务的开展情况进行调研指导,支队执法科、督查科等相关人员一同调研。

11月4日 运城支队参加省总队组织召开的行政处罚信息报送工作专题会议。

11月7日 运城支队四大队与运风高速路网维护永济中队召开业务协作会议。

11月8日 运城支队机关党支部组织全体人员集中观看《介绍解读中共二十大报告》新闻发布会。此次发布会着重从新时代十年的伟大变革、推进理论创新和开辟马克思主义中国化时代化新境界、推动高质量发展的战略部署、坚持全面依法治国和推动法治中国建设、关于党的建设的重要论述和部署等五个方面做全面阐述。通过全方位解读,大家对中共二十大报告有全新认识和体会。

11月9日 运城支队二大队执法人员巡查至3511国道菏宝高速闻合段K474+230(闻喜至万荣东方向)处时,发现超车道内发生单方交通事故并成功处置。

11月10日 运城支队五大队执法人员巡查时成功排除侯平高速一起货车抛锚隐患险情。

11月11日 中共山西省高速公路综合行政执法总队运城支队委员会召开党员大会,选举产生第一届委员会。

11月15日 运城支队三大队与五大队联合组成治超执法专项整治工作组,采取错时巡查、突击夜查等方式,对管辖路段开展集中连续的整治行动。

11月16日 运城支队召开路域治理、安委会第五次及近期工作安排会。此次会议对执法业务、安全生产、党建等重点工作进行安排部署,各科室负责人、大队长参加会议。

同日 运城支队召开第十一次理论学习中心组(扩大)学习会。党委书记、支队长杨宏伟主持会议,其他班子成员参加会议并做交流发言。

会上,集体学习《习近平总书记在陕西延安和河南安阳考察时的重要讲话精神》、厅党组《关于进一步做好山西省交通运输厅所属单位纪律检查工作实施办法(试行)》的通知、总队党委《关于进一步做好全系统纪律检查工作的实施办法(试行)》的通知、支队党委印发《党委工作细则(试行)》《党委会议工作细则(试行)》《党委理论学习中心组学习制度(试行)》的通知和《山西省高速公路综合行政执法总队运城支队支队长办公会议工作规则(试行)》的通知。

11月18日 应行政处罚相对人河津市万水农村污水治理有限公司申请,运城支队依法就该公司涉嫌在高速公路建筑控制区内埋设设施一案举行听证会。听证会由副支队长马建华主持。这是运城支队开展高速公路综合行政执法工作以来举行的第一场行政处罚案件听证会。

同日 在举行听证,经过法制审核后,运城支队对一大队办理的涉路施工行政处罚案件进行重大案件集体讨论。

11月20日 运城支队五大队查处办结一起大件运输车辆未经许可擅自行驶公路案。

11月25日 运城支队组织全体干部职工开展中共二十大精神知识测试。此次测试采取闭卷考试方式进行,测试内容紧紧围绕中共二十大精神展开。

同日 运城支队五大队组织开展为期半天案件办理、案卷制作专项执法实务培训。

11月29日 运城支队一大队党支部召开第一

次党员大会，选举产生第一届支部委员会。

12月2日 运城支队首次利用互联网平台搭建“网上课堂”，成功举办第一期执法业务线上培训，共有28名业务骨干参加此次培训。

12月7日 运城支队举办高速公路综合行政执法业务交流培训会。支队领导、各科室及各大队相关人员分别通过不同形式参加会议。

12月9日 运城支队举行宪法宣誓暨宪法专题学习活动，党委书记、支队长杨宏伟领誓，做出庄严承诺。宣誓完毕，通过观看《40年，她守护着我们的美好生活》专题片，对宪法历程相关知识进行专题学习。

12月13日 运城支队举办学习贯彻中共二十大精神专题党课活动，党委书记、支队长杨宏伟围绕学习贯彻中共二十大精神，结合高速公路综合执法工作实践，以“踔厉奋发、笃行不怠、奋力推动国家治理体系和治理能力现代化”为题，向各大队党支部负责人和支队机关全体党员干部讲授一堂专题党课。

12月15日 运城支队七大队开展“晒笔记、亮学风、促提升”活动，对学习笔记及心得体会进行现场观摩展评。

12月19日 运城支队与运城市交通运输综合行政执法队召开交通运输领域执法业务协作联席会议，会议由运城支队副支队长马建华主持，双方执法部门和法制部门有关负责人参加会议。

12月27日 运城支队组织机关及所属各大队在编人员，通过“交通运输行政执法人员学习考试系统”平台，进行12月份交通运输行政执法人员考试。

（资料提供：李 鑫）

邮政管理系统

山西省邮政管理局大事记

1月4日 省邮政管理局召开党组理论中心组学习会议,集中学习传达习近平总书记在中共中央政治局党史学习教育专题民主生活会上的重要讲话精神和关于党史学习教育的重要指示精神。局党组书记、局长秦红保主持会议并讲话,局党组理论学习中心组全体成员参加会议。

1月5日 省委、省政府印发《关于实施市场主体倍增工程的意见》。明确支持农村寄递物流体系建设,加强快递园区、分拨中心建设用地保障,邮政快递业发展再获政策利好。

1月7日 省邮政管理局召开2021年度党组织书记抓基层党建工作述职评议会议。机关党委书记高日勇作述职点评并讲话,局机关、省邮政业安全中心全体党员参加会议并进行民主评议。

1月11日 省邮政管理局与省自然资源厅、省住房和城乡建设厅联合印发《关于推进智能信包(快件)箱建设的通知》,合力推进全省智能信包(快件)箱建设工作。

1月14日 省邮政管理局召开北京2022年冬奥(冬残奥)会期间全省寄递渠道安全和服务保障工作动员部署电视电话会议。局党组书记、局长秦红保出席会议并讲话,党组成员、纪检组组长、副局长高日勇解读保障工作实施方案,党组成员、副局长赵光主持会议。局机关相关部门、省快递协会负责人,省邮政分公司负责人、部分品牌快递企业省级公司主要负责人,各市局领导,相关科室负责人,各寄递企业负责人参加会议。

1月16日 中国邮政集团有限公司山西省分公司召开2022年工作会议。省邮政管理局党组成员、副局长赵光出席会议并讲话。

1月17日 省邮政管理局党组召开党史学习教育专题民主生活会。省直工委督导组到会指导并作点评讲话,局党组书记、局长秦红保主持会议,各部门负责人列席会议。

1月20日 省邮政管理局发布2021年山西省邮政行业运行情况。2021年,邮政行业业务收入(不包括邮政储蓄银行直接营业收入)累计完成133.9亿元,同比增长24.26%;业务总量累计完成130.79亿元,同比增长30.17%。

1月21日 省邮政管理局召开党组会议,专题研究党建和意识形态工作,审议通过《中共山西省邮政管理局党组落实全面从严治党主体责任实施细则》和《中共山西省邮政管理局党组落实意识形态工作责任制实施细则》。局党组书记、局长秦红保主持会议,党组成员参加会议,各部门和省邮政业安全中心主要负责人列席会议。

同日 省邮政管理局印发表彰全省邮政管理系统2021年度“管理杯”活动先进集体的决定。太原市邮政管理局、大同市邮政管理局、临汾市邮政管理局分别获得一、二、三等奖。

1月24日 省邮政管理局召开2022年全省邮政管理工作电视电话会议。局党组书记、局长秦红保作工作报告,党组成员、纪检组组长、副局长高日勇主持会议,党组成员、副局长赵光出席会议。省局机关全体公务员,省邮政业安全中心主要负责人,省快递协会负责人在主会场参加会议;各市局领导班子、机关全体工作人员在各市分会场参加会议。

同日 省邮政管理局党组召开党史学习教育总结电视电话会议。局党组书记、局长秦红保出席会议并讲话,党组成员、纪检组组长、副局长高日勇主持会议,党组成员、副局长赵光出席会议。省局机关全体党员,省邮政业安全中心负责人,省快递协会负责人在主会场参加会议;各市局全体党员,省邮政业安全中心负责人在各市分会场参加会议。

1月27日 省邮政管理局印发《关于做好2022年全省邮政快递业安全生产工作的通知》,对行业安全生产工作作出详细部署,提出具体要求。这是省局连续5年以"一号文件"形式部署行业安全生产工作。

2月7日 春节后第一个工作日,省邮政管理局党组书记、局长秦红保带领班子成员亲切看望党员干部职工,送去新春祝福,表达节日问候。

2月14日 副省长汤志平专程深入省邮政管理局,慰问党员干部职工,现场观摩山西省邮政快递大数据平台运行情况,听取全省行业量收规模、快递电商协同发展、农村寄递物流体系建设等进展情况汇报,并提出指导意见。省政府副秘书长梁敬华,省政府办公厅相关负责人陪同慰问。

同日 省邮政管理局召开党组理论学习中心组学习会议,专题学习习近平总书记在山西省考察调研看望慰问基层干部群众时的重要指示精神。局党组书记、局长秦红保主持会议并讲话,党组理论学习中心组全体成员参加会议。

同日 省邮政管理局召开2021年度机关"红旗部门"表彰会议。局党组书记、局长秦红保出席会议并为先进集体颁发荣誉证书和流动红旗。党组成员、纪检组组长、副局长高日勇主持会议,党组成员、副局长赵光参加会议,机关全体干部职工参加会议。

2月15日 全省两会期间,省长蓝佛安代表省政府公开承诺,2022年将集中力量办好12件民生实事,实现农村寄递物流服务全覆盖首次纳入其中,行业发展喜获重大政策利好。

同日 省发展改革委、省财政厅、省邮政管理局联合印发《2022年农村寄递物流服务全覆盖实施方案》,聚焦办好2022年省政府民生实事,切实解决农村群众寄递难题,畅通城乡循环体系,有效助力乡村振兴。

2月21日 山西省第十三届人民代表大会第六次会议胜利召开,省长蓝佛安作政府工作报告,其中"加快建设农产品冷链物流,开展农村三级寄递物流体系建设"等多项利好政策惠及邮政快递业发展。

2月22日 省发展改革委、省邮政管理局联合召开全省农村寄递物流服务全覆盖工作动员部署会。省发改委二级巡视员庞建军,省邮政管理局党组成员、纪检组组长、副局长高日勇出席会议并讲话。省发展改革委经贸处、省邮政管理局市场监管处、省汽运集团、省邮政分公司、省主要品牌寄递企业代表在主会场参加会议,各市发改委、市邮政管理局、县发改局相关负责人及辖区内各品牌快递企业负责人在各市、县分会场参加会议。

2月23日 省邮政管理局召开全省农村寄递物流体系建设会议。局党组书记、局长秦红保出席会议并讲话,党组成员、纪检组组长、副局长高日勇主持会议。局机关各部门负责人、市场监管处全体人员,省华远陆港集团、省邮政分公司、省主要品牌寄递企业代表在主会场参加会议。各市局领导班子成员、各科室负责人,市场监管(行业管理)科全体人员,市级主要品牌寄递企业负责人在各市局分会场参加会议。

同日 省邮政管理局召开2022年全省邮政市场监管工作电视电话会议。局党组成员、纪检组组长、副局长高日勇作工作报告。省局机关各处室、省邮政业安全中心、省快递协会负责人、省邮政分公司、各主要品牌快递企业省级公司负责人在主会场参加会议;各市局分管副局长,市邮政业安全中心、市快递协会负责人,各品牌寄递企业市级公司负责人在各市分会场参加会议。

2月25日 省政府印发《山西省设镇标准》和《山西省设街道标准》,邮政快递服务作为设镇设街道基本条件及指标被纳入两个标准。

3月4日 省邮政管理局召开2022年全省邮政管理系统党建暨党风廉政建设工作电视电话会议。局党组书记、局长秦红保出席会议并作工作报告,党组成员、纪检组组长、副局长高日勇主持会议，党组成员、副局长赵光参加会议。省局机关全体党员干部，省邮政业安全中心负责人在主会场参加会议；各市局全体党员干部、市邮政业安全中心、县级邮政管理机构负责人在各市分会场参加会议。

同日 省邮政管理局召开全省邮政管理系统职务职级晋升干部集体廉政谈话电视电话会。局党组书记、局长秦红保出席会议并讲话，党组成员、纪检组组长、副局长高日勇主持会议，党组成员、副局长赵光参加会议。2020年以来省局管理晋升职务职级的32名干部分别在主会场和分会场参加廉政谈话。

3月9日 省政府安全生产委员会办公室通报2021年度安全生产和消防工作考核结果，山西省邮政管理局获"优秀"等次。

3月11日 省邮政管理局召开2022年全省邮政普遍服务监管工作电视电话会议。局党组成员、副局长赵光出席会议并讲话。普遍服务处全体人员，办公室、政策法规处相关人员及省邮政分公司相关部门负责人在主会场参加会议；各市局分管领导、普遍服务(行业管理)科全体人员及县级邮政管理机构主要负责人在各市分会场参加会议。

同日 山西省直属机关工作委员会通报2021年度党组织书记抓基层党建工作述职评议考核结果，山西省邮政管理局获"好"等次。

同日 省邮政管理局印发《山西省邮政管理系统工资调整审批管理办法(试行)》《山西省邮政管理系统干部人事档案管理办法(试行)》，修订印发《山西省邮政管理系统市局内设机构领导干部选拔任用工作规则》《山西省邮政管理系统领导干部请销假制度》《山西省邮政管理系统公务员教育培训管理办法(试行)》。

3月12日 省政府办公厅发布《2022年省级重点工程项目名单》，明确将邮政快递业四个项目建设纳入2022年省级重点工程项目。

3月17日 省邮政管理局召开《山西省邮政业发展"十四五"规划》宣贯实施电视电话会议。局党组成员、副局长赵光出席会议并讲话。省局机关各部门负责人，政策法规处全体人员、省邮政业安全中心负责人、省快递协会负责人、省邮政分公司负责人和部分主要品牌快递企业省级公司相关人员在主会场参加会议；各市局全体干部在各市分会场参加会议。

同日 省邮政管理局组织参加全省邮政管理系统行政执法资格考试，全省55人参加考试，另有4名已取得法律执业资格证的人员免于考试。

3月18日 省邮政管理局印发《2022年全省邮政普遍服务监督管理工作要点》，组织落实全年邮政普遍服务和邮票发行监督管理的各项工作任务。

3月21日 省邮政管理局召开党组理论学习中心组学习会议，集中学习习近平总书记在参加十三届全国人大五次会议内蒙古代表团审议时的重要讲话精神。局党组书记、局长秦红保主持会议并讲话，党组理论学习中心组全体成员参加会议。

3月22日 省邮政管理局党组书记、局长秦红保以普通党员身份参加所在办公室党支部2021年度组织生活会，与党员面对面谈心交流。会上还开展民主评议党员。

同日 省邮政管理局组织召开2022年一季度邮政普遍服务监督与保障政企联席会。局党组成员、副局长赵光参加会议并讲话。普遍服务处全体人员，省邮政分公司分管领导以及相关部门负责人参加会议。

同日 省邮政管理局印发《2022年重点工作和2022年山西省邮政快递业更贴近民生七件实事》，对全年重点工作任务提出明确要求，并逐项进行责任分解安排。

同日 省邮政管理局党组印发《全省邮政管理系统2022年党风廉政建设工作要点》和《山西省邮政管理局党建工作领导小组2022年全面从严治党工作要点》。

3月25日 省邮政管理局印发《2022年人才工作主要目标分市计划》，不断加强行业人才队伍建设，助推邮政快递业高质量发展。

3月29日 省邮政管理局印发《直属事业单位管理办法(试行)》，进一步加强直属事业单位管理监督，促进直属事业单位持续健康发展。

4月1日 省邮政管理局召开党组理论学习中心组学习会议，集中学习习近平总书记重要文章《坚持走中国特色社会主义法治道路，更好推进中国特色社会主义法治体系建设》。局党组书记、局长秦红保主持会议并讲话，党组理论学习中心组全体成员参加会议。

4月2日 省邮政管理局印发《山西省邮政业突发事件应急预案（2021年修订）》，进一步科学规范山西省邮政业突发事件应对处置工作。

同日 省住建厅、省自然资源厅、省邮政管理局等十五部门联合印发《关于推进城市完整居住社区建设的通知》和《完整居住社区建设标准（试行）》，加快推动完整居住社区邮政快递综合配套设施建设，持续提升邮政公共服务水平。

4月5日 省邮政管理局党组印发《2022年理论学习中心组学习计划》。

4月12日 省邮政管理局、省人力资源和社会保障厅联合印发《推进基层快递网点优先参加工伤保险工作实施方案》，全面推进基层快递网点优先参加工伤保险工作。

4月14日 省政府办公厅发布《山西省促进服务业领域困难行业恢复发展的若干措施》《山西省推进服务业提质增效2022年行动计划》，邮政快递业恢复和持续发展获利好。

4月20日 为进一步增强山西省系统干部的政治意识、大局意识、担当意识、奉献意识，有力有效提升干部特别是领导干部统筹协调、担当尽责、应急处突能力，省邮政管理局党组印发《关于进一步强化全省邮政系统干部主动担当履职尽责的意见》。

4月21日 省人民政府印发《关于加快建立健全全省绿色低碳循环发展经济体系的实施意见》，邮政快递业纳入其中。

同日 省邮政管理局印发《2022年全省邮政政策法规工作要点》，对全面落实2022年国家邮政局政策法规工作要求和全省邮政管理工作会议政策法规工作进行安排。

4月22日 省邮政管理局成立山西邮政快递业保通保畅工作专班，落实邮政快递业保通保畅，促进产业链供应链稳定，确保全省行业平稳健康运转。

4月27日 省政府办公厅发布《关于印发山西省推进服务业提质增效2022年行动计划的通知》，创新农村寄递物流模式和完善寄递末端网络等邮政快递行业相关内容被纳入其中，多项利好政策惠及邮政快递业发展。

4月29日 省邮政管理局召开全省邮政快递业保通保畅暨安全生产工作电视电话会议。局党组成员、纪检组组长、副局长高日勇出席会议并讲话。长治市邮政管理局、大同市邮政管理局作保畅通工作交流发言。省局市场监管处全体人员、各市邮政管理局分管副局长及业务科室负责人、各省级寄递企业负责人参加会议。

5月2日 在国家邮政局、省委、省政府坚强领导和统筹调度下，经过全省邮政行业共同努力，全省403个邮政快递分拨中心恢复常态化运行，正常运行率达到94.8%；11231个邮政快递营业网点恢复常态化营业，正常营业率达到93.2%；累计发放邮政快递车辆通行证2302张。全省邮政快递业基本恢复常态化正常运行。

5月5日 省邮政管理局召开党组理论学习中心组学习会议，专题学习习近平总书记关于廉洁文化重要论述和中共中央办公厅《关于加强新时代廉洁文化建设的意见》。局党组书记、局长秦红保主持会议并讲话，党组理论学习中心组全体成员参加会议。

5月9日 省邮政管理局印发《2022年全省邮政快递业安全生产工作要点》，细化任务措施，明确责任分工，对年内行业安全生产工作进行安排。

5月17日至19日 省邮政管理局党组成员、纪检组组长、副局长高日勇带队赴忻州市、朔州市督导检查行业安全生产、保通保畅工作落实情况。省局市场监管处相关人员，忻州市局、朔州市局主要负责人及相关人员陪同督导检查。

5月18日 省邮政管理局印发《山西省邮政业

发展“十四五”规划分工方案》，明确责任领导、责任部门和责任人，协同地方发改等部门开展实施。

5月20日 由省邮政管理局主办，山西省快递协会和《山西晚报》联合承办的山西省首届“三晋最美快递员”评选活动名单揭晓，9家邮政快递企业的10名快递员获评“三晋最美快递员”称号。

同日 山西省邮政管理局印发《关于贯彻落实〈关于更加有效发挥统计监督职能作用的意见〉的通知》，进一步做好全省邮政行业统计工作，提高统计数据质量，提升统计监督效能。

同日 省邮政管理局印发《全省邮政管理系统2022年度“管理杯”考核办法》，持续在全省邮政系统开展“管理杯”考核活动。

同日 山西省人人持证技能社会建设领导小组印发《山西省2022年职业技能培训工作方案》，对全省2022年职业技能培训和技能人才取证工作作出具体部署，邮政快递业作为重点行业群体纳入其中，并明确由省邮政管理局负责全省邮政行业职业技能培训和技能人才等级评价工作。

5月30日 省邮政管理局党组就端午期间严明纪律作风严肃纠治“四风”作出安排部署，营造风清气正的节日氛围。

同日 省邮政管理局召开党组理论学习中心组学习会议，专题学习《总体国家安全观学习纲要》。局党组书记、局长秦红保主持会议并讲话，党组理论学习中心组全体成员参加会议。

同日 省邮政管理局印发《2022年行业生态环境保护工作要点》，加快推进快递包装绿色转型，促进行业生态环保工作取得新成效。

6月2日 省邮政管理局印发《开展2022年全省邮政快递业“安全生产月”活动的通知》，在第21个全国“安全生产月”期间，对全省邮政快递业开展“安全生产月”活动作出安排部署。

同日 省邮政管理局收到山西省年度目标责任考核领导小组办公室反馈的2021年度目标责任考核等次评定结果，被评为“促进山西经济社会发展重要贡献单位”，其中党建工作考核获“优秀”等次。

6月9日 省邮政管理局成立全省邮政快递行业落实稳住经济一揽子政策措施工作专班，推动全省稳住经济一揽子政策措施行动计划中涉邮政快递业政策落地见效。

6月13日 省邮政管理局党组书记、局长秦红保赴忻州市宁武县实地调研快递统仓共配分拨中心，详细了解企业运行情况，认真听取企业意见建议。

6月14日至15日 省邮政管理局党组书记、局长秦红保深入临汾市永和县、大宁县调研督导农村寄递物流服务全覆盖工作，详细了解偏远地区农村寄递物流体系建设情况。

6月15日 省邮政管理局党组成员、副局长赵光一行深入太原市娄烦县、古交市，调研督导邮政普遍服务监管、机要通信安全等工作。

6月16日 省邮政管理局召开专题会议，学习习近平总书记近期考察四川重要指示精神。局党组书记、局长秦红保主持会议并讲话，局机关全体人员、省邮政业安全中心班子成员参加会议。

6月20日 省邮政管理局党组书记、局长秦红保以“坚定信念勇挑重担 砥砺奋进续写新篇 奋力走好加快建设现代化邮政快递业的新征程”为题，以电视电话会议形式为全省邮政管理系统讲授“七一”专题党课。省局机关全体党员在主会场，各市局、省邮政业安全中心班子成员和科室负责人在分会场聆听党课。

6月21日至22日 省邮政管理局党组书记、局长秦红保先后深入大同市广灵县、灵丘县、浑源县，朔州怀仁市、山阴县调研督导村级网点建设和运营情况。

6月21日至23日 省邮政管理局党组成员、副局长赵光一行先后赴长治市黎城县、平顺县，晋中市榆社县、左权县城乡邮政经营场所实地查看普遍服务四项基本业务开展、机要通信、投递服务工作情况。省局普遍服务处相关负责人员陪同调研，长治邮政管理局、晋中邮政管理局主要负责人在属地参加调研。

6月23日 2022年山西省寄递渠道安全管理

领导小组会议召开。省寄递渠道安全管理领导小组组长、省邮政管理局局长秦红保出席会议并讲话,省寄递渠道安全管理领导小组副组长、省邮政管理局副局长高日勇主持会议。领导小组成员单位省委政法委、省公安厅、省交通运输厅、省国家安全厅、省市场监督管理局、太原海关、民航山西监管局、中国铁路太原局集团有限公司相关负责人和领导小组办公室负责人参会。

同日 省邮政管理局党组印发《开展"喜迎中共二十大 奋进新征程"庆祝中国共产党成立101周年系列活动的通知》,引导全省系统党员干部继承和发扬党的优良传统,营造隆重庆祝中国共产党成立101周年浓厚氛围。

6月27日 省邮政管理局组织专题学习"安全生产十五条措施"。局党组书记、局长秦红保出席专题学习会议并讲话,全局工作人员参加学习。

同日 省邮政管理局召开全省邮政业生态环保工作电视电话会议。局党组成员、纪检组组长、副局长高日勇出席会议并讲话。省局机关各部门相关人员、邮政业安全中心相关人员、省快递协会相关负责人在省局主会场参加会议,各市局分管局领导、市场监管科(行业管理科)全体人员在市局分会场参加会议,中国邮政集团有限公司山西省分公司有关负责人和各品牌快递企业省级公司主要负责人通过腾讯视频会议系统参会。

6月28日 省邮政管理局召开党组会议,听取上半年全省邮政系统和行业意识形态研判情况,专题研究部署下半年意识形态工作,局党组书记、局长秦红保主持会议并讲话。

同日 省邮政管理局召开全省农村寄递物流服务全覆盖座谈会。局党组书记、局长秦红保主持会议并讲话,市场监管处相关负责人,顺丰、中通、韵达、申通、极兔、圆通6家省级品牌快递企业负责人和汽运集团相关负责人参加座谈。

同日 省邮政管理局印发《山西省邮政业"八五"普法工作实施方案》。

同日 省邮政管理局印发《山西省农村寄递物流服务全覆盖》文件汇编,指导各市邮政管理局、邮政快递企业掌握行业政策,明确工作方向,加快推进农村寄递物流服务全覆盖工作。

6月29日 为庆祝中国共产党成立101周年,缅怀革命先烈,省邮政管理局组织机关党员干部赴太原解放纪念馆开展"赓续红色血脉,践行初心使命"主题党日活动。

7月6日 山西省省级以下邮政监管机构公务员招考面试在太原举行,报考邮政管理系统职位的10名考生参加面试。

7月11日 省政府办公厅发布《关于印发山西省"十四五"城乡社区服务体系建设规划的通知》,邮政快递业多项内容被纳入其中。

7月12日 省邮政管理局组织召开全省"绿盾"工程信息化建设应用工作视频调度会议。局党组成员、纪检组组长、副局长、省"绿盾"工程建设领导小组组长高日勇出席会议并讲话。市场监管处负责人、省邮政业安全中心全体人员,太原市邮政管理局分管领导、市场监管科、市安全中心全体人员在主会场参会;各市邮政管理局分管领导,市场监管科、市安全中心全体人员在分会场参会;省、市主要品牌快递企业相关负责人以视频会议形式参会。

7月13日 省发改委等6部门印发《促进绿色消费实施方案》,邮政快递业多项内容被纳入其中。

7月19日 副省长、省公安厅厅长孙洪山赴山西顺丰速运有限公司小店集散中心、太原中瑞通达快递有限公司(中通快递)营业网点,专题督导调研寄递渠道安全管理工作。省邮政管理局党组书记、局长秦红保陪同调研,省政府副秘书长车建华、省公安厅有关负责人陪同。

7月20日 省邮政管理局和山西省快递协会联合组织开展一年一度的"夏季送清凉"慰问活动,为全省快递一线从业人员送去清凉和关怀。

7月22日 省邮政管理局机关党委书记高日勇参观省直工委举办的"省直机关创建模范机关暨优秀党建品牌成果展"。

7月28日 省邮政管理局组织召开2022年二季度邮政普遍服务监督与保障政企联席会。局党组成员、副局长赵光参加会议并讲话，普遍服务处全体人员、省邮政分公司分管领导及相关部门负责人参加会议。

8月1日 省邮政管理局党组召开理论学习中心组学习会，认真学习习近平总书记在《求是》杂志发表的重要文章《更好把握和运用党的百年奋斗历史经验》。局党组书记、局长秦红保主持会议并讲话，省局党组理论学习中心组全体成员参加学习。

8月9日 在2022年全省邮政管理局长座谈会会议期间，与会人员赴大同市浑源县、天镇县实地观摩农村寄递物流服务全覆盖运行情况。观摩活动结束后，全省邮政管理系统与会人员集体观摩大同邮政管理局局容局貌并听取了该局推进农村寄递物流服务全覆盖工作情况的汇报。邮政、顺丰、中通、圆通、韵达、申通、极兔7家省级品牌企业主要负责人及相关部门负责人参加观摩活动。

8月9日至10日 省邮政管理局在大同召开2022年全省邮政管理局长座谈会。局党组书记、局长秦红保主持会议并讲话，党组成员、纪检组组长、副局长高日勇，党组成员、副局长赵光出席会议并作具体工作安排，省局各处室、省邮政业安全中心负责人、各市邮政管理局主要负责人及市场监管(行业监管)科负责人参加会议。

8月19日 省邮政管理局组织召开全省邮政系统落实中央巡视国家邮政局党组反馈意见整改动员电视电话会议。局党组书记、局长秦红保出席会议并作动员讲话，党组成员、纪检组组长、副局长高日勇主持会议，党组成员、副局长赵光参会。省局机关各处室、省邮政业安全中心负责人在主会场参会，各市邮政管理局党组班子成员在分会场参会。

8月20日 根据省邮政管理局党组部署，第一和第二巡察组分别完成太原、长治、晋城、临汾、运城5个市邮政管理局和省邮政业安全中心巡察意见反馈工作，顺利完成第二轮第二批政治巡察任务，实现全省邮政系统中共十九大期间巡察工作全覆盖。

8月26日 省邮政管理局印发《山西省“绿盾”工程信息化建设应用管理办法》，将“绿盾”工程建设和应用工作纳入全省邮政系统“管理杯”考核，明确规定省、市两级“绿盾”工程信息系统的管理体制、工作机制、系统应用和考核管理等内容。

9月1日 省邮政管理局党组召开理论学习中心组学习会，认真学习《习近平经济思想学习纲要》。局党组书记、局长秦红保主持会议并讲话，省局党组理论学习中心组全体成员参加学习。

9月2日 省邮政管理局举行2022年度首批职业技能等级证书颁发仪式，为快递员代表颁发职业技能等级(初级工)证书。局党组书记、局长秦红保出席颁证仪式并颁发证书，办公室、市场监管处、人事处负责人，太原邮政管理局负责人，相关快递企业负责人以及快递员代表参加颁证仪式。

同日 省邮政管理局党组成立山西省邮政管理局督查工作委员会。

同日 省邮政管理局印发《规范领导干部办理婚丧喜庆事宜规定》，进一步加强党风廉政建设，促进领导干部廉洁自律，形成移风易俗的良好风气。

同日 省直机关精神文明建设委员会印发通知，省邮政管理局获评“2021年度省直文明单位标兵”称号，这是自2007年以来连续15年获此称号。

9月6日 省委宣传部举行“山西这十年”系列主题新闻发布会(省交通运输厅专场)，局党组成员、副局长赵光出席发布会并回答记者提问，系统介绍新时代全省邮政快递业主要发展成就。

9月7日 省邮政管理局党组印发通知，要求全省邮政行业持之以恒纠“四风”树新风，确保节日期间崇廉尚俭、风清气正，以实际行动迎接中共二十大胜利召开。

9月8日 省邮政管理局召开督查工作委员会第一次全体会议，认真学习贯彻国家邮政局、省委、省政府和省邮政管理局党组有关强化督查增强抓落实能力的有关部署要求，系统掌握政府督查工作有关法规，并对督查委工作作出进一步安排。局党组成员、副局长、省局督查工作委员会主任赵光出席会议并讲话，省局督查委员会全体委员参加会议。

9月9日 省人民政府印发《山西省“十四五”推进农业农村现代化规划》，明确支持加快建设农村寄递物流体系，畅通城乡循环，推动城乡要素高效循环。

9月13日 省邮政管理局正式成立退休干部党支部。

9月19日 省邮政管理局召开全省邮政快递业迎接中共二十大动员部署电视电话会议。局党组书记、局长秦红保出席会议并作动员部署讲话，局党组成员、纪检组组长、副局长高日勇主持会议。省局机关全体公务员、省邮政业安全中心和省快递协会负责人、太原市邮政管理局全体公务员、省邮政分公司及主要品牌快递企业省级公司负责人在主会场参加会议，各市局全体公务员、各市邮政业安全中心负责人及辖区邮政快递企业负责人在分会场参加会议。

9月22日 省邮政管理局通过视频会议形式举办全省邮政管理系统办公室综合培训班，聚焦提升办公室“三服务”能力。局机关各部门相关人员、省邮政业安全中心相关人员、各市局办公室和业务科室相关人员参加培训。

同日 省邮政管理局以视频会议形式举办全省邮政系统人事干部综合能力提升培训班。局人事处全体人员、各市邮政管理局办公室主任和人事干部参加培训。

9月22日至23日 省邮政管理局党组成员、纪检组组长、副局长高日勇带领督导组赴临汾市、运城市对国庆节和中共二十大期间寄递渠道和安全保障工作进行督导。

9月23日 省邮政管理局举办全省邮政系统机要通信“两个规范”视频培训会。机要通信处全体人员、各市邮政管理局分管领导、机要通信科科长、机要通信监管工作人员参加培训。

9月26日 省邮政管理局召开党组(扩大)会议，学习传达国家邮政局党组书记赵冲久与局属单位主要负责人集体谈话电视电话会议精神，部署安排全省邮政系统全面从严治党重点工作任务。局党组书记秦红保主持会议并讲话，局党组成员参加会议，局机关各处室、省邮政业安全中心主要负责人列席会议。

9月26日至27日 省邮政管理局党组成员、副局长赵光带领领导组赴阳泉市进行督导，全力做好国庆节、中共二十大期间寄递渠道安全保障工作。

9月27日 省邮政管理局组织召开市场监管重点工作培训会。省局党组成员、纪检组组长、副局长高日勇作培训动员讲话，省局市场监管处全体人员、省邮政业安全中心相关负责人、各市邮政管理局分管局领导和市场监管科(行业管理科)科长及相关工作人员参加培训。

9月29日 省邮政管理局办公室组织各部门及太原市、晋中市邮政管理局保密工作人员共13人，赴省保密教育实训平台进行学习教育。

9月30日 省政府办公厅印发《山西省促进专业镇高质量发展实施方案》，快递物流发展再添利好。

9月30日至10月1日 省邮政管理局党组书记、局长秦红保带领督导组先后深入圆通、极兔、申通、中通、顺丰等省级品牌企业分拨中心进行督导，全力做好国庆节、中共二十大期间寄递渠道安全保障工作。

10月4日 省邮政管理局召开全省邮政快递业寄递安保视频调度会。局党组成员、纪检组组长、副局长高日勇出席会议并讲话。市场监管处全体人员，普遍服务处、省邮政业安全中心负责人，各市邮政管理局分管局领导、市场监管科(行业管理科)科长，各品牌企业省级公司负责人参加会议。

10月8日 省邮政管理局召开党组理论学习中心组学习会议，学习习近平在参观“奋进新时代”主题成就展时的重要讲话精神、9月9日中央政治局会议精神、习近平总书记《坚持和发展中国特色社会主义要一以贯之》等重要文章。局党组书记、局长秦红保主持会议并讲话，省局党组成员、各部门负责人参加会议。

10月9日 省邮政管理局局长秦红保发表第53届世界邮政日致辞——“坚持以人民为中心的发展思想 以邮政业的高质量发展书写交通强国邮政

新篇章”。

10月12日 省邮政管理局组织召开2022年三季度邮政普遍服务监督与保障政企联席会。局党组成员、副局长赵光参加会议并讲话，普遍服务处全体人员、省邮政业安全中心负责人、省邮政分公司分管领导及相关部门负责人参加会议。

10月16日 中国共产党第二十次全国代表大会在北京开幕。省邮政管理局组织全体党员干部收听收看开幕式直播实况，认真聆听习近平总书记代表十九届中国共产党中央委员会所作的报告。

同日 省邮政管理局党组成员、副局长赵光带队深入太原火车站、并州东街集邮营业网点，对《中国共产党第二十次全国代表大会》纪念邮票发行销售情况进行现场监督检查。

10月17日 省委常委、政法委书记郑连生深入太原市实地调研督导中共二十大期间寄递渠道安保和法治建设工作，并与各省级品牌邮政快递企业负责人进行座谈。局党组书记、局长秦红保，省委政法委副书记苗伟陪同调研。

10月18日至19日 省邮政管理局党组书记、局长秦红保深入晋中市调研督导中共二十大期间寄递渠道安全保障和农村寄递物流体系建设工作。晋中市人大常委会副主任、和顺县委书记许利伟在和顺县陪同调研。市场监管处、晋中市邮政管理局主要负责人，省邮政业安全中心负责人陪同调研。

10月21日 省邮政管理局党组成员、纪检组组长、副局长高日勇带队深入太原市督导检查中共二十大期间寄递渠道安全和服务保障工作。省局市场监管处、太原邮政管理局相关负责人陪同督导。

10月24日 省邮政管理局召开专题会议，集中传达学习中共二十大精神并组织观看习近平总书记在二十届中共中央政治局常委同中外记者见面时的实况录播。局党组书记、局长秦红保主持会议，并就深入学习贯彻中共二十大精神作出部署，局机关全体党员干部参加学习。

10月26日 省邮政管理局党组印发《中共山西省邮政管理局党组巡察工作领导小组工作规则》《中共山西省邮政管理局党组巡察工作领导小组办公室工作规则》。

10月28日 山西省邮政业消费者申诉中心出台“12345”工单转办流程，制订《山西省邮政业消费者申诉中心中共二十大期间专项申诉处理工作保障方案》，建立应急响应机制，特事特办，解决消费者关于“救命药”等紧急寄递需求问题。

10月31日 省邮政管理局召开全省2022年快递业务旺季服务保障动员部署视频会议。局党组成员、纪检组组长、副局长高日勇出席会议并讲话，省局市场监管处全体人员、普遍服务处相关人员，省邮政业安全中心和省快递协会负责人、各市邮政管理局分管领导及市场监管科（行业管理科）科长、普遍服务科相关人员、各品牌企业省级公司负责人参加会议。

11月1日 截至10月底，全省117个县（市、区）的1082个乡镇全部建成快递综合服务站、20356个行政村全部实现通快递，并且能享受到3个以上快递直投品牌服务。其中，91个县（市）初步建成农村共配网络，16094个行政村新建快递网点，县、乡、村物流节点基本建成，“交快”“邮快”“快快”等多种融合发展新模式形成，农村地区快递服务基本实现全覆盖。城乡循环更加畅通，年内拉动运城苹果、吕梁杂粮、清徐陈醋、长治小米等特色农产品销售5000余万件，拉动产值超18亿元，其中清徐陈醋继运城苹果、吕梁杂粮后，成为全省第三个金牌项目。

同日 省邮政管理局印发《山西省邮政管理局2022年快递业务旺季服务保障工作方案》。

同日 省邮政管理局召开党组理论学习中心组会议，专题学习中共二十大精神。局党组书记、局长秦红保主持会议并讲话，部分中心组成员作交流发言，省直工委有关负责人列席指导。省局党组理论学习中心组全体成员参加学习。

同日 省邮政管理局党组书记、局长秦红保专题向副省长汇报农村寄递物流服务全覆盖民生实事、旺季服务保障、安全生产和保通保畅等工作。他高度肯定全省邮政管理工作成效，勉励山西省邮政管理局立足新征程，担当新使命，争取新作为。

11月9日至10日 省长蓝佛安深入晋中市和顺县专题调研农村寄递物流服务全覆盖工作,充分肯定民生实事推进成效,明确表示予以支持。副省长贺天才参加调研,省邮政管理局党组书记、局长秦红保陪同调研。

11月10日 省邮政管理局修订印发《山西省邮政管理系统干部选拔任用纪实工作实施办法》《山西省邮政管理系统领导干部任职试用期满考核实施办法(试行)》,进一步规范干部选拔任用和领导干部试用期满考核工作。

11月10日至11日 省邮政管理局党组书记、局长秦红保深入太原市、临汾市调研督导快递业务旺季服务保障工作。省局办公室、市场监管处负责人陪同调研,省快递协会负责人在太原陪同慰问,太原市邮政管理局、临汾市邮政管理局主要负责人分别在属地陪同调研。

11月14日、16日 省邮政管理局党组成员、纪检组组长、副局长高日勇带队深入部分省级快递分拨中心,调研督导快递业务旺季服务保障工作。省局市场监管处、太原邮政管理局相关负责人陪同督导检查。

11月15日 省邮政管理局召开全省邮政管理系统警示教育电视电话会议。局党组书记、局长秦红保出席会议并讲话,局党组成员、纪检组组长、副局长高日勇主持会议,局党组成员、副局长赵光参会。省局机关全体党员干部、省邮政业安全中心负责人在主会场参加会议,各市局机关全体党员干部、市邮政业安全中心负责人在分会场参加。

11月16日 省邮政管理局党组印发《学习宣传贯彻中共二十大精神工作方案》,深入学习宣传贯彻中共二十大精神。

11月21日 省长蓝佛安对省邮政管理局呈报的《关于农村寄递物流服务全覆盖民生实事进展情况的报告》作出批示。他对省邮政管理局推动农村寄递物流服务全覆盖所做的努力表示肯定,要求进一步研究加快农产品上行措施,畅通农产品进城通道。副省长在批示中要求,省邮政管理局大力推动农村寄递物流服务全覆盖民生实事,为畅通城乡循环,释放农村消费潜力,促进乡村振兴做出贡献,进一步融入山西发展大局,对接发展规划,实现更高质量发展。肯定全省农村寄递物流服务全覆盖工作成效。

12月1日 省邮政管理局召开党组理论学习中心组学习会议,对中共二十大精神进行再学习再领悟。局党组书记、局长秦红保主持会议并讲话,省局党组理论学习中心组成员参加学习。

12月2日 省邮政管理局召开2022年重点工作推进暨2023年工作思路研讨会。局党组书记、局长秦红保主持会议并对年终重点工作进行强调部署;局党组成员、纪检组组长、副局长高日勇,局党组成员、副局长赵光结合分管工作,安排年终重点工作并提出2023年工作打算;省局机关各处室、省邮政业安全中心主要负责人参加会议。

12月4日 省邮政管理局组织开展主题为"学习宣传贯彻中共二十大精神 推动全面贯彻实施宪法"2022年邮政快递业"宪法宣传周"宣传活动。

12月6日 省邮政管理局召开全省邮政快递业安全生产视频调度会议。局党组成员、纪检组组长、副局长高日勇出席会议并讲话。局市场监管处全体人员、普遍服务处、省邮政业安全中心相关人员,各市邮政管理局分管领导,普遍服务科、市场监管科(行业管理科)负责人,市邮政业安全中心负责人,各品牌企业省级公司负责人参加会议。

12月13日 省邮政管理局举办2022年企业许可申请线上填报专题培训。全省各快递品牌省级公司许可负责人和相关人员共40余人参加培训。

12月16日 省邮政管理局举办2022年度全省邮政行政执法培训班。培训以腾讯会议形式组织。省局机关各处室相关人员在主会场参训,各市邮政管理局分管局领导、相关执法人员在分会场参训。

12月22日 省邮政管理局党组书记、局长秦红保主持召开全省邮政快递行业保通保畅视频调度会议。各处室负责人、市场监管处全体人员,省邮政业安全中心负责人,各市邮政管理局局长、分管副局长、市场监管(行业管理)科科长,主要品牌寄递企业省级公司负责人参加会议。

同日 省邮政管理局党组书记、局长秦红保带队前往中通、韵达、顺丰省级企业实地督导干线运输车辆排队、邮件快件积压处置以及末端网点配送等情况。局市场监管处主要负责人陪同调研。

12月23日 省邮政管理局印发《山西省畅通邮政快递服务保障民生物资医疗物资寄递工作方案》,要求切实畅通邮政快递服务,保障民生物资和医疗物资寄递。

12月26日 省邮政管理局局党组召开扩大会议,专题学习传达省委经济工作会议精神。局党组书记、局长秦红保主持会议并讲话,局党组成员、副局长赵光参加会议,省局机关副处级以上干部参加会议。

同日 省邮政管理局党组印发通知,要求深入贯彻落实中共二十大决策部署,锲而不舍落实中央八项规定及其实施细则精神,持续发力做好纠"四风"树新风工作,坚决遏制节日期间不正之风反弹回潮,确保风清气正、廉洁过节。

(资料提供:常 敏)

山西省邮政业安全中心大事记

1月4日 省邮政业安全中心印发《山西省邮政快递业旺季运行信息专报》第一期。

1月7日 省邮政业安全中心党支部书记参加省邮政管理局党组组织召开的2021年度党组织书记抓基层党建工作述职评议会议,并作抓基层党建工作情况汇报。

同日 省邮政业安全中心党支部举办"学楷模、勇担当、建新功"主题党日活动,深入学习"新时代快递员楷模"张裕先进事迹。

1月11日 省邮政业安全中心召开专题会议,传达学习国家邮政局局长马军胜在2022年全国邮政管理工作会议上的重要讲话精神,并就贯彻落实讲话精神提出具体要求。

1月14日 省邮政业安全中心主要负责人参加省邮政管理局召开的北京2022年冬奥会和冬残奥会期间全省寄递渠道安全和服务保障工作动员部署电视电话会议。

1月17日 省邮政业安全中心党支部召开支委理论学习中心组(扩大)学习,集体学习习近平在省部级主要领导干部学习贯彻中共十九届六中全会精神专题研讨班开班式上发表的重要讲话。

同日 省邮政业安全中心开展春节期间廉政警示教育,集体观看电视专题片《零容忍》第一集。

同日 省邮政业安全中心印发《山西省邮政快递业旺季运行信息专报》第二期。

同日 省邮政业安全中心组织开展2021年度干部考核工作,督促党员干部做好个人自评,根据民主测评及日常表现确定2021年度干部考核等次。

1月18日 省邮政业安全中心党支部研究通过中心事业单位工作人员奖励的决定,决定给予黄俊卿、赵虎2人嘉奖。

1月19日 省邮政业安全中心领导班子召开党史学习教育专题民主生活会,围绕"大力弘扬伟大建党精神、坚持和发展党的百年奋斗历史经验、坚定历史自信、践行时代使命、厚植为民情怀、勇于担当作为、团结带领人民群众走好新的赶考之路、加快建设邮政强国"主题,深入进行党性分析,严肃开展批评和自我批评。

1月24日 省邮政业安全中心主要负责人参加省邮政管理局召开的2022年度全省邮政管理工作电视电话会议。

同日 省邮政业安全中心主要负责人参加山西省邮政管理局召开的党史学习教育总结电视电话会议。

1月25日 省邮政业安全中心召开会议,传达贯彻2022年全省邮政管理工作电视电话会议精神,并就贯彻落实会议精神,做好全年工作提出部署要求。

1月27日 省邮政业安全中心印发《山西省邮政快递业旺季运行信息专报》第三期。

1月28日 省邮政业安全中心制订《北京2022年冬奥会和冬残奥会期间山西省寄递渠道安全和服务保障工作实施方案》,开展北京2022年冬奥会和冬残奥会期间全省寄递渠道安全和服务保障工作。

2月7日 省邮政业安全中心印发《山西省邮政快递业旺季运行信息专报》第四期。

2月14日 省邮政业安全中心起草《山西省邮政业应急保障队伍建设实施方案(征求意见稿)》,向9个省级企业征求应急保障队伍建设相关意见。

同日 副省长汤志平专程调研省邮政管理局。省邮政业安全中心人员代表省邮政管理局就山西省邮政快递大数据平台运行情况做具体汇报。

2月17日 省邮政业安全中心组织各市局及市邮政业安全中心负责领导及相关人员共130余人次,参加国家局安全中心实名制监督管理系统和"两联"项目技术应用培训会议。

同日 省寄递渠道安全监管"绿盾"工程建设领导小组办公室印发《关于2022年1月份全省"绿盾"工程建设和应用情况的通报》。

2月18日 省邮政业安全中心党支部召开支委会理论学习中心组(扩大)学习,集体学习习近平总书记在晋考察调研和看望慰问基层干部群众的重要指示精神等重要内容。

2月21日 省邮政业安全中心印发《山西省邮政快递业旺季运行信息专报》第五期。

2月23日 省邮政业安全中心主要负责人参加省邮政管理局召开的2022年全省邮政市场监管工作电视电话会议。

2月25日 省邮政业安全中心组织相关人员通过在线培训方式,参加省司法厅举办的第八期"行政执法大讲堂"培训活动。

3月1日 国家局党组成员、副局长廖进荣视频连线省邮政业安全中心,询问了解中心组建和工作开展情况并予以肯定。中心向廖进荣副局长呈报《山西省邮政业安全中心工作开展情况汇报》。

同日 省邮政业安全中心印发《山西省邮政快递业旺季运行信息专报》第六期。

3月3日 省邮政业消费者申诉中心起草《山西省邮政管理局关于规范"12345"政务服务便民热线工单处理流程的通知》,要求各承办市邮政管理局高度重视"12345"政务服务便民热线处理工作,制订市局热线工单处理流程,提高工单处理质量。

3月4日 省邮政业安全中心主要负责人参加省邮政管理局召开的2022年全省邮政管理系统党建暨党风廉政建设工作电视电话会议。

3月8日 山西省寄递渠道安全监管"绿盾"工程建设领导小组办公室印发《关于2022年2月份全省"绿盾"工程建设和应用情况的通报》。

3月9日 省邮政业安全中心党支部召开2021年度组织生活会并开展民主评议党员工作。

3月10日 省邮政业安全中心印发《新闻宣传管理办法和各类假期及考勤办法》,进一步规范中心新闻宣传和考勤工作。

3月11日 省邮政业安全中心党支部召开2022年度意识形态专题会议,决定成立意识形态工作领导小组。

3月14日 省邮政业安全中心印发《山西省邮政快递业运行信息专报》第七期。

同日 省邮政业安全中心制订2022年培训及会议计划,培训内容包括党建、公文、财务、保密工作、新闻宣传、申诉服务、安全生产和"绿盾"工程信息系统应用等。

3月17日 省邮政业安全中心相关人员参加

省邮政管理局召开的《山西省邮政业发展“十四五”规划》宣贯实施电视电话会议。

3月18日 省邮政业安全中心成立保密工作领导小组，统筹抓好中心各项保密工作。

3月21日 省邮政业安全中心印发《山西省邮政快递业运行信息专报》第八期。

3月22日 省邮政业安全中心印发《劳务派遣用工管理办法》，进一步加强和规范中心劳务派遣用工管理。

3月24日 省邮政业消费者申诉中心举办申诉处理培训班，提升申诉问题处理能力和水平，更好地保障邮政快递业用户的合法权利，提升用户满意度，申诉中心全体人员参训。

3月25日 省邮政业安全中心组织参加第九期“行政执法大讲堂”，重点学习行政执法三项制度，进一步加强对行政执法相关制度的认识理解，提升中心人员业务知识水平。

3月29日 省邮政业安全中心按照省邮政管理局《关于印发〈山西省邮政快递业应急保障队伍建设实施方案〉的通知》要求，组织邮政、顺丰、德邦、极兔、京东、中通、圆通、申通、韵达9个品牌省级公司统计寄递物流作业场地、设施设备、人员及应急物资储备等基本信息，建立应急保障队伍台账并进行备案，并印发《山西省邮政管理局关于公布山西省邮政快递业应急保障体系台账的通知》，公布各企业应急保障队伍台账信息。

3月31日 省邮政业安全中心召开2022年重点工作会议，印发《2022年重点工作》。

4月1日 省邮政业安全中心印发《山西省邮政快递业运行信息专报》第九期。

4月7日 省邮政业安全中心起草《山西省邮政管理局所属事业单位山西省邮政业安全中心2022年公开招聘工作人员实施方案》，跟进中心人员招录事宜。

4月13日 省邮政业消费者申诉中心迅速启动申诉处理应急响应机制，全力保障“12305”人工申诉热线畅通，“特事特办”涉及民生保障急需药品等物资，有力提升申诉处理满意率。

4月14日 省寄递渠道安全监管“绿盾”工程建设领导小组办公室印发《关于2022年3月份全省“绿盾”工程建设和应用情况的通报》。

4月26日 省邮政业安全中心印发配合开展全省邮政快递业安全生产大检查工作方案，抄送各地市邮政业安全中心，为地市安全邮政业中心开展工作提供业务指导。

4月27日 省邮政业安全中心组织各市邮政管理局、市邮政业安全中心、省级品牌邮政快递企业相关人员共计47人参加国家局安全中心“绿盾”工程安全监控中心使用培训。

4月28日 省邮政业安全中心印发《关于切实加强全省“绿盾”工程视频巡查监管系统应用的通知》，要求各市局进一步加强“绿盾”工程视频巡查监管系统应用工作。

4月29日 省邮政业安全中心开展诵红色经典·创廉政中心主题“读书月”活动，营造读书学习浓厚氛围。

同日 省邮政业安全中心组织女职工在线参观巾帼工匠展VR展厅。

5月6日 省邮政业安全中心党支部印发《山西省邮政业安全中心党建工作领导小组2022年全面从严治党工作要点》《2022年党风廉政建设工作要点》。

同日 省邮政业安全中心印发《山西省邮政快递业运行信息专报》第十期。

5月9日 省邮政业安全中心党支部召开支委会理论学习中心组（扩大）学习，集体学习习近平总书记在中央政治局常务委员会5月5日会议上的重要讲话精神、2022年全面从严治党工作要点和党风廉政建设工作要点等重要内容。

5月11日 省邮政业安全中心印发《山西省邮政快递业运行信息专报》第十一期。

同日 省寄递渠道安全监管“绿盾”工程建设领导小组办公室印发《关于2022年4月份全省“绿盾”工程建设和应用情况的通报》。

同日 省寄递渠道安全监管“绿盾”工程建设领导小组办公室开展“绿盾”工程固定资产盘查，对省、市邮政管理局及各品牌企业“绿盾”工程信息系统的信息化固定资产进行确认及贴签。

5月12日 省邮政业安全中心印发《2022年山西省邮政业安全中心精神文明建设工作要点》，坚持以党的政治建设为统领，紧紧围绕迎接宣传贯彻中共二十大这条主线，大力弘扬社会主义核心价值观，着力提升中心精神文明建设水平。

同日 省邮政业安全中心组织中心全员参加国家邮政局邮政业安全中心以视频会议形式开展的信息安全意识培训。

5月17日 省寄递渠道安全监管“绿盾”工程建设领导小组办公室建立“绿盾”工程系统工作简报制度，并编制第一期《山西省“绿盾”工程系统应用工作简报》。

同日 省邮政业消费者申诉中心开展邮政快递企业申、投诉处理人员轮值培训。

5月18日 省邮政业安全中心组成调研小组，深入中通、极兔、圆通、韵达等省级快递企业实地调研指导，提升视频联网巡查系统视频点位的覆盖率和在线率。

5月20日 省邮政业安全中心党支部开展“党员心声大家谈”主题党日，集体学习《中国共产党发展党员工作细则》，党员代表谈入党心路历程。

5月23日 省邮政业安全中心印发《山西省邮政快递业运行信息专报》第十二期。

5月27日 省邮政业安全中心开展2022年度“博爱一日捐”募捐活动。

6月1日 省邮政业安全中心政务网站正式上线运行。网站基于国家邮政局邮政业安全中心网站群系统建设，是全国第二个上线运行的省级邮政业安全中心网站，进一步填补全国省级邮政业安全中心网站建设空白。

同日 山西省邮政业安全中心印发《山西省邮政快递业运行信息专报》第十三期。

6月6日 省邮政业安全中心党支部召开支委会理论学习中心组（扩大）学习暨双周集体学习。学习习近平总书记在庆祝中国共产主义青年团成立100周年大会上的讲话精神；中共十九届六中全会《决议》第一部分、习近平总书记关于安全生产重要论述等重要内容。

同日 省邮政业安全中心根据山西省邮政管理局工作部署，开展山西省邮政快递业基础数据信息采集统计工作。

6月7日 省邮政业安全中心印发《〈山西省邮政业发展“十四五”规划〉分工方案》，结合科室职责和任务分工，进一步促进全省邮政业安全管理能力和水平显著提升。

6月8日 省邮政业安全中心举办新闻宣传内部专题系列培训，进一步提高中心人员新闻宣传敏锐度和写作能力，促进中心新闻宣传工作提质增效。

6月9日 山西省寄递渠道安全监管“绿盾”工程建设领导小组办公室编制《山西省“绿盾”工程系统应用工作简报》第二期。

同日 山西省寄递渠道安全监管“绿盾”工程建设领导小组办公室印发《关于2022年5月份全省“绿盾”工程建设和应用情况的通报》。

6月13日 省邮政业安全中心向各市邮政管理局发放“绿盾”工程主要功能指南，进一步发挥“绿盾”工程优势，全面深化“绿盾”工程信息化应用，统筹做好维护行业稳运行、保畅通工作。

同日 省邮政业安全中心为全省336家许可企业编印发放安全生产法律法规汇编。

同日 省邮政业安全中心印发《山西省邮政快递业运行信息专报》第十四期。

6月17日 省邮政业安全中心党支部召开党员大会，大会选举李宏为中共山西省邮政业安全中心支部委员会副书记，增选付松波为中共山西省邮政业安全中心支部委员会委员。

同日 省邮政业安全中心党支部明确领导班子成员分工，进一步抓好中心各项工作。

6月20日 省邮政业安全中心召开年度重点工作推进会议，听取年度重点工作进展情况汇报，对下一步工作进行安排部署。

6月21日 省邮政业安全中心印发《山西省邮政快递业运行信息专报》第十五期。

6月22日 省邮政业安全中心开展“送法入企”主题宣传教育活动，深入贯彻省邮政管理局关于安全生产工作系列部署，进一步增强邮政快递企业法律法规意识，当好第一责任人。

6月23日 省邮政业安全中心召开双周学习例会，集体学习《生命重于泰山——学习习近平总书记关于安全生产重要论述》电视专题片、中共十九届六中全会《决议》第二部分、信息安全法部分内容。

6月27日 省邮政业安全中心党支部成立省局党组巡察期间服务保障工作领导小组，负责按照巡察工作的总体安排，协调解决巡察工作中的有关问题，确保中共山西省邮政管理局党组巡察组在中心巡察期间工作的正常开展。

同日 省邮政业安全中心组织开展2022年全省邮政快递业第一批安检机培训，培训49人次并发放合格证书。

6月28日 省邮政业安全中心党支部开展“庆祝党的生日、弘扬红色精神”主题党日活动，组织全体党员前往彭真生平暨中共太原支部旧址纪念馆参观学习。

7月4日 省邮政管理局党组第二巡察组对省邮政业安全中心党支部开展为期一周的巡察工作。

同日 省邮政业安全中心组织进行2022年全省邮政快递业第二批安检机培训，培训45人次并发放合格证书。

同日 省寄递渠道安全监管“绿盾”工程建设领导小组办公室编制《山西省“绿盾”工程系统应用工作简报》第三期。

同日 省邮政业安全中心印发《山西省邮政快递业运行信息专报》第十六期。

7月6日 省寄递渠道安全监管“绿盾”工程建设领导小组办公室印发《山西省“绿盾”工程信息化建设应用管理办法(试行)》。

7月11日 省邮政业安全中心编印《山西省农村寄递物流全覆盖文件汇编》，为各市邮政管理局、邮政快递企业开展农村寄递物流全覆盖数据采集工作提供支撑。

同日 省邮政业安全中心印发《山西省邮政快递业运行信息专报》第十七期。

7月12日 省寄递渠道安全监管“绿盾”工程建设领导小组办公室组织召开全省“绿盾”工程信息化建设应用工作视频调度会议。省局党组成员、副局长、省“绿盾”工程建设领导小组组长高日勇出席会议并讲话。省局市场监管处负责人、省邮政业安全中心全体人员，太原市邮政管理局分管领导、市场科、市邮政业安全中心全体人员在主会场参会；各市邮政管理局分管领导、市场监管科、市安全中心全体人员在分会场参会；省、市主要品牌快递企业相关负责人以腾讯会议形式参会。

同日 省邮政业安全中心组织召开全省农村寄递物流服务全覆盖数据对接推进会。中心分管领导、技术支撑科相关人员在主会场参会。中国邮政集团有限公司山西省分公司、各主要品牌快递企业省级公司主要负责人、农村寄递物流服务全覆盖工作相关负责人员、农村寄递物流服务全覆盖运营企业负责人、第三方共配系统运营企业山西区负责人以腾讯会议方式在分会场参会。

7月14日 省寄递渠道安全监管“绿盾”工程建设领导小组办公室印发《关于2022年6月份全省“绿盾”工程建设和应用情况的通报》。

7月15日 省邮政业安全中心完成全省1月至5月农村快件下行件1232.8万个数据的比对工作，并向省邮政管理局报告农村寄递物流服务全覆盖补贴数据比对情况。

7月18日 省邮政业安全中心组织进行2022年全省邮政快递业第三批安检机培训，培训45人次并发放合格证书。

7月19日 省邮政业安全中心党支部决定成立山西省邮政业安全中心党建工作领导小组，从严从实抓好党的建设各项工作。

7月22日 省邮政业安全中心党支部召开支委会，研究决定黄俊卿、杨波两名副科级干部转正。

7月23日 省邮政业安全中心负责人及相关人员参加第五届数字中国建设峰会。

7月24日 省邮政业安全中心负责人及相关

人员赴福建参加国家邮政局邮政业安全中心组织的2022年部分省级邮政业安全中心座谈会。

7月25日 省寄递渠道安全监管“绿盾”工程建设领导小组办公室开展提高全省“绿盾”工程视频联网监控覆盖率和图像点位调整优化工作,通过规范“绿盾”工程视频联网接入工作,优化视频点位布局,提高视频监控覆盖率。

同日 省邮政业安全中心完成4名工作人员面试、体检和政审工作。

7月26日 省寄递渠道安全监管“绿盾”工程建设领导小组办公室通过腾讯会议组织召开全省信息系统(邮政行业综合管理平台)使用培训会议。各市邮政管理局、邮政业安全中心相关人员共40余人参加。

8月1日 省邮政业安全中心印发《山西省邮政快递业运行信息专报》第十八期。

8月4日 省邮政业安全中心通过腾讯会议召开全省行业基础数据采集工作专题培训会。省邮政业安全中心相关工作人员及专业技术人员、各许可企业负责人和管理员参会。

8月8日 省邮政业安全中心印发《关于加快全省行业基础数据信息采集统计工作的通知》,明确采集统计工作要求,加快推动全省行业基础数据信息采集统计工作。

8月9日 省邮政业安全中心主要负责人参加2022年全省邮政管理局长座谈会并作交流发言。

同日 省寄递渠道安全监管“绿盾”工程建设领导小组办公室印发《关于2022年7月份全省“绿盾”工程建设和应用情况的通报》。

8月12日 省邮政业安全中心印发《山西省邮政快递业运行信息专报》第十九期。

同日 省邮政业消费者申诉中心受邀参加太原市快递行业工会联合会举办的太原市快递从业人员技能提升培训班,对太原市12家品牌企业60余名快递从业人员开展投、申诉处理技能提升专题培训。

8月15日 省邮政业安全中心召开专题会议,深入学习贯彻2022年全省邮政管理局长座谈会精神,并就下半年工作作出安排部署。

8月16日 省邮政业安全中心深入邮政、联邦、敦豪、跨越等企业指导“绿盾”工程视频联网摄像头接入和图像点位调整优化工作。

8月17日 省寄递渠道安全监管“绿盾”工程建设领导小组办公室印发《山西省“绿盾”工程系统应用工作简报》第四期。

8月18日 国家邮政局举办处级干部学习贯彻中共十九届六中全会精神暨任职培训示范班,省邮政业安全中心设省视频分会场。省邮政业安全中心处级领导参加培训。

8月22日 省寄递渠道安全监管“绿盾”工程建设领导小组办公室印发《山西省2022年“绿盾”工程(一期)信息化应用考核办法》。

8月23日 省邮政业安全中心印发《山西省邮政快递业运行信息专报》第二十期。

同日 省邮政业安全中心组织开展公文写作专题培训,进一步加强中心人员公文写作的规范性和严肃性,提高公文写作能力、发文质量和收办文水平。

同日 省邮政业安全中心调整保密工作领导小组。

8月31日 省邮政业安全中心组织开展全省“绿盾”工程信息系统网络和信息化安全专题培训会议。省绿盾办领导小组相关处室人员、省邮政业安全中心全体人员、各市邮政管理局相关人员和邮政业安全中心全体人员50余人参加培训。

同日 省邮政业安全中心完成2022年公开招聘的4名工作人员公示、聘任工作。

9月1日 省邮政业消费者申诉中心获消费者赠予锦旗一面,肯定申诉中心专业高效的工作态度和工作水平。

9月2日 省直机关精神文明建设委员会印发通知,山西省邮政业安全中心获评“2021年度省直文明单位标兵”称号,自2020年以来连续两年获此称号。

同日 省邮政业安全中心党支部举办“筑牢理想信念、提高理论素养”主题党日活动,深入学习

《习近平谈治国理政》第四卷部分内容。

同日 省邮政业安全中心印发《山西省邮政快递业运行信息专报》第二十一期。

9月8日 省邮政业安全中心组织开展廉政警示教育专题教育。集体学习国家邮政局、省邮政管理局党组关于持续深入纠治"四风"的通知，观看廉政警示教育片，签订廉洁过节承诺书，确保节日期间崇廉尚俭、风清气正。

9月9日 省邮政业安全中心党支部召开2022年度巡察整改专题民主生活会。

9月13日 省寄递渠道安全监管"绿盾"工程建设领导小组办公室印发《关于2022年8月份全省"绿盾"工程建设和应用情况的通报》。

同日 省邮政业安全中心印发《山西省邮政快递业运行信息专报》第二十二期。

9月15日 省寄递渠道安全监管"绿盾"工程建设领导小组办公室技术人员赶赴运城市开展技术指导，帮助解决"绿盾"工程系统运行中存在的问题，并对农村寄递物流服务全覆盖工作推进情况进行实地调研。

9月19日 省邮政业安全中心主要负责人参加省邮政管理局召开的全省邮政快递业迎接中共二十大动员部署电话会议。

9月20日 省邮政业安全中心召开中共二十大期间寄递渠道安全和服务保障工作部署会议，学习传达贯彻全省邮政快递业迎接中共二十大动员部署电视电话会议精神，研究部署中心在中共二十大期间寄递渠道安全和服务保障工作。

同日 省邮政业安全中心印发《山西省邮政业安全中心中共二十大期间安全服务保障工作方案》。

同日 省寄递渠道安全监管"绿盾"工程建设领导小组办公室印发《山西省"绿盾"工程系统应用工作简报》第五期。

9月21日 省邮政业安全中心党支部印发《2022年支委理论学习中心组学习计划》。

9月22日 省邮政业安全中心负责人陪同省局党组成员、纪检组组长、副局长高日勇赴临汾市、运城市督导中共二十大期间寄递渠道安全和服务保障工作。

同日 省邮政业安全中心相关人员参加山西省邮政管理局举办的全省邮政管理系统办公室综合培训班。

同日 省邮政业安全中心印发《山西省邮政快递业运行信息专报》第二十三期。

同日 省邮政业安全中心建立中共二十大期间山西省邮政快递业行业运行信息日报制，在印发《山西省邮政快递业运行信息专报》的基础上，增印《中共二十大期间山西省邮政快递业行业运行信息日报》，监测全省各品牌企业身份证异常信息302条，从业人员自寄件信息33601件。

9月28日 省邮政业安全中心党支部向省邮政管理局党组报送2022年巡察整改专题民主生活会会议情况的报告，并完成巡察整改工作。

同日 省邮政业安全中心党支部审议通过《进一步贯彻落实中央八项规定精神实施细则（试行）》。

同日 省邮政业安全中心党支部召开专题会议总结上半年意识形态工作，部署下半年意识形态工作。

9月30日 省邮政业安全中心召开双周学习例会，集体学习《党课开讲啦》系列专题片。

10月4日 省邮政业安全中心主要负责人参加省邮政管理局召开的全省邮政快递业寄递安保视频调度会。

同日 省邮政业安全中心召开专题会议，第一时间传达国家局关于中共二十大期间寄递渠道安全和服务保障工作电视电话调度会议精神，对做好安全和服务保障工作进行再动员再部署。

10月11日 省邮政业安全中心制订中共二十大期间寄递渠道安全和服务保障专项视频巡检工作方案，充分发挥视频联网巡查监管系统线上监管优势，助力全省邮政快递业安全和服务保障工作。

同日 省邮政业安全中心与省网信办加强联络沟通，与黄河新闻网建立舆情合作机制，拓宽行业舆情监测渠道。

10月12日 省邮政业安全中心负责人参加省邮政管理局组织召开2022年三季度邮政普遍服务监督与保障政企联席会。

10月13日 省寄递渠道安全监管"绿盾"工程建设领导小组办公室印发《山西省"绿盾"工程系统应用工作简报》第六期。

10月16日 省邮政业安全中心组织全体党员干部集中观看中国共产党第二十次全国代表大会开幕会现场直播,认真聆听习近平代表第十九届中央委员会向中共二十大所作的报告。

10月17日 省邮政业安全中心党支部副书记李宏以"建功新时代 喜迎中共二十大——省邮政业安全中心发展的必由之路"为题,为中心全体党员干部开展讲党课活动。

同日 省邮政业安全中心召开双周学习例会,集体学习《中国共产党第二十次全国代表大会在京开幕 习近平代表第十九届中央委员会向大会作报告》等内容。

同日 省邮政业安全中心党支部召开"跟党走——喜迎中共二十大、奋进新征程"主题党日,视听学习《奋进赶考路》第一期。

10月18日 省邮政业安全中心负责人陪同省局党组书记、局长秦红保赴晋中调研中共二十大期间寄递渠道安全保障和农村寄递物流体系建设工作。

10月20日 省邮政业安全中心组织开展2022年度"送温暖、献爱心"募捐活动。

10月21日 省邮政管理局"绿盾"办印发《关于2022年9月份全省"绿盾"工程建设和应用情况的通报》。

10月25日 省邮政业安全中心党支部召开理论学习中心组(扩大)学习,学习习近平总书记在二十届中共中央政治局常委同中外记者见面时的重要讲话精神等内容。

10月28日 省邮政业消费者申诉中心制订《山西省邮政业消费者申诉中心中共二十大期间专项申诉处理工作保障方案》,强化中共二十大期间申诉处理工作,建立应急响应机制,特事特办,解决消费者"救命药"等紧急寄递需求。

10月31日 省邮政业安全中心主要负责人参加省邮政管理局召开的全省2022年快递业务旺季服务保障动员部署视频会议。

11月1日 省邮政业安全中心印发《山西省邮政快递业运行信息专报》第二十四期。

11月2日 省寄递渠道安全监管"绿盾"工程建设领导小组办公室印发《山西省"绿盾"工程系统应用工作简报》第七期。

11月4日 省邮政业安全中心召开2022年快递业务旺季服务保障工作部署会议,学习传达全省2022年快递业务旺季服务保障动员部署视频会议精神,对中心快递业务旺季服务保障工作进行研究部署和全面动员。

同日 省邮政业安全中心印发《2022年快递业务旺季服务保障工作方案》,充分发挥中心服务、支撑和保障职能,做好2022年快递业务旺季服务保障工作。

11月8日 省邮政业安全中心组成调研小组,赴太原古交市对快递统仓共配中心及周边农村末端服务站点进行实地调研。

11月9日 省邮政业安全中心制订《山西省邮政业安全中心督查督办工作管理办法(试行)》,以强化督查督办为抓手,高效推动国家邮政局、省邮政管理局重大决策部署的贯彻落实。

同日 省邮政业消费者申诉中心根据《山西省邮政业安全中心2022年快递业务旺季服务保障工作方案》,多措并举保障快递业务旺季期间申诉渠道畅通。

同日 省寄递渠道安全监管"绿盾"工程建设领导小组办公室印发《关于2022年10月份全省"绿盾"工程建设和应用情况的通报》。

11月10日 省邮政业安全中心组织全体党员干部职工开展中共二十大知识专题测试。

同日 省邮政业消费者申诉中心以视频会议形式召开2022年快递服务质量提升联席会议暨年度申诉、投诉处理培训班。省邮政业安全中心负责人、省邮政业消费者申诉中心全体人员、省快递协会、各主要品牌快递企业相关人员，共计30余人参加会议。

11月14日 省邮政业消费者申诉中心与申诉中心服务运营商签订“12305”信息推送服务合同，赋予“12305”申诉号码信息推送功能，提升申诉用户体验。

11月15日 省邮政业安全中心主要负责人参加省邮政管理局召开的全省邮政管理系统警示教育电视电话会议。

同日 省邮政业安全中心召开2022年度重点工作推进情况汇报会，全面梳理总结本年度重点工作，安排部署下阶段任务，做好年末收官冲刺工作。

11月17日 省邮政业安全中心召开警示教育大会，全面贯彻落实全省邮政管理系统警示教育电视电话会议精神。

同日 省邮政业安全中心党支部开展“学习中共二十大——跟党走，奋进新征程”主题党日活动。

11月30日 省邮政业安全中心党支部召开支委理论学习中心组（扩大）学习，学习《中共中央关于认真学习宣传贯彻中共二十大精神的决定》等内容。

同日 省邮政业安全中心召开双周学习例会，学习中国共产党第二十次全国代表大会关于《中国共产党章程（修正案）》的决议等内容。

12月2日 省邮政业安全中心主要负责人参加省邮政管理局召开的2022年重点工作推进暨2023年工作思路研讨会。

12月6日 省寄递渠道安全监管“绿盾”工程建设领导小组办公室印发《山西省“绿盾”工程系统应用工作简报》第八期。

12月8日 省寄递渠道安全监管“绿盾”工程建设领导小组办公室印发《关于2022年11月份全省“绿盾”工程建设和应用情况的通报》。

12月9日 省邮政业安全中心主要负责人参加国家局安全中心召开的省级邮政业安全中心主任见面会并作交流发言。

12月12日 省邮政业安全中心组织开展会商系统操作技术专题培训，进一步提升人员综合素质，熟练操作会商系统，做好会议保障工作。

同日 省邮政业安全中心调整精神文明建设工作领导小组，进一步加强对精神文明建设工作的领导，巩固精神文明创建成果。

12月13日 省邮政业安全中心党支部开展“深入学习党章，推进新时代党的建设”主题党日活动，集体学习《中共二十大党章修正案学习问答》部分内容。

12月16日 省邮政业安全中心党支部印发《学习宣传贯彻中共二十大精神工作方案》。

12月21日 省邮政业安全中心开展2022年度劳务派遣用工年度考核，通过全方位考核嘉奖提升劳务派遣用工工作积极性、主动性。

12月22日 省邮政业安全中心主要负责人参加山西省邮政管理局党组书记、局长秦红保主持召开的全省邮政快递行业保通保畅视频调度会议。

12月23日 省邮政业安全中心学习传达全省邮政快递行业保通保畅视频调度会议精神，通过建立保通保畅信息日报制、强化视频线上巡检、积极开展宣传引导和保障申诉渠道畅通等举措做好行业保通保畅工作。

12月28日 省邮政业安全中心召开双周学习例会，专题学习中共二十大精神。

同日 省邮政业安全中心开展廉政警示教育，视听学习廉政警示教育片。

（资料提供：段荣开）

太原市邮政管理局大事记

1月4日 太原市邮政管理局印发《太原市邮政管理局关于做好2022年全市邮政快递业安全生产工作的通知》,就2022年全市邮政快递业安全生产工作进行安排部署。

1月5日 太原市邮政管理局执法人员对当日发行的《壬寅年》特种邮票进行监督检查。

1月6日 太原市委副书记、市长张新伟主持召开市政府常务会议,专题传达学习国务院办公厅《关于加快农村寄递物流体系建设的意见》,听取市邮政管理局对《意见》的解读和太原寄递物流体系建设进展情况汇报。张新伟对市邮政管理局在2021年取得的显著成绩予以充分肯定。

1月7日 太原市邮政管理局组织召开邮政快递行业精神文明创建工作培训会。会议邀请市文明办项卫红来局授课,太原市邮政快递各主要品牌企业相关负责人、太原市邮政管理局机关、市邮政业安全中心相关工作负责人等20余人参加培训。

1月12日 太原市邮政管理局与快递协会组织召开快递企业末端网点备案工作座谈会,发挥政企联动优势,帮助企业解决在末端网点备案中存在的实际困难和问题,切实提高全市网点备案率。邮政、顺丰、中通等21家品牌快递企业相关人员参加会议,副局长薛伟民主持会议并讲话。

1月13日 太原市快递行业非公党组织实现主要品牌全覆盖,顺丰、三通一达、极兔、京东等9家主要品牌企业均建立党组织。

1月20日 太原市邮政管理局联合公安、国安印发《北京2022年冬奥会和冬残奥会期间全市寄递渠道安全服务保障工作实施方案》,对冬奥会期间全市寄递渠道安保工作进行联合部署。

1月21日 太原市邮政管理局党组召开党史学习教育专题民主生活会,局党组书记、局长董刚主持会议。

1月25日 国家邮政局举行2022年第一季度例行新闻发布会,通报2021年快递服务满意度调查和时限准时率测试结果,调查显示,在公众满意度得分上,太原位居首位。

1月27日 中国邮政集团有限公司太原市分公司召开2022年度工作会议。市邮政管理局副局长薛伟民出席会议并讲话。

1月28日 太原市劳动竞赛委员会印发《关于为在2021年度开展的“庆祝建党100周年全市百万职工聚焦点‘六新’助力转型”暨第十二届职工职业技能竞赛中获奖选手记功的决定》,太原市快递行业工会联合会记集体三等功,12名优秀参赛选手分别记一、二、三等功。

1月30日 根据太原市邮政管理局和行业党委安排部署,行业工会将中华全国总工会2022年元旦、春节慰问金发放至快递员手中,把党和政府的关怀及工会组织的温暖送到一线职工心坎上。

2月5日 太原市邮政管理局执法人员对当日发行的《第24届冬季奥林匹克运动会开幕纪念》邮票进行监督检查。

2月7日 为保障春节及冬奥会期间全市寄递渠道安全,太原市邮政管理局由局领导带队,以“四不两直”的方式对顺丰、韵达快递企业进行夜间突击检查。

2月11日 太原市邮政管理局召开专题学习会,传达部署2022年全省邮政管理工作会议精神。

同日 太原市邮政管理局联合市直多单位共

同开展“志愿服务+主题党日”活动，向周围行人宣传习近平总书记关于厉行节约、反对浪费的系列指示批示精神。

2月14日 太原市邮政管理局召开党史学习教育总结会议，全面总结党史学习教育开展情况，进一步巩固拓展党史学习教育成果。市局机关、市邮政业安全中心全体党员干部参加。

同日 太原市邮政管理局开展2021年度选人用人“一报告两评议”工作。

2月16日 太原市邮政管理局召开专题学习会，传达学习习近平总书记在山西省考察调研看望慰问基层干部群众重要指示精神。

2月23日 太原市邮政管理局召开全市邮政管理工作会议，深入贯彻全省邮政管理工作会议和市委经济工作会议精神，系统总结2021年工作，科学研判发展形势，部署安排2022年重点工作。局党组书记、局长董刚作了题为“稳字头强谋划，创新驱动提效能为服务太原全方位推动高质量发展贡献力量”的工作报告。

2月28日 太原市邮政管理局党组书记、局长董刚以“深刻认识党史上的三个《决议》牢固树立《两个确立》”为题，为机关党员干部讲授专题党课。

3月1日 太原市邮政管理局对全国两会期间寄递渠道安全服务保障工作进行安排部署，全力维护全市寄递渠道安全稳定畅通。

3月7日 太原市邮政管理局联合市发改委、市财政局印发《关于认真落实〈2022年农村寄递物流服务全覆盖实施方案〉的通知》，完成“三县一市”运营企业遴选评审工作。

3月8日 太原市邮政管理局与市退役军人事务局等单位联合举办“女性健康美丽大讲堂”暨迎“三八”妇女节健康讲座。活动邀请2名专家分别就美妆技巧和女性日常保健两个内容进行讲授。

3月10日 在太原市两会期间，市长张新伟代表市政府向大会作报告。在服务业方面，报告提出要以消费升级为契机，推动服务业提质增效，推动生产性服务业专业化发展，推动实现农村寄递物流服务全覆盖。行业发展再迎重大政策利好。

3月15日 太原市邮政管理局开展“公平守正安心消费”“3·15”主题线上宣传活动。

3月16日 太原市邮政管理局召开全市邮政市场监管工作暨安全生产工作会议，会议采取视频会议形式进行。局党组成员、副局长李淑燕出席会议并作工作报告。

3月22日 太原市双拥单位考核验收组对市邮政管理局2021年度双拥单位创建工作进行考核验收，市局双拥工作领导小组成员参加考核。

3月30日 太原市邮政管理局组织召开2022年全市邮政普遍服务监管工作会议，局党组成员、副局长李淑燕出席会议并作工作报告。

同日 太原市邮政管理局组织召开2022年一季度普遍服务监督与保障政企联席会。市邮政分公司、省机要通信局和太原邮区中心分管领导、相关职能部门和区邮政分公司主要负责人参加会议。

4月2日 《太原市“十四五”新业态规划》正式印发，邮政快递业多项内容被纳入其中，为行业发展注入强大动力。

4月17日 太原市副市长李永强调研督导太原邮区中心、京东建南营业部、邮政EMS广场营业部等邮政快递企业。

4月24日 太原市邮政管理局积极组织机关及行业开展“致敬献身解放太原的英烈”网上鲜花主题活动，机关和行业共有520余人积极参与。

4月27日 太原市“扫黄打非”工作领导小组办公室印发了《关于通报表扬2021年全市“扫黄打非”工作先进集体和先进个人的通知》，太原市邮政管理局呼丽荣获“扫黄打非工作先进个人”称号。

4月28日 太原市委、市政府成立由市委书记和市长任组长的太原市物流保通保畅工作领导小组，市邮政管理局纳入领导小组成员单位，局长任成员。

4月30日 太原市邮政管理局召集敦豪、联邦、中铁、宅急送、传喜5家企业就分拨中心改扩建工作开展座谈，局党组成员、副局长李淑燕出席。

5月10日 太原市快递行业工会联合会组织举办慰问品捐赠接收活动仪式。市邮政管理局党组成员、副局长李淑燕,太原市总工会党组成员、四级调研员黄小飞、山西泽祥建设工程有限公司总经理张强出席仪式。

5月16日 太原市快递行业工会联合会联合市总工会开展行业慰问捐赠送温暖活动。太原市邮政管理局党组成员、副局长李淑燕,太原市总工会党组成员、四级调研员黄小飞参加活动。

5月27日 《太原市"十四五"现代物流发展规划》经太原市人民政府正式印发,邮政快递业多项内容被纳入其中。

同日 太原市委平安太原建设领导小组办公室印发《2021年度省考评我市平安建设情况通报》,太原市寄递物流安全管理在省考评市平安建设中排名一类。

6月2日 太原市邮政管理局开展第一轮机要通信安全专项检查。

同日 太原市邮政管理局组织召开全市邮政快递安全生产再动员再部署工作会议。市局党组成员、副局长李淑燕出席会议并讲话,市场监管科全体人员、各企业负责人参加会议。

6月8日 省委民生实事督导组在阳曲县开展农村寄递物流服务全覆盖工作专项督导。太原市邮政管理局党组成员、副局长李淑燕陪同督导。

同日 太原市保密工作专项督查组到太原市邮政管理局检查督导保密工作。

6月13日 太原市安全生产委员会通报2021年度全市安全生产和消防工作目标责任考核结果,太原市邮政管理局获评"先进单位"。

同日 太原市邮政管理局成立青年党员干部理论学习小组并开展第一次集中学习。

6月15日 省邮政管理局党组成员、副局长赵光一行赴太原市娄烦县、古交市,督导调研邮政普遍服务、农村寄递物流服务全覆盖建设及安全生产工作。

6月21日至24日 太原市邮政管理局党组成员、副局长李淑燕带队,先后深入娄烦县、古交市、清徐县、阳曲县全覆盖式督导推进农村寄递物流服务全覆盖工作。

6月28日 太原市邮政管理局召开2022年党建暨党风廉政建设工作会议,深入落实全省邮政管理系统党建暨党风廉政建设工作会议部署要求,总结回顾2021年工作,研究部署2022年任务。市邮政管理局机关及事业单位全体人员参加会议。

7月1日 太原市邮政管理局召开创建清廉机关动员部署会暨廉政专题党课。党组成员、副局长李玉峰作动员讲话并讲授廉政专题党课。市邮政管理局机关、市邮政业安全中心全体人员参加会议。

同日 太原市快递行业工会组织快递企业参加市总工会开展的"喜迎中共二十大 永远跟党走 建功新时代"职工摄影展,行业工会获得优秀组织奖,选送摄影作品获一等奖1名、优秀奖3名。

7月5日 太原市快递外卖配送行业工会联合会暨第一次会员代表大会召开,太原市快递行业工会联合会及11家品牌快递企业共计27名代表参加会议。市总工会领导出席会议并讲话。

7月11日 太原市邮政管理局组织开展第一批政府购买劳务派遣人员招聘工作。

同日 太原市邮政管理局邀请"新思想在山西"市委宣讲团进局开展专题宣讲,太原市委党校青年教师、市基层理论宣讲员樊睿静进行现场授课。局党组成员、副局长李玉峰主持宣讲会,局机关全体党员干部、部分快递企业党员代表参加宣讲活动。

7月12日 太原市邮政管理局党组召开会议,专题研究部署2022年全市邮政快递业生态环保工作。

7月14日 太原市邮政管理局召开二季度普遍服务监督与保障政企联席工作会议。市邮政分公司、省机要通信局和邮区中心分管领导、相关职能部门和区邮政分公司主要负责人参加会议。

同日 太原市邮政管理局顺利寄出第一单快递企业分支机构名录,这标志着全市快递企业分支机构备案申请实现从申请到领取备案资质全流程网上办理。

同日 太原市发改委、市邮政管理局、市财政局联合召开全市农村寄递物流服务全覆盖工作推进会议，解决推进过程中存在的问题。市人大副主任、发改委主任何爱萍，市财政局副局长张文玲，市邮政管理局主要负责人出席会议。

7月21日 太原市邮政管理局对高校录取通知书寄递情况进行专项检查。

同日 太原市邮政管理局联合市公安局对寄递渠道安全工作进行联合督导检查。

7月22日 太原市邮政管理局党组成员、副局长李玉峰带队，深入娄烦县米峪镇曹家掌村，与驻村帮扶工作队、村“两委”负责人进行座谈调研，为工作队和村中“五保户”送去了慰问品。

同日 太原市邮政管理局组织全市主要品牌企业召开生态环保工作推进会，积极部署全年重点任务，推进“9917”工程全面落地。

同日 太原市邮政管理局召开2022年太原市邮政特邀监督员培训会议。各市、县邮政特邀监督员参加会议。

同日 太原市邮政管理局召开全市邮政快递业安全生产工作会议，对安全生产工作进行再部署再强调。局党组成员、副局长李淑燕出席会议并讲话。

7月28日 太原市邮政管理局组织召开2022年太原市寄递渠道安全管理领导小组会议，对2022年全市寄递渠道安全管理工作进行部署。市委政法委等9个领导小组成员部门参加会议，市检察院、市应急管理局、市消防救援支队受邀参会。

8月1日 太原市举行“八一”军事日活动，太原市邮政管理局党组书记、局长董刚应邀参加活动。

8月2日 太原市邮政管理局组织开展首批快递从业人员职业技能等级认定考试。

8月5日 太原市邮政管理局组织机关全体干部职工开展《锦绣河山》观影主题党日活动。

8月9日 太原市快递行业工会在火车站邮政快递揽投部站开展现场慰问，为一线快递员工送去800份消暑慰问品和工会组织亲切关怀。市快递行业党委、市快递外卖配送行业工会联合会共同参加慰问活动。

8月11日 太原市邮政管理局组织开展第二批政府购买劳务派遣人员招聘工作。

同日 太原市邮政管理局组织全局党员干部赴太原解放纪念馆，开展“牢记初心使命、传承红色血脉”主题党日活动。

同日 太原市邮政管理局召开党组扩大会议，迅速传达贯彻2022年全省邮政管理局长座谈会精神和局长秦红保讲话精神。

8月12日 太原市邮政管理局组织开展“健步行暨志愿服务”活动，局机关、市邮政业安全中心20余名干部职工参加主题活动。

8月15日 太原市邮政管理局党组成员、副局长李玉峰赴阳曲县调研指导非公快递企业党建工作。

8月16日 太原市邮政管理局开展高校录取通知书投递服务回访调查问卷工作，满意度均分9.85分。

8月17日 经太原市政府同意，市发展和改革委员会与市邮政管理局联合发布《太原市邮政业发展“十四五”规划》。

8月19日 太原市邮政管理局党组成员、副局长李玉峰带队赴清徐县调研督导乡镇邮政普遍服务工作。

8月29日 太原市安全生产委员会印发《关于表彰2021年度安全生产先进单位和先进个人的通报》，太原市邮政管理局张雨楠获“安全生产优秀个人”称号、呼丽荣获“安全生产先进个人”称号。

9月7日至19日 太原市邮政管理局组织开展辅助执法人员为期七天的入职培训。

9月9日 太原市物流快递行业治理专题政策理论“学用课堂”首次开课，太原市邮政管理局党组成员、副局长李玉峰进行现场授课，并同大家交流互动。

9月13日至16日 按照国家邮政局信件、包裹时限测试安排，太原市邮政管理局进行全国信件、包裹时限测试。

9月16日 太原市邮政管理局对太原市创建

文明城市窗口单位邮政营业厅开展督导检查。

9月20日 太原市邮政管理局组织党员干部前往山西省党风廉政教育基地,参观“牢记初心使命”党风廉政教育大型主题展,市局全体人员参加活动。

9月21日 太原市邮政管理局召开全市邮政快递业迎接中共二十大工作动员部署会议,局党组成员、副局长李淑燕出席会议并讲话。古交、娄烦邮政业安全中心,市邮政分公司、太原邮区中心,各省级品牌快递企业、各许可快递企业主要负责人参加会议。

9月23日 太原市快递行业工会联合会与市总工会干部学校联合举办2022年首期全市快递从业者职业技能提升培训,并取得阶段性成效。

9月27日 太原市邮政管理局党组成员、副局长李玉峰带队对太原市创建文明城市窗口单位邮政营业厅和中共二十大安保进行督导检查。

9月28日 太原市邮政管理局联合市场监督管理局开展以“绿色产品认证助力绿色快递发展”为主题的绿色产品与绿色认证宣传周活动。

同日 太原市邮政管理局联合市公安局、市国家安全局、市检察院等部门深入中国邮政集团有限公司太原邮区中心和太原国际邮件互换局开展中共二十大寄递渠道安全和服务保障督导检查。

同日 太原市邮政管理局联合公安、国安印发《中国共产党第二十次全国代表大会期间全市寄递渠道安全和服务保障工作方案》,切实保障中共二十大期间邮政快递业的正常运行。

9月29日 太原市邮政管理局组织召开2022年邮政机要通信能力提升培训暨强化中共二十大期间邮政机要通信工作动员部署会,局党组成员、副局长李玉峰参加会议并讲话。

9月30日 太原市邮政管理局全体公职人员进行“慈善一日捐”活动。

同日 太原市行业工会联合会组织开展“两节”基层网点慰问调研活动,对一线快递员进行慰问,并对全市快递行业会员发放110万元消费券。

同日 太原市邮政管理局联合市房产管理局印发《关于智能快件箱项目建设免费用地的通知》。

同日 太原市邮政管理局全体干部职工观看中央广播电视总台“烈士纪念日向人民英雄敬献花篮仪式”现场直播。

10月5日 太原市邮政管理局组织召开全市邮政快递业中共二十大寄递渠道安全和服务保障视频调度会议,局党组成员、副局长李淑燕出席会议并讲话。

10月8日 太原市邮政管理局组建成立太原市邮政管理局综合行政辅助执法队,有力加强行业监管力量。

10月16日 太原市邮政管理局领导带队,对《中国共产党第二十次全国代表大会》纪念邮票太原市区发行网点进行全覆盖检查。

10月20日 太原市邮政管理局联合邮政企业召开第三季度政企联席会议,重点对中共二十大期间邮件寄递安全、特殊服务等工作进行部署安排。

10月21日 太原市邮政管理局党组成员、副局长李玉峰带队赴清徐县专项督导中共二十大期间邮政普遍服务工作。

10月27日 太原市邮政管理局与市扫黄打非办、市文化执法队就寄递渠道出版物查堵工作开展联合督导检查。

10月31日 太原市邮政管理局组织召开党组扩大会议,传达学习中共二十大和二十届一中全会精神。

同日 太原市邮政管理局组织召开全市邮政快递业旺季服务保障动员部署会议,对旺季期间行业安全生产、应急维稳、权益保障等工作进行安排部署。

11月2日 太原市邮政管理局组织召开全市邮政快递业生态环保专题视频培训会。各主要邮政快递品牌企业负责人共50余人参加培训。

11月4日 太原市邮政管理局组织召开建局十周年座谈交流会。局党组书记、局长董刚主持会议并讲话。

11月7日至8日 太原市邮政管理局开展同城信件、包裹时限测试。

11月10日 省邮政管理局党组书记、局长秦红保赴韵达、京东分拨中心督导调研旺季服务保障工作，并慰问一线快递员。

11月15日 省邮政管理局党组成员、副局长高日勇赴清徐极兔、圆通、小店中通督导调研旺季服务保障工作。

11月18日 太原市邮政管理局组织召开2022年警示教育会议，深入学习贯彻中共二十大精神，全面落实全国、全省邮政管理系统警示教育电视电话会议精神，局党组书记、局长董刚出席会议并讲话。

11月28日 太原市邮政管理局党组成员、副局长李淑燕带队深入清徐县王答乡，联合县交通运输局、王答乡政府组织属地四家省级分拨中心召开座谈会议，现场办公、"一企一策"，为寄递企业纾困解难。

11月30日 太原市邮政管理局顺利完成农村寄递物流服务全覆盖乡镇和村级网点建设补贴发放工作。

12月6日 太原市邮政管理局组织局机关全体人员观看江泽民同志追悼会。

12月7日 太原市邮政管理局完成同城时限测试工作，邮件全程时限达标率均为100%。

同日 太原市邮政管理局召开全市邮政快递业安全生产视频调度会议。局党组成员、副局长李淑燕出席会议并讲话。

12月22日 太原市邮政管理局召开全市邮政快递业保通保畅视频调度会议，传达贯彻国家邮政局决策部署和山西省邮政快递业保通保畅视频调度会议精神，局党组成员、副局长李淑燕出席会议并讲话。

12月29日 太原市邮政管理局召开全市畅通邮政快递服务保障医疗物资寄递视频调度会议。局党组成员、副局长李淑燕出席会议并讲话。

（资料提供：魏胖胖）

大同市邮政管理局大事记

1月14日 大同市邮政管理局会同市公安局安排部署冬奥会和冬残奥会期间寄递渠道安全和服务保障工作。

1月26日 大同市邮政管理局党组召开党史学习教育总结会，深入学习贯彻习近平总书记关于党史学习教育的重要指示精神，总结回顾全局党史学习教育工作，对进一步巩固深化党史学习教育成果，推动全市邮政快递业高质量发展做出部署。

2月10日 大同市邮政管理局召开2022年全市邮政管理工作会议，总结回顾2021年全市邮政管理工作，安排2022年重点任务。

3月10日 大同市邮政管理局召开2022年度党建暨党风廉政建设工作会。

3月21日 大同市邮政管理局联合市发改委、市财政局共同印发《大同市农村寄递物流服务全覆盖实施方案》。

3月28日 省委常委、大同市委书记卢东亮深入大同顺丰分拨中心，调研督导工作。

4月1日 大同市政府印发《大同市生态环境保护"十四五"规划》，邮政快递业绿色发展等有关内容被纳入。

4月29日 中国邮政集团有限公司大同市左

云县分公司乡邮投递员皇甫永军获2022年"山西省五一劳动奖章"。

6月17日 大同市邮政管理局在京东分拨中心组织开展全市邮政快递业2022年度综合应急演练。

7月13日 大同市邮政管理局连续第二年获评"突出贡献单位"称号。

7月15日 左云县开始进行农村寄递物流服务全覆盖运营,标志着大同市6县全部农村寄递物流服务全覆盖全面开始运营。

8月31日 大同市邮政管理局向市委市政府汇报全市农村寄递物流服务全覆盖建设运营情况,获市长充分肯定。

9月15日 大同市邮政管理局工会组织机关全体人员开展"喜迎中共二十大、永远跟党走"健步走活动,为中共二十大胜利召开营造浓厚氛围。

9月19日 大同市邮政管理局联合国安、公安等部门专题安排部署邮政快递业迎接中共二十大寄递渠道安保工作。

9月21日 大同市邮政管理局牵头组织召开2022年大同市寄递渠道安全管理领导小组会议。

10月16日 大同市邮政管理局组织全体党员干部职工、从业人员收听收看中共二十大开幕会。

10月24日 大同市邮政管理局组织全体党员干部职工召开线上大讲堂,专题学习中共二十大报告精神。

10月26日 大同市邮政管理局引导邮政企业积极与属地政府对接,发挥国企担当,支援全市民生物资保供工作。

11月3日 大同市邮政管理局组织召开2022年全市邮政快递业旺季服务保障工作电视电话会议,安排部署旺季服务保障工作。

11月22日 大同市邮政管理局组织召开市局组建十周年座谈会,进一步提振全行业干事创业精气神。

12月26日 大同市人民政府拨付60万元专项资金支持中通、韵达两家品牌分拨中心升级改造,助力邮政快递业服务民生保通保畅工作。

(资料提供:李 东)

朔州市邮政管理局大事记

1月16日 朔州市邮政管理局联合烟草部门部署春节期间寄递渠道涉烟违法行为专项整治行动,督促寄递企业及其从业人员执行国家有关烟草专卖法律法规和政策规定,严格执行收寄验视制度、禁寄物品管理规定,防范涉烟禁寄物品进入寄递渠道。

1月17日至20日 朔州市邮政管理局开展北京冬奥会及春节前寄递渠道安全服务保障督导工作。督导组分别到全市主要品牌快递企业分拨中心及营业场所,详细检查各企业北京2022年冬奥会期间及春节前寄递安全管控准备工作。

1月25日 朔州市邮政管理局等十一部门联合印发方案保障快递员合法权益。从劳动报酬、社会保险、关爱关怀、群团组织健全、学历职称和技能评定等8个方面细化46项举措,深入推进快递员维权关爱工程取得实效。

1月28日 朔州市邮政管理局联合市工会、团委开展市快递青年服务月活动。三部门组成慰问组，到快递生产一线慰问快递小哥，并向快递员发放糕点、保温杯、食用油、小杂粮和对联等价值5万元的慰问品。

2月14日 朔州市邮政管理局联合工会在元宵节延续开展关爱快递员“暖蜂行动”。两部门志愿者提前准备好各式口味的汤圆等，与快递小哥共度欢乐、温馨的元宵佳节。

2月17日 朔州市邮政管理局推荐快递小哥献策市人代会健全农村三级寄递物流体系。贺鹏飞在参加朔州市七届人大一次会议时，提出围绕快递电商园区建设健全农村三级寄递网络体系建议的提案。

3月1日至4日 朔州市邮政管理局督导全国两会期间寄递渠道安全服务保障工作。

3月8日 朔州市邮政管理局联合团市委、市妇联开展“三八”妇女节慰问活动。慰问组向30名女职工代表发放沐浴露、洗发水、洗衣液、毛巾等节日慰问品。

3月10日 朔州市邮政管理局召开全市农村寄递物流体系建设工作推进会。传达全省农村寄递物流服务全覆盖工作动员部署会精神，对朔州市邮政快递业农村寄递物流体系建设工作作出部署安排。

3月15日 朔州市邮政管理局开展“安心快递你我同行”的“3·15”主题线上宣传活动。开展法规宣传、法律咨询、用邮指引等形式多样的线上宣传活动。

4月1日 朔州市邮政管理局联合三部门召开贯彻落实“七号检察建议”座谈会。宣讲“七号检察建议”的制发背景、意义和五条建议的主要内容，通报近年寄递违禁品犯罪典型案例。实地调研朔州圆通、中通、顺丰分拨中心，了解寄递企业“三项制度”落实情况。

5月7日 朔州市邮政管理局联合人社局发文推进基层快递网点优先参加工伤保险。

5月16日 朔州市邮政快递业3人获评全市“最美青年”称号。其中，2人获评“最美五四青年”称号，1人获评“最美青年岗位能手”称号。

同日 朔州圆通快递员张日军获评全省首届“三晋最美快递员”。

5月24日至26日 朔州市邮政管理局对全市18家邮政快递企业开展邮政快递业生产作业场所安全风险排查整治。

6月1日 朔州市邮政管理局启动第21个“安全生产月”活动。围绕“遵守安全生产法 当好第一责任人”主题，精心组织启动仪式和四个主题周活动等主题鲜明、形式多样、内容丰富的活动，在全市邮政快递业掀起“当好责任人、全员抓安全”的热潮。

6月10日 朔州市邮政管理局联合团市委、市公安局开展第十二个“全民禁毒月”主题宣传活动。活动以“青春禁毒 健康人生”为主题，组织全市11家快递品牌企业800余名快递员开展形式多样的宣传活动。

同日 朔州市邮政管理局获评“市级文明单位标兵”称号。

6月13日 朔州市邮政管理局联合市红十字会开展快递从业人员应急救护培训。全市11家快递品牌企业30名从业人员参加了培训。

6月24日 朔州市邮政管理局开展“廉洁邮管共建同行”主题党日活动。引导党员干部增强廉洁自律意识，推动清廉机关创建工作走向深入。

6月28日 朔州市邮政管理局召开农村寄递物流服务全覆盖工作现场推进暨实地观摩会。通报四县(市)村级快递便民服务点设置排名，就加快推进村级站点建设工作进行再强调再动员再部署。

7月1日 朔州市邮政管理局多形式开展“奋进新时代 喜迎中共二十大”主题党日活动。回顾光辉历程，讴歌伟大成就，共同庆祝党的101岁生日。

7月7日至11日 朔州市邮政管理局会同市政府省定民生实事落实情况督查组督导农村寄递物流全覆盖工作。督查组先后深入右玉中通分拨中心、怀仁市海北头村、应县极兔和山阴韵达分拨中心开展实地督导，详细了解建设情况。

7月8日 朔州市邮政管理局组织开展2022年度邮政快递业突发事件桌面推演。局相关负责人和市级企业主要负责人、安全员等15人现场进行桌面推演,县级企业负责人和安全员全程视频观摩。

7月25日 朔州市邮政管理局获评“2021年度促进朔州市经济发展重要贡献单位”。

8月15日至19日 朔州市邮政管理局开展文明交通志愿服务活动。活动期间,志愿者分批次身穿统一志愿者马甲、手持交通引导小红旗,在指定路口开展文明交通劝导志愿服务活动。

8月16日 省、市总工会对朔州市快递员开展“夏送清凉”慰问活动。慰问组向韵达、圆通、申通和顺丰等企业300名快递员送上水杯、毛巾、凉茶等消暑用品9件套,省总工会相关负责人听取行业工会近年来工作汇报,并和一线快递员代表进行座谈交流。

8月22日 朔州市邮政管理局联合市交通银行开展入企服务和慰问活动。慰问组向全市11个品牌快递企业50名快递小哥代表进行慰问,向快递员发放水杯、毛巾、凉茶等消暑用品9件套和安全骑行头盔,交通银行负责人向快递企业就物流专项再贷款政策进行宣讲。

8月25日 朔州市邮政管理局向市政府申请将朔城区、平鲁区纳入朔州市农村寄递物流服务全覆盖市级财政补贴范围。

9月6日 朔州市1704名快递小哥获300元/人工会消费券。电子消费券直接发至快递小哥“云闪付”账户,可在“云闪付”受理标识的餐饮类实体商户支付消费费用,电子消费券面值统一为10元,每次最多可使用10张。

9月9日 朔州市邮政管理局获2021年省级“青年文明号”称号。

9月22日 朔州市邮政管理局联合市检察院开展中共二十大期间全市寄递渠道联合执法检查。联合检查组深入邮政、顺丰、申通等10家邮政快递企业,通过听取负责人汇报、查看登记台账、调取监控等方式,详细了解企业在“三项制度”、中共二十大期间安保等方面的执行情况。

9月 在朔州市邮政管理局持续监督和有力指导下,朔州市邮政分公司于2022年10月1日启用新版应县木塔风景日戳1枚。

10月16日 朔州市邮政管理局专题检查《中国共产党第二十次全国代表大会》纪念邮票发行销售情况。由局领导带队赴零售网点开展销售全过程监督检查,重点核查邮票到库数量,检查零售网点信息公示、现场秩序、服务质量等情况。

10月26日 朔州市邮政管理局传达学习中共二十大精神,研究部署全市邮政快递行业学习宣传贯彻工作。

10月 朔州市邮政管理局全力以赴推进农村寄递物流服务全覆盖。山阴县、怀仁市、右玉县、应县4个县40个乡镇设点全部完成并悬挂门头标识。715个行政村全部设置便民服务点、全部悬挂标识。财政补贴涉及595个行政村,设点覆盖率100%,标识设置100%。

11月18日、11月28日 朔州市邮政管理局、共青团朔州市委,快递行业党委、快递协会联合分批组织两次邮政快递行业从业人员大型压力管理团体辅导,共计300余名快递员和行业干部职工参加线上辅导,27名来自朔州阳光之家心理咨询中心和全国各地的心理咨询师作活动支持。

11月 朔州市邮政管理局协调邮政、顺丰等企业为各县(市、区)运输医疗物资。

12月12日 朔州市邮政管理局修订《突发事件应急预案》及专项应急预案,提升应急处置能力。

12月16日至12月30日 朔州市快递行业党委协调非公工委,联系人社局,为朔州市邮政快递企业开设保通保畅招聘专场。

12月23日 朔州市邮政管理局召开全市邮政快递业保通保畅视频调度会议。

12月26日 朔州市邮政管理局向市总工会争取慰问9名行业困难职工,每人获得9000元补助。

(资料提供:高 伟)

忻州市邮政管理局大事记

1月5日 忻州市邮政管理局组织开展《壬寅年》特种生肖邮票发行专项监督检查。该邮票1套2枚，图案内容分别为：国运昌隆、虎蕴吉祥，全套邮票面值为2.4元，另发行小本票1本，售价16元。

1月7日 忻州市邮政管理局向中国邮政集团忻州分公司转发《国家邮政局关于修订印发〈邮政机要通信服务规范〉的通知》和《国家邮政局关于印发〈邮政机要通信场所建设和设施设备配置规范〉的通知》，要求有效贯彻落实两个“规范”，切实提升忻州市邮政机要通信管理及工作水平。

1月12日 忻州市邮政管理局党组成员、副局长葛宏林带领普遍服务科工作人员赴忻府区机要通信场所开展实地核查以及用户回访。

1月14日 国家邮政局召开全国邮政管理系统党史学习教育总结电视电话会议，忻州市邮政管理局全体党员干部参加会议，学习习近平总书记对党史学习教育工作的重要指示精神。

1月17日 中共忻州市邮政管理局党组根据省局党组精神，结合实际，制订《党史学习教育专题民主生活会方案》。

1月18日 忻州市邮政管理局召开专题会议，安排部署2022年北京冬奥会、冬残奥会期间全市寄递渠道安全和服务保障工作。党组成员、副局长葛宏林主持会议，党组书记、局长芦军强出席会议并讲话，各部门负责人，市场科全体人员，市邮政业安全中心负责人，中国邮政集团有限公司忻州市分公司负责人，市级快递企业负责人参加会议。

1月20日 忻州市邮政管理局完成忻州市年度目标责任考核接待工作，考核组第十三分组一行6人通过民主测评、查阅资料、谈心谈话等形式，全面考核忻州市邮政管理局2021年度党建和促进地方经济发展各项工作完成情况。

同日 忻州市邮政管理局党组召开党史学习教育专题民主生活会。党组书记、局长芦军强代表领导班子通报民主生活会准备情况和征求意见情况。省局督导组赵光、韩志艳到会指导，芦军强主持会议，党组成员、副局长、纪检组组长葛宏林参加会议，市局各部门负责人列席。

1月24日 省邮政管理局召开2022年全省邮政管理工作电视电话会议，忻州市邮政管理局领导班子，机关全体工作人员参加会议。

同日 山西省邮政管理局召开全省邮政管理系统党史学习教育总结电视电话会议，忻州市邮政管理局全体党员干部参加会议。

1月25日 忻州市邮政管理局召开党组中心组理论学习扩大会议，学习《党的十九届六中全会〈决议〉学习辅导百问》《中共中央关于党的百年奋斗重大成就和历史经验的决议》以及学习习近平在十九届中央纪委六次全会上的重要讲话精神。局党组书记、局长芦军强主持会议并讲话，局党组理论学习中心组成员及全体公务员参加会议。

1月27日 忻州市邮政管理局组织开展2022年度邮政普遍服务专题培训，推动精细管理，强化落实企业主体责任，为全年邮政普遍服务工作开好局、起好步奠定坚实基础。

同日 忻州市邮政管理局向邮政企业安排部署“第24届冬季奥林匹克运动会开幕纪念”纪念邮票发行工作，确保邮票发行工作顺利进行。

同日 忻州市邮政管理局联合市快递协会开展春节慰问活动，为春节期间不停运7家品牌快递企业“快递小哥”送去关爱。

1月28日 忻州市邮政管理局印发《关于坚决纠治“四风”确保元旦春节期间风清气正的通知》。

同日 忻州市邮政管理局开展春节、冬奥会期间寄递渠道安全服务保障工作专项检查，由局领导带队组成检查组深入极兔、顺丰、德邦、京东等快递企业分拨中心和末端网点开展督导检查。

1月30日 忻州市委常委、副市长温建军赴邮政快递企业，就春节期间安全生产工作进行督导检查。市政府督查专员刘建国，市交通运输局、市邮政管理局负责人及相关人员陪同检查。

2月6日 忻州市邮政管理局印发《关于做好2022年全市邮政快递业安全生产工作的通知》。

2月10日 忻州市邮政管理局督导检查冬奥会、冬残奥会期间全市寄递渠道安保工作。局领导分别带队，组成两个督导组，深入企业一线网点，对全市寄递渠道安保工作进行督导检查。

2月11日 忻州市邮政管理局召开2022年全市邮政管理工作会议，会议总结全局2021年工作情况，分析当前形势，就2022年重点工作做了安排部署。党组书记、局长芦军强主持会议并讲话，机关全体工作人员参加会议。

2月16日 忻州市邮政管理局召开党组理论学习中心组扩大会议，专题学习习近平总书记在山西考察调研看望慰问基层干部群众重要指示精神，并就如何贯彻落实作出安排部署。芦军强主持会议并讲话，局机关全体公务员参加会议。

2月21日 忻州市邮政管理局向忻州市人民政府提交《关于纳入忻州财政预算单位保障市级财政事权经费的请示》。

2月22日 忻州市委常委、副市长温建军专程深入忻州市邮政管理局，调研慰问机关党员干部并召开座谈会，高度肯定邮政快递业发展成绩，向奋战在一线的邮政快递从业人员致以问候。市政府督查专员刘建国，市交通运输局局长靳泽，市政府办公室相关负责人陪同调研。

2月23日 省邮政管理局召开全省农村寄递物流体系建设电视电话会议，忻州市邮政管理局全体工作人员、邮政业安全中心负责人、快递协会负责人以及市级品牌寄递企业主要负责人参加会议。

2月25日 忻州市邮政管理局召开党组扩大会议，学习“习近平总书记在山西省考察调研看望慰问基层干部群众重要指示精神”，局机关全体公务员参加会议。

2月28日 忻州市邮政管理局联合市发展改革委员会、市财政局印发《忻州市2022年农村寄递物流服务全覆盖实施方案》，促进农村消费升级，助力农民创收增收，推动全市邮政快递业高质量发展。

3月1日 忻州市邮政管理局联合市发展改革委员会印发《关于做好遴选忻州市农村寄递物流运营企业工作的通知》，切实做好农村寄递物流服务全覆盖工作。

3月2日 忻州市邮政管理局党组书记、局长芦军强带队赴忻府区快递网点开展日常检查。

同日 忻州市第五届人民代表大会第一次会议胜利闭幕，实施“快递进村”工程被写入忻州市人民政府工作报告，并将实现农村寄递物流服务全覆盖列为2022年一项重要工作任务。

3月3日 忻州市邮政管理局召开2022年党建暨党风廉政建设工作会议，总结回顾2021年党建和党风廉政建设工作，安排部署2022年工作任务。局党组书记、局长芦军强作党风廉政建设工作报告。市局领导班子、机关全体公务人员参加会议。

3月9日 忻州市邮政管理局组织召开2022年全市邮政管理工作会议。局党组书记、局长芦军强作工作报告，市局领导班子成员，机关全体公务人员参加会议。

3月11日 省邮政管理局召开2022年全省邮政普遍服务监管工作电视电话会议，省邮政管理局党组成员、副局长赵光作工作报告，忻州市邮政管理局进行经验交流，忻州市邮政管理局党组成员、副局长、纪检组组长葛宏林、普遍服务科全体人员参加会议。

3月14日 忻州市邮政管理局组织全局人员专题学习贯彻2022年全省邮政普遍服务工作会议

精神,并就贯彻落实会议精神提出具体要求。

3月15日 忻州市邮政管理局开展“诚信快递、你我同行”的“3·15”主题宣传活动。联合市市场监督管理局、发改委等22家单位召开忻州市2022年度消费者权益保护工作局际联席会,通过门户网站、微信公众号线上渠道,重点宣传快递业发展成就与社会贡献、快递员群体合法权益保障、寄递安全法规、行业绿色发展、诚信快递建设、用户合法权益保护、集邮市场法规知识等内容。

3月16日 忻州市邮政管理局党组召开专题会议,对全市邮政管理工作意识形态领域存在的问题和风险点进行分析研判,部署相关工作。

3月17日 忻州市邮政管理局为进一步完善邮政服务基础设施,同市规划和自然资源局、市住房和城乡建设局联合印发《关于推进智能信包箱(快件)箱建设的通知》,有效解决邮政、快递服务末端投递难题,提升邮政快递末端服务能力。

同日 为深入贯彻落实全国、全省邮政普遍服务监管工作会议精神,忻州市邮政管理局印发《2022年全市邮政普遍服务重点工作任务》。

同日 省邮政管理局召开《山西省邮政业发展“十四五”规划》宣贯实施工作电视电话会议,省邮政管理局党组成员、副局长赵光作宣贯实施工作讲话,忻州市邮政管理局全体干部参加会议。

3月18日 忻州市邮政管理局印发《忻州市“十四五”邮政业发展规划实施方案》,有力推动全市邮政快递业高质量发展。

同日 忻州市邮政管理局联合市疾控中心对忻州市顺丰快递处理场所开展环境检测排查工作,市疾控中心现场对企业消毒工作进行专业指导。环境检测结果全部为阴性。

3月23日 省邮政管理局召开2022年全省邮政市场监管工作电视电话会议,忻州市邮政管理局党组成员、副局长、纪检组组长葛宏林,市场监管科全体科员,市邮政业安全中心主任,市快递协会负责人,市级品牌邮政快递企业主要负责人参加。

3月25日 忻州市邮政管理局党组成员、副局长、纪检组组长葛宏林带队赴忻府区邮政企业调研“一市一品”农特产品进城项目,以管局作为、政府支撑、企业进取,多方合作为宗旨,着力推动邮政服务农村电商发展。

3月28日 忻州市邮政管理局召开党组中心组理论学习扩大会议,深入学习《中共山西省邮政管理局党组落实意识形态工作责任制实施细则》以及《关于转发〈中央保密委员会关于2021年全国窃密泄密案件情况的通报〉的通知》。局党组书记、局长芦军强主持会议并讲话,局机关全体公务员参加。

3月29日 忻州市委常委、副市长温建军专题听取农村寄递物流体系建设工作情况汇报,给予高度肯定,表态支持相关工作开展。

同日 忻州市邮政管理局联合市发改委、市财政局印发《忻州市2022年农村寄递物流服务全覆盖实施方案》,持续推进农村寄递物流体系建设,助力“快递进村”提质升级。

3月30日 忻州市邮政管理局与市规划和自然资源局、市住房和城乡建设局联合印发《关于推进智能信包(快件)箱建设的通知》,充分发挥部门合力,共同推进全市智能信包(快件)箱建设。

4月7日 国家邮政局召开中央第十二巡视组巡视中共国家邮政局党组工作动员会议,中央第十二巡视组组长作进驻动员讲话,国家邮政局党组书记、局长马军胜作表态讲话。忻州市邮政管理局党组书记、局长芦军强,党组成员、副局长、纪检组组长葛宏林参加会议。

4月20日 忻州市邮政管理局党组印发《忻州市邮政管理局2022年党风廉政建设工作要点》,要求各科室结合实际,抓好贯彻落实。

同日 忻州市邮政管理局党组印发《忻州市邮政管理局党建工作领导小组2022年全面从严治党工作要点》,要求各科室结合实际,抓好贯彻落实。

4月25日 根据省邮政管理局、市安委办要求,印发《开展邮政快递业安全生产大检查实施方案》,切实做好全市邮政快递业安全管理工作。

同日 忻州市邮政管理局成立忻州市邮政快递业保通保畅工作专班,负责统筹协调,指挥调度全市邮政快递业保通保畅工作。

4月28日 忻州市邮政管理局联合市人力资源和社会保障局印发《关于转发推进基层快递网点优先参加工伤保险实施方案的通知》。

同日 忻州市邮政管理局党组印发《关于“五一”端午期间坚决防止“四风”问题反弹的通知》。

5月4日 忻州市邮政管理局领导分组带队深入忻州市顺丰、极兔和三通一达分拨中心与定襄县中通、圆通、申通、韵达、顺丰等快递网点进行督导检查,解决企业难题,推动全市寄递企业稳定运营。

5月10日 忻州市邮政管理局党组按照省局和市直工委总体工作部署,制订《2022年理论学习中心组学习计划》。

5月17日至18日 省邮政管理局党组成员、副局长高日勇带队赴忻州市督导检查行业安全生产、保通保畅工作落实情况。督导组按照“查安排、查落实、查成效”的总体原则,深入忻州市顺丰、极兔、三通一达快递分拨中心和原平市快递同仓共配分拨中心开展现场检查,细致了解基层企业安全生产落实执行情况。省局市场监管处相关人员,市邮政管理局主要负责人及相关人员陪同督导检查。

5月25日 忻州市邮政管理局召开局内学习会议,局党组书记、局长芦军强领学《中共山西省邮政管理局党组印发〈关于进一步强化全省系统干部主动担当履职尽责意见〉的通知》,局党组成员、副局长、纪检组组长葛宏林带学“中共忻州市委保密委员会第一次全体(扩大)会议纪要”,局机关全体公务员参加会议。

6月1日 忻州市邮政管理局召开警示教育专题会议,深入学习领会习近平总书记关于党风廉政建设、廉洁文化建设的重要论述和党中央有关部署要求。党组书记、局长芦军强主持会议并讲话,局机关全体公务员参加会议。

6月9日 忻州市邮政管理局联合忻州市委组织部、忻州市委非公有制经济组织和社会组织工作委员会、忻州市市场监督管理局和忻州市交通运输局印发《关于加强全市新业态新就业群体党建工作的若干措施》,引导和促进快递物流行业健康快速发展,积极参与基层治理。

6月13日至28日 忻州市邮政管理局紧扣时间节点,主动搭建沟通平台,分县分时段组织全市13个县(市)运营企业和合作企业负责人召开农村寄递服务全覆盖工作运营推进会,进一步明确工作要求,压实企业责任,全力推进农村寄递物流服务全覆盖工作。

6月14日 忻州市邮政管理局召开党组中心组理论学习扩大会议,围绕习近平总书记在庆祝中国共产主义青年团成立100周年大会上的重要讲话精神等重点内容进行学习。局党组书记、局长芦军强主持会议并讲话,局全体公务员参加会议。

6月16日 忻州市邮政管理局紧紧围绕“遵守安全生产法,当好第一责任人”主题,主动作为,开展“安全生产月”咨询日活动。通过在市体育场悬挂宣传横幅和摆放展板,向过往群众发放宣传画册、宣传海报、宣传挂图、宣传手册等资料,并由工作人员面对面开展咨询问答服务,讲解法律法规、安全用邮常识、易燃易爆和危险化学品安全知识、应急处置和自救互救、防灾减灾救灾等知识。

同日 忻州市邮政管理局制订《2022年度重点工作联合推进实施方案》,深入贯彻落实省局和市委市政府重点工作精神。

6月21日 忻州市邮政管理局召开专题会议,认真学习《党委(党组)落实全面从严治党主体责任规定》《中共山西省邮政管理局党组落实全面从严治党主体责任实施细则》,专题研究全面从严治党、党风廉政工作。局党组书记、局长芦军强主持会议,机关全体公务员参加会议。

6月22日 忻州市邮政管理局向省邮政管理局呈报《关于对办公业务用房维修项目予以立项的请示》。

6月24日 忻州市邮政管理局联合市委组织部、市两新组织党工委、市市场监督管理局、市交通运输局印发《关于加强全市新业态新就业群体党建工作的若干措施》的通知。着力推进快递物流、外卖配送企业等新业态以及快递员、物流人员、外卖配送员、网约车司机、货车司机等新就业群体党建工作扩面提质。

6月29日 忻州市邮政管理局成立全市邮政快递行业落实稳住经济一揽子政策措施专班，全面落实省局和市委市政府具体安排，推动全市稳住经济一揽子政策措施行动计划中涉邮政快递业政策落地见效。

同日 忻州市邮政管理局党组组织召开中共忻州市快递行业委员会党员大会，全市快递行业委员参加会议。会议按照《中国共产党章程》《中国共产党基层组织选举工作暂行条例》有关规定，选举产生书记和副书记。

6月30日 忻州市邮政管理局印发《关于开展2022年全市快递从业人员技能培训及评价取证工作的通知》，继续推进“人人持证、技能社会”建设，深入实施全市快递人才素质提升工程。

同日 忻州市邮政管理局向省局上报忻州市2022年第一轮邮政机要通信专项检查情况报告，上半年共检查机要通信营业场所16个。

7月1日 为庆祝中国共产党成立101周年，忻州市邮政管理局组织全体党员干部共赴忻口战役遗址，开展“瞻仰革命旧址 重温红色记忆”主题党日活动，全体党员干部追忆光辉历史，缅怀爱国将士，接受一次深刻的爱国主义教育和精神洗礼。

7月8日 为切实做好全市邮政快递业防汛工作，确保寄递渠道安全畅通和行业平稳运行，忻州市邮政管理局及时督导邮政快递企业，要求企业做好汛期安全防范及应急管理工作。

7月11日 忻州市邮政管理局党组印发《关于推进清廉机关建设的实施方案》，深入贯彻落实新时代党的建设总要求和党中央、省委、市委有关决策部署。

7月14日 忻州市邮政管理局联合市住房和城乡建设局、市教育局等15部门制订《忻州市推进城市完整居住社区建设实施方案》，进一步加快推进全市完整居住社区建设。

7月15日 忻州市邮政管理局部署督促市邮政分公司全力做好2022年高考录取通知书寄递服务工作。

7月19日 忻州市邮政管理局印发《2022年邮政快递行业生态环境保护工作要点》，对2022年行业生态环保工作进行安排部署。

7月20日 忻州市邮政管理局召开专题学习会议，传达学习《中共忻州市委保密委员会2022年工作要点》，局党组成员、副局长、纪检组组长葛宏林主持会议，强调要提高对保密工作重要性的认识，严格执行各项保密制度的规定，机关全体公务人员参加会议。

7月21日 央视新闻联合中国邮政快递报社直播忻州高考录取通知书派送工作。忻州市邮政管理局提前安排部署，积极协调对接，保证直播活动顺利开展，邮政投递员为考生送去清华大学录取通知书，同时也送上忻州邮政为考生准备的祝福礼品，向广大网友展现高考录取通知书投递全过程，与网友们一起分享“金榜题名”的喜悦，沿途还带领大家欣赏忻州古城的独特美景，介绍忻州人文历史，宣传忻州地域特色和风土人情，展现邮政快递业良好风貌，获得广泛关注和好评。

7月27日 忻州市邮政管理局联合忻州市发改委深入原平，督导农村寄递物流服务全覆盖工作。督导组成员包括双方主要负责人、分管负责人、具体科室负责人等。

7月29日 忻州市邮政管理局向市政府提交《关于在原平市成立县级邮政快递业安全监管机构意向的报告》。

8月1日 为进一步加强党风廉政建设，营造机关风清气正的良好政治生态，忻州市邮政管理局组织全体党员干部开展“清廉机关 你我共建”主题党日活动，赴忻州市廉政教育暨预防职务犯罪警示教育基地参观学习，重温入党誓词，接受廉政教育洗礼。

8月4日 忻州市邮政管理局举办“喜迎中共二十大”职工运动会，全局干部职工参与。运动会以“热爱运动、快乐工作、幸福生活”为主题，设置羽毛球、踢毽子、跳绳、乒乓球4个竞赛项目，充分展示全局职工的精神风采。

8月4日至9月29日 忻州市邮政管理局组织

开展系列庆祝活动,庆祝忻州市邮政管理局建局十周年,激发干部干事创业的热情,全体干部职工参加此次活动。活动分文艺作品征集、运动会、录制庆祝视频三项。一是开展成立十周年文艺作品征集活动,征集十年工作相关影像资料、文学作品等,大家积极踊跃,分享工作中的珍贵影像资料,并将工作、学习中的经验与感悟投射到文学作品中;二是组织职工趣味运动会,设置羽毛球、踢毽子、跳绳、乒乓球、两人三足、健步走、八段锦等项目,大家精神抖擞、热情洋溢,展现积极向上、团结拼搏精神风采;三是录制庆祝视频,以“不忘初心 砥砺前行”为主题拍摄庆祝视频,重温忻州局建局十年以来的历程,展现忻州局全体党员干部团结一心、积极向上的风貌。

8月9日至10日 忻州市邮政管理局党组书记、局长芦军强和市场监管科科长赴大同参加全省邮政管理局局长座谈会。

8月11日 忻州市邮政管理局召开专题会议,迅速学习传达2022年全省邮政管理局长座谈会精神。会议认真学习省邮政管理局局长秦红保在座谈会上所作的工作报告,分享部分兄弟市局先进工作经验,分析当前全市邮政快递业面临的新形势、新任务,对下半年重点工作进行安排部署。局党组书记、局长芦军强主持会议并讲话,局机关全体公务员参加会议。

8月15日 忻州市邮政管理局印发《邮政快递业“八五”普法工作实施方案》,推动全市邮政快递业尊法学法守法用法,促进邮政快递业高质量发展。

8月16日 忻州市邮政管理局联合市邮政业安全中心结合日常执法检查,深入五台县、静乐县各品牌快递企业开展“送法入企”宣传活动。

8月17日 按照忻州市政府创建文明城市工作安排,市邮政管理局组成志愿者服务队开展“捡烟头,创文明”志愿者服务活动。

8月18日 忻州市邮政管理局成立邮政快递业中共二十大安保工作领导小组,组织指挥应对处置相关突发事件。

8月22日 忻州市邮政管理局召开专题会议,传达学习全省邮政管理局长座谈会精神。会议传达贯彻2022年全省邮政管理局长座谈会精神,学习省局党组书记、局长秦红保讲话,传达省局下半年工作部署安排。局党组书记、局长芦军强主持会议,局机关全体公务员参加会议。

8月24日 忻州市邮政管理局、市发展改革委员会向省局、省发改委报送2022年1月至5月份农村寄递物流服务全覆盖运营企业下行数据。

8月24日至26日 忻州市邮政管理局党组成员、副局长、纪检组组长葛宏林带领普遍服务科工作人员赴静乐县、宁武县等地专项督导农村寄递物流服务全覆盖工程推进情况。

9月2日 忻州市邮政管理局积极与市总工会沟通协调,共同组织向全市350名“快递小哥”发放每人300元的“一次性电子餐饮消费券”。消费券通过“云闪付”App发放,可在张贴“云闪付”受理标识的餐饮等线下实体商户用电子消费券支付消费使用。

9月8日 忻州市邮政管理局下发廉洁过节通知,与全体人员开展廉政谈话,严明中秋、国庆期间廉洁纪律和工作纪律,确保节日期间风清气正。

9月9日 省邮政管理局召开全省邮政快递业迎接中共二十大工作动员部署电视电话会议,部署切实做好全省寄递渠道安全和服务保障工作,忻州市邮政管理局全体公务员、市邮政业安全中心负责人,市邮政分公司及主要品牌快递企业负责人参加会议。

9月14日 忻州市邮政管理局党组书记、局长芦军强带队赴定襄县现场督导推进农村寄递物流服务全覆盖工程建设。

9月15日 忻州市邮政管理局联合忻州市市场监督管理局、中共忻州市委宣传部等12部门印发《2022网络市场监管专项行动实施方案》,贯彻落实省网络市场监管厅际联席会议关于网络市场监管专项行动部署要求。

9月22日 忻州市邮政管理局印发《中国共产党第二十次全国代表大会期间忻州市寄递渠道安

全和服务保障工作实施方案》，确保忻州市寄递渠道安全畅通。

9月23日 忻州市邮政管理局召开迎接中共二十大动员部署会议，深入贯彻落实全省邮政快递业迎接中共二十大动员部署电视电话会议精神，全面动员部署全市行业各项工作，与各企业负责人签订责任书，各品牌企业市级公司负责人在现场参加会议，各县级企业通过腾讯会议同步参加。

9月28日 忻州市邮政管理局党组书记、局长芦军强和党组成员、副局长、纪检组组长葛宏林分别带队赴忻府区、繁峙县、代县、五台县、河曲县、偏关县、五寨县、神池县开展寄递渠道安保维稳和服务保障督导活动，进一步做好中共二十大期间全市寄递渠道服务和安全保障工作。

9月30日 忻州市邮政管理局联合中共忻州市委组织部、市委网信办等9部门印发《全市快递物流行业党建“五个一”示范建设行动实施方案》，贯彻落实全国、全省和全市组织部长会议及基层党建工作重点任务推进会精神，推动全市快递物流行业高质量发展。

同日 忻州邮政管理局召开党组理论中心组扩大学习会议，采取内容导读形式，加强《习近平谈治国理政》第四卷学习宣传贯彻，引领党员干部读原著学原文、悟原理知原义、强思想转作风、提能力促发展，以实际行动迎接中共二十大胜利召开。局机关全体公务员参加会议。

同日 忻州市邮政管理局联合市检察院、市公安局、市国安局成立联合检查组，在全市范围内开展督导检查，进一步维护中共二十大期间寄递渠道安全稳定运行，全面加强全市邮政快递行业安全督导检查工作。

10月9日 忻州市邮政管理局局长芦军强发表第53届世界邮政日致辞。

10月10日 忻州市邮政管理局党组向省邮政管理局纪检监察室提交关于开展中秋、国庆期间纠治“四风”工作情况的报告。

10月11日 忻州市邮政管理局按照国家邮政局、省邮政管理局有关要求，向省局书面汇报组织开展两轮邮政机要通信监督检查有关情况。

同日 忻州市邮政管理局向忻州市财政局提交关于申请机关绩效奖金的请示。

同日 忻州市邮政管理局联合市交通运输局、市发展改革委员会等9部门印发《关于做好快递员群体合法权益保障工作实施方案》，切实保障快递员合法权益，促进快递业健康持续发展。

10月14日 忻州市邮政管理局召开党组扩大会议，专题传达学习中共十九届七中全会公报，紧紧围绕迎接中共二十大深入开展交流研讨，加强党的理论学习宣贯，深刻领悟“两个确立”的决定性意义，增强“四个意识”、坚定“四个自信”、做到“两个维护”。局机关全体公务员参加会议。

10月16日 中共二十大隆重开幕，忻州市邮政管理局党委组织全体党员通过多种渠道，第一时间收看大会盛况，认真听取习近平总书记向大会作的报告。

同日 为做好《中国共产党第二十次全国代表大会》纪念邮票发行监督管理工作，督促邮政企业依法经营，维护邮票发行秩序，保障群众利益，忻州市邮政管理局开展《中国共产党第二十次全国代表大会》纪念邮票发行专项督导检查。检查人员采取现场查看的方式，重点检查《中国共产党第二十次全国代表大会》纪念邮票销售信息公示、邮票供应、服务态度、环境秩序、规范服务和邮票印制质量等情况。

10月17日至11月底 忻州市邮政管理局结合中共二十大安保分片包干督导工作，对全市开展安全生产大检查“回头看”督导检查，扎实做好中共二十大寄递渠道安全和服务保障工作，全力确保寄递渠道安全畅通。

10月18日 忻州市邮政管理局深入贯彻落实习近平总书记关于安全生产工作的指示批示精神，严格按照省局《关于邮政快递业安全生产专项整治三年行动方案》要求，在全市范围内深入开展安全生产专项整治，并将完成情况进行认真梳理评估，报送实施情况总结评估报告。

10月19日 忻州市邮政管理局召开专题会

议,传达学习中共二十大报告、十九届七中全会会议精神,科学谋划全市邮政普遍服务监管工作任务。局党组书记、局长芦军强主持会议,局机关全体公务员参加会议。

10月21日 忻州市邮政管理局印制1000份《国家邮政局 公安部 国家安全部关于加强中国共产党第二十次全国代表大会期间寄递物品安全管理的通告》,分发企业,要求企业组织员工学习落实,并张贴在场所明显位置,强化中共二十大期间寄递渠道安全宣传。

10月28日 忻州市邮政管理局组织快递员职业技能等级认定考试。370余名快递员参加此次考试。考试内容包括理论知识考试和技能考核两部分,涉及职业道德、快递业务基础知识、服务礼仪、安全知识、快递业法律法规、快件收派处理等专业知识和操作技能,考试通过者可取得快递员国家职业资格证书。

10月30日 忻州市邮政管理局向市政府提交《关于申请纳入忻州财政预算保障工作经费的请示》。

10月31日 忻州市邮政管理局召开党组扩大会议,深入学习宣传贯彻中共二十大精神及新修订党章内容,将思想统一到中共二十大精神上,把力量凝聚到中共二十大确定的各项任务上。局党组书记、局长芦军强主持会议并讲话,局机关全体公务员参加会议。

11月1日 忻州市邮政管理局召开全市寄递渠道业务旺季服务保障动员部署视频会议,安排部署2022年全市寄递企业业务旺季服务保障工作,详细解读《忻州市邮政管理局2022年快递业务旺季服务保障工作方案》。全市邮政快递企业负责人参会,局党组成员、副局长葛宏林出席会议并讲话。

同日 忻州市邮政管理局印发《2022年快递业务旺季服务保障工作方案》,确保快递业务旺季期间行业平稳运行与寄递渠道安全畅通。

11月2日 忻州市邮政管理局党组成员、副局长、纪检组组长葛宏林带领普遍服务科工作人员对静乐县邮政局开展普遍服务达标检查。此次专项检查结合“快递进村”等年度重点工作开展,对邮政局所法定业务是否能正常办理、邮件是否按址投递等方面进行重点检查。

11月15日 省邮政管理局召开全省邮政管理系统警示教育电视电话会议,深入学习贯彻中共二十大精神,全面加强党的纪律建设,持之以恒推进全面从严治党,推动全系统不断巩固风清气正、干事创业的良好政治生态。忻州市邮政管理局全体党员干部以及市邮政业安全中心负责人参加会议。

11月16日 忻州市邮政管理局召开党组理论学习中心组扩大会议,深入学习中共二十大会议报告,学习习近平总书记系列重要讲话精神,要求将中共二十大精神贯彻到机关党的建设各项工作中,不断推动机关党建高质量发展。局党组书记、局长芦军强主持会议并讲话,局机关全体公务员参加会议。

11月28日 忻州市邮政管理局党组印发《关于学习宣传贯彻中共二十大精神工作方案》,并在全局范围内集中开展中共二十大精神宣讲工作。

12月3日至17日 忻州市邮政管理局组织400余名快递从业人员开展线上职业技能培训,强化全市快递行业人才队伍建设。培训对突发事件应急处理、物品封装和粘贴、职业道德、快递业务基础知识、服务礼仪、安全知识、快递业法律法规、快件收派处理等内容进行全面讲解,进一步推动全市快递从业人员职业技能水平的提升。

12月4日 忻州市邮政管理局组织开展全市邮政行业统计业务线上专题培训,新晋企业统计负责人参加培训,进一步提升全市邮政行业统计工作水平,夯实统计工作人员基础知识,提高统计数据质量。

同日 忻州市邮政管理局积极开展宪法宣传周系列活动,深入学习宣传习近平法治思想,大力弘扬宪法精神。一是开展宪法进机关活动,组织局机关全体人员学习宪法精神,观看国家宪法系列宣传片,要求全体干部职工,从自身出发,掌握相关法律法规,提升个人宪法意识、法律意识和纪律规矩意识;二是开展宪法进企业活动,通过官方网站、微信公众号、微信工作平台等渠道,分享宪法知识、宣传宪法精神，要求邮政快递企业学习宪法、遵守宪法、维护宪法、运用宪法；三是开展宪法宣誓活动。组织全体党员干部进行宪法宣誓活动，全局党员干部庄严宣誓。

12月6日 忻州市邮政管理局印发《关于开展全市邮政快递业安全生产隐患排查整治专项行动工作的通知》，全面排查整治邮政快递业安全风险隐患。

同日 省邮政管理局召开全省邮政快递业安全生产视频调度会议，要求贯彻落实习近平总书记关于河南安阳火灾事故重要指示精神和国家邮政局、省委、省政府、省邮政管理局决策部署，深刻吸取事故教训，举一反三做好全市邮政快递业安全生产工作。忻州市邮政管理局党组成员、副局长、纪检组组长葛宏林，普遍服务科科长张龙，市场监管科科长苏莉以及市邮政业安全中心主任赵军参加会议。

同日 忻州市邮政管理局印发《关于开展全市邮政快递业安全生产隐患排查整治专项行动工作的通知》，开展全市邮政快递业安全生产隐患排查整治专项行动，全面排查整治邮政业安全风险隐患，确保岁末年初行业安全稳定，为推动邮政快递业高质量发展提供坚强保障。

12月16日 忻州市邮政管理局联合市商务局、市发展改革委员会等17部门印发《忻州市加强县域商业体系建设促进农村消费实施方案》，推动县域商业高质量发展。

12月23日 忻州市邮政管理局印发《忻州市畅通邮政快递服务保障民生物资医疗物资寄递工作方案》，要求快递企业结合实际情况，履行社会责任，抓好落实，切实畅通邮政快递服务，保障民生物资和医疗物资寄递。

12月29日 忻州市邮政管理局、市发展改革委员会向省邮政管理局、省发展改革委员会报送第三批农村寄递物流服务全覆盖运营企业下行数据。

同日 元旦、春节将至，为持续加固中央八项规定精神堤坝，忻州市邮政管理局会议部署元旦、春节期间节日廉洁工作，要求持之以恒落实中央八项规定精神，毫不松懈纠治“四风”，激浊扬清、树立新风，不断把作风建设引向深入，确保元旦、春节假期风清气正，全局机关党员干部参加会议。

（资料提供：王伊南）

吕梁市邮政管理局大事记

1月4日 吕梁市邮政业服务中心新招聘6名工作人员到岗，8名在编工作人员全部到位。

1月5日 吕梁市邮政管理局开展《壬寅年》特种邮票销售专项检查，执法人员重点就发售现场秩序、营业场所消毒、人员体温登记、现场公告情况、邮票数量等内容进行检查，未发现违规销售及仿印邮票图案制品销售。

1月12日 吕梁市邮政管理局联合团市委、石楼县工会分别开展“暖蜂行动”慰问快递小哥。石楼县工会为70余名奋战在投递一线的快递从业人员发放食用油、大米、书籍等慰问物品，团市委为30余名快递小哥子女送上冬季保暖衣物。

1月25日 针对离石区霜雾都社区群众提出的社区附近缺少快递柜问题，吕梁市邮政管理局安排吕梁市中通快递有限公司安装智能快递柜，为霜雾都社区居民切实解决快递“最后一公里”存取问题。副市长任磊在听取相关工作汇报后，对吕梁市邮政管理局有力推动“我为群众办实事”、解决群众“急难愁盼”问题的工作成效表示充分肯定。

1月27日 吕梁市邮政管理局机关党支部进行换届选举工作。局党组书记、局长淮电宁当选为机关党支部书记。

同日 上午，吕梁市邮政管理局召开党史学习教育总结会议，传达学习习近平总书记关于党史学习教育总结大会的重要指示精神，贯彻落实全国、全省邮政管理系统党史学习教育总结大会精神，回顾总结党史学习教育取得的成功做法和积极成效，对巩固拓展党史学习教育成果、推动党史学习教育常态化长效化进行部署。党组书记、局长淮电宁作总结讲话。

2月7日 吕梁市卫健委、市文明办、市爱卫办联合发文通知，吕梁市邮政管理局被命名为吕梁市第一批无烟党政机关。

2月14日 吕梁市邮政管理局召开2022年全市邮政管理工作会议。会议全面总结2021年工作，分析研判新发展形势，谋划部署2022年工作，号召全市邮政系统干部职工凝心聚力、发奋图强，勇挑畅通重担，为建设美丽幸福吕梁贡献行业力量。党组书记、局长淮电宁作工作报告，机关全体干部职工、市邮政业服务中心负责人参加会议。

2月22日 吕梁市邮政管理局会同市发展改革委、市财政局组建农村寄递物流体系工作专班，召开专题会议，转发《山西省农村寄递物流体系建设实施方案》，明确全市农村寄递物流服务全覆盖的主要任务和乡镇综合服务站、行政村服务点的数量，并对各县（市）牵头运营企业和发展改革、财政、邮政管理部门提出相关要求。

3月14日至20日 吕梁市邮政管理局组织开展为期一周的“诚信快递、你我同行”“3·15”主题线上宣传活动，积极营造诚实守信、放心消费的邮政快递市场环境，维护用户合法用邮用快权益。

3月17日 吕梁市邮政管理局召开全市邮政管理系统党建暨党风廉政建设工作会议，深入贯彻落实全省邮政管理系统党风廉政建设工作电视电话会议部署要求，总结回顾2021年工作，安排部署2022年工作任务。党组书记、局长淮电宁作工作报告，市局机关全体公务员参加会议。

4月27日 吕梁市政府办公室印发《吕梁市助企纾困推动经济社会平稳健康发展扶持措施》。在加快行业纾困补短方面，专门明确对农村地区除县政府驻地镇和乡政府驻地村以外的行政村的下行快件，财政资金予以差异化补贴。

5月中下旬 吕梁市邮政管理局党组书记、局长淮电宁带队深入交城、文水、汾阳、孝义就农村寄递物流服务全覆盖工作开展调研督导，同时对一线邮政快递企业进行慰问。

5月11日 吕梁市邮政管理局联合市交通运输局、市发改委、市人力资源和社会保障局、市住房和城乡建设局、市商务局、市市场监督管理局、市总工会、团市委等部门制订印发《关于做好快递员群体合法权益保障工作的实施方案》，全面保障全市快递员合法权益。

5月12日 吕梁市政府通报关于2021年度安全生产和消防工作考核情况，市邮政管理局获“优秀”等次。

5月17日 吕梁市邮政管理局组织全体党员干部赴刘胡兰纪念馆爱国主义教育基地开展“缅怀先烈功勋 铭记光辉历史”主题党日活动，重温红色历史，传承革命精神，继承先烈遗志，激励党员干部不忘初心、牢记使命，从历史中汲取力量，在实践中坚定理想。

6月4日 副省长深入吕梁市汾阳市阳城镇见喜村对全省农村寄递物流全覆盖工作进行调研，详细了解农村网点快递收发、安检等情况后，要求想办法为老百姓服务，多为农民服务，要如期推进农村寄递物流全覆盖工作，着力打通农村寄递物流的“最后一公里”。

6月8日 吕梁市年度目标责任考核领导小组办公室印发《关于吕梁市2021年度目标责任考核等次评定结果的通知》。吕梁市邮政管理局获评“促进吕梁经济社会发展重要贡献单位”。

6月中旬 吕梁市邮政管理局积极部署开展

2022年全市邮政快递业安全生产月活动，以线上线下相结合方式，创新开展形式多样、群众喜闻乐见的安全宣传咨询活动，在全行业营造“关注安全、关爱生命”的浓厚氛围。

6月28日 吕梁市邮政管理局组织全体党员干部赴进泰化文化园开展“喜迎中共二十大 奋进新征程”主题党日活动，党组书记、局长淮电宁以“坚定不移走好五个‘必由之路’ 奋力书写吕梁邮政快递业新征程上的新辉煌”为主题，为全局党员干部讲授“七一”专题党课。

同日 吕梁市邮政管理局联合市发改委、市财政局召开全市农村寄递物流服务全覆盖工作推进专班会议。会议强调，农村寄递物流服务全覆盖是2022年省政府民生实事，各专班成员单位要按照职责分工，加强沟通协作，想方设法，攻坚克难，着力解决好此项工作推进过程中遇到的各种问题困难，严格按照时间节点保质保量完成任务，切实将民生实事办实办好。

6月30日 吕梁市邮政管理局组织召开2022年全市邮政快递业年中安全生产工作会议，会议组织观看《生命重于泰山》安全生产专题教育片，集中学习习近平总书记关于安全生产重要论述和国务院安全生产工作“十五条硬措施”；总结全市邮政快递行业上半年安全生产工作情况，安排部署下半年重点工作任务；传达解读《推进基层快递网点优先参加工伤保险实施方案》。

7月1日 吕梁市邮政管理局召开2022年《邮件快件绿色包装规范》宣传贯彻暨全市行业生态环保工作会议，全面贯彻落实2022年全市邮政管理工作会议精神和省局有关行业生态环保工作部署，对《邮件快件绿色包装规范》和《2022年行业生态环保工作要点》相关规定和要求进行解读，部署2022年全市行业生态环保工作重点。

7月中下旬 为全面推进农村寄递物流服务全覆盖工作，吕梁市邮政管理局领导分别带队赴汾阳、文水、交城、岚县、交口、中阳等县（市）就农村寄递物流体系建设情况进行调研。

7月14日 吕梁市邮政管理局积极协调，指导行业工会率先推动在孝义市快递行业签订平等协商集体合同。孝义市辖区内中通、圆通、申通、韵达、极兔5家快递企业负责人分别与孝义市快递行业工会联合会正式签署《孝义市快递行业平等协商集体合同》，覆盖快递行业职工204人。

7月25日 为增强全市寄递行业安全意识，为中共二十大胜利召开营造安全稳定的寄递环境，吕梁市邮政管理局联合市国家安全局、市消防支队、市公安局禁毒支队开展全市寄递渠道安全知识综合培训，全市邮政快递企业负责人共150余人参加此次培训。

同日 为进一步规范全市邮政快递行业统计行为，提高统计数据质量，吕梁市邮政管理局结合近期行业统计重点工作，举办2022年全市邮政快递行业统计培训班。全市邮政快递企业及分支机构统计人员共50余人参加培训。

8月2日 吕梁市邮政管理局组织召开全市邮政系统廉政警示教育会，教育引导全局党员干部严守党纪党规和法律法规，增强廉洁自律意识和拒腐防变能力，努力营造风清气正的政治生态，着力建设忠诚、干净、担当、为民、务实、清廉的机关党员干部队伍。

8月15日 吕梁市邮政管理局组织开展《邮政机要通信场所建设和设施设备配置规范》《邮政机要通信服务规范》两个新规范宣传贯彻培训会议，进一步规范吕梁市邮政机要通信服务，提升全市邮政机要通信服务质量，保障国家秘密载体的安全传递。吕梁市邮政分公司机要通信分局、各县（市、区）邮政分公司分管机要负责人及机要通信工作人员参加培训。

8月中旬 吕梁市邮政管理局联合市发改委，对柳林、石楼、交城3县农村寄递物流体系建设情况进行调研，充分了解实际运营、共配进展、当地政府支持建设情况，并召开联合座谈会，就目前存在困难进行沟通，并对网点建设缓慢、快递进村效果较差的问题进行现场督导。

8月下旬 吕梁市邮政管理局组织开展高校录取通知书投递专项检查和服务满意度回访工作，随机抽选录取通知书邮件城市样本和农村样本,从投递流程规范程度、投递员服务态度、邮件过程信息查询等方面对各县市区的部分考生或者家长进行回访,回访结果良好,未收到不满意反馈。

9月14日 吕梁市邮政管理局组织首批快递从业人员正式开展培训,市区各品牌快递企业240余名快递员参加此次培训。

9月18日 吕梁市直机关精神文明建设指导委员会印发《关于表彰2020—2021年度吕梁市直机关文明创建先进集体的决定》。吕梁市邮政管理局被授予"市直文明单位"称号。

9月21日 下午,吕梁市邮政管理局召开全市邮政快递业迎接中共二十大工作动员部署会议,要求各单位、各企业要深刻认识中共二十大期间寄递渠道安保工作的重大意义和极端重要性,切实增强政治责任感和大局意识,落实落细安保责任,全力抓好寄递渠道安全和服务保障工作。

9月下旬 吕梁市邮政管理局由局领导分别带队赴兴县、方山、文水、临县、柳林等县(市)对农村寄递物流服务全覆盖工作进行督导,对网点建设情况进行实际调研。

9月25日 吕梁市邮政管理局组织开展2022年度首批快递从业人员职业技能等级认定考试。各市级品牌快递企业共244名"快递小哥"参加认定。

9月26日 吕梁市邮政管理局推荐吕梁市全程快递有限公司"快递小哥"杨岳代表共青团吕梁市邮政行业委员会参加共青团吕梁市第四次代表大会。

10月中旬 吕梁市邮政管理局联合市检察院,通过召开座谈会、联合督导检查等方式,共同维护全市邮政快递行业健康稳定发展,深化"七号检察建议"落实。

10月16日 吕梁市邮政管理局组织全局党员干部观看中共二十大开幕直播盛况,并组织执法人员对《中国共产党第二十次全国代表大会》纪念邮票销售服务进行专项监督检查。

10月19日 吕梁市邮政管理局党组理论学习中心组召开专题会议,学习习近平总书记在中共二十大上所作的报告和参加中共二十大广西代表团讨论时的重要讲话精神,并召开全局党员干部专题学习会,集中学习中共二十大报告;与会人员结合岗位职责,分别交流学习心得。

10月21日 吕梁市邮政管理局组织市邮政业服务中心青年干部召开座谈会。全面了解邮政业服务中心新入职人员思想状态和工作状态,宣讲中共二十大精神,激励广大青年干部职工立足岗位、踔厉奋发、善作善成。

10月24日 吕梁市邮政管理局组织全局党员干部赴吕梁市脱贫攻坚成就展馆开展"礼赞中共二十大,奋进续华章"主题党日活动,进一步深入学习贯彻中共二十大精神,持续弘扬吕梁精神。

11月3日 吕梁市邮政管理局召开2022年全市快递业务旺季服务保障动员部署视频会议,对旺季期间全市行业服务保障和安全生产等工作进行动员和部署。全市邮政快递企业及分支机构负责人共140余人参加会议。

11月7日 吕梁市邮政管理局召开专题会议,传达学习中共二十大、二十届一中全会精神和中共中央关于认真学习宣传贯彻中共二十大精神的决定,研究部署全市邮政快递行业学习宣传贯彻工作。

11月上旬 吕梁市邮政管理局党组书记、局长淮电宁赴石楼、柳林就安全生产、旺季服务保障、农村寄递物流服务全覆盖运营情况进行现场督导调研。

11月18日 吕梁市邮政管理局召开全市邮政管理系统警示教育会议,深入学习贯彻中共二十大精神,全面落实全国、全省系统警示教育电视电话会议精神,要求全市系统坚持以中共政治建设为统领,切实增强党性观念、强化纪律执行、坚守廉洁底线,为全市邮政快递业高质量发展提供坚强的政治保障。吕梁邮政管理局全体公务员参加会议。

11月下旬 吕梁市首批快递员职业技能等级认定考试共213人通过,其中初级112人,中级101人,通过率96%。

11月24日 吕梁市快递行业党委召开学习贯彻中共二十大精神宣讲会。行业党委全体委员、市级各品牌快递企业党员职工代表参加宣讲活动。会议强调，学习宣传贯彻中共二十大精神，是当前和今后一个时期首要政治任务；全市快递行业各级党组织、企业负责人要采取多种形式，将中共二十大精神传达到基层一线，迅速在全市快递行业掀起学习宣传贯彻中共二十大精神的热潮。

12月8日 吕梁市邮政管理局召开全市寄递渠道安全管理领导小组会议。市政法委、市公安局、市交通运输局、市国安局、市市场监督管理局相关负责人参加会议。

12月13日 吕梁市委常委、常务副市长任忠专题听取吕梁市邮政管理局关于邮政快递业发展、行业安全生产以及全市邮政管理工作情况的汇报并给予充分肯定。任忠指出，2022年，市邮政管理局认真贯彻落实市委、市政府决策部署，全力构建县乡村三级寄递物流体系，在助力乡村振兴、服务保障民生等方面发挥积极作用。希望市邮政管理局在新的一年再接再厉，勤奋履职，统筹抓好行业安全和高质量发展，不断提升邮政快递业服务全市经济社会发展的能力和水平。

12月下旬 吕梁市邮政管理局组织孝义邮政快递从业人员276人进行职业技能线上培训。

（资料提供：郭　琦）

晋中市邮政管理局
大　事　记

1月14日 晋中市邮政管理局对冬奥会和冬残奥会期间全市寄递渠道安全和服务保障工作进行部署安排。会议提出3点要求：一是深入落实《晋中市关于北京2022年冬奥会和冬残奥会期间寄递渠道安全和服务保障工作方案》；二是开展部门联合执法，重点检查全市寄递企业“三项制度”落实情况；三是做好应急值守管理工作。

1月15日 晋中市邮政管理局联合市交通运输局、市发展改革委等九部门印发《关于做好快递员群体合法权益保障工作的实施方案》。

1月18日 晋中市邮政管理局组织召开2021年四季度邮政普遍服务政企联席会。会议提出4点要求：一是科学精准谋划2022年邮政普遍服务监管工作；二是做好冬奥会、两会等重大活动期间邮政普遍服务及机要通信安全保障工作；三是持续推动“邮快合作”“邮政在乡”等重点民生工作；四是抓好邮政安全生产。

1月19日 省邮政管理局党组成员、副局长高日勇带队深入晋中市邮政、快递分拨中心督导检查企业冬奥会、冬残奥会及春节期间寄递渠道安全和服务保障工作。

同日 晋中市邮政管理局召开党史学习教育专题民主生活会，省邮政管理局党组成员、纪检组组长、副局长高日勇对晋中市邮政管理局的民主生活会给予充分肯定。

1月21日 晋中市邮政管理局组织全体行政执法人员按单位积极参加第七期“行政执法大讲堂”活动。

1月26日 晋中市邮政管理局召开党史学习教育总结大会，深入学习贯彻习近平总书记重要指示精神以及国家局、省局党史学习教育总结大会精神，全面总结晋中市邮政管理局党史学习教育的成效和经验,进一步巩固拓展党史学习教育成果。全体党员干部参加会议。

同日 为深入贯彻习近平总书记关心关爱"快递小哥"指示批示精神,全力推进快递员群体合法权益保障,晋中市邮政管理局联合市快递协会、市快递行业工会联合会走访慰问一线困难快递员。

1月28日 为切实保障北京冬残奥会期间全市寄递渠道安保工作落实到位,晋中市邮政管理局迅速行动,深入企业对全市寄递渠道安保进行督导检查。

2月9日 晋中市副市长郝向明专题听取晋中市邮政管理局2021年工作开展情况和2022年工作安排的专题汇报,肯定全市邮政管理工作取得的成绩并寄予厚望。

2月16日 晋中市邮政管理局召开专题会议学习习近平总书记在山西省考察调研看望慰问基层干部群众重要指示精神。

2月17日 晋中市邮政管理局召开2022年全市邮政管理工作会议,回顾总结2021年工作,分析研判当前面临的形势,安排部署2022年重点工作。

2月23日 晋中市邮政管理局组织召开农村寄递物流体系建设工作宣贯动员会。 会议要求,各邮政快递企业要深刻领会会议精神,仔细研读方案要求,把握建设"统仓共配一体化"运营模式这一中心任务,围绕"一特色三标准"要求,早日实现全省农村寄递物流服务全覆盖。

3月4日 晋中市邮政管理局召开2022年度党建暨党风廉政建设工作会。会议提出6点要求:一是坚持以党的政治建设为统领,深刻践行"两个确立""两个维护";二是强化担当作为,全面落实管党治党政治责任;三是要树立大抓基层的鲜明导向;四是要巩固拓展作风建设成效;五是要深入推进标本兼治,着力提升监督质量;六是要切实加强自身建设。

3月7日 晋中市邮政管理局党支部召开2021年度组织生活会。会上,党支部书记陈志刚代表支委会报告全年工作,通报查摆问题情况,并带头进行个人对照检查发言,进行深刻批评和自我批评。与会党员结合工作实际逐一进行批评和自我批评。

3月8日 晋中市邮政管理局组织以"活力女神节,一起向未来"为主题的运动会,全体职工参加活动。运动会依次进行篮球、羽毛球、乒乓球、台球等项目,展现晋中市邮政管理局昂扬向上精神风貌,增强队伍凝聚力。

3月18日 晋中市邮政管理局组织召开2022年全市邮政普遍服务监督管理工作会议。会议指出3点要求:一要坚守初心,牢牢把握邮政普遍服务的政治属性;二要勇于创新,以创新思维推动高质量发展;三是突破藩篱,凝聚最广泛最坚实的发展合力。

同日 晋中市邮政管理局召开2022年度全市邮政业市场监管工作会议。会议提出7点要求:一要全力推动农村寄递物流全覆盖高质量发展;二要全面推动市场主体倍增、末端基础设施建设,持续保障快递员合法权益;三要继续开展市场经营秩序整治专项整治、末端服务质量管控;四要严守底线确保行业生产安全;五要持续抓好"三项制度"落实;六要加速推进行业绿色发展;七要有效提升市场监管能力,不断强化综合监管效能。

3月31日 晋中市邮政管理局联合市发改委制订出台《晋中市贯彻〈山西省邮政业发展"十四五"规划〉实施方案》。

同日 晋中市邮政管理局联合市发改委、市财政局印发《晋中市农村寄递物流服务全覆盖实施方案》,为高质量推进全市农村寄递物流服务全覆盖工作打好政策基础。

4月22日 上午,晋中市委副书记、市长常书铭,副市长张拥军、杨隽等一行深入晋中市太谷区,就太谷区邮政快递业分拨中心升级改造工作进行调研,市邮政管理局党组书记、局长陈志刚陪同检查。

4月29日 晋中市邮政管理局与市人力资源和社会保障局联合转发省邮政管理局、省人社厅《推进基层快递网点优先参加工伤保险实施方案》。

5月17日 晋中市邮政管理局党组书记、局长陈志刚带队联合市人民检察院开展寄递安全管理专项督导检查。督导组还结合“七号检察建议”相关工作要求，为寄递企业负责人及从业现场宣讲寄递毒品、非法出版物、野生动植物的危害及后果。

同日 晋中市“扫黄打非”领导小组对2021年度在“扫黄打非”工作中表现突出的先进集体和先进个人予以表彰。晋中市邮政管理局获“‘扫黄打非’先进集体”称号，普遍服务科安怡璇获评“先进个人”。

5月20日 晋中市邮政管理局以主题党日形式，深入学习习近平新时代中国特色社会主义思想和习近平总书记视察山西重要讲话重要指示和考察调研重要指示精神等内容。

6月15日 晋中市邮政管理局组织执法人员通过现场检查、调阅监控等方式对中央第九轮巡视专用信箱邮件寄递服务工作进行专项检查。

6月23日 晋中市邮政管理局积极组织全市邮政快递企业开展“安全生产月”系列活动。

6月29日 晋中市邮政管理局联合市红十字会开展晋中市快递行业应急救护培训，约40名快递员参加此次培训。

7月1日 晋中市邮政管理局党组书记、局长陈志刚以《历代国家领导人谈“实事求是”》为题讲授党课。

7月13日 晋中市邮政管理局印发《关于做好2022年高校录取通知书寄递工作的通知》，要求企业开辟高校录取通知书寄递“绿色通道”，优先处理、单独封装，确保寄递安全和时效。

8月2日 晋中市邮政管理局开展“追寻红色足迹 传承红色基因”主题党日活动，组织全体退役军人参观百团大战纪念馆，体会感悟抗日战争时期的不屈斗争精神，回顾历史，缅怀英雄先烈，传承红色精神。

9月7日 为切实推动全市邮政行业尊法学法守法用法，营造良好法治氛围，晋中市邮政管理局持续扎实开展邮政业法治宣传教育活动。

9月22日 为深入贯彻落实习近平总书记关心关爱“快递小哥”重要指示精神，进一步推动全市快递从业人员职业技能水平提升，强化全市快递队伍专业化建设，晋中市首批快递从业人员技能培训班正式开班，榆次区、太谷区163余名快递员参加培训。

同日 晋中市邮政管理局联合市公安局组织开展全市邮政快递业禁毒暨涉枪涉爆安全知识培训，全市邮政、快递企业主要负责人80余人参加。

9月28日 晋中市邮政管理局会同晋中市人民检察院组成联合检查组，赴寿阳县开展中共二十大期间寄递渠道安全和服务保障工作专项检查。

10月12日 晋中市邮政管理局党支部组织党员干部观看红色电影，开展“喜迎中共二十大，奋进新征程”主题党日活动。

10月16日 上午，晋中市邮政管理局组织全体党员干部集中收看中共二十大开幕实况，认真聆听习近平总书记代表第十九届中央委员会在中共二十大作的报告。

同日 晋中市邮政管理局按照省局相关工作部署，开展《中国共产党第二十次全国代表大会》纪念邮票发行监督检查。

10月18日 下午，省邮政管理局党组书记、局长秦红保深入晋中市调研督导中共二十大期间寄递渠道安全保障和农村寄递物流体系建设工作，市邮政管理局党组书记、局长陈志刚陪同调研。

10月19日 省邮政管理局党组书记、局长秦红保深入晋中市和顺县开展专题调研，晋中市人大常委会副主任、和顺县委书记许利伟在和顺县陪同调研。

10月21日 晋中市邮政管理局会同市公安局、市国家安全局组成联合督导检查组，开展中共二十大期间寄递渠道安全保障督导检查。

10月22日 为深入贯彻落实国家邮政局、山西省邮政管理局关于迎接中共二十大期间寄递渠道安保工作要求，切实做好中共二十大期间寄递渠道安全服务保障工作，晋中市邮政管理局党组书记、局长陈志刚带队赴晋中大学城和榆次区开展督导检查。

10月27日 晋中市邮政管理局联合晋中市总工会、共青团晋中市委、晋中市快递行业协会共同举办首届“晋中最美快递员”评选活动。

11月2日 晋中市邮政管理局以“现场+视频”会议形式召开全市快递业务旺季安全服务保障动员部署会议,市邮政管理局党组成员、副局长李玉红,全市邮政快递企业负责人80余人参会。

同日 晋中市邮政管理局组织开展保密专题培训,全体党员干部参会。

11月9日至10日 省委副书记、省长蓝佛安深入晋中市昔阳、和顺、左权三县宣讲中共二十大精神,调研产业项目建设、巩固脱贫成果和乡村振兴等工作,专题调研和顺县农村寄递物流服务全覆盖工作,充分肯定民生实事推进成效,明确表示予以支持。副省长贺天才参加,省邮政管理局党组书记、局长秦红保在和顺县陪同调研。

12月13日 晋中市邮政管理局下发《关于做好岁末年初全市邮政快递业安全生产工作的通知》,并分组开展对辖区邮政快递企业安全生产监督检查。

(资料提供:彭耀宇)

阳泉市邮政管理局大事记

1月1日 阳泉市邮政管理局加强节日重要节点期间安全生产和应急管理工作。全体人员在岗值班值守,局领导在岗带班,带队分两组深入邮政快递作业一线开展“四不两直”检查,强化安全生产工作,强化节日重要节点期间值班值守和应急管理。

1月14日 阳泉市邮政管理局召开冬奥会期间阳泉市寄递渠道安全服务保障部署会,解读《北京2022年冬奥会和冬残奥会期间阳泉市寄递渠道安全和服务保障工作实施方案》,并提出要求,确保阳泉市寄递渠道在重要节点平稳运行。

1月19日 阳泉邮政管理局党组召开党史学习教育专题民主生活会。局党组书记、局长曹阳主持会议,省局督导组到会指导。

1月21日 阳泉市邮政管理局组织召开2021年度述职述廉考评会议,市局全体人员、市邮政业安全中心全体人员参加会议。

1月24日 阳泉市邮政管理局召开全体干部职工学习研讨会,学习传达2022年全省邮政管理工作会会议精神。

1月25日 阳泉市邮政管理局召开党史学习教育总结会,传达学习习近平总书记关于党史学习教育总结大会的重要指示精神,贯彻落实全国、全省邮政管理系统党史学习教育总结大会精神,全面总结党史学习教育成效和经验,进一步巩固拓展党史学习教育成果。党组书记、局长曹阳作总结讲话。

同日 阳泉邮政管理局开展春节前夕和冬奥会寄递服务安全保障工作专项检查。局领导班子分别带队对全市主要分拣中心开展全覆盖检查。

1月26日 阳泉市邮政管理局充分运用“绿盾”工程视频联网巡检系统,通过实时巡视巡检与系统自动监测,推进非现场检查能力建设,全力保障行业安全生产。

1月27日 阳泉市邮政管理局开展“新春关爱快递小哥”活动,为春节期间仍坚守一线岗位的员工送去真挚的关怀。

同日 阳泉市邮政管理局党组书记、局长曹阳出席市邮政公司年度工作会议并作讲话。

同日 阳泉市邮政管理局党组书记、局长曹阳带队市局考核组赴盂县局对年度工作任务完成情况、重点任务、预算执行等进行考核。

1月29日 阳泉市邮政管理局联合国安、公安部门检查重点部门重点环节，有效利用“绿盾”视频联网巡查系统对全市各分拣场地共92个点位实施非现场实时检查，确保春节和冬奥会期间寄递渠道安全畅通。

2月7日 阳泉市邮政管理局党组书记、局长曹阳带队到平定县蒙牛物流园区与天和物流园区对邮政快递企业复工复产、冬奥会寄递渠道安全生产等工作情况进行实地督导检查。

2月8日 阳泉市邮政管理局召开节后收心和2月份工作例会，安排部署推进2022年度工作。

2月10日 阳泉市市直工委考核组考核指导阳泉市邮政管理局党建工作。考核组听取局党组党建工作汇报，实地查看机关党建活动室，详细查看党建工作台账，对党建工作给予肯定。

2月10日、14日 阳泉市委书记雷健坤和代市长刘文华分别听取阳泉市邮政管理局专题工作汇报，共同肯定全市邮管系统工作，表示市委市政府支持邮政管理工作，支持农村寄递物流建设工作。

2月17日 阳泉市邮政管理局召开专题会议，学习贯彻《山西省邮政业发展“十四五”规划》。机关全体人员参会。

2月23日 阳泉市邮政管理局召开阳泉市农村寄递物流全覆盖工作推进会，对阳泉推进工作做出部署安排。市局全体人员，盂县局负责人与主要品牌企业负责人参加会议。

2月25日 阳泉市邮政管理局召开2022年全市邮政管理工作会，会议总结2021年重点工作，科学研判发展形势，部署安排2022年重点工作，贯彻落实省局工作会议精神。

3月3日 阳泉市邮政管理局会同市发展改革委联合组织专家评选农村寄递物流运营企业，最终确定平定县运营企业为中国邮政集团有限公司山西省平定县分公司，盂县运营企业为盂县申通物流有限公司。平定县、盂县同步开展农村寄递物流服务全覆盖工作。

3月4日 阳泉市邮政管理局召开全体干部职工学习研讨会，学习传达2022年全省党建暨党风廉政建设工作会议精神。市邮政管理局、市邮政业安全中心全体人员、盂县邮政管理局负责人参加。

3月7日 阳泉市邮政管理局领导与盂县分管副县长、盂县发展改革局、县交通运输局主要领导召开盂县三级物流体系建设项目推进会，就仓配中心如何加快建设、全覆盖目标如何分阶段落实展开研讨。

3月15日 阳泉市邮政管理局召开全市邮政市场监管工作会议，传达全省邮政市场监管工作会议精神，总结2021年工作，部署2022年任务。

3月18日 阳泉市邮政管理局召开2022年全省邮政普遍服务监管工作会议暨一季度政企通报会，落实2022年全国邮政普遍服务工作电视电话会议和全省邮政普遍服务监管工作会议要求，总结2021年全市邮政普遍服务工作，部署2022年重点工作任务。分管局领导李姝慧，邮政企业主要负责人，各县（区）邮政分公司负责人、市公司主管普服（营业、投递、服务）、纪特邮票发行销售负责人参加会议。

4月22日 阳泉市邮政管理局传达落实国家邮政局、省邮政管理局邮政快递业保通保畅促进产业链供应链稳定电视电话会议精神。市局公务员和市邮政业安全中心全体人员参会。

4月28日 阳泉市召开邮政快递业保通保畅工作推进会议。市委常委、常务副市长郭建文出席会议并讲话，市邮政管理局党组书记、局长薛伟民就近期全市邮政快递行业保通保畅工作进行安排部署，各家快递物流公司就相关情况及存在的问题进行汇报。

4月 阳泉市邮政管理局安排部署党风廉政建设和清廉机关创建工作，制订下发《阳泉市邮政管理局“清廉机关”建设实施方案》，多措并举推进“清廉机关”建设。

5月17日 为深化“绿盾”工程应用工作和夯

实业务支撑效能,阳泉市邮政业安全中心组织全体工作人员认真学习山西省邮政业安全中心印发的《山西省“绿盾”工程系统应用工作简报》(第一期),对中心工作进行再部署再安排。

5月27日 阳泉市邮政管理局组织召开2022年邮政行业政企廉政座谈会,要求政企双方共同努力,营造风清气正营商环境。局党组书记、局长薛伟民参会并作讲话。市邮政公司、各品牌快递企业主要负责人参会。

同日 阳泉市邮政管理局召开全市邮政快递业安全生产专题部署会,对近期行业的安全生产大检查工作安排部署。市局行业管理科全体人员,盂县局、市邮政业安全中心相关负责人,企业负责人和安全主管参会。

5月31日 阳泉市邮政管理局组织召开“农村三级物流体系建设”专题推进座谈会。局党组书记、局长薛伟民就当前三级物流体系整体推进情况、推进措施和下一步工作计划进行安排部署,运营企业主体平定县邮政公司、盂县申通企业负责人参会。

5月 阳泉市全顺中通快递有限公司业务员任丽军荣获2022年“山西省五一劳动奖章”,成为全市首位获得省级劳动模范奖章的邮政快递从业人员。

6月14日至17日 阳泉市邮政管理局党组书记、局长薛伟民多次带队深入平定、盂县督导农村寄递物流服务工作,要求企业倒排工期,全力以赴,高质量完成农村寄递物流服务全覆盖工作。

6月28日 阳泉市邮政管理局联合市人社局举办快递员优先参加工伤保险启动培训会,双方签订《关于阳泉市邮政快递行业优先参加工伤保险相关工作的备忘录》。阳泉市主要品牌快递企业负责人和快递员代表共计30余人参会。

6月29日 阳泉市邮政管理局党支部开展“重温阳泉记忆 赓续红色血脉”主题党日活动。全体党员、入党积极分子参加,接受革命历史传统教育,回顾党的光辉历程,缅怀党的丰功伟绩。

6月 阳泉市邮政管理局持续推进制度废改立新工作,在全局制度修订完善基础上,印发《阳泉市邮政管理局规章制度汇编(2022版)》,进一步为用制度管权、靠制度管人、按制度办事提供有力保障。

是月 阳泉市年度目标责任考核领导小组办公室发布《关于阳泉市2021年度目标责任考核等次评定结果的通知》。阳泉市邮政管理局获评优秀等次,被评为阳泉经济社会发展突出贡献单位。

7月31日 阳泉市平定、盂县共23个乡镇,设置完成乡镇综合服务站23个,悬挂标识23个,乡镇综合服务站覆盖率达100%;共525个行政村,设置完成便民服务点525个,悬挂标识525个,村级便民服务点覆盖率达100%。

8月11日 阳泉市邮政管理局组织全体干部职工传达学习全省邮政管理局长座谈会精神,会议重点传达省局局长秦红保讲话精神,并就贯彻落实好会议精神和做好下半年重点工作进行安排部署。

8月31日 阳泉市邮政业安全中心组织信息工程专业人员深入中通、圆通、韵达、申通等快递企业分拣中心,现场指导优化视频点位布局。

9月2日 阳泉市邮政管理局专题安排部署行业统计检查工作,规范统计工作流程,确保2022年山西邮政行业统计检查工作顺利完成。

9月16日 平定、盂县525个村实现快递到村,平定、盂县农村寄递物流服务实现全覆盖。

9月23日 阳泉市邮政管理局召开全市邮政快递业迎接中共二十大工作动员部署会议,专题专项安排部署全市寄递渠道安保工作,与全市各寄递企业现场签订《中共二十大期间寄递安全和服务质量承诺书》。市邮政管理局全体公务员,盂县邮政管理局负责人,市邮政业安全中心负责人,市邮政分公司及各品牌快递企业市、县两级公司负责人共计30余人参加会议。

9月26日至27日 省邮政管理局第三督导组赴平定、盂县对中共二十大期间寄递渠道安保服务工作进行督导检查。阳泉市邮政管理局党组书记、局长薛伟民陪同。

9月30日 阳泉市邮政管理局联合市国家安全局组织开展禁止寄递物品专题培训,提升全市邮政快递从业人员识别禁止寄递物品能力,筑牢阳泉市寄递渠道安全防线。

同日 阳泉市邮政管理局召开阳泉市邮政快递行业中共二十大安全和服务保障工作督查情况通报暨再动员再部署会议，对省邮政管理局第三督导组和市局两个督导组近期抽查快递企业发现的问题进行通报，市邮政管理局领导对中共二十大期间寄递渠道安全服务保障工作进行安排部署。全市邮政快递企业法人代表参会。

同日 阳泉市邮政管理局会同市检察院、市公安局、市交通局、市市场监督管理局开展中共二十大期间寄递渠道安全和服务保障专项检查，检查范围覆盖全市所有快递分拨中心。

10月1日至7日 阳泉市邮政管理局党组书记、局长薛伟民带队赴各县(区)开展国庆期间寄递渠道安保工作督导检查。

10月9日 阳泉市邮政管理局局长薛伟民发表第53届世界邮政日致辞。

10月16日 阳泉市邮政管理局组织全体党员干部职工集体观看中国共产党第二十次全国代表大会开幕盛况，认真聆听习近平总书记重要讲话，并畅谈学习体会和感受。

11月2日 阳泉市邮政管理局召开阳泉市2022年快递业务旺季服务保障动员部署视频会议，从保通保畅、机制落实、权益保障、安全稳定和绿色包装五个方面做好2022年快递旺季期间的安保工作，确保2022年阳泉市快递业务旺季期间行业平稳运行与寄递渠道安全畅通。

11月10日 阳泉市邮政管理局召开2022年第三季度邮政政企通报会。会议通报第三季度邮政普遍服务监管情况和存在的问题，并对下阶段重点任务特别是寄递安全和服务质量管控以及旺季安全服务保障工作等方面进行部署。

11月15日 阳泉市邮政管理局召开全市邮政管理系统警示教育会。局机关全体党员干部和市邮政业安全中心全体人员参加。

同日 阳泉市邮政管理局召开中共二十大精神学习研讨会议，集中学习《中国共产党章程》。市局机关全体人员、市邮政业安全中心全体人员参加会议。

11月 阳泉市邮政业安全中心开展“绿盾”工程“两联”项目在线率提升工作。充分发挥视频联网巡查监管系统和安检机联网系统线上监管优势，保障旺季期间非现场巡检高效开展。

12月7日 盂县快递行业党总支部委员会响应县委县政府号召，组织60余名快递小哥志愿者投入蔬菜、药品保供免费配送服务，切实保障广大人民群众生命安全和身体健康。

12月12日 阳泉市邮政管理局安排部署岁末年初邮政快递业安全生产工作，印发《关于开展全市邮政快递业安全生产隐患排查整治专项行动工作的通知》，组织观看《邮政快递业安全生产事故警示教育片》。全市邮政行业安全生产隐患排查专项行动有序开展。

12月23日 阳泉市邮政管理局党组书记、局长薛伟民带队深入企业开展调研，摸清行业保通保畅形势，充分研判行业目前面临的困难，以问题为导向制订行之有效的解决措施，扎实推进行业保通保畅工作落实。

（资料提供：吴 林）

长治市邮政管理局大事记

1月5日 长治市邮政管理局局党组成员、纪检组组长、副局长李玉红带队对市区邮票发行网点销售《壬寅年》生肖邮票发行公告、销售数量、价格、服务态度、现场秩序等情况进行专项检查和现场监督。

1月14日 长治市邮政管理局党组成员、市场监管科科长尹旭孚获"2021年全市'安全生产月'活动优秀个人"称号。

1月19日 长治市邮政管理局党组召开党史学习教育专题民主生活会,领导班子和班子成员紧扣民主生活会主题,对照习近平总书记关于严肃党内政治生活的重要指示精神,深刻进行对照检查,严肃开展批评和自我批评。省邮政管理局督导组人员到会指导。

1月24日 中国邮政集团有限公司长治市分公司召开2022年工作会议。长治市邮政管理局党组成员、纪检组组长、副局长李玉红出席会议并讲话。

1月25日 长治市邮政管理局联合长治市快递协会赴定点帮扶乡村振兴示范村襄垣县夏店镇平安村开展春节送温暖活动,为村民送上米、面、油、毛毯等过节慰问品。

1月27日 中共长治市邮政管理局党组召开党史学习教育总结会议,全面总结局机关党史学习教育成效,对巩固拓展党史学习教育成果进行安排部署。

同日 长治市邮政管理局召开2022年度邮政管理工作会议,局党组书记、局长任辉作工作报告,党组成员、纪检组组长、副局长李玉红主持会议。长治局机关全体公务员参加会议。

1月28日 长治市邮政管理局联合长治市总工会开展"暖蜂行动"春节慰问活动,向快递小哥赠送100余份价值共3万元的慰问品,并向全市邮政快递从业者致以春节慰问。

同日 长治市邮政管理局党组书记、局长任辉带队,深入顺丰、京东、申通、中通、圆通、极兔、韵达、百世和市邮政公司等寄递企业分拨中心开展冬奥会期间安全和服务保障督导工作,强调要从严从细落实寄递安全管控措施,着力消除不安全不稳定因素。

2月11日 长治市邮政管理局联合长治市政法委组成督导组,深入市邮政公司、市中通快递、顺丰速运长治分公司等分拨中心,开展冬残奥会期间寄递渠道安全服务保障专项督导检查,对寄往北京、张家口方向快件实名收寄、过机安检并粘贴安检标识,对安全生产各项措施落实情况进行督导检查。

2月21日 长治市邮政管理局召开专题会议,专题学习习近平总书记考察调研山西重要指示精神和省委十二届三次全会精神,并提出贯彻落实举措要求。

2月23日 长治市邮政管理局召开全市农村寄递物流体系建设推进会,传达全省农村寄递物流服务全覆盖工作动员部署会精神,对全市邮政快递业农村寄递物流体系建设工作进行安排部署。

3月2日 长治市邮政管理局召开全市邮政市场监管工作会议,传达全省邮政市场监管工作会议精神,总结2021年工作,分析行业面临的形势,部署2022年工作任务。

3月4日 长治市邮政管理局会同长治市发展

和改革委员会联合组织专家，召开农村寄递物流运营企业遴选评审会，对全市提交申请的寄递企业进行评审，最终确定8家拟运营企业，为加快推进农村寄递物流服务全覆盖工作提供支撑。

3月10日 长治市邮政管理局党支部委员会召开2021年度组织生活会，支部委员和党员分别进行对照检查，开展相互批评，并进行民主评议党员。

3月11日 长治市邮政管理局召开全市寄递行业一季度安全生产工作会，党组成员、纪检组组长、副局长李林主持会议，全市各品牌寄递企业负责人参加会议。会议组织学习寄递行业相关文件，通报2021年寄递行业安全生产工作开展情况，指出存在的问题与不足，并就2022年寄递行业安全工作进行安排部署。

3月16日 长治市邮政管理局召开2022年度党建暨党风廉政建设工作会议，总结回顾长治局2021年党建和党风廉政工作，对2022年相关工作任务进行部署，并组织相关责任人签订年度党风廉政建设责任书。

3月21日 长治市邮政管理局联合长治市发展和改革委员会、长治市财政局印发《2022年农村寄递物流服务全覆盖实施方案的通知》，聚焦办好2022年省政府民生实事，切实解决农村群众寄递难题，畅通城乡循环体系，有效助力乡村振兴。

3月29日 长治市邮政管理局联合长治市人民检察院召开贯彻落实“七号检察建议”座谈会。

4月2日 长治市邮政管理局召开2022年全市邮政普遍服务监管工作会议。会议通报2021年全市邮政普遍服务监管工作情况，传达学习省局邮政普服工作会议精神，并对2022年全市邮政普遍服务重点工作作出部署安排。

4月12日 长治市邮政管理局党组委托纪检组对新任职的干部开展集体廉政谈话，旨在落实管党治党主体责任，践行干部队伍建设要求，不断引导和激励年轻干部知廉、守廉、倡廉、促廉，推动行业高质量发展。

4月24日 长治市邮政管理局召开党组（扩大）会议，传达学习省局党组《关于进一步强化全省系统干部主动担当履职尽责的意见》，研究二季度行业安全生产工作。

5月2日 长治市邮政管理局党组书记、局长任辉陪同省交通运输厅保通保畅督导组赴长子县轩阳物流园区实地调研物流保通保畅工作开展情况。督导组详细了解了圆通转运中心的总仓式分拨中心建设、快件及车辆消毒、快递运输车辆通行等具体情况。

5月5日 长治市邮政管理局组织开展交流干部座谈会，进一步营造机关积极学习氛围，巩固强化全局干部的看齐意识和标杆意识、坚定干事创业信心、激发担当作为动力。

5月7日 长治市邮政管理局、长治市交通运输局等9部门联合印发《关于做好快递员群体合法权益保障工作的实施方案》，进一步加强快递员群体合法权益制度保障，促进快递业持续健康发展。

同日 长治市邮政管理局召开全市邮政快递业线上培训，切实推动行业保通保畅各项工作落实。培训强调近期行业安全生产重点任务，明确保通保畅流程环节。

5月11日 长治市邮政管理局指导长治市圆通引进总价300余万元的“全自动环形交叉带+辅助线”分拣设备，建成长治市第一家全自动化市级分拨中心。

5月12日 长治市邮政管理局党组成员、市场监管科科长尹旭孚获评“2021年度‘应急先锋’”称号。

5月13日 长治市邮政管理局联合长治市人力资源和社会保障局印发《关于转发〈山西省人力资源和社会保障厅 山西省邮政管理局关于印发《推进基层快递网点优先参加工伤保险实施方案》的通知〉的通知》，全面推动全市基层快递网点优先参加工伤保险工作落地实施。

5月17日 长治市邮政管理局印发《2022年全市邮政普遍服务监督管理工作要点》，进一步贯彻落实国家邮政局和省邮政管理局关于2022年邮政普遍服务监督管理工作的总体要求，践行“人民邮政为人民”的初心使命，保障人民群众用邮权益。

5月18日 长治市邮政管理局召开全市邮政快递业2022年安全生产工作会。党组成员、纪检组组长、副局长李林传达各级文件精神,解读安全生产1号文,并对行业安全生产大检查工作进行再动员,部署安排“安全生产月”各项活动。

5月19日 长治市邮政管理局联合市人社局召开市基层快递网点优先参加工伤保险工作推进会。

同日 长治市邮政管理局联合市发展改革委员会、长治市财政局召开全市农村寄递物流全覆盖推进会,解读《长治市农村寄递物流全覆盖实施方案》,通报对部分县(区)调研督导情况,进一步明确任务目标、工作措施。

5月24日 长治市快递行业党委第一次全体党员会议在市邮政管理局召开。会议听取和审查中共长治市快递行业委员会筹备工作报告,宣读《中共长治市非公企业委员会关于同意成立市快递行业党委的批复》,选举产生中共长治市快递行业委员会。

6月10日 长治市邮政管理局联合市发展改革委员会召开农村寄递物流服务全覆盖长治南片推进会,重点对农村末端共同配送中心的难点重点问题进行破解。

6月13日 长治市邮政管理局党支部组织全体党员干部开展安全生产月主题党日活动,围绕“遵守安全生产法 当好第一责任人”的主题,就深入贯彻《中华人民共和国安全生产法》,开展大宣传、大演练、大培训活动中发挥党员先锋模范作用进行互动交流。

6月16日 长治市邮政管理局结合行业实际,采取互联网直播方式,开展线上宣传培训活动,深入落实长治市安委办关于全国安全生产咨询宣传日的部署要求。

6月17日 在长治市邮政管理局和市总工会的支持指导下,长治市快递行业工会联合会正式成立。

7月1日 长治市邮政管理局党组书记、局长任辉为全局干部讲授“七一”专题党课,以“什么是中国共产党,中国共产党干什么”为主题,从对马克思主义的信仰、《共产党宣言》的郑重宣告、中国共产党为了民族新生而生、“人间正道,天下为公”、“胜人者有力,自胜者强”五个方面阐述中国共产党成立101年来的奋斗历程和光辉成就。

7月13日 长治市邮政管理局组织召开全市邮政普遍服务半年工作分析讲评会,党组成员、纪检组组长、副局长李林主持会议,市县邮政公司相关负责人、市机要通信局、各县(区)邮政机要员及检查员共计40余人参加会议。

7月15日 长治市邮政管理局派督导组赴长子县轩阳物流园,对圆通、顺丰、申通等品牌分拨中心开展现场检查和座谈会议,进一步做好保通保畅各项工作。

7月18日 长治市邮政管理局组织召开全市邮政快递行业警示教育会。

8月1日 长治市邮政管理局被评为“促进地方经济社会发展重要贡献单位”。

8月11日 长治市邮政管理局召开专题会议,传达学习2022年全省邮政管理局长座谈会会议精神,部署贯彻落实工作。

8月16日 长治市邮政管理局召开下半年重点工作推进会,对重点工作任务进行再推动再部署。

8月22日 长治市邮政管理局召开党组(扩大)会议,专题研究巡察整改工作方案,传达全省邮政系统落实中央巡视国家局党组反馈意见整改动员电视电话会议精神,部署贯彻落实工作。

8月26日 长治市邮政管理局党组书记、局长文小强带队赴黎城县督导农村三级寄递物流全覆盖工作。督导组分别与黎城邮政管理局、黎城县农村寄递物流全覆盖运营企业、其他参与企业负责人进行座谈交流,深入西仵镇所属农村网点实地查看黎城农村寄递物流体系建设运营情况,现场对推进中存在的问题进行调度协调。

9月1日 长治市邮政管理局与长治市发展改革委员会举行工作会商,分析研判全市邮政快递业发展情况,协商推动行业高质量发展路径措施。

9月4日至8日 长治市邮政管理局紧跟任务目标，分析研判形势，找准薄弱短板，对8个县围绕统仓共配不完善、悬挂标识不规范、服务进村不达标等难点重点问题进行冲刺督导。

9月7日 长治市邮政管理局党组纪检组召集全体干部职工进行节前集体廉政谈话，进一步明确党的纪律和廉政规定，发挥“咬耳扯袖”监督作用，确保教育在先、预防在前。

同日 长治市邮政管理局召开党组理论中心组(扩大)专题学习会议，专题学习习近平总书记在《求是》杂志上发表的讲话《新发展阶段贯彻新发展理念必然要求构建新发展格局》和《习近平谈治国理政》第四卷相关内容。

9月14日 长治市邮政管理局组织开展保密工作专题培训。培训传达学习省局和市委关于做好保密工作的相关文件精神，通报工作泄密典型案例，并结合当前保密形势和单位实际，对于如何筑牢保密防线、做好新形势下保密工作进行讲解和再强调。

9月15日 长治市邮政管理局党组召开巡察整改专题民主生活会，局领导班子及成员对照巡察反馈的问题，认真剖析问题根源，开展批评和自我批评，进一步明确巡察整改措施和努力方向。

9月19日 长治市邮政管理局召开全市邮政快递业迎接中共二十大动员部署会，对中共二十大期间全市寄递渠道安全保障服务工作进行安排部署。

同日 从即日起，长治市邮政管理局成立督导检查组，由党组班子成员带队，就中共二十大期间寄递渠道安全和服务保障工作，对全市主要品牌分拨中心、部分许可企业和末端网点开展督导抽查。

9月22日 长治市邮政管理局党组书记、局长文小强一行赴长治市邮政分公司督导调研，分别深入邮件处理中心、机要局、八一广场营业点等场所，调研了解市邮政公司年度重点工作推进情况，督导中共二十大安保工作落实情况，并与市邮政公司总经理及相关部门负责人座谈交流。

10月14日 经长治市邮政管理局多方争取，长治市总工会印发《关于给市直新就业形态劳动者工会下拨一次性电子餐饮消费券资金的通知》，向长治市快递行业工会联合会拨付一次性餐饮消费券资金20万元，覆盖全市4500余名快递一线从业人员。

10月16日 长治市邮政管理局组织工作人员对《中国共产党第二十次全国代表大会》纪念邮票发行开展专项监督检查，重点检查邮票销售信息公示情况、邮票供应情况、现场销售规范服务情况等内容，并与集邮爱好者进行沟通交流。

同日 长治市邮政管理局组织全体党员干部职工集体观看中国共产党第二十次全国代表大会开幕盛况，认真聆听习近平总书记重要讲话，并畅谈学习体会和感受。

10月25日 长治市邮政管理局召开党组理论学习中心组(扩大)会议，专题学习中共二十大精神。

10月28日 长治市邮政管理局组织召开三季度全市邮政普遍服务政企联席会议，共同探讨全市邮政普遍服务发展中遇到的各种问题，推动长治市邮政普遍服务发展更惠及于民，更有助于地方经济发展。

10月31日 长治市邮政管理局召开全市快递业务旺季服务保障工作会，安排部署快递业务旺季服务保障工作，明确政府、协会和企业等各方责任。党组成员、纪检组组长、副局长李林主持会议，市级主要寄递企业负责人、市快递协会负责人共40余人在主会场参加会议，各县(区)寄递企业负责人在线上参加会议。

11月9日 长治市邮政管理局结合旺季服务保障工作，深入贯彻习近平总书记关于快递包装绿色治理指示批示精神，对全市主要品牌寄递企业开展绿色环保专项检查，切实推进年度市场监管重点工作任务落实。

11月10日 长治市邮政管理局积极协调，推动全市邮政快递企业全部纳入市货运物流“白名单”管理范畴，有效夯实行业旺季服务基础。

11月15日 长治市邮政管理局组织机关全体党员干部收听收看全省邮政管理系统警示教育大

会,会后立即召开专题会议对贯彻会议精神进行部署。

同日 下午,长治市邮政管理局党组理论学习中心组举行中共二十大精神第二次专题学习会。长治市委列席旁听工作组第九组组长郭贺红一行到会指导。

11月24日 长治市邮政管理局组织召开全市邮政快递业安全生产视频调度会。党组书记、局长文小强参会并讲话,辖区内邮政快递许可企业、分支机构负责人共90余人参加会议。

11月25日 长治市邮政管理局党组书记、局长文小强带队深入市县两级寄递企业开展“两送三保”暨“送警示、送规范、保服务、保畅通、保安稳”专项督导行动。

12月8日 长治市邮政管理局召开年终岁尾行业安全生产视频调度会,传达学习国家邮政局、省邮政管理局安全生产视频调度会议精神,对相关工作进行再部署再推动。

12月29日 长治市邮政管理局印发《中共长治市邮政管理局党组关于2023年元旦、春节期间正风肃纪廉洁过节工作的通知》,组织机关全体公务员开展集体廉政谈话和签订《廉洁自律承诺书》,共同观看《警钟60秒》警示教育片等系列活动,安排部署节日期间廉洁过节工作。

(资料提供:李 珍)

晋城市邮政管理局大事记

1月11日 晋城市委第十三考核组一行对晋城市邮政管理局2021年度工作完成情况进行全面考核。局党组书记代表局领导班子作年度工作报告。

1月25日 晋城市邮政管理局联合市县烟草、公安部门联合开展执法检查,查处一起寄递涉烟违法案件。

1月28日 晋城市快递行业党委揭牌仪式顺利举行,标志着晋城市邮政快递行业组织建设进入新的发展阶段。

1月31日 晋城市快递行业工会联合市总工会开展了“迎新春送温暖”慰问活动,为在寒冬中依然奋战在快递一线的快递小哥们送去关心和问候。本次活动慰问一线快递员工633人,送出慰问金12.66万元。

2月15日 晋城市邮政管理局召开2022年邮政管理工作会议。深入学习全省邮政管理工作会议精神,总结2021年工作,科学分析研判当前行业发展面临的挑战和机遇,部署2022年重点任务。

3月1日 晋城市副市长高喜全深入苗匠物流园,实地检查园区内邮政快递企业安全生产工作。

3月8日 晋城市邮政管理局联合市发改委召开农村寄递物流运营企业评选会议,邀请第三方晋城市快递协会参加,按照“公开、公平、公正”原则,分别发表评选意见,最终确定各县(市)农村寄递物流拟运营企业。

3月18日 晋城市邮政管理局印发《晋城市“十四五”邮政业发展规划实施方案》,为全面贯彻落实山西省“十四五”邮政业发展规划打下坚实基础。

3月22日 晋城市邮政管理局联合市检察院召开落实“七号检察建议”座谈会。

3月30日 晋城市邮政管理局联合市发改委、市财政局印发《晋城市农村寄递物流服务全覆盖实施方案》，健全县乡村寄递物流体系，补齐农村寄递物流服务短板。

4月18日 晋城市“扫黄打非”工作领导小组下发《关于通报表扬2021年全市“扫黄打非”先进集体、先进个人和基层先进工作者的通知》，晋城市邮政管理局连续五年被评为“‘扫黄打非’工作先进集体”。

4月27日 晋城市委常委、统战部部长、政法委书记石云峰采取“四不两直”方式，到晋城市邮政管理局调研。

5月7日 为贯彻落实关于关心关爱快递小哥群体的重要指示精神，进一步维护快递联合工会女职工特殊权益，提高女职工健康水平，晋城市邮政管理局积极对接市总工会，举办为新就业形态女职工赠送健康体检活动，首次为全市近50名40周岁以上快递业女职工争取到免费“两癌”筛查服务。

6月6日 晋城市邮政管理局、市交通运输局等九部门联合印发《关于做好快递员群体合法权益保障工作的实施方案》。

6月10日 省邮政管理局副局长高日勇一行深入晋城市顺丰、韵达、申通、中通、圆通、极兔等六家快递企业，督导调研晋城市邮政快递行业安全生产工作。

6月16日 为进一步增强公众信用意识，提升快递服务质量，引导快递企业守法经营，营造诚实守信的市场环境，晋城市邮政管理局举办“信用宣传月”主题宣传活动。

6月29日 晋城市邮政管理局在市申通转运中心组织开展邮政快递行业危化品泄漏、消防安全应急演练活动，现场70余名快递从业人员参加演习活动。

7月6日 为贯彻落实“放管服”改革精神，持续优化营商环境，着力推进“快递+政务服务”便民服务举措，晋城市第一单分支机构名录顺利寄出。

7月11日 在晋城市2022年度目标责任制考核会上，晋城市邮政管理局连续三年获“促进晋城经济社会发展突出贡献奖”。

7月26日 晋城市邮政管理局联合市总工会开展2022年度“夏送清凉”慰问一线，向全市快递一线从业人员发放夏季消暑用品778份。

8月8日 晋城市政府印发《关于加快健全全市绿色低碳循环发展经济体系的实施方案》，邮政快递业绿色发展内容被纳入其中。

8月18日 晋城市邮政管理局联合市总工会举办“建功全方位推动高质量发展 争当新时代最美劳动者”——晋城市首届快递行业职工职业技能竞赛。

9月7日 晋城市委宣传部、市精神文明建设指导委员会办公室及晋城市总工会印发《关于开展“强国复兴有我，新时代最美劳动者”选树活动评选结果的通报》，杨旭辉等4名快递小哥获“最美劳动者”称号。

9月8日 为进一步做好新时期工伤保险普法宣传工作，晋城市邮政管理局组织开展线上工伤保险政策培训，快递企业相关负责人共30余人参加培训。

9月15日 为打击利用寄递渠道实施的涉烟违法犯罪活动，结合国庆及中共二十大期间寄递渠道安保任务，晋城市邮政管理局联合烟草、公安部门联合开展执法检查。

9月28日 晋城市邮政管理局举行2022年度高级职业技能等级证书颁发仪式，为12名快递小哥发放快递员高级职业技能等级证书。

10月3日 晋城市副市长、市公安局局长苏春华，冒着绵绵细雨深入山西蓝远快递物流园区，督导检查中共二十大寄递渠道安保维稳工作落实情况，市邮政管理局主要负责人参加督导。

10月9日 首届“晋城最美快递员”评选表彰活动举行，晋城京东快递员王铭等10名快递小哥获得表彰。

10月21日 晋城市邮政管理局举办首届快递行业职工职业技能竞赛颁奖仪式。

10月25日 晋城市邮政管理局召开2022年快递工程初级职称评审会，全市6名快递从业人员通过评审。

11月3日 晋城市邮政管理局召开中共二十大精神专题学习会,专题学习《中共中央关于认真学习宣传贯彻中共二十大精神的决定》,围绕学习宣传贯彻中共二十大精神,开展集体学习研讨。

11月22日 为深入贯彻落实习近平生态文明思想,有效实施行业生态环保"9917"工程,晋城市邮政管理局组织开展"邮来已久、绿动未来"主题宣传活动。

12月13日 晋城市邮政管理局组织开展快递从业人员职业技能等级鉴定考试,共计200余名快递从业人员参加考试。

(资料提供:张馨月)

临汾市邮政管理局大事记

1月5日 为切实做好《壬寅年》生肖特种邮票发行销售检查工作,临汾市邮政管理局组织执法人员和社会监督员分别深入平阳北街集邮门市部、侯马市中心营业厅、洪洞县中心营业厅等地开展现场监督,未发现违规销售、损害消费者利益等现象。

1月14日 临汾市邮政管理局召开北京2022年冬奥会和冬残奥会期间全市寄递渠道安全服务保障工作动员部署会,迅速传达贯彻全国全省会议精神,督导各邮政、快递企业压紧压实主体责任,以最高标准、最严要求、最周密部署做好各项工作,重点做好对寄往北京、张家口的邮件快件安全管理工作,确保全市快递从业人员全覆盖。局领导、各科室负责人、市场监管科全体人员,市级邮政、快递企业负责人参加会议。

1月19日 临汾市邮政管理局开展1月份主题党日暨警示教育活动,组织全体党员干部集中观看《零容忍》系列专题纪录片第一集《不负十四亿》,集体学习习近平总书记在十九届中央纪委六次全会上重要讲话精神。

同日 按照省局党组安排部署以及市直工委具体要求,临汾局市邮政管理局党组召开党史学习教育专题民主生活会,省局督导组到会指导并作点评讲话,局党组书记、局长董向阳主持会议。会上通报专题民主生活会准备情况,董向阳代表局党组班子进行对照检查,深入查摆存在问题,深刻剖析产生根源,并提出今后努力方向和改进措施。局党组成员逐一做对照检查,严肃开展批评和自我批评。

1月26日 临汾市邮政管理局党组召开党史学习教育总结会议,局党组书记、局长董向阳出席会议并讲话。会议全面总结临汾局党史学习教育开展情况与取得的成效,要求驰而不息推进作风建设,办好办实邮政业更贴近民生的实事,加快推动行业转型发展,进一步营造心齐、气顺、风正、实干良好氛围。

1月26日至28日 临汾市邮政管理局领导带队,分别深入邮政快递企业开展专项检查,要求全力保障邮政快递业安全平稳畅通。

1月27日 临汾邮政管理局领导应邀出席中国邮政集团有限公司临汾市分公司2022年度工作会议并讲话。要求深刻把握邮政快递业的新使命新任务,围绕"畅通高效、普惠便捷",发挥行业"国家队""主力军"作用,努力在新发展阶段展现新作为。

2月11日 临汾市邮政管理局召开2022年全市邮政管理工作会议,回顾总结2021年工作,分析研判当前面临的新形势，安排部署2022年重点工作。要求深入贯彻省局党组“双高拓展年”决策部署，坚持以习近平新时代中国特色社会主义思想为指导，全面贯彻中共十九大和十九届历次全会精神，大力弘扬伟大建党精神，持续改善民生，坚持稳态势、强弱项、重监管、提质效，坚定不移推进循环畅通，以优异成绩迎接中共二十大胜利召开。

同日 临汾市邮政管理局党组召开意识形态专题研究会，制订党组意识形态工作责任制实施办法，对意识形态领域形势进行分析研判，局党组书记、局长董向阳主持会议并讲话。

2月14日 为深入学习贯彻习近平总书记在晋考察调研看望慰问基层干部群众重要指示精神，临汾市邮政管理局组织机关全体党员干部赴霍州市师庄乡冯南垣村和汾西县僧念镇段村开展“追寻领袖足迹 感悟初心使命”主题党日活动。

2月17日 临汾市邮政管理局召开党组理论学习中心组学习研讨会议，专题学习习近平总书记在晋考察调研看望慰问基层干部群众重要指示精神，局党组书记、局长董向阳主持会议并讲话。

2月20日 临汾市第五届人民代表大会第一次会议隆重召开，市长李云峰代表市人民政府向大会作《政府工作报告》，明确指出将加快服务业提质增效发展，加快发展航空、快递、冷链等专业物流，全市邮政快递业发展再次迎来重大利好。

2月22日 临汾市邮政管理局领导带队组成检查组深入吉县邮政分公司、新华街邮政支局、文城邮政所、机要通信场所等一线，开展北京冬残奥会期间邮政普遍服务和机要通信监督检查工作。

2月24日 临汾市邮政管理局与邮政企业联合召开专题会议，认真贯彻2022年全国邮政普遍服务工作电视电话会议精神。

3月1日 临汾市邮政管理局联合市交通运输局、市发改委、市人力资源和社会保障局、市住房和城乡建设局、市商务局、市市场监督管理局、市总工会、共青团临汾市委等八部门，共同制订印发《关于做好快递员群体合法权益保障工作的实施方案》。

3月10日 临汾市邮政管理局组织召开2022年全市邮政市场监管工作会议，回顾总结2021年主要工作，安排部署2022年邮政市场监管重点工作任务。全市40余家快递企业负责人，市快递协会负责人参加会议，并在会上进行临汾市邮政快递业安全生产履职尽责集体承诺宣誓。

3月11日 临汾市邮政管理局召开专题会议，学习贯彻2022年全省邮政普遍服务监管工作电视电话会议精神，研究部署2022年全市邮政普遍服务和机要通信工作。

3月24日 临汾市邮政管理局联合市人民检察院、市公安局就贯彻落实最高检“七号检察建议”召开座谈会。市快递协会，市邮政分公司、市级主要品牌快递企业负责人参加会议。

3月31日 临汾市邮政管理局召开2022年临汾市邮政普遍服务监督管理工作暨一季度政企联席会议，传达全省邮政管理工作会议和邮政普遍服务监管工作会议精神，回顾总结2021年工作，深入分析面临的形势，安排部署2022年工作任务，并对一季度发现的问题进行通报；会后，开展年度邮政机要通信保密安全培训。市邮政企业、侯马邮区中心负责人，相关部门及各县市（区）邮政企业负责人参加会议。

4月2日 临汾市邮政管理局组织机关全体人员签订“文明祭祀 廉洁清明”承诺书，并向全市邮政行业发出倡议。

4月23日 临汾市副市长胡晓刚先后深入尧都高新区鼎晨现代综合物流园京东物流华北区临汾分拣中心、临汾火车站中铁快递货仓调研。市政府办公室、市交通运输局、市邮政管理局负责人陪同调研。

4月26日 临汾市邮政管理局联合市人社局印发《关于转发〈推进基层快递网点优先参加工伤保险实施方案〉的通知》，全面推动全市基层快递网点优先参加工伤保险工作落地实施。

5月18日 临汾市邮政管理局联合市发改委召开全市农村寄递物流服务全覆盖工作推进会。各县（市）发改局负责人、各市级品牌快递企业负责人、16个农村寄递物流运营企业负责人共计40余人参加会议。会议详细解读《临汾市2022年农村寄递物流体系建设全覆盖实施方案》,安排部署推进农村寄递物流服务全覆盖工作主要任务,并围绕《山西省农村寄递物流运营企业管理办法(试行)》《山西省乡镇快递综合服务站和村级快递便民服务点建设标准(试行)》《山西省农村寄递物流共同配送管理办法(试行)》《山西省农村寄递物流标识设置标准》开展专题培训。

6月14日至15日 省邮政管理局党组书记、局长秦红保在临汾市永和县、大宁县调研农村三级寄递物流体系建设工作,在永和县智慧快递仓配中心听取运营企业负责人汇报,细致询问分工合作模式、各品牌路由情况,实地查看现场;在交口村快递便民服务点和桑壁镇快递综合服务站,与网点负责人亲切拉家常、话发展,为他们出谋划策;在道教村实地查看"快递+电商+特色农产品"运营模式发展情况。他要求坚持民生导向,紧抓行业发展重大政策机遇,广泛开展调研,支持和引导企业积极参与"快递+"现代农业金银牌项目培育,持续协同农村电商发展,让快递网点深度扎根农村,因地制宜、分类推进,县级强化品牌融合,村镇强化产业融合,真正把好事办实、实事办好。省局市场处、临汾局主要负责人陪同调研。

6月21日 山西省、临汾市两级总工会联合临汾市快递行业工会联合会深入快递一线举办"夏送清凉"慰问活动,为奋战在高温一线的快递从业人员送上冰糖、白糖、菊花茶、绿豆饮品等防暑降温用品。

6月23日 临汾市邮政管理局组织各邮政快递企业在中通快递分拨中心开展安全生产应急示范演练暨送法进企业与安全守法经营宣誓活动。市快递行业协会及各邮政快递企业负责人、安全员参加活动。

6月29日 临汾市年度目标责任考核领导小组办公室发布通知,临汾市邮政管理局被评为2021年度促进临汾经济社会发展重要贡献单位。

7月1日 中共临汾市邮政管理局机关委员会党员大会召开,会议听取和审议通过《中共临汾市邮政管理局机关委员会工作报告》,表决通过《中共临汾市邮政管理局机关委员会换届选举办法(草案)》及候选人、监票人名单,并按照选举办法和程序,以无记名投票的方式,差额选举产生新一届机关党委委员。随后,新一届机关党委召开第一次全体会议,选举产生党委书记、副书记,并研究讨论委员分工。

同日 为庆祝中国共产党成立101周年,临汾市邮政管理局开展"七一"建党节系列活动。一是集体过政治生日;二是重温入党誓词;三是党组书记为全体党员干部讲授"七一"专题党课。此次活动切实增强全体党员的荣誉感、责任感和使命感,更加坚定了听党话、跟党走的信念。

7月16日 为全力做好高考录取通知书寄递工作,确保通知书寄递零失误,临汾市邮政管理局对2022年度高考录取通知书寄递工作做出安排部署。要求邮政企业安排专人负责录取通知书收寄、运输、分拣、投递工作,开通"绿色通道"保障录取通知书优先投递。

7月16日至21日 省邮政管理局党组第二巡察组对临汾市邮政管理局开展巡察,通过听取汇报、民主测评、个别谈话、查阅资料等方式开展工作。

7月21日 临汾市邮政管理局召开党组理论学习中心组学习研讨会议,专题学习习近平总书记在新疆考察时的重要讲话精神,要求全局党员干部要认真学习领会,结合行业发展实际抓好贯彻落实。局党组书记主持会议并讲话。

7月22日 在临汾市邮政管理局不断督导下,全市建制村周五班投递频次占比提升75.38个百分点,周三班投递频次占比降低75.19个百分点,建制村投递工作取得显著进展。

7月28日 临汾市邮政管理局联合市发改委,就农村寄递物流服务全覆盖工作召开现场推进会。霍州市、曲沃县、襄汾县、洪洞县、古县、浮山县、永和县、隰县、汾西县发改局负责人和农村寄递物流运营企业负责人参加会议。会上通报全市农村寄递物流服务全覆盖工作进展情况,襄汾县、浮山县、汾西县、古县发改局分别就工作情况进行汇报。会议要求各运营企业要提高站位，自加压力；咬定目标，加快推进；落实责任，确保完成。

7月29日 临汾市邮政管理局针对近期普遍服务质量和用户投诉等问题，对邮政企业进行行政约谈，要求从思想上高度重视，层层传导压力，仔细查找原因，对标制订整改办法，切实落实整改措施。

8月3日 临汾市邮政管理局召开党组中心组理论学习会议，专题学习研讨习近平总书记在省部级主要领导干部专题研讨班上的讲话精神，要求每一位党组成员加强理论学习，做好带头作用，切实加快推进农村寄递物流服务全覆盖工作，以实际行动迎接中共二十大胜利召开。局党组书记主持会议并讲话。

8月5日 临汾市邮政管理局督导邮政企业优化城市邮政普遍服务网点布局、提升规范化运营水平。

同日 临汾市邮政管理局联合市社保中心就2022年临汾市快递员优先参加工伤保险工作召开现场推进会。要求各寄递企业高度重视，压实责任；及时沟通，做好联络；强化监管，督促落实，切实保障好快递员群体合法权益。

8月9日 临汾市邮政管理局组织召开2022年全市寄递渠道安全管理领导小组会议，传达全省寄递渠道安全管理领导小组会议精神，总结全市寄递渠道安全管理工作，分析当前安全形势，讨论审议《2022年临汾市寄递渠道安全管理领导小组工作要点》，并对2022年寄递渠道安全管理工作进行部署。市委政法委、市公安局、市国家安全局、市交通运输局、市市场监督管理局等寄递渠道安全管理领导小组成员单位有关负责人参加会议。

8月11日 临汾市邮政管理局召开专题会议，传达学习全省邮政管理局长座谈会精神，安排部署下半年重点工作。

8月12日 临汾市邮政管理局引导邮政企业助力政务服务"零跑动"，把相关证照为群众免费邮寄到家，让群众不再二次跑动。该服务已在尧都区行政审批大厅试点开展。

8月19日 临汾市邮政管理局组织开展高考录取通知书寄递服务满意度回访工作，随机抽选录取通知书邮件城市样本8个、农村样本8个，从投递流程规范程度、投递员服务态度、邮件投递过程信息查询等方面对考生进行回访，回访结果良好，未收到不满意反馈。

8月23日 临汾市邮政管理局召开部署省局党组第二巡察组反馈整改工作专题研讨会，深刻剖析问题根源，讨论并形成整改方案。局党组书记主持会议并讲话。会议要求以本次巡察整改为契机，举一反三，针对性做好整改措施，找准定位、担当作为，完善规章制度，着眼建立长效机制，持续深化和巩固拓展巡察整改成果，为纵深推进全面从严治党、营造风清气正的政治生态提供坚强保障。

8月24日至26日 临汾市邮政管理局组织开展邮政普遍服务场所安全生产大检查。检查组深入洪洞、浮山、翼城等县邮政分公司及城市、乡镇邮政局所进行检查，督导邮政企业做好内部管理和安全隐患排查，确保全市邮政普遍服务场所安全保障水平进一步提升。

8月25日 临汾市邮政管理局党组书记对两名新录用公务员进行岗前教育谈话，勉励他们牢记习近平总书记对年轻人的寄语，脚踏实地，勇于担当，在实际工作中经风雨、见世面、长才干。

8月26日 临汾市邮政管理局成立由主要领导带队的检查组，深入各县（市）开展监督检查工作。

9月2日 农村寄递物流服务全覆盖工作进入收官阶段，临汾市邮政管理局紧盯目标不放松，对进展缓慢县市采取有力举措推进工作。

9月7日 临汾市邮政管理局组织人员先后赴极兔、顺丰、京东等企业分拨中心及网点等快递企业一线开展统计工作检查，采取现场查阅资料、对照企业业务系统数据、当面询问核对等多种方式开展检查工作，要求各企业要深刻分析问题原因，进一步加强统计法规培训，狠抓统计数据质量，扎实推进统计工作规范化和制度化。

同日 临汾市邮政管理局印发《临汾市邮政快

递业“反三违、除隐患、防事故”专项行动实施方案》。

9月15日 临汾市邮政管理局组织举办全市邮政快递业安全生产大培训。培训邀请市公安局、市国安局、市消防支队和市疾控中心等部门的专家现场授课,从新安全生产法、寄递渠道“三项制度”、消防安全、扫黄打非、禁止寄递物品识别以及安检机使用等业务知识进行讲解,进一步提升企业安全生产主体责任意识,为确保全市邮政快递业安全平稳运行奠定坚实基础。市邮政业安全中心全体人员、快递行业协会负责人、邮政快递企业主要负责人及安全员共300余人参加培训。

9月16日 临汾市邮政管理局召开快递从业人员职业技能培训工作推进会,对工作推进不力的企业进行督导约谈,持续落实省局部署和“人人持证、技能社会”要求,跟进快递从业人员职业技能培训工作,逐步提升从业人员持证率,确保全年目标任务顺利完成,为建立起一支高质量行业人才队伍奠定坚实基础。

9月19日 根据国家邮政局、省邮政管理局工作安排,临汾市邮政管理局从三方面入手,认真配合开展2022年邮件传递时限监测工作。

同日 临汾市邮政管理局召开专题会议,研究部署全市寄递渠道安全和服务保障工作。要求机关各科室、各邮政快递企业进一步提高政治站位,严格落实国家局、省局有关工作部署,切实强化寄递渠道安全监管工作,确保中共二十大期间寄递渠道安全畅通。

9月22日 省寄递渠道安全和服务保障第二督导组在组长高日勇带领下,深入临汾市邮政快递企业分拨中心和营业网点,对中共二十大安保工作、安全生产和农村寄递物流体系全覆盖等工作进行督导检查。督导组充分肯定工作成绩,并对后续工作提出明确要求。

9月23日 邮政“9·19”电商节活动期间,临汾市邮政企业在临汾市邮政管理局引导下,持续畅通农产品销售渠道,加强邮政服务农产品出村进城政策、产品、服务、渠道体系建设,在邮乐小店、邮乐购、淘宝等电商平台开展“直播带货+线上下单+线下寄递”综合营销,助推永和红枣、曲沃大蒜、隰县玉露香梨和尧都区阳光玫瑰葡萄、冬枣等农产品销售到全国各地,得到农民朋友的欢迎和支持。活动共销售各类特色农产品28500余箱(袋),带动农民增收40余万元。

同日 历时7个月,吉县便民服务点全部投入运营,标志着全市16个县(市、区),122个乡镇,1849个行政村两级站点运营及标识设置比例均达到100%,几大主要快递品牌在全市各个行政村基本实现共配,全市寄递物流服务基本实现全覆盖。

9月27日 临汾市邮政管理局联合市人民检察院印发《关于联合开展寄递安全专项检查活动的实施方案》,并成立专项检查组,赴曲沃县、侯马市对寄递企业收寄验视、实名收寄、过机安检等制度落实情况开展安全检查,督促企业工作人员严格遵守相关规定,切实增强邮政快递行业的法治意识。

9月28日 临汾市邮政管理局召开专题会议,就中共二十大安保、安全生产、农村寄递物流服务全覆盖、重大时间节点值班值守等近期重点工作作出安排部署。

9月30日 为确保中共二十大期间全市邮政普遍服务安全畅通,临汾市邮政管理局对辖区部分邮政普遍服务营业场所、处理场所进行监督检查。

10月10日 临汾市市直工委第四督导组深入临汾市邮政管理局,就机关党建工作及清廉机关建设情况进行专项督导,对各项工作及相关活动开展情况予以充分肯定。

10月13日 临汾市委组织部副部长、市委非公和社会组织工委书记高涛一行深入临汾市快递企业,就快递行业非公党建工作进行实地调研。

10月16日 临汾市邮政管理局组织全体党员干部集体收看中国共产党第二十次全国代表大会开幕会,认真聆听学习习近平总书记代表第十九届中央委员会所作的工作报告。

同日 临汾市邮政管理局领导带队组成检查组,深入平阳北街集邮门市部开展《中国共产党第二十次全国代表大会》纪念邮票发行监督检查,并邀请临汾市电视台、《临汾日报》等地方媒体全程监督报道。与此同时，社会监督员对侯马等6县（市）邮票销售网点发行进行监督。发行现场秩序井然，集邮用户对现场邮票发行秩序等表示满意，未发现违规销售、损害消费者利益等现象。

10月25日 为学深悟透中共二十大报告的深刻内涵和精神实质，推动中共二十大精神在全局党员干部心中落地生根，临汾市邮政管理局组织全体干部职工深入学习报告提出的新观点、新论断与新思想。

11月2日 临汾市邮政管理局召开全市2022年快递业务旺季服务保障动员部署视频会议，就全市快递业务旺季服务保障和安全管理工作进行安排部署。会议详细解读《临汾市邮政管理局2022年快递业务旺季服务保障工作方案》，要求以实现“两不”“三保”为目标，全力确保旺季平稳运行，努力打造安全旺季、畅通旺季、暖心旺季、绿色旺季。会议以腾讯视频会议形式召开。市邮政管理局领导、市场监管科、邮政业安全中心全体人员及办公室、普遍服务科相关人员、市快递协会负责人在主会场参加会议，市、县两级邮政快递企业负责人在各分会场参加会议，参会人员共170余人。

11月4日 临汾市邮政管理局组织市邮政企业召开2022年三季度邮政普遍服务政企联席会议。会议听取工作汇报，总结情况，通报发现问题，提出整改要求，同时对旺季及岁末年初邮政普遍服务监督保障工作进行安排部署。政企双方对照全年邮政普遍服务监管工作清单，逐项核对普遍服务质量提高、邮快合作推进、农村地区投递服务水平提升等重点工作开展情况，根据存在的问题研究推进措施。市邮政分公司分管领导及相关部门负责人、侯马邮区中心负责人参加会议。

11月8日 为切实做好业务旺季期间邮政普遍服务和安全生产保障工作，临汾市邮政管理局由分管局领导带队组成检查组，深入中国邮政集团公司临汾分公司邮件处理中心、尧都区临钢邮政支局、新东城邮政支局组织开展旺季期间邮政普遍服务和安全保障监督检查，要求全面确保旺季期间全市邮政普遍服务安全有序，进一步提升服务质量。

11月9日 为确保行业生态环保“9917”工程取得成效，临汾市邮政管理局召开全市邮政快递业生态环保工作推进会。市级品牌快递企业负责人参加会议。会议通报全市“9917”工程进展情况及近期生态环保督导检查发现的问题，并对《邮件快件包装基本要求》《邮件快件绿色包装规范》《邮件快件包装管理办法》等相关法律法规开展培训。参会企业围绕可循环快递包装箱使用、绿色网点、绿色分拨中心建设、瓦楞纸箱回收复用、包装操作规范化建设等具体落实措施开展讨论，交流经验。

11月10日至11日 省邮政管理局党组书记、局长秦红保在临汾市调研督导行业旺季服务保障和农村寄递物流全覆盖工作落实情况。10日下午，秦红保先后深入尧都区邮件处理中心与临汾中通分拨中心开展督导调研，听取企业旺季服务保障、安全生产等工作汇报，认真查看企业生产作业流水线，了解存在问题与困难，并与一线工作人员进行亲切交谈，询问工作与生活情况。11日上午，秦红保深入翼城县快递仓储物流园与南梁乡武池村、庄里村等便民服务点，实地查看实际运营情况，指出统仓共配是经过实践检验，能切实降低物流成本的最有效模式，各企业要紧抓政策机遇，真正保障快递进得了村、站点稳得住脚、共配运营得好，让这项民生工程真正成为群众满意群众认可的民心工程。省邮政管理局办公室、市场处、市邮政管理局主要负责人陪同调研。

11月24日 临汾市邮政管理局组织全体党员干部召开机关警示教育会议。会议传达国家邮政管理局、省邮政管理局警示教育电视电话会议精神，并由局党组书记、局长董向阳作集中廉政谈话。要求认真学习领会会议精神实质，结合通报案例，深刻剖析问题根源，自觉对照，检视自身。

11月25日 为深入学习宣传贯彻中共二十大精神，临汾市邮政管理局组织开展“四个一”系列活动，认真领悟新思想新论断，牢牢把握新部署新要求，不断提升全体党员的政治素质和业务能力。一是学习先行一步，坚持以习近平新时代中国特色社会主义思想为指导,全面学习贯彻中共二十大精神,在全局迅速掀起学习热潮。二是宣传加深一层,充分利用LED电子屏、学习宣传栏、党建文化墙、门户网站、微信公众号等多渠道宣传中共二十大精神。三是活动开展一轮,积极开展“学习贯彻中共二十大 踔厉奋发启新程”主题党日活动,通过观看中共二十大专题片、书记讲党课、撰写心得体会等活动切实提升学习质效。四是实践深入一分,立足行业实际,坚持学思用贯通、知信行统一,把中共二十大精神落实到各项工作中去。

11月27日 临汾市邮政管理局以“临汾邮政管理‘这十年’”为主题制作纪念建局十周年宣传片,回顾总结十年以来的发展变化与取得的成绩,展现全局党员干部团结一心、积极向上的良好风貌。

12月4日至10日 临汾市邮政管理局以全国第九个国家宪法日为契机,精心组织宪法进机关、进企业、进网络系列活动,将“宪法宣传周”普法宣传持续推向高潮,进一步巩固临汾市邮政快递业“八五”普法成果。

12月23日 临汾市邮政管理局召开专题会议,研究支持鼓励快递企业招聘用工相关工作。

12月30日 临汾市邮政管理局召开专题会议,就元旦春节期间邮政管理各项工作作出安排部署。

(资料提供:张 阳)

运城市邮政管理局大事记

1月5日 运城市邮政管理局在生肖邮票首发日组织开展《壬寅年》特种生肖邮票发行专项监督检查。

1月14日 运城市邮政管理局组织召开2022年北京冬奥会期间全市寄递渠道安全和服务保障工作动员部署会。

1月24日 运城市邮政管理局召开专题会议,学习贯彻全省邮政管理工作会议精神,研究提出贯彻落实意见。

同日 运城市邮政管理局组织全体干部职工,传达学习全省邮政管理系统党史学习教育总结会议精神。

2月5日 运城市邮政管理局对《第24届冬季奥林匹克运动会开幕纪念》纪念邮票发行情况组织专项监督检查。

2月15日 运城市邮政管理局组织机关全体职工和非公快递企业党员共同开展“我们的节日——元宵节”主题活动,激发从业人员在传统文化中汲取奋勇争先、团结拼搏的精神动力。

2月21日 在运城市第五届人民代表大会第一次会议上,市长储祥好作政府工作报告。报告明确提出将打造全国快递物流业发展示范城市列入2022年工作规划。运城市邮政管理局坚决贯彻中央和省市党委政府加快寄递物流体系建设的决策部署,主动对接消费市场,打通政策堵点,统筹资源整合,贯通供应体系,全面推进邮政快递业发展。

同日 运城市召开第五届人民代表大会第一次会议。运城京东快递员杜队作为市人大代表参加会议。运城市邮政管理局大力支持人大代表履职尽责,切实做好快递员群体合法权益保障工作,不断提升快递员群体的获得感、幸福感、安全感。

2月24日 运城市邮政管理局召开专题会议,

对省邮政管理局市场监管工作会议精神进行传达并安排部署。

同日 为切实做好全市农村寄递物流服务全覆盖工作，高质量完成2022年省政府民生实事，运城市邮政管理局迅速落实召开动员部署会，安排部署全市农村寄递物流服务全覆盖工作。

同日 为充分发动快递行业队伍力量，扩大社会治安信息收集渠道，进一步增强不稳定因素的源头发现和预防能力，推进平安运城建设，运城市邮政管理局积极沟通联系市政法委，发文探索建立“快递专属网格”制度。

3月4日 运城市邮政管理局组织全局人员，传达学习市五届人大一次会议、市政协五届一次会议精神，以及市长储祥好所作的政府工作报告。

同日 运城市邮政管理局联合市发展和改革委员会组织召开全市农村寄递物流服务全覆盖拟运营企业遴选评审会。

同日 运城市邮政管理局联合市快递行业工会联合会，积极联系沟通市总工会争取名额，组织全市31名一线快递女职工参加市总工会开展的“保障女职工健康权益，提升女职工健康水平——关爱女职工‘两癌’筛查”活动。

3月8日 为纪念第112个“三八”国际妇女节，运城市邮政管理局联合市妇联举办首届“奋进新征程·建功新时代”邮票里的女性主题展览。

3月9日 全省党建和党风廉政建设工作会议召开后，运城市邮政管理局迅速组织机关全体人员专题学习讨论会议精神，并就贯彻落实会议精神进行安排部署。

同日 为全面提升辖区邮政机要通信服务质量，确保国家秘密载体传递安全保密，运城市邮政管理局开展邮政机要通信“两个规范”宣贯工作。

3月16日 在运城市邮政管理局和市邮政分公司共同努力下，运城首本不动产权证书通过邮寄渠道送达用户手中，全市“邮政+服务”建设取得新拓展。

同日 为切实做好运城市邮政管理局党员干部作风大整治活动，局党组书记、局长胡福海以作风建设为主题，为全体党员干部讲授主题党课。

3月17日 运城市邮政管理局召开2022年党建暨党风廉政建设工作会议，全面贯彻落实全省邮政管理系统党建暨党风廉政建设工作会议精神，总结回顾2021年工作情况，研究部署2022年工作任务。

3月24日 运城市邮政管理局组织召开2022年全市邮政普遍服务监管工作会议。局分管领导、普遍服务科全体人员、市邮政分公司分管领导、相关部门负责人参加会议。

同日 运城市邮政管理局组织机关全体认真学习国务院总理李克强所作的政府工作报告。

3月28日 运城市邮政管理局组织召开2022年度第一次安全工作会议。会议以腾讯视频会议形式召开。

3月30日 为保障运城市、县两级党组织年度巡察工作顺利进行，运城市邮政管理局多措并举提升邮政专用信箱服务质量。

同日 为全面提升新闻宣传工作水平，进一步提高新闻宣传质量，创造良好行业舆论氛围，运城市邮政管理局多措并举强化新闻宣传工作。

3月31日 为更好落实推动运城市农村寄递物流体系建设工作，运城市邮政管理局以高度政治责任感，主动作为，多次向全市邮政快递企业宣贯文件精神和政策利好，深入辖区9个县召开专项调研推进会议。截至3月底，运城市12个县(市)全部完成合作协议签订，实现全覆盖。

同日 为持续开展警示教育，加强党风廉政建设，进一步坚定理想信念、净化心灵思想，助力党员干部作风大整顿活动，运城市邮政管理局组织开展警示教育活动。

同日 运城市邮政管理局召开2021年度组织生活会。党支部书记胡福海主持会议，全体党员参加。

同日 为切实加强全市寄递渠道安全监管工作，贯彻落实最高检“七号检察建议”，运城市邮政管理局召开落实“七号检察建议”部署会，安排部署相关工作。

4月1日 为深入贯彻落实习近平总书记关于新时代烈士褒扬工作指示批示精神,传承弘扬英烈事迹和革命精神,运城市邮政管理局组织机关全体人员开展“我们的节日”清明祭英烈主题活动。

同日 落实最高人民检察院“七号检察建议”信息联络站在运城市邮政管理局正式挂牌成立。局党组书记、局长胡福海与运城市人民检察院副检察长王华兵为信息联络站揭牌。

4月6日 运城市邮政管理局党支部开展4月份主题党日活动。

4月11日 为加强辖区寄递服务用户个人信息安全管理,维护邮政通信与信息安全,运城市邮政管理局采取有效措施进一步加强寄递用户信息安全管理。

4月20日 全国邮政快递业保通保畅促进产业链供应链稳定电视电话会议结束后,运城市邮政管理局迅速行动,组织召开专题会议贯彻落实国家邮政局安排部署。

4月21日 运城市副市长李哲深入邮政快递业督导检查,实地调研行业保通保畅工作。运城市邮政管理局、市邮政分公司主要负责人陪同调研。

4月25日 运城市总工会党组书记、常务副主席梁武军、一级调研员秦全发一行来到市快递行业工会联合会,与邮政快递企业一线员工代表进行座谈,为全市邮政快递行业送来党和政府、工会组织的温暖关怀。

4月26日 为加强国有资产管理,提高资金、资产使用效率,确保资产安全完整,运城市邮政管理局开展固定资产清查盘点工作。

4月27日 运城市邮政管理局召开专题会议,深入贯彻落实习近平总书记关于安全生产重要指示精神,安排部署全市邮政快递业保通保畅工作。

5月1日 运城市委副书记、市长储祥好到市韵达快递公司调研,了解快递分拨中心升级改造进程,并慰问工作人员。

5月5日 根据国家、省、市关于邮政快递行业保通保畅工作的指示精神和安排部署,运城市邮政管理局结合行业实际,多方沟通协调,深入企业纾困解难,打通堵点,畅通流转环节。积压快件全部派送完毕,快递分拨中心和营业网点全面恢复生产运营。

5月12日 运城市邮政业安全中心根据山西省寄递渠道安全监管“绿盾”工程建设领导小组办公室《关于切实加强全省“绿盾”工程视频巡查监管系统应用的通知》精神,有效发挥绿盾系统“千里眼”作用。

5月13日 运城市邮政管理局组织召开全市邮政快递业全面恢复健康有序平稳运行推进会,通报复工复产工作进展,研究解决推进保通保畅工作中的难点、痛点问题,安排企业用房摸底工作,部署下阶段重点工作。

5月20日 为进一步规范邮政快递行业安全生产经营,落实企业安全生产主体责任制,推动企业合法合规经营,运城市邮政管理局组织召开2022年度第3次安全工作会议。会议以腾讯视频会议形式召开。

同日 为进一步加强机要通信管理工作,确保国家秘密载体传递的安全、保密、畅通,根据年度工作安排,运城市邮政管理局积极部署,通过实地检查和企业自查两种方式,提前完成机要通信第一轮全覆盖检查工作。

5月24日 在运城市邮政管理局支持帮助下,中通快递走进临猗县北景乡西里庄村樱桃园,组织开展助农直播活动,进一步畅通寄递渠道,解决农户的燃眉之急。

同日 运城市快递行业党委深入贯彻落实习近平总书记关心关爱快递小哥的指示批示精神,以“微光星海,河东新锋”为主题,牢牢把握市委打造全国快递物流业发展示范城市目标导向,聚焦组织建设、队伍建设、保障建设,大力实施“党建强基”战略,不断深化快递行业党建创新实践,引领行业健康快速发展。

5月25日 为助力全市党员干部作风大整顿活动,在全社会形成崇廉、尚廉、守廉的良好风尚和浓厚氛围,运城市邮政管理局联合市纪委监委、市妇联举办“传承红色基因 弘扬清廉家风”系列活动。

同日 运城市邮政业安全中心就《山西省“绿盾”工程系统应用工作简报》(2022年第一期),积极对接运城市邮政管理局市场监管科进行研讨,针对突出问题和普遍性问题,拿出处置处理措施,进一步提升监管能力,助力邮政快递业稳定发展态势。

5月31日 运城市邮政管理局开展学习其美多吉主题道德讲堂活动,组织全体党员干部观看其美多吉先进事迹宣传视频《雪线邮路》。

6月2日 运城市邮政管理局组织机关全体人员,并邀请快递企业党员共同开展“喜迎中共二十大·粽享端午情”端午节主题活动。

同日 为巩固提升邮政“一市一品”成果,运城市邮政管理局着手打好“四张牌”——服务、畅通、宣传、监管,助力樱桃寄递取得新突破。

6月7日 运城市邮政管理局组织召开2022年度第4次安全工作会议。会议以线上腾讯视频会议形式召开。

6月8日 运城市人民政府办公室印发《运城市推进服务业提质增效2022年行动计划》,邮政快递业多项内容被纳入其中。

6月9日 为加快推进运城市农村寄递物流服务全覆盖工作进度,运城市邮政管理局组织全市12家牵头企业及菜鸟驿站、运城快递驿站负责人召开运城市农村寄递物流服务全覆盖年中工作推进会。

6月15日 《山西省“绿盾”工程系统应用工作简报》第二期下发后,运城市邮政业安全中心及时配合市邮政管理局就《山西省“绿盾”工程系统应用工作简报》涉及问题的快递企业进行约谈整改。

6月24日 运城市邮政管理局多措并举做好邮政业消费者申诉处理工作,共处理各类用户申诉137件,办理率100%,用户综合满意率达99%以上。

6月26日 运城市邮政管理局联合市禁毒办、市公安局、市交通运输局、市卫健委、市城市管理局、市妇联等单位在盐湖区南风广场举办第35个国际禁毒日“健康人生、绿色无毒”主题宣传活动。各单位共100余人参与。

6月27日 为深入贯彻习近平总书记关心关爱快递小哥指示批示精神,推动快递从业群体融入基层治理体系,运城市邮政管理局联合市委组织部等多部门举行快递小哥线上服务平台启动仪式。市委常委、组织部部长赵晔出席启动仪式。

6月29日 运城市邮政管理局领导带队深入平陆县邮政、中通、极兔、韵达等企业及乡镇末端网点,督导检查邮政行业安全生产工作。

6月30日 运城邮政管理局再次组织召开农村寄递物流服务全覆盖推进会,对前期推进工作情况进行摸底通报,传达省局农村寄递物流服务全覆盖工作要点会议的相关要求,并对各牵头企业进村完成时限提出明确要求。

7月1日 运城市邮政管理局党组书记胡福海为机关党员干部讲授“七一”专题党课。

7月6日 为切实做好2022年高校录取通知书寄递服务保障工作,运城市邮政管理局提前谋划、精心组织,全力确保辖区高考录取通知书安全准确寄达。

7月7日 为进一步加强全市邮政快递行业规范化管理,落实企业安全生产主体责任制,不断提升邮政快递业安全生产工作水平,运城市邮政管理局组织召开2022年度第5次安全工作会议。会议以线上腾讯视频形式召开。

7月8日至8月3日 省邮政管理局党组第二巡察组对运城市邮政管理局党组开展巡察工作。

7月18日 为充分发挥“绿盾”工程信息系统“互联网+监管”优势,提升行业监管的智能化、信息化和精细化水平,运城市邮政业安全中心组织全体员工认真学习《“绿盾”工程信息系统主要功能应用指南》。

7月19日 运城市邮政快递业“绿盾”系统建设和应用联席会在市邮政业安全中心办公室召开。市邮政管理局市场监管科、市邮政业安全中心相关人员共同参加本次联席会。

同日 为推进全市邮政普遍服务重点工作,进一步提升邮政普遍服务质量,运城市邮政管理局组织召开2022年二季度邮政普遍服务政企联席会议。

7月20日 运城市邮政管理局举办2022年度全市邮政特邀监督员培训会,进一步提高邮政特邀监督员业务水平,更好地发挥社会监督实效。

7月28日 运城市邮政管理局联合市发改委等部门召开全市农村寄递物流服务全覆盖工作现场会。临猗县发展改革局、县商务局和全市12个县(市)牵头运营企业参加会议。

7月29日 运城市全面完成农村寄递物流全覆盖乡镇快递综合服务站和村级快递便民服务点建站设点工作任务。

8月3日至4日 运城市邮政管理局举办全市邮政快递行业新闻宣传培训。局机关全体人员,市邮政业安全中心、市快递协会、市邮政分公司、市级快递企业相关人员参加培训。

8月4日 运城市邮政管理局组织召开2022年度第6次安全工作会议。

同日 运城市邮政管理局组织全市邮政快递企业开展法律法规知识培训,强化企业法律意识,督促企业落实主体责任。

8月5日 为深入贯彻落实习近平总书记关于统计工作讲话指示批示精神,进一步提高全市邮政快递行业统计人员能力水平,运城市邮政管理局召开全市邮政快递行业统计培训。市邮政分公司、全市各许可快递企业及市级企业总部统计人员参加。

8月8日 为确保行业安全平稳运行,切实保障快递员权益,运城市邮政管理局下发通知对全市邮政快递业防范应对高温天气进行安排部署。

8月9日 运城市邮政管理局组织机关全体集中观看警示教育片"打通最后一公里",以实际案例教育引导全体党员干部筑牢防腐意识,严守纪律红线、持之以恒正风肃纪。

8月12日 运城市邮政管理局组织召开专题会议,迅速学习传达全省邮政管理局长座谈会精神。

8月16日 运城市邮政管理局组织召开贯彻落实中央八项规定精神专题警示教育大会,引导全体党员干部坚守廉政底线,保持政治定力,不断增强拒腐防变能力,为全方位推动邮政快递业高质量发展提供坚强纪律保障。

同日 为发挥邮政军民融合主渠道作用,在运城市邮政管理局积极推动下,市邮政分公司与市退役军人事务局签署拥军优抚合作协议,为退役军人提供一系列优惠服务举措。

8月17日 省邮政管理局党组第二巡察组巡察运城市邮政管理局党组情况反馈会议在运城召开。省局第二巡察组组长、政策法规处副处长柴茂林反馈巡察意见,省局巡察办主任尹杰讲话,市邮政管理局党组书记、局长胡福海作表态发言。

8月18日 运城市邮政管理局组织机关干部深入包联社区开展文明城市帮建共创——环境卫生整治志愿服务活动。

8月19日 运城市邮政管理局召开专题会议,传达学习全省邮政管理系统落实中央第十二巡视组巡视国家邮政局党组反馈意见整改动员电视电话会议精神。

9月6日 为稳步提升农村地区邮政服务水平,运城市邮政管理局多举措提升建制村直接通邮成果。全市2172个建制村投递频次由周三班次以上全部达到周五班次以上。

同日 运城市邮政管理局组织召开2022年度第七次安全生产工作会议。全市许可企业、市级总部企业参加会议,各县级企业以腾讯视频会议形式参会。

同日 运城市邮政管理局召开专题会议,组织全体执法人员及全市邮政快递企业学习新修订的《中华人民共和国行政处罚法》。

9月8日 运城市邮政管理局开展党组理论学习中心组巡视专题学习,深入学习贯彻习近平总书记关于巡视工作的重要论述。局党组成员、各科室负责人参加会议。

同日 运城市邮政管理局联合市委组织部、市委非公工委、市妇联、市市场监管局联合开展"晋姐暖心·与你同行"新业态女性从业人员关爱慰问活动。

9月9日 为深入贯彻落实中央八项规定及其实施细则精神,做好中秋、国庆期间正风肃纪工作,防止"四风"问题变异反弹,运城市邮政管理局加强廉政警示教育,督促机关全员讲纪律、守规矩,过一个风清气正的节日。

9月16日 为迎接中共二十大胜利召开，运城市邮政管理局组织召开专题会议，迅速传达国家邮政局中共二十大动员部署电视电话会议精神。

9月20日 为切实维护全市邮政快递业安全稳定运行，运城市邮政管理局督促企业开展自查自纠工作，确保底数清、情况明、措施实、效果好。

同日 运城市邮政管理局安排部署中共二十大期间寄递渠道安全服务保障工作，营造安全稳定的寄递服务环境。

9月21日 为高质量推进“人人持证、技能社会”建设，进一步加快培养快递行业高技能人才，运城市邮政管理局联合运城市总工会、市快递行业协会、市快递行业工会举办首届邮政快递行业职业技能竞赛。来自邮政公司、申通、圆通、中通、韵达、顺丰6家快递公司24名选手参加竞赛。

同日 运城市邮政管理局党组召开2022年度巡察整改专题民主生活会。

9月21日至23日 运城市邮政管理局积极组织辖区邮政企业采取多种形式参与全省第八次旅发大会，全力做好寄递支撑保障工作，助力旅发大会成功举办。

9月22日至23日 省邮政管理局副局长第二督导组长高日勇带领工作组一行对运城市邮政业安全生产工作进行督查检查。

9月27日至28日 运城市邮政管理局领导亲自带队，采取“四不两直”方式，深入寄递企业分拨中心、末端网点，实地督导检查中共二十大期间寄递渠道安全服务保障工作，查问题、找短板、强弱项，打牢寄递渠道安全保障基础。

9月28日 运城市邮政管理局组织召开2022年三季度邮政普遍服务政企联席会议。

9月29日 为贯彻落实“七号检察建议”，强化寄递安全监管，运城市邮政管理局联合市人民检察院开展“七号检察建议”督查检查行动。

9月30日 运城市垣曲县快递网格长邀请县消防大队深入垣曲县快递集中分拣中心开展消防安全知识培训和消防宣传活动。垣曲县中通、申通、韵达、极兔等主要快递品牌企业参加。

10月16日 运城市邮政管理局组织机关党员干部和邮政快递企业职工认真收看中共二十大开幕会盛况，引导广大党员干部进一步坚定理想信念，勇担初心使命，以实际行动为中共二十大精神落地生根做出积极贡献。

10月27日 为进一步掀起中共二十大精神学习宣传贯彻热潮，运城市邮政管理局全面把握中央、省委、市委和省局党组部署要求，结合静默管理实际，因地制宜、守正创新，组织机关党员干部围绕“学、悟、用”三个维度下功夫，构建起全链条学习贯彻体系，推动中共二十大精神入心入脑、走深走实。

11月3日 运城市邮政管理局召开2022年全市寄递业务旺季服务保障工作动员部署会。市级总部企业参加现场会议，县级企业以腾讯视频会议方式参会。

同日 运城市邮政管理局组织召开2022年度第8次安全工作会议。会议以线上腾讯视频会议形式召开。

11月9日 按照市邮政管理局工作安排，运城市邮政业安全中心采取多种措施迎战快递旺季，积极开展线上监督工作，助力快递业安全平稳健康运行，努力打造安全旺季、畅通旺季、暖心旺季，以实际行动贯彻落实中共二十大精神。

11月9日至11日 运城市邮政管理局领导带队赴邮政快递企业开展2022年旺季服务保障安全生产工作督导检查。

11月10日 为深入贯彻落实省邮政管理局党组关于邮政快递业绿色环保工作的安排，持续推进全市邮政业绿色环保工作向纵深发展，运城市邮政管理局组织辖区企业开展“返箱行动”助力绿色发展。

11月11日 为解决农村寄递物流全覆盖工程运行中存在的问题堵点，推进全市农村地区寄递物流服务质量稳步提升，运城市邮政管理局组织召开全市农村寄递物流全覆盖工程运行暨邮快合作座谈会。

11月15日 运城市邮政业安全中心积极开展

线上安全巡查、巡检,查违章、排隐患,助力打造邮政快递业安全旺季。

11月18日 为全面了解城市邮政普遍服务现状,提升城市邮政普遍服务水平,9月份以来,运城市邮政管理局根据国家邮政局和省邮政管理局工作要求,扎实开展城市邮政普遍服务情况调查。

11月22日 运城市市长储祥好到临猗县电商公共服务中心调研电商服务体系建设情况,肯定邮政快递业对地方电子商务发展的服务支撑作用。

11月25日 运城市邮政管理局组织全体干部职工开展“宪法法律知识百题测试”活动。

12月9日 运城市邮政管理局党组召开专题会议,对学习贯彻中共二十大精神进行研究部署。

(资料提供:王 格)

交通控股集团

山西交通控股集团有限公司 大事记

1月1日 山西交通控股集团有限公司(以下简称交控集团)总经理武艺到太原公司、实业集团基层单位检查指导节日期间重点工作,代表交控集团党委向坚守岗位的干部职工致以新年问候。要求加强组织领导,层层压实责任,强化统筹调度,把保障人民群众欢度传统佳节与落实省第十二次党代会、省委十二届二次全会暨省委经济工作会议精神结合起来,扎实做好节日期间各项工作,确保全省人民度过喜庆安康的节日。

1月13日 交控集团召开2022年第一季度运营管理工作会议,总结回顾2021年运营管理工作,分析运营工作形势和问题,安排部署一季度运营管理工作,总经理武艺出席,副总经理谢鹏远主持。

1月15日 由交控集团承建的智慧交通山西省实验室建设运行方案论证会在山西交通科学园区举行。中国科学院、中国工程院院士李德仁,中国工程院院士丁烈云、陈湘生、杜修力,交通运输部原总工程师周伟、山西大学副校长程芳琴及太原理工大学副校长肖连团7位专家出席。交控集团总经理武艺出席并讲话。实验室首席科学家、同济大学教授凌建明,太原科技大学副校长马立峰分别发言。省科技厅相关负责人、实验室各参建单位负责人及科研骨干参会。

1月18日 交控集团召开党史学习教育总结会议,总经理武艺出席并讲话。会议要求深入学习贯彻习近平总书记关于党史学习教育重要讲话重要指示精神,全面落实中央、省委党史学习教育总结会议精神,大力弘扬伟大建党精神,不断巩固拓展党史学习教育成果,推动学习贯彻中共十九届六中全会、省第十二次党代会精神引向深入,激励广大干部职工奋进新征程、建功新时代,以优异成绩迎接中共二十大胜利召开。党委专职副书记刘宏武主持,交控集团领导孙建秀、周刚、杨志贵、谢鹏远参加。

1月19日 交控集团召开党史学习教育专题民主生活会,以大力弘扬伟大建党精神,坚持和发展党的百年奋斗历史经验,坚定历史自信,践行时代使命,厚植为民情怀,勇于担当作为,团结带领人民群众走好新的赶考之路为主题,紧密联系工作实际,深刻查摆检视问题,深入开展批评和自我批评,明确整改措施和努力方向。省委党史学习教育第十五巡回指导组组长高航到会指导并作点评讲话。总经理武艺主持,交控集团领导刘宏武、孙建秀、贾勇、周刚、杨志贵、谢鹏远,省纪委有关人员,省委党史学习教育第十五巡回指导组成员参加。

1月20日 交控集团总经理武艺踏雪前往帮扶村五台县,调研乡村振兴帮扶工作,看望慰问帮扶村困难群众和驻村帮扶队员,提前向他们送上新春祝福。专职党委副书记刘宏武参加。

1月22日 交控集团总经理武艺通过山西省高速公路视频云平台,检查指导辖区高速公路清雪除冰保畅工作。武艺要求进一步提高政治站位,充分认识做好高速公路除雪保畅工作的重要性,加强组织领导,强化降雪寒潮天气安全防范应对,按照"边下边清,雪停路净"原则,全面开展清雪作业,第一时间打通道路,全力确保人民群众安全出行、重要物资运输畅通。副总经理谢鹏远参加。

1月29日 交控集团与忻州市政府在忻府区举行战略合作框架协议签约仪式。交控集团党委副书记、总经理武艺,忻州市委副书记、代市长李建国出席并致辞。交控集团副总经理杨志贵、忻州市副市长温建军代表双方签约。

同日 山西省人民政府发布“2021年度山西省科学技术奖授奖项目(企业)目录”,交控集团4项科技成果获评“2021年度山西省科学技术奖”。其中,涌水隧道高聚物注浆堵水加固材料的制备及其应用获评“技术发明奖二等奖”、黄土沟壑区桥梁下部结构安全评估与处治技术研究获评“科技进步奖二等奖”、一种可快速开放交通的沥青路面冷补材料及其制备方法获评“技术发明奖三等奖”、特殊条件下普通干线公路运营安全保障技术研究获评“科技进步奖三等奖”。此次获奖,为交控集团全方位推动高质量发展注入强大动能,对交控集团打造科技型实力型智能型交通企业具有重要意义。

1月30日 交控集团党委召开专题会议,迅速传达学习省纪委十二届二次全会精神及贯彻落实中央八项规定精神监督提醒谈话电视电话会议精神。总经理武艺出席并讲话,纪委书记、监察专员周刚主持会议,交控集团领导刘宏武、孙建秀、贾勇、杨志贵、谢鹏远参加。

同日 交控集团总经理武艺主持召开交控集团党委扩大会议,传达学习习近平总书记在山西省考察调研、看望慰问基层干部群众时重要指示精神以及省委常委会扩大会议精神,就贯彻落实会议精神进行安排部署。交控集团领导刘宏武、孙建秀、贾勇、周刚、杨志贵、谢鹏远参加。

1月31日 正值除夕,交控集团总经理武艺在总部带班值守。其间,他主持召开视频调度会,了解掌握各企业春节期间值班值守特别是涉路企业运营保障情况,并通过交控集团安全应急调度系统,向节日期间坚守岗位的干部职工以及背后默默支持的家属们致以崇高敬意。

2月11日 交控集团数据中心入选“山西省数字经济融合应用示范项目”,获得省财政专项资金奖励。近年来,交控集团精准把握交通运输行业信息技术发展趋势,以数据协同创新驱动数智化转型,数字经济融合应用取得实效。

交控集团数据中心于2019年启动建设,采用新一代信息技术构建统一环境、统一标准,集中服务交控集团及所属企业。2020年1月开始试运行,截至2022年2月,46个信息系统在数据中心集中部署、管控、存储,通过“一点登录”和“授权管理”逐步推进数据互联互通。依托数据中心建设,完成科研课题1项,发表高层次学术论文2篇,取得软件著作权1项,提交国家发明专利申请2项,通过持续应用,充分发挥数据资源价值。

同日 交控集团召开2021年度党委书记抓基层党建述职评议考核会。党委副书记、总经理武艺出席会议并讲话。专职党委副书记刘宏武主持会议,交控集团领导孙建秀、贾勇、谢鹏远参加。

2月15日 交控集团总经理武艺陪同山西大学党委书记王仰麟参观山西交通科学园区、山西交控集团智慧运营平台,共同出席交控集团与山西大学校企合作座谈会。交控集团专职党委副书记刘宏武,山西大学副校长程芳琴、马杰参加。

2月24日 省委印发《关于武艺任职的通知》,任命武艺为山西交通控股集团有限公司党委书记。

2月28日 省政府印发《关于葛波蔚等8人任免职务的通知》,任命武艺为山西交通控股集团有限公司董事长。

3月8日 交控集团青年志愿者服务队被评为省人力资源和社会保障厅、共青团山西省委山西省“十佳青年志愿服务集体”。

3月11日 交控集团召开党的建设和党风廉政建设工作会。党委书记、董事长武艺出席会议并讲话。专职党委副书记刘宏武主持,纪委书记、监察专员周刚就党风廉政建设工作进行安排部署,交控集团领导孙建秀、贾勇、杨志贵、谢鹏远参加。

同日 交控集团一届五次职代会暨2022年工作会议召开。党委书记、董事长武艺作题为《深化改革创新 加快提质增效 奋力开创全方位推动高质量发展新局面》工作报告。会议要求更加紧密地团结在以习近平同志为核心的党中央周围,坚决贯彻落实党中央决策部署和省委、省政府工作要求,按照省国资委、省国资运营公司具体安排,踔厉奋发、笃行不怠,在全方位推动高质量发展上不断取得新突破，以优异成绩迎接中共二十大胜利召开。专职党委副书记刘宏武主持，交控集团领导孙建秀、贾勇、周刚、杨志贵、谢鹏远参加。

3月14日 交控集团党委书记、董事长武艺与交通银行山西省分行党委书记、行长李祝民在山西交通科学园区举行工作座谈，双方就加强银企合作进行深入交流。交控集团总会计师孙建秀，交通银行山西省分行副行长杨双平参加。

3月17日 交控集团党委书记、董事长武艺与华阳集团党委书记、董事长翟红举行工作会谈，就推进企业多产业深度合作进行深入交流。华阳集团总经理王永革出席，交控集团领导周刚、杨志贵，华阳集团领导王付云、刘军华、徐勤保参加。

3月23日 交通运输部、应急管理部、中华全国总工会联合印发《关于公布2018—2020年度公路水运建设"平安工程"冠名项目的通知》，交控集团建设项目运城至灵宝高速公路运宝黄河大桥获评2018年度"平安工程"。这是该项目继获评"中国钢结构金奖"，公路交通优质工程奖（李春奖）后，再次获评的全国性荣誉。"平安工程"冠名是全国公路水运工程建设领域安全生产管理方面的最高荣誉，由交通运输部、应急管理部、中华全国总工会联合组织评选，是引导和激励企业加强安全生产管理、深入推进"平安工程"长效机制建设的有效举措。此次获奖项目中，监理集团所监理的高明至恩平高速公路等3个项目同时获评"平安工程"。

同日 在交控集团党委书记、董事长武艺陪同下，省发改委副主任李祥一行对交控集团建设项目复工复产等工作进行调研。

同日 交控集团党委书记、董事长武艺与晋中市委书记吴俊清在榆次举行工作座谈，就进一步加强企地合作进行交流。晋中市委副书记、市长常书铭出席。晋中市领导鹿建平、杨隽、赵宏钟，交控集团领导杨志贵、谢鹏远参加。

3月24日 交控集团、山西汾酒集团、中国工商银行山西省分行组织干部职工联合，在汾阳市开展"践行'两山'理论 共建美丽山西"义务植树活动，共同为绘就美丽山西蓝图挥锄添绿。

3月29日 交控集团党委书记、董事长武艺与光大银行太原分行党委书记、行长王萍举行工作座谈，双方就深化银企合作、金融赋能交控集团高质量发展进行深入沟通交流。交控集团总会计师孙建秀、光大银行太原分行常务副行长苗逢光参加。

同日 交控集团党委书记、董事长武艺与招商银行太原分行党委书记、行长马红霞举行工作座谈，双方就加强银企合作进行深入交流。交控集团总会计师孙建秀、招商银行太原分行副行长曹海洋参加。

3月31日 省委常委、太原市委书记韦韬与交控集团党委书记、董事长武艺一行举行工作会谈，就进一步推动省城交通基础设施建设进行沟通交流。交控集团领导杨志贵、谢鹏远，太原市领导刘鹓、卢俊峰、李永强出席。

4月2日 交控集团与山西银行举行战略合作协议签约仪式。交控集团党委书记、董事长武艺，山西银行党委书记、董事长高计亮出席仪式并致辞。山西银行行长任凯、交控集团专职党委副书记刘宏武参加，交控集团总会计师孙建秀、山西银行副行长赵富代表双方签约。

同日 交控集团党委书记、董事长武艺出席交控集团一线青年人才座谈会并讲话。武艺要求深入学习贯彻中央和省委人才工作会议精神，增强"四个意识"、坚定"四个自信"、做到"两个维护"，切实把思想和行动统一到中央及省委关于新时代人才工作的部署要求上来，全方位培养、引进、用好人才，不断开创交控集团人才工作新局面。专职党委副书记刘宏武主持。

4月12日 交控集团党委书记、董事长武艺通过网络会议平台，主持召开高速公路加气站建设运营工作推进会，协调解决工作推进中的困难和问题，对加气站建设运营工作再动员再部署。会议要求深刻认识高速公路加气站建设的重要意义，严格按照省委、省政府部署要求，克服客观因素影响，认真研究、主动作为、攻坚克难、全力推进，力争高速公路加气站早建成、早开通，不断满足人民群众美好出行需要。交控集团副总经理贾勇、谢鹏远参加。

4月17日 共青团中央授予293个团组织“全国五四红旗团委”称号，山西交通控股集团有限公司团委榜上有名。

4月24日 交控集团党委召开2022年第一轮巡察动员部署会。党委书记、董事长武艺出席会议并讲话，纪委书记、监察专员周刚主持会议。

同日 交控集团召开警示教育大会。党委书记、董事长武艺主持并讲话，交控集团领导贾勇、周刚、杨志贵、谢鹏远参加。

4月27日 交控集团党委书记、董事长武艺通过视频云平台，调度高速公路保通保畅工作，通过视频查看文水东、交城、潞城东、吕梁西、建安等收费站拥堵缓行情况，详细了解收费站专用检查通道设置和工作人员配置情况。副总经理谢鹏远参加。

5月1日 交控集团党委书记、董事长武艺在总部带班值守。其间，他主持召开视频调度会，了解掌握各企业假期运行情况，并代表交控集团向节日期间坚守岗位的干部职工表示衷心感谢和亲切慰问。

5月9日 副省长汤志平深入交控集团进行调研。党委书记、董事长武艺，省交通运输厅、省科学技术厅、交控集团相关领导陪同调研。

5月11日 交控集团与大同市政府在大同市签署战略合作协议。省委常委、大同市委书记卢东亮，大同市市长张强，交控集团党委书记、董事长武艺，副总经理杨志贵等见证签约。大同市委常委、副市长龚孟建与交控集团副总经理谢鹏远代表双方签约。

5月12日 省国资委党委书记、主任负钊出席“全国五四红旗团委”授牌仪式并讲话。省国资委党委副书记、副主任马进宣读表彰文件。交控集团党委书记、董事长武艺出席并致辞，专职党委副书记刘宏武主持。驻并省属企业团委书记、交控集团相关部室负责人及部分所属企业团委书记参加。

5月17日 交控集团党委书记、董事长武艺与省交通运输厅党组书记、厅长赵建平举行工作会谈。交控集团领导班子成员、省交通运输厅相关领导参加。

5月18日 交控集团与汾酒集团在汾阳市签署战略合作协议。交控集团党委书记、董事长武艺，汾酒集团党委书记、董事长袁清茂，汾酒集团总经理谭忠豹见证签约。交控集团副总经理谢鹏远、汾酒集团副总经理李俊代表双方签约。

5月19日 交控集团以视频形式召开党建工作暨清廉国企建设工作例会。党委书记、党的建设工作领导小组组长、全面建设清廉国企领导小组组长武艺出席并讲话。专职党委副书记刘宏武主持。纪委书记、监察专员周刚就清廉国企建设工作进行安排部署。

5月20日 交控集团党委书记、董事长武艺深入高速集团调研并召开座谈会。专职党委副书记刘宏武，总会计师孙建秀，外部董事赵石岗、高建光、张秀山、呼运平、温刚参加调研。

5月23日 交控集团召开2022年法治建设工作会，贯彻落实交控集团年度工作会议安排，总结交控集团成立以来法治建设取得的成效，分析存在的问题，部署法治建设工作重点任务，深入推进“合同管理规范年”专项行动。党委书记、董事长武艺出席并讲话。专职党委副书记刘宏武主持，副总经理贾勇就具体工作进行安排。

5月25日 “国企改革三年行动采访团·走进山西交控”媒体交流会在交控集团召开。党委书记、董事长武艺出席会议并致辞，副总经理贾勇主持。省国资委宣传工作处处长卫俊萍参加。武艺向新闻媒体长期以来对交控集团的关注和宣传表示衷心感谢并表示，交控集团成立以来，坚持以习近平新时代中国特色社会主义思想为指引，认真贯彻落实省委、省政府决策部署，改革发展取得重要成果。特别是2022年以来，按照山西省国企改革“32个字”要求，强化市场意识和企业思维，全力推动经营结构由“两条腿走路”向高速公路经营、基础设施建设、路域经济发展“三足鼎立”转型。

5月26日 交控集团与晋中市政府举行战略合作协议签约仪式。交控集团党委书记、董事长武艺，晋中市委书记吴俊清、市长常书铭，交控集团副总经理谢鹏远等见证签约。副总经理杨志贵与晋中市副市长张鹏代表双方签约。

5月27日 交控集团召开董事会规范化建设推进会。全面总结董事会建设取得的成绩，明确下一步工作思路和举措，不断完善交控集团治理结构，加快推进现代企业制度建设。党委书记、董事长武艺出席并讲话，专职党委副书记刘宏武主持，外部董事赵石岗、高建光、张秀山、温刚参加。

5月31日 交控集团党委书记、董事长武艺主持召开2022年“安全生产月”活动启动视频会议。会议要求深入学习贯彻习近平总书记关于安全生产的重要论述和重要指示批示精神，认真落实全国、全省“安全生产月”活动启动会议精神，坚决贯彻落实安全生产十五条措施，坚决防范化解各类安全风险隐患，为全方位推动高质量发展保驾护航。专职党委副书记刘宏武、副总经理贾勇出席，副总经理谢鹏远就“安全生产月”活动进行安排。

6月9日 交控集团与朔州市政府战略合作签约仪式暨336国道应县罗庄至朔城区东榆林段改扩建工程开工仪式在朔州市举行。交控集团党委书记、董事长武艺出席，朔州市委书记姜四清宣布开工。交控集团副总经理贾勇、杨志贵，朔州市常务副市长武跃飞、副市长何向荣参加。仪式上，杨志贵与武跃飞代表双方签约。

6月10日 交控集团召开科技创新工作会议，总结回顾成立以来科技创新工作成果，安排部署下阶段科技创新工作任务。党委书记、董事长武艺出席并讲话，专职党委副书记刘宏武主持。交控集团领导孙建秀、贾勇、周刚、谢鹏远参加。

同日 交控集团党委书记、董事长武艺与中国农业发展银行山西省分行党委书记、行长王延增举行工作座谈，双方就加强银企合作进行深入交流。交控集团总会计师孙建秀参加。

6月13日 交控集团党委书记、董事长武艺与临汾市委副书记、洪洞县委书记黄巍举行工作座谈，双方围绕助推所属路桥集团三维华邦公司复工复产有关事项进行交流。交控集团副总经理杨志贵参加。

同日 交控集团党委书记、董事长武艺与民生银行太原分行党委书记、行长王军举行工作座谈，双方就深化银企合作、金融赋能交控集团高质量发展进行深入交流。交控集团总会计师孙建秀、民生银行太原分行副行长孙林瑞参加。

6月15日 交控集团党委书记、董事长武艺与江苏悦达南方控股有限公司党委书记、董事长张正林举行工作座谈，双方就深化合作进行深入交流。交控集团总会计师孙建秀、江苏悦达投资股份有限公司总经理王圣杰参加。

6月16日 副省长到交控集团及所属交通科学园区，实地察看大型工程结构实验室、公路工程试验检测中心、智慧交通中试基地和交通智慧新技术中试基地等，详细了解企业科技研发、项目建设、管理运营等工作情况，与干部职工座谈交流。

6月17日 交控集团召开加气站、加油站、充电站“三站”建设运营推进会，深入分析总结“三站”建设运营存在问题，研究相关问题解决方案，安排部署下阶段“三站”建设运营工作任务。党委书记、董事长武艺出席并讲话，副总经理谢鹏远主持。

6月19日 交控集团与中国宝武太钢集团在太原市签署战略合作协议。交控集团党委书记、董事长武艺，太钢集团党委书记、董事长魏成文出席。交控集团副总经理杨志贵、太钢不锈钢股份有限公司总经理尚佳君代表双方签约。交控集团副总经理谢鹏远、太钢集团总工程师李建民等见证签约。

6月22日至23日 交控集团党委书记、董事长武艺深入长治公司、交投集团黎霍高速建设项目调研，就“新思想在山西”进行专题宣讲。副总经理杨志贵，外部董事赵石岗、张秀山、呼运平参加调研。

6月22日至27日 交通运输部公路2022年国家公路网技术状况检测组，对交控集团所辖G3511荷宝高速闻垣路段（上行）K358～K430段开展路况检测，对刘庄冶1#大桥养护管理情况进行内外业检查，现场复核上官分离式立交桥基础数据。

6月23日 交控集团与长治市政府在长治市签署战略合作协议。交控集团党委书记、董事长武艺，长治市委书记杨勤荣，长治市委常委、常务副市长张利锋等见证签约。副总经理杨志贵与长治市政府党组成员、副市长贺鑫代表双方签约。

6月26日 二广高速公路大新段怀仁南互通项目开工仪式在怀仁市举行。交控集团党委书记、董事长武艺出席并讲话。朔州市委书记姜四清出席并宣布开工。交控集团副总经理谢鹏远,朔州市领导王琳玉、何向荣参加。

6月27日 2022年度国家公路网技术状况监测情况末次反馈会在太原召开,交控集团副总经理谢鹏远出席并作表态发言。会上,交通运输部监测组就相关检查情况及工作建议进行反馈,充分肯定省交通运输厅、交控集团、运城北公司高速公路养护管理工作,特别是对高速公路管养"微创新"技术成果、桥梁日常养护标准化体系、平安文明示范路创建阶段成果等工作成效给予高度评价。

6月28日 交控集团召开纪检监察干部全员岗位大练兵总结会。党委书记、董事长武艺出席会议并讲话。会议要求把握新形势、立足新起点,坚决在建设高素质专业化干部队伍上走在前、做表率。交控集团纪委要建立纪检人才队伍建设的长效机制,充分发挥监督保障执行、促进完善发展作用,在新起点上开启全面建设清廉国企、全方位推动交控集团高质量发展新局面,彰显全面从严治党的新优势,以优异成绩迎接中共二十大胜利召开。纪委书记、监察专员周刚主持。

同日 交控集团隆重召开党的建设和清廉国企建设工作推进会。党委书记、董事长武艺出席会议并讲话。他强调,要深入学习贯彻习近平总书记关于党的百年奋斗重大成就和历史经验的重要论述,进一步增强以高质量党建引领保障高质量发展的思想自觉、行动自觉;要坚持从严从实,持续推进交控集团党的建设和清廉国企建设不断取得新成效;要坚持以改革发展成效检验党建工作实效,确保全年目标任务完成。专职党委副书记刘宏武主持并宣读表彰决定,纪委书记周刚就清廉国企建设进行安排部署,孙建秀、贾勇、杨志贵参加。

7月8日 交控集团党委书记、董事长武艺与中铁二十二局集团党委书记、董事长赵红鹰举行工作座谈,双方就加强企业合作进行深入交流。交控集团领导杨志贵,中铁二十二局领导安志军参加。

7月11日 交控集团晋城公司总经理公开竞聘工作收官。此次竞聘按照"多维识别、竞争选聘、综合研判"原则,18名符合条件的竞聘者开展无领导小组讨论,10名入围竞聘者进行竞聘演讲。公开竞聘是国有企业深化改革的重要任务,是拓宽选人用人渠道的有效手段,有利于激发干部队伍活力,营造干事创业氛围,提高国企发展活力和竞争力。

7月13日 交控集团召开路域经济发展工作推进会。党委书记、董事长武艺出席会议并讲话。他强调,要按照全方位推动高质量发展目标要求和全省国企改革"32个字"要求,大力盘活闲置资产,加快推动路域经济发展,确保完成年度路域经济目标任务,全力推动经营结构由"两条腿走路"向"三足鼎立"转型,以优异成绩迎接中共二十大胜利召开。副总经理谢鹏远主持会议。

7月18日 交控集团旗下路桥集团投资建设的山西固废资源化利用交通科技园开工仪式在吕梁市文水县举行。交控集团党委书记、董事长武艺,吕梁市委书记孙大军出席开工仪式。交控集团领导杨志贵,吕梁市领导任忠、田安平,省生态环境厅、省住房和城乡建设厅相关领导,有关行业专家和企业嘉宾参加开工仪式。山西固废资源化利用交通科技园开工,是交控集团牢记习近平总书记殷切嘱托,自觉践行"绿水青山就是金山银山"理念,为实现碳达峰碳中和目标作出的重大实践,也是交控集团按照省委、省政府"全方位推动高质量发展"目标要求和山西省国企改革"32个字"要求的具体行动,进一步完善交控集团固废综合利用体系、提升路域经济发展水平。

7月21日 交控集团与山西大学签署战略合作协议。交控集团党委书记、董事长武艺,山西大学校长黄桂田出席签约仪式并致辞。山西大学党委副书记、副校长张天才,副校长程芳琴,交控集团专职党委副书记刘宏武、副总经理魏鹏举参加签约仪式。会上,武艺、黄桂田共同为双方携手打造的"固废资源化交通材料研发中心""大学生实习实训基地”揭牌。

7月28日 交控集团党委书记、董事长武艺与太原市尖草坪区委书记刘锦春举行工作座谈，围绕太忻一体化经济区建设，加强合作进行交流。交控集团副总经理谢鹏远，尖草坪区委副书记、区长张力维参加。

8月8日 交控集团党委书记、董事长武艺与中铁二十三局集团党委书记、董事长肖红武举行工作座谈，双方就加强合作进行交流。副总经理魏鹏举参加。

8月10日 山西交控新能源发展有限公司、山西交控科技转化有限公司正式揭牌成立。省国资运营公司党委书记、董事长洪强，交控集团党委书记、董事长武艺共同为新公司揭牌并讲话。武艺指出，组建新能源公司和科技转化公司是交控集团充分发挥资源优势、市场优势，加快创新发展、绿色低碳发展的重要举措，也是交控集团谋篇布局、精耕细作路域经济，深化提质增效、降本增效的重要载体。交控集团专职党委副书记刘宏武主持揭牌仪式。省国资运营公司领导刘巍，交控集团领导杨志贵、谢鹏远、魏鹏举出席。

同日 交控集团党委书记、董事长武艺与中石油山西销售分公司党委书记、执行董事梁国斌举行工作座谈，双方就进一步强化合作进行交流。武艺表示，希望双方本着优势互补、互惠互利的原则，充分发挥各自的资源、技术、网点优势，在加油站合作经营基础上，不断向LNG加气站、加氢站等新能源方向推进，共同打造央企、省属企业合作新典范。

8月11日 交控集团党委书记、董事长武艺通过高速公路智慧运营综合管理平台，调度指导汛期运营保障工作，全面了解掌握辖区高速公路运行情况。武艺要求进一步深刻认识做好强降雨防御工作的重要意义，坚持底线思维、强化风险意识，坚决贯彻上级工作部署，全面压实工作责任，科学快速精准抢险，加强一线人员自身防护能力，做好防汛救灾工作。副总经理谢鹏远参加。

8月17日 交控集团党委书记、董事长武艺赴汾石高速调研，出席汾石高速2022年第一阶段劳动竞赛表彰会暨项目建设推进会。会议要求认真学习贯彻省委、省政府对汾石高速项目建设指示要求，动员全体参建人员进一步提高认识，提升效率，再掀项目建设新高潮。副总经理魏鹏举参加。

8月19日 晋阳湖·数字经济发展峰会在太原市晋阳湖国际会议中心开幕。此次峰会定位数字经济，以“数字筑基、创新引领、绿色发展、拥抱生态”为主题，既是贯彻落实大力实施数字经济发展重大战略的集中体现，也是进一步发挥峰会蓄势赋能作用的充分考量。展会中，交控集团布设交通基建工业互联网平台“路桥云洲”展区，集中展示山西省交通基础设施建设领域数字经济与实体经济深度融合的发展成果。党委书记、董事长武艺，副总经理杨志贵、魏鹏举参加。

8月21日 交控集团党委利用周末时间召开扩大会议，第一时间传达学习省委书记林武对交控集团的指示批示精神，研究贯彻落实举措。党委书记、董事长武艺主持会议并讲话，其他领导班子成员结合工作实际，谈认识谈体会谈思路，与会人员倍感振奋、备受鼓舞。会议指出，林武书记8月19日在第三届晋阳湖·数字经济发展峰会巡馆时在交控集团展区的指示精神和8月20日对交控集团工作汇报的批示精神，充分体现了省委对交控集团改革发展的高度重视和亲切关怀，体现省领导务实担当，既抓顶层设计，又“抓具体、具体抓”工作作风，为交控集团全方位推动高质量发展进一步指明方向，提出新的更高要求。全交控集团要认真学习省委领导批示精神和工作作风，把关心关怀转化为推动深化改革提质增效的强大动力，主动加压奋进，勇于真抓实干，全面统筹好经营管理、项目建设、路域经济发展、安全生产、党的建设等重点工作，以高质量发展的新成绩回报组织的关怀厚爱。交控集团领导班子成员，助理级领导，驻并所属企业主要负责人，总部各部室、中心负责人参加会议。

8月22日 交控集团召开扭亏减亏工作专题推进会，党委书记、董事长武艺出席会议并讲话。他强调，扭亏减亏工作事关企业高质量发展大局，所属企业要聚焦主业抓扭亏，抓住企业发展机遇，激发企业内生动力，坚定不移发展主业，在主业范围内广泛拓展业务，真正把资源优势转化为发展优势，推动路域经济发展，实现企业提质增效。总会计师孙建秀、副总经理杨志贵参加。

8月25日 交控集团党委书记、董事长武艺与中国农业银行山西省分行党委书记、行长安静东举行工作座谈，双方就深化银企合作进行深入交流。总会计师孙建秀，中国农业银行山西省分行副行长胡文剑参加。

8月31日 交控集团党委书记、董事长武艺与交通银行山西省分行党委书记、行长张挺举行工作座谈，双方就深化银企合作、金融赋能企业高质量发展进行沟通交流。总会计师孙建秀，交通银行山西省分行副行长邱钧参加。

9月7日 交控集团与太原科技大学签署战略合作协议。党委书记、董事长武艺，太原科技大学党委书记王志连出席签约仪式并致辞。太原科技大学校长白培康、副校长马立峰，交控集团专职党委副书记刘宏武、副总经理贾勇参加。

9月22日 交控集团在五台县东雷乡长畛村举办2022年中国农民丰收节主题日活动暨驻村帮扶工作推进会。党委书记、董事长武艺出席会议并讲话，专职党委副书记刘宏武主持。武艺代表交控集团向广大农民致以节日问候和良好的祝愿。他要求，坚持统筹并举，打造企地融合新样板；坚持真抓实干，蹚出产业融合致富路；坚持真帮实扶，当好乡村振兴助推器。

同日 交控集团党委书记、董事长武艺与江苏悦达集团党委书记、董事长张乃文举行交流座谈。交控集团总会计师孙建秀出席。武艺表示，希望双方开展深层次、全方位合作，共同实现高质量发展。

9月25日 山西交控高速集团交融公司武宿快速充电站正式开通运营，这是山西省首个采用集成式直流充电桩的充电站。交控集团党委书记、董事长武艺出席开通仪式并揭牌，副总经理谢鹏远发表致辞。该充电站充分利用所辖高速公路沿线低效土地资源，建有24台120千瓦集成式直流充电桩，可同时满足48辆电动汽车充电。交控集团在全省高速公路沿线服务区已布设664个充电枪位，持续健全完善高速公路沿线充电基础设施。

10月10日 交控集团与山西省气象局签订战略合作协议。党委书记、董事长武艺，省气象局党组书记、局长梁亚春出席签约仪式并致辞。副总经理谢鹏远、省气象局副局长王文义代表双方签约。武艺表示，希望双方以此次战略合作协议签署为契机，密切合作，共同提高山西省道路交通气象灾害防御能力和安全管理水平，更好服务公众安全便捷出行。

10月18日 交控集团召开智慧交通山西省实验室建设汇报会。党委书记、董事长武艺主持会议并讲话。他强调，智慧交通山西省实验室获批筹建以来，突出“智慧”主题，创新体制机制，成为山西省首个通过省政府审议的省级实验室。武艺在讲话中，要求紧跟交通技术迭代步伐，强化前沿关键科技研发，努力将智慧交通山西省实验室打造成为国有企业新型研发机构标杆；要紧密结合行业特点和交通信息化实际，聚焦科技成果转化应用、降本增效等方面，推动实现数实融合、数智赋能，争当“两个转型”的领头雁。交控集团领导刘宏武、孙建秀、周刚、杨志贵、谢鹏远、魏鹏举参加。

10月21日 交控集团党委书记、董事长武艺赴太原至忻州高速公路沿线分布式光伏发电科研试验段项目调研。他要求坚持“顶层设计、试点先行，就地消纳、余电上网，标准支撑、快速推进，服务转型、降本增效”总体思路，紧盯任务目标，强化科学管控，优化施工工序，掐表计时、集中攻坚，在保质量保安全前提下，高标准推进项目建设按期建成。交控集团刘宏武、孙建秀、周刚参加。

10月24日 交控集团召开路域经济专题推进会。党委书记、董事长武艺出席会议并讲话。他强调，2022年以来，交控集团明确提出推动经营结构向“三足鼎立”转型发展思路，强力推动路域经济发展，取得明显成效。各成员单位要坚定信心，苦干实干，全力推进路域经济发展，为交控集团全方位推动高质量发展做出新贡献。交控集团专职党委副书记刘宏武主持，有关领导孙建秀、周刚、杨志贵、谢鹏远、魏鹏举参加。

同日 交控集团召开扭亏减亏工作专题会，党委书记、董事长武艺出席会议并讲话。他强调，做好亏损企业扭亏减亏，是国企改革三年行动的根本要求，是省委、省政府交办的重要任务。所属企业要提高政治站位，强化交账意识，对扭亏减亏工作再加压力、再提标准、再严要求，确保年初目标任务完成。交控集团领导孙建秀、杨志贵参加，就分管领域扭亏减亏工作提出指导性意见。

11月3日 交控集团组织机关党员领导干部及所属驻并企业主要负责人赴山西省党风廉政教育基地，参观“严守铁规矩——山西省贯彻落实中央八项规定精神”专题展。通过重温习近平总书记关于作风建设的重要论述、参观“铁规矩、金名片”“纠四风、治顽疾”“好作风、新征程”三个篇章展区，集体接受警示教育。参观人员一致表示，要自觉做清廉国企建设的实践者、推动者和引领者，以清廉国企建设成效助力交控集团全方位高质量发展。

同日 交控集团党委书记、董事长武艺主持召开党委理论学习中心组专题学习会，坚持全面准确，深入理解内涵，精准把握外延，深入学习领会中共二十大精神。会议要求在全面学习、全面把握、全面落实上下功夫，按照习近平总书记提出的“五个牢牢把握”的重要要求，逐字逐句学习中共二十大报告，深刻领会“两个结合”“六个坚持”，务求学深悟透、融会贯通、真信笃行。要坚持边学习边推动落实，把学习贯彻中共二十大精神与全方位推动交控集团高质量发展各项任务贯通起来，真正将中共二十大精神落实到行动上，贯穿到工作全过程、各方面。交控集团领导刘宏武、孙建秀、周刚、杨志贵、谢鹏远、魏鹏举参加。

11月4日 交控集团获工业和信息化部、中国电子信息行业联合会颁发的数据管理能力成熟度(DCMM)受管理级(2级)等级证书。数据管理能力成熟度评估模型是全国数据管理领域首个国家标准，是当前国内最权威的数据管理成熟度认证体系，也是数据管理水平有力的资质证明。

同日 交控集团党委书记、董事长武艺与中国联通山西省分公司党委书记、总经理李占伟举行工作会谈，双方就加强合作进行深入交流。他希望双方进一步发挥各自优势，持续加大交通领域5G基础设施建设力度，共同为交通强国、交通强省建设贡献力量。交控集团副总经理魏鹏举，中国联通山西省分公司副总经理吴彤参加。

11月9日 交控集团党委书记、董事长武艺深入交投集团调研并宣讲中共二十大精神。武艺要求，深入学习宣传贯彻中共二十大精神，全面落实省委十二届五次全会部署和交控集团党委的要求，咬定“4句话、32字”要求，踔厉奋发、勇毅前行，蹚出同步推进“两个转型”的新路子，激发全方位推动高质量发展内生动力。交控集团外部董事高建光、张秀山、呼运平、温刚参加。

11月15日 交控集团党委书记、董事长武艺深入交科集团大型桥梁结构试验室宣讲中共二十大精神，调研交科集团改革发展情况。武艺要求，深入学习宣传贯彻中共二十大精神，认真落实省委、省政府关于推进交通强省建设、同步推进“两个转型”等重大决策部署，加快推进产学研用深度融合，扎实推动中共二十大精神落地见效。交控集团副总经理魏鹏举参加。

11月24日 交控集团召开专题会议，贯彻落实全省安全生产工作电视电话会议精神，党委书记、董事长武艺出席会议并讲话。专职党委副书记刘宏武主持，副总经理谢鹏远传达全省安全生产工作电视电话会议精神。武艺指出，岁末年初是事故易发多发期，也是安全生产关键期，要认真贯彻落实党中央、国务院关于安全生产各项决策部署和省委、省政府工作要求，以高度负责态度和严谨务实作风，真正把安全生产各项工作做细做实，努力营造交控集团持续稳定的安全生产环境。交控集团领导孙建秀、周刚、杨志贵、魏鹏举参加。

同日 交控集团党委书记、董事长武艺通过网络会议平台，主持召开加气站建设运营专题推进会。他指出，推进加气站建设运营，是山西省打造全国能源革命综合改革试点先行区、建设交通强省、服务群众美好出行的重要举措，也是交控集团发展路域经济、增收创效的重要抓手。要全力破解难题,确保早日实现加气站开通运营。交控集团领导刘宏武、孙建秀、周刚、杨志贵、谢鹏远、魏鹏举参加。

11月29日 交控集团党委书记、董事长武艺赴中部公司宣讲中共二十大精神。他指出,中共二十大是在全党全国各族人民迈上全面建设社会主义现代化国家新征程、向第二个百年奋斗目标进军的关键时刻召开的一次十分重要的大会,必须结合交控集团工作实际,深入学习宣传,抓好贯彻落实。交控集团副总经理谢鹏远参加。

12月9日 交控集团党委书记、董事长武艺会见太平洋建设集团董事局主席严昊一行。他表示,太平洋建设集团作为世界500强企业,在基础设施领域的实力有目共睹,口碑良好,双方合作具有坚实基础和广阔前景。希望加强交流对接,助推高效务实合作,共同为山西高质量发展注入强劲动力。交控集团副总经理杨志贵参加。

12月15日 交控集团党委书记、董事长武艺到太旧公司宣讲中共二十大精神并主持召开调研座谈。武艺要求,紧密地团结在以习近平同志为核心的党中央周围,在省委坚强领导下,按照省委十二届五次全会部署抓好落实,确保中共二十大精神在交控集团落地生根、开花结果,为全方位推动高质量发展提供坚强政治保证。交控集团副总经理谢鹏远参加。

同日 交控集团与太平洋建设集团签署战略合作框架协议。交控集团党委书记、董事长武艺,太平洋建设集团董事局主席严昊出席签约仪式并致辞。此次签约是双方认真落实山西省委、省政府决策部署、加快推进交通强省建设、助力太忻一体化经济区建设的具体行动,也是双方发挥优势、实现合作共赢的重要举措。交控集团专职党委副书记刘宏武主持签约仪式。交控集团副总经理谢鹏远,太平洋建设集团董事、大区总裁、太忻建设集团董事局主席张艳丽代表双方签约。

12月21日 繁峙至五台高速公路(以下简称繁五高速)开工仪式在繁峙县举行。交控集团党委书记、董事长武艺出席仪式并讲话,忻州市委书记朱晓东宣布开工,忻州市市长李建国主持。省交通战备办专职副主任、省交通运输厅总工程师高新文,交控集团副总经理杨志贵等领导参加。繁五高速是贯彻落实省委加快复工复产工作的具体举措,也是太忻一体化经济区建设的又一重点项目。项目起点位于繁峙县楼岗村,与灵河高速繁峙枢纽相接,终点位于五台县瑶芝村,与忻阜高速相连,设计全长约65公里,总投资约98亿元,预计2026年通车。作为山西省"十四五"高速公路规划网"四纵十五横"东纵的重要组成部分,繁五高速项目建成后可实现忻阜、灵河高速连接贯通,将极大促进沿线经济社会发展,在山西省全方位推动高质量发展中发挥积极作用。

12月30日 交控集团召开专题会议,安排部署元旦期间各项工作。党委书记、董事长武艺出席会议并讲话。武艺强调,要深刻认识当前安全生产形势的严峻性、复杂性,切实做好年终岁尾安全生产工作;要切实做好高速公路运营工作,全力以赴保通保畅;要强化应急值守,妥善处置各类突发事件;要坚持纠"四风"树新风协同发力,确保风清气正过节。交控集团领导孙建秀、周刚、杨志贵、谢鹏远、魏鹏举参加。

同日 交控集团召开投资建设领域高质量发展推进会,全面总结投资建设领域经验做法,安排部署2023年投资建设工作举措。党委书记、董事长武艺出席会议并讲话。他指出,2022年以来,交控集团认真落实山西省国有企业深化改革提质增效推进会议、推进交通强省建设动员大会精神,统筹抓好投资、进度、质量和安全生产工作,创新投资理念,项目管理水平持续加强,投资建设工作取得明显成效。交控集团领导孙建秀、周刚、杨志贵、谢鹏远、魏鹏举参加。

同日 交控集团召开党委(扩大)会议,传达学习省委经济工作会议精神,研究贯彻落实措施。党委书记、董事长武艺主持会议并讲话。会议指出,交控集团要认真学习贯彻省委经济工作会议精神,把学习省委经济工作会议精神同学习中共二十大精神、中央经济工作会议精神结合起来，准确把握全省经济工作总体要求和政策取向，找准交控集团精准发力的结合点、切入点，坚定信心决心，积极抢抓机遇，确保把省委各项要求转化为高质量发展的积极动力。交控集团领导孙建秀、周刚、杨志贵、谢鹏远、魏鹏举参加。

（资料提供：张泽珏）

山西路桥建设集团有限公司大事记

1月11日 山西路桥建设集团有限公司（以下简称路桥集团）召开安全生产农民工工资支付信访稳定债权债务清理重点工作会。党委专职副书记、副董事长崔君毅主持会议，交控集团副总经理兼路桥集团党委书记、董事长杨志贵出席会议并讲话。

路桥集团领导班子成员、总经理助理、安全总监、各部室负责人，所属各单位主要领导在主会场参会。所属各单位领导班子成员、各部室、债权债务专项治理办公室负责人，121个项目部经理班子成员及主要管理人员共计1374人通过视频方式在分会场参会。

1月12日 山西省市场监督管理局发布2022年第1号《山西省地方标准公告》，批准发布10项山西省地方标准。路桥集团主编的《公路预应力锚索框架防护施工技术规程》《水泥稳定风化岩基层应用技术指南》位列其中。

同日 中国安全生产协会对2021年度安全管理标准化班组创建活动开展情况进行通报，路桥集团所属路桥六公司昔榆高速公路LJ2项目部获评“先锋力行队”、LJ4项目部获评“匠心逐梦先锋队”，路桥七公司隰吉高速公路LJ10项目部获评“攻坚安全先锋队”“2021年度安全管理标准化班组”；所属晋阳高速改扩建工程LQ二分部安全先锋队张涛，获评“2021年度安全管理标准化班组长”。

同日 路桥集团党委副书记、副董事长、总经理杨建红一行专程赴新疆交投集团交流座谈。新疆交投集团党委书记、董事长、总经理孙泽强，党委委员、董事、副总经理鲁新虎，路桥集团总经理助理、投资开发部部长曹红军，路桥五公司党委书记、董事长尤智浩，西藏德海公司党支部书记、董事长、西北指挥部指挥长吴东杰参加座谈。

同日 路桥集团获评交控集团“2021年度安全生产先进企业”，10名干部职工被授予“2021年度安全生产先进工作者”称号。

1月13日 路桥集团党委副书记、副董事长、总经理杨建红一行与新疆生产建设兵团第六师五家渠市分管交通副师长程健举行工作座谈。第六师五家渠市交通运输局局长赵永刚，路桥集团总经理助理、投资开发部部长曹红军，路桥五公司党委书记、董事长尤智浩，西藏德海公司党支部书记、董事长、西北指挥部指挥长吴东杰参加座谈。

1月14日 交通运输部公路科学研究院公路工程研究中心主任曹东伟一行到路桥集团再生资源公司交流指导工作。

1月16日 路桥集团召开2022年市场开发工作部署会。党委委员、副总经理郭聪林主持会议，交控集团副总经理兼路桥集团党委书记、董事长杨志贵出席会议并讲话。党委副书记、副董事长、总经理杨建红，总经理助理、投资开发部部长曹红军，总部相关部室及所属相关单位主要负责人参会。

1月17日 路桥集团召开党史学习教育专题民主生活会。交控集团副总经理兼路桥集团党委书记、董事长杨志贵主持会议,路桥集团领导班子成员参加会议,党委办公室、党委组织部和纪检综合室相关负责人列席会议。

1月18日 路桥集团数字化转型案例入选中国信息协会《2021中国数字化转型优秀方案集》,并上榜信息化观察网"2021第五届中国软件和信息服务业年度风云榜"。

同日 路桥集团党委副书记、副董事长、总经理杨建红一行拜会呼和浩特市委副书记、市长、和林格尔新区党工委书记贺海东,就相关合作事宜进行交流座谈。

1月19日 山西省建筑业协会公布2021年度汾水杯工程评价名单,路桥集团申报的青岛至兰州国家高速公路山西境长治至临汾段、路桥六公司申报的晋中市环城西路改造工程项目施工一标段和魏榆路北延(鸣谦大街—龙城大街)建设项目3项工程榜上有名。

1月20日 路桥集团成功中标浙江省235国道云和段改建工程设计施工总承包第SJSG标段,中标价189166万元。

1月23日 路桥集团召开党史学习教育总结大会,交控集团副总经理兼路桥集团党委书记、董事长、党史学习教育领导小组组长杨志贵作总结讲话。党委委员、党委专职副书记、党史学习教育领导小组副组长崔君毅主持会议。会议采取现场和视频相结合方式进行。路桥集团领导班子成员、中层领导干部、党史学习教育领导小组成员,所属各单位领导班子成员、部室负责人、相关部室成员、项目部党员干部参加会议。

1月27日 路桥集团工会开展以"笔墨凝书香,新春送祝福"为主题的送春联活动,5名职工书法家现场挥毫。

同日 路桥集团党委副书记、副董事长、总经理杨建红赴静乐服务区调研指导工作,总经理助理李贵龙、太佳东分公司相关领导参加调研。

2月9日 交控集团副总经理兼路桥集团党委书记、董事长杨志贵赴汾阳市,与市委书记郭红波,市委副书记、市长李正奎交流座谈。党委委员、副总经理郭聪林,绿化公司党支部书记、董事长部晋生参会。

2月11日 路桥集团学习中心组开展2022年第2次党委理论中心组学习。交控集团副总经理兼路桥集团党委书记、董事长杨志贵主持学习,中心组成员、外部董事参加学习。

2月14日 交控集团副总经理兼路桥集团党委书记、董事长杨志贵应邀出席汾阳杏花村经济技术开发区项目集中签约仪式,代表路桥集团与汾阳市人民政府、北京林业大学园林学院、北京市林业果树科学研究院签署战略合作框架协议。汾酒集团党委书记、董事长袁清茂,吕梁市委常委、副市长刘晋萍,汾阳市委书记郭红波,市委副书记、市长李正奎出席签约仪式。

2月15日 交控集团副总经理兼路桥集团党委书记、董事长杨志贵与临汾市政府党组成员胡晓刚就推进项目建设、强化战略合作等事宜交流座谈。党委委员、副总经理郭聪林,总经理助理范志红,市场开发部负责人田俊军,路桥二公司党委书记、董事长蒲智明,德海租赁公司党支部书记、董事长、总经理吉喜参加会议。

2月16日 路桥集团以视频会议形式召开2021年度党组织书记抓基层党建工作述职评议考核会议。领导班子成员、总部各部室负责人、所属各单位班子成员、党务部门负责人、职工代表参加会议。会议对各党组织书记抓基层党建工作进行民主测评。

同日 路桥集团所属太佳东分公司平头收费站、西凌井收费站、平头路产维护站、信息监控指挥中心,运营分公司五台山北收费站,阳蟒公司阳城南收费站6个基层管理单元获评"示范站点"。

2月17日 路桥集团召开2022年度复工复产大会暨安委会第一次全体(扩大)会议。会议由党委专职副书记、副董事长崔君毅主持,交控集团副总经理兼路桥集团党委书记、董事长杨志贵出席并讲话。路桥集团领导、总经理助理、总监、纪委副书记，总部各部室、中心负责人，所属各单位主要负责人在主会场参加会议。所属各单位领导及部室负责人、项目班子成员及主要管理人员在分会场参加会议。

2月18日 交通运输部印发《关于公布2021年度“十大最美农村路”等名单的通知》，推选山西省吕梁市兴县沿黄扶贫旅游公路为2021年度“我家门口那条路——最具人气的路”。

2月21日 路桥集团召开项目施工组织模式研讨会。会议由党委副书记、副董事长、总经理杨建红主持，交控集团副总经理兼路桥集团党委书记、董事长杨志贵出席并讲话。

会上，路桥一公司、二公司、五公司、六公司、八公司负责人围绕会议主题，结合项目管理实际进行研讨发言，路桥集团相关部室结合研讨内容及部门职责提出实施意见，路桥集团分管领导分别就市场开发、施工组织模式优化和协作单位管理提出工作要求。

2月22日 路桥集团三维华邦复工复产暨与阳化能源、大秦物流合作框架协议签订仪式在路桥集团举行。交控集团副总经理兼路桥集团党委书记、董事长杨志贵，山西阳化能源有限公司董事长贾志峰，总经理杜向华，山西大秦物流有限公司总经理卫光锐出席签约仪式。

会上，路桥集团总经济师、三维华邦党委书记、董事长丁林虎分别与山西阳化能源有限公司、山西大秦物流有限公司签订《苯加氢合作框架协议》《铁路合作框架协议》。路桥集团领导、相关部室负责人，三维华邦公司有关人员参加签约仪式。

2月23日 路桥集团在深交所成功发行可续期私募公司债（22晋桥Y1），发行金额10亿元，全场认购倍数1.2倍，期限3+N年，利率6.6%，增信方式为信用，创山西省近一年AA+主体（无担保）同期限永续债最低票面。

同日 路桥集团召开隰吉高速、离隰高速、吕梁国道改建工程、昔榆高速路面施工项目策划汇报会，会议由党委副书记、副董事长、总经理杨建红主持，交控集团副总经理兼路桥集团党委书记、董事长杨志贵出席并讲话。党委委员、副总经理李殿勤，总经理助理李贵龙，安全总监、安全质量环保监督部部长孟续峰，总部相关部室、中心负责人参加会议。

2月24日 吕梁市方山县人民政府党组成员、副县长秦鑫一行与路桥集团党委副书记、副董事长、总经理杨建红就“十四五”期间“四好农村路”建设规划等事宜进行交流座谈。党委委员、副总经理郭聪林，总部相关部室，所属吕梁国道公司、路桥一公司、路桥五公司负责人参加交流座谈。会后，秦鑫一行实地调研交通产业公司、路桥六公司承建的晋中环城旅游绿道项目。

同日 路桥集团科技成果“新型无碱速凝剂混凝土湿喷技术”被《智能+路桥工程混凝土调整实用技术》专著收录，由中国建材工业出版社正式出版。

3月2日 路桥集团召开山西数字化交通产业园工作推进会。领导班子、总部部室中心负责人，所属再生资源公司、智慧交通公司、交通产业公司负责人参会。交控集团副总经理、路桥集团党委书记杨志贵出席会议并讲话，党委副书记、副董事长、总经理杨建红主持会议。

会前，参会人员实地观摩了产业园新能源装备基地、新业态集群展示中心和“租立得”事业部办公区，详细了解园区整体规划和各业态运营情况。

3月3日 交控集团副总经理、路桥集团党委书记杨志贵一行到洪洞县，与临汾市委副书记、洪洞县委书记黄巍，洪洞县委副书记、县长李俊平，山西焦煤集团总经济师、山西焦化集团党委书记、董事长杨世红交流座谈。黄巍主持会议，县委、县政府有关单位部门、路桥集团、山西焦化集团有关人员参加会议。

3月4日 路桥集团党委副书记、副董事长、总经理杨建红一行到离隰高速项目一线，调研指导复工复产工作。路桥集团总工程师荆冰寅，总经理助理李贵龙，安全总监孟续峰、离隰公司相关领导陪同。

3月10日 交控集团副总经理、路桥集团党委书记杨志贵赴吕梁市，拜访市委副书记、市长张广勇。吕梁市副市长油晓峰、市政府秘书长王建强,置地公司党委书记、董事长贾建国,路桥集团党委委员、副总经理郭聪林,市交通运输局、新区建管中心、公路分局、规划和自然资源局,路桥集团所属吕梁国道公司、市政公司、再生资源公司等单位有关负责人参加座谈。

3月13日 路桥集团召开昔榆高速、吕梁国道项目专题推进会,交控集团副总经理、路桥集团党委书记杨志贵出席并讲话。党委副书记、副董事长、总经理杨建红,党委委员、副总经理郭聪林、李殿勤,总经理助理李贵龙,工程管理部部长杨嵩桥、成本控制中心主任李素勤参加会议。

3月18日 路桥集团六届一次职工代表大会暨2022年工作会召开,交控集团副总经理、路桥集团党委书记杨志贵在会上作题为"全方位推动高质量发展 奋力谱写一流企业新篇章"工作报告,专职党委副书记、副董事长崔君毅主持会议。路桥集团有关领导及外部董事出席会议。会议以视频形式召开,连线至所属各单位及一线项目部。

同日 路桥集团召开党的建设和党风廉政建设工作会议。党委副书记、副董事长、总经理杨建红主持会议,交控集团副总经理、路桥集团党委书记杨志贵作了题为"强根铸魂 擎旗奋进 深化党建引领筑牢基层基础 全方位推动高质量发展"党建工作报告,党委委员、纪委书记刘伟威作题为"运用党的百年奋斗历史经验 全面推进新时代廉洁路桥建设 为全方位推动高质量发展提供纪律保障"党风廉政建设工作报告。路桥集团党委专职副书记、副董事长崔君毅宣读《2021年度党建工作责任制考核优秀党组织表彰决定》,对昔榆公司、路桥六公司、运营分公司等9个党组织进行表彰。杨志贵与部分单位党委书记现场签订《2022年度落实全面从严治党主体责任目标责任书》。会议以视频会议形式召开,连线至基层一线200余个分会场。

3月21日至23日 省委副书记、省长蓝佛安深入吕梁市就推动中部城市群高质量发展进行调研。省委常委、常务副省长张吉福,副省长贺天才参加调研。蓝佛安到209国道新城区改线工程和离隰高速交口段项目工地现场察看建设进度,听取情况汇报。

3月22日 2021年度新疆公路建设市场施工企业信用评价结果公示。路桥集团获土建施工、房建施工双板块"AA"级信用评价。

3月23日 住房城乡建设部发布公告,公布2022年度第二批建设工程企业资质名单,路桥集团所属路桥二公司成功晋升公路工程施工总承包特级资质。这是全省公路施工领域第2块特级资质。

同日 路桥集团发布《水泥混凝土分次投料拌制工艺指南(水泥裹砂石法)》等52项企业标准,标志着"施工工艺标准化"技术提升专项行动完成。

3月24日 路桥集团党委理论学习中心组开展2022年第3次集中学习。交控集团副总经理、路桥集团党委书记杨志贵主持,中心组成员参加。学习采用领学+集中学习形式开展,路桥集团专职党委副书记、副董事长崔君毅领学《山西省保障农民工工资支付办法》。

3月29日 共青团山西路桥建设集团有限公司第二次代表大会召开,交控集团团委书记、党建(政策)研究中心主任李永岐,专职党委副书记、副董事长崔君毅出席会议并讲话,党委办公室、董事会办公室主任、机关党委书记王鹏飞主持会议。

同日 路桥集团六公司七届一次职代会暨2022年工作会议召开。交控集团副总经理、路桥集团党委书记杨志贵出席会议,路桥六公司领导班子成员、中层干部、职工代表参加会议。

同日 路桥集团党委副书记、副董事长、总经理杨建红出席隰吉公司2022年工作会并主持召开隰吉高速公路项目管理工作座谈会。路桥集团总经理助理李贵龙,安全总监、安全质量环保监督部部长孟续峰及相关部室负责人陪同。

会上,隰吉公司、各项目部及母体公司分别就施工管理、成本管控等方面存在的问题进行汇报,路桥集团领导及相关部室负责人针对问题提出意见建议。

3月30日 路桥集团党委副书记、副董事长、总经理杨建红,总经理助理李贵龙,安全总监、安全质量环保监督部部长孟续峰及相关部室负责人一行与隰吉公司领导及各项目部母体公司领导到隰吉高速施工一线，实地查看项目建设情况，现场听取相关负责人关于工程进展、质量安全环保管理等方面的汇报。杨建红结合调研情况，对项目建设过程中存在问题提出改进建议。

3月31日 山西省交通运输厅公布2021年度公路建设市场信用评价结果。路桥集团及所属一公司、二公司、五公司、六公司、八公司获"AA"级施工企业信用评价，三公司、四公司、七公司获"A"级施工企业信用评价。

4月1日 经路桥集团各相关业务部门、财务部门通力合作，网上商城采购、结算、支付对接融合功能具备上线条件，正式试运行。该系统功能优化运行实现"计划—采购—结算—预算控制—支付—反馈"闭环管理。

4月6日 路桥集团召开安全生产重点工作视频会，总工程师荆冰寅就近期工作做具体安排，党委副书记、副董事长、总经理杨建红主持会议，交控集团副总经理、路桥集团党委书记杨志贵讲话。

路桥集团党委办公室、综合办公室、工程管理部、安全质量环保监督部等部室负责人，所属投资建设单位、基建施工单位董事长，项目部项目经理线上参会。

4月8日 路桥集团召开近期重点工作任务部署会，会议以视频形式召开，党委副书记、副董事长、总经理杨建红主持会议，交控集团副总经理、路桥集团党委书记杨志贵出席会议并讲话。

路桥集团领导、总经理助理、安全总监、纪委副书记、工会主席、总部部室、中心负责人；所属单位党委书记、董事长，总经理，分管副书记，工程、安全分管领导线上参会。

4月9日 路桥集团总部召开第一次工作例会视频会。党委副书记、董事长杨建红主持会议，交控集团副总经理、路桥集团党委书记杨志贵作总结讲话。会上，各职能部室、中心负责人汇报近期重要工作事项进展情况和工作建议，路桥集团领导作安排部署和工作指示。

4月12日 交控集团纪委书记、监察专员周刚到路桥四公司，就贯彻落实交控集团2022年工作会议精神、清廉国企建设等进行调研。

4月13日 路桥集团以视频形式召开2022年度生产经营目标第一季度完成情况及第二季度计划完成分析研讨会。路桥集团党委副书记、董事长杨建红出席会议并讲话，党委副书记、副董事长、总经理郭聪林主持会议。

路桥集团领导、总经理助理、安全总监，相关部室、中心负责人参会。

4月15日 路桥集团以视频会议形式召开一季度经济运行分析、经营生产重点任务推进会暨安委会第二次全体(扩大)会议。党委副书记、董事长杨建红主持会议，交控集团副总经理、路桥集团党委书记杨志贵讲话。路桥集团领导，总经理助理、安全总监，纪委副书记，工会主席，总部各部室、中心负责人，所属单位党委书记、董事长、总经理，分管安全生产、工程建设领导线上参会。会议连线至基层193个项目部，共1200余名职工参会。

同日 路桥集团以视频会议形式召开建设项目控制性工程推进专题会议，党委副书记、董事长杨建红出席会议并讲话。党委副书记、副董事长、总经理郭聪林，党委委员、副总经理李殿勤，总经理助理李贵龙，工程管理部部长杨嵩桥、成本控制中心主任李素勤、招标采购中心主任吴宏伟参会。

同日 河北省交通运输厅公布2021年度公路建设市场信用评价结果，路桥集团及所属一公司、八公司获"AA"级施工企业信用评价。

4月16日 路桥集团党委理论学习中心组开展2022年第4次集中学习。交控集团副总经理、路桥集团党委书记杨志贵主持，中心组成员参加。

4月18日 路桥集团以视频会议形式召开隐患排查复工情况和安全管理工作督导专题会议。安全总监、安全质量环保监督部部长孟续峰主持，总工程师荆冰寅作安排部署，党委副书记、副董事长、总经理郭聪林出席会议并讲话。

路桥集团所属各建设、施工单位总经理、分管安全生产领导、安全生产部门负责人参会。

4月20日 经交控集团会议研究决定:杨建红任路桥集团董事长;郭聪林任路桥集团副董事长。提名聘任:郭聪林为路桥集团总经理;范志红为路桥集团总会计师(M7级,试用期一年)。免去(解聘):杨志贵路桥集团董事、董事长职务;杨建红路桥集团副董事长职务。提名解聘:杨建红路桥集团总经理职务;郭聪林路桥集团副总经理职务。

同日 路桥集团以视频会议形式召开全面预算专题会议。党委副书记、董事长杨建红,党委副书记、副董事长、总经理郭聪林,总经济师丁林虎出席,预算管理委员会委员参会。

4月21日 路桥集团召开干部大会,宣布交控集团党委关于路桥集团主要负责人调整的决定。交控集团副总经理、路桥集团党委书记杨志贵主持会议,交控集团专职党委副书记刘宏武出席会议并讲话,交控集团党委组织部副部长师靓宣读任免文件,路桥集团党委副书记、董事长杨建红,党委副书记、副董事长、总经理郭聪林作表态发言。

路桥集团领导班子,总部各部室、中心负责人,驻并单位主要负责人参加会议。

4月22日 路桥集团中标沁源经济技术开发区园区道路及管网建设项目一期工程,中标价1.6亿元。项目分为道路工程和综合管网两大部分,道路工程总长8.162公里,综合管网主要在241国道段、庄乔线段、绵伏线道路及两侧绿化范围内布置污水、给水、中水、供热、通信等设施。

4月24日 路桥集团与浪潮云公司签署战略合作协议。交控集团副总经理、路桥集团党委书记杨志贵与浪潮集团高级副总裁、浪潮云公司、浪潮工业互联网公司党委书记、董事长肖雪进行视频连线并致辞。党委副书记、董事长杨建红主持签约仪式。党委副书记、副董事长、总经理郭聪林,浪潮集团山西公司总经理隋克云代表双方签约。浪潮云公司党委副书记、总经理颜亮,浪潮工业互联网公司总经理庞松涛,浪潮集团山西公司副总经理崔峰,副总经理杨利军及相关单位负责人参加会议。

4月26日 交控集团副总经理谢鹏远一行到东二环高壁停车区对环境卫生治理工作进行调研。多经公司党支部书记、执行董事、总经理张奕强,太佳东分公司党委书记、总经理穆川川陪同。

4月27日 路桥集团"施工项目成本管理系统"企业管理软件获国家版权局颁发的计算机软件著作权登记证书。

4月28日 按照路桥集团党委工作部署,"集团领导人员外出请假报备流程"具备上线条件,开启试运行。

同日 路桥集团中标336国道朔州市境内应县罗庄至朔城区东榆林公路改扩建工程PPP项目。该项目总投资23.11亿元,路线全长72.19公里,起点位于朔州市应县罗庄村东1.4公里处,与336国道大同段顺接,沿既有道路拓宽,至石庄村北开始改线,在应县城南绕城,到师家坊与既有336国道顺接后,沿既有道路布设,在朔城区东榆林北到达项目终点,与336国道及大忻线相接。

4月29日 路桥集团党委理论学习中心组开展2022年第5次集中学习。交控集团副总经理、路桥集团党委书记杨志贵主持学习,中心组成员参加学习。

同日 交控集团安全总监李新杰、建设管理部部长刘瑞斌一行到路桥集团督导安全生产工作。督导组通过路桥集团"平安交通"安全管理平台,查看路桥集团所属建设施工项目安全生产工作开展情况,对"五一"期间和近期安全生产、生产经营等工作进行安排部署。党委副书记、副董事长、总经理郭聪林,总工程师荆冰寅,安全总监、安全质量环保监督部部长孟续峰及相关部室参加督导工作。

5月1日 交控集团副总经理、路桥集团党委书记杨志贵赴昔榆高速LJ11标2#梁场、LJ12标刘家坡大桥调研督导,代表路桥集团党委,亲切看望慰问节日期间坚守岗位的一线项目管理人员和施工劳务人员,向劳动者致以节日问候。专职党委副书记、副董事长崔君毅,工会主席魏开勋,党委办公室主任王鹏飞及昔榆公司班子成员陪同。

同日 路桥集团召开《项目经理管理办法》讨论会。党委副书记、副董事长、总经理郭聪林,总经理助理李贵龙,安全总监孟续峰,综合办公室、党委组织部(人力资源部)、工程管理部、安全质量环保监督部相关人员参加会议。

5月2日 路桥集团党委副书记、副董事长、总经理郭聪林深入路桥科技中心建设项目现场,调研重点项目建设工作,详细了解工程建设情况及施工过程中遇到的困难,指导加快工程项目建设进度。绿化公司副总经理秦挺就室外工程相关工作进行汇报。

5月3日 路桥集团召开“安全管理”专题讨论会。路桥集团领导及总部相关部室针对建设项目施工现场六十条禁令、特种设备安全管理、建设项目安全管理人员集中监督考核和安全生产双重预防机制建设等内容进行讨论。党委副书记、副董事长、总经理郭聪林出席会议。综合办公室、工程管理部参加会议。

5月5日 路桥集团党委副书记、副董事长、总经理郭聪林主持召开经理层月度办公例会。会上,路桥集团综合办公室通报近期总经理办公会议议定事项落实及所属单位急需解决的问题情况。总部各部室、中心负责人汇报4月目标任务、全年重点工作完成情况及5月工作计划。经理层班子成员就分管工作安排部署。路桥集团经营层领导、总经理助理、安全总监,相关部室、中心负责人参会。

5月6日 省人社厅职业能力建设处副处长王二利调研路桥集团新型学徒制工作。交控集团人力资源中心主任李宏义、副主任刘志军,路桥集团党委专职副书记、副董事长崔君毅,山西交通技师学院副院长卫申蔚参加调研。

5月7日 交控集团副总经理、路桥集团党委书记杨志贵到忻州市静乐县,与县委书记宣文晓交流洽谈,双方就加强战略合作、推进项目建设等方面进行交流。

静乐县副县长张海军,县交通运输局、县林业局、县自然资源局、县生态局、县发展和改革局相关负责人,路桥集团党委副书记、副董事长、总经理郭聪林,总经理助理、投资开发部部长曹红军,党委办公室主任王鹏飞,路桥三公司党委书记、董事长张勇参会。

5月8日 路桥集团投资建设的207国道左权至黎城界及南沁线左权桐峪至河北涉县界公路新建工程正式通车运营。

5月10日 山西省建筑业协会公布了会员单位建筑业企业等级评价名单。路桥集团及所属一公司、六公司、市政公司获评“2021年度山西省建筑业协会A级(优秀)建筑业企业”。

5月11日 交控集团副总经理、路桥集团党委书记杨志贵出席大同市人民政府和交控集团签约仪式后,到路桥集团投资建设的朔州241国道项目调研指导工作。党委副书记、副董事长、总经理郭聪林,总经理助理李贵龙陪同调研。

5月12日 108国道忻州境内砂河至石岭关段改建工程PPP项目合同确认谈判会在路桥集团三公司举办。会议确定路桥集团为预中标人。交控集团副总经理、路桥集团党委书记杨志贵,忻州市委常委、副市长温建军出席会议。忻州市政府督查专员刘建国主持会议。

忻州市市直机关部门、公路分局负责人,路桥集团党委副书记、副董事长、总经理郭聪林,总经理助理李贵龙、曹红军,相关部室负责人等双方代表团成员、法律顾问、咨询及招标代理机构代表参加会议。

5月13日 路桥集团召开“抢市场、抓产值、完目标”生产经营推进会。交控集团副总经理、路桥集团党委书记杨志贵出席会议并讲话,党委副书记、董事长杨建红主持会议。

会议以视频形式召开,连线至所属各单位及一线项目部。路桥集团领导、总经理助理、纪委副书记,总部各部室、中心负责人,所属单位主要领导在主会场参会;所属单位其他班子成员、中层管理人员,各项目部经理班子及管理人员在分会场参会。

5月16日 路桥集团党委理论学习中心组开展2022年第6次集中学习。交控集团副总经理、路桥集团党委书记杨志贵主持,中心组成员参加学习。

同日 路桥集团中标108国道忻州境内砂河至石岭关段改建工程PPP项目。项目总投资92.38亿元,路线全长170.62公里,起点位于繁峙县砂河镇集义庄乡东侧,与投资建设的国道108线神堂堡至砂河段公路项目相接,终点位于忻州市与太原市交界处石岭关附近。

5月17日 经交控集团会议研究决定:蒲智明、孟续峰任路桥集团高级专员(试用期一年)。

同日 省发改委党组成员、副主任闫中立,省工信厅党组成员、副厅长闫林,省农业农村厅党组成员、副厅长茹栋梅,省商务厅党组成员、副厅长李国荣等领导调研山西数字化交通产业园。晋中市市长常书铭、寿阳县委书记赵宏钟、路桥集团副总经理杨利军及交通产业公司有关领导陪同。

5月18日 路桥集团与邮储银行山西省分行举行战略合作协议签约仪式。路桥集团党委副书记、董事长杨建红与邮储银行山西省分行行长王辉代表双方签署战略合作协议。党委副书记、副董事长、总经理郭聪林,总会计师范志红及相关部室负责人出席签约仪式。

5月20日 路桥集团与山西省产权交易中心签署战略合作协议。交控集团副总经理、路桥集团党委书记杨志贵,路桥集团党委副书记、董事长杨建红,山西省产权交易中心董事长王杰民出席并见证签约。党委副书记、副董事长、总经理郭聪林与山西省产权交易中心总经理武洪代表双方签署战略合作协议。总会计师范志红,总经理助理、投资管理部部长曹红军,党委办公室主任王鹏飞,法务审计部部长李红斌,所属再生资源公司党支部书记、执行董事、总经理张宏参加仪式。

5月24日 交控集团外部董事赵石岗、高建光、张秀山、呼运平、温刚一行到路桥集团就重点项目建设、交通新业态培育情况进行专题调研。交控集团副总经理、路桥集团党委书记杨志贵参加。交控集团董事会办公室主任张瑞军、战略发展与投资管理部部长翟建峰,路桥集团总经理助理曹红军,董事会办公室、投资管理部负责人,太原联络线项目、交通产业公司负责人参加调研活动。

同日 交控集团副总经理谢鹏远一行到汾石高速公路施工一线调研指导工程建设推进工作。路桥集团党委委员、副总经理李殿勤陪同。

5月26日 省税务局召开山西省大企业税收健康体检报告会。路桥集团作为山西省重要纳税主体企业受邀参加活动,作为首批两家纳税先进企业之一现场接受省税务局体检。

5月27日 路桥集团主编《公路工程物资设备编码指南》《钢筋混凝土防撞护栏滑模施工技术规程》两项地方标准(征求意见稿)经省市场监督管理局、省交通运输厅组织的评审会讨论,顺利通过。

5月29日 108国道忻州境内砂河至石岭关段改建工程项目在忻州市忻府区举行开工仪式。忻州市委书记朱晓东出席仪式并发布开工令,市长李建国讲话。交控集团党委书记、董事长、总经理武艺,副总经理、路桥集团党委书记杨志贵,路桥集团党委副书记、董事长杨建红,党委副书记、副董事长、总经理郭聪林参加仪式。路桥集团党委委员、副总经理李殿勤,副总经理杨利军,总经济师丁林虎分别在代县、原平、繁峙分会场同步参加开工仪式。

5月31日 路桥集团与文水县人民政府签署战略合作框架协议。交控集团副总经理、路桥集团党委书记杨志贵,党委副书记、董事长杨建红,文水县委副书记、县长王峰,文水经济开发区管委会主任刘大鹏,副县长武英喆、王金钟出席签约仪式。路桥集团总经理助理、投资管理部部长曹红军与文水县副县长武英喆代表双方签署了战略合作框架协议。

山西国金电力董事长颉钰,路桥集团党委办公室主任王鹏飞,所属再生资源公司党支部书记、执行董事、总经理张宏,副总经理白万玉,县政府相关单位负责人参加签约仪式。

同日 路桥集团召开省纪委监委智慧监督工程暨信息技术推动清廉国企建设调研座谈会。交控集团副总经理、路桥集团党委书记杨志贵主持会议。省纪委监委监督和审查调查技术室主任孟晓伟、副主任宋华、技术干部安卫钢。路桥集团领导班子成员及清廉国企工作专班相关人员参加会议。

6月1日 路桥集团组织部分退休老干部赴路

桥集团投资建设的山西交通苗木基地、山西数字化交通产业园考察观摩。交控集团副总经理、路桥集团党委书记杨志贵，路桥集团党委副书记、副董事长、总经理郭聪林，党委专职副书记、副董事长崔君毅参加考察观摩并出席座谈会。杨志贵向老干部们详细介绍近年来路桥集团取得的改革发展实绩。

会前，杨志贵与省工信厅数字促进中心主任茹世祥、省产教融合促进会会长赵鹏就政策支持、产教融合、职业教育等方面交流座谈，与山西钢建集团董事、常务副总经理牛赟就新能源换电站建设、新能源重卡推广、太钢新能源场景应用等方面交流座谈。

路桥集团党委办公室主任王鹏飞，党委组织部部长张玉涛，交通产业公司党支部书记、董事长白永胜，绿化公司党支部副书记、总经理胡雪瑞参加考察观摩座谈会。

同日 吕梁市方山县委书记周小云、县长高鹏一行到访路桥集团，就“十四五”期间“四好农村路”建设规划等事宜进行交流座谈。交控集团副总经理、路桥集团党委书记杨志贵出席座谈。总经理助理、相关部室负责人，所属吕梁国道公司、路桥五公司负责人参加会议。

6月2日 路桥集团党委副书记、董事长杨建红，党委副书记、副董事长、总经理郭聪林，党委委员、副总经理李殿勤一行到路桥六公司魏榆路快速化改造EPC项目施工现场进行实地调研指导。

路桥集团总经理助理李贵龙，安全总监孟续峰，总部相关部室负责人，交通产业公司、物资公司相关人员陪同调研。

6月3日 吕梁市政府召开209国道吕梁改线工程建设推进会，会议由吕梁市副市长杨巨才主持，路桥集团党委副书记、副董事长、总经理郭聪林出席会议并讲话。

离隰高速、吕梁公司建设、路桥五公司相关负责人及吕梁国道公司领导班子成员参加会议。

6月5日 副省长到离隰高速调研指导工作。交控集团党委书记、董事长、总经理武艺，交控集团副总经理、路桥集团党委书记杨志贵陪同调研。

6月6日 交控集团副总经理、路桥集团党委书记杨志贵到山西航产集团，与山西航产集团党委书记、董事长、总经理陈阳进行交流座谈。山西航产集团副总经理员佩刚、刘成、韩瑞林，太原机场三期改扩建指挥部党委副书记、副总指挥乔学政，路桥集团党委专职副书记、副董事长崔君毅，总经济师丁林虎，总经理助理、投资管理部部长曹红军参加座谈。

6月6日至9日 路桥集团党委副书记、董事长杨建红到浙江参加奉化至江山公路江山上余至大桥段公路项目中标约谈，在江山项目、松阳项目、云和235项目和景宁322项目现场调研。

6月7日 省交通运输厅党组成员、副厅长郭丙福一行到山西交通苗木培育基地调研指导，交控集团副总经理、路桥集团党委书记杨志贵，党委副书记、副董事长、总经理郭聪林陪同调研。

6月9日 路桥集团投资建设的朔州336国道应县罗庄至朔城区东榆林段改扩建工程在朔州市朔城区举行开工仪式。朔州市委书记姜四清出席并发布开工令，市委常委、副市长武跃飞讲话。交控集团党委书记、董事长、总经理武艺，党委委员、副总经理贾勇，交控集团副总经理、路桥集团党委书记杨志贵，路桥集团党委副书记、副董事长、总经理郭聪林出席仪式。会上，杨志贵代表交控集团与朔州市人民政府签订战略合作框架协议。

朔州市委常委、秘书长王琳玉，市政府党组成员、副市长何向荣，市政府秘书长、办公室主任刘宏武，朔州市直有关部门主要领导，交控集团所属相关单位主要领导、朔州国道公司主要领导参加开工仪式。

同日 经交控集团会议研究决定解聘：荆冰寅路桥集团总工程师职务。

同日 路桥集团成功中标浙江省奉化至江山公路江山上余至大桥段公路工程SG2标段，中标金额3.59亿元。

6月10日 路桥集团成功发行山西省首单乡村振兴债——22晋路桥SCP001(乡村振兴)，由中国银行和兴业银行联合承销，金额10亿元，期限180

天,利率2.9%,创路桥集团发债以来成本新低。

同日 晋中市副市长张鹏一行到路桥六公司魏榆路快速化改造项目检查指导工作,路桥六公司党委书记、董事长赵国锋陪同。

6月13日 路桥集团党委理论学习中心组开展2022年第7次集中学习。交控集团副总经理、路桥集团党委书记杨志贵主持学习,中心组成员参加。

同日 路桥集团召开外部董事欢迎见面会。杨志贵主持会议,领导班子、外部董事、高级专员,相关业务部门负责人参会。

同日 路桥集团举办安全生产高级研修班暨安全生产及召开近期重点工作专题部署会议。党委副书记、董事长杨建红以讲好"安全生产第一课"形式作开班动员讲话,主持安全生产及近期重点工作专题部署会议。交控集团副总经理、路桥集团党委书记杨志贵就近期安全生产重点工作进行专题部署。党委副书记、副董事长、总经理郭聪林,总部各部室、中心负责人,所属各单位党委书记、董事长、总经理参加会议。

6月15日 路桥集团召开合规体系建设阶段性成果发布会。副总经理杨利军主持会议,党委副书记、董事长杨建红出席会议并讲话。

6月15日至18日 交控集团副总经理、路桥集团党委书记杨志贵一行专程到三一集团、徐工集团考察学习,分别与三一集团高级副总裁、工程车辆事业部董事长向儒安,徐工集团党委书记、董事长邱成进行交流座谈。党委副书记、副董事长、总经理郭聪林,专职党委副书记、副董事长崔君毅,党委办公室主任王鹏飞,信息中心主任郭鑫,所属交通产业公司党支部书记、董事长白永胜和相关人员一同参加。

6月21日 路桥集团施工现场标准化观摩暨隧道涌水及坍塌事故应急救援演练在昔榆高速举行。省交通运输厅党组成员、副厅长王晋,省应急管理厅党委委员刘世华,省国资委党委委员、副主任侯国伟,晋中市政府党组成员、副市长、市公安局局长靳润喜,省高速公路综合行政执法总队党委书记、总队长刘清平,省交通建设中心党委书记、主任陈俊,昔阳县委副书记、县长范楷,交控集团副总经理谢鹏远等领导出席。路桥集团党委副书记、董事长杨建红,党委委员、副总经理李殿勤,副总经理杨利军,高级专员蒲智明,高级专员孟续峰,总经理助理李贵龙及相关部室、中心负责人出席本次活动。

同日 路桥集团党委副书记、董事长杨建红,党委委员、副总经理李殿勤,副总经理杨利军,高级专员蒲智明,高级专员孟续峰,总经理助理李贵龙一行到昔榆高速施工现场进行实地调研指导。

6月22日 路桥集团自主研发的投资开发管理系统顺利通过国家版权局审核,获得计算机软件著作权登记证书。

6月22日至23日 交控集团党委书记、董事长、总经理武艺带队到长治公司、黎霍高速建设项目调研指导工作。交控集团副总经理、路桥集团党委书记杨志贵参加调研,并代表交控集团与长治市人民政府签署战略合作协议。路桥集团党委副书记、副董事长、总经理郭聪林参加签约仪式。

6月24日 晋中市人大副主任、和顺县委书记许利伟,县委副书记、县长李雪一行到访路桥集团,就"十四五"期间农村旅游公路建设事宜进行交流座谈。交控集团副总经理、路桥集团党委书记杨志贵,党委副书记、董事长杨建红热情接待并出席座谈会。

路桥集团投资管理部部长霍海涛、工程管理部部长杨嵩桥,路桥六公司党委书记、董事长赵国锋,党委副书记、副董事长、总经理田正旺,和顺县委常委、常务副县长马新,副县长张志坚,政府办、交通运输局相关负责人参加座谈。

同日 路桥集团党委副书记、副董事长、总经理郭聪林,高级专员孟续峰一行深入晋阳改扩建项目施工现场,专题调研项目建设情况。成本控制中心主任李素勤、市场开发部部长田俊军、工程管理部副部长席晓彬等参加调研。

路桥七公司党委书记、董事长张文红、副总经理张小军、孙建龙,检测公司董事、总经理夏雨澍,路桥一公司党委委员、总工程师段宝红陪同调研。

6月25日 路桥集团召开数据管理平台建设研讨会，党委副书记、副董事长、总经理郭聪林参加会议。

6月29日 交控集团副总经理、路桥集团党委书记杨志贵带队调研山西数字化交通产业园，召开现场办公会。党委副书记、董事长杨建红主持会议。党委副书记、副董事长、总经理郭聪林，党委专职副书记、副董事长崔君毅，党委委员、副总经理李殿勤，副总经理杨利军，总经济师丁林虎，总经理助理李贵龙，总部相关部室负责人参加会议。

6月30日 路桥集团所属昔榆公司《公路工程数字建造管理平台》、交通产业公司《打造交通新业态集群全方位推动高质量发展》、离隰公司“外委材料取样管理系统”3个项目入选“首届全国交通企业智慧建设创新实践优秀案例”。

同日 路桥集团以视频会议形式召开“新思想在山西”专题宣讲会，面向项目一线。交控集团副总经理、路桥集团党委书记杨志贵出席会议作专题宣讲。

同日 路桥集团召开庆祝中国共产党成立101周年暨“七一”表彰大会。交控集团副总经理、路桥集团党委书记杨志贵出席并讲话，党委副书记、董事长杨建红主持会议，党委专职副书记、副董事长崔君毅宣读表彰决定。会议对各领域、各战线在贯彻落实路桥集团党委决策部署、重大任务攻坚中，做出显著成绩的5个“红旗党委”、10个“标杆党支部”、20名“优秀党支部书记”和15名“党建工作标兵”进行表彰。

会议以视频形式召开，路桥集团领导、总部各部室（中心）负责人、驻并单位党组织书记和受表彰代表在主会场参加会议。所属各单位领导班子成员、党务部门负责人、受表彰人员、项目班子成员、项目一线党员、部分劳务派遣党员和部分农民工党员在分会场参加会议。

同日 路桥集团直属机关党委开展“重温入党誓词 诵读红色经典 传承红色基因”主题党日活动。交控集团副总经理、路桥集团党委书记杨志贵带领机关党委全体党员重温入党誓词；党委副书记、董事长杨建红，党委副书记、副董事长、总经理郭聪林，党委专职副书记、副董事长崔君毅分别带领全体党员诵读红色经典。

同日 路桥集团“公路运营管理系统”顺利通过国家版权局审核，获得计算机软件著作权登记证书。

7月1日 路桥集团党委理论学习中心组开展2022年第8次集中学习。交控集团副总经理、路桥集团党委书记杨志贵主持，中心组成员参加。

会上，中心组集中学习《中国共产党宣传工作简史》《百年大党面对面》《习近平法治思想学习纲要》和《中华人民共和国反有组织犯罪法》等内容。

7月5日 交控集团副总经理、路桥集团党委书记杨志贵与浪潮云公司党委副书记、总经理颜亮就加快成立合资公司、进一步加强战略合作等事宜交流座谈。党委副书记、副董事长、总经理郭聪林，副总经理杨利军，浪潮集团山西公司总经理隋克云，浪潮云西北中心总经理毛宪阳及相关人员参加座谈。

同日 路桥集团党委副书记、董事长杨建红，总经济师丁林虎，高级专员蒲智明，工程管理部部长杨嵩桥一行深入路桥七公司341国道古县改建一标调研督导，路桥七公司党委副书记、副董事长、总经理张宝松陪同。

7月6日 路桥集团党委副书记、董事长杨建红一行到隰吉高速LM1-2项目、浮临高速LJ1分部进行“情系职工、清凉一夏”慰问活动，为高温中坚守一线的建设者送来纯净水、冰红茶、藿香正气水、清凉油等防暑解暑降温物品，将关怀与慰问送到施工一线。

同日 省交通运输厅党组成员、副厅长王四小一行到路桥集团投资建设的吉县旅游路，开展“关爱职工、清凉一夏”慰问活动，晋南公司党委书记、董事长刘刚陪同参加。

7月7日 山西省会计系列高级职称任职资格名单公布。交控集团范围内共计13名职工通过高级会计师任职资格评审，其中路桥集团12名。路桥集团累计85人通过高级会计师任职资格评审。

同日 路桥集团党委副书记、董事长杨建红一行到浮临高速LJ1分部实地调研指导。工程管理部部长杨嵩桥,路桥七公司党委书记、董事长张文红陪同。

7月8日 路桥集团召开全面预算管理信息化建设工作会。政策研究中心主任卫晋芳主持,党委副书记、副董事长、总经理郭聪林出席会议并讲话,路桥集团总部相关部室负责人参加会议。

7月18日 路桥集团投资建设的山西固废资源化利用交通科技园在吕梁市文水县经济开发区举行开工仪式。吕梁市委书记孙大军,交控集团党委书记、董事长、总经理武艺,吕梁市委常委、秘书长、统战部部长田安平,省生态环境厅副厅长级监察专员王义成,省住房和城乡建设厅总工程师张志利,县委副书记、县长王峰,省生态环境厅固体废物处处长蔡如峰,路桥集团党委副书记、副董事长、总经理郭聪林出席仪式。路桥集团党委副书记、董事长杨建红主持开工仪式,吕梁市委常委、常务副市长任忠讲话并宣布开工,交控集团副总经理、路桥集团党委书记杨志贵讲话,文水县委书记杨洋致辞,路桥集团所属再生资源公司党支部书记、执行董事、总经理张宏介绍园区总体情况。

省住房和城乡建设厅、交控集团、路桥集团、文水县经济开发区相关人员,交通运输部公路科学研究院公路工程研究中心、俄罗斯工程院外籍院士张以河院士团队、中国矿业大学(北京)混凝土与环境材料研究院、中国硅酸盐学会固废与生态材料分会、中国建材工业经济研究会低碳材料分会、宝武环科、金隅冀东水泥、北京中源创能、杭州冠力科技、山西环境能源交易中心、山西华昇云链、山西国金电力等行业专家和企业嘉宾出席仪式。

7月19日 路桥集团承担的重点科技项目“大跨径波形钢腹板组合结构部分斜拉桥及连续刚构桥关键技术与应用”获评2021年度中国公路建设行业协会科学技术进步奖一等奖。

7月20日 “晋阳湖·数字经济发展峰会系列活动之交通行业数字化转型现场会”在路桥集团投资建设的山西数字化交通产业园成功召开。会议由山西省工业和信息化厅、省交通运输厅、省国资委联合主办,山西省数字化转型促进中心、交控集团、路桥集团共同承办。

省工信厅党组成员、副厅长刘勇,晋中市政府党组成员、副市长张鹏,交控集团副总经理、路桥集团党委书记杨志贵,省交通运输厅二级巡视员王大为,省国资委二级巡视员王小涛,晋中市政协党组副书记、副主席、寿阳县委书记赵宏钟,寿阳县委副书记、县长彭超,路桥集团党委副书记、董事长杨建红,省工信厅大数据办主任樊俊波,省数字化转型促进中心主任茹世祥出席现场会,并为山西数字化交通产业园揭牌。路桥集团党委副书记、副董事长、总经理郭聪林代表路桥集团作主题报告。

同日 交控集团副总经理、路桥集团党委书记杨志贵与重庆交通大学副校长张尚毅就校企合作、人才培养、产学研用深化等方面进行交流座谈。

路桥集团党委副书记、董事长杨建红,党委副书记、副董事长、总经理郭聪林,党委专职副书记、副董事长崔君毅,高级专员蒲智明,党委办公室主任王鹏飞,党委组织部部长张玉涛,技术中心(总工办)负责人张青江及2名毕业生代表参加座谈。

7月21日 中国矿业大学(北京)党委书记徐孝民一行在山西数字化交通产业园调研交流,现场观摩园区总体规划、新能源物流、建筑工业品数字化采购、交通模板标准件研发基地等园区建设情况,就加强校企合作、建立产学研用平台进行交流座谈。党委副书记、董事长杨建红,党委专职副书记、副董事长崔君毅参加座谈。总会计师范志红,资产运营管理部部长王枭,交通产业公司党支部书记、董事长白永胜,再生资源公司党支部书记、执行董事、总经理张宏及相关人员参加座谈。

7月22日 路桥集团党委副书记、副董事长、总经理郭聪林,总经理助理曹红军一行到路桥八公司调研并召开座谈会,路桥八公司领导班子、各部室负责人参加座谈。

同日 交控集团工会、团委联合举办“职工心向党 喜迎中共二十大”职工演讲比赛决赛。路桥二公司薛睿秦获“弘扬劳模精神 争做时代先锋”板块二等奖，路桥二公司柏愈获“奋进新征程 廉洁伴我行”板块二等奖，路桥六公司张雨欣获“青春心向党 建功新时代”板块三等奖。

7月24日 路桥集团召开2022年上半年经济运行分析会暨管理提升工作推进会。总会计师范志红重点通报营收、利润等经济指标完成情况，党委副书记、副董事长、总经理郭聪林重点通报产值、新签合同额等经营指标完成情况，深入分析当前存在的问题，提出下一步工作举措。交控集团副总经理、路桥集团党委书记杨志贵作讲话，党委副书记、董事长杨建红主持会议。

会议以视频形式召开，连线至所属各单位及一线项目部。路桥集团领导、高级专员、总经理助理、总部各部室（中心）负责人、所属各单位主要负责人在主会场参会，所属各单位领导班子成员、中层管理人员、各在建项目部班子成员在分会场参会。

7月25日 交控集团副总经理、路桥集团党委书记杨志贵在路桥六公司魏榆路快速化改造项目开展“情系职工、清凉一夏”慰问活动。路桥集团工会主席魏开勋，党委办公室主任王鹏飞陪同。

同日 路桥二公司召开干部大会，党委副书记、董事长杨建红参加会议。

7月26日 路桥集团召开2022年度安委会第三次全体（扩大）会议。党委副书记、副董事长、总经理郭聪林主持，党委副书记、董事长杨建红出席并讲话。路桥集团领导、高级专员、总经理助理、纪委副书记，总部各部室、中心负责人，所属各单位主要负责人在主会场参会，所属各单位、各项目部主要管理人员以视频会议形式在分会场参会。

同日 交控集团副总经理、路桥集团党委书记杨志贵与陕西交控市政路桥集团党委书记、董事长张宗涛交流座谈，共同回顾企业发展历程，分享国企改革经验。

路桥集团党委副书记、董事长杨建红，党委副书记、副董事长、总经理郭聪林，党委办公室主任王鹏飞，投资管理部部长霍海涛，市场开发部部长田俊军，工程管理部部长杨嵩桥，路桥六公司党委书记、董事长赵国锋，交通产业公司党支部书记、董事长白永胜参加座谈。

7月27日 交控集团副总经理、路桥集团党委书记杨志贵与深圳美丽生态股份有限公司副董事长张龙交流座谈。

路桥集团党委副书记、副董事长、总经理郭聪林，总会计师范志红，投资管理部部长霍海涛参加座谈。

7月28日 路桥集团与阳城县人民政府签署战略合作框架协议。党委副书记、董事长杨建红和阳城县县长牛琛出席仪式并致辞，阳城县副县长王宽红主持仪式。党委委员、副总经理李殿勤代表路桥集团与阳城县委常委、常务副县长张德政签署战略合作框架协议。总经理助理李贵龙、曹红军，路桥七公司党委书记、董事长张文红，党委副书记、副董事长、总经理张宝松参加签约仪式。

同日 路桥集团党委副书记、董事长杨建红，党委委员、副总经理李殿勤，总经理助理李贵龙、曹红军一行深入晋南公司所属晋城太行一号阳城段子项目调研督导。晋南公司党委书记、董事长刘刚，党委委员、工会主席、副总经理胡富平，路桥三公司党委书记、董事长张勇陪同调研。

7月29日 路桥集团党委副书记、董事长杨建红与丹河集团党委书记、董事长张晋文就丹河新城项目推进事宜进行工作会谈。路桥集团党委委员、副总经理李殿勤，总经理助理李贵龙、曹红军，路桥七公司党委书记、董事长张文红，党委副书记、副董事长、总经理张宝松，副总经理孙建龙参加座谈。

同日 交控集团副总经理、路桥集团党委书记杨志贵与江苏康泰控股集团董事长张伟华就所属三维华邦合作发展事宜进行交流座谈。党委副书记、副董事长、总经理郭聪林，总经济师丁林虎，三维华邦党委书记、董事长段国强，党委副书记、副董事长李强，副总经理张仓海参加座谈。

同日 交控集团副总经理、路桥集团党委书记杨志贵与三一集团高级副总经理、三一电动科技有限公司总经理谈波就签署战略合作协议事宜进行工作会谈。党委副书记、副董事长、总经理郭聪林，交通产业公司党支部书记、董事长白永胜，党支部委员、副总经理马鹏翀参加座谈。

8月1日 经交控集团会议研究决定提名聘任:丁林虎任路桥集团副总经理;温郁斌任路桥集团副总经理(试用期一年);李贵龙任路桥集团高级专员(试用期一年);田利民、白永胜任路桥集团总经理助理。

提名解聘:杨利军路桥集团副总经理职务;丁林虎路桥集团总经济师职务。

同日 路桥集团党委理论学习中心组开展2022年第9次集中学习。交控集团副总经理、路桥集团党委书记杨志贵主持学习,中心组成员、外部董事、高级专员、职工董事参加学习。

8月7日 路桥集团党委副书记、副董事长、总经理郭聪林深入魏榆快速化改造项目调研指导工作。路桥六公司党委书记、董事长赵国锋,高级专员田新瑞陪同调研。

8月9日 经路桥建设集团有限公司第六届董事会第29次会议审议决定聘任:丁林虎任路桥集团副总经理;温郁斌任路桥集团副总经理(试用期1年);李贵龙任路桥集团高级专员(试用期1年);田利民、白永胜任路桥集团总经理助理。

解聘:杨利军路桥集团副总经理职务;丁林虎路桥集团总经济师职务。

同日 晋中市委、市政府组织举办太原、晋中一体化基础设施项目现场观摩活动。晋中市委书记吴俊清,市委副书记、市长常书铭,太原市副市长高德胜,晋中市委秘书长鹿建平一行首站观摩调研路桥集团投资建设的青银二广高速公路太原联络线项目筹备情况。交控集团副总经理、路桥集团党委书记杨志贵,晋中市政协副主席、寿阳县委书记赵宏钟,县委副书记、县长彭超参加活动。党委办公室主任王鹏飞,路桥六公司、绿化公司相关负责人陪同。

8月10日 路桥集团召开2022年第三季度市场开发研讨会。交控集团副总经理、路桥集团党委书记杨志贵出席并讲话,党委副书记、董事长杨建红主持。路桥集团总部相关部室负责人、所属相关单位主要领导、各省外办事处负责人在主会场参会,浙江分公司、西北分公司通过视频会议形式在分会场参会。

8月13日 路桥集团召开安全生产专题会议。党委专职副书记、副董事长崔君毅主持,交控集团副总经理、路桥集团党委书记杨志贵出席并讲话。党委副书记、副董事长、总经理郭聪林传达交通运输部、省委、省政府、省交通运输厅、交控集团关于"8·11"离隰高速一标遭遇山洪后的指示批示精神,副总经理丁林虎通报离隰高速项目遭遇山洪灾害有关情况。

路桥集团领导、高级专员、总经理助理,总部各部室、中心负责人,所属驻并单位党委书记、董事长在主会场参会,所属各单位班子成员、项目部经理班子、各部门负责人及主要管理人员以视频会议形式在分会场参会。

8月14日 交控集团副总经理、路桥集团党委书记杨志贵赴吕梁督导项目,召开吕梁片区重点项目建设推进会暨汛期安全工作专项部署会,对防汛、安全生产、工程建设工作再部署、再督促、再推进。党委副书记、董事长杨建红主持会议。路桥集团高级专员孟续峰对当前安全生产管理工作进行安排,党委委员、副总经理李殿勤对当前项目建设推进工作进行安排。路桥集团总部相关部室负责人,吕梁片区重点项目母体公司负责人、项目经理参会。

8月16日 广联达科技股份有限公司董事、总裁袁正刚一行到访路桥集团,党委副书记、副董事长、总经理郭聪林接待并出席座谈会。双方就施工企业数字化转型升级进行深入交流。路桥集团综合办公室、工程管理部、成本控制中心、信息中心负责人参加座谈。

同日 路桥集团召开汾石高速K17+125下堡特大桥上跨340省道涉路专项施工方案和安全技术评估报告评审会,党委副书记、董事长杨建红参与评审。

8月17日 路桥集团党委副书记、董事长杨建红赴汾石高速施工总承包项目部LJ5分部,就项目安全、环保、质量、进度情况进行调研。桥隧公司党委副书记、副董事长、总经理武继文、党委委员、总工程师李军、高级专员韩永友陪同调研。

8月19日 晋阳湖·数字经济发展峰会主论坛在太原市晋阳湖国际会议中心开幕。省委书记林武出席论坛并致辞，省委副书记、省长蓝佛安为一批数字领域重大基础设施和创新机构集中揭牌，省政府党组成员、副省长贺天才为一批数字经济领域年度优秀成果进行集中发布。

蓝佛安为山西路桥—浪潮集团工业互联网产业（交通）创新研发中心揭牌；贺天才对交通基建工业互联网平台“路桥云洲”进行发布。交控集团党委书记、董事长、总经理武艺，交控集团副总经理、路桥集团党委书记杨志贵出席揭牌仪式和发布环节。

8月19日 省人大常委会人事工委副主任、一级巡视员张国富一行到路桥六公司董榆线寒湖岭隧道项目调研，主持召开省人大代表重点建议办理“面对面”沟通会。

8月20日 路桥集团党委副书记、副董事长、总经理郭聪林在介休项目公司主持召开介休PPP项目推进会。路桥集团投资管理部、工程管理部负责人，所属总承包分公司、市政公司、绿化公司、特种分公司、交通分公司负责人参会。

8月23日 路桥集团召开党委（扩大）会议暨党委理论学习中心组2022年第10次集中学习会议。交控集团副总经理、路桥集团党委书记杨志贵出席并讲话。

会议以视频形式传达到基层项目部。路桥集团领导、高级专员、总经理助理、工会主席、纪委副书记、总部各部室（中心）负责人，派驻纪检组和清廉国企专班人员，以及驻并单位主要负责人在主会场参加会议，所属各单位领导班子成员、中层管理人员、纪检工作人员，各项目部班子、主要管理人员在分会场参加会议。

会后，路桥集团党委理论学习中心组开展2022年第10次集中学习，并以“弘扬新风正气，建设廉洁路桥”为主题进行专题研讨。

同日 山西省住房和城乡建设厅《关于表彰山西省十强骨干、优秀骨干、骨干和中小型骨干建筑业企业的决定》，其中，路桥集团获评“山西省十强骨干建筑业企业”，同时也是省内唯一获此项荣誉的交通企业。所属路桥一公司、二公司、三公司、六公司获评“山西省骨干建筑业企业”，路桥七公司、桥隧公司获评“山西省中小型骨干建筑业企业”。

8月24日 山西省财政厅会计处庞艳艳、交控集团总会计师孙建秀、山西财经大学智能管理会计研究院学术院长樊燕萍、山西财经大学会计学院副院长田岗等管理会计专家团队一行到访路桥集团，开展入企服务“回头看”活动，就管理会计实践应用、构建一流财务管理体系进行深入交流探讨。

同日 路桥集团党委副书记、副董事长、总经理郭聪林赴太原市交通运输局交流座谈。

8月25日 路桥集团党委组织领导班子、中层及以上管理人员、部分所属驻并单位主要负责人赴山西省党风廉政教育基地参观学习，集体开展党性教育、警示教育，深入推进清廉国企建设。

8月31日 省市场监督管理局发布2022年度第五批山西省地方标准制修订项目计划，路桥集团主编的《钢渣沥青混凝土施工技术规程》《循环硫化床锅炉灰渣在低标号混凝土中应用技术规程》《公路工程智慧施工应用指南》3项地方标准通过立项。

同日 经山西路桥建设集团有限公司会议研究决定，免去：李贵龙山西路桥集团总经理助理职务。

9月5日 路桥集团党委副书记、董事长杨建红，党委委员、副总经理李殿勤，高级专员蒲智明一行在昔榆高速LJ11标涂河特大桥钢构挂篮施工现场进行调研督导，路桥集团副总经理、昔榆公司党委书记、董事长温郁斌及相关人员陪同。

9月6日 副省长汤志平到路桥七公司浮临高速LJ2分部调研指导，交控集团副总经理魏鹏举陪同调研。

同日 路桥集团党委副书记、副董事长、总经理郭聪林主持召开繁五高速前期工作研讨会，就项目优化设计、沿线资源开发、二次经营、固废利用、科研课题等内容进行研讨。

9月7日 路桥集团成功中标208国道晋中长治界至晋城金村(长治司马至高平刘庄段)改扩建工程ZCB1标段(11.6亿元)和ZCB3标段(7.4亿元),总计中标19亿元。

同日 路桥集团召开安全设施指南和费用计量规范研讨会,党委副书记、副董事长、总经理郭聪林参加会议。

9月14日 路桥集团党委副书记、董事长杨建红在隰吉高速公路项目督导检查工作。

同日 路桥集团党委副书记、副董事长、总经理郭聪林主持召开交通分公司交安设施自加工生产基地项目推进会。

同日 路桥集团党委副书记、副董事长、总经理郭聪林主持召开离隰高速路面项目策划调整会议。

9月15日 路桥集团党委副书记、副董事长、总经理郭聪林主持召开预制梁用塑料波纹管供应问题研讨会。

9月16日 经中国公路协会专家组评审,路桥集团投资建设的运宝黄河大桥在143个申报项目中获二等奖。

9月21日 路桥集团党委副书记、董事长杨建红,党委委员、纪委书记刘伟威,党委委员、副总经理李殿勤,高级专员李贵龙一行在209国道吕梁改线工程检查指导工作。吕梁国道公司党委书记、董事长王勇陪同调研。

9月23日 路桥集团召开信息化工作汇报会。党委副书记、董事长杨建红主持会议,交控集团副总经理、路桥集团党委书记杨志贵出席并讲话。路桥集团领导班子、高级专员、总经理助理,总部各部室(中心)负责人、智慧交通公司负责人参加会议。

9月26日 副省长赴太佳东分公司检查“两客一危”车辆动态管理平台运行情况。党委副书记、副董事长、总经理郭聪林陪同。

同日 路桥集团纪委获评“山西省纪检监察系统先进集体”。

9月27日 路桥集团与中铁二十二局集团签署战略合作框架协议。交控集团副总经理、路桥集团党委书记杨志贵,路桥集团党委副书记、董事长杨建红,中铁二十二局集团副总经理孙锡寿出席并见证签约。路桥集团党委委员、副总经理李殿勤,总经理助理曹红军,党委办公室主任王鹏飞,投资管理部部长霍海涛参加仪式。

9月28日 路桥集团召开信息化工作汇报会。党委副书记、董事长杨建红主持会议,党委书记杨志贵出席并讲话。路桥集团领导班子、高级专员、总经理助理,总部各部室(中心)负责人、智慧交通公司负责人参加会议。

9月30日 路桥集团党委理论学习中心组开展2022年第11次集中学习。交控集团副总经理、路桥集团党委书记杨志贵出席并讲话。

同日 路桥集团召开2022年度安委会第四次全体(扩大)会议。交控集团副总经理、路桥集团党委书记杨志贵出席并讲话,党委副书记、董事长杨建红主持会议。党委副书记、副董事长、总经理郭聪林传达全国、全省安全生产电视电话会议和交控集团安委会第四次全体(扩大)会议精神。

路桥集团领导、高级专员、总经理助理,总部各部室、中心负责人,驻并及发言单位主要负责人在主会场参会,所属各单位、各项目部主要管理人员及各工作专班成员以视频会议形式在分会场参会。

10月1日 路桥集团党委副书记、董事长杨建红,高级专员孟续峰一行,深入昔榆高速、东二环高速高壁服务区、太佳东泥屯收费站对安全生产、防汛工作进行督导检查,对全体干部职工进行慰问。

同日 三维华邦与江苏康泰签署7.5万吨顺酐法BDO装置、甲醇裂解制氢装置合作框架协议。临汾市委副书记、洪洞县委书记黄巍,洪洞县委副书记、县政府代县长王向辉,洪洞县委副书记张宁红,洪洞县人大主任张晓晖,路桥集团党委副书记、副董事长、总经理郭聪林,副总经理丁林虎,三维华邦公司党委书记、董事长段国强,江苏康泰集团副董事长、总经理胡建才出席并见证签约。

10月8日 路桥集团举办科技中心启用暨揭牌仪式。党委副书记、副董事长、总经理郭聪林主持仪式,交控集团副总经理、路桥集团党委书记杨志贵和党委副书记、董事长杨建红共同揭牌。

10月11日 路桥集团党委副书记、董事长杨建红，党委委员、副总经理李殿勤，高级专员孟续峰一行深入路桥六公司魏榆路快速化改造项目督导检查。

10月12日 路桥集团召开安全生产视频调度会议，会议由党委副书记、董事长杨建红主持，党委书记杨志贵出席并讲话。路桥集团领导、高级专员、总经理助理、工会主席、纪委副书记、总部相关部室（中心）负责人在主会场参会。路桥集团所属220余个分子公司及基层单位领导班子、相关部室负责人在分会场参会。

10月16日 路桥集团党委组织机关党委、机关团支部，所属各单位、各项目部、各站区党员干部、团员青年、一线职工收听收看中国共产党第二十次全国代表大会现场实况。

10月20日 路桥集团取得“地质灾害防治单位”乙级资质证书。

10月22日 路桥集团党委副书记、副董事长、总经理郭聪林参加介休市交通基础设施“补短板”PPP项目《施工项目承继协议》研讨会。

10月25日 晋中市委书记吴俊清在路桥六公司魏榆路改造项目调研检查，党委副书记、副董事长、总经理郭聪林陪同调研。

10月26日 交控集团副总经理、路桥集团党委书记杨志贵在青银二广高速太原联络线召开项目推进会，党委副书记、董事长杨建红主持会议。会后，杨志贵和杨建红共同为太原联络线公司揭牌。

路桥集团领导班子、高级专员、总经理助理，总部相关部室负责人，太原联络线公司、路桥一公司、路桥六公司、检测公司、辰润科技公司负责人参加会议。

10月27日 路桥集团党委副书记、副董事长、总经理郭聪林参加241国道、省道岚马线汾河水库改线工程路面施工项目策划评审会。

同日 路桥集团党委副书记、副董事长、总经理郭聪林主持召开固废利用及二次加工专题会议。

10月28日 路桥集团党委理论学习中心组开展2022年第12次集中学习。交控集团副总经理、路桥集团党委书记杨志贵出席并讲话。中心组成员参加学习。

同日 路桥集团党委副书记、董事长杨建红参加108国道忻州境内砂河—石岭关段改建工程投资建设管理项目策划评审会。

11月1日 路桥集团党委副书记、副董事长、总经理郭聪林参加2022年度第二次政府付费类（含可行性缺口补助）PPP项目政府付费工作推进会。

11月4日 路桥集团召开建设项目管理提升研讨会，交控集团副总经理、路桥集团党委书记杨志贵出席并讲话，党委副书记、董事长杨建红主持，党委副书记、副董事长、总经理郭聪林参加会议。

路桥集团领导、高级专员、总经理助理、总部相关部室（中心）负责人、所属各建设、施工单位主要领导参会。

同日 路桥集团召开退休职工欢送会，交控集团副总经理、路桥集团党委书记杨志贵，党委副书记、董事长杨建红出席。

11月5日 忻州市委常委、副市长温建军一行专程参观调研路桥集团，在数智中心听取路桥集团信息化建设工作汇报。交控集团副总经理、路桥集团党委书记杨志贵热情接待，双方就重点合作项目前期进展、合作模式进行深入交流。

忻州市交通运输局局长左百胜、总工程师李金堂，路桥集团党委副书记、副董事长、总经理郭聪林，党委办公室、市场开发部、投资管理部、所属忻州国道公司负责人参加座谈。

11月7日 路桥集团召开第38次党委会，交控集团副总经理、路桥集团党委书记杨志贵安排部署学习宣传贯彻中共二十大精神相关工作。

11月8日 烽火通信公司副总裁原建森一行到访路桥集团。交控集团副总经理、路桥集团党委书记杨志贵接待，双方就智慧高速公路建设进行深入交流。党委副书记、董事长杨建红，党委副书记、副董事长、总经理郭聪林，高级专员蒲智明，总经理助理白永胜，技术中心、信息中心、所属太原联络线公司负责人员,中科智信公司有关人员参加座谈。

同日 路桥集团党委副书记、董事长杨建红参加108国道忻州境内砂河—石岭关段改建工程投资建设管理项目策划二次评审会。

11月13日、14日、16日 路桥集团连续召开青银二广高速公路太原联络线投资建设项目、太原联络线ZBLJ1分部、ZBLJ2分部、ZBLJ3分部项目策划评审会,党委副书记、董事长杨建红主持,交控集团副总经理、路桥集团党委书记杨志贵出席并讲话,党委副书记、副董事长、总经理郭聪林参加会议。

路桥集团策划领导组,总部相关部室、中心负责人,所属太原联络线公司、路桥一公司、路桥六公司、辰润科技公司、设计分公司、机电公司、智慧交通公司、再生资源公司负责人参加会议。

11月16日 路桥集团党委副书记、副董事长、总经理郭聪林主持召开路桥集团物料管理系统推进会。

同日 山西省住房和城乡建设厅公布省优质工程奖入围工程名单,路桥集团投资建设的运宝黄河大桥、长临高速公路、阳蟒高速公路、太原东二环高速公路、所属路桥七公司承揽的207国道新房洼至省界瓶颈路段改造工程成功入围。

11月17日 路桥集团党委召开集中学习《关于贯彻中共二十大部署要求 锲而不舍落实中央八项规定精神深化纠治"四风"工作的意见》专题会暨学深悟透中央八项规定精神集体学习会,交控集团副总经理、路桥集团党委书记杨志贵出席并讲话,党委副书记、董事长杨建红主持。

会上,杨志贵宣传贯彻中央纪委办公厅日前印发的《关于贯彻中共二十大部署要求锲而不舍落实中央八项规定精神深化纠治"四风"工作的意见》,领学《深悟透中央八项规定精神》,从"什么是中央八项规定、什么是中央八项规定精神、如何贯彻落实好中央八项规定精神"3个方面同与会人员进行学习交流。

路桥集团领导、高级专员、总经理助理、工会主席、纪委副书记、总部各部室(中心)中层管理人员在主会场参加,总部各部室(中心)、所属单位及项目一线全体干部职工通过视频会议形式在分会场参加。

同日 路桥集团召开全面预算管理信息化系统建设汇报会,党委副书记、副董事长、总经理郭聪林参加会议。

11月23日 路桥集团召开集中采购、产值专题研讨会。党委副书记、副董事长、总经理郭聪林主持会议,党委副书记、董事长杨建红出席,交控集团副总经理、路桥集团党委书记杨志贵出席并讲话。会议通过视频形式召开,路桥集团领导、高级专员、总经理助理,总部相关部室、中心负责人,所属物资公司、再生资源公司负责人参加会议。

11月25日 路桥集团投资建设的朔州241国道改建工程全线顺利通车。

12月1日 省交通运输厅召开地方标准送审稿评审会,路桥集团编制的《公路工程物资设备编码指南(送审稿)》通过评审。

12月2日 路桥集团召开项目管理推进会。党委副书记、董事长杨建红主持,交控集团副总经理、路桥集团党委书记杨志贵出席会议并讲话。会议以视频形式召开,连线至所属各单位及一线项目部。路桥集团领导、高级专员、总经理助理、总部各部室(中心)负责人在主会场参会,所属各单位主要领导、项目部管理人员在分会场参会。

12月7日 路桥集团中标208国道清徐县常家庄至晋中长治界一级公路新建工程,中标金额6.5亿元。

12月9日 交控集团副总经理、路桥集团党委书记杨志贵赴中科智信公司调研指导,党委副书记、董事长杨建红主持会议。总经理助理白永胜,党委办公室(董事会办公室)主任王鹏飞,信息中心主任郭鑫,所属智慧交通公司党支部书记、执行董事李建勋陪同调研。

同日 交控集团副总经理、路桥集团党委书记杨志贵带队,路桥集团领导专程赴山西数字化交通产业园进行现场调研,召开重点工作现场调研推进会。会议由路桥集团党委副书记、董事长杨建红主持,交控集团副总经理、路桥集团党委书记杨志贵讲话。路桥集团高级专员、总经理助理，总部有关部室（中心）负责人，所属相关单位主要领导参加调研。

12月12日 路桥集团党委理论学习中心组开展2022年第14次集中学习。交控集团副总经理、路桥集团党委书记杨志贵出席并讲话。

12月13日 路桥集团举办2023年全面预算编制启动会暨全面预算管理系统上线培训。党委副书记、董事长杨建红出席会议并讲话，党委副书记、副董事长、总经理郭聪林主持会议。会议以视频形式召开，连线至所属各单位、项目部。路桥集团领导、高级专员，各部室（中心）负责人、业务预算管理人员在主会场参会；所属各单位主要领导、业务管理负责人、具体工作人员，项目部负责人、具体工作人员在分会场参会。

12月14日 路桥集团党委副书记、董事长杨建红，党委委员、副总经理李殿勤一行赴338国道盂县改线1标施工现场进行调研指导工作。工程管理部部长杨嵩桥，辰润科技公司党委书记、董事长王永强，资深专员孟飞、副总经理范晓云等陪同调研。

同日 路桥集团中标241国道（222省道）平遥香乐至沁源后沟段公路新建工程，中标金额6.72亿元。

12月21日 繁峙至五台高速公路项目正式开工。忻州市委书记朱晓东，市委副书记、市长李建国，省交通运输厅总工程师高新文，交控集团党委书记、董事长武艺，交控集团副总经理、路桥集团党委书记杨志贵出席开工仪式。

12月28日 为深入学习宣传贯彻中共二十大精神，路桥集团党委副书记、副董事长、总经理郭聪林就学习贯彻中共二十大精神作专题宣讲，视频连线至机电公司。

宣讲会以线上线下同步方式进行，路桥集团综合办公室、市场开发部、信息中心相关人员，机电公司班子成员、党员干部、项目经理参加。

12月29日 路桥集团召开“深入学习宣传贯彻中共二十大精神”基层宣讲会，交控集团副总经理、路桥集团党委书记杨志贵作专题宣讲。会议以视频会议形式连接至项目一线，1200余名党员干部职工参加。

12月30日 路桥集团举行2022年度路桥集团总部部室考核述职评价大会。本次述职评价大会是路桥集团总部实行以“价值贡献”为导向的考核体系以来，首次举行年度述职，是综合检验路桥集团部室、中心一年来工作成果的新举措。

（资料提供：刘 扬）

山西交通开发投资集团有限公司
大 事 记

1月14日 交控集团组织召开2022年安委会第一次全体（扩大）视频会议，会议对2021年度安全生产先进企业和先进工作者进行表彰，山西交通开发投资集团有限公司（以下简称交投集团）获评“安全生产先进单位”。

1月17日 交投集团党委召开党史学习教育专题民主生活会。

1月20日 交投集团召开2022年安委会第一次全体（扩大）会暨春运工作视频会议。

1月23日 交投集团召开党史学习教育总结会议。

同日 交投集团召开党组织书记抓基层党建

述职评议会。

1月27日 交投集团所属黎霍公司收到山西省交通运输厅发来感谢信,对黎霍高速项目建设全面完成2021年度投资任务提出表扬。

2月18日 交投集团所属高新公司被陵川县委、县政府授予"营商环境先进集体"称号。交投集团所属长晋公司被中共泽州县委、泽州县人民政府授予2021年度"泽州县转型发展先进集体"称号。

3月10日 交投集团党委书记、董事长魏鹏举会见交通银行山西省分行行长李祝民等一行,双方就加深合作事宜进行深入交流。

同日 交投集团所属黎霍高速白玉河1号大桥右幅18#预制盖梁顺利完成。

3月18日 交投集团二届三次职代会暨2022年工作会、2022年党的建设和党风廉政建设工作会议召开。

3月22日 晋阳高速改扩建项目QS标段润城二号桥首片T梁顺利架设完成,标志着该桥梁工程全面转入上部施工阶段。

3月28日 交控集团专职党委副书记、副董事长、副总经理刘宏武一行到交投集团综改公司调研指导基层党组织建设工作。

3月29日至30日 交投集团党委书记、董事长魏鹏举到晋阳改扩建项目建设现场进行调研,与晋城市、阳城县主要领导座谈交流,协调推进项目建设。

4月18日 交投集团所属诺通公司被晋城市住房和城乡建设局获评"优秀骨干企业"。

4月26日 交投集团召开全面建设清廉国企推进会暨警示教育大会。

4月29日 交控集团党委委员、总会计师孙建秀到交投综改园区开发有限公司,陪同省工商银行副行长赵阳及省行公司部、太原分行、大营盘支行等相关负责人一行,考察调研交投综改园区中小企业产业园项目,就银企强强联合探索销售服务新路径进行工作交流座谈。

5月7日 交投集团所属黎霍公司被长治市文明委授予"市级文明单位"称号。

5月11日 交投集团纪委举办所属企业纪委书记(专职纪检委员)履职考核。交控集团党委委员、纪委书记、监察专员周刚出席会议并讲话。

5月12日 交投集团所属凤凰山公司被纳入山西省产教融合重大平台载体和实训基地重点产业集群重点建设单位名单。

5月19日至26日 省交通企业协会召开2022年全省交通运输系统QC小组、班组成果线上交流会暨培训会,诺通公司推选的QC小组课题在会上获全省交通系统线上交流成绩汇总第一名。

5月30日 交投集团召开高速公路路域经济发展推进会,宣传贯彻《交投集团高速公路路域经济发展实施方案》。

6月10日 交控集团召开科技创新工作会议,交投集团"数智黎霍创新团队""诺通科技创新团队"2个团队获评"科技创新先进团队";薛韶华、苏振宇、王翠巧、万民晶4人获评"科技创新先进个人"。

6月23日 交投集团所属黎霍高速公路首座特大桥——北底浊漳河特大桥左幅顺利贯通,为早日实现黎城至沁源段小循环目标奠定坚实基础。

6月27日 上午,晋城市委副书记、市长薛明耀到晋阳高速改扩建工程建设现场调研指导工作。副市长高喜全,市政府办一级调研员杨金中,市政府督查专员刘慧波,泽州县委书记、县长张军和阳城县县长牛琛以及晋阳改扩建公司负责人等陪同调研。

6月29日 交控凤凰山实训基地揭牌仪式在山西凤凰山生态植物园区举行。交控集团党委书记、董事长武艺,忻州市委书记朱晓东出席并讲话。忻州市委副书记、市长李建国出席。交控集团专职党委副书记刘宏武主持揭牌仪式。交控集团领导贾勇、周刚,忻州市领导张文伟、温建军及定襄县有关领导出席。

6月 交投集团围绕"遵守安全生产法、当好第一责任人"主题,举办安全生产月大讲堂。

是月 交投集团所属交投综改公司获评潇河新兴产业园区"经济运行突出贡献企业"。

7月6日 交投集团机关党委与交投综改园区公司党支部联建开展“读习语·颂经典 喜迎中共二十大”主题活动。

7月15日 交投集团所属黎霍高速小涧河大桥T梁架设完毕，标志着黎霍高速桥梁建设取得阶段性成果。

7月18日 交投集团所属凤凰山被纳入山西省第六批产教融合型企业试点企业培育名单。

7月23日 交投集团所属黎霍高速首段路基K60+900～K63+641顺利完成交工验收，标志着黎霍高速路基交工验收工作全面铺开。

7月28日 上午，晋城市委副书记、市长薛明耀再次深入晋阳高速改扩建工程208国道与342国道连接线建设现场实地调研督导，副市长高喜全及市交通运输局、晋阳改扩建公司相关负责人陪同调研。

同日 交投集团党委书记、董事长魏鹏举会见融创服务集团晋鲁大区总经理廖刚刚等一行，双方就物业管理运作等方面深入交流。

同日 交投集团召开2022年上半年财务运行分析会。

8月1日 交投集团召开干部大会，宣布交控集团关于交投集团主要领导调整的决定：杨国华任交投集团党委书记、董事长。交控集团专职党委副书记、副董事长、副总经理刘宏武出席并讲话；交控集团党委组织部副部长师靓宣读交控集团任职决定；杨国华讲话。

8月8日 交投集团黎霍高速第一长桥——斩曲浊漳河特大桥左幅顺利架通，标志着黎霍高速又一重要控制性工程取得突破性进展。

8月16日至17日 交投集团党委书记、董事长杨国华带队分赴长治、晋城高速公路管理有限公司进行学习交流，到高速交警三支队驻地就加强路警合作、共建平安文明示范路进行工作交流并开展慰问。

8月17日 交投集团党委书记、董事长杨国华一行与晋城市委副书记、阳城县委书记姚逊及阳城县政府领导进行工作会谈，双方围绕加快征地拆迁、做好地方协调、进一步推进晋阳高速改扩建项目建设进行沟通交流，形成共识。

9月5日 交投集团党委书记、董事长杨国华陪同深圳同路创意集团董事、文旅总裁暴军卿，营销运营总监孙荣祖等，对交投集团混改企业山西通建融创公司晋中通建融创城项目进行考察调研，为推进通建融创城项目树品牌、促营销等工作出谋划策，把脉定位，就下一步加强务实合作进行深入交流。

9月21日 交投集团党委书记、董事长杨国华到通建融创公司北京香山壹号院和亦庄壹号2个项目进行调研，听取通建融创公司关于工程管理、安全生产以及营销情况汇报。

9月26日 交投集团与路桥集团举行工作交流座谈会，双方就进一步加强合作，全力推进黎霍高速、晋阳改扩建项目施工建设等方面工作进行深入交流。

10月9日 交投集团所属黎霍高速斩曲浊漳河特大桥顺利双幅贯通的喜讯在中央电视台《晚间新闻》播报。

10月10日 交投集团所属交投置业与百胜中国太原肯德基公司合作运营的肯德基在清控创新基地D座正式开业。

10月16日 交投集团党委高度重视中国共产党第二十次全国代表大会，精心组织交投集团本部和所属各企业及基层单位1152名党员职工群众，77个会场集中收看大会开幕盛况。

10月19日 交投集团所属高新公司3个QC质量管理成果获评“山西省质量管理小组成果二等奖”。

11月8日、10日 交投集团通过视频会议形式分别参加“学习贯彻中共二十大精神国资国企系统宣讲报告会”“省国资委学习贯彻中共二十大精神准提宣讲报告会”，中央宣讲团成员、中央政策研究室副主任田培炎，省委宣讲团成员、省委宣传部主持日常工作的副部长宋伟分别作宣讲。

11月9日 交控集团党委书记、董事长武艺到交投集团调研并宣讲中共二十大精神。

12月7日 交投集团所属黎霍公司党委被评

为“省属企业红旗党委”。

12月8日 交投集团所属路网运营中心正式揭牌成立。

12月9日 交投集团党委书记、董事长杨国华面向交投集团机关全体干部职工宣讲中共二十大精神。

同日 交投集团总部召开干部员工大会。会议对换届选举筹备工作情况进行通报,审议通过机关党委工作报告、党费收缴使用管理情况报告。

12月14日 山西省政府副秘书长、综改区党工委副书记、管委会主任范兆森一行深入山西转型示范区中小企业产业园进行调研,对交投集团提出的有关园区发展中亟待解决的问题给予政策引导,全力提供帮助与支持。

同日 交投集团所属黎霍公司获评山西省公路运输工会“2022年全省重点公路建设项目引领性劳动和技能竞赛”优秀组织奖,周慧文获评山西省公路运输工会“2022年全省重点公路建设项目引领性劳动和技能竞赛”先进个人。

12月22日 交投集团所属黎霍高速公路有限公司收到来自山西省交通运输厅的感谢信,获得省交通运输厅的充分肯定。

12月27日 交投集团所属太长高速公路公司被山西省安全生产委员会授予“省级安全文化建设示范企业”称号。

12月29日 交投集团被交通运输部评为“2020—2021年度全国交通运输行业精神文明建设先进集体”。

12月 交投集团所属凤凰山公司获评中共山西省国资委委员会颁发的“山西省属企业党员教育示范基地”。

是月 交投集团所属诺通公司“提高ESMA-5高性能超薄磨耗层高温环氧沥青粘层单次喷洒质量合格率”QC课题获“2022年山西省QC小组活动一等成果”奖状。

(资料提供:韩 涛)

山西省高速公路集团有限责任公司大事记

1月6日 交控集团2021年第四季度运营管理监督检查组对山西省高速公路集团有限责任公司(以下简称高速集团)所属大成公司进行运营管理常态化监督检查。

1月7日 交控集团检查组对高速集团所属大成公司关于高速公路“五强+”基层管理单元创优活动的相关资料进行全面检查,对站容站貌、物资机库等进行现场检查。

1月11日 省交通运输厅检查组对高速集团所属大成公司服务区进行“提质升级工作开展情况”监督检查,服务区积极配合,完成迎检工作。

1月25日 高速集团召开2022年安委会第一次全体(扩大)视频会议。党委书记、董事长刘胜出席会议并讲话。党委副书记、副董事长、总经理周世俊主持会议。

1月26日 经高速集团会议研究决定,解聘张飞扬山西省高速公路集团有限责任公司安全生产监督部(应急办公室)副部长职务。

同日 经山西省高速公路集团党委会议研究决定,免去张飞扬山西省高速公路集团有限责任公司团委书记职务。

2月21日 山西省高速公路综合行政执法总

队吕梁支队三大队外勤组揭牌仪式在高速集团所属吕环公司大武收费站举行。

同日 经高速集团党委会议研究决定，免去：彭义军、王日军、林春山西交通运输投融资集团有限责任公司党委委员职务；姚震楠山西交通运输投融资集团有限责任公司党委委员、纪委书记职务；燕锋平高速集团朔神有限责任公司党委委员职务。

2月22日 经高速集团会议研究，决定：郭风俊、燕锋平任山西交通运输投融资集团有限责任公司董事；彭义军、王日军任高速集团朔神有限责任公司董事。提名解聘：彭义军、王日军、林春山西交通运输投融资集团有限责任公司副总经理职务；燕锋平高速集团朔神有限责任公司副总经理职务。

同日 山西省高速公路综合行政执法总队晋中支队四大队在高速集团所属平榆公司分水岭收费站正式揭牌，标志着全省高速公路综合执法机构与高速公路经营企业及路网运行保障机构迈开顺畅对接、有序协作的重要一步。

3月4日 高速集团召开政治监督专项检查整改工作推进会。高速集团专职党委副书记、纪委书记高进才出席会议并讲话。

3月16日 高速集团二届一次职代会暨2022年工作会议、2022年党的建设和党风廉政建设工作会议胜利召开。会议总结2021年工作，分析当前形势任务，部署2022年工作。党委书记、董事长刘胜作题为《领航指引 强基提质坚定不移以高质量党建引领保障高质量发展》讲话；高速集团党委副书记、副董事长、总经理周世俊作题为《多措并举练内功 多元并进提质效 凝心聚力全方位推动高质量发展》工作报告；高速集团专职党委副书记、纪委书记高进才就纪检监察工作作题为《坚持稳中求进 忠诚履行主责 为推动高速集团高质量发展提供坚强纪律保障》工作报告。

同日 高速集团召开2022年第一次党建工作双月例会，专职党委副书记、纪委书记高进才主持会议并讲话。会议以“主会场+视频”形式召开。

3月21日 山西省交通建设中心党委委员张于良一行5人对高速集团朔神全线施工现场的工程建设质量、安全生产进度、复工复产情况进行综合性检查指导。

3月28日 山西省交通运输执法局和朔州市交通运输执法局对高速集团朔神项目全线开展“百日攻坚”专项行动检查，对存在的安全隐患进行大排查大整治，检查内容包括食品安全、灭火器材、集输管线、供电安全、是否存在危险化学品等，确保朔神项目在保障施工安全方面全覆盖无死角。

4月22日 朔州市委常委、朔城区委书记张震海一行到高速集团朔神项目工程进展情况进行实地调研，听取朔神项目负责人对项目整体情况及服务区建设规划的汇报，详细了解项目进展情况。

4月27日 高速集团召开2022年一季度经济运行分析视频会议，听取所属企业一季度经济运行情况汇报，总结并分析存在问题，安排部署下阶段工作。高速集团董事长刘胜出席并讲话，总经理周世俊主持会议并作工作安排。高速集团领导高进才、李文胜、邓卫明出席会议。

4月29日 经高速集团党委会议研究决定，任命：杜冬梅任纪委第一纪检室主任；常香婷任团委书记；刘杰为高速集团党委工作部（机关党委）副部长。免去：杜冬梅高速集团纪委第一纪检室副主任（主持工作）职务；孔宝红高速集团党委工作部（机关党委）副部长职务。聘任：王世平高速集团工程技术部部长；王应仙高速集团安全生产监督部（应急办公室）副部长。不再聘任：郭风俊高速集团工程技术部部长职务。

同日 经高速集团党委会议研究，决定对山西吕梁环城高速公路管理有限责任公司、太原有限责任公司、山西交通运输投融资集团有限责任公司、山西高速集团建设投资有限责任公司、山西高速集团房地产开发有限责任公司、山西高速集团朔神有限责任公司、山西大成高速公路有限公司领导班子成员进行调整。

5月1日 高速集团党委书记、董事长刘胜，党委副书记、副董事长、总经理周世俊到山西高速·诺德珑园项目，检查节假日期间安全生产工作，慰问项目一线工作人员。

5月5日 高速集团召开合规管理体系建设动员会。党委书记、董事长刘胜出席会议并作动员讲话,党委副书记、副董事长、总经理周世俊主持会议。

5月10日至11日 交控集团环保安全部部长陶云川一行赴高速集团朔神建设项目进行安全生产专项检查。

5月18日 山西省高速公路综合行政执法总队晋中支队四大队联合辖区高速交警、路网运行保障大队到高速集团所属平榆公司平遥南服务区开展以"保畅通、保运输、保稳定"为核心,以"守护公路安全、争当服务先锋"为主题的路政宣传月活动。

5月19日 山西高速·诺德珑园项目T41地块3号多层住宅顺利封顶。高速集团党委书记、董事长刘胜,党委副书记、副董事长、总经理周世俊与领导班子成员共同出席"封顶仪式",项目建设管理、设计、监理、施工等单位相关负责人及代表参加活动。

5月20日 交控集团党委书记、董事长武艺一行到高速集团进行现场调研。交控集团专职党委副书记、副董事长、副总经理刘宏武,党委委员、总会计师孙建秀,外部董事赵石岗、高建光、张秀山、呼运平、温刚以及相关部门负责人到武宿充电站项目建设现场,听取高速集团所属交融公司项目建设情况、高速新能源产业规划情况的汇报。高速集团党委书记、董事长刘胜以及全体领导班子成员陪同调研。在山西高速·诺德珑园项目工地现场,详细听取房地产公司项目规划、建设、市场营销等方面的汇报,对项目建设、营销推广提出要求。高速集团所属太原公司听取交通关联产业拓展、行业资质等情况汇报。调研座谈会上,武艺董事长提出5点要求。一是认真分解落实交控集团年度工作会议部署的既定任务和目标,确保各项目标任务和重点工作按时序进度持续推进和落实;二是持续深化改革、积极调整经营结构,大力发展路域经济,要在深化"三项制度"改革;三是大力开展人员素质和业务能力提升专项工程,积极开展业务大练兵活动,提升员工的业务素质和能力;四是统筹做好安全生产、维护稳定等风险防范化解工作,为做好全年各项工作提供坚实保障;五是以高质量党建引领高质量发展,认真落实好交控集团党委清廉国企建设各项部署,以优异成绩迎接中共二十大的胜利召开。高速集团党委书记、董事长刘胜就高速集团总体发展情况、2022年工作思路及当前进展情况进行汇报,表示将坚决贯彻落实交控集团决策部署,笃行不怠,积极推动各项工作迈上新台阶。

5月25日 高速集团召开专题工作推进会议,研究落实交控集团党委书记、董事长武艺一行调研讲话精神。党委书记、董事长刘胜主持会议并讲话,全体领导班子成员、各部门负责人参加会议。

5月31日 朔州市政府党组成员、副市长何向荣到高速集团朔神项目考察,就朔神项目工程进展情况进行实地调研,听取朔神项目负责人对项目整体情况及建设规划的汇报。

6月14日 交控集团副总经理谢鹏远到高速集团朔神项目调研指导并召开座谈会。交控集团建设管理部部长刘瑞斌,路网应急中心主任续宏,高速集团党委书记、董事长刘胜,党委副书记、副董事长、总经理周世俊,党委委员、副总经理郭强陪同调研。

6月16日 交控集团党委委员、副总经理贾勇深入高速集团调研,开展"新思想在山西"主题宣讲。贾勇首先到山西高速·诺德珑园项目施工现场、项目营销中心进行实地察看,听取房地产公司关于项目规划、建设、市场销售等方面的汇报。随后听取太原公司党的建设、经营发展情况汇报,与太原公司机关支部党员干部进行座谈交流。

同日 在高速集团所属朔神公司董事长王小龙董陪同下,朔州市人大常委会主任冯云龙一行到朔神项目调研。

6月29日至30日 山西省交通建设中心党委书记、主任陈俊及相关部门负责人一行赴高速集团朔神项目开展综合检查并召开反馈会。

7月7日 高速集团召开朔神项目建设推进会,党委副书记、副董事长、总经理周世俊主持并讲话。高速集团党委委员、副总经理郭强、刘珍平,相关部门负责人及所属朔神公司、太原公司领导班子部分成员参加会议。

7月7日至9日 交控集团合同管理专项检查组到高速集团所属平榆公司进行合同管理专项检查。

7月9日 交控集团党委书记、董事长武艺，路桥公司总经理李武军一行到高速集团所属平榆公司调研。武艺一行先后到云竹湖服务区、宝塔山隧道管理站、云竹湖收费站及监控指挥中心进行实地调研，参观云竹湖收费站党建书屋、职工之家、妈咪小屋，听取隧道照明节能改造及监控系统升级改造项目介绍。

7月14日 高速集团召开2022年上半年党风廉政建设分析研判会暨党建双月例会。党委书记、董事长刘胜出席会议并讲话，专职党委副书记、纪委书记高进才主持会议。

7月18日 华远陆港集团副总经理杜锐、汽运集团总经理陈树海一行到郝家庄加气站调研并与高速集团就深化高速新能源项目合作举行座谈。高速集团总经理周世俊主持座谈会。华远陆港、汽运集团以及高速集团相关部门和企业负责人参加座谈会。

7月21日 高速集团以“主会场+视频”形式举办合规管理体系建设专题培训班（第一期），高速集团及所属公司60余人参加培训。

7月22日 高速集团党委理论学习中心组在太原市图书馆马克思书房开展2022年第13次党委理论学习中心组学习和交流研讨，交控集团列席旁听工作组到会旁听指导，高速集团党委书记、董事长刘胜主持学习，党委理论学习中心组成员、学习秘书及相关部门负责人参加。

7月29日 省交通战备办公室专职副主任、厅总工程师高新文、省交通厅建设管理处副处长赵景鹏一行到高速集团朔神高速项目一线，查看项目建设进展情况。交控集团副总经理魏鹏举、建设管理部部长刘瑞斌，高速集团党委副书记、副董事长、总经理周世俊陪同调研。

8月2日 高速集团党委副书记、副董事长、总经理周世俊，副总经理邓卫明，高速集团相关部门和企业负责人等先后赴运城南、运城北公司开展路域经济合作开发调研。运城北公司党委书记、董事长侯毅力，运城南公司党委副书记、副董事长、总经理彭梁柱等陪同。

8月3日 高速集团党委副书记、副董事长、总经理周世俊，外部董事张显，副总经理邓卫明赴交融（建投）公司运城市河津龙门LNG加气站项目调研，运城北公司主要领导和交融（建投）公司领导陪同调研。

8月18日 高速集团公路养护综合知识线上培训正式开班。开班仪式上，高速集团党委委员、副总经理郭强作动员讲话，所属各公司、机关各部室、后勤中心相关领导及业务骨干共计120余人参加培训。

8月26日 高速集团召开工程建设领域“百日会战”动员会议，会议由副总经理郭强主持，总经理周世俊出席会议并讲话。

8月30日 高速集团开展国企改革三年行动专题培训，邀请山西经济管理干部学院朱忠良教授，围绕贯彻习近平总书记关于国企改革发展和党的建设重要论述，加强中国特色现代企业制度建设进行专题辅导。

9月5日 山西省政府党组成员、副省长于英杰赴高速集团朔神项目起点、服务区、互通枢纽等施工点察看工程进展情况，听取朔神公司相关负责人关于当前工程建设工作推进情况汇报。朔州市市长吴秀玲、常务副市长武跃飞、副市长何向荣等陪同考察。

9月25日 高速集团所属交融（建投）公司武宿快速充电站正式开通运营，这是全省首个采用集成式直流充电桩的充电站。交控集团党委书记、董事长武艺出席开通仪式并揭牌，副总经理谢鹏远发表致辞。

10月10日 高速集团召开光伏发电暨充电基础设施建设专题推进会，听取所属各公司光伏发电和充电基础设施建设进展情况汇报，安排部署下一阶段工作。会议由党委副书记、副董事长、总经理周世俊主持。副总经理郭强、邓卫明参会。

10月26日 经省高速集团党委会议研究决定:王永生任山西高速新能源综合利用有限公司党委委员、党委书记;经山西省高速公路集团会议研究决定:王永生任山西高速新能源综合利用有限公司董事、董事长。

11月5日 承接全省高速公路(政府还贷)60对服务区电力增容工程。高速集团所属太原公司充分发挥专业优势,结合充电站及周边光伏布设需求,主动对接省交通运输厅、能源局、国网公司、地电公司及交控集团和各兄弟企业,结合各场站具体增容需求,克服冬季施工困难,快速推进变压器增容改造工程所涉及的设计、施工、手续办理及验收送电等工作。经过50天的艰苦奋战,由太原公司负责全省64对服务区增容改造工程已全部完工并验收送电,全力打造出高速集团的"高速"进度。

12月7日 省交通建设中心主任陈俊、副主任张于良一行,组织业主、监理、施工单位及第三方检测单位对朔神高速桥梁、路基、路面、隧道、房建、交安、支挡工程、高边坡等工程进行实体、外观质量抽查,对交验资料进行全面检查。高速集团党委副书记、副董事长、总经理周世俊,朔神项目主要负责人陪同检测。

12月12日 交控集团副总经理魏鹏举赴高速集团所属朔神项目调研项目进度情况,在梵王寺收费站、新官坡服务区、边坡整修、段笏咀2号桥六棱块培土等施工现场,听取工程进展、制约因素等情况汇报,详细了解项目存在问题并召开座谈会。交控集团企管部部长魏网民、建管部部长刘瑞斌、建管部副部长汪伟出席会议,高速集团党委副书记、副董事长、总经理周世俊,党委委员、副总经理郭强及相关部室负责人参加,魏鹏举主持会议。

(资料提供:郭晓磊)

山西交通科学研究院集团有限公司大事记

1月7日 山西交通科学研究院集团有限公司(以下简称交科集团)申报的"危化品车辆过隧道跟踪辨识和自动警示系统"获评2021年全省"五小"创新大赛优秀成果二等奖。

1月13日 交科集团所属省交通检测公司顺利通过国家级"高新技术企业"认定。

1月20日 交科集团参与编制并完成2项山西省地方标准,分别是《大涌水量速调工程高聚物注浆技术规程》(DB14/T 2399—2022)和《黄土边坡工程技术标准》(DBJ04/T 425—2022)。

1月24日 交科集团所属省交通设计院公司获评山西省第十七届"太行杯"土木建筑工程9项大奖。

1月 交科集团"桩承式路基沉降分析理论与控制关键技术"研究项目获评湖北省科学技术进步奖一等奖。

是月 交科集团所属省交通研发公司"黄土沟壑区桥梁下部结构安全评估与处治技术研究"获评山西省科学技术奖二等奖,"特殊条件下普通干线公路运营安全保障技术研究"获评山西省科学技术奖三等奖。

2月 交科集团所属省交通研发公司段丹军获"山西省三八红旗手"称号。

3月24日 交科集团所属省交通研发公司承担的"智能'活'箍挤密桩技术在不良地基中的应用与研究""半刚性基层服役行为感知及无损评价技

术研究”项目通过省交通运输厅组织的验收评审，其中1项成果达国内领先水平。

3月30日 交科集团所属省交通研发公司承担的“面向自动驾驶车辆的公路安全要求和现场评价研究”“山区高速公路改扩建工程施工期交通组织对策研究”项目通过验收，其中1项成果达到国内领先水平。

4月7日 交科集团所属省交通研发公司承担的“重交通超黏高韧薄层沥青复合路面关键技术研究”“铝矾土熟料抗滑表层在特殊路段的应用技术研究”“新型环保资源型绿色铺面材料开发与应用研究”“隧道突发水害新型聚氨酯复合注浆材料装备工艺研究与应用”项目通过中科合创科技成果评价中心鉴定。其中，1项国际领先，3项国际先进，1项总体国际先进、部分国际领先。

4月8日 交科集团所属省交通研发公司承担的“桥隧加固用特种结构胶系列产品的研制及应用”“基于视频大数据的高速公路异常事件智能监测系统”“隧道内危化品车辆安全运行监测关键技术研究及示范”“基于高精度地图的公路普查和图层数据综合应用系统”项目通过中科合创科技成果评价中心鉴定。其中，1项国际领先，1项国际先进、1项总体国内领先、部分国际先进，1项国内领先。

4月18日 交科集团所属省交通研发公司承担的“黄土地区公路边坡地质灾害致灾机理及监测关键技术”项目通过中科合创科技成果评价中心鉴定，成果水平达到总体国际先进、部分国际领先。

同日 交科集团所属省交通新技术公司参编中国工程机械工业协会团体标准《沥青路面热风微波复合加热就地热再生施工规程》(T/CCMA 0131—2022)发布。

4月29日 交科集团所属省交通设计院公司桥梁设计研究院临猗黄河大桥技术攻关青年突击队被交控集团授予2021年度“优秀青年突击队”称号，是此次交控集团内获表彰的7个团队之一。

4月 交科集团党委委员，智慧交通山西省实验室主任，省交通研发公司、省智研院公司党委书记、董事长张军获2022年“山西省五一劳动奖章”。

是月 山西省公共服务与社会资本合作促进会发布《山西省PPP行业白皮书(2021年版)》，截至2021年底，在山西省境内开展PPP咨询服务的机构共计78家，交科集团所属省交通研发公司累计咨询项目投资额全省排名第一位、累计咨询项目数全省排名第八位，均名列前茅。

5月10日 交科集团所属省交通研发公司博士后科研工作站同太原理工大学联合招收1名博士后。

5月11日 山西省道路运输协会副会长兼秘书长张晋华、专家委员会主任席建华、办公室主任徐未东、专家委员会秘书关锟一行到交科集团所属省交通安全技术公司开展调研，实地考察交安公司基本概况、业务方向、科技研发等情况。

5月12日 交科集团所属省交通研发公司取得授权专利证书21项。其中，发明专利3项、实用新型9项、软件著作9项。

5月24日 交科集团所属省交通研发公司取得高新技术企业认定证书。

5月31日 交科集团所属省交通设计院公司中标甘肃省西和至宕昌高速公路项目初步勘察设计，合同金额3588.07万元，为年内中标省外项目金额最大标段。

6月4日 经山西省市场监督管理局批准，交科集团所属省交通设计院公司参编的山西省地方标准《高速公路交通安全风险评估指南》(DB 14/T 2468—2022)正式发布。该标准由省交通运输厅提出并监督实施，9月15日起实施。

6月10日 交科集团所属省交通设计院公司承担的《“四好农村公路”路基路面一体化设计与技术标准研究》通过省交通运输厅验收。

6月12日 交科集团所属省交通研发公司承担的“省域黄土路基长期性能观测研究与大数据体系构建”“面向公路构造物的地质雷达回波精准解析技术研究与应用”项目通过验收，其中1项成果达国际先进水平、1项国内领先水平。

6月18日 交科集团省交通新技术公司职工朱晓斌获交控集团“科技创新先进个人”称号。

6月20日 交科集团省交通研发公司第三党支部“党建引领大型结构测试与数据分析基地建设”获交控集团党委“1235”党建项目化管理成果验收一等奖。

6月22日 交科集团省交通安全技术公司成功入库2022年山西省第二批“科技型中小企业”。

6月26日 在交控集团组织的2021—2022年度“1235”工作法党建工作项目化管理成果验收会上,交科集团所属省交通设计院公司第二公路设计院党支部申报的“强化党建引领,落实乡村振兴发展战略,提升农村公路标准化设计”项目获二等奖。

6月27日 交科集团所属省交通新技术公司顺利通过太原市“专精特新”中小企业认定。

6月29日 交科集团所属省交通检测公司成功入库省级专精特新“专精特新”中小企业及“小巨人”企业名录。

6月30日 交科集团所属省交通研发公司获山西省科学技术进步二等奖1项;山西省技术发明二等奖1项,三等奖1项。

7月5日 交科集团所属省交通设计院公司入选2022年省级“专精特新”和“小巨人”企业。

7月6日 交科集团所属省交通研发公司黄土地区公路建设与养护技术交通行业重点实验室科普基地经省公路学会和中国公路学会各分会审核推荐和专家评审,通过全国公路科普教育基地考评,续颁“全国公路科普教育基地(2022—2026年)”牌匾。

7月7日 交科集团所属省交通研发公司通过山西省小企业发展促进局认定为2022年“专精特新”企业认定。

7月11日 交科集团所属省交通安全技术公司成功入库2022年省级“专精特新”中小企业。

7月12日 交科集团获交控集团2022年“安全生产月——平安交控”系列活动团体优秀奖称号。

7月14日 山西交科开发经营有限公司顺利通过“中国政府采购网”登记注册,被纳入“中华人民共和国政府采购代理机构名录”,取得山西省政府采购招标代理机构资格,成为交控集团内具备该资格的首家企业。

7月15日 交科集团所属省交通安全技术公司成功获批2022年“山西省交通安全与应急保障工程研究中心”。

7月18日 交科集团党委书记、董事长樊英华一行到省交通安全技术公司调研并召开座谈会。专职党委副书记李富林、副总经理潘铁等相关领导陪同,省交通安全技术公司党委书记、董事长王敬及交科集团领导班子成员、中层干部参加调研座谈。

同日 交科集团党委书记、董事长樊英华,专职党委副书记、副董事长李富林,党委委员、副总经理潘铁带领交科集团党委办公室、企业管理部等部门负责人到所属省交通设计院公司开展调研座谈。樊英华对设计院公司上半年取得的成绩表示肯定,对其提出的建议和需解决的难题现场一一给予针对性的解决答复。

7月28日 交科集团省交通研发公司自主研发设计的环保型融雪剂生产线项目一次试车成功,生产出首批环保型融雪剂,标志着省交通研发公司具备6万吨融雪剂的生产能力。

8月15日 交科集团省交通研发公司申报的第二批太原市知识产权运营服务体系建设项目(市级知识产权优势企业培育项目)正式获批。

8月18日 东北区域经营中心在辽宁省沈阳市正式揭牌运营。交科集团副总经理申俊敏出席揭牌仪式并致辞。

8月24日 山西省土木建筑学会代理事长王学章,党支部副书记冯尔刚,副理事长冯高磊,副秘书长董晓强、卫莉、徐延凯一行到交科集团所属省交通设计院公司进行调研。

8月 交科集团自主研发的低碳耐久型不锈钢防撞护栏(SB级)成功通过实车足尺碰撞试验。这是全国首次不锈钢护栏(SB级)全车型实车足尺碰撞试验成功。

是月 交科集团省交通研发公司刘志华创新工作室被命名为全省交通运输系统“六新”领域职工(劳模)创新工作室。

是月 省总工会“送理论、送文化、送温暖、进项目、进企业、进工地”慰问演出走进交科集团，为科研人员呈现一场视觉盛宴。

9月8日 交科集团省交通研发公司申请的“考虑双向土工格栅各向异性的加筋土结构力学特性和稳定性分析”面上项目获批立项。该项目是全省交通行业首次获批国家自然科学基金面上项目。

9月13日至14日 交科集团所属省交通新技术公司成功通过交通运输企业安全生产标准化建设一级认证。

9月15日 交科集团省交通新技术公司承担的“超粘纤维磨耗层在路面预防性养护工程中的应用”在2022年全国大众创业万众创新活动周参展，该项目是交控集团唯一入选参展项目。

同日 省交通安全技术公司正式发布实施《高速公路交通安全风险评估指南》，填补国内高速公路安全风险评估判定标准行业空白。

9月16日 交科集团省交通设计院公司完成的“运城至灵宝高速公路运宝黄河大桥”获中国公路学会“桥梁工程创新奖”二等奖。

9月19日 交科集团党委书记、董事长樊英华一行到所属省交通设计院公司党建联系点——第一公路设计院党支部开展调研，就“新思想在山西”进行专题宣讲。樊英华在讲话中，要求深入学习贯彻习近平新时代中国特色社会主义思想和总书记视察山西重要讲话重要指示精神，坚持党建领航，激发组织活力，充分发挥基层党组织战斗堡垒作用和党员先锋模范作用，以党的建设新成效推动设计院公司高质量发展。省交通设计院公司领导董建兴、高振英、罗兴宇、季建东、武军、彭振宇、曹学强与第一公路设计院党支部党员参加调研座谈。

9月22日 交科集团所属省交通设计院公司成功入选《交通运输部关于公布2022年公路水运工程建设领域守信典型企业目录》。

同日 交科集团顺利通过交通运输建筑施工企业安全生产标准化一级认证，成功取得交通运输建筑施工企业一级达标证书。

9月28日 交科集团成功签订黎霍高速机电工程JD2合同段施工合同，合同金额3.8亿元。

10月8日 交科集团省交通设计院公司完成的“汾阳至石楼高速公路设计阶段BIM技术应用”获中国公路学会交通BIM工程创新奖一等奖。

同日 交科集团所属省交通设计院公司获评公路设计企业全国综合信用评价AA级。

10月11日 交科集团顺利通过“质量、环境与职业健康安全”三体系认证复评审，有效提高企业内部管理水平，降低企业风险，为推动高质量发展打好坚实基础。

10月16日 交科集团自主研发的服务区视频联网监控平台，在阳泉、晋中、临县等10个服务区成功应用，高质量完成视频上线和平台接入，全面加强安全生产保障服务能力，有力拓展服务区危化品车辆管控平台系统功能。

10月18日 交科集团总部成功获批设立国家级博士后科研工作站，此次获批设立的博士后科研工作站依托智慧交通山西省实验室平台建设，重点围绕智慧交通关键技术攻关，聚焦交通基础设施数字化、交通基础设施智慧建养、交通安全与智能装备、智慧出行与车路协同、基础设施绿色低碳技术5大研究方向。

10月21日 交控集团董事长武艺视察太忻高速光伏发电一体化试验段建设工程项目现场，要求持续优化设计方案，在保证结构稳定及施工方便的前提下，减小混凝土横梁和钢梁的断面尺寸，以便形成多个作业面平行流水施工，保证工期，做好高速公路边坡截排水设施的通畅；施工现场要严格按照“安全第一，预防为主，综合治理”方针进行施工作业，建立健全专项应急方案，保证现场施工安全，为中共二十大胜利召开营造安全稳定的环境。

10月24日 交科集团自主研发的高速公路边坡智慧监控平台成功上线应用。

10月28日 山西省基础研究计划面上项目“复杂公路环境内部病害电磁散射回波特征分析与智能识别技术研究”通过山西省科学技术厅获批立项，是智慧交通山西省实验室成立以来首次获批的省科技厅面上项目。

同日 交科集团编写的《固定式联排倒模混凝土护栏制养一体施工工法》通过中国公路建设行业协会公布的2022年度公路工程工法评审。

10月 交科集团省交通设计院公司贾旭东获评“2022年全省重点公路建设项目引领性劳动和技能竞赛活动”先进个人。

11月2日 交科集团省交通智研院公司柔性引进交通运输部公路科学研究院首席工程师王华牢博士,任智慧交通实验室特聘专家(领军型)。

11月4日 交科集团省交通研发公司编制的《山西省综合立体交通网规划纲要》通过省委、省政府会议,正式印发规划。

11月8日 交科集团山西交科公路勘察设计院有限公司申报的神池至岢岚高速公路项目获评2021年度山西省优秀公路工业工程设计奖二等奖,宁夏G70福银高速同心至沿川子段、G6京藏高速桃山至兴仁段及G2012定武高速公路病害处治工程获评2021年度山西省优秀公路工业工程设计奖三等奖。

11月9日 交科集团省交通检测公司光学检测QC小组活动成果获2022年山西省质量管理小组活动成果奖。该QC成果主要针对照明设施光通量检测结果准确率较低的问题进行质量控制及分析提高,最终找到科学合理的解决方案,提高检测质量。成果可以应用于全省公路隧道照明系统,为进一步提高隧道照明亮度和灯具质量提供新检测方法。

11月14日 交科集团山西交科公路勘察设计院有限公司获评“第四届山西省勘察设计行业优秀企业奖”,庞新刚等40人获评“优秀工程师”,朱小林等7人获评“优秀青年工程师”。

同日 交科集团省交通设计院公司获评“山西省勘察设计协会2022年度山西省勘察设计行业优秀企业”;获评优秀勘察设计奖一等奖3项、二等奖1项、三等奖1项。

11月17日 交科集团省交通设计院公司承担的“公路护岸水力计算及冲刷机理分析”“山西省高速公路路域生态植被恢复技术研究”通过省交通运输厅验收。其中,“公路护岸水力计算及冲刷机理分析”成果整体为国内领先水平,冲刷计算公式达国际先进,“山西省高速公路路域生态植被恢复技术研究”国内领先。

11月25日 交科集团成功申报山西省道路交通技术标准创新基地,是全省首批建设的两家标准化创新基地之一。

11月28日 交科集团省交通设计院公司获中国公路勘察设计协会2022年度公路交通优秀勘察奖二等奖1项、三等奖1项,优秀设计二等奖1项、三等奖1项。

12月12日 交科集团省交通设计院公司高新技术企业在科学技术部火炬高技术产业开发中心予以备案。

同日 山西交科公路勘察设计院申报的国家高速公路网青岛至兰州公路山西境长治至临汾段高速公路第CZ2合同段——岩土项目获评2021年度工程勘察、建筑设计行业和市政公用工程优秀勘察设计奖(民用)项目提名二等奖。

同日 交科集团省交通安全技术公司成功通过高新技术企业认证。

12月13日 交科集团省交通设计院公司承担的“黄土地区预制拼装通道成套技术研究在昔榆高速中的应用”通过交控集团验收。

12月15日 山西交科开发经营有限公司举行揭牌仪式,交科集团党委书记、董事长樊英华和交科集团相关领导出席揭牌仪式并进行调研座谈。

同日 山西交控汾酒展厅正式投入运营,展厅着重于展示交控集团良好形象,推广汾酒品牌和文化,进一步提升汾酒的知名度、美誉度,拓展“交通+”业态,加快高速公路路域经济发展的同时拓宽汾酒业务服务群体。

12月24日 交科集团省交通研发公司牵头承担编制的《山西交控集团路域经济中长期发展专项规划(2022—2035年)》顺利通过评审,由交控集团发布执行。

12月27日 超薄罩面层创新应用QC小组“提高超薄罩面层合格率QC成果”获评中国交通行业

管理协会"2022年全国交通行业优秀管理质量小组及成果优秀成果奖"、地灾处置QC小组的"提高新型注浆设备的浆液合格率"获评2022年山西省QC小组活动二等成果。

12月29日 交科集团省交通设计院公司被授予"2020—2021年度全国交通运输行业文明单位"称号。

12月30日 交科集团党委书记、董事长樊英华到省交通新技术公司宣讲中共二十大精神并调研座谈。会上，樊英华听取新技术公司党委书记、董事长郭殿军汇报的新技术公司2022年度工作情况，同与会人员进行充分交流讨论，为新技术公司发展出谋划策。

同日 交科集团省交通新技术公司主持编制的山西省地方标准《公路隧道缺陷与病害处治及验收技术规范》获山西省市场监督管理局批准发布，标准号为DB14/T 2551—2022，2022年12月30日起正式施行。该标准历时近2年时间编制完成，对规范山西省内公路隧道缺陷与病害处治施工及验收等方面具有重要意义，填补山西省此领域空白。

12月31日 交科集团省交通新技术公司牵头申报的"山西省公路养护技术创新中心"获批建设。

12月 交科集团山西交科公路勘察设计院有限公司在"全国投资项目在线审批监管平台"申请备案电力（含火电、水电、核电、新能源）咨询专业，顺利通过中国工程咨询协会审核。

是月 交科集团华中区域经营中心在河南省郑州市挂牌成立。

是月 交科集团省交通研发公司刘志华创新工作室被命名为山西省职工创新工作室。

（资料提供：张晓婧）

山西交通物流集团有限公司大事记

1月10日至11日 山西交通物流集团有限公司（以下简称物流集团）对所属企业进行2021年度安全生产工作考核。

1月25日至29日 物流集团对所属企业进行2021年度经营业绩考核。

2月13日 交控集团党委书记、董事长、总经理武艺带队开展对物流集团领导班子和领导人员进行2021年度考核及党建工作目标责任制考核，对物流集团中层管理人员选拔任用工作进行"一报告两评议"。物流集团党委书记、董事长张庆华代表领导班子作2021年度工作述职述廉报告，向大会作干部选拔任用报告及人才专项报告。班子成员进行书面述职述廉。

同日 交控集团党委书记、董事长、总经理武艺带队开展对物流集团领导班子和领导人员2021年年度考核工作时，提出构建物流仓储、物资集采、机械租赁、招标代理和物业服务五大产业板块的总体要求，为物流集团明确主业，推进产业化集群发展提供重要遵循。

3月2日 物流集团纪委召开2021年度纪检人员述职评议会。

3月10日 经交控集团批复，同意物资公司所属太原和谐物业公司划转为物流集团全资子公司。和谐物业公司长期以来，股权与实际控制权不统一问题得到彻底解决。

3月17日 物流集团召开2022年党的建设和

党风廉政建设工作会议。会议总结分析2021年党的建设和党风廉政建设工作,对2022年党的建设和党风廉政建设工作进行安排部署。物流集团党委书记、董事长张庆华出席并讲话,纪委书记秦华国对党风廉政建设工作进行总结和部署。

同日 物流集团召开一届三次职代会暨2022年工作会议,党委书记、董事长张庆华作题为《担当路域经济发展主力军,实现交通物流产业发展新跨越》工作报告,围绕优化"155"工程战略目标,提出全年工作总体要求。专职党委副书记、副董事长李文平主持会议,会议表彰2021年度担当作为干部和爱岗敬业员工,签订2022年度集体合同专项集体合同以及2022年度经营业绩目标责任书。

3月18日 交控集团招采中心根据交控集团总经理办公会议精神,向物流集团所属各企业、总部、各部室、中心印发《关于山西交建招标代理公司承办集团公司招标代理业务的通知》,要求交建公司优先承办物流集团公司不少于50%的招标代理业务。

3月30日 物流集团全面建设清廉物流工作专班召开第一次会议。

4月19日 物流集团与京东科技举行业务交流视频会议,就双方下一步合作事宜进行交流,为与京东集团开展全面战略合作开头起步。

4月20日 经交控集团批复同意,交建公司划转升级为物流集团全资子公司。至此,物流集团所属五户企业全部实现扁平化二级管理。

4月28日 经物流集团协调,中共太原市人民政府党组向太原市委提请《关于促进房地产业良性循环和健康发展的若干意见的请示》,同意于2019年暂停实施的《土地预告登记管理办法》继续施行,交通研创商务基地项目土地资产划转取得重大突破。

5月9日 物流集团所属大运公司"青银高速山西省吕梁市薛公岭段降温停车区'物流驿站'改造工程项目"奠基开工。

5月12日 山西交通研创商务基地项目部确定山西中勤信息技术有限公司中标龙城大街1号土地使用权技术咨询服务。

5月20日 物流集团与北京中交畅观科技发展有限公司、山西中交畅观科技发展有限公司就"波形梁合金钢护栏与熔融纳米环氧涂层"市场推广工作签订战略合作协议,取得山西省独家产品生产、销售代理权限。

5月31日 山西交通研创商务基地项目部《水土保持方案》通过太原市行政审批服务管理局审批。

同日 全国第21个"安全生产月"来临之际,物流集团紧紧围绕"遵守安全生产法,当好第一责任人"主题,召开2022年安全生产月启动仪式。物流集团党委书记、董事长张庆华主持会议并讲话。启动仪式上,参会人员郑重宣誓,在"安全生产月"主题展板上承诺签名。

6月1日 物流集团纪委举办"全面建设清廉国企"专题讲座,邀请省委党校教授桑艳军围绕国有企业党的建设发展历程,结合交控集团全面建设清廉国企"1520"行动计划,从国有企业战略地位与国企党建重要性、国企党建工作存在的问题、提升党建工作质量推进清廉国企建设等方面进行深入学习培训。

同日 物流集团和谐公司承接山西省口腔医院为期7个月保洁服务。

6月10日 物流集团龙城公司完成新能源充电站项目工程建设和设备安装工作。

同日 物流集团纪委在交控集团纪检人员岗位大练兵活动中,3人入选初赛优秀人员名单,2人获得复赛阶段优秀等次,2人在决赛阶段(技术比武)中获三等奖,2人入选审查调查组长和监督检查组长库。

6月20日 物流集团完成交控集团对物流集团2021年度经营业绩考核工作。

6月30日 物流集团大运公司"吕梁兴县东应急物资储备库项目"奠基开工。

6月 "安全生产月"活动期间,物流集团承揽交控集团"安全生产月"活动宣传品集采配送工作,向交控集团32家子分公司分发配送安全生产月宣传品6800余份。

7月8日 物流集团物资公司成功中标吕梁南高速公路公司养护机械设备租赁采购项目，中标金额102.55万元。

7月11日 物流集团物资公司中标大同北高速公路公司路面病害专项养护工程，中标金额1018.5万元。

7月 物流集团配合交控集团完成物流集团董事长张庆华任中经济责任审计工作。

8月8日至10日 物流集团赴山东高速物流集团对标学习，双方就产业、融资，合作等方面进行座谈交流。

8月18日 物流集团纪委组织全体纪检人员赴平遥监察文化博物馆开展家庭助廉主题教育活动，进一步推进清廉国企建设，增强纪检干部廉洁自律意识和涵养廉洁家风，切实做到严以修身、严以用权、严以律己，自觉维护纪检干部良好形象。

8月22日 物流集团物资公司中标太旧高速公路公司路产及隧道管理站租用车辆项目，中标金额40.99万元。

9月5日 物流集团党委召开2022年度政治监督专项工作动员部署会，物流集团党委副书记、副董事长、总经理岳晋峰主持，纪委书记秦华国对做好2022年政治监督工作进行动员和部署。

9月6日 物流集团大运公司“山西交控集团资源再利用基地”在汾阳西收费站开工建设。

9月9日 物流集团根据交控集团整体工作部署，为5户所属企业印发所属企业主辅业目录。

9月14日 物流集团完成山西汾平高速公路有限公司无偿划转协议签订和汾平公司股权登记变更工作。

9月15日 物流集团与太原市热力集团有限责任公司签订《集中供热扩网项目委托代建协议书》。

9月22日 京东集团副总裁王良兰一行参观考察物流集团，开展业务合作洽谈。

9月24日 物流集团物资公司中标吕梁南公路公司离军高速军渡收费站（出省）公安检查站配套工程，中标金额63.26万元。

9月27日 物流集团与太原高速公路公司签订低效土地合作框架协议。

10月12日 物流集团与中粮贸易西北公司围绕仓储选址、建设标准、粮食贸易等领域共同商讨全面合作事宜。

同日 物流集团物资公司“畅融三晋”融雪剂成功中标交控集团2022年度融雪剂集中采购（002标包），中标单价一型990元/吨、二型1090元/吨。

10月21日 物流集团纪委组织纪检人员参观党风廉政教育基地，开展“全面从严治党再出发，学廉践廉奋进新征程”廉洁文化主题教育。

10月26日 物流集团党委召开政治监督专项检查反馈意见整改专题党委会议，对交控集团政治监督专项检查组反馈问题剖析原因，针对性研究整改措施。

11月1日 物流集团龙城公司同路华公司房屋租赁合同纠纷开始第3次庭审。

11月3日 物流集团收到山西省国有资本运营有限公司《关于对山西交通控股集团有限公司将土地使用权转让至所属物流集团的意见》通知。

11月8日 物流集团龙城公司与大同高速公路公司签订土地盘活合作协议，确定马连庄，西河河两个重大物流建设项目。其中，天镇、云州、左云、右玉、新荣5个改造项目的顺利实施，为物流集团完成年度15个物流分拨中心任务提供重要支撑。

11月14日 物流集团龙城公司与山西四和交通工程有限公司签订国道线缆采购合同。

同日 物流集团物资公司获得由国家知识产权局颁发的“畅融三晋”商标注册证书。此次商标成功注册，将更加有力推动融雪剂等方面的品牌宣传，为物流集团市场竞争和可持续发展打开崭新局面。

11月15日 物流集团与中通快递集团山西省管理中心签订意向合作协议。

11月18日 物流集团大运公司自主品牌产品“晋路通”灌缝胶投入生产。

11月21日 物流集团完成龙城公司注册资金

产权变动登记。

同日 物流集团完成交建公司股权产权变动登记。

11月22日 物流集团与京东物流确定合作关系。

12月1日 物流集团和谐公司承接高速集团室外公共物业管理服务。

12月2日 物流集团物资公司中标运城北高速公路公司G5京昆高速侯禹段K786+500～K808+208交通安全设施精细化提升工程施工项目,中标金额2249.2万元。

12月5日 物流集团物资公司中标临汾北高速公路公司应急物资储备中心安全应急物资(专用实物)采购项目,中标金额93.28万元。

12月7日 物流集团物资公司获得由国家知识产权局颁发的“畅通三晋”“畅享三晋”商标注册证书。商标成功注册,将更加有力推动交安设施、标志标牌及各类工作服装等方面的品牌宣传,为物流集团市场竞争和可持续发展打开崭新局面。

12月9日 物流集团龙城公司召开大同西河河应急物资储备库项目、大同马连庄应急物资储备库项目、小店国家级公路交通应急装备物资储备库项目可研报告专家评审工作。

12月12日 物流集团完成所属企业和谐公司实收资本产权变动登记。

同日 物流集团物资公司中标吕梁南柳林西收费站等3个院内场地铺油及院内排水改造工程,中标金额133.86万元。

12月19日 物流集团物资公司中标吕梁北2022—2027年公务用车租赁服务项目,中标金额80.8万元。

12月21日 物流集团大运公司S50太佳省界收费站“司机之家”经交通运输部、中华全国总工会公示验收合格。

12月28日 省自然资源厅根据物流集团配合交控路域部起草报送的《关于给予用地优惠政策支持路域经济发展的请示》文件,回复《给予用地优惠政策支持路域经济发展的意见》,原则同意使用存量交通运输用地、建设、物流仓储、三站等能源项目,实行5年过渡期政策支持。

同日 物流集团物资公司签订209国道三井连接线水毁工程合同,合同金额233.81万元。

12月29日 物流集团物资公司取得山西省交通运输厅颁发交通安全设施养护资质证书,该项资质的取得标志着物资公司成功迈上交安设施养护事业的新台阶,为进一步抢占先机、开拓市场、培育新的利润增长点、实现可持续发展、打造交安设施精细化养护“第一服务品牌”奠定基础。

(资料提供:王惠玲)

山西交通养护集团有限公司 大事记

4月28日 山西省首个绿色环保智能沥青热再生拌和站在养护集团侯马养护基地建成投产。该沥青拌和站是全省首个采用半沉入式封闭方仓替代传统配料机的绿色环保智能拌和站,实现沥青混合料生产的绿色环保、节能高效。作为沥青热再生拌和站,能够对路面废旧料进行处理,实现资源的循环再利用。至此,养护集团全部完成汾阳、原平、长治、介休、榆次、侯马6个拌和站环保改造及搬迁新建工作，进一步完善全省养护基地布局，保障养护施工的顺利开展。

5月9日 经交控集团党委会议研究决定，成立中共山西交通养护集团有限公司纪律检查委员会，撤销驻养护集团纪检组。

6月28日 为全面推进清廉国企建设，教育引导党员干部切实增强廉洁自律意识，提升拒腐防变能力，养护集团纪委组织养护集团领导、总部中层以上干部和驻并及周边子公司、分公司主要负责人到太原市万柏林区警示教育基地接受党风廉政教育。依次参观数往知来、砥砺奋进，前车之鉴、知畏知止，不忘初心、继续前行6个警示教育展厅，集中观看廉政警示教育片《远离家庭腐败》，在思想深处受到一场深刻洗礼，起到良好警示教育效果，切实提高全面推进清廉国企建设的思想自觉和行动自觉。

7月22日 交控集团总会计师孙建秀到养护集团调研。孙建秀实地察看养护集团榆次养护基地建设、参观李晓光创新工作室，观看基地创建全国星火生产班组专题片，对榆次养护基地环保节能的厂拌热再生等先进工艺应用和安全生产工作给予肯定。调研中，孙建秀主持召开座谈会，详细了解养护集团的基本情况和经营生产情况。孙建秀要求，要按照全方位推动高质量发展目标要求和全省国企改革"32字"要求，持续强化市场化理念，不断拓展市场，开发新增长点，加快推动路域经济发展，全力推动经营结构由"两条腿走路"向"三足鼎立"转型；要切实做好经营风险、安全风险、稳定风险和廉洁风险防控工作，以实干实绩迎接中共二十大胜利召开。

8月29日 山西省市场监督管理局下达2022年度第五批省级地方标准制修订项目计划，山西交通养护集团有限公司申报的"公路沥青路面厂拌热再生技术规范"位列其中，成功获批立项。为实现高速公路养护铣刨废旧沥青混合料的回收再利用，促进道路养护的绿色低碳发展，养护集团开展高速公路沥青路面厂拌热再生关键技术课题研究，总结出山西省厂拌热再生成套技术，建立山西省厂拌热再生沥青路面结构体系，在太原东环、太旧高速等路段维修养护工程中进行厂拌热再生施工，经专家技术组持续跟踪检测，项目实施效果良好。

2022年 养护集团"整合资源、优化配置，促进公路养护高质量发展"的经验、做法，被编入《山西省国企改革三年行动典型案例汇编》。

是年 养护集团通过交通运输企业安全生产标准化一级达标认证，所属晋北公司和榆次公司的两个班组被中国安全生产协会授予"全国安全管理标准化班组"称号。

是年 养护集团被共青团山西省国资委委员会授予"五四红旗团支部"称号，养护集团晋北公司被中共山西省国资委委员会授予"标杆党支部"称号。

（资料提供：梁福轶）

山西路桥股份有限公司大事记

4月23日 山西路桥股份有限公司（以下简称路桥股份）召开一届四次职代会暨2022年工作会。

4月26日、5月18日 路桥股份分别召开第七届董事会第三十三次会议和2021年度股东大会，审议通过《关于变更公司注册资本及修订〈公司章程〉部分内容的议案》，同意路桥股份依据发行股份购买资产并募集配套资金实际发行结果变更注册资本。

5月18日 路桥股份召开第八届董事会第一次会议,审议通过《关于选举公司董事长、副董事长的议案》,选举武艺为董事长。

6月23日 路桥股份参加"山西辖区上市公司2022年投资者网上集体接待日暨年报业绩说明会",进一步加强与投资者的互动交流,便于广大投资者更全面地了解路桥股份治理、发展战略、经营状况和可持续发展等投资者关心关注的问题。

10月 路桥股份由于经营发展需要,迁入新地址办公,办公地址由"山西省太原市高新技术开发区高新街17号环能科技大厦12层"变更为"山西省太原市小店区南中环街529号清控创新基地B座10层"。

(资料提供:许俪馨)

山西交通实业发展集团有限公司
大 事 记

1月1日 交控集团总经理武艺深入太原公司、山西交通实业发展集团有限公司(以下简称实业集团)基层单位检查指导节日期间重点工作,代表交控集团党委向坚守岗位实业集团的干部职工致以新年问候。

1月6日 为贯彻落实《山西省高速公路服务区提质升级三年行动方案》,解决新能源车高速充电难问题,实业集团积极推进充电站建设,45对(89处)高速公路服务区完成充电站建成,布设充电桩568个,覆盖全省"大字形"高速公路骨架网的主要服务区,能够满足新能源汽车出行需求。

1月7日 实业集团党委召开2022年第1次(扩大)会议,传达贯彻全省国有企业深化改革提质增效推进会、全省推进交通强省建设动员大会精神,实业集团领导班子成员结合各自分管领域工作进行交流讨论,明确工作方向,畅谈工作思路,提出具体举措,达到统一思想、集思广益、凝聚共识、拓展思路目的。

1月14日 实业集团、服务区管理分公司召开2022年第一季度安委会、春运服务保障暨软环境建设安排部署会,传达学习交控集团2022年安委会第一次全体(扩大)视频会议和运输服务保障工作会精神,提出贯彻落实意见。

1月17日 实业集团2022年"青春志愿行·温暖回家路"青年志愿者服务春运"暖冬行动"正式启动,各志愿者服务队开展志愿者宣誓仪式及统一上岗活动,为人民群众春运出行提供更加温馨便利的服务。

同日 实业集团召开党史学习教育专题民主生活会。交控集团纪委书记、监察专员周刚和纪委副书记王忠明及党委组织部业务主管薛君会到会指导。会议紧扣主题,实业集团班子及班子成员紧密对照专题民主生活会五个重点方面要求,逐一深刻剖析自身建设情况,积极开展批评与自我批评,明确今后努力方向。

1月18日 实业集团、服务区管理分公司召开党史学习教育总结会,紧紧围绕贯彻中央、省委和交控集团党委党史学习教育的一系列部署要求,科学系统总结实业集团、服务区管理分公司党史学习教育的主要做法、取得的系列成果、积累的经验体会,就持续巩固深化党史学习教育成果提出方向性目标、制度性安排、重点性任务。

1月19日 潞城服务区北区LNG加气站顺利完工，投入运营后，有效缓解山西省高速公路LNG车辆的用气需求，实现全省高速公路服务区加气服务“零”的突破，提升山西省高速公路服务质量水平。

1月30日 实业集团、服务区管理分公司召开落实交控集团软环境建设督查通报问题整改暨春运服务保障工作再部署会议。

2月1日 交控集团总经理武艺到太原公司、实业集团基层单位检查指导节日期间重点工作，代表交控集团党委向坚守岗位的干部职工致以新年问候。

2月22日 实业集团党委联合纪委召开政治监督反馈意见整改工作专题会，就政治监督反馈意见整改工作进行研究部署，从严推动问题整改落实。

3月15日 实业集团党委2022年第2次专题会议召开，研究讨论全面从严治党、党风廉政建设、清廉实业建设等事宜，深入学习交控集团一届五次职代会暨2022年工作会议、2022年党的建设和党风廉政建设工作会议精神，并提出贯彻落实总体思路及工作措施。

同日 实业集团党委、纪委联合召开全面从严治党、党风廉政建设、清廉实业建设专题会议，深入学习《党委(党组)落实全面从严治党主体责任规定》《山西省规范省管企业领导人员经营管理行为“九个严禁”》《山西省规范省管企业经营管理工作规定》，原原本本学习交控集团党委《关于组建全面建设清廉交控工作专班的通知》《全面建设清廉交控行动方案》，讨论通过《全面建设清廉实业行动方案》《“全面建设清廉实业”考核办法》，正式启动清廉建设。

3月18日 实业集团2022年度召开经营思路研讨会，分析当前形势、行业情况、关联影响及企业自身的发展，进一步明晰经营思路。

3月22日 实业集团纪委召开2022年纪检工作会议，传达学习交控集团纪委2022年纪检监察工作会议精神，就实业集团2022年纪检重点工作进行安排部署，进一步细化实化“11367+”工作举措，以“五个做实”推动五大工作矩阵落地，与各党支部纪检委员签订《党风廉政监督目标责任书》。

3月30日 实业集团纪委召开全面建设清廉实业工作专班第一次会议。传达学习交控集团纪委书记周刚在全面建设清廉交控工作专班第一次会议上的讲话精神，详细解读《全面建设清廉实业行动方案》《“全面建设清廉实业”考核办法》。围绕交控集团“1520”总体思路和部署，明确三步全面启动“清廉实业”建设工作。

4月15日 实业集团召开高速公路服务区LNG加气站建设运营视频会议，深入学习贯彻交控集团高速公路加气站建设运营工作推进会精神，对高速公路服务区LNG加气站建设运营工作再动员再部署，确保全年各项目标任务完成。

同日 全省服务区积极开展“4·15”全民国家安全教育日主题宣传活动。

4月21日 实业集团团委开展“喜迎中共二十大、永远跟党走、奋进新征程”主题团日活动。实业集团团委委员、各团支部书记和团员青年代表共计102人参加此次活动。

4月25日 交控集团工会开展第四届“书香实业·时代女性”读书月暨“诵读中华经典·厚植文化自信”诵读活动。广大女职工积极踊跃参与，共收到诵读作品65个。诵读的篇目中有古今中外优秀诗词散文、红色经典作品等，弘扬社会正能量，体现时代主旋律。

同日 太原分公司积极探索党建项目化管理，创新工作平台，在阳曲服务区试点成立“党员小屋”，启动“党员在身边”党建服务项目，提升服务区党建科学化水平。

4月27日 实业集团、服务区管理分公司召开警示教育大会，通报近期典型案例。实业集团党委书记、董事长兼服务区管理分公司党委书记秦阳出席会议并讲话，以《如何做一名合格共产党员》为题授课，提出“十个克服，十个提倡”要求。

5月4日 2022年春运期间，实业集团团委开展“青春志愿行·温暖回家路”青年志愿者服务春运

“暖冬行动”。作为春运保障工作重要补充和有力支持,在实业集团所辖服务区57个服务点上,222名青年志愿者围绕春运暖程、关爱帮扶、美好出行等方面开展8274.59小时的志愿服务。为了讲好志愿故事,实业集团团委同步开展“冬日暖阳”春运志愿服务摄影作品征集活动,以感召和吸引更多团员青年参与到志愿服务实践中来,志愿者们积极踊跃参与,共评选出优秀作品57幅。

5月6日 省人社厅、团省委、省青联联合授予实业集团团委“山西省五四红旗团委”称号。

5月7日 实业集团纪委召开职能部室联动监督座谈会第一次会议,座谈会围绕探索改进监督方式、搭建协作联动平台、实现各领域监督力量的全面整合等方面进行充分交流。

同日 实业集团召开全面建设清廉国企第二次专班会议。会议通报上一阶段全面建设清廉国企工作开展情况,6个职能部室和基层单位汇报建设工作进展情况、第一次专班会议安排部署落实情况及下阶段工作计划。

5月20日 服务区管理分公司、实业集团组织开展“反邪拒邪”系列活动,进一步增强全员崇尚科学、抵制邪教意识,构建抵御邪教渗透和危害的牢固防线。

同日 实业集团召开“四风”突出问题专项整治暨全面建设清廉国企推进会,对深入开展“四风”突出问题专项整治工作进行全面动员部署,深入推进清廉国企建设。

5月24日 省总工会组织部部长惠安和在省公路运输工会主席刘贵良陪同下,深入高速公路盂县服务区和阳曲服务区调研指导“司机之家”建设工作并召开座谈会。交控集团工会主席孟仁贵参加调研。调研组现场参观“司机之家”休息、用餐、洗浴、洗衣、购物及车辆维修等功能区,详细询问“司机之家”使用情况,听取“司机之家”项目建设、运营情况介绍,与部分在“司机之家”休息的货车司机进行交流。

6月9日 实业集团组织员工参加“6·9”国际档案日专题讲座,进一步增强全员的档案意识,加强和规范档案管理工作,营造人人“懂档案、知档案、重档案”良好氛围。

6月13日 因高速公路服务区提档升级改造施工,经省交通运输厅批准,决定自2022年6月13日至2022年12月31日,对G55二广高速大盂服务区、G5京昆高速清徐服务区进行封闭。封闭期间,行经大盂服务区的车辆可选择邻近的原平服务区、太原北服务区停靠,行经清徐服务区的车辆可选择邻近的杏花服务区、平遥服务区停靠。

6月17日 实业集团召开全面建设清廉国企工作专班2022年第1次协调会议,及时传达省国资委和交控集团关于全面建设清廉国企工作要求,回顾总结前一阶段工作,研究部署下一步工作。

6月20日 实业集团纪委赴信息技术公司、物业公司、高速源通公司、高速国新公司,就企业全面从严治党特别是清廉国企建设以及经营管理、安全生产、重点工作推进情况等进行调研座谈。

6月21日 由实业集团主办,高速石化公司承办,太原分公司协办的消防应急预案演练在太原服务区举行。本次消防演练项目分别是灭火实战演练和加油车辆油箱口着火模拟演练。演练人员在消防过程中从火灾预警、组织人员救援、再到实施应急救援工作的全过程分工明确,操作规范。现场观摩人员也通过此次演练学习消防知识,提高消防安全意识,取得预期效果。

6月22日 实业集团召开2022年全面从严治党暨党风廉政建设工作会议,总结2021年全面从严治党工作,安排部署2022年重点任务,动员各级基层党组织和广大共产党员,认清形势,坚定信心,乘势而上,奋发作为,以高质量党建引领企业高质量发展。

同日 实业集团召开2022年宣传思想文化工作会议,总结2021年宣传思想文化工作,安排部署2022年工作任务。

6月24日 实业集团召开扭亏减亏工作推进会,会议听取亏损企业现阶段工作进展,安排部署亏损企业下一步工作计划及重点任务。

同日 实业集团党委召开新任职干部任前集

体谈话会。专职党委副书记、副董事长、工会主席郭亚彬代表实业集团党委对新任职干部进行集体谈话，党委委员、纪委书记宋文继对新任职干部进行任前廉政谈话，3名新任职干部代表作现场表态发言。

6月27日 高速国新公司党建项目化获交控集团二等奖。

6月28日 实业集团与服务区管理公司签署战略合作框架协议，双方发挥各自优势，在山西高速服务区广告业务方面进行全面合作，共同推动服务区广告产业全方位推动高质量发展。交控集团路域经济部部长荆冰寅应邀出席签约仪式。

6月30日 实业集团召开党的建设和清廉国企建设推进会暨“两优一先”表彰大会。传达交控集团党的建设和清廉国企建设推进会精神，通报实业集团清廉国企建设工作推进情况并就清廉国企建设、“四风”突出问题专项整治工作进行安排部署，对“两优一先”和纪检工作先进个人代表进行表彰。

7月1日 实业集团党委书记、董事长秦阳一行赴广西，与广西交通实业公司党委书记、董事长周勇明围绕服务区经营板块、成品油业务经营板块、广告传媒业务板块、通信管道租赁业务和服务区提质升级、财务核算及资产管理等方面进行交流学习。

7月2日 实业集团党委书记、董事长秦阳带队赴招商中铁控股有限公司开展对标学习交流。此次对标学习交流是贯彻落实交控集团《2022年深化改革提质增效专项行动实施方案》，从发展思路、改革举措、运营机制、制度建设等方面对标找差，推进企业发展方式、运行机制、盈利模式向高质量迈进。双方就各自发展中存在的短板和问题，对标学习找差距，学精神、学思路、学作风、学胆略，将所学所思所见加以吸收，提出可行性改进措施，推进企业高质量发展。

7月4日 实业集团纪委联合工会印发《关于开展“树清廉家风 建清廉家庭”家庭助廉主题教育活动的通知》，对深入推进清廉家风建设作出具体安排。

7月5日 实业集团广告传媒分公司与交投集团综合服务开发公司开展广告传媒业务对接座谈会。双方就交投集团所属太长、长晋、晋焦、忻阜等经营性高速公路广告传媒业务合作达成共识，将共同推动路域经济快速发展。

7月8日 实业集团物业公司党支部书记、总经理郭素堂带领物业公司领导班子成员、相关职能部门进入世界500强的万物云公司（又名万科物业）开展对标学习和座谈交流。万物云太原城市代表处总经理陈旭东介绍公司简介、Space（空间）、Tech（科技）和Grow（成长）与人力资源五大模块的详细内容。

7月11日 实业集团党委书记、董事长秦阳主持召开赴广西考察学习交流会，与实业集团领导班子成员、总部职能部门和高速能源分公司主要负责人交流心得体会，讨论如何更好推进当前和今后工作。

7月12日 实业集团党委书记、董事长秦阳等领导班子成员、有关职能部室和子（分）公司主要负责人一行14人到山西数字化交通产业园，就发展路径、对标一流管理、智能科技运用等进行参观学习。参观交通产业新业态集群展示中心，听取5大新业态情况介绍，实地参观光储充换电服务站、模板标准件生产基地、工程机械共享基地、建筑工业品采购基地、产业工人培训基地，现场观摩租立得、桥路易购、桥路云模等运行情况演示。其间，双方就企业经营管理、市场定位及产品销售、企业转型及智能信息等方面进行座谈交流。

7月13日 实业集团领导赴高速国新潞城服务区项目部开展“关爱职工，清凉一夏”慰问活动，把夏日防暑物品送到员工的“手心里、心坎上”。

同日 实业集团纪委召开工作约谈会议，传达交控集团纪委《关于“五一”、端午“两节”期间贯彻落实中央八项规定精神和纠治“四风”监督检查工作情况的通报》以及实业集团历年来检查发现的公车管理方面的问题，就后勤部门车辆管理不规范、派车单未及时签字等问题提出具体整改要求。

7月15日 全省高速公路服务区首家LNG加气站在灵丘服务区开始试营业，为实现全省高速公路LNG加气站"零"的突破迈出坚实步伐。LNG加气站位于G18荣乌高速灵丘服务区内，占地面积9.87亩。南、北区LNG储罐120标方，配备单枪加气机6台，每年至少拥有13000吨液化天然气供应能力，将辐射荣乌高速周边大约6.5万台过往LNG车辆的用气需求，每天可满足150～200台重型卡车加气。该站的试运营，填补全省高速公路服务区LNG加气站的空白，为解决省内高速公路加气难的问题、丰富高速公路服务区能源补给供应和推动全省节能减排、绿色崛起做出贡献。

7月18日 实业集团在物业公司召开经济责任审计进点会议，全面推进原任总经理经济责任审计工作，扎实推进清廉国企建设，点亮廉洁"探照灯"，健全"纪检+审计"联动监督平台，强化责任担当，实行"凡离必审、凡审必监"。

7月20日 实业集团与吕梁南高速公路分公司签订《广告授权经营合同》，标志着实业集团广告授权经营模式落地见效迈出新步伐，对构建广告传媒服务体系、提高广告经营管理水平具有重要意义。

7月21日 实业集团召开一届四次职代会2022年工作会议暨路域经济推进会。党委书记、董事长秦阳作题为"提高效率 提升效能 提增效益 在全方位推动高质量发展中开创新局面"工作报告。

同日 实业集团纪委举办以"清廉致远、同向同行"为主题"太行灵泉"杯廉洁趣味运动会。此次运动会由实业集团领导、机关部室负责人、基层子分公司代表组队参赛，8支队伍共56名干部职工参加。比赛活动注重内容创新，将廉洁主题元素与运动项目充分结合，把"廉味"与"趣味"相互交融，精心设置5个别出心裁的活动项目。

7月25日 吕梁北、吕梁南、汾石公司与实业集团专职纪检干部在实业集团举办纪检业务交流座谈，对2022年以来各单位纪检工作开展情况进行充分交流，围绕如何做深做实交控集团纪委安排部署的"大创建、大监督、大惩治、大整治、大练兵"5大行动，就当前扎实推进清廉国企建设和"四风"突出问题专项整治进行深入探讨。

7月26日 实业集团纪委一行4人到路桥集团纪委开展对标学习交流活动，进一步贯彻落实交控集团纪委"大练兵"相关要求，打造高素质专业化的纪检干部队伍，推动纪检工作高质量发展。

同日 实业集团同交控集团吕梁南高速公路分公司在山西汾阳举办高速公路沿线广告设施安装技术座谈会。座谈会对建设太原至汾阳段高速公路跨线桥广告设施、高立柱式广告设施的设计、施工等方面进行充分交流，围绕交控集团《高速公路广告经营管理办法(试行)》中授权经营模式、相关方职责、设置申请、设置要求、设置标准、日常管理等问题进行深入探讨。

7月28日 实业集团、环保公司、太原高速3家纪委联合开展"树清廉家风，建清廉家庭"家庭助廉主题教育活动，深入贯彻习近平总书记关于"注重家庭、家教、家风建设"治国理政思想和"纪检监察机关要接受最严格的约束和监督"政治要求，进一步教育引导全体纪检干部加强家庭家教家风建设，助力清廉国企建设。

7月29日至8月3日 实业集团领导班子成员到所属各服务区对经营场所现场管理、服务区提档升级、"三站"建设、薪酬体系改革、防汛抢险、安全生产、基层党建工作、清廉国企建设、信访慰问、意识形态工作等方面调研督导，就"新思想在山西"作专题宣讲和交控集团"三足鼎立"战略发展思路进行宣传贯彻，开展"关爱职工 清凉一夏"慰问活动。

8月2日 实业集团所属各成员单位积极开展拥军优属活动。

8月10日 实业集团经过前期摸底、合理选址、精心布置、综合评估，太原分公司、忻州分公司、运城分公司3个"妈咪小屋"顺利建成。以贴近需求、有效落地、规范管理为前提，倾力打造集功能性、服务性为一体的"妈咪小屋"，为女职工提供特殊时期的暖心关爱。

8月13日 临汾分公司襄汾西服务区正式营业，当日共销售油品4337.49升(约3.33吨)、销售金额36884.02元，襄汾西服务区加油站是青兰高速公路开通运营的第二座加油站。加油站的正式营业将有效保障过往车辆的加油需求，大幅提升过往群众的出行体验，有效提升青兰高速公路的社会效益和经济效益。

同日 长治分公司举办写作培训班和摄影培训班，邀请《上党晚报》编辑中心主任、新媒体经营中心特刊部主任冯振堂，从新闻写作要素、新闻采集收集、新闻写作方法等方面进行了全面的分析阐述。长治分公司邀请中国艺术摄影学会会员、中国民俗摄影学会会员、山西省摄影家协会理事兼长治市摄影家协会副主席王红星，从新闻摄影要求、摄影技巧和构图理念等方面，结合自身实践的照片，进行深入浅出、精彩生动的讲解。

8月18日 实业集团领导到大营服务区督导调研提质升级、防汛抢险和安全生产工作，作“新思想在山西”宣讲。实地查看大营服务区提质升级施工现场，详细了解服务区提档升级改造进展情况，与施工单位、大营服务区、忻州分公司人员共同研究解决存在的困难和问题，看望慰问坚守岗位的工作人员。

同日 实业集团与湖北交投实业公司举行工作座谈会并签署战略合作协议。双方就企业现状、经营理念、发展规划、组织架构等方面进行深入交流。一致表示，将发挥各自优势，本着优势互补、利益共享的原则，建立高效沟通机制，持续深化务实合作，锚定“国内一流、两省特色、荆晋品质”的目标，围绕“品牌化、平台化、集约化、现代化”经营思路，转变经营理念，推动企业收入结构由“两条腿走路”向高速公路经营、基础设施建设、路域经济发展“三足鼎立”转型。

8月23日 实业集团广告传媒分公司与山西大运物流发展有限公司举行工作座谈会并就双方合作事宜进行磋商。双方就各自发展现状和合作意愿进行深入交流。

8月29日 实业集团召开扭亏减亏工作推进会，听取4家企业扭亏减亏工作进展情况汇报，对存在问题逐一“把脉问诊、对症开方”。

9月2日 实业集团党委召开党的工作部门专题工作会议，安排部署党的工作部门要在党委统一领导下充分发挥职能作用，在职责范围内抓好政治监督、清廉国企建设、安全生产、“四风”突出问题专项整治等相关工作。

9月5日 中铁交通投资集团有限公司副总经理刘进友一行6人与实业集团进行工作座谈。双方就服务区经营业态及管理模式、治理结构、人力资源管理、运行机制、战略发展经验、能源管理、非油商贸、广告传媒宣传经营模式等进行深入交流。

9月6日 实业集团召开2022年政治监督专项检查动员部署会，重点围绕政治监督、落实中央八项规定精神和“双节”期间纠“四风”树新风工作进行安排部署，对安全生产、信访维稳、扭亏减亏、清廉国企等工作提出要求，进一步明晰任务，传导压力，确保各项工作有序开展。

9月14日 实业集团召开“清廉国企”工作领导小组暨反腐败协调小组、部门联动监督工作会议，安排部署清廉国企建设、党风廉政建设和反腐败工作、部门联动监督等相关工作。

9月15日 物业公司邀请实业集团法律顾问曲玖丰、中国人民财产保险股份有限公司太原区域总经理王浩及合作单位等负责人召开座谈交流会议。本着“风险互担、优势互补、效益共享”的原则，就降低用工风险、规范用工管理、提升用工效益等进行深入交流。

9月19日 实业集团召开信访稳定工作暨“大干一百天，决胜全年度”活动动员大会，传达贯彻交控集团信访工作会议精神，总结实业集团1至8月份信访工作，分析形势，研究部署当前及今后一个时期的信访工作及安全生产、廉政建设等工作。

同日 实业集团召开政治监督工作自查自纠专题会，对机关各部门提供的政治监督专项检查迎检资料对照清单自查自纠，根据调阅资料清单逐项过筛，指出问题并要求限期整改。

9月21日 实业集团与招商银行太原分行开展党建共建工作，签署党建共建协议、智慧党建云平台协议；举行“党建共建助力转型”座谈会，以党建与业务融合、金融助力国资改革、支持企业转型发展为主线,深入研讨。

9月21日至22日 实业集团纪委到临汾、运城分公司、晋中服务区合资公司机关和平遥、灵石、霍州、襄汾、运城5对服务区进行“四不两直”式督导检查。通过实地检查、现场询问、召开座谈会等方式,对各单位清廉国企创建、安全生产工作进行督导检查。

9月22日 实业集团全部完成2022年校园招聘面试工作,成绩予以公布。

9月28日 实业集团与太原高速公司举行战略合作框架协议签约仪式。双方就发挥各自资源、人才、市场等方面优势,在能源供给、物业服务、广告开发等方面开展深度合作,产生优势叠加效应,实现合作共赢。

同日 实业集团党委召开新任职干部任前集体谈话会。党委委员、纪委书记宋文继代表集团党委对新任职干部进行集体谈话、任前廉政谈话,3名新任职干部代表作现场表态发言。

9月29日 实业集团党委委员、纪委书记宋文继到晋城分公司就清廉国企创建、安全生产及“两节”期间纠“四风”等工作进行督导检查。

同日 实业集团党委副书记、总经理曹志刚到高速泰化天然气公司就安全生产、扭亏减亏三年攻坚行动推进情况等进行督导调研。

10月1日 实业集团物业公司猫屎咖啡盂县服务区店正式挂牌试营业。猫屎咖啡盂县服务区店开门纳客,标志着物业公司向“物业+”发展战略迈出新步伐。

10月11日 实业集团综合开发公司总经理董彦斌一行4人赴交投集团综合服务开发公司、综改园区开发公司进行对标研讨学习,就打造商贸供应链、建设自有品牌、相关业务合作等方面达成共识,共同推动路域经济快速发展。

10月11日至12日 实业集团党委委员、董事李鹏飞深入长治分公司就安全生产和经营管理工作进行督导调研。

10月14日 实业集团召开“清廉国企”工作领导小组暨反腐败协调小组、部门联动监督工作会议。进一步贯彻落实省委、省纪委和省国资委党委及交控集团党委、纪委关于清廉国企建设、反腐败工作、部门联动监督的部署要求,扎实推进清廉国企建设各项工作走深走实,进一步加强反腐败协调工作和部门联动监督工作。

10月15日 实业集团纪委与文旅集团新能公司、云游公司及交控集团环保公司、中部公司开展纪检干部培训暨交流座谈会。座谈会上,就问题线索处置和案件监督管理、加强基层监督执纪问责工作进行授课,分别介绍本单位特色亮点工作。

10月16日 实业集团党委统一布置,在总部设立主会场,在各单位的会议室、餐厅、超市、充电站等场所设立分会场,组织党员干部职工一同收看中共二十大开幕会直播。

10月18日 实业集团召开2022年度政治监督专项检查汇报会。会议听取6个检查组关于政治监督专项检查情况汇报并作点评,安排部署下一阶段整改落实工作。实业集团党委书记、董事长秦阳出席会议并讲话,党委委员、纪委书记宋文继主持并对检查情况进行专项点评,实业集团其他领导班子成员分别作了点评。

同日 实业集团召开2022年度政治监督专项检查整改部署会,周密安排部署政治监督专项检查发现问题整改落实工作,进一步统一思想、提高认识,细化举措、压实责任,扎实做好政治监督的“后半篇文章”。

10月31日 实业集团综合开发公司同得力集团签署战略合作协议,双方就推动得力品牌山西特通渠道建设进行深入讨论。成功签署战略合作协议,意味着综合开发公司正式成为交控集团得力品牌特许经销商,这对实业集团建立品类丰富、品质优良、价格优惠的商品供应链,优化产品售后服务体系,打造“自有品牌、名优品牌、乡村振兴品牌”三重品牌深度融合具有重要意义。

(资料提供:冯立山)

山西交通建设监理咨询集团有限公司大事记

1月5日 自中国交通企业管理协会获悉，山西交通建设监理咨询集团有限公司（以下简称监理集团）在众多参选单位中脱颖而出，获评“全国交通运输企（事）业诚信建设先进单位”。被评选出的先进单位全国共有19家，山西省仅有2家。

1月11日 监理集团子公司振兴监理公司成功中标长城板块旅游公路大同市云冈区境内峰鸦区段改造工程第二标段，中标金额77.65万元。

1月17日 监理集团采用“线上+线下”相结合方式召开2022年安委会第一次全体（扩大）视频会议，党委书记、董事长何晓明出席会议并讲话，专职党委副书记、副董事长周留刚主持会议，监理集团领导杨军、马昕宇、郭佳、张晶尧出席。

1月20日 监理集团召开党史学习教育专题民主生活会。交控集团党委委员、副总经理贾勇到会指导并做点评讲话，党委组织部（人力资源部、团委）副部长赵凌云、党史学习教育领导小组办公室李贤达参会指导。监理集团党委书记、董事长何晓明主持会议并作表态发言。

1月21日 监理集团工会开展新春送温暖活动，将监理集团党委温暖与关怀和“娘家人”的关爱送到一线职工、生活困难职工以及退休老干部手中，为他们送上慰问金和慰问品，带去新春美好祝福。

2月14日 监理集团召开2021年度党组织书记抓基层党建述职评议考核会。党委书记、董事长何晓明出席并讲话，专职党委副书记、副董事长周留刚主持会议，监理集团领导杨军、马昕宇、郭佳、张晶尧参加。

2月18日 监理集团工会与招商银行联合组织职工100余人开展爱国主义教育影片《长津湖之水门桥》观影活动。

2月21日 监理集团子公司兴路监理公司成功中标山西省高速公路通信系统升级改造工程施工监理项目，中标价（折扣系数）96.56%，金额约200万元。

3月1日 监理集团子公司兴路监理公司《一种隧道照明物联网控制系统》获国家实用新型专利授权。

3月8日 监理集团召开2022年一季度经济运行分析会，党委书记、董事长何晓明出席并讲话。

同日 监理集团子公司兴路监理公司举办以“以花为名，爱尚生活”为主题的“三八”妇女节活动。

3月11日 监理集团子公司振兴监理公司召开2022年第一次党建工作例会暨第一季度意识形态工作分析研判会，振兴监理公司党委委员、纪委书记王志强主持会议，班子成员、机关支部委员、机关各部室、各项目部负责人参加会议。

同日 交控集团召开一届五次职代会暨2022年工作会议、2022年党的建设和党风廉政建设工作会议。交控集团两个重要会议召开后，监理集团上下高度重视，“线上”与“线下”相结合，迅速掀起学习贯彻会议精神热潮。

3月14日 监理集团子公司交科监理公司静兴项目J6总监办继2019年、2020年两度被业主授予“年度先进单位”后，2021年度再次获“年度先进单位”称号。

3月15日 监理集团子公司太佳公司党支部召开2021年度组织生活会，监理集团党委委员、副总经理张晶尧到会指导。会议由党支部书记、执行董事王荣豪主持，全体党员参加。

3月16日 监理集团一届五次职代会暨2021年工作会议在太原召开。党委书记、董事长何晓明作题为“凝心聚力谋发展 实干担当勇争先为实现监理集团高质量发展奋勇前行”工作报告，专职党委副书记、副董事长周留刚主持，监理集团领导杨军、马昕宇、郭佳、张晶尧及资深专员刘安民出席。

同日 监理集团召开党的建设和党风廉政建设工作会议。党委书记、董事长何晓明出席会议并讲话。专职党委副书记、副董事长周留刚主持。党委委员、纪委书记郭佳就党风廉政建设工作进行安排部署。监理集团领导刘安民、杨军、马昕宇、张晶尧出席。

3月17日 中国交通建设监理协会副理事长李明华一行4人到监理集团调研座谈。监理集团领导周留刚、杨军、马昕宇，交通工程专业委员会主任委员张跃峰参加座谈。

3月22日 监理集团一分公司黎霍项目在中交二公局黎霍高速公路TJ4标段开展《山西省保障农民工工资支付办法》学习宣传活动，总监办安全环保工程师、驻地监理组长，项目主要管理人员、劳资专员、合同部、财务部相关人员以及现场农民工参加此次活动。

同日 监理集团一分公司黎霍项目部在2021年第三阶段劳动竞赛活动中获山西黎霍高速公路有限公司授予“优秀总监办”称号；第一驻地监理组获“优秀监理驻地组”称号。

3月23日 监理集团获评“2021年度新疆公路建设市场监理企业信用评价最高等级——AA级”。

3月28日 监理集团子公司振兴监理公司机关党支部召开2021年度基层党组织生活会和民主评议党员。

同日 监理集团一分公司340国道榆社县县城过境段（寨沟隧道）改线工程第2总监办被省公路局晋中分局授予“2021年度优秀监理单位”称号。

3月29日 监理集团四分公司青海加西公路JXZX-3监理办监理的路面底基层试验段在全线率先顺利铺筑完成。

3月30日 监理集团工会利用宣讲平台，联合纪检室开展清廉山西交通监理主题宣讲活动，宣讲站成员监理集团党委委员、纪委书记郭佳围绕清廉山西交通监理实施方案出台的背景、具体工作抓手、推进注意事项及主要任务等方面进行宣讲。

3月31日 监理集团召开2019—2021年度经营管理审计及所属企业主要负责人任期经济责任审计进点会，旨在推进监理集团原任董事长张跃峰经济责任审计整改工作，贯彻落实交控集团《经济责任审计办法》，实现“任中审计三年全覆盖”。

同日 监理集团顺利取得“电力工程监理乙级资质证书”。

同日 监理集团成功中标太忻大道（忻州城区至石岭关）项目EPC总承包施工监理二标段，中标金额543万余元。

4月20日 监理集团在沁源经济技术开发区园区道路及管网建设项目一期工程全过程咨询服务项目公开招标中一举中标，中标金额396.6万元。

4月27日 监理集团召开警示教育大会和交流座谈会。会议采取线上线下相结合方式，中层以上干部参加会议。

4月29日 监理集团与青海省交通建设管理有限公司组成的联合体，成功中标青海省尖扎县麦什扎黄河大桥及其引道工程“代建+监理”服务项目。

5月2日 隰县县委副书记、县长梁少杰一行到监理集团二分公司隰吉高速公路JL1总监办所监理的LM1标水稳摊铺现场和LJ2标路基上路床水泥土施工现场进行安全生产检查，总监理工程师贾勇对所管辖隰县境内各标段施工一线安全生产工作做汇报。

5月4日 监理集团四分公司党支部开展创建“青年先锋岗”主题团日活动。

5月5日 太原市市政公用工程质量安全站（太原市轨道交通建设服务中心）副站长白云一行4人到监理集团子公司检测公司调研。

5月12日 为进一步提高广大职工防灾减灾

意识和应急避险能力，监理集团所属各单位开展形式多样的防灾减灾日主题宣传活动。

5月13日 监理集团获全国首家交通建设监理行业“交通运输AAAAA级服务品质”认证证书。

5月20日 监理集团编制的《生产安全事故综合应急预案》顺利完成省应急厅和交控集团备案。

5月23日 监理集团子公司振兴监理公司利用交控集团安全教育培训系统开展《国家发布安全生产十五条措施摘要》《习近平总书记关于安全生产重要论述》线上培训。

5月24日 监理集团二分公司晋阳改扩建项目部在晋城市总工会与山西晋阳高速改扩建项目管理有限公司联合举办的“喜迎中共二十大 建功新时代”劳动技能竞赛中获佳绩。

同日 监理集团及所属各单位结合工作实际，组织开展《信访工作条例》宣传学习活动，营造“学条例、用条例、守条例”的浓厚氛围。

5月26日 监理集团子公司振兴监理公司以视频会议形式召开端午节前警示教育会议，纪委书记王志强主持会议，机关全体职工、各项目部负责人、驻地组长参加会议。

5月27日 监理集团以视频会议形式召开党建工作暨清廉国企建设工作例会，总结2022年以来工作开展情况，对下一阶段党建工作和清廉国企建设工作进行安排部署。

5月28日 监理集团一分公司监理的340国道改线工程项目寨沟隧道右线顺利贯通，标志着项目建设迈上一个新台阶，为隧道实现全线贯通打下坚实基础。

5月30日 监理集团5位外部董事赴检测公司进行调研指导。监理集团党委委员、副总经理张晶尧、综合办公室（董事会办公室）主任王青一同调研。

6月2日 监理集团成功中标太原市龙城大街打通工程监理，中标金额351.89万元。

同日 监理集团以发放《安全生产监理手册》方式启动“安全生产月”活动。

6月10日 监理集团子公司道合监理公司综合检查组分别赴中片区、南片区、西片区各监理部开展为期4天安全生产大检查大整治大提升专项行动。

6月14日 监理集团机关党支部和工会联合开展巧手微景观主题党日活动，机关近30名干部职工参加。

6月15日 青海省副省长匡湧一行到监理集团监理的青海加西公路路面施工现场调研。

6月20日 监理集团“张瑞峰职工创新工作室”被交控集团授予“科技创新先进团队”称号，马瑞朋获评“科技创新先进个人”。

6月22日 监理集团党委书记、董事长何晓明，高级专员王荣豪，工会主席徐忠一行前往黎霍项目部、241国道线项目部、340国道榆社改建工程项目部、西北二环项目部开展项目检查暨“夏送清凉”活动。

6月23日 监理集团开展地方标准编制培训，本次培训特别邀请山西省检验检测中心能源产品检验技术研究所正高级工程师赵建斌进行授课。

6月24日 监理集团子公司振兴监理公司党委委员、总经理闫日，党委委员、纪委书记王志强赴基层一线对党建、廉政建设、工地现场质量、进度等方面工作进行调研。

同日 监理集团二分公司党支部在石楼红军东征纪念馆开展以“汲取红色力量，赓续精神血脉”为主题的“庆‘七一’喜迎中共二十大”主题党日活动。

6月30日 监理集团及所属各单位弘扬伟大建党精神，砥砺初心使命，组织开展系列活动，多种形式庆“七一”。

7月1日 交控集团对2022年度党建先进集体和优秀个人进行表彰。监理集团子公司道合监理公司党支部被授予“标杆党支部”称号，二分公司党支部书记贾勇，监理集团党委工作部、党委组织部部长付志英分别获评“优秀党支部书记”“党建工作标兵”。

同日 交控集团党委对2021—2022年度“1235”工作法推进党建项目化管理成果进行表彰，

监理集团四分公司党支部项目《发挥党建引领作用创新监理工作机制》获三等奖。

7月4日 监理集团获评山西省建设监理协会“2021年度通联工作标兵单位”。同时还获多项单项奖,企业网站获评“监理企业优秀网站”,《山西交通监理》专刊获评“金页奖”,企业简报获评“银页奖”,两名联络员获评“优秀信息联络员”,监理集团被授予“庆建党百年华诞,展时代监理风采”活动突出单位。所属子公司交科监理公司获评“通联工作先进单位”。

7月14日 监理集团二分公司晋阳高速JL2总监办总监理工程师任伟在山西晋阳高速改扩建项目管理有限公司召开的2022年二季度劳动竞赛表彰会上,被授予“优秀总监理工程师”称号,刘伟、罗国伟获评“先进个人奖”。

7月18日 监理集团采用“线上+线下”的方式,召开安委会第三次全体(扩大)会议,贯彻落实交控集团近期会议精神及有关安全文件精神,总结上半年安全工作情况,安排部署三季度安全生产工作。监理集团党委书记、董事长何晓明出席会议并讲话,党委副书记、副董事长、总经理杨军主持会议。

7月19日 监理集团召开2022年上半年经济运行分析会,会议采用“线上+线下”相结合的形式。党委书记、董事长何晓明出席会议并讲话。

7月28日 监理集团申报的“智能远距离负压牵引正压推进穿缆系统及方法”和“桥架插拔式隧道锁脱扣照明灯具固定装置”两项创新成果获国家知识产权局发明专利授权。

同日 监理集团及所属各单位结合实际,多措并举,创新形式,大力弘扬清廉文化。

8月5日 监理集团子公司道合监理公司成功中标多个施工监理项目,监理费共计114.06万元。

8月8日 监理集团党委书记、董事长何晓明赴青海,与青海省交通工程监理有限公司党委书记、董事长马青龙就双方落实两省交控集团领导的指示精神、拓展深度合作等方面进行工作会谈。监理集团领导王荣豪、青海省监理公司领导周世学等参加。

8月16日 监理集团一分公司黎霍高速公路JL4总监办主持编制青兰国家高速公路长治至延安联络线(G2211)山西境黎城至霍州段《问腰瓦斯隧道安全作业手册》,为现场作业人员、管理技术人员提供瓦斯隧道基本安全知识。

8月22日 监理集团收到来自太原市住建局的感谢信,对监理集团派驻到太忻一体化经济区建设指挥部督导组的刘洪斌等4人表示感谢。

8月23日 在省重点建设项目汾石高速召开的2022年第一阶段劳动竞赛表彰会暨项目建设推进会上,监理集团汾石总监办第二驻地监理组、第三驻地监理组分别被评为“优秀监理组”称号。

8月25日 监理集团工会第二届会员代表大会在六楼会议室顺利召开。专职党委副书记、副董事长周留刚、高级专员王荣豪及来自各职能部室、所属单位的48名会员代表参加会议,会议由工会主席徐忠主持。

8月31日 监理集团子公司太佳项目公司在监理集团正确决策和大力支持下,与多家银行进行多轮具体协商,主动沟通、完善资料,顺利完成贷款置换工作。

9月7日 在2022年全国第45个“质量月”来临之际,监理集团二分公司汾石项目成功举办监理职业技能大赛。

9月8日 监理集团开展新入职员工岗前培训,党委副书记、副董事长、总经理杨军主持,党委书记、董事长何晓明做开班动员,监理集团领导郭佳、张晶尧、王荣豪授课。

9月15日 监理集团成功中标太原市西山地表水厂供水工程——隧道工程监理二标段,中标金额442.11万元,是首个供水工程监理项目。

9月22日 交通运输部公布“2022年公路水运工程建设领域守信典型企业目录”,监理集团从全国879家公路工程监理单位中成功入选。

9月28日 监理集团子公司检测公司完成2022年度农村公路建设质量志愿帮扶工作,这也是公司承担农村公路建设质量志愿帮扶工作的第三年。

同日 监理集团二分公司汾石项目总监办以“推动质量变革创新、促进品质汾石建设”为主题举办“质量月”现场观摩学习活动。

同日 监理集团党委副书记、副董事长、总经理杨军赴离隰项目JL1总监办进行综合督查暨防汛专项检查，党委委员、纪委书记郭佳，外聘专家兰晓林，经营管理部相关人员参加。

同日 监理集团四分公司青海加西项目金银滩隧道出口端顺利掘进到达合同贯通桩号。

9月30日 监理集团四分公司监理的太忻大道（忻州城区至石岭关）全线顺利通车。

同日 监理集团党委书记、董事长何晓明带队到三分公司浮临高速总监办对一线职工进行“双节”期间看望慰问。

同日 监理集团子公司交科监理公司贵州雷榕项目ZDJL03驻地办监理的扣香特长隧道右幅顺利贯通。

10月10日 监理集团二分公司汾石项目总监办组织召开汾石高速公路首批样板工程评审会，项目总监理工程师主持会议，监理一分部副总监、二分部副总监、试验室负责人、各施工分部总工参与评审。会议邀请建设单位质量部门负责人监督评审。

10月14日 交通运输部公布“2021年度公路监理企业全国综合信用评价”结果，监理集团及子公司交科监理公司、兴路监理公司均获评“2021年度公路监理企业全国综合信用评价”最高等级“AA”级。

10月18日 监理集团晋阳高速改扩建项目在项目管理公司组织的2022年第二阶段劳动竞赛中获评“进度管理优秀总监办”，项目总监任伟获评为“优秀总监理工程师”。

11月2日 监理集团召开应收账款清欠推进会。会议采取线上线下相结合方式进行。

11月7日 由山西省质量与名牌协会主办的2022年度山西省质量管理小组活动及信得过班组评选落下帷幕，监理集团及所属各子分公司共计17个小组（班组）参加评选，全部获奖，共获得质量管理小组活动二等成果8项、三等成果6项，质量信得过班组一、二、三等班组各1项。

11月9日 为深入开展“11·9”全国消防日活动，监理集团特邀山西忠安消防科技有限公司主任黄勇为全体员工进行消防相关知识培训、逃生及灭火演练。

11月11日 监理集团“三合一”管理体系顺利通过北京华夏认证中心年度监督审核，连续24年保持管理体系认证注册资格。

11月16日 监理集团召开《公路养护工程监理指南》《公路高性能混凝土应用技术规程》2项山西省地方标准大纲评审会。

11月30日 监理集团二分公司所监汾石高速交口隧道右洞顺利贯通，这是汾石高速公路第一条贯通的隧道，为汾石高速全线按期建成通车奠定坚实的基础。

12月16日 监理集团子公司交科监理公司成功中标3个西藏公路监理项目。

同日 交控集团2022年“书香三八”读书征文系列活动评选结果揭晓，监理集团工会获评“优秀组织奖”，5位职工作品获奖，其中1个一等奖、1个二等奖、3个优秀奖。

同日 监理集团一分公司监理的龙城大街打通工程、滨河东路南延工程顺利竣工通车。

12月29日 监理集团采用山西交控凤凰山实训基地“凤凰云学堂”在线学习平台，举办中层干部素质能力提升、基层党组织书记暨党务工作者能力提升培训班。

同日 监理集团子公司振兴监理公司顺利通过新世纪检验认证中心“三标一体”管理体系年度审核工作。

同日 监理集团成功中标新疆大长沟（331国道）经明鑫煤矿至335国道公路建设项目DCGJL-2施工监理标段，中标金额614万元。

12月30日 监理集团成功中标交控集团外6项监理项目，中标金额约3666万元。

（资料提供：袁燕芳）

山西省交通环境保护中心站(有限公司)大事记

1月7日 山西省交通环境保护中心站(有限公司)(以下简称环保公司)上报交控集团党委山西省出席中共二十大代表推荐人选。

1月9日 环保公司邀请华为前高管、《华为销售法》作者李江老师到环保公司进行座谈交流。针对环保公司产业布局、业务发展、市场拓展进行分析,李江提出环保公司高价值战略规划、市场洞察与拓展、品牌价值与市场探索、项目客户关系管理、项目销售的运作及团队管理几个工作模块之间的关联。

1月12日 环保公司党委召开"领会中共十九届六中全会精神·走好新时代赶考路"学习贯彻中共十九届六中全会精神专题宣讲报告会。

1月13日 环保公司印发《中层管理人员年度考核评价办法(试行)》。

1月17日 环保公司2021年度党风廉政建设分析研判会暨春节前廉政提醒会议召开。

1月21日 环保公司召开2021年度党支部书记抓基层党建述职评议会议。

同日 环保公司党委委员、副总经理孙虎主持召开加强春节及"冬奥会"等重点时段期间安全防范工作会议。

1月22日 环保公司中标山西路桥第三工程有限公司昔榆高速公路LJ6项目部高峪咀隧道出口降尘喷淋系统采购项目。

1月27日 环保公司党委召开党史学习教育总结大会。

同日 环保公司印发《全面风险管理体系建设工作方案》《内部审计工作管理办法》。

2月9日至3月28日 环保公司开展2021年度基层党组织组织生活和民主评议工作。

2月10日 环保公司党委开展"党建提效 全方位谱写晋交环保新篇章"主题党日活动,特邀中国文化管理协会党建与企业文化互助平台特聘专家授课。

2月16日 环保公司印发《2022年度培训计划》。

2月22日 环保公司党委召开"凝聚精神·践行使命"学习贯彻中国共产党山西省第十二次代表大会精神宣讲会。

同日 环保公司党委召开"牢记殷殷嘱托 服务全方位高质量发展"新思想在山西基层专题宣讲会。

2月23日 环保公司中标G5515张南高速桑植至龙山段高速公路环境保护、水土保持专项技术咨询服务项目。

2月 交控集团对环保公司进行2021年度领导班子成员个人工作绩效考核。

3月3日 环保公司副董事长、副总经理(主持工作)赵兵主持召开质量管理体系年度审核首次会议,华夏认证中心对环保公司质量管理体系进行年度审核。

3月4日 环保公司副董事长、副总经理(主持工作)赵兵主持召开质量管理体系年度审核末次会议,华夏认证中心有限公司对环保公司质量管理体系年度审核顺利完成。

3月5日 环保公司牵头承办"山西省2022年第1期地下水环境状况调查评估"专题培训会。

3月7日 环保公司中标张家界至南充高速公路桑植至龙山段环保、水保建设期全过程咨询服务项目。此次中标是强化市场意识和企业思维,落实交控集团“走出去”战略,是环保公司在湖南省中标的首个咨询服务项目。

3月16日 环保公司入库山西路桥建设集团有限公司环境保护与水土保持咨询评价服务机构供应商入围框架协议项目。

3月21日 环保公司印发6项人才管理办法的通知,分别为《公司领导联系服务高层次人才和专家工作制度(试行)》《高层次人才和专家重大事项报告制度(试行)》《人才专项资金管理办法(试行)》《人才库建设管理办法(试行)》《急需紧缺人才需求目录制订实施暂行办法》《人才创新工作室创建管理暂行规定》。

3月22日 环保公司印发《中共山西省交通环境保护中心站(有限公司)委员会向中共山西交通控股集团有限公司委员会请示报告重大事项清单动态管理实施办法(修订)》《论坛、讲坛、讲座、培训、年会、报告会、研讨会等阵地管理制度(修订)》《关于加强和改进新形势下统一战线工作的实施意见》。

同日 环保公司全面建设清廉国企动员会召开。

3月24日 环保公司召开2022年度党的建设和党风廉政建设工作会议。

同日 环保公司修订《招标(采购)管理办法实施细则(试行)》。

3月28日 环保公司召开学习贯彻交控集团2022年工作会议精神专题宣讲会。

3月31日 环保公司召开学习贯彻交控集团2022年工作会议精神专题宣讲会。

同日 环保公司开展党委重大决策制度与决策流程内部培训,有利于提高环保公司制度执行力和现代化治理水平,为环保公司高质量发展提供基础保障。

同日 中税网天运税务师事务所开展对环保公司2021年度报表的审计工作,出具环保公司2021年度财务报表决算审计报告。

4月1日 环保公司召开“紧绷纪律弦,廉洁过清明”节前集体廉政提醒谈话暨警示教育会议。

4月20日 环保公司中标迎宾大道至机场连接道路项目前期专项评估综合咨询服务项目。

同日 环保公司取得环境保护工程设计甲级资格证书。

4月25日 环保公司完成经理层成员任期制和契约化管理工作自查。

4月27日 环保公司团总支获评交控集团表彰“五四红旗团支部”。

4月29日 环保公司召开全面建设清廉国企推进会暨工作专班第一次例会。

5月13日 环保公司编制《从江至融安至荔浦公路(融安经永福至阳朔段)环境影响报告书》顺利通过专家评审,取得广西壮族自治区生态环境厅批复,批复文号为桂环审〔2022〕200号,编制《梧州至乐业公路(鱼峰至宜州段)环境影响报告书》顺利通过专家评审,取得广西壮族自治区生态环境厅批复,批复文号为桂环审〔2022〕201号。编制《国道108线襄汾—侯马—曲沃过境改线工程环境影响报告书》顺利通过专家评审,取得临汾市行政审批服务管理局批复,批复文号为临行审函〔2022〕229号。

5月14日 环保公司副董事长、副总经理(主持工作)赵兵主持召开环境、职业健康安全管理体系(第二阶段)认证首次会议,华夏认证中心对环保公司环境、职业健康安全管理体系进行审核认证。

5月18日 环保公司中标山西综改示范区原唐槐园区、学府园区、保税区、科创城园区水土保持区域评估项目。

5月20日 环保公司中标太旧高速公路管理(太原)有限公司平阳高速公路道路日常保养施工项目。

5月21日 环保公司副董事长、副总经理(主持工作)赵兵主持召开环境、职业健康安全管理体系(第二阶段)认证末次会议,华夏认证中心对环保公司环境、职业健康安全管理体系进行的审核认证顺利通过。

5月23日 环保公司召开全面建设清廉国企专题会议。

同日 环保公司创新建立《山西省交通环境保护中心站(有限公司)参股、控股企业股东(大)会提案审查的有关规定(试行)》制度。

5月30日 中税网天运税务师事务所开展对环保公司2021年的研发费用进行专项审计,出具环保公司2021年度研发费用税前扣除审计报告。

5月 环保公司作为牵头单位,与山西大学联合攻关高质量完成《山西省黄河流域水资源高效利用问题研究》《山西省黄河流域水土保持问题研究》重大专项研究。

6月1日 环保公司签订太旧高速公路平阳高速段路域环境服务项目合同,服务期限为1年,签约金额为301.7万元,服务路段全长123.8公里,包括阳曲、盂县、郊区三个维护站管理范围。

6月2日 环保公司召开端午节前廉洁提醒会暨重点岗位廉政集体谈话会议。

6月7日 环保公司中标太原高速公路管理有限公司太原高速公路2022年度道路日常养护服务项目。

同日 环保公司印发《山西交控集团生态文明建设"十四五"发展规划》,该规划是交控集团"十四五"期间绿色发展的纲领性文件,进一步明确交控集团生态环境保护发展目标和重点任务,对于促进环保公司环保产业发展具有显著推动作用。

6月8日 环保公司中标339国道清徐东于至古交李家社段(老爷岭隧道)一级公路改建工程项目前期专项评价(估)综合性咨询服务项目。

同日 环保公司印发《担保管理办法(试行)》《对外捐赠管理办法(试行)》《融资管理实施细则(试行)》并修订印发《固定资产管理办法(试行)》。

6月9日 环保公司开展"传国风、护未来"清廉书画文创活动。进一步推动企业精神文明建设、持续深化清廉文化建设,努力构建风清气正的政治生态。

6月10日 环保公司党委开展"获得幸福,从一本书开始"读书分享主题党日活动。本次活动特邀樊登读书李元仲老师,通过"案例、道具、游戏"等形式呈现幸福的方法,再通过讨论、体验来让大家努力发掘出自己潜力。

同日 环保公司中标208国道、317省道太原境内东郭湫至西关口段公路工程项目前期专项评价(估)综合性咨询服务项目。

6月13日 环保公司牵头中标339国道清徐至古交段改建工程前期专项综合性咨询服务项目,服务内容涵盖生态保护红线论证、环评、水保、防洪、林调、泉域水环评、用地预审和土地报批及其他专项评估咨询(工可除外),合同额超千万元。

6月14日 环保公司印发《2022年职业技能培训工作的通知》。

6月15日 环保公司牵头中标208国道、317省道太原境内东郭湫至西关口段公路工程前期专项综合性咨询服务项目,服务内容涵盖生态保护红线论证、环评、水保、防洪、林调、泉域水环评、用地预审和土地报批及其他专项评估咨询(工可除外),合同额约1100万元。

6月17日 环保公司印发《关于调整相关领导小组的通知》。

同日 环保公司中标山西路桥建设集团有限公司太佳高速公路东段运营分公司所辖路段2022年环境污染源进行生态监测服务询比采购项目,成交价87000元。

6月22日 环保公司完成交控集团对环保公司领导班子成员2021年度经营业绩考核工作。

6月23日 环保公司与侨银公司组成联合体签订太原高速公路路域环境服务项目合同,服务期限为1年,签约金额655万元,服务路段全长165.492公里,分为东南环、西北太古环和太祁三个责任路段。

6月30日 环保公司党委召开党的建设和清廉国企建设推进会。对优秀员工进行表彰。

7月4日 环保公司成功中标山西综改示范区水资源区域评估项目,评估范围包括学府园区、唐槐园区、保税区、科创城、潇河产业园区等园区,面积达200平方公里。该项目是环保公司首个区域性水资源评估项目,是围绕"行业内全过程咨询+行业外管家式咨询"双引擎发力取得的重要突破。

7月5日 环保公司制订印发《山西省交通环境保护中心站(有限公司)提醒函工作规则(试行)》制度。

7月6日 环保公司中标山西转型综改示范区水资源区域评估报告编制项目。

7月7日 环保公司开展“学党史·感党恩”的“七一”专题党课活动。

7月15日 环保公司中标西新疆219国道线喀纳斯至哈巴河至吉木乃公路项目水土保持方案报告编制项目。

7月21日 环保公司召开党委理论中心组(扩大)学习会,以专题讲座的形式宣传普及《中华人民共和国反有组织犯罪法》。

7月25日 环保公司召开交控集团党委2022年第二轮巡察第二巡察组巡察环保公司党委动员会。

同日 吕梁北公司、吕梁南公司、汾石公司纪检相关人员一行赴环保公司纪委开展纪检监察工作交流座谈,谈经验、谋思路、议举措。

同日 环保公司印发《山西省交通环境保护中心站(有限公司)会务组织管理办法(试行)》。

7月26日 环保公司中标新疆219国道喀纳斯至哈巴河至吉木乃公路水土保持方案编制项目,是继中标新疆335国道甘泉堡至准东石油基地公路后,环保公司在新疆再次中标的重大项目。219国道是全国里程最长的国道,全线里程超过10000公里,其北段延伸到中国最西北端新疆喀纳斯,南段到中国大陆与海洋边境线交界处广西东兴,覆盖全国近半边境线,串联中国西部各类最具代表性的文化和景观。本次中标项目位于219国道的最北端,全长303公里。

7月30日 环保公司同实业集团、太原高速公司3家纪委全体纪检干部前往党风廉政教育基地进行参观学习,纪委书记讲授清廉家风讲课,并发放清廉礼包。

8月2日 环保公司工会、环保咨询中心获评交控集团“工人先锋号”。

8月4日 环保公司印发《董事会决议事项督查督办制度(修订)》制度,确保董事会决议的贯彻落实和高效执行。

8月9日 环保公司中标山西省交通运输企业2021年度节能减排及碳达峰评价项目。

8月10日 上午,环保公司副董事长、副总经理(主持工作)赵兵主持召开交控集团路域经济环保材料(项目)产业工作专班的第一次会议。

8月11日 环保公司召开2022年交控集团党委巡察环保公司党委立行立改专题会。

8月12日 环保公司主持编制的阳泉市龙华口调水工程占用生态保护红线影响论证项目通过省水利厅组织的专家审查。

8月18日 环保公司召开2022年上半年党风廉政建设分析研判会暨清廉国企建设推进会和作风纪律警示教育大会。

8月19日 环保公司中标路桥集团隰吉高速公路有限公司呼北国家高速公路山西隰县至吉县段“绿色交通”示范工程咨询服务项目。

8月24日 环保公司中标太旧高速公路管理(太原)有限公司阳泉西环高速公路边坡防护与生态修复治理工程项目。

8月30日 环保公司中标山西三维华邦集团有限公司土壤污染隐患排查、自行监测工作谈判采购项目,成交价36万元。

8月 环保公司参与山西省市场监督管理局开展的2022年省级检验检测机构能力验证工作,并通过。

8月至12月 环保公司配合交控集团选人用人专项检查,完成检查反馈整改工作。

9月2日 环保公司印发《2022年人才工作计划》。

9月5日 环保公司召开环保公司中秋、国庆“两节”期间贯彻落实中央八项规定精神监督提醒会。

9月9日 环保公司召开2022年政治监督专项检查汇报会。

9月10日 环保公司中标国电电力大同湖东2×1000兆瓦上大压小工程铁路环境影响评价项目。

9月18日 环保公司主持编制“大同市化工园区和垃圾填埋场地下水环境调查评估实施方案(设计)”顺利通过生态环境部专家评审,为下一阶段工作开展提供宝贵经验。为全省首个市域地下水调查实施方案。

9月22日 交控集团党委第二巡察组巡察环保公司党委情况反馈会召开,对环保公司领导班子巡察情况进行反馈。

9月23日 环保公司清廉国企专班工作推进会和反腐败协调小组会议暨关键岗位人员集体提醒谈话会召开。

9月26日 环保公司印发《党内谈心谈话制度(修订)》。

9月26日至10月31日 环保公司第一、二、三、四党支部召开支部党员大会完成换届选举工作。

10月7日 环保公司与河海大学签订研究生培养基地建设合作协议。

10月12日 环保公司印发《董事会年度工作报告暂行规定》制度,加强董事会建设,规范董事会年度工作报告。

同日 环保公司制订印发《经理层向董事会工作报告制度(试行)》制度,促进董事会安排部署经理层的重要事项更好更快落实,有效提升环保公司治理水平。

10月19日 环保公司党委举办统战专题学习培训班并召开统战专题座谈会。

10月20日 环保公司印发《完善公司治理中加强党的领导的实施细则》。

同日 环保公司党委开展党建项目化专题培训。

同日 环保公司党委开展党委委员和班子成员工作联系点制度培训。

同日 环保公司中标三维瀚森设备拆除活动环保服务项目。

10月21日 环保公司中标原平经济技术开发区环保管家服务项目。

10月24日 环保公司中标原平经济技术开发区环保管家服务项目,成交价9.8万元。

10月26日 环保公司通过中国环境服务认证,服务范围涵盖环境规划与区划服务、环境问题排查诊断与解决方案服务、生态环境工程监理服务、竣工环境保护验收服务、生态环境应急预案编制服务等,成为全国交通行业首家通过环境服务认证的企业。

10月27日 交控集团党委第二巡察组到环保公司对巡察整改情况进行中期督察。

同日 环保公司印发《关于严肃党内组织生活规范“三会一课”制度落实的通知》。

10月28日 环保公司印发《关于进一步规范党支部主题党日活动的通知》。

11月3日 环保公司印发《审计整改工作管理办法》。

同日 环保公司印发《审计整改对账销号工作规则》。

11月4日 环保公司中标山西转型综合改革示范区市政、环卫、园林绿化等领域委托运营项目。

11月7日 环保公司与侨银公司组成的联合体中标山西转型综合改革示范区市政、环卫、园林绿化服务项目,服务期限为3年,年化服务费用为601.65万元。项目是环保公司中标的首个城市环境服务项目,为后续开拓城市环卫市场奠定坚实基础。

同日 环保公司中标山西路桥第二工程有限公司大宁县支线旅游公路第二合同段项目部山中—三多线沥青站环评服务项目,成交价2.7万元。

11月8日 环保公司召开党委落实交控集团党委巡察暨政治监督专项检查问题整改推进例会。

11月9日 环保公司党委开展党建项目化月度专题会。会议对党委近期党建项目化开展情况进行汇报,并进行深入交流与讨论,加强党建和业务融合创新。

同日 环保公司印发《领导人员落实意识形态工作责任制的责任清单》,环保公司党委对落实意识形态工作责任制进行分解、细化,形成领导班子落实意识形态工作责任制的责任清单。

同日 环保公司中标长治市重点地区地下水污染状况调查评估市级质控项目。

11月10日 环保公司上报交控集团党委召开党员大会选举“两委”的请示，建立党委委员和班子成员工作联系点制度。印发《党建工作责任制考核办法(修订)》。

11月13日 环保公司印发《研究生联合培养基地和实践人员管理办法(试行)》的通知、《专业技术带头人选拔和管理办法(试行)》、《固定资产管理办法(试行)》。

11月14日 环保公司印发《中层管理人员管理办法(试行)》《中层干部配备规划(2022—2024)》《党委会督查督办工作制度》《年轻干部选拔培养制度(试行)》;修订所属企业交控生态公司以及晋交普利匡公司“经理层任期制和契约化管理”工作，签订《经理层成员岗位聘任协议书》《年度经营业绩考核责任书》和《任期经营业绩考核责任书》。

11月15日 环保公司印发《人才工作“唯帽子”问题治理工作方案》。

同日 环保公司召开党委落实交控集团党委巡察暨政治监督专项检查问题整改推进第二次周例会。会议通过对巡察整改工作落实情况进行阶段性查验及督导，推动形成“长久立”机制，确保巡察整改落到实处、取得实效。

同日 环保公司和文旅集团新能公司、云游公司和山西交控实业集团、太原公司纪检干部进行交流座谈会。

同日 环保公司完成交控集团科研项目“高速公路站区污染物资源化循环利用研究”等7个项目验收工作。

11月16日 环保公司党委开展“最美晋交环保人”先进典型宣讲会，获“三晋英才”“省国资委道德模范”“劳动模范”称号的3位代表进行分享。宣讲围绕“三青党委”理念展开，通过挖掘和传播晋交环保人的故事，深入推进企业文化建设，加强人才队伍创造力。

12月1日 环保公司党委开展《中国共产党章程》《党委会督查督办工作制度》《进一步做好党委会有关工作的通知》宣传贯彻培训。

同日 在中国水土保持学会组织的2022年水土保持方案和水土保持监测资质水平评价工作中，环保公司顺利通过评审，取得水土保持监测5星和水土保持方案4星水平评价资质，环保公司是山西省仅有的两个“双4星”单位之一，而水土保持监测5星为水土保持行业最高星级，同时也是全国交通行业唯一的5星单位。

12月6日 环保公司中标朔州市地下水环境状况调查评估项目。

12月8日 环保公司中标风陵渡黄河大桥及连接线(G5518)项目黄河河道管理范围内建设项目防洪影响及水文监测环境影响评价咨询服务项目。

12月9日 环保公司中标青银国家高速公路旧关至太原段改扩建工程环境影响评价报告和水土保持方案等编制项目。

12月14日 环保公司印发《公司党委联系服务专家工作方案》。

12月23日 环保公司召开2022年度党风廉政建设分析研判会暨领导班子成员履行全面从严治党和党风廉政建设“一岗双责”情况党委专题汇报会(视频会议)。

同日 环保公司中标应县至繁峙高速公路项目自然保护区论证、生态红线影响报告、环评、水保等专项咨询服务项目。

12月26日 环保公司中标336国道朔州市境内应县罗庄至朔城区东榆林段改扩建工程涉及桑干河湿地公园、生态红线、水文站影响等相关咨询论证服务项目。

12月27日 环保公司党委开展“系统总结新时代·全面布局新征程·锚定奋斗新目标·继续创造新局面”学习贯彻中共二十大精神专题宣讲会。

12月29日 环保公司党委召开党委委员和班子成员工作联系点专题会议。

12月30日 环保公司印发《山西省交通环境保护中心站(有限公司)新时代加强和改进思想政治工作责任清单》

(资料提供:温 涛)

山西交控置地有限公司大事记

1月11日 交控集团党委书记、董事长武艺深入山西交控置地有限公司(以下简称置地公司)龙锦院项目调研,详细了解置地公司重点项目建设、生产经营等各项工作。

5月18日 置地公司在龙锦院项目一线召开校企合作现场指导会,特邀太原理工大学土木工程学院专家,就项目BIM技术在地下车库、预制楼梯、轻质隔墙等施工技术、质量把控等问题进行现场技术指导。

5月24日 吕梁市副市长油晓峰一行赴交控置地丽水苑项目召开项目推进现场办公会。

7月5日 置地公司与山西建投安装集团签订战略合作协议,积极参与和推动高速公路路域资源、仓储物贸园区、太忻一体化经济区、新基建等业务领域的经济发展。

7月7日 置地公司调研组一行赴云南分公司就云南磨憨项目开展实地调研,了解磨憨口岸综合提升改造项目、磨憨高铁站商务金融区发展规划情况、中国至老挝磨憨至磨丁经济合作区工程现状等。

7月29日 置地公司与小店区政府就存量土地合作开发事宜开展业务洽谈,特邀合作方沃尔玛集团业务代表参加,就置地公司与沃尔玛及小店区政府三方合作事宜推进情况深入交流。

8月20日 置地公司物业公司获太原市物业管理协会、山西市场导报社2021—2022年度宣传报道"先进单位"。

8月24日 "交控置地·龙锦院"住宅项目正式起售,营销中心举办清华学霸分享会、品茶会、国学讲座等活动,销售氛围浓厚。

9月6日 山西"交控置地·龙锦院"盛大开盘,项目正式迈入营销阶段。

9月9日 置地公司与华为云计算技术有限公司签署合作协议,加大网络安全防护力度,完善Web应用防护墙、企业主机安全、云证书管理服务、对象存储服务等四项网络安全防护措施。

9月21日 置地公司物业公司完成金泽华府小区1320户业主房屋产权登记确权颁证"清零行动"。

9月24日 "交控置地·丽水苑"项目举行开工奠基仪式。

9月30日 山西忻州宏图发展有限公司正式更名为山西交通建设工程有限公司。

10月11日 吕梁市委常委、市委秘书长田安平一行深入"交控置地·丽水苑"项目调研督导,市机关事务服务中心主任刘建峰等负责人参加。置地公司所属路桥房地产云南磨憨项目实用新型专利——"房屋建筑工程断桩、截桩装置"审核通过,获得国家专利证书。

10月19日 置地公司与山西菜根产业园发展有限公司就电子信息产业园开发合作事宜举行业务洽谈。

10月25日 置地公司取得房地产开发二级资质。

10月28日 太原市委组织部副部长张爱琴一行赴置地公司所属物业公司开展党建工作调研。

10月30日 路桥房地产公司龙锦花园项目部获评"提高ALC板安装效率"省级质量管理小组一等奖、"提高风管安装合格率"省级质量管理小组二等奖,10月31日,获评省级质量信得过班组一等奖。

12月15日 吕梁市副市长油晓峰一行赴丽水苑项目调研督导并召开现场办公会，对丽水苑项目开工以来所做的工作给予充分肯定。置地公司龙锦院项目组获得由中国质量协会颁发的“国家级质量信得过班组”证书。

（资料提供：孙文平）

山西交控金资管理有限公司大事记

1月18日 山西交控金资管理有限公司（以下简称金资公司）召开“党史学习教育”专题民主生活会，围绕会议主题，领导班子对照理想信念、政治立场、主体责任、作风建设、法纪意识、宗旨意识等六个方面，结合自身工作实际和思想情况，深入检视查摆，开展批评与自我批评。

1月21日 风控合规建设小组在金资公司开展多轮调研和访谈，出具调研报告。

1月25日 资本公司与交控置地公司进行商务对接，细化债权项目实施流程，明确由资本公司与路桥房地产公司、置地公司共同签署《三方借款协议》，确定相关责任主体的连带保证责任。

2月13日 金资公司业务团队结合自身经营管理及存续业务实际情况开展专题研讨，坚决落实交控集团重大战略部署，不断提升企业经营工作水平、持续推动金资公司高质量发展。

2月14日 合规与风控体系实施单位负责人介绍前期对金资公司专项调研评估结果，对金资公司合规与风控体系项目建设量体裁衣式地给出具体方案，对全体员工进行第一次集体培训。同时对金资公司下一步整体管理水平与风控业务水平提出改进和思路提升。

2月17日 股权公司紧扣集团“一主三辅”和中央、山西省关于交通领域“十四五”规划，重新签订《中金山西科创基金合作协议》，进一步明确中金科创基金投资范围，提出参与项目尽职调查的要求，增加中金资本协助金资公司培养专业人才的义务。

2月18日 金资公司董事长带队前往上海华平投资，了解中创新航项目最新进展及上市计划。

同日 金资公司组织中层以上管理人员进行价值链设计研讨会，与合规风控建设单位就金资公司价值链进行梳理讨论。

2月21日 股权业务团队与中金资本一同前往重庆对丰鸟无人机项目开展现场尽调工作。

3月1日 金资公司合规风控建设单位重点围绕打造流程型企业，针对企业管理中流程定义、流程价值、系统打通流程逻辑、流程管理体系建设等方面进行培训。

3月2日 根据证监会要求，股权公司为交控智能创新基金各投资人开通投资者账号，方便投资者及时了解查询基金运营情况。

同日 金资公司专职党委副书记张羽中与所分管部门人员就工作作风、工作态度、工作规划等进行党风廉政建设，履行“一岗双责”集体谈话；金资公司党委、纪委组织中层管理人员及所属企业负责人开展政治监督提醒谈话。通过谈话，进一步教育、引导干部提高政治站位，做到讲政治、守纪律、守规矩，弘扬求真务实的工作作风，助力金资公司高质量发展。

3月8日 金资公司股权投资业务团队前往国盛资本（上海国资）开展业务对接，双方就国资体系私募基金发展方向、投资经验、投资流程开展交流，建立与上海国资合作渠道。

3月9日 金资公司召开2021年度述职述廉大会，领导班子及全体员工参加会议。会上，中层管理人员依次述职，就2021年度所负责工作履职情况、亮点工作、党风廉政建设等方面进行系统的总结，对2022年工作思路和计划进行规划和展望。全体人员通过民主投票方式，对中层人员和一般工作人员就2021年全年工作，在德、能、勤、绩、廉、学等方面进行民主评议。

同日 金资公司特别邀请路桥集团政策研究中心负责人卫晋芳对全体员工开展全面预算管理专题培训。

3月25日 金资公司召开一届第二次职工大会暨2022年工作会，党委书记、董事长李军作题为《输出改革新动力 打造发展新引擎，以产业金融升级推动全方位高质量发展新局面》工作报告。会议审议并通过《金资公司2022年工作报告》《金资公司2022年度集体合同及专项集体合同（草案）》。会上，对2021年度先进个人进行表彰，签订2022年经营业绩目标责任书、安全生产目标责任书和2022年度集体合同。

3月27日 金资公司按照交控集团下达年度目标，进一步细化目标任务，层层夯实责任，通过2022年度预算编制方案，将年度目标分解至所属公司；下发《关于规范报送月度资金使用计划的通知》，所属各子公司及各部室严格按照年度预算及月度资金使用计划进行日常生产经营工作，对于预算外支出及超预算支出，启动年度预算调整工作，确保全年各项经营及项目收支均在年度计划内。

4月13日 金资公司团支部以视频会议形式开展“喜迎中共二十大 永远跟党走 奋进新征程”专题系列活动。

4月19日 金资公司召开第一季度经济运行分析会，会议主要分析第一季度金资公司的财务状况、各业务板块经营情况及主要指标完成情况。

4月21日 金资公司召开干部大会，交控集团专职党委副书记、副董事长、副总经理刘宏武，交控集团组织部副部长师靓出席会议。会议宣布交控集团党委对薛秀文的任命通知，任命薛秀文为金资公司副董事长，提名为金资公司总经理人选。会上，薛秀文作表态发言，刘宏武讲话。

同日 金资公司股权项目团队邀请招银国际资本就股权投资项目在尽职调查、风险防控、投后管理等方面开展线上培训。

4月29日 金资公司研究制订《深化改革三年行动实施方案（2020—2022年）》和《深化改革三年行动工作任务清单》。

5月15日 金资公司完成2021年度财务决算工作，上报交控集团2021年度财务决算工作报告。

5月18日 股权业务团队前往珠海拜访华金资本（珠海国资），对高景太阳能项目进行现场尽调工作。

5月19日 金资公司召开合规与风控体系建设工作总结大会。对合规风控体系建设工作进行系统总结。

5月20日 金资公司召开干部大会，宣布交控集团对刘树青、高洪生的任命通知。

同日 金资公司全体干部职工共同参加以反邪、防邪、拒邪为目的的联合签名活动。

6月8日 金资公司组织“投出去+引进来”路域经济研讨交流会，邀请深圳有为技术控股集团有限公司和太原高速公司、交科集团、置地公司、环保公司以及交控集团路域经济发展部门的相关领导，讨论研究先进技术和交控集团相关产业等应用场景的有效结合，共同探索各方互利共赢、相互赋能的合作模式。

6月9日 金资公司纪委赴山西联通太原公司进行对标学习。

6月13日 金资公司纪委赴山西证券和山西信托公司开展对标学习。双方纪委就有关金融企业纪检监督工作方面做法进行深入沟通，为助推金资公司清廉国企建设，营造风清气正的政治生态奠定坚实基础。

6月15日 金资公司领导与招商银行总行业务团队开展交流，双方就私募股权投资领域中积极整合优势资源,加强业务统筹谋划,实现联动发展进行深度交流。

6月16日 金资公司在沪投资设立全资子公司晋交商业保理(上海)有限公司项目作为浦东新区重点项目,受邀参加线上签约仪式。

同日 为促进金资公司依法经营和规范管理,持续推进标准化档案室建设。金资公司要求各子公司及相关部门按照各自工作中实际产生的文件材料进行分析、梳理和归类。

6月21日 金资公司召开全面建设清廉国企工作专班第二次会议。会议听取各部室、所属各党支部清廉国企建设工作推进情况,分析当前工作存在的问题和不足,对下一步工作进行安排部署。

同日 山西交控金资管理有限公司、山西省交通信息通信有限公司、山西银行三方举行"山西货车ETC通行贷项目"推进座谈会,与会三方本着促成合作、携手共赢原则,就"山西货车ETC通行贷项目"下一步推动实施的计划与细节进行深入探讨和研究。

6月22日 金资公司组织党员开展"观看话剧《太行》、牢记初心使命"主题党日和团日活动。

6月27日 金资公司纪委以"送清风 话廉洁"初衷和"聚合力 推工作"目的,同所属资本公司全体干部职工开展集体廉政谈话。

6月28日 股权业务团队赴南京对科兴基金及其管理人开展现场尽调,并聘请第三方机构对该基金进行尽调。

6月30日 金资公司财务共享系统搭建完成,顺利完成验收。

同日 金资公司召开清廉国企建设暨"四风"突出问题专项整治会。

7月1日 股权业务团队前往北京就晨壹基金的市场募集情况开展现场尽调,补充项目投资材料,完善尽调报告。

7月11日 金资公司设立注册金资盛景投资(山西)合伙企业(有限合伙),作为交控集团并表ABN(资产支持票据)项目载体。

7月12日 金资公司召开干部大会,宣布对陈曦的任命。

7月14日 金资公司纪委与所属股权公司开展谈心谈话,要求股权公司加强思想道德建设,切实履行"一岗双责"。

7月15日 股权公司召开智能创新合伙人会议,汇报合伙企业2021年度运营情况并提出下一步工作计划,将继续整合资源,发挥优势,助力路域经济发展。

7月21日 金资公司纪委组织党员干部开展"培育清廉家风 建设清廉企业"主题活动,参观抗大一分校旧址、学习全国十大"最美村官"段爱平书记事迹。

7月25日 风控法务部针对公司合同管理中存在的问题,组织开展合同管理专项检查工作。

7月28日 金资公司组织"投出去,引进来"千寻位置+交通产业路域经济研讨会议,会议邀请千寻位置、中金资本、交控集团有关单位,与会领导就智慧交通行业、路域经济协同发展进行研讨交流。

8月4日 金资公司党委组织全体党员、干部职工开展主题活动——观看电影《谷魂》。

8月5日 金资公司邀请山西财经大学法学院兼职教授赵炜就"四风建设——持续加强作风建设、重点聚焦'关键少数'"内容对全体员工进行培训。

8月8日 金资公司股权业务团队就投资理念、投资领域、合作机会前往上海与上海国有资本有限公司、金浦投资、汇竑投资等企业进行深入交流。

8月11日 金资公司业务团队前往无锡参加招商银行私募行业论坛,与国内外优秀私募投资机构进行交流座谈。

8月16日 金资公司投研团队走访山西高速太原分公司,就盘活存量闲置土地,发展路域经济,发挥产业资本引导作用等事项进行深入沟通。

8月19日 金资公司邀请山西财经大学副教授张国栋就"非人力部门的人力资源管理"内容对全体员工进行培训。

8月23日 金资公司纪委组织纪检干部及支

部纪检委员开展办案安全工作学习。

8月24日 金资公司邀请铂略财税机构就全面预算管理战略目标的制订、全面预算编制工作的实施、执行过程中控制、预算过程调整及绩效考评4个方面举行全面预算管理专题培训。

8月25日 金资公司领导到深圳沟通香港公司注销及相关工作。

9月1日 金资公司邀请山西经济管理干部学院教授朱忠良就国有企业改革方向及企业法人治理结构完善与风险防范方面开展"公司治理、国企改革三年行动"专题培训。

9月2日 金资公司邀请注册税务师李玉梅老师就关联方资金拆借税务处理及风险提示方面举行专题培训。

9月6日 金资公司所属业务支部、机关党支部赴设计院开展党支部队伍标准化、规范化建设座谈交流活动。

同日 金资公司积极开展2022年度上半年内部审计统计调查工作,将调查结果上报交控集团。

9月13日 金资公司相关人员赴智慧交通研究院就联智科技项目进行深入交流和探讨。

9月14日 晋交商业保理(上海)有限公司联合山西省交通信息通信有限公司共同推出高速公路ETC记账卡产品"晋保通"正式上线,标志着山西货车ETC发展进入全新领域。

同日 金资公司业务团队赴江苏、上海等地对安泰复材项目进行广泛调研;同时与君桐资本、方源资本等业内知名企业就业务发展、投资规划等问题深入探讨、积极学习。

9月15日 金资公司纪委召开党风廉政建设和反腐败协调小组工作会议。

9月17日 金资公司通过公开招聘方式开展2022年校园招聘工作,共计35名应届毕业生参加本次校招工作。

9月22日 金资公司召开职工大会,会议补选工会委员审议通过公司《薪酬管理办法》等四项管理办法。

9月27日 金资公司股权业务团队赴北京与华夏天信北京总部、南方德茂(北京)资本管理有限公司等企业就华夏天信项目和安泰复材项目进行深入交流。

同日 金资公司邀请山西省学生心理健康教育工作指导委员会委员副教授傅霞,开展"释放压力,提升团队凝聚力" 团体心理辅导活动。

9月28日 金资公司召开清廉国企建设工作推进会,会议传达学习《中共山西交通控股集团有限公司委员会关于印发〈全面建设清廉国企"清单式"管理实施办法〉的通知》,听取全面建设清廉国企"清单式"工作任务实施推进情况,对下阶段工作做出进一步安排部署。

同日 金资公司邀请注册税务师李玉梅老师就不动产涉税处理与商业保理涉税处理内容开展第二、三期财税知识培训。

9月29日 金资公司再次召开政治监督检查立行立改工作推进会,听取各责任部门对问题整改的推进情况。

同日 金资公司邀请山西经济管理干部学院教授朱忠良就国有企业改革方向及企业法人治理结构完善与风险防范方面开展"公司治理、国企改革三年行动"专题培训。

10月10日 为进一步推进党风廉政建设,金资公司纪委以培育廉洁从业理念为根本,将廉洁文化建设作为推动清廉国企建设的重要抓手,不断创新廉洁文化载体,通过构建问廉、学廉、思廉、敬廉、守廉"五廉"篇,创建别具特色的警示教育基地——廉政教育室。

10月16日 金资公司积极组织全体党员干部职工以不同形式集中收听收看中共二十大开幕盛况。

10月18日 金资公司开展新任职干部任前集体廉政谈话,要求新任职中层管理人员严格执行党风廉政建设责任制规定。

10月20日 股权业务团队赴山东青岛、广东深圳就华夏天信项目、立景创新项目进行深入交流。

10月24日 金资公司纪委组织各部室、所属各子公司在廉政教育室开展廉政教育学习，签订《“守廉洁 防四风”廉洁自律承诺书》。

同日 金资公司纪委书记同机关部室负责人开展集体谈心谈话。

10月24日至26日 晋交商业保理（上海）有限公司完成山西国资供应链服务系统首批“晋易信”融资业务，为交控集团所属信通公司1家外部供应商与养护集团5家外部供应商提供保理融资服务。

10月28日 根据交控集团政治监督检查立行立改问题清单，金资公司召开政治监督专项检查整改推进会，听取各责任部门对问题整改推进情况。

10月29日 金资公司纪委积极探索大数据信息与监督工作深度融合，创新监督方式方法，完成综合智慧监督管理平台一期建设。

11月3日 金资公司纪委印发《关于督促进一步健全规章制度及风险防控的通知》和《关于聚焦政治监督专项检查整改进一步加强和改进作风建设的实施意见》。

11月8日 金资公司股权业务团队会同中金资本前往珠海航展，开展腾盾科技项目现场投后管理工作。

11月9日 金资公司股权业务团队会同中金资本针对一道新能项目开展线上项目交流会，会上双方就金资公司财务情况、产能规划与行业发展前景展开进一步沟通。

11月22日至26日 金资公司积极开展中共二十大精神专题学习宣讲活动。

11月28日 金资公司组建光伏行业研究小组，就光伏产业进行深入细致研究，形成投研成果，指导业务发展。

12月4日 物流集团到金资公司就企业运营现状，发展规划等方面开展深入交流，积极寻求合作机会。

12月5日 股权公司根据金资公司内部流程重新修订《投资管理制度》《风险管理制度》《信息披露制度》《投后管理办法》等10项相关管理制度和办法。

12月6日 金资公司邀请招商证券金融市场投资总部张辉专家开展债券专题分享会。

12月9日 金资公司纪委组同所属晋交商业保理（上海）有限公司领导班子、业务部门党支部委员开展廉政谈话。

12月13日 金资公司股权投资业务团队会同中金资本管理有限公司开展交流活动，会上双方就2022年度合作项目进行总结并对计划合作项目开展深入交流。

12月15日 资本公司业务团队前往交控置地龙锦院项目现场开展投后管理，充分了解项目建设销售情况。

12月13日 金资公司开展“办公区域出现新冠肺炎阳性患者的应急防控”演练。

（资料提供：苏 超）

山西省交通信息通信有限公司大事记

1月13日 山西省交通信息通信有限公司(以下简称信通公司)党委书记、董事长雷红锋,副总经理吕永萍与长治市财联路桥开发有限公司、交通运输部公路科学研究院、长治市公路局、长治市交通运输局相关项目负责人就长治市国道环线公路ETC自由流收费项目关于ETC通行费清分结算、客服体系建设、联合追缴体系建设等方面进行共同研究,制订实施方案。

1月25日 信通公司中标山西太长高速公路有限责任公司通信系统升级改造工程光缆施工及附属工程,中标金额536.64万元。

1月26日至27日 信通公司领导及工会到ETC忻州营业厅、ETC五台山营业厅、对外智慧交通事业发展部进行慰问调研。

2月24日 信通公司邀请中科院地理所、交通部公路科学研究院、山西工程科技职业大学等院所专家,参与信通公司"十四五"规划与企业发展战略项目编制,就战略方向、战略目标、战略举措、实施路径、保障与支持等内容进行研讨。

3月2日 信通公司召开科技研发项目立项评审会议,经与会专家审议,推荐"ETC+加油站拓展服务应用研究"。

3月8日 信通公司开展"三八"国际妇女节活动,女职工权益保护知识竞赛、"心中有话说——岗位承诺"手绘贺卡制作和工会女会员文体活动纪念品发放,丰富女职工精神文化生活,展现女职工积极向上、爱岗敬业精神风貌,关爱女性的身心健康,激发女职工工作热情。

同日 信通公司财务部经与交通银行山西省分行多次沟通和交流,获得1.2亿元综合授信额度批复。

3月11日 交控集团党委书记、董事长、总经理武艺在一届五次职代会暨2022年工作会上对信通公司提出"重组信通公司,着力做强数字经济"目标要求。按照交控集团赋予的职责使命,信通公司坚定贯彻创新驱动发展战略,确立"1234"改革发展总体思路,致力于打造具有区域竞争力的数字经济高新技术企业。

3月11日至18日 信通公司组织人员全面对16家高速公路公司通信设备安装位置、设备供电功耗、通信光缆现场情况进行摸排,为精准实施系统升级改造奠定数据基础。

3月18日 信通公司召开一届一次职代会暨2022年工作会议、2022年党的建设和党风廉政建设工作会议。提出"1234"改革发展总体思路,即一个总目标,全面完成年度经营任务,不断做强数字经济;打通两条新路径,即智慧交通、智慧城市运营两条路径;构建三大产业引擎,即机电工程、软件开发、ETC拓展三大引擎;实施四项工程,即人才培育与引进工程、资质提升与应用工程、产品开发与推广工程、管控体系建立与完善四项工程。

3月23日 交控集团路网中心相关领导对ETC运营服务中心进行工作调研,信通公司党委副书记、副董事长、副总经理(主持经理层工作)常宇鹏,副总经理吕永萍陪同调研,与ETC运营中心部门负责人召开座谈会,就ETC客服投诉退费、清分结算业务及系统优化进行深入交流。

3月23日至31日 信通公司党委书记、董事长雷红锋到大同、朔州、忻州、运城、临汾片区与管理公司进行交流座谈,共同探讨提升公众美好出行体验具体举措。

4月1日 信通公司召开2022年第一季度经济运行分析会，安排部署下一阶段经济运行工作，保证一季度开门红，总结经验，分析问题，提出季度后期工作调整措施。

5月5日 信通公司与山西银行举行ETC业务合作会谈，就贯彻落实交控集团与山西银行战略合作、进一步推动“ETC+服务”场景发展进行深入交流探讨，就货车保理业务和行业记账卡推广发行达成合作意向。

5月9日 信通公司召开清廉国企建设专题工作会议，传达交控集团全面建设清廉国企行动精神，分解信通公司清廉国企建设各项任务，并对下一阶段工作开展提出具体要求。

5月9日至12日 信通公司分别与吕梁、晋城、长治高速公路管理公司开展业务交流座谈，双方就高速公路路域经济领域、ETC应用场景拓展合作达成初步共识，为共同做“活”路域经济、取得社会效益和经济效益奠定基础。

5月12日、18日 信通公司纪委先后对42名中层干部开展廉政谈话，在认真履职尽责、落实“一岗双责”等方面提出具体要求。

5月18日 交控集团专职党委副书记、副董事长、副总经理刘宏武一行赴交控数字公司调研指导基层党组织建设工作，组织召开基层党组织建设专题调研座谈会。

同日 信通公司承建的AAAAA景区皇城相府ETC智慧停车场上线运营。皇城相府景区ETC收费项目建设对三个停车场进行ETC支付全覆盖，ETC车辆只需0.27秒即可自动完成支付，实现“不停车、不取卡、不扫码”的无感支付体验，为广大人民群众创造又一个城市静态交通一体化服务生态场景。

5月21日至6月30日 信通公司开展“奋战五十天 决胜上半年”通信系统升级改造劳动竞赛活动，紧紧围绕全省高速公路通信系统升级改造工程各项任务目标，牢牢把握“抓效益，创信誉”主线，组织动员全体参建人员，创先争优、建功立业。

5月26日 信通公司纪委开展中层干部廉洁档案更新完善事宜。

5月27日 信通公司完成山西省取消高速公路省界收费站建设工程（补充设计）和山西交通控股集团联网收费系统升级改造工程（补充设计）交工验收工作。

同日 按照“高速公路通信系统升级改造项目”的整体安排，信通公司编制《山西省高速公路通信系统升级改造工程光缆敷设施工操作指南》，组织各事业部负责人及项目相关人员进行技术培训，对项目组织实施过程注意事项进行安排部署，确保6月底完成通信系统升级改造项目。

5月30日 信通公司纪委召开党建工作和清廉国企工作例会。组织各党支部书记开展廉洁教育领学轮讲，弘扬廉洁文化，倡导廉洁风尚。

5月 “五一”节假日期间，信通公司开展通信和网络安全保障工作，对全省联网收费系统中通信系统、网络系统、网络安全系统、视频云联网系统等业务系统运行状况进行24小时监测及故障处理。监测发现故障32次，第一时间通知各高速公路运营公司；协助各运营公司排查及处理故障56次；监测封堵联网收费系统网络扫描攻击10万次，恶意攻击IP地址9个，全面保障“五一”期间联网收费系统安全稳定运行。

6月2日 在长治公司、信通公司、数字公司共同努力下，丰宜收费站“无人值守智慧车道”改造测试顺利完成，入口车道“智能发卡机器人”和出口车道“智能收费机器人”正式上岗。这是全省高速公路率先启用车道“智能机器人”、实现无人值守的试点收费站，也是智能化AI设备引入收费站的首次尝试，亮眼的外观、智慧化的收费方式为司乘人员带来全新通行体验。

6月9日 信通公司与金资公司、建行山西省分行相关人员就货车ETC保理业务进行洽谈，包括产品运行方案、受众人群、准入条件以及以贷款形式为货车客户授信的约定等业务进行探讨。

同日 信通公司党委组织信通公司和数字公司全体党员通过“线下”现场授课+“线上”腾讯会议方式，开展以“认真学习党章 做合格共产党员”为主题的集中党课培训活动,进一步引导广大党员坚定理想信念,提升党性修养,主动发挥先锋模范作用。

6月15日 信通公司与山西银行就行业记账卡业务进行洽谈。

同日 信通公司承建的太长高速公路太原南收费站(龙城服务区)智能化工程项目,完成微模块数据中心机房建设,实现一体化机房在高速公路服务区建设的全省首创。

6月16日 信通公司开展2022年度安全生产月“安全生产咨询日”活动,向社会群众分发安全宣传资料,讲解普及相关知识,努力营造良好氛围。

6月22日 信通公司研发智慧收费机器人收费软件在长临高速丰宜收费站进行联调联试,向交控集团领导现场演示,得到一致好评。

7月5日 交控集团副总经理谢鹏远深入信通公司调研,就“新思想在山西”进行专题宣讲。谢鹏远先后察看ETC呼叫中心、“陶海敏工作室”、ETC客服发行系统机房、通信改造网管平台,与干部群众面对面交流,认真听取有关意见建议,就做好基层党建工作提出指导意见。

7月14日 信通公司承建的AAAAA景区云丘山景区ETC智慧停车场上线运营。

7月18日 信通公司召开2022年上半年经济运行分析会。客观分析生产经营状况及存在的问题,科学合理规划下半年总体发展方向,深入分析面临的形势和任务,进一步明确下阶段工作目标,群策群力、精准发力,确保全年重点工作扎实推进、既定目标顺利实现。

同日 信通公司召开路域经济专题学习暨工作部署会,会议深入学习交控集团《“保营收、促增长,全面完成路域经济年度营收目标”行动实施方案》,对信通公司路域经济目标任务进行分解与安排部署。

7月19日 信通公司与吕梁北公司举行业务交流座谈,就加强双方机电维护专项工程、路域经济合作进行深入洽谈,相互交流意见,共同发展推进各项工作。

7月20日 信通公司与山西银行签订ETC行业记账卡业务合作协议书,在山西银行开立行业记账卡预存通行费账户,为行业记账卡业务顺利推进提供坚实保障。

同日 数字公司召开交控集团5个科研项目大纲评审会。本次科研课题是数字公司成立以来承担的第一批交控集团科研项目,对数字公司全面落实创新驱动发展战略具有重大意义,是课题研究与生产经营高效融合,有效促进科研成果落地,保证科研目标任务高质量完成的重要举措。

7月26日 交控集团党委第一巡察组深入信通公司开展巡察工作安排部署,党委委员、纪委书记、监察专员周刚出席会议并讲话。

同日 “山西省交通信息通信有限公司‘十四五’规划与企业发展战略”项目验收通过评审。信通公司组织交通运输部、省交通运输厅、中国交通信息科技集团和太原理工大学相关专家对项目进行验收评审,经质询、讨论,认为“规划”思路清晰、结构合理、内容全面,具有较好的前瞻性和可操作性,一致同意通过。

7月 信通公司被山西省小企业发展促进局授予山西省专精特新“小巨人”企业称号。

8月16日 信通公司顺利通过四川省交通运输厅公路水路建设与运输市场信用信息评价考核,综合评价等级为公路建设B级。

8月19日 ETC运营中心结合实际工作情况,组织客服中心及ETC营业厅客服工作人员开展“山西交通在线”平台线上ETC客服心理健康疏导及沟通技巧培训工作,参培56人次,积极调动ETC客服人员服务积极性和主动性,进一步提升客服人员文明服务用语、综合服务能力及水平。

8月23日 信通公司同北京万集科技股份有限公司的相关技术人员进行交流研讨。

8月至11月 信通公司推进数智化稽核效能,深入开展收费稽核专项提升行动。专项行动中,稽核查出补费车辆52886辆,收缴高速逃漏通行费22883783.84元,确保收费“颗粒归仓”。

9月5日 信通公司完成“六定”改革,通过改革,职责清晰、精简高效、运行专业管理体制和扁平、高效的管理运行体系基本形成。

9月6日 信通公司在省市场监管局完成公司登记信息变更备案及营业执照变更工作。经营范围增加了19项一般项目,1项许可项目,为拓展新业务、转型谋发展提供有力保障。

9月8日 数字公司召开2022年第一次股东大会,重新选举董事会成员;召开2022年第三次董事会,重新选举董事长、副董事长,聘任总经理、副总经理。

9月20日 上午,省交通运输厅党组成员、副厅长郭丙福赴信通公司查看联网收费系统网络安全防护工作,对信通公司网络安全防护工作给予充分肯定。

9月30日 信通公司、金资公司和光大银行太原分行进行就ETC线上发行及多场景应用等事宜进行合作洽谈,在货车保理日结产品上线的基础上,进一步丰富货车ETC保理产品周结、月结,全力打造ETC线上信贷模式,为货车ETC用户解决资金周转问题,助力相关市场主体和中小微企业纾困解难。

10月11日 信通公司党委召开巡察整改专题民主生活会,班子成员认真检视剖析问题。交控集团党委第一巡察组组长徐利民、副组长姚伟华及巡察组成员到会指导。

10月12日 山西省科学技术厅、山西省财政厅、国家税务总局山西省税务局批准信通公司为高新技术企业颁发证书。

10月14日 信通公司中标山西省高速公路视频云联网工程省级视频云系统施工,金额1593.88万元。本工程实现各级高速公路管理单位之间的监控系统平台互联互通、资源共享、业务协同,提高监控管理、保障路网安全畅通。

10月17日 信通公司召开2022年第三季度经济运行分析会,听取所属子分公司、各部室第三季度经济运行情况汇报,总结并分析存在问题,安排部署下一阶段工作。

11月9日 信通公司中标高速公路联网收费稽核系统审计、省界入口和部分收费站匝道车型识别预稽查系统建设工程项目,金额623.3万元。

11月28日 信通公司以多种形式开展中共二十大精神宣讲工作,引导广大党员干部群众更加自觉坚定地把思想和行动统一到中共二十大精神上来,落地生根、开花结果。

12月2日 信通公司与山西省智慧交通研究院有限公司、山西交科公路勘察设计院有限公司联合体中标交控集团高速公路智慧运营综合平台建设项目设计施工总承包,联合中标金额2679.13万元。

12月12日 信通公司以联合体中标服务区管理公司大盂服务区提档升级改造工程施工项目,联合中标金额9120.28万元。

12月28日 信通公司与太原龙城智迅公司签订20个ETC智慧停车场合作协议,车辆由原来的扫码支付转为ETC不停车支付,支付时长从1分钟缩短至0.27秒,有效提高通行效率、降低运营成本。

2022年 信通公司完成营业收入5.33亿元,实现利润总额1.30亿元;实现路域经济营收5.32亿元;累计清收应收账款1.97亿元;经济增加值、营业收入利润率等指标超额完成目标任务。年内发行ETC用户15.49万户,累计达559.08万户;年内投入研发费用5252万元,实现高新技术收入9927万元,完成交控集团下达各项年度目标任务。

（资料提供:王丽达）

山西交控汾石高速公路有限公司大事记

1月27日 山西交控汾石高速公路有限公司（以下简称汾石公司）召开2021年度部门考核大会。全体人员参加会议，各部室负责人述职，参会人员现场进行考核测评。

4月1日 汾石公司召开一届一次职工大会暨2022年工作会议、2022年党的建设和党风廉政建设工作会议。党委书记、执行董事樊英华出席会议并讲话，总经理闫毅志主持会议。

4月26日 汾石公司召开纪律作风大整顿动员部署会议。全体人员参加会议，总经理闫毅志主持会议。

4月30日 汾石公司LJ3分部范火泉隧道出口左洞进洞。

5月19日 汾石公司在LJ3分部桃红坡互通施工现场召开安全防护标准化观摩会，分管领导、相关部室人员及各参建单位项目负责人、安全管理人员参加会议。

5月24日 汾石公司召开工程建设推进会。交控集团副总经理谢鹏远出席会议并作讲话，汾石公司全体人员及各参建单位主要负责人参加会议。

5月25日至27日 山西省高速公路综合行政执法总队对汾石高速建设项目进行全面检查，组织召开汾石高速监督执法检查工作反馈专题会。会议由汾石公司总经理闫毅志主持，汾石公司领导、相关部室负责人及各参建单位项目负责人参加会议。

5月30日 汾石公司在交口枢纽施工现场开展2022年度防汛应急演练。汾石公司分管领导、相关部室人员及各参建单位项目负责人、安全管理人员参加。

6月4日 副省长一行深入汾石高速一线调研指导工作，汾石公司有关领导陪同。

6月27日 汾石公司第三党支部获评交控集团党委“2022年度标杆党支部”。

6月28日 省总工会在汾石高速LJ4分部1#梁场举行“送理论、送文化、送温暖，进项目、进企业、进工地”慰问演出。省总工会二级巡视员梁志强、宣教部一级调研员郭励新、省公路运输工会主席刘贵良、省交通建设中心副主任王润民、交控集团副总经理谢鹏远、工会主席孟仁贵及500余名汾石高速参建者共同观看演出。

6月30日 省交通运输厅党组成员、副厅长王晋一行到汾石高速开展“关爱职工，清凉一夏”活动。

7月1日 汾石公司在东山隧道进口组织召开隧道施工现场安全防护标准化观摩会。汾石公司领导、各业务部室、监理单位、施工总承包及路基各分部相关人员参加本次活动。

7月2日 汾石高速工程建设用地获得自然资源部批复。

7月4日 汾石高速项目获评交控集团“2021—2022年公路工程建设引领性劳动和技能竞赛优胜项目”，汾石高速LJ3项目部获评“优胜项目部”，副总经理李林林获评“先进个人”。

7月20日 汾石公司开展试验检测技能比武大赛，汾石公司领导、各业务部室、监理单位、施工总承包及路基各分部相关人员参加本次活动。

同日 汾石公司LJ3分部1#梁场浇筑全线第一片试验梁。

8月1日 汾石高速项目施工图设计获山西省交通运输厅批复。

8月2日 汾石高速项目全线首片T梁架设成功(LJ2分部苏家滩大桥)。

同日 汾石公司地方协调部获评交控集团工会“工人先锋号”,冯建通获评“模范职工”称号,刘小军获评“交控工匠”。

8月17日 汾石公司召开2022年第一阶段劳动竞赛表彰会暨项目建设推进会。交控集团党委书记、董事长、总经理武艺,副总经理魏鹏举出席会议并讲话。

9月5日 汾石公司召开安全生产专项整治三年行动暨安全生产大检查大整治大提升专项行动专题会议。安委会主任、党委副书记、总经理闫毅志出席会议并讲话,安委会副主任、副总经理李林林主持会议,公司领导、各部室、前线督导组、监理、施工单位相关人员参加会议。

9月6日 汾石公司《生产安全事故综合应急预案》在省应急管理厅完成备案。

同日 汾石高速项目施工许可申请获山西省交通运输厅批复。

9月7日 汾石公司与省交通运输厅驻村工作队联合开展“喜迎中共二十大 党建结对 共促乡村振兴”活动。省厅驻村工作队、汾石公司部分班子成员及相关部室人员参加。

9月15日 汾石公司在LJ4分部交口枢纽组织开展质量月启动仪式,在LJ4分部2号梁场组织开展T梁预制施工标准化观摩会。

9月21日 省政府副秘书长丁利军一行赴汾石高速现场调研,汾石公司领导陪同。

9月28日 汾石公司在LJ2分部柏长大桥组织召开桥面系安全防护标准化观摩会。

10月8日 吕梁市副市长油晓峰一行到汾石高速调研,汾石公司领导陪同。

同日 汾石高速项目获评山西省公路运输工会“2022年全省重点公路工程建设引领性劳动和技能竞赛优胜项目”,汾石高速LJ3项目部获评“优胜项目部”,副总经理李林林获评“先进个人”。

11月9日 汾石公司LJ3分部施工现场组织各参建单位分6个场景进行联合消防演练,并邀请专家现场详细讲解消防知识。

11月30日 汾石公司承建交口隧道右洞实现贯通。

同日 汾石高速项目全线首座桥梁全幅贯通(LJ2分部柏长大桥141片梁板全部架设完成)。

12月7日 汾石公司BIM技术应用获评2022年度中国公路学会“交通BIM工程创新奖”一等奖。

同日 汾石公司第三党支部被省国资委党委授予“省属企业标杆党支部”称号。

(资料提供:郭 锐)

山西交控临浮高速公路有限公司
大 事 记

1月11日 经交控集团党委批复《关于同意成立山西交控临浮高速公路有限公司党委和纪委的批复》,山西交控临浮高速公路有限公司(以下简称临浮公司)党委和纪委成立。

1月12日 临浮公司与临浮高速项目监理总承包中标单位监理集团开展施工监理合同谈判,举行合同签订仪式。

1月13日 临浮公司与浮临高速项目施工总承包中标单位路桥集团开展施工总承包合同谈判,举行合同签订仪式。

1月15日 临浮公司在三楼会议室召开安委会第一次全体(扩大)会议。党委书记、执行董事何晓明出席会议并讲话,临浮公司领导班子成员参加会议。

2月10日 临浮公司地协部召开项目手续办理推进会议,会议由副总经理赵国梁主持。会议要求第三方各单位对目前手续办理进度及存在问题进行梳理,制订切合实际改进措施,以压缩时间节点、抢抓进度为原则,务必认识到工程项目实施紧迫性,克服一切困难,不遗余力推进各项手续办理,努力实现临浮高速整体目标任务。

2月23日 临浮公司副总经理赵国梁同浮山县人大副主任吴光学、县交通运输局副局长张海军等相关领导召开关于解决蓝焰、聚源两家煤层气压覆工作会议。

2月25日 临浮公司组织项目设计单位、监理单位、施工单位,召开浮临高速项目建设推进会。会议通报各参建单位复工复产情况,针对当前项目推进过程中存在的问题进行分析研究,对下阶段重点工作进行安排部署。会议还对征地拆迁、土地手续报批、临时场站建设、安全生产等具体事宜进行安排部署。

3月10日 临汾市政府副市长胡晓刚在浮山县召开浮临高速公路项目协调推进会,解决存在问题,并对征地拆迁、施工时间节点等工作进一步进行部署。临汾市政府督查专员胡建军,市人大副主任、浮山县委书记扈新起,浮山县委副书记、政府县长王兴,市商务局局长白岗峰,浮山县人大副主任吴光学,浮山县政府副县长盖勇,浮山县政府副县长高振山,市交通运输局副县级干部冯建荣,市政府研究室主任要伟杰,市商务局外经科科长乔俊华,浮山县城建和交通运输局局长康忠强,市政府办公室副科长赵敏寰,浮山县发改和科技商务局主持日常工作的副局长刘金平,浮山县产业集聚区发展服务中心副主任杨永刚参加会议。

会议听取浮临高速项目征地拆迁和土地报批工作进展汇报,并进行研讨。

3月12日 临汾市审批局召开浮临高速公路项目环境影响报告书评审会,地协部负责人参加。

3月13日 临浮公司副总经理赵国梁参加尧都区政府召开浮临高速公路协调工作会。

3月19日 临浮公司召开2022年工作会议暨党的建设和党风廉政建设会议、2022年纪检工作会议和纪检干部大练兵动员会。

同日 临汾市尧都区县底镇政府组织辖区8个村庄召开临浮高速公路征地拆迁工作部署会议。

3月21日 临浮高速地协部与西气东输蒲县作业区对接会。

3月24日 临浮公司副总经理刘江龙、赵国梁与设计院一行,现场勘察讨论临汾东互通保通事宜。

3月25日 临汾市尧都区协调组、县底镇政府组织推进新靳村征拆协议工作。区协调领导组、县底镇政府组织县底辖区各村负责人召开征拆推进会。

3月27日 临汾市尧都区协调区、大阳镇政府组织推进官雀村征拆协议工作。

3月28日 临汾市尧都区协调区、县底镇政府组织推进王村征拆协议工作。

4月3日 临浮公司召开安委会第二次全体会议暨安全生产专项整治三年行动推进部署会议。

同日 临浮公司召开清廉浮临动员部署会,对标对表安排部署"清廉浮临"建设工作。会议指出,要深刻理解交控集团全面建设清廉交控"1520"具体工作举措的科学内涵,以打造"清廉浮临"为目标,把交控集团全面建设清廉交控工作部署和临浮公司工作实际结合起来,旨在让临浮公司上下在实施清廉浮临建设的过程中有思路、有计划、有措施。

何晓明在讲话中提出四点要求,一是必须抓住党的建设这个"根"和"魂";二是必须形成清廉浮临创建合力;三是必须紧扣方案推动完善廉洁发展的企业治理结构;四是必须加强廉政文化建设,营造崇廉尚廉的浓厚氛围。

4月15日 临浮公司及各参建单位同步开展全民国家安全教育日宣传活动。

4月18日 临浮公司副总经理刘江龙、赵国梁分别参加经济会议、项目建设会议。

4月21日 临浮公司副总经理赵国梁现场办公、督导检查临时便道、施工准备开展情况,对前河大桥钢筋加工场现场勘查。

同日 15时30分,临浮公司召开干部大会,交控集团党委书记、副董事长刘宏武书记宣布孙虎总经理任命文件。

4月24日 临浮公司领导班子参加警示教育大会和巡察动员部署会。

4月25日 临浮公司副总经理赵国梁赴二分部检查小构厂和钢筋加工场。

4月26日 临浮公司总经理孙虎、副总经理刘江龙、部长冯亚非参加交控集团第一季度经济运行分析会。

4月27日 临浮公司召开重点工作部署会。总承办项目部、一分部、二分部、总监办、设计单位分别按要求汇报。党委委员、副总经理赵国梁对下阶段重点工作进行安排部署。党委副书记、总经理孙虎总结讲话。

同日 临浮公司召开干部警示教育大会。党委委员、副总经理赵国梁传达交控集团干部警示教育大会上党委书记武艺的讲话精神;高级技术专员赵丽华传达交控集团干部警示教育大会上纪委书记周刚的讲话精神;党委副书记、总经理孙虎作总结讲话。

4月29日 上午,尧都区政法委召开浮临高速项目拟征收土地社会稳定风险评审会。

同日 上午,浮山县政法委召开浮临高速项目拟征收土地社会稳定风险评审会。

5月5日 临浮公司纪委联合质安环部对各参建单位进行专项检查。

5月6日 文物勘探单位组织人员开展文物勘探工作。

5月11日 上午,临浮公司召开安全生产工作例会暨浮临高速项目建设推进会。

同日 下午,临浮公司副总经理赵国梁参加市政府浮临高速项目建设协调推进会。

5月16日 临浮公司质安环部派专家检查一分部钢筋加工场。

5月17日 临浮公司有关领导对各分部开展安全生产大检查及现场办公。

5月18日 临浮公司总经理孙虎参加临汾市政府交通会议。

5月20日 临浮公司办公自动化系统正式启用。

5月24日 下午,交控集团检查临浮公司人事档案等工作。

5月25日 上午,浮山县境内230省道改路范围启动征地工作。

同日 下午,临浮公司召开党建工作暨清廉国企建设工作例会。

同日 晚上,临浮公司召开党委会、中心组学习会议。

5月26日 上午,临浮公司全体人员大会召开。

5月27日 下午,临浮公司领导与高速集团、监理集团分别签订高压电力项目协议。

5月28日 浮山县境内230省道改移征地工作完成。

同日 临浮公司地协部人员对5月31日组卷报地上传工作做准备。

6月1日 随着庄严的安全宣誓,浮临高速拉开了以“遵守安全生产法、当好第一责任人”为主题的“安全生产月”系列活动序幕,来自参建各方共计90余人参加启动仪式。

6月2日 省交通建设中心副主任王润民到临浮公司宣讲。

6月5日 临浮公司副总经理刘江龙赴二分部洰河大桥检查施工便道保通工作,检查一分部便道施工及钢筋加工厂、拌和站、安全生产工作。

6月7日 下午,临浮公司召开上半年目标任务研判分析座谈会,临浮公司领导、质安环部、技术合同部、地协部负责人及各参建单位负责人参会。

6月8日 临浮公司副总经理赵国梁、高级专员赵丽华及技术合同部同设计、监理、施工单位召开施工优化研讨会。

6月9日 上午,临浮公司总经理孙虎、副总经理刘江龙、财务管理部参加交控集团高端会计人才培养项目会计领军人才班开班典礼。

6月12日 临浮公司副总经理刘江龙检查二分部汩河大桥施工现场。

6月15日 临浮公司承建汩河大桥建设项目开工。

6月16日 临浮公司安全咨询日活动会议召开,董事长何晓明进行安全专题宣讲课,领导班子成员深入各参建单位进行安全资料宣传,检查项目前期工作开展情况。

6月18日 临浮公司质安环部同技术和同步对LJ1分部钢筋笼首件工程进行检验。

6月19日 交控集团安环部来临浮发放"安全生产月"活动宣传品。

6月22日 上午,临浮公司总经理孙虎、副总经理刘江龙、高级专员赵丽华检查工地施工情况。

同日 下午,临浮公司有关领导参加安全生产大检查、大整治、大提升推进会议。

6月28日 上午,临浮公司领导班子参加党的建设和清廉国企建设推进会。

同日 下午,临浮公司总经理孙虎到LJ1分部察看全线主要工程近期进展及部署情况。

6月29日 临浮公司承建浮山县境内通信迁改施工。

6月30日 上午,浮临高速项目开展消防救援综合演练。

7月3日 临浮公司总经理孙虎,副总经理刘江龙、赵国梁,高级专员赵丽华赴各参建单位进行第一阶段劳动竞赛活动考核。

7月5日 下午,临浮公司机关党支部到临汾廉政广场开展主题党日活动,全体人员及二分部党员参加。

7月7日 临浮公司召开中层民主推荐会,考核组开展考核干部工作。

7月8日 下午,临浮公司2022年上半年工作总结和下一阶段工作安排部署会议召开。

7月11日 临浮公司开展安全警示教育片和安全题材电影放映。

7月12日至14日 临浮公司副总经理刘江龙赴太原、临汾南进行干部延伸考察。

7月13日 下午,临浮公司领导参加路域环境会议。

7月14日 临浮公司与项目设计单位开展施工图设计优化研讨。

7月15日 交控集团召开安委会第三次全体(扩大)会议后,临浮公司召开2022年安委会第三次全体会议,有关领导及各参建单位主要负责人参加。

同日 临浮公司地协部针对大阳镇官雀村K9+428开工点进行开工进场,协调工作。

7月20日 临汾北公司、临浮公司召开交流座谈会。

7月21日 临浮公司领导班子对各参建单位进行检查。

同日 地方协调部土地组卷工作在临浮公司领导大力支持下,通过省、市、县多方面协调,地协部所有人员对组卷工作紧抓落实,利用10天时间完成两区县自然资源局会签及两区县政府的请示到市自然资源局资料核查多部门会签工作。同时,通过多方协调利用7天时间完成浮山县指标沟通事宜,用2天时间完成市政府请示,以21天时间当日中午完成市级审批,报省自然资源厅。

7月26日 临浮公司纪委组织纪检岗位大练兵月考试,纪委书记潘鹏飞安排部署下一步工作。

同日 230省道与临浮高速红线范围工程施工启动。

7月27日 上午,临浮公司、路桥二公司、浮临高速LJ2分部召开廉政风险防控座谈会。纪委书记潘鹏飞、路桥二公司纪委书记牛武钢出席。

同日 下午,临浮公司总经理孙虎、副总经理刘江龙、高级专员赵丽华及各部室负责人参与交控集团经济运行分析会。

7月28日 临浮公司地协部土地组卷报批核实数据库中建设用地实际现状情况。

同日 下午,浮临高速项目水保、环保合同谈判并签订。

7月29日 临浮公司各领导进项目、进工地开展“新思想在山西”宣讲。

同日 临浮公司举行第一阶段劳动竞赛“回头看”活动。

8月2日 临浮公司领导到各参建单位督导检查。

8月3日 临浮公司董事长何晓明深入项目施工一线督导检查，副总经理刘江龙赴一分部进行新思想在山西主题宣讲。

8月4日 临浮公司召开干部大会和纪律作风教育整顿会议

8月6日 临浮公司会同监理、施工单位，就下半年进度召开调度会。

8月8日、9日 晚，临浮公司廉洁风险防控学习会举行，由张宏亮、张志刚主讲。

8月9日 临浮公司纪委书记潘鹏飞赴工地及项目部检查工作。

同日 临浮公司领导及全体职工参加交控大讲堂。

同日 临浮公司地协部与临汾南公司路政四队工作人员，共同做好临汾东互通主线及临时占地土地及附着物清点工作。

8月10日 临浮公司纪委书记潘鹏飞、路桥二公司纪委书记牛武钢及相关纪检工作人员到浮临高速LJ2分部主要领导干部家中开展“树清廉家风，建清廉家庭”廉政家访活动。

8月10日至11日 晚，临浮公司廉洁风险防控学习会举行，由冯亚非、黄丽娜主讲。

8月10日至12日 临浮公司党委副书记刘江龙参加交控集团统战工作专题培训。

8月12日 交控集团召开2022年安全生产专题视频会议，临浮公司总经理孙虎、副总经理赵国梁召开安全生产专题部署会暨八月份安全生产例会。

同日 下午，临浮公司总经理孙虎、副总经理赵国梁带领质安环部、技术部、总监办开展防汛安全隐患大排查。

同日 晚，临浮公司纪委书记潘鹏飞在LJ2分部召开防汛工作部署会。

8月13日 临浮公司纪委书记潘鹏飞带领质安环部、技术部、总监办负责人开展防汛隐患大排查督导工作。

8月15日 临浮公司党委办公室同质量安全部为办公室勤务人员开展安全教育学习。

8月15日至18日 临浮公司廉洁风险防控学习会举行，由马晨变、乔川舟、赵磊、马磊主讲。

8月17日 临汾市交通运输局局长樊宇深入浮临高速调研指导。临浮公司总经理孙虎、副总经理赵国梁陪同。

同日 临浮公司党委副书记刘江龙、纪委书记潘鹏飞带领安全部、总监办对LJ1、LJ2分部进行防汛安全隐患督查。

8月20日 临浮公司高级技术专员赵丽华带领安质部、技术部、总监办开展防汛安全隐患排查督导工作。

8月22日 临浮公司党委办公室召开勤务人员周例会。

8月23日 长治公司纪委一行到临浮公司互查指导，长治纪委书记魏晓勇带队，党委副书记刘江龙、纪委书记潘鹏飞接待。

8月24日 临浮公司纪委书记潘鹏飞带队赴长治公司互查。

8月25日 临浮公司党委副书记刘江龙召开8月份党建双月工作例会。副总经理赵国梁赴LJ2分部开展“新思想在山西”主题宣讲。

8月26日 临浮公司董事长何晓明与施工、监理、设计单位举行会议。

8月27日 临浮公司召开浮临高速2022年项目建设推进会暨“百日会战”部署会。

8月28日 省交通运输厅检查组对浮临高速项目防汛安全生产工作进行专项检查。

8月31日 临汾市自然资源局召开浮临高速公路浮山县、尧都区临时占地土地复垦专家评审会。

9月1日 交控集团召开政治监督专项检查动员部署会。

9月2日 临汾市人大常委会副主任牛少白到

浮临高速项目调研。

9月5日 交控集团纪委召开“两节”期间贯彻落实中央八项规定精神提醒会。

9月6日 临浮公司地协部与技术部、施工单位、设计代表现场勘查施工占地情况。

同日 副省长汤志平赴浮临高速调研指导，交控集团副总经理魏鹏举陪同调研并召开座谈会。

9月7日 临浮公司召开落实副省长汤志平、交控集团副总经理魏鹏举调研指示精神部署会，中秋、国庆“两节”期间贯彻落实中央八项规定精神监督提醒会，习近平总书记给“中国好人”李培生、胡晓春重要回信精神学习会。

9月8日 下午，临浮公司、临汾南公司、浮临高速公路施工总承包项目部LJ2分部共同召开浮临高速临汾东枢纽涉路施工对接协调会。

9月9日 交控集团召开安委会会议，总经理孙虎、党委副书记刘江龙、副总经理赵国梁参加。同时召开中秋、国庆期间安全生产专题会议。

同日 临浮公司封存公车，检查后备箱、查看办公监控。

9月14日 临浮公司总经理孙虎、党委副书记刘江龙、副总经理赵国梁，高级专员赵丽华赴参建单位检查工作。

9月15日 临浮公司党委副书记刘江龙赴临汾北进行党委理论学习中心组旁听。

同日 临浮公司召开浮临高速“百日会战”专班会议。

同日临浮公司成立临汾东互通专班，定期召开专班会及现场会，推进项目建设。

9月16日 县底镇政府召开专题会议研究临汾东枢纽霍临线500千伏电力拆改征地工作。

9月19日 临浮公司党委副书记、总经理孙虎，党委副书记、副总经理刘江龙，党委委员、副总经理赵国梁，在临汾东互通组织专班工作组人员召开现场办公会议。

9月21日至23日 省执法总队副总队长任晓军带队督导检查工作。

9月22日 临浮公司地协部与西韩村委协调解决村民阻工事宜。

9月24日 交控集团安环部、省执法总队到临浮公司检查安全工作。

同日 临浮公司召开党委会，临汾南公司来临浮公司进行党委中心组旁听。

9月25日至26日 交控集团政治监督专项第六检查组到临浮公司检查工作。

9月27日 临浮公司召开安委会第四次全体会议及浮临高速信访工作会。

9月29日 临浮公司开展制度学习和应急值班值守系统学习。

9月30日 临浮公司召开浮临高速2022年第一阶段劳动竞赛总结表彰会。

10月2日 临浮公司党委书记何晓明要求检查工地情况，驻地及便道。经LJ1、2分部报告，由于天降大雨，工地及便道存在少量积水。早上积水已经排除完毕，一切正常。

10月3日 临浮公司党委办公室主任王继红等赴LJ1、2分部进行检查。

10月9日 临浮公司、临汾北公司召开路域环境座谈会。

10月10日 交控集团纪委召开第三季度工作例会暨先进事迹报告会。临汾东互通工作专班在临汾东互通施工现场组织召开第五次工作会议。

10月12日 临浮公司开始18:40制度学习。

10月14日 临汾南公司召开沁水至临汾高速公路浮山至临汾段临汾东枢纽涉路施工方案及保通方案评审会。

10月15日 临浮公司党委副书记、总经理孙虎，党委副书记、副总经理刘江龙，党委办公室负责人王继红在浮临高速LJ1分部施工现场督导检查工作。副总经理赵国梁同质量安全环保部、技术合同管理部在LJ2分部现场督导推进工作。

10月16日 临浮公司全体人员观看中共二十大开幕会实况。

10月19日 临浮公司领导班子和中层干部参加交控集团内部控制体系建设项目启动会暨内部控制体系管理专题培训会。

10月20日 临浮公司党委副书记、总经理孙虎，财务管理部副部长宋丽燕参加交控集团第三季度财务运行分析会。

10月21日 临浮公司有关领导，技术合同部、质量安全环保监督部，各参建单位参加省交通运输厅建设中心组织的省重点公路工程高质量建设发展培训会。

同日 临浮公司有关领导、在岗人员参加“交控大讲堂”活动。

10月23日 临浮公司参加交控集团路域经济经营分析会暨第四季度路域经济推进会。

10月25日 临浮公司参加交控集团2022年政治监督专项检查问题反馈会后，召开问题整改安排部署会。18:40开展廉洁风险防控大讲堂、规章制度学习、政治监督专项检查问题清单任务分解。

10月26日 临浮公司副总经理赵国梁召开浮临高速施工总承包LJ2分部工作部署会。

10月30日 临浮公司高级专员赵丽华组织质安部、技术部检查工程建设质量安全进度情况。

11月1日 临浮公司廉洁风险防控大讲堂，每名职工发言，纪委书记潘鹏飞与大家进行谈心谈话。

11月2日 临浮公司总经理孙虎带队、副总经理刘江龙、副总经理赵国梁、高级专员赵丽华及相关部室人员进行“百日会战”督导检查。

11月3日 9时临浮公司召开LJ1分部协调会，下午3时召开总经理办公会。

11月8日 临浮公司组织观看中共二十大精神宣讲报告会。

11月9日 临浮公司在LJ1分部前河大桥开展“11·9”消防安全宣传活动。

11月10日 临浮公司组织收听收看中共二十大精神专题宣讲报告会。组织设计单位、施工单位、监理单位进行施工图设计技术交底。

11月13日 临浮公司副总经理赵国梁带队，质安环部、技术部赴施工一线督查。

11月15日 霍临线超高压500千伏拆改工程，2号线4基塔基安装已经全部完成，开始启动挂线施工。山西交控临浮高速公路有限公司《生产安全事故应急预案》以及相关备案材料在山西省应急厅备案。

11月18日 霍临线超高压500千伏拆改工程，2号线旧塔1、3号已拆除，新塔挂线施工完成70%。

11月28日 下午，临浮公司召开党建双月工作例会暨纪委提醒谈话会、意识形态工作会、信访工作会。

12月5日 临浮公司总经理孙虎、副总经理刘江龙带质安部赴参建单位进行检查。省文物考古研究所对浮临高速尧都区段红线1号、2号文物点开始发掘。

12月6日 交控集团专职党委副书记刘宏武在监理集团、视频连接临浮公司进行中共二十大精神宣讲。党委书记何晓明和总经理孙虎分别作工作汇报。

12月7日 临浮公司各位领导、中层参加第六期“交控大讲堂”。

12月8日 临浮公司党委书记何晓明、总经理孙虎等领导到项目施工一线进行检查。

12月9日 上午11时，临浮公司工会第一届会员大会。选举刘江龙为工会主席；下午3时，浮临高速建设管理座谈会召开，路桥集团党委委员、副总经理李殿勤参加；晚7时，党委书记何晓明进行中共二十大精神宣讲报告会。

12月10日 副省长调研临汾公司浮临项目。

同日 省考古研究院梁院长一行到浮临高速项目考古发掘（浮山境内）工作进行督导，要求严格按照考古发掘计划实施，进一步加快考古发掘进度，确保浮临高速工程顺利施工。

12月11日 交控集团副总经理魏鹏举调研浮临高速项目全线有关情况，召开项目建设推进会。

12月13日 临浮公司纪委书记潘鹏飞开展中共二十大精神宣讲报告会，全体人员参加。

同日 省文物考古研究所对浮临高速尧都区段1号、2号文物点，发掘工作完成，开始发掘梁村13号文物点。

12月14日 临浮公司有关领导及机关党支部委员参加培训。

12月21日 临浮公司党务干部参加第二期

培训。

同日 浮临高速开工一周年纪念日。

12月27日 临浮公司总经理孙虎召开总经理办公会,开展中共二十大精神宣讲。

12月28日 临浮公司总经理孙虎等领导带领各部室深入项目,开展全线年度检查。

12月30日 交控集团召开正风肃纪会议、高质量建设会议后,临浮公司召开正风肃纪、高质量建设安排部署会。

(资料提供:刘晓腾)

山西交控高速公路服务区管理有限公司大事记

6月2日 山西交控高速公路服务区管理有限公司(以下简称服务区公司)挂牌成立。

6月17日 服务区公司在大盂服务区举行大盂、清徐服务区提档升级改造工程项目启动仪式,认真贯彻落实《山西省高速公路服务区提质升级三年行动方案》,按照交控集团部署要求,高标准、高质量、高效率努力把服务区打造成为交控集团的“美丽窗口”、山西形象的“靓丽名片”。

7月8日 服务区公司开展全员“岗位大练兵、素质大提升”活动,引导全员学理论、学知识,在学中干、在干中学,为全方位推动服务区高质量发展提供强有力的人才保障,全方位推动服务区高质量发展的实际成效。

7月26日 在2022年第十五届中国高速公路服务区管理年会上,平遥服务区获评“第二届全国高速公路旅游特色服务区”,是全省唯一获此殊荣的高速公路服务区。

8月1日 服务区公司党委开展“喜迎中共二十大、展现新形象、建功服务区”主题演讲比赛,激励广大党员干部群众立足工作岗位,以踔厉奋发、笃行不怠的昂扬风貌和奋进姿态,为服务区公司高质量发展贡献力量,以优异成绩迎接中共二十大胜利召开。

8月10日 服务区公司参加山西综合广播《清风晋韵》节目,宣传高速公路服务区无障碍设施完善工作和提质升级改造情况。

8月29日 服务区公司开展“喜迎中共二十大、改作风、强管理、抓服务、树形象”专项行动,将全省服务区划分为9个片区,由服务区公司领导班子成员分别带队,组织机关人员全部下沉一线,集中开展地毯式督查活动。

9月23日 服务区公司完成大营服务区提质升级改造工程,极大改善服务区对外形象,提升公众出行满意度和获得感。

9月16日 服务区公司召开“岗位大练兵、素质大提升”总结表彰会,对获一等奖的10名、二等奖7名受表彰人员予以表彰和现金奖励,旨在表彰先进、树立榜样,激励广大干部职工见贤思齐、奋勇争先。

9月19日 服务区公司组织机关全体党员干部和部分群众代表前往省党风廉政教育基地,参观“牢记初心使命”党风廉政教育大型主题展,进行党性锤炼,接受警示教育,切实推进清廉国企建设。

9月21日 服务区公司召开工会第一届会员代表大会,会议审议通过选举办法,现场投票选举产生第一届工会委员会委员、经费审查委员会委员和女职工委员会委员，以及工会主席、经费审查委员会主任、女职工委员会主任。

9月23日 副省长在阳泉服务区调研指导服务区危化品车辆停放工作，指出要大力推进高速服务区提质升级，为人民群众美好出行提供优质服务，助力优化营商环境。

9月29日 服务区公司召开2022年第四次安委会全体(扩大)会议暨国庆假期和中共二十大期间安全保畅部署视频会议，围绕“防风险、保安全、迎中共二十大”主线，统筹做好安全生产和服务保畅各项工作。

12月20日 服务区公司完成全省60对服务区的电力增容项目，确保服务区用电安全可靠。

12月29日 服务区公司召开元旦、春运期间服务区运营管理工作安排部署视频会议，做好安全生产和服务保畅工作。

（资料提供：高涌惠）

山西交控新能源发展有限公司大事记

7月26日 山西交控新能源发展有限公司(以下简称新能源公司)完成工商注册登记工作。

8月10日 新能源公司正式揭牌成立，省国资运营公司党委书记、董事长洪强，交控集团党委书记、董事长武艺揭牌并讲话。交控集团专职党委副书记刘宏武主持揭牌仪式。省国资运营公司领导刘巍，交控集团领导杨志贵、谢鹏远、魏鹏举出席。

8月11日 新能源公司完成“山西交通控股集团有限公司电子招投标采购交易平台”注册登记工作。

8月12日 交通集团对新能源公司“六定”实施方案进行批复，对新能源公司总部机构、所属机构，领导人员职数、总经理助理职数，总部机构中层管理人员职数，所属机构管理人员职数，所属机构人员职数及总员额进行核定。

8月17日 中国共产党山西交控新能源发展有限公司总支部委员会，经中共山西交通控股集团有限公司委员会批复成立。

9月13日 新能源公司完成“山西国资数智采购系统平台”注册登记工作。

9月17日 新能源公司起草编制《发展分布式光伏发电工作方案》通过交控集团印发。

9月19日 新能源公司成立中共山西交控新能源发展有限公司总部第一党支部委员会和中共山西交控新能源发展有限公司总部第二党支部委员会。

9月23日 新能源公司投资主体账号(“新能源公司”)在山西省投资项目在线审批监管平台注册完成。

9月26日 新能源公司编制完成《新能源产业发展规划》，规划共包含规划背景、发展目标、规划内容、零碳园区试点案例和总结五个部分，规划以新能源开发应用为主，着力构建综合能源服务。规划内容主要有分布式光伏发电、清洁供暖、生物质发电清洁能源、充换电基础设施、LED节能改造、电力储能、供配电运维及应急能源管理、能源大数据综合服务、购售电、零碳园区十大项目，为新能源公司在新能源开发和综合能源服务业务方面提供战略指引。

9月27日 新能源公司会同交科集团编制完

成《山西省交通行业域内分布式光伏发电建设规划大纲(2022—2035年)》,并上报省交通运输厅。

9月28日 新能源公司与太原高速签订《综合能源框架协议》,董事长翟建峰,太原公司党委书记、董事长冯利强分别致辞讲话。此次综合能源服务项目是以可再生能源为优先,以电力能源为基础,深度融合能源管理与信息化、数字化建设,实现多种能源的相互转化和优化配置,项目将结合太原公司资产及用能现状,秉承低碳环保、可持续发展、绿色公路和智慧高速建设理念,合理规划实施,打造近零碳园区,实现经济效益、环境效益和社会效益并重多赢。

9月30日 新能源公司召开2022年第一次安全会议暨道路坡地光伏开发项目工程推进会。董事长翟建峰主持,党总支书记、副董事长、总经理陈建文,党总支副书记、纪检委员王心怡,党总支委员、副总经理李根参加会议,有关部门负责人列席会议。

10月5日 新能源公司党总支书记、副董事长、总经理陈建文深入太忻项目进行现场检查指导。

10月26日 新能源公司完成金蝉电子交易平台注册登记工作。

10月27日 新能源公司与交控集团签订《综合能源框架协议》。

10月31日 新能源公司与榆和高速签订《综合能源框架协议》。

11月5日 新能源公司起草编制的《公路沿线充电基础设施建设工作方案》通过交控集团印发。

12月23日 新能源公司开展第一次干部选拔任用工作,选拔任用14名干部。

12月29日 新能源公司会同交科集团编制完成山西省地方标准《高速公路边坡光伏发电工程技术规程》并通过交控集团评审。

12月31日 新能源公司太忻项目大盂互通光伏1#、2#、3#地块的1223块刚性支架光伏组件、柔性支架1911块光伏组件安装和电气工程全部完成;大盂收费站光伏车棚174块光伏组件全部完成,12台充电桩已全部安装,光储充供设备安装完毕;黄寨边坡5240块光伏组件全部安装完成;石岭关设计基本完成;完成投资3156万元。

(资料提供:高倩倩)

山西交控科技转化有限公司
大 事 记

8月10日 山西交控科技转化有限公司(以下简称科技公司)正式揭牌成立。省国资运营公司党委书记、董事长洪强,交控集团党委书记、董事长武艺为新公司揭牌并讲话。交控集团专职党委副书记刘宏武主持揭牌仪式。省国资运营公司领导刘巍,交控集团领导杨志贵、谢鹏远、魏鹏举出席。揭牌仪式上,科技公司负责人刘少文介绍有关情况。

9月16日 科技公司总经理刘宇峰赴吕梁北现场进行工作调研。

9月24日 科技公司总经理刘宇峰赴南京、宿迁考察就地热再生相关领域新技术发展动态。

10月4日 科技公司总经理刘宇峰赴方山县就地热再生机组及人员驻地检查施工准备情况;赴岚县服务区查看屋面防水工程情况。

10月9日 科技公司董事长刘少文赴大同公司对接业务。

10月11日 科技公司总经理刘宇峰赴忻州商谈沥青存储及深加工事宜。

10月12日 科技公司总经理刘宇峰赴吕梁与吕梁北公司对接业务。

10月24日 科技公司董事长刘少文赴济南调研山东交通科学研究院。

10月25日 科技公司董事长刘少文参加山东高速举办的“高速公路养护高质量创新发展论坛暨山东高速集团第二届养护管理科技创新研讨会”。

12月29日 科技公司董事长刘少文赴广东考察学习。

（资料提供：俞钧露）

山西交控太行灵泉山泉水有限责任公司 大 事 记

1月5日 上午，平顺县委书记连树斌，县委副书记、县长刘林松等县、局相关领导一行到山西交控太行灵泉山泉水有限责任公司（以下简称太行灵泉公司），就太行灵泉公司建设运行情况进行参观指导。长治公司党委书记、董事长郭长庆，总经理王战兵等领导班子成员及太行灵泉公司总经理韩新平与相关部门负责人员陪同。

连树斌对产品外形、包装以及品控室、厂房内的生产流水线进行仔细查看，认真听取山泉水生产制作工艺概况、产品化验流程、市场预计规模以及后续产品发展方向的情况汇报，给予充分肯定，对产品生产以及太行灵泉公司长远发展提出指导性意见。

太行灵泉公司董事长郭长庆指出，企业发展应顺应市场潮流，作为山西交控集团转型发展路上一个有益的实践，在自身发展的同时也助推着本地经济的发展。作为一个利用自然资源发展的企业，力争打造省内一流、全国领先的优质山泉水生产企业。

1月 在交控集团“聚焦主业、相关多元、整合资源、深度开发”经营思路以及利用高速公路沿线闲置资产进行转型发展要求的指导下，长治公司与路桥集团共同开发实施太行灵泉天然山泉水建设生产项目。项目开展以来，商标注册、公司注册、取水许可、环保审批、食品生产及卫生许可、厂房建设、生产设备采购进驻、饮用水水源地一级全封闭保护等工作均已完成。太行灵泉公司进入试生产阶段，正式投产后可满足交控集团内部会议及饮用水的需求，提升交控集团内部员工饮用水质量，同时也可培育新的利润增长点、提高水资源利用率，项目兼具经济、社会效益。

6月22日 交控集团党委书记、董事长、总经理武艺一行赴太行灵泉公司调研。交控集团副总经理、路桥集团党委书记杨志贵，外部董事赵石岗、张秀山、呼运平及相关部室负责人一同调研。

武艺实地查看太行灵泉公司项目水产品生产线、品控质检及产品包装等工作情况，认真听取相关负责人对太行灵泉公司组织架构、投资建设、生产经营及产品销售等情况介绍。对太行灵泉公司加快生产经营步伐、打开销路、拓展市场、助力交控集团多元融合发展寄予厚望。

武艺指出，太行灵泉天然山泉水生产项目作为路域经济发展新的经济增长点，要认真筹划，主动开拓外部市场，抢抓重要发展机遇，注重产品多样化，力求人员专业化，谋求企业提级提效增效，满足激烈市场竞争和未来发展需求。

6月28日 太行灵泉公司分别与朔州公司、大同北公司、大同南公司签署战略合作协议。根据协议,各方将本着平等互利、优势互补原则,围绕职工饮水充足、饮水健康及产品宣传等需求持续开展各项工作,将在内部会议培训、生产建设、福利慰问、主题宣传等活动中广泛开展战略合作。太行灵泉公司是交控集团围绕“三足鼎立”工作部署,立足沿线资源开发利用,精准定位行业竞争优势,着力培育路域经济新型产业。太行灵泉公司将贯彻落实武艺董事长调研长治公司精神,以此次战略合作为契机,全面开启太行灵泉公司发展新篇章,持续加强与各管理公司沟通对接,坚持目标同向、发力同向,用扎实的行动谱写互利互惠、合作共赢、可持续发展战略合作新篇章,用优异成绩回报交控集团和各单位的鼎力支持。

7月7日 交控集团专职党委副书记、副董事长、副总经理刘宏武到太行灵泉公司调研,实地参观太行灵泉标准化厂房、生产线设备和水质化验室,观看产品宣传片,了解太行灵泉公司投资建设、生产工艺、经营理念和培育发展等情况。调研期间,刘宏武在长治公司主持召开座谈会,听取长治公司和太行灵泉公司党建工作开展情况汇报,充分肯定长治公司、太行灵泉公司坚持党建引领、创新创效,在生产经营改革和路域经济发展工作中取得成果。

7月27日 交控集团党委委员、总会计师孙建秀深入太行灵泉公司调研,财务结算中心主任张华、财务部副部长席妮妮陪同。孙建秀一行深入太行灵泉公司,实地参观太行灵泉公司标准化厂房、生产线设备和水质化验室,详细了解太行灵泉公司经营理念和培育发展情况。在长治公司召开调研专题座谈会,听取长治公司、太行灵泉公司工作开展情况汇报,充分肯定各单位在通行费收入和路域经济收入发展方面所作的努力,孙建秀就“新思想在山西”做宣讲并讲话。

7月28日 交控集团纪委书记、监察专员周刚到太行灵泉公司调研指导工作。周刚实地查看太行灵泉公司标准化厂房、生产线设备和水质化验室,参观平顺西沟展览馆,与班子成员座谈交流,详细了解太行灵泉公司生产经营及“清廉国企”建设推进情况。周刚对太行灵泉公司的各项工作给予充分肯定。他强调,要进一步明确路域经济发展目标任务,加快推进太行灵泉公司项目发展速度,提升产品质量,强化战略合作,拓宽市场,打响品牌,全面激发发展活力,全力推动经营结构由“两条腿走路”向“三足鼎立”转型。要加快推进“清廉国企”建设,全面贯彻落实交控集团“1520”行动计划,坚持把清廉国企建设与深化改革和生产经营有效融合,与开展“四风”突出问题专项整治同步推进,全力打造风清气正的优良政治生态和发展环境,为交控集团全年目标任务完成贡献力量。

(资料提供:王 晓)

山西省交通规划勘察设计院有限公司 大 事 记

1月21日 山西省交通规划勘察设计院有限公司(以下简称设计院公司)召开2021年度党史学习教育专题民主生活会。交科集团党委书记、董事长樊英华及相关部室负责人到会督导。

1月30日 设计院公司“G2003太原绕城高速公路义望至凌井店段(太原西北二环)施工图设计(劳务)”项目由省交通运输厅批复。

1月31日 设计院公司“阳城至济源高速公路阳城至蟒河段”“古交兴能电厂至太原集中供热主管线及中继能源站工程隧道工程”“五保高速五台山机场连接线”“山西省西纵高速公路右玉至平鲁段”“省道小风线临晋镇至永济段改线工程”“阳曲县故西线公路改造工程”“阳曲县县道三马线河庄至马坡段路面改造工程”7项设计成果获山西省土木建筑学会山西省第十七届“太行杯”土木建筑工程大奖。

2月21日 设计院公司召开2021年度党支部书记抓党建述职评议考核会议。

2月24日 设计院公司“晋阳高速公路改扩建工程的施工图设计——房建及预算”项目由省交通运输厅批复。

3月31日 中国能建山西省电力勘测设计院有限公司党委书记、董事长王新平到设计院公司交流,签署战略合作框架协议。

4月20日 设计院公司获批市政行业乙级、风景园林工程专项设计乙级资质。

4月26日 设计院公司“国道108忻州境内砂河至石岭关扩建工程初步设计”项目由省交通运输厅批复。

同日 交科集团党委委员、纪委书记秦林清携相关部室负责人深入设计院公司开展调研座谈。

4月29日 设计院公司桥梁设计研究院临猗黄河大桥技术攻关青年突击队被交控集团授予2021年度“优秀青年突击队”称号。

5月16日 太原供水集团有限公司党委书记、董事长杨怀军一行到访设计院公司,举办合作交流座谈会。

5月19日 设计院公司“大型复杂枢纽保通设计的数字解决方案”获评中国公路学会“第三届全国公路微创新大赛”金奖。

同日 设计院公司承担的交控集团科技项目“中小跨径梁桥板式橡胶支座抗震机理研究”“桥梁BIM建模设计分析一体化平台的研究与开发”“山西省高速公路危险路段辨识评价体系研究”“隧道下伏多层采空区变形规律及处治技术研究”“国产环氧沥青在桥面铺装中推广应用技术研究”通过交控集团验收。

5月30日 中共山西交通科学研究院集团有限公司委员会印发《关于范晓江等人职务任免的通知》,范晓江任设计院任公司党委委员、党委书记。免去黄仰收公司党委委员、党委书记职务。

同日 《山西交通科学研究院集团有限公司关于范晓江等职务任免的通知》,范晓江任设计院公司董事、董事长。免去黄仰收董事、董事长职务。

5月31日 设计院公司中标“甘肃省西和至宕昌高速公路项目初步勘察设计”项目,合同金额3588.06万元,为年内中标省外项目金额最大标段。

6月1日 设计院公司举行2022年“安全生产月”启动仪式。

6月4日 设计院公司与山西省交通运输安全应急保障技术中心(有限公司)联合起草的山西省地方标准《高速公路交通安全风险评估指南》(DB 14/T 2468—2022)由山西省市场监督管理局批准正式发布,9月15日起实施。

6月6日 设计院公司二届一次职工代表大会暨2022年工作会议在交通科学园区召开。党委书记、董事长范晓江出席并作题为“坚定发展信心决心 坚持提质增效争先 在全方位推动高质量发展上取得新突破”的讲话。党委副书记、副董事长、总经理甄俊杰作题为“坚定信心团结一致 以新担当新作为开启公司高质量发展新征程”工作报告。大会分组审议并通过《2022年工作报告》《2022年集体合同及专项集体合同》;对2021年度目标完成优秀单位、先进单位和先进工作者进行表彰。

同日 设计院公司召开2022年党的建设和党风廉政建设工作会议,会议以习近平新时代中国特色社会主义思想为指导,全面贯彻中共十九大和十九届历次全会精神,弘扬伟大建党精神,深入贯彻交控集团、交科集团2022年党的建设和党风廉政建设工作会议精神,总结2021年工作,安排部署2022

年工作。动员全体党员干部立足新起点、锚定新目标,持续加强党的政治思想建设,深化基层党组织建设,推动党建与业务深度融合,锻造高素质干部人才队伍,扎实做好党风廉政建设和反腐败工作,打造清廉国企,实现高质量党建引领保障高质量发展取得新成效。

6月10日 设计院公司承担的省交通运输厅科技项目“四好农村公路路基路面一体化设计与技术标准研究”通过省交通运输厅验收。

6月16日 中交第一公路勘察设计研究院有限公司总经理王学军一行到访,开展业务交流合作。

6月21日 四川省公路规划勘察设计研究院有限公司副总经理张书豪一行到访,开展业务合作交流。

6月26日 设计院公司第二公路设计院党支部申报的《强化党建引领,落实乡村振兴发展战略,提升农村公路标准化设计》项目获评交控集团2021—2022年度“1235”工作法党建工作项目化管理成果二等奖。

6月29日 设计院公司党委书记、董事长范晓江带队前往广西南宁,先后与广西交通设计集团有限公司党委书记、董事长周铮和广西交科集团有限公司总经理刘信华等相关领导进行调研学习及座谈交流,副总经理彭振宇及相关职能部门负责人陪同交流。

6月30日 设计院公司第三公路设计院党支部“深入开展党史学习教育,助力汾石高速公路项目品质工程建设”项目获评交科集团2021—2022年度“1235”工作法党建工作项目化管理成果奖一等奖。设计院公司工程地质勘察设计院党支部“充分发挥党建引领力推动勘察成果标准化”项目获评三等奖。

7月4日 宁夏公路勘察设计院有限责任公司党委书记、总经理赵旭东一行到访设计院公司开展合作交流。

7月5日 设计院公司获得山西省小企业发展促进局授予“山西省专精特新‘小巨人’企业”称号。

7月12日 设计院公司召开党的建设和清廉国企建设推进会。

7月14日 设计院公司开展“喜迎中共二十大 奋进新征程”主题党日活动。

7月15日 中交公路规划设计院有限公司副总经理周育峰一行到访设计院公司开展业务交流。

7月18日 交科集团党委书记、董事长樊英华,专职党委副书记、副董事长李富林,党委委员、副总经理潘铁携相关室门负责人到设计院公司开展调研座谈。设计院公司领导班子全体成员、部门负责人参加调研座谈。

8月1日 设计院公司“青银二广高速公路太原联络线初步设计”项目通过省交通运输厅批复。

8月2日 交科集团党委印发《中共山西交通科学研究院集团有限公司纪律检查委员会机构设置方案》,设计院公司党委增设纪委,下设纪检室,设纪委书记1人,室主任1人,纪检员3人。

同日 设计院公司“汾阳至石楼高速公路施工图设计”项目通过省交通运输厅批复。

8月5日 设计院公司获批电力行业(送电工程、变电工程、新能源工程)专项设计乙级资质。

8月16日 设计院公司承担的交科集团科研项目“山西省公路工程标准工程量清单及计量规则、方法研究”“山西省公路工程设计标准化研究”通过交科集团验收。

8月24日 山西省土木建筑学会代理事长王学章,党支部副书记冯尔刚,副理事长冯高磊,副秘书长董晓强、卫莉、徐延凯一行到访设计院公司调研座谈。

8月26日 设计院公司举行2022年度金秋助学活动,对职工子女中考入重点高中和大学的优秀学子进行表彰。此活动自1998年开展以来,已持续25年。

同日 《中共山西交通科学研究院集团有限公司委员会关于董建兴等人职务任免的通知》,董建兴任设计院公司党委副书记;罗兴宇任党委委员、纪委书记。

9月5日 《山西交通科学研究院集团有限公

司关于董建兴等人职务任免的通知》,董建兴任设计院公司董事、副董事长。免去甄俊杰董事、副董事长职务。

同日 《山西省交通规划勘察设计院有限公司关于董建兴等人职务任免的通知》,经设计院公司第一届董事会第18次会议审议通过,聘任董建兴为总经理,同时解聘董建兴副总经理职务;解聘甄俊杰总经理职务。

同日 《山西交通科学研究院集团有限公司关于高云芬等人职务任免的通知》,交科集团聘任张轩、李笑林、刘海任设计院公司兼职外部董事。

9月11日 交科集团批复《山西省交通规划勘察设计院有限公司"六定"改革调整方案》,增设"纪检室";撤销"第二建筑设计院";合并"工程咨询院""规划与可行性研究院"为"交通规划与工程咨询研究院";10个部门更名。调整后核定机构25个,中层正职25人、副职62人,总员额600人。9月30日,设计院公司按照批复对机构进行调整。

9月16日 设计院公司"运城至灵宝高速公路运宝黄河大桥"项目获评中国公路学会"桥梁工程创新奖"二等奖。

9月22日 设计院公司入选交通运输部"2022年公路工程建设领域守信典型企业目录"。

9月26日 设计院公司与中铁工程设计咨询集团有限公司太原设计院签署战略协议。

9月28日 设计院公司与天津中交鸿达道桥技术开发有限责任公司签署战略协议。

10月8日 设计院公司"汾阳至石楼高速公路设计阶段BIM技术应用"项目获评中国公路学会交通BIM工程创新奖一等奖。

10月9日至31日 经设计院公司党委研究,所属党支部机构设置完成换届调整,将原有25个党支部优化为20个。

10月27日 设计院公司与青岛汇文市政工程设计有限责任公司签署战略协议。

11月8日 设计院公司"五台至盂县高速公路""阳城至济源高速公路阳城至蟒河段""营山至达州高速公路B1标段"3个项目获评山西省勘察设计协会"2021年度山西省优秀公路工业工程设计"一等奖;"太原二环高速公路凌井店至龙白段(东二环)"项目获评山西省勘察设计协会"2021年度山西省优秀公路工业工程设计"二等奖;"省道小风线临晋镇至永济段改线工程"项目获评山西省勘察设计协会"2021年度山西省优秀公路工业工程设计"三等奖。

11月14日 设计院公司获评山西省勘察设计协会"第四届山西省勘察设计行业优秀企业"。

11月16日 设计院公司"国道108忻州境内砂河至石岭关扩建工程施工图设计"项目由山西省交通运输厅批复。

同日 设计院公司"沁水至临汾高速公路浮山至临汾段初步设计"项目通过省交通运输厅批复。

11月17日 设计院公司承担的省交通运输厅科技项目"公路护岸水力计算及冲刷机理分析""山西省高速公路路域生态植被恢复技术研究"通过省交通运输厅验收。其中,"公路护岸水力计算及冲刷机理分析"成果水平整体国内领先,冲刷计算公式达国际先进;"山西省高速公路路域生态植被恢复技术研究"国内领先。

11月18日 设计院公司"汾阳汽车客运站工程设计""贺州至巴马高速公路(都安至巴马段)工程勘察"2个项目获评中国公路勘察设计协会"2022年度公路交通优秀设计"二等奖;"营山至达州高速公路B1标工程勘察""营山至达州高速公路B1标工程设计"2个项目获评三等奖。

11月24日 设计院公司与中经建研设计有限公司签署战略协议。

12月6日 设计院公司"国道108线襄—曲沃—侯马过境改线工程施工图设计"项目通过省交通运输厅批复。

同日 设计院公司"国道241阳方口至朔州段和国道336朔州至平鲁段公路改扩建工程施工图设计"项目通过省交通运输厅批复。

12月12日 设计院公司列入"山西省认定机构2022年认定的第四批高新技术企业备案名单",在全国高新技术企业认定管理工作领导小组办公室予以备案。

12月13日 设计院公司承担的交控集团科技项目“黄土地区预制拼装通道成套技术研究在昔榆高速中的应用”通过交控集团验收。

12月28日 设计院公司承担的交科集团科技项目“新型水泥基渗透结晶型防水材料在公路工程中应用研究”“公路隧道养护工程科学分析决策标准化研究(土建结构)”“隧道排水系统结晶堵塞防治技术研究”通过验收。

同日 设计院公司“国道241古交过境改线段工程两阶段初步设计”项目由省交通运输厅批复。

12月30日 设计院公司党委修订《贯彻落实“三重一大”决策制度实施细则》《中共山西省交通规划勘察设计院有限公司委员会前置研究讨论重大经营管理事项清单》《党委会议事规则》,并制订《“三重一大”决策事项清单(试行)》。

(资料提供:郭 超)

智慧交通山西省实验室 大事记

1月15日 山西省科学技术厅组织智慧交通山西省实验室(以下简称实验室)建设与运行实施方案论证会。专家组一致同意实验室建设与运行实施方案通过论证,成为山西省首个具备去“筹”条件的省实验室。

1月16日 省委常委、省常务副省长张吉福到交控集团调研指导,听取实验室建设进展情况汇报。

4月29日 副省长于英杰安排专项会议,听取实验室建设进展的汇报,提出要“努力将智慧交通山西省实验室打造成国有企业新型研发机构标杆”。

5月9日 副省长汤志平到山西交通科学研究院集团有限公司调研指导,听取实验室建设进展情况汇报,对实验室建设进度表示满意。

6月16日 副省长到交控集团调研指导,对实验室在运行运转、管理机制、创新成果等方面的建设情况表示赞扬。

8月25日 关于实验室去“筹”建设的提案通过省长办公会和省创新生态领导小组会议审议,成为全省首个正式去“筹”建设的实验室。

10月8日 实验室“晋e行”公众出行服务矩阵访问人数在国庆假期迎来“小高潮”,累计服务突破100万人次,有力保障了公众出行安全与便捷。

10月16日 实验室自主研发的服务区视频联网监控平台在阳泉、晋中、临县等10个服务区成功应用,高质量完成视频上线和平台接入,全面加强安全生产保障服务能力,有力拓展服务区危化品车辆管控平台系统功能。

10月18日 实验室自主研制的隧道智能检测系统成功承揽四川蜀道城乡投资集团8条高速公路、总长130余公里的隧道衬砌表观检测技术服务,检测总里程突破3000公里。

10月20日 山西省科学技术厅印发《关于批准建设智慧交通山西省实验室的通知》,智慧交通山西省实验室成为全省首个正式获批建设的省实验室。

10月24日 实验室依托交控集团重点研发项目“高速公路边坡地质灾害信息化监测平台研发与工程示范”自主研发的高速公路边坡智慧监控平台

成功上线应用。

10月28日 实验室“复杂公路环境内部病害电磁散射回波特征分析与智能识别技术研究”项目通过山西省科学技术厅获批立项，是实验室成立以来首次获批的山西省基础研究计划面上项目。

11月7日 实验室举行特聘专家聘任仪式，柔性引进交通运输部公路科学研究院首席工程师王华牢博士，担任实验室特聘专家(领军型)。

(资料提供:张小彤)

大同南高速公路管理有限公司大事记

1月3日 全国交通企业管理协会公布《2021年度全省交通运输行业优秀质量管理小组及成果》名单，大同南高速公路管理有限公司(以下简称大同南公司)峰峪路产维护站QC小组凭借课题《解决柱式轮廓标冬季无法折旧换新的问题》获评“全国交通运输行业优秀质量管理小组”。

1月4日 大同南公司收到朔州市中院关于判决张晟政补缴24448元通行费的终审判决书，成功探索出可借鉴推广的打逃新模式，开启司法诉讼追缴通行费的先河，为交控集团乃至全省、全国开展多元化打击偷逃通行费提供有益实践。

1月7日 为推进大同南公司质量、环境、职业健康与安全等各项管理工作的标准化建设，提高服务质量、环境效益和控制职业健康与安全风险能力，举办质量管理体系、环境管理体系、职业健康与安全管理体系“三标一体”管理体系认证培训。

同日 按照省交通运输厅、交控集团备勤保障领导小组要求，大同南公司、大同北公司、朔州公司分别成立3家铲冰除雪应急队伍，确保冬奥会期间涉奥路段安全畅通。

1月14日 浑源北收费站积极响应大同南公司收费机电部安排部署，进一步加大逃漏费分析和稽核追缴力度，收费站稽核员在核查黑名单数据时，发现车牌为晋B77K91的客一型车辆，自2020年5月6日恢复收费以来，存在多条异常通行流水，偷逃通行费上千元，通过与ETC服务网点信息联动，及时获取车辆车主姓名、联系方式等相关信息，在站领导及稽核员的一次次耐心沟通下，司机认识到偷逃通行费行为的严重性，补缴通行费7060元。

2月16日 交控集团第五考核组周刚等一行8人到大同南公司开展2021年度领导班子及成员综合考核评价工作。

2月21日 大同南公司汤头收费站收到一名来自河北的货车司机送上印有“鼎力相助恩如山、为民解忧情似海”的锦旗，对汤头收费站职工在货车突发火情时挺身而出援手相助表示高度赞扬和诚挚感谢。

3月8日 为庆祝“三八”国际妇女节，鼓励大同南公司女职工从书中汲取力量，体会阅读的快乐，工会组织机关女职工开展“展巾帼风采·阅美好人生”读书分享会，15余名女职工畅谈自己品味阅读后的收获、感悟。会后，大同南公司工会为女职工送上节日礼物，向一直辛勤工作的女职工表达衷心的感谢和诚挚的祝福。

3月16日 大同南公司召开党的建设和党风廉政建设工作会议、一届五次职代会暨2022年工作会议。

3月31日 大同南公司联合山西交安中心，开展安全应急智慧管理系统操作培训。此次培训，有效提升重大风险源的管控水平和突发事件应急处置效率，为助推交控集团打造国内一流科技型实力型智能型现代化交通企业提供技术支撑。

4月1日 恒山隧道管理站收到一面灵丘县物资总公司武女士专程送来的锦旗，对其被困高速恒山隧管站养护人员热心帮助表示感谢。

4月15日 大同南公司主动联系大同市周边货运企业召开交流座谈会，认真听取道路通行、ETC使用等方面存在的困难和问题，广泛征求差异化收费、源头治超等工作存在的困难和问题，表明合作意向，并根据企业诉求，积极采取设置柔性立柱、悬挂区划标志及提示牌等措施，提高通行效率，有效为货运企业提供便捷通行环境，切实节约周边企业时间成本，强化地企合作共赢。

5月11日 交控集团党委书记、董事长武艺，副总经理谢鹏远，总部部室相关负责人深入大同南公司调研指导工作，大同南公司领导陪同调研。

5月12日 大同南公司委托第三方机构，依托“学习通”学习平台，开展2022年第一期“互联网+线上”专题培训，大同南公司全体干部职工参加培训。本次培训采用线上视频教学，充分利用线上、线下平台，采用专家辅导与内训师授课相结合、座谈交流与知识测试相结合等方式，全力做好年轻干部“全链条”培养锻炼工作，为加强大同南公司人才队伍建设夯实高质量发展根基。

5月17日 省交通运输厅防汛备汛第二督导组组长、省高速公路综合行政执法总队大同支队支队长田占峰带领督导组对设计院公司防汛备汛准备工作开展督导检查。

5月30日 大同南公司经部、省级平台核查发现晋BC80**、晋B616**等6车存在利用套牌、跑长买短、倒换通行卡、屏蔽介质等多方式逃费嫌疑，收费机电部立即与高速交警二支队、属地公安发起联合协查，通过现场布控拦截，对涉事人员说服教育，宣讲法律政策，陈述稽核追逃案例等方法，成功追缴通行费1.2万余元，对非法超限超载车辆形成震慑，有效改善大同南公司通行环境。

6月7日 在第21个“安全生产月”活动中，大同南公司与山西省交安中心共同开展VR安全教育培训体验活动，将“说教式”培训变为“身临其境”体验课，解锁安全教育培训新模式。

6月14日 大同南公司联合辖区高速交警、属地应急救援消防大队、“120”等多部门开展道路交通事故实战应急演练。整个演练过程准备充分、贴近实战、组织周密、措施得力，达到了预期效果。

6月15日 大同南公司举办“职工心向党 喜迎中共二十大”主题演讲比赛。比赛中，来自基层14个单位的18名选手同台竞技。经过激烈角逐，最终来自水头隧道管理站的宋文娇荣获一等奖；来自汤头收费站的董芳、王晓岚和路网运行四中队的顾敏荣获二等奖；来自峰峪路产维护站的田荟瑜、浑源东收费站的王文晓和灵丘收费站的王彦伟、陈思敏段晓玉、杨美琴获三等奖。其余8组选手荣获优秀奖。

6月16日 大同南公司开展“文明礼仪伴我行”主题教育培训活动，全体干部职工参加。本次培训采用“线上教学”与“技能比武”相结合的方式。线上视频培训聘请山西省礼仪协会金怡辰讲师，以“文件递送”“签字礼仪”“职场着装”“形态礼仪”“职场沟通技巧”等方面为引入点，围绕“三优”“五化”服务标准，重点阐述了高速公路收费人员服务礼仪与技巧培训，引导收费人员做到“内强素质、外树形象”，全面提升文明优质服务质量。

同日 下午1时50分左右，路网运行保障二中队接公司信息中心报警，在G18荣乌高速灵山段河北方向K1065处发生一起三辆半挂车追尾事故，事故占用两车道，路面抛洒（撒）严重、车辆通行缓慢。路网运行保障二中队立即启动道路事故应急预案，紧急通知全体在岗巡查人员迅速赶赴现场进行救援处置。经过2个多小时的奋战，在清障救援、路产维护站、高速交警等多方救援力量的共同努力下，道路很快恢复通行，虽然三辆半挂车有不同程度的损伤，但事故得到了科学有效处置，没有发生二次事故。

7月13日 下午，大同南公司与武警大同支队执勤三大队召开座谈会，党委书记、董事长马东强出席会议，路产维护部部长门杰陪同参加座谈。座谈会上，马东强代表大同南公司向武警大同支队执勤三大队两年来对驻守出省口武警官兵辛勤付出表示感谢。他表示，大同南公司所辖灵山高速驿马岭和广源高速焦山检查站是山西省重要的进京检查站，在特殊敏感期，武警大同支队执勤三大队担负警戒设卡任务，全体武警官兵履职尽责、恪尽职守，在维护社会治安、冬奥会冬残奥会安全保畅等国家一级安全保障工作中做出积极贡献。

（资料提供：池玉婷）

大同北高速公路管理有限公司大事记

1月7日 上午，为确保迅速、高效、有序做好冬奥期间涉奥公路铲冰除雪备勤保障工作，山西省交通运输厅与交控集团迅速进入倒计时临战状态。大同北公司召开备勤冬奥铲冰除雪应急演练、誓师动员部署大会，大同北公司、大同南公司、朔州公司近30辆除雪保畅设备和50余名备勤人员在大同北公司集结。

1月11日 下午，大同北公司党委书记、董事长杨国华，专职党委副书记、副董事长王卫青等一行8人访问京东云创新空间（大同）运营中心，洽谈企业合作相关事宜。此次会谈，标志着京东云产业人才赋能工作在大同北高速的渗透，将为充分拓展高速公路延伸服务提供有力的人才梯队支撑，也为培养高素质、复合型青年员工搭建一个良好的个人发展平台。

1月12日 大同北公司在收到“为全省希望小屋捐赠《山西青年报》”活动倡议书之后，第一时间主动与山西青少年发展基金会取得联系，积极对接，征订《山西青年报》50份，共计19800元。

1月28日 下午，大同北高速公路路警联席会议在山西高速交警二支队召开。由双方分管领导及各业务部门负责人围绕高速公路出入口、降雪冰冻等恶劣天气交通管制、路况信息资源共享、危化品车辆管控、交通安全设施建设、杜绝非机动车及行人上高速等工作，深入交换意见，分享好的经验和做法。

1月29日 大同北公司信息监控中心与悦达京大公司信息监控中心共同签订《路况信息共享联动合作协议》，实现路况信息资源实时共享，及时准确互通高速公路路况信息，有效建立相邻路段之间的高速公路信息共享、区域协调联动机制。

2月21日 17时左右，G55高速得大段内蒙古去往大同方向距离大同东收费站出口300米处，一辆运载液化石油气罐车甩尾失控侧翻，占用超车道，事故涉事2人受轻伤。接到事故报告后，大同北公司立即启动突发事件应急预案，历时近23小时，事故现场处理完毕，危化品运输车安全施救完毕，无危险气体泄漏，无人员伤亡，组织安全撤离现场后，交通恢复正常。在此次事件中，大同北公司反应迅速、措施得当，与多部门联动，战胜重重困难，安全有序地成功处置了危化品车辆突发应急事件，最大限度保障了人民群众生命财产安全。

2月22日 上午，大同北公司工会组织近30名职工开展了以“点燃冬奥激情，滑翔欢乐同北”为主题的职工滑雪体验活动。助力北京2022年冬奥会和冬残奥会，宣传普及冰雪运动知识，积极鼓励广大职工踊跃参加冰雪活动。

2月24日 下午,大同北公司党委副书记、副董事长、总经理陈俊伟一行赴得大路段召开“2·21”车辆侧翻事故现场分析会并调研。

3月2日 上午,大同北公司在四楼会议室隆重举行与山西汽运集团雁北汽车运输有限公司战略合作协议签约仪式,标志着双方战略合作伙伴关系正式建立。此次战略合作是双方顺应当前国资国企改革形势,提高企业发展质量,实现强强联合的重大举措。根据协议,双方将在车辆维修、车辆维修保养、家政清洁等领域开展战略合作。

同日 山西大同大学马克思主义学院副院长刘志财一行到大同北公司座谈交流,双方围绕创建“学习型党组织”,结合党支部工作实际,按照思想认识、组织领导、创建实施、条件保障、学习成效、特色创新六项指标,着重从考核细则、考核分值、计分参考等方面,逐字逐句进行量化分析,相互交换意见、深入探讨,旨在形成一套实践性强、执行效果好、可以落地生根的工作创建标准。

3月8日 上午,大同北公司党委副书记、副董事长、总经理陈俊伟,党委委员、副总经理赵福君,副总经理郭强赴朔州公司大忻高速应县段、大同南公司荣乌高速应县段,多点多位多角度对沥青路面就地热再生技术在友邻公司管养路段中已施工完成后的应用效果情况,进行实地考察调研。

3月10日 上午,大同北公司党委书记、董事长杨国华与大同市左云县副县长马杰、左云县交通运输局局长王湃业一行举行工作会谈。双方达成共识,下一步将本着积极友好、互惠互利的原则,加强对接、全力推进,努力为大同市及左云县经济社会发展做出更大贡献。

3月16日 上午,大同北公司在四楼会议室召开一届六次职工代表大会暨2022年工作会、党的建设和党风廉政建设工作会议。会议由大同北公司专职党委副书记、副董事长王卫青主持。会议以视频会形式召开,总部四楼会议室设主会场,基层单位设分会场,来自大同北公司各条战线的110余名职工代表参加。

3月23日 上午,大同北公司与大同日报传媒集团有限公司战略合作协议签约仪式在大同北公司四楼会议室举行,双方就此建立稳定战略合作关系。根据协议,双方下一步将紧跟区域社会经济发展、产业结构升级和企业需求,确定具体合作模式和合作内容,在宣传工作与人才培养等多个领域展开合作。

3月29日 下午,大同北公司党委副书记、副董事长、总经理陈俊伟一行赴山西怀仁机械设备有限公司考察交流,实现大同北公司提质增效,构建多元发展,促进产融结合。通过考察,大同北公司坚定了“走出去、请进来”广泛参与市场化竞争的信心,为大同北公司进一步闯新路、开新局、抢新机、出新绩指明了前进方向。

同日 下午,由大同市杨氏太极拳协会会长王志强带队的一行5人,应邀赴大同北公司召开座谈会。通过太极文化进企业活动,增强企业文化与太极文化的融合,促进全民健身大发展,进一步丰富干部职工业余文化生活,提高全员强身健体的意识,营造积极健康向上的企业文化氛围。

3月30日 下午,大同北公司在四楼会议室与中国电信集团有限公司大同分公司签署战略合作协议。签约前,双方进行了简单座谈,分别介绍各自企业的基本情况,并达成一致共识,在下一步合作中将本着互利互惠、相互促进、共同发展的原则,在基础通信和企业信息化领域开展业务合作,树立5G+智慧交通的合作典范。

4月1日 上午,大同北公司党委副书记、副董事长、总经理陈俊伟,副总经理郭强与瑞创石材总经理郭瑞赴原新平堡收费站、马连庄收费站、大同北收费站就闲置土地再利用进行实地调研。每到一处都详细了解闲置土地所占面积以及目前处置工作进展情况,并现场提出指导意见,研究讨论处置方法。

4月11日 上午,交控集团纪委书记、监察专员周刚赴大同北公司调研,重点围绕贯彻落实交控集团2022年度工作会会议精神、清廉国企建设情况等三方面工作,召开调研座谈会。

4月12日 在交控集团开展的“百站示范，千站提升”创优活动中，大同北公司所属的云州街收费站、大同南收费站、左云路产维护站获评“示范站点”。

同日 交控集团纪委书记、监察专员周刚先后赴大同南收费站、大同东收费站、云冈收费站、云冈路网运行保障中队、路网运行保障大队、亮马台隧道管理站调研指导工作。周刚一行首先实地察看各站区建设和设备运行情况、车流量通行状况、人员应急值守情况、食堂环境卫生以及伙食费补贴标准情况，详细了解各站区一季度收费任务完成情况和绿通车免费车辆数、免费金额情况，听取相关负责人关于运营管理中存在的问题及解决方案的工作汇报。

4月26日 大同北公司兴王收费站传来喜报，该站提前8个月完成年度收费目标任务1300万元。兴王收费站共计收费15286676.75元，完成全年收费任务的117.6%。

5月13日 大同北公司党委坚持党建引领、文化强企战略目标，充分发挥人才资源，深度挖掘“云中微笑”服务品牌内涵，组织美术特长的员工组成团队，创作出“同小北”系列岗位IP人物，收费员(男)“同小北”、收费员(女)“同小美”和道路养护员“同小臻”，获得国家知识产权局授予的“国家外观设计专利证书”。

5月18日 山西省交通运输安全应急保障技术中心(有限公司)董事长王敬、副总经理李永胜一行赴大同北公司交流座谈，大同北公司党委书记、董事长杨国华，党委委员、副总经理王东平接洽，代表大同北公司领导班子对王敬一行的到访表示欢迎。座谈会上，双方通过深入交流，达成一致共识，明确以共创共享为目标，建立良好的合作机制。下一步，双方将通过互访等形式加强互动交流，推动后续长期深入合作。

同日 下午，大同北公司第一届“高速公路出行服务形象大使”选拔大赛在多媒体会议室举行。此次形象大使选拔赛的主题是“展示自我，代言同北”，通过塑造一支“德、智、行、表、艺”俱佳的高速公路出行服务形象大使队伍，推广大同北高速形象，加强收费管理营销，擦亮大同北公司企业文化品牌。

5月19日 上午，山西省高速公路通信系统升级改造工程(大同北)涉路施工交通安全评审会议在二楼会议室召开。会上，项目建设代管方山西交控数字交通科技有限公司代表作项目总体情况汇报，施工单位信通公司就涉路施工交通安全方案进行了汇报，大同北公司相关部室、中队及项目监理发表了建议与意见。与会施工单位现场对方案进行了修改。

5月27日 下午，大同北公司党委委员、副总经理王东平，收费部部长蔚建国和机电中心主任李晶晶、综合办主任李慧等一行6人，前往太重集团(大同)起重机有限公司实地调研并组织座谈，就相关车道改建、机电设备移位和运输路线备选方案等事宜进行协商。

5月31日 上午，大同北公司召开中层副职以上干部大会，激励和动员全体干部立下锐意进取的志气、拿出敢抢敢拼的勇气，坚定信心、振奋激情真抓实干、奋勇前行。党委书记、董事长杨国华吹响大同北公司的奋斗新号角。

6月6日至7日 本着对标学习、取长补短，携手并进促发展的理念，由大同北公司党委书记、董事长杨国华带队，一行16人赴吕梁南、吕梁北高速公路管理公司观摩交流学习。

6月15日 下午，大同北公司太极拳培训正式开班。此次太极拳培训率先在大同北公司总部开展。下一步，将逐步向基层延伸，吸引更多干部职工加入其中，强身健体，陶冶情操，力争让太极文化在全公司范围内得以推广，积极引导全员以更加健康的体魄和良好的状态投入工作中，为大同北公司精神文明建设工作做出新的更大贡献。

6月28日 大同北公司与太行灵泉山泉水有限责任公司签署战略合作协议。党委书记、董事长杨国华，太行灵泉山泉水有限责任公司执行董事王卫青等见证签约。此次战略合作是双方顺应当前国资国企改革形势，提高企业发展质量，实现强强联合的重大举措。根据协议,双方将在内部会议培训、生产建设、福利慰问、主题宣传等活动中开展战略合作。

6月29日 大同北公司隆重举办以“梦想熠熠·屡践致远”为主题的首届企业文化节,对2021年6月28日以来的工作进行回顾和总结,表彰先进,分享经验,开启下一阶段的工作序幕。整场活动持续了15个小时,大同北公司领导、各部室、六中心、一大队、各基层单位党政负责人参加上述活动。

6月30日 大同北公司举办经营开发部(公司)临时负责人和助理内部竞聘上岗工作,3名优秀人才脱颖而出。开展内部竞聘工作是大同北公司创新思路,切实抓实抓好干部人才队伍建设的重要举措。

7月12日 交控集团第二阶段合同管理专项检查组一行进驻大同北公司开展为期4天的检查指导工作,召开专项检查进场会及检查工作反馈会。通过此次检查,真正起到以查促效、以改促建的效果,为合同管理标准化、规范化、精细化夯实了根基,提升大同北公司规范管理水平,增强大同北公司抗风险能力,筑牢合规管理“防火墙”,为维护大同北公司合法权益提供有力保障。

7月14日 大同北公司多方协作、快速联动,在G55二广高速得大段K445+560处成功处置一起两轴货车追尾石脑油(轻汽油)危化品车事故。“险情就是命令”,在历时9个多小时的救援过程中,各单位各部门通力合作、高效处置,大同北高速成功处置了此次危化品车辆追尾事故,未造成二次危害事故,全力保障了辖区道路安全通行和人民群众生命财产安全。

7月20日 下午,大同北公司党委副书记、副董事长、总经理赵东宏赴得大路段得胜口公安检查站,就环京高速出口的公路检查站配套工程建设进行实地调研,与大同市公安局、新荣区公安局有关领导进行交流。

7月21日 大同北公司党委书记、董事长杨国华与物流集团总经理岳晋峰举行工作座谈,双方就路域经济发展、闲置土地利用、机械车辆租赁等深入交换意见,携手推动高速公路经济走廊共同发展。

(资料提供:池玉婷)

大同高速公路管理有限公司
大事记

8月8日 大同高速公路管理有限公司(以下简称大同公司)依托文体活动室,办起职工子女暑假爱心托管班,帮助孩子们度过一个丰富多彩有意义的假期,有效解决职工子女暑假期间“无人管”“看护难”问题。

8月11日 上午,大同公司与山西汽运集团雁北汽车运输有限公司在三楼会议室召开座谈会。在交流过程中,双方表示要实现优势互补、产业协同、互利共赢局面。在创新、创造、创业方面,双方加强沟通、深度联动、携手并进,充分发挥国有企业优势,创新合作模式,共同树立企业合作新典范,为深化企业改革不断探寻新途径。

8月15日 经全国各级青年文明号活动组织机构系统梳理、逐级复核、严格审查、社会公示,决定认定北京市第一中级人民法院法警支队等7776个集体为“一星级全国青年文明号”集体,交控集团所属企业中6个收费站获此殊荣，山西交通控股集团有限公司大同北高速公路分公司大同北收费站榜上有名。

8月17日 上午，大同公司党委书记、董事长张俊与高速公路综合行政执法大同支队支队长李安文在大同高速公路管理公司举行工作会谈。座谈中，双方围绕辖区高速公路管理职责交叉、高速公路涉路施工、建筑控制区违法建筑、超限运输车辆许可事项办理、路赔收缴联合实施办法、路况信息共享等工作进行深入探讨交流。

8月18日 朔州市精神文明建设指导委员会下发《关于表彰2020—2021年度朔州市精神文明创建先进典型的决定》，大同北公司右玉路产维护站榜上有名，获评"2020—2021年度朔州市精神文明先进单位"。

8月20日 在交控集团举办的第二届职工篮球赛中，大同公司篮球队69:66战胜忻州公司代表队。至此，北赛区赛程全部结束，大同公司"三连胜"！以小组第一的成绩顺利晋级下一轮。

8月23日 物流集团一行6人赴大同公司座谈并就闲置土地利用进行实地查看。座谈结束后，物流集团董事长张庆华与大同公司董事长张俊等一同来到马连庄附近，对当前闲置土地进行实地查看，并围绕加强路域经济发展合作、盘活利用高速公路沿线闲置土地资源等方面进行深入探讨交流。

9月1日 上午，大同公司党委书记、董事长张俊与京大高速公路公司总经理王志强一行举行工作会谈。双方一致表示，大同高速是一张密不可分的整体路网，虽然各自分管路段不同，但对外形象就是"一张脸，一扇窗"。下一步，要发挥各自优势，加强运营管理模式、收费服务品质、安全生产、基层党建、设施打造等方面的经验交流；要加强协作配合工作，进一步建立良好的沟通协调机制，积极做好业务对接，确保大同地区高速公路安全畅通；要加强路域环境整治与保洁工作，共同努力，互惠共赢，携手为大同人民群众和过往司乘人员提供畅安舒美的高速公路通行环境。

9月13日 上午，大同公司党委副书记、副董事长、总经理赵东宏与大同高速沿线广告租赁单位负责人座谈，就沿线收费站广告位经营细节进行深入交流。座谈会上，双方就《高速公路广告经营管理办法》《山西省高速公路非公路标志管理办法》《山西省高速公路非公路标志设施规程》等办法及传媒公司广告设置规划进行交流。赵东宏指出，广告开发要遵循"统一规划、合理布局、依法管理、保障安全"的原则，开展商业广告发布和公益宣传。只有合法合规经营，才能保障双方互利共赢、长期稳定融合发展的良好态势。最后，双方一致表示，下一步将深入合作交流，共同推动大同高速路域经济发展，助力全省社会经济又好又快发展。

9月15日 省交通运输厅委托高速公路综合行政执法总队梁进勇等5人组成调研组，赴大同公司开展治超工作专题调研，当天下午召开调研情况反馈会。调研组一行通过实地走访大同南收费站入口治超办公室，详细了解超限检测场所外观改造情况、公示监督台等更新情况、高速公路出口治超称重设施改造和联网运行整改工作进展等情况，在反馈会上听取大同公司各项工作预计完成时限和治超工作情况汇报，就治超工作的主要做法、经验以及意见建议进行深入交流。

9月23日 上午，大同公司党委书记、董事长张俊与工商银行大同市分行党委委员王敏丽、大庆路支行行长林玲一行举行工作座谈，双方就深化银企合作、金融赋能大同高速高质量发展进行深入沟通交流。座谈中，双方还围绕大同高速路网运行地图进行热烈交流。

9月26日 上午，大同公司副总经理蔚建国与物流集团龙城公司总经理张旭宾一行举行工作交流座谈会。双方最后达成一致共识，推动路域经济发展是高速公路可持续发展的必要途径，大同公司与龙城公司将携手努力，积极盘活闲置资产，建立资源共享合作机制，为推动交控集团加快由"两条腿走路"向"三足鼎立"转型贡献力量。

9月29日 大同公司与方特欢乐世界（大同）公司签订战略合作协议，党委副书记、副董事长、总经理赵东宏与方特（大同）公司运营总监李鹏甲代表双方签约。双方就整合资源优势、调动各方力量、形成政策合力、探索蹚出一条“交通先行、文旅指导”交旅融合发展之路达成一致意见。

9月30日 路网运行保障大队(南)在王庄堡服务区举行2022年度业务技能暨队列会操会演。通过观摩交流,总结先进工作经验,达到实现学有榜样、做有示范、共同提高的目的,以准军事化管理强化队伍建设,推进队员们自觉养成良好的工作、生活习惯,为着力打造高水平的保畅救援队伍打下良好的基础,树立起良好的企业形象。

12月1日 由中国交通报社和中国交通报刊协会联合举办的“交通强国、品牌力量”第四届交通运输优秀文化品牌推选活动获奖品牌结果公布,山西交控大同北公司(原)“云中微笑服务”品牌榜上有名,获评“优秀文化品牌”。

12月14日 大同公司与物流集团龙城公司签署战略合作协议。据悉,此次战略合作是双方顺应当前国资国企改革形势,提高企业发展质量,实现强强联合的重大举措。双方最后达成一致共识,推动路域经济发展是高速公路可持续发展的必要途径,大同公司与龙城公司将携手努力,积极盘活闲置资产,建立资源共享合作机制,为推动交控集团加快由“两条腿走路”向“三足鼎立”转型贡献力量。

12月15日 大同公司召开一届一次职工代表大会,会议以视频会形式召开,总部四楼多功能会议室设主会场,基层单位设10个分会场,党委副书记、副董事长、总经理赵东宏主持大会,来自各条战线的157名职工代表参加。

同日 大同公司举行揭牌仪式,党委书记、董事长张俊致辞,并与党委副书记、副董事长、总经理赵东宏共同揭牌,专职党委副书记、副董事长赵福君主持揭牌仪式。大同公司领导班子成员与一届一次职代会30余名代表参加。

(资料提供:池玉婷)

朔州高速公路管理有限公司
大 事 记

1月17日 朔州高速公路管理有限公司(以下简称朔州公司)质量管理体系、环境管理体系以及职业健康管理体系获世标“三标”管理体系认证证书。“三标一体”是国际通行的技术标准,建立健全三个标准体系,可以使企业在质量、环境和职业健康安全管理上更为体系化和规范化,夯实企业的管理基础,为企业发展提供强有力的保障。

1月19日 朔州公司与招商银行朔州分行联合开展“翰墨迎春文化送福”共建活动。此次活动旨在活跃朔州公司文化生活,传承弘扬优秀传统文化,是加强银企合作、创新工作模式的一次有益探索。

3月18日 朔州公司第一届五次职代会暨2022年工作会议召开。会议为2022年朔州公司发展指明方向,凝聚人心,鼓舞改革信心。

3月21日 朔州公司与朔城区检察院开展党建工作交流学习。此次活动既是朔州市朔城区检察院和朔州公司良好合作的开端,也是更深层次、更广领域合作的起点,开创政企合作、互利共赢的新局面。

5月11日 交控集团党委书记、董事长武艺,副总经理谢鹏远等一行深入朔州公司调研指导工作。武艺在讲话中强调,要扎实开展道路预防性养护,进一步加大路面病害处治力度,提升路况质量水平。

5月25日 朔州市新时代文明实践指导中心对朔州公司创建"省级文明标兵单位"工作进行指导，对照创建标准、规范对朔州公司内外业相关工作进行深入交流指导，有力推动朔州公司省级文明标兵单位创建工作。

5月 朔州公司团委被省人社厅、团省委、省青联授予"山西省五四红旗团委"称号。

6月1日 朔州公司举行路网运行保障机构揭牌仪式，是落实全省高速公路综合行政执法机构改革的一项重大举措。

6月2日 朔州公司获评"第五批社会主义核心价值观建设示范点创建单位"。

6月9日 交控集团党委书记、董事长武艺，副总经理贾勇、杨志贵等一行到朔州公司调研指导。武艺对朔州公司取得的成绩给予充分肯定，要求朔州公司认真分解落实交控集团年度工作会议部署的既定目标任务，真抓实干，深化改革，争做推动交控集团产业结构由"两条腿走路"向高速公路运营、交通基础设施建设、路域经济"三足鼎立"转型的排头兵。

6月13日至15日 朔州公司赴吕梁北公司、吕梁南公司、太原公司、太旧公司、交科集团、交投集团、汾酒集团进行参观交流学习活动。此次活动就经营管理、党建引领和企业文化等进行深入交流学习，促进双方共同进步和发展。

6月26日 朔州公司G55二广高速公路怀仁南互通工程举行奠基仪式。项目的开工建设，将直接构建起怀仁市东南部区域地方国省干线与高速公路之间完善的区域路网，成为怀仁市东南部区域对外沟通的一个重要窗口，对分流G55二广高速公路怀仁站出入口的交通量，缓解交通拥堵具有积极作用。

6月 朔州公司获评"山西交控红旗党委"。

7月8日 交控集团党委委员、纪委书记、监察专员周刚一行深入朔州公司专题调研全面建设清廉国企工作推进情况，就"新思想在山西"进行专题宣讲。周刚从国企政治建设的理论来源与实践路径，为交控集团所属各企业坚持党建引领，全面推进清廉国企建设指明方向，提供遵循，为确保交控集团清廉国企建设切实抓紧抓牢抓出成效提出建设性指导意见。

7月19日 朔州公司与怀仁市委联合开展"携手同心建通途、党建引领共发展"主题党日活动，旨在通过深入对标学习怀仁市企业生产经营、投产效益、品牌打造等方面经验、做法，全力推动朔州公司路域经济发展。

8月18日至20日 朔州公司承办交控集团"喜迎中共二十大，奋进五周年"第二届职工（北区）篮球赛。此次篮球赛是一次检阅干部职工精神风貌和竞技才能的盛会，也是一次增进兄弟企业相互了解和友谊的盛会，更是一次增强体魄和激发干事激情的盛会，展示交控人健康向上、团结奋进的精神。

9月6日 省高速公路综合行政执法总队调研组对朔州公司治超工作开展实地专题调研，就当前高速公路非法超限超载车辆移交、大件运输车辆管理、出口计重设备改造以及高速公路路面施工等内容进行深入沟通、交流，在不规范大件运输车辆处置方面达成一致意见。

10月1日 朔州公司山阴收费站新站区全面启用。新站区的启用改善了山阴收费站窗口形象，增加了收费站放行能力，对促进山阴县建设交通强县、提高物流效率具有重要意义。

11月15日、18日 朔州公司生产安全事故应急预案、危险货物运输车辆事故应急预案、机电系统故障时间应急预案顺利完成应急预案"双备案"。

12月22日 朔州公司获"交通运输企业安全生产标准化建设一级证书"。安全生产标准化建设一级达标是交通运输部安全生产标准化认证的最高等级，标志着朔州公司顺利步入安全生产标准化企业行列。

12月27日 交控集团党委委员、纪委书记、监察专员周刚一行深入朔州公司调研并向干部职工宣讲中共二十大精神。周刚强调，要把学习宣传贯彻中共二十大精神作为当前和今后一个时期的首要政治任务，紧密联系工作实际，切实把中共二十大精神体现在坚决贯彻落实党中央决策部署上，体现在全方位推动高质量发展上，体现在做好当前工作和谋划明年工作上。

12月30日 朔州公司鸳鸯会隧道管理班组和元营路产维护站应急抢修班组被评为“2022年度安全管理标准化班组”。

12月 朔州公司获评“山西省国资委红旗党委”。

（资料提供：刘国庆）

忻州高速公路管理有限公司大事记

4月28日 按照交控集团统一安排，对忻州南高速公路管理有限公司和忻州北高速公路管理有限公司进行整合，交控集团组织召开整合动员会议，设立忻州高速公路管理有限公司（以下简称忻州公司）。

6月2日 忻州高速公路管理有限公司和山西交控集团忻州高速公路分公司的登记注册完成。

7月14日 由忻州公司领导带队，各党支部书记及三星任务、三星候选人和2021年度“七一”表彰人员在忻州公司各党支部进行“新思想在山西”主题宣讲工作。会议号召全体职工要认真学习习近平总书记考察调研山西重要精神，认真按照省委常委会对抓好学习贯彻工作提出的8点要求，进一步明确前进方向、细化贯彻举措、提高工作标准、激发拼搏斗志，完整准确全面贯彻新发展理念，积极融入新发展格局，在全方位推动高质量发展上不断取得新突破。

8月1日 正值主汛期，忻州公司辖区降雨范围广、局部强度大，入汛以来路段所在辖区出现多次强降雨，对比同期降雨增多，面对严峻形势，在全面落实好全国和全省防汛抗旱电视电话会议精神和省国资委、交控集团有关防汛决策部署的同时，严防死守、持续用力，切实把防汛各项措施落到实处，确保安全度汛。一是加强组织领导，全面压紧压实防汛工作责任。结合往年防汛经验对本年度防汛抢险实施方案进行修改完善；全面落实防汛工作责任制，路产维护部门密切关注天气变化，及时发布预警信息，努力减少灾害损失；适时开展防汛应急演练，加强值班值守，严密组织，着力提升防汛应急抢险处置能力。二是加大隐患排查，夯实防汛安全管理基础。坚持做到雨前抓预防、雨中抓防毁、雨后抓恢复工作；紧紧围绕“先抢通，后修复”原则，“以人为本，确保安全”为中心，立足于防汛保通的实际要求，统筹安排，全面落实防汛责任制，精心部署，扎实工作，确保从早、从严、从实做好忻州公司防汛抢险各项工作。三是紧盯重点部位，全面落实防范应对措施。按照应急预案的职责明确分工，根据天气预报情况和忻州公司应急预警命令，路产维护部从组织机构、度汛方案、防洪工程、物资、抢险队伍建设等方面进行了全面检查，重点对排水沟和急流槽清淤、高边坡截水沟等排水设施情况进行隐患排查。

8月8日 忻州高速公路管理有限公司正式挂牌运营。

8月11日 交控集团纪委书记、监察专员周刚深入五台县东雷村调研乡村振兴工作。周刚来到贫困户白平如家中，代表交控集团党委送上慰问品、慰问金，详细了解她生活状况和实际困难，健康状况、子女务工、生病就医、生活收支等情况，详细了解帮扶措施及成效，告诉她有困难可以随时反映，并叮嘱驻村工作队要多听边缘户心声，用心用情解决其身边的“急愁难盼”，继续落实好各项帮扶政策。随后，周刚参观交控集团资助建设的东雷村乡村振兴服务站，以及村集体光伏电站收益分配产业项目。周刚详细听取驻东雷村第一书记工作汇报。他强调，要深刻理解“把实施乡村振兴战略摆在优先位置”的战略定位，认真贯彻学习领悟各级党组织关于乡村振兴的指示精神、文件规定，这是做好驻村工作的先决条件。要根据村里的实际情况，有针对性地开展调查研究、做到走访经常化，深入了解帮扶村情况，建好台账、摸清影响帮扶村发展和脱贫户增收的主要矛盾和群众最急需解决的热点、难点问题。通过科学分析归纳，制订精准的帮扶方案，做好帮扶的长远计划、规划。驻村工作队在纪律上要严格要求自己，严格遵守各项规章制度，服从属地管理，落实“五天四夜”驻村要求。

8月20日 忻州公司积极响应省委、省政府关于建设太忻一体化经济区的重大战略部署，做好对太忻大道建设期间，跨线施工的各项配合管理工作。制订《太忻大道封闭施工期间应急保畅工作方案》，进一步加强组织保障，快速处置各类突发事件，保证过往车辆快捷、安全、有序通行。围绕太忻大道上跨二广高速桥梁控制性节点工程，忻州公司分管领导多次深入太忻大道建设项目现场进行调研，各部门全力配合太忻大道项目建设，站在服务全省大局的高度，积极对接、主动服务，全力保障太忻大道项目建设工作有力有序推进。认真贯彻省委关于太忻经济区光伏发电有关精神，按照交控集团有关光伏发电的工作安排，实现高速公路运营用能全面清洁化，按期保质保量建设完成太原至忻州高速公路沿线光伏发电科研实验项目，忻州公司成立利用高速公路边坡发展分布式光伏发电工作专班，明确职责任务，召开专题会议，配合相关单位积极推进太原至忻州高速黄寨收费站南段边坡、石岭关路段边坡光伏发电科研实验段项目建设工作，全力助推交通强省建设的落地。

8月23日 宝穑村驻村工作队协同村“两委”开展2022年“金秋助学”资金发放仪式。工作队代表帮扶单位为每名同学发放助学资金1000元。助学金发放仪式上，工作队第一书记对他们金榜题名表示祝贺，并勉励他们进入大学后要勤奋学习，不断进取，将今后学习生活中获得的好的思想理念带回家乡，感恩父母，更好地回报家乡、回报社会，工作队会一直站在大后方，为他们顺利完成学业保驾护航。自2021年5月工作队入驻宝穑村以来，明确“乡村振兴既要塑形，又要铸魂”工作思路，以“文化帮扶”为切入点，开展一系列“文化铸魂”工程，捐赠建设宝穑村文化大舞台，圆了村民20多年的“戏台梦”，让村级文化传承有了载体；鼓励在村妇女成立村广场舞队，为大家购置表演服装和音响设备，也为寂寥的村庄增添了更多的欢歌笑语；开展星级文明户评选，不断提高村民文明素质，培育淳朴民风，厚植农村德治土壤；开展金秋助学，让困难家庭的孩子圆梦大学，成就梦想。下一阶段的驻村帮扶工作，工作队要紧紧按照交控集团和各级政府的相关工作要求，再接再厉，切切实实地做到听民意、察民情、解民忧、暖民心，真真正正地让群众共建共享乡村振兴发展成果。

同日 忻州公司党委副书记、副董事长、总经理张彦斌在基层单位进行“新思想在山西”理论宣讲，并就清廉国企建设、安全生产及防汛工作进行督导调研。张彦斌对神岢段和神河段水毁现场进行现场调研，就各基层站区清廉国企建设和安全生产工作进行督导。他要求，各基层单位要以“时时放心不下”的思想抓好安全生产工作，收费站要加强院内排水、房建设施雨后的隐患排查，及时清理排水沟淤泥杂草，做好房屋修补工作；路产维护站要加强雨后道路巡查，强化与驻地政府应急办和交警部门联勤联动，严格按照标准进行涉路施工作业，合力处置好高速公路水毁险情；路网运行保障中队要配合路产维护部门做好道路安全隐患排查和涉路施工作业监管，坚决杜绝涉路安全生产责任事故发生。

8月29日 忻州公司召开全面建设清廉国企

第四次专班会议,对构建廉洁风险防控体系、推进“四风”专项整治活动、督促企务公开标准化建设等重点工作进行安排部署。党委书记、董事长潘东,党委委员、纪委书记申晓飞,党委委员、副总经理孙强参加会议。会议要求,各部门单位要结合自身业务工作实际,将“四风”专项整治与经营管理重点工作紧密结合,按照时间节点深入开展自查自纠,精准查找存在的“四风”突出问题,坚决杜绝以形式主义落实“四风”专项整治活动。要高度重视企务公开标准化建设,建立健全企务公开协同发展机制,对所需公开事项,统一规范公开标准,指定专人负责。要合力构建忻州公司廉洁风险防控体系,全面排查重点领域、关键环节存在的廉洁风险点,针对性制订防控措施,绘制《廉洁风险防控运行图》《廉洁风险监督检查清单》,为忻州公司规范管理提供依据,夯实日常监督实效,推动形成“四责协同”、齐抓共管的“大监督”工作格局。会议指出,忻州公司近期开展的党风廉政建设调查问卷结果显示,广大干部职工对忻州公司及各基层单位党风廉政建设情况总体满意度较高。针对问卷调查中职工提出的意见建议,各部门单位要高度重视,以解决实际问题为导向,有效发挥群众监督效能,严格遵循“不过敏、不打压、不沉默”三不原则,做到善意对待批评、包容接纳意见、及时予以回应,共同维护风清气正良好政治生态。机关各部室、信息监控中心、后勤中心、机电设备维护站主要负责人、清廉国企专班工作人员参加会议。

8月30日 太原方向北服务区附近,路面有大面积玻璃碎片,对路面行车造成极大的安全隐患。接到信息后,路网运行保障一中队立即组织在队人员全部出警。12时46分,中队安全班组第一时间到达现场,做好安全布控避免发生交通事故。经现场勘查分析,遗洒(撒)物疑为货车货物掉落。随即,队员兵分两路,一队留在现场疏导交通、配合路产维护站清理现场,另一队火速查找肇事车辆。13时19分,在G2003线太原方向K6+360米处发现该肇事车辆,经调查询问,当事人赵某军,对货物遗洒(撒)后驾车驶离现场的事实供认不讳。13时55分,经中队和路产维护站全力清理下,路面恢复正常通行。经勘验调查,该起货物遗洒事件共造成多辆不同类型车辆不同程度受损。路网运行保障一中队快速处置避免了后续车辆受损,为已受损车辆司机挽回经济损失,赢得司乘人员好评。

8月31日 忻州公司国企改革三年行动收官。根据交控集团下发的《深化改革三年行动实施方案(2020—2022年)》及《深化改革三年行动工作任务清单》文件要求,忻州公司结合工作实际,制订印发《深化改革三年行动实施方案(2020—2022年)》和《深化改革三年行动工作任务清单》,成立忻州公司深化改革三年行动领导小组,安排各相关部门作为牵头责任主体,基层单位负责人负责做好统率全局的首要工作,逐条细化分解任务,共制订《深化改革三年行动工作任务清单》45项。原忻州南公司国企改革三年行动制订重点改革任务45项,完成44项,占比98%,未完成改革任务的1项,占比2%。原忻州北公司任务已全部完成。

9月1日 中秋节将至,为给广大司乘人员创造一个安全、畅通、舒适的高速公路通行环境,路网运行保障六中队联合高速交警五支队五大队、保德路产维护站对辖区路段进行节前安全隐患排查。一是召开专题动员会议,制订详细安全隐患排查实施方案,对辖区内可能存在安全隐患的风险点进行全面仔细排查。二是科学合理安排路面巡查,重点对辖区路基路面、事故多发路段、桥梁隧道、急弯陡坡等路段及沿线设施等进行详细排查,做到底清数明,不留死角。三是对排查中存在的隐患进行全面梳理,建立安全隐患台账,逐项整改,把安全隐患消除在萌芽状态。通过多部门联合安全排查,做到安全关口前移,进一步消除安全隐患,全力保障高速公路节日期间道路安全畅通。

9月5日 忻州公司党委组织机关各部室、两中心一维护站开展以“建设人民满意交通”为导向,以“大干一周,旧貌换新颜”为宗旨的路域环境整治活动。在忻州公司领导的带领下,全体干部职工积极参与,分组走上辖区各收费站外广场及匝道,重点对路面、排水沟内的塑料袋、纸屑、枯枝、抛洒物等进行集中清理，着力解决“路面污染”“死角垃圾”等突出问题，用实际行动为过往司乘提供“畅、安、舒、美”通行环境。

9月10日至10月7日 中秋、国庆“两节”期间，忻州公司纪委把纠治节日“四风”和安全生产工作紧密结合，紧盯节点、聚焦重点，强化监督检查，切实推动工作落实。一是聚焦“四风”问题监督不放松。忻州公司纪委赴部分基层站区召开节前廉政提醒谈话会，及时传达落实交控集团纪委节前廉政监督提醒会精神。成立明察暗访组和基层单位互查组，采取明察暗访、各单位交叉互查等方式进行监督检查，发现“四风”类问题1个，管理类问题3个，下发整改通知书1份，督促相关部室及基层单位在规定时间内限期整改，并形成长效机制。二是聚焦安全生产监督不放松。发挥监督的再监督作用，督促安全主管部门重点围绕17项内容及检查重点全方位开展自查，发现问题隐患13项，忻州公司纪委对整改事项进行督促推进，同时督促安全主管部门持续梳理安全生产监管薄弱环节、制度漏洞、风险隐患和体制机制障碍，形成“自查—督办—整改—反馈—巩固”闭环管理，切实补齐安全领域短板。

9月11日 宝穑村驻村工作队开展乡村振兴政策“百日宣传”活动。按照全省巩固拓展脱贫攻坚成果同乡村振兴有效衔接考核评估反馈问题整改动员部署会要求，进一步推动政策宣传解读到位，提升政策落实效果。宝穑村驻村工作队以“政策宣讲进村入户，政策帮扶温暖民心”为主题，与村委共同研究部署，多措并举推进活动有效开展，全面打通政策落实“最后一公里”。在村文化广场举办“乡村振兴政策”集中宣讲。村委书记、第一书记充分发挥网格化管理纵向到底的优势，定期组织在村党员、村民代表、微网格员，聚焦巩固成果衔接乡村振兴兜底救助、民生保障、产业发展、就业创业等方面政策，开展集中学习宣贯。利用各类平台载体开展线上宣讲，工作队通过抖音公众号平台，转发省乡村振兴局编制的《巩固成果衔接乡村振兴学习手册》和政策短视频，并在线对村民问题进行解答，广泛向村民开展线上政策宣传，扩大宣传力度和广度。以深入开展“大整训、大走访、大提升”专项行动为契机，村两委、驻村第一书记和工作队员充分结合个户家庭实际情况，入户进行精准宣传，推动政策家喻户晓。严格按照每半月走访一次脱贫户、监测户，每月走访一次其他农户，每两月电话或微信访问一次不在村的农户要求，通过政策宣传、沟通协调、答疑解惑、跟踪问效，把群众关心的“紧事”“要事”“难事”办成“实事”。

9月14日 山西焦煤西山煤电铁路公司相关负责人亲临忻州公司，送上写有“救援显真情 助人有爱心”锦旗及感谢信，对忻州公司50名防洪抢险队员路遇险情，高效快速有力救援服务表示由衷感谢。接过锦旗及感谢信后，双方进行座谈。山西焦煤西山煤电铁路公司相关负责人对发生于8月12日西山煤电公司防洪抢险队员乘坐的大客车因故障滞留高速，忻州公司网运行保障队应急人员迅速赶赴现场全力救援一事再次表示感谢。忻州公司党委委员、副总经理孙强表示，山西焦煤西山煤电铁路公司对忻州公司的认可既是对忻州公司工作的肯定，更多的是鞭策与激励。每一次突发事件的成功处置是忻州公司党委靠前指挥，组织带动有力，长期重视应急救援工作的集中体现。忻州公司将再接再厉，不断提升快速救援能力，进一步优化、拓展、延伸服务内容，为广大司乘人员提供更加便捷、畅通、安全的高速公路通行环境。

9月19日 高蒲收费站收到一面“拾金不昧风格高 服务周到品德好”锦旗，向收费员表示感谢。15日下午，一辆晋F牌照的小客车从高蒲收费站出口驶出缴费时，司机向收费员求助称自己的背包找不到了，包内有手机、现金、身份证等重要物品。当班收费员牛静安抚好司机，经仔细询问得知，司机将自己的背包遗落在顿村服务区，急忙联系服务区工作人员，经过几番周折，找到背包，司机激动地和工作人员道谢。

9月21日 上午，忻州公司收费部门组织各收费站按照部署召开“2022年费收营销活动启动现场会”，会议紧紧围绕“高速+”营销主题，充分发挥高速公路纽带作用，主动创新营销模式，确保通行费稳步增长。通过在收费站广场主要向过往司乘开展问卷调查,向司乘宣传行车安全和ETC服务,以及为司乘发放了矿泉水、雨伞、纸巾等礼品。在汽修厂、加油站、居民小区、文化广场、体育公园等地主要向大家介绍行驶高速的优点、差异化收费政策、晋e行App使用指南和邻近公司所辖收费站周边旅游景点的路线,不断提升高速公路周边旅游资源的知名度,达到"吸引车辆上路"的效果,实现"高速+旅游"的效益双赢。

9月23日 黄寨收费站组织员工参观由阳曲县纪委监委、阳曲县妇联共同举办的"树清廉家风 建清廉家庭——红色家风代代传"主题活动展。此次红色家风主题展包括两个方面,一是按照新民主主义革命时期、社会主义革命和建设时期、改革开放和社会主义现代化建设新时期、中国特色社会主义新时代四个历史时期,选取"红色家风人物""全国最美家庭""清廉家庭"等典型故事,以时间为序,以人物为基,以故事为本,通过展板集中展陈,引领广大党员干部和人民群众重温中华优秀儿女红色家风故事。二是通过剪纸艺术作品呈现中国传统文化深厚底蕴和内涵,以"剪"以养德、行有所"纸"为主题,集中展示浓烈深厚的爱党爱国之情、正气高昂的清正廉洁之风和温良恭俭的优良家风之美。通过参观红色家风主题展,大家重温了中华优秀儿女红色家风故事,感受浓烈深厚的爱党爱国之情、学习清正廉洁之风和温良恭俭的优良家风之美,纷纷表示要为传承红色家风、推进廉政文化建设、夯实清廉国企行动贡献自己微薄力量。

9月28日 忻州公司召开2022年安委会第四次全体(扩大)会议暨九月份安全生产工作会议。会议以视频形式召开,忻州公司安委会成员,各部门、各基层单位负责人等160余人参加。会上,副总经理王永明传达贯彻交控集团安委会第四次全体(扩大)会议精神;副总经理郭华对下一阶段重点工作任务作安排部署;党委副书记、副董事长、总经理张彦斌总经理对第三季度安全生产工作作总结,对第四季度及当前安全生产工作进行安排部署。

(资料提供:李 剑 边裕人)

吕梁北高速公路管理有限公司大事记

1月12日 自党史学习教育开展以来,吕梁北高速公路管理有限公司(以下简称吕梁北公司)党委坚决扛起政治责任,坚持靶向施策、精准发力,抓在平常,确保党史学习教育在落实上体现高标准,推动吕梁北公司高质量发展。

1月17日 吕梁北公司召开2022年安委会第一次全体(扩大)会议,党委副书记、副董事长、总经理张海宁主持会议,党委书记、董事长薛海军,资深专员董万森出席会议并讲话,专职党委副书记、副董事长郭太明,总经理助理郭新及公司所属各部室、各单位主要负责人、分管安全负责人、安全员参加会议。

1月18日 吕梁北公司召开党史学习教育专题民主生活会,以"大力弘扬伟大建党精神,坚持和发展党的百年奋斗历史经验,坚定历史自信,践行时代使命,厚植为民情怀,勇于担当作为,团结带领人民群众走好新的赶考之路"为主题,按照"学史明理、学史增信、学史崇德、学史力行"和"学党史、悟思想、办实事、开新局"的目标要求,深刻查摆检视问题,深入开展批评和自我批评,明确整改措施和努力方向。交控集团安全总监李新杰、安全环保部部长陶云川到会指导。党委书记、董事长薛海军主持会议，领导班子成员参加。

1月19日 吕梁北公司召开党史学习教育总结大会。党委书记、董事长薛海军出席会议作党史学习教育总结讲话，专职党委副书记、副董事长郭太明主持会议。

同日 上午，吕梁北公司党委召开2021年度党支部书记抓基层党建述职评议大会。会议由党委副书记、副董事长、总经理张海宁主持，有关领导、各党支部负责人、党群部门代表、基层单位群众代表共计40余人参加会议。

同日 吕梁北公司在机关二楼会议室召开2022年收费工作务实会。总经理助理郭新出席，会议由收费稽查部部长薛锋钢主持，各收费站负责人和收费稽查部业务骨干参会。

1月20日 下午，吕梁北公司路网运行保障大队召开2022年工作会暨春运部署安排会。总经理助理王俊峰出席会议，路网运行保障大队大队长冯在勇主持，大队全体人员、各路网运行保障中队负责人及业务骨干参会。

1月26日 在新春佳节来临之际，吕梁北公司领导分别赴基层单位进行春节慰问和困难职工慰问，为广大职工送上节日问候和新春祝福。

1月29日 吕梁北公司召开高速公路路产保护工作突出问题专项自查动员会。会议以视频会议的形式召开，资深专员董万森主持会议，党委书记、董事长薛海军，总经理助理王俊峰，总经理助理郭新出席，各部室、路网运行保障大队、中队、各收费站负责人参加。

2月8日 吕梁北公司与山西省高速公路综合行政执法总队吕梁支队在吕梁北路网运行保障大队召开业务协作联席会议。党委副书记、副董事长、总经理张海宁，总经理助理王俊峰及路网运行保障大队各中队单位负责人与省高速公路综合行政执法总队吕梁支队及辖区各大队主要领导出席此次会议。

2月15日 吕梁北高速公司开展“喜迎冬奥·欢庆元宵”活动，让广大职工度过一个欢乐、祥和的元宵佳节。

2月16日 吕梁北公司党委副书记、副董事长、总经理张海宁一行深入梁家庄片区，就梁家庄收费站、岚县隧道管理站工作和生活情况进行调研指导。

2月17日 吕梁北公司党委理论学习中心组开展2022年第3次中心组学习。领导班子成员、资深专员、外部董事、总经理助理参加学习。

2月22日 吕梁北公司与高速交警一支队三大队召开道路交通事故预防工作座谈会，就下一步工作进行协商。

2月24日 吕梁北公司召开2021年第四季度运营管理监督检查问题整改专题会议，党委书记、董事长薛海军作讲话，党委副书记、副董事长、总经理张海宁主持会议并作安排部署，有关领导就各自分管领域工作作了点评。机关各部室、基层各单位负责人参加会议，收费稽查部、路产维护部、路网监测及运维中心、路网运行保障大队通过PPT就第四季度运营管理监督检查问题整改情况作专题汇报。

3月2日 吕梁北公司与山西高速交警一支队召开路警协同共治联席会议。党委书记、董事长薛海军，党委副书记、副董事长、总经理海宁，资深专员董万森，高速一支队二、三、九大队大队长、副大队长及公司相关业务部室和基层单位负责人参加此次会议。会议由总经理助理王俊峰主持。

3月16日 吕梁北公司在机关二楼会议室召开2022年春季养护工作安排部署会，党委副书记、副董事长、总经理张海宁出席会议，各路产维护站站长及路产维护部全体人员参加会议。

3月18日 吕梁北公司所辖30个基层党支部，根据公司党委部署和要求，陆续召开2021年度组织生活会开展民主评议党员工作，领导分组带队到会督导党支部组织生活会。

同日 吕梁北公司召开党的建设和党风廉政建设工作会。党委书记、董事长薛海军出席并讲话，党委委员、纪委书记刘元元就党风廉政建设工作进行安排部署，专职党委副 书记、副董事长郭太明主持会议。领导张海宁、董万森、王俊峰、郭新出席。

同日 吕梁北高速公路分公司召开一届五次职代会暨2022年工作会议。党委书记、董事长薛海军出席并讲话,党委副书记、副董事长、总经理张海宁作工作报告,专职党委副书记、副董事郭太明主持会议。领导董万森、刘元元、王俊峰、郭新出席。

3月22日 吕梁北公司与山西省交通新技术发展有限公司在机关二楼会议室就污水处理系统维护进行工作座谈,专职党委副书记、副董事长郭太明出席会议,经营服务中心主任李德、路产维护部部长任剑、各收费站站长及污水处理系统维护员参加会议。

4月1日 吕梁北公司召开"严作风、守纪律、强担当、促落实"纪律作风大整顿动员部署会议,目的是认真贯彻省纪委"全面建设清廉山西"、交控集团2022年度两个重要会议精神,坚决落实交控集团清廉交控建设的安排部署,进一步转变工作作风,营造风清气正的政治生态,为吕梁北公司高质量发展提供坚强纪律保障。

4月6日至7日 吕梁北公司总经理助理王俊峰、路网运行保障大队大队长冯在勇深入辖区服务区开展第一季度服务区监督检查工作。

4月14日 吕梁北公司路网运行保障大队及路网运行保障大队一中队、二中队正式挂牌成立。党委书记、董事长薛海军,党委副书记、副董事长、总经理张海宁,资深专员董万森,总经理助理王俊峰等一行出席揭牌仪式,各路网运行保障中队和职工代表共40余人参加。

4月20日 吕梁北公司召开2022年安委会第二次全体视频会议,党委副书记、副董事长、总经理张海宁主持会议,党委书记、董事长薛海军,资深专员董万森出席会议并讲话,党委委员、纪委书记刘元元及公司所属各部室、各单位主要负责人视频参加会议。

4月25日 吕梁北公司党委书记、董事长薛海军一行到梁家庄收费站进行调研指导。

4月26日 吕梁北公司党委委员、副总经理兰爱峰到枣林隧道管理站、坪头隧道管理站、临离监测及运维分中心进行实地调研,与各隧道管理站站长开展交流座谈。路网监测及运维中心主任薛大俊、临离监测及运维分中心主任强亚军陪同。

4月28日 吕梁北公司党委委员、副总经理郭小华对机关院内、食堂进行实地调研,与经营服务中心全体干部职工开展交流座谈。经营服务中心主任李德陪同。

5月6日 吕梁北公司党委书记、董事长薛海军和党委委员、纪委书记刘元元一行先后到兔坂收费站党支部和临县西路产维护站调研指导工作。

5月7日 吕梁北公司党委委员、副总经理兰爱峰到岚县隧道管理站调研指导。路网监测及运维中心主任薛大俊陪同。兰爱峰一行到宝塔山隧道查看隧道变电所、水泵房等隧道设施,详细了解隧道设施设备运行情况。随后参观应急物资库、创新工作室,并认真听取工作汇报。

5月9日至10日 吕梁北公司党委委员、副总经理兰爱峰先后到兔坂隧道管理站、太佳西监测及运维分中心、兴县南隧道管理站调研指导工作。兰爱峰一行实地查看分中心监控室、机电运维实验室及站区办公区域,详细了解机电、消防等设备的运行情况、应急物资存放、废旧物资利用、职工生活环境等,与干部职工召开座谈会,围绕工作中存在的问题和下一步工作方向进行深入交流探讨。

同日 吕梁北公司专职党委副书记、副董事长郭太明和总经理助理郭新先后深入兔坂收费站、白文收费站基层站点调研指导工作。吕梁北公司领导一行查看红色教育阵地建设进展情况,详细了解阵地后续建设规划、党建项目化等情况,提出具体的指导意见和明确要求。

5月11日 为贯彻全面从严治党要求,认真贯彻落实交控集团4月24日警示教育大会、第一季度纪检工作例会等会议精神,加强党员干部思想作风建设,筑牢拒腐防变思想防线。吕梁北公司以视频会议形式召开警示教育大会,会议由党委委员、纪委书记刘元元主持,党委书记、董事长薛海军出席会议并讲话,吕梁北公司领导班子成员、中层副职以上干部参加会议。

同日 吕梁北公司召开5月份养护工作安排部署会，党委书记、董事长薛海军出席会议并讲话。党委副书记、副董事长、总经理张海宁主持会议，党委委员、副总经理兰爱峰和李鹏以及党委委员、纪委书记刘元元出席会议，路产维护部全体人员、各路产维护站站长、副站长及养护技术人员参加。

5月12日 吕梁北公司召开2021年度党建项目化管理成果验收评审会暨党建项目化管理工作座谈交流会。吕梁北公司领导董万森、郭太明、兰爱峰、郭小华、李鹏、郭新和实业集团党委办公室主任葛彦明作为评委参与本次评审。

5月13日 吕梁北公司召开2022年隧道管理工作部署会。党委书记、董事长薛海军和党委副书记、副董事长、总经理张海宁出席会议并讲话。党委委员、副总经理兰爱峰主持会议。路网监测及运维中心主任和副主任、各分中心负责人及各隧道管理站负责人参加会议。

5月18日 吕梁北公司路网运行保障大队以第八个全国“路政宣传月”活动为契机，以“保畅通、保运输、保稳定”为核心，以“守护公路安全、争当服务先锋”为主题，联合吕梁综合执法支队三大队、四大队、五大队、六大队开展“路政宣传月”活动，总经理助理郭新参加启动仪式。

5月19日 吕梁北公司召开隧道提质升级专项工程和临离尾工工程复工复产安全技术交底会，党委委员、副总经理兰爱峰和李鹏出席会议并讲话。路产维护部部长任剑主持会议。参加会议的有路产维护部、安全应急部、路网监测及运维中心、路网运行保障大队、路产维护站、隧道管理站、路网运行保障中队、施工单位、监理单位、监测单位相关负责人及技术人员。

5月20日 吕梁北公司路网监测及运维中心召开隧道提质升级专项工程工作推进会，以“质效提升”工程整体要求为抓手，各单位对标责任任务深入查找不足与差距，就相关工作进行进一步安排部署。会议由路网监测及运维中心主任薛大俊主持，各分中心主任、各隧管站站长、监理单位和施工单位相关负责人参会。

同日 吕梁北公司党委委员、副总经理李鹏一行到兴县南路产维护站就汛期前准备工作开展调研指导。调研中，李鹏一行实地查看防汛机械设备、防汛物资储备、防汛预案制订等落实情况。组织召开专题座谈会，与党员干部职工面对面交流，认真听取有关意见建议，并就防汛防灾工作提出指导意见。

5月23日 吕梁北公司党委委员、副总经理李鹏深入临县西路产维护站调研指导工作。调研中，李鹏详细了解安全应急物资库施工建设进展及下一步规划。与干部职工召开专题座谈会，听取专项工程和养护工程等情况的汇报，倾听职工对班组及吕梁北公司发展过程中的好意见、好建议，并就安全、养护、汛期工作提出指导意见。

5月24日 吕梁北公司专职党委副书记、副董事长郭太明带队安全应急部、党委工作部相关人员深入临县北片区调研指导工作。调研组一行实地察看安全应急物资库建设情况，详细了解片区环境总体规划及物资库使用规划，就下一步环境建设提出指导意见。

同日 吕梁北公司党委书记、董事长薛海军和资深专员董万森深入兴县南片区调研指导工作。在兴县南收费站，薛海军一行实地察看新更换的治超检测地磅，了解新地磅的使用情况，听取兴县南收费站近期收费工作及站区管理等情况的汇报，详细了解收费站当前存在的困难。

5月26日 吕梁北公司召开2022年收费工作部署会议。党委书记、董事长薛海军，党委副书记、副董事长、总经理张海宁出席会议并讲话，总经理助理郭新主持会议。收费稽查部部长、副部长和各收费站站长参加会议。

6月1日 在“六一”国际儿童节到来之际，吕梁北公司以“喜迎中共二十大·同心护未来”为主题，开展情暖“六一”关爱儿童系列活动，为孩子们送去节日关怀与祝福。带着吕梁北公司领导殷殷嘱托与全体职工深切关爱，团委参加方山积翠中心校学校庆“六一”活动，对全校儿童进行捐衣助学慰问。

同日 吕梁北公司召开2022年度财务管理工作会。党委副书记、副董事长、总经理张海宁出席会议并作重要讲话,党委委员、副总经理兰爱峰和高级专员陈彦明出席会议,基层单位负责人、财务核算部全体人员参加。会上,财务核算部部长李永永就2022年度下达预算标准和具体举措作详细说明,就2018年以来固定资产摸底排查工作进行再安排部署,对财务日常报销注意事项进行一一讲解。

6月2日 为使吕梁北公司员工切身感受到关怀和温暖,同时体现吕梁北公司关爱儿童茁壮成长的责任担当,在“六一”国际儿童节来临之际,吕梁北公司团委为职工子女发放“六一”节日贺卡和益智礼物,为孩子们庆祝专属节日。

6月7日至8日 大同北公司党委书记、董事长杨国华一行16人到吕梁北公司开展交流学习活动,吕梁北公司领导及各部室负责人参加。

6月10日 为深入贯彻落实习近平法治思想,做好档案法治宣传教育,在第15个国际档案日来临之际,吕梁北公司以“喜迎中共二十大 档案颂辉煌”为主题,精心谋划、广泛宣传,开展主题系列活动。

6月13日 朔州公司党委书记、董事长赵寿基一行14人到吕梁北公司开展交流学习活动,吕梁北公司领导及各部室负责人参加交流活动。座谈交流会上,薛海军对赵寿基一行到访表示热烈欢迎,简要介绍吕梁北公司工作概况。2022年,吕北公司牢牢把握“一个中心”,扎实推进“六大提升”,坚持“五个强化”,抓好“八项重点”工作,树立一家人一条心思想,同心竭力共建“日新吕北”。

6月14日 在杭州牺牲的消防员刘泽军烈士荣归故里,吕梁北公司以最深的敬意和顺畅的通行迎接烈士回家。为做好车辆保畅工作,向烈士表达最崇高的敬意,吕梁北公司精心组织,周密部署,在方山收费站开启专用车道,协同高速交警、地方政府做好交通保障措施,确保车辆安全、有序通行。

同日 6月是全国第21个“安全生产月”,根据“安全生产月”活动安排部署,吕梁北公司围绕“遵守安全生产法,当好第一责任人”活动主题,深入开展安全教育培训活动,机关各部室、基层各单位主要负责人、分管安全负责人、安全员共计110余人参加培训。

同日 共青团山西省委副书记、山西省青联主席赵静带领团省委科学技术界别青联委员吕梁行调研组到吕梁北公司调研指导工作。交控集团专职党委副书记、副董事长、副总经理刘宏武,团委书记、政策(党建)研究中心主任李永岐,吕梁北公司领导薛海军、张海宁、郭太明、刘元元以及吕梁共青团市委副书记、市青联主席郭峥参加调研走访活动。

6月15日 吕梁北公司召开全面建设清廉国企谈心谈话活动会议,会议主要审议谈心谈话内容提纲,并就活动进行动员部署,吕梁北公司领导,机关各部室、两中心一大队负责人参会。

6月16日 吕梁北公司召开新闻宣传工作座谈会,党委书记、董事长薛海军出席会议并讲话,党委委员、纪委书记刘元元主持会议,专职党委副书记、副董事长郭太明,高级专员陈彦明出席,机关部室、基层单位负责人及宣传员参加。座谈会前,与会人员就新闻宣传拍摄技巧进行培训探讨,收费站、路产维护站、隧管站、路网运行保障大队等4家单位代表就新闻宣传工作中取得的好经验和存在的问题交流发言。

6月28日 吕梁北公司举行职工书屋揭牌仪式。党委书记、董事长薛海军出席,与党委副书记、副董事长、总经理张海宁共同为职工书屋揭牌。领导班子成员及各部室负责人等20余人参加。揭牌仪式后,大家共同参观职工书屋。

6月29日 由吕梁北公司工会、团委共同举办的“职工心向党·喜迎中共二十大”主题演讲比赛决赛在四楼会议室落幕,党委书记、董事长薛海军为决赛致开幕词,领导班子成员出席并观看比赛。比赛通过钉钉平台进行直播。此次活动是吕梁北公司“喜迎中共二十大”系列活动中的一项重要内容,是弘扬劳模精神、劳动精神、工匠精神,展现广大职工积极向上、奋发有为良好精神风貌的一种重要形式,是引导广大职工坚定理想信念,把“同心为道·

日新其德”企业核心价值观根植于内心的一种外在体现，为吕梁北公司清廉国企建设营造浓厚氛围。

6月30日 兴县东物流分拨中心项目开工奠基仪式在兴县东收费站院内举行。吕梁北公司党委书记、董事长薛海军，党委副书记、副董事长、总经理张海宁，专职党委副书记、副董事长郭太明，党委委员、副总经理李鹏，总经理助理王俊峰；物流集团党委书记、董事长张庆华，党委副书记、副董事长、总经理岳晋峰，党委委员、副总经理陈琳，党委委员、纪委书记秦华国，副总经理褚跃峰出席奠基仪式。

同日 吕梁北公司党委、物流集团党委、吕梁南公司党委在晋绥边区革命纪念馆，开展“沿着总书记的足迹 蹚出路域经济发展新路子”主题党日共建活动，缅怀革命先烈、重温入党誓词，坚定全方面推动企业改革发展的信心和决心。吕梁北公司领导薛海军、张海宁、郭太明、李鹏、王俊峰，物流集团领导张庆华、岳晋峰、陈琳、秦华国、褚跃峰，吕梁南公司领导刘泽林、闫红伟参加共建活动。

7月1日 上午，吕梁北公司隆重召开党的建设和清廉国企建设推进会，庆祝中国共产党成立101周年，表彰先进典型，为中共二十大召开营造奋进新征程，建功新时代的浓厚氛围。党委书记、董事长薛海军出席并讲话，党委副书记、副董事长、总经理张海宁宣读表彰决定，专职党委副书记、副董事长郭太明主持会议，党委委员、纪委书记刘元元就清廉国企建设进行安排部署。吕梁北领导兰爱峰、李鹏、王俊峰、郭新参加会议。大会对一年来在吕梁北公司各项工作中涌现的先进集体和个人进行表彰，4名受表彰代表作交流发言，分享各自工作中的先进经验与实践。

7月6日至7日 为缓解平日工作的紧张情绪，促进职工健康发展，调动工作积极性，愉悦身心，吕梁北公司机关工会小组组织开展打篮球、羽毛球活动。

7月7日 吕梁北公司及时组织开展“关爱职工·清凉一夏”慰问活动。党委书记、董事长薛海军，党委副书记、副董事长、总经理张海宁，资深专员董万森分别带领相关人员，带着对一线职工的关心与牵挂，深入基层站区、施工作业点看望慰问一线职工。不但为一线职工送上夏凉被、冰糖、绿豆、西瓜、饮料等消暑降温物品，还一再叮嘱大家一定要注重防暑降温、劳逸结合，保证健康愉悦地工作。

7月11日 吕梁北公司党委书记、董事长薛海军，资深专员董万森，党委委员、副总经理李鹏，高级专员陈彦明先后到太佳西、临离、岢临路段，实地查看关键桥隧和重点路段，现场研究处治方案，全力确保全公司路段安全畅通。

薛海军、李鹏深入临离段丁家沟隧道口实地查看路面排水情况，和现场抢险人员一起拿起铁锹，及时疏通排水，确保水流畅通。登上大中局2号隧道顶部，实地查看隧道防排水设施及泄洪情况，针对现场多处隐患点，结合现场地形地貌给出有针对性的处治意见建议。

董万森、陈彦明深入岢临段静兴高速连接处，实地查看路面严重积水路段，第一时间向静兴公司通报相关情况，要求及时排除路面积水隐患。深入高陡边坡、防排水设施存在防汛隐患的重点部位，给出临时处治措施和初步处治方案。

7月12日至13日 交控集团路网应急指挥中心副主任王保生一行4人组成调研组赴吕梁北公司就联网收费业务进行调研，召开座谈会。吕梁北公司专职党委副书记、副董事长郭太明，党委委员、副总经理兰爱峰，副总经理袁正兵和总经理助理郭新陪同。

调研组一行首先实地参观考察吕梁北公司方山收费站和太佳西监测及运维分中心，充分了解票证业务、稽核业务、集中监控建设以及联网收费机电业务工作开展情况，同时观摩吕梁北公司自主研发的机电运维平台。

7月13日 上午，吕梁北公司党委副书记、副董事长、总经理张海宁一行深入岢临路段，就防汛抢险工作及南山隧道升级改造施工现场开展调研，并就下一步工作进行再部署再强调。

7月14日 吕梁北公司党委组织召开第10次理论学习中心组学习。按照交控集团公司党委关于开展党委理论学习中心组列席旁听工作要求和安排，交控集团党委宣传部副部长李根，党委宣传部业务主管柴瑾，路桥集团党委办公室主管武佳到会旁听指导。

7月18日 为进一步增强路网运行保障人员整体素质，提高全员应急处置能力及安全防范意识，更好适应路网运行保障工作的新要求，路网运行保障大队组织各中队业务骨干开展为期三天的军事训练及业务知识培训。上午，在山西吕安危险化学品应急救援基地举行路网运行保障大队军事训练及业务知识培训开班仪式，吕梁北公司总经理助理王俊峰出席，参加此次培训学员共计39人。

7月19日 吕梁北公司组织开展防汛抢险联合应急演练，所属路网监测及运维中心、路网运行保障大队四中队、兴县南路产维护站、兴县南收费站、兴县南隧道管理站等6个单位，共计30余人参加演练。

7月20日 吕梁北公司召开2022年安委会第三次全体（扩大）视频会议，专职党委副书记、副董事长郭太明主持会议，党委书记、董事长薛海军、高级专员陈彦明出席会议并讲话，其他领导及吕梁北公司所属各部室、各基层单位主要负责人、分管安全负责人、安全员参加会议。

7月21日 上午，吕梁北公司岢临监测及运维分中心正式揭牌成立，党委书记、董事长薛海军，党委副书记、副董事长、总经理张海宁，党委委员、副总经理兰爱峰等一行出席揭牌仪式，路网监测及运维中心负责人、分中心及相关单位干部职工代表共计40余人参加。

同日 吕梁北公司副总经理袁正兵、收费稽查部部长薛锋钢到方山收费站调研指导工作。收费站负责人张晓娟陪同。调研期间，袁正兵到办公楼、治超收费岗亭、ETC服务网点等场所，与各岗位在岗人员面对面交流，对收费管理、队伍建设、运营保障等工作进行详细询问，实地参观稽核工作室、妈咪小屋、职工书屋、党群活动室，听取工作情况汇报。

7月27日至28日 吕梁北公司所辖路段全域大雨，党委委员、纪委书记刘元元，党委委员、副总经理李鹏到一线调研督导防汛工作。调研中，刘元元、李鹏一行先后到临离、岢临重点路段实地查看路况，听取各站防汛工作情况汇报，调研督导应急值班值守、应急物资储备、病害处治等工作。

7月28日 吕梁北公司党委委员、副总经理郭小华到太佳主线收费站、兴县南收费站、兴县东收费站就路域经济工作进行实地调研。郭小华实地查看与物流集团合作的太佳主线收费站“司机之家”项目，现场听取物流集团设计方案，就厂区设计、闲置资产利用、经营效益、经营模式等方面双方进行深入交流。在兴县南收费站和兴县东收费站实地查看闲置可利用土地、办公楼、餐厅、库房，听取闲置土地规模、区位特点、开发效益等情况。

7月 为庆祝中国共产党成立101周年，喜迎中共二十大胜利召开，吕梁北公司各党支部开展丰富多彩、形式多样的庆“七一”主题党日活动。

8月3日 吕梁北公司召开2022年上半年工作总结暨下半年工作安排会议，回顾总结上半年工作，分析当前工作面临的形势和问题，部署下半年重点工作任务，要求全体党员干部职工进一步统一思想，铆足干劲，只争朝夕、加压奋进、全力冲刺，确保年底收官。党委书记、董事长薛海军和党委副书记、副董事长、总经理张海宁出席会议并讲话，分管领导就分管工作进行点评和安排，会议由专职党委副书记、副董事长郭太明主持。

同日 交控集团运营部副部长赵凯、主办马剑一行到吕梁北公司进行调研，党委委员、副总经理李鹏，交科设计院养护分院副院长王国安陪同。

赵凯在调研中提出4点要求。一是路面、桥面病害的处治方案要依据检测报告、钻心取样数据科学决策、精准施策，切实达到降本增效目的；二是隧道的监测方案、检测报告不仅是监测预警与数据的罗列，应有专业的分析研究，要切实为后续方案的制订提供有力依据；三是汛期要扎实做好防汛工作，基层站区要以汛为令，提早部署，深入排查、备足物资，信息畅通，确保各项工作落实到位；四是静兴高速与岢临高速被交路段的病害要做好临时防排水措施，确保路段运行安全的前提下，积极协调沟通，尽快落实处置工作。

同日 交控集团印发《表彰决定》。其中，吕梁北公司工会获评交控集团“模范职工之家”，太佳西监测及运维分中心、兔坂收费站获评交控集团“工人先锋号”，陈彦明获评交控集团“交控工匠”，冯丹军获评交控集团“优秀工会工作者”，张泽云、王卫红获评交控集团“模范职工”。

8月4日 吕梁北公司召开工会第二届第二次会员代表大会，64名工会会员代表参加会议。党委书记、董事长薛海军，专职党委副书记、副董事长郭太明出席会议，资深专员董万森主持会议。大会补选2位工会委员会委员，选举出新工会主席。

8月10日 晚11时10分，G59呼北高速临离段(K436+026)王家塔隧道离石方向出口处护坡发生坍塌，塌方量约2000立方米，阻断道路通行。险情发生后，吕梁北公司快速反应，立即启动防汛应急预案，领导第一时间赶赴一线，现场分析研判，指挥应急处置，迅速组织人力、物力、机械设备全力展开应急抢险工作；当地消防人员来到现场，查看是否有掩埋车辆及人员；路产维护站、路网运行保障中队、隧道管理站应急小组人员以最快的速度有序管控现场、疏导交通、清理土方，2个多小时后，半幅车道抢通，并配合高速交警引导滞留车辆完成放行后，对临离路段实施交通管制，后方车辆在临县枢纽进行分流。

8月11日 交控集团副总经理谢鹏远一行到吕梁北公司调研指导一线防汛工作。他强调，当前正值汛期，防汛工作进入紧要关头，要认真贯彻落实交控集团各项部署要求，进一步提高政治站位，统一思想认识，层层压实责任，上下联动，时刻保持高度警觉，增强应对能力，立足于防大汛、抢大险，做足准备，从严从实从细抓好防汛工作，确保高速公路安全畅通和群众平安出行。吕梁北公司领导及相关单位负责人陪同。

谢鹏远一行先后来到临离路段王家塔隧道、岢临路段松峪2号桥和静兴高速互通连接处等地，通过实地察看隧道口边坡崩塌，桥下排水及锥坡、墩柱水毁情况，边坡、低洼滑塌防汛等情况，就一些重点问题提出指导意见。

同日 上午，吕梁北公司召开近期强降雨造成水毁典型病害处治方案研讨会，党委副书记、副董事长、总经理张海宁，资深专员董万森，党委委员、副总经理兰爱峰、李鹏、郭小华和副总经理袁正兵出席会议。路产维护部全体人员、综合办公室相关人员参加会议。

8月22日 下午，吕梁北公司党委书记、董事长薛海军主持召开党建工作推进座谈会，研究部署当前和今后党建工作。专职党委副书记、副董事长郭太明和党委委员、纪委书记刘元元出席会议，党委工作部和党委组织部全体人员参加会议。

座谈会上，参会人员共同学习晋城公司及大同公司文化宣传片，对照年初提出的“135”党建工作思路、清廉国企建设“1520”行动等要求，分析当前形势，反思短板弱项，梳理工作清单，探讨创新举措。刘元元就近期清廉国企建设、政治监督、“四风”突出问题专项整治等重点工作任务进行通报安排，郭太明就人才管理、企业文化建设、党建项目化、精神文明建设等方面工作进行梳理部署。

8月23日 吕梁北公司召开党委(扩大)会议暨中心组学习会，党委书记、董事长薛海军主持会议并讲话。吕梁北公司领导，各党支部、机关各部室、基层各单位负责人参加。

会上，党委副书记、副董事长、总经理张海宁传达学习交控集团公司党委(扩大)会议暨中心组学习会精神；专职党委副书记、副董事长郭太明领学习近平总书记在省部级主要领导干部“学习习近平总书记重要讲话精神，迎接中共二十大”专题研讨班上重要讲话精神，就学习宣传贯彻《习近平谈治国理政》第四卷以及吕梁北公司领导党建工作联系点制度进行说明；党委委员、纪委书记刘元元传达全省贯彻落实中央八项规定精神专题警示教育大会精神和省国资委全面建设清廉国企领导小组会议暨工作推进会会议精神。

8月24日 吕梁北公司联合山西省高速公路综合行政执法总队吕梁支队在路网运行保障大队

召开业务协作座谈会,会议由党委书记、董事长薛海军和吕梁执法支队支队长孙权平共同主持,吕梁支队三大队、四大队、五大队、六大队负责人,路网运行保障大队负责人参加会议。

会上,双方围绕业务协作双方职责、协作内容、信息共享、涉路施工审批及管控、保护路产路权工作协作机制进行商讨,就共同推进解决高速历史遗留违章建筑事宜交换意见并进行深入交流,对近期工作中需要解决的实际问题达成共识。

8月25日 上午,吕梁北公司召开全员绩效考核制度建设推进会。专职党委副书记、副董事长郭太明主持会议,机关相关部门负责人参加。推进会上,业务部门分别汇报收费站、路产维护站、隧道管理站、运维分中心、路网运行保障中队《人员绩效考核办法》制订工作进展情况,党委组织部就《吕梁北公司绩效考核管理办法(征求意见稿)》作介绍,并与参会人员充分进行讨论和意见交流。

8月31日 吕梁北公司举办2022年“吕北党建讲堂”——全面建设清廉国企专题讲座。会议以视频会议形式召开,领导班子、机关各部室、基层各单位中层副职及以上干部、各党支部支委以及纪检监督员参加会议。

8月31日至9月6日 吕梁北公司路网监测及运维中心开展收费机电职业技能培训。党委委员、副总经理兰爱峰出席,路网监测及运维中心主任、副主任、机电员以及各分中心、收费站机电员30余人参加。

9月2日 吕梁北公司组织机关值班人员和公司路网监测及运维中心信息报送人员,在机关四楼会议室进行专题培训。

9月5日 吕梁北公司召开2022年第13次党委理论学习中心组(扩大)会议,第一时间传达学习交控集团纪委中秋、国庆“两节”期间贯彻落实中央八项规定精神监督提醒会会议精神。党委书记、董事长薛海军主持并提出要求,党委中心组成员参加学习,资深专员、高级专员,机关各部室、两中心一大队负责人列席会议。

9月6日 吕梁北公司党委召开基层党建工作观摩学习交流现场推进会。党委书记、董事长薛海军带队,专职党委副书记、副董事长郭太明,党委委员、纪委书记刘元元以及各党支部负责人、党务部门干事等40余人参加。

同日 下午,吕梁北公司党委书记、董事长、总经理薛海军,专职党委副书记、副董事长、副总经理郭太明,副总经理李鹏一行到方山路产维护站管养路段现场调研指导太佳西段2022年路面病害处治工程。

9月7日 吕梁北公司举办“进一步落实国企改革三年行动”专题讲座。讲座以视频会议形式召开,党委委员、副总经理郭小华主持,公司领导、机关各部室、基层各单位中层副职以上干部参加会议。

9月8日 下午,为贯彻落实省交通运输厅关于切实做好《中华人民共和国反有组织犯罪法》宣传贯彻工作通知的文件精神,吕梁北公司工作人员和方山收费站志愿者在高速公路入口设置宣传点,开展以“反有组织犯罪 建设平安社会 你我人人有责”为主题的宣传活动。

9月15日 为全面检验吕梁北公司对道路突发事件的组织协调和应对处置能力,进一步提升应急处置水平。吕梁北公司在G59呼北高速(K390+600)油坊沟隧道开展危化品车辆泄漏突发交通事故应急演练,高速交警、急救、消防、环保、路网保障大队、隧管、路产维护、收费等9个单位,共计60余人参加演练。吕梁市应急管理局、交安中心、高速交警二、三、五大队相关领导和吕梁北公司有关领导及公司所属各部门、基层单位主要负责人观摩演练。

9月19日 吕梁北公司进一步落实“人人持证、技能社会”工作要求,提升员工技能水平,解决实际工作需求,15时,在临县一帆职业培训学校开展“吕梁北公司首批驾驶证增驾(C1增驾B2)”报名培训活动。

同日 吕梁北公司在路网运行保障大队二楼会议室召开防范道路养护作业安全事故会议,党委副书记、副董事长、总经理张海宁出席会议并讲话。

党委委员、副总经理李鹏主持会议，会议邀请高速交警部门、监理集团、交科集团新技术公司、养护公司、科技转化公司等单位参加，参加会议的还有路产维护部、各路产维护站及日常小修保养施工单位等相关人员。

9月21日 吕梁北公司在二楼会议室召开全年9月份养护工作安排部署会，党委副书记、副董事长、总经理张海宁出席会议并讲话，党委委员、副总经理李鹏主持会议，路产维护部全体人员、各路产维护站站长、副站长参加会议。

9月28日 吕梁北公司举办2022年“吕北道德讲堂”暨《习近平谈治国理政》第四卷专题讲座。会议以视频会议形式召开，吕梁北公司领导、基层各单位中层副职以上干部、各党支部支委、机关党群部室人员参加会议。“道德讲堂”邀请中北大学马克思主义学院教授牛俊红，以《道德的演进与价值》为主题，从儒家文化倡导的“仁、义、礼、智、信”引申至社会公德、职业道德、家庭美德、个人品德，将道德认知与道德实践结合起来，进一步传递正能量、弘扬好家风，增强广大干部职工的干事创业热情。

9月29日 下午，为进一步贯彻落实从严治团，持续加强团干部队伍建设，提高团干部理论水平和青年工作能力，吕梁北公司团委开展团干部政治素养提升培训，邀请共青团山西省委团校常务副校长、教授曲宏飞现场授课，吕梁市团委优秀青年和吕梁北公司团委委员、各团支部书记及团务工作者共计40余人听讲。

10月1日 为庆祝中华人民共和国成立73周年，吕梁北公司各单位举行升旗仪式，祝福伟大的祖国繁荣昌盛。

10月4日 吕梁北公司各单位通过录制视频等多种形式庆祝中华人民共和国成立73周年。

10月5日 吕梁北公司党委副书记、副董事长、总经理张海宁在党委委员、副总经理李鹏及综合办公室（董办）主任薛国峰陪同下，深入临县北、枣林片区，督导国庆期间保通保畅工作，向坚守在高速公路一线的干部职工致以节日问候。

10月12日 吕梁北公司专职党委副书记、副董事长郭太明赴路网运行保障大队六中队、离石北收费站、临离监测及运维分中心就基层党建和绩效考核等工作进行调研指导，宣讲《新思想在山西》、《习近平谈治国理政》第四卷。

10月14日 为深入贯彻落实交控集团“三足鼎立”转型发展的重大战略决策部署，盘活沿线闲置房产，实现多元化经营发展，吕梁北公司党委书记、董事长薛海军在原太佳省界收费站“司机之家”项目进行现场调研。党委副书记、副董事长、总经理张海宁，专职党委副书记、副董事长郭太明参加调研。

（资料提供：吕宇韬）

吕梁南高速公路管理有限公司
大 事 记

1月5日 吕梁南高速公路管理有限公司（以下简称吕梁南公司）收费稽核“百日清零”专项行动见到效果，建立警企合作机制，深挖各类偷逃费线索，成功联合立案查处一起两车跨省逃费案件，追缴通行费11余万元。

1月18日 上午，吕梁南公司召开党史学习教育总结会议，传达学习交控集团党史学习教育总结会议精神，回顾吕梁南公司开展党史学习教育历程,全面总结成效经验,研究部署巩固拓展党史学习教育常态化长效化工作。党委书记、董事长李耀峰作总结讲话,专职党委副书记刘泽林主持会议。

1月14日至18日 在农历虎年春节来临之际,吕梁南公司党委书记、董事长李耀峰一行走访慰问退休老干部及老职工,提前为他们送去新春祝福和节日慰问。其他领导班子成员带队深入基层一线开展春节慰问活动,为广大干部职工送上节日问候和新春祝福。

1月19日 上午,按照交控集团党委统一安排,吕梁南公司党委召开党史学习教育专题民主生活会。交控集团督导组组长、安全总监李新杰一行5人到会指导点评。会议由党委书记、董事长李耀峰主持,领导班子成员参加,党委工作部负责人列席。

同日 下午,交控集团安全运营总监李新杰、安全环保部部长陶云川一行深入吕梁南公司文水收费站,对春运及春节期间隐患排查治理和安全生产等工作进行督导检查。党委书记、董事长李耀峰陪同检查,总经理张金锁、专职党委副书记刘泽林参加。

1月24日 吕梁南公司召开2021年度党支部书记抓基层党建工作述职评议会议。党委书记、董事长李耀峰出席会议并点评,专职党委副书记、副董事长刘泽林主持会议。

1月26日 上午,党委书记、董事长李耀峰,专职党委副书记刘泽林为吕梁南公司首个职工工作室"郑长征工作室"揭牌。资深专员闫红伟、副总经理张宏斌、总经理助理徐仲及机关部室职工代表参加揭牌。力求通过工作室效应,示范引领带动更多"工匠者"树匠心、敢创新,引导广大干部职工努力做奋斗者、拼搏者,将工匠精神、创新精神根植于内心、外化于行动,凝聚起推动改革发展强大合力。

同日 上午,吕梁南公司与物流集团召开协作交流座谈会。党委书记、董事长李耀峰主持会议,领导班子成员和相关部室负责人出席座谈会。物流集团主要负责人参加会议。

1月28日 上午,新春佳节前,省交通运输厅一级巡视员雷天才深入吕梁南公司吕梁东收费站,就春运安全生产工作进行调研指导,慰问坚守一线工作人员。党委书记、董事长李耀峰,专职党委副书记刘泽林陪同调研,省交通运输厅有关处室负责人、吕梁市交通运输局有关领导一同参加。

1月31日 农历虎年春节除夕之日,吕梁南公司党委书记、董事长李耀峰,通过微信公众平台以视频形式发表新春致辞,向一年来辛勤奉献的广大干部职工以及关心支持高速公路事业的家人和朋友,送上虎年新春美好祝福。

2月7日 上午,春节上班第一天,吕梁南公司与省综合执法总队吕梁支队召开路政执法工作对接座谈会,双方有关领导、部门和单位负责人参加会议,会议就派驻大队办公场所、人员食宿及双方业务协作进行交流座谈并达成一致意见。会议由党委书记、董事长李耀峰主持。

2月14日 下午,吕梁南公司开展"喜迎中共二十大·欢乐闹元宵"灯谜竞猜活动,营造良好节日气氛,丰富职工文化生活,让广大职工在欢乐、祥和氛围中欢度元宵佳节。党委书记、董事长李耀峰为活动致辞。

2月16日 下午,交控集团副总经理杨志贵为组长第六考核组一行到吕梁南公司,对领导班子和领导人员进行综合考核评价,同步进行党建工作目标责任制考核、干部选拔任用"一报告两评议"、人才工作专项考核、外部董事考核评价。交控集团行政总监赵伟参加。

2月22日 下午,吕梁南公司召开安全隐患排查治理、道路抛洒(撒)治理、路域环境整治会议。会上,专职党委副书记刘泽林、资深专员闫红伟、副总经理张宏斌分别对安全隐患排查治理、道路抛洒(撒)治理、路域环境整治相关工作进行安排部署,党委副书记、副董事长、总经理张金锁作总结讲话,领导班子成员,各部室、各单位负责人参加会议。

2月24日 吕梁南公司召开2022年重点工程专题部署暨复工复产动员会,会议贯彻落实交控集团2022年重点工作安排部署会议精神,研究部署2022年重点工程任务和节后复工复产工作。党委书记、董事长李耀峰出席会议并讲话，总经理张金锁主持会议，相关部门、基层单位负责人和各施工、监理单位代表参加会议。

3月2日至3日 交控集团副总经理谢鹏远一行5人，深入吕梁南公司，就安全生产和沿线道路路面、桥面病害情况进行现场调研，查看杏花服务区、薛公岭服务区日常经营。在吕梁南公司机关召开座谈会，听取关于党的建设和经营管理总体工作情况汇报。

3月8日 上午，吕梁南公司工会举办“三八”妇女节阅读分享活动，共同庆祝第112个“三八”国际妇女节。党委书记、董事长李耀峰出席活动并讲话。

同日 中共山西交通控股集团纪律检查委员会、山西省监察委员会驻山西交控集团监察专员办公室印发《关于对2020年度所属企业纪检机构履职考核及纪委书记（派驻纪检组组长）履职专项考核情况的通报》，通报2021年度交控集团所属29家纪检机构履职考核结果，吕梁南公司纪委被评定为“优秀”等次。

3月17日 吕梁南公司纪委召开2021年度纪检委员（联络员）现场述职评议会议，纪委书记米源参加会议并讲话，24个基层党支部纪检委员（联络人）、纪检室全体人员参加会议。

3月22日 上午，吕梁南公司召开一届五次职代会暨2022年工作会议，党委书记、董事长李耀峰出席会议并讲话。党委副书记、副董事长、总经理张金锁作题为“团结共奋起 携手同奋进 为推动全方位高质量发展而不懈奋斗”工作报告。专职党委副书记、副董事长刘泽林主持会议，公司领导米源、闫红伟、张宏斌、徐仲、原副总经理宋平兴出席，职工代表参加。

3月24日 上午，交控集团、山西汾酒集团、工行山西省分行在吕梁南公司杏花收费站互通，共同举行“践行‘两山’理念 共建美丽山西”义务植树活动，用实际行动践行“绿水青山就是金山银山”发展理念，为打造高速公路绿色走廊，建设美丽山西挥锄添绿。党委书记、董事长李耀峰主持植树仪式，其他领导班子成员参加植树活动。

3月29日 交控集团印发《关于表彰2021年度收费稽核工作先进单位和先进个人的决定》，吕梁南公司获评“收费稽核工作先进单位”，雷虎彬获评“收费稽核工作优秀管理者”，王承杰、王小勇获评“收费稽核工作先进工作者”。

3月13日 吕梁南公司文水收费站被交控集团授予高速公路“百站示范、千站提升”创优活动示范站点称号并授牌。

4月20日 交控集团印发《关于潘东等人职务任免的通知》，提名聘任武宏飞、赵小军任吕梁南副总经理（试用期一年）。

4月23日 第27个“世界读书日”来临之际，吕梁南公司工会以“阅读点亮人生、书香润泽心灵”为主题，举办“开卷品书香”线上读书活动。活动至5月10日结束。

4月27日 吕梁南公司召开党员领导干部警示教育大会，党委书记、董事长李耀峰出席并讲话，党委委员、纪委书记米源主持，其他领导班子成员参加会议。

4月28日 上午，吕梁南公司召开“平安高速 暖心吕南——善诚和”企业文化宣贯动员部署大会。党委书记、董事长李耀峰出席会议并讲话。党委副书记、副董事长、总经理张金锁主持会议，专职党委副书记、副董事长刘泽林宣读《企业文化宣贯实施方案》，吕梁南公司领导米源、赵小军、闫红伟、徐仲参加会议。领导班子成员，机关部室中层管理人员，机关院内党支部全体党员在机关五楼会议室主会场参会，基层单位班子成员、全体党员、入党积极分子、团员和班组长在分会场参会。会议采用腾讯视频会议方式进行，设1个主会场、5个分会场，共计300余人参加会议。

同日 下午，吕梁南公司召开全面建设清廉国企工作专班第二次会议，传达交控集团关于全面建设清廉国企工作要求，回顾总结前一阶段工作，研究部署下一步工作。党委委员、纪委书记、工作专班组长米源主持，专班全体成员参加会议。

5月7日 吕梁南公司在薛公岭站区举行清障

救援业务交接启动仪式。党委副书记、副董事长、总经理张金锁出席并宣布交接仪式启动,资深专员闫红伟主持,党委委员、副总经理赵小军,总经理助理徐仲参加。

5月9日 上午,吕梁南公司、物流集团、山西大运物流发展公司以及高速交警一支队六大队,在G20青银高速公路汾离段降温池共同举行吕梁南“物流驿站”暨吕梁片区物流分拨中心建设开工奠基仪式。党委书记、董事长李耀峰和物流集团党委书记、董事长张庆华出席奠基仪式并致辞。该项目对于拓展路域产业、赋能高速公路路域经济持续发展有着极其重要现实意义。

5月16日 下午,按照交控集团党委统一部署,交控集团党委第二巡察组巡察吕梁南公司党委动员会在吕梁南公司五楼会议室召开。交控集团党委巡察领导小组成员、党委办公室主任张晓东出席会议并讲话,第二巡察组组长陈建华通报巡察工作任务和总体安排,就配合开展好巡察工作提出要求。党委书记、董事长李耀峰主持会议并代表吕梁南公司党委作表态发言。

5月18日 交控集团印发《关于赵功等人职务任免的通知》,陈俊伟任吕梁南公司副董事长,提名聘任陈俊伟为吕梁南公司总经理,聘任陈俊伟为吕梁南高速公路分公司副总经理,免去(解聘)张金锁的吕梁南公司董事、副董事长、吕梁南高速分公司副总经理职务和陈俊伟的大同北公司董事、副董事长、大同北高速分公司副总经理职务。提名解聘张金锁的吕梁南公司总经理职务。

5月23日 下午,吕梁南公司召开干部会议,宣布交控集团领导干部任免决定,陈俊伟任吕梁南公司副董事长,提名聘任陈俊伟为吕梁南公司总经理,聘任陈俊伟为吕梁南公司副总经理。会议由党委书记、董事长李耀峰主持,交控集团专职党委副书记刘宏武宣读决定并讲话,陈俊伟作表态发言。

5月24日 省交通运输厅、省公安厅交管局、交控集团创建“平安文明示范高速公路”督导调研工作会议在吕梁南公司召开,省交通战备办专职副主任高新文、省公安厅交通管理局副局长李怀玉、交控集团安全总监李新杰等领导出席会议并讲话。会议由省交通运输厅安全总监郭富平主持。会上,吕梁南公司党委书记、董事长李耀峰作“平安文明示范高速公路”专题汇报,省交通运输厅、省公安厅交管局、交通执法总队、交控集团以及交警一支队有关负责人和有关专家分别作发言。

5月31日 在全国第21个“安全生产月”来临之际,吕梁南公司紧紧围绕“遵守安全生产法 当好第一责任人”主题,召开2022年“安全生产月”活动启动暨“端午节”期间安全生产工作部署会议。党委书记、董事长李耀峰出席并讲话,党委副书记、副董事长、总经理陈俊伟就“安全生产月”活动和当前运营管理重点工作进行安排部署。

6月1日 上午,吕梁南公司文化阵地——“职工书屋”挂牌并正式开放。党委书记、董事长李耀峰出席并致辞,党委副书记、副董事长、总经理陈俊伟主持揭牌仪式。领导班子成员、机关各部室负责人及职工代表共计40余人参加。

同日 上午,吕梁南公司举行“法务工作室”揭牌仪式,党委书记、董事长李耀峰,党委副书记、副董事长、总经理陈俊伟出席并为之揭牌。揭牌仪式由党委委员、副总经理武宏飞主持,领导班子成员、机关各部室负责人及职工代表共计40余人参加。

6月6日 大同北公司、吕梁南公司联合开展企业文化交流联谊共建活动。大同北公司党委书记、董事长杨国华率班子成员和相关部室负责人一行16人,相聚吕梁南公司。双方共同参观文水收费站“英雄感召·文心若水”站区特色文化、标准化党支部建设及“百站示范、千站提升”工作成效,共同走进山西省爱国主义教育基地——贾家庄村史展览馆,一起走进“平安高速 暖心吕南——善诚和”企业文化阵地深入交流,并参观郑长征工作室和法务工作室,共同就党建引领企业文化、助力经营管理高质量发展进行实地交流、深入探讨。吕梁南公司党委书记、董事长李耀峰致欢迎辞,班子成员以及相关部室负责人参加交流活动。

6月14日 吕梁南公司、朔州公司联合开展企业文化交流联谊共建活动。朔州公司董事长赵寿基率班子成员和相关部室负责人，相聚吕梁南公司，双方共同参观“平安高速 暖心吕南——善诚和”企业文化阵地，就党建引领企业文化、助力经营管理高质量发展进行深入交流探讨。吕梁南公司党委书记、董事长李耀峰致欢迎辞，班子成员以及相关部室负责人参加交流活动。

6月16日 吕梁南公司举办“职工心向党 喜迎中共二十大”演讲比赛，活动紧紧围绕“弘扬劳模精神 争做时代先锋”“青春心向党 建功新时代”“奋进新征程 廉洁伴我行”3个专题，深情讴歌新时代劳动者爱岗敬业、艰苦奋斗的精神风范，抒发吕梁南公司高速人对党、对祖国、对中国特色社会主义事业的忠诚热爱，展现了广大职工积极向上、奋发有为的良好精神风貌。党委书记、董事长李耀峰出席活动并讲话。

6月24日 上午，吕梁南公司召开标准化制度体系宣传贯彻动员部署会议，回顾总结吕梁南公司标准化制度体系建设历程，安排部署标准化制度体系宣传贯彻工作。党委书记、董事长李耀峰出席会议并作动员讲话，要求长效推进吕梁南公司制度宣贯常态化、规范化，强化流程管控、严格制度落地，促进各项工作健康协调运转，切实把制度优势转化为治理效能，为吕梁南公司高质量发展提供坚强制度保障。会议由党委副书记、副董事长、总经理陈俊伟主持，副总经理武宏飞宣读《吕梁南公司标准化制度体系宣贯工作实施方案》。会议以视频形式召开，领导班子成员及机关各部门、基层各单位负责人和业务骨干参加会议。

6月27日 交控集团党委印发《关于表彰2021—2022年度“1235”工作法推进党建工作项目化管理成果的决定》，文水收费站党支部“建红色品牌党支部创五强+收费站”党建工作项目获交控集团2021—2022年度党建工作项目化管理成果二等奖。

6月28日 在交控集团召开的党的建设和清廉国企建设工作推进会上，吕梁南公司党委推送的汾阳收费站党支部被授予“标杆党支部”称号，文水收费站党支部书记、站长张世勇和路网运行保障大队一中队党支部书记、站长刘泉旺被授予“优秀党支部书记”称号，党委工作部郭喜玲、薛燕兵分别被授予“党建工作标兵”“新闻宣传标兵”称号。

6月30日 吕梁南公司党委和吕梁北公司党委、物流集团党委在兴县蔡家崖晋绥边区革命纪念馆，开展“沿着总书记的足迹 蹚出路域经济发展新路子”主题党日共建活动，共同庆祝中国共产党成立101周年，喜迎中共二十大胜利召开。专职党委副书记刘泽林、资深专员闫红伟和受交控集团党委表彰的2022年度党建先进集体和优秀个人参加。

7月2日 上午，吕梁南公司党委召开党的建设和清廉国企建设工作推进会，隆重庆祝中国共产党成立101周年，表彰党建经营管理工作先进集体和优秀个人，对吕梁南公司党的建设和清廉国企建设工作进行再部署、再推进、再强调。党委书记、董事长李耀峰出席并讲话，党委副书记、副董事长、总经理陈俊伟主持会议。会议采用“主会场+分会场”视频会议形式，领导班子成员、中层以上管理人员以及全体受表彰人员参会。

7月10日 上午，吕梁南公司和省高速公路综合行政执法总队吕梁支队联合行动，依法对G20青银高速公路离军段K1029+300处矾水沟大桥下控制区内存在的厂房、住房等违章建筑进行集中拆除，拆除面积超过2000平方米。

7月15日 吕梁南公司全面完成交控集团2022年度职业技能等级认定申报审核工作。

7月16日 吕梁南公司顺利通过交通运输企业收费公路运营安全生产标准化达标认证考核，以910分的成绩获交通运输部颁发的“交通运输企业收费公路运营安全生产标准化一级达标证书”。这是继2019年9月取得安全生产标准化二级达标证书后，吕梁南公司深入学习贯彻习近平总书记关于做好安全生产工作的重要指示批示精神，全面落实安全生产主体责任，把安全生产标准化创建作为强化安全生产管理基础、提升安全生产工作水平的又一重要成果。

8月9日 下午，山西省高速交警一支队六大队大队长周永亮一行4人赴吕梁南公司进行工作交流并座谈。党委书记、董事长李耀峰出席会议并讲话。党委委员、副总经理赵小军及相关部门人员参加座谈会。

8月10日 根据交控集团党委第二巡察组巡察整改工作安排,吕梁南公司党委召开巡察整改专题民主生活会,交控集团党委第二巡察组组长陈建华一行3人到会指导。会议由党委书记、董事长李耀峰主持,领导班子成员参加会议,资深专员、总经理助理及党委工作部、综合办公室(董办)、纪检室负责人列席。

8月11日 吕梁南公司"四风随手拍"监督反映平台正式开通上线,让人人都成为"四风"问题监督员,积极构建形成全员"大监督"工作格局,持续推动党风企风向上向好。

8月15日 下午,吕梁南公司党委召开交控集团常委巡察反馈问题整改动员会,对落实交控集团党委第二巡察组反馈问题整改工作进行全面部署和动员。领导班子成员,机关各部室、三中心一大队、基层各单位中层以上管理人员和党委工作部、纪检室、党委组织部相关工作人员参加会议。

8月25日 下午,吕梁南公司召开"两保两促"专项活动动员部署会议,会议由党委副书记、副董事长、总经理陈俊伟主持,有关领导以及机关9部室、3中心、1大队负责人参加。为保障全公司安全稳定,努力营造中共二十大期间安全和谐稳定的改革发展环境,促进党的建设和经营管理有效融合、互促共进,为吕梁南公司高质量发展提供持久动力,以优异成绩迎接中共二十大胜利召开,吕梁南公司结合党的建设和经营管理实际,紧紧围绕"意识形态领域安全稳定、道路安全稳定、站区安全稳定和职工群众安全稳定"为主要内容,自9月份起,在吕梁南公司范围内将开展为期3个月的"两保两促"即"保安全、保稳定、促和谐、促发展"专项活动。为确保活动取得实效,印发《"两保两促"专项活动工作方案》,成立以党委书记、董事长为组长,党委副书记、副董事长、总经理为常务副组长,其他班成员为副组长,各部门各单位负责人为成员的专项活动领导组,领导班子按照分段包片的方式,组建3个督导组,抽调精干力量,分别对相关路段和单位的安全稳定工作开展督导检查。

9月1日至3日 吕梁南公司开展中秋慰问活动,领导班子成员分赴各单位,为干部职工送上米、面、油、月饼等慰问品,并致以节日祝福。

9月16日 下午,吕梁南公司与科技公司合作框架协议签约仪式在吕梁南公司举行。党委书记、董事长李耀峰与科技公司总经理刘少文出席签约仪式并致辞。党委副书记、副董事长、总经理陈俊伟主持签约,其他领导班子成员、相关部室负责人和科技公司有关领导及部室负责人参加。双方将以此为开端,谋划在高速公路养护标准化、信息化建设、新技术应用、绿色治理、工程装备相结合等重点领域全面深化合作,努力为高速公路各项事业全方位高质量发展贡献双方力量。

9月20日 吕梁南公司路网运行保障大队一中队主动出击,积极开展部门联动,寻求多方支持,经过缜密调查,仅用时两个多小时,成功处置一起货车碰撞护栏板、碾压沥青拦水带肇事逃逸事件,有效维护路产路权,挽回路产经济损失11465元。

同日 晚8时,吕梁南公司召开紧急会议,就道路管养和路域环境整治工作进行专题部署。党委书记、董事长李耀峰主持会议并讲话,党委副书记、副董事长、总经理陈俊伟,党委委员、纪委书记米源,党委委员、副总经理赵小军出席,路产维护部、安全环保部、收费营销部、路网运行保障大队负责人及隧道管理站、各路产维护站班子全体人员参会。

9月27日 下午,吕梁南公司召开2022年安委会第四次全体(扩大)会议。党委书记、董事长李耀峰出席会议并讲话,党委副书记、副董事长、总经理陈俊伟主持会议,党委委员、副总经理赵小军安排部署第四季度安全生产及国庆保通保畅工作。

9月28日 吕梁南公司党委召开党建工作规章制度宣传贯彻专题会议。

9月29日 下午,吕梁南公司在路网运行监测中心召开国庆及中共二十大期间高速公路安全运营暨吕梁西收费站安全保畅联动协调座谈会议。

吕梁市政协薛爱萍副主席到会指导并讲话，党委书记、董事长李耀峰作表态发言，党委副书记、副董事长、总经理陈俊伟主持会议。

9月 吕梁南公司领导班子成员深入所在党支部和党建联系点党支部进行“新思想在山西”主题宣讲，召开调研座谈会，围绕党支部建设、清廉国企建设、党风廉政建设和当前经营管理重点工作与基层单位班子成员、班组长、党员和职工代表进行座谈交流。

11月7日 上午，交控集团副总经理谢鹏远一行，在吕梁南公司就“平安文明示范高速公路”创建和路域环境整治进行工作调研，运营管理部部长韩昱、路网应急管理中心主任续宏、运营管理部副部长赵凯和业务主办马剑陪同调研。下午，吕梁南公司召开座谈会，观看吕梁南公司《平凡中的璀璨》宣传片和路警联合应急指挥平台功能演示，听取党委书记、董事长李耀峰关于总体工作情况汇报，现场查看“平安文明示范高速公路”创建工作相关标准规范制订和企业文化建设情况，交控集团相关部门进行工作点评并提出建议意见，交控集团副总经理谢鹏远讲话。

11月9日 吕梁南公司开展办公自动化系统协同办公系统培训，培训采取线上和线下相结合方式进行，机关以及各单位有关人员参加。

11月10日 吕梁南公司升级后办公自动化系统协同办公系统正式上线并试运行。

12月3日 中国交通报社首届交通运输文创产品征集活动结果出炉，吕梁南公司剪纸文化获评“优秀文创产品”。是全省交通运输行业唯一获评单位。

12月4日 第九个国家宪法日。吕梁南公司通过播放普法视频、设置宣传展板、悬挂宣传条幅、张贴宣传海报、学习普法知识等形式，开展以“学习宣传贯彻中共二十大精神，推动全面贯彻实施宪法”为主题的全国宪法宣传周活动。

12月13日 省交通运输厅党组成员、副厅长王晋、交控集团副总经理谢鹏远一行，到吕梁南公司现场调研“平安文明示范高速公路”创建工作。调研组重点查看三道防线建设、避险车道升级改造、降温池改造以及物流驿站项目建设进展情况，在军渡站区观看路警联合应急指挥平台和隧道AI联动监测系统演示，随后召开工作座谈会。座谈会上，吕梁南公司党委书记、董事长李耀峰以及交安中心、高速执法吕梁支队负责人汇报工作，谢鹏远、省交通运输厅安全总监郭富平分别就示范路创建、高速公路运营管理等创新性工作进行强调，王晋主持会议并讲话。吕梁南公司党委副书记、副董事长、总经理陈俊伟，党委委员、副总经理赵小军及相关部门负责人参加调研。

12月14日 吕梁南公司开展深入学习贯彻中共二十大精神集中宣讲，党委书记、董事长李耀峰作专题宣讲报告。宣讲以视频会议形式进行，公司领导班子成员和党员干部共计200余人参加。

12月21日 上午，所辖汾离路段迎来首场降雪，吕梁南公司迅速启动除雪保畅应急响应，以雪为令、全员动员，采取有力措施保障高速公路安全畅通。

（资料提供：刘万红）

晋中高速公路管理有限公司大事记

1月11日 晋中高速公路管理有限公司(以下简称晋中公司)党委理论学习中心组召开党史学习教育专题集中学习(扩大)会议。

1月20日 晋中公司以视频会议形式接受中安协安全文化建设工作检查并顺利通过。

1月21日 晋中公司召开党史学习教育专题民主生活会。

1月24日 晋中公司党委书记、董事长张俊,党委副书记、副董事长、总经理王刚深入所辖路段沿线,现场检查指导辖区站区、道路清雪除冰保畅和安全生产等工作。

1月27日 晋中公司召开中层管理人员考核评价会议。

1月 晋中公司获评交控集团2021年度“安全生产先进企业”;2021年全省交通运输系统“五小”创新大赛“优胜单位”,“全国安全管理标准化班组创建活动优秀组织单位”;晋中公司介休收费站“子推班”、和顺北收费站“和畅班”、祁县路产维护站“路安班”、灵石路产维护站“致远班”获评中国安全生产协会授予的“安全管理标准化班组”;晋中公司和顺北收费站获评2021年度“晋中市青年文明号集体”;晋中公司张兰收费站成文君创新工作小组研发的“CPC管理辅助装置”获评“优秀成果三等奖”。

2月1日 晋中公司领导深入各基层单位,向春节期间依然坚守在岗的广大干部职工送去新春问候和祝福,并对春节期间保通保畅、通行服务等工作进行督导。

2月14日 晋中公司机关党支部与山西农大果树所党支部开展党支部共建深度交流合作活动。

2月15日 交控集团党委委员、总会计师孙建秀率领考核组一行8人对晋中公司领导班子和领导人员进行2021年度综合考核评价。

2月15日 晋中公司党委被确定为“交控集团第二批党委理论学习中心组联系示范点”。

2月 晋中公司和顺北收费站获评“全国交通运输行业企业现场管理五星级现场”,是2021年度全省唯一获评“五星级现场”的单位。

3月23日 晋中公司召开一届五次职工代表大会暨2022年工作会议和2022年党的建设和党风廉政建设工作会议,总结2021年工作,分析当前形势,部署2022年工作。

3月31日 晋中公司召开党委(扩大)会议,专题研究2021年度交控集团政治监督专项检查反馈问题整改落实工作。

3月 晋中公司选送的作品在第二届全省“小故事彰显思想伟力”微视频大赛中获三等奖;晋中公司党委理论学习中心组被交控集团评定为“优秀”等级;晋中公司在交控集团党委下发的《关于2021年度所属企业新闻宣传工作考核测评情况的通报》中,被表彰2021年度新闻宣传工作取得飞跃式进步;晋中公司纪委获评交控集团2021年度履职专项考核优秀等级。

4月29日 晋中公司获“山西省五一劳动奖状”。

4月 晋中公司被中国安全生产协会正式授予“全国安全文化示范企业”称号。

5月6日 晋中公司召开领导干部警示教育大会暨全面建设清廉国企工作推进会。

5月13日 省交通运输厅防汛备汛督导检查组对晋中公司防汛备汛工作进行全面检查指导。

5月 晋中公司和顺北收费站团支部被中共晋中市委、市政府授予“晋中市五四红旗基层团组织”称号。

6月7日 晋中公司“集中监控片区收费数据管理系统”“集中监控特殊事件数据管理系统”“办公自动化系统管理系统”“设备维修管理系统”“招标采购管理系统”“人力资源管理系统”“资产管理系统”“车辆管理系统”8项系统获国家版权局计算机软件著作权登记证书。

6月16日 晋中公司成功举办“喜迎中共二十大 逐梦向未来”职工演讲比赛。

6月17日 交控集团党委委员、副总经理贾勇到晋中公司调研改革发展情况，督导查看完成绩效目标情况，开展“新思想在山西”主题宣讲，与干部职工进行座谈交流。

6月27日 晋中公司党委获评交控集团“红旗党委”，祁县收费站党支部获评交控集团“标杆党支部”。

6月 晋中公司灵石路产维护站获评交控集团“科技创新先进团队”，和顺北收费站获评交控集团2021年度“巾帼先进集体”。

7月1日 交控集团专职党委副书记刘宏武深入晋中公司开展“七一”走访慰问活动。

同日 晋中公司“隧道车辆侧翻扶正装置”获国家知识产权局授予的实用新型专利证书。

7月6日 交控集团党委委员、总会计师孙建秀深入晋中公司定点帮扶村五台县孟家坪村调研乡村振兴工作。

8月2日 晋中公司工会获评交控集团“模范职工之家”。

8月23日 晋中公司参加由中国安全生产协会举办的2022年度安全管理标准化示范班组创建活动第一阶段汇报评选，祁县收费站、灵石收费站、左黎隧道管理站三家单位顺利通过第一阶段评选。

8月26日 晋中公司“山西交控晋中高速”官方抖音号粉丝量突破10万人。

8月 晋中公司张兰收费站“成文君创新工作室”获评全省交通运输系统“六新”领域职工（劳模）创新工作室。

9月20日 晋中公司自主研发的隧道车辆扶正装置取得国家知识产权局颁发的“实用新型专利证书”。

9月 晋中公司所属各单位采取多种形式庆祝祖国73岁华诞。

是月 晋中公司“大道宏图”党建品牌进入中国公路杂志社举办的第一届公路交通行业优秀党建品牌推选活动“二十佳”公示名单，是山西省唯一入选的党建品牌；晋中公司“大道宏图”党建品牌在8月31日入围中国交通报举办的“交通强国 品牌力量”交通运输优秀文化品牌推选活动初评环节。

10月15日 晋中公司申报基于泛在感知的公路全生命周期养护决策试点项目，项目由山西省交通运输厅推荐，经交通运输部批复，10月进入实施准备阶段。

10月20日 晋中公司与省高速公路综合行政执法总队晋中支队召开联席会议。

11月7日 晋中公司“大道宏途”党建品牌入选2022年度交通运输文化建设优秀成果候选名单。

11月17日 晋中公司获评“全国交通运输行业文明单位”。

12月2日 晋中公司“大道宏途”党建品牌获评“第四届交通运输优秀文化品牌”。

（资料提供：杜晓阳）

太原高速公路管理有限公司大事记

1月31日至2月6日 春节期间,太原高速公路管理有限公司(以下简称太原公司)领导深入基层看望并慰问一线干部职工,向他们致以节日问候和新春祝福。

2月11日 太原公司与省高速公路综合行政执法总队太原支队召开工作联席会议。

2月14日 交控集团专职党委副书记刘宏武带队对太原公司领导班子和领导人员进行综合考核评价。

3月17日 太原公司联合高速交警一支队召开交通安全管理路警联席会议。

3月18日 太原公司召开党的建设和党风廉政建设工作会。

3月22日 交控集团副总经理谢鹏远到太原高速西山特长隧道管理站,就隧道运营管理、网络安全保护工作等情况进行调研。

3月31日 交控集团总会计师孙建秀一行深入太原高速西山特长隧道信息监控中心,就隧道监控运营管理、突发事件应急处置、日常维护等情况进行调研。

4月2日 太原公司工会第二届会员代表大会召开。

4月25日 副省长汤志平深入太原公司长风高速收费站出口,实地检查货运物流保通保畅工作。

5月13日 交控集团党委第一巡察组巡察太原公司党委动员会在五楼会议室召开。

5月16日 省交通运输厅防汛备汛第一督导组在太原公司督导防汛准备工作。

5月27日 山西省交通企业协会发布2022年度QC成果竞赛结果,太原公司路产维护系统申报“研制隧道洞壁清洗多功能一体机”“道路多功能吹扫车的研制”两项QC成果,西北路产维护站一项QC质量信得过班组通过省交协评审,均被推荐参加省部级QC成果竞赛活动。

6月15日 朔州公司党委书记、董事长赵寿基一行14人到太原公司交流座谈。

6月24日 交控集团经营业绩考核第三组李宏一行到太原公司对领导班子成员2021年度经营业绩进行综合考评。

6月29日 太原公司联合交警、消防、医疗、公交等相关单位在西山特长隧道开展道路交通事故综合应急演练。交控集团副总经理谢鹏远,省交通厅安监处处长任大为、交控集团安全总监李新杰、安全环保部部长陶云川等领导在交控集团通过视频会议形式观摩指导。

7月1日 太原公司召开党的建设和清廉国企建设推进会议。

7月11日 交控集团总会计师孙建秀深入太原公司调研,并就“新思想在山西”进行专题宣讲。

7月28日 交控集团专职党委副书记刘宏武一行深入太原公司东南路产维护站、小店收费站开展“关爱职工、清凉一夏”慰问活动,交控集团工会主席孟仁贵参加,太原公司领导冯利强、杨优喜、何广龙一同前往。

8月18日 交控集团党委委员、副总经理贾勇一行赴五台县东雷乡上庄村调研乡村振兴工作,太原公司党委书记、董事长冯利强陪同,专职党委副书记、副董事长杨优喜参加。

9月27日至28日 太原公司与交控集团所属

物流集团、实业集团和新能源公司分别举行合作框架协议签约仪式。

11月11日 交投集团与太原公司召开工作交流座谈会。

11月14日 太原公司召开干部大会，交控集团专职党委副书记、副董事长、副总经理刘宏武主持，交控集团党委组织部部长张晓东在会上宣读任免文件，中部公司党委书记、董事长冯利强做表态发言，中部公司领导班子成员、中层管理人员参加。

11月29日 交控集团党委书记、董事长武艺在中部公司宣讲贯彻中共二十大精神。

12月30日 中部高速公路管理(山西)有限公司(以下简称中部公司)正式挂牌成立，党委书记、董事长冯利强致辞。

(资料提供：杜晓阳)

太旧高速公路管理(太原)有限公司大事记

1月6日 太旧高速公路管理(太原)有限公司(以下简称太旧公司)党委书记、董事长张江浩为所属党支部的党员领导干部作学习贯彻中共十九届六中全会精神及省十二次党代会精神专题宣讲。

1月7日 太旧公司召开2021年第四季度运营分析会，党委书记、董事长张江浩，党委副书记、副董事长、总经理卢永旺以及其他领导参加会议。

1月6日 太旧公司党委副书记、副董事长、总经理卢永旺深入寿阳大院、盂县南大院进行工作调研，就近期工作进行部署安排。

1月9日 太旧公司党委副书记、副董事长、总经理卢永旺对晋中北收费站进行督导检查。

1月10日 太旧公司副总经理夏磊参加收费治超工作部署会议。

1月13日 太旧公司党委书记、董事长张江浩，党委副书记、副董事长、总经理卢永旺以及其他领导参加太旧公司党委开展的党史学习教育专题民主生活会会前学习研讨。

同日 交控集团纪委第四检查组一行到太旧公司就2021年度纪检工作进行检查指导。

1月17日 太旧公司党委召开2021年度党支部书记抓基层党建述职评议会议。党委书记、董事长张江浩，党委副书记、副董事长、总经理卢永旺以及其他领导参加会议。

1月19日 太旧公司召开领导班子党史学习教育专题民主生活会。交控集团公司副总经理谢鹏远一行到会列席指导，党委书记、董事长张江浩及太旧公司其他领导参加。

1月21日 太旧公司召开党史学习教育总结会议，党委书记、董事长张江浩，党委副书记、副董事长、总经理卢永旺以及太旧公司其他领导参加。

同日 太旧公司召开2022年安委会第一次会议暨春运工作部署推进会，党委书记、董事长张江浩，党委副书记、副董事长、总经理卢永旺以及太旧公司其他领导参加。

1月25日 太旧公司党委书记、董事长张江浩带队深入平定大院走访慰问困难职工、困难党员，督查节前安全生产等工作，召开调研座谈会。

同日 太旧公司党委副书记、副董事长、总经理卢永旺一行深入五台县团城村开展“喜迎新春、情暖团城”帮扶慰问活动。

同日 太旧公司总监李羚一行到阳泉收费站

进行消防安全、机电安全督导检查。

同日 太旧公司副总经理夏磊到平定大院开展节前安全生产大检查。

1月29日 太旧公司党委副书记、副董事长、总经理卢永旺与山西省高速公路综合行政执法总队阳泉支队支队长范文生组织召开对接工作会议。

1月30日 太旧公司召开高速公路路产保护工作突出问题专项自查动员会,党委书记、董事长张江浩及太旧公司其他领导参加会议。

1月31日至2月5日 太旧公司党委书记、董事长张江浩,党委副书记、副董事长、总经理卢永旺,总监李羚,党委委员、副总经理赵国荣,党委委员、副总经理邓建中,副总经理夏磊赴部分基层单位走访慰问坚守一线岗位的干部职工。

2月7日 太旧公司召开党委理论学习中心组(扩大)专题学习会,党委书记、董事长张江浩,党委副书记、副董事长、总经理卢永旺及太旧公司其他领导参加会议。

同日 太旧公司召开节后重点工作部署会暨收心鼓劲会,党委书记、董事长张江浩,党委副书记、副董事长、总经理卢永旺及太旧公司其他领导参加会议。

2月8日 太旧公司党委委员、副总经理赵国荣带队到东黄水应急物资库和阳曲隧道管理站开展调研。

2月9日 太旧公司党委副书记、副董事长、总经理卢永旺会同山西省高速公路综合行政执法总队阳泉支队所属一、二和三大队外驻勤组召开进驻办公前期准备工作协调会。阳泉支队党委书记、支队长范文生和高速交警六支队三大队队长刘旭文受邀参加。

2月10日 太旧公司党委书记、董事长张江浩带队深入平阳路东段各基层单位进行督导检查,召开调研座谈会。

2月14日 太旧公司召开"读原著、学原文、悟原理"第12期会议,党委书记、董事长张江浩,党委副书记、副董事长、总经理卢永旺及太旧公司其他领导参加会议。

2月15日 太旧公司副总经理夏磊深入盂县南收费站,走访慰问一线干部职工。

2月17日 太旧公司党委书记、董事长张江浩深入党建联系点盂县南大院列席督导各党支部2021年组织生活会。

2月22日 太旧公司党委委员、副总经理赵国荣赴太原公司就安全应急库建设管理和隧道管养开展参观交流考察工作。

同日 阳曲隧道管理站监控室(女子监控班组)被省人力资源和社会保障厅、省妇女联合会联合授予"山西省巾帼文明岗"称号。

2月23日 太旧公司党委书记、董事长张江浩和党委副书记、副董事长总经理卢永旺参加高速公路综合行政执法总队晋中支队一大队挂牌仪式,深入晋中北大院实地调研。

2月24日 凌晨,太旧公司党委书记、董事长张江浩深入部分基层单位检查指导安全生产及应急值班值守等重点工作。

同日 太旧公司党委书记、董事长张江浩深入太旧段、平阳段进行春融期道路安全隐患排查治理检查督导。

2月28日 太旧公司党委书记、董事长张江浩,党委副书记、副董事长、总经理卢永旺及太旧公司其他领导参加党委召开的党建工作双月例会暨第一季度意识形态分析研判会。

同日 太旧公司举行"支部书记党建工作能力提升"答辩会,特邀省委党校、省行政学院省情与发展研究所二级教授郑延涛进行现场点评和指导。

3月1日 太旧公司党委副书记、副董事长、总经理卢永旺和总监李羚深入平阳高速段对道路安全隐患排查治理工作督导检查。

3月3日 太旧公司副董事长、党委副书记、总经理卢永旺与物流集团党委书记、董事长张庆华就高速公路沿线土地盘活利用进行交流座谈。党委委员、副总经理刘江涛,物流集团党委委员、副总经理陈琳参加。

同日 太旧公司副总经理夏磊深入武宿C收费站进行实地调研。

3月4日 太旧公司晋中红十字赈济救援队(直属)晋中北分队正式成立。

3月10日 太旧公司党委副书记、副董事长、总经理卢永旺,总监李羚赴阳曲路产维护站就平阳路2022年路面维修处置相关工作进行深入调研。

3月16日 上午,太旧公司党委书记、董事长张江浩,党委副书记、副董事长、总经理卢永旺以及太旧公司其他领导参加太旧公司召开的二届一次职代会暨2022年工作会议。

同日 下午 太旧公司党委书记、董事长张江浩,党委副书记、副董事长、总经理卢永旺以及太旧公司其他领导参加太旧公司召开的党的建设和党风廉政建设工作会。

3月22日 太旧公司与晋中执法支队举行业务协作签字仪式。太旧公司党委书记、董事长张江浩,党委委员、副总经理邓建中,晋中执法支队党委书记、支队长杜士平,副支队长赵强参加。

同日 太旧公司党委书记、董事长张江浩,党委副书记、副董事长、总经理卢永旺及太旧公司其他领导出席太旧分公司路网运行保障大队揭牌仪式。

3月23日 太旧公司党委委员、副总经理刘江涛、邓建中深入太旧公司所属7个路网运行保障中队揭牌仪式。

3月24日 太旧公司举办安全应急智慧管理、安全生产教育培训系统操作培训班,交控集团安全环保部部长陶云川,太旧公司党委书记、董事长张江浩,党委副书记、副董事长、总经理卢永旺,党委委员、副总经理赵国荣出席开班仪式。

同日 太旧公司与山西省高速公路综合执法总队阳泉支队举行业务协作签字仪式。党委书记、董事长张江浩,党委副书记、副董事长、总经理卢永旺,党委委员、副总经理邓建中和阳泉支队党委书记、支队长范文生参加仪式。

3月25日 太旧公司党委书记、董事长张江浩及太旧公司其他领导参加在太旧公司机关大院开展"为太旧添绿、为党旗增辉"义务植树主题党日共建活动。

3月26日 太旧公司党委副书记、副董事长、总经理卢永旺深入东梁大院检查指导安全生产工作。

3月29日 交控集团专职党委副书记、副董事长、副总经理刘宏武深入太旧公司,就基层党组织建设现状、工作亮点进行专题调研。交控集团党委宣传部部长岳晋峰、党委办公室副主任李国庆、党委组织部业务主管刘天华参加调研。

3月30日 太旧公司党委书记、董事长张江浩带队深入太旧路寿阳段、阳泉西环段各基层单位开展督导检查,在南娄收费站召开调研座谈会。

3月31日 太旧公司党委委员、副总经理邓建中分别深入路网运行保障大队三中队、七中队,与高速公路综合行政执法总队阳泉支队,联合就路产保护方面存在的突出问题和隐患进行现场办公。

4月1日 太旧公司党委书记、董事长张江浩署名文章《着力防范化解安全风险 全力打造"大安全"生产格局》在《中国交通报》刊发。

4月10日 太旧公司总监李羚参加养护工作安排部署视频会。

4月11日 太旧公司副总经理夏磊参加收费治超工作部署视频会议,安排部署收费治超、机电运营维护等各项工作。

4月14日 太旧公司通过腾讯会议形式召开2022年第二季度运营分析视频会。党委书记、董事长张江浩,党委副书记、副董事长、总经理卢永旺以及太旧公司其他领导参加会议。

4月15日 上午,太旧公司以视频会议形式召开2022年安委会第二次全体(扩大)会议。党委书记、董事长张江浩,党委副书记、副董事长、总经理卢永旺以及太旧公司其他领导参加会议。

4月19日 太旧公司党委书记、董事长张江浩,总监李羚深入太旧、平阳、阳泉西环路段进行调研督导。

4月21日 太旧公司举办《山西省生产经营单位主要负责人安全生产责任制规定》专题讲座,特邀省交通运输厅安全监督处四级调研员刘佳授课。

4月25日 上午,太旧公司党委书记、董事长张江浩，总监李羚赴基层路产维护站进行检查督导。

4月26日 交控集团副总经理谢鹏远深入太旧公司部分基层单位进行调研。交控集团安全环保部、运营管理部负责人，太旧公司党委书记、董事长张江浩，党委副书记、副董事长、总经理卢永旺及有关领导陪同调研。

4月27日 太旧公司党委书记、董事长张江浩参加党委理论学习中心组扩大专题学习会。

4月28日 上午，太旧公司召开党建及党风廉政建设工作双月例会。党委书记、董事长张江浩，党委副书记、副董事长、总经理卢永旺以及太旧公司其他领导参加会议。

4月29日 交控集团团委书记、政研中心主任李永岐一行先后深入太旧公司东黄水收费站、阳曲隧道管理站调研"青年之家"阵地建设工作。

5月6日 太旧公司召开警示教育大会，党委书记、董事长张江浩出席并讲话，会议由党委副书记、副董事长、总经理卢永旺主持。

5月9日 太旧公司举办2022年第一期"太旧大讲堂"，太旧公司领导、各部门负责人及各基层单位党政负责人和党务干事110人参加，大会以视频会议形式召开。

5月10日 太旧公司召开货车抛洒(撒)治理专题会，总监李羚主持，路产维护部、收费治超部、榆次路产维护站、路网运行保障大队一中队、高速交警六支队二大队和综合行政执法晋中支队一大队参加会议。

5月13日 太旧公司党委副书记、副董事长、总经理卢永旺，党委委员、副总经理邓建中深入路网运行保障大队二中队实地调研清障工作开展情况。

5月17日 交控集团下发《山西交通控股集团有限公司关于赵功等人职务任免的通知》，提名聘任米明杰为太旧公司高级专员(试用期一年)。

同日 太旧公司党委委员、副总经理赵国荣带队督导阳曲隧道隐患排查治理工作。

同日 上午，太旧公司党委副书记、副董事长、总经理卢永旺赴原郝家庄收费广场智慧型公安检查站工程项目进行施工安全调研，党委委员、副总经理邓建中陪同。

5月24日 晋中公司副总经理梁晨光一行12人到太旧公司进行交流学习。副总经理夏磊，相关部室负责人参加交流学习活动。

同日 太旧公司党委副书记、副董事长、总经理卢永旺深入太阳服务公司就纪律作风整顿、生产经营业务的开展落实情况进行调研。党委委员、副总经理刘江涛陪同。

5月31日 太旧公司召开2022年"安全生产月"活动启动视频会议。党委副书记、副董事长、总经理卢永旺主持会议，党委委员、副总经理赵国荣就"安全生产月"活动进行安排。

6月3日 太旧公司党委委员，副总经理刘江涛深入东梁大院检查指导端午节期间安全生产工作。

6月5日 上午，太旧公司党委委员、副总经理邓建中深入路网运行保障大队六中队调研指导防汛工作。

6月7日 太旧公司召开2022年第二季度意识形态工作分析研判会，党委副书记、副董事长、总经理卢永旺和党委委员、纪委书记杨玉龙出席会议并讲话。

同日 太旧公司党委副书记、副董事长、总经理卢永旺深入东梁大院召开太旧高速平阳段"一路三方"联勤联动工作联席会。

6月8日 太旧公司在机关大院围绕2022年安全生产月"遵守安全生产法、当好第一责任人"主题举行宣誓活动，党委书记、董事长张江浩出席并讲话。党委副书记、副董事长、总经理卢永旺带领与会人员进行集体宣誓。

6月13日 太旧公司举办2022年第2期"太旧大讲堂"，太旧公司领导、各党支部书记及各支部纪检委员、党风廉政监督员等96人参加视频会议。党委副书记、副董事长、总经理卢永旺主持。

6月20日 太旧公司党委召开"全面建设清廉国企"专题学习研讨会，党委书记、董事长张江浩主持,党委理论学习中心组成员参加。

6月27日 交控集团专职党委副书记、副董事长、副总经理刘宏武深入太旧公司晋中北收费站进行调研,就“新思想在山西”进行专题宣讲。党委书记、董事长张江浩,党委副书记、副董事长、总经理卢永旺陪同。

同日 太旧公司党委委员、副总经理邓建中深入路网运行保障大队二中队召开路网运行保障系统党风廉政建设工作安排部署(推进)会。

同日 太旧公司党委副书记、副董事长、总经理卢永旺召开党群系统党风廉政建设工作安排部署(推进)会。

6月28日 太旧公司召开党建及党风廉政建设工作双月例会暨清廉国企建设工作推进会。党委书记、董事长张江浩出席并讲话,党委副书记、副董事长、总经理卢永旺主持会议,纪委书记杨玉龙就清廉国企建设进行再安排再部署。

6月29日 太旧公司召开2022年党建工作专题推进会。党委书记、董事长张江浩出席会议并讲话,党委副书记、副董事长、总经理卢永旺主持。

7月6日 交控集团党委委员、纪委书记、监察专员周刚一行深入太旧公司专题调研全面建设清廉国企工作推进情况。

7月11日 省国资委综合监督处处长、全面建设清廉国企调研督导第三组组长尚其武一行4人深入太旧公司调研督导“清廉国企”建设以及“三重一大”决策制度执行情况。交控集团纪委副书记王忠明、综合室主任王金金及交控集团清廉国企专班有关人员陪同。

7月18日 太旧公司召开“讲政治 守纪律 勇担当 善作为”纪律整顿月活动总结大会,党委书记、董事长张江浩出席会议并讲话,党委副书记、总经理卢永旺主持。

同日 太旧公司举办2022年第3期“太旧大讲堂”,专职党委副书记、副董事长刘江涛主持。

7月19日 太旧公司全面建设“清廉国企”中层干部能力提升培训班第一期开班仪式在山西交控凤凰山实训基地举行。党委副书记、副董事长、总经理卢永旺出席并作动员讲话。

同日 太旧公司党委副书记、副董事长、总经理卢永旺深入平阳段走访慰问困难党员,在五盂路段检查指导防汛抢险工作。

7月20日至22日 交控集团合同管理专项检查第二组组长多文英一行6人对太旧公司近两年合同管理情况进行专项检查。其间,交控集团法律合规部部长郭继和指导检查并参加合同管理座谈会。党委书记、董事长张江浩主持会议并讲话,党委副书记、副董事长、总经理卢永旺汇报合同管理情况作表态发言。

7月21日 太旧公司党委书记、董事长张江浩采取“四不两直”形式,深入太旧段、阳泉西环段、平阳路段检查路域环境整治、隐患排查治理、隧道设施设备以及近期安全生产重点工作。

7月22日 太旧公司召开2022年安委会第三次全体(扩大)视频会议。党委书记、董事长张江浩出席并讲话。党委副书记、副董事长、总经理卢永旺主持。

同日 下午,太旧公司召开2022年上半年党风廉政建设形势分析研判会,党委书记、董事长张江浩出席会议并讲话,党委副书记、副董事长、总经理卢永旺主持会议。

7月26日 下午,太旧公司召开2022年路域经济发展工作推进会,党委书记、董事长张江浩出席会议并讲话,党委副书记、副董事长、总经理卢永旺主持会议。

7月27日 太旧公司专职党委副书记、副董事长刘江涛深入五台县东雷乡团城村,就乡村振兴工作开展专题调研。

同日 上午,太旧公司全面建设“清廉国企”中层干部能力提升培训班第二期在山西交控凤凰山实训基地开班,专职党委副书记、副董事长刘江涛出席开班仪式并讲话。

7月28日 下午,太旧公司党委书记、董事长张江浩深入寿阳大院开展调研座谈,专职党委副书记、副董事长刘江涛陪同。

同日 下午,交控集团专职党委副书记、副董事长、副总经理刘宏武,工会主席孟仁贵等一行4人深入太旧公司寿阳大院开展“夏送清凉”慰问活动,向一线员工发放慰问品。党委书记、董事长张江浩主持慰问活动,专职党委副书记、副董事长刘江涛陪同参加。

7月29日 上午,太旧公司党委副书记、副董事长、总经理卢永旺深入梁家寨收费站开展调研座谈。

8月12日 下午,交控集团总监李羚赴阳泉太旧博特公司主持召开路产维护系统汛期安全生产专题会议。

8月15日 上午,太旧公司党委理论学习中心组举办《习近平谈治国理政》第四卷专题读书班,党委书记、董事长张江浩主持并讲话。领导班子成员、外部董事参加此次学习。

同日 下午,太旧公司举办2022年第4期“太旧大讲堂”,专职党委副书记、副董事长刘江涛主持。

8月22日 上午,太旧公司党委书记、董事长张江浩同晋中执法支队党委书记、支队长张军一行开展工作交流座谈。

8月31日 下午,太旧公司以腾讯视频的方式召开收费治超专题会议,副总经理夏磊出席并主持,收费治超部、各收费站和超限检测站负责人参加。

同日 团城村工作队联合陈家庄收费站党支部和村两委干部在团城村委会开展“情暖中秋、爱在团城”助学活动。

9月5日 太旧公司召开2022年政治监督专项检查动员部署会,党委副书记、副董事长、总经理卢永旺作动员讲话,专职党委副书记、副董事长刘江涛主持会议,党委委员、副总经理赵国荣和党委委员、纪委书记杨玉龙出席会议并讲话。

同日 太旧公司召开郝家庄广场交通组织管理协调会,党委副书记、副董事长、总经理卢永旺出席,总监李羚主持,郊区路产维护站、路网运行保障大队六中队、高速交警六支队四大队、平定县公安局、山西交通运输投融资集团有限公司(加气站)、山西省交通规划勘察设计院有限公司等有关人员参加。

同日 下午,太旧公司党委委员、纪委书记杨玉龙召集全体中层干部进行廉洁过节提醒集体谈话,督促党员干部严格贯彻落实中央八项规定精神,纠“四风”树新风,积极营造风清气正的节日氛围,引导广大党员干部和职工群众廉洁过节、清爽过节、平安过节。

9月6日 上午,太旧公司召开2022年切块养护工程实施情况汇报会。会议由党委书记、董事长张江浩主持,有关领导、部室负责人参加会议。

9月7日 下午,太旧公司党委副书记、副董事长、总经理卢永旺赴阳泉市会见阳泉市委常委、平定县委书记李明。双方就加快推进郝家庄LNG加气站土地手续办理等工作进行沟通交流。

9月7日至9日 为进一步做好扶残助残工作,不断提高残疾人生活质量,体现人的责任和担当,太旧公司机关党总支积极响应号召,开展2022年“99公益日”助残公益线上活动。

9月10日 太旧公司副总经理马冬青深入旧街收费站督导检查安全生产工作,向中秋节仍然坚守岗位的一线干部职工送去节日问候。路产维护部相关人员陪同。

9月12日 太旧公司党委委员、纪委书记杨玉龙采取“四不两直”方式,深入晋中北收费站、东黄水收费站、阳曲隧道管理站,对各收费站节假日安全保畅、文明服务等工作进行督导检查。

9月13日 上午,太旧公司举办2022年第5期“太旧大讲堂”,特邀山西航产集团党校陈芸,以“意识形态工作与舆情应对”为主题进行专题辅导,专职党委副书记、副董事长刘江涛主持并讲话。

同日 下午,太旧公司召开2022年第三季度意识形态工作分析研判会,专职党委副书记、副董事长刘江涛出席会议并讲话。领导班子成员、党群部门负责人和部分党支部负责人参加。

9月14日 “喜迎中共二十大,奋进五周年”交控集团第二届职工(中区二组)篮球赛开幕仪式在太旧公司职工文体活动中心举行。交控集团工会副主席张永杰出席开幕式,太旧公司党委书记、董事长张江浩致开幕词,党委专职副书记、副董事长刘江涛主持开幕式,交控集团总部、环保公司、信通公司、吕梁南公司、太原公司、太旧公司、晋中公司7支参赛队伍参加。

9月16日 太旧公司举办"消防安全大冲关"活动,路产维护站、隧道管理站共16家单位的消防应急工作人员以闯关冲刺的竞技方式参与实地演练。党委专职副书记、副董事长刘江涛出席本次活动并现场致辞。

同日 上午,由太旧公司机关党总支牵头,专职党委副书记、副董事长刘江涛带领机关各党支部党务工作人员到盂县路产维护站党支部和南娄收费站党支部开展交流学习活动,各党支部党员代表20余人参加。

9月19日至20日 太旧公司党委工作部组织基层党务工作人员开展"基层党建工作实务"交流培训会,培训以理论学习和工作实践相结合、专题辅导与互动交流相结合形式进行。

9月26日 太旧公司分别在太旧、平阳路段召开绩效考核和人力资源管理工作专题调研座谈会。专职党委副书记、副董事长刘江涛出席并讲话,党委组织部负责人陪同,太旧公司所属各基层单位负责人参加。

9月27日 上午,太旧公司党委副书记、副董事长、总经理卢永旺采取"四不两直"方式,深入旧街收费站和寿阳大院开展节前安全生产和工作检查,安全应急部有关人员陪同。

9月28日 在交控集团工会主办的"喜迎中共二十大,奋进五周年"第二届职工篮球赛中,太旧代表队的老兵们,克服年龄、伤病等种种困扰,用实际行动和傲人成绩拔得头筹、露出峥嵘,再一次擦亮太旧品牌,彰显太旧力量。

9月29日 上午9时,太旧公司在机关大楼前举行"喜迎中共二十大,永远跟党走——奋进新征程"升国旗仪式,党委书记、董事长张江浩出席仪式并讲话,专职党委副书记、副董事长刘江涛主持,领导班子成员、机关各部室、三中心一大队共计40余人参加。

同日 上午10时,太旧公司召开2022年安委会第四次全体(扩大)视频会议。会议传达交控集团2022年安委会第四次全体(扩大)视频会议精神,回顾总结2022年第三季度安全生产工作,对2022年第四季度安全生产工作进行安排部署。党委书记、董事长张江浩出席会议并讲话。党委委员、副总经理赵国荣作安全生产工作安排部署,党委副书记、副董事长、总经理卢永旺主持会议。

9月30日 太旧公司党委召开理论学习中心组专题学习会,集中学习习近平总书记给"中国好人"李培生、胡晓春重要回信精神,《习近平生态文明思想学习纲要》《碳达峰碳中和干部读本》部分篇章,第11期交控集团党委理论学习中心组学习纪要,结合实际工作,依次围绕学习《习近平谈治国理政》第四卷进行学习研讨。党委书记、董事长张江浩主持会议。

10月1日 太旧公司党委委员、副总经理邓建中深入路网运行保障大队四中队驻地督导检查国庆期间保通保畅和安全生产工作,慰问坚守岗位的干部职工。

10月2日 太旧公司副总经理夏磊采取"四不两直"方式深入盂县南收费站督导检查、保通保畅和安全生产工作,慰问坚守岗位干部职工。机电运营维护中心有关人员陪同。

10月8日 下午,太旧公司党委书记、董事长张江浩一行深入旧关收费站就安全生产、进行督导检查并进行基层工作调研。党委工作部、安全应急部相关人员陪同。

10月10日 下午,太旧公司总监李羚采取"四不两直"方式,深入寿阳大院各单位检查指导安全生产、保通保畅等工作。路产维护部负责人陪同。

10月11日 太旧公司专职党委副书记、副董事长刘江涛采取"四不两直"方式,深入南娄收费站和晋中北大院督导检查安全生产等有关工作。

10月13日 太旧公司党委副书记、副董事长、总经理卢永旺采取"四不两直"方式,深入平定大院督导检查安全生产有关工作。

同日 下午,太旧公司专职党委副书记、副董事长刘江涛深入阳曲隧道管理站就该站“2022年度全国青年安全示范岗”创建工作进行调研指导。党委工作部、安全应急部等相关人员陪同。

10月16日 太旧公司专职党委副书记、副董事长刘江涛采取“四不两直”方式,深入路网监测中心、武宿收费站督导检查保通保畅和安全生产等工作。机关党总支书记陪同。

同日 上午10时,中国共产党第二十次全国代表大会隆重开幕。太旧公司全体干部职工通过集中观看电视转播、网络直播、手机微信转播等途径第一时间收听收看本次大会开幕盛况。

10月17日 下午,路网运行保障系统通过视频形式召开危化品车辆通行与服务区停放安全管理紧急会议。太旧公司党委委员、副总经理邓建中主持会议并讲话,路网运行保障系统副中队长以上人员参加。

10月18日 交控集团党委下发《中共山西交通控股集团有限公司委员会关于褚跃峰等人任职的通知》,夏磊、马冬青任太旧公司党委委员。

同日 上午,太旧公司党委副书记、副董事长、总经理卢永旺深入盂县南收费站督导检查安全生产工作。安全应急部有关人员陪同。

10月25日 上午,太旧公司以视频形式举行“走出‘看台’绽放‘舞台’献礼中共二十大”特别主题活动启动仪式。党委书记、董事长张江浩出席仪式并讲话,党委副书记、副董事长、总经理卢永旺主持。领导班子成员、机关各部室、三中心一大队负责人和篮球队成员在主会场参加,基层单位党政负责人在分会场参加。

同日 下午,太旧公司召开路域经济经营分析会暨扭亏减亏工作推进会。会议由党委书记、董事长张江浩主持,相关单位、部室负责人参加会议。

10月27日 上午,太旧公司召开2022年第四季度运营分析会。会议系统总结太旧公司2022年前三季度目标任务完成情况,深入分析当前运营管理中存在问题,对决战决胜四季度重点工作任务进行安排部署。党委书记、董事长张江浩出席会议并讲话。党委副书记、副董事长、总经理卢永旺主持会议。

10月28日 上午,太旧公司以视频形式召开9月、10月党建及党风廉政建设工作双月例会。党委副书记、副董事长、总经理卢永旺出席并讲话,专职党委副书记、副董事长刘江涛参加并主持,领导班子成员及所属各党支部负责人参加。

同日 下午,太旧公司举办第6期太旧大讲堂,特邀中国文化管理协会企业文化管理专业委员会党建与企业文化互助平台专家唐卫东,围绕“中共二十大报告”为主题进行深入解读,专职党委副书记、副董事长刘江涛主持。

11月2日 上午,太旧公司召开平阳片区路警应急处置联席会。党委副书记、副董事长、总经理卢永旺出席会议并主持,山西省公安厅交通警察总队高速六支队副支队长闫海军应邀参加,平阳路沿线涉路单位及第三方应急救援企业共计27家单位有关人员参加此次会议。

11月3日 上午,太旧公司以视频会议方式召开2022年三季度路域经济经营分析会暨四季度路域经济推进会,党委书记、董事长张江浩出席会议并讲话。党委副书记、副董事长、总经理卢永旺主持会议。领导班子成员、总经理助理、机关各部室、基层各单位主要负责人参加。

同日 下午,太旧公司总监李羚采取“四不两直”方式,深入东梁大院检查保通保畅及安全生产工作情况,路产维护部相关人员陪同。

11月6日 太旧公司党委委员、副总经理夏磊采取“四不两直”方式,深入东梁收费站检查保通保畅及治超工作情况,安全应急部负责人陪同。

同日 全国第31个消防日到来之际,太旧公司以“抓消防安全,保高质量发展”主题,开展一次全覆盖式消防安全系列活动。

11月11日 交控集团党委下发《中共山西交通控股集团有限公司委员会关于李保等人职务任免的通知》,提名解聘邓建中太旧公司副总经理职务。

11月13日 太旧公司党委副书记、副董事长、总经理卢永旺深入东黄水收费站对保通保畅工作进行督导检查。

11月17日 上午,太旧公司召开党委理论学习中心组中共二十大专题学习研讨会,会议由党委书记、董事长张江浩主持,交控集团中心组列席旁听工作组组长、交控集团党委宣传部(党委统战部)部长王媛一行列席指导,太旧公司中心组全体成员参加。

同日 《太旧公司创新工作室》成功入选中国公路学会高速公路运营管理分会评选的"2022年全国高速公路运营管理优秀案例"。

11月23日 太旧公司以网络视频会议形式召开"坚持以严的基调强化正风肃纪"警示教育大会。会议由党委副书记、副董事长、总经理卢永旺主持。领导班子成员,总经理助理,安全总监,各职能部室和基层单位党政负责人共计70余人参会。

11月23日至28日 太旧公司机关党总支组织全体党员开展"凝聚向心力,答好作风卷"线上知识竞赛活动。

12月5日 太旧公司党委副书记、副董事长、总经理卢永旺以视频会议形式为党建工作联系点宣讲中共二十大精神,交流学习心得体会,以实际行动推动中共二十大精神落地生根、开花结果。

同日 太旧公司专职党委副书记、副董事长刘江涛通过腾讯视频会议方式宣讲中共二十大精神。党委委员、副总经理夏磊深入上社收费站大院开展中共二十大精神主题宣讲活动。

12月6日 太旧公司总监李羚以视频会议的方式开展中共二十大精神宣讲活动。

同日 太旧公司高级专员米明杰以腾讯视频会议方式宣讲中共二十大精神。

12月8日 太旧公司党委委员、副总经理马冬青采取腾讯视频会议形式宣讲中共二十大精神。

12月10日 太旧公司党委委员、纪委书记杨玉龙通过网络视频会议形式,围绕中共二十大精神向党建工作联系点的各党支部负责人、班子成员及广大党员进行主题宣讲。

12月15日 下午,交控集团党委书记、董事长武艺深入太旧公司宣讲中共二十大精神并开展调研座谈活动。交控集团副总经理谢鹏远,交控集团党委办公室、党委宣传部、运营管理部、路域经济发展部、政策(党建)研究中心等部室相关人员陪同。太旧公司党委书记、董事长张江浩,党委副书记、副董事长、总经理卢永旺等领导班子成员及机关各部室和三中心一大队负责人参加。

12月16日 上午,太旧公司召开12月党建工作双月例会。专职党委副书记、副董事长刘江涛主持会议,党委书记、董事长张江浩出席会议并讲话。

12月19日 太旧公司召开2022年下半年党风廉政建设与反腐败工作形势分析研判会,领导班子成员、机关各部室及部分基层单位负责人参会。专职党委副书记、副董事长刘江涛主持会议,党委书记、董事长张江浩出席会议并讲话。

12月22日 上午,太旧公司召开中共二十大精神宣讲会,党委书记、董事长张江浩作宣讲报告,专职党委副书记、副董事长刘江涛主持会议。会议以视频形式召开,领导班子成员、各党支部书记、基层党员代表90余人参加。

12月27日 太旧公司被山西省安全生产委员会办公室授予"山西省省级安全文化建设示范企业"称号。

同日 太旧公司联合高速交警、消防、医疗急救和地方救援力量,在阳泉西环高速南娄隧道内开展突发事件应急响应联合演练。

12月31日 太旧公司党委委员、副总经理赵国荣以腾讯视频会议方式宣讲中共二十大精神。

(资料提供:王文跃)

临汾北高速公路管理有限公司大事记

1月20日 临汾北高速公路管理有限公司(以下简称临汾北公司)召开党史学习教育专题民主生活会。交控集团行政总监赵伟、工会主席孟仁贵、业务主办刘旭强一行到会指导并作点评讲话。会上,党委书记、董事长卫小红代表领导班子作对照检查,带头作个人检视剖析,班子成员逐一进行个人检视剖析,开门见山、坦诚相见相互提出批评意见,切实达到红脸出汗、增进团结、改进作风、共同提高的目的。此次专题民主生活会会前准备充分,检视问题深刻,开展批评与自我批评严肃,整改措施具体,是对党史学习教育成果的一次检验。

1月24日 为全面做好春运保通保畅工作,严格落实交控集团"雪停后48小时路面范围内无积雪"工作要求,临汾北公司党委面对霍永高速护栏附近因机械设备无法清理干净的积雪问题,连夜召开清雪除冰保畅部署会,集结机关中层干部、路产维护站、各收费站职工100余人,分两批相互轮流替换对霍永高速涉冰路段、桥梁、陡坡、急湾等护栏边道40余公里积雪进行清理,经过两天一夜昼夜奋战,高质量打通春运保畅平安回家路。

1月28日 临汾北公司召开党史学习教育总结大会,传达中央、省委以及交控集团党委党史学习教育总结大会精神,全面回顾总结临汾北公司党史学习教育工作取得的成效,对下一步持续巩固拓展深化党史学习教育成果作出安排部署。

2月14日 以交控集团副总经理谢鹏远为组长的考核组一行到临汾北公司对领导班子和领导人员进行综合考核评价及党建工作目标责任制考核。考核组通过听取汇报、综合测评、查阅资料、考核谈话等方式对临汾北公司领导班子及班子成员进行综合考核评价。按照《党建工作目标责任制考核指标》和相关规定,考核组对党建工作、党风廉政建设、人才工作等方面进行全面考核后,对党建工作开展情况给予充分肯定。交控集团年度综合考核评价对加强临汾北公司领导班子建设起到积极推动作用,临汾北公司党委将以本次考核为契机,充分发挥"关键少数"示范带头作用,持续改进工作作风,创新工作方式,聚焦工作重点,以高质量党建推动企业高质量发展。

2月 临汾北公司汾西路产维护站自主研发的"一种用于安全锥桶半自动收放系统的传动装置"获国家实用新型专利证书。该技术正广泛应用于所辖路段养护施工安全锥桶施工作业中,效果得到广泛认可。

3月22日 临汾北高速公路分公司一届五次职代会暨管理公司2022年工作会议胜利召开,参会代表共计112名。党委书记、董事长卫小红出席会议并讲话。党委副书记、副董事长、总经理王继弘作题为"管理赋能 提升质效 为全方位推动高质量发展做出临北贡献"工作报告。报告对2021年工作进行回顾,对2022年的工作进行安排部署并确定2022年总体工作思路。会上,卫小红与工会主席签订2022年度集体合同及专项集体合同,与部分部室和基层单位负责人现场签订经营业绩目标责任书。

同日 临汾北公司党委召开2022年度党的建设和党风廉政建设工作会议,总结回顾2021年度党建工作,研究部署2022年度党建目标任务。党委书记、董事长卫小红出席会议并讲话。党委副书记、副董事长、总经理王继弘主持。党委委员、纪委书记李红英就党风廉政建设工作进行安排部署。卫小红在会上作题为"牢记初心使命 勇蹚转型新路 全方位推动临北党建高质量发展"党建工作报告。会上，卫小红与部分基层党支部书记签订《党委落实全面从严治党主体责任目标责任书》。

4月22日 临汾北公司在临汾绕城K0+550～K0+750处举办"练兵比武强技能，立足岗位建新功"养护业务技能大赛。本次实战技能养护比赛活动，以"科学养护、自主养护"为背景，通过公平公正现场抽签，两个队伍"路面裂缝处置"比赛正式拉开帷幕，每个参赛队的选手们分工明确，配合紧密，作业规范。本次养护技能比赛，各参赛队员充分展现养护职工们扎实的技术功底，进一步激发道路养护员工"学本领、强技能、争一流"热情，营造"比学赶超帮"的浓厚氛围，体现团结协作、以人为本、规范养护的特点，全面推动临汾北公司现代养护管理向科学化、规范化、精细化水平更加迈进。

4月27日 临汾北公司召开警示教育大会。会上，党委委员、纪委书记李红英通报3起违规违纪典型案例，对下一步党风廉政建设工作进行安排部署。要求全体党员干部要以案为鉴，警钟长鸣，真正把纪律规矩挺在前面，忠诚干净、担当作为，为推动临汾北公司全方位高质量发展做出积极贡献。

5月24日 临汾北公司在霍永高速(下行)汾西服务区举行防汛地质灾害抢险突发事件应急演练，演练以桌面演练和实地演练相结合方式，使参演员工深刻了解防洪抢险工作重要性、紧迫性。本次演练场景模拟连续降雨导致高陡边坡坍塌，排水设施掩埋，导致行车道淤阻，影响车辆通行本质安全，抢险应急领导小组视情启动地质灾害事件专项应急预案，集结应急抢险队伍，协调调度应急物资、抢险设备。整个演练涵盖灾情上报、指挥决策、抢险保通、后勤保障等一系列内容，真实模拟"灾情险情发生、组织抢险保通、交通疏导分流"全过程，充分展示路产维护部门与各有关部门防汛联动、抢险保通的应急处置能力。

6月16日 为深入贯彻落实习近平总书记在庆祝中国共产主义青年团成立100周年大会上的讲话精神，增强团员青年新闻意识和写作能力，临汾北公司团员青年综合素质拓展专题培训班正式开班。机关各部室、各基层单位从事新闻宣传工作青年团员、兼职新闻宣传员共56名参加开班仪式。邀请到临汾市委党校、《山西日报》、《临汾日报》等专家教授，安排"意识形态至关重要 宣传工作守土有责"、"新闻理论概述及新闻采写技巧"、新媒体应用，以及摄影视频编辑制作和office基础运用等精品课程。本次培训旨在提升团员青年综合素质能力，解决实际写作中绊脚石，引导新闻宣传工作聚焦生产、贴合实际、融入基层、贴近职工。

6月21日 为增强党员的政治素养、党性修养和凝聚力，教育引导广大党员干部牢记党的光辉历程，进一步深化党建融合发展，临汾北公司组织所属基层党支部书记赴临汾市党群服务中心参观学习。在讲解员带领下，全体人员集体参观综合设置服务接待大厅、党建智慧书房、红色礼堂、多功能主题展厅、数字文化体验区和党群综合服务厅。珍贵史料和记录记载着中国共产党开展革命斗争和社会主义建设全过程，给到场的党员干部上一堂生动党课。让大家对新形势下党建工作的新思路、新方法有了更清晰认识，为做好基层党组织标准化建设工作提供参考和借鉴，为推动党建融合发展拓展工作视野。

6月23日 临汾北公司举办"迎'七一'感党恩跟党走"清廉国企建设知识竞赛。本次决赛设必答题、车轮战、抢答题、风险题四个环节。活动内容丰富、形式活泼、组织到位，涵盖知识面广泛，思想性、知识性、趣味性强，每一位参赛选手赛出水平、赛出风采，每个代表队赛出团队精神、团队战斗力，达到以赛促练、以赛促学、以赛促行目的和效果。

7月7日至8日 临汾北公司党委书记、董事长卫小红带领部分班子成员、相关业务部室负责人一行10人先后赴信通公司、交科集团、环保公司、养护集团考察交流学习，进一步寻标对标、实地考察、业务会谈，共话运营管理过程中的服务需求，达到对标学习拓视野、交流互鉴促提升的"双赢"目标。总结此次对标学习时，大家进一步拓宽视野、明晰差距、开拓思路、明确方向、坚定推动全方位高质量发展的信心和决心，要将本次所学所悟所感转化为实实在在的行动，为临汾北公司进一步实现降本增效、提升整体竞争力对标聚力、蓄能启航、再创佳绩。

7月21日 临汾北公司党委书记、董事长卫小红，党委副书记、副董事长、总经理王继弘一行到养护集团侯马分公司共商路域经济发展合作新思路。在侯马分公司，卫小红一行参观新建的智能化沥青混凝土拌和站，详细了解全封闭拌和站储料、传输、拌和、出料等全自动化过程，了解厂拌热再生固废物料再利用情况。召开座谈会，双方就侯马分公司远程施工作业房屋租赁、固废物料回收、交通安全服务保障、机械设备租赁、原材料及成品料运输等相关事宜进行充分交流，共同寻找路域经济新的合作意向、合作模式，助力路域经济实现新突破。

7月25日至27日 临汾北公司开展为期3天养护专业技能提升培训。路产维护部及各路产维护站共计50名养护技术人员参加。培训精准对接职业技能培养需求，邀请相关公路养护技术专家，采用“理论授课+大数据分析+案例教学”的方式。在标准上，对国家养护规范进行深度解读；在管理上，对交控集团标准化文件进行系统宣传贯彻；在操作上，对养护信息数据完善及科学决策进行专业讲解。培训结束后，组织全员进行结业考试，对学习成效进行及时检验，切实夯实养护技术人员的理论基础及实操能力，助推路产维护高质量发展。

7月28日 朔州公司党委副书记、副董事长、总经理李明军一行8人到临汾北公司开展学习交流。李明军一行在机关对临汾北公司经营管理、企业文化进行详细了解，对信息监控中心标准化建设、集中监控管理、无人值守监控机房管理和职工之家等进行参观。随后，双方召开座谈会，就高速公路经营管理、基础设施建设和路域经济发展做了简要介绍交流。其间，前往襄汾综合站区实地查看收费运营管理情况，襄汾路产维护站应急物资库、综合养护车自主改造成果，分离式施工标志牌、施工安全保通机器人，赴临汾收费站参观户外劳动者爱心驿站、职工书屋、妈咪小屋、党员活动室交流学习，达到共同提高、共同进步、合作共赢的目的，是开启双方常态化交流学习的一次有益尝试。

7月 根据交控集团《关于做好2021—2022年度党建工作项目化管理的通知》文件精神，临汾北公司党委高度重视，坚持“党建工作服务生产经营不偏离”主基调，持续推进理念思路创新、方式手段创新、基层工作创新，围绕“十个是否”选题立项。2021年，临汾北公司党委围绕政治建设、思想建设、组织建设，共向交控集团党委备案30个党建项目。通过10个初审组初审，党建项目专家组终审，临汾北公司北柴收费站党支部《“党建+网格化”微治理，助推工作“精细化”》党建项目被评为三等奖。临汾北公司进一步压实主体责任，按期推进项目，不断提升“1235”工作法推进党建项目管理的成效，持续深入推进党建业务深度融合、同向发力。

是月 为进一步激发基层党组织和广大党务工作者干事创业、担当作为的精神，交控集团党委印发《关于表彰2022年度党建先进集体和优秀个人的决定》，对在推动交控集团改革发展中涌现出的党建品牌鲜明的基层党组织和工作业绩突出的党务工作者予以表彰，临汾北公司1个党建先进集体和3名优秀个人受到表彰。

8月3日 交控集团副总经理谢鹏远等一行到临汾北公司调研指导工作，召开座谈会，详细听取董事长卫小红、总经理王继弘运营管理情况汇报。交控集团运营管理部部长韩昱、路域经济部部长荆冰寅、路网中心主任续宏、临汾北公司领导班子成员及相关部室负责人陪同调研。谢鹏远先后深入永和收费站、霍永东路基水毁处置现场、汾西综合站区、信息监控中心等基层站区进行调研，详细了解临汾北公司的基本情况、主要经营目标完成情况、重点工作完成情况、存在问题及建议等相关情况。座谈会上，他充分肯定临汾北公司在路域环境整治、收费营销、路网运行、企业文化建设等方面取得的成绩和成果，经过不断地努力与创新，临汾北公司发展方向更明，文化建设更强，支撑效用更好。

7月26日至8月4日 临汾北公司工会分批组织全体员工进行健康体检。体检内容包括内外科、血常规、心电图、B超、C14等多项检查项目。增加甲功专项检查，为女职工定制妇科专项检查项目。体现临汾北公司以人为本、关爱员工管理理念。

9月8日 省高速公路综合行政执法总队执法一处副处长马晓艳一行深入临汾收费站督导检查治超相关工作。检查中，马晓艳一行按照治超工作相关文件要求，详细询问出口货车数据上传率、治超计重设备按时检验检测等完成情况，并就做好治超设备台账记录提出要求。副总经理李明就收费出口货车数据上传率100%目标的完成进度、治超公示监督卡落实、治超计重等设备鉴定、客观实际困难等作具体汇报。

9月28日 汾西路产维护站联合路网运行保障大队三中队、五龙节隧道管理站及高速交警四支队十一大队等相关部门，在霍州收费站召开国庆假期保通保畅联席会。会上，各部门就国庆期间道路安全防护措施、隐患联合排查整治、突发事件联动处置、路域环境卫生治理等工作中重难点问题进行深入研讨交流，达成“五到位”共识。一是安全隐患排查整改到位，加强巡查力度，对发现的隐患问题及时整改落实；二是安全教育到位，对保洁及相关涉路人员加强安全教育培训，增强人员安全防范意识；三是施工现场管控到位，对施工点防护情况进一步检点，保障过往车辆通行安全；四是应急联动到位，加强人员值班值守，保障应急物资储备，随时有效应对突发状况；五是信息共享交流到位，科学研判，针对事故多发及易拥堵路段信息及时准确共享，提高快速反应和应急救援能力。各部门通力协作，着力形成资源共享、优势互补的工作机制，全力保障国庆期间高速公路安全畅通。

10月9日 临汾北公司党委书记、董事长卫小红与临浮公司党委副书记、总经理孙虎就携手推进路域经济发展等相关事宜交流座谈。会上，卫小红简要介绍临汾北公司有关情况。双方立足路域经济发展，在深度契合废旧物资再利用、机械租赁等方面共谋发展布局，不断拓宽合作领域，深化合作交流，积极探索共同发展的新路径，全力打造交控集团内部直属企业深化合作的新典范、新标杆。

10月16日 临汾北公司组织广大党员干部职工以多种形式集中收听收看中共二十大开幕会，认真聆听习近平总书记在开幕会上所做的大会报告。

11月10日 临汾北分公司工会召开第二届委员会第二次全体会议，开展工会主席补选工作，会议由专职党委副书记、副董事长段纪辰主持，15名工会委员参加。会议根据《中国工会章程》《工会基层组织选举工作暂行条例》相关规定，严格遵守选举程序，会议采取无记名投票方式等额选举。选举党丽芳为临汾北分公司工会委员会主席。

11月15日 临汾北公司联合高速交警四支队十二大队在G2211长延高速霍永西段永和停车区举行除雪防滑应急演练。本次演练主要对恶劣天气下的除雪防滑、应急处置以及工作协调等内容进行预演。演练模拟所辖路段因持续降雪造成路面积雪结冰，严重影响行车安全。在除雪打冰过程中，面对车辆相撞事故、车辆滞留等应急突发事件，高速交警、路保中队和养护部门配合密切，行动迅速，处置及时，快速恢复道路的安全畅通。整个应急演练历时50分钟，共出动人员30余名，融雪剂吊装设备1台，融雪剂撒布机1台，除雪车4台，双排载货车1台，清障车1台，执法车辆2部。

11月16日 临汾北公司工会与安全应急部联合开展以“强责任 提素质 促安康”为主题的“安康杯”知识竞赛答题活动，共30余名干部职工参加。竞赛以现场试卷答题的形式开展，旨在进一步提升业务安全开展水平，以赛促学、以赛凝心、以赛筑安。内容涉及《中华人民共和国国家安全法》《中华人民共和国消防法》《中华人民共和国生产安全事故应急条例》《中华人民共和国职业病防治法》等法律法规及安全管理、应急处置、隐患排查、自救互救等安全知识。引导干部职工把“安康杯”竞赛与立足岗位建功立业、服务职工群众、提高职工素质、构建和谐劳动关系结合起来，凝聚工作合力。

11月15日至18日 临汾北公司举办党员干部综合素质拓展培训。领导班子成员、党员干部共128人参加培训。此次培训课程包括中共二十大精神解读、《习近平谈治国理政》第四卷、党建实务、意识形态、企业文化管理、心理健康与压力调适等多方面内容,通过市委党校专家教授专题辅导、交流研讨、实践拓展、理论测试、观看警示教育片和参观红色教育基地等多种形式,引导党员干部丰富理论武装、领悟精神实质,练就过硬本领、担当发展重任,将学习成效转化为全方位推动临汾北公司高质量发展强大动力。

(资料提供:吴彩贤)

临汾南高速公路管理有限公司大事记

1月3日至6日 临汾南高速公路管理有限公司(以下简称临汾南公司)领导班子成员分别带队组成考核组,对临汾南公司所属各基层单位领导班子和中层正副职管理人员2021年度履职情况进行考核评价及民主测评。

1月10日至11日 交控集团赴临汾南公司开展第四季度高速公路运营管理监督检查及“百站示范、千站提升”创优活动验收工作。

1月17日 临汾南公司召开2022年度安委会第一次全体(扩大)会议暨春运工作部署视频会议,领导班子成员,各部室、单位负责人参加会议。

1月22日 临汾南公司召开重点时段保通、保畅、保安全专题部署会议,领导班子成员,各部室、单位负责人参加会议。

1月25日 临汾南公司召开党史学习教育总结大会,领导班子成员,各部室、单位负责人参加会议。

同日 临汾南公司召开2021年度党支部书记抓基层党建工作述职评议考核大会,领导班子成员,各部室负责人、各党支部负责人及党员职工代表参加会议。

1月28日 临汾南公司召开路产保护工作突出问题专项自查部署动员会,党委书记、董事长戴波,党委副书记、副董事长、总经理李克军,相关部室、单位负责人参加会议。

同日 临汾南公司召开2022年第一次隧道管理工作会议暨隧道系统重点时段保通、保畅、保安全工作部署会议,党委副书记、副董事长、总经理李克军,相关部室、单位负责人参加会议。

2月16日 交通运输综合行政执法机构与临汾南公司对接工作联席会召开。领导班子成员,各部室、单位负责人参加会议。

2月22日 临汾南公司以“习近平总书记考察调研山西重要指示精神专题解读”为主题,召开2022年第1期“临南大讲堂”。领导班子成员,各部室、单位中层管理人员及党员代表参加会议。

2月24日 临汾南公司召开“转作风、提效能、抓落实、树形象、促发展”纪律作风大整顿活动动员部署会议。领导班子成员,各部室、单位中层管理人员及业务骨干参加会议。

同日 临汾南公司自主研发的“数字化养护物资管理系统V1.0”获中华人民共和国国家版权局计算机软件著作权登记证书。

3月3日 临汾南公司召开以案促改警示教育大会,领导班子成员,机关全体人员,各基层单位人员参加会议。

3月9日至10日 临汾南公司领导班子成员赴党建片区开展“习近平总书记考察调研山西重要指示精神”专题宣讲。

3月13日 临汾南公司高效处置辖区盘秀山

隧道内货车自燃事故,“教科书式”的救援流程处置相继被CCTV-2正点财经栏目、人民网等多家主流媒体报道,向全社会展现高速公路优质服务的良好形象。

3月24日 临汾南公司联合综合行政执法临汾支队、高速交警四支队召开“一路三方”协同共治联席会议。党委副书记、副董事长、总经理李克军,专职党委副书记、副董事长刘晓明,综合行政执法临汾支队副支队长宋志安及辖区高速交警大队、综合执法大队相关负责人,相关部室负责人参加会议。

3月25日 临汾南公司召开一届六次职代会暨2022年工作会议。领导班子成员,各部室、单位负责人及职工代表参加会议。

同日 临汾南公司召开2022年党的建设和党风廉政建设工作会议。领导班子成员,各部室负责人,各党支部负责人及业务骨干参加会议。

4月2日 临汾南公司召开2022年度第二次安委会全体(扩大)会议暨“清明节”假期保通保畅工作视频会议。领导班子成员,各部室、单位负责人及业务骨干参加会议。

4月6日 临汾南公司召开总经理办公会暨壶口主线公安检查站建设事宜部署推进会。党委副书记、副董事长、总经理李克军,各部室、所属单位负责人参加会议。

4月7日 临汾南公司与山西省高速公路综合行政执法总队临汾支队六大队就建筑红线控制区及桥下空间安全隐患治理进行联合现场办公。

4月22日 临汾南公司召开干部大会,宣读交控集团对临汾南公司党委委员、副总经理的任职通知,新任党委委员、副总经理张志明和师会刚分别作表态发言。领导班子成员,各部室、单位负责人及职工代表参加会议。

4月28日 临汾南公司纪委召开2022年“五一”、端午节前廉洁提醒谈话会议。

4月29日 临汾南公司召开新任职干部任前谈话暨公司机关干部大会。领导班子成员,各部室、单位负责人及职工代表参加会议。

同日 临汾南公司召开“五一”假期高速公路安全保通工作会议。领导班子成员,各部室、单位负责人及兼职安全员参加会议。

5月7日 临汾南公司成立公路护路排并会同尧都区武装部、县底镇镇政府共同举行授旗仪式。公司领导班子成员及尧都区武装部部长朱定海、副部长唐亚林、县底镇镇长张强出席仪式。

5月17日 省交通运输厅防汛备汛督导组对临汾南公司2022年防汛备汛工作进行督导检查。

5月24日至25日 临汾南公司通过“笔试+面试+竞岗演讲”等方式,开展优秀挂职中层副职岗位员工选拔工作,为优秀人才搭建快速成长、实现理想抱负平台。

6月1日 临汾南公司召开2022年度“安全生产月”活动启动部署会议。领导班子成员,各部室、单位负责人及业务骨干参加会议。

6月21日 交控集团考核组一行对临汾南公司开展2021年度经营业绩考核。

6月22日 临汾南公司自主研发的“全息车机管理系统V1.0”获得由国家版权局颁发的计算机软件著作权登记证书。

同日 临汾南公司与山西省高速公路综合行政执法总队临汾支队召开业务协作联席会。会议通过《山西省高速公路综合行政执法总队临汾支队二大队、六大队、七大队与辖区内临汾南高速公路管理有限公司所属机构业务协作机制(试行)》。领导班子成员,相关部室负责人参加会议。

6月24日 临汾南公司召开“转作风、提效能、抓落实、树形象、促发展”纪律作风大整顿活动总结大会。领导班子成员,各部室、单位负责人参加会议。

6月30日 临汾南公司召开党的建设暨2022年下半年工作安排部署会。领导班子成员,各部室、各单位负责人参加会议。

7月10日 交控集团第二阶段合同管理专项检查第三组赴临汾南公司检查指导工作,召开进点会。检查组组长徐利民、副组长张小莉及4名组员,领导班子成员,相关部室负责人参加会议。

7月15日 临汾南公司召开安委会第三次全体(扩大)会议。总结回顾上半年安全生产工作情况,安排部署第三季度安全生产工作,表彰2022度"安全生产月"活动获奖团体和个人。领导班子成员,各部室、各单位负责人参加会议。

7月27日 朔州公司党委副书记、副董事长、总经理李明军,总监焦全明,党委委员、副总经理冯伟一行8人赴临汾南公司开展学习交流。领导班子成员及相关部室、单位负责人陪同。

8月1日 临汾南公司以主题党日、座谈交流、走访慰问等形式,采取参观爱国主义和国防教育基地、邀请老革命老战士讲述亲身经历、慰问座谈会等方式开展形式多样的拥军优属工作,不断激发广大干部职工爱国拥军热情。

8月15日至19日 临汾南公司承办"喜迎中共二十大 奋进五周年"交控集团第二届职工(南区)篮球赛,交控集团工会副主席张永杰及各参赛公司领导,临汾南公司领导班子成员出席开幕式。

9月2日 上午,临汾南公司召开2022年政治监督动员部署会,领导班子成员,各部室、各单位负责人参加会议。

9月8日 临汾南公司联合省高速公路综合行政执法总队召开治超工作督导会议。省高速公路综合行政执法总队执法一处副处长马晓艳、领导班子成员,相关部室负责人参加会议。

9月9日 临汾南公司召开安全生产会暨中秋、国庆安全防范工作部署视频会议。领导班子成员,各部室、各单位负责人参加会议。

9月24日 临汾南公司获"喜迎中共二十大,奋进五周年"交控集团第二届职工篮球赛优秀组织奖;篮球队获"喜迎中共二十大,奋进五周年"交控集团第二届职工篮球赛(精英赛)优胜奖。

9月27日 临汾南公司召开2022年安委会第四次全体(扩大)会议暨国庆节期间保通保畅保安全视频会议。领导班子成员,各部室、各单位负责人参加会议。

10月17日 临汾南公司召开干部大会,宣读交控集团对临汾南公司党委委员、副总经理的任职通知,付永鹏和赵占成分别作表态发言。领导班子成员,各部室、单位负责人及职工代表参加会议。

10月27日 临汾南公司召开第四季度经营管理工作会暨路域经济发展推进会。领导班子成员,各部室、各单位负责人参加会议。

11月8日、11日 临汾南公司领导班子成员参加中共二十大精神专题宣讲报告会,认真聆听中央宣讲团成员、省委宣讲团成员做的专题宣讲报告。

11月9日 临汾南公司领导班子成员联合高速交警十大队深入临吉路段,就施工现场、冬季除雪保畅准备等工作情况进行调研指导。

11月10日 临汾南公司与山西省高速公路综合执法临汾支队召开路产赔偿事宜联合办理工作会议。公司领导班子成员,相关部室、单位负责人参加会议。

11月23日 临汾南公司召开"干部作风建设、公务用车管理、高速公路清障、高速公路治超、工资薪酬管理"专项整治工作安排部署会。

11月29日 临汾南公司机电维护中心"降低治超车道抓拍差错率"和光华路产维护站"降低沥青路面坑槽修补返修率"两个课题获"山西省质量管理小组活动成果"称号。

12月9日 临汾南公司联合高速交警四支队一大队、二大队、十大队开展冬季恶劣天气除雪保通和交通事故应急处置综合演练。

12月22日 中国交通企业管理协会(简称中交企协)发布2022年度交通运输文化建设优秀成果名单,临汾南公司文化建设再添新奖项,分别获"交通运输文化建设优秀单位""交通运输党建文化建设优秀单位""交通运输廉政文化建设优秀单位"等,所属西交口收费站获评"交通运输文化建设优秀单位",古县收费站获评"交通运输廉政文化建设优秀单位",古县收费站鲁一君获评"交通运输文化建设先进个人"。

12月30日 下午,临汾南公司召开元旦期间有关工作安排部署会。领导班子成员,相关部室、单位负责人参加会议。

(资料提供:李家宁)

长治高速公路管理有限公司大事记

1月4日 晚上，长治地区普降中小雪，为保障各路段安全畅通，长治高速公路管理有限公司（以下简称长治公司）立即启动除雪保畅应急预案，领导班子成员分赴各路段进行除雪保畅督导检查工作。各路产维护站迅速组织应急人员、机械设备，积极开展除雪工作，各收费站组织员工清理车道及收费广场。

1月5日 12时，长治公司所辖路段全部完成积雪打冰工作，具备开通条件。此次除雪共出动应急人员74人次、使用机械30台次、撒布融雪剂80吨，完成除雪保畅任务。在降雪封路期间，各单位均开展“送温暖”服务，为雪天滞留群众送上热水热饭、清除车牌积雪、提供路况实时信息等，让“人在囧途”的司乘感受到不一样的温暖。

1月8日至11日 交控集团“百站示范、千站提升”创优工作验收组对长治公司7家申报单位进行验收指导，分管领导及相关部门负责人陪同。验收组通过实地查看、查阅资料、听取汇报等方式，就综合管理、站点业务和主题创建三部分内容进行现场评价验收，对长治公司“百站示范、千站提升”示范单位创建工作给予充分肯定。

1月10日 长治公司纪委通过多种形式，开展节前监督提醒，增强全体干部职工廉洁自律意识和安全生产意识，确保廉洁安全过两节。

1月15日 长治公司纪委成立专项督查组，联合路网运行保障大队，采用不发通知、不打招呼、不听汇报，直奔基层、直插现场方式，深入一线围绕安全生产、应急保畅、值班值守、信息报送等开展明察暗访和突击检查，全方位多维度加大监督执纪力度。

1月19日 长治公司召开党史学习教育专题民主生活会，交控集团行政总监赵伟一行到会指导，党委书记、董事长郭长庆主持会议，领导班子成员参加。会前，长治公司党委制订专题民主生活会方案，细化工作安排，认真组织专题学习研讨，深入开展谈心谈话，广泛征求意见建议，认真撰写检视剖析材料，为高质量开好专题民主生活会奠定坚实基础。会上，党委书记郭长庆通报长治公司党委上次专题民主生活会整改情况，代表党委班子作对照检查发言，重点从5个方面深入查找思想和工作中存在的差距与不足，深刻剖析问题产生的深层次原因和症结所在，明确努力方向和整改措施，领导班子成员逐一作对照检查，严肃认真开展批评和自我批评，体现从严从实要求，达到坦诚相见、共勉共进、增进团结、推动工作的目的。

1月21日 上午，长治公司纪委召开专题会议，传达学习中共十九届中央纪委六次全会精神和集团纪委“对标提标”学习交流座谈会、2021年度纪委书记述职评议会精神。纪检室全体人员参加，并在会前对山西省纪检监察干部48字行为规范进行诵读。

同日 下午，长治公司召开做好近期安全工作暨进一步加强恶劣天气防范工作会议，就近期安全生产、春运保畅、恶劣天气防范等工作进行再动员、再安排、再部署。总经理王战兵、纪委书记魏晓勇、机关各业务部室和基层各路产维护站及路网运行保障中队负责人参加会议。

1月22日 长治公司总经理王战兵赴长邯段和长临段，就各单位雪后除雪打冰和春运保畅工作进行检查指导，相关部门负责人陪同。王战兵总经理一行实地查看长邯路段和长临路段除雪打冰情况,详细了解近期各单位在除雪打冰、春运保畅等工作中存在的困难和问题,就下一步如何更好保障长治高速道路安全畅通各项工作进行具体部署,对大家加班加点撒布融雪剂、清除道路积雪和春运疏堵保畅工作给予充分肯定,向奋战在春运保畅一线的广大员工表示诚挚慰问。

1月30日 上午,长治公司召开高速公路路产保护工作突出问题专项自查工作动员暨高速公路业务协作安排部署会议,向所有辛勤工作在长治高速一线的广大干部职工及其家属致以新春祝福。

1月31日 上午,长治公司总经理王战兵通过视频会议迅速向所属五条路段的基层单位传达交控集团党委书记、董事长武艺除夕视频调度精神,安排部署春节免征通行费期间服务保障设备运行及安全保畅工作,并向坚守一线的广大干部职工及其家属致以亲切问候。

1月 长治公司纪委开展一系列“家庭助廉”活动。一是以二维码形式向1132名党员干部职工家属发放《家庭助廉倡议书》,倡导共筑拒腐防变的家庭防线;二是利用微信公众号、工作群向党员领导干部职工家属发布廉洁自律提醒3次,并通过电话短信发送廉洁提醒信息371条;三是以家庭为单位讲述“好干部孔繁森”“两袖清风的于谦”等勤政廉洁小故事,共计132组家庭积极参与;四是组织公司员工及其家属围绕“家庭助廉”活动主题,拍摄廉政提醒微视频,共征集36部,通过长治公司微信公众号评选出《风清气正过廉节》《家庭助廉 让爱护航》等8部优秀作品进行展播。

是月 在交控集团“聚焦主业、相关多元、整合资源、深度开发”经营思路以及利用高速公路沿线闲置资产进行转型发展要求指导下,长治公司紧紧依托高速主业,深挖发展辅业,与路桥集团共同开发实施太行灵泉天然山泉水建设生产项目。项目开展以来,商标注册、公司注册、取水许可、环保审批、食品生产及卫生许可、厂房建设、生产设备采购进驻、饮用水水源地一级全封闭保护等工作均已完成。项目进入试生产阶段,正式投产后可满足交控集团内部会议及饮用水需求,提升内部员工饮用水质量,同时也可培育新的利润增长点、提高水资源利用率,项目兼具经济效益和社会效益。

2月16日 上午,交控集团党委委员、副总经理贾勇为组长的考核组一行到长治公司对领导班子和领导人员进行综合考核评价。长治公司相关部门严格按照有关程序、标准和要求,积极配合考核组完成考核任务。

同日 长治公司与辖区高速交警共同召开高速公路路警联勤联动工作座谈会。双方就“11236”协同共治机制落实情况、高速公路安全畅通、突发事件联合处置、危化品车安全管控、道路隐患排查治理、交通违法行为整治、恶劣天气有效应对以及全国两会、春运期间的安全保畅等工作进行交流讨论和经验分享,共同分析辖区高速公路安全保畅管理中存在的困难和问题,探讨下一步工作应对办法和措施,为纵深推进平安示范高速公路创建打下坚实基础。

3月3日 上午,长治公司召开2022年度养护工作会议。会议总结2021年取得的各项工作成绩,指出存在问题,并对下一步工作做具体部署。

3月4日 长治公司召开2022年路网运行保障工作部署会。会议总结2021年路政工作,分析面临形势,安排部署2022年重点工作任务。

3月8日 上午,平顺县委书记连树斌与长治公司党委书记、董事长郭长庆,深入平顺收费站就站区外广场车道拓宽工程进行实地调研并召开座谈会,双方交换具体意见和建议,就如何科学合理处置存在问题达成一致意见。

3月9日 长治公司召开2022年收费机电管理工作会,全面总结2021年收费机电工作各项业务指标及重点工作完成情况,分析研究存在的问题,从日常管理、标准化建设、机电设备维稳、信息监控共享联动、安全生产等方面对2022年收费机电工作作出具体部署。

3月15日 长治公司党委书记、董事长郭长庆在晋冀省界就青岛至兰州(G22)高速公路涉县至晋冀界段改扩建工程建设和施工组织相关事宜进行调研，郭长庆详细了解长邯改扩建省界站拆除、路面恢复、机电设施完善等事项开展过程中的困难和问题，要求各部门要主动作为，密切配合，按照责任要求高效完成工作任务，同时要加强与河北石安公司方面对接，及时与有关部门沟通协调，尽最大努力解决工作推进中存在的难点。要进一步强化安保措施，营造良好施工环境，保障青兰高速长邯段与河北段的按期顺利贯通。

3月22日 长治公司一届五次职代会暨2022年工作会议召开。会议回顾总结2021年工作，指明2022年总体思路和要求，明确主要预期指标，强调通行费任务征收、路域环境改善、综合管理提效、科技创新赋能、路域经济发展、路网运行保畅、智慧高速建设、安全平稳发展、党建引领深化9方面的工作。党委书记、董事长郭长庆出席会议并作题为“凝心聚力谋发展 创新实干当先锋 全方位推动长治公司高质量跨越发展”的讲话，党委副书记、副董事长、总经理王战兵作题为“团结汇聚力量 奋斗开创未来 为全面推动长治公司高质量发展奋楫扬帆”工作报告。会议分组审议并通过总经理工作报告和工会工作报告及集体合同。宣读2021年度先进集体和个人表彰决定，并对获奖代表进行表彰。

同日 上午，长治公司召开2022年党的建设和党风廉政建设工作会议。会议回顾总结2021年工作，安排部署2022年工作，动员广大党员干部埋头苦干、勇毅前行，践行使命、担当作为，为全方位推动长治公司高质量发展提供坚强保障，以实际行动迎接中共二十大胜利召开。

3月25日 长治公司纪委召开传达交控集团纪委会议精神暨警示教育专题会议，会议传达解读交控集团2022年党风廉政建设会议和纪检工作会议精神；通报省纪委监委5起违反中央八项规定精神典型案例和交控集团纪委监督检查通报；安排部署2022年纪检重点工作。

3月28日 长治公司召开贯彻落实交控集团2022年工作会议、2022年党的建设和党风廉政建设工作会议精神专题部署推进会，会议传达交控集团一届五次职代会暨2022年工作会议、2022年党的建设和党风廉政建设工作会议精神，对重点工作进行细致梳理，结合交控集团下达的2022年经营目标责任书对长治公司2022年重点工作任务进行安排部署。

3月 长治公司领导班子成员分赴党建联系点党支部参加2021年度基层党组织组织生活会，就学习贯彻交控集团和长治公司工作会议精神进行安排部署。领导班子成员全程参与会议并结合各站实际工作进行调研，提出具体工作要求。

是月 为认真贯彻落实省委、省政府关于推进交通运输综合行政执法改革的部署要求，规范路网运行保障机构对外形象。长治分公司路网运行保障大队及各中队先后举行挂牌仪式，标志着长治高速路网运行保障工作迈出新步伐。

4月2日 为进一步推动全员安全生产责任制落细落实，切实保障“清明”假期管辖路段安全畅通，长治公司迅速以“主会场+分会场”视频会议形式召开贯彻部署会议。

4月3日 上午，长治公司党委书记、董事长王战兵及班子成员分赴基层单位就清明节期间安全保畅、工作进行检查督导，此次检查采用“四不两直”方式进行，纪委书记魏晓勇及安全应急部部长陪同。王战兵一行先后到长邯、环城路段，就高速公路车流变化、桥隧安全防护及路域环境等进行检查。

4月6日 下午，全面建设清廉长治高速工作专班召开第一次会议，会议宣读长治公司《关于全面建设清廉长治高速的行动方案》和《关于组建全面建设清廉长治高速工作专班的通知》，明确5个方面20项48条具体任务及责任部门，安排部署全面建设清廉长治高速工作任务。

4月13日 在取消省界收费站、全国“一张网”新形势下，长治公司确立丰宜收费站为无人自主收费站改造试点，长治公司与山西信通公司就无人值守车道试点改造工作进行前期考察和调研。该项目通过在收费入出口车道、治超车道加装智慧收费机器人方式，实现自动缴费、自动发卡，变原来的人工收费模式为智能化缴费、发卡模式，在提高通行效率的同时，大大降低人力成本，形成经济效益和社会效益双赢局面。

4月15日 长治公司与长治公路分局召开专题座谈会，双方就道路养护、公路建设、信息共享等方面探索建立联席机制进行沟通交流，长治公路分局表示将与长治公司建立常态化沟通对接机制，在充分调查研究基础上，合理安排高速周边干线公路小修维修工程和新建改建项目，在保障地方交通网络提质升级同时，为广大司乘人员提供便捷的出行服务。

4月26日 长治公司召开干部警示教育大会，传达学习交控集团领导干部警示教育大会精神，通报3起典型案例并安排部署相关工作。

同日 长治公司长子北收费站“有声党建墙”建设完成，利用“互联网+”，创新“党建+廉政”新模式，让党建文化声声入耳。“有声墙”按板块内容进行划分，设有相关二维码，随时随地进行学习。内容包含“新思想”“榜样故事”“党务咨询”“廉政故事”“廉政提醒”等多个学习模块，采用海量、权威、优质的线上音频内容，让党建知识学习变得日常化、常态化 。

4月 为高效安全完成尾端警戒任务，长治公司长邯隧道管理站改造制作可折叠、可旋转安全警示标牌。标牌分上下两部分，采用黄底黑字，整体固定在车斗前保险杠上。下半部分不可移动，上半部分可折叠、可旋转。在正常行驶时，折叠收起，仅显示标志“减速慢行”四个字，保证行车安全；处置事故车辆停靠时，展开整体向来车方向显示“前方事故、减速慢行”八个字；尾端警戒时，将上半部分旋转，向来车方向整体显示“前方拥堵、减速慢行”，有效发挥警示提醒作用。小小改造在实现工作目标的同时，真正做到降本增效。

是月 在“五一”“五四”来临之际，长治公司纪检室下发《规范使用纪检提醒函、整改通知书、纪检监督建议书》《关于加强“五一”、端午节期间作风建设的通知》《廉政风险防控办法》，发布节前廉政提醒短信，采取有力、有效措施，为守好长治高速廉洁阵地提供纪律保障。

5月1日 上午，长治公司召开“五一”假期高速公路安全保畅工作视频调度会议，对“五一”假期各项工作进行再安排、再部署、再强调。会议听取部分代表单位关于“五一”假期高速公路保通保畅、文明服务等方面的工作情况汇报。党委书记、董事长王战兵传达交控集团党委书记、董事长武艺在“五一”假期视频调度会议上的讲话精神，对长治公司内部“五一”假期各项工作进行再部署，认清形势、坚定信心、强化措施，确保“五一”期间各项工作安全有序，向坚守在一线的广大干部职工及其家属表示诚挚慰问和衷心感谢。

同日 长治公司领导班子成员在“五一”节假日值班值守期间，深入包片路段调研督导工作，现场解决各单位在“五一”假期值班值守期间存在的难点和堵点，组织安排好职工个人防护、错峰就餐、轮班调休等保障工作，切实保障“五一”期间各项工作平稳有序推进。

5月10日 上午，长治公司团委开展庆祝中国共产主义青年团成立100周年主题活动。一是组织团员青年集中收看庆祝中国共产主义青年团成立100周年大会，使大家共同经历一场精神洗礼。二是召开团员青年座谈交流会。围绕新时代共青团工作如何“出彩”、如何创新共青团活动开展方式等内容进行交流探讨，并结合优秀团组织活动案例，积极为团委发展建言献策，达到倾听青年心声，凝聚青年力量效果，进一步增强长治公司团委凝聚力和战斗力。广大团员青年自觉担当尽责，不断积聚能量，在本职岗位上发光发热，在积极进取和努力奉献中谱写最美青春乐章。

同日 交控集团战略投资部部长翟建峰、山西路桥集团总工程师荆冰寅一行到山西交控太行灵泉山泉水有限责任公司，实地查看太行灵泉项目水产品生产线、品控质检及产品包装等工作情况，认真听取相关负责人对泉水公司组织架构、项目前期筹备、投资建设、生产经营及产品销售等情况汇报，调研组一行对太行灵泉山泉水生产项目推进情况给予充分肯定，对泉水公司生产以及经营管理提出宝贵意见。

5月12日 平顺县委书记连树斌，县委副书记、政法委书记桑爱斌等一行在长治公司党委书记、董事长王战兵陪同下，深入平顺收费站出入口改扩建工程（主要包括将二车道连接线拓宽为四车道连接线、全面提升出入口绿化景观和增设综合服务站等项目）现场，先后听取项目工程进展情况汇报，对建设过程中存在的困难和问题进行现场办公。

5月19日 长治公司党委书记、董事长王战兵与山西省高速公路综合行政执法总队长治支队支队长王京会举行工作会谈，联合召开第二次业务协作会议。双方就高速公路路政执法工作、高速公路路政行政处罚、车辆救援、路产巡查等日常工作进行具体事宜进行对接，共同研究制订《高速公路综合行政执法业务协作联席会议制度》和《高速公路综合行政执法业务协作机制》，对高速公路执法业务对接提出工作要求。双方表示，要按照本次对接会议精神，主动作为，加快推进对接工作，按时完成既定任务，切实保护高速公路完整、安全和畅通。

5月26日至6月1日 长治公司领导班子成员赴各单位就安全度汛、生产经营等工作进行调研督导。其间，领导班子成员听取各单位情况汇报，查看相关资料台账及物资储备情况，实地检查指导各单位安全度汛、生产经营等工作，要求各单位要提高思想认识，切实将思想和行动统一起来，严格贯彻落实上级有关文件精神，不断完善工作举措，严格执行24小时领导带班制度，切实做到业务工作不停摆、安全生产不松懈，全力推动长治公司各项工作任务落地、成果见效。

5月30日 11时，长治公司联合高速交警三支队四大队、高速综合行政执法总队长治支队二大队在长临高速K818+570米临汾方向开展高速公路交通事故应急救援演练。

5月 长治公司机电维护中心通过应用物联网技术对环城高速陈旧老式LED情报板信息发布方式进行技术革新，实现4/5G无线网络管理，提升信息发布时效性。

是月 长治公司工会依托世界读书日和国际家庭日积极组织开展阅读（朗读）分享活动，广大职工踊跃参与，涌现《弘扬劳模精神 激发奋进力量》《最后一次讲演（节选）》等优秀作品，展现长治公司广大干部职工蓬勃向上的朝气和良好精神风貌。

是月 为深入贯彻新时代党的建设总要求，全面推进“清廉国企”建设，长治公司开展“弘扬清风正气 共建清廉国企”开展一次廉政专题讲座、开展一次廉政党课、开展一次读书活动、组织一次警示教育活动、组织一次党纪法规测试的“五个一”廉政宣传教育活动。

是月 为认真贯彻全面从严治党要求和省委“三晋强基”工程部署，深入落实交控集团提质增效和清廉国企建设目标，长治公司党委积极推行党员积分制管理，通过建立系统完善的综合量化评价体系，将党员日常行为和综合表现以积分形式直观展现出来，进一步促进党支部战斗堡垒作用、党员先锋模范作用有效发挥，为加强党员教育管理提供鲜活实践经验。

是月 为深入贯彻党中央《关于加强新时代廉洁文化建设的意见》，助力全面清廉国企建设，营造崇廉尚廉思想道德和文化氛围，涵养风清气正的政治生态，长治公司公众号开设“每周e廉·廉洁课堂”栏目，定期发布政策解读、摘编学习资料、开展警示教育、展播优秀廉洁文化成果等，通过春风化雨、润物无声宣传，让清廉文化深入人心、成为共识。

6月1日 长治公司召开党的建设和生产经营推进会。会议总结2022年上半年党的建设和生产经营任务指标完成情况，安排部署下阶段重点工作任务，统筹谋划推进清廉国企建设。要求紧盯剩余重点任务，坚持攻坚克难奋进，确保长治公司意识形态领域形势总体平稳和生产经营有序开展，年度目标任务顺利完成。

6月13日 长治市交通运输局党组书记、局长王克与长治公司党委书记、董事长王战兵举行工作会谈，双方就保通保畅、交通运输保障及信息共享等方面深入沟通交流并探索建立合作机制。

6月17日 上午，长治公司纪委举办纪检业务知识竞赛，竞赛现场气氛热烈、严肃紧张，参赛选手反应迅速、对答如流,充分展现长治公司纪检干部良好风貌。经过初赛选拔,共有6名纪检干部脱颖而出,以赛促学、以学促行,形成上下联动、全员学习、全员练兵的良好氛围,进一步提升纪检干部业务能力和综合素养,为持续推动"清廉国企"建设强基赋能。

6月22日 交控集团党委书记、董事长武艺深入长治公司调研。交控集团副总经理、路桥集团党委书记杨志贵等参加。武艺一行先后深入长邯隧道管理站、长临路产维护站、路网运行保障五中队、丰宜收费站、公司机关、虹梯关特长隧道、太行灵泉有限责任公司,详细了解党建文化广场建设情况、站区标准化建设、路网运行保畅工作、"无人值守"智慧车道运营情况、廉政文化、科技创新、安全生产、经营效益提升等工作。

6月23日 长治公司召开交控集团党委书记、董事长武艺一行调研专题座谈会。调研领导组听取长治公司、太行灵泉山泉水有限责任公司、黎霍公司工作情况汇报,充分肯定各单位在通行费收入、基础设施建设和路域经济收入发展方面所作的努力,武艺就"新思想在山西"做宣讲。

6月27日 下午,长治公司团委组织青年干部职工开展"正身养正气,青年话清廉"主题竞演活动。26位参赛选手或激昂高亢,或低沉吟颂,结合青年人、青年事、身边事,用"小故事"支撑"大道理",充分展现出新时代青"廉"心声,体现新时代青年奋斗者忠诚、担当、诚信、廉洁的精神品格,全面展现长治高速青年奋斗新征程、建功新时代的昂扬斗志。

6月28日 山西交控太行灵泉山泉水有限责任公司分别与朔州公司、大同北公司、大同南公司签署战略合作协议。根据协议,各方本着平等互利、优势互补原则,围绕职工饮水充足、饮水健康及产品宣传等需求持续开展各项工作,在内部会议培训、生产建设、福利慰问、主题宣传等活动中广泛开展战略合作。灵泉公司是交控集团围绕"三足鼎立"工作部署,立足沿线资源开发利用,精准定位行业竞争优势,着力培育的路域经济新型产业。灵泉公司贯彻落实武艺调研长治公司精神,以此次战略合作为契机,全面开启太行灵泉山泉水有限公司发展新篇章,持续加强与各管理公司的沟通对接,坚持目标同向、发力同向,用扎实行动谱写互利互惠、合作共赢、可持续发展的战略合作新篇章,用优异成绩回报交控集团和各单位鼎力支持。

同日 长治公司党委书记、董事长王战兵会见山西交控科技转化公司总经理刘少文一行。双方围绕加强合作、共享机遇、推动发展等开展工作洽谈,就智能管控平台、LED节能照明改造等项目进行细致交流并达成合作共识。双方秉持互利共赢理念,不断探索创新合作方式,早日推动相关合作项目落地见效,携手实现高质量发展。

7月1日 长治公司召开党的建设和清廉国企建设工作推进会。大会表彰党建工作标兵、新闻宣传标兵、"1235"工作法优秀党建项目等先进集体和优秀个人,表扬通报在董事长武艺调研期间完成任务、做出积极贡献的单位和个人,为"七一"前后入党的6名党员送上"政治生日"礼物,党建工作标兵代表魏源、党员代表纪胜军分别上台发言,全体参会人员重温入党誓词。

7月7日 交控集团专职党委副书记刘宏武深入长治公司调研基层组织建设,交控集团党委宣传部部长王媛等参加。刘宏武一行先后深入太行灵泉山泉水有限责任公司、路网运行保障二中队、环城路产维护站、长邯隧道管理站,详细了解党建文化广场建设、基层组织建设、清廉国企建设、路网运行保畅、科技创新等工作。随后,在长治公司召开基层组织建设调研专题座谈会,听取党的建设和基层组织建设工作情况汇报,充分肯定长治公司在党建和基层组织建设方面所作的努力。

7月15日 上午,长治公司召开路网运行专题会议,通报分析交控集团6月份联网收费系统运行指标监测情况,安排部署下一阶段路网运行相关工作。

7月25日 下午,长治公司召开2022年预算执行推进会,梳理分析上半年工作完成情况,安排部署下一阶段预算执行工作目标与要求。会议传达交控集团上半年财务运行工作会议精神，通报长治公司上半年预算执行情况，听取分析长治公司日常养护及专项工程进展情况，并对加快推进下一步工作进行针对性安排部署。

7月27日 交控集团党委委员、总会计师孙建秀深入长治公司调研，财务结算中心主任张华、财务部副部长席妮妮陪同。孙建秀一行先后深入虹梯关特长隧道管理站、太行灵泉有限责任公司实地参观。在调研专题座谈会上，调研领导组听取长治公司、灵泉公司工作开展情况汇报，充分肯定各单位在通行费收入和路域经济收入发展方面所作的努力，孙建秀就“新思想在山西”做宣讲并讲话。

7月28日 交控集团纪委书记、监察专员周刚深入长治公司调研指导工作，对长治公司各项工作给予充分肯定。要求长治公司进一步明确路域经济发展目标任务，加快推进太行灵泉山泉水、光伏发电等项目发展速度，提升产品质量，强化战略合作，拓宽市场，打响品牌，全面激发发展活力，全力推动经营结构由“两条腿走路”向“三足鼎立”转型。要加快推进“清廉国企”建设，全面贯彻落实交控集团“1520”行动计划，坚持把清廉国企建设与深化改革和生产经营有效融合，与开展“四风”突出问题专项整治同步推进，全力打造风清气正的优良政治生态和发展环境，为交控集团全年目标任务完成贡献力量。

7月29日 长治公司“我为职工办实事”活动之“职工子女暑期专题讲座”在二楼会议室开讲。本次讲座以“如何学好英语”为主题，充分利用长治公司职工资源，邀请北大青鸟智源学校初中部教务处主任、中学英语高级教师张艳为20余名职工子女进行专题讲解。

8月1日 长治公司召开养护领域作业安全管理暨路域经济工作专题会议。会议安排部署路产维护和隧道管理等养护领域路域经济发展工作、日常养护作业施工安全工作、防汛备汛等工作。

8月8日 长治公司召开党委(扩大)会议暨中心组学习会，学习贯彻习近平总书记在省部级主要领导干部专题研讨班上的重要讲话精神，传达学习全省贯彻落实中央八项规定精神专题警示教育大会精神及省国资委全面建设清廉国企领导小组会议暨工作推进会会议精神，并就贯彻落实交控集团党委(扩大)会议暨中心组学习会会议精神及董事长武艺讲话要求进行安排部署。

8月9日 长治公司召开收费、治超工作警示教育专题会，传达学习全省贯彻落实中央八项规定精神专题警示教育大会精神和交控集团通报的工作纪律方面的典型案例，对近期长治公司收费、治超明察暗访工作进行通报。

8月16日 交投集团党委书记、董事长杨国华一行到长治公司参观交流，党委书记、董事长王战兵等人陪同参观。双方表示，此次交流学习，加深彼此之间相互了解，进一步拓宽双方在多层次、多维度交流合作的工作思路，为推动双方全方位高质量发展奠定良好基础。

8月17日 山西省高速公路综合行政执法总队长治支队党委书记、支队长谢小兵与长治公司党委书记、董事长王战兵举行工作会谈。座谈会上，双方就联勤联动、保通保畅等工作进行探讨交流，并表示双方将进一步加强相互之间沟通交流，互相学习借鉴，建立深度互信，实现同路同心、资源共享，为保障高速公路安全畅通贡献力量。

8月18日 长治公司召开全面提升联网收费稽核效能专项行动部署会，确保专项行动顺利开展，各项措施要求落实到位。会议要求，结合工作实际，进一步完善长治公司“12328”收费稽核工作架构，实现以稽核促增收、以稽核促管理的新常态稽核管理体系，确保通行费“应征不漏”。

8月23日 长治公司纪委组织部分党员干部和全体纪检干部赴长治市看守所，开展警示教育活动。

8月24日 长治公司联合河南许平南高速公路有限责任公司安林运营管理处及晋豫两省高速交警，召开晋豫省际高速路警联动协调会议。会上，各单位就汛期保畅等安全形势进行充分交流探讨，针对长平和林长路段安全联合管理工作形成一致意见，对现有的联勤协作机制进行完善。会议要求两省之间要进一步加强信息共享,最大限度发挥信息互通平台作用,共同维护辖区高速公路安全畅通;要多层面深化合作交流,深入开展跨省联合应急演练,切实提高应急救援的联合处置能力;要在中秋、国庆"两节"和中共二十大即将召开之际,各司其职,通力合作,保障辖区安全稳定,共同为中共二十大胜利召开保驾护航。

9月1日 中午13时,长治北收费站入口开通试运营,之前受长北干线公路下穿G22青兰高速长邯段工程施工原因导致封闭,恢复通车后,有效缓解长治市周边通行压力,提升路网通行效率和效益。

9月10日 长治公司领导班子成员均深入一线基层单位、党建片区,调研督导各单位生产经营、安全生产工作落实情况,详细了解省委、交控集团会议精神落实情况,现场解决各单位在实际经营管理过程中的难点、痛点和堵点,就中秋、国庆假日期间和中共二十大召开前生产经营、安全生产工作进行安排部署,并向辛勤值守在一线的工作人员表示节日慰问。

9月16日 长治公司党委书记、董事长王战兵与长治市公安局勤务支队支队长王成瑞、高速交警三支队三大队大队长吕志茂举行三方工作会谈。座谈会上,王战兵代表长治公司对王成瑞、吕志茂一行到访表示欢迎,对长治市公安局勤务支队和高速交警三支队三大队在长邯高速公路保通保畅、安全通行、应急救援等工作中的大力支持表示感谢,并简要介绍长治公司运营管理基本情况、安全保畅主要举措和多方联勤联动合作思路。王成瑞和吕志茂高度赞扬长治公司在高质量发展方面取得的显著成绩,充分肯定长治公司在保障长邯高速安全畅通和服务人民群众出行方面做出的突出贡献,分享长治市公安局警务支队和高速交警三支队三大队在管理模式、队伍建设、安全保畅、提高执法水平等方面的思路和经验。

9月18日 长治北收费站出入口双向正式恢复通车。该站位于长邯、长太和长临高速的交汇处,毗邻309国道,是长治市北大门的重要通道。在改造过程中,实施国产化联网收费软件改造工程,优化升级机电设备系统,提高通行费征收效率和精准度。

9月28日 长治公司召开"喜迎中共二十大 奋进新征程"主题座谈会,特邀原长治公司党委书记、董事长苗宏宇、原长治公司总经理杨勇等退休党员干部代表出席。座谈会上,总经理赵功介绍长治公司近期总体运营情况,董事长王战兵代表长治公司向退休党员干部代表的到来表示感谢并致辞。

9月 长治公司领导班子成员按照公司党委安排,分组深入生产一线,开展中秋节慰问活动,向坚守在经营一线的干部职工送去组织的关怀和节日祝福,对安全生产工作进行检查。

是月 长治公司对各党支部、各单位开展2022年政治监督专项检查。

10月 为进一步完善制度建设,加强内部管理,长治公司通过开展收集、整理、编辑、校对等工作,组织专人对公司内现有各项制度进行修订和完善,并汇编成《长治高速公路管理有限公司标准化制度合集》,共形成4大类13篇260项制度,涵盖战略管理、组织管理、运营管理、科技管理、风险管理、人力资源管理、信息化管理7个方面,逐步建立健全系统完备、科学合理、运行高效的国有企业管理体系,并根据法律法规变化及时动态调整内部规章制度,基本形成长治公司高质量发展长效机制。

是月 长治公司环城路产维护站完成"党建+"体验中心建设。维护站利用站区闲置空地,科学合理设计规划,修建"党建+"项目展示区,展示区共分为3个部分:科创介绍区、创新项目展示区、党群休闲区。

是月 长治公司召开"学习贯彻中共二十大精神"专题学习会和党建工作例会暨清廉国企创建推进会,动员长治公司上下锚定目标、踔厉奋发,奋战四季度,全力以赴完成全年各项党建工作目标任务。4家单位就党建工作进展情况进行交流发言,相关部门负责人就全面建设清廉国企阶段完成情况进行汇报。党委委员、纪检书记魏晓勇就相关工作进行安排部署,专职党委副书记、副董事长郭秀斌就党建工作进行安排部署。

12月30日 长治公司长治东收费站天行班、虹梯关特长隧道管理站机电监控班获评中国安全生产协会"2022年度安全管理标准化班组"。

12月 为加强长治公司应急管理工作,完善应急管理体制和机制,提高突发事件预防和应对能力,保障突发事件处置规范有序,长治公司组织专人对《突发事件应急预案》进行修订,并向交控集团和省应急管理厅进行报备。

(资料提供:毕亚静)

晋城高速公路管理有限公司 大 事 记

1月6日 晋城市委书记王震采用"四不两直"方式,检查晋城高速公路管理有限公司(以下简称晋城公司)安全生产工作。

1月18日 晋城公司召开党史学习教育总结大会。

1月30日 晋城公司召开贯彻落实省纪委十二届二次全会暨全省贯彻落实中央八项规定精神监督提醒谈话会议精神会议。

1月 晋城公司"闪电""抹茶""晋西匠人"3支QC小组及成果获评2021年全国优秀质量管理小组及优秀成果,牛王山隧道管理站和路网运行监测中心获评全国交通运输行业质量信得过班组。

2月14日 交控集团党委委员、副总经理贾勇带队对晋城公司领导班子和领导人员进行综合考核评价。

2月21日 晋城公司党委开展习近平总书记考察调研山西重要指示精神专题学习研讨;政治监督专项检查反馈问题整改部署会;召开2022年工作务虚会。

2月24日 监理集团党委书记、董事长何晓明一行到晋城公司开展业务交流座谈会。

3月1日 晋城公司在安全生产警示教育基地举行第八个"3·1"安全生产警示教育活动。

3月15日 晋城公司获评"学习强国"模范学习组织。

3月18日 晋城公司召开一届五次职代会暨2022年工作会议、2022年党的建设和党风廉政建设工作会议。

3月25日 晋城公司路网运行保障大队正式挂牌,纪委召开2022年纪检工作会议。

3月28日 丹河集团党委书记、董事长张晋文一行到晋城公司参观交流。

4月8日 晋城公司召开全面建设清廉国企工作专班会议。

4月12日 晋城公司组织召开路域经济发展专题会议,吹响"5310"路域经济发展冲锋号。

4月15日 晋城公司主办的《晋城高速》获得"内部资料性出版物准印证"。

4月26日 晋城公司召开警示教育大会。

5月4日 晋城公司各基层单位开展"五四"青年节系列活动,申乾获评交控集团"十大杰出青年"。

5月7日 交控集团工会主席孟仁贵到晋城公司调研指导;晋城公司召开受处分人员座谈会。

5月20日 交控集团公司党委第三巡察组进驻晋城公司开展巡察。

5月25日 晋城公司国学驿站(卡友之家)降温池正式启用。

6月1日 晋城公司举行2022年“安全生产月”活动启动仪式。

6月9日 晋城公司召开党建工作交流会暨清廉国企建设工作例会;开展“传承中华经典 讲述家风故事”清廉国企建设读书分享会;开展“国际档案日”主题宣传活动。

6月14日 晋城公司党委与晋城市档案馆党支部举行“党建共建”签约暨揭牌仪式。

6月23日 2022年晋豫防汛实战演练在晋济高速“开练”。

6月24日 物流集团总经理岳晋峰一行到晋城公司参观交流。

6月27日 晋城西收费站党支部“党建引领强稽核,聚力堵漏促增收”党建项目获评交控集团二等奖。

6月29日 晋城市总工会为“申乾职工创新工作室”授牌。

6月30日 晋城公司召开党的建设和清廉国企建设推进会、法治建设工作会议。

7月1日 晋城公司各党支部开展迎“七一”主题系列活动。

7月6日 交控集团专职党委副书记刘宏武深入晋城公司调研基层党组织建设工作。

7月7日 晋城公司召开2022年上半年党风廉政建设和反腐败工作协调小组会议。

7月14日 交控集团合同管理专项检查组进驻晋城公司检查指导工作。

7月21日至22日 晋中公司党委书记、董事长张俊一行到晋城公司参观交流。

7月22日 在交控集团组织的“职工心向党 喜迎中共二十大”演讲比赛中,晋城公司韩超获评一等奖,刘浩楠获评三等奖。

7月26日 交控集团总会计师孙建秀深入晋城公司调研指导并作“新思想在山西”专题宣讲。

7月28日 交控集团纪委书记、监察专员周刚深入晋城公司调研督导工作。

7月29日 晋城公司组织党员干部赴陈廷敬廉政教育基地参观学习。

7月 晋城公司首次通过“无领导小组讨论+竞聘演讲”方式公开选聘中层管理人员;“新思想在山西”理论宣讲团开展巡回宣讲。

8月1日 晋城公司召开退伍军人代表座谈会;长治公司专职党委副书记郭秀斌一行到晋城公司参观交流。

8月10日 吕梁北公司党委书记、董事长薛海军一行到晋城公司参观交流。

8月17日 交投集团党委书记、董事长杨国华一行到晋城公司参观交流。

8月19日 晋城公司召开全面建设清廉国企工作专班会议。

9月2日 晋城公司召开党委(扩大)会议,深入学习省委书记林武署名文章《牢牢守住山西阵地》,并对安全生产、防汛等工作进行安排部署。

9月21日 晋城公司新建周村北(出口)收费站试运营。

9月28日 晋城公司在天井关国学驿站(卡友之家)隆重举行“奋进新时代·建功新征程”主题活动。活动包括孔子诞辰纪念活动、第二届职工运动会开幕仪式、收费营销活动三项。

10月1日 晋城联网收费集中监控中心正式启用,各基层单位开展迎国庆系列活动并认真开展保通保畅工作。

10月14日 晋城公司举行2022年路保清障治超人员军事训练会操暨技能比武。

10月16日 晋城公司组织广大干部职工收听收看中国共产党第二十次全国代表大会开幕会盛况。

10月24日 晋城市总工会党组书记、常务副主席李子荣一行到国学驿站(卡友之家)调研指导。

11月3日 晋城公司首次利用无人机进行全路段路况巡查。

11月4日 晋城市人大常委会副主任、市总工会主席李翠叶到国学驿站(卡友之家)调研指导。

11月25日 晋城市委常委、市委统战部部长、市委政法委书记石云峰到晋城公司法治宣传教育基地、国学驿站(卡友之家)调研指导。

12月4日 全国法制宣传日暨第九个国家宪法日，晋城公司开展宪法宣传系列活动。

12月8日 晋城公司召开2021—2022年度党建项目化管理成果验收评审会。

12月10日 晋城公司2022年通行费拆分后收入59588.84万元，完成全年目标任务55167万元的108.01%，完成全年力争58544万元任务的101.78%。

12月15日 晋城市政府副市长黄登宇为卡友之家红十字救护驿站暨晋城市红十字救护培训基地揭牌。

12月 晋城公司取得专业技术咨询服务机构颁发的交通运输企业安全生产标准化建设一级达标证书，完成达标建设。

（资料提供：钱华婷）

运城南高速公路管理有限公司 大事记

1月4日 运城市委第五考核组到运城南高速公路管理公司（以下简称运城南公司）进行检查考核。领导班子及机关中层管理人员参加会议。

1月6日 运城南公司举办党委理论学习中心组（扩大）暨十九届六中全会专题宣讲报告会。领导班子成员、助理、全体党员干部150余人分别在运城南公司机关六楼会议室和10个视频分会场参加。

1月11日 运城南公司与高速交警四支队及所属大队召开春运交通安全座谈会。

1月13日 运城南公司党委召开2021年度党支部书记抓基层党建工作述职评议会议。

1月14日 山西省交通运输系统获表彰的优秀QC小组和质量信得过班组名单公布，运城南公司选派的4个QC小组及项目在众多小组中脱颖而出，1个小组和1个班组获评国优奖。

1月20日 运城南公司召开闲置资产盘活利用工作座谈会。党委副书记、副董事长、总经理彭梁柱出席会议并讲话。党委委员、副总经理孙琳主持会议。相关业务部门及各单位负责人参加会议。

1月27日 运城南公司党委副书记、副董事长、总经理彭梁柱代表运城南公司党委走访慰问老干部尹振彪，送去新春祝福。

1月28日 上午，运城南公司党委在机关三楼会议室召开2022年第3次（扩大）会议，传达学习习近平总书记在十九届中央纪委六次全会上发表的重要讲话精神。

1月 运城南公司职工书屋被运城市总工会命名为“2021年度市级职工书屋示范点”。

2月1日 运城南公司自主研制的“内嵌式同心液压护栏调整器”获国家实用新型专利。

2月10日 运城南公司员工谢娜获评交通运输部“全国交通技术能手”，《山西工人报》进行深度报道。

3月8日 上午，在运城南公司党委的关心、支持下，工会精心组织女职工开展“庆‘三八’·话两会”主题座谈会。

3月17日 下午，运城南公司党委会召开2022年第7次会议，传达学习并研究部署学习宣贯习近平总书记在全国两会期间重要讲话、全国两会和省两会等重要精神举措，研究运城南公司二届二次职代会、党的建设和党风廉政建设等会议筹备事宜，研究部署政治监督专项检查反馈意见整改落实事宜等。

3月22日 运城南公司二届二次职工（工会会

员)代表大会暨2022年工作会议胜利召开。

3月28日 下午,运城南公司党委书记、董事长李震与信通公司党委书记、董事长雷红锋举行工作会谈,就进一步加强企业之间合作开展深入交流。

4月12日 运城南公司党委书记、董事长李震与运城市政法委副书记钟建军一行,到运宝高速原芮城黄河大桥收费站现场进行调研。

4月25日 运城南公司工会第二届第三次会员代表大会在机关六楼会议室隆重召开。

4月27日 运城南公司召开警示教育大会。

5月23日 上午,运城南公司党委书记、董事长李震与中铁建投山西高速公路有限公司董事长宋曰建就蒙华铁路公铁两用桥运三连接线建设项目与侯平高速公路线路对接等工作举行座谈。

5月26日 运城南公司召开2022年法治建设工作会,宣讲贯彻交控集团法治建设工作精神,分析第一阶段合同管理自查中发现的问题,对全年的法治建设、合规管理等工作进行安排部署。

6月16日 运城南公司在运城西收费站外广场组织开展第21个安全生产月"安全宣传咨询日"活动。

7月1日 "七一"前夕,运城南公司党委班子分赴老党员、困难党员家中,为他们带去节日问候和诚挚关怀。

7月7日 上午,交控集团合同管理专项检查第三检查组进驻运城南公司,对合同管理工作开展指导检查。

7月26日 朔州公司党委副书记、副董事长、总经理李明军,总监焦全明,党委委员、副总经理冯伟和魏阔、李东滨等一行8人到运城南公司进行经验交流。

8月1日 值此中国人民解放军建军95周年之际,运城南公司召开庆祝"八一"建军节复转退役军人座谈会。

8月18日 省公路运输工会主席刘贵良、交控集团工会主席孟仁贵一行到运城南公司开展"关爱职工 清凉一夏"慰问活动。

9月18日 运城南公司企务公开电子平台正式启用。

9月2日 运城南公司召开政治监督专项检查动员部署会暨警示教育大会。

10月30日 运城南公司党委书记、董事长李震赴基层看望慰问一线干部职工,并实地督导检查复工复产工作。

12月 运城南公司"心联大道 情贯河东"企业文化品牌荣获全国"企业类十佳文化品牌"称号。

是月 运城南公司"大道通衢 筑梦平安"安全文化品牌被评为"交通运输优秀安全文化品牌"。

(资料提供:忽奇国)

运城北高速公路管理有限公司
大 事 记

1月12日 运城北高速公路管理有限公司(以下简称运城北公司)纪委召开党风廉政建设和反腐败工作协调专题工作会议,对2021年党风廉政建设和反腐败工作作出分析研判,查找薄弱环节和突出问题,针对性提出加强和改进措施,推进2022年党风廉政建设工作再上新台阶。

1月19日 运城北公司召开清障服务工作交流会,重点就清障工作中存在的问题进行座谈交流，同时对新的收费标准文件进行集中宣传贯彻和学习，不断提高清障服务水平和救援效率。

1月28日 运城北公司党委召开党史学习教育总结大会，领导班子成员、各党支部书记（副书记）、各单位负责人、各部室负责人共计60余人参加会议。会议充分总结运城北公司党委在全面系统“学党史”中，紧紧围绕年度经营目标和降本增效要求，把党史学习教育中的所学所悟应用到全力奋进高质量发展的实际中，增强政治定力。

1月30日 运城北公司纪委召开贯彻落实交控集团廉洁提醒谈话会议，传达学习交控集团党委副书记、副董事长、总经理武艺和交控集团党委委员、纪委书记、监察专员周刚提出的重点工作任务，为谋划2022年全面从严治党、党风廉政建设、生产经营工作，推动各项工作行稳致远、健康向好提供坚实保障。

2月9日 运城北公司召开2022年养护工程前期工作部署会议。

2月21日 运城北公司召开收费机电部年度机电、稽核运营分析会议，对2021年工作进行总结，对2022年工作进行重点部署安排。

2月22日 运城北公司召开2022年养护工程专项研讨会。由董事长、总经理侯毅力亲自带队，奔赴侯运、闻垣路段现场详细查看典型病害实际情况，研究讨论养护技术方案比选、成本控制等相关事宜，重点就2022年的养护工程施工图设计进行沟通交流，为运城北公司养护工程科学决策和相关工作开展提供保障。

2月23日 侯运高速K0+270临汾北公司养护路段发生绿化苗木着火突发事件，造成运城北公司侯禹干线通信中断，运城北公司紧急配合抢修，历时8小时完成修复工作。

2月28日 运城北公司召开日常养护工作推进会。会议汇报近期养护工作开展情况及下阶段重点工作安排，提出日常管理中存在问题及建议，业务部门对相关问题进行答疑。

3月16日 运城北公司召开“舜帝街东延道路下穿S5902运城绕城高速涉路施工方案技术初评会”。为加快推进市政重点工程舜帝街东延道路下穿S5902运城绕城高速涉路施工许可，运城北公司持续深化“我为群众办实事”实践活动、助力地方经济发展和构建交通发展新格局的重要举措，做好高速公路对外服务的有力抓手。

3月18日 运城北公司召开运营管理系统交流研讨会，会议主要讨论近年来运营系统管理中存在的问题及个人在系统管理中的方法和举措、交流讨论运营管理系统工作要点；下午召开《招标采购管理实施细则（修订稿）》研讨会，各项工作稳步推进。

3月22日 运城北公司召开纪委专题会议，学习传达交控集团纪委2022年纪检工作会议精神。

3月24日 运城北公司收费机电部全体人员和各收费站管理人员、专职稽核人员等相关人员参加交控集团举办的《山西省高速公路联网收费稽核业务》线上培训，重点学习部级稽核平台业务知识和实操，提高运城北公司和收费站两级稽核人员业务水平。

同日 运城北公司领导班子成员和安全管理人员参加交控集团组织的《山西省生产经营单位主要负责人安全生产责任制规定》专题讲座，深入学习主要内容，深刻领会精神实质，为贯彻落实打下坚实基础。

3月25日 运城北公司召开一届五次职代会暨2022年工作会。会议认真贯彻落实交控集团工作会决策部署，对2021年的工作进行全面总结，对2022年工作进行系统安排部署，审议通过《2022年度集体合同及专项集体合同（草案）》《薪酬与绩效考核管理办法》《运城北公司一届五次职代会决议（草案）》。

同日 运城北公司召开2022年党的建设和党风廉政建设工作会议，会议对2021年党的建设和党风廉政建设工作取得成效进行回顾，认真客观分析当前党的建设和党风廉政建设工作中面临的形势和存在问题，对2022年党的建设和党风廉政建设工作进行安排部署。

同日 运城北公司召开“舜帝街东延道路下穿S5902运城绕城高速涉路施工方案技术初评会”，3

名专家和相关负责人结合中心城区“九纵九横”规划和未来高速公路改扩建实际,对下穿高速公路的施工设计、应急保通预案提出切实可行的意见建议,积极助力构建新交通发展格局、促进高质量发展。运城北公司、高速交警四支队、市长途电信线务局和建设单位相关负责人参加会议。

3月30日 运城北公司纪委召开政治监督专项检查反馈问题整改专题推进会,对相关工作进行再动员、再部署、再推进,扎实做好整改“后半篇文章”,巩固深化整改成果,为清廉运城北建设提质增效。

3月31日 运城北公司召开养护车辆信息化管理工作推进暨平台系统培训会议,会议主要对车辆管理系统及手机端的功能和操作使用方法进行详细讲解和现场演示,系统的有效应用大大提高工作效率。

4月11日 运城北公司召开2022年度路面小修工作推进会,会议就如何提高路面小修作业工作效率进行讨论分析,制订具体措施,确保本年度春季路面日常养护工作按期完成。

4月19日 运城北公司召开一季度经济运行分析会暨第二季度运营管理工作会以及安委会视频会议。一季度,运城北公司上下聚焦主责主业,紧紧围绕年度任务目标,持续推进经营管理各项工作,经济指标持续向好,运营管理规范有序、安全形势平稳可控,取得阶段性成果。二季度要聚焦经济效益,全力以赴保营收。把目标任务“拿在手上,放在心上”,制订办法举措,做到“三个减少”,提升通行量费。要聚焦运营管理,全力以赴保畅通。聚焦工作管理,全力以赴提效能。要聚焦底线思维,全力以赴防风险,坚持从严落实主体责任,抓好“百日攻坚”行动隐患漏洞和短板弱项的分析整改,坚决遏制重特大事故发生。

4月21日 运城北公司领导对省界收费站建设公安检查站事宜进行实地调研,明确公司内部职责,对公安用地现场设施拆除、资产移交、管理责任等细化分工,明确时间节点,确保公安检查站点设立工作有序推进。

4月28日 运城北公司召开警示教育大会和“纪律作风大整顿、工作效能大提升”专项行动动员部署会议,要求坚持问题导向,紧紧围绕5类15项主要问题,认真查找在纪律建设、作风建设、效能建设中的重点问题具体表现,以重点问题的解决带动整体作风转变、推进实际工作见实见效。

5月7日 垣曲县县长马巍到垣曲西收费站就保通保畅工作进行现场办公。

5月20日 运城北公司开展养护作业安全管理专题培训,邀请有着多年高速事故处理经验的高速交警授课,主要从法律法规、操作规程、设置图例、事故案例,针对性地讲解养护管理和施工作业安全的重点和薄弱点,对公路养护安全作业规程进行详细解析。

5月30日 运城北公司召开党建工作暨清廉国企建设工作推进会。会议要求要着力加强党的政治建设,以“纪律作风大整顿、工作效能大提升”专项行动为切入点,稳步推进清廉国企建设、深入开展“四风”专项整治工作,全面提升基层治理水平,确保各项工作取得预期成效。

6月1日至10日 运城北公司举办“捕捉身边的精彩 记录高速美好瞬间”手机摄影专题新闻宣传培训班。摄影培训班共为4期,分四个路段为期4天,采用理论和实践紧密结合,内容丰富、实用性强,覆盖运城北公司所辖路段新闻宣传骨干及手机摄影爱好者60余人。

6月15日 上午,交控集团运营部副部长韩昱一行人员实地查看运城北公司“迎国检”备检桥梁情况。

6月28日至29日 交控集团运营管理监督检查评价组在运城北公司开展二季度高速公路运营管理监督检查工作。

7月1日 运城北公司召开党的建设和清廉国企建设推进会议,会议对获评“优秀党支部书记”“党建工作标兵”“新闻宣传标兵”的人员现场进行表彰,对交控集团有关会议进行传达。

7月11日 运城北公司组织各路产维护站养护技术人员现场观摩交流学习高压旋喷桩施工技术。通过此次观摩交流学习,使养护技术人员对高压旋喷施工有了直观了解,提升路基加固养护技术水平和养护管理能力。

7月15日 运城北公司召开2022年安委会第三次全体会议暨安全生产大检查大整治大提升专项行动推进视频会，总结回顾上半年安全生产工作，分析当前面临的形势和问题，安排部署第三季度安全生产、防汛备汛等重点工作。

7月19日至20日 运城北公司组织全员参加“高速公路运营企业安全生产标准化、安全风险分级管控、事故隐患排查治理‘双重预防’机制建设专题”线上培训课，进一步充实安全知识储备，提高安全思想认识。

9月2日 运城北公司召开政治监督专项检查工作安排部署落实视频会，会议由党委副书记、副董事长、总经理姚文勇主持，传达交控集团副总经理谢鹏远在2022年政治监督专项检查动员会讲话精神，专职党委副书记、副董事长孙永安宣读交控集团《关于开展2022年政治监督专项检查的通知》，党委委员、纪委书记温晓强对政治监督工作进行解读，党委书记、董事长侯毅力出席会议并讲话。

9月6日 山西省高速公路综合行政执法总队运城支队副支队长马建华、执法科科长闫会民一行赴运城北公司开展督导调研。党委副书记、副董事长、总经理姚文勇，副总经理王萍和收费机电部部长王万成等人参加。

9月14日 运城北公司召开政治监督自查反馈会议，不断强化薄弱环节，及时查缺补漏，确保政治监督专项检查工作顺利开展。

9月19日至21日 2022年山西省交通运输业职工职业技能大赛高速公路收费稽核员竞赛落幕，运城北公司代表队获评团体二等奖，河津东收费站张栋获评个人三等奖，获评“新时代三晋交通能手”。

9月27日 运城北公司召开2022年安委会第四次全体视频会议，总结回顾第三季度安全生产工作，分析研判当前安全生产面临的形势和存在的问题，安排部署第四季度安全生产及“国庆假期”保通保畅工作。

11月10日 运城北公司召开“学苑路北延道路下穿S5902绕城高速”和“绛县西连接线涑水河大桥改造提升”项目技术初评会议。运城北公司、高速交警四支队及两项目建设、设计、施工单位有关负责人参加会议，5名特邀专家提出具体评审意见。

11月26日 运城北公司组织设计、检测、施工单位及相关专家，召开菏宝高速闻垣段北坡大桥右幅桥墩倾斜病害分析及处治对策视频研讨会。

12月4日 运城北公司开展“12·4”《中华人民共和国宪法》宣传活动。以“学习宣传贯彻中共二十大精神，推动全面贯彻实施宪法”主题，精心组织干部职工参加线上直播活动，进一步弘扬宪法精神，增强宪法观念，维护宪法权威，确保宪法得到全面贯彻实施。

（资料提供：忽奇国）

航空产业集团

山西航空产业集团有限公司大事记

1月28日 山西省民用机场公安局人员正式转隶省公安厅管理。

3月3日 山西航空产业集团有限公司(以下简称航产集团)领导深入太原机场一线开展“建团百年 志愿有我”学雷锋志愿服务月活动并进行现场调研。

3月4日 航产集团党委召开2022年全面从严治党暨党风廉政建设工作会议。会议全面贯彻落实省委、省国资委党委全面从严治党工作部署,回顾总结2021年集团党委落实全面从严治党主体责任情况,安排部署2022年工作任务。

3月5日 航产集团以视频会议形式召开干部扩大会议。党委副书记、副董事长、总经理陈阳讲话,党委专职副书记、副董事长、工会主席邓保平主持会议,党委委员、副总经理员佩刚,党委委员、纪委书记田洪,副总经理高之岩,副总经理刘成出席会议。陈阳指出,航产集团面临着前所未有的困境,政治上经受着重大考验,生产经营面临着困难,改革发展遭遇着瓶颈。此次会议既是“集结号”,更是“冲锋号”,目的是要给所有人鼓舞士气,提振精神,凝聚共识,时刻保持战斗状态和清醒认识,从逆境中奋力冲出来,迎接化解各种风险和挑战,义无反顾地共同努力推动集团公司的发展。

同日 爱心理发活动在航产集团会议厅和职工活动中心同时开始。一面镜子、一张凳子、一把剪刀、一个吹风机搭起临时理发店。理发师们娴熟地挥动剪刀,快速修剪、造型,截至晚7时结束,共为一百多名干部职工提供理发服务,让大家面貌“焕然一新”。本次活动得到职工一致好评,大家纷纷表示将从“头”开始,以崭新的精神面貌和更加饱满的热情投入工作中,为集团公司全面提质增效、做好安全生产和队伍稳定积极工作。

3月17日 航产集团与华阳新材料科技集团就建设零碳建筑事宜开展工作洽谈。航产集团党委副书记、副董事长、总经理陈阳首先对华阳集团党委书记、董事长翟红一行的到来表示欢迎,随后分析双方合作基础,就双方合作如何落地落实提出建议。陈阳指出,在省委、省政府的大力指导下,航产集团贯彻落实“双碳”目标,坚持绿色机场建设、“零碳”建筑建设,在新材料、新能源方面,希望依托华阳集团的技术优势开展合作,形成共赢局面,建立更加紧密的合作关系。

3月22日 省气象局党组书记、局长梁亚春一行赴航产集团就航空气象服务业务进行交流座谈。党委副书记、副董事长、总经理陈阳,党委委员、副总经理员佩刚出席会议,总部相关部室及通航集团负责人参加会议。

5月6日 太平洋保险人寿保险股份有限公司山西分公司党委委员、副总经理胡乐天等一行专程来到航产集团,赠予全体员工保险。航产集团党委专职副书记、副董事长、工会主席邓保平,组织人事部负责人参加赠险仪式。

5月9日 航产集团顺利通过人社部审批,取得职业技能等级认定企业资质,标志着航产集团成为山西省首家具备自主开展国家职业技能等级认定的航空运输类企业(备案号:Y000014000033),意味着员工取得航产集团职业技能等级证书将与国家职业资格证书享有同等效力,广大一线员工可由此享受到更多国家和地方对各项技能人才的政策红利。

5月18日 航产集团党委书记、董事长、总经理陈阳与朔州市委书记姜四清举行工作会谈，双方就朔州机场建设、托管运营、人员培养、航线布局、机构组建等事宜进行深入交流。朔州市委副书记、市长吴秀玲，市委常委、秘书长王琳玉，副市长何向荣，航产集团党委专职副书记、副董事长、工会主席邓保平，党委委员、副总经理员佩刚出席会议。

5月24日 省委常委、太原市委书记韦韬与航产集团党委书记、董事长、总经理陈阳一行举行工作会谈，就加快太原机场建设、发展通航产业等进行深入交流。太原市领导刘鹓、何爱萍、卢俊峰，航产集团领导员佩刚、高之岩、刘成出席会谈。韦韬代表市委、市政府对陈阳一行表示欢迎，充分肯定航产集团对太原发展特别是扩大对外开放做出的贡献，并介绍太原经济社会发展情况。他说，民航业是国民经济的重要基础产业，太原全方位高质量发展离不开山西航产集团大力支持，双方合作具有坚实基础和广阔空间。希望航产集团立足省城开放发展需求，加快太原武宿国际机场三期改扩建工程建设，引进更多基地航空公司，进一步增开航线、加密班次、提升运力，不断丰富通航业态，加大空港产业园建设力度。太原市政府将与航产集团建立常态化沟通机制，一如既往为航产集团在并发展创造良好条件，努力实现合作共赢。

陈阳感谢太原市政府对航产集团关心支持，并介绍业务开展、产业布局、项目建设等情况，他表示，作为全省唯一的国际航空口岸，太原机场将一如既往地在提升开放水平、拓展产业布局，助推社会经济高质量发展上努力做出民航贡献。航产集团将依托自身优势，发挥民航作用，投入更多战略资源，在建设通用机场、培育航空市场、拓展通航产业、发展临空经济等方面与太原市进一步深化合作，支持省会加快建设国家区域中心城市，为太原经济社会发展做出更大贡献。

5月29日 太原武宿国际机场三期改扩建工程举行开工仪式。省委副书记、省长蓝佛安出席仪式并宣布开工，省委常委、常务副省长张吉福讲话，省军区副司令员殷勇参加。

6月1日 航产集团与华为技术有限公司召开共研项目《中型枢纽机场智慧化专项研究》中期报告会，会议就项目取得的阶段性成果进行汇报及评审，并对下阶段工作进行安排部署。党委书记、董事长、总经理陈阳，党委委员、副总经理员佩刚，副总经理高之岩、刘成、韩瑞林，华为技术有限公司山西代表处政企业务总经理朴雪花，政企业务ICT规划和咨询部总经理李勇出席会议，航产集团总会计师、各相关单位和部门领导参加会议。

6月8日 航产集团党委书记、董事长、总经理陈阳，党委专职副书记、副董事长、工会主席邓保平，党委委员、副总经理员佩刚赴左权县调研指导乡村振兴帮扶工作。左权县委书记石勇、县委副书记吕爱鸿等陪同调研。

6月9日 航产集团党委书记、董事长、总经理陈阳在吕梁拜会市委书记孙大军，与市委副书记、市长张广勇举行工作会谈，双方就深化合作进行交流探讨。航产集团党委委员、副总经理员佩刚，副总经理韩瑞林参加会议。

6月16日 航产集团以视频会议的形式组织召开民航山西地区新版气象观测规范实施推进会。党委委员、副总经理员佩刚，民航山西空管分局局长彭鹏出席会议，民航山西监管局、东航山西分公司、海航山西分公司以及各支线机场相关领导、气象部门相关人员参加会议。

同日 华远国际陆港集团党委书记、董事长武强，总经理谷建春一行到航产集团，就业务合作、新材料应用等事宜开展工作洽谈。党委书记、董事长、总经理陈阳，党委委员、副总经理员佩刚，副总经理高之岩、刘成出席会议，双方有关部室和单位负责人参加会议。

6月17日 航产集团党委书记、董事长、总经理陈阳在忻州拜会市委书记朱晓东，并举行工作会谈，双方就深化合作进行交流探讨。忻州市委常委、秘书长、统战部部长张文伟，市委常委、副市长温建军，市委常委、太忻经济一体化发展忻州区运营中心党委书记、主任张宇光，省太忻经济一体化发展促进中心副主任，市政府党组成员、太忻经济一体化发展忻州区运营中心党委副书记、常务副主任王建峰，航产集团党委专职副书记、副董事长、工会主席邓保平，党委委员、副总经理员佩刚出席会议。

6月27日 航产集团正式上线“安全生产领域风险隐患自愿报告/投诉举报受理平台”，该平台是继安全生产领域风险隐患投诉举报电话、电子邮箱公布后的又一安全信息报告渠道。

6月29日 航产集团、省交通运输厅、朔州市人民政府三方共同签订《朔州机场委托运营管理框架协议》和《朔州机场委托运营管理补充协议》。协议签订后，航产集团实现对朔州机场的全面委托管理。

6月 山西省干部驻村工作领导组通报2021年驻村帮扶工作考核情况，航产集团驻村帮扶工作被评为“优秀”等次，成为全省省属企业帮扶工作优秀的第一梯队。

7月8日 由省国资委党建工作处处长祁升带队，全面建设清廉国企第一调研督导组一行对航产集团全面建设清廉国企工作开展情况进行调研督导。航产集团党委专职副书记、副董事长、工会主席邓保平陪同调研，党委委员、纪委书记田洪主持调研座谈。集团总部相关部室负责人、太原机场公司党委书记、改扩建现场指挥部党委副书记参加座谈。

7月26日 新疆通用航空有限责任公司党委书记、董事长陈兵一行到航产集团，就通航运营业务开展工作洽谈。航产集团党委书记、董事长、总经理陈阳，党委委员、副总经理员佩刚出席会议。通航集团负责人及相关人员参加会议。

7月27日 航产集团所辖山西通用航空集团有限公司“复杂环境下全自主运输无人机系统研发”项目获“第一届青春创客赢民航青年创新创效大赛”铜奖。

7月29日 航产集团职工足球场揭牌（启用）暨职工足球兴趣协会授旗仪式在职工足球场举行。

7月 航产集团党委书记、董事长、总经理陈阳带队分别与民航华北地区管理局、民航华北空管局举行工作会谈。民航华北地区管理局局长辛天河，民航华北空管局局长麻金海、党委书记马辉，民航山西监管局局长、党委书记朱春雷，航产集团党委委员、副总经理员佩刚，副总经理刘成和有关单位负责人参加会谈。双方就太原机场三期改扩建项目中机场工程与空管工程同步开展有关事宜交换意见，对建立专班协调机制达成共识。

8月1日 省乡村振兴局副局长高耀东一行将一封感谢信送到航产集团，感谢航产集团在全国易地扶贫搬迁后续扶持暨促进就业帮扶车间发展工作会议期间接待服务工作的出色表现。航产集团党委书记、董事长、总经理陈阳，党委专职副书记、副董事长、工会主席邓保平及农村工作队负责人等共同接收了感谢信。

8月2日 航产集团党委组织党员干部到省党风廉政教育基地参观“牢记初心使命”大型党风廉政教育主题展，开展警示教育，重温入党誓词。航产集团党委书记、董事长、总经理陈阳，党委专职副书记、副董事长、工会主席邓保平，党委委员、副总经理员佩刚，党委委员、纪委书记田洪，副总经理高之岩、刘成、韩瑞林，集团总会计师、总部各部室负责人和各成员企业党政一把手、纪委书记参加。

8月19日 航产集团2022年新员工入职公共知识专项培训正式启动。

8月25日 在吉林长春举办的2022中国民用无人驾驶航空发展国际论坛上，民航局副局长吕尔学为深圳、太原、石家庄等正式获批民用无人驾驶航空试验区（试验基地）的七个城市举行授牌仪式，标志着试验区正式成功落户太原。这是继2019年获批“国家通用航空业发展示范省”后，山西获批的又一项国家级航空试验区。航产集团所辖山西通航集团协助太原市政府积极落实省委书记林武与时任民航局局长冯正霖会谈精神，结合民用无人驾驶航空试验区（试验基地）总体布局和重点任务，紧密开展试验区申报工作。其间，太原市政府成立以市长为组长的试验区建设工作领导小组，太原市委常委、常务副市长、试验区建设领导小组副组长刘俊义与航产集团党委书记、董事长、总经理陈阳亲自参与并指导答辩、评审各个环节。经过两年不懈努力,太原市顺利通过预审、答辩及实地考察三个环节综合论证,正式获批国家级民用无人驾驶航空试验区。

9月7日 航产集团召开职业技能等级认定试点专家组成立大会,成立航产集团民航客运员、民航货运员、民航特种车辆司机、民航机场专用灯光机务员、民航机场场务设备机务员5个工种试点专家组,推进航产公司开展职业技能等级认定工作。

11月8日 第十四届中国国际航空航天博览会在广东省珠海市盛大开幕。航产集团作为全国机场集团中唯一受民航局邀请的参展商,积极参与并设立展台,以专题宣传片、图文展板、宣传手册等形式,集中展示航产集团改制后以机场建设和运营管理为核心主业,以航空相关上下游产业,包括通用航空、非航业务、临空经济为关联业务的航空产业投资管理集团的崭新面貌。航产集团党委书记、董事长陈阳带队,集团总部相关部室及通航集团相关人员参加博览会。展会期间,山西航产集团与中航文化有限公司就全面深化文化产业进行座谈并签署《全面深化文化产业合作框架协议》,双方表示将深入合作共同推进山西航空文化高质量发展,切实促进山西经济社会文化的发展与传播。

11月10日 太原武宿国际机场举办2022年航空器应急救援综合演练。本次演练模拟飞机在着陆过程中偏出跑道进入土面区,造成右起落架折断和发动机触地起火,全过程、全科目展示太原机场在接到航空器突发事件信息后的救援行动。

11月25日 由共青团中央、中央文明办、民政部、水利部、文化和旅游部、国家卫生健康委员会、中国残疾人联合会联合中共山东省委、山东省人民政府主办的第六届中国青年志愿服务项目大赛暨2022年志愿服务交流会在山东济南举办。航产集团获得银奖。

12月29日 航产集团召开晋航管理分公司成立大会。党委书记、董事长陈阳出席会议并讲话,党委委员、副总经理员佩刚主持会议。

(资料提供:张 芮)

太原武宿国际机场三期改扩建工程现场指挥部大事记

1月19日至21日 国家发改委委托中国民航机场建设集团有限公司,通过视频连线方式,在北京、太原设立会场,对太原武宿国际机场三期改扩建工程可行性研究报告进行评估。专家组及各参会单位充分认可太原武宿国际机场三期改扩建工程实施的必要性和紧迫性,原则同意可研报告主要内容。

2月21日 中国民航机场建设集团有限公司出具《关于太原武宿国际机场三期改扩建工程可行性研究报告的评估报告》,并报送国家发改委。

3月3日 省委常委、常务副省长、建设指挥部总指挥张吉福主持召开太原机场三期改扩建工程建设指挥部第十次会议,专题研究净地移交、基本农田指标、新建航空卸油站选址等事项,对口岸联检配套系统、T3轨道交通预留项目、工程配套费用减免、油气管线迁改等工作作出安排部署。

3月10日 太原市政府批复《太原武宿国际机场改扩建项目局部用地重点项目落地规划研究及控制性详细规划修改方案》。

3月14日 航产集团向省发改委呈报《太原武

宿国际机场三期改扩建工程综合交通中心配套(轨道交通土建预留)工程可行性研究报告》。

3月16日 国家发改委正式批复太原武宿国际机场三期改扩建工程可行性研究报告。

3月16日至17日 山西省发改委委托中国国际工程咨询公司,对综合交通中心配套(轨道交通土建预留)工程可研进行评估;会后,可研编制单位按照专家组意见对可研报告予以修改完善。

3月24日至28日 民航华北局与省发改委联合委托中国民航工程咨询有限公司,对《太原武宿国际机场三期改扩建工程机场工程(第一批)初步设计》进行评审。民航华北局、民航山西监管局等民航监管单位,省发改委、省自然资源厅、省住建厅、省交通运输厅、省水利厅、省能源局、省文物局、省地震局、省口岸办等政府相关部门,太原市、晋中市、综改区以及各驻场单位、各设计单位等40多家单位的100余名代表参加会议。最终形成专家组意见。

4月2日 山西省发改委批复《太原武宿国际机场三期改扩建工程综合交通中心配套(轨道交通土建预留)工程可行性研究报告》

4月15日 民航华北局、省发改委联合下发《关于太原武宿国际机场三期改扩建工程机场工程(第一批)初步设计及概算的批复》。

同日 省发改委批复《太原武宿国际机场三期改扩建工程综合交通中心配套(轨道交通土建预留)工程初步设计及概算》。

4月29日 太原武宿国际机场三期改扩建工程现场指挥部临时业务用房通过验收。

5月5日 扩建指挥部办公地点由航产集团西办公楼迁至临时业务用房。

5月18日 水利部出具《太原武宿机场三期改扩建工程水土保持方案审批准予行政许可决定书》;省文物局出具《关于太原机场三期改扩建工程文物保护工作的意见》;省生态环境厅出具《关于太原武宿国际机场三期改扩建工程机场工程环境影响报告书的批复》。

5月27日 自然资源部办公厅出具文件,同意太原武宿国际机场三期改扩建控制性工程先行用地事项。

5月29日 太原武宿国际机场三期改扩建工程举行开工仪式。省委副书记、省长蓝佛安出席仪式并宣布开工,省委常委、常务副省长张吉福出席仪式并讲话,省军区副司令员殷勇参加。民航山西监管局、山西航产集团负责人及施工单位联合体代表在开工仪式上分别发言。军方、各厅局、口岸联检、驻场单位、设计单位、监理单位、施工单位、指挥部办公室以及各关联单位代表500余人参加开工仪式。

6月6日 晋中市政府出具《关于太原武宿机场三期改扩建工程(晋中市域)建设用地相关事宜的函》。

8月22日至24日 民航华北局与省发改委委托中国民航工程咨询有限公司,对《太原武宿国际机场三期改扩建工程机场工程(第二批)初步设计》进行评审,最终形成专家组意见。

9月16日 国务院稳住经济大盘督导和服务工作组第二组实地调研督导太原机场三期改扩建工程,并就项目推进中遇到的问题和困难予以协调。

10月19日 太原机场三期改扩建工程航站区设计方案获太原市审批局批复。

10月24日 太原机场三期改扩建工程航站区工程消防技术方案通过太原市政院审查。

10月26日 民航华北局、省发改委联合下发《关于太原武宿国际机场三期改扩建工程机场工程(第二批)初步设计及概算的批复》。

11月10日 民航华北局出具《关于太原武宿国际机场三期改扩建工程供油工程初步设计的行业意见》。

11月14日 民航华北局出具《关于太原武宿国际机场三期改扩建工程空管工程初步设计及概算的批复》。

11月22日 省林草局批复太原机场三期改扩建工程使用林地手续。

(资料提供:闫珀庆)

太原国际机场有限责任公司
大 事 记

1月21日 太原国际机场有限责任公司(以下简称太原机场)党委召开党史学习教育总结会议,深入学习贯彻习近平总书记重要指示精神和中央党史学习教育总结会议精神,总结交流自开展党史学习教育以来取得的工作成效、经验做法,对深入学习贯彻中共十九届六中全会精神、推动党史学习教育常态化长效化作出部署。

同日 太原机场召开2021年度党组织书记抓基层党建述职评议会。党委书记、董事长王向东出席会议并点评,党委副书记、副董事长、工会主席贾骁勇主持会议。党委班子成员,各党总支(直属党支部)书记,各机关部室、二级单位党政负责人及部分党员代表参加会议。

1月26日 太原机场以视频会议形式召开2021年工作会,全面回顾太原机场公司"十三五"时期及2021年主要工作,分析当前形势,部署2022年重点任务。太原机场总经理、党委副书记赖朝晖向大会作了题为"强化责任担当,凝聚改革合力 攻坚克难、笃定前行,推动太原机场高质量发展"的工作报告。

2月7日 太原机场应急管理中心分工会被民航华北地区管理局工会评为华北地区先进职工小家。

3月5日 太原机场党委召开扩大会议,对航产集团总经理陈阳在干部扩大会议上的讲话精神进行深入逐一解读和宣贯,并紧紧围绕航产集团会议精神深刻剖析经营现状、面临困境及矛盾原因,结合实际就下一步推进工作、强化考核、凝聚思想等方面进行安排部署,要求全体干部要在政治上有担当,发展上有作为,勇于站在攻坚克难最前沿。

4月24日 太原机场获中国民航工会"全国民航五一劳动奖状"。

4月29日 太原机场党委召开2022年统战工作座谈会。机场党委工作部部长主持会议,各部门统战人士参加座谈。

同日 按照国务院安委会、省政府安委办、民航局安委会有关"十五条硬措施"通知要求,结合航产集团安全生产大检查大整治大提升集中行动工作方案和工作实际,太原机场开展安全生产大检查大整治大提升集中行动。

5月1日 太原机场安全检查站第一团支部获评"山西省五四红旗团支部"。

同日 太原机场公司现场指挥中心团支部获"山西省属企业五四红旗团支部"称号。

5月16日 太原机场党委召开"四风"突出问题专项整治动员部署会,对纠"四风"和作风纪律专项整治活动进行再动员再部署,着力塑造从严治党、清廉国企作风常态。

5月30日 太原机场现场顺利完成三架次搭载援沪医疗航班平安返并保障工作。

6月9日 为深入学习贯彻习近平总书记考察调研山西重要指示精神,进一步推动习近平新时代中国特色社会主义思想落地生根,结合持续推进安全作风建设及安全文化建设工作,太原机场党委举办"启航"宣讲团讲师选拔比赛。

6月16日 太原机场党委举办"迎党庆 保安全 提效益"知识竞赛,提升党员政治理论和知识储备能力,激发党员群众学习热情,以饱满精神迎接中共二十大胜利召开。

6月20日 太原机场各单位广泛开展"我是安

全吹哨人”“查找身边的隐患”“安全随手拍”等活动，充分调动全员积极参与、监督企业安全生产工作，鼓励员工发挥主观能动性，深入挖掘隐蔽性、组织性、系统性问题，进一步塑造安全“报告文化”和“诚信文化”，激发员工愿当安全“吹哨人”的深层动力。

6月29日 太原机场党委组织开展“七一”前夕走访慰问活动，通过实地走访、座谈会与视频连线相结合方式，为生活困难党员、烈士遗属、奋斗在一线优秀党员和获得省级荣誉的优秀党员送上节日祝福，并致以亲切问候和崇高敬意。

7月24日 太原机场纪委召开2022年纪检年中工作总结会。机场纪委委员、二级党总支纪检委员、党支部纪检委员、直属党支部纪检委员参加会议。

7月29日 太原机场101、212两个机位机坪休息室入选“民航职工站坪共享休息室示范点”名单。

同日 太原机场301、303、304、409四个机位机坪休息室入选“民航华北地区职工站坪共享休息室示范点”名单。

8月5日 太原机场顺利完成安全管理体系(SMS)外审工作。

8月11日 太原机场召开信访工作专题会议，会议听取相关单位“零上访”单位创建情况、“枫桥经验”落实情况，以及中共二十大期间安全维稳措施，并对下一步太原机场信访工作及安全维稳工作进行安排部署。

8月19日 太原机场召开2022年上半年经营形势分析会，认为全年经营形势不容乐观，下半年恢复生产、提质增效仍是主要工作。会议要求从做优机场主业、推进精细化管理和实施全面预算管理、做好航站楼商铺招商工作等9个方面发力，破解难题，提质增效。

同日 太原机场纪委召开传达贯彻航产集团纪委年中工作会精神暨“四风”突出问题专项整治再动员再部署会议。会议要求各级管理人员加强学习、提高党性修养，时刻保持清醒头脑，提高拒腐防变的能力，认真履职、主动作为、做好自己的本职工作。

8月22日 太原机场开展为期一个月的创城志愿服务活动，以实际行动擦亮“空中名片”。党委班子成员带头发挥模范作用，近300名职工积极投身志愿创城活动中，助力太原市第七届全国文明城市创建工作，营造干净、整洁、文明的城市环境。

8月23日 太原机场修订《“三重一大”决策事项清单》《党委前置研究重大经营管理事项清单》，进一步明晰党委、董事会、经理层决策事权边界。

8月24日 航产集团党委会研究决定，提名李云朋为太原国际机场有限责任公司副总经理(试用期一年)。

9月1日 太原机场纪委开展中秋、国庆节前廉洁谈话教育，分别与5名管理服务方负责人、29名重点岗位重点人员签订《廉洁自律承诺书》。

9月2日 太原机场召开服务质量管理体系推进大会，重点分析研判存在问题和困难，进一步梳理明确目标任务、工作重点及方法举措。

9月5日 太原机场开展缺编三级干部管理人员竞聘工作。

10月8日 民航华北地区管理局组织召开太原机场航班时刻容量评估工作启动会，标志着太原机场容量评估工作全面展开。

10月12日 太原机场纪委召开三季度纪检工作会，总结三季度工作履职情况，安排部署四季度工作。公司纪委委员、二级党总支纪检委员、党支部纪检委员、直属党支部纪检委员参加会议。

同日 太原机场开展缺编三级干部管理人员竞聘工作。

10月14日 太原机场党委书记、董事长王向东被中共山西省委组织部评为“担当作为干部”。

10月21日 《太原国际机场有限责任公司服务质量管理体系手册》编制完成，并启动试运行，建立起从局部到系统的服务质量管理模式，促进太原机场服务质量持续提升。

10月26日 太原机场党委召开理论中心组学习会议，认真学习贯彻中共二十大精神。党委班子成员，机关各部室负责人参加学习会议。

11月10日 太原机场公司完成航空器应急救援综合演练,有效检验应对航空器重大突发事件时机场的协同联动能力和决策指挥能力。

11月13日 太原机场上线“民航中转旅客服务平台”。旅客购买中转机票在始发机场办理值机手续后,可在该平台查询中转旅客、航班保障等信息,真正实现“一次值机、一次安检、一次支付、全程无忧”的智能出行。该平台还可实现特定时间段、特定航司、特定航程查询中转旅客功能。

12月2日 为切实落实民航局安委会议精神和民航局、华北局、监管局关于加强冬季运行安全工作的相关要求,有效防控冬季运行风险,提升太原机场飞行区冬季运行保障能力,确保岁末年初机场运行安全平稳可控,太原机场开展为期3个月的“飞行区冬季运行保障专项整治行动”。

12月7日 太原机场飞行区管理部场务队党支部、应急管理中心消防支队党支部获“省属企业标杆党支部”称号。

12月13日 为持续推进太原机场安全从业人员工作作风建设工作,提升安全从业人员综合素质和整体水平,开展安全从业人员工作作风建设提升专项行动。

12月22日 太原机场飞行区管理部驱鸟班组被中国民航工会评为“全国民航最具影响力班组”。

12月28日 太原机场安全检查站丁红生获航局安委办、民航工会“民航安全作风建设先进个人”表彰。

同日 太原机场工会办公室李娇获民航华北地区管理局工会“华北地区优秀工会积极分子”表彰。

(资料提供:袁祖希)

长治机场有限责任公司
大 事 记

1月5日 山西成功通用航空股份有限公司总经理王欢将写着“优质服务、情暖通航”的锦旗赠送至长治机场有限责任公司(以下简称长治机场)市场营销部,以感谢其对成功通用航空给予的支持和帮助。自长治机场开展对外通用航空业务以来,秉承山西省“建通航强省”的目标理念,创新“通航+商业运营”模式,为成功通航在长治机场各项业务顺利开展提供优质服务。

1月28日 经过多方沟通和积极努力,长治机场恢复深圳航线。

5月30日 长治支援上海的234名医疗队员分别乘坐两架航班抵达长治机场。长治机场周密部署、精心准备,开通绿色通道,全力做好医疗队返程服务保障工作。

6月6日 长治机场正式启动“向阳花服务”品牌,为特殊旅客提供线上预约、线下全流程陪伴,实现旅客从航站楼到舱门口的“一站式”服务。

7月6日 航产集团党委委员、副总经理员佩刚到长治机场开展主题宣讲并参加“喜迎中共二十大、奋进新征程”主题党日活动,长治机场以此次宣讲为契机,持续深入学习“新思想”,坚持全面系统学、原原本本学、追根溯源学,在学思践悟中更加自觉地捍卫“两个确立”、践行“两个维护”,把学习成效体现到增强党性、提高能力、改进作风,奋力推动长治机场各项工作再上新台阶,以优异成绩迎接中共二十大胜利召开。

11月10日 长治机场顺利开通西安至长治至杭州航班，进一步完善长治机场航线网络布局。

11月24日 长治机场组织召开防跑道侵入暨军民航运行保障协议签订专题会。驻场军方、长治机场公安分局、中航油长治供应站、长治机务保障部和长治机场相关部门参加会议。参会人员共同学习《运输机场地面车辆和人员跑道侵入管理办法》，对军民航运行保障协议本次修订的重点内容进行介绍，就军民航运行保障协议、防跑道侵入工作进行深入沟通交流。

2022年 长治机场获吉祥航空“最佳合作伙伴”、长治市“安全生产月”活动先进单位称号；长治机场综保扩建党支部获航产集团公司“七一”先进党支部称号；长治机场安检党支部获“省属企业标杆党支部”称号；韩江卫获“长治市‘安全生产月’活动先进个人”称号；刘琳、李鑫鹏获航产集团“‘七一’优秀共产党员”称号；韩钰洁获航产集团“‘七一’优秀党务工作者”称号；方建鹏获航产集团“青年岗位能手”称号；冀梦媛获民航局“新时代民航安全文化”主题征文活动二等奖；宋子薇获“2022年度运输机场安全管理优秀案例征集工作”活动优秀奖。

（资料提供：王 真）

大同机场有限责任公司
大 事 记

1月14日 大同机场有限责任公司（以下简称大同机场）党委扶持和共建的赵庄村乡村振兴“爱心超市”正式开业。

1月21日 按照航产集团统一部署和要求，大同机场党委召开党史学习教育专题民主生活会。航产集团党委委员、纪委书记田洪出席会议并讲话，航产集团党委第三督导组到会全程指导，大同机场全体班子成员参加会议。

1月26日 大同机场召开2022年工作会议。机场领导、三级副职以上干部及职工代表参加会议。会议作了题为“坚定信心 苦练内功 挖潜增效 稳中提质 踔厉奋发 笃行不怠 为大同机场高质量发展不懈奋斗”的工作报告。报告回顾总结2021年各项工作，认真分析面临的内外部形势，安排部署2022年重点任务。会议还作了题为“转变作风 压实责任 创新驱动 提质增效 以依法依规本质安全推动大同机场高质量发展”为题的安全工作报告。报告全面回顾2021年安全工作，对面临的形势进行分析。会议听取《2021年财务经营工作报告》，并向各部门颁发安全服务质量目标责任状。

1月29日 大同机场召开党史学习教育总结会议，深入学习贯彻习近平总书记关于不断巩固拓展党史学习教育成果的重要指示，认真贯彻落实中共十九届六中全会精神、省第十二次党代会精神，对推动党史学习教育常态化长效化进行安排部署。机场领导、三级副职以上干部参加会议。

2月8日 大同机场党委召开2021年度党支部书记抓基层党建述职评议考核会。机场党委委员、航产集团党代表、区政协委员、各党支部党员和员工代表参加会议。

2月10日 大同机场携手旅客在候机楼开展“厉行勤俭节约，反对餐饮浪费”承诺签名活动。

2月21日 大同机场党委组织开展全面推进“提质增效”专题会。三级副职以上干部以及机关全体工作人员参加会议。

2月22日 大同机场召开2021年度综合考核

述职会议。航产集团公司党委委员、纪委书记田洪、航产集团考核组成员、机场领导班子成员、三级副职以上干部以及职工代表参加会议。

3月4日、6日 大同机场正式复航通航集团旗下三晋通航与江西快线合作的吕梁至大同、长治至大同两条短途运输航线。

4月7日 大同机场安全质量部被民航局授予“平安民航”华北地区三类民用运输机场考评第一名。

4月27日 大同机场航行保障部团支部被共青团山西省国资委委员会授予“省属企业五四红旗团支部”。

5月2日 大同机场团委被省人社厅、团省委、省青联授予山西省“五四红旗团委”。

5月5日 在第34个爱国卫生月,大同机场开展“爱护机场环境,创建清洁城市”主题党日、团日活动,助力创建全国文明城市工作。

5月12日 大同机场围绕“减轻灾害风险,守护美好家园”活动主题,联合大同市消防救援支队云州区消防救援大队开展“防灾减灾”系列活动。

5月18日 大同机场利用闲置资源打造的“骑行驿站”,正式对市民开放。

同日 大同机场响应市委宣传部“文化文明、文明大同、微笑大同”行动号召,开展“微笑大讲堂”活动。

5月30日 航产集团党委委员、纪委书记田洪带领集团第四督导工作组一行,赴大同机场开展安全专项检查督导工作。

6月1日 大同机场党委组织党员干部、团员青年、基层骨干在市党纪教育基地开展节前廉政警示教育主题党日、团日活动,接受廉政清风洗礼。

6月15日 大同机场举办“青春心向党,建功新时代”职工篮球交流比赛。

6月16日、17日 大同机场紧扣“遵守安全生产法、当好第一责任人”安全生产月活动主题,在机场T2航站楼和平城区华严寺广场开展“安全宣传咨询日”活动。

7月1日 大同机场党委开展庆祝中国共产党成立101周年系列活动暨“迎‘七一’、志愿行”主题党日活动。

7月13日 大同机场组织开展“争做安全吹哨人”主题演讲比赛。机场领导、各部门负责人、职工代表等50余人参加此次活动。

7月18日 大同机场组织党员干部分两批次参观市美术馆首届“清廉大同”廉洁文化艺术展。

7月20日 航产集团党委委员、纪委书记田洪带队,赴大同机场开展“新思想在山西”专题宣讲及安全专项检查督导。机场领导班子成员聆听宣讲并陪同检查。

8月31日至9月2日 大同机场顺利通过航产集团统一部署的安全管理体系(SMS)外审工作。

8月底 大同机场安全质量部被山西省安全生产委员会办公室授予“安全生产月”活动“先进单位”称号。

9月11日 大同机场启动“助力复学”行动,共保障726名学生顺利返校。

9月16日 大同机场邀请市气象局开展气象业务方面实地交流学习座谈会。机场领导以及相关工作人员参加此次会议。

10月20日 大同机场党委召开专题理论中心组学习(扩大),认真学习习近平同志在中国共产党第二十次全国代表大会上作的报告。

10月24日 大同机场团委开展“以青春之名,与祖国同行”主题团日活动。

同日 大同机场启动党员创新工作室、青年创新创效工作室项目。

11月3日 大同机场团委召开学习贯彻中共二十大精神专题会议并安排部署相关工作。全体团干部参加会议。

12月9日 大同机场陆续恢复成都至大同至哈尔滨、天津至大同至海口、武汉至大同、重庆至大同至大连等航线。

12月中旬 大同机场团委被评为“山西省五四红旗团委(团支部)”。

2022年 大同机场起航班组被中国民用航空局航空安全委员会办公室中国民航工会授予“全国

民航安全作风建设优秀班组”称号。

是年 大同机场全年共与7家航空公司合作开通14条国内航线，通达城市22个；共保障运输起降5121架次，完成旅客吞吐量35.96万人次，货邮吞吐量620.3吨。

（资料提供：韩向荣）

忻州五台山机场有限责任公司大事记

1月6日 下午2时25分，随着GY7167航班在忻州五台山机场有限责任公司（以下简称五台山机场）安全平稳降落，由多彩贵州航空执飞的贵阳至五台山至天津航线顺利完成首航。

1月16日 中午12时21分，伴随着飞机落地轰鸣声，CZ5961航班安全平稳地降落在五台山机场。至此，南方航空执飞的长春经五台山至海口航线顺利完成首航。此航线，班期为每周一、三、五、日，9:50由长春机场起飞，12:15降落在五台山机场，13:05由五台山机场起飞，16:30到达海口机场，17:45由海口机场起飞，21:10到达五台山机场，21:55由五台山机场起飞，23:55返回到长春。此次航线开通，实现机场历年来海口航点的延续，开启东北地区航线网络全覆盖的新篇章。

1月25日 上午，航产集团党委第一巡察组巡察五台山机场党委情况反馈会在五台山机场召开。航产集团党委专职副书记、副董事长、工会主席邓保平出席会议并对巡察整改工作提出要求，集团党委第一巡察组就巡察情况、选人用人检查情况、意识形态专项检查情况向五台山机场党委作反馈。会上，邓保平就巡察整改工作提出3点要求，即提高政治站位，增强巡察整改工作的思想自觉；严格工作举措，增强巡察整改工作的行动自觉；着力建章立制，增强巡察整改工作的长期效果。

五台山机场党委表示，对于巡察组反馈的问题和建议，照单全收，实事求是加以整改落实，围绕反馈问题深入研究，列出问题清单、整改清单、责任清单，明确整改责任，跟踪整改进度，助推整改质效提升，全面做好巡察整改后半篇文章。

1月28日 五台山机场党委在新春佳节来临之际一行前往某部队、武警忻州支队及定襄中队，向他们致以崇高的敬意和新春祝福，并向部队官兵赠予慰问品。慰问活动中，五台山机场主要领导与部队官兵进行亲切交谈，希望在以后军民共建中，持续加强重要节点联勤联动，提高沟通协调效率，促使军民共建工作结出硕果。

2月4日 上午9时35分，伴随着AQ1551航班在五台山机场安全平稳降落，由九元航空执飞的广州至五台山至哈尔滨航线顺利完成首航。

2月11日 上午，五台山机场召开2022年工作会议，党委书记、董事长出席会议并讲话，党委委员、纪委书记传达民航局工作会议精神、2022年民航航空安全工作会议精神、2022年航产集团公司工作会议精神。党委委员、副总经理主持会议，党委班子成员、班组长以上干部、机关全体工作人员、员工代表参会。此次会议的主要任务是：以习近平新时代中国特色社会主义思想为指导，全面贯彻落实中共十九大、十九届历次全会精神、省第十二次党代会精神、民航局及华北局工作会议精神以及集团工作会议精神。会议作了题为《筑牢基础保安全 拓展市场增效益 齐心协力创佳绩 为全面实现年度工作目标而努力奋斗》的工作报告。回顾2021年主要工作成绩,分析当前面临的问题和困难,确定2022年工作任务。

3月22日 上午,五台山机场党委书记带领党支部书记及相关人员一行6人前往宁武县东寨镇前井务沟村,走访慰问公司派驻乡村振兴工作人员,向大家致以亲切问候与诚挚感谢并送去慰问品,实地察看村容村貌,了解当地基本情况并召开座谈会。

会议听取驻村第一书记白雪峰关于巩固拓展脱贫攻坚成果同乡村振兴有效衔接工作的推进情况汇报,观看公司相关部门人员对驻村队员的祝福寄语视频。党委书记向大家亲切询问当前工作及生活方面的困难,要求公司党委持续关注大家的工作与生活动态,着力改善驻村工作环境并为振兴实效提供大力支持。

3月28日 上午,五台山机场党委召开巡察整改专题民主生活会。党委书记代表五台山机场党委班子做班子巡察整改检视剖析,班子成员依次对党委班子提出批评意见,班子成员依次作检视剖析,进行自我批评与相互批评。集团公司党委第一巡察组到会指导,五台山机场全体党委班子成员参加会议。

第一巡察组认为此次巡察整改专题民主生活会严格按照航产集团各项巡察要求,准备认真充分到位,尤其是党委班子所做的检视剖析材料全面到位,把检查提出的五个方面15个问题分解为21项49个问题,并按照七个方面进行检视剖析,对今后努力的方向及整改措施,按照六个方面28项做细致安排,找准五台山机场高质量发展的着力点,以更高政治站位推动全面从严治党,以更高的标准加强党的组织建设,产生更好成效。机场党委及各成员检视剖析材料坚持问题导向和效果导向,开展批评与自我批评严肃认真,既对照巡察反馈的意见查找问题又联系实际理想信念、初心使命,联系班子和个人思想、工作实际找原因,做到见人见事见思想。自我批评诚恳,直奔主题,相互批评知无不言、言无不尽,真正做到咬耳扯袖、红脸出汗效果,形成整改工作合力。

第一巡察组负责人在讲话中提出四点要求。一是真统一。把思想统一到抓巡察整改的任务上来,做到条条都要改到位、件件都要有着落、事事都要有回应,要不打任何折扣地抓好整改。二是真认账。整改要把自己摆进去,逐条对照认领,细化整改内容、整改措施、整改时限,要一项不落完成整改任务。三是真整改。在思想上、行动上、方式方法上深刻反思存在的问题,找出病灶,消灭病源,要出实招、见实效,在整改中要对照整改方案,进一步细化、具体化各项措施,明确整改路线图、落实时间表,不能因解决老问题而出现新问题,新老问题要一并解决。四是真负责。巡察反馈意见中有较难啃的“硬骨头”,关键是党委班子要勇于担当,要主动上手,把该担的担子担起来,把该履行的职责履行好,主要领导要负全责,切实形成合力,推动整改任务落地见效。

4月26日 五台山机场党委组织开展“喜迎中共二十大 永远跟党走 奋进新征程”主题党团知识竞赛活动。此次活动,机场三个团支部共计9名选手参与。活动分为必答题、抢答题、风险题、互动题四个环节,竞赛题目类型涵盖中国共产党党史、中国共产主义青年团史、民航及当地文化等多方面的知识,支部成员以小组为单位进行各环节的比拼,尤其是在抢答题环节参赛选手和各团支部成员积极踊跃,凭借迅速的反应能力和扎实的知识基础将比赛一次次推向高潮,互动环节现场氛围热闹非凡。经过激烈的角逐和严谨的评分,最终第三团支部获得冠军,第一团支部、第二团支部分别获得第二名和第三名。

5月23日 五台山机场组织开展“战狼—2022”航空器非法干扰综合演练。本次演练以模拟航班触发货舱火警,乘客谎称爆炸物威胁为背景展开。民航山西监管局副局长顾强带领监管局8个专业督导组进行远程观摩指导。

此次演练有效检验五台山机场各应急救援单位应急预案有效性,及航空器突发救援事件后,各单位紧急出动响应、预案启动、现场处置、旅客临时安置及危险品处置工作的合规性。同时加强了五台山机场与各应急救援支援力量的协同配合，完善了各方的整体联动机制，为五台山机场不断提升应急救援水平、持续增强应急管理能力奠定了更加坚实的基础。

5月30日 航产集团党委专职副书记、副董事长、工会主席邓保平带领集团第二督导工作组一行赴五台山机场公司开展安全专项检查督导工作。机场领导陪同检查，并就安全生产大检查、大整治、大提升专项活动开展情况进行汇报。

邓保平在讲话中，要求各级各部门加强学习，提高站位，清醒认识当前安全生产形势的严峻性和复杂性，统筹抓好安全生产工作。

6月8日 五台山机场团委组织开展“青春安全吹哨人”主题宣讲活动，传达航产集团2022年6月关于开展安全生产月的通知，阐述学习“安全生产十五条硬措施”的重要性，明确“吹哨人”制度的必要性和可行性，使广大一线团员青年对安全生产有全新的认识，对“吹哨人”制度有更加深入了解。

6月16日 五台山机场组织开展“6·16”安全生产咨询日活动。相关工作人员深入忻州市体育广场，向市民发放航空安全科普知识、航空安全知识、净空安全知识等宣传资料，并作详细讲解；让旅客“零距离”感受机场安全文化，营造人人学安全、全民懂安全的活动氛围。

6月20日 五台山机场组织开展安全警示教育、“第一责任人安全倡议书”及安全知识答题活动。通过观看《遵守安全生产法 当好第一责任人》安全教育宣传片，切实增强全员“三个敬畏”意识和安全风险防范意识；公司全体干部进行安全承诺宣誓并签订《安全承诺倡议书》，促进压紧压实安全生产责任；全体干部职工参与线上安全知识答题，有利提高全员安全生产水平。

6月22日 五台山机场组织开展新《中华人民共和国安全生产法》培训讲座。讲座就新《中华人民共和国安全生产法》修订的侧重点、法定监管职责、法定监管方式、基层安全生产监管实务等作了全面细致讲解，并通过讲述全国各地以往发生的生产事故带来的沉痛教训，进一步强化广大干部职工的安全意识和法律意识，切实提高职工做好安全生产的紧迫感和责任感。

6月24日 五台山机场组织党员、团员开展“重温红色革命记忆 传承脱贫攻坚精神”主题党日活动。活动中，全体党员参观毛主席路居馆，并在毛主席塑像前面向鲜红的党旗，庄严地举起右手，重温入党誓词，进一步感悟伟大领袖毛主席的丰功伟绩。随后，大家参观习近平总书记视察过的脱贫攻坚及乡村振兴示范村宋家沟新村，了解当地农业发展现状，亲身感受新农村建设成果，学习岢岚县乡村振兴建设理念与发展思路，感叹新农村建设带来的巨大变化，寻访宋家沟脱贫攻坚事迹，对因地制宜、大胆探索的新农村建设之路赞不绝口。

6月29日 五台山机场组织开展“争做安全吹哨人”主题演讲比赛活动，选手们以一个个生动故事和深入人心道理，深刻阐述“民航安全”内涵。通过此次安全生产演讲比赛，进一步增强安全生产意识、事故防范意识和自我保护意识，营造人人讲安全、人人重视安全的良好氛围。

6月30日 五台山机场开展安全知识竞赛活动。通过安全知识竞赛活动充分检验安全职工理论知识储备量，加深对各类知识的理解，对下一步开展各类安全工作大有裨益。以此次安全生产月为契机，五台山机场牢牢秉持“安全第一”的安全理念，始终把安全作为“头等大事”，不断强化各级管理人员安全意识、法治意识、责任意识，推动全年安全生产工作顺利进行，确保民航安全运行平稳可控，为中共二十大胜利召开创造良好安全环境。

7月26日 航产集团党委专职副书记、副董事长、工会主席邓保平带队，赴五台山机场开展安全专项检查督导、“新思想在山西”专题宣讲及“送清凉”慰问活动。五台山机场三级以上干部及党员代表参加。

邓保平对五台山机场近期各项安全工作推进情况表示肯定。要求联合部队做好鸟情防治及排洪防汛工作，坚持“小鸟快赶、大鸟必驱，盯北防南、东驱西出，多管齐下、预防回头，落实责任、看好四周”驱鸟理念，全面加强鸟害防治及飞行区管理；要充分做好防大汛、抗大洪的思想准备,不仅要增强预案和工作规程的周密性、科学性与可操作性,还要提前做好抢险队伍组建、救援物资落实等各项工作,全面提升机场保障能力水平。

宣讲会上,邓保平以题为“从党章中感悟初心使命、汲取奋进动力——学习贯彻习近平总书记关于党章的系列重要论述”开展专题宣讲。深入浅出讲述近年来习近平总书记关于党章的系列重要论述,详细阐述中国共产党章程历史沿革,分享党章形成与每一次修订背后的故事,结合民航行业就如何学习贯彻党章进行解析,使大家对新党章的重大意义和内涵有了全新认知和理解。宣讲会后全员重温入党誓词,重忆入党初心。

会后,邓保平带队一行深入候机楼保障现场开展“送清凉”慰问活动,向一线员工送去亲切的问候和慰问品,并叮嘱大家进入暑期要做好自我防护措施,机坪高温作业人员一定要注意防暑降温,同时要合理调配保障人员与作业时间,有效确保航班保障工作运行平稳有序。

同日 下午6时46分,一架由瑞丽航空执飞的DR6581由昆明飞往忻州航班,搭载185名旅客在五台山机场平稳落地,标志着昆明至五台山航线顺利完成首航。该航线的开通拉近两地时空距离,为旅客提供更多出行选择;同时为下一步机场拓宽航线网络布局,优化航班结构,开拓潜在航空市场奠定良好基础。

7月29日 在“八一”建军节到来之际,五台山机场党委班子一行前往某部队,向他们致以崇高的敬意和节日祝福,并向部队官兵赠予慰问品。五台山机场主要领导与部队官兵进行亲切交谈,提出在以后的军民共建中,要持续加强重要节点联勤联动,提高沟通协调效率,将军民共建工作结出硕果。此次慰问活动,增进五台山机场与部队官兵之间感情,发扬拥军爱军优良传统,同时体现军爱民、民拥军深厚情谊。

8月15日 上午,五台山机场组织召开“军民融合 党建共建”启动座谈会。会议听取五台山机场党委基本情况、党建工作开展情况及军民融合党建共建下一步工作开展思路,军方介绍驻场场站党委及党建工作开展情况。会后,双方一行参观军方党建阵地,学习先进党建经验。

8月24日 上午,五台山机场与民航局机场司和中国民航大学沟通协调,特邀中国民航大学负责GRF培训专家崔艳雨院长和丁清苗教授到五台山机场授课,同时邀请省内兄弟机场飞行区管理相关部门的一线骨干人员前来相互交流学习,共同提升道面表面状况评估能力。

9月13日 五台山机场公司党委召开党建、团建工作经验交流座谈会,党委书记、各党支部书记及党群人事部(团委)相关人员参加。

10月24日 五台山机场组织召开党委中心组专题(扩大)学习会,深入学习宣传贯彻中共二十大精神。机场党委班子成员、党支部书记、三级干部参加。

机场党委书记带领参会人员深入学习中共二十大报告,参会党委班子成员交流学习心得。会议要求全力以赴做好安全生产、运输保障、应急值守、突发处置等工作,以实际行动践行“两个维护”,站在新起点,要矢志不渝践行“人民航空为人民”理念,为人民群众提供安全、顺畅、便捷的航空出行服务。

11月10日 下午,五台山机场党委召开学习宣传贯彻中共二十大精神交流报告会,旨在在全公司上下兴起学习宣传贯彻中共二十大精神热潮中进一步统一思想、凝聚共识、坚定信心,汇聚起奋进新征程、建功新时代的强大动力,全力推动中共二十大精神落地落实,奋力开创各项工作新局面。机场党委班子成员、全体党员、入党积极分子参加会议。

会上,机场党委委员进一步深入宣讲习近平总书记在中共二十大上代表第十九届中央委员会作的报告,各党支部支部书记、支部委员、三级干部、支部一线党员立足本职,对中共二十大精神的学习心得进行汇报交流。

12月2日 上午,五台山机场开展学习贯彻中共二十大精神暨《中国共产党章程》学习专题党课。党委班子成员、全体党员参加学习。此次专题党课主要从《中国共产党章程》修订背景、修订的重要意义进行宣讲阐述，并逐条学习《中国共产党章程》新旧版对照全文，旨在增强广大党员干部学习贯彻党的创新理论的思想自觉、政治自觉、行动自觉，进一步全面、准确、深刻把握习近平新时代中国特色社会主义思想的世界观和方法论，坚持好和运用好贯穿其中的立场观点方法，展示其强大的真理力量和实践伟力。

12月10日 上午8时37分，一架由海南航空波音738型飞机执飞的HU7498航班平稳降落在五台山机场的跑道上，标志着杭州至五台山至哈尔滨航线顺利实现首航。中午1时40分，随着昆明航空公司波音738型飞机执飞的KY8243航班降落，昆明至五台山至沈阳航线首航成功。

（资料提供：韩 斌）

吕梁机场有限责任公司
大 事 记

1月1日 中国民航飞行校验中心CFI111校飞飞机由昆明长水机场调机抵达吕梁机场有限责任公司（以下简称吕梁机场），对吕梁机场导航设备开展飞行校验工作。此次校飞主要内容为36号跑道ILS/DME系统以及飞行程序。最终所有校验科目高效完成，本场设备参数达到技术规定要求，顺利通过此次校验。此次飞行校验工作完成，让吕梁机场导航设备信号更加稳定、精确，也为吕梁机场冬季航班安全运行奠定坚实基础。

同日 从即日起，吕梁机场持续深化专项整治三年行动集中攻坚，全面开展地毯式、拉网式、滚动式风险隐患大排查大整治“百日攻坚”集中行动，坚决治理纠正违规违章行为，对飞行区安全、空防安全、空管安全、网络安全、设施设备、消防安全等7个方面进行全面排查。“百日攻坚”全面检查、集中整治阶段持续到3月底。吕梁机场进一步完成其余各项风险点逐一检查、动态跟踪，有效防范和坚决遏制各类生产安全事故，为保障冬奥会、冬残奥会顺利举办和两节运输高峰营造安全稳定的环境，以优异成绩迎接中共二十大胜利召开。

1月 吕梁机场地勤服务部获“中国联合航空2021年度最佳地面代理服务单位”称号。

是月 吕梁机场顺利完成安检信息管理系统、离港系统、集成信息系统及航行情报系统的等级保护测评工作，并在公安部门完成备案。

2月25日 春运期间，吕梁机场共服务进出港旅客3.78万人次，较上年春运同期减少5.8%；保障进出港航班618架次，较上年同期减少17.5%。春运期间，吕梁机场在确保安全前提下，优化航线布局，践行真情服务，完成春运保障任务。

2月 吕梁机场获吉祥航空“2021年度最佳合作共赢单位”称号。

3月1日 吕梁机场飞行区管理部消防大队开展防山火实战演练。演练以贴近实战形式，增加火势变化、风向突变情况应急处置。根据往年春季围界外杂草较多，周边村民焚烧秸秆、焚纸祭祀情况，模拟跑道北侧围界外村民焚烧农作物引发山火，消防大队根据火警应急处置程序，在接到报警后，立即组织全员紧急出动，到场后根据现场风向、火势等情况迅速组织扑救。通过演练，增强消防人员对山火的认识，提高消防大队应对山火突发事件过程分析研判、决策指挥和组织协调能力，锻炼快速反应和实战处置能力,为机场安全运行提供保障。

3月4日 吕梁机场完成飞行区充电设施建设项目行业验收。本次验收会采用视频方式进行,民航山西监管局组织,建设单位(吕梁机场有限责任公司)、设计单位(民航机场规划设计研究总院有限公司)、监理单位(高达建设管理发展有限责任公司)、施工单位(沈阳汇通智联电子工程设计安装有限公司)相关负责人参加验收。此次验收分为充电桩及配套工程组、供电改造工程组、充电区视频监控工程组、工程档案及概算组4个小组,分别对现场充电及附属设施设备、视频监控、档案资料及概算执行情况逐项进行了检查验收,形成验收意见,顺利通过行业验收。

3月15日 吕梁机场开展以"共促消费公平 乐享民航服务"为主题的"3·15"国际消费者权益日宣传活动。此次活动针对出行须知、旅客携带锂电池危害、航班不正常原因、旅客权利和义务、维权投诉方式等问题进行现场答复,向广大旅客普及航空旅行知识、乘机注意事项,发放调查表,征求旅客意见建议,了解实际工作不足,及时补短板、补漏洞。此外,还通过微信公众号发布相关航空知识,引导旅客登录消费者事务中心微信公众号、民航报社官网、OTA平台进行有奖竞答。

3月27日 从即日起,吕梁机场执行夏秋换季航班时刻,成功对接各航空公司完成换季航班确定事宜(除短途运输航线),各航班进入黑屏系统,展开前期销售工作。此次换季航班在原有航线基础上,取消"青岛至吕梁至兰州"航线,将"重庆至吕梁至天津"航线下午时刻调整为上午时刻,其余航线时间均做微调整。

3月 为贯彻习近平总书记关于东航MU5735航班事故的重要指示精神,迅速落实民航局及航产集团系列工作要求,吕梁机场展开为期3周的行业安全大检查。机场制订《吕梁机场有限责任公司2022年安全生产大检查实施方案》及每日检查计划,细化大检查内容,对空防安全、危险品航空运输、跑道安全、机坪运行、航务运行、航班换季、安全责任落实、安全管理体系建设、设施设备、人员资质等方面进行全面自查。山西监管局副局长李建国带队一行6人从安全管理、空防安全、飞行区管理、空管运行、危险品航空运输、应急管理等方面对吕梁机场进行行业安全大检查,要求深刻汲取安全事故教训,认真做好自查工作,提高机场安全管理及运行保障能力。

4月1日 吕梁机场召开2022年工作会议和全面从严治党暨党风廉政建设工作会。会议全面总结2021年安全生产经营、全面从严治党和党风廉政建设工作,分析当前面临形势,部署2022年重点任务。2022年,吕梁机场从持续推进党的建设、强化安全服务建设、发展航空性主业、推动非航空性辅业、坚持提质增效和推进基础设施建设6个方面提出20项具体重点工作。公司党政同时向全体职工发出号召,要以"安全、发展、服务、创新"为己任,以"增收、增资、增量、增效"为目标,以"起步就是冲刺、开局就是决战"的意识,坚定信心、锐意进取、顽强拼搏,埋头苦干、深挖潜能、开拓新局,为公司平稳健康发展做出新的更大贡献。

5月5日 吕梁机场完成"五一"小长假保障工作,累计保障航班31架次,完成旅客吞吐量1381人次,完成货邮吞吐量0.583吨。

同日 吕梁机场完成管制区域优化调整工作。为保障此项工作顺利实施,机场成立管制区域优化调整工作专班,制订《吕梁机场管制区域优化调整工作方案》,与有关民航单位签订工作协议,明确双方职责,梳理保障流程,开通直通电话等。吕梁机场管制区域优化调整,标志着吕梁机场与西北空管局空管中心区域管制室合作将开启新的一页,为吕梁机场安全平稳运行奠定坚实基础。

5月30日 由143名医护人员组成的吕梁援沪医疗队顺利返吕。吕梁机场以最高礼遇、最深敬意迎接英雄凯旋,并举行吕梁援沪医疗队凯旋返吕欢迎仪式。副市长郭红波一行到场迎接,向支援上海医护工作人员致以崇高的敬意。下午5时,随着航空包机落地机坪,MU7111进入预先安排的停机位,吕梁机场举行"过水门"仪式,以民航最高礼遇迎接医护人员回家,为最美逆行者"接风洗尘"。为做好此次包机保障任务，吕梁机场党委高度重视，精心部署，周密安排，积极与吕梁市政府、航空公司、机场公安等单位对接。从车辆进出、路线安排、任务航班停机位再到航班保障区域划分等都一一进行梳理，明确部门任务分工，细化保障流程，制订联动高效的保障方案。公司领导现场值守，为援沪医疗队开通绿色通道，安排专用停机位，增加地面保障人员，安排专人进行现场协调、车辆服务引导，加强行李运输保障，确保各保障环节高效顺畅。

5月31日 吕梁机场航行保障部积极对接吕梁市无线电管理局，联合开展电磁环境专项检查活动。吕梁市无线电管理局专家查看吕梁机场电磁环境管理、导航台站规范化建设和专用频率使用情况。机场航行保障部将排查中发现的问题纳入隐患数据库，认真听取市无线电管理局专家提出的指导性意见，进一步夯实吕梁机场电磁环境工作基础。

6月28日 吕梁机场联合各驻场单位开展进港航班危险品着火突发事件应急演练。演练科目设置为进港航班落地滑行阶段机组通报航空器货舱烟感器报警，货舱疑似有危险品着火。演练方式采取桌面推演，围绕信息传递、旅客疏散、货舱门开启、货舱灭火、货舱其他行李货物的卸机以及着火行李的移除和监控等环节进行逐条推演。通过此次危险品航空运输的应急演练，完善和细化各部门应急职责和应急处置程序，检验机场危险品应急预案的有效性，强化机场与驻场单位的协同配合能力，切实提升吕梁机场整体应急处突能力。

6月 吕梁机场委托山西山海测绘有限公司，为场内及周边开展沉降测量勘探工作。作为高填方机场，受地理位置和天气等因素影响，机场周边及飞行区道面存在不均匀沉降。测量工作对跑道两侧路肩、护坡、导航台、信号指示灯、消防中心、货运用房、航站楼、配电中心等展开布点，共布设检测点位约94个。之后通过每月多次观测，对观测数据整理对比，计算观测点的沉降量及沉降差，动态掌握沉降形势，确保道面沉降在可控范围内。此次沉降测量，为吕梁机场道面评估和承载能力提供科学依据，促使道面安全平稳运行。

7月1日 吕梁机场气象台顺利发布新《民用航空气象地面观测规范》实施后的第一份例行天气报告，标志气象新观测规范实施工作取得阶段性胜利。

7月2日 上午11时，校飞CFI011缓缓落地，标志着吕梁机场完成本次飞行校验保障任务。校飞机组对仪表着陆系统、全向信标、测距设备等多个科目开展校验，共保障校验飞行起降12架次，累计飞行11小时42分钟，校验结果均符合民航局相关技术标准要求。此次飞行校验保障任务的完成，为吕梁机场夏秋季航班飞行安全奠定坚实基础。

7月9日夜间至11日 吕梁机场迎来最强降雨天气，累计降水量达到182.1毫升，为吕梁机场开航以来最大降雨量，其中7月9日夜间降水量达110毫升，达到暴雨级别。其间，吕梁机场有序应对，全力以赴做好本轮强降雨应对工作，确保本场安全度汛。为应对可能发生的突发事件，吕梁机场现调集备用大型机械3台（轮式挖机1台，铲车1台，压路机1台），备用土方80立方米，沙袋600余个，强化防汛保障，时刻做好抢险准备。

7月12日 航产集团副总经理韩瑞林深入党建联系点吕梁机场党委走访慰问困难党员，并调研机场党建及近期防汛工作。韩瑞林一行随后来到吕梁机场地勤服务部党支部，参观党支部阵地建设，并与支部党员亲切交流座谈。韩瑞林充分肯定吕梁机场党委两级党组织的党建工作成绩，要求干部职工增强“四个意识”、坚定“四个自信”、坚持“两个确立”、做到“两个维护”，特别是党支部要充分发挥好基层党组织战斗堡垒作用，不断提升组织力、凝聚力、战斗力。

其间，韩瑞林一行还实地察看场内坍塌现场，现场指导抢修工作，要求吕梁机场要以“时时放心不下”的责任感，密切关注雨情汛情，强化分析研判预警，全力做好防汛备汛各项工作，筑牢汛期安全防线。

7月13日 吕梁市气象局党组书记、局长一行赴吕梁机场就深化航空气象服务战略合作进行座谈交流,签署《深化战略合作工作方案》,并举行“航空气象科创中心”授牌仪式。吕梁机场地形条件特殊,是典型的山顶桌面机场,36号跑道南端形成的局地气候易在进近过程中引发乱流、中低空风切变、低能见,吕梁机场年均80%以上的中止进近或复飞事件由局地气候造成。此次战略合作,双方共同成立气象科研创新团队、携手高校成立科研课题组,针对性解决吕梁机场运行中的气候难题,提升飞行安全保障能力。

同日 四川航空股份有限公司一行5人到访吕梁机场,就进一步加深合作开展交流座谈。吕梁机场副董事长、党委副书记、总经理温治纲主持会议,党委委员、职工董事、副总经理、工会主席屈文忠以及市场部相关人员参加会议。温治纲对吕梁当地及周边地区的经济发展状况、红色旅游、夏秋季航班执行等情况做介绍。双方对现执行航班的客座率给予充分肯定,就现有航班时刻交换意见,对比重庆与成都航线优势,并对航班时刻优化进行深入探讨。

7月13日至15日 民航山西安全监督管理局一行13人组成联合检查组莅临吕梁机场开展年度综合安全检查。检查组先后到航站楼、航管楼、消防、变电站等重点区域开展实地检查,通过现场实地检查、查阅台账记录、人员交流访谈等多种方式,对吕梁机场安全管理、应急管理、飞行区安全、空管安全、空防安全、消防安全、网络安全以及服务质量等工作进行深入检查。在检查通报会上,检查组就检查中发现的问题进行通报,提出整改要求及指导性建议,就做好近期安全工作提出具体要求。

8月6日 下午6时许,一架由福州航空执飞的FU6751福州飞往吕梁的航班,搭载186名旅客和机组乘员在吕梁机场平稳落地,标志着“吕梁至福州”航线顺利开通。吕梁机场通过多方协调,走访上海、北京、成都等地,积极寻求新的航线航点,于8月上旬开通夏秋航季中的第一条暑期加班航线。该航线每周执行三班,班期为每周二、四、六,15:05从福州长乐国际机场起飞,17:45到达吕梁机场,18:30从吕梁机场起飞,21:05抵达福州长乐国际机场。该航线的开通,首次拉近吕梁与东南沿海城市的距离,为两地旅客出行提供最快捷、最安全出行方式,同时也为今后拓宽东南沿海航线网络布局奠定坚实基础。

8月8日 针对夏季高温与近期恶劣天气频发等特殊情况,为确保航班保障运行安全,吕梁机场开展助航灯光系统光强检测工作。检测由吕梁机场邀请第三方专业机构开展,按照《民用机场运行安全管理规定》《助航灯光系统运行维护规程》和《民用机场飞行区技术标准》(MH5001—2021)等行业规章文件要求,利用航班间隙,对场区内航灯光系统进行光强抽检,完成进近灯、入口灯、末端灯、立式跑道边灯、跑道中线灯、滑行道边灯、掉头坪灯、精密进近航道指示器(PAPI灯)、滑行引导标记牌、高杆灯等灯具的抽检工作。最终检测结果符合相应标准规定,并出具《吕梁大武机场目视助航设备光强检测报告》,报告内容翔实。通过检测,有效确保助航灯光设备安全可靠运行,为机场安全运营提供了有力保障。

8月11日 吕梁机场副总经理屈文忠带队,赴四川航空股份有限公司就进一步深化合作进行商务座谈。四川航空股份有限公司商务委员会副总经理邓凌,市场部、运力网络部负责人参加座谈。会上,屈文忠对四川航空长期以来对吕梁机场的支持表示感谢。希望四川航空进一步加深与吕梁机场的沟通交流,在新增三亚航点方面展开合作,在“航空+旅游”以及中转产品中寻找新的营销契机,在之后的航班换季中优化时刻并适当地调降航班成本。

8月23日 由新疆通航运营的“临汾至吕梁”短途运输航线正式复航。

8月 多家国内航空公司发布公告,自8月5日(含)起销售的客票航空公司将调整国内航线燃油附加费收取标准。这是自2022年2月恢复征收燃油附加费,半年内连续六次上调以来首次下调。相比此前100元、200元的收取标准,分别降低20元和60元。航线距离800公里(含)以下航线,燃油附加每航段收费标准为80元;航线距离800公里以上航线，燃油附加每航段收费标准为140元；儿童、军警残旅客燃油附加费减半，即800公里(含)以下航段每位旅客收取40元，800公里以上航段每位旅客收取70元；婴儿免收燃油附加费。此次下调，不仅从侧面提升国内航班的客座率，使得旅游业开展更加顺利，更激发了航空旅游市场活力。

9月20日 吕梁机场完成机坪泛光照明系统年度维保工作。此次维保工作消除机坪高杆灯安全隐患，确保泛光照明设施设备安全运行，为航班换季及即将到来的国庆、中共二十大重要保障节点的安全生产提供强有力保障。

9月26日至28日 吕梁机场顺利完成安全管理体系外部审核工作，对吕梁机场安全管理体系建设工作起到推动和促进作用，真实、客观地反映机场公司在安全管理体系建设方面存在的问题、差距、薄弱环节。吕梁机场以此次SMS外审工作为新起点，以问题为导向，举一反三，以外审标准扎实开展内部审核，重新梳理安全管理手册，健全安全文件管理体系、优化应急管理机制、强化SMS基础知识培训、落实落细风险管理，切实提高机场安全管理水平。

10月 吕梁机场顺利完成2022年冬春航班换季工作。其间机场公司与各航空公司积极联系，续签即将到期的航线合同，在现有航线基础上，保留收益和客座率较好航线，取消“青岛至吕梁至兰州”“深圳至郑州至吕梁”两条航线，并对现有航线做微调整。

11月 为做好2022年冬春航班换季宣传工作，吕梁机场通过微信公众号、微信视频号、抖音、西瓜视频等媒体开展全方位航班换季线上营销工作。前期机场以微信公众号为载体对外推送“2022年吕梁机场冬春航班换季时刻表”，进行前期市场预热；而后在微信公众号、抖音号开展为期一周的“重庆至吕梁至天津”等重点航线宣传；紧接着在抖音、微信公众号、微信视频号、西瓜视频等互联网媒体中同步宣传“贵阳至吕梁至沈阳”航线。视频推广反响强烈，单个视频浏览量最高达12万人，并且留言互动热度高涨。此次营销活动，改善微信公众平台单一的线上营销模式，实现多平台联合推送，让更多人了解吕梁机场航班情况。

12月19日 吕梁机场当选吕梁市文化和旅游协会理事单位。文化旅游协会搭建起政府和企业之间的桥梁和纽带，充分整合吕梁市的文化旅游产业资源；通过建立行业内部产品价格、服务质量、安全生产等规范化运营的自我约束管理机制，整体提升吕梁市文化旅游行业规范化水平。吕梁机场将通过此次契机，加强与各个旅游景点、旅行社及相关类型公司的合作，通过吕梁机场服务平台，为来吕游客提供便捷的服务，为吕梁的旅游发展贡献机场力量。

(资料提供：杨 岚)

运城机场有限责任公司大事记

1月16日 运城市市长储祥好深入运城机场有限责任公司(以下简称运城机场)调研督，要求始终把保障人民群众生命安全放在第一位，以高度政治自觉、良好精神状态和对人民极端负责态度，切实保障人民群众幸福安康。市政府秘书长张保安参加。

1月19日 运城机场召开2021年度党史学习教育及全面建设清廉国企专题民主生活会。会议由党委书记王朝民主持,党史学习教育市委第十二巡回指导组、市委组织部、市国资委有关人员到会指导。

1月31日 运城市委书记丁小强看望慰问春节假期坚守工作岗位的运城机场一线干部职工,并致以新春问候和美好祝愿。市领导乔登州、杜自立、刁海鹏、刘春安、廉广锋参加。

2月14日 运城机场召开党员干部作风大整顿活动动员会。党委副书记、副董事长、总经理程占胜参加会议并发表讲话。会议由党委委员、纪委书记张平务主持,公司中层以上干部参加会议。

2月28日 运城机场召开市政协会议会务保障表彰大会。党委委员张岳峰主持会议并讲话,各部门负责人、受表彰人员共计86人参加会议。

3月4日至5日 运城机场开展以“关爱女性健康 开启美丽人生”为主题的妇女节系列活动。

3月15日 运城机场在航站楼组织开展以“共促消费公平,乐享民航服务”为主题的“3·15”宣传活动。

3月22日 运城机场董事长王朝民组织召开机场党委扩大会议,传达学习习近平总书记重要指示精神、李克强总理批示精神,要求严格按照民航局对近期安全工作的部署要求,对机场安全运行工作作出安排部署。

3月31日 运城机场完成2021年度组织生活会和开展民主评议党员工作。领导班子成员均以普通党员身份参加所在支部的组织生活会。

4月1日至5日 根据市文明办关于开展“我们的节日·清明节”活动工作要求,运城机场开展以“弘扬传统文化 传承民族精神”为主题的清明节活动。

4月2日 市政府在运城机场组织召开贵宾服务保障座谈会。副秘书长阴乃鹏出席会议,市税务局、运城市纳税排名前13家企业负责人参加会议。

4月15日 为认真做好“4·15”全民国家安全教育日宣传教育,增强全体干部职工的国家安全法律意识,运城机场采用“线上+线下”相结合方式开展宣传活动。

5月4日 为庆祝“五一”国际劳动节和“五四”青年节,营造“劳动光荣、青年先行”的浓厚氛围,运城机场以“致敬最美劳动者、争当出彩民航人”为活动主题,开展系列活动。

5月30日 运城机场举办援沪医疗队凯旋欢迎仪式。运城市副市长刁海鹏,市卫健委副主任张军龙,运城机场总经理程占胜,晋城市卫健委、市中心医院、市第三医院、盐湖区、临猗县、万荣县、稷山县、河津市等单位有关领导和家属代表共300余人参加。

5月31日 山西省交通运输厅和民航山西安全监督管理局成立联合检查组,对运城机场开展机场安全隐患排查整治工作专项督导。

6月16日 运城机场在T1航站楼开展以“遵守安全生产法、当好第一责任人”为主题的安全生产宣传咨询日活动。

6月17日 为检验机场大面积航班延误应急预案的适用性,提升夏季因雷雨、大风等天气导致的特殊情况处理能力,运城机场组织现场有关部门及驻场单位进行大面积航班延误桌面演练。

同日 运城机场工会倾听职工心声,主动了解并解决职工诉求,结合“安全生产月”“我是吹哨人”等活动,积极开展防暑降温“送清凉”,切实保障安全生产一线人员的安全与健康。

7月4日 市委书记丁小强到运城机场改扩建工程进行现场调研,要求加快工程建设,全方位推动高质量发展,以优异成绩迎接中共二十大胜利召开。市领导王立刚、陈杰、乔登州参加调研。

8月2日 中国民航机场建设集团党委书记、董事长蔡颢一行到运城机场召开改扩建工程座谈会,并在会后进行现场调研。会议由运城机场董事长王朝民主持。市委常委、常务副市长陈杰出席会议并讲话。

8月5日 运城市总工会党组书记、常务副主席梁武军深入运城机场改扩建工程现场,向奋战在高温下的一线员工表示亲切慰问。运城机场副总经理廉醒民、裴方军陪同。

8月9日至11日 民航山西监管局副局长李建国带队，机场处、运输处、航务处等8个科室一行16人，对运城机场开展2022年综合检查。

9月21日至23日 山西省第八次旅游发展大会暨第33届关公文化旅游节在运城隆重召开。运城深航国际酒店承接大会重要接待任务，运城机场派出机场140多名优秀工作人员前往酒店支援接待服务。

10月30日 从即日起，运城机场开始执行冬航季航班计划，恢复大连航线，加密重庆、宁波航线。重庆航线由每天1班加密至每天2班、宁波航线由每周4班加密至每天1班。机场优化航班结构，将海口至南宁至运城航班调整为运城至南宁，运城至海口航线直飞，每天1班。

11月22日 运城市国资委对运城机场2021年党建工作责任制落实情况进行考核，对2022年五面红旗示范国企创建、全面建设清廉国企等工作进行督导调研。

12月9日 运城市委书记丁小强深入运城机场，调研对外开放、项目建设等工作，要求深入学习贯彻中共二十大精神和习近平总书记关于对外开放的重要论述，抢先机、蓄厚势，锻长板、补短板，持续在壮大开放主体、完善开放平台、拓展开放通道等方面发力，全面提升对外开放水平，着力构建内陆地区对外开放新高地，以高能级对外开放为全方位高质量发展蓄势赋能。市委常委、常务副市长陈杰参加。

（资料提供：李　鸣）

太原空港配餐有限公司
大　事　记

6月 太原空港配餐有限公司顺利通过中国质量认证中心食品安全保证体系HACCP和食品安全管理体系ISO22000的审核换证工作。中国质量认证中心依照GB/T 22000—2006、GB/T 31641—2016、GB 61654—2021标准、太原空港配餐有限公司的安全手册、程序文件、岗位工作流程和相关管理制度及国家有关的法律法规相关文件对太原空港配餐有限公司食品安全管理状况进行审核。审核组按照审核计划及审核要求对配餐公司生产经营全程进行全面细致的检查，通过查阅记录、现场巡视和面谈交流，做出体系运行有效给予颁发体系证书的决定。

（资料提供：郭佳煜）

山西空港贵宾服务有限公司大事记

1月1日、6月8日 山西空港贵宾服务有限公司(以下简称贵宾公司)开展两阶段的“百日贵宾服务联合推广活动”,每阶段活动为期3个月。这是山西贵宾推出“全员营销”模式后,为员工提供的营销平台。活动使员工基础销售能力得到锻炼,同时为公司创收511万元。

7月1日 贵宾公司与长治机场签署“贵宾一体化”协议,就长治机场贵宾品牌使用、贵宾经营管理达成合作共识,进一步促进山西省支线机场贵宾业务连通。

9月1日至3日 贵宾公司完成“2022年太原能源低碳发展论坛”礼仪保障任务,得到承办单位普遍好评。

11月30日 贵宾公司在总结长治机场“贵宾一体化”经验基础上,分别与五台山、吕梁机场签署“贵宾一体化”协议。至此,山西贵宾完成7家支线机场中运城、大同、长治、五台山、吕梁5家“一体化”合作,省内贵宾资源协同发展态势初步成型。

(资料提供:王 君)

太原空港停车场管理有限公司大事记

年初 太原空港停车场管理有限公司(以下简称空港停车场)优化设计地铁一号线武宿机场场站施工期间出入口位置。

4月 空港停车场确保地铁一号线武宿机场场站施工期间迁建出口投入使用。

7月 空港停车场确保地铁一号线武宿机场场站施工期间迁建入口投入使用,配合施工方确认出入口迁建设备的明细,完成资产移交准备工作。

11月 空港停车场顺利完成地铁一号线武宿机场场站施工期间迁建设备接收工作。

(资料提供:孙桂明)

山西龙腾中天科技有限公司大事记

7月 山西龙腾中天科技有限公司(以下简称龙腾中天科技公司)推动主营业务结构调整,重点发展具有技术含量30%以上毛利润率的信息服务、工程集成业务,逐步降低5%~10%毛利润率的传统贸易购销业务,将公司较高利润率业务占比从2021年的43%提高到2022年的72%,通过优化业务结构,推动科技公司主要经营指标尽快迈过"生存线"、达到发展线。

是月 龙腾中天科技公司与华为、海康等优秀先进企业签订"战略合作协议"和省内民航领域"行业代理协议",以出厂价格获取厂家的产品和服务,实现综合采购成本压降10%~18%,主营业务利润率提高12.58%,达到21.65%,实现提高收入、提高效率、降低成本的目标,"两提、一降"撑起公司的利润空间和发展空间。

是月 龙腾中天科技公司实行揭榜挂帅,以公开、公正、透明的揭榜流程鼓励全员揭榜,将公司的经营发展与员工自身利益紧密相连,让"干事创业有舞台,能力发展有空间";实现信息服务及运维业务收入占比51%,同比2021年增长30%,毛利润占比总利润68%;集成及工程业务收入占比21%,同比2021年增长32%,毛利润占比总利润21%。

是月 龙腾中天科技公司科学制订绩效考核制度,从4个维度推进考核,"公司考核部门"方面,根据各部门目标责任状指标完成情况,将部门绩效与工作业绩挂钩;"部门考核员工"方面,部门按实际个人业绩发放绩效工资,将员工绩效工资与工作任务完成度和业绩利润挂钩,实现"多劳多得";"业绩为王,奖励超产"方面,公司对超额完成任务指标的部门下发业绩超产奖,有效激发部门潜力;"项目为王,奖励优秀大项目"方面,公司根据完成合同的合同额与利润比例设立相应的奖励绩效,激发员工干事创业的动力,促进科技公司的高质量发展。

是月 龙腾中天科技公司完成智慧人脸识别证件制作管理系统的研发,正式上线替换太原机场原控制区证件管理系统,保障机场的安全高效运行。

8月29日至9月2日 国资委组织国资委护网防御行动,省属18家成员单位参与。科技公司防守成员史利军、李霞取得国资体系第一名。

12月 龙腾中天科技公司在新构架的门户网站系统研发项目基础上,开发航产集团门户网站系统,并正式上线,彻底解决构架落后问题和软件安全漏洞问题。

是月 龙腾中天科技公司通过制订顶层规划、推行提质增效、推动创新研发、推动降本增效、推行揭榜挂帅、实施绩效考核、全力推进一体化改革,龙腾中天科技公司实现收入1713.26万元,利润369.02万元,全面推动了系统集成工程、信息技术服务、运维服务、科技创新研发等核心业务实现高速成长。

(资料提供:张琳琳)

山西通用航空集团有限公司大事记

1月15日 山西通用航空集团有限公司(以下简称通航集团)全资子公司山西三晋通用航空有限责任公司直升机从太原尧城机场的停机坪起飞至中海国际中心临时起降点,协助山西广播电视台保障录制“山西风光好 2022 山西新春大联欢节目”。

4月3日至5日 清明节期间,通航集团控股子公司山西通用航空无人机有限公司协助清徐县林草局开展防火季森林巡查,共出动无人机百余架次,发现火源5处,利用无人机挂载喊话器有效劝离焚烧祭祖人群7次。在飞行任务中,通航集团充分发挥无人机监测范围广、效率高、可实时观测等优势,协助清徐县完成为期三天的森林巡检工作。

8月 航产集团、通航集团“复杂环境下全自主运输无人机系统研发”项目荣获第一届“青春创客赢”民航青年创新创效大赛铜奖。

9月1日 通航集团受邀参加湖南(国际)通用航空产业博览会。

9月2日 在“通用航空区域创新发展论坛”上,通航集团党总支书记、董事长李晋阳以“山西通航十四五发展实践与思考”为主题发表演讲,围绕做强运营主业、推进基础保障、激活通航市场、促进产业发展四个方面,详细介绍山西通航集团在“十四五”期间具体业务开展情况及未来工作方向,并邀请大家赴山西调研指导,共同进步 。

9月10日 通航集团全资子公司山西三晋通用航空有限责任公司受盂县玉泉山机场投资有限公司委托,从山西省盂县航空飞行营地,驾驶通用飞机钻石DA40承接并完成阳泉盂县航空飞行营地跑道现场检测验收工作。

9月23日 上午,忻州市全域航空旅游航线首航仪式在五台山机场举行,满载5名乘客的贝尔407型直升机从五台山机场起飞,在云中河景区着陆,标志着忻州市全域航空旅游航线完成首航。忻州市委常委、副市长温建军,航产集团党委专职副书记、副董事长、工会主席邓保平出席首航仪式并讲话。通航集团党总支书记、董事长李晋阳,副总经理赵亮参加首航仪式。

10月19日 太原市政府召开太原市民用无人驾驶航空试验区建设实施工作推进会。太原市委常委、常务副市长刘俊义,航产集团党委书记、董事长陈阳,通航集团党总支书记、董事长李晋阳参加会议。

12月11日 通航集团无人机公司携500架无人机为太原理工大学师生带来一场唯美视觉盛宴,祝贺太理百廿华诞,致敬太理百廿芳华,未来山西通航集团将与太原理工大学一道,围绕建设通用航空业发展示范省的目标和要求,在人才引育、科技创新、成果转化等方面进一步深化合作,抢抓航空产业发展机遇,为山西全方位推动高质量发展聚力赋能。

12月12日 山西通用航空无人机有限公司获批2022年第四批国家级高新技术企业认定。山西通用航空无人机有限公司高度重视科技创新工作,积极与省内外多所高校、多家企业开展产学研合作,累计完成5项课题研发,取得8项知识产权,开发无人机森林防火巡检技术服务、无人机编队表演服务等多项核心产品,多次协助省应急厅开展森林火灾应急巡防。

12月13日 吉县政府与通航集团召开吉县通用机场建设对接座谈会。会议由吉县县委副书记、政府代县长牛永福主持，县委常委、副县长王志宏，山西通航集团董事长李晋阳，相关部门负责人和乡镇负责人参加座谈会。会上，吉县人民政府与山西通航集团签订《通用机场咨询建设运营一体化委托框架协议》。

12月15日 五台山至临汾短途运输航线正式通航，为临汾通往忻州搭建更快捷、高效的"空中桥梁"，将两地之间单程时间缩短至1小时30分钟，为两地市民提供更加便利的出行方式。航班计划为每日一班，执飞机型(美国)赛斯纳208B。

12月17日 "太原至运城至南阳"短途运输航线正式通航。该条跨省航线开通，立足于太原、运城、南阳三地旅客多样化、高效率出行需求，充分发挥通用航空"小机型、小航线、小航程"的特点，为两省提升综合交通品质提供充足的运力保障。航班计划为每周四班，班期为每周一、三、五、七，执飞机型瑞士皮拉图斯PC-12NG型飞机。

（资料提供：黄旭栋）

山西航空产业集团有限公司机务工程技术分公司大事记

6月22日 山西航空产业集团有限公司机务工程技术分公司(以下简称机务工程技术公司)获中国南方航空股份有限公司"优秀代理"称号。"优秀代理"是南方航空对其合作的100多家外站维修单位从安全、服务、运行等方面进行综合评比后得出，机务公司在各项指标中均名列全国前茅，综合成绩表现突出。

6月29日 机务工程技术公司在临汾机场完成首次放行保障工作，标志航产集团全省机场机务一体化战略部署的进一步推进。

7月26日 机务工程技术公司举行国产ARJ21-700型飞机短停放行工作承接仪式，是全国首家可承接国产ARJ21-700型飞机航线短停放行工作的非营运人维修单位。

8月23日 航产集团CCAR-145R4版维修许可证获得民航华北地区管理局批准，换证工作完成，标志着航产集团符合新规章《民用航空器维修单位合格审定规则》CCAR-145R4的各项管理要求，适航维修体系获得局方认可。

12月16日 中国民用机场协会发布2022年度运输机场安全管理优秀案例获奖名单，机务工程技术公司参赛案例从410个候选案例中脱颖而出，获"2022年度运输机场安全管理优秀案例卓越奖"。

（资料提供：李 莉）

山西机场物流有限公司
大 事 记

1月7日 航产集团党委专职副书记、副董事长、工会主席邓保平前往山西机场物流有限公司(以下简称物流公司)开展中共十九届六中全会精神宣讲及调研。航产集团组织人事部部长董中杰、直属党委书记王建民陪同考察。

同日 省商务厅副厅长李国荣前往物流公司调研。省口岸办主任李庆元、副主任郭瑞、航产集团副总经理员佩刚陪同调研。

2月23日 物流公司召开华远陆港座谈会。

3月11日 航产集团党委副书记、副董事长、总经理陈阳莅临物流公司,围绕"提质增效"工作要求开展调研。航产集团副总经理高之岩、总会计师及总部相关部室人员陪同调研。

3月14日 物流公司组织新进员工开展入职培训工作。副董事长葛春向参训人员详细介绍航产集团的历史沿革以及物流公司混合所有制改革历程及培训意义和要求。新进员工分两批参加共计16个课时的学习。培训内容涵盖航产集团、广东薛航集团发展沿革,物流公司规章制度,控制区通行证件,OD及跑道侵入防范治理,消防应急,国内国际业务保障,异常行为识别处置等。

3月22日 物流公司组织开展"学雷锋志愿者服务"主题活动。大家通过开展义务劳动,对货站楼外部区域和内部环境卫生进行整治,集中清理垃圾、杂草、杂物,并在绿化池内栽种花草。

3月25日 物流公司召开关于中型枢纽机场智慧化专项研究项目会议,对智慧化专项研究项目的使用功能进行调研。

5月18日 物流公司副董事长葛春参加航产集团公司举行的直属党委廉政风险点及防控措施宣贯落实会。会上宣贯晋《直属党委廉政风险点及防控措施》中52条措施。

5月22日 物流公司党支部书记、副董事长葛春在省总工会直属基层工会工作委员会组织的2021年度"建功十四五·奋进新征程"立功竞赛活动竞赛中综合业绩突出,获"功勋个人"称号。

5月27日 山西顺丰速递有限公司鲁晋分拨区太原小店顺丰中转场负责人一行到山西机场物流有限公司,送上一面绣有"优质保障高效率 携手发展创未来"的锦旗。

6月7日 物流公司召开第一届董事会第五次会议。董事长薛建美、董事会成员出席会议,财务总监以及相关人员列席会议。

7月15日 物流公司副董事长葛春一行前往山西汾阳,对汾酒销售公司进行考察调研。双方就当前各自面临市场形势、公司运行情况、改革发展愿景以及共同感兴趣的事宜等进行深入分析、探讨和交流。

7月22日 航产集团党委书记、董事长、总经理陈阳一行深入物流公司,开展"送清凉"慰问活动,将防暑降温物品送到一线职工手中。党委专职副书记、副董事长、工会主席邓保平,太原机场公司党委书记、董事长王向东以及航产集团相关领导陪同慰问。

7月28日 为强化党建引领,加强党的基层组织建设,有效增强党支部凝聚力、战斗力和向心力,更好地发挥基层党组织在企业中的战斗堡垒作用,物流公司党支部与民航快递党支部开展"支部共建"经验交流主题党日活动。

8月8日 物流公司召开驻场货运代理人座谈

会。总经理林谦主持会议，常务副总经理董贵、服务总监赵勇、销售总监崔向朝、国内业务部相关部室负责人及驻场7家货运代理人代表参加会议。会议通报上半年物流公司国内业务生产销售运营情况。

8月31日 中秋佳节即将到来之际，广东薛航集团有限公司董事长薛建美一行到物流公司，对干部职工进行慰问。薛航集团副董事长肖勇、副总裁薛淑琳、工会主席李湘香等相关领导及物流公司领导班子陪同慰问。

9月5日 薛航集团斥资几十万元，紧扣物流公司实际，精准对接工作所需、职工所望，对货站楼进行修整改造。此次改造规范场所字牌标识；清理原营业厅室内外杂物，以全新形象服务客户；对党建活动室进行建设改造，办公室卡座、家具全部换新；创建职工之家、活动中心等改善员工休息、提供工作交流场所；对室内外墙面、地面破损瓷砖、地块等也进行相应修缮更换。

9月28日 物流公司在山西省展览馆参加以“融合、联动、发展”为主题的为期三天的第四届中国(山西)现代物流暨装备制造业和信息化展。

9月30日 物流公司成立国庆节前安全检查组，对整个货站楼区域的办公场所、营业场所、库区以及附属用房进行节前安全综合大检查，并陪同航产集团健安环、公安局、直属党委等单位完成对物流公司的节前安全检查。

10月20日 物流公司召开省内支线机场货运一体化会议。会议提出五个“一体化”，即轻资产一体化、信息一体化、培训一体化、市场一体化、操作流程和服务标准一体化。

（资料提供：冀 沛）

山西航空产业集团有限公司
后勤服务管理分公司
大 事 记

1月 本月起，后勤服务管理分公司(以下简称后勤公司)以“建设健康家园 共享健康佳节”为活动主题，全面开展爱国卫生专项活动，为创建文明城市和卫生城市打基础。

7月6日 后勤公司党委印发《全面建设清廉国企2022年工作要点》《关于贯彻落实〈全面建设清廉国企实施方案〉工作方案》，明确后勤公司2022年全面建设清廉国企的工作目标和重点任务。

7月8日 后勤公司党委印发《2022年党建工作项目化项目工作要点》，结合实际制订《关于“文化大讲堂”品牌建设活动的实施方案》，制订《党支部党员积分管理实施方案(试行)》，对全体党员的日常工作进行量化积分管理。

11月18日 根据航产集团纪委监察建议书，后勤服务管理分公司党委组织对“刘志华案”情况进行详细了解、梳理，向班子成员通报刘志华违纪、职务违法案件情况，要求大家思考问题产生根源及整改措施。

12月12日 后勤公司第二次组织在岗干部及党员召开专题会议，深入剖析“刘志华案”，根据专题会讨论结果，公司党委制订《以案促改专项整改教育活动方案》。

年底 后勤公司代表航产集团，完成剥离国有企业办社会职能工作。工作主要包括职工家属区“三供一业”分离移交、市政分离移交、退休人员社会化管理移交。

2022年 后勤公司农村工作队通过多种方式、多条渠道积极推动乡村振兴各项工作。内容主要包括帮扶村党组织建设,谋划落实产业项目,结合帮扶村实际特点,确定“乡村振兴五年规划”五项产业项目和一项配套基础设施改造项目,实地入户走访,扎实开展“三类户”的排查,同步开展切实有效的帮扶措施,积极主动为村民办理小额信贷、查询验证社保补助、协调为村民做健康体检和急救知识培训等,多种方式送去集团公司对帮扶村群众的关心关爱。

(资料提供:张亚欣)

各市交通运输局

太原市交通运输局大事记

1月11日 全省规模最大、功能最全的公交停保场——长风东公交电动停保场投入使用。随着东峰路、东中环、南内环东延的通车，东山区域小区居民越来越多，出行需求逐步加大，长风东公交电动停保场投入使用后，太原公交公司以此为枢纽，向外辐射、增加调整东山区域公交线路，有效解决东山居民公共出行问题。

1月11日至14日 太原市21条公交线路分三批更换纯电动车。2022年1月11日，877路、51路、861路、304路、315路、86路、910路、881路公交车更换新车；1月13日，824路、909路、G3路、S13路、912路、307路、312路公交车更换新车；1月14日，868路、S7路、306路、916路、G5路、G6路公交车更换新车。

本次更换的新车为中车客车和中通客车。其中，中车客车有10米、12米两种车型，车长10米的车型有31个座位，可载79人，车长12米的车型有32个座位，可载83人，中通客车有11米长和8.5米长两种车型，车长11米的车型可乘坐46人，乘客不可在车厢中站立，车长8.5米的车型有28个座位，可载65人。

1月25日 全省交通运输工作会议召开，总结2021年全省交通运输工作，分析形势，部署2022年工作。太原市副市长卢俊峰在太原分会场市交通运输局视频会议室出席会议，并在全程参加会议后对太原分会场参会人员讲话，首先肯定全市交通运输系统一年来取得的成绩，并对市交通运输局被评为全省交通运输系统完成年度重点工作优秀等次表示祝贺。随后，卢俊峰要求全市交通运输系统，一要珍惜荣誉，再接再厉，按照省交通运输厅工作安排和市委、市政府决策部署，认真谋划好2022年工作，并采取项目化管理，明确干什么、怎么干、谁来干，有力有序推动落实，切实加快交通强国建设太原新征程，实现全市交通运输事业高质量发展；二要针对年底前工作特点，统筹抓好春运和安全生产工作落实，切实为广大市民节日出行提供安全、便捷、优质运输服务保障；三要加快推动太原西北二环高速公路、太忻大道等重点工程项目建设，为全市经济社会发展贡献交通力量。

3月 太原市交通运输局印发《关于加快推广应用“95128”出租汽车约车服务电话号码切实便利老年人日常交通出行的通知》，加快推广应用“95128”出租车约车服务号码（简称“95128”电召服务），切实为老年人日常交通出行提供方便。

“95128”是全国出租汽车电话约车服务的统一接入号码，主要功能是向乘客提供电话约车经营性服务，向出租汽车驾驶员提供电召调度、应急报警、安全登记、信息咨询等服务。

是月 3月初，太原西北二环高速ZH09标段羊沟大桥首片T梁架设成功，3月31日，全幅70片架梁工作全部完成，至此，项目全线架梁关键“隘口”被打通，羊沟大桥全幅贯通，为河口镇大桥T梁架设和后续路基路面施工奠定坚实基础。

太原西北二环高速全长160.229公里，沿途有特大桥5座、大桥87座。羊沟大桥位于古交市河口镇境内，羊沟大桥桥面宽25.5米，长218米，作为ZH09标段主线路基第一座桥梁，是后续4座大桥运梁关键线路，也是全线桥梁施工的“卡脖子”工程，工程由中铁九局七公司太原西北二环项目部承建。

是月 太原西北二环高速ZH07标段承建的羊儿山大桥最后一联桥面系施工顺利完成，实现全线首座大桥桥面贯通，超前为后续路面施工提供工作面。大桥位于古交市嘉乐泉乡境内，羊儿山大桥左幅桥长278.00米，右幅桥长248.00米。

4月2日 上午，太原市委第三巡察组巡察市交通运输局党组情况反馈会议在局五层会议厅召开。会上，副市长李永强主持会议并讲话，市委第三巡察组组长葛世杰反馈巡察意见，市巡察工作领导小组成员、市委组织部常务副部长康建斌对整改工作提出要求，市交通运输局党组书记、局长张耀作表态发言。市委第三巡察组、市纪委第六监督检查室、驻局纪检监察组有关人员出席会议，市交通运输局领导班子成员，局机关正科级以上干部，局属单位主要负责人和市交通运输发展中心、市交通运输综合行政执法队其他班子成员参加会议。

5月7日至17日 5月7日，太原西北二环高速明扶岭隧道左洞顺利贯通，5月17日，明扶岭隧道右洞顺利贯通，这是太原西北二环高速又一重大节点突破。至此，明扶岭隧道实现双线贯通，标志着项目建设取得重大突破进展。

5月30日 太原市交通运输局举办“爱心送考 你我同行”公益活动，即日起，高考考生拨打“95128”，可预约出租车免费送考。

高考期间(6月7日至8日，含6月6日下午考生看考场)预约用车时，考生或家长可在用车前4小时拨打95128出租汽车约车电话，预约巡游出租汽车“一对一”免费送考服务。考生也可凭有效准考证(原件)，通过路面扬召方式，免费乘坐张贴“‘95128’爱心送考”红色标识的巡游出租汽车。

5月31日 太原西北二环高速盘道村大桥全幅顺利贯通。大桥位于古交市嘉乐泉乡盘道村东侧约700米处，桥梁全长488米，设计15跨。

5月 太原地铁2号线全面推行“6S”标准管理模式，“6S”标准化管理，即整理(Seiri)、整顿(Seiton)、清扫(Seiso)、清洁(Seiketsu)、素养(Shitsuke)、安全(Safety)。以太原地铁2号线大南门站为例，这是全线窗口示范站，是全线23个车站里总建筑面积最大的站。2号线开通至今，大南门站累计客流量进站349万余人次、出站353万余人次，日均客运量在全线排名名列前茅。

在日常运营中，大南门站率先建立“6S”标准化管理体系，小到物品摆放，大到服务礼仪，均有执行标准，形成规范化、标准化、制度化，加强日常巡查，值班站长每隔两小时进行一次巡视。同时，车站实行“微笑服务”“主动服务”“首问责任制”等服务项目，设立“晋心驿站”，为市民乘客提供细致周到温馨的服务。自开通以来，车站共收到锦旗18面，表扬信88封，服务热线电话表扬122次，共计拾获遗失物品34件。2022年“五一”，该站获山西省“工人先锋号”称号。

6月28日 太原西北二环高速公路阎家山1号大桥实现全幅贯通。大桥位于古交市嘉乐泉乡阎家山村东侧约500米处，全长278米，最高墩高达41.4米，设计9跨，共90片预制T梁。

7月13日 太原地铁2号线南中环站B1、B2、B3出入口和学府街站D2、D4出入口开放投入运营，进一步方便市民地铁出行。

7月 为加强太原市城市轨道交通运营管理，规范运营服务标准，保障乘客合法权益，市交通运输局印发并实施《太原市城市轨道交通运营服务规范(试行)》(简称《规范》)。《规范》明确城市轨道交通运营服务标准，规定城市轨道交通线路全天运营时间不应少于15小时；运营时段正常运行时，最大运营间隔不应大于10分钟，明确运营单位应当建立投诉受理制度，运营单位受理乘客服务投诉后，应当及时调查处理，并在7日内作出答复。

8月22日 为解决太重集团整体搬迁后的职工通勤问题，太原市开通重机专线公交通勤线路。

重机专线由前进路西矿街口开往太重潇河园区，单程约42公里，单一票制投币4元；前进路西矿街口计划发车时刻，7:00、8:00、9:00、10:00、11:00、13:00、15:00、16:00、17:00、18:00；太重潇河园区参考发车时刻，8:45、9:45、10:45、11:45、12:45、14:45、16:45、17:45、18:45、19:45。

去程设置前进路西矿街口、虎峪河千峰南路口、南录树、太重潇河园区4个站点；回程设置太重潇河园区、南录树、下元、西矿街前进路口4个站点。

9月2日 太忻大道(108国道改造工程大盂镇

石岭关至阳兴大道）建成通车，该项目是太忻经济区重要交通基础设施，是贯彻落实省委“重点建设太忻经济区”决策部署的重大举措，对于加快太原市国家区域中心城市建设，打造山西省融入京津冀和服务雄安新区的重要走廊具有重要意义。项目于2022年3月开工建设，路线全长24.5公里，总投资34.76亿元（远期规划投资45.65亿元），全线按照市政道路标准设计，双向六车道，主线设计速度80公里/小时，辅道设计速度40公里/小时，全线设置道路照明，配套管线实施7类12趟。

9月4日 由中铁广州局市政环保公司承建的太原西北二环高速中足山特长隧道右线顺利贯通，这是继8月20日中足山隧道左线贯通后又一次贯通，标志着全线首座特长隧道双线胜利贯通。中足山隧道左线全长3720米，进口位于古交市嘉乐泉乡狮子村，出口位于忻州市静乐县羊圈坪村。

9月15日 太原至太忻经济区公交线路（920支线）开通。920支线（尖草坪停车场至太忻经济区），运营时间：7：00—18：00；发车间隔：暂定60分钟/趟；票价：8元，刷卡同投币价，可使用各类免费证件。

去程设站14处，分别为：尖草坪停车场、尖草坪街解放北路口、白桦苑、阳曲镇、青龙镇村、锦绣大街、阳曲县运管所、太忻大道首邑北路、棘针沟村、太忻大道纬五路口、畛堡街三和路口、关山路畛堡街口、关山路长屏街口、太忻经济区（大盂大街关山路口）。

回程设站17处，分别为：太忻经济区（大盂大街关山路口）、三和路大盂大街口、三和路龙栖街口、三和路招呼站、大盂镇、太忻大道大盂大街口、太忻大道畛堡街口、太忻大道纬五路口、棘针沟村、首邑北路太忻大道路口、阳曲县运管所、锦绣大街、青龙镇村、阳曲镇、白桦苑、尖草坪街解放北路口、尖草坪停车场。

12月27日 太原汽车站春运车票预售正式开启。2023年春运从2023年1月7日起至2月15日结束，共计40天。太原汽车站提前将汽车票预售期调整为10天。

（资料提供：郭江波）

大同市交通运输局大事记

1月24日 为了让帮扶点村监测户、低保户、五保户等特殊困难群体过一个快乐祥和的春节，根据大同市干部驻村工作领导小组联席办公室《关于在春节、元宵节期间开展“送温暖”“送文化”专项行动的通知》，大同市交通运输局党组书记、局长卫君一行为沙圪坨镇沙河村60户村民送去优质大米、白面、食用油及春联、窗花、“福”字等，让村民再次感受到党的温暖，感受到多年来市交通运输局赓续党的精神血脉，持续助力乡村振兴伟业的坚定决心。

同日 大同市委副书记、市长张强与中国铁路太原局集团有限公司党委书记、董事长包楚雄一行就地方与铁路对接举行工作会谈。进一步把“双段长”延伸落实到基层，动态公布路地“双段长”名单，配置“双段长”公示牌，明确“双段长”责任，畅通路地“双段长”对接联络沟通渠道，优化路地双方联合执法和联合巡查工作流程，加密铁路沿线联合巡查频次，有效防范化解安全风险。

3月1日 大同市召开推进交通强市建设动员

大会,省委常委、大同市委书记卢东亮出席会议并讲话,市委副书记、市长张强主持会议并向各县(区)颁发交通强市建设任务书,市委常委、副市长龚孟建解读《交通强国建设方案山西省试点大同市实施方案》。卢东亮在大会上号召全市要把建设交通强市作为大同争先进位富民强市的基础性、先导性、关键性工程抓紧抓好、抓出成效。

4月 大同市铁路联席会议与平安铁路建设专项组联合组织召开平安铁路建设工作会议,市委副书记、政法委书记艾凌宇,市委常委、副市长龚孟建分别从不同角度对2022年全市铁路沿线安全环境治理工作提出明确要求。

5月11日 大同市交通运输局党组组织召开2022年党风廉政和反腐败工作动员部署会,局机关全体工作人员、局属各单位领导班子成员及副科级以上干部参加会议。

局党组书记、局长卫君在会上总结市交通运输局2021年党风廉政和反腐败工作,对2022年工作进行安排部署。局党组成员、驻局纪检监察组组长杨文广通报监督工作情况和“五一”检查情况。局党组成员、副局长赵志刚主持会议并带领大家学习中共十九届中央纪委六次全会、省纪委十二届二次全会、市纪委十六届二次全会精神。卫君与班子成员及局直属单位负责人签订党风廉政工作责任状。会议强调,2022年局党组继续按照党风廉政建设总体要求,从实际出发,以更务实精神,更有力措施,推动党风廉政建设深入开展。一是始终把党风廉政工作作为首要政治任务,自觉落实好主体责任;二是不断加强组织领导,将党风廉政各项工作落到实处;三是抓好清廉机关建设和“六治”作风大整顿。

6月6日 为客观评估大同市绿色出行创建行动成效,市交通运输局委托交通运输部公路科学研究院开展以“邀您共同话出行”为主题的绿色出行发展情况问卷调查活动。活动采取线上问卷推广方式,制订“大同市绿色出行创建成效调查问卷”,号召广大市民、党政机关、企事业单位、社会群团组织积极参与问卷调查活动。

6月6日至10日 大同市交通运输局和市公安局直属二分局对九龙、中南、大众、路路通、五运5家出租汽车公司所有驾驶员进行吸毒筛查。

6月23日至7月8日 大同市交通运输局和市公安局直属二分局分3次对金鼎、永恒、客运、客乐、通达、永安等出租汽车公司出租车驾驶员进行吸毒筛查。

7月25日 为贯彻落实省、市毒驾整治专项行动方案,认真做好全市交通运输系统营运驾驶员毒驾整治工作,根据市交通运输局、市公安局二分局联合制订的《全市交通运输运营驾驶员毒驾整治工作方案》,要求道路普通、危险货物运营驾驶员在进行诚信考核时,必须提交毛发毒品检测报告,检测项目为毛发中毒品及代谢物。

8月17日 大同市交通运输局开展年轻干部警示教育活动,活动由局党组成员、副局长、局机关纪委书记赵志刚主持,局党组成员、驻局纪检监察组组长杨文广讲话。会议指出,“面对面”集体谈话既是学习勉励过程,也是警示教育过程,目的是告诉大家党的纪律和廉政规定,明确哪些能做、应做,哪些不能做、不应做。参加会议的“80后”年轻干部通过聆听讲解员逐个篇章的生动讲解、观看一个个触目惊心的案例,深切感受明职责、知敬畏、存戒惧、守底线,增强廉洁自律的意识。大家表示,一定扣好廉洁从政的“第一粒扣子”,为开展“六治”作风大整顿、实现清廉机关建设目标、提升清廉大同建设水平发挥积极作用。

8月18日 大同市交通运输局向全市出租汽车行业发出文明优质服务倡议书。要求出租车公司和驾驶员对出租车做到标志齐全,车顶LED、车内顶灯完好无损,车身内外保持清洁;车内显著位置张贴社会主义核心价值观24字宣传、行业规范、禁烟标识,并长期保持车内无吸烟现象、无烟味烟灰;车身显著位置有投诉电话或服务电话,字迹清晰工整;使用文明用语,礼貌待人,着装整洁,行车时系安全带、不使用手机、不吃零食、不单手驾驶、不手搭车窗;按标准使用计价器,按计价器收费,主动出示发票;按规章制度行驶,不出现闯红灯、压实线、随意掉头等违章现象,不绕道、不甩客、不强制拼客;无正当理由不拒载、行车中不中断服务。

8月25日 大同市委常委、副市长龚孟建出席2022年全市交通运输工作推进会并讲话。

龚孟建强调，各级各部门一要提高政治站位，统一思想认识，抢抓时间，追赶进度，全力推进交通运输领域全年目标任务落实到位。二要加快项目建设，做好跟踪服务，落实市场融资、用地指标等要素保障，倒排工期、挂图作战，推动“四好农村路”、长城一号旅游公路等项目取得实质进展。三要抓实问题整改，全面排查交通运输领域各项重点工作中存在的问题，建立工作台账，明确责任人、整改措施、完成时限，做到真整改、真见效。四要强化治超工作，坚持源头监管和路面管控双管齐下，严厉打击超限超载行为，确保全市交通安全形势持续平稳。五要狠抓安全生产，树牢底线思维，采取有效措施，做好汛期在建工程施工建设等安全防范工作。六要深化入企服务，积极培育扶持规上交通运输企业，加快推动农村寄递物流服务全覆盖，着力构建安全、便捷、高效、绿色、经济的现代化综合交通运输体系，为实现“奋斗两个五年、跨入第一方阵”总目标做出交通贡献。

9月5日至7日 大同市代表山西省接受铁路沿线安全环境治理部际办公室的调研检查，受到国家检查组一行好评，省政府党组成员、副省长就此作专门批示，省交通运输厅也将大同市铁路沿线安全环境治理工作经验印发全省各市予以推广。

9月20日 大同市交通运输局机关全体党员干部赴浑源县沙圪坨镇沙河村开展结对帮扶、中秋节送温暖活动，为困难群众送去节日祝福和诚挚慰问，让困难群众深切感受到党和政府的关怀，帮扶户纷纷表达对党和政府的感激之情。

9月23日 省委常委、大同市委书记卢东亮，市委常委、副市长龚孟建带领相关部门负责人赴省交通运输厅，与厅党组书记、厅长赵建平就大同市交通事业发展进行座谈，并就全面推进大同市重点交通项目形成一致意见。

10月16日 大同市交通运输局积极响应市委、市政府号召，组织110人在市国际能源博览中心参加“能源革命造福人类”大学习、大宣传、大普及活动，营造出交通行业人人争当能源革命“尖兵”的强大声势，在全市交通运输系统掀起能源革命新高潮，为进一步发挥交通运输行业作为经济社会发展先行官作用，不断改善群众出行条件、满足群众出行需求，大力发展新能源汽车，倡导低碳生活、绿色出行理念，守护来之不易的“大同蓝”。

11月16日 大同市交通运输局召开党组（扩大）会议，传达学习中共十九届六中全会精神，局党组书记、局长卫君主持传达并安排部署贯彻落实工作，局领导班子成员参加会议。会议要求，全市交通运输系统党员干部要用全会精神统一思想，凝聚共识，坚定信心，增强斗志，真正把全会精神转化为创业激情、干事动力、工作方法，取得实际成效。确保2022年收好官，2023年开好局。

12月7日 大同市交通运输局在第五个国家宪法日宣传周，组织开展宪法宣誓活动，通过庄严宣誓，在机关队伍建设中营造崇尚宪法、遵守宪法、维护宪法的法治宣传氛围，增强机关全体干部职工树立忠于宪法和法律理念。

12月30日 为深入践行“学党史悟思想办实事开新局”的党史学习教育要求，全面建成小康社会，有效衔接乡村振兴，进一步帮扶局对口脱贫村沙河村提升人居环境治理水平，局党组成员、副局长、局机关纪委书记赵志刚一行赴村，代表局党组向该村捐赠一辆清洁车。捐赠仪式上，赵志刚与沙圪坨镇党委书记王飞、驻村工作队成员及村两委人员就妥善利用、管理好车辆、充分发挥其价值，以及做好固定资产移交工作进行沟通和安排。沙河村村委会感谢市交通运输局对该村的大力支持，并赠送锦旗。

（资料提供：高 青）

朔州市交通运输局大事记

1月20日 朔州市政府党组成员、副市长何向荣主持召开全市重大交通基础设施建设推进会。市交通运输局、市重大交通建设中心、市机场建设管理公司分别汇报项目进展情况及2022年建设计划,其中集大原高铁项目施工单位中铁三局、中铁十七局、中铁隧道局就当前工程进展情况及存在的问题和困难作详细汇报。

何向荣在讲话中,要求各级各相关部门要进一步解放思想,强化责任担当,在抢抓机遇中谋好项目,在解决问题中抓实项目。不断优化完善推进机制,提前谋划、狠抓落实、靠前服务,确保项目按照时间节点有力有序推进,更好满足群众出行需求,为经济社会高质量发展贡献交通力量。

2月8日 朔州民用机场建设推进会召开,会议现场研究解决机场建设过程中存在的问题。市政府党组成员、副市长何向荣出席会议并讲话。

何向荣指出,朔州民用机场项目建设是省、市重点工程,对推动朔州招商引资、融入京津冀协同发展作用重大。相关部门及单位一要精诚团结,齐心协力,协同配合,各司其职、各负其责,责任到人,全方位推进朔州民用机场建设。二要建立工作专班,实行周报制度,机场内外建设工程进展状况逐一上报。三要注重质量、安全、环保等方面建设,从现在开始倒排工期,直至年底建成验收之前。四要把项目建设做实做细做好,真正为家乡人民办实事,推动朔州经济高质量发展。

2月9日 朔州市交通运输局组织党员干部开展“志愿服务到一线,文明交通树新风”活动。局领导班子成员带队分5个小组在文化活动中心公交候车厅两侧、市府岗、民福岗和汽车客运北站开展活动。在公交候车亭捡拾站点及周围烟蒂和杂物,向候车市民发放交通运输安全资料,并提醒市民文明乘车;在汽车客运北站引导旅客购票、候车要保持一米线安全距离,有序乘车、文明乘车;在市府岗、民福岗配合交警维持交通秩序,向过路市民宣传安全出行知识,劝导市民骑行要戴安全头盔,文明出行。

活动结束后,局领导要求局各科室、各党支部、妇委会、共青团要把开展新时代志愿服务活动作为“我为群众办实事”重要内容,抓实抓细,形成常态,不断增强志愿服务意识,努力提升志愿服务水平,为创建文明城市贡献交通力量。

2月17日 241国道和336国道改扩建工程征拆推进工作会召开。朔州市政府党组成员、副市长何向荣出席。他指出,241国道和336国道改扩建工程项目建设对朔州经济社会发展意义重大,也是一项惠民工程。相关地区和部门一定要统一思想、提高认识,树立以人民为中心的发展思想,下定决心,紧盯目标,同心协力,按照时间节点要求,细化任务,压实责任,倒排工期,超前工作,采取有效措施全面推进征地拆迁工作,确保承担的各项任务完成。

2月25日 朔州市政府党组成员、副市长何向荣主持召开241国道和336国道改扩建工程征拆推进会。市交通运输局、相关县(区)、国道公司对征拆情况进行详细汇报。

何向荣在讲话中,要求朔城区要尽快完成241国道阳方口至朔州和336国道朔州至平鲁段改扩建工程剩余路段征拆及两侧路树的迁移工作,平鲁区尽快开展实质性征拆;朔城区、应县、山阴县加大

336国道应县罗庄至朔城区东榆林段改扩建工程土地报批和征拆力度，尽快报批林地、土地手续和实质性开展征拆工作；各施工单位要紧盯工期、真抓实干、直面困难、克服阻力、排除万难，以更好、更快、更高工作效率完成阶段性任务目标。

3月2日 朔州市政府党组成员、副市长何向荣一行轻车简从，到集大原高铁朔州段的朔城区、怀仁市、山阴县及施工单位项目部进行调研，并与沿线县（市、区）政府、施工单位现场协调解决项目推进中存在的各类问题。何向荣指出，按照市委、市政府要求，年初朔州市已经完成集大原高铁朔州段建设用地组卷上报工作。在此期间，要把高铁沿线县（市、区）征地拆迁收尾工作、“三电”迁改、临时用地等相关工作做好，各部门、各单位工作要超前谋划，及早动手，对掌握不准解决不了的问题要及时请示上级，不得拖拉。

4月7日 国道改扩建和旅游公路组包工程征拆工作推进会召开。朔州市政府党组成员、副市长何向荣出席会议并讲话，要求各级各相关部门，一要主动担当、积极作为，加强沟通会商，形成工作合力，扎实高效推进各项工作。二要明确目标、压实责任，根据具体情况想办法出方案，扎扎实实化解具体矛盾、踏踏实实解决实际问题，高质量推进工程各环节进度。三要坚持结果导向和效率导向，掌握政策，敢于创新，推动工程顺利进行。

5月30日 朔州市政府党组成员、副市长何向荣一行到朔州国道改建工程项目施工一线调研指导工作。市政府副秘书长尚兴阳、市交通运输局局长崔金鑫、朔城区政府分管副区长杨再梁、平鲁区政府分管副区长王波、市规划和自然资源局副局长贾谊军、朔州国道项目公司董事长武继文等陪同调研。

何向荣实地察看民福互通立交施工现场，随后赴南互通施工现场进行调研，并对项目施工进展及重点难点问题进行详细了解。何向荣在讲话中，要求按照省委“全方位推动高质量发展”总体思路和要求，拓展思路与方法，建立常态化工作机制，明确责任分工，狠抓工作落实，定期开展项目质量、安全、环保隐患排查，确保项目建设如期完成。

6月9日 336国道应县罗庄至朔城区东榆林段改扩建工程开工仪式举行。朔州市委书记姜四清出席开工仪式并宣布开工。山西交控集团党委书记、董事长、总经理武艺，副总经理、路桥集团党委书记杨志贵，副总工程师、养护集团党委书记、董事长高耀华，市领导张震海、武跃飞、王琳玉出席开工仪式。山西交控集团党委委员、副总经理贾勇，山西路桥集团党委副书记、副董事长、总经理郭聪林分别讲话。朔州市政府党组成员、副市长何向荣主持开工仪式。

该项目是省级重点工程，全长68.36公里，总投资23.17亿元，对于高质量建设晋北城镇圈，打造朔州“四大高地”，加快建设现代化“塞上绿都”具有重要意义。

开工仪式上，朔州市人民政府与山西交控集团签订战略合作框架协议。山西交控集团各部门及下属公司负责人，市直有关部门和朔城区、山阴县、应县主要负责人参加开工仪式。

6月22日 全市“四好农村路”和长城一号旅游公路建设工作推进会召开。朔州市政府党组成员、副市长何向荣出席会议并讲话。

何向荣要求，一要切实增强建好“四好农村路”和长城一号旅游公路的责任感紧迫感，简化审批流程，优化施工组织，以日保周、以周保月，确保按序时进度完成建设任务；二要严守“质量、安全、廉洁”三条底线，把全市“四好农村路”和长城一号旅游公路建设成为标杆工程、安全工程、廉洁工程，为全方位推动高质量发展提供有力的交通保障。

6月24日 在第35个国际禁毒日到来之际，朔州市交通运输局巾帼志愿者走出机关、走进企业、走向社会开展“6·26”国际禁毒日宣传活动。

在机动车驾驶培训机构，交通巾帼志愿者通过悬挂宣传标语、发放宣传资料、播放禁毒宣传片向道路运输从业人员宣传禁毒知识，提升大众识毒、拒毒、防毒能力，共同营造全民禁毒，共享绿色人生的氛围。禁毒工作事关经济发展大局、人民幸福安康、社会和谐稳定，市交通运输局巾帼志愿者希望广大人民群众积极行动起来，众志成城禁毒品、万众一心除毒害，共享绿色健康人生，构筑禁毒斗争铜墙铁壁，坚决打赢禁毒人民战争，以实际行动迎接中共二十大胜利召开。

6月26日 上午，G55高速公路怀仁南互通工程项目开工仪式在怀仁举行。朔州市委书记姜四清出席并宣布项目正式开工。山西交控集团党委书记、董事长、总经理武艺，市委常委、秘书长王琳玉，市委常委、朔州军分区政委张培军，朔州军分区司令员孙强，山西交控集团副总经理谢鹏远出席开工仪式。朔州市政府党组成员、副市长何向荣主持。

该项目位于怀仁市亲和乡冯庄村东，项目占地约286亩，建设工期12个月，由互通、收费站和连接线三部分组成，总投资约1.57亿元。该项目建设直接构建起怀仁市东南部区域地方国省干线与高速公路之间完善的区域路网，成为怀仁市东南部区域对外沟通的一个重要窗口。建成通车后，不仅对缓解高速公路出入口交通压力、改善城市交通出行条件、完善城市交通系统具有积极作用，并对提高国防交通网络通行能力和战备能力具有十分重要的战略意义。

武艺在致辞中指出，G55高速公路怀仁南互通工程既是改善群众出行的民生工程、扩大开放通道的发展工程、提高战备能力的战略工程，也是迅速落实双方战略合作协议的效率工程。企业和地方要紧密配合，组织精干团队，调动优质资源，坚持高标准、高质量、高效率，标准化施工、精细化管理，把怀仁南互通工程建成精品工程、示范工程、绿色工程、廉洁工程，为朔州全方位高质量发展和全省交通强省建设作出新贡献。

7月13日 朔州市政府党组成员、副市长何向荣主持召开应(县)至繁(峙)高速公路项目前期工作推进会。何向荣在讲话中要求各级各相关部门，一要主动担当，抽调精兵强将组建工作专班，做到定人、定岗、定任务、定时限、定工作纪律。二要压实责任，加强沟通会商，形成工作合力，积极与省直有关部门对接，扎实高效推进各项工作。三要明确目标，根据具体情况想办法、出方案，确保项目按照时间节点有力有序推进，为全方位推动高质量发展贡献交通力量。

7月15日 朔州市委副书记、市长吴秀玲调研中心城区住建、交通重点工程建设情况。市委常委、朔城区委书记张震海，市政府党组成员、副市长何向荣参加。

吴秀玲先后赴北同蒲铁路平改立、朝阳路打通、市区西北出口道路改造、七里河综合治理项目一期(沣汇公园)、怡东路连接线、241国道阳方口至朔城区平鲁公路改扩建(南互通)等工程现场，详细了解各项目建设推进、交通路网规划布局情况，并现场解决存在问题和困难。

吴秀玲指出，中心城区住建、交通重点工程事关城市长远未来和发展方向，一要立足朔州所处发展阶段，坚持高质量发展，高标准优化空间布局，坚持久久为功，合理有序推进重点工程建设，一年接着一年干、成熟一批干一批，持续增强中心城市承载力和聚集力。二要创新作为，加快用地规划条件审查、手续报批、用地征拆等，理顺工程建设体制机制，全力破解制约项目建设难题。健全完善PPP可持续投入机制，统筹做好工程资金筹集和拨付，千方百计保障工程有序推进。三要以对人民负责、对历史负责的态度抓好工程建设，高标准严要求保证在建项目质量，用心用情维护好已建成项目，坚决整治沿路私搭乱建行为，打造人民满意的“精品工程”，提升人民群众的获得感、幸福感。

7月25日 华远国际陆港集团、中铁三局集团党建联创共建签字仪式暨“联创共建守初心、高铁建设担使命”主题实践活动启动仪式在集大原铁路项目朔州南制梁场隆重举行。华远国际陆港集团党委书记、董事长武强，朔州市政府党组成员、副市长何向荣，朔城区区长成国栋，华远国际陆港集团党委副书记、副董事长、总经理谷建春，副总经理、工会主席薛烨，总工程师肖志强，朔州市重大交通基础设施建设服务中心主任谢刚，中铁三局集团党委书记、董事长郝刚，副总经理邓飞等出席仪式。

本次党建联创共建以“党建联创、共建双赢”为目标，围绕“生产共抓、经营共促、廉洁共保、文化共育、创新共享、典型共树”总体思路，实行“党建+”工作模式，深入巩固拓展“不忘初心、牢记使命”主题教育和党史学习教育成果，充分发挥双方党建特色优势，实现党建经验互鉴、党建成果互享、党建生产互动，共同推动“十四五”时期双方企业高质量发展。

7月26日 朔州市政府党组成员、副市长何向荣主持召开全市重点交通项目推进会，就“四好农村路”和旅游公路建设相关工作进行安排部署。

何向荣在讲话中，要求对照年初谋划跟进盘点，以稳投资保稳增长，以稳增长促稳预期。要加压奋进，力争超额完成年度建设任务。在建项目要抓住施工黄金期，继续保持大干快上良好态势。新开工项目要尽快完成前期工作。相关县(市、区)要强化保障，为项目建设提供优质服务，创造良好环境。

7月28日至29日 省交通战备办公室专职副主任、省交通运输厅总工程师高新文带队赴朔神高速公路、241国道阳方口至朔州市区和336国道朔州至平鲁公路改扩建工程项目现场进行督导调研及汛期安全生产督察。

高新文察看两个项目实体工程建设情况和安全生产情况，并现场与地方政府主管部门负责人、项目主管单位负责人等研究解决制约项目推进的问题，明确投资、工期等主要目标要求。

高新文在讲话中提出三点要求，一是全面部署开展“奋战一百天喜迎中共二十大”主题活动，紧盯年底建成目标，倒排工期、挂图作战，优化施工组织计划、强化资源要素保障，确保按期建成。二是以“时时放心不下”的责任感抓好中共二十大期间安全生产和社会稳定工作，持续开展安全生产风险隐患大排查大整治大提升，落实好安全生产强化年、安全生产三年专项行动、质量安全红线行动、自建房专项整治等行动要求，坚决遏制各类安全事故发生，针对气象气候特点扎实落实防汛要求，安全度汛；对征地拆迁费用、农民工工资、工程款等的支付以及招投标、合同履约、分包、材料供应等重点环节开展全面排查，严格落实源头稳控和多元化解机制。务必确保中共二十大期间重点公路工程建设领域安全生产和社会稳定。三是统筹谋划、精准施策，科学制订各分项工程节点计划，坚决避免各专业工程盲目施工、交叉污染，确保路面工程“零污染”，围绕平安百年品质工程要求细化组织，完善措施，把好工程收尾阶段质量关。

8月1日 朔州市政府党组成员、副市长何向荣调研机场、高铁站交通配套工程建设情况。

何向荣在迎宾大道调研绿化带工程建设情况；在环城高速朔州东站互通工程现场调研互通出口工程建设情况；在迎宾大道至机场连接道路工程现场调研工程建设及征地拆迁情况；在高铁东站工程现场调研站前广场、综合客运枢纽、进场道路、高铁站零碳项目规划设计以及站前广场征地、拆迁和高压铁塔迁改情况等。何向荣通过实地察看、现场调研、听取汇报，了解工程进展状况和建设过程中存在的问题，现场研究商讨，提出改进策略。要求各级各有关部门高度重视机场、高铁站交通配套工程建设，部门牵头，协同联动，形成合力，压实责任，采取有效措施，全力推进工程项目建设，把惠民工程做细做实做好，做到百姓心坎上。

8月3日 朔州市政府党组成员、副市长何向荣带队赴忻州市对接协调应繁高速公路和241国道阳方口至朔州公路建设项目。忻州市委常委、副市长温建军主持座谈会。

应县至繁峙高速公路、241国道阳方口至朔州公路是列入《山西省省道网规划(2021—2035年)》和《山西省“十四五”现代综合交通运输体系发展规划》中推进重点公路建设的项目。与会人员就项目有关事宜进行对接沟通，双方表示要互通信息、密切配合，深度对接、协同发力，形成项目建设强大合力，高标准、高质量推进项目建设。

8月17日 朔州市召开会议对开展打击“百吨王”暨短途非法超限超载运输专项整治行动进行动员部署。各县(区、市)分管领导，交通运输局局长、交警队队长及相关部门负责人参加会议。市政府副秘书长、市治超办主任尚兴阳出席会议并讲话。

会议指出,开展打击“百吨王”非法超限超载运输专项整治行动,牢固树立抓治超就是抓安全的发展理念,是深入贯彻落实习近平总书记关于安全生产工作的重要指示批示精神,进一步深化省、市治超办主任(扩大)会议精神的一项举措,各单位各部门一定要提高政治站位、强化责任担当,紧扣主题,紧盯目标,以车货总重超过30%以上的货车,尤其是“百吨王”等严重违法超限超载车辆为重点,在货车超限超载高发路段、重点源头企业、重要公路桥梁设施周边强化联合巡查,严厉打击蹲守、尾随、盯梢和“车托带车”等违法行为,确保实现全市“百吨王”货车动态清零目标。

9月1日 上午,朔州市交通运输局党组理论学习中心组在局三楼会议室组织集中学习,由局党组成员、副局长霍智生主持。

中心组成员集中学习习近平总书记关于加强党内法规制度建设的重要论述和重要指示精神,以及精读《习近平谈治国理政》第四卷第一专题《掌握历史主动,在新时代更好地坚持和发展中国特色社会主义》,个人自学《中国共产党章程》《关于新形势下党内政治生活的若干准则》《党委(党组)落实全面从严治党主体责任规定》《中国共产党党组工作条例》《中共中央关于加强党的政治建设的意见》《中国共产党重大事项请示报告条例》等重要法规条例,集中观看党史微纪录片《百炼成钢:中国共产党的100年》第二集。通过此次集中学习和党史学习教育,参会人员纷纷表示,通过精读《习近平谈治国理政》第四卷第一专题的4篇著作,对习近平新时代中国特色社会主义思想的体系性、指导性、原创性有了更为全面深刻的理解。开展党史学习教育,观看《百炼成钢:中国共产党的100年》,既是坚持理论强党的具体行动,也是推进党史学习教育常态化长效化的具体实践,对党员领导干部切身感受党的艰辛历程、沧桑巨变具有重要意义。中心组成员表示要从党的光辉历史中汲取砥砺奋进的精神力量,用学习成果推动工作开展,用工作成效检验学习成果,为推动全市交通运输工作发展做出新的更大贡献。

9月2日 朔州市重点交通项目推进会召开。市政府党组成员、副市长何向荣要求各级各部门一要紧盯目标任务,科学精准施策,压实各方责任,强化对接协调,加强督导考核。二要切实加强安全生产管理,确保不发生安全事故。三要把廉洁要求贯穿到工程建设、管理全过程,坚决守住廉洁底线。四要注重生态环境保护,确保完成各项建设任务。

9月5日 省交通运输厅党组成员、副厅长王四小带队在平鲁区调研指导长城一号旅游公路建设工作。朔州市政府党组成员、副市长何向荣陪同调研。调研组要求,一要提高政治站位,进一步压实工作责任,高标准、高质量加快完善旅游公路配套建设工作。二要加强协调沟通,主动作为,及时掌握工作推动情况,严把高效关、质量关、安全关、环保关。三要进一步发挥旅游公路示范带动作用,为提升全域旅游品质、推进乡村振兴提供有力支撑。

9月21日 省政府党组成员、副省长于英杰到朔州市督导重点工程建设工作。省政府副秘书长赵光国,省科技厅党组书记、厅长卫英慧,朔州市委副书记、市长吴秀玲,市领导武跃飞、刘亮、田东、何向荣参加。

于英杰先后到朔州新建民用机场、呼北高速朔神段、中煤平朔安太堡2×350兆瓦低热值煤发电项目、山西恒科年产6万吨锂电池负极材料项目、神头泉城市生活供水等工程项目,与企业负责人、一线职工亲切交流,详细了解项目建设进展、服务保障、科技支撑等情况,现场研究解决项目推进中遇到的困难和问题。其间,召开座谈会,听取全市重点工程建设情况汇报,安排部署下一步工作。

于英杰强调,要认真落实中共中央、国务院决策部署及省委、省政府抓项目促投资稳增长工作安排,抢抓当前施工黄金期,强化各项要素保障,持续优化营商环境,用足用好国家政策性开发性金融工具,强化项目管理和计划调度,以更大力度推动项目建设提速提效,为实现全年预期发展目标提供有力支撑。要科学组织施工,严把工程质量,抓好安全生产工作,坚决守牢安全发展底线。

吴秀玲表示，朔州市认真落实省委、省政府部署要求，建立健全"工程施工图、技术流程图"管理模式，进一步明确重点任务和时间节点，以目标倒逼责任、时间倒逼进度、督查倒逼实效，全力以赴加快项目建设，确保高质量完成年度目标任务。

9月29日 朔州市委副书记、市长吴秀玲主持召开市政府专题会议，研究推进"四好农村路"和长城一号旅游公路建设工作。朔州市政府党组成员、副市长何向荣参加。

会议指出，该项目是民生工程、民心工程。一要提高政治站位，树立大局意识，深入贯彻中共中央、国务院、省委、省政府决策部署，凝心聚力，全力推动，确保高质量完成建设任务。二要积极筹措资金，强化资金拨付管理，统筹兼顾各方利益，优化分配方式和比例，确保有限资金用在刀刃上。三要压实工作责任，建立"市级统筹、县级落实、城发集团对接"工作机制，一体推进项目建设。四要增强"两个转型、文旅先行"的思想自觉和行动自觉，精心规划布局两条道路的附属设施，紧抓政策机遇期，统筹推进项目打包，吸引社会资本，推动项目建设提速升级。五要深化农村公路养护体制改革，推行路长制和分区域片长制，坚持条块结合、长效监管，全面提升公路管理养护水平，完善公路路网，助力乡村振兴。

会上，市交通运输局传达全省部署要求，汇报全市进展情况；各县(市、区)政府汇报推进情况和下一步工作举措。

12月9日 朔州市政府党组成员、副市长何向荣主持召开241国道阳方口至朔州段和336国道朔州至平鲁段公路改扩建工程项目压覆煤炭矿产资源安全论证会。何向荣要求，该项目是省级重点工程，对于提高朔、平两国道的运煤能力，实现区域经济互联互通具有重要意义。相关县(区)、有关部门、矿权单位要统一思想、通力协作，全力以赴、不折不扣按时限要求把工作完成好，为全市高质量发展做出应有贡献。

(资料提供：侯 兴)

忻州市交通运输局大事记

1月21日 忻州市交通运输局召开党史学习教育总结会议。会议深入学习贯彻习近平总书记重要指示和中央、全省、全市党史学习教育总结会议精神，全面总结党史学习教育经验做法，巩固拓展成果，引导全局各级党组织和全体党员干部从百年党史中汲取智慧力量，奋力谱写新时代中国特色社会主义忻州交通运输新篇章，以更加昂扬的姿态奋进新征程、建功新时代，以优异成绩迎接中共二十大胜利召开。市委党史学习教育督导五组组长、市政协教科卫体委员会主任吴红兵，副组长、市直工委四级调研员张卫平，督导五组成员工业和信息化服务中心正科级干部赵培田，市委办公室科员李晓亮参加会议并进行指导。市交通运输局党组书记、局长靳泽指出，学好党史、用好党史，靠一次集中学习教育是不够的，党史学习教育没有"暂停键"，不是一阵子的事，而是一辈子的事，要推动党史学习教育融入日常、抓在经常，进一步引导激励全局广大党员干部以强烈的历史主动精神，坚持从党的百年奋斗历程中汲取智慧和力量，以更大作为、更实作风奋进新征程、建功新时代。

同日 下午,忻府区交通运输局召开2021年度目标责任制考核大会。区政府办副主任崔蕾、人大法制委员会专职副主任委员张智慧等考核组一行人员出席会议,局领导班子成员、机关全体在职干部及局属各单位负责人共20余人参加会议。会上,考核组对区交通运输局2021年度目标任务完成情况、领导班子、领导干部、法治建设工作等进行大会民主测评。考核组通过个别谈话、资料查阅方式,多角度、全方位对区交通运输局各项工作开展情况进行深入考察。2022年,区交通运输局将持续以习近平新时代中国特色社会主义思想为指引,踔厉奋发、勇毅前行,在交通运输领域推动忻府区高质量发展,以优异成绩迎接中共二十大胜利召开。

1月17日至2月25日 春运期间,忻州市交通运输局认真贯彻落实市委、市政府和省交通运输厅关于春运的安排部署,督促客运企业和场站健全完善应急预案,严格落实24小时专人值班和领导干部在岗带班、外出报备机制。进一步强化运输组织和调度,根据客流变化规律及气候变化实际情况,实时抓好运量预测,做好应急运力储备工作,加强车辆及司乘人员文明教育管理,确保乘客走得有序、走得及时、走得安全、走得舒心。春运期间共投入客运车辆26761辆次,发送班次36848班,运送旅客330917人次,实现交通零事故、运输零滞留、服务零投诉的预期目标。

2月11日 忻州市交通运输局召开"解放思想、真抓实干"主题行动动员部署会。会议全面贯彻落实全市"解放思想、真抓实干"主题行动动员部署会议精神,部署主题行动工作,动员全局广大党员干部职工进一步解放思想、提振信心、真抓实干、担当作为,激发解放思想新动能,展现真抓实干新风貌。局党组书记、局长靳泽作了题为《思想再解放实干再提升不断开创忻州交通运输全方位高质量发展新局面》的动员讲话,提出3点要求:一要迅速兴起主题行动热潮,夯实解放思想、真抓实干的政治思想基础,确保破"六弊"、兴"六风"、见人见事、入脑入心、落地见效;二要破"等靠要看"之弊,兴"主动快干"之风,加快后发赶超步伐,聚焦市委"一个牵引、六大突破"总体要求,做好太忻大道建设等各项工作,协力推动太忻一体化经济区建设强势开局;三要精心组织,完成好主题行动各项任务要求。要做好动员部署,全面落实"四个环节""九项任务"。要明确重点安排,确保主题行动不偏离主题、不空泛议论、不走形式过场。要注重实际成效,切实解决好主题行动"六方面问题",确保交通运输各项工作实现一季度"开门红",为加快建设太忻一体化经济区当好交通先行。

2月25日 忻州市召开推进交通强市建设动员大会。市委书记朱晓东出席会议并讲话,要求深入学习贯彻中共十九届六中全会精神,认真学习领悟习近平总书记关于交通运输工作的重要论述和视察山西重要讲话重要指示精神,全面贯彻落实全省推进交通强省建设动员大会精神,按照省、市党代会和两会部署要求,提振信心,勇担使命,加快推进交通强市建设步伐,为全方位推动高质量发展提供坚强有力的交通运输支撑。市委副书记、市长李建国主持会议并作具体部署。市委常委、副市长温建军就《交通强国建设山西省试点忻州实施方案》作说明,对三个一号旅游公路建设进行安排。会议指出,交通运输是兴国之要、强国之基,具有基础性、先导性、战略性、服务性行业地位,经济社会要高质量发展,首先要实现更高质量的交通先行发展。扎实推进交通强市建设,是做到"两个维护"的具体考验,是贯彻省委、省政府重大战略部署的现实要求,是提升忻州市交通运输发展水平的迫切需要。全市上下要切实增强使命感、责任感、紧迫感,扎实推动交通发展由追求速度规模向更加注重质量效益转变,由各种交通方式相对独立发展向更加注重一体化融合发展转变,由依靠传统要素驱动向更加注重创新驱动转变,着力打造一流设施、一流技术、一流管理、一流服务,加快构建安全、便捷、高效、绿色、经济的现代综合交通运输体系,真正让忻州市成为全方位推动高质量发展的开路先锋。会上,忻府区、市交通运输局、忻州公路分局负责人作表态发言。

2月28日 忻州市召开专题会议安排部署重

大铁路项目建设推进事宜。市委常委、副市长温建军出席会议，市发改委、市规划和自然资源局等相关部门负责人参加会议。会议研究在集大原高铁和雄忻高铁项目推进中发现的问题，研究解决办法，并就推进举措协调会商。会议强调，要抢抓铁路建设的窗口期和投资机遇期，以思想破冰引领发展突围，加快推进全市高铁项目建设。要坚持问题导向、目标导向，多方筹集建设资金，强化项目统筹协调。集大原高铁和雄忻高铁沿线县(市、区)要全力做好服务保障，市直部门要主动加强协调配合，切实形成工作合力，全力加快用地、征拆、站房设计等工作进度，高标准完成高铁项目开工前准备工作，确保项目按期开工。

3月4日 忻州市召开2022年全市交通运输暨党风廉政建设工作会议。会议采用电视电话形式，党组书记、局长靳泽作报告，总结2021年交通运输工作，部署2022年工作。会议指出，2021年全市交通运输系统围绕太忻一体化经济区建设、乡村振兴、全域旅游等一系列重要决策部署，践行交通先行使命，争当服务保障先锋，行业发展取得新成绩，实现“十四五”良好开局。2022年重点做好十个方面工作。一是守牢安全稳定底线；二是全力推进交通强市建设；三是不断夯实综合立体交通网；四是稳步提高交通运输服务供给质量；五是强化交通发展和乡村振兴有效衔接；六是积极推进“绿色交通”建设；七是深入推进交通运输数字化发展；八是全面加快交通运输改革步伐；九是持续提升行业现代化治理能力；十是全面推进党的建设、廉政建设和精神文明建设。要以“解放思想、真抓实干”主题行动牵引全年工作开局，弘扬以“开路先锋”为魂的新时代交通精神，牢固树立“发展是硬道理、业绩是新担当、交账是军令状”的工作理念，以优异成绩迎接中共二十大胜利召开。

3月24日 忻府区交通运输局召开道路水毁修复暨养护大中修工程推进会。会议传达全省灾后建设工作推进会议精神，集体学习市委书记朱晓东提出的五点意见，并对区局救灾修复修缮与2022年养护大中修工程项目逐项进行安排部署。会议指出，救灾工程是民生工程，也是对党员干部的一次大考。要压实责任、履职尽责，以慎终如始的态度推动各项任务落地落实。会议强调，面对修复任务，一要提高站位，在思想上高度重视；二要严格程序，务必确保工程质量；三要注意时限，争取在既定期限内完成施工；四要恪守底线，守牢安全底线和资金底线；五要未雨绸缪，认真总结经验做法，持续提升防灾减灾救灾能力。

3月29日 忻定大道、忻原大道建设项目是推进忻、定、原三城融合发展、加快宜居宜业宜创宜游的创新型田园城市建设的重大战略工程和民生工程，对进一步改善群众生活品质、提升城市能级、改善城市形象、缓解城市拥堵、释放城市活力具有重要意义。区交通运输局紧紧围绕建设衔接高效的干线网，夯实综合立体交通网要求，解放思想、真抓实干，加快推进忻定、忻原大道续建工程项目。

3月30日 忻府区交通运输局召开2022年交通运输工作暨党风廉政建设会议，局党组书记、局长宗德总结2021年全区交通运输工作，全面部署2022年工作。

4月2日 忻府区交通运输局召开2022年第一季度暨3月份安全生产工作例会。会议传达全国安全生产电视电话会议精神，对近期全系统安全生产工作进行部署，并就一季度安全生产情况进行通报。

4月8日 偏关县交通运输局组织召开干部纪律作风大整顿专项行动动员部署会。会上，副局长吕贵珍传达《中共偏关县委偏关县人民政府关于开展干部纪律作风大整顿专项行动的通知》，宣读《偏关县交通运输局干部纪律作风大整顿专项行动工作方案》。会议要求，全局上下要从讲政治的高度认识此次专项行动重要性，把纪律作风整顿作为一项重点任务和经常性工作，推动集中整顿有序推进、有效开展。

4月14日 忻府区交通运输局召开2022年度党务工作会议。会议主要任务是：深入贯彻全区党务工作会议精神，严格按照新时代党的建设总要求，以太忻一体化经济区建设强势起步为牵引，突出“三个坚持”、抓好“六项工程”、持续提升“七个能力”,解放思想、真抓实干,对标一流、奋发作为,为高质量发展提供坚强的交通运输支撑。

4月22日 忻州市政府召开全市三个一号旅游公路和一般农村公路建设推进会议。市委副书记、市长李建国出席会议并讲话,各县(市、区)长、分管交通运输的副县(市、区)长、市直相关部门负责人参加会议。会议通报当前工作进展,进一步明确目标任务,要求抢抓政策机遇期、施工黄金期、任务节点期,补齐落下的步子。会议要求,必须紧紧扭住重点,坚持市负总责、县为主体,完善政府主导、交通协调、部门协作的工作机制,紧盯节点目标,以月保季、以季保年,严格督查、强化问题,破解难题抓落实,确保完成2022年全市旅游公路和农村公路建设任务,同时要抓好108国道忻州境内砂河至石岭关改建工程等各项国省道建设任务,为忻州全方位推进高质量发展提供坚强交通保障。

4月23日 宁武县委副书记、县长赵亚峰实地督导长城一号旅游公路(阳方口段)改建工程及241国道过境线改造工程建设。县政府办、交通运输局、财政局等相关单位主要负责人陪同调研。要求牢牢把握专项债券宝贵政策机遇,加强对项目实施的精准调度,按照要求同步拨付资金,确保专项债券项目建设和资金使用又好又快推进。

5月5日 忻府区交通运输局积极做好重点物资运输车辆通行证核发工作。

5月12日 岢岚县交通运输局制订全国第14个防灾减灾日活动方案,在舟城广场、监管企业、交通场站等地开展“防灾减灾日宣传周”主题活动。活动中,采取形式多样、富有实效的宣传方法,印制传单500份、折叠手册100份,到汽车站、富民公司组织开展安全宣传,到营运车辆上向乘客进行宣传,向旅客,司乘人员宣传遵章守法、安全驾驶的重要性,取得明显成效。

5月20日 忻州市交通运输局召开2022年机关党建工作会。会议全面总结2022年上半年党建工作,进一步安排部署年度党建工作。局党组成员、副局长、机关党委书记张祥生主持会议并讲话。会议要求,各级党组织与广大党员干部要切实增强做好机关党建工作的思想自觉、政治自觉、行动自觉,推动机关党建工作与中心工作深度融合,围绕年度机关党建工作要点与党建责任状,全力推动机关党的工作走在前、作表率。一是提高政治站位,推进党的政治建设,坚决捍卫“两个确立”。二是深化对党的创新理论学习,持续巩固党史学习教育成果,严格落实意识形态工作责任制。三是突出重点工作,坚持把组织战斗堡垒建在乡村振兴、公路建设、交通执法等工作一线。四是推进党建工作与业务工作“两手抓、两手硬、两促进”,严格规范党内政治生活,统筹推动组织生活常态化、党支部建设标准化、活动载体特色化、目标考核精准化、党建管理信息化、党建工作规范化,将党建成果转化为“交通强市”的实际成效。

5月23日 忻府区交通运输局紧盯物资运输堵点、难点问题,以更加畅通的交通物流服务保障民生物资和农业、能源、原材料等重要生产物资的运输畅通。

5月25日 忻州市交通运输局召开全系统2022年创建全国文明城市推进会,会议传达忻州市2022年创建全国文明城市推进会议精神,安排公共交通巩固提升第二小组对创建全国文明城市的责任进行分解。局党组书记、局长左百胜在讲话中,要求各相关科室、单位,各公交、出租企业要切实履行好各自工作职责,抓好各项任务落实。一是以“创则必成、成则一流”的锐气掀起工作热潮。二是以“严谨细致、常抓长效”的作风提高工作成效打好“四大战役”。要利用有限的时间、以最快的速度、最大的范围、最有效的方式进行全员发动,营造“没有与创建不相干的人,没有与创建不相干的事”的浓烈氛围。三是以“以人为本、创建为民”的理念实现共建共享。充分发挥汽车站、火车站、机场等交通场站的宣传媒介作用,有效运用公交、出租等公共交通载体渠道,通过刊播、悬挂公益广告等方式方法,积极开展文明培育引导工作。四是以“高效有力、上下联动”的机制凝聚工作合力。各科室、单位的主要负责人亲自过问,抓推进、抓指导、抓督查。要倒排时间、明确责任，团结协作，超常规运作、强力度推进。把思想高度统一起来，把精力高度集中起来，把力量充分凝聚起来，扎扎实实地做好各项工作，确保如期实现目标。

5月27日 忻州市交通运输局安排部署“八五”法治宣传教育活动，学习新修订的《中华人民共和国道路运输条例》《中华人民共和国反有组织犯罪法》等法律法规。结合“全民国家安全教育日”“路政宣传月”和“美好生活·民法典相伴”等重要时间节点开展法治宣传教育活动，多角度、全方位、立体式开展法规政策宣传，营造尊法学法守法用法的良好社会氛围。

5月29日 108国道忻州境内砂河至石岭关改建工程开工仪式在繁峙西高速出口路东举行。项目起点位于繁峙县集义庄乡东侧，终点位于忻州市与太原市交界处石岭关附近，途经繁峙县、代县、原平市、忻府区4个县(市、区)，全长170.6公里，总投资92.38亿元。全线采用双向四车道一级公路标准建设，设计行车速度80公里/小时，路基宽度25.5米。此项改建工程既是太忻一体化经济区建设强势起步的先导性项目，也是“十四五”期间全省规模最大的国省干线公路新改建工程项目，建成后将进一步拉大区域发展框架，为忻州进一步融入太忻一体化经济区、京津冀协同发展区提供强有力的路网支撑，为全市经济社会发展注入新的生机与活力。

5月30日 忻州市交通运输局召开“八五”法治宣传教育安排部署会。党组书记、局长左百胜主持会议并讲话，机关局领导、各科室(单位)负责人参加会议。会上观看执法普法警示教育片，安排部署近期工作。

6月12日 原平市交通建设中心举办防洪防汛抢险应急演练活动。这次市交通建设中心全体职工、专业队等28人参加演练，市局党委委员杨志伟做动员讲话。

6月14日 忻州市人大常委会副主任王源带领调研组在宁武县调研交通强市战略实施及交通重点项目建设情况。调研组先后深入长城板块旅游公路主线(长城一号)宁武县境内阳方口段、支锅石至万年冰洞段的工程项目建设现场，通过实地调研、听取汇报等方式，详细了解项目进展和交通基础设施建设进展。调研组充分肯定宁武县推进重点交通项目建设所做的大量工作。同时指出，长城板块旅游公路项目工程对宁武县未来发展意义重大，能够极大地带动沿线经济发展。要明确时间节点，抢抓施工黄金期，在保证工程质量前提下开足马力，抢进度、提速度，力促在建项目如期完工，早日实现路网互联互通，推动交通业和旅游业同步发展。同时要着力抓好安全生产，加强隐患治理及风险管控，严格落实施工安全等各项措施，确保工程安全有序推进。

6月16日 静乐县交通运输局举行“6·16”安全生产月咨询日宣传活动。局长张玉堂、县交通运输事业发展中心主任常建军、局安全股股长高喜宽分别讲话，重点以“遵守安全生产法，当好第一责任人”为主题，阐述安全生产的重要性，指导企业要严格按照安全生产“543”工作机制履行好企业主体责任。此次咨询活动共计发放宣传资料2000份，接待咨询群众20人次。活动结束后，县交通运输事业发展中心与全县道路运输企业进行安全生产责任书签订仪式。

6月30日 忻州市交通运输局召开“负责任、动脑筋、讲良心”专题学习部署会。要求全市交通运输系统党员干部职工要深刻理解和把握市委“负责任、动脑筋、讲良心”工作要求的内涵实质，切实把这项工作要求落实到交通运输各项工作的全过程各方面。

同日 忻州市交通运输局召开庆祝中国共产党成立101周年暨“喜迎中共二十大、奋进新征程”主题党日大会。会上，全体党员重温入党誓词，观看党性教育专题片《共产党员》，传达学习习近平总书记在中共中央政治局第四十次集体学习时的重要讲话精神。局党组书记、局长左百胜以“解放思想 真抓实干 不断推动党建工作高质量发展 以优异成绩迎接中共二十大胜利召开”为题讲专题党课，要求全市交通运输系统党员继承和发扬党的优良传统，更好地发挥基层党组织的战斗堡垒作用和党员干部的先锋模范作用，紧紧围绕市委、市政府和省交通运输厅的部署要求，推动全面从严治党不断向纵深发展，只争朝夕，埋头苦干，忠实履责，奋发有为，全力推进交通强市建设，奋力谱写忻州全方位推动高质量发展新篇章，为建设社会主义现代化强国再立新功，再创佳绩，以更加优异成绩迎接中共二十大胜利召开。

同日 忻州市交通运输局召开“对党忠诚、清正廉洁”教育活动专题会议。会议指出，要深刻领悟习近平总书记关于党的自我革命战略思想，深入领会习近平总书记关于新形势下党风廉政建设和反腐败斗争的重要论断，不断提高一体推进“三不腐”能力和水平，推动清廉机关建设取得更大成效。会议要求，一是强化机关干部教育管理监督，坚持教育在先，通过岗前提示、节前提醒、正面引导、反面警示、风险排查、日常监督等一系列“组合拳”，营造激浊扬清、干事创业的良好氛围。二是认真履行全面从严治党和党风廉政建设主体责任，狠抓党内政治生活质量，认真落实关于加强新时代廉洁文化建设的意见，打造特色鲜明的清廉文化品牌。三是推动机关党委、机关纪委形成合力，强化监督，坚决整治群众身边的“微腐败”问题，全力支持纪检部门案件查办。四是强化廉政风险防控工作，重点加强工程领域廉政建设，严防“围猎”现象。五是全力根治“机关病”，毫不松懈纠治“四风”，瞄准突出问题和重点环节，持续推动中央八项规定有效落实，坚决纠正一切损害群众利益的腐败行为和不正之风。

7月5日 保德县举行247省道刘家塔镇至土崖塔乡公路改建工程保德境内路线方案论证会。县委书记李军出席会议并讲话。县委副书记，县长韩朝炜主持会议。

7月10日 静乐县交通运输综合行政执法队开展为期百日的客运市场秩序专项整治行动，累计出动执法人员900人次，执法车辆300辆次，查处各类违法违章车辆336辆次。

7月14日 忻州市成立中共忻州市物流行业委员会，中国共产党忻州市物流行业委员会隶属于中共忻州市委非公经济组织和社会组织工作委员会，接受市交通运输局党组领导，选举出委员7名。同时设立13个市直基层党支部，涵盖108个货运物流企业、10个出租车公司、5个网约公司，从业人员12000余名，14个县（市、区）均成立快递物流行业党组织，党建工作形成横向到边，纵向到底的全覆盖网络。各级党组织充分发挥政治功能和组织功能，定期召开党建工作会议，开展学习贯彻中共二十大精神、习近平总书记视察山西重要讲话重要指示精神等，从行业规划、政策支持等方面提出工作措施，发展入党积极分子14名，做到党建与民营经济发展互融互促，有效提升党组织对物流业的覆盖度和服务质量，进一步增强党在物流行业的号召力、凝聚力、影响力，不断巩固党执政的阶级基础、群众基础和社会基础。

7月20日 五台县探索运输行业基层党工组织建设——“结对共建”引领货运司机回“家”。五台县现有500余名从事运输的货车司机，由于流动性较强，部分党员司机正常的组织生活及教育培训开展较少。为探索运输行业基层党工组织建设。五台县委组织部、县总工会、县交通运输局党组联合在县交通运输局组建运输行业基层党工组织，打造特殊行业基层党工组织“结对共建”试点，为货车司机开展心理辅导、走访慰问以及送温暖、送岗位等关爱活动，以此提升县运输行业货车司机党工共建工作的质量。

7月21日 省交通运输厅第三督导组组长宋平兴带队，采取“双随机、一公开”方式，对神池县农村公路建设进行督导，督导组通过听取汇报、查阅资料、实地核查、查找问题等方式，对三个一号旅游公路和一般农村道路建设进展情况进行督导。县交通运输局局长周俊保汇报进展情况。

8月8日 岢岚县交通运输局把防汛抗洪、抢险救灾作为头等大事，全力保障物资供应、人员及时运送。在县委、县政府领导下，及时启动防汛抢险应急预案，分赴受灾乡镇指导和协助水毁抢修、防洪抢险工作。县交通运输局迅速成立水毁抢修工作领导小组，派出20支抢险工队共计980人，大型机械380台辆，各项基础费用70余万元，有序修复全县水毁点。

8月15日 繁峙县政府召开一般农村公路和三个一号旅游公路项目建设推进会。会上通报当前项目建设进展，就加快推进工程建设进度、保质保量完成目标任务进行再安排再部署。县委副书记、县长赵斌出席会议，县政府二级调研员韩红英主持会议，各相关部门、乡镇负责人参加会议。

8月22日 上午，保德县交通运输局在东关码头举办"关爱生命、珍爱黄河、共建和谐水运"为主题的保德县2022年水上交通应急救援演练。副县长白侯平受邀出席活动，县交通运输局、县应急管理局、县公安交警大队、县消防救援大队、县地方海事服务中心参加演练。本次应急演练模拟行驶中的船舶上人员落水和客船起火两个科目，县地方海事中心接到警情后，立即上报协调，根据指示启动水上交通应急响应机制，各组根据工作职责迅速按照应急预案流程开展工作，各组分工协作、密切配合，演练取得成功。

9月1日 省交通运输厅党组成员、副厅长王四小一行在繁峙县调研长城一号、太行一号旅游公路建设情况。忻州市委常委、副市长温建军，市交通运输局党组书记、局长左百胜，县委副书记、县长赵斌，县政府二级调研员韩红英以及县相关部门负责人陪同开展调研工作。

9月7日 岢岚县2022年旅客运输突发事件应急救援演练在岚漪镇坪后沟村东1公里处举行。县交通运输局、县应急管理局、县道路运输服务中心、城市客运办、县汽车站、120急救中心、富民公司、万通公司、港泰隆物流公司、腾龙汽修厂等部门及公司参加。本次演练活动准备充分、指导到位、措施有效、衔接顺畅，有效检验救援队伍和指挥人员的应急处置能力，取得预期效果。

9月13日 忻州市交通运输局组织参加由省交通运输厅、省人力资源和社会保障厅、省总工会共同主办的2022年山西省交通运输业职工职业技能大赛。大赛采取理论考试和实际操作相结合的方式进行，经过激烈角逐，忻州市交通运输局代表队获得机动车驾驶教练员技能竞赛团体一等奖。

同日 偏关县交通运输局召开跨省卡口保通保畅工作会。副县长郭秀红就进一步做好万家寨、水泉跨省卡口保通保畅工作进行具体安排部署。

9月14日 忻府区物流保通保畅工作领导小组以太忻一体化经济区建设为牵引，全力稳运行、稳投资、稳企业，强化组织保障、建立长效机制、创新服务方式、提升服务质效。

9月21日 忻府区交通运输局着力打造讲政治、守纪律、负责任、有效率的模范机关，积极推进清廉机关建设。

9月30日 忻州市交通运输综合行政执法队组织参加2022年交通运输综合执法检查活动。按要求上报自查自纠报告，完善网上评价指标，18名执法人员参加交通运输部统一执法考试，会同法律顾问和执法业务骨干对2021年8月至2022年7月期间办结的行政处罚、行政强制案卷99宗（其中道路运政案卷14宗，占比14.1%；城市客运案卷85宗，占比85.9%）进行审核评查，通过查找问题，更清楚地认识到案卷制作存在的薄弱环节，以评查为契机，加强评查结果运用，采取有效措施，切实提高行政执法案卷质量和行政执法水平。在参加交通运输部2022年综合执法检查活动中，组织18名执法人员进行线上法律知识考核，评查执法案卷30件，市交通运输综合行政执法队在综合执法检查案卷评查中获得高分（分别是97分和98分），市交通运输综合行政执法队陈文军获评2022年度交通运输法治政府部门建设先进个人。

同日 太忻大道（忻州段）、忻原大道建成通车。忻州市交通运输局全力推进城市快速路建设，打造太忻复合型城际交通走廊。围绕省委、市委下达的太忻大道"9·30"通车目标，笃定"起步即冲刺、开工即决战"的意志，尽锐出战，攻坚克难，在忻府区、原平市、定襄县合力推动下，仅用5个月时间，全长12.52公里、总投资14.47亿元的太忻大道（忻州段）如期建成通车，同步建成忻原大道（全长23.18公里、总投资26.37亿元），积累宝贵的建设经验，为太忻一体化经济区忻州片区强势起步再添新动脉。

10月12日 忻州市交通运输局召开党组理论

学习中心组(扩大)学习会。忻州市委第四工作组组长、市妇联党组书记、主席邢雨花,市委讲师团李雯琦到会旁听指导。会上,中心组成员填写应知应会知识问卷,集体学习《习近平谈治国理政》第四卷中全面推进中国特色社会主义法治体系建设章节和《中华人民共和国公路法》。党组中心组成员围绕学习内容,结合分管工作进行交流发言。邢雨花在指导点评中对忻州市交通运输局党组理论学习中心组(扩大)学习会给予肯定。

10月16日 上午10时,中国共产党第二十次全国代表大会在北京人民大会堂隆重开幕。忻州市交通运输局认真组织党员干部职工集中收听收看开幕会直播。

10月18日 由省委督查委员会第三巡察组组长、省委督查室一级调研员光宇瑛带队的省物流保通保畅第三巡察组到保德县督导检查物流保通保畅工作。县委副书记、县长韩朝炜,县人大常委会副主任陈建明、副县长白侯平陪同检查。

10月24日 忻府区交通运输局积极开展燃气安全排查整治专项行动,并取得一定成效。10月份以来,共检查企业14次,出动检查车辆12辆次,检查人员60人次。

11月15日 保德县委副书记、县长韩朝炜调研项目建设并督查安全生产工作。

11月20日 五台县殿头至代县界公路竣工通车。2020年11月开工,2022年11月完工通车,路基宽度6.5米,项目批复预算投资6793万元。

11月30日 省交通运输厅党组成员、副厅长郭丙福到代县、繁峙县督导物流保通保畅和交通运输安全生产工作。忻州市委常委、副市长温建军陪同督导,代县、繁峙县政府负责人参加。督导组一行先后到繁峙县汽车站、108国道、205省道进行实地检查。督导组要求,要深入贯彻落实习近平总书记关于安全生产工作的重要指示批示精神,认真贯彻落实省委、省政府决策部署和全省安全生产工作电视电话会议精神,紧紧把握年终岁尾交通运输安全生产特点,深刻汲取近期省内外发生的安全生产事故教训,坚持问题导向,坚持系统观点,举一反三,突出重点,以“时时放心不下”的责任感,扎实开展交通运输安全生产隐患排查整治专项行动。要压紧压实企业主体责任,加强风险管控与隐患排查治理,不断提升交通运输本质安全水平,有效防范和遏制重特大事故发生。

12月6日 上午10时,北京人民大会堂隆重举行江泽民同志追悼大会。忻府区交通运输局组织全体工作人员收听收看江泽民同志追悼大会直播。

12月8日 忻府区交通运输局积极开展铁路沿线安全环境整治工作。突出重点、标本兼治,对忻府区境内大西高铁沿线、北同蒲铁路沿线、忻河铁路沿线三条铁路沿线环境开展全面整治。

12月21日 繁峙至五台高速公路项目在繁峙县举行开工奠基仪式。项目起点位于繁峙县繁城镇楼岗南,途经繁峙县、代县、五台县,终点止于五台县高洪口乡瑶芝村,总投资98.63亿元,建设工期3.5年。路线全长64.357公里,全线按照双向四车道高速公路标准建设,设计速度100公里/小时,路基宽度26米,全线设桥梁37座13049米,隧道8座23260米,互通式立体交叉4处,收费站3处,服务区1处,桥隧比达56.9%。该项目作为全省高速公路网中第一纵的重要组成部分,连接灵河、沧榆高速,有效连通佛光寺、五台山等旅游区,在太忻一体化经济区内形成城市群高速公路环,强化“东进”,加速对接雄安新区,深度融入京津冀协同发展战略布局。

12月25日 忻府区交通运输局下发《关于做好2023年春节期间安全防范工作的通知》,全力做好2023年春节期间安全防范工作。

12月 河曲县城乡建设和交通运输局深入开展抓党建促基层治理能力提升专项行动。牵头负责新就业群体融入基层治理党建工作,组织完成快递物流行业党委选举,参与组建成立快递物流企业党组织1个,引导党员数量少的快递物流、外卖配送、物业企业与社区党组织党建联建,对未建立党组织的企业,引导党员就近就便参加社区党组织活动。2022年新就业群体累计参与省级文明县城创建等志愿服务活动23人次。组织开展“最美快递小哥”“最美货车司机”评选活动，共选出“最美快递小哥”“最美货车司机”8名。通过扎实推进新业态新就业群体党建工作有效覆盖，发挥新兴领域党组织的战斗堡垒作用。

（资料提供：赵 勇）

吕梁市交通运输局大事记

1月27日 根据市委党史学习教育领导小组安排，吕梁市交通运输局召开党史学习教育总结大会。局领导班子全体成员、副科级以上干部参加会议。局党组书记吴晓东主持会议并讲话，要求认真总结这次党史学习教育的成功经验，把党史学习教育作为加强党的建设的永恒课题和深化自我革命的终身课题常抓不懈，把以史为鉴抓在经常，把学思践悟融入日常，把为民服务做在平常，推动党史学习教育常态化、长效化。

3月16日 兴县沿黄扶贫旅游公路入选2021年度“我家门口那条路——最具人气的路”。该公路串联起沿线旅游景点，充分利用沿线“红色文化”“黄河文化”“黄土文化”的“人文”特色，打响特色旅游牌，游客可沿着公路尽享黄河美景。兴县沿黄扶贫旅游公路沿线覆盖兴县、临县、柳林、石楼4县21个乡镇，可加快吕梁黄河沿线旅游开发、生态修复，并有效配置黄河沿岸以红枣产业为主、其他农副产业为辅的产业运输，进一步开发乡村旅游，对沿线乡村开发农家乐、客栈等具有重要意义。同时，可方便沿黄旅游区游客直接选购当地老百姓的农副产品，减少物流商等中间环节，进一步提升沿线农户收入。

3月24日 吕梁市交通运输工作会议召开。会议总结回顾2021年交通运输工作，对2022年工作进行安排部署。2022年全市交通运输系统要以交通强市建设为抓手，进一步优化综合立体交通网络空间，提升运输服务一体化水平，深化交通运输改革，守牢安全生产底线，建设现代综合交通运输体系，奋力开启交通强市新征程。各级各部门一要站在全市经济社会发展全局，围绕全市打造“一城四区七高地”的战略定位和实施六大战略举措，坚定信心，鼓足干劲，科学谋划智慧交通、绿色交通、平安交通建设。二要抢抓机遇，乘势而上，重点抓好农村“四好公路”养护运营、交通运输综合执法队伍体制机制建设、运营车辆监管、超限超载运输违法行为打击等工作。三要扛起安全生产责任，保持清廉政治生态，全力推动全市交通运输事业高质量发展。

3月30日 上午，根据市委统一部署，市委巡察三组巡察市交通运输局工作动员会议召开。市委巡察三组组长冯芝荣、市委巡察三组全体成员、驻市交通运输局纪检监察组、市交通运输局班子成员及在职副科级以上干部参加会议。市纪委常委薛玉宝、副市长出席会议并讲话，要求市交通运输局全体党员领导干部要把思想和行动统一到市委关于巡察工作的部署和要求上来，切实增强做好巡察工作的责任感和使命感，坚决扛起巡察整改的主体责任，做到主动诚恳地接受巡察组的监督检查，全力支持、配合巡察工作，做好各项后勤保障和服务工作，为巡察组高效开展工作提供最便利的条件和强有力的保障。市交通运输局一要以此次巡察为契机，进一步健全完善各项规章制度，推进巡察发现问题的整改,着力完善长效工作机制。二要进一步强化管党治党意识,驰而不息纠正四风,以风清气正的政治生态推动全市交通事业发展。三要一手抓巡察整改,一手抓工作推进,切实把市委、市政府的重大决策部署落到实处,推动全市交通运输工作高质量发展,以优异成绩迎接中共二十大胜利召开。

4月1日 在吕梁公共交通有限公司客运站公交首末站举行公交车全民免费乘坐启动仪式,市政府副秘书长王吉出席启动仪式。吕梁市所有常住人口、暂住人口以及外来流动人口,均可持居民身份证、交通一卡通实体卡、各类电子公交卡刷卡或扫码,免费乘坐市区范围内城市公交线路上运营的所有公交车辆,市区公交实现免费全覆盖。在吕梁市区范围内实行公交全民免费乘坐,极大地减少市区污染物排放、缓解城市拥堵、改善空气质量,对于改善民生事业、推动文明城市创建具有重大的意义。

4月20日 吕梁市交通运输局副局长闫建军主持召开市交通运输局2022年度文明城市创建工作推进会。局各有关科室、单位负责人、吕梁公共交通有限公司和市区六家出租车企业主要负责人参加会议。会议听取各科室(单位)和公交公司、出租车公司上半年创城工作汇报,指出当前创城工作中存在的不足和弱项。闫建军在讲话中要求,进一步提高站位,制订清单,落实责任,及时整改创城中发现的问题,坚决落实好每一项工作。

6月8日 吕梁市交通运输局党组召开2022年全市交通运输党的建设和党风廉政建设工作会议,局领导班子成员、各党支部书记、副科级以上干部参加会议。市委巡察三组列席会议。会上,局党组成员、副局长(主持工作)刘瑞平宣读局党组《2022年党建工作要点》,市纪委监委驻市交通运输局纪检监察组组长黄天明宣读《吕梁市交通运输局清廉机关建设2022年工作要点》。局党组书记吴晓东作2022年全市交通运输党的建设和党风廉政建设工作报告,系统总结2021年交通运输党建、党风廉政建设和反腐败工作,对2022年党的建设各项工作进行详细的安排,并就清廉机关建设进行动员部署。要求全系统要清醒认识、清醒把握全面从严治党新部署新要求,坚持严的主基调不动摇,以党的政治建设为统领,不断坚定政治信仰,提高政治能力,净化政治生态,努力打造忠诚干净担当的新时代交通铁军,以实际行动迎接中共二十大胜利召开。

6月30日 黄河一号旅游公路吕梁市石楼段首座大桥——辛关大桥顺利贯通。黄河一号旅游公路石楼段,起点位于柳林县与石楼县县界温家山,路线沿黄河东岸向南,终点止于石楼县与永和县交界处前北头村,路线全长75.230公里(新建59.733公里,利用旧路15.497公里),总投资14.4亿元,项目采用双向双车道三级公路标准建设,全线共设大桥27座,全长5758.5米。其中,辛关大桥属第三合同段7座大桥中的一座,全长220米,最高墩柱65米。从空中俯瞰,大桥穿过群山、跨过沟壑,连接340国道与黄河一号旅游公路两区。

8月5日 吕梁市交通运输局召开干部职工大会,宣布吕梁市交通运输局主要领导职务调整决定。会上,市委组织部副部长刘建树宣读关于市交通运输局主要领导干部任免的决定,刘瑞平任市交通运输局党组书记,吴晓东由于年龄原因不再担任市交通运输局党组书记。市政府分管副市长出席会议并讲话,要求旗帜鲜明讲政治,坚持“两个确立”,做到“两个维护”;抢抓发展机遇,加快建设现代化综合交通运输体系;加强队伍建设,着力打造高素质专业化的交通队伍。

8月16日至17日 吕梁市2022年“交通杯”机动车驾驶教练员职工职业技能竞赛在文水县举办。全市10个驾培行业代表队共30名队员参与角逐。本次竞赛由市交通运输局主办,市交通运输局工会、市运输事业发展中心联合承办,文水县交通运输局、萨能驾校、吉宏达驾校共同协办。竞赛包括理论知识答题和实际操作竞赛两部分。本次活动的开展,促进全市机动车驾驶培训教练员职业技能及职业素质提高,推动驾驶员培训教学规范化,保证驾驶员培训质量,为社会输送技术硬、素质高的驾驶人,从源头上预防和减少道路交通事故,展示驾驶员培训行业良好形象。本次竞赛是对全市驾培行业教练员个人综合素质和技能水平的公开展示，通过技能比赛全面提高教练队伍素质，打造一支职业道德高、安全文明意识强、驾驶和教学经验丰富的教练员队伍，为筑牢道路交通安全第一道防线奠定坚实基础。

8月17日 吕梁市委巡察三组巡察市交通运输局党组情况反馈会议召开，市委常委、市纪委书记、监委主任、市委巡察工作领导小组组长徐德峰出席会议。巡察指出，市交通运输局党组在贯彻落实党的决策部署、履行全面从严治党主体责任等方面存在问题和不足。建议市交通运输局党组要高度重视巡察发现的问题，深入剖析问题根源，举一反三，严肃整改。会上，市交通运输局党组书记刘瑞平针对巡察整改工作进行表态发言。徐德峰讲话强调，一是从思想深处充分认识到巡察整改工作的重要性，切实增强巡察整改的政治自觉。二是坚持思想整改和行动整改相统一，重点改与全面改相统一，当下改与长久立相统一，按规定动作做好整改。三是党组要坚定扛起整改落实的政治责任、主体责任。

10月14日 静兴高速正式通车运营，是2022年全省唯一通车运营的高速公路。静兴高速公路开通后，对打通山西省与陕西省高速公路出省口、促进区域经济社会发展意义巨大，为红色吕梁再添一条新通道，由此形成一条蒙煤东运的重要线路。同时，兴县蔡家崖到太原的车程将由原来的4小时缩短至2小时，岚县正式融入省城1小时经济圈。

11月18日 吕梁市交通运输局召开原局党组书记、局长王吉经济责任审计进点会议，市审计局副局长赵晓岗、市委组织部干部监督科杜静惠参加会议。会上，市审计局社保科科长、审计组长郭新建宣读《审计通知书》，强调审计廉政纪律。市审计局法规科科长、审计组副组长李进解读《经济责任审计实施方案》，并对本次审计工作的内容和要求作进一步明确。局党组书记、局长刘瑞平代表局党组进行表态发言。要求深化认识，提高站位；明确责任，全力配合；运用成果，加强整改。对于本次审计指出的问题，要照单接收，及时细化整改措施，抓紧抓实整改。把审计整改工作与正在进行的巡察整改工作结合起来，与学习贯彻中共二十大精神结合起来，坚持边审计、边整改、边落实、边见效，拿出过硬措施，扎扎实实地改，对可以马上解决的，立说立改；对一时不能解决的，明确完成时限，跟踪落实，做好建章立制工作，逐步形成强基础、固根本的长效机制，以整改实际成效推动工作落实。

（资料提供：陶建强）

晋中市交通运输局大事记

1月1日 晋中市榆社县实施城乡公交全域免费，以绿色低碳出行助推乡村振兴并举行开通覆盖行政区域免费公交惠民生剪彩仪式。榆社县全域免费公交的开通成为山西省第三家、晋中市首家开通全域免费公交的县级行政区。

1月5日 晋中市交通运输局召开全系统安全生产领域风险隐患大排查大整治“百日攻坚”动员会。局党组书记、局长赵俊生作出动员部署，各县（市、区）交通运输局、局属各单位、局机关有关科室负责人参加会议。

1月6日 晋中市交通运输局党组成员、副局长郭福生带队,对灵石县交通运输行业领域、企业的风险隐患大排查大整治“百日攻坚”行动落实情况进行督导。

1月13日 晋中市交通运输局召开党史学习教育总结会议,全面总结党史学习教育成效和经验,对巩固拓展党史学习教育成果进行安排部署。市委党史学习教育第五巡回指导组霍俊文组长到会指导并讲话。

1月17日 晋中市交通运输局党组书记、局长赵俊生主持召开党史学习教育专题民主生活会。局领导班子和班子成员紧扣生活会主题,按照“学史明理、学史增信、学史崇德、学史力行”和“学党史、悟思想、办实事、开新局”的目标要求,全面对照检查,认真检视剖析,严肃开展批评和自我批评。局党组成员、处级以上领导参加会议,市委党史学习教育巡回指导五组组长霍俊文列席会议并作点评讲话。

2月21日 晋中市交通运输局召开入企进村服务工作培训动员会。党组成员、副局长孟建琼组织市交通运输局入企服务工作两个专班、八个工作小组的全体人员召开培训动员会;局党组成员、副局长郭福生组织进村服务专班、3个工作小组全体人员召开部署会,对进村服务工作进行安排部署。

同日 晋中市交通运输局党组书记、局长赵俊生赴晋中瑞达公交有限公司、晋中市汽车客运总站开展安全督查。

3月1日 晋中市委书记专题会议听取五届市委第一轮巡察情况汇报,对重点人、重点事、重点问题提出处置意见,并对整改工作提出明确要求。

3月31日 晋中市交通运输局组织召开文源路(清徐大道)连接道路工程可行性研究报告评审会,市住房和城乡建设局、市规划和自然资源局、综改区晋中开发区管委会和特邀专家参加会议。

4月30日 晋中市交通运输局开展“五一”假期货运物流保通保畅督导,局党组书记、局长赵俊生带领市保通保畅办相关人员,采取“四不两直”方式,直奔龙湖、晋中北、晋中东、榆次东阳、祁县城赵和太谷高速公路收费站检查点督导工作。赵俊生详细询问货运车辆分流通道数量、车流量和通行时间,对带班领导靠前指挥、责任压实情况和优化通行管控措施进行深入了解。要求各检查点配足人员、开足车道,确保货运物流车辆通行畅通。

5月15日 晋中市交通运输局在昔榆公司召开安全生产分析研判专题会,局党组书记、局长赵俊生带领副局长郝振清参加,特邀山西路桥集团安全总监、安全质量环保监督部部长孟续峰,专项公路部部长张大海,昔榆公司党委书记、董事长温郁斌,副董事长、总经理魏杰及昔榆公司领导班子、政府派驻董事、监事、各部室、督导组负责人、各总监办总监理工程师、各项目部项目经理共40余人参加。

5月17日 晋中市交通运输局召开全面从严治党暨廉政工作会议。局党组成员,副处级以上领导、机关党委所属基层党组织书记、副科级以上(部门主持工作)干部参会。局党组成员、副局长郭福生主持会议。

局长赵俊生作了题为《坚持严的主基调不动摇 扎实推进清廉交通建设 奋力续写晋中交通运输高质量发展精彩篇章》的工作报告。局党组成员、纪检监察组组长常艳军传达中纪委十九届六次全会、省纪委十二届二次全会和市纪委五届二次全会精神,并作了题为《坚持稳中求进工作总基调和严的主基调 为建设清廉交通提供坚强政治保障》工作报告,同时对2022年纪检监察工作作出部署并提出具体要求。

5月24日 晋中市交通运输局召开基层党组书记、委员培训会,会议邀请晋中市市直机关工委组织部部长范亮子以“完善制度 夯实基础 高质量党建引领中心工作高质量发展”为题进行专题培训。局属各基层党组织书记、委员参加会议。

6月4日 端午节假期,晋中市交通运输局党组书记、局长赵俊生带队,对晋中市重点工程环城旅游绿道项目的安全生产、森林防火、防灾减灾等工作进行全面督导检查。

6月10日 晋中市交通运输局举行党组理论

学习中心组2022年度第七次学习会，局党组书记、局长赵俊生主持会议，局党组成员、副处级以上领导参加学习，市党委（党组）理论学习中心组列席旁听第三组列席会议。会议以习近平总书记考察调研山西重要指示精神为主题，重点学习近期习近平总书记重要讲话精神和中央、省委重要文件精神及省委书记林武的《要“时时放心不下”》文章，学习贯彻相关法律法规。3名党组成员分别围绕“习近平考察调研山西重要指示精神”和“习近平总书记在财经委第十一次会议上的讲话精神”，结合各自实际进行研讨发言。市党委（党组）理论学习中心组列席旁听第三组成员、市委讲师团研究室主任侯冬英对局中心组学习给予高度评价，同时对局中心组学习提出要求。

6月16日 晋中市交通运输局印发《关于开展2022年“安全生产月”的通知》，部署组织开展以“遵守安全生产法当好第一责任人”为主题的安全生产月活动。

同日 晋中市交通运输局党组成员、副局长孟建琮在市汽车客运总站、和顺县汽车客运站开展安全生产咨询日活动，深入一线贯彻宣传、发放《习近平总书记关于安全生产重要指示批示资料汇编》、安全生产十五条措施及《道路运输驾驶员应急驾驶操作指南》等资料。

6月18日 上午，晋中市交通运输局党组书记、局长赵俊生应邀赴左权参加左权县全域免费公交开通仪式。

同日 晋中市交通运输局党组书记、局长赵俊生带队到马坊乡六个帮扶村调研指导工作，并召开专题会议研究马坊乡帮扶村集体经济发展事宜。

6月22日 晋中市交通运输局党组理论学习中心组（扩大）赴平遥开展“沿着总书记的足迹”沉浸式宣讲学活动。

7月1日 晋中市交通运输局召开庆祝中国共产党成立101周年表彰大会暨党组书记讲党课活动，会议由局党组成员、副局长郭福生主持，局党组成员、机关党委委员、副处级以上领导干部、各基层党组织书记、委员、受到表彰的个人及获得“光荣在党50年”的老党员参加会议。为“光荣在党50年”的老党员代表温生荣、王庆元颁发纪念章。局党组成员、副局长孟建琮宣读《中共晋中市交通运输局关于表彰优秀共产党员、优秀党务工作者和先进基层党组织的决定》。对近年来在促进交通运输发展、服务人民群众工作中作出突出贡献的43名优秀共产党员、26名优秀党务工作者和3个先进基层党组织进行表彰。

7月5日 晋中市交通运输局党组成员、副局长、机关党委委员郭福生，带队走访慰问新中国成立前老党员和退休困难党员，为老党员送关怀送温暖，并致以节日问候。

7月12日 晋中市交通运输局五个“双推进、双提高”工作组深入一线，采取“3+2”工作机制，逐项全面了解“四好农村路”和太行一号旅游公路前期工作及工程进展情况、农村公路特别严重灾后恢复重建工程进展情况、汛期安全生产隐患排查情况、运输服务业规上企业经济指标完成情况、重点产业链供应链“白名单”企业货物周转量情况、企业物流运输需求和运输业务有关情况，梳理“双推进、双提高”过程中存在的问题和诉求，提出针对性措施并推动落实，全力做好交通运输业助企纾困扶持政策贯彻落实工作。

7月14日 晋中市交通运输局组织老党员干部与共建社区开展“党员共管服务共担幸福共创”主题党日活动，局离退休老干部、共建单位晋商社区和迎宾西社区党员干部共60余人开展庆“七一”赴环城绿道活动。

7月26日 晋中市交通运输局组织安全、执法、质监等相关部门参加全省交通运输系统2022年第三季度重点公路工程调度暨安全生产会议。局党组书记、局长赵俊生就晋中市开展普通国省干线项目质量安全监督执法工作情况进行交流发言。

8月16日 晋中市交通运输局二级调研员郭福生以“创清廉企业单元迎接中共二十大召开”为主题，为晋中市新奥交通设计所有限公司党支部讲授党课。

9月2日 晋中市交通运输局召开党组理论学

习中心组第十次集中学习，会议由党组书记、局长赵俊生主持，局党组成员、副处级以上领导参加学习。深入学习《习近平谈治国理政》第四卷第一章，传达学习习近平总书记在中央政治局第四十次集体学习时的重要讲话精神、习近平总书记关于安全生产的重要论述，组织学习省委书记林武署名文章《牢牢守住山西阵地》以及《中华人民共和国数据安全法》。

9月3日 晋中市交通运输局召开2022年“四好农村路”及太行一号旅游公路建设项目建设调度会。会议重点就2022年推进进度较慢的太谷区、祁县、平遥县、介休市、左权5个县（区）进行集中约谈和督导。

9月7日 晋中市交通运输服务中心工会成立暨第一次会员代表大会召开，经过参加大会的47名会员代表无记名投票，第一次会员代表大会选举产生工会委员会委员7名、经费审查委员会委员3名、女职工委员会委员3名，并成功选举工会主席、副主席，经费审查委员会主任，女职工委员会主任人选。

9月16日 晋中市交通运输局召开保密工作警示教育培训会，全体保密领导组成员参加本次会议。会议组织观看保密警示教育片，开展保密安全工作专题培训，切实起到震慑警示作用，筑牢保密防线。

10月16日 中国共产党第二十次全国代表大会在北京人民大会堂隆重开幕。晋中市交通运输局组织局机关、下属企事业单位、全体党员干部采取集中观看、结合岗位实际班组观看、个人观看等方式，分别通过电视、网络、多媒体等多种形式观看现场直播，认真聆听学习习近平总书记所作的报告。

11月10日 晋中市交通运输局办公室组织定密保密专题培训会。局办公室主任杨珺传达基层定密工作责任和工作内容、密码电报安全使用和管理有关规定。保密工作领导小组副组长、副局长李素成强调保密工作重要性，并对办公室保密人员提出三点要求：一是提高政治站位，牢固树立保密意识，自觉遵守保密纪律；二是加强保密知识学习，提高保密能力；三是加强市局内部保密宣传。

11月28日 晋中市交通运输局召开工作安排部署会，针对市属7家重点企业，分别派驻监管员深入企业，宣贯政策、常态化督导。部署7个工作小组督导各有关企业和县（区、市）交通运输局，建立台账，督促整改，确保全市交通运输企业工作科学、有序开展。

12月3日至4日 晋中市交通运输局联合市公安局、市交警支队、市教育局迅速成立工作专班，将市交通运输综合执法人员分编三组，出动执法人员90余人次、执法车辆20余辆次，针对大学城出租汽车非法营运等乱象开展专项行动。

（资料提供：杨 珺）

阳泉市交通运输局大事记

1月12日 307国道、207国道阳泉市绕城改线工程西郊大桥悬浇连续梁最后一个中跨顺利合龙。项目位于阳泉市平定县石门口乡，跨越太旧高速公路，是307、207国道阳泉市绕城改线工程的重要节点性工程之一。桥长910米，双幅4车道，桥面设计宽度为11.38米，采用沥青混凝土铺装。西郊大桥连续梁上跨太旧高速公路，施工技术难度大、温度把控要求严格、安全风险高、环保要求高、工期要求紧。合龙段施工采用挂篮悬臂浇筑法施工。针对冬季寒冷情况，项目部采用蒸养工艺保证合龙段对温度要求，确保混凝土施工质量。

1月25日 阳泉市人大常委会副主任、市总工会主席张永忠，市总工会党组成员、副主席张建军一行到客运总站看望慰问坚守在春运工作的一线职工，送上"娘家人"的贴心关怀。局党组书记、局长梁庆，助理调研员、工会主席李宝福陪同慰问。

张永忠送上慰问金、慰问品和新春祝福，感谢值守在一线的职工，舍小家为大家，为全市人民健康安全出行和阖家团圆贡献力量；叮嘱总站领导要做好一线职工后勤保障服务，让大家在繁忙的工作之余享受到节日的快乐。

1月28日 省交通运输厅党组成员、副厅长王晋带领检查组到阳泉市，对春运安全生产工作进行督导检查。

检查组采取"四不两直"方式，到市交通运输综合行政执法队、市客运总站、市公交公司、晋东运输有限公司、平定东方世纪公交客运、西城公交客运站等处进行检查，详细了解春运安全生产工作落实情况，认真听取司乘人员对春运工作的意见和建议，详细询问各企业应对春运、旅客服务和安全管理等具体情况。

王晋在讲话中，要求各单位充分认识做好春运安全生产的重要意义，杜绝麻痹思想，加强管理、提升服务，加强值班值守，畅通信息报送，提升应急处置能力，完成交通运输保障任务。

2月22日至23日 由省道路运输"百日攻坚"第二督导组组长郭锋带队，一行三人到阳泉市督导检查道路运输安全风险隐患大排查大整治工作。

督导组采取"四不两直"方式，先后到交通集团客运公司、德昌元物流、国新物流、平定东方世纪客运、锁簧镇公安劝导站、307国道等关键场所及重点路段进行实地检查，详细了解各企业百日攻坚工作进展情况，逐项核查问题隐患排查治理及风险防控情况。随后召开座谈会，详细听取市交通运输局、公安局交警支队、公路分局、高速交警等部门相关工作进展情况汇报。

郭锋强调，各部门一要认真贯彻落实道路运输安全风险隐患大排查大整治有关决策和部署，进一步加强道路运输安全生产工作。二要深刻汲取交通事故教训，扎实开展安全隐患排查和治理工作，查找安全生产薄弱环节，重点加强"两客一危"车辆的例检和实时动态监控工作，营造安全稳定的道路运输环境，以优异成绩迎接中共二十大胜利召开。

3月10日 阳泉市委常委、常务副市长郭建文深入307国道、207国道阳泉市绕城改线工程现场进行调研，协调解决项目建设中的相关问题。

郭建文在讲话中，要求项目部工作人员一要提高思想认识，深刻理解工程建设重大意义，进一步完善工程调度协调机制，倒排工期、挂图作战。二要加快工程进度，科学安排工程计划，精心组织、精准调度，相关部门要通力协作、主动服务，形成工作合力，确保如期完成建设任务。

3月11日 阳泉市交通运输工作会召开，会议回顾总结2021年全市交通运输工作。2021年全市交通运输系统紧紧围绕市委“14510”总体思路和部署，推进交通运输创新发展，交通强国建设试点取得阶段性成效，重大交通基础设施建设强力推进，服务业经济运行指标强劲增长，网络货运等新市场、新业态蓬勃发展，行业治理能力和治理水平显著提升，安全生产形势持续向好，交通强国建设试点、平安交通建设、城乡运输一体化等多项工作在全省会议介绍经验。

会议提出2022年工作目标。一是加快推进新型城轨交通项目；二是启动ETC智慧停车场一期项目建设；三是农村公路完成建设里程243公里，完成投资9亿元；四是太行一号旅游公路新建42.4公里，续建16.6公里，完成投资7.3亿元；五是推进太旧高速公路阳泉段扩容改造项目；六是推进TOCC智慧交通项目；七是网络货运和平台经济快速发展，孵化网络货运企业5家以上，营收增加10亿元以上；八是交通运输服务业增加值47亿元，增速9%；规上企业营收33.2亿元，增速60%；九是绿色出行示范城市创建试点通过验收；十是继续推进运输结构调整；十一是客运市场改革取得阶段性成效；十二是守住安全底线，不发生重大以上责任事故。

3月14日 阳泉市召开全市绿色出行创建行动专题会，市委常委、常务副市长郭建文出席会议并讲话，提出4点要求，一是强化组织领导。各单位要把绿色出行城市创建作为当前重点任务部署推进，单位领导“挂帅出征”，成立工作专班，压实工作责任，确保工作落地见效。二是梳理明确任务。各单位要对照创建行动方案和任务分解表，逐项梳理检点，建立任务、责任、时限清单，挂图作战，限时推进，强力推动任务落实。三是强化工作调度。领导组办公室发挥好牵头抓总作用，实行“一周一统计、一月一调度”。要及时协调解决存在的困难和问题。四是做到精准施策。各成员单位要认真分析研究51项具体任务，在统筹兼顾的基础上扬长避短、精准施策，力争做到重点攻坚任务“得满分”，创新任务“有加分”，底子薄的项目“少扣分”。

4月6日 阳泉市交通运输局召开2022年党建工作会议。会上，局党组书记、局长、局机关党委书记梁庆总结回顾2021年党建工作，对2022年党建工作提出要求，与局属各党支部书记签订《2022年度党建工作目标责任书》和《2022年度党风廉政建设责任书》，局党组成员、副局长、局机关党委副书记史连海宣读《市交通运输局2022年党建工作要点》。

5月23日 省交通运输厅党组成员、副厅长王晋到阳泉静态交通建设运营有限公司，调研阳泉ETC智慧停车试点项目。王晋听取阳泉ETC智慧停车试点项目推进情况汇报，实地观摩智慧停车系统平台演示，详细了解智慧停车的设备运作、安全建设、数据处理、存储等情况后，对阳泉市ETC智慧停车建设工作给予充分肯定。

王晋指出，ETC智慧停车项目是拓展ETC服务功能、破解停车难题的有效途径，对于推动智慧交通场景应用、整合城市停车资源、促进静态交通精细化管理、实现数据便民利民具有重要意义。

王晋强调，相关单位一要聚焦“ETC+车生活服务”“静态交通治理”两大主题，紧盯目标任务，努力将项目成果“从省内推向全国”。二要坚持以人民为中心的发展理念，把智慧停车项目作为更贴近民生实事和解决群众“急难愁盼”的重要抓手，让人民群众得到实实在在的便利。三要坚持创新引领、积极深化拓展智慧交通、数据交通应用场景，不断提升城市交通服务水平。

6月7日 阳泉市委常委、常务副市长郭建文带队到盂县、平定县，调研太行一号旅游公路建设。在盂县牛道岭至椿树底段项目现场、骆驼道村，平定县沿途察看红育至娘子关、娘子关环线等主线工程建设情况。随后到官道梁观景台、关沟观景台、金窝庄驿站等地，现场督导服务设施配套建设和主线通车工作。

郭建文强调，太行一号旅游公路是全省三大板块旅游公路的重要组成部分，对促进全市经济发展、助力乡村振兴具有重大意义。各级各有关部门要切实提高政治站位，强化责任担当，以时不我待的紧迫感和责任感，全力加快太行一号旅游公路建设，为全方位推动高质量发展提供有力交通保障。

6月15日 省交通运输厅召开太旧高速工程可行性研究报告评审会，会议邀请国内知名专家参与评审，会上，项目公司和设计单位相关负责人对太旧高速的技术标准、路线走廊带、建设方案、桥隧设置、基本造价等情况进行详细汇报，与会领导和专家进行充分讨论。阳泉市委常委、常务副市长郭建文和阳泉市交通运输局局长梁庆代表阳泉市参会。

6月24日 阳泉市委常委、常务副市长郭建文主持召开全市治超工作会并讲话，提出3点要求。一是提高政治站位，优化治超执法环境。积极践行"以人民为中心"的发展理念，维护好从业人员的合法权益，彻底解决治超工作中的痛点难点问题。二是紧盯重点环节，提升治超执法效能。将工作重心由事后向事前转移，管好"货、车、人"三个超限超载源头，抓实抓细超限超载治理工作。三是完善考核机制，建立治超长效治理体系。压实主体责任，强化督导问责，务求工作实效，把全市治超工作推向更高水平。

7月7日至8日 省交通运输厅党组成员、副厅长王四小带领省交通运输厅专题调研组到阳泉市，就太行一号旅游公路建设、交通强国试点建设等工作进行调研指导。阳泉市领导郭建文、李明参加调研。

调研组到太行一号旅游公路娘子关环线、龙鼎湖观景台、平定县鹊山村、阳泉静态交通公司、阳泉百度ApolloPark、市公交公司、阳泉综合交通客运枢纽等地察看旅游公路主体、"五大系统"配套设施建设和交通强国试点任务进展情况。王四小在讲话中，要求各单位一要提高政治站位，聚焦省委、省政府关于交通强国试点的各项要求，以更高标准、更大决心强力推动取得突破性进展。二要在确保质量和安全基础上，加快太行一号旅游公路建设，打造具有阳泉特色的旅游公路品牌。

郭建文表示，要以此次调研指导为契机，进一步压实责任、强化调度，全面提升太行一号旅游公路和交通强国试点建设水平，确保高标准、高质量完成任务。

7月21日 省交通运输厅农村公路管理处处长姬鸽、四好办副主任赵峰一行到阳泉市调研指导"四好农村路"和太行一号旅游公路建设推进情况。调研组先后到冠山旅游公路驿站、娘子关水上人家、龙鼎湖观景台，实地察看旅游公路建设情况及四大系统配套设施建设情况。随后，在召开的旅游公路建设推进座谈会上。调研组指出，要以此次调研指导为契机，紧盯目标任务，列出时间节点，高标准做好规划和建设，严要求抓好质量和安全，全力以赴加强施工力量，确保高质量高水平完成任务。

7月31日 《阳泉市申报国家公交都市创建实施方案》通过评审。本次评审会采取线上、线下相结合方式进行。专家组一致认为，《阳泉市申报国家公交都市创建实施方案》框架结构合理，内容完整，基本符合国家公交都市建设示范工程的相关要求，具有较强指导性和操作性，同意实施方案通过评审。

8月3日 由省交通运输厅党组成员、副厅长王四小带领省交通运输厅专题调研组到阳泉市，就太行一号旅游公路和交通强国试点建设等工作进行调研指导。阳泉市委常委、常务副市长郭建文陪同调研。

调研组先后到冠山旅游公路驿站、盘石广场驿站、娘子关水上人家、龙鼎湖驿站等地，实地察看工程建设情况。在随后召开的专题会上，调研组听取全市太行一号旅游公路建设和交通强国试点建设推进情况汇报。

王四小强调，阳泉市一要抓住机遇，发挥优势，以交通强国试点项目为抓手，加快交通基础设施建设。二要进一步强化旅游公路沿线生态恢复和环境整治，推动旅游公路建设绿色发展，充分发挥旅游公路示范带动作用，全力承办好全省旅游公路推进现场会。

9月8日 阳泉市委常委、市纪委书记、市监察委员会主任师旭明带领工作专班办公室和市纪委监委相关人员,到市交通运输局调研清廉机关创建工作。市直机关工委书记李丽新陪同调研。

师旭明一行先后参观市交通运输局清廉机关创建工作宣传展板、党员活动室、机关廉政文化建设和廉政书画摄影展,观看《山西新闻联播》"阳泉交通运输:找准廉政风险点让权力运行更阳光"专题报道,查阅清廉机关建设相关资料,通过讲解介绍和宣传彩页详细了解市交通运输局清廉机关建设工作情况。

师旭明对全局清廉机关建设工作给予充分肯定和高度评价,认为交通运输局提出的举旗铸魂、固本强基、清废改立、正风肃纪、思廉践廉"五大行动"和当前开展的"倡廉行微讲堂""每周廉政提醒"等活动,思路清晰、载体新颖、特色鲜明,值得学习推广。

9月15日 省直工委委员、省直纪检监察工委书记王新民一行到阳泉市交通运输局调研清廉机关建设工作。阳泉市纪委常务副书记、市监委副主任郭彦云,市直机关工委书记李丽新陪同调研。

调研组通过浏览宣传展板、参观党建阵地、听取现场讲解、观看宣传视频、查阅台账资料等方式,详细了解市交通运输局清廉机关建设的具体做法和亮点成效。局党组成员、副局长史连海围绕交通运输局清廉机关建设"五大行动"进行专题汇报。

王新民指出,市交通运输局在把握清廉建设重点、加强权力运行制约、强化干部管理监督、培育廉洁机关文化、打造清廉示范标杆方面成效显著,值得学习借鉴和总结推广。希望在取得阶段性成果的基础上持续用力,把清廉机关建设融入机关党建工作各方面、全过程,抓常抓长、从严从实,全面推进清廉机关建设工作走在前、作表率。

9月26日 省交通运输厅专项督导组到307国道、207国道阳泉市绕城改线工程,开展督导检查。督导组一行听取该项目防汛备汛工作汇报,对相关资料进行检查。随后,到路面铺设施工现场及南上庄隧道路段实地检查防汛物资储备情况,并提出意见和建议。

督导组强调,各级各部门一要进一步提高政治站位,认真贯彻落实国家、省防汛备汛工作指示要求,扎实推进防汛备汛各项准备工作。二要进一步增强责任意识,坚持底线思维,盯紧项目建设重要部位、重要设施和薄弱环节,认真开展隐患风险排查整治自查自纠,立行立改,确保隐患清零。

10月20日 阳泉市委常委、常务副市长郭建文调研"四好农村路"、太行一号旅游公路建设推进以及太旧高速公路扩容提质推进情况。

郭建文实地调研"四好农村路"三都至前洼段和太行一号旅游公路郊区辛兴至后峪工程建设情况,召集各县(区)召开专题推进会。会上,市交通运输局局长梁庆通报全市"四好农村路"太行一号旅游公路建设情况,各县(区)分别汇报建设情况。

郭建文要求,各县(区)作为"四好农村路"和太行一号旅游公路建设的责任主体,一要进一步提高政治站位,深刻领会中央和省、市部署要求,按照"任务不减、目标不变、标准不降"的工作要求,全力推进工程建设,不折不扣完成全年建设任务。二要加快前期工作进度,进一步优化环境评价、林地占用等审批程序,提高审批效率,力争尽早完成项目前期工作。三要加大配套资金筹措力度,鼓励社会资本积极参与交通基础设施建设。

11月8日 阳泉市人大常委会副主任郑清明、市纪委常务副书记、市监委副主任郭彦云带队到市交通运输局调研清廉机关建设工作。调研组通过浏览清廉机关宣传展板、参观党员活动中心和机关文化建设、查阅工作台账资料、观看专题新闻片等方式,详细了解清廉机关建设的具体做法和亮点成效,对交通运输局取得的阶段性成果给予充分肯定,希望进一步创新载体,细化举措,努力打造全市清廉机关建设的交通样板。

11月26日 国家机关事务管理局发布2021—2022年度公共机构能源资源节约示范案例,全国共483个案例入选。经地方申报、专家评审、社会公示等程序,评选出十佳示范案例10个、优秀示范案例183个、典型示范案例290个。阳泉市交通运输局报送的《推广绿色出行助力碳达峰碳中和》成为全市唯一入选的优秀示范案例。

12月28日 全国交通运输行业基层党建创新案例征集展示活动结果揭晓。市交通运输局报送的《创新打造“平语近人”文化墙》,在全国上千个初评案例中脱颖而出,进入“百强”后,又经过案例互评、微信投票、专家评审等环节,成功入选全国交通运输行业基层党建创新行政事业类“十佳案例”。

(资料提供:王九存)

长治市交通运输局大 事 记

1月12日 长治市交通运输局召开党史学习教育总结会议。市委党史学习教育第十一巡回指导组组长张志炼出席会议并讲话,局党组书记、局长王克作总结讲话,局领导班子、机关全体人员、执法队班子成员、发展中心负责人参加会议。

1月13日 长治市交通运输局召开2022年第一季度安全生产例会暨安全生产风险隐患大排查大整治“百日攻坚”集中行动部署视频会,局党组成员、副局长吴志刚,局党组成员、副局长王维斌,市交通运输综合行政执法队队长周会彦,局相关科室、市交通运输综合执法队、市交通运输事业发展中心及运输企业在主会场参会,各县(区)交通运输局设立分会场。

1月18日 长治市副市长贺鑫先后到市客运中心、长治王村机场调研检查全市春运安全工作,现场检查各项安全保障措施落实情况。市交通运输局党组书记、局长王克,党组成员、副局长吴志刚,市交通运输综合行政执法队队长周会彦等陪同检查。

1月19日 长治市交通运输局党组成员、副局长吴志刚,市交通运输综合行政执法队队长周会彦及班子成员一行到平顺县玉峡关镇达驼、石门口、十字河3个行政村开展“迎新春送温暖献爱心”慰问活动,为群众送去春联、年画、食用油等慰问品。

1月27日 长治市交通运输局党组召开会议传达学习省两会精神、省委书记林武参加长治代表团审议时的重要讲话精神和市委贯彻落实会议精神,安排部署贯彻落实工作。局党组书记、局长王克主持会议,局领导班子成员,局机关科室负责人,执法队班子成员,发展中心、客运东站、一运、长运、客运中心、公交公司负责人参加会议。

1月28日 长治市交通运输综合行政执法队积极协调市财政局为群众开通的电子缴款支付功能正式上线运行,在同一设备平台上同时提供微信、支付宝等多种缴费渠道,可实现“一键缴费”,真正实现让群众“少跑腿”,极大方便办事群众,是践行交通“便民服务”的又一实招。

同日 长治市交通运输局党组书记、局长王克带领局党组成员、副局长吴志刚,市交通运输综合行政执法队队长周会彦等一行人,采取“四不两直”的方式对市客运中心站、壶关县汽车客运站春运情况进行督导检查。

2月11日 长治市交通运输局召开2021年度基层党组织书记抓基层党建工作述职评议考核暨部门负责人考评会议。局党组书记、局长王克主持会议并作点评讲话。局领导、各基层党组织书记、局机关各科室科长、局属各单位负责人、各基层党组织委员参加会议。

2月12日 长治市交通运输局和长治市交通运输综合行政执法队在平顺县乡村振兴三级干部

大会双双获评“优秀帮扶单位”。同时,市局派驻平顺县玉峡关镇达驼村第一书记兼工作队长武宏波被评为“优秀驻村第一书记”。

2月18日至25日 长治市交通运输局党组成员、副局长王维斌带领局规划科、综运科、建设管理科、公路管理科等科室负责人一行7人,在襄垣县就工业固废在交通工程建设中的资源化利用研发进行调研。县人大常委会副主任、生产力促进中心主任王高林,县人大财经委主任、生产力促进中心副主任张东,县交通运输局局长连俊杰陪同调研。截至2月25日,为期40天的道路春运落幕。全市共投入营运客车7800辆次,其中班车7406辆次,包车394次,累计运送乘客241610人次。

3月1日 长治市交通运输局党组成员、副局长吴志刚,局党组成员、副局长王维斌带领局相关科室工作人员到平顺县玉峡关镇帮扶村开展进村服务工作。

3月3日 长治市交通运输局召开第二次妇女代表大会,局党组书记、局长王克,局党组成员、二级调研员王喜富,局机关党支部副书记吴建双,全局妇女干部职工代表40余人参加会议。

3月4日 上午,长治市交通运输局结合“温暖长治行·一起向未来”主题,组织局机关及市交通运输综合行政执法队、市交通运输发展中心在市老顶山国家森林公园开展“学习雷锋精神、践行绿色理念、争做环保卫士”义务捡垃圾关爱自然志愿服务活动。

3月7日至11日 山西省道路运输“百日攻坚”专项行动督导组组长樊晓林带队在长治市督导检查工作推进情况。

3月15日 太行山大峡谷八泉峡景区开展游船安全应急救援及消防应急救援演练。长治市交通运输综合行政执法队海事航运执法队、壶关县交通运输局海事处及各相关单位领导到演练现场进行观摩指导。

3月22日 长治交通运输局召开学习宣传《山西省保障农民工工资支付办法》会议,局人事科、建设管理科、公路管理科相关人员参加会议。

3月29日 长治市交通运输综合行政执法队组织召开全市道路危险货物运输行业2022年第一季度安全视频例会。市货运执法队、安全执法队工作人员、各县(区)负责货运管理的工作人员及全市36家危货运输企业负责人参加会议。

3月31日 长治市交通运输局召开2022年全市交通运输工作会议,全面贯彻中共十九大、十九届历次全会和习近平总书记考察调研山西重要指示精神,深入贯彻落实中央、省委、市委经济工作会议和全省交通运输工作会议精神,按照省、市第十二次党代会和省、市两会部署,总结回顾2021年工作,分析研判当前形势,安排部署2022年任务。市交通运输局党组书记、局长王克作工作报告。局领导班子成员,机关各科室、局属各单位负责人,相关企业负责人在主会场参会,县(区)交通运输局、综合行政执法队领导班子成员及相关科室负责人在分会场参加会议。

同日 长治市交通运输局召开2022年全系统党风廉政建设工作会议,认真学习贯彻习近平总书记在十九届中央纪委六次全会上的重要讲话精神及省、市纪委十二届二次全会精神,认真落实全面从严治党主体责任,总结回顾2021年全市交通运输系统党风廉政建设工作,部署2022年党风廉政建设任务,坚持不懈把全面从严治党工作向纵深推进。局领导班子成员,驻局纪检监察组,机关各科室、局属各单位负责人参加会议。

4月6日 长治市交通运输综合行政执法队召开第一季度安全工作会议,安排部署近期道路旅客运输工作,长运、一运等7家市直客运企业、客运站分管安全负责人参加会议。

4月13日 长治市交通运输局举行全市客运车辆便携急救包发放仪式,市局领导,相关科室、执法队负责人,市公交、出租、旅游、农村客运等企业负责人参加仪式。

为全力做好货运物流保通保畅工作,市交通运输局成立道路运输保障工作专班,按照“一断三不断”原则,统筹做好交通运输保通保畅工作。

4月29日 长治市交通运输局组织召开“五

一”安全生产工作视频会。局党组成员、副局长吴志刚，局相关科室负责人参加会议，各县（区）交通运输局分管副局长，相关股室负责人在各分会场参加会议。

4月30日 长治市交通运输综合行政执法队到市高铁东站、市客运中心和汽车租赁企业进行督导检查。

5月7日 长治市交通运输局召开清廉机关建设动员部署会，集体学习习近平总书记近期，关于党风廉政建设、廉洁文化建设的重要论述精神，学习传达贯彻市委清廉长治建设有关精神，落实全市清廉机关建设工作会议部署要求，并对清廉机关建设工作进行安排部署。各基层党组织委员、局机关全体工作人员、局属各单位相关人员参加会议。

5月13日 省交通运输厅第四督导组组长申水旺带队到壶关、平顺、黎城、武乡县督导检查农村公路建设工作，市交通运输局党组成员、副局长王维斌，县政府及交通运输局负责人陪同。

5月18日 长治市交通运输局召开交通运输行政执法文书式样（试行）讨论会。局党组成员、副局长吴志刚、局党组成员、副局长王维斌参加会议并讲话，副处级干部王德强主持会议。局法律顾问、相关科室、市交通运输综合行政执法队领导及相关负责人参与会议讨论。

5月20日 长治市第三届“‘5·20’公交驾驶员关爱日”活动在长治公交集团柏后停车场举行。市交通运输局党组书记、局长王克，市总工会四级调研员姜新安，长治公交集团党委书记、董事长王小钧，市工信局、市交通运输综合行政执法队相关负责人员参加活动。市交通运输局党组成员、副局长吴志刚主持活动。

同日 长治市交通运输局公路处党支部、路政支队党支部组织全体党员赴上党战役北关战地旧址联合开展“重走革命路，感悟为民情”主题党日活动。

5月22日 长治市交通建设工程质量监督站党支部组织全体党员到太行公园“初心园”开展“重走革命路，感悟为民情”主题党日活动。

5月31日 长治市交通运输综合行政执法队召开清廉机关建设工作会议，就推进清廉机关建设进行再动员、再推进、再部署。队领导班子成员、副科级以上干部参加会议。市交通运输局党组成员、驻局纪检监察组组长吴辰鹏到会指导。

5月 长治市交通运输综合行政执法队组织开展“路政宣传月”系列宣传活动。市交通运输综合行政执法队队长周会彦，副队长王伟亚，公路路政执法队、特勤执法二大队相关负责人及执法人员参加活动。

6月5日 长治市交通运输局党组成员、副局长吴志刚，局党组成员、副局长王维斌带领局综运科、执法队相关工作人员在局机关办公楼前开展“六五”环境日主题宣传活动。

6月15日至16日 下午，长治市交通运输局举办“太行巾帼红”——民俗体验课，此次活动由市妇联和市交通运输局联合举办，交通运输系统女干部职工80余人参加活动。

6月16日 2022年6月是全国第21个“安全生产月”，按照市政府安委办的统一部署，长治市交通运输局领导班子，局安全科、市执法队工作人员在办公楼前开展“安全宣传咨询日”活动。

同日 全省交通运输综合行政执法专项督导检查组组长、省交通运输综合行政执法局副局长渠刚一行到长治市就交通运输综合行政执法改革进展情况及执法机构履职情况进行督导检查。市交通运输综合行政执法队召开工作汇报会，市交通运输综合行政执法队队长周会彦及相关科队负责人参加会议。

同日 长治市交通运输局召开项目化常态推进文明城市建设工作会。局党组书记、局长王克等局领导、局文明城市建设常态长效工作专班，各组组长、执行组长、联络党员及相关科室、下属单位负责人参加会议。

6月28日 长治市巡游网约车行业工会联合会成立大会胜利召开，市总工会党组成员、副主席闫培俊出席会议，市交通运输综合行政执法队队长周会彦，相关科、队负责人及巡游、网约车行业相关管理人员代表参加会议。大会选举产生第一届市巡游网约车行业工会联合会委员会、经费审查委员会、女职工委员会。

同日 长治市交通运输综合行政执法队召开党委成立选举大会,全体党员参加会议。局党组成员、副局长吴志刚到会指导。

6月30日 长治市交通运输系统举办“喜迎中共二十大、建功新时代”2022年“太行灵泉杯”职工拔河比赛。

7月4日 长治市交通运输综合行政执法队和市生态环境局高新区分局联合召开2022年夏季臭氧污染防治工作推进会,市生态环境局高新区分局局长张晓阳、市交通运输综合行政执法队副队长申旭雅及高新区30余家维修企业负责人参加会议。

7月15日 长治市交通从业人员职业资格考试在长治市道路客货运输驾驶员从业资格考试中心进行。本次考试应考人数735人,实考人数656人。

7月20日 长治市交通运输局组织召开“互联网+监管”工作推进会。局党组成员、副局长吴志刚,市交通运输综合行政执法队法规、安全、质量监督等科队负责人及市行政审批局相关工作人员参加会议。

7月21日 长治市交通运输综合行政执法队组织召开市直道路危险货物运输企业7月份安全例会。货运执法队相关人员和市直13家道路危货运输企业责任人参加会议。

7月25日 长治市交通运输综合行政执法队队长周会彦一行到壶关县八泉峡景区检查水上安全和防洪安全。市海事航运执法队和壶关县交通运输综合行政执法队参加检查。

7月28日 长治市交通运输局举办专题党课。局党组成员、二级调研员王喜富授课,局领导、局机关干部职工、局属各单位副科级以上领导干部到会聆听。

同日 长治市交通运输局党组组织局领导、局机关科室、局属单位全体干部观看正风反腐专题片《零容忍》。

7月 按照省、市有关单位2022年“双随机、一公开”工作任务要求,由市交通运输综合行政执法队牵头,会同市场、税务有关部门组成联合检查组,对全市道路危险货物运输企业和道路货物运输新业态(网络货运平台企业)开展联合抽查检查。

8月2日 长治市交通运输综合行政执法队召开2022年文明城市建设提升再推进会。市交通运输综合行政执法队队长周会彦主持会议,执法队班子成员及相关科、队负责人,客运西站、公交公司、出租车公司和客运企业负责人参加会议。

8月4日 下午,长治市政府办、市交通运输局、潞城区政府同清华大学课题组就全市物流城市总体规划进行深入研究探讨,市交通运输局党组书记、局长王克,潞城区委副书记、区长柴哲,市政府办公室三级调研员申贵旭出席研讨会。

8月5日 长治市交通运输局积极开展以“学习贯彻《山西省信用条例》共建诚信交通”为主题的宣传活动。

8月9日 长治市交通运输综合行政执法队组织党员干部前往市博物馆参观“清廉长治·书画润心”主题书法美术作品展。

8月中旬 长治市交通运输局举办为期一周的“八段锦”健身功法培训,全体干部职工参加培训。

8月14日 下午,乘客李女士到高铁东站市交通运输局驻站办,向市交通运输综合行政执法队李斌送上“为民勤政热忱服务”锦旗。

8月15日 长治市组织召开全市治超领导组电视电话会,副市长贺鑫出席会议并讲话,市治超办主任、市政府办三级调研员宋旭岗主持会议。

8月19日 上午,长治市副市长贺鑫带领督导组到武乡县客运汽车站督导检查安全生产工作。武乡县委副书记、县长王书文,副县长秦国锋及县交通部门负责人陪同检查。

8月22日至23日 长治市交通运输综合行政执法队在市国联南垂驾校举办山西省交通运输业职工职业技能大赛机动车驾驶教练员竞赛长治市选拔赛,12个县(区)及市直8所驾校的37名教练员参加竞赛,市总工会经济技术部部长赵雪荣,市交通运输综合行政执法队副队长申旭雍，驾管维修执法队队长杨玉清出席活动。

8月23日 长治市交通运输局召开全市交通物流专项再贷款工作推进会。市交通运输局总会计师石秀成，局财务科、综合运输科、发展中心负责人，7家银行和28家运输企业相关负责人参加会议。

同日 长治市交通运输综合行政执法队组织召开市区道路危险货物运输行业8月份安全生产例会，市道路危险货物运输企业负责人，市交通运输综合行政执法队货运执法队和潞州区执法队相关工作人员参加会议。

8月29日 长治市交通运输局召开全市“四好农村路”和太行一号旅游公路建设工作推进暨存在问题约谈督办专题办公会议。局领导、市县督导组负责人、各县（区）交通运输局局长及相关股室负责人、市局相关科室人员参加会议。

同日 长治市交通运输局机关党支部组织党员干部参加廉政知识测试活动，进一步深化清廉机关建设，弘扬新时代廉洁文化，培育清廉价值理念，积极营造崇廉尚廉守廉浓厚氛围。

8月31日 上午，长治市交通运输局在局机关五楼会议室组织开展2022年度新申领行政执法证人员公共法律知识考试，局机关、市交通运输综合行政执法队以及屯留、上党、潞城大队符合申领执法证条件的23名工作人员参加考试。

9月2日 中秋节即将到来之际，长治市交通运输综合行政执法队联合市新联会到市客运中心慰问坚守一线的工作人员。市委统战部副部长郭志刚，潞州区委常委、统战部部长冯翔青，局党组成员、市交通运输综合行政执法队队长周会彦以及市新联会会长刘越等参加。

9月8日 长治市交通运输局召开市委第二巡察组巡察市交通运输局党组动员会。市纪委常务副书记、监委副主任、市委巡察工作领导小组成员陈晓龙，市委第二巡察组组长刘卫中，副组长田福合、崔跃宏及全体工作人员出席会议，市交通运输局党组书记、局长王克主持会议，局机关科室、局属单位负责人参加会议。

同日 上午，长治市交通运输综合行政执法队举行执法人员换装仪式，自即日起全市交通运输综合行政执法人员换装“晴空蓝”。这标志着全市交通运输综合行政执法队伍迈上法治化、规范化、标准化建设的新台阶。

同日 长治市交通运输局工会及精神文明办在中秋佳节来临之际，联合开展“我们的节日——中秋”经典朗诵活动。市交通运输局党组成员、二级调研员王喜富，局党组成员、副处级干部王德强出席并主持活动。

9月9日 长治市交通运输综合行政执法队交通工程质量监督执法队对市辖区内国省干线公路2022年度养护工程开展情况进行执法检查。

9月13日 上午，长治市交通运输局组织全市交通运输系统参加全省2022年交通运输部综合执法检查反馈问题整改工作电视电话会议，市交通运输局、省高速公路综合行政执法总队长治支队、市交通运输综合行政执法队主要负责人，各县（区）交通运输局主要领导和各县（区）交通运输综合行政执法队负责人参加会议。

9月13日至15日 全省交通运输业职工职业技能大赛机动车驾驶教练员竞赛中传来捷报，长治市代表队在技能大赛中分别获得个人第一、第三，团体二等奖的优异成绩。

9月19日 上午，长治市交通运输局组织召开落实省厅2022年交通运输部综合执法检查反馈问题整改工作会议精神专题会议。局领导班子，各县（区）交通运输局负责人，局机关相关科室、市县执法队负责人等参加会议。

9月22日 下午，长治市交通运输局邀请市营养师协会理事长董爱军开展主题为“太行巾帼红·食育教育”的专题讲座。

9月23日 长治市交通运输综合行政执法队组织召开打击非法从事出租汽车经营行为专项行动动员部署会，市交通运输局党组成员、副局长吴志刚出席会议并讲话，局党组成员、市交通运输综合行政执法队队长周会彦作动员报告，副队长申旭雍主持会议。潞州、上党、潞城、屯留区交通运输综合行政执法队负责人、市区巡游和网约出租汽车经营公司相关人员、驾驶员代表,以及出租车队相关人员参加会议。

9月24日 长治市交通运输局组织开展2022年绿色出行宣传月和公交出行宣传周活动。通过线上、线下集中宣传等方式,广泛动员社会各界,积极参与到绿色出行行动中。

9月28日 上午,长治市交通运输局组织20余名离退休老干部开展“我们的节日——重阳节”尊老敬老、厚德仁爱主题活动。

9月29日 上午,长治市交通运输局召开全市交通运输国庆假期及中共二十大期间安全生产工作会议,局党组成员、副局长吴志刚,局党组成员、市交通运输综合行政执法队队长周会彦,高速交警三支队相关负责人,市局相关科室、执法队相关科队负责人,各县(区)交通运输局分管领导,重点企业负责人参加会议。

10月16日 上午10时,中国共产党第二十次全国代表大会在北京人民大会堂开幕。长治市交通运输局组织党员干部和行业从业人员认真收看开幕会直播。

10月18日 长治市政府党组成员黄国珍到市交通运输局调研,市政府三级调研员宋旭岗陪同。黄国珍实地了解“12328”交通运输服务监督热线、市治超信息管理指挥系统及“两客一危”重点营运车辆联网联控系统,并召开座谈会。交通运输局党组书记、局长王克汇报工作情况,局领导班子成员,局属单位、各科室负责人参加座谈。

10月21日 长治市交通运输局举行退役军人优待证发放仪式。市退役军人事务管理局、中国农业银行长治市支行领导,市交通运输局全体退役军人参加仪式。

10月27日 下午,长治市交通运输综合行政执法队工会成立大会暨第一届会员代表大会召开。

11月2日 长治市政府党组成员、副市长黄国珍带队到北京铁路局邯长线北舍至东阳关段,就铁路沿线安全环境治理进行实地调研。市政府办三级调研员宋旭岗、市交通运输局党组书记、局长王克,潞州区、黎城县及市委政法委,市工信局、公安局等相关单位负责人陪同调研。

11月3日 长治市交通运输局党组成员、副局长吴志刚带领局相关科室工作人员到平顺县玉峡关镇达驼村、石门口村等村开展走访慰问,调研乡村振兴帮扶工作。玉峡关镇镇政府相关人员陪同调研。

11月14日 长治市交通运输局党组书记、局长王克为长治市物流保通保畅工作领导小组办公室干部职工作中共二十大精神宣讲报告。

11月16日 长治市交通运输综合行政执法队组织召开长治市交通运输行政执法综合管理信息系统验收会。会议由局党组成员、市交通运输综合行政执法队队长周会彦主持,执法队领导班子成员、各科队负责人、开发单位以及3名评审专家参加会议。

11月21日 上午,长治市政府新闻办召开严厉打击非法营运专项行动新闻发布会。市交通运输局、市公安局、市检察院、市中级人民法院有关负责人参加此次新闻发布会。

12月5日 长治市交通运输局党组理论中心组举行集体学习研讨会议,专题研讨中共二十大精神。市列席旁听组第七组组长、市新闻中心副主任武鹏一行到会指导,局党组书记、局长王克主持会议,党组理论中心组成员参加学习。

12月9日 交通运输部2022年交通运输综合执法检查结果揭晓,长治市交通运输综合行政执法队被评为“2022年度交通运输法治政府部门建设通报表扬的基层集体”。

(资料提供:马 可)

晋城市交通运输局大事记

1月7日 晋城市一市两县(晋城市、高平市、阳城县)被省交通运输厅、省财政厅、省农业农村厅及省乡村振兴局联合表彰为“四好农村路”省级示范市、示范县。

1月20日 晋城市交通运输局召开2021年度党史学习教育领导班子专题民主生活会,深入学习贯彻习近平新时代中国特色社会主义思想和中共十九届六中全会精神,聚焦民主生活会主题,结合个人思想和工作实际进行自我检查、党性分析,开展批评与自我批评,市委党史学习教育第七巡回指导组到会指导。通过本次民主生活会,领导班子进一步统一思想,深刻感悟“两个确立”的决定性意义,坚定历史自信,为全方位推进高质量发展建设共同富裕新晋城贡献交通力量。

同日 晋城市交通运输局召开党史学习教育总结会,全面总结党史学习教育成效,并就巩固拓展党史学习教育成果作出安排部署。党史学习教育活动开展以来,晋城市交通运输局严格按照高标准开局和高质量推进要求,紧扣主题主线,聚焦目标任务,发挥行业优势,彰显交通特色,在学深悟透、讲深讲透上下功夫。通过党史学习教育,全局广大党员干部从百年党史中汲取智慧和力量,完成市委、市政府各项任务,为实现晋城交通高质量发展提供有力的保证。

1月22日 晋城市一市两县(晋城市、高平市、阳城县)被交通运输部、财政部、农业农村部及国家乡村振兴局联合表彰为全国“四好农村路”建设市域突出单位和“四好农村路”全国示范县。

1月25日 陵川县马圪当乡党委书记万军红、乡长梁智一行向晋城市交通运输局赠送写有“情系乡村助脱贫巩固,奉献社会帮乡村振兴”的锦旗,对晋城市交通运输局驻马圪当乡工作队表示感谢,并与局领导班子交流座谈。在晋城市交通运输局的鼎力帮助和驻乡工作队全力参与下,马圪当乡按照“中原避暑康养度假园”发展定位和“太行小江南、富饶马圪当”建设目标,制订乡村公路建设五年规划,实施一批自然村公路升级改造,推进一批康养示范村、民俗大院改造、康养标杆建设项目,全乡踏上全方位高质量发展快车道。

2月14日 晋城市交通运输局举办首届“书香机关”读书分享会,来自局机关和局属单位干部职工怀着“与书为伴,点燃梦想”的初衷,在轻松愉悦的氛围之中开启一次品读经典、分享感悟、以学促干的读书之旅。分享会上,从充满辩证思维的《细节成就完美》到饱含深情的《为了这春天》,从红色经典《毛泽东诗词赏读》到结合岗位特点的《春节与春运》……16名职工、16个分享,情真意切,精彩纷呈。大家纷纷表示,读书不仅能增加自己的阅历,更能充实内心,帮助自己更好成长。

3月3日 晋城市交通运输局召开“整顿干部作风优化营商环境”专题警示教育月动员大会暨集体廉政谈话会。通过观看警示教育片《贪腐之鉴》,提醒广大党员干部引以为鉴、警钟长鸣,深入查摆制约营商环境的突出问题,进一步提高政治站位,增强工作本领,锐意创新、砥砺奋进,着力优化营商新环境、厚植风清气正新土壤、打造交通强国新业态,不断开创交通运输事业新辉煌,以优异成绩迎接中共二十大胜利召开。

3月23日 晋城市交通运输局被省人力资源和社会保障厅、山西省生态环境厅联合表彰为“山西省污染防治攻坚战先进集体”。晋城市交通运输系统全面加强生态环境保护、坚决打好污染防治攻坚战,人民群众生态环境获得感幸福感显著增强。

3月24日 为认真落实国务院安委会督查反馈意见,进一步加强危货运输企业安全管理工作,提高一线管理人员安全生产知识和整体从业素质,晋城市交通运输综合行政执法队组织召开全市危货运输企业安全生产培训会。全市危货运输企业主要负责人、安全负责人、安全管理人员以及各县(市、区)交通运输综合行政执法部门共120余人参加培训。

4月9日 由晋城市交通运输局、市卫健委、市公安交警支队、市急救中心等单位27名人员组成的工作专班逆行出征,赶赴太原机场、太原火车站、太原高铁南站3个场站,重点对目的地为晋城市的入晋返晋人员进行信息登记、政策宣传、接转管理、推送信息等工作,落实人员分类接转管控措施。

4月29日 为进一步提升城市基层党建引领城市治理的水平,按照晋城市委组织部统一部署,正式成立晋城市网约车行业党委。

5月14日 晋城市巡游出租汽车车主为晋城市交通运输综合行政执法大队送来锦旗,对其严厉打击非法营运行为表示感谢。晋城市交通运输综合行政执法队自2020年6月成立以来,始终坚持严监管、零容忍,重拳打击非法营运,有力维护正常客运市场秩序,得到广大市民和客运经营者的肯定。

6月2日 “喜迎中共二十大文明志愿在行动”第十五届“文明接力爱心送考”志愿服务活动启动仪式举行,晋城市1453辆出租车、428辆公交车、220辆网约车、2680辆私家车及爱心车队踊跃加入爱心送考车队。

同日 由晋城市交通运输局、阳城县人民政府主办,阳城县交通运输局、东冶镇人民政府、山西路桥集团晋城太行旅游公路有限公司、山西路桥集团晋南项目管理有限公司等承办的“安全生产月”晋城市太行一号旅游公路阳城段防汛应急救援演练在阳城县东冶镇江河村举行。本次演练科目齐全、组织周密,演练过程中,各小组各司其职,各环节连贯到位,全面演示预报、决策、调度、抢险处置等防汛抢险各个环节要素,充分展示防汛抢险队伍的实战应急能力。

6月3日 晋城市太行一号旅游公路获央媒关注,中央电视台新闻频道《走进老区看新貌》栏目对太行一号旅游公路建设作了题为“太行一号旅游公路:一条路串起的幸福生活”的专题报道。

6月30日 晋城“学习强国”主题公交正式上线,共投入4台“学习强国”主题公交车,分别投放于4路和28路,号召全民共同学习,建设学习新晋城。

7月1日 晋城市交通运输局组织全体党员干部召开庆“七一”党史宣讲会,市委党史研究室(市地方志研究室)二级调研员、副研究员李文福为全体干部职工作党史辅导。通过党史宣讲,广大干部职工进一步将党史学习成效转化为履职尽责的良好作风和干事创业的过硬本领,在本职岗位上做出新努力、开创新局面、实现新作为,为全方位推动晋城高质量发展做出交通人的贡献,以优异的成绩迎接中共二十大胜利召开。

7月28日 晋城市太行一号国家风景道陵川段电子音乐公路正式投入运营。该电子音乐公路位于晋城市太行一号国家风景道陵川段子项目古郊至横水段,采用所属中科智信公司自主研发设计的“电子音乐公路感知系统”。汽车按照30公里/小时的速度驶入,路段会鸣奏起创作于陵川县的经典红歌《太行山上》,歌声气势磅礴,响彻太行山麓,该路段后续将根据游客个性化需求,增设扫码点歌功能,进行互动式游览,帮助游客进一步领略音乐公路的魅力。

8月18日 随着最后一片预制T梁铺设到位,晋阳高速改扩建项目润城2号大桥完成全部梁板架设任务顺利实现全幅贯通。润城2号大桥位于阳城县,全长648米,全幅16跨,共架设40米,预制T梁160片,最大墩身高度45米。自大桥开钻施工以来,在参建单位共同努力下,经过夜以继日辛勤奋战,高质量、高标准地实现桥梁全幅贯通,这也是项目全线完成的首个控制性工程,为改扩建项目早日建成奠定坚实基础。

8月30日 由省交通运输厅、省国防交通协会推荐的晋城市公共交通有限公司入选的宣讲作品"太行山上的一元公交"，通过宣讲员侯晋婷的讲述，展现出新时代晋城公交人践行党的为民理念，把党的温暖送到千家万户，奏响乡村振兴的时代最强音，其宣讲的故事，获得"我是新时代交通人——喜迎中共二十大、加快建设交通强国好故事"宣讲比赛全国总决赛"十佳交通故事"奖(全国十强)。

9月14日至16日 晋城市交通运输事业发展中心韵安志愿服务队连续3年参加中国山西(晋城)康养产业发展大会会务准备、接待引导、开幕式、圆桌会议、高峰论坛等志愿服务，用友好与热情服务与会嘉宾，完成各项志愿服务工作。

9月21日 随着首辆轿车顺利驶出，晋阳高速改扩建项目新建周村北(出口)收费站正式建成通车，周村互通B匝道顺利实现车流导改。作为改扩建项目中首个新建投运的收费站，周村北(出口)收费站共设有"四进六出"十个收费车道，通车运营后，进一步改善当地交通状况，缓解车辆拥堵，更好地带动周边村镇的经济发展、旅游开发和乡村振兴，更好地满足沿线群众的便利出行及经济活动需求，对全方位推进区域经济、社会高质量发展具有深远意义。

10月8日 新晋高速韩口隧道左线顺利贯通后，新晋高速韩口隧道右线顺利贯通。韩口隧道的顺利贯通标志着总长28公里的新晋高速三层螺旋隧道群正式建成。新晋高速正式通车后使陵川县到河南省新乡市从用时三个小时缩短至一个小时，促进晋东南地区和豫北的交通、物流、旅游等工农业生产及经济发展。

10月19日 342国道晋城过境段书院街连接线顺利通车。作为晋城市重点工程项目，该项目的建成通车对于有效缓解晋城市西北片区交通拥堵、提升干线路网与市区道路连通能力和通行能力、促进城市提质增效具有重要意义。

10月21日 晋城市委副书记、市长薛明耀带领有关部门负责人到太行一号旅游公路泽州段和陵川段调研太行一号文旅康养及乡村振兴融合发展示范带工程建设情况，要求各级各相关部门要把握机遇，紧盯目标任务、密切协调配合，全力推动各阶段工作落实落细，有效带动沿线文旅康养与乡村振兴加速融合，高效引领全市域文旅康养产业大发展、快发展。

11月3日 晋城市交通运输局刘东霞作品"云锦太行入画屏"在省交通运输厅"奋进新征程建功新时代"优秀文化作品大赛中脱颖而出，获文学作品一等奖。

(资料提供：董　芳)

临汾市交通运输局大事记

1月10日 临汾市交通运输局、市公安局联合开展"道路运输安全风险隐患大排查大整治'百日攻坚'专项行动"，此次行动至3月底结束。通过开展道路运输安全风险隐患排查治理，有效防范和遏制道路运输安全事故。

1月12日 临汾市交通运输综合行政执法队在临汾高铁西站、火车站等地对出租车进行安全检查和服务质量考核。通过检查，对市区出租车安全运营和服务进行有效规范，确保出租车在春运期间安全出行，群众满意乘坐。

1月14日 临汾市交通运输局召开2022年全市交通运输春运工作暨安全生产大排查大整治“百日攻坚”专项行动视频会议。会议要求科学研判形势,加强谋划部署,压实各方责任,全力以赴推进春运安全应急、运力调度、运输组织、便民服务、重点物资运输服务保障等各项工作。同时,深入开展“百日攻坚”专项行动,狠抓道路运输安全突出风险隐患排查治理,严厉打击各类非法违法生产经营活动,坚决治纠正违规违章行为,全力消除影响道路运输安全的突出风险隐患,为推动全市安全生产形势持续稳定向好做出积极贡献,为迎接中共二十大胜利召开营造安全稳定的交通运输环境。

同日 下午,临汾市交通运输局召开党史学习教育总结大会和2021年度书记抓基层党建述职评议会,会议就市交通运输局党史学习教育的基本做法、取得的收获作总结,并就进一步巩固深化党史学习教育成果进行安排部署。开展党史学习教育以来,局党组紧扣“学史明理、学史增信、学史崇德、学史力行”总要求,认真履行政治责任,着眼交通运输实际情况和工作特点,开展一系列形式丰富多样的学习教育活动,扎实深入“学党史”、入心入脑“悟思想”、善作善成“办实事”、真抓实干“开新局”,广大党员和干部受到一次全面深刻的政治教育、思想淬炼、精神洗礼,有力地推动交通运输事业高质量发展。

1月20日 临汾市尧都区信合路与鼓楼南大街十字口南北方向通车,为进一步缓解交通压力,方便广大市民便捷出行,1月21日起,临汾公交10路、11路、23路、30路、201路、202路,6条线路恢复原线路运行。

1月25日 2022年全省交通运输工作会议召开。会议采用电视电话形式,总结2021年交通运输工作,分析形势,部署2022年工作。会上,临汾市交通运输局再获评2021年全省交通运输行业重点工作完成情况评价“优秀”单位,受到大会表彰。

2月10日 隰吉高速公路公司组织各参建单位召开会议,对2022年工作进行部署,并紧紧围绕项目年底建成通车总体目标,对隰吉高速公路建设复工复产各项工作进行统一安排和“总动员”。

2月24日 吉县召开旅游公路征地拆迁工作推进会。吉县旅游公路是省重点工程,是省委、省政府、市委、市政府重点关注项目,各参建单位积极推动前期各项工作。会议强调,有关部门要摸清永久占地协议签署情况、线外补征情况、征地拆迁补偿费用支付情况、村民阻工原因以及征拆款资金缺口情况,积极主动与县政府各部门对接,厘清问题症结,积极协调解决工程推进中遇到的阻工问题,为后续工作的开展奠定坚实基础。

3月8日 临汾市交通运输局发布《致全市交通运输行业广大女干部职工的慰问信》,向奋斗在交通运输行业各条战线上的女干部职工以诚挚的问候。

3月9日 上午,临汾市召开2022年交通运输工作会议,深入贯彻落实市第五次党代会、市委经济工作会、市两会、全省交通运输工作会,以及全省推进交通强省建设动员会精神,总结2021年工作,部署2022年任务。副市长胡晓刚出席会议并讲话。2021年,临汾市在全省交通运输系统年度考核中排名第一,市交通运输局被省委、省政府授予“山西省脱贫攻坚先进集体”称号,被省人社厅和省交通运输厅评为“山西省交通运输系统先进集体”,被市总工会、市人力资源和社会保障局授予“五一劳动奖状”。永和县黄河一号旅游公路南庄至阁底段被交通运输部评为全国“十大最美农村路”之一,临汾公交“诚信微笑巴士”被交通运输部评为“全国优秀文化品牌”,蒲县被交通运输部、财政部确定为深化农村公路管理养护体制改革试点县,永和县被省交通运输厅、省财政厅、省农业农村厅、省乡村振兴局联合命名为2021年度“四好农村路”省级示范县。

3月19日 上午,13辆铛铛公交车在临汾市上线运营,正式投入到市区23路公交车的运营线路,为临汾市再添一道亮丽的移动风景线。此次上新的铛铛公交车为新能源电动公交车,车长10.5米,车身为红色,印有祥云图案,上客门、下客门均为黄色仿古木质门,从外观就能感受到满满的喜庆祥和感,车辆在启动时会发出“铛铛”的声音。复古铛铛车始发站为尧庙公交站，终点站为城北汽车站，每趟车辆运行时间间隔7分钟，全天共运行105趟。其运营线路是贯穿临汾市城区南北的主干线，全程往返26.2公里，设有44个公交站点。

3月22日 临汾市图书馆交通运输局分馆授牌仪式在市交通运输局图书阅览室举行，市交通运输局党组书记、局长冯小宁，市图书馆馆长于平果出席授牌仪式。临汾市交通运输局分馆前身为市交通运输局图书阅览室，建于2015年，面积80平方米，藏书1600余册，内容包括政治、历史、文学艺术等各多个方面。近年来，临汾市交通运输局持续推进学习型机关建设，创建"文明单位"，营造浓厚学习氛围，在市图书馆支持下，不断完善图书室软硬件设施，拓宽阅览服务功能，提高借阅服务水平，成立临汾市图书馆交通运输局分馆，增加配送文学类、社科类、自科类等图书500册，极大地满足交通运输职工的精神文化需求。

3月23日 临汾市交通运输局被省人力资源和社会保障厅、省生态环境厅评为"山西省污染防治攻坚战先进集体"。近年来，临汾市交通运输局积极开展大气污染治理，制订柴油货车治理联合执法、大气污染整治百日行动、国六燃气车辆治理等工作方案，组织开展柴油货车治理联合执法行动，建立交通牵头，交警、生态环境部门配合的联动机制，加大柴油货车、燃气货车治理力度。完成绿色示范区技防管控项目建设，深入开展绿色示范区技防管控，加强路域环境整治，为临汾大气环境质量的持续改善提供交通支撑。

3月29日 临汾市副市长胡晓刚在吉县调研沿黄旅游公路建设情况。市政府办公室、市交通运输局有关负责人一同调研，吉县县委书记、县长赵松强，副县长陈锋陪同调研。胡晓刚一行在沿黄旅游公路姚家畔段，实地察看工程进展，了解项目推进过程中存在的问题，并进行现场办公。胡晓刚指出，沿黄旅游公路是推动临汾市沿黄地区产业转型、实现乡村振兴的有力支撑，各级各部门一要高度重视，进一步增强责任感、紧迫感，紧盯目标任务，全力攻坚克难，扎实做好项目建设各项工作。二要树立节点意识，压实工作责任，倒排工期，加快进度，确保高质高效如期完成建设任务。三要加强配合，积极协调解决工程建设过程中存在的困难问题，合力推动沿黄旅游公路早日建成通车。

4月2日 下午，临汾市交通运输局召开全局干部大会，市委组织部宣布樊宇担任市交通运输局新任党组书记。

5月9日 临汾市蒲县克城至罗泉凹公路改造工程开工暨环境整治启动仪式举行。蒲县克城至罗泉凹公路改造工程总投资2.5亿元，建设里程39.665公里，设计路基宽度为8.5米，公路等级为二级，设计速度40公里/小时，7个施工合同段同步开工建设，实行全路段封闭施工。

5月13日 临汾市交通运输局召开"争先、进位、崛起"解放思想大讨论总结会议暨党风廉政建设工作会议。

5月15日 临汾市沿黄旅游公路大宁段完成路面上面层施工，实现全线贯通通车。大宁县沿黄旅游公路工程全长41.85公里，其中三级公路24.05公里，四级公路17.8公里。其中包含特大桥1座、大桥1座、隧道1座，全长266米。大宁沿黄旅游公路建成通车，对大宁周边地区旅游产业及社会经济发展，满足人民群众旅游公共服务需要，有序引导劳动力转型再就业，建设美丽乡村，完成脱贫攻坚，拓展旅游消费在全省经济增长中的拉动作用，培育经济发展新动能等都具有重要意义。

5月18日 临汾市交通重点项目推进会召开，会议对交通重点项目工作进行再安排、再部署，要求进一步统一思想，明确目标任务，压实工作责任，确保完成全年目标任务。副市长胡晓刚出席会议并讲话。市政府办公室、市交通运输局、临汾公路分局等部门和重点交通项目负责人参加，各县（市、区）设分会场。会议通报临汾市高速公路、旅游公路、农村公路及国省干线项目进展情况，对下一步交通重点项目建设工作进行安排部署。

6月6日 上午，由临汾市交通运输局、临汾市广播电视台主办的临汾市第十五届"扬大福情，圆学子梦"爱心助考公益活动盛大启动。临汾各出租车公司爱心“的哥”“的姐”再次集结,领取张贴“爱心助考车”标识。高考期间,这些车辆开进临汾城区大街小巷,为高考考生提供免费送考服务。

6月17日 上午,临汾公交公司“1314”“520”微笑主题公交正式上线运营。通过打造微笑主题公交,营造良好的乘车环境与氛围,倡导更多市民选择绿色出行方式,践行低碳生活理念。其中“1314”主题公交着力打造“幸福专线”,投放在市区23路公交线路中,总计13辆,车身整体为大红色,车厢内大红色的纱帘、喜庆的装饰以及多个年代的结婚证与婚礼习俗文化照片陈列其中。“520”主题公交着力打造“爱情公交”,投放在市区15路公交线路中,总计18辆,车身整体为粉红色,车厢内随处可见“爱的表白”“暖心话语”等,传递着年轻化、时尚化。乘坐其中,“车在城中行,人在车中游”的体验感、幸福感爆棚,与临汾这座有颜值、有气质、有价值的城市相得益彰。

6月27日至28日 省政府党组成员、副省长在临汾市调研交通、医保和供销工作。省政府办公厅副主任李天照,省交通运输厅党组书记、厅长赵建平,省供销合作社党组书记、理事会主任高建军,省医疗保障局党组书记、局长刘中雨,市领导闫晨曦、李云峰、郭行杰、胡晓刚参加调研。他在黎霍高速、黄河一号旅游公路察看项目建设情况,强调要聚焦稳经济大局,加快推进道路交通重点工程建设,牢牢坚持生态优先、质量为上、安全第一。

6月28日 下午,临汾市交通运输局党组书记、局长樊宇带领局领导班子成员及局属各基层党组织书记、普通党员干部40余人在“七一”前夕赴霍州市师庄乡冯南垣村、汾西县僧念镇段村参观学习,开展“追寻领袖足迹奋进交通强市喜迎中共二十大”主题党日活动。

7月5日 省交通运输厅党组成员、副厅长王四小带队在临汾市吉县开展“关爱职工、清凉一夏”慰问活动。活动现场,慰问组向奋战在炎炎烈日下的一线人员送上毛巾、肥皂、花露水等防暑降温用品,并现场讲解高温天气防护常识,对建设者们为交通事业建设付出的辛劳和汗水表示感谢。王四小一行还详细询问一线工作人员的工作生活情况,并指出,当前正值吉县沿黄旅游公路项目建设的关键阶段,工期紧,任务重,行业主管部门和各用人单位要加大后勤保障力度,及时配备防暑降温用品,严格执行防暑降温各项规定,合理调整现场施工时间,确保一线参建人员的身体健康,保质保量按时完成建设任务。

7月7日 上午,临汾市交通运输局召开“向人民群众交好账”实践活动动员大会。贯彻落实市委部署要求,全面启动此项实践活动,不断激发全局党员干部凝心聚力实干、奋力争先崛起的精气神,立足解决群众“急难愁盼”的问题,真办实事、真解难题,建设人民满意交通,为临汾“双城建设”当好开路先锋。

7月21日 下午3时,临汾公交公司司机闫亮驾驶103路公交车行驶至尧都区大阳镇上阳村路段时,看见一骑电动车老人和一名儿童摔倒在地,满脸是血。闫亮果断将车辆停靠在安全地带,下车救人。闫亮征求车上其他乘客的意见,大家一致同意先将伤者送往医院,当天,闫亮驾驶的103路公交车化身“温暖专线”,将受伤的老人和孩子火速送至大阳镇医院进行救治。

7月27日 临汾市交通运输局组织召开2022年度养护工作推进会。会议以视频方式召开,市公路事业发展中心相关领导及养护部门工作人员在主会场参加会议,各县(市、区)交通运输局分管领导、养护科负责人、安全科负责人、路长制办公室负责人在分会场参加会议。会议就农村公路养护和安全工作逐县进行发言讨论并予以点评,同时就加快推进“路长制”全面使用App,农村公路自动化检测、灾后恢复重建、汛期安全排查处置等工作进行再动员、再安排、再部署。

8月12日 临汾市召开打击短途非法超限超载深化“百吨王”专项整治工作会议,市治超领导组副组长、市治超办主任、市政府督查专员胡建军出席会议并讲话。市交通运输局、市市场监督管理局、市公安交警支队、市委宣传部、市财政局、市工业和信息化局、市应急管理局、市能源局、临汾公路分局、临汾高速公司、市治超领导组成员单位在主会场参加会议，会议宣读《开展打击“百吨王”非法超限超载运输专项整治行动方案》《短途非法超限超载运输百日治理专项行动方案》，并就下一阶段工作进行部署。会议要求各级政府、各成员单位一要提高政治站位，充分认识开展专项行动的重要意义，牢固树立抓治超就是抓道路安全的意识，时刻绷紧安全这根弦，想方设法地解决好影响和制约治超工作遇到的困难和问题。二要压实工作责任、坚决完成专项行动的各项任务。三要切实履行治超主体责任，认真履行治超第一责任人责任，各级治超办要主动作为、勇担使命、统揽全局，积极协调工作难题，严密组织好这次专项行动。四要强化工作举措，确保专项行动取得实效，坚持重点突出，标本兼治，加大分析研判力度，围绕整治目标，制订可操作性强的实施方案，全力以赴地推进专项整治行动，努力为临汾市经济社会高质量发展和中共二十大胜利召开营造良好的道路运输安全环境。

8月14日 临汾市“8023主题巴士”上线运营。此次临汾公交共新增14辆“8023浪漫主题巴士”，车身长6米。“8023”是网络热词，也是一个经典数字手语，代表LOVE，寓意爱意满满。这些“微公交”全部投放在新开通的22路公交线路上，该线路途经10余所学校以及多个商业区和人流量较大的小街小巷，旨在打造城市微循环公交，进一步满足市民“最后一公里”的出行需求。

8月18日 临汾市农村公路养护职业技能提升培训班在平阳现代职业培训学校开班，为期3天。通过理论教学、现场示范、实际操作、问题解答等方式实施教学，从安全生产、职业道德、政策法规等方面进行宣讲，并让学员们进行工程测量、病害处置、预防性养护等实际操作，以巩固所学知识，为建设“责任明确、协调有序、监管严格、养护有力”的公路养护队伍，打造畅通、安全、舒适、美观的“四好农村路”奠定良好基础，从而更好地服务全市农村公路养护事业高质量发展。

8月20日 全省首例装配式黎霍高速公路项目白玉河1#大桥右幅最后一片T梁实现顺利架设，大桥实现半幅贯通，为黎霍高速公路项目早日实现全线贯通奠定坚实基础。

8月29日 交通运输部公交都市验收专家组组长季朗超带队到临汾，就临汾市公交都市创建工作进行验收并召开座谈会。市委副书记、市长李云峰汇报相关情况，省交通运输厅党组成员、副厅长段新源致辞。副市长胡晓刚，交通运输部验收专家组成员，省交通运输厅、市政府办公室、市创建国家公交都市领导小组成员单位、尧都区政府、临汾经济开发区等有关负责人参加会议。会上，与会人员观看临汾市创建国家公交都市宣传片，市财政局、市规划和自然资源局、市住建局、市城市管理局、市发改委、市公安局交警支队、市公交公司作专项汇报。

8月31日 上午，交通运输部公交都市验收专家组召开意见反馈会，对临汾市“公交都市”创建工作进行综合评议，反馈验收相关意见。交通运输部验收专家组组长季朗超代表专家组反馈验收意见，市委副书记、市长李云峰，省交通运输厅党组成员、副厅长段新源，副市长胡晓刚，交通运输部验收专家组成员，市政府办公室、市直相关部门负责人出席反馈会。专家组对临汾市“公交都市”创建工作给予肯定。并指出，临汾市委、市政府高度重视“公交都市”创建工作，坚持政府主导、部门联动，建立健全创建工作机制，强化公交发展资金保障，积极提升公交智能化水平，着力打造绿色低碳公交，并积极践行“空乘式”高标准公交服务，打造“诚信微笑”服务品牌，创新精细管理和安全管理，通过创建工作，公交优先的组织保障不断强化，公共交通基础设施和装备不断完善，公交服务广度和深度不断提高，公交文化建设卓有成效，公共交通优先发展理念深入人心，公共交通民生服务质量和水平达到新的水平，较好地满足人民群众多元化、高品质公共交通出行需要。

9月2日 上午，临汾市召开交通重点项目建设推进会，副市长胡晓刚出席会议并讲话。要求各县（市、区）和有关部门一要提高思想认识，认真贯彻落实市委书记闫晨曦和市委副书记、市长李云峰关于全市交通重点项目工作的批示精神，坚持问题导向，对照省交通运输厅约谈督办专题会议交办的问题，逐项逐条抓好整改落实。二要狠抓项目开工和施工进度，推动未开工的交通重点项目尽早开工，抓住有效施工时间，在确保安全和工程质量的前提下，争分夺秒加快工程进度。三要狠抓难题破解，锚定目标任务，强化交账意识，奋力攻坚克难，全力协调解决好交通重点项目建设中存在的问题和难题。四要狠抓调度指导，持续加强对全市交通重点项目建设工作的调度，尤其是各市直部门，要加大工作指导力度，从土地、资金、手续办理等方面给予最大支持，确保项目顺利推进。

9月10日 中共临汾市交通运输局机关委员会发布《“喜迎中共二十大，廉洁庆中秋”倡议书》，倡议全体党员干部职工积极弘扬中华传统文化，树立文明新风，建设清廉交通，助力临汾市交通运输局文明创建提质增效，共度温馨、节俭、文明、和谐、清廉的美好节日。

9月17日至19日 以“河·和·合——河流生态保护与美好生活”为主题的第三届大河文明旅游论坛世界旅游联盟·黄河对话暨首届黄河流域生态保护和高质量发展重要实验区峰会在乡宁县云丘山举行。海内外嘉宾共话大河文明，共商黄河保护，共谋合作发展。“大河论坛·黄河峰会”的成功举行，对于临汾建设黄河流域绿色崛起转型样板城市、打造晋陕豫黄河金三角区域中心城市，全方位推动高质量发展，具有强劲的推动作用。

9月20日 由临汾市交通运输局党组书记、局长樊宇、省公路局临汾分局局长刘晓明带队的调研组到襄汾县就108国道改线项目开展调研。在108国道项目总承包部混凝土拌和站，调研组实地察看施工现状，听取施工方案和进度汇报，并就解决道路建设推进中遇到的困难和问题提出具体指导意见。

9月25日至26日 陕西省绿色出行创建验收异地交叉复核验收小组对临汾市绿色出行创建工作进行实地验收。

9月28日 临汾至延安城际旅游公交开通。由临汾城西客运站发车至延安客运南站，线路途经京昆高速、青兰高速、延西高速，运营里程272公里，运行时间4小时左右，全程高速。

10月9日 临汾市交通运输局召开意识形态督查反馈安排部署会，会上，“一队两中心”负责人就2022年以来意识形态责任制落实及意识形态工作开展情况进行汇报，并对下一阶段意识形态督查工作进行安排部署。

10月16日 中国共产党第二十次全国代表大会开幕，临汾市交通运输局组织党员及干部群众收听收看开幕会现场直播。

10月26日 临汾市交通运输局召开党组扩大会议传达学习中共二十大和二十届一中全会精神，对学习宣传贯彻工作进行安排部署。市交通运输局党组书记、局长樊宇主持会议并讲话。要求把学习宣传贯彻中共二十大精神作为当前和今后一个时期的首要政治任务，迅速掀起学习宣传贯彻热潮，切实推动中共二十大精神落地见效，以新担当新作为推动交通运输工作新发展，为全市经济社会发展做出更大贡献。

11月3日至5日 受临汾市交通运输局邀请，临汾市摄影家协会的9名知名摄影师，先后到霍州、大宁、吉县参加采访拍摄“踏访黄河、攀登长城、跨越太行”主题旅游公路摄影大赛活动。

11月7日 临汾市政府发布《关于对柴油货车和散装物料运输车过境“大气污染防治绿色运输示范区”实施优化通行措施的通告》，对过境进入“大气污染防治绿色运输示范区”的柴油货车和散装物料运输车实施优化通行措施，以进一步提升改善环境空气质量，加强移动源污染管控。

11月16日 临汾市交通运输局、市公安局、市生态环境局联合召开全市严厉打击拆卸国六重型燃气车后处理装置违法违规行为专项治理行动路查路检联合执法工作推进会，这次会议旨在推进临汾市开展严厉打击拆卸国六重型燃气车后处理装置违法违规行为专项治理行动的深入持续开展。

12月12日 交通运输部办公厅、国家发展改革委办公厅发布《关于做好绿色出行创建行动考核评价有关工作的通知》，对绿色出行创建考核评价达标城市太原、临汾等97个城市进行公示，公示期限为2022年12月12日至16日。

12月13日至15日 临汾市交通运输局组织全市建设管理、计划投资、工程、质量、技术等主要部门业务骨干100余人参加省公路项目前期工作培训会，培训以视频会议方式举行。市交通运输局副县级领导干部冯建荣、市公路事业发展中心负责人等在临汾分会场参加培训。省自然资源厅、省林业厅、省交通运输厅规划处、建管处等有关专家应邀授课。培训班就三区三线、土地预审、耕地补充、林地征用、自然保护地占用、生态红线划定、项目环评、水土流失、文物保护与交通领域管控等相关政策、办理流程等进行集中辅导和案例解读。

12月19日 临汾市洪洞县店西线古县界至淹底段公路改造工程全面完工。店西线是洪洞县南部地区一条重要的县道，东连古县、西接尧都区，全长14.169公里，项目建成通车，使洪洞县主要农村公路通行能力和服务水平进一步提升，沿线群众出行条件得到极大改善，为乡村振兴、经济发展提供交通支撑。

12月21日 黄河一号旅游公路主线吉县境内大宁界至姚家畔段（55公里）冯家庄大桥最后一片梁架设完成，标志着临汾市黄河一号旅游公路主线实现全线贯通。临汾市黄河一号旅游公路主线工程北起永和石楼交界处，南至乡宁河津交界处河津界大桥，分为13段共291公里，其中新建路段9段247公里，利用路段4段44公里，涉及永和县、大宁县、吉县、乡宁县四县。2022年以来，为确保年底实现主线贯通的目标，临汾市委、市政府高度重视黄河一号旅游公路建设工程，副市长胡晓刚多次深入一线进行督导，要求倒排工期，压实责任，定期调度，全力推进黄河一号旅游公路建设。临汾市交通运输局充分发挥统筹指导作用，成立工作专班，坚持“周调度、月通报”，实行分管领导包联督导制度，定期不定期深入工程建设一线进行督导调度，积极协调各方资源，及时解决制约工程建设的困难问题，为按期实现主线贯通目标提供有力保障。沿线政府以及各参建单位克服地形复杂、施工难度大、严寒酷暑的不利影响，迎难而上、苦干奋战，保质保量完成建设任务。

12月29日 临汾市区环城南路与鼓楼南大街三岔口南北向通车，环城南路与鼓楼南大街三岔口改造工程西起陵园西街，东至规划南城四街，道路全长837米，是临汾市区贯穿鼓楼南北街、联通城东城西的重要交通枢纽，交通流量巨大，社会各界关注度极高。经过8个多月施工，完成双向六车道机动车道铺筑以及交通辅助设施的安装，顺利实现南北向率先通车。

同日 交通运输部印发《关于命名2020—2021年度全国交通运输行业精神文明建设先进集体的决定》，临汾公共交通有限公司10路公交线路获全国交通运输行业文明示范窗口，临汾市交通运输局为复核通过的2018—2019年度全国交通运输行业精神文明建设先进集体。

同日 临汾市被交通运输部办公厅、国家发展改革委办公厅评为“绿色出行创建考核评价达标城市”。2022年，临汾市交通运输局扎实推进绿色出行示范城市创建行动。通过实施交通基础设施、公交优先、美丽环境建设等三大保障行动和交通路网建设等五项重点工程，持续加大市区交通路网、公交枢纽、场站等项目建设力度，大力推进纯电动公交车购置、置换工作，市区522辆公交车、1862辆出租车全部更换为纯电动车型，城市绿色出行水平进一步提升，绿色出行创建工作取得积极成效。

（资料提供：庞燕东）

运城市交通运输局大事记

1月18日 运城市交通运输局党组召开党史学习教育专题民主生活会,深入学习贯彻习近平新时代中国特色社会主义思想和中共十九大及十九届历次全会精神,聚焦"大力弘扬伟大建党精神,坚持和发展党的百年奋斗历史经验,坚定历史自信,践行时代使命,厚植为民情怀,勇于担当作为,团结带领人民群众走好新的赶考之路"主题,联系实际,查摆问题,深入进行党性分析,认真开展批评和自我批评。局班子成员参加会议,市纪委监委有关人员到会指导。

1月21日 运城市交通运输局召开党史学习教育总结会议。会议全面回顾总结全局党史学习教育经验成果,对拓展党史学习教育进行安排部署。局领导班子成员、机关科级干部及下属单位班子成员参加会议。

1月26日 运城市交通运输局党组书记、局长薛玉马一行到汽车客运中心站,对春运安全工作进行督导检查。局党组成员王小成,党组成员、市纪委监委驻局纪检监察组组长杨铁宁等参加。

2月11日 运城市委书记丁小强,市委副书记、市政府党组书记、市长储祥好调研209国道快速化改造建设情况。

2月15日 运城市交通运输局召开全面从严治党暨党风廉政建设工作会议,回顾总结2021年工作成绩,全面部署2022年重点工作。局班子成员、机关科级干部、下属单位班子成员及纪检工作人员参加会议。

同日 运城市交通运输局召开党员干部作风大整顿动员部署会议,全面贯彻落实市委决策部署,深入解决"最后一公里"落实不到位的问题,通过开展作风大整顿来推动作风大转变、能力大提升、工作大落实和发展大提速。局班子成员、机关科级干部、下属单位班子成员、纪检工作人员参加会议。

2月16日 全市交通运输工作会议在运城市交通运输局召开。会议全面贯彻中共十九大及十九届历次全会精神,深入贯彻省、市党代会和经济工作会议精神,认真落实全国、全省交通运输工作会议精神,总结2021年"十大成绩",安排部署2022年"十大任务",动员全系统广大干部职工团结奋进、锐意进取,开启全市交通强市新征程,推动交通运输事业高质量发展,为全市全方位推进高质量发展当好开路先锋。市交通运输局领导班子成员,各科室及下属事业单位主要负责人,各县(市、区)交通运输局局长及分管道路、运输的副局长,省运公司负责人参加会议。

同日 运城市交通运输局召开中心城区城市客运服务质量大提升活动动员大会,打造"河东公交""河东出租"城市客运服务品牌,探索推动"河东出行"交通运输行业高质量发展的有效模式、实施路径和创新机制。市交通运输局领导班子成员,综合运输科、市交通运输综合行政执法队班子成员、市运输事业发展中心班子成员、工作专班全体人员参加会议。

3月3日 运城市政协副主席、市工商联主席张东婷一行深入帮扶村万荣县万泉乡荆淮村开展入企进村服务。市委统战部副部长、市工商联党组书记、常务副主席张建波,市交通运输局党组书记、局长薛玉马等参加调研。

同日 为贯彻落实好运城市委、市政府《关于深入开展入企进村服务工作的通知》要求，市交通运输局党组书记、局长薛玉马一行深入运汽公司开展入企服务工作，局党组成员王小成及有关部门负责人参加。在调研座谈会上，调研组深入解读国务院14部委联合印发《关于促进服务业领域困难行业恢复发展的若干政策》，并与参会人员共同探讨企业未来经营发展的思路与方向。

3月16日 运城市委副书记、市政府党组书记、市长储祥好主持召开市政府专题会议，对全市公路路网规划及推进情况进行研究部署。市委常委、市政府党组副书记、常务副市长陈杰，市政府党组成员、副市长刁海鹏参加，市交通运输局党组书记、局长薛玉马作工作汇报，市有关单位负责人列席会议。

3月29日 运城市交通运输局召开“五面红旗”示范机关（单位）创建动员部署会议，深入贯彻运城市委书记丁小强有关“五面红旗”示范创建指示，认真落实市直工委相关要求，通过开展“十大行动”，促进党建工作全方位提质增效。

4月4日 副省长汤志平在芮城县视察公路建设情况。

4月28日 运城市交通运输局召开“五一”节前工作部署和警示教育会议，对节日期间的安全生产及廉洁警示教育等工作进行安排部署。市交通运输局党组成员、副局长令狐东华主持会议，局党组成员、一级调研员权志学，局党组成员、驻局纪检监察组组长杨铁宁，副调研员王全民分别作工作安排。局机关科级干部及下属单位班子成员参加会议。

5月13日 运城市物流保通保畅工作领导小组办公室第三次联席会议在市交通运输局召开，会议由市物流保通保畅办主任、市交通运输局党组书记、局长薛玉马主持，相关成员单位主要负责人参加会议。会议总结前阶段工作，通报目前工作情况和存在问题，并对下一步工作进行安排部署。会议通过《货车营地建设管理指导意见（讨论稿）》。

5月31日 运城市物流保通保畅工作领导小组办公室主任扩大会议召开，市物流保通保畅办主任、市交通运输局党组书记、局长薛玉马出席会议并讲话。13县（市、区）及运城经开区物流保通保畅办主任、市物流保通保畅办调研指导组组长、卫健委、公安交警、高速等市直相关成员单位负责人参会。会上，各县（市、区）及运城经开区保通保畅办负责人依次汇报属地保通保畅工作开展情况，市保通保畅办四个调研组分别反馈调研指导情况，市保通保畅办对阶段工作进行小结，并对下一步工作提出9项具体部署安排。

6月2日 运城市2022年新时代文明实践爱心送考志愿服务活动正式启动，市交通运输局连续14年组织参加“爱心送考”志愿服务活动。

6月10日 运城市交通运输局组织开展中心城区城市客运服务质量大提升活动现场观摩会，局党组书记、局长薛玉马带队参加并讲话，市新时代文明实践指导中心主任苏琳应邀参加并讲话，局班子成员，有关科室、下属单位负责人，相关企业负责人参加观摩。现场市交通运输局还对活动开展以来行业中涌现出的先进集体及驾驶员进行表彰。

6月14日 上午，运城市交通运输局组织召开“时时放心不下”学习研讨会，进一步提振党员干部干事创业精气神，提高担当履职责任感，以“保持操心不放的局面”扎实开展好交通运输各项工作。局党组书记、局长薛玉马出席会议并讲话，局党组成员、一级调研员权志学主持会议并领学，局班子成员、机关科室负责人及科级干部、下属单位负责人及正科级干部参加会议。

7月1日 运城市交通运输局党委大力弘扬红色精神，拓展党史学习教育成果，组织46名党员干部参加无偿献血活动，向中国共产党成立101周年献礼，活动共无偿献血17400毫升。

7月4日至5日 省交通运输厅党组成员、副厅长王四小一行深入河津市、万荣县黄河一号旅游公路现场，对旅游公路“五大系统”建设和“交通+五大融合”发展情况开展督导调研，并在市区召开座谈会，分别听取市政府、市交通运输局、河津市、万荣县政府等单位有关旅游公路建设情况的汇报，并提出针对性的意见建议。

7月14日 运城市交通运输局在运城高铁北站公交停保场召开“最美驾驶员”表彰大会,对表现突出的20名驾驶员授予“最美驾驶员”称号并进行表彰。市委宣传部副部长、一级调研员严伟杰,副处级干部王存狮应邀参加,市交通运输局党组书记、局长薛玉马参会并讲话,局党组成员、一级调研员权志学主持会议,局党组成员王小成宣读表彰决定,市局其余班子成员、相关科室及下属单位负责人,各县(市、区)交通运输局分管领导,城市客运企业相关负责人和驾驶员代表等参加会议。2名“最美驾驶员”代表进行发言。

7月21日 灵宝至永济高速公路项目对接洽谈会在运城市交通运输局召开。三门峡市交通运输局党组书记、局长杨海让率队,灵宝市副市长、市公安局党委书记、局长李小豆,灵宝市交通运输局党组书记、局长徐学东等参加,运城市交通运输局党组书记、局长薛玉马参会并讲话,运城市交通运输局党组成员、一级调研员权志学主持会议,芮城县人民政府副县长张文杰,芮城县交通运输局局长李轩等参加。河南省交通规划研究院、中交公路规划设计院工作人员分别汇报有关项目规划方案。

8月1日 运城市交通运输局党组书记、局长薛玉马带队开展退役军人走访慰问活动,局领导班子成员、有关科室负责人参加。

8月9日 运城市委书记丁小强在临猗调研涑水河田园风光示范带建设。

8月31日 运城市委副书记、市政府党组书记、市长储祥好深入市公交东停保场项目建设现场开展督导调研。市委常委,市政府党组副书记、常务副市长陈杰,市委常委、运城军分区党委书记、大校政治委员金岩,运城军分区司令员王振祥,市政府党组成员、秘书长,市政府办公室党组书记、主任王红波等领导参加。市交通运输局党组书记、局长薛玉马围绕项目规划、功能布局、工程进展等作现场工作汇报。

9月13日 运城市委副书记、市政府党组书记、市长储祥好在临猗调研涑水河旅游公路和综合生态治理。

9月15日 运城市沿涑水河田园风光示范带建设现场观摩推进会在临猗县召开。市沿涑示范带工作督查组组长、市政协党组副书记、副主席廉广锋出席会议并讲话,市政协常委、提案委主任淮占科主持。临猗县委副书记、县长靳国全,市交通运输局党组书记、局长薛玉马,市沿涑示范带督查组成员单位有关负责人及沿涑6县(市、区)政府分管负责人及交通、水务主要责任人参加。

9月16日 中国共产党运城市物流运输行业委员会在市运输事业发展中心正式揭牌成立。市交通运输局党组成员、一级调研员权志学主持会议,市委组织部组织四科科长郑朝辉宣读有关批复,市交通运输局党组成员、副局长令狐东华宣读有关任命,市交通运输局党组书记、局长薛玉马和市物流运输行业党委书记王小成共同揭牌,市物流运输行业党委委员、各县(市、区)交通运输局分管副局长、10名货车司机代表参加仪式。

同日 运城市交通运输综合行政执法队举行新版制式服装换装仪式。市交通运输局党组书记、局长薛玉马,市司法局党组成员、副局长滕晓出席活动并讲话,市交通运输局领导班子成员全部参加。市交通运输综合行政执法队党总支书记、队长尚晓峰带领全体执法人员向宪法宣誓。

9月30日 运城市交通运输局党组书记、局长薛玉马一行到市客运中心站、猗顿旅游客运公司等重要交通关口,开展安全生产工作督导检查。市交通运输局党组成员王小成、副调研员王全民、市交通运输综合行政执法队队长尚晓峰、盐湖区交通运输局局长邵红福等参加,运汽公司董事长王新华作现场汇报。

同日 运城市首条旅游公交,运城至永济116路旅游公交线路正式开通。

10月20日 运城市委副书记、市政府党组书记、市长储祥好主持召开全市保通保畅工作视频调度会并讲话,市委常委、市政府党组副书记、常务副市长陈杰作安排,市交通运输局局长薛玉马通报近期全市物流保通保畅情况。

11月25日 运城市交通运输局党组书记、局长薛玉马主持召开学习贯彻中共二十大精神报告会并进行专题辅导，局领导班子成员，科级以上干部及机关一党支部全体人员参加。

12月5日 运城市委常委、市政府党组副书记、常务副市长陈杰在临猗调研盐临夏一体化及209国道快速化改造建设情况。

12月31日 河津市举行市域免费公交全覆盖暨城乡公交开通运营仪式，标志着河津市实现全域公交免费。河津市市长王云、运城市交通运输局党组书记、局长薛玉马等参加。

（资料提供：薛 炟）